भारत में सभी **One Day Exams** के लिए
अंकगणित की सबसे ज्यादा बिकने वाली पुस्तक

AF883579

वस्तुनिष्ठ

अंकगणित

3000+ वस्तुनिष्ठ प्रश्नों
का हल सहित संकलन

SSC (CGL, CHSL, MTS, CPO), **Railway** (NTPC, Group D, ALP)
CUET, पुलिस भर्ती (Constable, SI), बी.एड तथा
अन्य प्रतियोगी परीक्षाओं के लिए उपयोगी...

प्रशान्त सर

सहायक लेखक
रंजन कुमार, सचिन कुमार,
सुभाष कुमार

arihant
SUCCESS AND NOTHING LESS

arihant
SUCCESS AND NOTHING LESS

अरिहन्त पब्लिकेशन्स (इण्डिया) लिमिटेड

卐 **रजि. कार्यालय**

'रामछाया' 4577/15, अग्रवाल रोड, दरिया गंज, नई दिल्ली- 110002
फोन: 011-47630600, 43518550

卐 **मुख्य कार्यालय**

कालिन्दी, टी.पी. नगर, मेरठ (यूपी)– 250002
फोन: 0121-7156203, 7156204

卐 **शाखा कार्यालय**

आगरा, अहमदाबाद, बरेली, बेंगलुरु, चेन्नई, दिल्ली, गुवाहाटी, हैदराबाद, जयपुर, झाँसी, कोलकाता, लखनऊ, नागपुर तथा पुणे

卐 **मूल्य** ₹ 250.00

PO No. : TXT-59-T062751-01-25

PUBLISHED BY ARIHANT PUBLICATIONS (INDIA) LTD.

'अरिहन्त' की पुस्तकों के बारे में अधिक जानकारी के लिए हमारी वेबसाइट **www.arihantbooks.com** पर लॉग इन करें या **info@arihantbooks.com** पर सम्पर्क करें।

प्रस्तावना

गणित एक ऐसा विषय है, जो अधिकतर सभी प्रतियोगी परीक्षाओं के पाठ्यक्रम में सम्मिलित होता है तथा गणित सीखने के लिए अभ्यर्थी अनेक पुस्तकों का अध्ययन करते हैं। वर्तमान समय में सभी प्रतियोगी परीक्षाओं में अभ्यर्थियों की संख्या दिन–प्रतिदिन बढ़ रही है, ऐसे में गणित के अधिकांश प्रश्नों को कम समय में हल करके ही मैरिट सूची में स्थान बनाया जा सकता है।

इन सभी विषयों को ध्यान में रखते हुए 'अरिहन्त पब्लिकेशन्स' ने **वस्तुनिष्ठ अंकगणित** पुस्तक को तैयार किया है। इस पुस्तक में लेखक ने अपने दशकों के गणित के अध्यापकीय अनुभव को एक सरल और सुबोध भाषा में प्रस्तुत किया है। इसमें सभी प्रकार के प्रश्नों को मूल विधि तथा Quick Method दोनों विधियों से हल किया गया है, जिससे प्रश्नों को बहुत कम समय में हल किया जा सके।

पुस्तक की मुख्य विशेषताएँ

- सभी अध्याय की क्विक रिवीजन थ्योरी, Chapter Snapshot के साथ।
- सभी अध्याय की Theory में Concept Capsule तथा महत्त्वपूर्ण Formulae Flashcard का कवरेज।
- थ्योरी में प्रत्येक टाइप के प्रश्नों का Exam Approach Examples में Score Booster/Trending Concept के साथ कवरेज।
- प्रश्नावली में प्रतियोगी परीक्षा में ज्यादा पूछे जाने वाले प्रश्नों पर MRC (Most Repeating Concept) की Marking।
- सभी प्रकार के प्रश्नों का मूल विधि के साथ Quick Method से हल।
- वर्ष 2024 तक की सभी परीक्षाओं के प्रश्नों का कवरेज।
- नवीनतम 3000+ विगत् वर्ष के प्रश्नों का संकलन (टाइपवाइज)।

इस पुस्तक के सम्पादन में शाहिद सैफी (प्रोजेक्ट हैड) का महत्त्वपूर्ण योगदान रहा, जिन्होंने इस पुस्तक को पूरा करने में अपना सहयोग तथा रचनात्मक सुझाव दिए।

संक्षेप में यह कहा जा सकता है कि यदि आप **वस्तुनिष्ठ अंकगणित** का सम्पूर्ण अध्ययन कर लें, तो निश्चित ही आप आगामी प्रतियोगी परीक्षाओं में पूछे जाने वाले प्रश्नों को हल करके सफलता प्राप्त कर पाएँगे।

पुस्तक को और अधिक उपयोगी बनाने के लिए आपके सुझाव सहर्ष आमन्त्रित हैं और आगामी संस्करणों में उन्हें समायोजित भी किया जाएगा।

मुझे आशा ही नहीं, बल्कि पूर्ण विश्वास है कि यह पुस्तक आपको नई दिशा प्रदान करने में महत्त्वपूर्ण भूमिका निभाएगी।

शुभकामनाओं सहित!

लेखक
प्रशान्त सर

विषय-सूची

अध्याय

01 संख्या पद्धति

Chapter Snapshot

हिन्दू-अरबी संख्या पद्धति अथवा भारतीय संख्या पद्धति में संख्या के अंकों को दाईं से बाईं ओर लिखते हैं।

- **अंकों का जातीय मान** संख्या के विशेष अंक का जातीय मान स्वयं वहीं अंक होता है।
- **अंकों का स्थानीय मान** संख्या में अंकों का स्थानीय मान उनकी स्थिति के अनुसार बदलता है। जैसे— 513 में 1 का स्थानीय मान $= 1 \times 10 = 10$

  तथा 5 का स्थानीय मान $= 5 \times 100 = 500$

I. संख्याओं का वर्गीकरण

- **प्राकृतिक संख्याएँ** गणना करने वाली सभी संख्याएँ, प्राकृतिक संख्याएँ कहलाती हैं।
  जैसे— 1, 2, 3, ...
- **पूर्ण संख्याएँ** शून्य (0) सहित सभी प्राकृतिक संख्याएँ, पूर्ण संख्याएँ होती हैं।
  जैसे— 0, 1, 2, 3 ....
- **पूर्णांक संख्याएँ** शून्य सहित सभी धनात्मक व ऋणात्मक प्राकृतिक संख्या, पूर्णांक संख्याएँ कहलाती हैं।
  जैसे— .... $-5, -4, -3, -2, -1, 0, 1, 2, 3,$ ....
- **सम संख्याएँ** '2' से पूर्णतया विभाजित होने वाली संख्याएँ, सम संख्याएँ कहलाती हैं।
  जैसे— 8, 4, 6, 120, ...
- **विषम संख्याएँ** '2' से पूर्णतया विभाजित नहीं होने वाली संख्याएँ, विषम संख्याएँ कहलाती हैं। जैसे— 3, 5, 11, 25, ...
- **अभाज्य संख्याएँ** केवल '1' और स्वयं से विभाजित होने वाली संख्या, अभाज्य संख्या होती है। जैसे— 2, 3, 5, 7, 11, ...
- **सह-अभाज्य संख्याएँ** ऐसी दो या दो से अधिक प्राकृतिक संख्याएँ, जिनमें '1' के अतिरिक्त कोई अन्य उभयनिष्ठ गुणनखण्ड न हो।
  जैसे— (5, 9), (2, 3), (16, 21, 65) ....
- **जुड़वा-अभाज्य संख्या** केवल '2' का अन्तर रखने वाले अभाज्य संख्याओं का युग्म
  जैसे— (3, 5), (11, 13), (41, 43)
- **भाज्य संख्याएँ** दो से अधिक गुणनखण्ड वाली संख्याएँ, भाज्य संख्या कहलाती हैं।
  जैसे— 4, 8, 9, 12, ...
- **परिमेय संख्या** $\frac{p}{q}$ के रूप में निरूपित संख्या, परिमेय संख्या होती है।
  जहाँ, p और q पूर्णांक हैं तथा $q \neq 0$
  जैसे— $\frac{1}{4}, \frac{3}{9}, \frac{-3}{4}, \frac{5}{1}$ ....
- **अपरिमेय संख्या** जिन संख्याओं को $\frac{p}{q}$ के रूप में नहीं लिखा जा सकता है। अपरिमेय संख्या कहलाती हैं।
  जहाँ, p और q पूर्णांक हैं तथा $q \neq 0$
  जैसे— $\sqrt{2}, \sqrt{5}, \pi$ ....

Concept Capsule

- सम संख्या के इकाई का अंक 0, 2, 4, 6, 8 होता है।
- विषम संख्या के इकाई का अंक 1, 3, 5, 7 तथा 9 होता है।
- 2 सबसे छोटी व एकमात्र सम अभाज्य संख्या है।
- 1 से 50 तक कुल 15 अभाज्य संख्याएँ हैं।
- 1 से 100 तक कुल 25 अभाज्य संख्याएँ हैं।
- 4 सबसे छोटी भाज्य संख्या है।
- परिमेय संख्या का हर शून्य नहीं हो सकता है।
- π एक अपरिमेय संख्या है।
- अपरिमेय संख्या का दशमलव रूप असांत होता है।

Formula Flashcards

- n के सभी मानों के लिए $(x^n - a^n)$, $(x - a)$ से विभाज्य है।
- $(x^n - a^n)$, $(x + a)$ से विभाज्य होगी, जब 'n' सम हो।
- $(x^n + a^n)$, $(x + a)$ से विभाज्य है, जब 'n' विषम हो।

II. विभाज्यता के नियम

- '2' **से विभाज्यता** दी गई संख्या के इकाई अंक 0, 2, 4, 6 तथा 8 हों।
  जैसे— 72, 108, 210, ...
- '3' **से विभाज्यता** संख्या के अंकों का योग '3' से विभाज्य हो।
  जैसे— 123, 450, 336 ....
- '4' **से विभाज्यता** संख्या के अन्तिम दो अंकों से बनी संख्या '4' से विभाज्य हो।
  जैसे— 5624, 3344, ...
- '5' **से विभाज्यता** संख्या का इकाई अंक '0' अथवा '5' होना चाहिए।
  जैसे— 105, 10590, ...
- '6' **से विभाज्यता** संख्या '2' तथा '3' दोनों से विभाज्य हो।
  जैसे— 726, 540, ...
- '7' **से विभाज्यता** किसी संख्या के इकाई अंक को दोगुना कर शेष संख्या (इकाई अंक छोड़कर) से घटाया जाए और प्राप्त संख्या '7' से विभाज्य हो, तो दी गई संख्या भी '7' से विभाज्य होगी।
  जैसे— 2429, 343, ...
- '8' **से विभाज्यता** संख्या के अन्तिम तीन अंकों से बनी संख्या '8' से विभाज्य होनी चाहिए।
  जैसे— 57192, 210120, ...
- '9' **से विभाज्यता** संख्या के अंकों का योग '9' से विभाज्य हों।
  जैसे— 396, 1125, ...
- '11' **से विभाज्यता** संख्या के विषम तथा सम स्थानों के अंकों के योग का अन्तर शून्य या 11 का गुणज होना चाहिए।
  जैसे— 52371 में, $(5+3+1)-(2+7)=0$

Concept Capsule

- शेषफल हमेशा भाजक से छोटा होता है।
- संख्याओं के गुणनफल में किसी संख्या का इकाई अंक शून्य हो, तो गुणनफल का इकाई अंक भी शून्य होगा।

III. विभाजन सूत्र

भाज्य (Dividend) = भाजक (Divisor) × भागफल (Quotient) + शेषफल (Remainder)

संख्याओं के गुणनफल का इकाई अंक सभी संख्याओं के इकाई अंकों के गुणनफल से प्राप्त संख्या का इकाई अंक अभीष्ट इकाई अंक होता है।

जैसे— $151\times259\times1305\times1013 \Rightarrow 1\times9\times5\times3=135 \rightarrow 5$ (इकाई अंक)

घातीय संख्या का इकाई अंक

- यदि संख्या के आधार का अंक 0, 1, 5, 6 हो, तो उस संख्या की किसी भी घात का अंक अपरिवर्तित रहता है।
  जैसे— $(0)^5=0, (1)^4=1, (5)^3=5, (6)^8=6$
- यदि घात n, '4' से पूर्णतः विभाज्य हो, तब
  x^n का इकाई अंक 6 होगा यदि $x=2, 4, 8$
  x^n का इकाई अंक 1 होगा यदि $x=3, 7, 9$
- यदि घात n, 4 से विभाज्य न हो, तब $n=4q+r$
  x^n का इकाई अंक $=x^r$ का इकाई अंक
  जैसे— 7^{135} का इकाई अंक $=7^{33\times4+3}=7^3$ का इकाई अंक $=3$

अभाज्य गुणनखण्डों की संख्या

- यदि a, b, c व d अभाज्य संख्याएँ हैं, तब
  संख्या $a^p\times b^q\times c^r\times d^s$ के अभाज्य गुणनखण्डों की संख्या $=p+q+r+s$
  जैसे— $2^{10}\times3^5\times5^2$ में अभाज्य गुणनखण्डों की संख्या $=10+5+2=17$

Formula Flashcards

- प्रथम n प्राकृत संख्याओं का योग $=\dfrac{n(n+1)}{2}$
- प्रथम n सम संख्याओं का योग $=n(n+1)$
- प्रथम n विषम संख्याओं का योग $=n^2$
- प्रथम n प्राकृतिक संख्याओं के वर्गों का योग $=\dfrac{n(n+1)(2n+1)}{6}$

भाजकों की संख्या

यदि $N=a^pb^qc^r$ .... हों, तब भाजकों की कुल संख्या $=(p+1)\times(q+1)\times(r+1)$.....

जैसे— $108=2^2\times3^3$ में कुल भाजक $=(2+1)\times(3+1)=12$

Exam Approach Examples

विभिन्न प्रकार की संख्याओं पर आधारित

उदाहरण 1. 71624 में 7 का स्थानीय मान ज्ञात कीजिए। *RRB NTPC 2021*

(a) 70000 (b) 700 (c) 7000 (d) 7

हल (a) चूँकि संख्या 71624 में अंक 7 दस हजारवें स्थान पर है

∴ संख्या में 7 का स्थानीय मान $= 7 \times 10000 = 70000$

उदाहरण 2. निम्नलिखित में से कौन-सा युग्म सह-अभाज्य नहीं है? *RRC Group D 2022*

(a) (11, 13) (b) (15, 17) (c) (17, 23) (d) (17, 34)

हल (d) हम जानते हैं कि जिन दो संख्याओं का उभयनिष्ठ गुणनखण्ड केवल 1 होता है, वे सह-अभाज्य संख्याएँ होती हैं।

यहाँ, (11, 13), (15, 17) और (17, 23) सह-अभाज्य संख्याएँ हैं, जबकि (17, 34) का उभयनिष्ठ गुणनखण्ड 17 है।

अत: युग्म (17, 34) सहअभाज्य नहीं है।

विभाज्यता पर आधारित

उदाहरण 3. संख्या 975#352 में # के स्थान पर क्या आना चाहिए, ताकि संख्या 11 से विभाज्य हो जाए? *DSSSB 2024*

(a) 5 (b) 7 (c) 3 (d) 2

हल (b) हमें ज्ञात है कि जिस संख्या के विषम स्थानों के अंकों के योग और सम स्थानों के अंकों के योग का अन्तर 0 या 11 का गुणज हो, तो वह संख्या 11 से पूर्णत: विभाजित होती है।

$\therefore \quad (9 + 5 + 3 + 2) - (7 + \# + 5) = 0$

$\Rightarrow \quad 19 - 12 - \# = 0 \quad \Rightarrow \quad \# = 7$

उदाहरण 4. यदि एक 4 अंकों की संख्या $x58y$, 9 से पूर्णत: विभाज्य है, तो $(x + y)$ का न्यूनतम मान क्या होगा? *SSC CPO 2022*

(a) 2 (b) 4 (c) 5 (d) 3

हल (c) हम जानते हैं, कि यदि कोई संख्या 9 से विभाज्य है, तब संख्या के अंकों का योग भी 9 से विभाज्य होगा।

दी गई संख्या $= x58y$

संख्या के अंकों का योग $= x + 5 + 8 + y$

$= 13 + x + y$

$\therefore \; x + y = 5$ (न्यूनतम मान के लिए)

तब $13 + 5 = 18$, जोकि 9 से विभाज्य है।

> **Trending Concept**
> विभाज्यता के नियम पर आधारित प्रश्न सामान्यत: (SSC, DSSSB, ALP आदि) परीक्षाओं में पूछे जा रहे हैं।

विभाजन सूत्र पर आधारित

उदाहरण 5. एक संख्या को 119 से विभाजित करने पर 19 शेष बचता है यदि इसे 17 से विभाजित किया जाए, तो क्या शेष बचेगा? *UP Police Constable 2024*

(a) 4 (b) 3 (c) 1 (d) 2

हल (d) माना भागफल = 1

भाज्य = भाजक × भागफल + शेषफल से,

$\Rightarrow$ भाज्य $= 119 \times 1 + 19 = 138$

अब, जब 138 को 17 से विभाजित किया जाता है,

$\Rightarrow \quad 138 = 17 \times 8 + 2$

अत: शेषफल = 2

उदाहरण 6. जब एक संख्या n को 5 से विभाजित किया जाता है, तो शेषफल 2 प्राप्त होता है। जब n^2 को 5 से विभाजित किया जाता है, तो शेषफल क्या होगा? *RRB NTPC 2021*

(a) 3 (b) 0 (c) 4 (d) 1

हल (c) माना संख्या $(n) = 5k + 2$

$\therefore \quad n^2 = (5k + 2)^2$

$\Rightarrow \quad n^2 = 25k^2 + 4 + 20k$

$\Rightarrow \quad n^2 = 5(5k^2 + 4k) + 4$

अत: n^2 को 5 से विभाजित करने पर शेषफल 4 प्राप्त होगा।

> **Score Booster**
> इस प्रकार के प्रश्नों में शेषफल का वर्ग करके, भाजक से भाग देने पर प्राप्त शेषफल ही अभीष्ट शेषफल होता है।

इकाई अंक पर आधारित

उदाहरण 7. 51 और 78 के बीच सभी अभाज्य संख्याओं के गुणनफल का इकाई अंक क्या है? *DP Constable 2023*

(a) 3 (b) 2 (c) 7 (d) 8

हल (c) 51 और 78 के बीच अभाज्य संख्याएँ हैं

$= 53, 59, 61, 67, 71, 73$

अब उपरोक्त संख्याओं के गुणनफल में इकाई अंक

$= 3 \times 9 \times 1 \times 7 \times 1 \times 3$ में इकाई अंक

$= 27 \times 21$ में इकाई अंक $= 7$

उदाहरण 8. $(6324)^{1797} \times (615)^{316} \times (341)^{476}$ में इकाई अंक क्या है?

(a) 5 (b) 0 (c) 1 (d) 7

हल (b) $\because \quad (6324)^{1797} = (4)^{4 \times 449 + 1}$ में इकाई अंक $= 4$

$(615)^{316} = (5)^{4 \times 79}$ में इकाई अंक $= 5$

$\therefore \; (6324)^{1797} \times (615)^{316} \times (341)^{476}$ में इकाई अंक

$= 4 \times 5 \times 1$ में इकाई अंक

$= 20$ में इकाई अंक

$= 0$

गुणनखण्ड पर आधारित

उदाहरण 9. 120 के भाजकों की संख्या क्या है? *RRB NTPC 2021*

(a) 16 (b) 19 (c) 15 (d) 17

हल (a) $\because \; 120 = 2^3 \times 3 \times 5$

∴ 120 के गुणनखण्डों की संख्या $= (3 + 1)(1 + 1)(1 + 1)$

$= 4 \times 2 \times 2 = 16$

संख्याओं की संक्रियाँ पर आधारित

उदाहरण 10. 1 से 20 तक की सभी प्राकृत संख्याओं का योगफल ज्ञात कीजिए।

(a) 210 (b) 200 (c) 110 (d) 250

हल (a) ∵ प्रथम n प्राकृत संख्याओं का योग $= \dfrac{n(n+1)}{2}$

∴ 1 से 20 तक की सभी प्राकृत संख्याओं का योग

$= \dfrac{20(20+1)}{2} = 10 \times 21 = 210$

Chapter Challenge

विभिन्न प्रकार की संख्याओं पर आधारित

1. 61827354 में 6 और 5 के जातीय मान का योग ज्ञात कीजिए। *RRB NTPC 2021*
(a) 30 (b) 11 (c) 40 (d) 60000300

2. संख्या 527435 में 7 एवं 3 के स्थानीय मान में क्या अन्तर है?
(a) 5 (b) 4 (c) 45 (d) 6970

3. 8756 में 7 के वास्तविक मान और स्थानीय मान में कितना अन्तर है? *DSSSB Grade-III 2017*
(a) 756 (b) 693 (c) 749 (d) 750

4. निम्नलिखित में से सबसे छोटी अभाज्य संख्या कौन-सी है? *RRB Group D 2022*
(a) 0 (b) 1
(c) 3 (d) 2

5. निम्नलिखित में से कौन-सी, सबसे छोटी भाज्य संख्या है? *RRC Group D 2022*
(a) 3 (b) 4 (c) 2 (d) 1

6. निम्नलिखित में से कौन अभाज्य संख्या है? *DSSSB Grade-IV 2019*
(a) 437 (b) 567 (c) 241 (d) 323

7. 53 से 97 तक कितनी भाज्य संख्याएँ हैं?
(a) 35 (b) 36 (c) 37 (d) 38

8. 3 और 5 के बीच अपरिमेय संख्या कौन-सी है? *RRB NTPC 2021*
(a) $\sqrt{17}$ (b) $\sqrt{5}$ (c) $\sqrt{3}$ (d) $\sqrt{27}$

9. ऐसी कितनी अभाज्य संख्याएँ हैं जो 50 से कम है? *RRB NTPC 2021*
(a) 16 (b) 13 (c) 15 (d) 14

10. निम्न में से कौन-सा सह-अभाज्य संख्याओं का युग्म है? *DP Constable 2023*
(a) (7, 35) (b) (32, 62)
(c) (198, 175) (d) (217, 651)

11. 301 से 399 तक की गणना में कितनी बार अंक 3 आता है? *RRB NTPC (CBT-I) 2021*
(a) 121 (b) 119 (c) 11 (d) 21

12. संख्याओं 51, 52, 53....100 में से सबसे छोटी और सबसे बड़ी अभाज्य संख्याओं का योग ज्ञात कीजिए। *RRC Group D 2022*
(a) 123 (b) 150 (c) 139 (d) 154

13. यदि 1000 का योग केवल अंक 8 वाली संख्याओं को जोड़कर प्राप्त किया जाता है, तो ऐसे व्यंजक के प्रत्येक तत्व में कितने 8 अंक मौजूद होंगे? *UP Police Head Operator 2024*
(a) 6 (b) 8 (c) 12 (d) 10

14. यदि a, b, c, d और e बाएँ से शुरू होने वाली किसी संख्या के अंक हैं, तो संख्या क्या है? *RRB NTPC (CBT-I) 2021*
(a) $100a + 10b + 10c + d + e$
(b) $1000a + 100b + 10c + 1d + e$
(c) $edcba$
(d) $10^4 a + 10^3 b + 10^2 c + 10d + e$

विभाज्यता पर आधारित

15. x का वह न्यूनतम मान क्या होगा जिससे पाँच अंकों की संख्या 627 x 5, 9 से विभाज्य हो जाए? *SSC (10+2) 2024*
(a) 4 (b) 7 (c) 9 (d) 3

16. निम्नलिखित में से कौन-सी संख्या 3 से विभाज्य है? *CRPF HC 2023*
(a) 7865001 (b) 7803572
(c) 7803541 (d) 7803593

17. निम्नलिखित में से कौन-सी संख्या 11 से विभाज्य है? *RRB ALP 2024*
(a) 9248164 (b) 8245964
(c) 7247564 (d) 9246864

18. यदि x मात्र 3 से भाज्य है और y मात्र 5 से भाज्य है, तो xy भाज्य है
(a) केवल 3 (b) केवल 5
(c) केवल 3 और 5 (d) 3, 5 और 15

19. निम्नलिखित में से कौन-सी संख्या 9 और 11 दोनों से पूर्णत: विभाज्य है? *RRB NTPC 2022*
(a) 12345 (b) 2277218
(c) 181998 (d) 10098

20. $3^{71} + 3^{72} + 3^{73} + 3^{74} + 3^{75}$ किसके द्वारा विभाजित होती है? *RRB NTPC 2021*
(a) 5 (b) 8 (c) 11 (d) 7

21. संख्या 611611611611, ... है। *SSC (10+2) 2024*
(a) 6 और 11 दोनों से विभाज्य
(b) न तो 6 से और न ही 11 से विभाज्य
(c) केवल 6 से विभाज्य
(d) केवल 11 से विभाज्य

22. 2 या 5 से विभाज्य तीन अंकों की कुल संख्या है *RRC Group D 2022*
(a) 540 (b) 400 (c) 245 (d) 270

23. निम्नलिखित में से कौन-सा 'k' का मान हो सकता है जिससे कि संख्या 217924k, 6 से विभाज्य हो? *SSC CGL 2024*
(a) 6 (b) 4
(c) 0 (d) 2

> **MRC*****
> *(Most Repeating Concepts)*
> प्र. सं. 23, 24, 27 और 28 Examination Point of Views से अति महत्त्वपूर्ण हैं। इन Concept पर प्रश्न विभिन्न प्रतियोगी परीक्षाओं (NTPC, CGL, DSSSB, MTS आदि) में निरन्तर पूछे जा रहे हैं।

24. x का ऐसा न्यूनतम मान ज्ञात कीजिए, ताकि 5 अंकीय संख्या 725x3, 9 से विभाज्य हो जाए। *SSC Constable (GD) 2022*
(a) 1 (b) 6 (c) 0 (d) 3

25. k के उन सभी सम्भावित मानों का योग कितना होगा, जिसके लिए एक सात अंकों वाली संख्या 23k567k, 3 से विभाज्य हो? *SSC (10+2) 2021*
(a) 15 (b) 109
(c) 3 (d) 16

26. यदि एक संख्या $Y587X$, संख्या 90 से पूर्णत: विभाज्य है, तो $Y - X$ का मान क्या है? *DSSSB 2022*
(a) 7 (b) 3 (c) 5 (d) 4

27. यदि छह अंकों की संख्या 11p9q4, 24 से विभाज्य है, तो pq का अधिकतम सम्भावित मान ज्ञात कीजिए। *SSC CGL (Tier-II) 2023*
(a) 42 (b) 68 (c) 56 (d) 32

28. यदि 9 अंकों की संख्या $924x597y4$, 88 से पूर्णतया विभाज्य है, तो $(5x - 3y)$ का अधिकतम सम्भव मान क्या है? **DSSSB TGT 2023**
(a) 37 (b) 23 (c) 17 (d) 35

29. 3-अंक वाली संख्याओं abc, cab और bca का योगफल ……… से विभाज्य नहीं है। **SSC CGL (Tier-I) 2021**
(a) $a + b + c$ (b) 31
(c) 37 (d) 3

विभाजन सूत्र पर आधारित

30. भागाकार के एक सवाल में, भाजक, भागफल का 11 गुना और शेषफल का 5 गुना है। यदि शेषफल 44 है, तो भाज्य क्या होगा? **SSC (10+2) 2023**
(a) 8888 (b) 4448
(c) 4444 (d) 8444

31. 3^8 को 7 से भाग देने पर शेषफल क्या होगा? **SSC (10+2) 2023**
(a) 4 (b) 2 (c) 5 (d) 6

32. 8127 को 8 से भाग देने पर प्राप्त शेषफल क्या होगा? **SSC (10+2) 2022**
(a) 6 (b) 4 (c) 7 (d) 5

33. यदि $14331433 \times 1422 \times 1425$ को 10 से विभाजित किया जाता है, तो प्राप्त शेषफल ज्ञात करें। **SSC CPO 2020**
(a) 0 (b) 8 (c) 9 (d) 3

34. मान लीजिए, $N = 1420 \times 1423 \times 1425$, जब N को 12 से विभाजित किया जाता है, तो शेषफल क्या होगा? **DSSSB 2019**
(a) 0 (b) 4 (c) 6 (d) 2

35. जब किसी संख्या को 45 से विभाजित किया जाता है, तो 28 शेष बचता है उसी संख्या को 15 से विभाजित करने पर शेषफल होता है। **RRB NTPC 2021**
(a) 13 (b) 12
(c) 11 (d) 10

> **MRC*****
> ***(Most Repeating Concepts)***
> प्र. सं. 35, 36, 37 और 38 Examination Point of Views से अति महत्त्वपूर्ण हैं। इन Concept पर प्रश्न विभिन्न प्रतियोगी परीक्षाओं (SSC, NTPC, Police SI और Constable आदि) में निरन्तर पूछे जा रहे हैं।

36. जब कोई संख्या 119 से विभाजित होती है, तो शेषफल 10 बचता हैं उसी संख्या को, जब 17 से विभाजित किया जाए, तो शेषफल क्या होगा **RPF SI 2019**
(a) 7 (b) 9 (c) 8 (d) 10

37. एक संख्या को 18 से विभाजित करने पर शेषफल 3 रहता है। उसी संख्या के वर्ग को 18 से विभाजित करने पर शेषफल क्या होगा? **UP Police SI 2021**
(a) 5 (b) 9 (c) 3 (d) 7

38. किसी संख्या को 5 से विभाजित करने पर 3 शेष बचता है। जब उसी संख्या के वर्ग को 5 से विभाजित किया जाता है, तो शेषफल कितना होगा? **RRB NTPC 2021**
(a) 5 (b) 3 (c) 2 (d) 4

39. यदि किसी धन पूर्णांक n को 7 से विभाजित किया जाता है, तो शेषफल 3 प्राप्त होता है। निम्न में से किस संख्या को 7 से विभाजित करने पर शेषफल 0 प्राप्त होगा? **RRB NTPC 2022**
(a) $n + 3$ (b) $n + 4$
(c) $n + 2$ (d) $n + 5$

40. किसी संख्या को एक भाजक से विभाजित करने पर 16 शेष बचता है। जब मूल संख्या के दोगुने को उसी भाजक से विभाजित किया जाता है, तो 3 शेष बचता है। उस भाजक का मान ज्ञात कीजिए। **RRC Group D 2022**
(a) 29 (b) 51 (c) 23 (d) 53

41. जब $(25)^{25}$ को 26 से विभाजित किया जाता है, तो शेषफल ज्ञात कीजिए। **UP Police Asst. Operator 2024**
(a) 25 (b) −1 (c) 0 (d) 22

42. एक धनात्मक पूर्णांक को अभाज्य कहा जाता है। यदि वह स्वयं और 1 के अलावा किसी भी धनात्मक पूर्णांक से विभाज्य नहीं हो। मान लीजिए कि K एक अभाज्य संख्या है, जो 5 से बड़ी है। जब $K^2 + 19$ को 12 से विभाजित किया जाता है, तो शेषफल क्या होगा? **DP Constable 2023**
(a) 7 (b) 8 (c) 1 (d) 5

43. $(265)^{4081} + 9$ को 266 से विभाजित करने पर प्राप्त शेषफल ज्ञात कीजिए। **SSC CGL (Tier-I) 2023**
(a) 1 (b) 6 (c) 9 (d) 8

इकाई अंक पर आधारित

44. $4 \times 38 \times 764 \times 1256$ में इकाई का अंक क्या है? **RRB NTPC 2020**
(a) 5 (b) 6 (c) 8 (d) 4

45. संख्या $(22)^{23}$ का इकाई का अंक होगा
(a) 4 (b) 6 (c) 8 (d) 2

46. गुणनफल $(2467)^{153} \times (341)^{72}$ में इकाई अंक क्या है?
(a) 9 (b) 3 (c) 1 (d) 7

47. $(194)^{102} + (294)^{103}$ में इकाई स्थान का अंक खोजें। **SSC (10+2) 2018**
(a) 0 (b) 6 (c) 8 (d) 2

गुणनखण्ड पर आधारित

48. निम्न में से किस न्यूनतम संख्या को 1650 से गुणा किया जाए कि 1450 का एक गुणक प्राप्त हो? **DSSSB Grade-II 2019**
(a) 29 (b) 21 (c) 24 (d) 33

49. संख्या 266805 का अभाज्य गुणनखण्ड क्या होगा? **RRC Group D 2022**
(a) $3^3 \times 5^2 \times 7 \times 11^2$
(b) $3^2 \times 5 \times 7^2 \times 11^2$
(c) $3^4 \times 5^2 \times 7^2 \times 11^2$
(d) $3 \times 5 \times 7^3 \times 11^2$

> **MRC*****
> ***(Most Repeating Concepts)***
> प्र. सं. 49, 52, 53 और 54 Examination Point of Views से अति महत्त्वपूर्ण हैं। इन Concept पर प्रश्न विभिन्न प्रतियोगी परीक्षाओं (CHSL, Group-D, DSSSB आदि) में निरन्तर पूछे जा रहे हैं।

50. $9^6 \times 12^4 \times 7^7$ के अभाज्य गुणनखण्डों का योग ज्ञात कीजिए। **RRC Group D 2022**
(a) 13 (b) 12 (c) 14 (d) 11

51. यदि $12600 = p^3 \times q^2 \times r^2 \times s^1$, जहाँ p, q, r और s आरोही क्रम में क्रमागत अभाज्य संख्याएँ हैं, तो $(3p + 2q - r + s)$ का मान क्या है? **RRC Group D 2022**
(a) 12 (b) 13 (c) 14 (d) 17

52. 1750 में गुणनखण्डों की संख्या ज्ञात कीजिए। **Delhi Police SI 2021**
(a) 16 (b) 20 (c) 18 (d) 22

53. 120 के क्रमशः विषम और सम भाजक की कुल संख्या कितनी है? **RRB NTPC 2021**
(a) 16, 0 (b) 4, 12
(c) 8, 8 (d) 12, 4

54. 216 के विषम भाजकों का योग कितना है? **SSC CPO 2022**
(a) 600 (b) 14 (c) 16 (d) 40

55. 108 के गुणनखण्ड में कितनी अभाज्य संख्या/ संख्याएँ है/हैं?
(a) 2 (b) 3 (c) 5 (d) 6

संख्याओं की संक्रिया पर आधारित

56. प्रथम 'n' प्राकृत संख्याओं का योग कितना है? **RRB NTPC 2021**
(a) $\frac{n(n+1)}{2}$ (b) $\frac{n(n-1)}{2}$
(c) $\frac{n}{2}$ (d) $\frac{n}{2}+1$

57. 2 से 42 तक के प्राकृतिक सम संख्याओं का योग पता कीजिए।
(a) 462 (b) 426
(c) 642 (d) 624

58. प्रथम 25 विषम संख्याओं का योग ज्ञात करें।
(a) 125 (b) 225
(c) 400 (d) 625

59. एक लड़का 1 से 15 तक सभी प्राकृतिक संख्याओं का योग करता है, हालाँकि वह एक संख्या को दो बार जोड़ देता है जिसकी वजह से योग 134 हो जाता है। वह कौन-सी संख्या को दो बार जोड़ देता है? **DSSSB 2019**
(a) 18 (b) 14 (c) 15 (d) 10

60. दिए गए समीकरण में X और Z का उच्चतम मान क्या होगा?
$9X7 + 8YZ + 7Z1 = 2526$ **RRB NTPC (CBT-I) 2021**
(a) $X = 7, Z = 8$
(b) $X = 9, Z = 2$
(c) $X = 9, Z = 1$
(d) $X = 3, Z = 8$

61. 3 के तीन क्रमागत गुणजों का योग 72 है। दूसरी सबसे बड़ी संख्या क्या है? **UP Police Asst. Operator 2024**
(a) 27 (b) 45
(c) 24 (d) 61

62. तीन सह-अभाज्य संख्याएँ ऐसी हैं कि प्रथम दो संख्याओं का गुणनफल 527 और अन्तिम दो संख्याओं का गुणनफल 1147 है। तीन संख्याओं का योग है **DSSSB Grade-II 2019**
(a) 85 (b) 58
(c) 75 (d) 68

Right Key

1 (b)	2 (d)	3 (b)	4 (d)	5 (b)	6 (c)	7 (a)	8 (a)	9 (c)	10 (c)
11 (b)	12 (b)	13 (b)	14 (d)	15 (b)	16 (a)	17 (d)	18 (d)	19 (d)	20 (c)
21 (d)	22 (a)	23 (d)	24 (a)	25 (a)	26 (a)	27 (c)	28 (d)	29 (b)	30 (c)
31 (b)	32 (c)	33 (a)	34 (a)	35 (a)	36 (d)	37 (b)	38 (d)	39 (b)	40 (a)
41 (a)	42 (b)	43 (d)	44 (c)	45 (c)	46 (d)	47 (a)	48 (a)	49 (b)	50 (b)
51 (c)	52 (a)	53 (b)	54 (d)	55 (a)	56 (a)	57 (a)	58 (d)	59 (b)	60 (d)
61 (c)	62 (a)								

Solutions

1. (*b*) संख्या 61827354 में अंक 6 और 5 के जातीय मानों का योग = 6 + 5 = 11

2. (*d*) संख्या 527435 में अंक 7 और 3 का स्थानीय मान क्रमश: 7000 और 30 हैं।
$\therefore$ अभीष्ट अन्तर = 7000 − 30 = 6970

3. (*b*) संख्या 8756 में 7 का वास्तविक मान 7 और स्थानीय मान 700 है।
$\therefore$ अभीष्ट अन्तर = 700 − 7 = 693

4. (*d*) सबसे छोटी अभाज्य संख्या = 2

5. (*b*) सबसे छोटी भाज्य संख्या 4 है, जोकि 2 से पूर्णतया विभाज्य है।

6. (*c*) संख्या 241 एक अभाज्य संख्या है, क्योंकि संख्या 241 के अतिरिक्त अन्य सभी के गुणनखण्ड सम्भव हैं अर्थात्
$437 = 19 \times 23,\ 567 = 3 \times 3 \times 3 \times 3 \times 7$
$323 = 17 \times 19$

7. (*a*) 53 से 97 तक कुल संख्याएँ
= 97 − 53 + 1 = 45
53 से 97 तक अभाज्य संख्याएँ
(53, 59, 61, 67, 71, 73, 79, 83, 89, 97) = 10
$\therefore$ 53 से 97 तक भाज्य संख्याओं की संख्या
= 45 − 10 = 35

8. (*a*) $\because 3 = \sqrt{9}$ तथा $5 = \sqrt{25}$
अत: $\sqrt{9}$ और $\sqrt{25}$ के बीच की अपरिमेय संख्या $\sqrt{17}$ है।

9. (*c*) 50 से कम अभाज्य संख्याएँ हैं
2, 3, 5, 7, 11, 13, 17, 19, 23, 29, 31, 37, 41, 43, 47
अत: अभीष्ट अभाज्य संख्याएँ 15 हैं।

> **TOP TIPS** इस प्रकार के प्रश्नों को शीघ्रता से हल करने के लिए क्रमागत अभाज्य संख्याएँ कण्ठस्थ होनी चाहिए।

10. (*c*) विकल्प (c) से,
$198 = 2 \times 3 \times 3 \times 11$
$175 = 5 \times 5 \times 7$
यहाँ 1 के अतिरिक्त कोई भी उभयनिष्ठ गुणनखण्ड नहीं है।
अत: (198, 175) सह-अभाज्य संख्याएँ हैं।

11. (*b*) 301 से 399 तक अंक 3 इकाई स्थान पर = 10 बार
दहाई स्थान पर = 10 बार
और सैकड़े के स्थान पर = 99 बार
$\therefore$ 301 से 399 तक अंक 3 की कुल संख्या
= 10 + 10 + 99 = 119

12. (*b*) 51 से 100 के बीच सबसे बड़ी अभाज्य संख्या = 97
और सबसे छोटी अभाज्य संख्या = 53
$\therefore$ अभीष्ट योग = 97 + 53 = 150

13. (*b*) प्रश्नानुसार,
888 + 88 + 8 + 8 + 8 = 1000
यहाँ उपरोक्त व्यंजक में अंक 8 कुल 8 बार प्रयुक्त है।

14. (*d*) चूँकि *a*, *b*, *c*, *d* और *e* बाएँ से शुरू होने वाली किसी संख्या के अंक हैं।
तब संख्या
$= 10000a + 1000b + 100c + 10d + e$
$= 10^4 a + 10^3 b + 10^2 c + 10d + e$

15. (*b*) $\because$ यदि कोई संख्या 9 से विभाज्य है तो उसके अंकों का योग भी 9 से विभाज्य होगा।
$\therefore 627x5 \Rightarrow 6 + 2 + 7 + x + 5 = 20 + x$
अत: x का मान 7 रखने पर यह संख्या 9 से विभाज्य होगी।

16. (*a*) यदि संख्या के अंकों का योग 3 से विभाजित होता है, तो संख्या भी 3 से विभाजित होती है।
विकल्प (a) से, संख्या = 7865001
संख्या के अंकों का योग
= 7 + 8 + 6 + 5 + 0 + 0 + 1
= 27 जोकि 3 से विभाज्य है।

17. (*d*) विकल्प (d) से संख्या के सम व विषम अंकों के योग का अन्तर
$= (9 + 4 + 8 + 4) - (2 + 6 + 6)$
= 25 − 14 = 11, जो 11 का गुणज है।
अत: संख्या 9246864, 11 से विभाज्य है।

18. (*d*) चूँकि x मात्र 3 से भाज्य है और y मात्र 5 से भाज्य है,
माना $x = 3m$
$y = 5n$
$\therefore \quad xy = 3m \times 5n$
$= 15mn$
अत: xy, सदैव 3, 5 और 15 से भाज्य है।

19. (*d*) दिए गए विकल्पों में से संख्या 10098
9 के विभाज्यता नियम से, संख्या के अंकों का योग
= 1 + 0 + 0 + 9 + 8 = 18 जोकि 9 से विभाज्य है।
11 के विभाज्यता नियम से,
विषम स्थान के अंकों का योग और सम स्थान के अंकों का योग का अन्तर
$= (1 + 0 + 8) \sim (0 + 9) = 0$

20. (*c*) $\because 3^{71} + 3^{72} + 3^{73} + 3^{74} + 3^{75}$
$= 3^{71}(1 + 3^1 + 3^2 + 3^3 + 3^4)$
$= 3^{71}(1 + 3 + 9 + 27 + 81)$
$= 3^{71} \times 121$
$= 3^{71} \times 11^2$
अत: दी गई संख्या 11 से विभाजित होती है।

21. (*d*) संख्या = 611611611611
$\because$ संख्या का इकाई का अंक 1 है। इसलिए ये संख्या 2 तथा $6 (2 \times 3)$ से विभाजित नहीं होगी।
अब,
+ + + + + + [16]
6 11 6 11 6 11 6 11 [16]
+ + + + + +

$\therefore$ सम स्थानों के अंकों का योग − विषम स्थानों के अंकों का योग
= 16 − 16 = 0
अत: दी गई संख्या केवल 11 से विभाज्य है।

22. (*a*) तीन अंकों वाली संख्याएँ हैं,
100, 101, ... 999
कुल संख्या = 999 − 99 = 900
अब इसमें से 2 से विभाज्य संख्या
$= \frac{900}{2} = 450$
5 से विभाज्य संख्याएँ $= \frac{900}{5} = 180$
2 और 5 दोनों से विभाज्य संख्याएँ
$= \frac{900}{2 \times 5} = 90$
$\therefore$ 2 या 5 से विभाज्य संख्याएँ
= 450 + 180 − 90
= 540

23. (*d*) संख्या = 217924*k*
हम जानते हैं कि 6 से विभाजित होने वाली संख्या 2 और 3 से पूर्णतया विभाजित होगी।
$\therefore$ 3 से विभाज्यता के नियम से,
अंकों का योग = 2 + 1 + 7 + 9 + 2 + 4 + *k*
= 25 + *k*
$\therefore \quad k = 2, 5, 8$
2 से विभाज्यता के नियम से,
k का मान = 2, 8
$\therefore$ संख्या = 217924[2]
($\because$ विकल्प में 8 नहीं है)
$\therefore k$ का मान 2 होगा।

24. (*a*) 9 से विभाज्यता के नियम अनुसार, संख्या के अंकों का योग 9 से पूर्णत: विभाजित होना चाहिए।

दी गई संख्या $= 725x3$

अंकों का योग $= 7 + 2 + 5 + x + 3$

$= 17 + x$

x का मान 1 रखने पर, यह 9 से पूर्णतया विभाज्य होगा।

अत: x का न्यूनतम मान $= 1$

25. (*a*) 3 के विभाज्यता नियम से, संख्या के अंकों का योग भी 3 से विभाजित होता है।

संख्या $= 23k567k$

$\therefore$ अंकों का योग

$= 2 + 3 + k + 5 + 6 + 7 + k = 23 + 2k$

जोकि 3 से विभाज्य है, तब k के सम्भावित मान $= 2, 5, 8$

$\therefore$ सम्भावित मानों का योग $= 2 + 5 + 8 = 15$

26. (*a*) दी गई संख्या $Y587X$, संख्या 90 से विभाज्य है, तब यह 9 और 10 से भी विभाज्य है।

10 के विभाज्यता नियम से अन्तिम अंक शून्य होता है।

$\therefore \quad X = 0$

9 के विभाज्यता नियम से,

अंकों का योग $= Y + 5 + 8 + 7 + 0$

$= Y + 20$

जोकि 9 से विभाज्य है।

तब, $\quad Y = 7 \quad \left(\because \frac{27}{9} = 3\right)$

$\therefore \quad Y - X = 7 - 0 = 7$

27. (*c*) दी गई संख्या है $= 11p9q4$

यदि संख्या 24 से विभाज्य है तब यह 8 और 3 से भी विभाज्य होगा।

8 के विभाज्यता नियम से, अन्तिम तीन अंकों से बनी संख्या $9q4$ भी 8 से विभाज्य होगी।

$\therefore \quad q = 8 \qquad (\because 984 = 8 \times 123)$

अब 3 के विभाज्यता नियम से,

अंकों का योग $= 1 + 1 + p + 9 + 8 + 4$

$= (23 + p)$ जोकि 3 से विभाज्य है

$\therefore p$ का सम्भव मान $= 1, 4, 7$

अत: pq का अधिकतम मान $= 8 \times 7 = 56$

28. (*d*) दी गई संख्या $924x597y4$, संख्या 88 से पूर्णतया विभाज्य है, तब यह 8 और 11 से भी विभाज्य होगी।

8 के विभाज्यता नियम से,

अन्तिम तीन अंकों से बनी संख्या $7y4$, 8 से विभाजित होनी चाहिए।

$\therefore \quad y = 0$ या 4

$(5x - 3y)$ का अधिकतम सम्भव मान के लिए $y = 0$

अब 11 के विभाज्यता नियम से,

विषम स्थान के अंकों का योग और सम स्थान के अंकों का योग का अन्तर

$= (9 + 4 + 5 + 7 + 4) - (2 + x + 9 + 0)$

$= 29 - (11 + x) = 18 - x$

(जोकि 11 से विभाज्य है)

$\therefore \quad x = 7$

अब $\quad 5x - 3y = 5 \times 7 - 3 \times 0$

$= 35$

29. (*b*) दी गई 3–अंक वाली संख्याएँ हैं

abc, cab और bca

$\therefore$ इनका योगफल $= abc + cab + bca$

$= 100a + 10b + c + 100c + 10a + b + 100b + 10c + a$

$= 111a + 111b + 111c$

$= 111(a + b + c) = 3 \times 37 \times (a + b + c)$

अत: उपरोक्त से स्पष्ट है कि संख्याओं का योगफल 3, 37 और $(a + b + c)$ से विभाज्य है, लेकिन 31 से विभाज्य नहीं है।

30. (*c*) दिया है, शेषफल $= 44$

प्रश्नानुसार,

भाजक $= 5 \times$ शेषफल

$= 5 \times 44 = 220$

तब, भागफल $= \frac{\text{भाजक}}{11} = \frac{220}{11} = 20$

$\therefore$ भाज्य $=$ भाजक $\times$ भागफल $+$ शेषफल

$= 220 \times 20 + 44$

$= 4400 + 44 = 4444$

31. (*b*) $\frac{3^8}{7}$ में शेषफल $= \frac{3^6 \times 3^2}{7}$ में शेषफल

$= \frac{1 \times 3^2}{7}$ में शेषफल

$\left\{\because \frac{a^{p-1}}{p} \text{ में शेषफल} = 1\right\}$

$= \frac{9}{7}$ में शेषफल $= 2$

32. (*c*) $\because \; 8127 = 1015 \times 8 + 7$

अत: 8127 को 8 से भाग देने पर शेषफल 7 प्राप्त होगा।

33. (*a*) $14331433 \times 1422 \times 1425$ को 10 से विभाजित करने पर प्राप्त शेषफल शून्य होगा, क्योंकि 1422×1425 में इकाई अंक (0) शून्य प्राप्त होता है।

34. (*a*) दिया है,

$N = 1420 \times 1423 \times 1425$

$\therefore \quad \frac{N}{12} = \frac{1420 \times 1423 \times 1425}{12}$

$= \frac{1420}{4} \times 1423 \times \frac{1425}{3}$

$= 355 \times 1423 \times 475$

स्पष्टत: दी गई संख्या N, 12 से पूर्णत: विभाज्य है।

अत: N को 12 से विभाजित करने पर शेषफल 0 प्राप्त होगा।

35. (*a*) माना संख्या $= 45k + 28$

$= 15 \times 3k + 15 + 13$

$= 15(3k + 1) + 13$

उपरोक्त से स्पष्ट है कि संख्या को 15 से विभाजित करने पर शेषफल 13 प्राप्त होता है।

Quick Method

यहाँ, $\frac{45}{15} = 3$ (पूर्णत: विभाज्य)

$\therefore$ शेषफल $= \frac{28}{15}$ का शेषफल $= 13$

36. (*d*) माना संख्या $(N) = 119x + 10$

$= (17 \times 7)x + 10$

अब, $\frac{N}{17} = \frac{(17 \times 7)x}{17} + \frac{10}{17} = 7x + \frac{10}{17}$

अत: संख्या N को 17 से विभाजित करने पर शेषफल 10 प्राप्त होता है।

Quick Method

यहाँ, $\frac{119}{17} = 7$ (पूर्णत: विभाज्य)

अभीष्ट शेषफल $= \frac{10}{17}$ का शेषफल $= 10$

37. (*b*) माना संख्या $= 18K + 3$

$\therefore$ संख्या का वर्ग $= (18K + 3)^2$

$= 324K^2 + 9 + 2 \times 18K \times 3$

यहाँ 9 के अतिरिक्त दोनों पद 18 से विभाज्य है।

अत: संख्या के वर्ग को 18 से विभाजित करने पर शेषफल $= 9$

38. (*d*) माना संख्या $(x) = 5K + 3$

$\therefore$ संख्या का वर्ग $(x^2) = (5K + 3)^2$

$= 25K^2 + 9 + 30K$

$= 5(5K^2 + 6K + 1) + 4$

अत: संख्या के वर्ग को 5 से विभाजित करने पर शेषफल 4 होगा।

TOP TIPS इस प्रकार के प्रश्नों में शेषफल का वर्ग करके, भाजक से भाग देने पर प्राप्त शेषफल ही अभीष्ट शेषफल होता है।

39. (*b*) माना $n = 7K + 3$

अब 7 से विभाजित करने पर शेषफल शून्य प्राप्त होने के लिए दोनों ओर 4 जोड़ा जाएगा।

तब $\quad n + 4 = 7K + 3 + 4$

$n + 4 = 7(K + 1) + 0$

अत: $(n+4)$ को 7 से विभाजित करने पर शेषफल 0 प्राप्त होगा।

40. (*a*) माना भाजक का मान $= x$
और भागफल $= y$
तब, संख्या $(n) = xy + 16$
अब संख्या का दोगुना $(2n) = 2xy + 32$
$= 2xy + 29 + 3$
चूँकि संख्या के दोगुने को उसी भाजक से भाग देने पर 3 शेष बचता है, तब उपरोक्त से भाजक 29 प्राप्त होगा।

41. (*a*) हम जानते हैं कि $(x-1)^n$ को x से विभाजित करने पर प्राप्त शेषफल $= x - 1$
$\therefore (25)^{25}$ या $(26-1)^{25}$ को 26 से विभाजित करने पर शेषफल $= 26 - 1 = 25$

42. (*b*) प्रश्नानुसार,
$K = 7, 11, 13 \ldots\ldots$ (अभाज्य संख्या)
अब $(K^2 + 19)$ को 12 से विभाजित करने पर
शेषफल $= \dfrac{K^2+19}{12}$ में शेषफल
जब $K = 7$, तब शेषफल $= \dfrac{49+19}{12}$ में शेषफल
$= 1 + 7 = 8$
जब $K = 11$, तब शेषफल $= \dfrac{121+19}{12}$ में
शेषफल $= 1 + 7 = 8$
इसी प्रकार, आगे भी K के अन्य मान रखने पर,
अत: अभीष्ट शेषफल $= 8$

43. (*d*) दी गई संख्या $= (265)^{4081} + 9$
$= (265)^{4081} + 1 + 8$
$= [(265)^{4081} + (1)^{4081}] + 8$
हम जानते हैं कि $(x^n + a^n)$, n के विषम मानों के लिए $(x+a)$ से विभाज्य है।
$\therefore (265)^{4081} + (1)^{4081}$, $(265 + 1)$ अर्थात् 266 से पूर्णत: विभाज्य होगा।
अत: अभीष्ट शेषफल $= 8$

44. (*c*) $4 \times 38 \times 764 \times 1256$ में इकाई अंक
$= 4 \times 8 \times 4 \times 6$ में इकाई अंक
$= 32 \times 24$ में इकाई अंक
$= 2 \times 4$ में इकाई अंक
$= 8$

45. (*c*) $(22)^{23}$ का इकाई अंक
$= (2)^{4\times5+3}$ का इकाई अंक
$= (2)^3$ का इकाई अंक $= 8$

46. (*d*) $(2467)^{153} \times (341)^{72}$ में इकाई का अंक
$= (7)^{153} \times (1)^{72}$ में इकाई का अंक
$= 7^{4\times38+1} \times 1$ में इकाई का अंक
$= 7 \times 1$ में इकाई का अंक $= 7$

47. (*a*) $(194)^{102} + (294)^{103}$ में इकाई का अंक
$= (4)^{102} + (4)^{103}$ में इकाई का अंक
$= (4)^{25\times4+2} + (4)^{25\times4+3}$ में इकाई का अंक
$= (4)^2 + (4)^3$ में इकाई का अंक
$= (6 + 4)$ में इकाई अंक $= 0$

48. (*a*) $\because$ $1650 = \boxed{5} \times \boxed{5} \times \boxed{2} \times 3 \times 11$
$1450 = \boxed{5} \times \boxed{5} \times \boxed{2} \times 29$
उपरोक्त से स्पष्ट है 1650 में 29 से गुणा करने पर यह 1450 का एक गुणक बन जाएगा।

49. (*b*) 266805 के अभाज्य गुणनखण्ड
$= 3 \times 3 \times 5 \times 7 \times 7 \times 11 \times 11$
$= 3^2 \times 5 \times 7^2 \times 11^2$

50. (*b*) $\because 9^6 \times 12^4 \times 7^7$ के अभाज्य गुणनखण्ड
$= (3^2)^6 \times 3^4 \times 4^4 \times 7^7$
$= 3^{12} \times 3^4 \times (2^2)^4 \times 7^7$
$= 3^{16} \times 2^8 \times 7^7$
$\therefore$ अभाज्य गुणनखण्डों का योग
$= 3 + 2 + 7 = 12$

51. (*c*) $\because 12600 = 2^3 \times 3^2 \times 5^2 \times 7^1$
उपरोक्त की तुलना
$p^3 \times q^2 \times r^2 \times s^1$ से करने पर,
$p = 2,\ q = 3,\ r = 5,\ s = 7$
$(3p + 2q - r + s)$
$= 3 \times 2 + 2 \times 3 - 5 + 7$
$= 6 + 6 - 5 + 7 = 19 - 5 = 14$

52. (*a*) 1750 के गुणनखण्ड $= 2 \times 5^3 \times 7$
गुणनखण्डों की संख्या
$= (1+1) \times (3+1) \times (1+1)$
$= 2 \times 4 \times 2 = 16$

53. (*b*) $\because 120 = 2^3 \times 3 \times 5$
$\therefore$ 120 के भाजकों की कुल संख्या
$= (3+1)(1+1)(1+1)$
$= 4 \times 2 \times 2 = 16$
विषम भाजक $= 1, 3, 5, 15$
$\therefore$ विषम भाजकों की संख्या $= 4$
तथा सम भाजकों की संख्या $= 16 - 4 = 12$

54. (*d*) 216 के विषम भाजक $= 1, 3, 9, 27$
$\therefore$ अभीष्ट योग $= 1 + 3 + 9 + 27 = 40$

55. (*a*) 108 के सभी गुणनखण्ड $= 1, 2, 3, 4, 6, 9, 12, 18, 27, 36, 54, 108$
$\therefore$ 108 के गुणनखण्ड में '2' अभाज्य संख्याएँ (2 और 3) हैं।

Quick Method

$108 = 2 \times 2 \times 3 \times 3 \times 3 = 2^2 \times 3^3$
$\therefore$ 108 के गुणनखण्डों में अभाज्य संख्याएँ (2, 3) अर्थात् 2 है।

56. (*a*) प्रथम n प्राकृत संख्याओं का योग
$= \dfrac{n(n+1)}{2}$

57. (*a*) $\because$ प्रथम n सम संख्याओं का योग
$= n(n+1)$
$\therefore$ 2 से 42 तक प्राकृतिक सम संख्याओं की संख्या $= \dfrac{42}{2} = 21$
$\therefore$ अभीष्ट योग $= 21(21+1) = 21 \times 22 = 462$

58. (*d*) $\because$ प्रथम n विषम संख्याओं का योग $= n^2$
$\therefore$ प्रथम 25 विषम संख्याओं का योग $= (25)^2$
$= 625$

59. (*b*) 1 से 15 तक सभी प्राकृतिक संख्याओं का योग $= \dfrac{15(15+1)}{2} = \dfrac{15 \times 16}{2} = 120$
$\therefore$ दो बार जोड़ी गई संख्या $= 134 - 120 = 14$

60. (*d*) दिया गया योगफल है

```
  9 X 7
  8 Y Z
+ 7 Z 1
-------
  2 5 2 6
```

जब हम इकाई अंकों को जोड़ते हैं, तब प्राप्त परिणाम $(8 + Z)$ का इकाई अंक 6 है।
$\therefore \quad 8 + Z = 16 \Rightarrow Z = 8$
अब दहाई अंकों और 1 हासिल को जोड़ने पर प्राप्त परिणाम
$= X + Y + 8 + 1 = X + Y + 9$
$X + Y + 9$ का इकाई अंक 2 है, तब इसका मान या तो 12 या 22 होगा चूँकि सौवें स्थान वाले अंकों को जोड़ने पर केवल 1 अतिरिक्त हासिल जुड़ रहा है।
$\therefore \quad X + Y + 9 = 12$
$X + Y = 12 - 9 = 3$
$\therefore X$ का अधिकतम मान $= 3$ (जब $Y = 0$)

61. (*c*) माना 3 के तीन क्रमागत गुणज $3(x-1)$, $3x$ और $3(x+1)$ है
तब प्रश्नानुसार,
$3(x-1) + 3x + 3(x+1) = 72$
$\Rightarrow \quad 3x - 3 + 3x + 3x + 3 = 72$
$\Rightarrow \quad 9x = 72$
$\Rightarrow \quad x = 8$
अत: दूसरी सबसे बड़ी संख्या $= 3x = 3 \times 8$
$= 24$

62. (*a*) माना तीन सह-अभाज्य संख्याएँ x, y और z हैं।
तब प्रश्नानुसार,
$x \times y = 527 = 17 \times 31$
तथा $y \times z = 1147 = 31 \times 37$
उपरोक्त में दोनों पक्षों की तुलना करने पर,
$x = 17,\ y = 31,\ z = 37$
$\therefore \quad x + y + z = 17 + 31 + 37 = 85$

अध्याय

02 साधारण एवं दशमलव भिन्न

Chapter Snapshot

I. भिन्न ऐसी संख्या, जिसे p/q (जहाँ, $q \neq 0$) के रूप में व्यक्त किया जा सके, भिन्न कहलाती है। भाज्य (p) को भिन्न का अंश (Numerator) तथा भाजक (q) को भिन्न का हर (Denominator) कहा जाता है।

जैसे— $\frac{3}{5}$ एक भिन्न है, जिसमें 3 भिन्न का अंश तथा 5 भिन्न का हर है।

II. साधारण भिन्न ऐसी भिन्न जिसके अंश तथा हर दोनों धनात्मक पूर्णांक हों, साधारण भिन्न कहलाती है। इसे सामान्य भिन्न भी कहा जाता है। जैसे— $\frac{2}{5}, \frac{3}{8}, \frac{7}{11}$ आदि।

III. भिन्नों के प्रकार

- **संक्षिप्त भिन्न/लघुत्तम भिन्न** ऐसी भिन्न, जिसके अंश व हर में 1 के अतिरिक्त कोई अन्य उभयनिष्ठ न हो; जैसे— $\frac{3}{7}, \frac{4}{13}$, आदि।
- **उचित भिन्न** ऐसी भिन्न जिसका अंश, हर से कम हो; जैसे— $\frac{2}{7}$
- **अनुचित/विषम भिन्न** ऐसी भिन्न जिसका अंश, हर से अधिक हो; जैसे— $\frac{13}{4}$
- **मिश्रित भिन्न** ऐसी भिन्न, जो पूर्णांक तथा एक उचित भिन्न से मिलकर बनी हो; जैसे— $3\frac{1}{4}, 5\frac{6}{7}$ आदि।
- **व्युत्क्रम भिन्न** किसी भिन्न के अंश तथा हर को परस्पर बदलने से प्राप्त भिन्न उस भिन्न की व्युत्क्रम भिन्न कहलाती है। जैसे— $\frac{a}{b}$ का व्युत्क्रम भिन्न $\frac{b}{a}$ होता है।
- **समतुल्य भिन्न** दो या दो से अधिक भिन्नें समतुल्य कहलाती हैं यदि उनके अंश व हर के मान अलग-अलग होते हैं, परन्तु इन भिन्नों के संक्षिप्त/सरलतम/लघुत्तम मान समान होते हैं। जैसे— $\frac{4}{6}, \frac{2}{3}, \frac{8}{12}$ आदि समतुल्य भिन्न हैं, क्योंकि $\frac{4}{6} = \frac{2}{3}$ तथा $\frac{8}{12} = \frac{2}{3}$
- **समान भिन्न** ऐसी भिन्न जिसमें भिन्नों का मान समान हो। जैसे— $\frac{3}{6}, \frac{2}{4}, \ldots\ldots$

IV. दशमलव भिन्न जिस भिन्न का हर 10 या 10 के घात के रूप में होता है, उसे दशमलव भिन्न कहते हैं। जैसे— $\frac{2}{10}, \frac{3}{10}, \frac{11}{100}$ आदि या 0.2, 0.3, 0.11 आदि।

दशमलव भिन्न दो प्रकार की होती हैं

- **सांत दशमलव भिन्न** ऐसी दशमलव भिन्न, जिनमें दशमलव के बाद अंकों की संख्या सीमित (निश्चित) रहती है। जैसे—17.28, 6.02 आदि।
- **असांत/पुनरावृत्त दशमलव भिन्न** वह दशमलव भिन्न जिसमें दशमलव के बाद एक से अधिक बार अंकों की पुनरावृत्ति हो। जैसे— $\frac{2}{3} = 0.6666\ldots = 0.\bar{6}$ तथा $\frac{22}{7} = 3.\overline{142857}$

Concept Capsule

- दशमलव भिन्न में दशमलव के बाद के अंकों के बाद कितने भी शून्य हों, मान अपरिवर्तित रहता है।
- किसी भिन्न के अंश व हर में एक समान संख्या से गुणा अथवा भाग करने पर उसका मान अपरिवर्तित रहता है।

Formula Flashcards

- भिन्न का योग $= \frac{\text{पहली भिन्न} \times \text{ल.स.} + \text{दूसरी भिन्न} \times \text{ल.स.} + \ldots}{\text{भिन्न के हरों का ल.स.}}$
- भिन्नों का अन्तर $= \frac{\text{पहली भिन्न} \times \text{ल.स.} - \text{दूसरी भिन्न} \times \text{ल.स.}}{\text{भिन्न के हरों का ल.स.}}$
- $a\frac{b}{c} \pm d\frac{e}{c} = (a \pm d) + \left(\frac{b \pm e}{c}\right)$ [जब हर समान हो]
- $a\frac{b}{c} \pm d\frac{e}{f} = (a \pm d) + \left(\frac{b \times f \pm c \times e}{c \times f}\right)$ [जब हर असमान हो]

असांत/पुनरावृत्त दशमलव भिन्न दो प्रकार की होती हैं—

(i) **शुद्ध पुनरावृत्त दशमलव भिन्न** वह दशमलव भिन्न, जिनमें दशमलव के बाद के सभी अंकों की पुनरावृत्ति होती है।

जैसे—$0.237237237... = 0.\overline{237} = \frac{237}{999}$

(ii) **मिश्रित पुनरावृत्त दशमलव भिन्न** वह दशमलव भिन्न, जिनमें दशमलव के बाद के सभी अंकों की पुनरावृत्ति नहीं होती है।

जैसे—$0.179999... = 0.17\overline{9}$ तथा $0.6393939... = 0.6\overline{39}$, आदि।

आवर्ती दशमलव का परिमेय संख्या में रूपान्तरण

ऐसी भिन्नों को साधारण भिन्न में परिवर्तित करने के लिए दशमलव के बाद के सभी अंकों की संख्या में से अपुनरावृत्त भाग को घटाकर अंश के रूप में लिख लेते हैं तथा हर में जितने अंकों की पुनरावृत्ति हो रही है, उतनी ही बार 9 लेकर उसके बाद उतने ही शून्य लगाते हैं, जितने अपुनरावृत्त अंक हैं; जैसे—$0.12\overline{36} = \frac{1236-12}{9900} = \frac{1224}{9900} = \frac{102}{825}$

(a) $0.\overline{x} = \frac{x}{9}$ (b) $0.\overline{xy} = \frac{xy}{99}$ (c) $0.\overline{xyz} = \frac{xyz}{999}$

(d) $0.x\overline{y} = \frac{xy-x}{90}$ (e) $0.xy\overline{z} = \frac{xyz-xy}{900}$ (f) $0.x\overline{yz} = \frac{xyz-x}{990}$

V. दशमलव भिन्न को साधारण भिन्न में बदलना दशमलव भिन्न को साधारण भिन्न में बदलने के लिए दशमलव को हटाकर बची संख्या को भिन्न के अंश के रूप में तथा हर में 1 के बाद उतने शून्य ('0') लिखे जाते हैं, जितने अंक, संख्या में दशमलव के बाद होते हैं। जैसे—$3.52 = \frac{352}{100}, 0.10011 = \frac{10011}{100000}$ आदि।

Concept Capsule
- किसी भिन्न को लघुत्तम रूप में कहा जा सकता है, यदि उनके अंश व हर परस्पर अभाज्य हों।
- दो या दो से अधिक भिन्नों में यदि प्रत्येक भिन्न का अंश समान हो, तो सबसे छोटे हर वाली भिन्न सबसे बड़ी होगी।

VI. साधारण भिन्न को दशमलव भिन्न में बदलना साधारण भिन्न के अंश में हर से भाग देकर दशमलव भिन्न प्राप्त की जाती है। जैसे—$\frac{15}{8} = 1.875$

VII. भिन्नों की तुलना

- यदि दी गई भिन्नों के हर समान हैं, तब बड़े अंश वाली भिन्न सबसे बड़ी होती है तथा छोटे अंश वाली भिन्न सबसे छोटी होती है।
- दो या दो से अधिक भिन्नों की तुलना उन्हें दशमलव रूप में परिवर्तित करके की जा सकती है।
- यदि दिए गए भिन्नों के अंश व हर का अन्तर समान हो, तो सबसे बड़े अंश वाली भिन्न सबसे बड़ी तथा सबसे छोटे अंश वाली भिन्न सबसे छोटी होती है।
- दो या दो से अधिक भिन्नों को समतुल्य बनाकर भी भिन्नों की तुलना की जा सकती है।
- दो भिन्न $\frac{a}{b}$ और $\frac{c}{d}$ के लिए $\frac{a}{b} > \frac{c}{d}$ यदि $ad > bc$ $\left(\frac{a}{b} \times \frac{c}{d}\right)$
- **भिन्नों का आरोही क्रम** दो या दो से अधिक भिन्नों का बढ़ता हुआ क्रम, भिन्नों का आरोही क्रम कहलाता है।
- **भिन्नों का अवरोही क्रम** दो या दो से अधिक भिन्नों का घटता हुआ क्रम, भिन्नों का अवरोही क्रम कहलाता है।

VIII. भिन्नों पर संक्रियाएँ

- **भिन्नों का योग** $\frac{5}{7} + \frac{11}{7} + \frac{9}{7} = \frac{5+11+9}{7} = \frac{25}{7}$
- **भिन्नों का अन्तर** $7\frac{1}{5} - 6\frac{2}{5} = \frac{36}{5} - \frac{32}{5} = \frac{4}{5}$
- **भिन्नों की गुणा** $4\frac{1}{2} \times 2\frac{4}{5} = \frac{9}{2} \times \frac{14}{5} = \frac{9 \times 7}{1 \times 5} = \frac{63}{5}$
- **भिन्नों का भाग** $1190\frac{1}{2} \div 8\frac{1}{2} = \frac{2381}{2} \div \frac{17}{2} = \frac{2381}{2} \times \frac{2}{17} = \frac{2381}{17} = 140\frac{1}{17}$

Exam Approach Examples

भिन्नों की संक्रिया पर आधारित

उदाहरण 1. $2\frac{3}{5}$ **का व्युत्क्रम है** *RRB ALP 2018*

(a) $3\frac{3}{5}$ (b) $5\frac{3}{2}$ (c) $\frac{5}{13}$ (d) $2\frac{3}{5}$

हल (c) $\because 2\frac{3}{5}=\frac{13}{5}$, इसलिए $\frac{13}{5}$ का व्युत्क्रम $=\frac{5}{13}$

दशमलव भिन्नों की संक्रिया पर आधारित

उदाहरण 2. **5 लीटर का कितना दशमलव भिन्न, 195 मिली होगा?** *SSC Constable (GD) 2020*

(a) 0.039 (b) 0.0039 (c) 0.39 (d) 3.9

हल (a) अभीष्ट भिन्न $=\frac{195 \text{ मिली}}{5 \text{ लीटर}}=\frac{195}{5\times 1000}=0.039$

[$\because$ 1 लीटर = 1000 मिली]

उदाहरण 3. **नीचे दिए गए भिन्नों में कौन-सा भिन्न** $\frac{9}{17}$ **के बराबर नहीं है?** *RRB ALP 2018*

(a) $\frac{108}{221}$ (b) $\frac{27}{51}$ (c) $\frac{63}{119}$ (d) $\frac{153}{289}$

हल (a) विकल्पों से, $\frac{108}{221}=\frac{9\times 12}{17\times 13}\neq\frac{9}{17}$

अत: $\frac{108}{221}$, भिन्न $\frac{9}{17}$ के बराबर/समतुल्य नहीं है।

दशमलव भिन्नों के रूपान्तरण पर आधारित

उदाहरण 4. $x=0.70444444\ldots, x$ **का भिन्नात्मक मान ज्ञात कीजिए।** *UP Police ASI 2021*

(a) $\frac{634}{900}$ (b) $\frac{534}{900}$ (c) $\frac{734}{900}$ (d) $\frac{434}{900}$

हल (a) $x=0.7044444\ldots\ldots$

100 से दोनों ओर गुणा करने पर, $100x=70.4444\ldots\ldots$ ...(i)

10 से पुन: दोनों ओर गुणा करने पर,

$1000x=704.444$ ...(ii)

समी (i) को समी (ii) से घटाने पर,

$\Rightarrow 1000x-100x=704.444\ldots\ldots-70.444\ldots\ldots$

$\Rightarrow 900x=634 \Rightarrow x=\frac{634}{900}$

Quick Method

$x=0.70\overline{4}$

$\therefore$ अभीष्ट मान $=\frac{704-70}{900}=\frac{634}{900}$

भिन्नों की तुलना पर आधारित

उदाहरण 5. **निम्नलिखित में से कौन-सा भिन्न सबसे बड़ा है?** *UPSSSC PET 2022*

(a) $\frac{13}{16}$ (b) $\frac{7}{8}$ (c) $\frac{31}{40}$ (d) $\frac{63}{80}$

हल (b) $\because \frac{13}{16}=0.8125$, $\frac{7}{8}=0.875$; $\frac{31}{40}=0.775$, $\frac{63}{80}=0.7875$

अत: $\frac{7}{8}$ सबसे बड़ी भिन्न है।

उदाहरण 6. **दिए गए भिन्नों को घटते क्रम में व्यवस्थित कीजिए।**

$\frac{7}{8},\frac{8}{9},\frac{9}{10}$ *RRB NTPC 2021*

(a) $\frac{7}{8},\frac{8}{9},\frac{9}{10}$ (b) $\frac{8}{9},\frac{7}{8},\frac{9}{10}$ (c) $\frac{9}{10},\frac{7}{8},\frac{8}{9}$ (d) $\frac{9}{10},\frac{8}{9},\frac{7}{8}$

हल (d) दी गई भिन्नें हैं, $\frac{7}{8},\frac{8}{9},\frac{9}{10}$

यहाँ सभी भिन्नों के अंश और हर का अन्तर समान है इसलिए बड़े अंश वाली भिन्न बड़ी तथा छोटे अंश वाली भिन्न छोटी होगी।

$\therefore$ भिन्नों का घटता क्रम है $\frac{9}{10},\frac{8}{9},\frac{7}{8}$

Trending Concept

भिन्नों की तुलना पर आधारित प्रश्न वर्तमान में हो रही परीक्षाओं (NTPC, CGL, UPPET आदि) में पूछे जा रहे हैं, जो आगामी परीक्षाओं के लिए अति महत्त्वपूर्ण हैं।

भिन्नों के मिश्रित Concept पर आधारित

उदाहरण 7. **दिया गया है,** $\frac{1}{7.426}=0.1344$, **तो** $\frac{1}{0.0007426}=?$ *DSSSB 2019*

(a) 13440 (b) 1344 (c) 13.44 (d) 1.344

हल (b) $\frac{1}{7.426}=0.1344$

$\therefore \frac{1}{0.0007426}=\frac{1}{0.0007426}\times\frac{10000}{10000}=\frac{1}{7.426}\times 10000$

$=0.1344\times 10000=1344$

उदाहरण 8. $\frac{5}{5+\frac{1}{5+\frac{1}{5}}}$ **का मान है**

(a) $\frac{26}{135}$ (b) $\frac{130}{135}$ (c) $\frac{135}{26}$ (d) $\frac{135}{130}$

हल (b) $\frac{5}{5+\frac{1}{5+\frac{1}{5}}}=\frac{5}{5+\frac{1}{\frac{26}{5}}}=\frac{5}{5+\frac{5}{26}}$

$=\frac{5}{\frac{130+5}{26}}=\frac{5}{\frac{135}{26}}=\frac{5\times 26}{135}=\frac{130}{135}$

Score Booster

इस प्रकार की भिन्नों का हल नीचे से करना होता है।

भिन्नों पर आधारित शाब्दिक प्रश्न

उदाहरण 9. **यदि** $208\frac{4}{5}$ **लम्बाई की एक छड़ को** $23\frac{1}{5}$ **लम्बाई के बराबर टुकड़ों में काटा जाता है, तो प्राप्त छड़ों की कुल संख्या है** *RRB ALP 2018*

(a) 5 (b) 7 (c) 8 (d) 9

हल (d) बड़े छड़ की लम्बाई $=208\frac{4}{5}=\frac{1044}{5}$ इकाई

छोटे छड़ की लम्बाई $=23\frac{1}{5}=\frac{116}{5}$ इकाई

$\therefore$ छड़ों की संख्या $=\frac{1044}{5}\div\frac{116}{5}=\frac{1044}{5}\times\frac{5}{116}=9$

Chapter Challenge

भिन्नों की संक्रिया पर आधारित

1. $\frac{803}{876}$ का सरलतम रूप है **DP MTS 2022**

(a) $\frac{11}{12}$ (b) $\frac{23}{24}$

(c) $\frac{26}{27}$ (d) $\frac{4}{7}$

2. भिन्न $\frac{2}{3}$ और उसके व्युत्क्रम का योग है **RRB ALP 2018**

(a) $\frac{5}{6}$ (b) $2\frac{1}{6}$

(c) $2\frac{1}{5}$ (d) 1

3. एक सप्ताह का कितना भिन्नात्मक भाग 154 घण्टे होगा? **DSSSB 2017**

(a) $\frac{11}{12}$ (b) $\frac{11}{13}$

(c) $\frac{7}{12}$ (d) $\frac{9}{13}$

4. $\frac{5}{7}$ और $\frac{9}{5}$ के व्युत्क्रमों के योग का व्युत्क्रम क्या है? **RRB NTPC 2021**

(a) $\frac{88}{35}$ (b) $\frac{88}{45}$

(c) $\frac{45}{88}$ (d) $\frac{35}{88}$

5. $\frac{2}{11}$ को $-\frac{5}{14}$ के व्युत्क्रम से गुणा करने पर क्या मान होगा? **RRB NTPC 2021**

(a) $\frac{2}{3}$ (b) $\frac{28}{55}$

(c) $-\frac{28}{55}$ (d) $-\frac{10}{153}$

6. $\left(\frac{71}{105}\right)$ और $\left(\frac{71}{420}\right)$ का योगफल क्या है? **UP Police ASI 2021**

(a) $\frac{83}{84}$ (b) $\frac{73}{84}$

(c) $\frac{79}{84}$ (d) $\frac{71}{84}$

7. $20\frac{1}{2} + 30\frac{1}{3} - 15\frac{1}{6} = ?$

(a) $34\frac{1}{6}$

(b) $35\frac{2}{3}$

(c) $35\frac{5}{6}$

(d) $45\frac{1}{3}$

> **MRC*****
> ***(Most Repeating Concepts)***
> प्र. सं. 6, 8 और 18 Examination Point of Views से अति महत्त्वपूर्ण हैं। इन Concept पर प्रश्न प्रतियोगी परीक्षाओं (UP ASI, Constable, NTPC आदि) में निरन्तर पूछे जा रहे हैं।

8. $1\frac{1}{8} + 1\frac{6}{7} + 3\frac{3}{5}$ का मान होगा

(a) $8\frac{121}{140}$ (b) $6\frac{163}{280}$ (c) $7\frac{117}{140}$ (d) $9\frac{197}{280}$

9. $\frac{3}{70} + \frac{1}{42} + \frac{1}{66} + \frac{3}{286} + \frac{1}{130} + \frac{1}{170}$ का मान कितना होगा? **SSC CGL (Tier-II) 2022**

(a) $\frac{11}{85}$ (b) $\frac{9}{85}$

(c) $\frac{3}{85}$ (d) $\frac{7}{85}$

दशमलव भिन्नों की संक्रिया पर आधारित

10. $\frac{5}{100} + \frac{2}{5} - \frac{6}{25}$ का दशमलव प्रतिनिधित्व क्या है? **RRB NTPC 2021**

(a) 0.45 (b) 0.21

(c) 0.51 (d) 0.35

11. 0.225 और 0.227 के बीच कितनी दशमलव संख्याएँ पाई जा सकती हैं? **RRB NTPC 2021**

(a) अनन्त रूप से कई (b) 226

(c) 1 (d) 2

12. $\frac{3}{8}$ का दशमलव व्यंजक दशमलव के बाद कितने अंकों के बाद समाप्त होता है? **RRB NTPC 2021**

(a) 3 (b) 2

(c) 4 (d) 5

13. निम्न में से कौन-सा आवर्ती दशमलव प्रदान करेगा? **RRB ALP 2018**

(a) $\frac{21}{90}$ (b) $\frac{21}{60}$ (c) $\frac{21}{30}$ (d) $\frac{21}{120}$

14. निम्नलिखित में से कौन-सा अंश $\frac{3}{4}$ और $\frac{6}{7}$ के बीच में आता है? **RRB NTPC 2021**

(a) $\frac{9}{11}$ (b) $\frac{9}{10}$

(c) $\frac{5}{9}$ (d) $\frac{11}{9}$

15. $\frac{109}{100}$ का दशमलव प्रसार क्या होगा? **RRB NTPC 2021**

(a) $1 + \frac{9}{10}$ (b) $10 + \frac{9}{100}$

(c) $1 + \frac{0}{10} + \frac{9}{100}$ (d) $100 + 9 + \frac{0}{100}$

16. $\frac{31}{2.5}$ का दशमलव प्रसार .... के बाद समाप्त होगा। **RRB NTPC 2021**

(a) दो दशमलव स्थान (b) एक दशमलव स्थान

(c) तीन से अधिक दशमलव स्थान (d) तीन दशमलव स्थान

17. निम्नलिखित में से किस संख्या का एक सांत दशमलव प्रसार है?

$\frac{15}{600}, \frac{29}{343}, \frac{7}{2^2 \times 7^2}, \frac{77}{210}$ **RRB NTPC 2021**

(a) $\frac{27}{210}$ (b) $\frac{29}{343}$

(c) $\frac{15}{600}$ (d) $\frac{7}{2^2 \times 7^2}$

18. निम्नलिखित समीकरण में प्रश्नचिह्न (?) के स्थान पर क्या आएगा? **UP Police Constable 2024**

5072.19 + 368.312 + (?) = 9018.618

(a) 3578.116 (b) 3571.115

(c) 3571.116 (d) 3578.112

दशमलव भिन्नों के रूपान्तरण पर आधारित

19. $x = 0.47444.........$ का मान ज्ञात करें। ***RPF Constable 2019***

(a) $\frac{427}{900}$ (b) $\frac{372}{900}$

(c) $\frac{473}{900}$ (d) $\frac{237}{900}$

20. 0.000256 को सामान्य अपूर्णांक में बदलिए। ***SSC (10 + 2) 2018***

(a) $\frac{4}{15625}$

(b) $\frac{2}{15625}$

(c) $\frac{16}{15625}$

(d) $\frac{8}{15625}$

> ***MRC******
> ***(Most Repeating Concepts)***
> प्र. सं. 19, 21 और 25 Examination Point of Views से अति महत्त्वपूर्ण है। इन Concept पर प्रश्न प्रतियोगी परीक्षाओं (CGL, RPF Constable, DSSSB आदि) में निरन्तर पूछे जा रहे हैं।

21. नीचे दी गई संख्या का भिन्न क्या होगा?

0.616161 ... ***DSSSB 2019***

(a) $\frac{61}{1000}$ (b) $\frac{61}{99}$

(c) $\frac{61}{100}$ (d) $\frac{1}{61}$

22. उस विकल्प का चयन कीजिए, जो $5.\overline{6}$ को एक भिन्न के रूप में व्यक्त करता है? ***RRB NTPC 2021***

(a) $\frac{61}{9}$ (b) $\frac{51}{9}$

(c) $\frac{57}{9}$ (d) $\frac{50}{9}$

23. $0.03\overline{7}$ को $\frac{p}{q}$ के रूप में व्यक्त कीजिए, जहाँ p एक पूर्णांक है और q एक प्राकृत संख्या है। ***RRB TPC 2021***

(a) $\frac{37}{1000}$ (b) $\frac{34}{99}$ (c) $\frac{17}{45}$ (d) $\frac{17}{450}$

24. संख्या 1.272727... को $\frac{p}{q}$ के रूप में व्यक्त कीजिए जहाँ, p एवं q पूर्णांक संख्याएँ हैं एवं $q \neq 0$. ***DSSSB 2019***

(a) $\frac{14}{11}$ (b) $\frac{14}{13}$ (c) $\frac{14}{9}$ (d) $\frac{14}{15}$

25. $11.\overline{4} + 22.5\overline{67} - 33.5\overline{9}$ का मान कितना होगा? ***SSC CGL (Tier-II) 2020***

(a) $0.04\overline{12}$ (b) $4.\overline{12}$

(c) $40.\overline{12}$ (d) $0.4\overline{12}$

भिन्नों की तुलना पर आधारित

26. इनमें से कौन-सी भिन्न है, जो $\frac{3}{4}$ से बड़ी है, परन्तु $\frac{5}{6}$ से कम है?

(a) $\frac{1}{2}$ (b) $\frac{2}{3}$

(c) $\frac{4}{5}$ (d) $\frac{9}{10}$

27. $\frac{5}{7}$ और $\frac{3}{4}$ के बीच कौन-से दो भिन्न आ सकते हैं? ***RRB NTPC 2021***

(a) $\frac{8}{11}, \frac{11}{15}$ (b) $\frac{2}{3}, \frac{5}{6}$

(c) $\frac{7}{9}, \frac{8}{9}$ (d) $\frac{1}{2}, \frac{2}{5}$

28. दिए गए भिन्नों में से सबसे छोटा भिन्न ज्ञात करें। ***DSSSB 2021***

$\frac{2}{3}, \frac{4}{5}, \frac{6}{7}$ तथा $\frac{7}{8}$

(a) $\frac{2}{3}$ (b) $\frac{6}{7}$

(c) $\frac{4}{5}$ (d) $\frac{7}{8}$

29. निम्नलिखित में से कौन-सी भिन्न $\frac{2}{3}$ से छोटी नहीं है? ***CRPF HC 2023***

(a) $\frac{7}{12}$ (b) $\frac{11}{18}$

(c) $\frac{9}{15}$ (d) $\frac{17}{24}$

30. भिन्न $\frac{2}{3}, \frac{1}{2}$ और $\frac{1}{6}$ का आरोही क्रम है ***RRB NTPC 2021***

(a) $\frac{1}{6}, \frac{2}{3}, \frac{1}{2}$ (b) $\frac{2}{3}, \frac{1}{6}, \frac{1}{2}$

(c) $\frac{1}{6}, \frac{1}{2}, \frac{2}{3}$ (d) $\frac{2}{3}, \frac{1}{2}, \frac{1}{6}$

31. $\frac{7}{11}, \frac{16}{20}, \frac{21}{22}$ भिन्न अवरोही क्रम में लगाने पर होंगी

(a) $\frac{7}{11}, \frac{16}{20}, \frac{21}{22}$

(b) $\frac{21}{22}, \frac{7}{11}, \frac{16}{20}$

(c) $\frac{21}{22}, \frac{16}{20}, \frac{7}{11}$

(d) $\frac{7}{11}, \frac{21}{22}, \frac{16}{20}$

> ***MRC******
> ***(Most Repeating Concepts)***
> प्र. सं. 28, 33, 36 और 43 Examination Point of Views से अति महत्त्वपूर्ण हैं। इन Concept पर प्रश्न प्रतियोगी परीक्षाओं (DSSSB, CGL, NTPC, CHSL आदि) में निरन्तर पूछे जा रहे हैं।

32. निम्नलिखित में से भिन्नों का कौन-सा समुच्चय आरोही क्रम में होगा? ***DSSSB 2018***

(a) $\frac{5}{6}, \frac{6}{8}, \frac{7}{9}, \frac{11}{13}$ (b) $\frac{6}{8}, \frac{7}{9}, \frac{5}{6}, \frac{11}{13}$

(c) $\frac{11}{13}, \frac{5}{6}, \frac{7}{9}, \frac{6}{8}$ (d) $\frac{11}{13}, \frac{7}{9}, \frac{6}{8}, \frac{5}{6}$

33. उस विकल्प का चयन कीजिए, जिसमें संख्याएँ, सही आरोही क्रम में हैं। ***SSC CGL (Tier-I) 2022***

(a) $\frac{2}{3}, \frac{4}{5}, \frac{1}{11}$ और $\frac{2}{9}$ (b) $\frac{2}{9}, \frac{1}{11}, \frac{4}{5}$ और $\frac{2}{3}$

(c) $\frac{4}{5}, \frac{2}{3}, \frac{1}{11}$ और $\frac{2}{9}$ (d) $\frac{1}{11}, \frac{2}{9}, \frac{2}{3}$ और $\frac{4}{5}$

34. यदि भिन्नों $\frac{27}{45}, \frac{17}{18}, \frac{13}{15}, \frac{7}{9}, \frac{3}{10}$ को बढ़ते क्रम में व्यवस्थित किया जाए तो तीसरी सबसे बड़ी भिन्न क्या होगी? ***DSSSB 2019***

(a) $\frac{7}{9}$ (b) $\frac{13}{15}$ (c) $\frac{3}{10}$ (d) $\frac{17}{18}$

35. $\frac{2}{3}, \frac{3}{4}, \frac{4}{5}$ और $\frac{5}{6}$ के बीच सबसे बड़े और सबसे छोटे भिन्न का अन्तर क्या है? ***RRB NTPC 2021***

(a) $\frac{1}{20}$ (b) $\frac{1}{30}$ (c) $\frac{1}{12}$ (d) $\frac{1}{6}$

36. निम्न में से सबसे बड़ी संख्या कौन-सी है?

$0.7, 0.\overline{7}, 0.0\overline{7}, 0.\overline{07}$ ***SSC (10 + 2) 2018***

(a) $0.\overline{07}$ (b) $0.0\overline{7}$

(c) 0.7 (d) $0.\overline{7}$

37. निम्नलिखित में से कौन-सा/से कथन सत्य है/हैं? **SSC CGL 2018**

I. $\frac{3}{71} < \frac{5}{91} < \frac{7}{99}$ II. $\frac{11}{135} > \frac{12}{157} > \frac{13}{181}$

(a) केवल I (b) केवल II
(c) I तथा II दोनों (d) न तो I न ही II

भिन्नों के मिश्रित Concept पर आधारित

38. $37\frac{1}{2}$ में कुल कितने $\frac{1}{8}$ हैं? **UPSSSC PET 2021**

(a) 300 (b) 400
(c) 500 (d) निर्धारित नहीं कर सकते

39. 1275 का कौन-सी भिन्न 816 है? **RRB NTPC 2021**

(a) $\frac{48}{72}$ (b) $\frac{16}{24}$
(c) $\frac{16}{25}$ (d) $\frac{48}{75}$

40. निम्नलिखित संख्याओं को उनके बढ़ते क्रम में व्यवस्थित कीजिए। **RRB NTPC 2021**

(1) – 0.96 (2) 0.83 (3) 0.24 (4) – 0.64 (5) 0.58

(a) 3, 5, 4, 2, 1 (b) 2, 5, 3, 4, 1
(c) 4, 1, 3, 5, 2 (d) 1, 4, 3, 5, 2

41. $999\frac{98}{99} \times 99$ बराबर है

(a) 98999 (b) 99899
(c) 99989 (d) 99998

42. $\frac{512}{?} \times \frac{39}{16} \times 328 = 128$ में प्रश्नचिह्न का मान है

(a) 3198 (b) 3168
(c) 3189 (d) 3188

43. यदि $\frac{1}{4.263} = 0.2346$ है, तो $\frac{1}{0.0004263}$ का मान ज्ञात कीजिए। **SSC CGL (Tier-I) 2020**

(a) 2346 (b) 4.263
(c) 2.346 (d) 4263

44. यदि $\frac{547.527}{0.0082} = x$ हो, तो $\frac{547527}{82}$ का मान क्या होगा?

(a) $10x$ (b) $100x$
(c) $\frac{x}{100}$ (d) $\frac{x}{10}$

45. $\left(\frac{1}{5}\right) + \left[1\frac{1}{4} - \frac{1}{2}\right] \times \frac{2}{5}$ का मान किसके बीच स्थित है? **SSC MTS 2023**

(a) 2.1 और 2.4 (b) 0.2 और 0.6
(c) 1.5 और 1.8 (d) 0.8 और 1.2

46. $999\frac{1}{7} + 999\frac{2}{7} + 999\frac{3}{7} + 999\frac{4}{7} + 999\frac{5}{7} + 999\frac{6}{7}$ का सरलतम रूप है

(a) 5997 (b) 5979
(c) 5994 (d) 6996

47. $\left(\frac{1}{2\times3} + \frac{1}{3\times4} + \frac{1}{4\times5} + \frac{1}{5\times6} + \ldots + \frac{1}{9\times10}\right)$ बराबर है

(a) $\frac{2}{5}$ (b) $\frac{3}{10}$ (c) $\frac{17}{60}$ (d) $\frac{53}{630}$

48. $1+\cfrac{1}{1+\cfrac{1}{1+\cfrac{1}{1+\cfrac{1}{1+\frac{2}{3}}}}}$ का मान कितना होगा?

(a) $\frac{21}{13}$ (b) $\frac{17}{3}$ (c) $\frac{34}{21}$ (d) $\frac{8}{5}$

49. $4-\cfrac{5}{1+\cfrac{1}{3+\cfrac{1}{2+\frac{1}{4}}}}$ का मान क्या है?

(a) $\frac{1}{8}$ (b) $\frac{1}{32}$ (c) $\frac{1}{64}$ (d) $\frac{1}{16}$

50. एक शांत दशमलव हमेशा .... होता है। **RRB NTPC 2021**

(a) एक प्राकृतिक संख्या (b) एक पूर्ण संख्या
(c) एक पूर्णांक संख्या (d) एक परिमेय संख्या

भिन्नों पर आधारित शाब्दिक प्रश्न

51. यदि $\frac{x}{y}$ एक भिन्न है जो 1 से बड़ी है, तो कौन-सा 1 से कम होना चाहिए? **DSSSB 2017**

(a) $\frac{3y}{x}$ (b) $\frac{x}{3y}$
(c) $\sqrt{\frac{x}{y}}$ (d) $\frac{y}{x}$

52. वह संख्या जिसे $\frac{4^2}{9^2}$ के अंश और हर दोनों में जोड़ने पर भिन्न $\frac{4}{9}$ हो जाती है, होगी

(a) 36 (b) 0
(c) 1 (d) 81

53. किसी भिन्न को उसी भिन्न से गुणा करने पर प्राप्त गुणनफल को उस भिन्न के व्युत्क्रम से भाग देने पर $18\frac{26}{27}$ प्राप्त होता है। वह भिन्न क्या है?

(a) $\frac{8}{27}$ (b) $1\frac{1}{3}$
(c) $2\frac{2}{3}$ (d) इनमें से कोई नहीं

54. एक लड़के से किसी धनराशि का $\frac{3}{8}$ मान ज्ञात करने के लिए कहा गया। उसने उस राशि को $\frac{3}{8}$ से गुणा करने के स्थान पर उसे $\frac{3}{8}$ से भाग कर दिया और इस प्रकार जो उत्तर आया वह सही उत्तर से ₹ 55 अधिक था। सही उत्तर ज्ञात कीजिए।

(a) ₹ 9 (b) ₹ 24
(c) ₹ 64 (d) ₹ 1320

55. एक भिन्न का अंश उसके हर से 2 कम है। यदि हम अंश में से 2 घटाते हैं और हर में 2 जोड़ते हैं, तो नया भिन्न $\frac{1}{3}$ होता है। मूल भिन्न क्या है? **RRB NTPC 2021**

(a) $\frac{1}{3}$ (b) $\frac{3}{7}$
(c) $\frac{5}{9}$ (d) $\frac{5}{7}$

56. वह कौन-सी संख्या है जिसके $\frac{1}{5}$ भाग में 4 की वृद्धि तथा उसी संख्या के $\frac{1}{4}$ भाग में 10 की कमी बराबर हो जाती है?

(a) 250 (b) 260
(c) 280 (d) 300

57. जब किसी भिन्न के अंश में 8 जोड़ा जाता है और उसके हर में 12 जोड़ा जाता है, तो भिन्न $\frac{1}{2}$ हो जाती है। जब उसके अंश और हर में से 2 घटाया जाता है, तो भिन्न $\frac{1}{8}$ हो जाती है। मूल भिन्न ज्ञात करें।

> *MRC****
> ***(Most Repeating Concepts)***
> प्र. सं. 47, 49, 55 और 59 Examination Point of Views से अति महत्त्वपूर्ण हैं। इन Concept पर प्रश्न प्रतियोगी परीक्षाओं (Group-D, MTS, CGL आदि) परीक्षाओं में निरन्तर पूछे जा रहे हैं।

SSC MTS 2022

(a) $\frac{4}{7}$ (b) $\frac{9}{19}$
(c) $\frac{3}{10}$ (d) $\frac{5}{11}$

58. यदि अंश में 1 जोड़ा जाए तथा हर में 5 जोड़ा जाए तो भिन्न $\frac{1}{3}$ हो जाती है। यदि अंश से 2 घटाया जाए और हर में 2 जोड़ा जाए तो यह $\frac{1}{5}$ हो जाता है। मूल भिन्न के अंश तथा हर का योग क्या है?

ICAR 2022

(a) 19 (b) 18 (c) 15 (d) 17

59. किसी भिन्न के अंश में 2 और हर में 5 जोड़ने पर प्राप्त भिन्न $\frac{1}{2}$ के बराबर होती है। इसके अलावा इसके अंश और हर दोनों में से 2 घटाने पर प्राप्त भिन्न $\frac{1}{3}$ के बराबर होती है। भिन्न ज्ञात कीजिए।

RRC Group D 2022

(a) $\frac{4}{17}$ (b) $\frac{8}{15}$ (c) $\frac{1}{7}$ (d) $\frac{3}{5}$

60. गलती से, किसी धनात्मक भिन्न के स्थान पर इसका व्युत्क्रम टाइप हो जाता है, और इस तरह इसके मान में $\frac{175}{4}$% की कमी होती है। भिन्न का मान ज्ञात करें।

SSC CGL (Tier-I) 2021

(a) $\frac{4}{3}$ (b) $\frac{3}{4}$ (c) $\frac{1}{4}$ (d) $\frac{1}{2}$

Right Key

1 (a)	2 (b)	3 (a)	4 (c)	5 (c)	6 (d)	7 (b)	8 (b)	9 (b)	10 (b)
11 (a)	12 (a)	13 (a)	14 (a)	15 (c)	16 (b)	17 (c)	18 (a)	19 (a)	20 (a)
21 (b)	22 (b)	23 (d)	24 (a)	25 (d)	26 (c)	27 (a)	28 (a)	29 (d)	30 (c)
31 (c)	32 (b)	33 (d)	34 (a)	35 (d)	36 (d)	37 (c)	38 (a)	39 (c)	40 (d)
41 (a)	42 (a)	43 (a)	44 (d)	45 (b)	46 (a)	47 (a)	48 (c)	49 (a)	50 (d)
51 (d)	52 (a)	53 (c)	54 (a)	55 (d)	56 (c)	57 (c)	58 (b)	59 (d)	60 (a)

Solutions

1. (*a*) $\frac{803}{876}$ का निम्नतम रूप $= \frac{73 \times 11}{73 \times 12} = \frac{11}{12}$

2. (*b*) मूल भिन्न $= \frac{2}{3}$

$\frac{2}{3}$ का व्युत्क्रम भिन्न $= \frac{3}{2}$

$\therefore$ अभीष्ट योगफल $= \frac{2}{3} + \frac{3}{2}$

$= \frac{4+9}{6} = \frac{13}{6} = 2\frac{1}{6}$

3. (*a*) $\because$ 1 सप्ताह = 7 दिन

तथा 1 दिन = 24 घण्टे

$\therefore$ 7 दिन $= 7 \times 24 = 168$ घण्टे

$\therefore$ एक सप्ताह में 154 घण्टे का भिन्नात्मक भाग

$= \frac{154}{168} = \frac{11}{12}$

4. (*c*) $\frac{5}{7}$ का व्युत्क्रम $= \frac{7}{5}$

तथा $\frac{9}{5}$ का व्युत्क्रम $= \frac{5}{9}$

$\therefore$ अभीष्ट योग $= \frac{7}{5} + \frac{5}{9} = \frac{63+25}{45} = \frac{88}{45}$

अब, $\frac{88}{45}$ का व्युत्क्रम $= \frac{45}{88}$

5. (*c*) अभीष्ट गुणनफल $= \frac{2}{11} \times \frac{1}{\left(-\frac{5}{14}\right)}$

$= \frac{2}{11} \times \left(-\frac{14}{5}\right) = -\frac{28}{55}$

6. (*d*) अभीष्ट योग $= \frac{71}{105} + \frac{71}{420}$

$= \frac{71 \times 4 + 71}{420} = \frac{71(4+1)}{420}$

$= \frac{71 \times 5}{420} = \frac{71}{84}$

7. (*b*) $20\frac{1}{2} + 30\frac{1}{3} - 15\frac{1}{6}$

$= \frac{41}{2} + \frac{91}{3} - \frac{91}{6} = \frac{123 + 182 - 91}{6}$

$= \frac{214}{6} = \frac{107}{3} = 35\frac{2}{3}$

Quick Method

$20\frac{1}{2} + 30\frac{1}{3} - 15\frac{1}{6}$

$= (20 + 30 - 15)\left(\frac{1}{2} + \frac{1}{3} - \frac{1}{6}\right)$

$= 35\left(\frac{3+2-1}{6}\right) = 35\frac{4}{6} = 35\frac{2}{3}$

8. (*b*) $1\frac{1}{8} + 1\frac{6}{7} + 3\frac{3}{5} = \frac{9}{8} + \frac{13}{7} + \frac{18}{5}$

$= \frac{315 + 520 + 1008}{280} = \frac{1843}{280} = 6\frac{163}{280}$

9. (*b*) $\frac{3}{70} + \frac{1}{42} + \frac{1}{66} + \frac{3}{286} + \frac{1}{130} + \frac{1}{170}$

$= \frac{9+5}{210} + \frac{13+9}{858} + \frac{17+13}{2210}$

$= \frac{14}{210} + \frac{22}{858} + \frac{30}{2210}$

$= \frac{1}{15} + \frac{1}{39} + \frac{3}{221}$

$= \frac{221 + 85 + 45}{15 \times 13 \times 17} = \frac{351}{3315} = \frac{9}{85}$

10. (*b*) $\frac{5}{100} + \frac{2}{5} - \frac{6}{25}$

$= \frac{5 + 40 - 24}{100} = \frac{21}{100} = 0.21$

11. (*a*) किन्हीं दो दशमलव संख्याओं के बीच अनन्त दशमलव संख्याएँ होती हैं।

12. (*a*) $\frac{3}{8} = 0.375$

अत: दशमलव व्यंजक, दशमलव के तीन अंकों बाद समाप्त होगा।

13. (*a*) $\frac{21}{90} = 0.233\ldots$, $\frac{21}{60} = 0.35$

$\frac{21}{30} = 0.7$, $\frac{21}{120} = 0.175$

अत: भिन्न $\frac{21}{90}$ आवर्ती दशमलव प्रदान करेगा।

14. (*a*) $\because \frac{3}{4} = 0.75$ तथा $\frac{6}{7} = 0.85$

अब विकल्पों से,

$\frac{9}{11} = 0.81$, $\frac{9}{10} = 0.9$

$\frac{5}{9} = 0.55$, $\frac{11}{9} = 1.22$

यहाँ, $0.75 < 0.81 < 0.85$

अत: भिन्न $\frac{9}{11}$, दी गई भिन्नों के बीच में आती है।

TOP TIPS इस तरह के प्रश्नों को हल करने के लिए भिन्न को दशमलव में बदलें।

15. (*c*) $\frac{109}{100} = 1 + \frac{0}{10} + \frac{9}{100}$

16. (*b*) $\frac{31}{2.5} = \frac{310}{25} = \frac{62}{5} = 12.4$

17. (*c*) दी गई संख्याओं में से $\frac{15}{600}$ का एक सांत दशमलव प्रसार है क्योंकि इसका हर

$600 = 6 \times 2^2 \times 5^2$

TOP TIPS यदि भिन्न का हर 2, 5 अथवा दोनों का गुणन (Multiple) हों तो भिन्न सांत दशमलव होता है।

18. (*a*) $5072.19 + 368.312 + (?) = 9018.618$

$\Rightarrow 5440.502 + ? = 9018.618$

$\Rightarrow ? = 9018.618 - 5440.502$

$\therefore ? = 3578.116$

19. (*a*) $x = 0.47444\ldots = 0.47\overline{4}$

$x = \frac{474 - 47}{900} = \frac{427}{900}$

20. (*a*) $0.000256 = \frac{256}{1000000} = \frac{4}{15625}$

21. (*b*) माना $0.616161\ldots = x$

दोनों ओर 100 की गुणा करने पर,

$61.6161\ldots = 100x$

$\Rightarrow 61 + 0.6161\ldots = 100x$

$\Rightarrow 61 + x = 100x$

$\Rightarrow 61 = 99x$

$\therefore x = \frac{61}{99}$

अत: $0.616161\ldots = \frac{61}{99}$

Quick Method

$0.616161\ldots\ldots = 0.\overline{61}$

$\therefore 0.\overline{61} = \frac{61}{99}$

22. (*b*) $5.\overline{6}$ का भिन्न रूप $= 5 + \frac{6}{9}$

$= \frac{45+6}{9} = \frac{51}{9}$

Quick Method

$5.\overline{6} = \frac{56-5}{9} = \frac{51}{9}$

23. (*d*) $0.03\overline{7} = \frac{37-3}{900} = \frac{34}{900} = \frac{17}{450}$

24. (*a*) $1.272727\ldots = 1.\overline{27}$

$= 1 + \frac{27}{99} = \frac{99+27}{99}$

$= \frac{126}{99} = \frac{14}{11}$

Quick Method

$1.2727........ = 1.\overline{27}$

$= \frac{127-1}{99} = \frac{126}{99} = \frac{14}{11}$

25. (d) $11.\overline{4} + 22.5\overline{67} - 33.5\overline{9}$

$= (11 + 22 - 33) + (0.\overline{4} + 0.5\overline{67} - 0.5\overline{9})$

$= 0 + \left(\frac{4}{9} + \frac{567-5}{990} - \frac{59-5}{90}\right)$

$= \frac{4}{9} + \frac{562}{990} - \frac{54}{90} = \frac{440 + 562 - 594}{990}$

$= \frac{1002 - 594}{990} = \frac{408}{990} = 0.4\overline{12}$

26. (c) $\because \frac{3}{4} = 0.75$ तथा $\frac{5}{6} = 0.83$

$\therefore \quad \frac{1}{2} = 0.50, \frac{2}{3} = 0.67,$

$\frac{4}{5} = 0.80, \frac{9}{10} = 0.90$

स्पष्ट है कि $\frac{3}{4}$ से बड़ी, परन्तु $\frac{5}{6}$ से छोटी भिन्न $\frac{4}{5}$ है।

27. (a) $\because \frac{5}{7} = 0.71$ तथा $\frac{3}{4} = 0.75$

विकल्प (a) से, $\frac{8}{11} = 0.72, \frac{11}{15} = 0.73$

28. (a) $\because \frac{2}{3} = 0.66, \frac{4}{5} = 0.8$

$\frac{6}{7} = 0.85, \frac{7}{8} = 0.875$

अत: सबसे छोटी भिन्न $\frac{2}{3}$ है।

Quick Method

∵ प्रत्येक भिन्न के अंश व हर का अन्तर समान है।

∴ सबसे छोटी भिन्न $\frac{2}{3}$ होगी।

29. (d) $\frac{2}{3} = 0.67; \quad \frac{7}{12} = 0.58$

$\frac{11}{18} = 0.61; \quad \frac{9}{15} = 0.60; \quad \frac{17}{24} = 0.71$

अत: $\frac{17}{24}, \frac{2}{3}$ से छोटी नहीं है।

30. (c) $\because \frac{2}{3} = 0.67, \frac{1}{2} = 0.5$ और $\frac{1}{6} = 0.16$

$\therefore \quad \frac{1}{6} < \frac{1}{2} < \frac{2}{3}$

TOP TIPS
आरोही क्रम → छोटे से बड़ा
अवरोही क्रम → बड़े से छोटा

31. (c) $\because \frac{7}{11} = 0.636, \frac{16}{20} = 0.8$ तथा $\frac{21}{22} = 0.95$

अत: अवरोही क्रम है, $\frac{21}{22}, \frac{16}{20}, \frac{7}{11}$

32. (b) $\because \frac{5}{6} = 0.83, \frac{6}{8} = 0.75$

$\frac{7}{9} = 0.78, \frac{11}{13} = 0.85$

यहाँ, $0.75 < 0.78 < 0.83 < 0.85$

अत: अभीष्ट आरोही क्रम है, $\frac{6}{8}, \frac{7}{9}, \frac{5}{6}, \frac{11}{13}$

TOP TIPS
इस प्रकार के प्रश्नों में सभी भिन्नों को दशमलव भिन्नों में परिवर्तित कर उनका क्रम ज्ञात करना सरल होता है।

33. (d) $\frac{2}{3} = 0.666 \ldots, \quad \frac{4}{5} = 0.8$

$\frac{1}{11} = 0.0909 \ldots, \quad \frac{2}{9} = 0.222 \ldots$

∴ सही आरोही क्रम $\frac{1}{11}, \frac{2}{9}, \frac{2}{3}$ और $\frac{4}{5}$ है।

34. (a) दी गई भिन्न है

$\frac{27}{45}, \frac{17}{18}, \frac{13}{15}, \frac{7}{9}, \frac{3}{10}$

सभी भिन्नों के हर समान करने पर,

$\frac{54}{90}, \frac{85}{90}, \frac{78}{90}, \frac{70}{90}, \frac{27}{90}$

अब इन्हें बढ़ते क्रम में व्यवस्थित करने पर,

$\frac{27}{90}, \frac{54}{90}, \frac{70}{90}, \frac{78}{90}, \frac{85}{90}$

अत: तीसरी सबसे बड़ी भिन्न $= \frac{70}{90} = \frac{7}{9}$

35. (d) सबसे बड़ी भिन्न $= \frac{5}{6}$

तथा सबसे छोटी भिन्न $= \frac{2}{3}$

∴ अभीष्ट अन्तर $= \frac{5}{6} - \frac{2}{3} = \frac{5-4}{6} = \frac{1}{6}$

TOP TIPS
यदि सभी भिन्नों के अंश और हर का अन्तर समान है, तब सबसे बड़े अंश वाली भिन्न सबसे बड़ी और सबसे छोटे अंश वाली भिन्न सबसे छोटी होगी।

36. (d) $0.7 = 0.7 = \frac{7}{10}$

$0.\overline{7} = 0.77 \ldots = \frac{7}{9}$

$0.0\overline{7} = 0.077 \ldots = \frac{7}{90}$

$0.\overline{07} = 0.070707 \ldots = \frac{7}{99}$

अर्थात् $0.\overline{07} < 0.0\overline{7} < 0.7 < 0.\overline{7}$

∴ सबसे बड़ी संख्या $= 0.\overline{7}$

37. (c) कथन I से,

$\frac{3}{71} = 0.042, \frac{5}{91} = 0.055, \frac{7}{99} = 0.0707$

$\therefore \quad 0.042 < 0.055 < 0.0707$

अर्थात् $\frac{3}{71} < \frac{5}{91} < \frac{7}{99}$

अब कथन II से,

$\frac{11}{135} = 0.081; \frac{12}{157} = 0.076; \frac{13}{181} = 0.072$

अर्थात् $\frac{11}{135} > \frac{12}{157} > \frac{13}{181}$

स्पष्टत: I और II दोनों सत्य हैं।

38. (a) $\frac{37\frac{1}{2}}{\left(\frac{1}{8}\right)} = \frac{\left(\frac{75}{2}\right)}{\frac{1}{8}} = \frac{75}{2} \times 8 = 300$

39. (c) माना 1275 का भिन्न $x = 816$

$\therefore \quad x = \frac{816}{1275} = \frac{16}{25}$

अत: अभीष्ट भिन्न $= \frac{16}{25}$

40. (d) दी गई संख्याओं का बढ़ता क्रम है,

$-0.96 < -0.64 < 0.24 < 0.58 < 0.83$

(1) (4) (3) (5) (2)

41. (a) $999\frac{98}{99} \times 99 = \frac{[99 \times 999 + 98]}{99} \times 99$

$= [99 \times 999 + (99 - 1)]$

$= 99(999 + 1) - 1$

$= 99 \times 1000 - 1 = 98999$

42. (a) $\frac{512}{?} \times \frac{39}{16} \times 328 = 128$

$\Rightarrow \quad ? = \frac{512 \times 39 \times 328}{16 \times 128} = 3198$

43. (a) $\because \frac{1}{4.263} = 0.2346$

$\therefore \quad \frac{1}{0.0004263} \times \frac{10000}{10000} = \frac{10000}{4.263}$

$= 10000 \times 0.2346 = 2346$

44. (d) $\frac{547.527}{0.0082} = x \Rightarrow \frac{547.527}{0.0082} \times \frac{10000}{10000} = x$

$\Rightarrow \quad \frac{5475270}{82} = x$

$\Rightarrow \quad \frac{547527}{82} = \frac{x}{10}$

45. (b) $\frac{1}{5} + \left[1\frac{1}{4} - \frac{1}{2}\right] \times \frac{2}{5}$

$= \frac{1}{5} + \left[\frac{5}{4} - \frac{1}{2}\right] \times \frac{2}{5} = \frac{1}{5} + \frac{3}{4} \times \frac{2}{5}$

$= \frac{1}{5} + \frac{3}{10} = \frac{2+3}{10} = \frac{5}{10} = 0.5$

अत: दिए गए व्यंजक का मान 0.5, 0.2 और 0.6 के बीच स्थित है।

46. (*a*) $999\frac{1}{7}+999\frac{2}{7}+999\frac{3}{7}+999\frac{4}{7}+999\frac{5}{7}+999\frac{6}{7}$

$=999\times 6+\left(\frac{1}{7}+\frac{2}{7}+\frac{3}{7}+\frac{4}{7}+\frac{5}{7}+\frac{6}{7}\right)$

$=999\times 6+\frac{21}{7}=5994+3=5997$

47. (*a*) $\frac{1}{2\times 3}+\frac{1}{3\times 4}+\frac{1}{4\times 5}+\frac{1}{5\times 6}+\ldots+\frac{1}{9\times 10}$

$=\frac{1}{2}-\frac{1}{3}+\frac{1}{3}-\frac{1}{4}+\frac{1}{4}-\frac{1}{5}+\ldots+\frac{1}{9}-\frac{1}{10}$

$=\frac{1}{2}-\frac{1}{10}=\frac{5-1}{10}=\frac{4}{10}=\frac{2}{5}$

Quick Method

अभीष्ट मान = पहला भाग − अन्तिम भाग

$=\frac{1}{2}-\frac{1}{10}=\frac{5-1}{10}=\frac{2}{5}$

48. (*c*) $1+\cfrac{1}{1+\cfrac{1}{1+\cfrac{1}{1+\cfrac{1}{1+\frac{2}{3}}}}}$

$=1+\cfrac{1}{1+\cfrac{1}{1+\cfrac{1}{1+\frac{3}{5}}}}$

$=1+\cfrac{1}{1+\cfrac{1}{1+\frac{5}{8}}}$

$=1+\cfrac{1}{1+\frac{8}{13}}=1+\frac{13}{21}=\frac{34}{21}$

TOP TIPS इस प्रकार की भिन्न को हम हमेशा नीचे से हल करना प्रारम्भ करते हैं।

49. (*a*) $4-\cfrac{5}{1+\cfrac{1}{3+\cfrac{1}{2+\frac{1}{4}}}}$

$=4-\cfrac{5}{1+\cfrac{1}{3+\frac{4}{9}}}$

$=4-\cfrac{5}{1+\frac{9}{31}}=4-\frac{155}{40}$

$=\frac{160-155}{40}=\frac{5}{40}=\frac{1}{8}$

50. (*d*) एक शांत दशमलव भिन्न का मान हमेशा एक परिमेय संख्या होता है।

51. (*d*) दिया है, भिन्न $=\frac{x}{y}>1$

$\therefore\quad x>y$ तथा $\frac{y}{x}<1$

अत: भिन्न $\frac{y}{x}$, 1 से कम है।

52. (*a*) माना संख्या $=x$

$\therefore\quad \frac{16+x}{81+x}=\frac{4}{9}$

$\Rightarrow\quad 144+9x=324+4x$

$\Rightarrow\quad x=\frac{180}{5}=36$

53. (*c*) माना अभीष्ट भिन्न $=x$

तब, इस भिन्न की व्युत्क्रम भिन्न $=\frac{1}{x}$

प्रश्नानुसार, $\frac{x\times x}{\frac{1}{x}}=18\frac{26}{27}$

$\Rightarrow\quad x^3=\frac{512}{27}$

दोनों पक्षों का घनमूल लेने पर,

$\therefore\quad x=\sqrt[3]{\frac{512}{27}}=\frac{8}{3}=2\frac{2}{3}$

54. (*a*) माना धनराशि = ₹ x

प्रश्नानुसार, $\frac{x}{\frac{3}{8}}-\frac{3}{8}x=55$

$\Rightarrow\quad \frac{(64-9)}{24}x=55\ \Rightarrow\ x=24$

अत: अभीष्ट मान $=\frac{3}{8}\times 24=$ ₹ 9

55. (*d*) माना मूल भिन्न का हर $=x$

तथा अंश $=x-2$

$\therefore$ मूल भिन्न $=\frac{x-2}{x}$

प्रश्नानुसार, $\frac{x-2-2}{x+2}=\frac{1}{3}$

$\Rightarrow\quad (x-4)\times 3=x+2$

$\Rightarrow\quad 3x-12=x+2$

$\Rightarrow\quad 2x=14\ \Rightarrow x=7$

अत: मूल भिन्न $=\frac{7-2}{7}=\frac{5}{7}$

56. (*c*) माना वह संख्या 'x' है।

प्रश्नानुसार, $\frac{x}{5}+4=\frac{x}{4}-10$

$\Rightarrow\quad \frac{x}{4}-\frac{x}{5}=4+10=14$

$\Rightarrow\quad \frac{5x-4x}{20}=14$

$\therefore\quad x=280$

57. (*c*) माना भिन्न $=\frac{x}{y}$

प्रश्नानुसार, $\frac{x+8}{y+12}=\frac{1}{2}$

$\Rightarrow\quad 2x+16=y+12$

$\Rightarrow\quad 2x-y=-4$ ...(i)

पुन: $\frac{x-2}{y-2}=\frac{1}{8}$

$\Rightarrow\quad 8x-16=y-2$

$\Rightarrow\quad 8x-y=14$ ...(ii)

समी (ii) में से समी (i) को घटाने पर,

$x=3$ तथा $y=10$

अत: मूल भिन्न $=\frac{3}{10}$

58. (*b*) माना मूल भिन्न $=\frac{x}{y}$

प्रश्नानुसार, $\frac{x+1}{y+5}=\frac{1}{3}$

$\Rightarrow\quad 3x-y=2$ ...(i)

पुन: $\frac{x-2}{y+2}=\frac{1}{5}$

$\Rightarrow\quad 5x-y=12$ ...(ii)

समी (ii) − समी (i) को घटाने पर,

$2x=10$

$\therefore\quad x=5$ तथा $y=13$

अभीष्ट योगफल $=5+13=18$

59. (*d*) माना भिन्न $=\frac{x}{y}$

प्रश्नानुसार, $\frac{x+2}{y+5}=\frac{1}{2}$

$2x+4=y+5$

$2x-y=1$ ...(i)

तथा $\frac{x-2}{y-2}=\frac{1}{3}$

$3x-6=y-2$

$3x-y=4$ ...(ii)

समी (ii) में से समी (i) घटाने पर,

$x=3$

तब $y=2\times 3-1=5$ [समी (i) से]

अत: भिन्न $=\frac{3}{5}$

60. (*a*) माना धनात्मक भिन्न x है।

प्रश्नानुसार, $x-\frac{1}{x}=\frac{175}{4}\%\times x$

$\Rightarrow\quad x-\frac{1}{x}=\frac{175}{400}\times x$

$\Rightarrow\quad x-\frac{1}{x}=\frac{7}{16}x$

$\Rightarrow\quad x-\frac{7}{16}x=\frac{1}{x}\ \Rightarrow\ \frac{9x}{16}=\frac{1}{x}$

$\Rightarrow\quad x^2=\frac{16}{9}\ \Rightarrow\ x=\frac{4}{3}$

अध्याय 03

महत्तम समापवर्तक एवं लघुत्तम समापवर्त्य

Chapter Snapshot

I. **अपवर्तक तथा अपवर्त्य** यदि a, b को पूर्णतया विभाजित करता है, तो a को b का **अपवर्तक** (गुणनखण्ड) तथा b को a का **अपवर्त्य** (गुणज) कहते हैं। जैसे—3, 9 का गुणनखण्ड तथा 9, 3 का गुणज है।

II. **महत्तम समापवर्तक या म. स.** (HCF) म.स. का अर्थ है-'सबसे बड़ा उभयनिष्ठ गुणनखण्ड' अर्थात् दो या दो से अधिक संख्याओं का म.स. वह बड़ी-से-बड़ी संख्या है, जिससे वे सभी संख्याएँ पूर्णतया विभाजित हो जाती है।

म.स. ज्ञात करने की विधियाँ म.स. ज्ञात करने की निम्न दो विधियाँ हैं

- **गुणनखण्ड विधि** प्रत्येक दी गई संख्या को अभाज्य गुणनखण्डों के रूप में लिख लेते हैं तथा सभी संख्याओं में उभयनिष्ठ गुणनखण्डों का गुणनफल ही दी गई संख्याओं का म.स. होता है।
- **भाग विधि** सर्वप्रथम सबसे बड़ी संख्या को छोटी से भाग देते हैं। जो संख्या शेष बचती है, उसको भाजक मानकर, वह संख्या जिससे भाग दिया है, उसको भाज्य मानकर उसमें शेष से भाग देते हैं। यह प्रक्रिया तब तक दोहराते हैं, जब तक कि शेष शून्य प्राप्त न हो जाए। सबसे अन्त में प्राप्त भाजक ही दी गई संख्याओं का म. स. होता है।

III. **लघुत्तम समापवर्त्य या ल.स.** (LCM) ल.स. का अर्थ है-'सबसे छोटा उभयनिष्ठ गुणज' अर्थात् दो या दो से अधिक संख्याओं का ल. स. वह छोटी-से-छोटी संख्या है, जो उन संख्याओं से पूर्णतया विभाजित हो जाती है।

ल.स. ज्ञात करने की विधियाँ ल.स. ज्ञात करने की निम्न दो विधियाँ हैं

- **गुणनखण्ड विधि** प्रत्येक दी गई संख्या को अभाज्य गुणनखण्डों के रूप में लिखते हैं, संख्याओं के अभाज्य गुणनखण्डों के सबसे बड़े घातांकों वाली संख्याओं का गुणनफल ही अभीष्ट ल. स. (LCM) होता है।
- **भाग विधि** दी गई संख्याओं को एक पंक्ति में व्यवस्थित करते हैं। इन संख्याओं को छोटी से छोटी अभाज्य संख्या से भाग देते हुए भागफल को नीचे लिखते हैं और जो संख्याएँ विभाजित नहीं होती हैं, उन्हें आगे ऐसे ही रखते हैं। फिर इन सभी भाजकों की गुणा करते हैं, यह गुणनफल ही संख्याओं का अभीष्ट ल.स. होता है।

ल.स., म.स. तथा शेषफल से सम्बन्धित बिन्दु

- वह छोटी-से-छोटी संख्या, जिसे संख्याओं p, q, r से विभाजित करने पर प्राप्त शेषफल क्रमशः a, b, c हो
  $= [(p, q, r$ **का ल.स.**$) - k]$ जहाँ, $k = (p - a) = (q - b) = (r - c)$
- वह बड़ी-से-बड़ी संख्या, जिससे किन्हीं संख्याओं p, q, r को विभाजित करने पर शेषफल क्रमशः a, b, c प्राप्त होता है
  $= [(p - a), (q - b), (r - c)]$ **का म.स.**
- वह छोटी-से-छोटी संख्या, जिसे किन्हीं संख्याओं p, q, r से विभाजित करने पर प्रत्येक स्थिति में शेषफल k प्राप्त होता है
  $= [(p, q, r$ **का ल. स.**$) + k]$
- वह बड़ी-से-बड़ी संख्या, जो किन्हीं संख्याओं p, q, r को विभाजित करने पर प्रत्येक स्थिति (दशा) में समान शेषफल प्राप्त होता है
  $= |p - q|, |q - r|, |r - p|$ **का म.स.**

Concept Capsule

- अभाज्य तथा सह-अभाज्य संख्याओं का म.स. हमेशा 1 तथा ल.स. उनका गुणनफल होता है।
- संख्याओं का ल.स., संख्याओं के म.स. से पूर्णतया विभाजित होता है।
- दो संख्याओं का म.स. उनके अन्तर से बड़ा नहीं हो सकता है।
- क्रमागत सम संख्याओं का म.स. हमेशा 2 होता है।

Formula Flashcards

- **दो संख्याओं के म.स. और ल.स. में सम्बन्ध**
  पहली संख्या × दूसरी संख्या = म.स. × ल.स.
- **भिन्नों का म.स. और ल.स.**
  $$\text{भिन्नों का म.स.} = \frac{\text{अंशों का म.स.}}{\text{हरों का ल.स.}}$$
  $$\text{भिन्नों का ल.स.} = \frac{\text{अंशों का ल.स.}}{\text{हरों का म.स.}}$$

Exam Approach Examples

म.स. पर आधारित

उदाहरण 1. 18, 24 व 72 का म.स. ज्ञात कीजिए। *SSC GD Constable 2023*

(a) 6 (b) 8 (c) 4 (d) 9

हल (a) यहाँ, $18 = 2 \times 3 \times 3$; $24 = 2 \times 2 \times 2 \times 3$

$72 = 2 \times 2 \times 2 \times 3 \times 3$

$\therefore$ म.स. $= 2 \times 3$ (उभयनिष्ठ गुणनखण्ड) $= 6$

उदाहरण 2. 36, 54 व 63 का म.स. ज्ञात कीजिए। *SSC CGL (Tier I) 2024*

(a) 8 (b) 9 (c) 10 (d) 18

हल (b) 36 व 54 का म.स. 36)54(1
36
18)36(2
36
×

36 व 54 का म.स. = 18 (अंतिम भाजक)

अब, 18 व 63 का म.स. 18)63(3
54
9)18(2
18
×

18 व 63 का म.स. = 9 (अंतिम भाजक)

अत: 36, 54 व 63 का म.स. = 9

ल.स. पर आधारित

उदाहरण 3. 40, 36 व 126 का ल.स. ज्ञात कीजिए। *SSC MTS 2024*

(a) 2520 (b) 2620
(c) 2530 (d) 2430

हल (a) यहाँ, $40 = 2 \times 2 \times 2 \times 5 = 2^3 \times 5^1$

$36 = 2 \times 2 \times 3 \times 3 = 2^2 \times 3^2$

$126 = 2 \times 3 \times 3 \times 7 = 2^1 \times 3^2 \times 7^1$

$\therefore$ ल.स. $= 2^3 \times 3^2 \times 5^1 \times 7^1$ (प्रत्येक गुणनखण्ड की सबसे बड़ी घात)

$= 8 \times 9 \times 5 \times 7 = 2520$

उदाहरण 4. 20, 24, 28 व 32 का ल.स. ज्ञात कीजिए। *SSC GD Constable 2024*

(a) 3434 (b) 3425
(c) 3360 (d) 3636

हल (c)

2	20, 24, 28, 32
2	10, 12, 14, 16
2	5, 6, 7, 8
2	5, 3, 7, 4
2	5, 3, 7, 2
3	5, 3, 7, 1
5	5, 1, 7, 1
7	1, 1, 7, 1
	1, 1, 1, 1

अत: अभीष्ट ल.स. $= 2 \times 2 \times 2 \times 2 \times 2 \times 3 \times 5 \times 7 = 3360$

Score Booster
इस प्रकार के प्रश्नों को **भाग विधि** द्वारा सरलता से हल किया जा सकता है।

उदाहरण 5. तीन अंकों की बड़ी-से-बड़ी संख्या, जो 3, 5 और 9 से विभाजित करने पर समान शेषफल '2' देती है, क्या है? *SSC MTS 2023*

(a) 980 (b) 992 (c) 995 (d) 990

हल (b) यहाँ, 3, 5 तथा 9 का ल.स. = 45

तथा तीन अंकों की सबसे बड़ी संख्या = 999

अब, $\frac{999}{45} = 22\frac{9}{45}$

$\therefore$ शेषफल = 9

अत: अभीष्ट संख्या $= (999 - 9) + 2 = 990 + 2 = 992$

उदाहरण 6. एक वृत्ताकार ट्रैक पर एक बिन्दु से चार धावक एकसाथ दौड़ने लगे। एक राउंड को पूरा करने में उन्हें 400 सेकण्ड, 600 सेकण्ड, 720 सेकण्ड और 900 सेकण्ड का समय लगा। शुरुआत के बाद वे पहली बार शुरुआती बिन्दु पर कितने समय में मिले? *CRPF Head Constable 2024*

(a) 4200 सेकण्ड (b) 2400 सेकण्ड (c) 3600 सेकण्ड (d) 1800 सेकण्ड

हल (c) शुरुआत के बाद पहली बार शुरुआती बिन्दु पर मिलने में लगा समय
= 400, 600, 720 और 900 का ल.स. = 3600 सेकण्ड

म.स. और ल.स. पर आधारित

उदाहरण 7. $\frac{2}{3}, \frac{4}{9}, \frac{5}{6}$ व $\frac{4}{27}$ का लघुत्तम समापवर्त्य कितना है? *SSC (10+2) 2024*

(a) $\frac{20}{3}$ (b) $\frac{1}{36}$ (c) $\frac{1}{1365}$ (d) $\frac{12}{455}$

हल (a) हम जानते हैं कि भिन्नों का ल.स. $= \frac{\text{अंशों का ल.स.}}{\text{हरों का म.स.}}$

$\therefore$ अभीष्ट ल.स $= \frac{2, 4, 5 \text{ व } 4 \text{ का ल.स.}}{3, 9, 6 \text{ व } 27 \text{ का म.स.}} = \frac{20}{3}$

उदाहरण 8. 0.05, 0.5, 0.25, 1.25 का महत्तम समापवर्तक (HCF) ज्ञात कीजिए। *UP Police Constable 2024*

(a) 0.5 (b) 0.05 (c) 0.25 (d) 1.25

हल (b) $0.05 = \frac{1}{20}, 0.5 = \frac{1}{2}, 0.25 = \frac{1}{4}, 1.25 = \frac{5}{4}$

अब $\frac{1}{20}, \frac{1}{2}, \frac{1}{4}, \frac{5}{4}$ का म.स. $= \frac{1}{20} = 0.05$

उदाहरण 9. दो संख्याओं का ल.स. और म.स. क्रमशः 1920 तथा 16 है। यदि इनमें से एक संख्या 128 हो, तो दूसरी संख्या क्या होगी? *SSC CGL 2024, RRB ALP 2024*

(a) 220
(b) 260
(c) 240
(d) 64

हल (c) हम जानते हैं कि

पहली संख्या × दूसरी संख्या = म.स. × ल.स.

$\Rightarrow 128 \times$ दूसरी संख्या $= 16 \times 1920$

$\therefore$ दूसरी संख्या $= \frac{16 \times 1920}{128} = 240$

Trending Concept
दो संख्याओं का ल.स. एवं म.स. पर आधारित प्रश्न वर्तमान में हो रही सभी परीक्षाओं (SSC, Railway, MP Police, UP Police और DSSSB) में पूछे जा रहे हैं। आगामी परीक्षाओं के लिए अति महत्त्वपूर्ण हैं।

Chapter Challenge

म.स. पर आधारित

1. दो संख्याओं 110 और 1980 का महत्तम समापवर्तक (HCF) क्या है? *SSC CGL (Tier-I) 2022*

(a) 120 (b) 110 (c) 180 (d) 140

2. $P = 2^5 \times 3^8$ और $Q = 2^3 \times 3^K$ है। यदि P और Q का महत्तम समापवर्तक (म.स.) $2^3 \times 3^3$ है, तो K का मान ज्ञात कीजिए। *SSC MTS 2022*

(a) 5 (b) 3 (c) 2 (d) 1

3. यदि x और 117 का म.स., $2x - 117$ के रूप में व्यक्त किया जा सकता है, तो निम्नलिखित विकल्पों में से कौन-सा x का मान हो सकता है? *IB 2023*

(a) 62 (b) 65 (c) 91 (d) 75

4. यदि दो संख्याओं का योग 430 है और उनका म.स. 43 है, तो निम्नलिखित में से कौन-सा युग्म सही है? *RRB Group D 2022*

(a) 172, 258 (b) 129, 301 (c) 86, 344 (d) 215, 215

5. दो संख्याओं का योग 720 है तथा उनका महत्तम समापवर्तक 48 है। ऐसी संख्याओं के कितने जोड़े बन सकते हैं? *DSSSB 2023*

(a) 4 (b) 7 (c) 6 (d) 8

6. दो प्राकृत संख्याओं x और y का योग 320 है और x और y का म.स. 20 है। यदि $x > y$, तो x और y के ऐसे कितने सम्भावित जोड़े हैं? *RRB Group D 2022*

(a) 6 (b) 4 (c) 8 (d) 2

7. वह सबसे बड़ी संख्या कौन-सी है, जो 200 और 320 को पूरी तरह विभाजित करती है? *CRPF HC 2023*

(a) 10
(b) 20
(c) 16
(d) 40

> **MRC*****
> ***(Most Repeating Concepts)***
> प्र. सं. 7, 8, 9 और 10 Examination Point of Views से महत्त्वपूर्ण हैं। इन Concept पर प्रश्न विभिन्न प्रतियोगी परीक्षाओं (CRPF, IB, MP Police) में निरन्तर पूछे जा रहे हैं।

8. वह बड़ी-से-बड़ी संख्या ज्ञात कीजिए, जिससे 8954, 9806 और 11297 को विभाजित करने पर प्रत्येक स्थिति में समान शेषफल प्राप्त होगा *RRB Group D 2022*

(a) 213 (b) 230 (c) 125 (d) 222

9. एक सेमिनार में संगीत, शारीरिक शिक्षा और फाइन आर्ट्स में प्रतिभागियों की संख्या क्रमश: 216, 96 और 168 हैं। यदि प्रत्येक कमरे में प्रतिभागियों की संख्या बराबर होनी चाहिए और किसी भी कमरे में एक से अधिक स्ट्रीम के प्रतिभागी नहीं होने चाहिए, तो आवश्यक कमरों की न्यूनतम संख्या ज्ञात करें। *IB 2023*

(a) 48 (b) 24 (c) 12 (d) 20

10. एक दूध विक्रेता के पास 21 लीटर गाय का दूध है, 42 लीटर टोन्ड दूध है और 63 लीटर डबल टोन्ड दूध है। यदि वह उन्हें टिन के डिब्बों में इस प्रकार पैक करना चाहे कि हर डिब्बे में उतने ही लीटर दूध हो और किसी भी दो तरह के दूध को एक डिब्बे में मिलाना न चाहे, तो डिब्बों की अपेक्षित न्यूनतम संख्या है

(a) 3 (b) 6 (c) 9 (d) 12

ल.स. पर आधारित

11. 28 और 92 का लघुत्तम समापवर्त्य ज्ञात कीजिए। *SSC CPO 2022*

(a) 322 (b) 464 (c) 644 (d) 161

12. तीन संख्याओं $2p$, $5p$ तथा $7p$ का लघुत्तम समापवर्त्य है *HR CET 2023*

(a) $75p$ (b) $70p^3$ (c) $70p$ (d) $65p$
(e) उत्तर नहीं देना चाहते

13. 12 से विभाज्य 2 अंकीय सबसे बड़ी संख्या और 8 से विभाज्य 2 अंकीय सबसे छोटी संख्या का लघुत्तम समापवर्त्य ज्ञात करें। *SSC GD 2022*

(a) 192 (b) 48 (c) 96 (d) 384

14. 5 अंकों की सबसे छोटी संख्या कौन-सी है, जो 54, 120 और 96 में से प्रत्येक से विभाज्य है? *IB 2023*

(a) 18280 (b) 17280
(c) 12960 (d) 14260

15. वह छोटी-से-छोटी वर्ग संख्या ज्ञात कीजिए जो 4, 5, 6, 15 और 18 से पूर्णत: विभाज्य हो। *RRB NTPC (CBT-I) 2021*

(a) 3600
(b) 32400
(c) 8100
(d) 900

> **MRC*****
> ***(Most Repeating Concepts)***
> प्र. सं. 15, 16 और 17 Examination Point of Views से अति महत्त्वपूर्ण हैं। इन Concept पर प्रश्न विभिन्न प्रतियोगी परीक्षाओं (NTPC, HRCET, CUET) में निरन्तर पूछे जा रहे हैं।

16. 10000 के निकटतम की दो संख्याएँ जो 2, 3, 4, 5, 6 तथा 7 से विभाजित होती हैं, हैं *HR CET 2022*

(a) 9320, 10080 (b) 9660, 10060
(c) 10080, 10340 (d) 9660, 10080
(e) उत्तर नहीं देना चाहते

17. वह छोटी-से-छोटी संख्या ज्ञात कीजिए, जिसे 6, 9 और 15 से विभाज्य सबसे छोटी संख्या में जोड़ने पर, यह एक पूर्ण वर्ग बन जाए। *NTA CUET 2022*

(a) 10 (b) 21 (c) 19 (d) 9

18. वह छोटी-से-छोटी प्राकृत संख्या कौन-सी है जो 96, 108 और 144 में से प्रत्येक से पूरी तरह से विभाज्य है? *SSC CPO 2023*

(a) 864 (b) 1728 (c) 2592 (d) 1296

19. चार अंकों की वह बड़ी-से-बड़ी संख्या ज्ञात कीजिए, जो 17 और 36 से पूर्णत: विभाज्य है। *SSC CPO 2023*

(a) 7956 (b) 9180 (c) 9792 (d) 8568

20. 6 अंकों की वह सबसे बड़ी संख्या ज्ञात कीजिए, जो 3, 4, 5, 6 और 8 से पूर्णत: विभाजित होती है। *MP Police Constable 2022*

(a) 999960 (b) 999954
(c) 999958 (d) 999943

21. सबसे छोटी संख्या जो एक पूर्ण वर्ग है और संख्याओं 4, 10 और 12 में से प्रत्येक से विभाज्य है *UP Police Constable 2024*

(a) 2500 (b) 900 (c) 1600 (d) 400

22. 8, 15, 16, 21 और 5 से पूरी तरह से विभाज्य होने वाली सबसे बड़ी पाँच-अंकीय संख्या निम्न में से कौन-सी है? *SSC (10+2) 2021*

(a) 95760 (b) 98320
(c) 99120 (d) 92680

23. वह छोटी-से-छोटी संख्या ज्ञात कीजिए, जिसमें 7 घटाने पर प्राप्त संख्या 12, 16, 18 और 21 से विभाज्य होती है। **RRB Group D 2022**

(a) 1150 (b) 1051 (c) 1015 (d) 1105

24. एक संख्या को 28, 42 और 56 से विभाजित करने पर प्रत्येक स्थिति में शेषफल 11 प्राप्त होता है। सबसे छोटी सम्भावित संख्या ज्ञात कीजिए। **UP Police ASI 2021**

(a) 179 (b) 176 (c) 177 (d) 175

25. वह छोटी-से-छोटी संख्या ज्ञात करें, जिसे 15, 18 और 36 से विभाजित करने पर प्रत्येक स्थिति में 9 शेषफल प्राप्त हो और वह 11 से विभाज्य हो। **SSC CPO 2020**

(a) 1089
(b) 1080
(c) 1071
(d) 1269

> ***MRC******
> ***(Most Repeating Concepts)***
> प्र. सं. 25, 26, 27 और 28 Examination Point of Views से अति महत्त्वपूर्ण हैं। इन Concept पर प्रश्न विभिन्न प्रतियोगी परीक्षाओं (SSC, Railway तथा Police) में निरन्तर पूछे जा रहे हैं।

26. वह छोटी-से-छोटी संख्या कौन-सी है, जिसे 15, 25, 35 और 40 से विभाजित किए जाने पर क्रमश: 10, 20, 30 और 35 शेषफल बचता है? **SSC MTS 2021**

(a) 4205 (b) 4195 (c) 4200 (d) 4210

27. एक सबसे छोटी संख्या को 11, 15, 12 से विभाजित करने पर शेषफल 7 प्राप्त होता है। उसी संख्या को 9 से विभाजित करने पर शेषफल ज्ञात कीजिए। **UP Police ASI 2021**

(a) 3 (b) 7 (c) 5 (d) 1

28. वह अल्पतम संख्या ज्ञात कीजिए, जिसे 6, 7, 8, 9, 10 से विभाजित करने पर क्रमश: 4, 5, 6, 7, 8 शेष बचता हो। **UP Police Assistant Operator 2024**

(a) 2522 (b) 2516
(c) 2520 (d) 2518

29. 4 अंकों की सबसे छोटी संख्या ज्ञात कीजिए, जिसे 5, 10, 19, 20, 38 से विभाजित करने पर शेषफल 3 प्राप्त हो? **UP Police SI 2021**

(a) 1143 (b) 1140 (c) 1452 (d) 1125

30. न्यूनतम संख्या ज्ञात कीजिए, जिसे 1800 से घटाया जाना आवश्यक है ताकि 7, 11 और 23 से विभाजित होने पर प्रत्येक में शेषफल 5 बचे। **MP Police Constable 2022**

(a) 26 (b) 24 (c) 20 (d) 25

31. 4 अंकों की सबसे बड़ी संख्या कौन-सी है जिसे 6, 9, 12, 15 और 18 से विभाजित करने पर प्रत्येक स्थिति में 1 शेष बचता है? **UP Police Head Operator 2024**

(a) 9901 (b) 9886
(c) 4587 (d) 9891

32. वह छोटी-से-छोटी संख्या जो 31 का गुणज है, और उसे 15, 24 तथा 32 से भाग देने पर क्रमश: 2, 11 एवं 19 शेष बचे हैं।

(a) 2527 (b) 2387
(c) 2300 (d) 1296

33. माना चार अंकों की छोटी-से-छोटी संख्या x इस प्रकार है, कि जब इसे 5, 6 और 7 से विभाजित किया जाता है, तो क्रमश: 2, 3 और 4 शेषफल प्राप्त होता है। x के अंकों का योगफल ज्ञात करें। **SSC MTS 2021**

(a) 12 (b) 9 (c) 11 (d) 14

34. छह घण्टियाँ क्रमश: 8 सेकण्ड, 12 सेकण्ड, 15 सेकण्ड, 16 सेकण्ड, 18 सेकण्ड तथा 20 सेकण्ड के अन्तराल पर बजती हैं। 1 घण्टे 48 मिनट की अवधि में वे कितनी बार एक साथ बजेंगी? **DSSSB Grade-II 2019**

(a) 10 (b) 8 (c) 9 (d) 12

35. पाँच घण्टियाँ 3, 5, 8, 9 और 10 सेकण्ड के अन्तराल पर एकसाथ बजती हैं। यदि सभी घण्टियाँ एक समय पर एकसाथ बजती हैं, तो वे कितने समय के बाद पुन: एकसाथ बजेंगी? **SSC CPO 2020**

(a) 8 मिनट (b) 9 मिनट
(c) 6 मिनट (d) 4 मिनट

36. राजेश एक पार्टी के लिए ब्रेड रोल और बन (मीठी रोटी) खरीदने का प्रभारी है। बन के प्रत्येक बॉक्स में 10 बन और ब्रेड रोल के प्रत्येक बॉक्स में 8 ब्रेड रोल हैं। राजेश बन और ब्रेड रोल बराबर-बराबर संख्या में खरीदना चाहता है। अकेले बन खरीदने के लिए बॉक्सों की लघुत्तम संख्या क्या होगी?

(a) 10 (b) 8
(c) 4 (d) 5

म.स. और ल.स. पर आधारित

37. $\frac{2}{3}, \frac{4}{3}$ और $\frac{2}{12}$ का म.स. ज्ञात करें। **MP Police Constable 2022**

(a) 4 (b) $\frac{1}{4}$ (c) $\frac{1}{6}$ (d) $\frac{1}{12}$

38. $\frac{4}{5}, \frac{6}{8}, \frac{8}{25}$ का म.स. ज्ञात कीजिए। **SSC CPO 2019**

(a) $\frac{1}{5}$ (b) $\frac{1}{50}$ (c) $\frac{1}{100}$ (d) $\frac{1}{200}$

39. $\frac{33}{34}$ और $\frac{34}{35}$ का ल.स. ज्ञात कीजिए। **UP Police ASI 2021**

(a) 1120 (b) 1121 (c) 1125 (d) 1122

40. $\frac{2}{3}, \frac{4}{9}, \frac{5}{6}$ का लघुत्तम समापवर्त्य है

(a) $\frac{8}{27}$ (b) $\frac{20}{3}$ (c) $\frac{10}{3}$ (d) $\frac{20}{27}$

41. 0.6, 1.8, 0.36 का ल.स. ज्ञात कीजिए। **MP Police Constable 2022**

(a) 10.8 (b) 1.8
(c) 3.6 (d) 7.2

42. 10, 20 तथा 30 के लघुत्तम समापवर्त्य तथा महत्तम समापवर्तक का अनुपात क्या होगा? **DSSSB 2019**

(a) 2 : 1 (b) 8 : 1 (c) 6 : 1 (d) 4 : 1

43. संख्या 320 और 460 के लघुत्तम समापवर्त्य और महत्तम समापवर्तक का अनुपात ज्ञात कीजिए। **DSSSB Lab Asst. 2024**

(a) 184 : 1 (b) 368 : 1
(c) 354 : 1 (d) 186 : 1

44. 48 और 64 का लघुत्तम समापवर्त्य, 12 और 18 के महत्तम समापवर्तक का .... गुना है। **SSC CPO 2022**

(a) 32 (b) 24
(c) 16 (d) 28

45. दो संख्याओं का महत्तम समापवर्तक 23 है और उनके लघुत्तम समापवर्त्य के अन्य दो भाजक 26 और 27 हैं। उनमें से छोटी संख्या ज्ञात कीजिए। **UP Police SI 2021**

(a) 548 (b) 498 (c) 598 (d) 462

46. तीन संख्याएँ 6 : 7 : 3 के अनुपात में हैं और उनका लघुत्तम समापवर्त्य (LCM) 3654 है। उनका महत्तम समापवर्तक (HCF)...... है। ***SSC MTS 2024***
(a) 87 (b) 28 (c) 29 (d) 27

47. दो संख्याओं का गुणनफल बताओ, जिनका, ल.स. 9017 और म.स. 1 है। ***RPF SI 2019***
(a) 9015 (b) 9011 (c) 9017 (d) 9013

48. यदि (a, b) का म.स. 15 है, तथा $a \times b = 1800$ है, तो (a, b) का ल.स. बताएँ। ***HP Constable 2022***
(a) 3600 (b) 900 (c) 90 (d) 120

49. दो संख्याओं का लघुत्तम समापवर्त्य (LCM) 150 है और उनका महत्तम समापवर्तक (HCF) 3 है। यदि उनमें से एक संख्या 25 है, तो दूसरी संख्या ज्ञात करें। ***CISF HC Min. 2022***
(a) 17
(b) 16
(c) 18
(d) 15

> **MRC*****
> *(Most Repeating Concepts)*
> प्र. सं. 49, 50 और 51 Examination Point of Views से अति महत्त्वपूर्ण हैं। इन Concept पर प्रश्न विभिन्न प्रतियोगी परीक्षाओं (CISF, DP, CPO) में निरन्तर पूछे जा रहे हैं।

50. दो संख्याओं के ल.स. और म.स. का गुणनफल 48 है। दोनों संख्याओं का अन्तर 13 है। संख्याएँ ज्ञात कीजिए। ***DP Constable 2023***
(a) 10 और 23 (b) 3 और 16
(c) 9 और 22 (d) 6 और 19

51. यदि दो संख्याओं का गुणनफल 726 है, और उनका महत्तम समापवर्तक (HCF) 11 है, तो उनका लघुत्तम समापवर्त्य (LCM) क्या होगा? ***SSC CPO 2023***
(a) 76 (b) 66 (c) 68 (d) 58

52. दो संख्याओं का गुणनफल 3072 है और उनका लघुत्तम समापवर्त्य 96 है। संख्याओं का महत्तम समापवर्तक ज्ञात कीजिए। ***UP Police ASI 2021***
(a) 37 (b) 30 (c) 31 (d) 32

53. यदि दो संख्याओं का HCF और LCM क्रमश: 7 और 245 है, तो उनका गुणनफल ज्ञात कीजिए। ***RRB ALP (CBT-I) 2024***
(a) 1715 (b) 1517 (c) 1175 (d) 1751

54. दो संख्याएँ 5 : 7 के अनुपात में हैं। उनके म.स. और ल.स. का गुणनफल 2835 है। संख्याओं का योग क्या है? ***DP Constable 2023***
(a) 106 (b) 108 (c) 109 (d) 107

55. दो संख्याओं का ल.स. 156 है और उनका म.स. 12 है। यह देखते हुए कि एक संख्या 12 है, दूसरी संख्या ज्ञात कीजिए। ***RPF Constable 2019***
(a) 132 (b) 13 (c) 156 (d) 12

56. दो संख्याओं का म.स. 19 है और उनके ल.स. के अन्य दो गुणनखण्ड 11 और 13 हैं। दोनों में से बड़ी संख्या क्या है? ***RRB NTPC (CBT-I) 2021***
(a) 241 (b) 243
(c) 247 (d) 249

57. दो संख्याओं का लघुत्तम समापवर्त्य और महत्तम समापवर्तक 1105 और 5 हैं। यदि लघुत्तम समापवर्त्य पहली संख्या का 17 गुना है, तो दोनों संख्याएँ ज्ञात कीजिए। ***SSC CPO 2023***
(a) 65 और 85 (b) 60 और 80
(c) 55 और 85 (d) 65 और 75

58. दो संख्याओं के महत्तम समापवर्तक (HCF) और लघुत्तम समापवर्त्य (LCM) क्रमश: 5 और 175 हैं। यदि दोनों संख्याओं का अनुपात 5 : 7 है, तो दोनों संख्याओं में से बड़ी संख्या है। ***SSC CPO 2023***
(a) 25 (b) 75 (c) 35 (d) 45

59. दो संख्याएँ हैं जो 32 से बड़ी हैं तथा उनका म.स. तथा ल.स. क्रमश: 32 तथा 5984 हैं। इन दो संख्याओं का योग ज्ञात करें। ***DSSSB DASS Grade-II 2019***
(a) 778 (b) 896 (c) 678 (d) 786

60. दो संख्याओं के लघुत्तम समापवर्त्य (LCM) और महत्तम समापवर्तक (HCF) का अनुपात 3 : 1 है, और उन संख्याओं का गुणनफल 432 है। लघुत्तम समापवर्त्य और महत्तम समापवर्तक का मान क्रमश: ज्ञात कीजिए। ***RRB Group D 2022***
(a) 36 और 12 (b) 24 और 18
(c) 54 और 8 (d) 72 और 24

61. दो धनात्मक संख्याएँ 5 : 4 के अनुपात में हैं और उनके ल.स. और म.स. का गुणनफल 18000 है। दोनों संख्याओं का योग ज्ञात कीजिए। ***RRB NTPC (CBT-I) 2021***
(a) 270 (b) 180
(c) 150 (d) 900

62. दो संख्याएँ 3 : 4 के अनुपात में हैं। उनके महत्तम समापवर्तक (HCF) और लघुत्तम समापवर्त्य (LCM) का गुणनफल 2700 है। उन संख्याओं का योगफल ज्ञात कीजिए। ***SSC CPO 2023***
(a) 45 (b) 60
(c) 105 (d) 15

63. यदि दो संख्याओं का महत्तम समापवर्तक 6 है और इन्हीं दो संख्याओं का लघुत्तम समापवर्त्य 54 है, तो इन संख्याओं के गुणनफल का वर्गमूल कितना होगा? ***SSC MTS 2021***
(a) 12 (b) 18 (c) 24 (d) 16

64. मान लीजिए, R वह सबसे बड़ी संख्या है जिससे 41, 71 और 91 को भाग देने पर समान शेष बचता है। R और 45 का ल.स. ज्ञात कीजिए। ***RRB Group D 2022***
(a) 45 (b) 90
(c) 75 (d) 10

Right Key

1 (b)	2 (b)	3 (b)	4 (b)	5 (d)	6 (b)	7 (d)	8 (a)	9 (d)	10 (b)
11 (c)	12 (c)	13 (c)	14 (c)	15 (d)	16 (d)	17 (a)	18 (a)	19 (c)	20 (a)
21 (b)	22 (c)	23 (c)	24 (a)	25 (a)	26 (b)	27 (d)	28 (d)	29 (a)	30 (b)
31 (a)	32 (b)	33 (a)	34 (c)	35 (c)	36 (c)	37 (c)	38 (c)	39 (d)	40 (b)
41 (b)	42 (c)	43 (b)	44 (a)	45 (c)	46 (a)	47 (c)	48 (d)	49 (c)	50 (b)
51 (b)	52 (d)	53 (a)	54 (b)	55 (c)	56 (c)	57 (a)	58 (c)	59 (b)	60 (a)
61 (a)	62 (c)	63 (b)	64 (b)						

Solutions

1. (*b*) $110 = ②\times⑤\times⑪$

$1980 = ②\times 2\times 3\times 3\times ⑤\times ⑪$

$\therefore$ 110 और 1980 का म.स.

$= 2\times 5\times 11 = 110$

2. (*b*) दिया है, $P = 2^5\times 3^8$,

$Q = 2^3\times 3^K$

म.स. $= 2^3\times 3^3$

अब Q को म.स. की घातों से तुलना करने पर,

$\therefore \quad K = 3$

3. (*b*) x और 117 का म.स. $= 2x - 117$

अब, दिए गए विकल्पों द्वारा जाँच करने पर

विकल्प (b) से, $x = 65$

तब, 65 और 117 का म.स. = 13

तथा $2\times 65 - 117 = 130 - 117 = 13$

अत: x का मान = 65

4. (*b*) दिया है, संख्याओं का म.स. = 43

माना दोनों संख्याएँ क्रमश: $43a$ और $43b$ हैं।

तब, $43a + 43b = 430$

$\therefore \quad a + b = \frac{430}{43} = 10$

$\because a$ और b दोनों सह अभाज्य संख्याएँ हैं।

$\therefore a$ तथा b के सम्भावित मान

= (1, 9) तथा (3, 7)

तब, $a = 3, b = 7$ लेने पर,

अत: संख्याएँ हैं,

$43\times 3 = 129$ तथा $43\times 7 = 301$

5. (*d*) दिया है, संख्याओं का म.स. = 48

माना दोनों संख्याएँ $48a$ और $48b$ हैं।

तब, $48a + 48b = 720$

$\therefore \quad a + b = 15$

यहाँ, a और b सह अभाज्य संख्याएँ हैं

$\therefore a$ और b के सम्भावित मानों के जोड़े हैं,

(1, 14), (14, 1), (2, 13), (13, 2), (4, 11), (11, 4), (7, 8), (8, 7)

अत: अभीष्ट 8 जोड़े बन सकते हैं।

6. (*b*) x और y का म.स. (HCF) = 20

माना $x = 20a$ तथा $y = 20b$

प्रश्नानुसार, $x + y = 320$

$\Rightarrow \quad 20a + 20b = 320$

$\therefore \quad a + b = 16$

यहाँ, a और b सह अभाज्य संख्याएँ हैं, तथा $x > y$, तब a और b के सम्भावित युग्म हैं

(15, 1), (13, 3), (11, 5), (9, 7)

अत: अभीष्ट युग्मों की संख्या '4' है।

7. (*d*) $\because 200 = 40\times 5$ तथा $320 = 40\times 8$

$\therefore$ अभीष्ट संख्या = 200 और 320 का म.स. = 40

8. (*a*) अभीष्ट संख्या = (9806 − 8954), (11297 − 8954) और (11297 − 9806) का म.स. = 852, 2343, 1491 का म.स. = 213

9. (*d*) $\because$ 216, 96 और 168 का म.स. = 24

$\therefore$ आवश्यक कमरों की संख्या

$= \frac{216 + 96 + 168}{24} = \frac{480}{24} = 20$

10. (*b*) प्रत्येक डिब्बे में दूध की अधिकतम मात्रा = 21, 42 तथा 63 लीटर का म.स. = 21 लीटर

$\therefore$ डिब्बों की अपेक्षित संख्या

$= \frac{21}{21} + \frac{42}{21} + \frac{63}{21} = 1 + 2 + 3 = 6$

11. (*c*)

2	28, 92
2	14, 46
7	7, 23
23	1, 23
	1, 1

$\therefore$ 28, 92 का ल.स. $= 2\times 2\times 7\times 23 = 644$

Quick Method

$28 \rightarrow 2\times 7$

$92 \rightarrow 2\times 2\times 23$

ल.स. $= 2^2\times 7\times 23 = 644$

12. (*c*) दी गई संख्याएँ $2p$, $5p$ तथा $7p$ का ल.स. (LCM) $= 2\times 5\times 7\times p = 70p$

13. (*c*) 12 से विभाज्य 2-अंकीय सबसे बड़ी संख्या $= 96 = 6\times 16$

तथा 8 से विभाज्य 2 अंकीय सबसे छोटी संख्या = 16

अत: 96 और 16 का ल.स. = 96

14. (*c*) $\because$ 54, 120 और 96 का ल.स. = 4320

$\therefore$ 54, 120 और 96 से विभाज्य 5 अंकों की सबसे छोटी संख्या $= 4320\times k$

जब, $k = 3$

तब, अभीष्ट संख्या $= 4320\times 3 = 12960$

15. (*d*) $\because$ 4, 5, 6, 15 और 18 का ल.स.

$= 2\times 2\times 3\times 3\times 5 = 180$

अब, 180 में 5 से गुणा करने पर पूर्ण वर्ग संख्या प्राप्त होगी।

$\therefore \quad 180\times 5 = 900 = (30)^2$

16. (*d*) 2, 3, 4, 5, 6, 7 का ल.स. = 420

अब, 10000 के निकटतम संख्याएँ जो 420 से विभाज्य हों

$23\times 420 > 10000 > 24\times 420$

$\Rightarrow \quad 9660 > 10000 > 10080$

$\therefore$ अभीष्ट संख्याएँ = 9660 और 10080

17. (*a*) 6, 9 और 15 का ल.स. = 90

90 से बड़ी (निकटतम) पूर्ण वर्ग संख्या = 100

$\therefore$ अभीष्ट संख्या = 100 − 90 = 10

18. (*a*) $96 = 2^5\times 3$; $108 = 2^2\times 3^3$

$144 = 2^4\times 3^2$

$\therefore$ ल.स. $= 2^5\times 3^3 = 864$

96, 108 और 144 से विभाज्य छोटी-से-छोटी प्राकृत संख्या = 864

19. (*c*) चार अंकों की सबसे बड़ी संख्या = 9999

17, 36 का ल.स. = 612

अब, $\frac{9999}{612}$ में शेषफल = 207

17, 36 से पूर्णत: विभाज्य चार अंकों की बड़ी-से-बड़ी संख्या = 9999 − 207 = 9792

> **TOP TIPS** दी गई संख्याओं से विभाजित ***n* अंकों की बड़ी-से-बड़ी संख्या** ज्ञात करने के लिए संख्याओं के ल.स. से भाग करने पर प्राप्त शेषफल को n अंकों की संख्या से घटाया जाता है।

20. (*a*) 6 अंकों की सबसे बड़ी संख्या = 999999

3, 4, 5, 6 और 8 का ल.स. = 120

$\because$ भाज्य = भाजक × भागफल + शेषफल

तब, $999999 = 120\times 8333 + 39$

$\therefore$ अभीष्ट संख्या = 999999 − 39 = 999960

21. (*b*) $4 = 2\times 2$; $10 = 2\times 5$; $12 = 2\times 2\times 3$

$\therefore$ ल.स. $= 2\times 2\times 3\times 5$

ल.स. को पूर्ण वर्ग बनाने के लिए, 3×5 से गुणा करनी होगी।

$\therefore$ अभीष्ट संख्या $= 2\times 2\times 3\times 3\times 5\times 5 = 900$

22. (*c*) 5, 8, 15, 16 और 21 का ल.स.

2	5, 8, 15, 16, 21
2	5, 4, 15, 8, 21
2	5, 2, 15, 4, 21
2	5, 1, 15, 2, 21
3	5, 1, 15, 1, 21
5	5, 1, 5, 1, 7
7	1, 1, 1, 1, 7
	1, 1, 1, 1, 1

$= 2\times 2\times 2\times 2\times 3\times 5\times 7 = 1680$

अब, 5-अंकों की सबसे बड़ी संख्या = 99999

1680) 99999 (59
8400
15999
15120
879

$\therefore$ अभीष्ट संख्या = 99999 − 879 = 99120

TOP TIPS संख्याएँ 3 या 3 से अधिक होने पर ल.स. ज्ञात करने के लिए **भाग विधि** का प्रयोग करें। इस विधि का प्रयोग करने से विद्यार्थी प्रश्नों का हल बहुत कम समय में कर सकते हैं।

23. (*c*) अभीष्ट संख्या
= (12, 16, 18, 21 का ल.स.) + 7
= 1008 + 7 = 1015

24. (*a*) $28 = 2 \times 2 \times 7$; $42 = 2 \times 3 \times 7$
$56 = 2 \times 2 \times 2 \times 7$
$\therefore$ 28, 42 व 56 का ल.स.
$= 2 \times 2 \times 2 \times 3 \times 7 = 168$
$\therefore$ सबसे छोटी सम्भावित संख्या
= 168 + 11 = 179

25. (*a*) 15, 18 और 36 का ल.स. = 180
15, 18 और 36 से विभाजित करने पर प्रत्येक स्थिति में 9 शेषफल देने वाली तथा 11 से विभाज्य संख्या = $n \times$ ल.स. + शेषफल
$= 180 \times 6 + 9$ (जब $n = 6$ हो)
= 1089 जोकि 11 से विभाज्य है।

26. (*b*) यहाँ, $k = 15 - 10 = 25 - 20 = 35 - 30$
$= 40 - 35 = 5$
$\therefore$ 15, 25, 35 तथा 40 का ल.स.
$= 2 \times 2 \times 2 \times 3 \times 5 \times 5 \times 7 = 4200$
$\therefore$ अभीष्ट संख्या = ल.स. − k
= 4200 − 5 = 4195

27. (*d*) 11, 15 और 12 का ल.स. = 660
$\therefore$ सबसे छोटी संख्या = 660 + 7 = 667
अब 667 को 9 से विभाजित करने पर,
$667 = 74 \times 9 + 1$
अत: अभीष्ट शेषफल = 1

28. (*d*) यहाँ,
$(6 - 4) = (7 - 5) = (8 - 6) = (9 - 7)$
$= (10 - 8) = 2 = k$ (माना)
$\therefore$ अभीष्ट संख्या
= (6, 7, 8, 9, 10 का ल.स.) − k
= 2520 − 2 = 2518

29. (*a*) 5, 10, 19, 20, 38 का ल.स. = 380
प्रश्नानुसार, माना संख्या = 380K + 3
चूँकि संख्या 4 अंकों की सबसे छोटी संख्या है, इसलिए $K = 1, 2, 3, \ldots$ रखकर जाँच करने पर, जब, $K = 3$
तब, अभीष्ट संख्या = $380 \times 3 + 3 = 1143$

TOP TIPS दी गई संख्याओं से विभाजित ***n* अंकों की छोटी-से-छोटी संख्या** ज्ञात करने के लिए संख्याओं के ल.स. से भाग करने से प्राप्त शेषफल और ल.स. का अन्तर *n* अंकों की संख्या में जोड़ दिया जाता है।

30. (*b*) प्रश्नानुसार, संख्या 7, 11 और 23 से विभक्त होने वाली संख्या जिससे शेषफल 5 प्राप्त हो = 7, 11 और 23 का ल.स. + 5
$= 7 \times 11 \times 23 + 5 = 1776$
$\therefore$ अभीष्ट संख्या = 1800 − 1776 = 24

31. (*a*) $\therefore$ अभीष्ट संख्या = n(6, 9, 12, 15 और 18 का ल.स.) + 1 = n(180) + 1
अब चूँकि संख्या 4 अंकों की सबसे बड़ी संख्या है
$\therefore$ $n = 1, 2, 3, \ldots$ रखकर जाँच करने पर,
जब, $n = 55$
तब, अभीष्ट संख्या = $55 \times 180 + 1$
= 9900 + 1 = 9901

32. (*b*) यहाँ $15 - 2 = 24 - 11 = 32 - 19 = 13$
अब, 15, 24, 32 का ल.स. = 480
अभीष्ट संख्या
$= 480k - 13 = (31 + 1) \times 15k - 13$
$= (31 \times 15k + 15k) - 13$
$= (31 \times 15k) + (15k - 13)$
k का मान '5' रखने पर,
$15k - 13 = 15 \times 5 - 13 = 62$, जो 31 का गुणज है।
$\therefore$ अभीष्ट संख्या = $480k - 13 = 480 \times 5 - 13$
= 2400 − 13 = 2387

33. (*a*) संख्याओं और शेषफलों का अन्तर,
$5 - 2 = 6 - 3 = 7 - 4 = 3 = k$ (माना)
अब, $5 = 5 \times 1$, $6 = 2 \times 3$, $7 = 7 \times 1$
5, 6 तथा 7 का ल.स. = $5 \times 2 \times 3 \times 7 = 210$
संख्या (x) = n(5, 6 तथा 7 का ल.स.) −k
$= n \times 210 - 3$
चार अंकों की सबसे छोटी संख्याओं के लिए जब $n = 5$, तब $x = 5 \times 210 - 3$
= 1050 − 3 = 1047
$\therefore$ x के अंकों का योग = 1 + 0 + 4 + 7 = 12

34. (*c*) घण्टियों के पुन: एकसाथ बजने का अन्तराल
= 8, 12, 15, 16, 18 और 20 का ल.स.
$= 2^4 \times 3^2 \times 5 = 720$ सेकण्ड = 12 मिनट
$\therefore$ 1 घण्टे 48 मिनट की अवधि में एकसाथ बजने की संख्या = $\frac{60 + 48}{12} = \frac{108}{12} = 9$ बार

35. (*c*) 3, 5, 8, 9 और 10 का ल.स.
$= 2 \times 2 \times 2 \times 3 \times 3 \times 5 = 360$ सेकण्ड
$= \frac{360}{60} = 6$ मिनट

36. (*c*) अकेले बन खरीदने के लिए बॉक्सों की लघुत्तम संख्या
$= \frac{\text{10 तथा 8 का ल.स.}}{\text{एक बॉक्स में बन की संख्या}} = \frac{40}{10} = 4$

37. (*c*) भिन्न $\frac{2}{3}, \frac{4}{3}$ और $\frac{2}{12}$ का म.स.
$= \frac{\text{अंशों का म.स.}}{\text{हरों का ल.स.}} = \frac{2}{12} = \frac{1}{6}$

38. (*c*) $\frac{4}{5}, \frac{6}{8}, \frac{8}{25}$ या $\frac{4}{5}, \frac{3}{4}, \frac{8}{25}$ का म.स.
$= \frac{\text{4, 3, 8 का म.स.}}{\text{5, 4, 25 का ल.स.}} = \frac{1}{100}$

39. (*d*) $\frac{33}{34}$ और $\frac{34}{35}$ का ल.स.
$= \frac{\text{33, 34 का ल.स.}}{\text{34, 35, का म.स.}} = \frac{33 \times 34}{1} = 1122$

TOP TIPS इन प्रश्न को हल करने के लिए अभ्यर्थियों को भिन्नों का ल.स. ज्ञात करने का निम्न सूत्र कंठस्थ होना चाहिए।
भिन्नों का ल.स. $= \frac{\textbf{अंशों का ल.स.}}{\textbf{हरों का म.स.}}$

40. (*b*) $\frac{2}{3}, \frac{4}{9}, \frac{5}{6}$ का ल.स.
$= \frac{\text{2, 4, 5, का ल.स.}}{\text{3, 9, 6 का म.स.}} = \frac{20}{3}$

41. (*b*) 0.6, 1.8, 0.36 $\Rightarrow \frac{6}{10}, \frac{18}{10}, \frac{36}{100}$ या
$\frac{3}{5}, \frac{9}{5}, \frac{9}{25}$ का ल.स.
$= \frac{\text{अंशों का ल.स.}}{\text{हरों का म.स.}} = \frac{9}{5} = 1.8$

42. (*c*) 10, 20 तथा 30 का ल.स. = 60
10, 20 तथा 30 का म.स. = 10
$\therefore$ अभीष्ट अनुपात = 60 : 10 = 6 : 1

43. (*b*) 320 के गुणनखण्ड
$= 2 \times 2 \times 2 \times 2 \times 2 \times 2 \times 5 = 2^6 \times 5$
460 के गुणनखण्ड = $2 \times 2 \times 5 \times 23$
$\therefore$ 320 तथा 460 का ल.स. = $2^6 \times 5 \times 23$
= 7360
320 तथा 460 का म.स. = $2 \times 2 \times 5 = 20$
अत: अभीष्ट अनुपात = 7360 : 20 = 368 : 1

44. (*a*) 48 और 64 का ल.स. = 192
12 और 18 का म.स. = 6
$\therefore$ अभीष्ट मान = $\frac{192}{6} = 32$

45. (*c*) दिया है, दो संख्याओं का म.स. = 23
लघुत्तम समापवर्त्य के दो भाजक = 26 और 27
तब, पहली संख्या
$= 23 \times 26 = 598$ (छोटी संख्या)

46. (*a*) माना तीन संख्या क्रमशः $6x, 7x$ तथा $3x$ हैं।
प्रश्नानुसार,
$6x, 7x$ तथा $3x$ का ल. स. $= 2 \times 3 \times 7 \times x$
$\Rightarrow \quad 3654 = 42x$
$\therefore \quad x = 87$
$6x, 7x$ तथा $3x$ का म.स. $= x = 87$

47. (*c*) दो संख्याओं का गुणनफल = म.स. × ल.स.
$= 1 \times 9017$
$= 9017$

48. (*d*) दो संख्याओं का गुणनफल = ल.स. × म.स.
$\Rightarrow$ 1800 = ल.स. $(a, b) \times 15$
$\therefore$ (a, b) का ल.स. $= \dfrac{1800}{15} = 120$

49. (*c*) पहली संख्या × दूसरी संख्या
= ल.स. × म.स.
$\therefore 25 \times$ दूसरी संख्या $= 150 \times 3$
$\therefore$ दूसरी संख्या $= \dfrac{150 \times 3}{25} = 18$

50. (*b*) माना संख्याएँ a और b हैं।
तब, संख्याओं का गुणनफल = ल.स. × म.स.
$\therefore \quad a \times b = 48 \quad \ldots(i)$
तथा $\quad a - b = 13 \quad \ldots(ii)$
अब $(a+b)^2 = (a-b)^2 + 4ab$
$= (13)^2 + 4 \times 48$
$= 169 + 192$
$= 361$
$\therefore \quad a + b = 19 \quad \ldots(iii)$
समी (ii) व (iii) को हल करने पर,
$a = 16, b = 3$

51. (*b*) म.स. × ल.स. = पहली संख्या × दूसरी संख्या
$\Rightarrow 11 \times$ ल.स. $= 726$
$\therefore$ ल.स. = 66

52. (*d*) दो संख्याओं का गुणनफल = ल.स. × म.स.
$\Rightarrow$ 3072 = 96 × म.स.
$\therefore$ म.स. $= \dfrac{3072}{96} = 32$

53. (*a*) दो संख्याओं का गुणनफल = LCM × HCF
$= 245 \times 7 = 1715$

54. (*b*) माना संख्याएँ क्रमशः $5x$ और $7x$ हैं।
अब संख्याओं का गुणनफल = ल.स. × म.स.
$\Rightarrow \quad 5x \times 7x = 2835$
$\Rightarrow \quad x^2 = 81$
$\therefore \quad x = 9$
संख्याओं का योग $= 5x + 7x = 12x$
$= 12 \times 9 = 108$

55. (*c*) पहली संख्या × दूसरी संख्या
= म.स. × ल.स.
$\Rightarrow$ 12 × दूसरी संख्या = 12 × 156
$\therefore$ दूसरी संख्या = 156

56. (*c*) दिया है, संख्याओं का म.स. = 19
तथा म.स. के अलावा ल.स. के अन्य दो गुणनखण्ड 11 और 13 हैं।
तब, बड़ी संख्या $= 13 \times 19 = 247$

57. (*a*) माना पहली संख्या $= x$
तब, ल.स. $= x \times 17 = 17x$
प्रश्नानुसार, $17x = 1105 \Rightarrow x = 65$
पहली संख्या × दूसरी संख्या = ल.स. × म.स.
$\therefore$ 65 × दूसरी संख्या = 1105 × 5
$\therefore$ दूसरी संख्या = 85

58. (*c*) माना संख्याएँ क्रमशः $5x$ और $7x$ हैं।
ल.स. × म.स. = पहली संख्या × दूसरी संख्या
$\Rightarrow \quad 5 \times 175 = 5x \times 7x \Rightarrow x^2 = 25$
$\therefore \quad x = 5$
बड़ी संख्या $= 7 \times 5 = 35$

59. (*b*) माना संख्याएँ $32a$ तथा $32b$ हैं।
अब, संख्याओं का गुणनफल = म.स. × ल.स.
$\Rightarrow \quad 32a \times 32b = 32 \times 5984$
$\Rightarrow \quad ab = \dfrac{5984}{32} = 187 = 17 \times 11$
$\therefore \quad a = 17$ तथा $b = 11$ (माना)
संख्याएँ क्रमशः हैं
$17 \times 32 = 544, 11 \times 32 = 352$
$\therefore$ अभीष्ट योग $= 544 + 352 = 896$

60. (*a*) माना संख्याओं का ल.स. $= 3x$
तथा म.स. $= x$
अब, संख्याओं का गुणनफल = ल.स. × म.स.
$\Rightarrow \quad 432 = 3x \times x$
$\Rightarrow \quad x^2 = 144 \Rightarrow x = 12$
$\therefore$ संख्याओं का ल.स. $= 3 \times 12 = 36$
तथा म.स. = 12

> **TOP TIPS** इस प्रकार के प्रश्नों को अभ्यर्थी विकल्प की सहायता से अति शीघ्रता से हल कर सकते हैं, जो विकल्प (3 : 1) के अनुपात में बदल जाए वही सही उत्तर होगा।

61. (*a*) माना संख्याएँ क्रमशः $5x$ और $4x$ हैं।
तब, संख्याओं का गुणनफल = ल.स. × म.स.
$\Rightarrow \quad 5x \times 4x = 18000$
$\Rightarrow \quad x^2 = 900$
$\therefore \quad x = 30$
अतः संख्याओं का योग $= 5x + 4x = 9x$
$= 9 \times 30 = 270$

62. (*c*) माना दोनों संख्याएँ क्रमशः $3x$ और $4x$ हैं।
दोनों संख्याओं के ल.स. और म.स. का गुणनफल = 2700
$\because$ ल.स. × म.स. = पहली संख्या × दूसरी संख्या
$\Rightarrow \quad 2700 = 3x \times 4x$
$\Rightarrow \quad x^2 = \dfrac{900}{4} = 225$
$\therefore \quad x = 15$
$\therefore$ संख्याओं का योगफल $= 3x + 4x = 7x$
$= 7 \times 15 = 105$

63. (*b*) संख्याओं का गुणनफल = म.स. × ल.स.
$= 6 \times 54 = 324$
$\therefore$ संख्याओं के गुणनफल का वर्गमूल
$= \sqrt{324} = 18$

64. (*b*) प्रश्नानुसार,
$R = (91-71), (71-41)$ और $(91-41)$ का म.स.
अर्थात् $R = 20, 30, 50$ का म.स. = 10
अब, $R(10)$ और 45 का ल.स. = 90

अध्याय

04 वर्गमूल तथा घनमूल

Chapter Snapshot

I. वर्ग किसी दी गई संख्या का वर्ग, उसी संख्या का स्वयं से गुणा करने पर प्राप्त गुणनफल होता है।
जैसे—x का वर्ग $= (x) \times (x) = x^2$

II. वर्गमूल यदि 'x' का वर्ग x^2 है, तब x, x^2 का वर्गमूल होगा।
जैसे—25 का वर्गमूल $= \sqrt{5^2} = 5$

- **वर्गमूल ज्ञात करने की अभाज्य गुणनखण्ड विधि** दी गई संख्या के अभाज्य गुणनखण्डों के प्रत्येक युग्म से एक-एक संख्या लेकर उनका गुणनफल ही प्रदत्त संख्या का वर्गमूल होता है।
जैसे—$\sqrt{30625} = \sqrt{5^2 \times 5^2 \times 7^2} = 5 \times 5 \times 7 = 175$
- **वर्गमूल ज्ञात करने की भाग विधि** दी गई संख्या के दाईं ओर से युग्म बनाकर, बाईं ओर के युग्म अथवा अंक को ऐसी संख्या से भाग करते हैं जिसका वर्ग उस युग्म अथवा अंक के बराबर या कम हो। पुन: प्राप्त शेषफल के साथ अगला युग्म लिखकर भाजक के स्थान पर पुराने भाजक में भागफल के अंकों को जोड़कर समान प्रक्रिया तब तक दोहराते हैं जब तक युग्मों की समाप्ति न हो, प्राप्त भागफल ही प्रदत्त संख्या का वर्गमूल होता है।

	412
4	$\overline{16}\ \overline{97}\ \overline{44}$
+ 4	16
81	97
+ 1	81
822	1644
+ 2	1644
824	×

जैसे—संख्या 169744 का वर्गमूल $= \sqrt{169744} = 412$
- **दशमलव संख्याओं का वर्गमूल** यदि दी गई संख्या दशमलव रूप में हो तथा उसका पूर्ण वर्गमूल ज्ञात किया जा सकता हो, तब संख्या के दशमलव पर ध्यान न देते हुए संख्या का वर्गमूल ज्ञात करते हैं तथा दी गई संख्या में दशमलव बिन्दु दाईं ओर से जितने स्थानों के बाद है, प्राप्त परिणाम में दाईं ओर से उसके आधे स्थान पर दशमलव लगा देते हैं। इस प्रकार प्राप्त परिणाम ही अभीष्ट वर्गमूल होता है।
जैसे—$\sqrt{184.96} = 13.6$ क्योंकि $\sqrt{18496} = 136$
- **भिन्न संख्याओं का वर्गमूल** भिन्न संख्याओं का वर्गमूल ज्ञात करने के लिए अंश व हर का अलग-अलग वर्गमूल ज्ञात किया जाता है तथा अंतत: प्राप्त परिणाम ही भिन्न का वर्गमूल होता है।
जैसे— $\sqrt{\dfrac{256}{625}} = \dfrac{\sqrt{256}}{\sqrt{625}} = \dfrac{\sqrt{14 \times 14}}{\sqrt{25 \times 25}} = \dfrac{14}{25}$

III. घन यदि कोई संख्या 'x' हो, तब $(x) \times (x) \times (x) = x^3$ को, x का घन कहा जाता है। जैसे—6 का घन $= 6 \times 6 \times 6 = 6^3 = 216$

IV. घनमूल यदि x का घन x^3 है, तब x को x^3 का घनमूल कहा जाता है। इसे $\sqrt[3]{x}$ या $x^{\frac{1}{3}}$ लिखा जाता है।
जैसे—8 का घनमूल $= \sqrt[3]{8} = \sqrt[3]{2^3} = 2$

- **अभाज्य गुणनखण्ड द्वारा घनमूल ज्ञात करना** दी गई संख्या के अभाज्य गुणनखण्डों से तीन-तीन समान प्रकार के गुणनखण्डों का सूमह बनाकर प्रत्येक से एक-एक गुणनखण्ड लेकर प्राप्त उनका गुणनफल, प्रदत्त संख्या का घनमूल होता है।
जैसे—$\sqrt[3]{1728} = \sqrt[3]{2^3 \times 2^3 \times 3^3} = 2 \times 2 \times 3 = 12$

Concept Capsule

- इकाई अंक 0, 1, 5 और 6 वाले संख्याओं के वर्ग का इकाई अंक भी समान होता है।
- किसी संख्या के वर्ग का इकाई अंक 2, 3, 7 या 8 नहीं हो सकता।
- इकाई अंक 0, 1, 4, 5, 6 तथा 9 वाले संख्याओं के घन का इकाई अंक भी समान होता है।
- जिन संख्याओं के इकाई अंक 2, 3, 7 तथा 8 हों उनके घन या घनमूल के इकाई अंक क्रमशः 8, 7, 3 तथा 2 होंगे।

Formula Flashcards

निम्न सूत्रों का प्रयोग करके संख्याओं का वर्ग या घन ज्ञात किया जा सकता है।

- $(a + b)^2 = a^2 + 2ab + b^2$
- $(a - b)^2 = a^2 - 2ab + b^2$
- $(a + b)^3 = a^3 + 3ab(a + b) + b^3$
- $(a - b)^3 = a^3 - 3ab(a - b) - b^3$

Exam Approach Examples

वर्ग और वर्गमूल पर आधारित

उदाहरण 1. 0.5 का वर्ग क्या है? *MP Patwari 2017*

(a) 2.5 (b) 0.025
(c) 25 (d) 0.25

हल (*d*) 0.5 का वर्ग $= (0.5)^2 = 0.5 \times 0.5 = 0.25$

उदाहरण 2. $\sqrt{74529}$ का मान है *RRC Group D 2022*

(a) 239 (b) 243
(c) 273 (d) 259

हल (*c*) 74529 का वर्गमूल ज्ञात करने पर,

	273
2	7 45 29
+2	4
47	345
+7	329
543	1629
+3	1629
546	×

$\therefore \quad \sqrt{74529} = 273$

Score Booster
इस प्रकार के प्रश्नों को समय की बचत के लिए गुणनखण्ड विधि से हल करना सर्वाधिक उपयुक्त है।

उदाहरण 3. 1521 का वर्गमूल क्या है? *RRB Group D 2018*

(a) 31 (b) 41
(c) 39 (d) 48

हल (*c*) $\sqrt{1521} = \sqrt{3 \times 3 \times 13 \times 13} = \sqrt{3^2 \times 13^2}$
$= 3 \times 13 = 39$

उदाहरण 4. $\sqrt{40 + \sqrt{9\sqrt{81}}}$ का मान है *SSC (10+2) 2018*

(a) 9 (b) 7
(c) 11 (d) $\sqrt{111}$

हल (*b*) $\sqrt{40 + \sqrt{9\sqrt{81}}} = \sqrt{40 + \sqrt{9 \times 9}}$
$= \sqrt{40 + 9} = \sqrt{49} = 7$

उदाहरण 5. $\left(\frac{\sqrt{5}+2}{\sqrt{5}-2}\right)$ का वर्गमूल क्या है? *SSC (10+2) 2018*

(a) $\sqrt{5} + 2$ (b) $5 + \sqrt{2}$
(c) $\sqrt{5} - \sqrt{4}$ (d) $\sqrt{5} - 2$

हल (*a*) $\frac{\sqrt{5}+2}{\sqrt{5}-2} \times \frac{\sqrt{5}+2}{\sqrt{5}+2}$ (हर का परिमेयकरण करने पर)

$= \frac{(\sqrt{5}+2)^2}{(\sqrt{5})^2 - (2)^2} = \frac{(\sqrt{5}+2)^2}{5-4} = \frac{(\sqrt{5}+2)^2}{1}$

$\therefore \quad \frac{\sqrt{5}+2}{\sqrt{5}-2}$ का वर्गमूल $= \sqrt{(\sqrt{5}+2)^2} = \sqrt{5} + 2$

उदाहरण 6. एक माली ने एक बगीचे में 1936 पौधे इस प्रकार लगाए कि पौधों की पंक्तियाँ उतनी ही थी जितने स्तम्भ थे। पंक्तियों की संख्या है *SSC CPO 2018*

(a) 46 (b) 44
(c) 48 (d) 42

हल (*b*) माना पंक्तियाँ तथा स्तम्भ, प्रत्येक की संख्या x है।

तब, कुल पौधों की संख्या $= x^2$

$x^2 = 1936$

$\Rightarrow \quad x = \sqrt{1936}$

$\Rightarrow \quad x = \sqrt{\underline{2 \times 2} \times \underline{2 \times 2} \times \underline{11 \times 11}}$

$\Rightarrow \quad x = 2 \times 2 \times 11$

$\therefore$ कुल पंक्ति $= x = 44$

घन और घनमूल पर आधारित

उदाहरण 7. $(98)^3$ का मान है

(a) 941012 (b) 941192
(c) 100120 (d) 541192

हल (*b*) $(98)^3 = (100-2)^3 = (100)^3 - 3 \times 100 \times 2(100-2) - (2)^3$

$[\because (a-b)^3 = a^3 - 3ab(a-b) - b^3]$

$= 1000000 - 600 \times 98 - 8 = 1000000 - 58808$
$= 941192$

उदाहरण 8. $(\sqrt[3]{1331} \times \sqrt[3]{216} + \sqrt[3]{729} + \sqrt[3]{64})$ के बराबर है *Haryana CBI 2020*

(a) 13.62 (b) 79
(c) 14.82 (d) 90.88

हल (*b*) व्यंजक $= (\sqrt[3]{1331} \times \sqrt[3]{216} + \sqrt[3]{729} + \sqrt[3]{64})$

$= \sqrt[3]{11 \times 11 \times 11} \times \sqrt[3]{6 \times 6 \times 6} + \sqrt[3]{9 \times 9 \times 9} + \sqrt[3]{4 \times 4 \times 4}$

$= 11 \times 6 + 9 + 4 = 66 + 9 + 4 = 79$

उदाहरण 9. 27 दशमलव स्थानों वाली संख्या के घनमूल में दशमलव स्थानों की संख्या क्या होगी? *SSC (10 + 2) 2018*

(a) 6 (b) 9
(c) 3 (d) 27

हल (*b*) 27 दशमलव स्थानों वाली संख्या के घनमूल में दशमलव स्थान की संख्या $= \frac{27}{3} = 9$

उदाहरण 10. 675 को कौन-सी सबसे छोटी संख्या से विभाजित किया जाना चाहिए, जिससे परिणामी संख्या एक पूर्ण घन बन जाए? *SSC CPO 2018*

(a) 25 (b) 36
(c) 27 (d) 5

हल (*a*) 675 का गुणनखण्ड $= 3 \times 3 \times 3 \times 5 \times 5 = 3^3 \times 5 \times 5 = 3^3 \times 25$

अतः 675 को 25 से विभाजित करने पर संख्या पूर्ण घन बन जाएगी।

Chapter Challenge

वर्ग और वर्गमूल पर आधारित

1. 17424 का वर्गमूल क्या है? *RRB ALP 2018*

(a) 128 (b) 132
(c) 138 (d) 136

2. $(975)^2$ का मान होगा

(a) 950625 (b) 956025
(c) 965025 (d) 950256

3. 0.09 का वर्गमूल क्या है?

(a) 0.3 (b) 0.03
(c) 0.003 (d) 0.3

4. $\sqrt{0.0144}$ का मान है *RRB NTPC 2018*

(a) 0.12 (b) 0.012
(c) 1.2 (d) 0.0012

5. $\sqrt{\frac{36.1}{102.4}} = ?$ *UPSSSC PET 2021*

(a) $\frac{29}{32}$ (b) $\frac{19}{72}$
(c) $\frac{19}{32}$ (d) $\frac{29}{62}$

6. $\sqrt{\frac{0.030625}{0.001225}}$ का मान ज्ञात कीजिए। *RRC Group D 2022*

(a) 25 (b) 15
(c) 20 (d) 5

7. $\sqrt{\frac{0.49}{0.25}} + \sqrt{\frac{0.81}{0.36}}$ बराबर है

(a) $7\frac{9}{10}$ (b) $2\frac{9}{10}$
(c) $\frac{9}{10}$ (d) $9\frac{9}{10}$

8. $\frac{9.5 \times 0.0085 \times 18.9}{0.0017 \times 1.9 \times 2.1}$ का वर्गमूल है

(a) 15 (b) 45
(c) 75 (d) 225

9. $\sqrt{\frac{?}{196}} = \frac{72}{56}$ *UPSSSC PET 2021*

(a) 18
(b) 14
(c) 324
(d) 212

> **MRC*****
> ***(Most Repeating Concepts)***
> प्र. सं. 9, 12, 18, 21, 26, और 29 Examination Point of Views से अति महत्त्वपूर्ण है। इस प्रकार के प्रश्नों का समावेश आए दिन विभिन्न प्रतियोगी परीक्षाओं (UPSSSC, ALP, NTPC) में देखा गया है।

10. $\sqrt{29\frac{4}{25}}$ का मान है *RRC Group D 2022*

(a) 5.4 (b) 5.5
(c) 5.6 (d) 5.2

11. $21\frac{51}{169}$ का वर्गमूल ज्ञात कीजिए।

(a) $5\frac{8}{13}$ (b) $4\frac{8}{13}$
(c) $4\frac{3}{13}$ (d) $5\frac{5}{13}$

12. यदि $x = \sqrt{125} \times \sqrt{30} \times \sqrt{6}$, तब x बराबर है *RRB ALP 2019*

(a) 125 (b) 175
(c) 136 (d) 150

13. $\sqrt{9 + 4\sqrt{5}} = ?$ *UPSSSC PET 2022*

(a) $2 + \sqrt{5}$ (b) $\sqrt{3} + 5$
(c) $\sqrt{5} + 3$ (d) $\sqrt{2} + 5$

14. x का मान ज्ञात कीजिए,
यदि $\sqrt{1 - \frac{x}{529}} = \frac{16}{23}$ है। *SSC (10 + 2) 2018*

(a) 283 (b) 276
(c) 273 (d) 374

15. $(272^2 - 128^2)$ का वर्गमूल ज्ञात कीजिए।

(a) 256 (b) 200
(c) 240 (d) 144

16. $\sqrt{256 \times 4^2 \div 8^2} = ?$

(a) 16 (b) 8
(c) 4 (d) 0.5

17. यदि $\sqrt{1225 \times \sqrt{32 \div x}} = 70$, x का मान ज्ञात कीजिए। *RRB NTPC 2020*

(a) 16 (b) 4 (c) 8 (d) 2

18. $\sqrt{400} + \sqrt{0.0400} + \sqrt{0.0004}$ का मान है

(a) 0.22 (b) 20.22
(c) 20.202 (d) 2.022

19. $\sqrt{0.04} + \sqrt{1.44} + \sqrt{1.69} + \sqrt{0.0009}$ का मान है *RRB NTPC 2021*

(a) 1.70 (b) 2.73
(c) 10.3 (d) 2.03

20. $\sqrt{625} + \sqrt{\frac{625}{100}} + \sqrt{\frac{625}{10000}} + \sqrt{\frac{625}{1000000}} = ?$ *SSC (10+2) 2024*

(a) 27.075 (b) 27.775
(c) 27.75 (d) 27.025

21. निम्नलिखित व्यंजक का मान ज्ञात कीजिए।
$\frac{\sqrt{225}}{14} \times \frac{\sqrt{196}}{22} \times \frac{\sqrt{484}}{15}$ *RRB NTPC 2021*

(a) 14 (b) 1
(c) 2 (d) 3

22. $\frac{\sqrt{29.16}}{\sqrt{1.1664}} + \frac{\sqrt{0.2916}}{\sqrt{116.64}} + \frac{\sqrt{0.0036}}{\sqrt{0.36}}$ का मान क्या है? *SSC CGL (Tier II) 2022*

(a) $\frac{101}{20}$ (b) $\frac{103}{20}$
(c) $\frac{26}{5}$ (d) $\frac{27}{5}$

23. $\sqrt{29.8116}+\sqrt{77.44}=?$ **UPSSSC PET 2022**
(a) 12.62 (b) 14.62
(c) 12.26 (d) 14.26

24. $\dfrac{\sqrt{72}\times\sqrt{363}\times\sqrt{175}}{\sqrt{32}\times\sqrt{147}\times\sqrt{252}}$ का मान कितना होगा?
(a) $\dfrac{45}{28}$ (b) $\dfrac{55}{28}$
(c) $\dfrac{55}{42}$ (d) $\dfrac{45}{56}$

25. निम्नलिखित का मान ज्ञात कीजिए
$\sqrt{10+\sqrt{221+\sqrt{12+\sqrt{16}}}}$
RRB NTPC 2021
(a) 3
(b) 5
(c) 4
(d) 6

> ***MRC*****
> ***(Most Repeating Concepts)***
> प्र. सं. 25, 26, 27, 28 और 32 विभिन्न परीक्षाओं (NTPC, CRPF, CGL) में पूछे जाते हैं। यह आगामी परीक्षाओं में भी पूछे जा सकते हैं।

26. निम्नलिखित को हल कीजिए
$\sqrt{37+\sqrt{130+2\sqrt{56-\sqrt{16}-\sqrt{9}}}}$ **RRB NTPC 2021**
(a) 7 (b) 229
(c) 252 (d) 200

27. $\sqrt{75+\sqrt{41-\sqrt{21+\sqrt{19-\sqrt{9}}}}}$ का मान है **RRC Group D 2022**
(a) 9 (b) 3
(c) 6 (d) 5

28. $\sqrt{63+\sqrt{310+\sqrt{183+\sqrt{169}}}}$ का मान है
CRPF Head Constable 2023
(a) 6 (b) 9
(c) 7 (d) 8

29. $\sqrt{248+\sqrt{52+\sqrt{144}}}=?$
(a) 14 (b) 16
(c) 16.6 (d) 18.8

30. यदि $\sqrt{\left(1+\dfrac{27}{169}\right)}=\left(1+\dfrac{x}{13}\right)$, तब x का मान है
(a) 27 (b) 9
(c) $\sqrt{27}$ (d) 1

31. $\sqrt{(-\sqrt{3})+\sqrt{3+8\sqrt{7+4\sqrt{3}}}}$ का मान है **SSC CGL 2020**
(a) 2 (b) 4
(c) ± 2 (d) –2

32. यदि $\sqrt{1+\dfrac{\sqrt{3}}{2}}-\sqrt{1-\dfrac{\sqrt{3}}{2}}=c$ है, तो c का मान कितना होगा? **SSC CGL (Tier II) 2022**
(a) 4 (b) 2
(c) 3 (d) 1

33. निम्नलिखित में से कौन-सा/से कथन सत्य है/हैं?
I. $\sqrt{121}+\sqrt{12321}+\sqrt{1234321}=1233$
II. $\sqrt{0.64}+\sqrt{64}+\sqrt{36}+\sqrt{0.36}>15$ **SSC CGL (Tier II) 2018**
(a) केवल I (b) केवल II
(c) न तो I और न ही II (d) I तथा II दोनों

34. निम्नलिखित संख्याओं में से कौन-सी संख्या किसी भी प्राकृतिक संख्या का वर्ग नहीं है?
(a) 17956 (b) 18225
(c) 63592 (d) 53361

35. वह छोटी-से छोटी संख्या, जिसे 10 के वर्ग तथा 11 के वर्ग के योग में जोड़ने पर परिणामी संख्या पूर्ण वर्ग हो जाए, होगी
(a) 3 (b) 5 (c) 4 (d) 2

36. छात्रों के एक समूह में प्रत्येक छात्र से उतने ही पैसे लिए गए, जितने इस समूह में छात्र थे। यदि कुल धन ₹ 5929 एकत्र हुआ हो, तो समूह में कितने छात्र थे?
(a) 67 (b) 77
(c) 87 (d) 57

37. एक माली 9409 फूलों से उतनी ही माला तैयार करता है, जितनी प्रत्येक माला में फूलों की संख्या होगी। इस प्रकार से कितनी माला तैयार की जाएगी?
(a) 83 (b) 87 (c) 93 (d) 97

38. वह सबसे छोटी संख्या कौन-सी है, जिसको 13218 में से घटाने पर यह एक पूर्ण वर्ग बन जाती है?
(c) 111 (b) 222
(c) 333 (d) 444

39. वह न्यूनतम संख्या ज्ञात कीजिए, जिसे एक पूर्ण वर्ग बनाने के लिए 8600 जोड़ा जाना चाहिए **CISF ASI 2023**
(a) 137 (b) 93
(c) 49 (d) 104

40. पाँच अंकों की बड़ी-से-बड़ी पूर्ण वर्ग संख्या है
(a) 99976 (b) 99999
(c) 99764 (d) 99856

41. एक माली के पास 1000 पौधे हैं। वह इन पौधों को इस प्रकार लगाना चाहता है, जिससे पंक्तियों और स्तम्भों की संख्या समान रहे। इसके लिए उसको कम-से-कम कितने और अधिक पौधों की आवश्यकता है?
(a) 14 (b) 24 (c) 32 (d) 34

42. एक सेना का जनरल चाहता है, कि उसके 36562 जवान एक ठोस वर्ग बनाएँ। उसके बाद व्यवस्थित करने पर उसने पाया कि कुछ जवान बच गए हैं। कितने जवान बच गए हैं?
(a) 91 (b) 89 (c) 81 (d) 79

43. जिस लघुत्तम संख्या को 59535 से गुणा करने पर पूर्ण वर्ग संख्या बनती है, वह संख्या x है। x के अंकों का योग क्या है?
(a) 9 (b) 5 (c) 6 (d) 7

44. वह छोटी-से छोटी संख्या क्या होगी, जिसे 11 के वर्ग तथा 12 के वर्ग के योग में से घटाए जाने पर परिणामी संख्या एक पूर्ण वर्ग हो जाए
(a) 4 (b) 9
(c) 6 (d) 43

45. 1470 को किस छोटी-से-छोटी संख्या से भाग दिया जाए कि प्राप्त भागफल एक पूर्ण वर्ग हो?
(a) 6 (b) 5
(c) 15 (d) 30

46. एक कक्षा के विद्यार्थियों ने राहत कोष में ₹ 2809 की राशि दान की। प्रत्येक विद्यार्थी ने कक्षा में विद्यार्थियों की संख्या के बराबर रुपये दान दिए। कक्षा में विद्यार्थियों की संख्या है **SSC CPO 2020**
(a) 49 (b) 53
(c) 51 (d) 47

47. वह छोटी-से-छोटी संख्या ज्ञात कीजिए, जिससे 5808 को विभाजित करने पर एक पूर्ण वर्ग संख्या बनाई जा सके।
(a) 2 (b) 4
(c) 3 (d) 5

घन और घनमूल पर आधारित

48. $\sqrt[3]{421875}$ का मान होगा
(a) 72 (b) 73
(c) 75 (d) 74

49. $\sqrt[3]{4\frac{12}{125}}$ का सरलतम मान है
(a) $1\frac{3}{5}$ (b) $1\frac{2}{5}$ (c) $2\frac{2}{5}$ (d) $1\frac{4}{5}$

50. $2\frac{10}{27}$ का घनमूल है
(a) $1\frac{1}{3}$ (b) $\frac{64}{27}$ (c) $\frac{8}{9}$ (d) $1\frac{4}{9}$

51. $\sqrt[3]{1372} \times \sqrt[3]{1458} \div \sqrt[3]{343}$ का मान है
(a) 18 (b) 15
(c) 13 (d) 12

52. $\sqrt[3]{333 + \sqrt[3]{987 + \sqrt[3]{2197}}}$ बराबर है
(a) 21 (b) 18
(c) 7 (d) 3

53. $[(50)^3 + (-30)^3 + (-20)^3]$ बराबर है
(a) 17000 (b) 15000
(c) 90000 (d) 900000

54. $2\sqrt[3]{32} - 3\sqrt[3]{4} + \sqrt[3]{500}$ बराबर है
(a) $2\sqrt[3]{6}$ (b) $3\sqrt{24}$
(c) $6\sqrt[3]{4}$ (d) 916

55. $\sqrt[3]{\sqrt{441} + \sqrt{16} + \sqrt{4}}$ का मान है
(a) 3 (b) 5
(c) 7 (d) 9

56. $\sqrt[3]{729} + \sqrt{441} - \sqrt[3]{343}$ का मान क्या है? **SSC (10+2) 2023**
(a) 48 (b) 23
(c) 7 (d) 41

57. संख्या 59316 में क्या जोड़ें कि संख्या पूर्ण घन बन जाए?
(a) 1 (b) 2
(c) 3 (d) 4

58. 710 में सबसे छोटी कौन-सी संख्या जोड़ी जाए, ताकि योगफल एक पूर्ण घन संख्या प्राप्त हो?
(a) 29 (b) 19
(c) 11 (d) 21

59. वह सबसे छोटी संख्या कौन-सी है, जिससे यदि 675 को गुणा किया जाए, तो गुणनफल एक पूर्ण घन प्राप्त हो जाए?
(a) 5 (b) 6
(c) 7 (d) 8

60. यदि किसी संख्या का घन किया जाए, तो निम्न में से कौन-सा/से अंक इकाई स्थान पर हो सकते हैं?
(a) 1 (b) 8
(c) 0 से 9 तक कोई भी (d) 9

61. यदि एक संदूक में काँच की 46656 गोलियाँ घन के रूप में रखी हुई हैं, तो बताइए कि संदूक में गोलियों की कितनी तहें हैं?
(a) 18 (b) 36
(c) 54 (d) 72

62. सबसे छोटा धनात्मक पूर्णांक n, जिससे 864 को गुणा किया जाता है, जिससे परिणामी संख्या एक पूर्ण घन बन जाए?
(a) 1 (b) 2
(c) 3 (d) 4

63. किसी संख्या के घन और वर्ग में अन्तर, उसकी दोगुनी संख्या के वर्ग के बराबर देखी गई संख्या है
(a) 4 (b) 5
(c) 6 (d) 8

64. किसी संख्या के घन का वर्गमूल उतना ही है, जितनी उसके वर्गमूल का घन। यह संख्या 1 नहीं है, परन्तु 6 से कम है। वह संख्या क्या है? **UPSSSC (Amin) 2016**
(a) 2 (b) 3
(c) 4 (d) 5

Right Key

1 (b)	2 (a)	3 (a)	4 (a)	5 (c)	6 (d)	7 (b)	8 (a)	9 (c)	10 (a)
11 (b)	12 (d)	13 (a)	14 (c)	15 (c)	16 (b)	17 (d)	18 (b)	19 (b)	20 (b)
21 (b)	22 (b)	23 (d)	24 (b)	25 (b)	26 (a)	27 (a)	28 (b)	29 (b)	30 (d)
31 (c)	32 (d)	33 (d)	34 (c)	35 (c)	36 (b)	37 (d)	38 (b)	39 (c)	40 (d)
41 (b)	42 (c)	43 (c)	44 (b)	45 (d)	46 (b)	47 (c)	48 (c)	49 (a)	50 (a)
51 (a)	52 (c)	53 (c)	54 (c)	55 (a)	56 (b)	57 (c)	58 (b)	59 (a)	60 (c)
61 (b)	62 (b)	63 (b)	64 (c)						

Solutions

1. (b) $\because 17424 = 2^4 \times 3^2 \times 11^2$

$\therefore \sqrt{17424} = \sqrt{2^4 \times 3^2 \times 11^2}$

$= 2^2 \times 3 \times 11 = 132$

2. (a) $(975)^2 = (1000 - 25)^2$

$= (1000)^2 + (25)^2 - 2 \times 1000 \times 25$

$[\because (a-b)^2 = a^2 + b^2 - 2ab]$

$= 1000000 + 625 - 50000 = 950625$

TOP TIPS दो या दो से अधिक अंकों की संख्या का वर्ग व घन निकालने के लिए बीजगणितीय सूत्रों का उपयोग करें।

3. (a) $\sqrt{0.09} = \sqrt{\frac{9}{100}} = \sqrt{\frac{3 \times 3}{10 \times 10}} = \frac{3}{10} = 0.3$

4. (a) $\sqrt{0.0144} = \sqrt{\frac{144}{10000}}$

$= \frac{\sqrt{2 \times 2 \times 2 \times 2 \times 3 \times 3}}{\sqrt{100 \times 100}}$

$= \frac{2 \times 2 \times 3}{100} = \frac{12}{100} = 0.12$

5. (c) $\sqrt{\frac{36.1}{102.4}} = \sqrt{\frac{361}{1024}} = \frac{19}{32}$

6. (d) $\sqrt{\frac{0.030625}{0.001225}} = \sqrt{\frac{30625}{1225}}$

$= \sqrt{25} = 5$

7. (b) $\sqrt{\frac{0.49}{0.25}} + \sqrt{\frac{0.81}{0.36}}$

$= \frac{0.7}{0.5} + \frac{0.9}{0.6} = \frac{7}{5} + \frac{9}{6}$

$= \frac{42 + 45}{30} = \frac{87}{30} = \frac{29}{10} = 2\frac{9}{10}$

8. (a) व्यंजक $= \frac{9.5 \times 0.0085 \times 18.9}{0.0017 \times 1.9 \times 2.1}$

$= \frac{95 \times 85 \times 189}{17 \times 19 \times 21}$

$= 5 \times 5 \times 9 = 225$

$\therefore$ अभीष्ट वर्गमूल $= \sqrt{225} = 15$

9. (c) $\sqrt{\frac{?}{196}} = \frac{72}{56}$

$\Rightarrow \frac{\sqrt{?}}{\sqrt{196}} = \frac{72}{56}$

$\Rightarrow \frac{\sqrt{?}}{14} = \frac{72}{56} \quad \Rightarrow \sqrt{?} = \frac{72 \times 14}{56}$

$\Rightarrow \sqrt{?} = 18$

$\therefore \quad ? = (18)^2 = 324$

10. (a) $\sqrt{29\frac{4}{25}} = \sqrt{\frac{729}{25}} = \frac{27}{5} = 5.4$

11. (b) $21\frac{51}{169} = \frac{21 \times 169 + 51}{169} = \frac{3600}{169}$

$\therefore \quad \sqrt{21\frac{51}{169}} = \sqrt{\frac{3600}{169}} = \frac{60}{13} = 4\frac{8}{13}$

12. (d) $x = \sqrt{125} \times \sqrt{30} \times \sqrt{6}$

$= \sqrt{5 \times 5 \times 5} \times \sqrt{2 \times 3 \times 5} \times \sqrt{2 \times 3}$

$= \sqrt{5 \times 5 \times 5 \times 2 \times 3 \times 5 \times 2 \times 3}$

$= \sqrt{5 \times 5 \times 5 \times 5 \times 2 \times 2 \times 3 \times 3}$

$\therefore \quad x = 5 \times 5 \times 2 \times 3 = 150$

13. (a) $\sqrt{9 + 4\sqrt{5}}$

$= \sqrt{(2)^2 + (\sqrt{5})^2 + 2 \times 2 \times \sqrt{5}}$

$[\because (a+b)^2 = a^2 + b^2 + 2ab]$

$= \sqrt{(2 + \sqrt{5})^2} = 2 + \sqrt{5}$

14. (c) $\sqrt{1 - \frac{x}{529}} = \frac{16}{23}$

दोनों पक्षों का वर्ग करने पर,

$1 - \frac{x}{529} = \frac{256}{529}$

$\Rightarrow \quad \frac{x}{529} = 1 - \frac{256}{529} \Rightarrow \frac{x}{529} = \frac{273}{529}$

$\therefore \quad x = 273$

15. (c) यहाँ, $a = 272$, $b = 128$

हम जानते हैं कि

$a^2 - b^2 = (a-b)(a+b)$

$(272^2 - 128^2) = (272 - 128)(272 + 128)$

$= 144 \times 400$

$\therefore$ अभीष्ट वर्गमूल $= \sqrt{144 \times 400}$

$= 12 \times 20 = 240$

16. (b) $\sqrt{256 \times 4^2 \div 8^2} = \sqrt{256 \times 16 \div 64}$

$= \sqrt{256 \times \frac{16}{64}} = \sqrt{\frac{256}{4}}$

$= \sqrt{64} = 8$

17. (d) $\sqrt{1225 \times \sqrt{32 \div x}} = 70$

दोनों पक्षों का वर्ग करने पर,

$1225 \times \sqrt{32 \div x} = (70)^2 = 4900$

$\Rightarrow \quad \sqrt{32 \div x} = \frac{4900}{1225} = 4$

पुन: दोनों पक्षों का वर्ग करने पर,

$32 \div x = (4)^2 = 16$

$\Rightarrow \quad \frac{32}{x} = 16$

$\therefore \quad x = \frac{32}{16} = 2$

18. (b) $\sqrt{400} + \sqrt{0.04} + \sqrt{0.0004}$

$= \sqrt{400} + \sqrt{\frac{4}{100}} + \sqrt{\frac{4}{10000}}$

$= 20 + \frac{2}{10} + \frac{2}{100}$

$= 20 + 0.2 + 0.02 = 20.22$

19. (b) $\sqrt{0.04} + \sqrt{1.44} + \sqrt{1.69} + \sqrt{0.0009}$

$= 0.2 + 1.2 + 1.3 + 0.03$

$= 2.5 + 0.23 = 2.73$

20. (b) $\sqrt{625} + \sqrt{\frac{625}{100}} + \sqrt{\frac{625}{10000}} + \sqrt{\frac{625}{1000000}}$

$= \sqrt{25 \times 25} + \frac{\sqrt{25 \times 25}}{\sqrt{10 \times 10}} + \frac{\sqrt{25 \times 25}}{\sqrt{100 \times 100}} + \frac{\sqrt{25 \times 25}}{\sqrt{1000 \times 1000}}$

$= 25 + \frac{25}{10} + \frac{25}{100} + \frac{25}{1000}$

$= 25 + 2.5 + 0.25 + 0.025 = 27.775$

21. (b) $\frac{\sqrt{225}}{14} \times \frac{\sqrt{196}}{22} \times \frac{\sqrt{484}}{15}$

$= \frac{15}{14} \times \frac{14}{22} \times \frac{22}{15} = 1$

22. (b) $\frac{\sqrt{29.16}}{\sqrt{1.1664}} + \frac{\sqrt{0.2916}}{\sqrt{116.64}} + \frac{\sqrt{0.0036}}{\sqrt{0.36}}$

$= \sqrt{\frac{2916 \times 100}{11664}} + \sqrt{\frac{2916}{11664 \times 100}} + \sqrt{\frac{36}{36 \times 100}}$

$= \sqrt{\frac{100}{4}} + \sqrt{\frac{1}{400}} + \sqrt{\frac{1}{100}}$

$= 5 + \frac{1}{20} + \frac{1}{10} = \frac{100 + 1 + 2}{20} = \frac{103}{20}$

23. (d) $\sqrt{29.8116} + \sqrt{77.44}$

$= \sqrt{\frac{298116}{10000}} + \sqrt{\frac{7744}{100}} = \frac{546}{100} + \frac{88}{10}$

$= 5.46 + 8.8 = 14.26$

24. (b) व्यंजक $= \frac{\sqrt{72} \times \sqrt{363} \times \sqrt{175}}{\sqrt{32} \times \sqrt{147} \times \sqrt{252}}$

$= \sqrt{\frac{72 \times 363 \times 175}{32 \times 147 \times 252}}$

$= \sqrt{\frac{2 \times 363 \times 25}{32 \times 21 \times 7}}$

$= \sqrt{\frac{1 \times 121 \times 25}{16 \times 7 \times 7}} = \frac{11 \times 5}{4 \times 7} = \frac{55}{28}$

25. (*b*) $\sqrt{10+\sqrt{221+\sqrt{12+\sqrt{16}}}}$

$=\sqrt{10+\sqrt{221+\sqrt{12+4}}}$

$=\sqrt{10+\sqrt{221+4}}=\sqrt{10+\sqrt{225}}$

$=\sqrt{10+15}=\sqrt{25}=5$

TOP TIPS इस प्रकार के प्रश्नों को दाईं तरफ से हल करना प्रारम्भ करते हैं।

26. (*a*) $\sqrt{37+\sqrt{130+2\sqrt{56-\sqrt{16}-\sqrt{9}}}}$

$=\sqrt{37+\sqrt{130+2\sqrt{56-4-3}}}$

$=\sqrt{37+\sqrt{130+2\sqrt{49}}}$

$=\sqrt{37+\sqrt{130+14}}$

$=\sqrt{37+\sqrt{144}}=\sqrt{37+12}=\sqrt{49}=7$

27. (*a*) $\sqrt{75+\sqrt{41-\sqrt{21+\sqrt{19-\sqrt{9}}}}}$

$=\sqrt{75+\sqrt{41-\sqrt{21+\sqrt{16}}}}$

$=\sqrt{75+\sqrt{41-\sqrt{21+4}}}$

$=\sqrt{75+\sqrt{41-\sqrt{25}}}=\sqrt{75+\sqrt{41-5}}$

$=\sqrt{75+\sqrt{36}}=\sqrt{75+6}=\sqrt{81}=9$

28. (*b*) $\sqrt{63+\sqrt{310+\sqrt{183+\sqrt{169}}}}$

$=\sqrt{63+\sqrt{310+\sqrt{183+13}}}$

$=\sqrt{63+\sqrt{310+\sqrt{196}}}$

$=\sqrt{63+\sqrt{310+14}}=\sqrt{63+\sqrt{324}}$

$=\sqrt{63+18}=\sqrt{81}=9$

29. (*b*) $\sqrt{248+\sqrt{52+\sqrt{144}}}$

$=\sqrt{248+\sqrt{52+12}}$

$=\sqrt{248+\sqrt{64}}=\sqrt{248+8}=\sqrt{256}=16$

30. (*d*) $\sqrt{1+\frac{27}{169}}=1+\frac{x}{13}\Rightarrow\sqrt{\frac{196}{169}}=1+\frac{x}{13}$

$\Rightarrow \quad \frac{x}{13}=\frac{14}{13}-1=\frac{1}{13}$

$\therefore \quad x=1$

31. (*c*) दिए गए व्यंजक में,

$\sqrt{7+4\sqrt{3}}=\sqrt{4+3+2\times2\times\sqrt{3}}$

$=\sqrt{2^2+(\sqrt{3})^2+2\times2\times\sqrt{3}}$

$=\sqrt{(2+\sqrt{3})^2}$ $[\because (a+b)^2=a^2+b^2+2ab]$

$=2+\sqrt{3}$

अब, $\sqrt{3+8\sqrt{7+4\sqrt{3}}}$

$=\sqrt{3+8(2+\sqrt{3})}=\sqrt{19+8\sqrt{3}}$

$=\sqrt{4^2+(\sqrt{3})^2+2\times4\times\sqrt{3}}$

$=\sqrt{(4+\sqrt{3})^2}=4+\sqrt{3}$

$\therefore \quad \sqrt{-\sqrt{3}+\sqrt{3+8\sqrt{7+4\sqrt{3}}}}$

$=\sqrt{-\sqrt{3}+4+\sqrt{3}}=\sqrt{4}=\pm 2$

32. (*d*) प्रश्नानुसार, $c=\sqrt{\frac{2+\sqrt{3}}{2}}-\sqrt{\frac{2-\sqrt{3}}{2}}$

दोनों पक्षों का वर्ग करने पर,

$c^2=\frac{2+\sqrt{3}}{2}+\frac{2-\sqrt{3}}{2}$

$-2\times\sqrt{\frac{2+\sqrt{3}}{2}}\times\sqrt{\frac{2-\sqrt{3}}{2}}$

$\Rightarrow \quad c^2=\frac{4}{2}-2\times\frac{\sqrt{(2+\sqrt{3})(2-\sqrt{3})}}{2}$

$\Rightarrow \quad c^2=2-\sqrt{4-3}$

$\Rightarrow \quad c^2=2-1$

$\Rightarrow \quad c^2=1$

$\therefore \quad c=1$

33. (*d*) I. बायाँ पक्ष

$=\sqrt{121}+\sqrt{12321}+\sqrt{1234321}$

$=11+111+1111=1233=$ दायाँ पक्ष

II. बायाँ पक्ष

$=\sqrt{0.64}+\sqrt{64}+\sqrt{36}+\sqrt{0.36}$

$=0.8+8+6+0.6$

$=15.4>15$ (दायाँ पक्ष)

अत: कथन I तथा II दोनों सत्य हैं।

34. (*c*) हम जानते हैं कि किसी भी पूर्ण वर्ग संख्या के इकाई का अंक 2 नहीं हो सकता है। इसलिए दी गई संख्याओं में 63592 एक पूर्ण वर्ग संख्या नहीं है।

35. (*c*) $\because 10^2+11^2=100+121=221$

माना x संख्या जोड़ने पर परिणामी संख्या पूर्ण वर्ग हो जाएगी।

[$\because$ 221 से बड़ी पूर्ण वर्ग संख्या 225 है]

अब, $221+x=225$

$\Rightarrow \quad x=225-221=4$

$\therefore$ अभीष्ट संख्या $=4$

36. (*b*) समूह में छात्रों की संख्या, कुल धन का वर्गमूल होगा।

	77
7	$\overline{59}\,\overline{29}$
+7	49
147	1029
+7	1029
154	×

अत: अभीष्ट छात्रों की संख्या = 77

37. (*d*) माना प्रत्येक माला में फूलों की संख्या $=x$

तब, तैयार मालाओं की संख्या $=x$

$\therefore \quad x^2=9409$

$\Rightarrow \quad x=\sqrt{9409}=\sqrt{97\times97}=97$

38. (*b*) प्रश्नानुसार,

	114
1	$\overline{1}\,\overline{32}\,\overline{18}$
+1	1
21	32
+1	21
224	1118
+ 4	896
228	222

अत: संख्या 13218 में 222 घटाने पर संख्या पूर्ण वर्ग बन जाएगी।

39. (*c*) $\because 8600<(93)^2$

(8600 का वर्गमूल निकालने पर)

$\Rightarrow \quad 8600<8649$

अब अन्तर $=8649-8600=49$

अत: 49 को संख्या 8600 में जोड़ने पर एक पूर्ण वर्ग संख्या प्राप्त होगी।

40. (*d*) पाँच अंकों की सबसे बड़ी संख्या $=99999$

	316
3	$\overline{9}\,\overline{99}\,\overline{99}$
+3	9
61	99
+1	61
626	3899
+6	3756
632	143

अत: अभीष्ट संख्या

$=(99999-143)=99856$

41. (*b*) $\because 31^2=961$ तथा $32^2=1024$

$\therefore \quad 961<1000<1024$

अत: अभीष्ट पौधों की संख्या

$=1024-1000=24$

42. (*c*) 36562 का वर्गमूल ज्ञात करने पर,

	191
1	$\overline{3}\,\overline{65}\,\overline{62}$
+1	1
29	265
+9	261
381	462
	381
	81

अत: बचे हुए सैनिकों की संख्या 81 है।

43. (*c*) $59535=\underline{3\times3}\times\underline{3\times3}\times3\times5\times\underline{7\times7}$

अभीष्ट संख्या $(x)=3\times5=15$

$\therefore x$ के अंकों का योग $=1+5=6$

44. $(b) \because 11^2 + 12^2 = 121 + 144 = 265$
माना x घटाने पर परिणामी संख्या पूर्ण वर्ग हो जाएगी।
अब, $265 - x = 256$
[265 से छोटी संख्या जो पूर्ण वर्ग है]
$\Rightarrow \quad x = 265 - 256 = 9$
अत: अभीष्ट संख्या = 9

45. $(d) \because 1470 = 2 \times 3 \times 5 \times 7 \times 7$
$\therefore$ अभीष्ट संख्या $= 2 \times 5 \times 3 = 30$

46. (b) माना कक्षा में विद्यार्थियों की संख्या x है।
अत: प्रत्येक विद्यार्थी द्वारा दान की गई राशि $= ₹\, x$
प्रश्नानुसार, $x \times x = 2809$
$\Rightarrow \quad x = \sqrt{2809} = \sqrt{53 \times 53}$
$\therefore \quad x = 53$
अत: कक्षा में विद्यार्थियों की संख्या = 53

Quick Method
विद्यार्थियों की संख्या $= \sqrt{2809} = 53$

47. (c) गुणनखण्ड विधि द्वारा
$5808 = \underline{2 \times 2} \times \underline{2 \times 2} \times 3 \times \underline{11 \times 11}$
$= 2^2 \times 2^2 \times 3 \times 11^2$
अत: संख्या 5808 को 3 से विभाजित करने पर एक पूर्ण वर्ग संख्या प्राप्त होगी।

48. (c) 421875 के अभाज्य गुणनखण्ड करने पर,
$421875 = \underline{5 \times 5 \times 5} \times \underline{5 \times 5 \times 5} \times \underline{3 \times 3 \times 3}$
$\therefore \quad \sqrt[3]{421875} = 5 \times 5 \times 3 = 75$

49. $(a) \sqrt[3]{4\frac{12}{125}} = \sqrt[3]{\frac{512}{125}}$
$= \sqrt[3]{\frac{8 \times 8 \times 8}{5 \times 5 \times 5}}$
$= \frac{8}{5} = 1\frac{3}{5}$

TOP TIPS भिन्नात्मक संख्याओं के वर्गमूल व घनमूल के लिए अंश व हर की प्रक्रिया अलग-अलग करते हैं।

50. $(a) \sqrt[3]{2\frac{10}{27}} = \sqrt[3]{\frac{64}{27}} = \sqrt[3]{\frac{4 \times 4 \times 4}{3 \times 3 \times 3}} = \frac{4}{3} = 1\frac{1}{3}$

51. $(a) \sqrt[3]{1372} \times \sqrt[3]{1458} \div \sqrt[3]{343}$
$= \sqrt[3]{\frac{1372 \times 1458}{343}}$
$= \sqrt[3]{\frac{2 \times 2 \times 343 \times 2 \times 9 \times 9 \times 9}{343}}$
$= \sqrt[3]{2 \times 2 \times 2 \times 9 \times 9 \times 9}$
$= 2 \times 9 = 18$

TOP TIPS 1 से 20 तक की संख्याओं के वर्ग व घन अभ्यर्थी को कण्ठस्थ होने चाहिए। जिनसे अन्य अध्यायों के प्रश्नों को हल करने में भी सहायता मिलती हैं।

52. $(c) \sqrt[3]{333 + \sqrt[3]{987 + \sqrt[3]{2197}}}$
$= \sqrt[3]{333 + \sqrt[3]{987 + \sqrt[3]{13 \times 13 \times 13}}}$
$= \sqrt[3]{333 + \sqrt[3]{987 + 13}}$
$= \sqrt[3]{333 + \sqrt[3]{1000}}$
$= \sqrt[3]{333 + 10} = \sqrt[3]{343}$
$= \sqrt[3]{7 \times 7 \times 7} = 7$

53. $(c) [(50)^3 + (-30)^3 + (-20)^3]$
$= 125000 - 27000 - 8000 = 90000$

54. $(c)\ 2\sqrt[3]{32} - 3\sqrt[3]{4} + \sqrt[3]{500}$
$= 2\sqrt[3]{2 \times 2 \times 2 \times 2 \times 2} - 3\sqrt[3]{4} + \sqrt[3]{5 \times 5 \times 5 \times 2 \times 2}$
$= 4\sqrt[3]{4} - 3\sqrt[3]{4} + 5\sqrt[3]{4}$
$= (4 - 3 + 5)\sqrt[3]{4} = 6\sqrt[3]{4}$

55. $(a) \sqrt[3]{\sqrt{441} + \sqrt{16} + \sqrt{4}} = \sqrt[3]{21 + 4 + 2}$
$= \sqrt[3]{27} = \sqrt[3]{3 \times 3 \times 3} = 3$

56. $(b) \sqrt[3]{729} + \sqrt{441} - \sqrt[3]{343}$
$= 9 + 21 - 7 = 30 - 7 = 23$

57. $(c) \because 59316 < (39)^3 \Rightarrow 59316 < 59319$
अब, अन्तर $= 59319 - 59316 = 3$
अत: संख्या 59316 में 3 जोड़ने पर संख्या पूर्ण घन बन जाएगी।

58. $(b) \because 710$ के निकटतम पूर्ण घन संख्या 729 है।
$\therefore$ अभीष्ट अन्तर $= 729 - 710 = 19$
अर्थात् 710 में 19 जोड़ने पर परिणामी संख्या पूर्ण घन होगी।

59. $(a) \because 675 = 5 \times 5 \times 3 \times 3 \times 3$
अत: उपरोक्त से स्पष्ट है कि 675 में 5 से गुणा करने पर गुणनफल एक पूर्ण घन संख्या बन जाएगी।

60. (c) यदि किसी संख्या का घन किया जाता है, तो इकाई के अंक के स्थान पर 0 से 9 तक कोई भी अंक हो सकता है।

61. (b) संदूक में गोलियों के तहों की संख्या
$= \sqrt[3]{46656}$
$= \sqrt[3]{\underline{2 \times 2 \times 2} \times \underline{2 \times 2 \times 2} \times \underline{3 \times 3 \times 3} \times \underline{3 \times 3 \times 3}}$
$= 2 \times 2 \times 3 \times 3 = 36$

62. (b) दी गई संख्या = 864
$864 = 2^3 \times 3^3 \times 2^2$
864 को पूर्ण घन बनाने के लिए, $n = 2$ से गुणा किया जाना चाहिए।
$\therefore$ अभीष्ट संख्या $(n) = 2$

63. (b) माना संख्या x है।
$\therefore \quad x^3 - x^2 = (2x)^2$
$\Rightarrow \quad x^3 - x^2 = 4x^2$
$\Rightarrow \quad x^3 - 5x^2 = 0$
$\Rightarrow \quad x^2(x - 5) = 0$
$\Rightarrow \quad x = 0$ या $x = 5$
$\therefore \quad x = 5$ ($x = 0$ सम्भव नहीं है)

64. (c) माना दी हुई संख्या $= x$
तब, $(x^3)^{1/2} = (x^{1/2})^3$
दिए गए विकल्प (c) से,
$x = 4$ लेने पर,
$(4^3)^{1/2} = (4^{1/2})^3$
$\Rightarrow \quad \sqrt{64} = (\sqrt{4})^3$
$\Rightarrow \quad 8 = (2)^3 = 8$
अत: अभीष्ट संख्या 4 है।

अध्याय

05 घातांक एवं करणी

Chapter Snapshot

I. घातांक यदि किसी वास्तविक संख्या 'a' को स्वयं से 'm' बार गुणा किया जाता है, तब गुणनफल को a^m लिखा जाता है और इसे a की घात m पढ़ा जाता है। यहाँ, a^m में a को आधार और m को घात कहा जाता है।
जैसे— $4 \times 4 \times 4 \times 4 \times 4 \times 4 = 4^6$ यहाँ, आधार $= 4$ तथा घातांक $= 6$

II. घातांक के नियम

- $a^m \times a^n = a^{m+n}$ • $a^m \div a^n = a^{m-n}$ • $(a^m)^n = a^{m \times n}$ • $(ab)^n = a^n \times b^n$
- $\left(\dfrac{a}{b}\right)^n = \dfrac{a^n}{b^n}$ • $a^0 = 1, a \neq 0$ • $\left(\dfrac{a}{b}\right)^{-n} = \left(\dfrac{b}{a}\right)^n$ • $(a)^{\frac{1}{n}} = \sqrt[n]{a}$

III. करणी यदि किसी संख्या a का nवाँ मूल पूर्णतः ज्ञात नहीं किया जा सकता है, तब ऐसी संख्या को n घात की करणी कहते हैं। जैसे—$\sqrt{2}$, $\sqrt{3}$, $\sqrt[3]{4}$, $\sqrt[7]{11}$ आदि।
करणी $\sqrt[n]{x}$ में चिह्न '$\sqrt{\ }$' को करणी कहा जाता है, 'n' को करणी की घात तथा x को करणीगत कहा जाता है।

Concept Capsule

- संख्या $\sqrt[n]{x}$ एक करणी होगी, यदि यह एक अपरिमेय संख्या हो।
- करणियों में जोड़ या घटाव की संक्रिया करते समय सजातीय या विजातीय पदों को अलग-अलग समूहों में लिखकर इन्हें जोड़ते या घटाते हैं।
- दो करणियों की गुणा या विभाजन तभी सम्भव है, जब दोनों करणियाँ समान घात की हों।

IV करणी के नियम

- $\sqrt[n]{a} = (a)^{\frac{1}{n}}$ • $(\sqrt[n]{a})^n = (a^{1/n})^n = a$ • $\sqrt[n]{a\,b} = \sqrt[n]{a} \cdot \sqrt[n]{b}$ • $\sqrt[n]{\dfrac{a}{b}} = \dfrac{\sqrt[n]{a}}{\sqrt[n]{b}}$
- $(\sqrt[n]{a})^m = \sqrt[n]{a^m}$ • $\sqrt[m]{\sqrt[n]{a}} = \sqrt[mn]{a} = a^{\frac{1}{mn}}$ • $(\sqrt{a})^2 = \sqrt{a} \times \sqrt{a} = a$

V. करणियों की तुलना

- **जब करणी घात समान हो**, करणियों की तुलना करने के लिए सबसे पहले उनके करणी घात को देखते हैं, यदि करणी घात समान है, तो उनकी तुलना आसानी से कर सकते हैं। जैसे— $\sqrt{5}$ व $\sqrt{3}$ में $\sqrt{5} > \sqrt{3}$, क्योंकि करणी घात समान है।
तथा $\sqrt[3]{21}$ व $\sqrt[3]{28}$ में $\sqrt[3]{28} > \sqrt[3]{21}$, क्योंकि करणी घात समान है।
- **जब करणी घात समान न हो**, तो उनकी तुलना करने के लिए करणियों के घात का लघुत्तम समापवर्त्य (LCM) निकालते हैं और उसके बाद प्राप्त लघुत्तम समापवर्त्य (LCM) से सभी करणी की घात से गुणा करते हैं और इसके बाद प्राप्त मानों के आधार पर करणियों की तुलना करते हैं।
जैसे— $\sqrt[3]{7}$ और $\sqrt[4]{5}$ में तुलना कीजिए।
करणी की घात 3, 4 का ल.स. $= 12$

$$\therefore \quad (\sqrt[3]{7})^{12} = (7^{\frac{1}{3}})^{12} = 7^{\frac{12}{3}} = 7^4 = 2401$$

$$(\sqrt[4]{5})^{12} = (5^{\frac{1}{4}})^{12} = 5^{\frac{12}{4}} = 5^3 = 125,\ \text{अतः}\ \sqrt[3]{7} > \sqrt[4]{5}$$

Formula Flashcards

- $\sqrt{x + \sqrt{x + \sqrt{x + \sqrt{x}}}} + \ldots\infty$ में हम x के गुणनखण्डों के ऐसे युग्म ज्ञात करते हैं, जिनका अन्तर 1 होता है और प्रत्येक युग्म से बड़ा गुणनखण्ड हमारा उत्तर होगा।
- $\sqrt{x - \sqrt{x - \sqrt{x - \sqrt{x \ldots \infty}}}}$ में हम x के गुणनखण्डों के ऐसे युग्म ज्ञात करते हैं, जिनका अन्तर 1 होता है और प्रत्येक युग्म से छोटा गुणनखण्ड हमारा उत्तर होगा।
- यदि x अनन्त तक जाता है, तो $\sqrt{x\sqrt{x\sqrt{x\sqrt{x}}}} \ldots \infty = x$
- $\sqrt{x\sqrt{x\sqrt{x\sqrt{x}}}} \ldots n = x^{\left(\frac{2^n - 1}{2^n}\right)}$, जहाँ n, x को दोहराए जाने की संख्या है।

VI. करणियों का परिमेयीकरण जब एक व्यंजक के हर में वर्गमूल वाला पद होता है या कोई संख्या करणी चिह्न के अन्दर हो, तब इसे तुल्य व्यंजक में हर को परिमेय संख्या में परिवर्तित करने की क्रियाविधि को परिमेयीकरण कहा जाता है।

जैसे— $\dfrac{1}{\sqrt{3}}$ का परिमेयीकरण $= \dfrac{1}{\sqrt{3}} \times \dfrac{\sqrt{3}}{\sqrt{3}} = \dfrac{\sqrt{3}}{3}$ तथा $\dfrac{1}{\sqrt{3} - \sqrt{2}}$ का परिमेयीकरण

$$= \frac{1}{\sqrt{3} - \sqrt{2}} \times \frac{\sqrt{3} + \sqrt{2}}{\sqrt{3} + \sqrt{2}} = \frac{\sqrt{3} + \sqrt{2}}{(\sqrt{3})^2 - (\sqrt{2})^2} = \frac{\sqrt{3} + \sqrt{2}}{1} = \sqrt{3} + \sqrt{2}$$

Exam Approach Examples

घातांकों के नियम पर आधारित

उदाहरण 1. यदि $2^x \times 4^{12} \times 8^3 = 16^{11}$, तब x का मान ज्ञात कीजिए।
RRC Group D 2022

(a) 14 (b) 12 (c) 11 (d) 13

हल (c) दिया है, $2^x \times 4^{12} \times 8^3 = 16^{11}$

$\Rightarrow \quad 2^x \times (2^2)^{12} \times (2^3)^3 = (2^4)^{11}$ [आधार समान करने पर]

$\Rightarrow \quad 2^x \times 2^{24} \times 2^9 = 2^{44}$ $[(a^m)^n = a^{m \times n}]$

$\Rightarrow \quad 2^{(x+24+9)} = 2^{44}$ $[a^m \times a^n = a^{m+n}]$

$\Rightarrow \quad 2^{x+33} = 2^{44}$

दोनों पक्षों की घातों की तुलना करने पर,

$x + 33 = 44$ [$a^m = a^n$ है, तब $m = n$]

$\therefore \quad x = 44 - 33 \Rightarrow x = 11$

उदाहरण 2. प्रश्नचिह्न (?) का मान ज्ञात कीजिए।

$(0.064)^2 \times (0.16)^2 \div (0.4)^7 = (0.4)^?$
SSC CGL 2021

(a) 2 (b) 3 (c) 4 (d) 5

हल (b) $(0.4^3)^2 \times (0.4^2)^2 \div (0.4)^7 = (0.4)^?$

$\Rightarrow \quad (0.4)^6 \times (0.4)^4 \div (0.4)^7 = (0.4)^?$ $[\because (x^m)^n = x^{m \times n}]$

$\Rightarrow \quad (0.4)^6 \times (0.4)^{4-7} = (0.4)^?$ $\left[\because \frac{a^m}{a^n} = a^{m-n}\right]$

$\Rightarrow \quad (0.4)^{6-3} = (0.4)^?$ $[\because a^m \times a^n = a^{m+n}]$

$\Rightarrow \quad (0.4)^3 = (0.4)^?$

दोनों पक्षों की घातों की तुलना करने पर, ? = 3

उदाहरण 3. यदि $3^{(x-2)} + 3^x = 7290$, तब x का मान है
SSC MTS 2022

(a) 8 (b) 9 (c) 6 (d) 7

हल (a) दिया है, $3^{(x-2)} + 3^x = 7290$

$\Rightarrow \quad \frac{3^x}{3^2} + 3^x = 7290$ $[\because a^m \div a^n = a^{m-n}]$

$\Rightarrow \quad 3^x\left(\frac{1}{9} + 1\right) = 7290 \Rightarrow 3^x\left(\frac{10}{9}\right) = 7290$

$\Rightarrow \quad 3^x = \frac{7290 \times 9}{10} = 9^4 = (3^2)^4 \Rightarrow 3^x = 3^8$

दोनों पक्षों की घातों की तुलना करने पर, $x = 8$

उदाहरण 4. यदि $\sqrt{2^x} = 256$, तब x का मान क्या है?
CISF Head Constable 2023

(a) 14 (b) 16 (c) 18 (d) 20

हल (b) दिया है, $\sqrt{2^x} = 256 \Rightarrow \sqrt{2^x} = 2^8$

दोनों पक्षों का वर्ग करने पर,

$2^x = (2^8)^2 \Rightarrow 2^x = 2^{16}$

$[\because (a^m)^n = a^{mn}]$

दोनों पक्षों की घातों की तुलना करने पर,

$x = 16$

> **Score Booster**
> इस प्रकार के प्रश्नों को हल करने के लिए पहले आधार को समान बनाकर फिर घातों की तुलना करते हैं।

करणियों पर आधारित

उदाहरण 5. $\frac{\sqrt{0.0001} \times \sqrt[3]{1000000}}{\sqrt[3]{0.125} \times \sqrt[3]{0.008}}$ का मान है
DSSSB Grade-II 2019

(a) 1 (b) 10 (c) 0.1 (d) 0.0

हल (b) $\frac{\sqrt{0.01 \times 0.01} \times \sqrt[3]{100 \times 100 \times 100}}{\sqrt[3]{0.5 \times 0.5 \times 0.5} \times \sqrt[3]{0.2 \times 0.2 \times 0.2}} = \frac{0.01 \times 100}{0.5 \times 0.2} = \frac{1}{0.1} = 10$

उदाहरण 6. $\left[\sqrt[3]{\sqrt[6]{5^9}}\right]^4 \left[\sqrt[6]{\sqrt[3]{5^9}}\right]^4$ का मान है
RRC Group D 2022

(a) 5 (b) 5^2 (c) 5^4 (d) 5^8

हल (c) $\left[\sqrt[3]{5^{9/6}}\right]^4 \left[\sqrt[6]{5^{9/3}}\right]^4 = \left[5^{\frac{9}{6} \times \frac{1}{3}}\right]^4 \left[5^{\frac{9}{3} \times \frac{1}{6}}\right]^4$ $\left[\because \sqrt[n]{x} = x^{\frac{1}{n}}\right]$

$= \left[5^{\frac{1}{2}}\right]^4 \left[5^{\frac{1}{2}}\right]^4 = 5^2 \times 5^2 = 5^4$ $[\because (x^m)^n = x^{m \times n}]$

उदाहरण 7. निम्न में से सबसे बड़ी करणी है

$\sqrt{2}, \sqrt[3]{4}, \sqrt[4]{6}, \sqrt[3]{3}$
RRC Group D 2022

(a) $\sqrt{2}$ (b) $\sqrt[3]{4}$ (c) $\sqrt[4]{6}$ (d) $\sqrt[3]{3}$

हल (b) $\sqrt{2}, \sqrt[3]{4}, \sqrt[4]{6}, \sqrt[3]{3}$

$= (2)^{\frac{1}{2}}, (4)^{\frac{1}{3}}, (6)^{\frac{1}{4}}, (3)^{\frac{1}{3}}$ [यहाँ 2, 3, 4 व 3 का ल.स. = 12]

अब, $\sqrt{2} = (2)^{\frac{1}{2}} = (2)^{\frac{1}{2} \times 12} = 2^6 = 64$

$\sqrt[3]{4} = (4)^{\frac{1}{3}} = (4)^{\frac{1}{3} \times 12} = (4)^4 = 256$

$\sqrt[4]{6} = (6)^{\frac{1}{4}} = (6)^{\frac{1}{4} \times 12} = (6)^3 = 216$

$\sqrt[3]{3} = (3)^{\frac{1}{3}} = (3)^{\frac{1}{3} \times 12} = (3)^4 = 81$

अतः सबसे बड़ी करणी $= \sqrt[3]{4}$

उदाहरण 8. $\sqrt{72 + \sqrt{72 + \sqrt{72 +}}}$ ...... ∞ मान होगा
RRC Group D 2022

(a) 9 (b) 2 (c) 8 (d) 3

हल (a) माना $x = \sqrt{72 + \sqrt{72 + \sqrt{72 +}}}$ ...... ∞

$x = \sqrt{72 + x}$

दोनों तरफ वर्ग करने पर, $x^2 = 72 + x$

$\Rightarrow \quad x^2 - x - 72 = 0$

उपरोक्त समीकरण को हल करने पर,

$x = 9, \quad x \neq -8$

अतः $\sqrt{72 + \sqrt{72 + \sqrt{72 +}}}$ ...... ∞

का मान 9 होगा।

> **Trending Concept**
> $\sqrt{a + \sqrt{a + \sqrt{a + \sqrt{a +}}}}$ .... ∞ पर आधारित प्रश्न वर्तमान में हो रही सभी परीक्षाओं (SSC, Group-D, Police SI और Constable, DSSSB) आदि में पूछे जा रहे हैं।

> **Quick Method**
> 72 के गुणनखण्ड जिनका अन्तर 1 है = 9 और 8
> $\therefore$ अभीष्ट मान = 9 (बड़ा गुणनखण्ड)

Chapter Challenge

घातांकों के नियम पर आधारित

1. $x^9 \times x^5 \times x^{-4} \times x^0 \times x^{-6}$ को सरल करें। ***SSC CGL 2022***

(a) x^4 (b) x^{-4} (c) x^{-6} (d) x^6

2. $\left(\frac{1}{2}\right)^{-2} \times \left(\frac{1}{3}\right)^{-2} \times \left(\frac{1}{4}\right)^{-2}$ बराबर है ***SSC (10+2) 2011***

(a) −576 (b) 576
(c) 376 (d) −288

3. $(243)^{0.16} \times (243)^{0.04}$ का मान है ***SSC (10+2) 2013***

(a) 0.16 (b) $\frac{1}{3}$ (c) 3 (d) 0.04

4. −2187 प्राप्त करने के लिए −3 की घात कितनी होनी चाहिए? ***SSC CPO 2018***

(a) −5 (b) 7 (c) 5 (d) −7

5. $\left[\left\{\left(-\frac{1}{2}\right)^2\right\}^{-2}\right]^{-1}$ बराबर है

(a) $\frac{1}{16}$ (b) 16 (c) $-\frac{1}{16}$ (d) −16

6. नीचे दिए गए समीकरण में a का मान ज्ञात करें।
$[(5 \times 5 \times 5 \times 5 \times 5 \times 5)^5 \times (5 \times 5 \times 5 \times 5 \times 5)^8] \div (5 \times 5) = (625)^a$ ***SSC CPO 2022***

(a) 14 (b) 17 (c) 16 (d) 15

7. यदि $(-7)^{2k+1}(-7)^5 = (-7)^{12}$ है, तो k का मान ज्ञात कीजिए। ***RRC Group D 2022***

(a) −2 (b) 2 (c) 3 (d) −3

8. यदि $2.375 \times 10^k = 0.002375$ हों, तो k का मान है ***DSSSB Grade-II 2019***

(a) −1 (b) −2 (c) −3 (d) −4

9. दिए गए व्यंजक का मान क्या है?
$$\frac{4^{a+4} - 5 \times 4^{a+2}}{15 \times 4^a - 2^2 \times 4^a}$$
SSC CGL 2023

(a) 16 (b) 64 (c) 20 (d) 24

10. यदि $3^{x-2} + 3^x = 2430$ है, तो x का मान ज्ञात कीजिए। ***RRC Group D 2022***

(a) 8 (b) 9 (c) 6 (d) 7

11. गणितीय कथन में प्रश्नवाचक चिह्न (?) के स्थान पर आने वाली संख्या का चयन करें।
$(0.064)^{123} \div (0.16)^{47} \times (0.4)^{34} \times (0.4)^{29} = (0.4)^?$ ***SSC MTS 2022***

(a) 350 (b) 320
(c) 338 (d) 341

12. $\frac{1}{(125)^{-y}} = \frac{1}{(5)^{-4y+1}}$ हो, तो y का मान ज्ञात कीजिए। ***RRC Group D 2022***

(a) $\frac{1}{3}$ (b) 1 (c) 5 (d) −1

13. यदि $\frac{5^{3n+2}}{5^{4n-1}} = 25$ है, तो n का मान ज्ञात कीजिए। ***RRC Group D 2022***

(a) −1 (b) 5 (c) 2 (d) 1

14. $\left(\frac{x^a}{x^b}\right)^c \times \left(\frac{x^b}{x^c}\right)^a \times \left(\frac{x^c}{x^a}\right)^b$ का मान है ***RRC Group D 2022***

(a) 2 (b) 3 (c) 1 (d) 0

15. $\left(\frac{y^{b+c}}{y^{2a}}\right)\left(\frac{y^{c+a}}{y^{2b}}\right)\left(\frac{y^{a+b}}{y^{2c}}\right)$ का मान ..... है। ***RRC Group D 2022***

(a) y^{abc}
(b) $y^{\frac{ab}{c}}$
(c) 0
(d) 1

> **MRC*****
> **(Most Repeating Concepts)**
> प्र. सं. 14, 15 और 17 Examination Point of Views से अति महत्त्वपूर्ण हैं। इन Concept पर प्रश्न विभिन्न प्रतियोगी परीक्षाओं (Group-D, CHSL, SSC-GD) आदि में निरन्तर पूछे जा रहे हैं।

16. $(2^2 + 1)(2^4 + 1)(2^8 + 1)(2^{16} + 1).....(2^{128} + 1)$ का मान क्या है? ***SSC (10+2) 2023***

(a) $\frac{2^{256} - 1}{2}$ (b) $\frac{2^{256} - 1}{3}$
(c) $2^{256} - 1$ (d) $\frac{2^{256} - 1}{4}$

17. $\left(\frac{x^b}{x^c}\right)^{b+c} \times \left(\frac{x^c}{x^a}\right)^{c+a} \times \left(\frac{x^a}{x^b}\right)^{a+b}$ का मान ज्ञात कीजिए। ***RRC Group D 2022***

(a) 3 (b) 2 (c) 1 (d) 0

18. यदि $\frac{2^{-2k} \times 4^{k+3}}{4^{-k+2}} = 2^{k-2}$ है, तो k का मान ज्ञात कीजिए। ***RRC Group D 2022***

(a) 1 (b) 2 (c) 3 (d) −4

करणियों पर आधारित

19. निम्नलिखित प्रश्न में प्रश्नचिह्न (?) के स्थान पर क्या आएगा?
$(32)^{\frac{1}{5}} \div (8)^{\frac{1}{3}} = ?$ ***DSSSB Grade-IV 2019***

(a) 1 (b) 3 (c) 2 (d) 0

20. $\left(\frac{1}{2}\right)^{-\frac{1}{2}}$ बराबर है

(a) $\frac{1}{\sqrt{2}}$ (b) $2\sqrt{2}$ (c) $-\sqrt{2}$ (d) $\sqrt{2}$

21. यदि $\sqrt{8x + 8} = 8$, तो x का मान क्या है? ***DSSSB 2023***

(a) 7 (b) 9
(c) 6 (d) 8

22. यदि a, b, c धनात्मक वास्तविक संख्याएँ है, तो $\sqrt{a^{-1}b} \times \sqrt{b^{-1}c} \times \sqrt{c^{-1}a}$ का मान क्या होगा? ***SSC (10+2) 2022***

(a) 2 (b) 3
(c) 1 (d) 4

23. यदि $\sqrt[3]{3x - 8} - 4 = 0$ हो, तो x का मान क्या है? ***DSSSB 2019***

(a) 7 (b) 24
(c) 36 (d) 12

24. हल करें $\dfrac{\sqrt{0.0001} \times \sqrt[3]{1000000}}{\sqrt[3]{0.001331} \times \sqrt[3]{0.729}}$ **DSSSB Grade-II 2019**

(a) 100.101 (b) 10.10
(c) 100.101 (d) 10.101

25. $\sqrt{20 - \sqrt{20 - \sqrt{20 - \sqrt{20}}}}$ ..... ∞ का मान ज्ञात कीजिए। **SSC CGL (Tier-II) 2023**

(a) 4 (b) 6 (c) 5 (d) 2

26. $\dfrac{\sqrt{5} - \sqrt{3}}{\sqrt{5} + \sqrt{3}}$ बराबर है **UPSSSC PET 2021**

(a) $4 + \sqrt{15}$ (b) $4 - \sqrt{15}$ (c) $\dfrac{1}{2}$ (d) 1

27. कौन-सा दिए गए मानों को सही बढ़ते हुए क्रम में दर्शाता है? **DSSSB 2019**

(a) $\sqrt{5}, 2\sqrt[6]{3}, \sqrt[3]{11}$
(b) $\sqrt{5}, \sqrt[3]{11}, 2\sqrt[6]{3}$
(c) $\sqrt[3]{11}, \sqrt{5}, 2\sqrt[6]{3}$
(d) $2\sqrt[6]{3}, \sqrt[3]{11}, \sqrt{5}$

MRC***
(Most Repeating Concepts)
प्र. सं. 27 और 28 Examination Point of Views से अति महत्त्वपूर्ण हैं। इन Concept पर प्रश्न विभिन्न प्रतियोगी परीक्षाओं (CSAT, NTPC, DSSSB, MTS) आदि में निरन्तर पूछे जा रहे हैं।

28. $\sqrt{2}, \sqrt[4]{3}, \sqrt[5]{8}, \sqrt[4]{5}$ इनमें से कौन-सा बड़ा है? **HCA CSAT 2021**

(a) $\sqrt{2}$
(b) $\sqrt[4]{3}$
(c) $\sqrt[5]{8}$
(d) $\sqrt[4]{5}$

29. यदि $5\sqrt{5} \times 5^3 \div 5^{-\frac{3}{2}} = 5^{a+2}$ है, तो a का मान ज्ञात करें। **SSC CGL 2014**

(a) 4 (b) 5
(c) 6 (d) 8

30. निम्नलिखित समीकरण का सरलीकरण कीजिए।

$$\frac{1}{\sqrt{9}+\sqrt{8}} + \frac{1}{\sqrt{8}+\sqrt{7}} + \frac{1}{\sqrt{7}+\sqrt{6}} + \frac{1}{\sqrt{6}+\sqrt{5}} + \frac{1}{\sqrt{5}+\sqrt{4}}$$

DSSSB Grade-II 2019

(a) 2
(b) 1
(c) 5
(d) 3

Right Key

1 (a)	2 (b)	3 (c)	4 (b)	5 (a)	6 (b)	7 (c)	8 (c)	9 (a)	10 (d)
11 (c)	12 (b)	13 (d)	14 (c)	15 (d)	16 (b)	17 (c)	18 (d)	19 (a)	20 (d)
21 (a)	22 (c)	23 (b)	24 (d)	25 (a)	26 (b)	27 (d)	28 (c)	29 (a)	30 (b)

Solutions

1. (a) $x^9 \times x^5 \times x^{-4} \times x^0 \times x^{-6}$

$= x^{9+5-4+0+(-6)}$ $[\because a^m \times a^n = a^{m+n}]$

$= x^{14-10} = x^4$

2. (b) $\left(\frac{1}{2}\right)^{-2} \times \left(\frac{1}{3}\right)^{-2} \times \left(\frac{1}{4}\right)^{-2}$

$= \left(\frac{2}{1}\right)^2 \times \left(\frac{3}{1}\right)^2 \times \left(\frac{4}{1}\right)^2$ $\left[\because \left(\frac{a}{b}\right)^{-n} = \left(\frac{b}{a}\right)^n\right]$

$= 4 \times 9 \times 16 = 576$

3. (c) $(243)^{0.16} \times (243)^{0.04}$

$= (243)^{0.16+0.04} = (243)^{0.20}$

$[\because a^m \times a^n = a^{m+n}]$

$= (243)^{\frac{20}{100}} = (243)^{\frac{1}{5}}$

$= (3^5)^{\frac{1}{5}} = 3$

> **TOP TIPS** समान आधार पर घातों की गुणा करने के लिए घातों को जोड़ दिया जाता है तथा आधार वही रहता है।

4. (b) माना -2187 प्राप्त करने के लिए -3 की घात x है।

$\therefore \quad (-3)^x = -2187 \Rightarrow (-3)^x = (-3)^7$

$\therefore \quad x = 7$

5. (a) $\left[\left\{\left(-\frac{1}{2}\right)^2\right\}^{-2}\right]^{-1}$ $[\because (a^m)^n = a^{m \times n}]$

$= \left(\frac{-1}{2}\right)^{2 \times (-2) \times (-1)} = \left(\frac{-1}{2}\right)^4 = \frac{1}{16}$

> **TOP TIPS** यदि किसी ऋणात्मक संख्या की घात सम हो तो मान धनात्मक तथा यदि घात विषम हो तो मान हमेशा ही ऋणात्मक होगा।

6. (b) दिया है, $[(5 \times 5 \times 5 \times 5 \times 5 \times 5)^5 \times (5 \times 5 \times 5 \times 5 \times 5)^8] \div (5 \times 5) = (625)^a$

$\Rightarrow \quad [(5^6)^5 \times (5^5)^8] \div (5)^2 = (5^4)^a$

$\Rightarrow \quad [5^{30} \times 5^{40}] \div 5^2 = 5^{4a}$

$[\because (a^m)^n = a^{m \times n}]$

$\Rightarrow \quad 5^{70} \div 5^2 = 5^{4a}$

$\Rightarrow \quad 5^{70-2} = 5^{4a} \Rightarrow 5^{68} = 5^{4a}$

घातों की तुलना करने पर,

$4a = 68$

$\therefore \quad a = \frac{68}{4} = 17$

7. (c) दिया है, $(-7)^{2k+1}(-7)^5 = (-7)^{12}$

$\Rightarrow \quad (-7)^{2k+1+5} = (-7)^{12}$

$[\because x^a \times x^b = x^{a+b}]$

$\Rightarrow \quad (-7)^{2k+6} = (-7)^{12}$

घातों की तुलना करने पर,

$2k + 6 = 12$

$\Rightarrow \quad 2k = 6$

$\therefore \quad k = \frac{6}{2} = 3$

8. (c) दिया है, $2.375 \times 10^k = 0.002375$

$\Rightarrow \quad \frac{2375}{1000} \times 10^k = \frac{2375}{1000000}$

[दशमलव हटाने पर]

$\Rightarrow \quad 10^k = \frac{1}{1000}$

$\Rightarrow \quad 10^k = \frac{1}{(10)^3}$

$\Rightarrow \quad 10^k = (10)^{-3}$

घातों की तुलना करने पर,

$k = -3$

9. (a) $\frac{4^{a+4} - 5 \times 4^{a+2}}{15 \times 4^a - 2^2 \times 4^a}$

$= \frac{4^a(4^4 - 5 \times 4^2)}{4^a(15 - 2^2)}$

$= \frac{256 - 80}{(15 - 4)} = \frac{176}{11} = 16$

10. (d) दिया है, $3^{x-2} + 3^x = 2430$

$\Rightarrow \quad \frac{3^x}{3^2} + 3^x = 2430$ $\left[\because x^{a-b} = \frac{x^a}{x^b}\right]$

$\Rightarrow \quad 3^x\left[\frac{1}{9} + 1\right] = 2430$

$\Rightarrow \quad 3^x\left[\frac{10}{9}\right] = 2430$

$\Rightarrow \quad 3^x = 243 \times 9 = 3^5 \times 3^2$

$\Rightarrow \quad 3^x = 3^7$

घातों की तुलना करने पर,

$x = 7$

11. (c) $(0.064)^{123} \div (0.16)^{47} \times (0.4)^{34} \times (0.4)^{29} = (0.4)^?$

$[(0.4)^3]^{123} \div [(0.4)^2]^{47} \times (0.4)^{34} \times (0.4)^{29} = (0.4)^?$

$\Rightarrow (0.4)^{369} \div (0.4)^{94} \times (0.4)^{34} \times (0.4)^{29} = (0.4)^?$

$\Rightarrow (0.4)^{369-94} \times (0.4)^{34+29} = (0.4)^?$

$\Rightarrow \quad (0.4)^{275} \times (0.4)^{63} = (0.4)^?$

$\Rightarrow \quad (0.4)^{338} = (0.4)^?$

घातों की तुलना करने पर,

$\therefore \quad ? = 338$

12. (b) दिया है, $\frac{1}{(125)^{-y}} = \frac{1}{(5)^{-4y+1}}$

$\Rightarrow \quad (125)^{-y} = (5)^{-4y+1}$

$\Rightarrow \quad (5^3)^{(-y)} = (5)^{-4y+1}$

$\Rightarrow \quad 5^{-3y} = 5^{-4y+1}$

घातों की तुलना करने पर,

$-3y = -4y + 1 \Rightarrow y = 1$

13. (d) दिया है, $\frac{5^{3n+2}}{5^{4n-1}} = 25$

$\Rightarrow \quad 5^{3n+2-(4n-1)} = 5^2$ $[\because a^x \div a^y = a^{x-y}]$

$\Rightarrow \quad 5^{-n+3} = 5^2$

घातों की तुलना करने पर,

$-n + 3 = 2 \Rightarrow -n = -1$

$\therefore \quad n = 1$

14. (c) $\left(\frac{x^a}{x^b}\right)^c \times \left(\frac{x^b}{x^c}\right)^a \times \left(\frac{x^c}{x^a}\right)^b$

$\left[\because \frac{x^a}{x^b} = x^a \div x^b = x^{a-b}\right]$

$= (x^{a-b})^c \times (x^{b-c})^a \times (x^{c-a})^b$

$= x^{ac-bc} \times x^{ab-ca} \times x^{cb-ba}$

$= x^{ac-bc+ab-ca+cb-ab}$

$\{\because x^m \times x^n = x^{m+n}\}$

$= x^0 = 1$ $[\because a^0 = 1]$

15. (d) $\left(\frac{y^{b+c}}{y^{2a}}\right)\left(\frac{y^{c+a}}{y^{2b}}\right)\left(\frac{y^{a+b}}{y^{2c}}\right)$

$= (y^{b+c-2a})(y^{c+a-2b})(y^{a+b-2c})$

$[\because x^a \div x^b = x^{a-b}]$

$= y^{b+c-2a+c+a-2b+a+b-2c}$

$= y^{2a-2a+2b-2b+2c-2c}$

$\{\because x^m \times x^n = x^{m+n}\}$

$= y^0 = 1$ $[\because a^0 = 1]$

16. (b) $(2^2+1)(2^4+1)(2^8+1)(2^{16}+1)$ ....$(2^{128}+1)$

उपरोक्त व्यंजक में (2^2-1) से गुणा और भाग करने पर,

$= \frac{(2^2-1)(2^2+1)(2^4+1)(2^8+1)(2^{16}+1)........(2^{128}+1)}{2^2-1}$

$= \frac{(2^4-1)(2^4+1)(2^8+1)(2^{16}+1)......(2^{128}+1)}{3}$

$[\because (a-b)(a+b) = a^2 - b^2]$

$= \frac{(2^8-1)(2^8+1)(2^{16}+1)....(2^{128}+1)}{3}$

इसी प्रकार आगे भी, $\frac{(2^{256}-1)}{3}$

17. (c) $\left(\frac{x^b}{x^c}\right)^{b+c} \times \left(\frac{x^c}{x^a}\right)^{c+a} \times \left(\frac{x^a}{x^b}\right)^{a+b}$

$= (x^{b-c})^{(b+c)} \times (x^{c-a})^{c+a} \times (x^{a-b})^{a+b}$ $\left\{\because \frac{x^a}{x^b} = x^{a-b}\right\}$

$= \left(x^{b^2-c^2}\right) \times \left(x^{c^2-a^2}\right) \times \left(x^{a^2-b^2}\right)$

$= x^{b^2-c^2+c^2-a^2+a^2-b^2}$

$= x^0 = 1$ $[\because a^0 = 1]$

18. (d) दिया है, $\frac{2^{-2k} \times 4^{k+3}}{4^{-k+2}} = 2^{k-2}$

$\Rightarrow [2^{-2k} \times 4^{k+3}] \div 4^{-k+2} = 2^{k-2}$

$\Rightarrow [2^{-2k} \times (2)^{2\times(k+3)}] \div (2^2)^{-k+2} = 2^{k-2}$

$\Rightarrow [2^{-2k} \times 2^{2k+6}] \div 2^{-2k+4} = 2^{k-2}$

$\Rightarrow 2^{-2k+2k+6+2k-4} = 2^{k-2}$

$\Rightarrow \quad 2^{2+2k} = 2^{k-2}$

घातों की तुलना करने पर,

$2 + 2k = k - 2$

$\therefore \quad k = -4$

19. (a) $(32)^{\frac{1}{5}} \div (8)^{\frac{1}{3}} = ?$

$= (2^5)^{\frac{1}{5}} \div (2^3)^{\frac{1}{3}}$ $[\because (a^m)^n = a^{m\times n}]$

$= 2 \div 2 = 1$

20. (d) $\left(\frac{1}{2}\right)^{-\frac{1}{2}}$ $\left[\because \left(\frac{a}{b}\right)^{-n} = \left(\frac{b}{a}\right)^n\right]$

$= \left(\frac{2}{1}\right)^{\frac{1}{2}} = (2)^{\frac{1}{2}} = \sqrt{2}$ $\left[\because a^{\frac{1}{2}} = \sqrt{a}\right]$

21. (a) $\sqrt{8x+8} = 8$

दोनों पक्षों का वर्ग करने पर,

$(\sqrt{8x+8})^2 = (8)^2$

$\Rightarrow \quad 8x + 8 = 64$

$\Rightarrow \quad 8x = 64 - 8 \Rightarrow 8x = 56$

$\therefore \quad x = \frac{56}{8} = 7$

22. (c) $\sqrt{a^{-1}b} \times \sqrt{b^{-1}c} \times \sqrt{c^{-1}a}$

$= \sqrt{\frac{1}{a} \times b} \times \sqrt{\frac{1}{b} \times c} \times \sqrt{\frac{1}{c} \times a}$ $\left[\because a^{-1} = \frac{1}{a}\right]$

$= \sqrt{\frac{b}{a}} \times \sqrt{\frac{c}{b}} \times \sqrt{\frac{a}{c}} = \sqrt{\frac{b}{a} \times \frac{c}{b} \times \frac{a}{c}}$

$= \sqrt{1} = 1$ $[\because \sqrt{a} \times \sqrt{b} = \sqrt{ab}]$

23. (b) दिया है, $\sqrt[3]{3x-8} - 4 = 0$

$\Rightarrow \quad \sqrt[3]{3x-8} = 4$

दोनों पक्षों का घन करने पर,

$(\sqrt[3]{3x-8})^3 = (4)^3$

$\Rightarrow \quad 3x - 8 = 64 \Rightarrow 3x = 72$

$\therefore \quad x = \frac{72}{3} = 24$

24. (d) $\frac{\sqrt{0.0001} \times \sqrt[3]{1000000}}{\sqrt[3]{0.001331} \times \sqrt[3]{0.729}}$

$= \frac{\sqrt{0.01 \times 0.01} \times \sqrt[3]{100 \times 100 \times 100}}{\sqrt[3]{0.11 \times 0.11 \times 0.11} \times \sqrt[3]{0.9 \times 0.9 \times 0.9}}$

$= \frac{0.01 \times 100}{0.11 \times 0.9} = \frac{1}{0.099} = \frac{1000}{99}$

$= 10.101$

25. (a) $\sqrt{20 - \sqrt{20 - \sqrt{20 - \sqrt{20}}}}$ ..... ∞

माना $x = \sqrt{20 - \sqrt{20 - \sqrt{20}}}$ .... ∞

तब, $x = \sqrt{20 - x}$

दोनों तरफ वर्ग करने पर,

$x^2 = 20 - x$

$\Rightarrow \quad x^2 + x - 20 = 0$

$\Rightarrow \quad x^2 + 5x - 4x - 20 = 0$

$\Rightarrow \quad x(x+5) - 4(x+5) = 0$

$\Rightarrow \quad (x+5)(x-4) = 0$

$\therefore \quad x = 4$

Quick Method

20 के ऐसे गुणनखण्ड युग्म जिनका अन्तर 1 है

$20 = \underbrace{5 \times 4}_{-1}$

प्रश्न में (–) चिह्न है, इसलिए प्रश्न का उत्तर छोटा गुणनखण्ड 4 होगा।

26. (b) $\frac{\sqrt{5}-\sqrt{3}}{\sqrt{5}+\sqrt{3}} = \frac{\sqrt{5}-\sqrt{3}}{\sqrt{5}+\sqrt{3}} \times \frac{\sqrt{5}-\sqrt{3}}{\sqrt{5}-\sqrt{3}}$

(हर का परिमेयकरण करने पर)

$= \frac{(\sqrt{5}-\sqrt{3})^2}{(\sqrt{5}+\sqrt{3})(\sqrt{5}-\sqrt{3})}$

$= \frac{(\sqrt{5}-\sqrt{3})^2}{[(\sqrt{5})^2 - \sqrt{3})^2]}$

$\left[\begin{array}{l}\because (a-b)^2 = a^2 + b^2 - 2ab \\ \text{तथा}\ (a-b)(a+b) = a^2 - b^2\end{array}\right]$

$= \frac{(\sqrt{5})^2 + (\sqrt{3})^2 - 2\sqrt{5}\sqrt{3}}{5-3} = \frac{8 - 2\sqrt{15}}{2}$

$= 4 - \sqrt{15}$

27. (d) $\sqrt{5}, 2\sqrt[6]{3}, \sqrt[3]{11} = (5)^{\frac{1}{2}}, \sqrt[6]{3 \times 4}, (11)^{\frac{1}{3}}$

$= (5)^{\frac{1}{2}}, (12)^{\frac{1}{6}}\ (11)^{\frac{1}{3}}$

2, 6, 3 का ल.स. = 6

$\therefore \sqrt{5} = (5)^{\frac{1}{2}} = 5^{\frac{1}{2}\times 6} = 5^3 = 125$

$2\sqrt[6]{3} = (12)^{\frac{1}{6}} = 12^{\frac{1}{6}\times 6} = 12^1 = 12$

$\sqrt[3]{11} = (11)^{\frac{1}{3}} = (11)^{\frac{1}{3}\times 6} = (11)^2 = 121$

बढ़ते क्रम में, $2\sqrt[6]{3} < \sqrt[3]{11} < \sqrt{5}$

28. (c) $\sqrt{2}, \sqrt[4]{3}, \sqrt[5]{8}, \sqrt[4]{5}$

$= (2)^{\frac{1}{2}}, (3)^{\frac{1}{4}}, (8)^{\frac{1}{5}}, (5)^{\frac{1}{4}}$

2, 4, 5 व 4 का ल.स. = 20

$\therefore \sqrt{2} = (2)^{\frac{1}{2}} = (2)^{\frac{1}{2}\times 20} = 2^{10} = 1024$

$\sqrt[4]{3} = (3)^{\frac{1}{4}} = (3)^{\frac{1}{4}\times 20} = 3^5 = 243$

$\sqrt[5]{8} = (8)^{\frac{1}{5}} = (8)^{\frac{1}{5}\times 20} = 8^4 = 4096$

$\sqrt[4]{5} = (5)^{\frac{1}{4}} = (5)^{\frac{1}{4}\times 20} = 5^5 = 3125$

अत: सबसे बड़ा $\sqrt[5]{8}$ है।

29. (a) दिया है, $5\sqrt{5} \times 5^3 \div 5^{-\frac{3}{2}} = 5^{a+2}$

$\Rightarrow 5^1 \times 5^{\frac{1}{2}} \times 5^3 \div 5^{-\frac{3}{2}} = 5^{a+2}$

$\Rightarrow \quad 5^{\left(1+\frac{1}{2}+3\right)} \div 5^{-\frac{3}{2}} = 5^{a+2}$

$[\because a^m \times a^n = a^{m+n}]$

$\Rightarrow 5^{\frac{9}{2}} \div 5^{-\frac{3}{2}} = 5^{a+2}$

$\Rightarrow 5^{\frac{9}{2}-\left(-\frac{3}{2}\right)} = 5^{a+2}$ $[\because a^m \div a^n = a^{m-n}]$

$\Rightarrow \quad 5^6 = 5^{a+2}$

घातों की तुलना करने पर,

$6 = a + 2 \Rightarrow a = 4$

30. (b) $\frac{1}{\sqrt{9}+\sqrt{8}} + \frac{1}{\sqrt{8}+\sqrt{7}} + \frac{1}{\sqrt{7}+\sqrt{6}} + \frac{1}{\sqrt{6}+\sqrt{5}} + \frac{1}{\sqrt{5}+\sqrt{4}}$

$\frac{1}{\sqrt{9}+\sqrt{8}}$ का परिमेयीकरण करने पर,

$\frac{1}{\sqrt{9}+\sqrt{8}} = \frac{1}{\sqrt{9}+\sqrt{8}} \times \frac{\sqrt{9}-\sqrt{8}}{\sqrt{9}-\sqrt{8}}$

$= \frac{\sqrt{9}-\sqrt{8}}{9-8} = \sqrt{9} - \sqrt{8}$

इसी प्रकार, $\frac{1}{\sqrt{8}+\sqrt{7}} = \sqrt{8} - \sqrt{7}$

अन्य भी इसी प्रकार,

अत: व्यंजक $= \sqrt{9} - \sqrt{8} + \sqrt{8} - \sqrt{7} + \sqrt{7} - \sqrt{6} + \sqrt{6} - \sqrt{5} + \sqrt{5} - \sqrt{4}$

$= \sqrt{9} - \sqrt{4} = 3 - 2 = 1$

TOP TIPS इस प्रकार के प्रश्नों को हम परिमेयकरण करके आसानी से हल कर सकते हैं।

अध्याय

06 सरलीकरण

Chapter Snapshot

I. VBODMAS नियम जब किसी व्यंजक में एकसाथ एक से अधिक संक्रियाएँ (जैसे—योग, अन्तर, गुणा, भाग, कोष्ठक आदि) हों, तो उन्हें हल करने के लिए एक विशेष क्रम अथवा नियम VBODMAS का प्रयोग किया जाता है, जोकि निम्न प्रकार है,

V → Vinculum Bracket (रेखा कोष्ठक)
B → Bracket (कोष्ठक)
O → Of (का)
D → Division (भाग)
M → Multiplication (गुणा)
A → Addition (योग)
S → Subtraction (अन्तर)

कोष्ठकों को हटाने का क्रम निम्न प्रकार है

Vi → Vinculum or Bar (रेखा कोष्ठक) '—'
Ci → Circular Bracket (छोटा कोष्ठक) '( )'
Cu → Curly Bracket (मझला कोष्ठक) '{ }'
Sq → Square Bracket (बड़ा कोष्ठक) '[ ]'

Concept Capsule

- यदि दशमलव के बाद की संख्या 1 से 4 के बीच में है, तो उस संख्या का निकटतम मान दशमलव से पहले की पूर्णांक संख्या होता है।
  जैसे—95.3 का निकटतम मान = 95
- यदि दशमलव के बाद की संख्या 5 से 9 के बीच में है तो उस संख्या का निकटतम मान दशमलव से पहले की पूर्णांक संख्या से एक अधिक होता है।
  जैसे—95.7 का निकटतम मान = 96

II. आसन्न मान गणितीय व्यंजकों को हल करते समय जब हम उनके पदों या संख्याओं को ज्यों-का-त्यों न लेकर उनके निकटतम मान (Approximate value) को लेते हैं, तब उस व्यंजक का सरल मान एक आसन्न मान के रूप में प्राप्त होता है, जो उसके यथार्थ मान (Exact value) से थोड़ा-सा कम या अधिक होता है। जैसे—15.8 का सन्निकट/आसन्न मान 15 अथवा 16 ले सकते हैं।

सरलीकरण से सम्बन्धित महत्त्वपूर्ण सूत्र

- $a^2 - b^2 = (a+b)(a-b)$
- $(a+b)^2 = a^2 + 2ab + b^2$
- $(a-b)^2 = a^2 - 2ab + b^2$
- $(a+b)^3 = a^3 + b^3 + 3ab(a+b)$
- $(a-b)^3 = a^3 - b^3 - 3ab(a-b)$
- $a^3 + b^3 = (a+b)(a^2 - ab + b^2)$
- $a^3 - b^3 = (a-b)(a^2 + ab + b^2)$
- $(a+b+c)^2 = a^2 + b^2 + c^2 + 2(ab + bc + ca)$
- $a^3 + b^3 + c^3 - 3abc = (a+b+c)(a^2 + b^2 + c^2 - ab - bc - ca)$
  $= \frac{1}{2}(a+b+c)[(a-b)^2 + (b-c)^2 + (c-a)^2]$
- यदि $a + b + c = 0$, तब $a^3 + b^3 + c^3 = 3abc$

Formula Flashcards

- $(a+b)^2 + (a-b)^2 = 2(a^2 + b^2)$
- $(a+b)^2 - (a-b)^2 = 4ab$
- यदि $a + b = G$ हो, तो
  $a - b = \sqrt{G^2 - 4ab}$
- यदि $a - b = G$ हो, तो
  $a + b = \sqrt{G^2 + 4ab}$
- $1 + 2 + 3 + 4 \ldots + n = \frac{n(n+1)}{2}$

Exam Approach Examples

VBODMAS नियम पर आधारित

उदाहरण 1. मान ज्ञात कीजिए। *SSC Constable (GD) 2024*

$\{(175\times72\div24+5)\times20\}\div2$

(a) 4850 (b) 5300 (c) 5800 (d) 4300

हल (b) $\{(175\times72\div24+5)\times20\}\div2=\{(175\times3+5)\times20\}\div2$

$=\{(525+5)\times20\}\div2$

$=\{530\times20\}\div2=5300$

उदाहरण 2. $225-[42-\{25-(18-\overline{18+13})\}]$ का मान ज्ञात कीजिए। *SSC (10+2) 2023*

(a) 222 (b) 221 (c) 244 (d) 223

हल (b) $225-[42-\{25-(18-\overline{18+13})\}]$

$=225-[42-\{25-(18-31)\}]=225-[42-\{25+13\}]$

$=225-[42-38]=225-4=221$

उदाहरण 3. हल करें।

$90+[65+\{40\div8-(55-115\div5)\div32\}]$ *UP Police (SI) 2021*

(a) 159 (b) 195 (c) 172 (d) 164

हल (a) $90+[65+\{40\div8-(55-115\div5)\div32\}]$

$=90+[65+\{40\div8-(55-23)\div32\}]$

$=90+[65+\{40\div8-32\div32\}]$

$=90+[65+\{5-1\}]$

$=90+\{65+4\}=90+69=159$

Trending Concept
VBODMAS नियम पर आधारित प्रश्न वर्तमान में हो रही सभी परीक्षाओं (CGL, Police SI and Constable, ALP, DSSSB आदि) में पूछे जा रहे हैं।

उदाहरण 4. $[18-3\times\left\{3-3\times\left(3\div\frac{1}{3}-3\right)+3\div\frac{1}{3}+3\right\}-4\times2]$ का मान ज्ञात करें। *SSC CPO 2024*

(a) 18 (b) 15 (c) 19 (d) 12

हल (c) $[18-3\times\left\{3-3\times\left(3\div\frac{1}{3}-3\right)+3\div\frac{1}{3}+3\right\}-4\times2]$

$=\left[18-3\times\left\{3-3\times6+3\div\frac{1}{3}+3\right\}-4\times2\right]$

$=[18-3\times\{3-18+9+3\}-4\times2]$

$=[18-3\times\{-3\}-4\times2]$

$=[18+9-4\times2]=[18+9-8]=19$

आसन्न मान पर आधारित

उदाहरण 5. दिए गए प्रश्न में प्रश्नचिह्न (?) के स्थान का आसन्न मान क्या होगा?

$555.05\div18.5+100+121=?$

(a) 130 (b) 251 (c) 140 (d) 156

हल (b) व्यंजक $=555.05\div18.5+100+121$

$=\frac{555}{18.5}+100+121=30+221=251$

उदाहरण 6. दिए गए व्यंजक का आसन्न मान ज्ञात करें।

$144.062\div12.02+11.99\div3.95\times16\div7.99$

(a) 15 (b) 20 (c) 16 (d) 18

हल (d) $144.062\div12.02+11.99\div3.95\times16\div7.99$

व्यंजक का आसन्न मान लेने पर,

$=144\div12+12\div4\times16\div8$

$=12+3\times2=12+6=18$

बीजगणितीय सूत्रों पर आधारित

उदाहरण 7. $\frac{(6.73)^3-(4.38)^3}{(6.73)^2+6.73\times4.38+(4.38)^2}$ का मान है *UPSSSC PET 2022*

(a) 2.35 (b) 4.35 (c) 3.35 (d) 5.35

हल (a) माना, $a=6.73$ तथा $b=4.38$

हम जानते हैं कि $a^3-b^3=(a-b)(a^2+ab+b^2)$

$\Rightarrow \frac{a^3-b^3}{a^2+ab+b^2}=\frac{(a-b)(a^2+ab+b^2)}{(a^2+ab+b^2)}=a-b=6.73-4.38=2.35$

उदाहरण 8. $\frac{(798+579)^2-(798-579)^2}{(798\times579)}$ का मान क्या है? *AFCAT 2018*

(a) 2 (b) 6 (c) 4 (d) 8

हल (c) व्यंजक $=\frac{(798+579)^2-(798-579)^2}{(798\times579)}=\frac{4\times798\times579}{(798\times579)}=4$

$[\because (a+b)^2-(a-b)^2=4ab]$

उदाहरण 9. $\frac{0.5\times0.5+0.09-0.15}{0.125+0.027}$ का मान ज्ञात कीजिए। *RRB NTPC 2021*

(a) $\frac{5}{4}$

(b) $\frac{5}{6}$

(c) $\frac{4}{5}$

(d) $\frac{3}{4}$

Score Booster
इस प्रकार के प्रश्नों को हल करने के लिए बीजगणितीय सूत्रों का प्रयोग किया जाता है। जिससे अभ्यर्थी प्रश्न को आसानी से हल कर सकते हैं।

हल (a) $\frac{0.5\times0.5+0.09-0.15}{0.125+0.027}=\frac{(0.5)^2+(0.3)^2-0.5\times0.3}{(0.5)^3+(0.3)^3}$

माना, $a=0.5$ तथा $b=0.3$

$\therefore$ व्यंजक $=\frac{(a^2-ab+b^2)}{a^3+b^3}=\frac{(a^2-ab+b^2)}{(a+b)(a^2-ab+b^2)}=\frac{1}{a+b}$

अत: व्यंजक का अभीष्ट मान $=\frac{1}{0.5+0.3}=\frac{1}{0.8}=\frac{10}{8}=\frac{5}{4}$

Chapter Challenge

VBODMAS नियम पर आधारित

1. दिए गए व्यंजक का मान ज्ञात कीजिए।
$13 - 12 + 4 \times 2$ **RRB ALP 2024**
(a) 8 (b) 9
(c) 7 (d) 6

2. निम्नलिखित प्रश्न में प्रश्नचिह्न (?) के स्थान पर कौन-सा मान आना चाहिए?
$399 \div 19 + 539 \div 11 = ?$ **UP Polcie ASI 2021**
(a) 67 (b) 69
(c) 70 (d) 65

3. निम्नलिखित व्यंजक को सरल कीजिए।
$3 + 28 \div 35 \times 15 + 4 - 3 \times 4$ **SSC (10+2) Tier I 2024**
(a) 26 (b) 64
(c) 7 (d) 10

4. निम्न व्यंजक का मान क्या होगा?
$-15 + 90 \div [89 - \{9 \times 8 + (33 - 3 \times 7)\}]$ **SSC (10 + 2) 2020**
(a) 2
(b) 3
(c) 5
(d) 4

> **MRC*****
> ***(Most Repeating Concepts)***
> प्र. सं. 4, 5, 6, 7 और 8 Examination Point of Views से अति महत्त्वपूर्ण हैं। इन Concept पर प्रश्न विभिन्न प्रतियोगी परीक्षाओं (CGL, Group-D, MTS, NTPC आदि) में निरन्तर पूछे जा रहे हैं।

5. $[(36 - 12) \div 6] + [98 - 21 \div 3 \times 2]$ का मान ज्ञात कीजिए।
(a) 88 (b) 73
(c) 102 (d) 96

6. $120 \div [13 + \{47 - (36 - 36 \div 9$ का $2 \times 3)\}]$ का मान ज्ञात करें। **SSC MTS 2021**
(a) 12 (b) 4
(c) 3 (d) 15

7. $25 \div 15$ का $4 \times [4 \div 5 \times (9 - 7)] - (20 \div 5$ का $9)$ का मान ज्ञात करें। **SSC CGL (Tier-I) 2021**
(a) $\frac{1}{3}$ (b) $\frac{2}{3}$
(c) $\frac{4}{9}$ (d) $\frac{2}{9}$

8. $52 - [18 \div 3 + 3 + (18 - 11)$ का $4]$ का मान निम्न में से किसके बराबर होगा? **SSC CPO 2024**
(a) 22 (b) 18
(c) 21 (d) 15

9. यदि $A = [50 - 4 \times 5 + \{6 \div 3 - 1\}]$ है, तो A का मान क्या होगा? **SSC MTS 2022**
(a) 29 (b) 31
(c) 71 (d) 30

10. निम्न को सरल कीजिए।
$12 - \{11 - 36 \div (7 - 15 + 4 \times 3)\}$ **DSSSB Head Clerk 2022**
(a) 12 (b) −2
(c) 10 (d) 8

11. निम्नलिखित को सरल कीजिए।
$12 - [2.06 + \{2.57 + (9.91 - \overline{5.09 - 0.76})\}]$ **DP Constable 2023**
(a) 1.79 (b) 1.99
(c) 2.17 (d) 2.79

12. निम्नलिखित प्रश्न में प्रश्नचिह्न (?) के स्थान पर क्या मान आएगा?
$8 + [16 - \{7 + 4 - (9$ का $3 + 6 - 4 \times 7)\}] = ?$ **SSC (10 + 2) 2022**
(a) 18 (b) 16
(c) 21 (d) 23

13. सरल करें।
$(1500 - 275) \div 25 \div 7 + 300 = ?$ **CRPF HC 2023**
(a) 307 (b) 345
(c) 355 (d) 305

14. निम्नलिखित को हल कीजिए।
$15.2625 - [5.2 + 0.25 \times (4.78 - 1.5 \times 3.02)]$ **SSC Constable (GD) 2022**
(a) 8 (b) 11
(c) 9 (d) 10

15. $72 \div 4 \times \{8 \times 4 - (14 - 19)\}$ का मान ज्ञात कीजिए। **RRB NTPC 2022**
(a) 666 (b) 444
(c) 222 (d) 1296

16. $7 \times 0.7 \times 0.07 \times 0.007 \times 70$ का मान ज्ञात कीजिए। **RRB NTPC 2021**
(a) 1.6807 (b) 0.016807
(c) 0.0016807 (d) 0.16807

17. $15 \div 3$ का $2 \times 2 + 9 \div 18$ का $2 \times 4 - 4 \div 8 \times 2$ का मान ज्ञात करें। **SSC CGL (Tier I) 2024**
(a) $2\frac{3}{4}$ (b) 8
(c) $7\frac{3}{4}$ (d) 5

18. x का मान ज्ञात कीजिए।
$28.5 \times 34 + 2320 \div 8 = (36)^2 - x$ **HP Constable 2022**
(a) 51 (b) 47
(c) 43 (d) 37

19. दिए गए व्यंजकों को VBODMAS के नियम से सरल करें
$17 + [2 - \{(-8) + 3 + (18 \times 3 + 1 - 13 \times 3)\}]$ **DSSSB 2021**
(a) 16 (b) 8
(c) −8 (d) −16

20. व्यंजक $29 - [25 - \{6 \div 2$ का $(7 + \overline{9 - 14})\}]$ का मान बराबर है **DSSSB 2019**
(a) 4.5 (b) 2.5
(c) 7 (d) 5.5

21. $\{40 - (90 \div 5 \times \overline{16 - 8} \div 2 \div 3)\}$ **RRB RPF (SI) 2019**
(a) 16 (b) 28
(c) 14 (d) 64

22. निम्नलिखित का मान ज्ञात करें।
$2 + 2 \div 2 + 2 \times 2 + 2 - 2 \times 2 = ?$ **DSSSB 2019**
(a) 4 (b) 5
(c) 6 (d) 2

23. सरलीकृत करें।

$63-[48-\{16\div4-(7-4\div2)\}\div5\}]$ **RPF Constable 2019**

(a) 17 (b) 16
(c) 18 (d) 19

24. $63-(-3)(-2-8-4)\div3$ का $\{5+(-2)(-1)\}=?$

RRB Group D 2018

(a) –60 (b) 60
(c) 65 (d) 61

25. निम्न व्यंजक को सरल कीजिए।

$(15\div3)-[\{(19-1)\div2\}-\{5\times20-(7\times9-(-2)\}]$

RRB NTPC 2022

(a) 21 (b) 31
(c) –21 (d) 35

26. $\frac{2}{7}\times[2+\{2(11+4-2)\}]-2$ व्यंजक का मान ज्ञात कीजिए।

RRB NTPC 2021

(a) 7 (b) 9
(c) 8 (d) 6

27. हल करें।

$15.73+13.25+16.73-28.64=3\times?$ **RPF/RPSF (SI) 2019**

(a) 5.69 (b) 5.49
(c) 5.59 (d) 5.79

28. निम्न समीकरण में प्रश्नचिह्न (?) के स्थान पर कौन-सी संख्या आ सकती है?

$\sqrt{19\times650\div13+18.5\times4}\times13=?$ **SSC MTS 2022**

(a) 415 (b) 416
(c) 418 (d) 413

29. $7\div14$ का $2-7\times7\div49+\frac{1}{3}$ का $(14\div7+7)+7-14\div2$ का मान है

SSC MTS 2019

(a) 3 (b) $2\frac{1}{4}$ (c) $-1\frac{1}{4}$ (d) $4\frac{1}{4}$

30. $42\div9$ का $6-[64\div48\times3-15\div8\times(11-17)\div9]\div14$ व्यंजक का मान ज्ञात कीजिए। **SSC Constable (GD) 2021**

(a) $\frac{7}{18}$ (b) $\frac{5}{12}$ (c) $\frac{19}{36}$ (d) $\frac{29}{72}$

31. यदि $1131\div39=29$,
तो $11.31\div0.0029=?$

RRB Group D 2018

(a) 3.9
(b) 3900
(c) 390
(d) 0.39

> **MRC*****
> **(Most Repeating Concepts)**
> प्र. सं. 31, 32 और 33 Examination Point of Views से अति महत्त्वपूर्ण हैं। इन Concept पर आधारित प्रश्न विभिन्न प्रतियोगी परीक्षाओं (MTS, ALP, DSSSB आदि) में निरन्तर पूछे जा रहे हैं।

32. यदि $A=3+7\times2, B=12\div4-6$ और $C=6\times5+2$ है,
तो $A\times B+C$ का मान कितना है? **SSC MTS 2022**

(a) –25 (b) –19
(c) –26 (d) –22

33. यदि $123\times356=43788$, तो $1.23\times35.6=?$ **RRB Group D 2018**

(a) 4.3788 (b) 43.788
(c) 0.43788 (d) 437.88

34. निम्न व्यंजक को सरल कीजिए।

$2\frac{1}{6}\times\left\{1\frac{19}{26}+\frac{15}{13}\times\left(\frac{5}{7}\div\frac{25}{14}\right)\right\}$

RRB NTPC 2022

(a) $4\frac{5}{6}$ (b) $4\frac{3}{4}$ (c) $4\frac{4}{5}$ (d) $4\frac{2}{3}$

35. $\dfrac{40+\frac{3}{4}\text{ का } 32}{37+\frac{3}{4}\text{ का }(34-6)}$ व्यंजक का मान ज्ञात करें।

SSC CPO 2020

(a) $1\frac{3}{29}$ (b) $2\frac{3}{29}$ (c) $-1\frac{3}{29}$ (d) $1\frac{9}{29}$

36. $\dfrac{\left(3\frac{1}{5}+\frac{3}{5}\right)\div\frac{8}{5}}{1\frac{1}{7}\div\left\{\frac{5}{7}+\left(\frac{1}{7}\div\frac{1}{3}\right)\right\}}$ का सरलीकृत मान है

SSC (10+2) 2023

(a) $\frac{19}{16}$ (b) $\frac{19}{64}$ (c) $\frac{19}{7}$ (d) $\frac{19}{8}$

37. निम्न व्यंजक का मान कितना है?

$6\frac{1}{8}\div\left(5\frac{1}{4}\div\frac{3}{7}\text{ का }\frac{1}{2}\right)-8\times\frac{2}{3}\div\frac{4}{5}$ का $1\frac{2}{3}$?

SSC MTS 2019

(a) $\frac{15}{4}$ (b) 3
(c) –3 (d) $-\frac{15}{4}$

38. $3\frac{5}{8}+\frac{6}{16}-\frac{5}{24}+3\frac{1}{2}=?$ व्यंजक का मान ज्ञात कीजिए।

RRB Group D 2018

(a) $\frac{751}{24}$ (b) $\frac{715}{24}$ (c) $\frac{175}{24}$ (d) $\frac{157}{24}$

39. हल कीजिए।

$\dfrac{3.6\times0.48\times2.50}{0.12\times0.09\times0.5}$

RRB JE 2019

(a) 8000 (b) 8
(c) 800 (d) 80

40. निम्नलिखित समीकरण को हल करो।

$\frac{16}{3}-\left\{4\frac{1}{3}-\left(3\frac{1}{3}-\left(2\frac{1}{3}-\frac{1}{3}\right)\right)\right\}=?$

RRB Group-D 2018

(a) $4\frac{1}{3}$ (b) $5\frac{1}{3}$
(c) $1\frac{1}{3}$ (d) $2\frac{1}{3}$

41. $120\div\left[\frac{2}{3}\times\left(1-\frac{2}{5}\right)\times5\right]+\left[\frac{9}{8}\text{ का }\frac{4}{3}\div\frac{3}{4}\text{ का }\frac{2}{3}\right]$ का मान ज्ञात करें।

SSC MTS 2021

(a) 62 (b) 60
(c) 63 (d) 65

42. $\dfrac{\left[\frac{3}{5}\text{ का }\left(15\frac{2}{3}-33\frac{1}{3}\right)+\frac{1}{3}\left(18\frac{3}{4}\text{ का }7\frac{1}{5}\div15\times2\right)\right]\times5}{3^2\times5+1}$ को सरल करें।

SSC MTS 2021

(a) 83 (b) $-\frac{23}{5}$ (c) $-\frac{1}{2}$ (d) $-\frac{23}{54}$

43. $\dfrac{1\frac{1}{4} \div 1\frac{1}{2}}{\left(\frac{1}{15} + 1 - \frac{9}{10}\right)}$ बराबर है

(a) 3 (b) 6 (c) $\frac{2}{5}$ (d) 5

44. दिए गए व्यंजक का मान ज्ञात कीजिए।

$\left[\dfrac{0.36}{0.012 \text{ का } 0.4}\right] \times 0.5$

IB 2023

(a) 5.45 (b) 37.5
(c) 15 (d) 0.18

45. निम्नलिखित का मान ज्ञात कीजिए।

$\dfrac{\left(2\frac{3}{4}\right)}{\left(1\frac{5}{6}\right)} \div \frac{7}{8} \times \left(\frac{1}{3} + \frac{1}{4}\right) + \frac{5}{7} \div \frac{3}{4}$ का $\frac{3}{7}$

IB 2023

(a) $\frac{49}{80}$ (b) $\frac{2}{9}$ (c) $\frac{29}{9}$ (d) $\frac{56}{77}$

46. सरल कीजिए।

$3 + \dfrac{1}{1 + \dfrac{1}{2 + \dfrac{1}{4}}}$

RRB JE 2019

(a) $\frac{48}{13}$ (b) $\frac{18}{49}$ (c) $\frac{1}{12}$ (d) $\frac{3}{13}$

47. निम्नलिखित प्रश्न में प्रश्नचिह्न (?) का मान ज्ञात कीजिए।

$\left[\left\{2\frac{1}{3} - (5 + (2 - 3)\right\} + 3\frac{1}{2}\right] = ?$

RRB Group D 2018

(a) $\frac{11}{2}$ (b) $\frac{12}{6}$
(c) $\frac{11}{6}$ (d) 2

48. निम्नलिखित का मान ज्ञात कीजिए।

$\dfrac{\sqrt{1.24} \times \sqrt{2.79}}{\sqrt{2.64} \times \sqrt{5.94}}$

SSC CGL (Tier-II) 2023

(a) $\frac{31}{44}$ (b) $\frac{33}{31}$ (c) $\frac{33}{64}$ (d) $\frac{31}{66}$

49. $\left[\frac{1}{8} + \left\{\frac{1}{6} \times \left(\frac{36}{45} \div \frac{24}{25}\right)\right.\right.$

$\left.\left. - \left(\frac{12}{21} \times \frac{14}{15} \div \frac{24}{45}\right)\right\} + \frac{27}{36}\right]$ का मान क्या है?

SSC CGL (Tier-II) 2023

(a) $\frac{1}{36}$ (b) $\frac{1}{108}$
(c) $\frac{1}{72}$ (d) $\frac{1}{27}$

50. $\dfrac{5 + 6 - 2 \times 4 \div 8 - 3 + 10 + 8}{5}$ व्यंजक का मान क्या है?

DSSSB 2019

(a) 4 (b) 7
(c) 5 (d) 6

51. निम्नलिखित व्यंजक $3\frac{1}{5}$ का $2\frac{3}{4} \div \frac{11}{3} + \left(2\frac{1}{5} \div 1\frac{2}{5}\right.$ का $\left.1\frac{3}{7} - 2\frac{1}{3}\right)$ को सरल कीजिए।

SSC CPO 2024

(a) $2\frac{1}{6}$ (b) $3\frac{1}{6}$
(c) $4\frac{1}{6}$ (d) $1\frac{1}{6}$

52. $\dfrac{32 \div 4 - 5 \times 8 \div 3}{5 \times 3 - \{6 + 3\}}$ व्यंजक का मान क्या है?

RRB NTPC 2021

(a) $\frac{4}{9}$ (b) $-\frac{8}{9}$
(c) $\frac{8}{9}$ (d) $\frac{1}{9}$

53. निम्नलिखित को सरल कीजिए।

$240 \div \dfrac{5}{1 \div \dfrac{4}{1 \div \dfrac{5}{1 \div 3}}}$

RRB NTPC 2021

(a) $\frac{4}{3}$ (b) $\frac{5}{3}$
(c) $\frac{4}{5}$ (d) $\frac{5}{4}$

54. हल करें।

$(324)^2 \times 72 \div (18)^5 \times 1021 = ?$

RPF/RPSF SI 2019

(a) 4054 (b) 4064
(c) 4074 (d) 4084

55. निम्नलिखित समीकरण को हल करें।

$11 \div 3 + \frac{1}{9} - 5 \times 6\left(1 \times \frac{1}{6}\right) = ?$

RRB Group D 2018

(a) $\frac{-1}{9}$ (b) $\frac{-11}{9}$
(c) $\frac{11}{9}$ (d) $\frac{11}{8}$

56. x का मान ज्ञात करें।

$\sqrt{441} \div 21 + \sqrt{484} = 1 \times x$

RPF/RPSF (SI) 2019

(a) 26 (b) 25
(c) 23 (d) 24

57. यदि $\sqrt{1849} + \sqrt{(0.0608 + x)} = 43.25$ है, तो x का मान ज्ञात कीजिए।

CISF ASI 2023

(a) 1729 (b) 1
(c) 72.17 (d) 0.0017

58. $-7m - [3n - \{8m - (4n - 10m)\}]$ का सरलीकृत रूप होगा

(a) $11m - 7n$ (b) $11n - 7m$
(c) $13n - 11m$ (d) $11m - 5n$

59. यदि $\frac{15}{8} + \left[\left\{\frac{4}{5} \text{ का } \frac{5}{12} \div \left(1\frac{1}{15}\right)\right\} \times 1\frac{7}{12}\right]$ को $\frac{a}{b}$ के प्रारूप में व्यक्त किया जाए जहाँ a और b पूर्णांक हैं और एक-दूसरे के लिए सापेक्षत: अभाज्य हैं, तो $4b - a$ का मान क्या होगा?

SSC (10+2) Tier I 2024

(a) 164 (b) 313
(c) 225 (d) 189

Chapter Challenge सरलीकरण

60. $3\frac{2}{3} \div 2\frac{1}{5} \times \frac{1}{4} \times \left(1+\frac{3}{1-\frac{2}{5}}\right)$ का मान ज्ञात कीजिए।

SSC CPO 2024

(a) $1\frac{3}{4}$ (b) $3\frac{1}{2}$ (c) $2\frac{1}{4}$ (d) $2\frac{1}{2}$

आसन्न मान पर आधारित

निर्देश (प्र. सं. 61-63) *निम्नलिखित प्रश्नों में, प्रश्नचिह्न (?) के स्थान पर लगभग मान क्या आएगा?*

61. $(23.89)^2 + \sqrt{3598.97} - 171.93 + (?)^2 = (27.98)^2 + 4$

SSC CGL (Tier-I) 2022

(a) 18 (b) 24 (c) 28 (d) 22

62. $\sqrt{168.99} \times 10.01 - 2.99 \times ? = (7.04)^2$

(a) 21 (b) 24 (c) 27 (d) 30

63. $864.02 \div 3.99 + 38.05 \div 18.98 \times 110.01 = ?$

(a) 330 (b) 452
(c) 395 (d) 436

बीजगणितीय सूत्रों पर आधारित

64. $\frac{0.2 \times 0.2 + 0.02 \times 0.02 - 0.4 \times 0.02}{0.36}$ को हल कीजिए।

RRB NTPC 2021

(a) 2.199
(b) 0.09
(c) 2
(d) 3.195

> ***MRC******
> ***(Most Repeating Concepts)***
> प्र. सं. 64, 66, 67 और 68 Examination Point of Views से अति महत्त्वपूर्ण हैं। इससे विभिन्न प्रतियोगी परीक्षाओं (NTPC, CGL, Police SI और Constable, DSSSB आदि) में निरन्तर पूछे जा रहे हैं।

65. $\frac{\{(13)^3 - 4^3\}}{13 - 8 \div 2} \div 8 - \{2 + 6 \times 9\}$ का मान है

RRB NTPC 2021

(a) $-\frac{217}{8}$ (b) $-\frac{211}{8}$
(c) $-\frac{685}{8}$ (d) $\frac{685}{8}$

66. $\frac{(0.67 \times 0.67 \times 0.67) - (0.33 \times 0.33 \times 0.33)}{(0.67 \times 0.67) + (0.67 \times 0.33) + (0.33 \times 0.33)}$ का मान है

(a) 3.4 (b) 11
(c) 0.34 (d) 1.1

67. $\frac{0.0347 \times 0.0347 \times 0.0347 + (0.9653)^3}{(0.0347)^2 - (0.0347)(0.9653) + (0.9653)^2}$ का मान है

(a) 0.9306
(b) 1.0009
(c) 1.0050
(d) 1

68. $\frac{(0.03)^2 + (0.51)^2 + (0.083)^2}{(0.003)^2 + (0.051)^2 + (0.0083)^2}$ का मान ज्ञात कीजिए।

RRB NTPC 2021

(a) 100 (b) 10
(c) 0.1 (d) 1000

69. $\frac{(0.064 - 0.008)(0.16 - 0.04)}{(0.16 + 0.08 + 0.04)(0.4 + 0.2)^3}$ का वर्गमूल ज्ञात कीजिए।

SSC CGL 2015

(a) $\frac{2}{3}$ (b) $\frac{1}{3}$
(c) 3 (d) $\frac{3}{2}$

70. $\frac{(2.75)^3 - (2.25)^3}{(2.75)^2 + 2.75 \times 2.25 + (2.25)^2}$ का मान है

Delhi Police Constable 2010

(a) 0.3 (b) 0.5
(c) 3 (d) 5

71. निम्न समीकरण का मान ज्ञात करें।

$\frac{(469 + 144)^2 - (469 - 144)^2}{2(469 \times 144)} = ?$

RPF Constable 2019

(a) –2 (b) –1
(c) 1 (d) 2

72. बोडमास (BODMAS) नियम का उपयोग करते हुए, निम्नलिखित को हल कीजिए।

$\frac{7}{9} \times \frac{21}{5} \times 25\,(65^2 - 55^2)$

RRB NTPC 2021

(a) 42000 (b) 86000
(c) 98000 (d) 84000

Right Key

1	(b)	2	(c)	3	(c)	4	(b)	5	(a)	6	(b)	7	(d)	8	(d)	9	(b)	10	(c)
11	(a)	12	(a)	13	(a)	14	(d)	15	(a)	16	(d)	17	(d)	18	(d)	19	(b)	20	(d)
21	(a)	22	(b)	23	(c)	24	(d)	25	(b)	26	(d)	27	(a)	28	(b)	29	(b)	30	(d)
31	(b)	32	(b)	33	(b)	34	(b)	35	(a)	36	(d)	37	(d)	38	(c)	39	(c)	40	(d)
41	(c)	42	(c)	43	(d)	44	(b)	45	(c)	46	(a)	47	(c)	48	(d)	49	(c)	50	(c)
51	(d)	52	(b)	53	(c)	54	(d)	55	(b)	56	(c)	57	(d)	58	(a)	59	(b)	60	(d)
61	(a)	62	(c)	63	(d)	64	(b)	65	(b)	66	(c)	67	(d)	68	(a)	69	(b)	70	(b)
71	(d)	72	(c)																

Solutions

1. (*b*) $13 - 12 + 4 \times 2 = 13 - 12 + 8$
$= 1 + 8 = 9$

2. (*c*) $399 \div 19 + 539 \div 11 = ?$
$\Rightarrow \quad 21 + 49 = ?$
$\therefore \quad ? = 70$

3. (*c*) $3 + 28 \div 35 \times 15 + 4 - 3 \times 4$
$= 3 + \frac{28}{35} \times 15 + 4 - 12$
$= 3 + 12 + 4 - 12 = 7$

4. (*b*) $-15 + 90 \div [89 - \{9 \times 8 + (33 - 3 \times 7)\}]$
$= -15 + 90 \div [89 - \{9 \times 8 + (33 - 21)\}]$
$= -15 + 90 \div [89 - \{72 + 12\}]$
$= -15 + 90 \div [89 - 84]$
$= -15 + 90 \div 5 = -15 + 18 = 3$

5. (*a*) $[(36 - 12) \div 6] + [98 - 21 \div 3 \times 2]$
VBODMAS के नियम के अनुसार,
$[24 \div 6] + [98 - 7 \times 2] = 4 + [98 - 14]$
$= 4 + 84 = 88$

6. (*b*) $120 \div [13 + \{47 - (36 - 36 \div 9$ का $2 \times 3)\}]$
$= 120 \div [13 + \{47 - (36 - 36 \div 18 \times 3\}]$
$= 120 \div [13 + \{47 - (36 - 2 \times 3\}]$
$= 120 \div [13 + \{47 - (36 - 6\}]$
$= 120 \div [13 + \{47 - 30\}]$
$= 120 \div [13 + 17] = 120 \div 30 = 4$

7. (*d*) $25 \div 15$ का $4 \times [4 \div 5 \times (9 - 7)] - (20 \div 5$ का $9)$
$= 25 \div 60 \times \left[\frac{4}{5} \times 2\right] - (20 \div 45)$
$= \frac{25}{60} \times \frac{8}{5} - \frac{20}{45} = \frac{2}{3} - \frac{4}{9} = \frac{6 - 4}{9} = \frac{2}{9}$

8. (*d*) व्यंजक
$52 - [18 \div 3 + 3 + (18 - 11)$ का $4]$
$= 52 - [18 \div 3 + 3 + 7$ का $4]$
$= 52 - [18 \div 3 + 3 + 28]$
$= 52 - [6 + 3 + 28]$
$= 52 - 37 = 15$

> **TOP TIPS** इस प्रकार के प्रश्नों को शीघ्रता से हल करने के लिए अभ्यर्थियों की Calculation अच्छी होना अति आवश्यक है।

9. (*b*) $A = [50 - 4 \times 5 + \{6 \div 3 - 1\}]$
$= [50 - 20 + \{2 - 1\}]$
$= [50 - 20 + 1] = 51 - 20 = 31$

10. (*c*) $12 - \{11 - 36 \div (7 - 15 + 4 \times 3)\}$
$= 12 - \{11 - 36 \div (7 - 15 + 12)\}$
$= 12 - \{11 - 36 \div 4\}$
$= 12 - \{11 - 9\}$
$= 12 - 2 = 10$

11. (*a*) $12 - [2.06 + \{2.57 + (9.91 - \overline{5.09 - 0.76})\}]$
$= 12 - [2.06 + \{2.57 + (9.91 - 4.33)\}]$
$= 12 - [2.06 + \{2.57 + 5.58\}]$
$= 12 - [2.06 + 8.15]$
$= 12 - 10.21 = 1.79$

12. (*a*) $8 + [16 - \{7 + 4 - (9$ का $3 + 6 - 4 \times 7)\}] = ?$
$\Rightarrow ? = 8 + [16 - \{7 + 4 - (27 + 6 - 28)\}]$
$\Rightarrow \; ? = 8 + [16 - \{7 + 4 - (33 - 28)\}]$
$\Rightarrow \; ? = 8 + [16 - \{7 + 4 - 5\}]$
$\Rightarrow \; ? = 8 + [16 - \{11 - 5\}]$
$\Rightarrow \; ? = 8 + [16 - 6]$
$\Rightarrow \; ? = 8 + 10$
$\therefore \; ? = 18$

13. (*a*) $? = (1500 - 275) \div 25 \div 7 + 300$
$= \frac{1225}{25 \times 7} + 300$
$= 7 + 300 = 307$

14. (*d*) $15.2625 - [5.2 + 0.25 \times (4.78 - 1.5 \times 3.02)]$
$= 15.2625 - [5.2 + 0.25 \times (4.78 - 4.53)]$
$= 15.2625 - [5.2 + 0.25 \times 0.25]$
$= 15.2625 - [5.2 + 0.0625]$
$= 15.2625 - 5.2625 = 10$

15. (*a*) $72 \div 4 \times \{8 \times 4 - (14 - 19)\}$
$= 72 \div 4 \times \{8 \times 4 + 5\}$
$= 72 \div 4 \times \{32 + 5\}$
$= 72 \div 4 \times 37$
$= 18 \times 37 = 666$

16. (*d*) $7 \times 0.7 \times 0.07 \times 0.007 \times 70 = 0.16807$

17. (*d*) $15 \div 3$ का $2 \times 2 + 9 \div 18$ का $2 \times 4 - 4 \div 8 \times 2$
$= 15 \div 6 \times 2 + 9 \div 36 \times 4 - 4 \div 8 \times 2$
$= \frac{15}{6} \times 2 + \frac{9}{36} \times 4 - \frac{4}{8} \times 2$
$= 5 + 1 - 1 = 5$

18. (*d*) $28.5 \times 34 + 2320 \div 8 = (36)^2 - x$
$\Rightarrow \quad 969 + 290 = 1296 - x$
$\Rightarrow x = 1296 - 1259$
$\therefore \; x = 37$

19. (*b*) $17 + [2 - \{(-8) + 3 + (18 \times 3 + 1 - 13 \times 3)\}]$
$= 17 + [2 - \{-8 + 3 + 16\}]$
$= 17 + [2 - 11] = 17 - 9 = 8$

20. (*d*) $29 - [25 - \{6 \div 2$ का $(7 + \overline{9 - 14})\}]$
$= 29 - [25 - \{6 \div 2$ का $(7 - 5)\}]$
$= 29 - [25 - \{6 \div 2$ का $2]$
$= 29 - \left[25 - \frac{3}{2}\right]$
$= 29 - \frac{47}{2} = \frac{58 - 47}{2} = \frac{11}{2} = 5.5$

21. (*a*) $\{40 - (90 \div 5 \times \overline{16 - 8} \div 2 \div 3)\}$
$= \{40 - (90 \div 5 \times 8 \div 2 \div 3)\}$
$= \left\{40 - \left(18 \times \frac{4}{3}\right)\right\} = \{40 - 24\} = 16$

22. (*b*) $2 + 2 \div 2 + 2 \times 2 + 2 - 2 \times 2$
$= 2 + 1 + 2 \times 2 + 2 - 2 \times 2$
$= 2 + 1 + 4 + 2 - 4$
$= 2 + 1 + 2 = 5$

23. (*c*) $63 - [48 - \{16 \div 4 - (7 - 4 \div 2) \div 5\}]$
$= 63 - [48 - \{16 \div 4 - (7 - 2) \div 5\}]$
$= 63 - [48 - \{16 \div 4 - 5 \div 5\}]$
$= 63 - [48 - \{4 - 1\}]$
$= 63 - [48 - 3] = 63 - 45 = 18$

24. (*d*) $63 - (-3)(-2 - 8 - 4) \div 3$ का $\{5 + (-2)(-1)\}$
$= 63 - (-3)(-14) \div 3$ का $\{5 + 2\}$
$= 63 - 42 \div 3$ का 7
$= 63 - 42 \div 21 = 63 - 2 = 61$

25. (*b*) $(15 \div 3) - [\{(19 - 1) \div 2\} - \{5 \times 20 - (7 \times 9 - (-2)\}]$
$= 5 - [\{18 \div 2\} - \{5 \times 20 - (7 \times 9 + 2)\}]$
$= 5 - [\{18 \div 2\} - \{5 \times 20 - 65\}]$
$= 5 - [9 - 35] = 5 + 26 = 31$

26. (*d*) $\frac{2}{7} \times [2 + \{2(11 + 4 - 2)\}] - 2$
$= \frac{2}{7} \times [2 + \{2 \times 13\}] - 2$
$= \frac{2}{7} \times [2 + 26] - 2$
$= \frac{2}{7} \times 28 - 2 = 8 - 2 = 6$

27. (*a*) $15.73 + 13.25 + 16.73 - 28.64 = 3 \times ?$
$\Rightarrow \quad 45.71 - 28.64 = 3 \times ?$
$\Rightarrow \quad 17.07 = 3 \times ?$
$\therefore \quad ? = \frac{17.07}{3} = 5.69$

28. (b) $\sqrt{19\times650\div13+18.5\times4}\times13=?$

⇒ $\sqrt{19\times50+74}\times13=?$

⇒ $\sqrt{950+74}\times13=?$

⇒ $\sqrt{1024}\times13=?$

⇒ $32\times13=?$

∴ $?=416$

> **TOP TIPS** इस प्रकार के प्रश्नों को आसानी से हल करने के लिए संख्याओं के वर्ग तथा वर्गमूल कण्ठस्थ होने चाहिए।

29. (b) $7\div14$ का $2-7\times7\div49+\frac{1}{3}$ का $(14\div7+7)+7-14\div2$

$=7\div28-7\times\frac{7}{49}+\frac{1}{3}$ का $(2+7)+7-7$

$=\frac{7}{28}-1+\frac{1}{3}$ का $9+7-7$

$=\frac{1}{4}-1+3+7-7=\frac{9}{4}=2\frac{1}{4}$

30. (d) $42\div9$ का $6-[64\div48\times3-15\div8\times(11-17)\div9]\div14$

$=42\div54-\left[\frac{64}{48}\times3-\frac{15}{8}\times(-6)\div9\right]\div14$

$=\frac{42}{54}-\left[4+\frac{15}{8}\times\frac{6}{9}\right]\div14$

$=\frac{7}{9}-\left[4+\frac{5}{4}\right]\div14$

$=\frac{7}{9}-\left(\frac{16+5}{4}\right)\times\frac{1}{14}$

$=\frac{7}{9}-\frac{21}{4\times14}=\frac{7}{9}-\frac{3}{8}=\frac{56-27}{72}=\frac{29}{72}$

31. (b) $1131\div39=29$

∴ $\frac{1131}{39}=29\Rightarrow\frac{1131}{29}=39$

अब, $\frac{11.31}{0.0029}=\frac{1131}{100}\times\frac{10000}{29}$

$=\frac{1131}{29}\times100$

$=39\times100=3900$

32. (b) $A=3+7\times2=3+14=17$

$B=12\div4-6=3-6=-3$

$C=6\times5+2=30+2=32$

प्रश्नानुसार, $A\times B+C=17\times(-3)+32$
$=-51+32=-19$

33. (b) दिया है, $123\times356=43788$

अब, $1.23\times35.6=\frac{123}{100}\times\frac{356}{10}=\frac{43788}{1000}$

$=43.788$

34. (b) $2\frac{1}{6}\times\left\{1\frac{19}{26}+\frac{15}{13}\times\left(\frac{5}{7}\div\frac{25}{14}\right)\right\}$

$=\frac{13}{6}\times\left\{\frac{45}{26}+\frac{15}{13}\times\left(\frac{5}{7}\times\frac{14}{25}\right)\right\}$

$=\frac{13}{6}\times\left\{\frac{45}{26}+\frac{15}{13}\times\frac{2}{5}\right\}$

$=\frac{13}{6}\times\left\{\frac{45}{26}+\frac{6}{13}\right\}$

$=\frac{13}{6}\times\left\{\frac{45+12}{26}\right\}$

$=\frac{13}{6}\times\frac{57}{26}=\frac{57}{12}=\frac{19}{4}=4\frac{3}{4}$

35. (a) $\dfrac{40+\frac{3}{4}\text{ का }32}{37+\frac{3}{4}\text{ का }(34-6)}$

$=\dfrac{40+32\times\frac{3}{4}}{37+28\times\frac{3}{4}}=\dfrac{40+24}{37+21}$

$=\frac{64}{58}=\frac{32}{29}=1\frac{3}{29}$

36. (d) $\dfrac{\left(3\frac{1}{5}+\frac{3}{5}\right)\div\frac{8}{5}}{1\frac{1}{7}\div\left\{\frac{5}{7}+\left(\frac{1}{7}\div\frac{1}{3}\right)\right\}}$

$=\dfrac{\left(\frac{16}{5}+\frac{3}{5}\right)\times\frac{5}{8}}{\frac{8}{7}\div\left\{\frac{5}{7}+\frac{3}{7}\right\}}=\dfrac{\frac{19}{5}\times\frac{5}{8}}{\frac{8}{7}\times\frac{7}{8}}=\frac{19}{8}$

37. (d) $6\frac{1}{8}\div\left(5\frac{1}{4}\div\frac{3}{7}\text{ का }\frac{1}{2}\right)-8\times\frac{2}{3}\div\frac{4}{5}$ का $1\frac{2}{3}$

$=\frac{49}{8}\div\left(\frac{21}{4}\div\frac{3}{14}\right)-8\times\frac{2}{3}\div\frac{4}{3}$

$=\frac{49}{8}\div\left(\frac{21}{4}\times\frac{14}{3}\right)-8\times\frac{2}{3}\times\frac{3}{4}$

$=\frac{49}{8}\div\frac{49}{2}-4$

$=\frac{49}{8}\times\frac{2}{49}-4$

$=\frac{1}{4}-4=\frac{1-16}{4}=-\frac{15}{4}$

38. (c) $3\frac{5}{8}+\frac{6}{16}-\frac{5}{24}+3\frac{1}{2}=?$

⇒ $?=\frac{29}{8}+\frac{6}{16}-\frac{5}{24}+\frac{7}{2}$

⇒ $?=\frac{174+18-10+168}{48}$

∴ $?=\frac{360-10}{48}$

$=\frac{350}{48}=\frac{175}{24}$

39. (c) $\frac{3.6\times0.48\times2.50}{0.12\times0.09\times0.5}=\frac{36}{5}\times\frac{48}{12}\times\frac{250}{9}$

$=16\times50=800$

40. (d) $?=\frac{16}{3}-\left\{\frac{13}{3}-\left(\frac{10}{3}-\left(\frac{7}{3}-\frac{1}{3}\right)\right)\right\}$

⇒ $?=\frac{16}{3}-\left\{\frac{13}{3}-\left(\frac{10}{3}-\frac{6}{3}\right)\right\}$

⇒ $?=\frac{16}{3}-\left\{\frac{13}{3}-\frac{4}{3}\right\}$

∴ $?=\frac{16}{3}-\frac{9}{3}=\frac{7}{3}=2\frac{1}{3}$

41. (c) $120\div\left[\frac{2}{3}\times\left(1-\frac{2}{5}\right)\times5\right]+\left[\frac{9}{8}\text{ का }\frac{4}{3}\div\frac{3}{4}\text{ का }\frac{2}{3}\right]$

$=120\div\left[\frac{2}{3}\times\frac{3}{5}\times5\right]+\left[\frac{36}{24}\div\frac{6}{12}\right]$

$=120\div2+\left[\frac{3}{2}\div\frac{1}{2}\right]$

$=60+\left[\frac{3}{2}\times2\right]$

$=60+3=63$

42. (c) $\dfrac{\left[\frac{3}{5}\text{ का }\left(15\frac{2}{3}-33\frac{1}{3}\right)+\frac{1}{3}\left(18\frac{3}{4}\text{ का }7\frac{1}{5}\div15\times2\right)\right]\times5}{3^2\times5+1}$

$=\dfrac{\left[\left(\frac{47}{3}-\frac{100}{3}\right)\times\frac{3}{5}+\frac{1}{3}\left(\frac{75}{4}\times\frac{36}{5}\times\frac{1}{15}\times2\right)\right]\times5}{45+1}$

$=\dfrac{\left[\frac{-53}{3}\times\frac{3}{5}+\frac{1}{3}(18)\right]\times5}{46}$

$=\dfrac{\left[\frac{-53}{5}+6\right]\times5}{46}=\dfrac{\left[\frac{-53+30}{5}\right]\times5}{46}$

$=-\frac{23}{46}=-\frac{1}{2}$

43. (d) $\dfrac{1\frac{1}{4}\div1\frac{1}{2}}{\left(\frac{1}{15}+1-\frac{9}{10}\right)}=\dfrac{\left[\frac{5}{4}\times\frac{2}{3}\right]}{\left[\frac{2+30-27}{30}\right]}$

$=\frac{5}{6}\times\frac{30}{5}=5$

44. (b) $\left[\dfrac{0.36}{0.012\text{ का }0.4}\right]\times0.5=\frac{0.36}{0.0048}\times0.5$

$=\frac{0.1800}{0.0048}=\frac{1800}{48}=37.5$

45. (c) $\dfrac{\left(2\frac{3}{4}\right)}{\left(1\frac{5}{6}\right)}\div\frac{7}{8}\times\left(\frac{1}{3}+\frac{1}{4}\right)+\frac{5}{7}\div\frac{3}{4}$ का $\frac{3}{7}$

$$= \frac{\left(\frac{11}{4}\right)}{\left(\frac{11}{6}\right)} \div \frac{7}{8} \times \left(\frac{4+3}{12}\right) + \frac{5}{7} \div \frac{9}{28}$$
$$= \frac{3}{2} \div \frac{7}{8} \times \frac{7}{12} + \frac{5}{7} \times \frac{28}{9}$$
$$= \frac{3}{2} \times \frac{8}{7} \times \frac{7}{12} + \frac{20}{9}$$
$$= 1 + \frac{20}{9} = \frac{9+20}{9} = \frac{29}{9}$$

46. (*a*) $3 + \cfrac{1}{1 + \cfrac{1}{2 + \cfrac{1}{4}}} = 3 + \cfrac{1}{1 + \cfrac{4}{9}}$
$$= 3 + \frac{1 \times 9}{13} = \frac{39+9}{13} = \frac{48}{13}$$

47. (*c*) $\left[\left\{2\frac{1}{3} - (5 + (2-3)\right\} + 3\frac{1}{2}\right]$
$$= \left[\left\{\frac{7}{3} - (5-1)\right\} + \frac{7}{2}\right] = \left[\left\{\frac{7}{3} - 4\right\} + \frac{7}{2}\right]$$
$$= \left[\left\{\frac{7-12}{3}\right\} + \frac{7}{2}\right] = \left[\frac{7}{2} - \frac{5}{3}\right]$$
$$= \frac{21-10}{6} = \frac{11}{6}$$

48. (*d*) $\frac{\sqrt{1.24} \times \sqrt{2.79}}{\sqrt{2.64} \times \sqrt{5.94}} = \frac{\sqrt{1.24 \times 2.79}}{\sqrt{2.64 \times 5.94}}$
$$= \frac{\sqrt{3.4596}}{\sqrt{15.6816}} = \frac{1.86}{3.96} = \frac{186}{396} = \frac{31}{66}$$

49. (*c*) $\left[\frac{1}{8} + \left\{\frac{1}{6} \times \left(\frac{36}{45} \div \frac{24}{25}\right) - \left(\frac{12}{21} \times \frac{14}{15} \div \frac{24}{45}\right)\right\} + \frac{27}{36}\right]$
$$= \left[\frac{1}{8} + \left\{\frac{1}{6} \times \left(\frac{36}{45} \times \frac{25}{24}\right) - \left(\frac{12}{21} \times \frac{14}{15} \times \frac{45}{24}\right)\right\} + \frac{27}{36}\right]$$
$$= \left[\frac{1}{8} + \left\{\frac{1}{6} \times \frac{5}{6} - 1\right\} + \frac{27}{36}\right]$$
$$= \left[\frac{1}{8} + \left\{\frac{5-36}{36}\right\} + \frac{27}{36}\right] = \left[\frac{1}{8} - \frac{31}{36} + \frac{27}{36}\right]$$
$$= \left[\frac{1}{8} + \frac{27-31}{36}\right] = \left[\frac{1}{8} + \frac{(-4)}{36}\right]$$
$$= \left[\frac{1}{8} - \frac{1}{9}\right] = \frac{9-8}{72} = \frac{1}{72}$$

50. (*c*) $\frac{5 + 6 - 2 \times 4 \div 8 - 3 + 10 + 8}{5}$
$$= \frac{5 + 6 - 2 \times \frac{4}{8} - 3 + 10 + 8}{5}$$
$$= \frac{11 - 1 - 3 + 18}{5}$$
$$= \frac{29-4}{5} = \frac{25}{5} = 5$$

51. (*d*) व्यंजक $= 3\frac{1}{5}$ का $2\frac{3}{4} \div \frac{11}{3} + \left(2\frac{1}{5} \div 1\frac{2}{5}\right.$ का $\left.1\frac{3}{7} - 2\frac{1}{3}\right)$

$= \frac{16}{5}$ का $\frac{11}{4} \div \frac{11}{3} + \left(\frac{11}{5} \div \frac{7}{5}\right.$ का $\left.\frac{10}{7} - \frac{7}{3}\right)$
$$= \frac{16 \times 11}{20} \div \frac{11}{3} + \left(\frac{11}{5} \div 2 - \frac{7}{3}\right)$$
$$= \frac{16 \times 11}{20} \times \frac{3}{11} + \left(\frac{11}{10} - \frac{7}{3}\right)$$
$$= \frac{48}{20} + \left(\frac{33-70}{30}\right)$$
$$= \frac{48}{20} - \frac{37}{30}$$
$$= \frac{144-74}{60} = \frac{70}{60} = 1\frac{1}{6}$$

52. (*b*) $\frac{32 \div 4 - 5 \times 8 \div 3}{5 \times 3 - \{6 + 3\}}$
$$= \frac{8 - 5 \times \frac{8}{3}}{5 \times 3 - 9} = \frac{8 - \frac{40}{3}}{15 - 9}$$
$$= \frac{24-40}{3 \times 6} = \frac{-16}{18} = \frac{-8}{9}$$

53. (*c*) $240 \div \cfrac{5}{1 \div \cfrac{4}{1 \div \cfrac{5}{1 \div 3}}}$
$$= 240 \div \cfrac{5}{1 \div \cfrac{4}{1 \div 5 \times 3}}$$
$$= 240 \div \frac{5}{1 \div 4 \times 15} = 240 \div (5 \times 60)$$
$$= \frac{240}{300} = \frac{24}{30} = \frac{4}{5}$$

54. (*d*) $(324)^2 \times 72 \div (18)^5 \times 1021 = ?$
$$\Rightarrow \quad ? = \frac{324 \times 324 \times 72 \times 1021}{18 \times 18 \times 18 \times 18 \times 18}$$
$$\Rightarrow \quad ? = \frac{324 \times 324 \times 72 \times 1021}{324 \times 324 \times 18}$$
$$\therefore \quad ? = 4 \times 1021 = 4084$$

55. (*b*) $? = 11 \div 3 + \frac{1}{9} - 5 \times 6\left(1 \times \frac{1}{6}\right)$
$$\Rightarrow \quad ? = 11 \div 3 + \frac{1}{9} - 5 \times 6 \times \frac{1}{6}$$
$$\Rightarrow \quad ? = \frac{11}{3} + \frac{1}{9} - 5$$
$$= \frac{33 + 1 - 45}{9}$$
$$\therefore \quad ? = \frac{34-45}{9} = \frac{-11}{9}$$

56. (*c*) $\sqrt{441} \div 21 + \sqrt{484} = 1 \times x$
$$\therefore \quad x = 21 \div 21 + 22$$
$$= 1 + 22 = 23$$

57. (*d*) $\sqrt{1849} + \sqrt{(0.0608 + x)} = 43.25$
$$\Rightarrow \sqrt{(0.0608 + x)} = 43.25 - 43 = 0.25$$
दोनों तरफ का वर्ग करने पर,
$$0.0608 + x = (0.25)^2 = 0.0625$$
$$\Rightarrow \quad x = 0.0625 - 0.0608$$
$$\therefore \quad x = 0.0017$$

58. (*a*) $-7m - [3n - \{8m - (4n - 10m)\}]$
$$= -7m - [3n - \{8m - 4n + 10m\}]$$
$$= -7m - [3n - \{18m - 4n\}]$$
$$= -7m - [3n - 18m + 4n]$$
$$= -7m - [7n - 18m]$$
$$= -7m - 7n + 18m = 11m - 7n$$

59. (*b*) व्यंजक

$= \frac{15}{8} + \left[\left\{\frac{4}{5}\right.\right.$ का $\left.\left.\frac{5}{12} \div \left(1\frac{1}{15}\right)\right\} \times 1\frac{7}{12}\right]$
$$= \frac{15}{8} + \left[\left\{\frac{1}{3} \div \left(\frac{16}{15}\right)\right\} \times \frac{19}{12}\right]$$
$$= \frac{15}{8} + \left[\frac{1}{3} \times \frac{15}{16}\right] \times \frac{19}{12}$$
$$= \frac{15}{8} + \frac{5}{16} \times \frac{19}{12} = \frac{15}{8} + \frac{95}{192}$$
$$= \frac{360 + 95}{192} = \frac{455}{192}$$
प्रश्नानुसार, $\frac{a}{b} = \frac{455}{192}$
$$\therefore \quad 4b - a = 4 \times 192 - 455$$
$$= 768 - 455 = 313$$

60. (*d*) व्यंजक $= 3\frac{2}{3} \div 2\frac{1}{5} \times \frac{1}{4} \times \left(1 + \cfrac{3}{1 - \cfrac{2}{5}}\right)$
$$= \frac{11}{3} \div \frac{11}{5} \times \frac{1}{4} \times \left(1 + \frac{15}{3}\right)$$
$$= \frac{11}{3} \div \frac{11}{5} \times \frac{1}{4} \times 6$$
$$= \frac{11}{3} \times \frac{5}{11} \times \frac{1}{4} \times 6 = \frac{5}{2} = 2\frac{1}{2}$$

61. (*a*) $(23.89)^2 + \sqrt{3598.97} - 171.93 + (?)^2 = (27.98)^2 + 4$

व्यंजक के निकटतम मान लेने पर,
$$\Rightarrow (24)^2 + \sqrt{3600} - 172 + (?)^2 = (28)^2 + 4$$
$$\Rightarrow \quad 576 + 60 - 172 + (?)^2 = 784 + 4$$
$$\Rightarrow \quad (?)^2 = 788 - 464 = 324$$
$$\therefore \quad ? = \sqrt{324} = 18$$

62. (c) $\sqrt{168.99} \times 10.01 - 2.99 \times ? = (7.04)^2$

$\Rightarrow \quad \sqrt{169} \times 10 - 3 \times ? = (7)^2$

$\Rightarrow \quad 13 \times 10 - 3 \times ? = 49$

$\Rightarrow \quad 3 \times ? = 130 - 49 = 81$

$\therefore \quad ? = \dfrac{81}{3} = 27$

63. (d) $864.02 \div 3.99 + 38.05 \div 18.98 \times 110.01 = ?$

$\Rightarrow 864 \div 4 + 38 \div 19 \times 110 = ?$

$? = 216 + 2 \times 110$

$\therefore \quad ? = 216 + 220 = 436$

64. (b) $\dfrac{0.2 \times 0.2 + 0.02 \times 0.02 - 0.4 \times 0.02}{0.36}$

माना, $a = 0.2$ तथा $b = 0.02$

अब, व्यंजक $= \dfrac{a^2 + b^2 - 2ab}{0.36}$

$= \dfrac{(a-b)^2}{0.36}$

$= \dfrac{(0.2 - 0.02)^2}{0.36}$

$= \dfrac{0.18 \times 0.18}{0.36} = \dfrac{0.18}{2} = 0.09$

> **TOP TIPS** इस प्रकार के प्रश्नों को हल करने के लिए बीजगणितीय सूत्रों का याद होना अति आवश्यक है।

65. (b) $\dfrac{\{(13)^3 - 4^3\}}{13 - 8 \div 2} \div 8 - \{2 + 6 \times 9\}$

$= \dfrac{(13-4)(169 + 52 + 16)}{13 - 4} \div 8 - 56$

$= \dfrac{9 \times 237}{9} \div 8 - 56$

$= \dfrac{237}{8} - 56 = \dfrac{237 - 448}{8}$

$= -\dfrac{211}{8}$

66. (c)

$\dfrac{(0.67 \times 0.67 \times 0.67) - (0.33 \times 0.33 \times 0.33)}{(0.67 \times 0.67) + (0.67 \times 0.33) + (0.33 \times 0.33)}$

$= \dfrac{(0.67)^3 - (0.33)^3}{(0.67)^2 + (0.67 \times 0.33) + (0.33)^2}$

$= \dfrac{(0.67 - 0.33)[(0.67)^2 + (0.67 \times 0.33) + (0.33)^2]}{[(0.67)^2 + (0.67 \times 0.33) + (0.33)^2]}$

$= 0.67 - 0.33 = 0.34$

67. (d) दिया गया व्यंजक

$\dfrac{(0.0347)^3 + (0.9653)^3}{(0.0347)^2 - (0.0347)(0.9653) + (0.9653)^2}$

माना, $a = 0.0347$ तथा $b = 0.9653$

नया व्यंजक $= \dfrac{a^3 + b^3}{a^2 - ab + b^2}$

$= \dfrac{(a+b)(a^2 - ab + b^2)}{(a^2 - ab + b^2)}$

$= a + b$

$= 0.0347 + 0.9653 = 1$

68. (a) $\dfrac{(0.03)^2 + (0.51)^2 + (0.083)^2}{(0.003)^2 + (0.051)^2 + (0.0083)^2}$

$= \dfrac{\left(\dfrac{3}{100}\right)^2 + \left(\dfrac{51}{100}\right)^2 + \left(\dfrac{83}{1000}\right)^2}{(0.003)^2 + (0.051)^2 + (0.0083)^2}$

$= \dfrac{\left(\dfrac{3}{100} \times \dfrac{1}{10}\right)^2 \times 100 + \left(\dfrac{51}{100} \times \dfrac{1}{10}\right)^2 \times 100 + \left(\dfrac{83}{1000} \times \dfrac{1}{10}\right)^2 \times 100}{(0.003)^2 + (0.051)^2 + (0.0083)^2}$

$= \dfrac{100\,[(0.003)^2 + (0.051)^2 + (0.0083)^2]}{[(0.003)^2 + (0.051)^2 + (0.0083)^2]}$

$= 100$

69. (b) $\dfrac{(0.064 - 0.008)(0.16 - 0.04)}{(0.16 + 0.08 + 0.04)(0.4 + 0.2)^3}$

$= \dfrac{[(0.4)^3 - (0.2)^3][(0.4)^2 - (0.2)^2]}{(0.16 + 0.08 + 0.04)(0.4 + 0.2)^3}$

माना, $a = 0.4$ तथा $b = 0.2$

अब, व्यंजक $= \dfrac{(a^3 - b^3)(a^2 - b^2)}{(a^2 + ab + b^2)(a+b)^3}$

$= \dfrac{(a-b)(a^2 + ab + b^2)(a+b)(a-b)}{(a^2 + ab + b^2)(a+b)^3}$

$= \left(\dfrac{a-b}{a+b}\right)^2$

$= \left(\dfrac{0.4 - 0.2}{0.4 + 0.2}\right)^2$

$= \left(\dfrac{0.2}{0.6}\right)^2 = \dfrac{1}{9}$

अब, व्यंजक का वर्गमूल $= \sqrt{\dfrac{1}{9}} = \dfrac{1}{3}$

70. (b) $\dfrac{(2.75)^3 - (2.25)^3}{(2.75)^2 + 2.75 \times 2.25 + (2.25)^2}$

$= \dfrac{(2.75 - 2.25)\{(2.75)^2 + 2.75 \times 2.25 + (2.25)^2\}}{\{(2.75)^2 + 2.75 \times 2.25 + (2.25)^2\}}$

$[\because a^3 - b^3 = (a-b)(a^2 + ab + b^2)]$

$= 2.75 - 2.25 = 0.5$

71. (d) $\dfrac{(469 + 144)^2 - (469 - 144)^2}{2 \times (469 \times 144)}$

माना, $a = 469$ तथा $b = 144$

अब, व्यंजक $= \dfrac{(a+b)^2 - (a-b)^2}{2ab}$

$= \dfrac{4ab}{2ab} = \dfrac{4}{2} = 2$

72. (c) $\dfrac{7}{9} \times \dfrac{21}{5} \times 25(65^2 - 55^2)$

$= \dfrac{7}{9} \times \dfrac{21}{5} \times 25(65 + 55)(65 - 55)$

$= \dfrac{7}{9} \times \dfrac{21}{5} \times 25 \times 120 \times 10 = 98000$

अध्याय

07 औसत

Chapter Snapshot

I. **औसत** दो या दो से अधिक सजातीय राशियों के योगफल को राशियों की कुल संख्या से विभाजित करने पर प्राप्त परिणाम, दी गई सजातीय राशियों का **औसत** कहलाता है।

$$\text{औसत} = \frac{\text{राशियों का योगफल}}{\text{राशियों की कुल संख्या}}$$

अथवा राशियों का योगफल = औसत × राशियों की संख्या

जैसे—3, 7, 8, 6 तथा 11 का औसत $= \frac{3+7+8+6+11}{5} = \frac{35}{5} = 7$

II. **संयुक्त औसत** यदि प्रेक्षणों/संख्याओं के दो या दो से अधिक समूहों का अलग-अलग औसत दिया गया हो, तो सभी प्रेक्षणों के औसत को **संयुक्त औसत** कहा जाता है।

यदि n_1 राशियों का औसत x_1, n_2 राशियों का औसत x_2 तथा आगे भी इसी प्रकार हो, तो संयुक्त औसत $= \frac{n_1x_1 + n_2x_2 + \ldots}{n_1 + n_2 + \ldots}$

औसत से सम्बन्धित महत्त्वपूर्ण सूत्र

- प्रथम n प्राकृतिक संख्याओं का औसत $= \frac{(n+1)}{2}$
- प्रथम n प्राकृतिक संख्याओं के वर्गों का औसत $= \frac{(n+1)(2n+1)}{6}$
- प्रथम n प्राकृतिक संख्याओं के घनों का औसत $= \frac{n(n+1)^2}{4}$
- प्रथम n सम संख्याओं का औसत $= (n+1)$
- प्रथम n विषम संख्याओं का औसत $= n$
- 1 से n तक की सम संख्याओं का औसत $= \frac{(\text{अन्तिम सम संख्या} + 2)}{2}$
- 1 से n तक विषम संख्याओं का औसत $= \frac{(\text{अन्तिम विषम संख्या} + 1)}{2}$
- प्रथम n सम संख्याओं के वर्गों का औसत $= \frac{2(n+1)(2n+1)}{3}$
- प्रथम n विषम संख्याओं के वर्गों का औसत $= \frac{4n^2-1}{3}$
- m के प्रथम n गुणजों का औसत $= \frac{m(n+1)}{2}$

Concept Capsule

- औसत हमेशा सजातीय राशियों के बीच ज्ञात किया जाता है।
- सभी संख्याओं में a की वृद्धि/कमी/गुणा/भाग की जाती है, तो उनके औसत में भी क्रमशः उतनी ही वृद्धि/कमी/गुणा/भाग होगी।
- दी गई राशियों का औसत हमेशा सबसे छोटी राशि/मान से अधिक व सबसे बड़ी राशि/मान से कम होता है।
- यदि दी गई राशियों में शून्य भी शामिल हो, तो इसे भी गणना में सम्मिलित किया जाता है।

Formula Flashcards

- **7.1** यदि n संख्याओं/प्रेक्षणों का औसत m है तथा बाद में यह पाया गया कि एक प्रेक्षण a को गलती/त्रुटि से b पढ़ा गया हो, तो
  सही औसत $= m + \frac{(a-b)}{n}$ (जब $a > b$)
  या सही औसत $= m - \frac{(b-a)}{n}$ (जब $b > a$)
- **7.2** यदि n राशियों का औसत x है तथा इनमें कोई नई राशि जोड़ी जाती है, और औसत y हो जाता है, तो जोड़ी गई राशि $= n(y-x) + y$
- **7.3** यदि n राशियों का औसत x है तथा इनमें से कोई राशि हटाने पर औसत y हो जाता है, तो हटाई गई राशि $= n(x-y) + y$
- **7.4** जब n राशियों में से कुछ राशियों $a_1, a_2, a_3, \ldots$ के स्थान पर अन्य राशि आने पर तथा उनके औसत में b की वृद्धि या कमी हो, तो नयी राशि $= a \pm nb$

Exam Approach Examples

मूल अवधारणा पर आधारित

उदाहरण 1. 144, 169, 196, 225 और 256 का औसत ज्ञात कीजिए। *DP Constable 2023*

(a) 198 (b) 108 (c) 188 (d) 208

हल (a) औसत $= \frac{144 + 169 + 196 + 225 + 256}{5} = \frac{990}{5} = 198$

उदाहरण 2. प्रथम 43 प्राकृत संख्याओं का औसत है *CRPF HC 2023*

(a) 33
(b) 44
(c) 43
(d) 22

Score Booster

इस प्रकार के प्रश्नों को हल करने के लिए निम्न सूत्र का याद होना बहुत महत्त्वपूर्ण है। प्रथम n प्राकृत संख्याओं का औसत $= \frac{(n+1)}{2}$

हल (d) प्रथम 43 प्राकृत संख्याओं का औसत $= \frac{43+1}{2} = \frac{44}{2} = 22$

उदाहरण 3. 11 के प्रथम बारह गुणजों का औसत ज्ञात कीजिए। *RRC Group D 2022*

(a) 68.5 (b) 71.5 (c) 69.5 (d) 70.5

हल (b) 11 के प्रथम बारह गुणज का योग

$= 11(1 + 2 + 3 + \ldots + 12) = 11 \times \left(\frac{12 \times 13}{2}\right) = 11 \times 78 = 858$

$\therefore$ अभीष्ट औसत $= \frac{858}{12} = 71.5$

Quick Method

यहाँ, $m = 11$ तथा $n = 12$

$\therefore$ अभीष्ट औसत $= \frac{m(n+1)}{2} = \frac{11 \times 13}{2} = 71.5$

उदाहरण 4. 10 और 25 तक के बीच की सभी अभाज्य संख्याओं का औसत ज्ञात कीजिए। *SSC CPO 2018*

(a) 16.6 (b) 18.67 (c) 14.7 (d) 15.3

हल (a) 10 से 25 तक सभी अभाज्य संख्याएँ = 11, 13, 17, 19, 23

$\therefore$ अभीष्ट औसत $= \frac{11 + 13 + 17 + 19 + 23}{5} = \frac{83}{5} = 16.6$

उदाहरण 5. 100 से कम सभी विषम संख्याओं का औसत होगा

(a) 49.5 (b) 50 (c) 50.5 (d) 51

हल (b) 100 से कम विषम संख्याओं का योग

$= 1 + 3 + 5 + \ldots + 99$

$= \frac{50}{2}[1 + 99]$ [$\because$ कुल पद $= 50$ तथा $S_n = \frac{n}{2}(a + l)$]

$= 25 \times 100 = 2500$

$\therefore$ अभीष्ट औसत $= \frac{2500}{50} = 50$

Quick Method

$\because$ प्रथम n विषम संख्याओं का औसत $= n$

यहाँ, 1 से 100 तक विषम संख्याओं की संख्या = 50

$\therefore$ अभीष्ट औसत $(n) = 50$

उदाहरण 6. 36 मानों का औसत 75 है। प्रत्येक मान को 4 से गुणा किया जाता है। इन 36 मानों का नया औसत क्या होगा? *DSSSB 2019*

(a) 150 (b) 225 (c) 175 (d) 300

हल (d) 36 मानों का योग $= 36 \times 75 = 2700$

$\therefore$ अभीष्ट औसत $= \frac{2700 \times 4}{36} = 300$

Quick Method

यदि सभी संख्याओं को n से गुणा या भाग किया जाता है, तो उनके औसत में भी n से गुणा या भाग किया जाता है।

यहाँ, औसत = 75 तथा $n = 4$

अतः 36 मानों का नया औसत $= 75 \times 4 = 300$

उदाहरण 7. A, B और C का औसत वजन 65 किग्रा है। यदि A और B का औसत वजन 63.5 किग्रा है और A और C का औसत वजन 67.5 किग्रा है, तो A का वजन (किग्रा में) ज्ञात कीजिए। *SSC CPO 2020*

(a) 65 (b) 68
(c) 67 (d) 60

हल (c) A, B और C का औसत वजन = 65 किग्रा

$\Rightarrow \frac{A + B + C}{3} = 65$ किग्रा

$\therefore$ $(A + B + C)$ का कुल वजन = 195 किग्रा ...(i)

पुनः A और B का औसत वजन = 63.5 किग्रा

$\Rightarrow \frac{A + B}{2} = 63.5$ किग्रा

$\therefore$ $(A + B)$ का कुल वजन $= 63.5 \times 2 = 127$ किग्रा ...(ii)

इसी प्रकार, $\frac{A + C}{2} = 67.5$ किग्रा

$\therefore$ $(A + C)$ का कुल वजन $= 67.5 \times 2 = 135$ किग्रा ...(iii)

समी (ii) तथा समी (iii) का योग करने पर,

$2A + B + C = 127 + 135 = 262$ ...(iv)

अब, समी (i) को समी (iv) से घटाने पर,

$A = 262 - 195 = 67$

अतः A का वजन = 67 किग्रा

नई राशि/संख्या शामिल करने पर आधारित

उदाहरण 8. 15 छात्रों का औसत वजन 50 किग्रा है। प्रोफेसर का वजन जोड़ने पर औसत 2 किग्रा बढ़ जाता है, तो प्रोफेसर का वजन ज्ञात कीजिए। *SSC Constable (GD) 2024*

(a) 62 किग्रा
(b) 82 किग्रा
(c) 54 किग्रा
(d) 90 किग्रा

Trending Concept

नई राशि/संख्या शामिल करने पर आधारित प्रश्न वर्तमान में हो रही विभिन्न परीक्षाओं (SSC, GD, RPF, SI, DSSSB) में पूछे जा रहे हैं। आगामी परीक्षाओं के लिए अति महत्त्वपूर्ण हैं।

हल (b) 15 छात्रों का औसत वजन = 50 किग्रा

$\therefore$ 15 छात्रों का कुल वजन

$= 15 \times 50 = 750$ किग्रा

प्रोफेसर के जुड़ने पर,

व्यक्तियों की कुल संख्या $= 15 + 1 = 16$

16 व्यक्तियों का कुल वजन = 16(50 + 2) = 16 × 52 = 832 किग्रा

∴ प्रोफेसर का वजन = 832 − 750 = 82 किग्रा

Quick Method

यहाँ, $n = 15$, $x = 50$ तथा $y = 50 + 2 = 52$ [Formula 7.2 से]

∴ प्रोफेसर का वजन $= n(y - x) + y = 15(52 - 50) + 52$

$= 15 \times 2 + 52 = 82$ किग्रा

उदाहरण 9. **एक बल्लेबाज की 15 पारियों का एक निश्चित औसत था। लेकिन उसने सोलहवीं पारी में 156 रन बनाए, जिससे उसका औसत 8 रन बढ़ गई। उसकी नई औसत ज्ञात कीजिए।** *DSSSB 2019*

(a) 28 (b) 38 (c) 36 (d) 20

हल (*c*) माना बल्लेबाज की 15 पारियों का औसत $= x$

∴ 15 पारियों के कुल रनों की संख्या $= 15x$

16वीं पारी में बनाए गए रन = 156

प्रश्नानुसार, $15x + 156 = 16(x + 8)$

$\Rightarrow \quad 15x + 156 = 16x + 128$

$\Rightarrow \quad 16x - 15x = 156 - 128 \Rightarrow x = 28$

∴ नया औसत = 28 + 8 = 36

राशि/संख्या निकालने पर आधारित

उदाहरण 10. **7 संख्याओं का औसत 63 है। एक संख्या को छोड़ने पर, औसत समान ही रहता है। वह संख्या ज्ञात करें, जिसे बाहर रखा गया है।** *RPF Constable 2019*

(a) 61
(b) 65
(c) 63
(d) 59

Score Booster

जब किसी समूह में एक संख्या/व्यक्ति के शामिल होने या समूह छोड़ने पर औसत समान रहे, तो उस संख्या का मान औसत के समान ही रहता है।

हल (*c*) प्रश्नानुसार,

7 संख्याओं का औसत = 63

∴ 7 संख्याओं का योग $= 7 \times 63$

एक संख्या निकालने के बाद, 6 संख्याओं का औसत = 63

∵ 6 संख्याओं का योग $= 6 \times 63$

∴ निकाली गई संख्या $= 7 \times 63 - 6 \times 63 = (7 - 6) \times 63 = 63$

उदाहरण 11. **एक कक्षा में 48 विद्यार्थी हैं। उनका औसत वजन 48 किग्रा है। जब एक विद्यार्थी कक्षा छोड़ देता है, तो औसत वजन 200 ग्राम कम हो जाता है। कक्षा छोड़ने वाले विद्यार्थी का वजन ज्ञात कीजिए।** *SSC MTS 2023*

(a) 57.4 किग्रा (b) 54.7 किग्रा
(c) 45.7 किग्रा (d) 47.5 किग्रा

हल (*a*) 48 विद्यार्थियों का औसत वजन = 48 किग्रा

∴ 48 विद्यार्थियों का कुल वजन = 48 × 48 = 2304 किग्रा

एक विद्यार्थी के कक्षा छोड़ने पर,

नया औसत = (48 − 0.2) किग्रा = 47.8 किग्रा

∴ 47 विद्यार्थियों का कुल वजन = 47 × 47.8 = 2246.6 किग्रा

कक्षा छोड़ने वाले विद्यार्थी का वजन = (2304 − 2246.6) किग्रा

= 57.4 किग्रा

Quick Method

यहाँ, $n = 48$, $x = 48$ तथा $y = 48 - 0.2 = 47.8$ [Formula 7.3 से]

∴ कक्षा छोड़ने वाले विद्यार्थी का वजन

$= n(x - y) + y = 48(48 - 47.8) + 47.8$

$= 48 \times 0.2 + 47.8 = 9.6 + 47.8 = 57.4$ किग्रा

प्रतिस्थापन पर आधारित

उदाहरण 12. **6 व्यक्तियों के एक समूह से 72 किग्रा वजन वाले एक व्यक्ति को एक अन्य व्यक्ति द्वारा प्रतिस्थापित करने पर समूह के औसत वजन में 2 किग्रा की वृद्धि हो जाती है। समूह में शामिल हुए नए व्यक्ति का वजन ज्ञात कीजिए।** *RRC Group D 2022*

(a) 74 किग्रा
(b) 84 किग्रा
(c) 104 किग्रा
(d) 94 किग्रा

हल (*b*) माना 6 व्यक्तियों के समूह का औसत वजन $= x$ किग्रा

समूह का कुल वजन $= 6x$ किग्रा

माना नए व्यक्ति का वजन $= y$ किग्रा

प्रश्नानुसार, $\frac{6x - 72 + y}{6} = x + 2$

$\Rightarrow \quad 6x + y - 72 = 6x + 12$

∴ $y = 72 + 12 = 84$

अतः समूह में शामिल नए व्यक्ति का वजन = 84 किग्रा

Quick Method

नए व्यक्ति का वजन $= a + nb$

यहाँ, $a = 72$, $b = 2$ तथा $n = 6$ [Formula 7.4 से]

∴ नए व्यक्ति का वजन $= 72 + 6 \times 2 = 84$ किग्रा

उदाहरण 13. **10 प्रेक्षणों का औसत 46 है। बाद में यह पाया गया, कि एक प्रेक्षण को त्रुटिवश 142 के स्थान पर 42 पढ़ा गया था। सही औसत ज्ञात कीजिए।** *RRC Group D 2022*

(a) 45 (b) 54 (c) 65 (d) 56

हल (*d*) 10 प्रेक्षणों का कुल योग = 10 × 46 = 460

∴ सही औसत $= \frac{460 - 42 + 142}{10} = \frac{602 - 42}{10} = \frac{560}{10} = 56$

Quick Method

यहाँ, $m = 46$, $n = 10$, $a = 142$, $b = 42$ [Formula 7.1 से]

∴ सही औसत $= m + \frac{(a - b)}{n} = 46 + \frac{(142 - 42)}{10} = 46 + 10 = 56$

Chapter Challenge

मूल अवधारणा पर आधारित

1. 25, 46 और y का औसत 11 है। y का मान ज्ञात कीजिए। *SSC CGL (Tier II) 2023*

(a) –37 (b) –34
(c) –38 (d) –36

2. यदि a, b, c, d, e पाँच क्रमागत विषम संख्याएँ हैं, तो उनका औसत क्या है? *UP Police Constable 2024*

(a) $\frac{abcde}{5}$
(b) $a+4$
(c) $6(a+4)$
(d) $9(a+b+c+d+e)$

3. 9 और 22 के बीच सभी अभाज्य संख्याओं का औसत कितना होगा? *SSC MTS 2022*

(a) 10 (b) 12 (c) 14 (d) 15

4. प्रथम 57 प्राकृत संख्याओं का औसत ज्ञात कीजिए। *SSC MTS 2023*

(a) 35 (b) 29
(c) 33 (d) 43

5. 7 के पहले 10 गुणकों का औसत ज्ञात कीजिए। *MP Police SI 2022*

(a) 37.5 (b) 38.5
(c) 33.5 (d) 40.5

6. 9 के प्रथम 9 अपवर्त्यों का औसत ज्ञात कीजिए। *DSSSB 2022*

(a) 35 (b) 46
(c) 45 (d) 40

7. 50 संख्याओं का औसत 23 है। यदि प्रत्येक संख्या को 13 से गुणा किया जाए, तो नया औसत क्या होगा? *SSC (10+2) 2024*

(a) 299 (b) 88
(c) 219 (d) 650

8. दस संख्याओं का औसत 24 है। यदि प्रत्येक संख्या को 2 से विभाजित कर दिया जाए, तो नए औसत का मान ज्ञात कीजिए। *CUET 2023*

(a) 12 (b) 6
(c) 20 (d) 5

9. एक क्रम में व्यवस्थित 11 संख्याओं का औसत 41 है। पहली पाँच संख्याओं का औसत 18 है और अन्तिम पाँच संख्याओं का औसत 64 है तब, छठी संख्या ज्ञात कीजिए। *RRC Group D 2022*

(a) 55 (b) 64
(c) 45 (d) 41

10. 13 परिणामों का औसत 68 है। पहले सात परिणामों का औसत 63 है और आखिरी सात परिणामों का औसत 70 है, तो सातवें परिणाम का मान ज्ञात कीजिए। *UPSSSC PET 2021*

(a) 47
(b) 65.5
(c) 73.5
(d) 94

> **MRC*****
> **(Most Repeating Concepts)**
> प्र. सं. 9, 10 और 11 Examination Point of Views से अति महत्त्वपूर्ण हैं। इस Concept पर प्रश्न विभिन्न प्रतियोगी परीक्षाओं (RRC Group D, UPSSSC, UP Police) में निरन्तर पूछे जा रहे हैं।

11. 13 संख्याओं का औसत 11.5 है। यदि पहली 7 संख्याओं का औसत 10.5 है और अन्तिम 7 संख्याओं का औसत 11.2 है, तो बीच की संख्या ज्ञात कीजिए। *UP Police Head Operator 2024*

(a) 2.2 (b) 2.4 (c) 2.7 (d) 3.2

12. X, Y और Z का औसत वजन 128 किग्रा है। यदि X और Y का औसत वजन 123 किग्रा है तथा Y और Z का औसत वजन 133 किग्रा है, तो Y का वजन (किग्रा में) ज्ञात कीजिए। *UP Police ASI 2021*

(a) 127 (b) 130
(c) 129 (d) 128

13. A, B और C का औसत वजन 65 किग्रा है। यदि C और B का औसत वजन 61.5 किग्रा और A और C का औसत वजन 68.5 किग्रा है, तो C का वजन (किग्रा में) ज्ञात कीजिए। *SSC CPO 2020*

(a) 65 (b) 68
(c) 60 (d) 67

14. किसी दिन दिल्ली, गोवा, मुम्बई, जयपुर तथा आगरा का तापमान क्रमशः 44°C, 37°C, 35°C, 48°C तथा x था। उनके संयोजित औसत तापमान 42°C है, तो उस दिन आगरा का तापमान था *DP MTS 2022*

(a) 44°C (b) 45°C
(c) 46°C (d) 47°C

15. लगातार 10 महीनों तक एक शहर का तापमान 38.3°C, 42.7°C, 44.3°C, 35.9°C, 33.2°C, 35.4°C, 40.9°C, 38.6°C, 35°C, 39.1°C था। इन महीनों के दौरान औसत मासिक तापमान ज्ञात कीजिए। *CISF ASI 2023*

(a) 38.34°C (b) 36.84°C
(c) 36.4°C (d) 37.54°C

16. यदि 6 क्रमिक सम संख्याओं का औसत 25 हो, तो उनमें सबसे बड़ी तथा सबसे छोटी संख्या का अन्तर कितना होगा?

(a) 8 (b) 10
(c) 12 (d) 14

17. पाँच क्रमागत विषम संख्याओं का औसत 73 है। उच्चतम और निम्नतम संख्याओं का औसत ज्ञात कीजिए। *CISF ASI 2023*

(a) 75 (b) 67
(c) 73 (d) 69

18. तीन संख्याओं में से दूसरी संख्या, पहली की दोगुनी और तीसरी की तीन गुनी है। यदि तीनों संख्याओं का औसत 44 है, तो सबसे बड़ी संख्या का मान ज्ञात कीजिए। *DSSSB Grade-II Head Clerk 2018*

(a) 24 (b) 36
(c) 72 (d) 108

19. तीन संख्याओं में से दूसरी, पहली से दोगुनी है और तीसरे से भी तीन गुनी है। यदि तीनों संख्याओं का औसत 66 है, तो सबसे छोटी संख्या ज्ञात कीजिए। *UP Police Constable 2024*

(a) 24 (b) 54
(c) 72 (d) 36

20. 5 संख्याओं का औसत 26.4 है। पहली संख्या, शेष 4 संख्याओं के योग के पाँचवें हिस्से के बराबर है, तब पहली संख्या का मान ज्ञात कीजिए। *SSC (10 + 2) 2021*

(a) 21 (b) 22
(c) 23 (d) 20

21. 6 पदों का औसत 185 है और पहला पद, शेष पदों का $\frac{1}{5}$ है। पहला पद कौन-सा होगा? *UP Police ASI 2021*

(a) 185 (b) 157
(c) 158 (d) 175

22. एक स्कूल में लड़कों और लड़कियों का अनुपात 35 : 39 है। यदि स्कूल में लड़के और लड़कियों का औसत 740 है, तो स्कूल में लड़कों की संख्या कितनी होगी? **SSC MTS 2021**

(a) 740 (b) 720
(c) 780 (d) 700

23. एक कार्यशाला में श्रमिकों का औसत वेतन ₹ 7500 है, यदि 7 तकनीशियनों का औसत मासिक वेतन ₹ 18000 है और बाकी श्रमिकों का औसत मासिक वेतन ₹ 6800 है, तो ज्ञात कीजिए कि कार्यशाला में श्रमिकों की कुल संख्या कितनी है? **CISF HCM 2023**

(a) 122 (b) 125
(c) 118 (d) 112

24. 3 संख्याओं का औसत 26 है, जिनमें से पहली संख्या, दूसरी दो संख्याओं के योग का $\frac{2}{11}$वाँ भाग है, तब पहली संख्या का मान ज्ञात कीजिए।

(a) 16 (b) 13 (c) 11 (d) 12

25. एक समूह की 5 सबसे छोटी संख्याओं का औसत 15 है, जबकि समूह के सभी 13 संख्याओं का औसत 17 है, सबसे बड़ी 8 संख्याओं का औसत ज्ञात कीजिए। **RRB ALP 2018**

(a) 18.50 (b) 18.25
(c) 17.75 (d) 18.75

26. यदि 6 धनात्मक पूर्णांकों का औसत 55 है और इन 6 संख्याओं में से सबसे बड़ी और सबसे छोटी संख्याओं का अन्तर 24 है, तो 6 पूर्णांकों में सबसे बड़े पूर्णांक के लिए सम्भव अधिकतम मान ज्ञात कीजिए। **RRB NTPC 2021**

(a) 81 (b) 75
(c) 78 (d) 72

27. एक कक्षा में 50 छात्र हैं। 20 छात्रों के औसत अंक 70 हैं और शेष 30 छात्रों के औसत अंक 80 हैं। पूरी कक्षा के औसत अंक ज्ञात कीजिए। **DP Constable 2023**

(a) 75
(b) 70
(c) 76
(d) 74

> **MRC*****
> ***(Most Repeating Concepts)***
> प्र. सं. 27, 28, 29 और 30 Examination Point of Views से अति महत्त्वपूर्ण हैं। इन Concept पर प्रश्न विभिन्न प्रतियोगी परीक्षाओं (NTPC, RPF, UP Police) में निरन्तर पूछे जा रहे हैं।

28. एक उपहार बॉक्स में 10 चूड़ियाँ हैं। पहली 4 चूड़ियों का औसत वजन 57 ग्राम और शेष बची 6 चूड़ियों का औसत वजन 58 ग्राम हैं। सभी चूड़ियों का औसत वजन (ग्राम में) बताएँ। **RPF SI 2019**

(a) 57.4 (b) 57.2
(c) 57.6 (d) 57.8

29. एक गोदाम में 104 बोरों का औसत वजन 130.5 किग्रा है और शेष 36 बोरों का औसत वजन 75 किग्रा है। गोदाम में सभी बोरों का औसत वजन ज्ञात कीजिए। (किग्रा में, ठीक दो दशमलव तक) **UP Police ASI 2021**

(a) 116.25 (b) 116.23
(c) 161.5 (d) 116.21

30. एक आदमी 13 वस्तुएँ प्रत्येक ₹ 70 दाम वाली, 15 वस्तुएँ ₹ 60 दाम वाली और 12 वस्तुएँ ₹ 65 दाम वाली खरीदता है। प्रति वस्तु का औसत दाम ज्ञात कीजिए।

(a) ₹ 60.25 (b) ₹ 64.75
(c) ₹ 65.75 (d) ₹ 62.55

31. छः संख्याओं का औसत 3.75 है। उनमें से दो का औसत 3.2 है, जबकि अन्य दो का औसत 3.55 है। शेष दो संख्याओं का औसत ज्ञात कीजिए। **UP Police Constable 2024**

(a) 4.6 (b) 4.5
(c) 4.3 (d) 4.4

32. *A* तथा *B* द्वारा प्राप्त अंकों का औसत *B* तथा *C* द्वारा प्राप्त अंकों के औसत से 15 कम है। यदि *C* द्वारा प्राप्त अंक 65 है, तो *A* द्वारा प्राप्त अंक ज्ञात कीजिए। **SSC CPO 2017**

(a) 35 (b) 50
(c) 65 (d) 80

33. प्रतियोगिता जीतने के लिए, स्वामी को चार परीक्षाओं में औसतन 80 अंक चाहिए। पहली तीन परीक्षाओं में उसके अंक 74, 84 और 94 हैं। प्रतियोगिता जीतने के लिए उसे चौथी परीक्षा में कितने अंक प्राप्त करने चाहिए? **RPF Constable 2019**

(a) 72 (b) 66
(c) 68 (d) 74

34. 25 संख्याओं का औसत 55 है। पहली 11 संख्याओं का औसत 51 है और अन्तिम 10 संख्याओं का औसत 56 है। 66, 70 और दी गई 25 संख्याओं में से शेष 4 संख्याओं का औसत का मान ज्ञात कीजिए। **RRB NTPC (CBT II) 2022**

(a) 68 (b) 65
(c) 66 (d) 64

35. तीन धनात्मक संख्याओं में से किन्हीं दो संख्याओं का औसत, तीसरी संख्या में जोड़ा जाता है, तो परिणामी योगफल 154, 148 और 132 प्राप्त होते हैं, तब तीनों संख्याओं का योगफल ज्ञात कीजिए। **SSC MTS 2021**

(a) 222 (b) 246
(c) 217 (d) 241

36. कोई परिवार वर्ष के पहले 5 महीनों में किराने के सामान पर ₹ 4600, ₹ 5600, ₹ 4800, ₹ 3800 और ₹ 6000 खर्च करता है। किराने के सामान पर परिवार के 6 महीने के औसत खर्च को ₹ 4500 करने के लिए परिवार को छठे महीने में कितना खर्च करना चाहिए? **RRB NTPC 2022**

(a) ₹ 2200 (b) ₹ 3650
(c) ₹ 4500 (d) ₹ 3500

37. वित्तीय वर्ष की पहली तिमाही के दौरान कम्पनी का व्यय ₹ 32400 था, वित्तीय वर्ष की दूसरी तिमाही के दौरान ₹ 21600, वित्तीय वर्ष की तीसरी तिमाही के लिए ₹ 79200। यदि पूरे वित्तीय वर्ष के दौरान कुल त्रैमासिक औसत व्यय ₹ 50400 है, तो वित्तीय वर्ष की अन्तिम तिमाही के लिए व्यय (₹ में) ज्ञात कीजिए। **RPF Constable 2019**

(a) 64800
(b) 86400
(c) 84600
(d) 68400

38. एक अंग्रेजी मूल की कम्पनी की एक सहयोगी परियोजना में 629 पुरुष और 629 महिला कर्मचारी हैं। सभी कर्मचारियों के द्वारा अटेण्ड की गई कॉल का औसत 72 कॉल प्रतिदिन है। एक पुरुष कर्मचारी द्वारा प्रतिदिन औसत 72 कॉल अटेण्ड की जाती हैं। महिला कर्मचारी द्वारा प्रतिदिन अटेण्ड की जाने वाली कॉल का औसत ज्ञात कीजिए। **RPF SI 2019**

(a) 72 (b) 74
(c) 71 (d) 73

39. एक विद्यालय के 35 गैर-शिक्षण कर्मचारियों सहित सभी 40 कर्मचारियों का औसत वेतन ₹ 4000 है। यदि गैर-शिक्षण कर्मचारियों का औसत वेतन ₹ 4200 है, तो विद्यालय के शेष कर्मचारियों का औसत वेतन ज्ञात कीजिए। **SSC (10+2) 2024**

(a) ₹ 2800 (b) ₹ 2300
(c) ₹ 2600 (d) ₹ 3600

40. एक वनडे मैच में टीम इंडिया ने पहले 30 ओवरों में प्रति ओवर 5.6 रन की औसत से रन बनाए। शेष 20 ओवरों में 320 रन के कुल लक्ष्य को पूरा करने के लिए टीम को प्रति ओवर कितने रन बनाने की आवश्यकता है? **RRB NTPC 2022**

(a) 8.9 रन प्रति ओवर (b) 6.4 रन प्रति ओवर
(c) 7.6 रन प्रति ओवर (d) 4.6 रन प्रति ओवर

41. 25 छात्रों की एक कक्षा में विज्ञान की परीक्षा ली गई। 10 छात्रों का औसत 80 अंक है तथा अन्य छात्रों का औसत 60 अंक है, तब पूरी कक्षा का औसत अंक क्या है? **CISF Head Constable 2022**

(a) 140 (b) 70
(c) 68 (d) 5.6

42. एक आदमी पहले चार महीनों में प्रति माह औसतन ₹ 2300 खर्च करता है और अगले आठ महीनों में प्रति माह औसतन ₹ 1800 खर्च करता है और वार्षिक बचत ₹ 12400 है। उसकी मासिक आय ज्ञात कीजिए। **SSC (10+2) 2023**

(a) ₹ 3000 (b) ₹ 2100 (c) ₹ 2400 (d) ₹ 2200

43. लगातार तीन वर्षों तक, एक उत्पाद की कीमत क्रमश: ₹ 146 प्रति लीटर, ₹ 292 प्रति लीटर और ₹ 365 प्रति लीटर थी। यदि एक आम आदमी उस उत्पाद पर प्रति वर्ष औसतन ₹ 16060 खर्च करता है, तो तीन वर्षों के लिए उस उत्पाद का प्रति लीटर औसत मूल्य (₹ में) कितना है? **UP Police SI 2021**

(a) 250.52 (b) 220.52
(c) 240.52 (d) 230.52

44. नौ व्यक्ति सिनेमा देखने गए। उनमें से 8 ने, प्रत्येक टिकट पर ₹ 72 खर्च किए तथा नौवें ने सभी नौ के औसत खर्च से ₹ 8 अधिक खर्च किए तब, उन सभी द्वारा के खर्च की गई कुल राशि का मान ज्ञात कीजिए। **DSSSB Junior Asst. 2021**

(a) ₹ 712 (b) ₹ 657
(c) ₹ 804 (d) ₹ 613

45. किसी कक्षा में 9 छात्र और कुछ छात्राएँ हैं। किसी परीक्षा में छात्रों के प्राप्तांकों का औसत 12 है और छात्राओं के प्राप्तांकों का औसत 14 है। यदि सभी छात्रों के कुल प्राप्तांकों का औसत 13.1 हो, तो कक्षा में कुल छात्रों की संख्या का औसत मान ज्ञात कीजिए। **RRB ALP 2018**

(a) 21 (b) 19
(c) 22 (d) 20

46. 14 व्यक्तियों में से पहले 13 व्यक्तियों का औसत वजन 78 किग्रा है। 14वें व्यक्ति का वजन सभी 14 व्यक्तियों के औसत वजन से 39 किग्रा अधिक है। 14वें व्यक्ति का वजन ज्ञात कीजिए। **SSC CGL (Tier II) 2023**

(a) 118 किग्रा (b) 110 किग्रा
(c) 120 किग्रा (d) 98 किग्रा

47. 11 संख्याओं का औसत 56 है। पहली तीन संख्याओं का औसत 52 है और अगली पाँच संख्याओं का औसत 60 है। नौवीं और दसवीं संख्या, ग्यारहवीं संख्या से क्रमश: 3 और 1 अधिक है। नौवीं और ग्यारहवीं संख्याओं का औसत मान ज्ञात कीजिए। **SSC CGL 2021**

(a) 54 (b) 53.5 (c) 52.5 (d) 52

48. एक कक्षा की परीक्षा में 25 विद्यार्थियों के अंकों का औसत 60 है। यदि पहले 13 विद्यार्थियों के अंकों का औसत 70 और अन्तिम 13 विद्यार्थियों के अंकों का औसत 50 है, तो आरोही क्रम में व्यवस्थित होने पर मध्य छात्र के अंक का मान ज्ञात कीजिए। **RRB ALP 2018**

(a) 40 (b) 70 (c) 60 (d) 50

49. किसी समूह में पुरुष, महिलाएँ और बच्चे शामिल हैं। यदि उनमें से 40% पुरुष हैं, 35% महिलाएँ हैं और शेष बच्चे हैं और उनका औसत वजन क्रमश: 70 किग्रा, 60 किग्रा और 30 किग्रा है, तो उस समूह का औसत वजन ज्ञात कीजिए। **RRC Group D 2022**

(a) 45.5 ग्राम (b) 45.5 ग्राम
(c) 56.5 किग्रा (d) 45.5 किग्रा

50. 12 संख्याओं का औसत 39 है। अन्तिम पाँच संख्याओं का औसत 35 है और पहली चार संख्याओं का औसत 40 है। पाँचवीं संख्या, छठी संख्या से 6 कम और सातवीं संख्या से 5 अधिक है। पाँचवीं और छठी संख्याओं का औसत ज्ञात कीजिए। **SSC CPO 2020**

(a) 50 (b) 44 (c) 47 (d) 39

नई राशि/संख्या शामिल करने पर आधारित

51. एक बॉक्स में रखी 71 नोटबुक का औसत वजन 7.1 किग्रा है। जब बॉक्स में एक नई नोटबुक रखी जाती है, तो औसत वजन 7.2 किग्रा हो जाता है। नई नोटबुक का वजन (किग्रा में) ज्ञात कीजिए। **RPF SI 2019**

(a) 14.3 (b) 14.6
(c) 14.4 (d) 14.5

52. 10 व्यक्तियों का औसत भार 40 किग्रा है। एक नए व्यक्ति समूह में शामिल हो जाता है और 11 व्यक्तियों का औसत भार 42 किग्रा हो जाता है, तब नए व्यक्ति का भार कितना होगा? **SSC (10+2) 2023**

(a) 60 किग्रा
(b) 62 किग्रा
(c) 64 किग्रा
(d) 58 किग्रा

> **MRC*****
> *(Most Repeating Concepts)*
> प्र. सं. 52, 53, 54 और 55 Examination Point of Views से अति महत्त्वपूर्ण हैं। इन Concept पर प्रश्न सभी प्रतियोगी परीक्षाओं DSSSB, RPF CGL, Police आदि) में निरन्तर पूछे जा रहे हैं।

53. 11 खिलाड़ियों की क्रिकेट टीम की औसत आयु 27 वर्ष है। यदि टीम में दो और खिलाड़ियों को शामिल किया जाता है, तो औसत आयु 26 वर्ष हो जाती है। उस स्थिति में शामिल किए गए खिलाड़ियों की औसत आयु ज्ञात कीजिए। **SSC CPO 2018**

(a) 24.5 वर्ष (b) 26 वर्ष
(c) 27 वर्ष (d) 20.5 वर्ष

54. चार संख्याओं का औसत 44 था। पाँचवीं संख्या y को शामिल करने पर, नया औसत घटकर 42 हो गया। y का मान ज्ञात कीजिए। **SSC MTS 2023**

(a) 36 (b) 34 (c) 32 (d) 40

55. m से आरम्भ होने वाले 5 क्रमिक पूर्णांकों का औसत n है। तद्नुसार, $(m+2)$ से आरम्भ होने वाले 6 क्रमिक पूर्णांकों का औसत ज्ञात कीजिए।

(a) $\frac{2n+5}{2}$ (b) $(n+2)$ (c) $(n+5)$ (d) $\frac{2n+9}{2}$

56. क्रिकेट की नौ पारियों में एक बल्लेबाज का औसत 58 रन होता है। 61 का औसत स्कोर प्राप्त करने के लिए उसे दसवीं पारी में कितने रन बनाने होंगे? **SSC CGL 2022**

(a) 69 (b) 88 (c) 79 (d) 100

57. किसी क्रिकेट बल्लेबाज का उसके द्वारा खेली गई 11 पारियों के रनों का कोई औसत था। 12वीं पारी में उसने 90 रन बनाए तथा इससे उसके रनों का औसत 5 कम हो गया। बारहवीं पारी के बाद उसके रनों का औसत ज्ञात कीजिए।

(a) 155 (b) 150
(c) 145 (d) 140

58. 38 कलम का औसत मूल्य ₹ 25 है। यदि 8 नए कलम इसमें शामिल कर लिए जाए, तो औसत मूल्य में ₹ 4 की वृद्धि हो जाती है। 8 नए कलम का कुल मूल्य कितना है? **SSC Constable (GD) 2024**

(a) ₹ 450 (b) ₹ 384
(c) ₹ 411 (d) ₹ 325

59. विष्णु ने अपनी 10वीं पारी में x रन बनाए। ये रन बनाने के बाद, उसके प्रति पारी औसत में 8 रन की वृद्धि हुई। यदि नया औसत 28 है, तो x का मान ज्ञात कीजिए। **RRC Group D 2022**

(a) 110 (b) 90
(c) 105 (d) 100

60. एक प्रोजेक्ट में कुल 50 सदस्य थे। अब इसमें 10 और नए सदस्यों के जुड़ जाने के कारण नाश्ते का खर्चा प्रतिदिन ₹ 210 के हिसाब से बढ़ गया। वहीं औसत खर्चा ₹ 9 प्रतिदिन के हिसाब से कम हो गया, तब नए सदस्यों के आने से पहले प्रति दिन औसत खर्चा कितना होता था? **DSSSB Grade-II 2019**

(a) ₹ 3700 (b) ₹ 3850
(c) ₹ 3750 (d) ₹ 3570

राशि/संख्या निकालने पर आधारित

61. 7 संख्याओं के एक समुच्चय का औसत 18 है। यदि एक संख्या हटा दी जाए, तो शेष संख्याओं का औसत 15 रह जाता है। हटाई गई संख्या का मान कितना है? **SSC Constable (GD) 2024**

(a) 36
(b) 34
(c) 33
(d) 31

62. 36 लड़कों और उनके प्रोफेसर की औसत आयु 18 वर्ष है। यदि हम प्रोफेसर को छोड़ दें, तो औसत 17 वर्ष हो जाता है, तब प्रोफेसर की आयु (वर्षों में) ज्ञात कीजिए। **RRB NTPC 2021**

(a) 34 (b) 44
(c) 64 (d) 54

63. 27 संख्याओं का योग 70 है। प्रथम 14 संख्याओं का औसत 65 है और अन्तिम 14 संख्याओं का औसत 74 है। यदि 14वीं संख्या को बाहर रखा गया है, तो शेष संख्याओं का औसत (एक दशमलव स्थान के लिए) मान ज्ञात कीजिए। **DSSSB Grade-II 2019**

> **MRC*****
> **(Most Repeating Concepts)**
> प्र. सं. 61, 62, 63 और 64 Examination Point of Views से अति महत्त्वपूर्ण है। इन Concept पर प्रश्न विभिन्न प्रतियोगी परीक्षाओं (DSSSB, MTS, NTPC) में निरन्तर पूछे जा रहे हैं।

(a) 71.5 (b) 72
(c) 70 (d) 70.5

64. 21 संख्याओं का औसत 44 है। पहली 11 संख्याओं का औसत 48 तथा बाद की 11 संख्याओं का औसत 42 है। यदि 11वीं संख्या को हटा दिया जाए, तो शेष संख्याओं का औसत ज्ञात कीजिए। **SSC MTS 2019**

(a) 43 (b) 42 (c) 42.9 (d) 43.5

प्रतिस्थापन पर आधारित

65. किसी नाव में रखे 25 बक्सों के औसत वजन में 2 किग्रा की वृद्धि होती है, जब उनमें से 68 किग्रा वजन वाले बक्से को नए बक्से से बदला जाता है, तो नए बक्से का वजन (किग्रा में) ज्ञात कीजिए। **SSC MTS 2021**

(a) 97 (b) 132 (c) 70 (d) 118

66. आठ विद्यार्थियों के औसत अंक 7 हैं। यह पाया गया, कि एक विद्यार्थी के अंक 6 के स्थान पर 10 लिए गए हैं। सही औसत ज्ञात कीजिए। **SSC Constable (GD) 2022**

(a) 7 (b) 6.8
(c) 6.5 (d) 7.5

67. एक व्यक्ति का वजन गलत तरीके से 63 किलो के बजाय 83 किलो दर्ज किया गया था। नतीजन, लोगों के एक समूह का औसत वजन 500 ग्राम बढ़ गया। समूह में कुल कितने लोग हैं? **SSC CPO 2022**

(a) 44 (b) 48
(c) 40 (d) 50

68. 7 व्यक्तियों का औसत वजन 5 किलोग्राम बढ़ जाता है, जब उनमें से 55 किलोग्राम वजन वाले एक व्यक्ति के स्थान पर एक नया व्यक्ति आता है। नये व्यक्ति का वजन कितना है? **IB ACIO 2020**

(a) 100 किग्रा (b) 75 किग्रा
(c) 85 किग्रा (d) 90 किग्रा

Chapter Challenge औसत

Right Key

1 (c)	2 (b)	3 (d)	4 (b)	5 (b)	6 (c)	7 (a)	8 (a)	9 (d)	10 (a)
11 (b)	12 (d)	13 (a)	14 (c)	15 (a)	16 (b)	17 (c)	18 (c)	19 (d)	20 (b)
21 (a)	22 (d)	23 (d)	24 (d)	25 (b)	26 (b)	27 (c)	28 (c)	29 (b)	30 (b)
31 (b)	32 (a)	33 (c)	34 (b)	35 (c)	36 (a)	37 (d)	38 (a)	39 (c)	40 (c)
41 (c)	42 (a)	43 (d)	44 (b)	45 (d)	46 (c)	47 (b)	48 (c)	49 (c)	50 (c)
51 (a)	52 (b)	53 (d)	54 (b)	55 (a)	56 (b)	57 (c)	58 (b)	59 (d)	60 (c)
61 (a)	62 (d)	63 (d)	64 (c)	65 (d)	66 (c)	67 (c)	68 (d)		

Solutions

1. (c) प्रश्नानुसार, $\frac{25+46+y}{3}=11$

$\Rightarrow \quad 71+y=11\times3=33$

$\therefore \quad y=33-71=-38$

2. (b) दिया है, a, b, c, d, e पाँच क्रमागत विषम संख्याएँ हैं।

माना पाँच क्रमागत संख्याएँ $a, a+2, a+4, a+6, a+8$ हैं।

$\therefore$ अभीष्ट औसत

$=\frac{a+a+2+a+4+a+6+a+8}{5}$

$=\frac{5a+20}{5}=a+4$

3. (d) 9 और 22 के बीच अभाज्य संख्याएँ

$=11, 13, 17, 19$

$\therefore$ अभीष्ट औसत $=\frac{11+13+17+19}{4}$

$=\frac{60}{4}=15$

4. (b) प्रथम 57 प्राकृत संख्याओं का औसत

$=\frac{1+57}{2}=\frac{58}{2}=29$

> **TOP TIPS** इस प्रकार के प्रश्नों को हल करने के लिए औसत से सम्बन्धित महत्त्वपूर्ण सूत्रों का याद होना अति आवश्यक है।

5. (b) 7 के पहले 10 गुणक

$=7, 14, 21, 28, 35, 42, 49, 56, 63, 70$

$\therefore$ अभीष्ट औसत

$=\frac{7+14+21+28+35+42+49+56+63+70}{10}$

$=\frac{385}{10}=38.5$

> **Quick Method**
>
> $\because$ m के n गुणजों का औसत $=\frac{m(n+1)}{2}$
>
> $\therefore$ अभीष्ट औसत $=\frac{7\times(10+1)}{2}=38.5$

6. (c) 9 के प्रथम 9 अपवर्त्य

$=9, 18, 27, 36, 45, 54, 63, 72, 81$

$\therefore$ अभीष्ट औसत $=\frac{9(1+2+3+\ldots+9)}{9}$

$=\frac{9\times10}{2}=45$

> **Quick Method**
>
> अभीष्ट औसत
>
> $=\frac{\text{पहली संख्या+अन्तिम संख्या}}{2}$
>
> $=\frac{9+81}{2}=\frac{90}{2}=45$

7. (a) दिया है,

50 संख्याओं का औसत = 23

यदि सभी संख्या में x से गुणा किया जाए तो नया औसत = $x\times$ पुराना औसत

$\therefore$ सभी संख्या में 13 से गुणा करने पर,

नया औसत $=13\times23=299$

8. (a) दिया है, दस संख्याओं का औसत = 24

हम जानते हैं, प्रत्येक संख्या को 2 से विभाजित किया जाता है, तो औसत भी 2 से विभाजित होगा।

तब, नया औसत $=\frac{24}{2}=12$

9. (d) 11 संख्याओं का कुल योग

$=11\times41=451$

पहली पाँच संख्याओं का योग

$=5\times18=90$

अन्तिम पाँच संख्याओं का योग

$=5\times64=320$

$\therefore$ छठी संख्या $=451-(90+320)$

$=451-410=41$

10. (a) 13 परिणामों का कुल योग

$=68\times13=884$

पहले सात परिणामों का कुल योग

$=7\times63=441$

आखिरी सात परिणामों का कुल योग

$=70\times7=490$

सातवाँ परिणाम $=(441+490)-884$

$=931-884=47$

अत: सातवें परिणाम का मान 47 है।

11. (b) 13 संख्याओं का कुल योग

$=13\times11.5=149.5$

पहली 7 संख्याओं का कुल योग

$=7\times10.5=73.5$

अन्तिम 7 संख्याओं का कुल योग

$=7\times11.2=78.4$

$\therefore$ बीच की संख्या

$=(73.5+78.4)-149.5$

$=151.9-149.5=2.4$

> **Quick Method**
>
> बीच की संख्या
>
> $=7(10.5+11.2)-(13\times11.5)$
>
> $=7\times21.7-13\times11.5$
>
> $=151.9-149.5=2.4$

12. (d) X, Y और Z का कुल वजन

$=128\times3=384$ किग्रा

X और Y का कुल वजन

$=123\times2=246$ किग्रा

$\therefore Z$ का वजन $=384-246=138$ किग्रा

Y और Z का कुल वजन

$=133\times2=266$ किग्रा

$\therefore Y$ का वजन $=266-138=128$ किग्रा

13. (a) प्रश्नानुसार, $\frac{A+B+C}{3}=65$

$A+B+C=195 \quad \ldots(i)$

और $\frac{C+B}{2}=61.5$

$\Rightarrow B+C=123 \quad \ldots(ii)$

पुन: $\frac{A+C}{2}=68.5$

$\Rightarrow A+C=137 \quad \ldots(iii)$

समी (ii) और (iii) के योग से समी (i) को घटाने पर,

$C=(137+123)-195$

$=260-195=65$ किग्रा

14. (c) संयोजित औसत तापमान

$=\frac{44+37+35+48+x}{5}$

$\Rightarrow \quad 42=\frac{164+x}{5}\Rightarrow164+x=210$

$\therefore \quad x=210-164=46$

अत: आगरा का तापमान = 46°C

15. (a) 10 महीनों में शहर का कुल तापमान

$=38.3°+42.7°+44.3°+35.9°+33.2°+35.4°+40.9°+38.6°+35°+39.1°$

$=383.4°C$

$\therefore$ औसत मासिक तापमान $=\frac{383.4°C}{10}$

$=38.34°C$

16. (b) माना क्रमिक सम संख्याएँ

$(x+2), (x+4), (x+6), (x+8), (x+10)$ और $(x+12)$ हैं।

प्रश्नानुसार,

$$\frac{(x+2)+(x+4)+(x+6)+(x+8)+(x+10)+(x+12)}{6} = 25$$

$\Rightarrow \quad \frac{6x+42}{6} = 25$

$\Rightarrow \quad 6x = 150 - 42 = 108$

$\therefore \quad x = 18$

अतः सबसे बड़ी संख्या

$= x + 12 = 18 + 12 = 30$

तथा सबसे छोटी संख्या

$= x + 2 = 18 + 2 = 20$

$\therefore$ अभीष्ट अन्तर $= 30 - 20 = 10$

> **TOP TIPS** n क्रमागत सम/विषम संख्याओं का औसत A है, तब सबसे बड़ी संख्या $= A + (n-1)$
> सबसे छोटी संख्या $= A - (n-1)$
> सबसे बड़ी तथा सबसे छोटी संख्या का अन्तर $= 2(n-1)$

17. (*c*) माना पाँच क्रमागत विषम संख्याएँ $x, x+2, x+4, x+6$ तथा $x+8$ हैं।

प्रश्नानुसार,

$$\frac{x+(x+2)+(x+4)+(x+6)+(x+8)}{5} = 73$$

$\Rightarrow \quad 5x + 20 = 365$

$\therefore x = \frac{365-20}{5} = \frac{345}{5} = 69$

उच्चतम संख्या $= x + 8 = 69 + 8 = 77$

निम्नतम संख्या $= 69$

अतः अभीष्ट औसत $= \frac{77+69}{2} = \frac{146}{2} = 73$

Quick Method

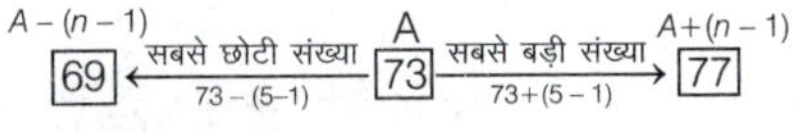

$\therefore$ अभीष्ट औसत $= \frac{69+77}{2} = 73$

18. (*c*) माना पहली संख्या का मान x है।

दूसरी संख्या $= 2x$

तथा तीसरी संख्या $= \frac{2x}{3}$

प्रश्नानुसार, $\frac{x + 2x + \frac{2x}{3}}{3} = 44$

$\Rightarrow \quad 11x = 44 \times 9 \Rightarrow x = \frac{44 \times 9}{11} = 36$

$\therefore$ सबसे बड़ी संख्या का मान $= 2x$

$= 2 \times 36 = 72$

19. (*d*) माना दूसरी संख्या $= 6x$

$\therefore$ पहली संख्या $= 3x$

तथा तीसरी संख्या $= 2x$

प्रश्नानुसार, $\frac{6x + 3x + 2x}{3} = 66$

$\Rightarrow \quad \frac{11x}{3} = 66 \Rightarrow x = 66 \times \frac{3}{11} = 18$

$\therefore$ सबसे छोटी संख्या $= 2x = 2 \times 18 = 36$

20. (*b*) माना पहली संख्या $= x$

5 संख्याओं का कुल योग $= 5 \times 26.4 = 132$

$\therefore$4 संख्याओं का कुल योग $= 132 - x$

प्रश्नानुसार, $x = (132 - x) \times \frac{1}{5}$

$\Rightarrow \quad 5x = 132 - x \Rightarrow 6x = 132$

$\therefore \quad x = 22$

अतः पहली संख्या का मान 22 होगा।

21. (*a*) माना पहला पद $= x$

6 पदों का योग $= 185 \times 6 = 1110$

$\therefore$ 5 पदों का योग $= 1110 - x$

प्रश्नानुसार, $x = \frac{1110 - x}{5} \Rightarrow 5x = 1110 - x$

$\therefore \quad x = \frac{1110}{6} = 185$

22. (*d*) माना लड़कों और लड़कियों की संख्या क्रमशः $35x$ और $39x$ हैं।

प्रश्नानुसार, $\frac{35x + 39x}{2} = 740$

$\Rightarrow \quad 74x = 740 \times 2$

$\Rightarrow \quad x = \frac{740 \times 2}{74} = 20$

$\therefore$ स्कूल में लड़कों की संख्या $= 35x$

$= 35 \times 20 = 700$

23. (*d*) तकनीशियनों का कुल वेतन

= औसत × संख्या

$= 18000 \times 7 =$ ₹ 126000

माना बाकी श्रमिकों की संख्या $= x$

$\therefore$ बाकी श्रमिकों का कुल वेतन = ₹ $6800x$

प्रश्नानुसार,

$126000 + 6800x = (7 + x) \times (7500)$

$\Rightarrow 126000 + 6800x = 52500 + 7500x$

$\Rightarrow \quad 700x = 73500 \Rightarrow x = 105$

अतः कुल श्रमिकों की संख्या $= 105 + 7 = 112$

Quick Method

मिश्रण नियम से,

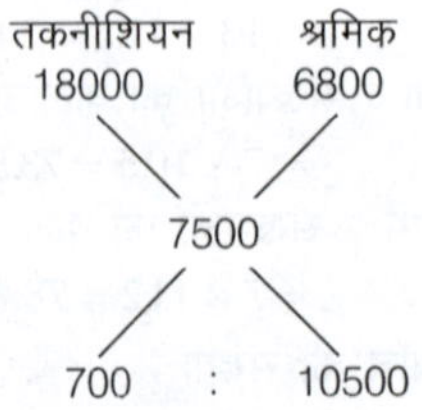

$\Rightarrow$ 1 : 15

दिया है, 1 = 7

अतः कुल श्रमिकों की संख्या $= \frac{7 \times 16}{1} = 112$

24. (*d*) माना संख्याएँ x, y और z हैं।

प्रश्नानुसार,

$\frac{x + y + z}{3} = 26$

$\Rightarrow \quad x + y + z = 78 \quad$ ...(i)

प्रश्नानुसार,

$x = (y + z) \times \frac{2}{11}$

$\Rightarrow \quad 11x = 2y + 2z$

$\Rightarrow \quad \frac{11}{2}x = y + z \quad$ ...(ii)

समी (ii) से $(y + z)$ का मान समी (i) में रखने पर,

$x + \frac{11}{2}x = 78 \Rightarrow \frac{13x}{2} = 78$

$\therefore \quad x = 12$

अतः पहली संख्या का मान 12 होगा।

25. (*b*) समूह की 5 सबसे छोटी संख्याओं का योग

$= 5 \times 15 = 75$

समूह की सभी 13 संख्याओं का योग

$= 13 \times 17 = 221$

$\therefore$ समूह की सबसे बड़ी 8 संख्याओं का औसत

$= \frac{221 - 75}{8} = \frac{146}{8} = 18.25$

26. (*b*) 6 धनात्मक पूर्णांकों का योग

$= 6 \times 55 = 330$

माना सबसे छोटी पूर्णांक संख्या x है।

$\therefore$ बड़ी धनात्मक पूर्णांक संख्या $= 24 + x$

बड़े पूर्णांक के अधिकतम मान के लिए अन्य पूर्णांक का छोटा होना चाहिए।

$\therefore \quad x + x + x + x + x + (24 + x) = 330$

$\Rightarrow \quad 6x = 330 - 24 = 306$

$\therefore \quad x = \frac{306}{6} = 51$

अब, बड़ी धनात्मक पूर्णांक संख्या

$= (24 + x) = 24 + 51 = 75$

अतः 6 पूर्णांकों में सबसे बड़े पूर्णांक के लिए अधिकतम मान 75 है।

27. (*c*) पूरी कक्षा के औसत अंक

$= \frac{20 \times 70 + 30 \times 80}{20 + 30}$

$= \frac{1400 + 2400}{50} = \frac{3800}{50} = 76$

28. (*c*) पहली 4 चूड़ियों के वजन का कुल योग

$= 57 \times 4 = 228$ ग्राम

शेष 6 चूड़ियों के वजन का योग

$= 58 \times 6 = 348$ ग्राम

$\therefore$ अभीष्ट औसत $= \frac{348 + 228}{10} = \frac{576}{10}$

$= 57.6$ ग्राम

29. (*b*) 104 बोरों का कुल वजन

$= 130.5 \times 104 = 13572$ किग्रा

तथा 36 बोरों का कुल वजन

$= 36 \times 75 = 2700$ किग्रा

अत: अभीष्ट औसत वजन $= \frac{13572 + 2700}{104 + 36}$

$= \frac{16272}{140} = 116.23$ किग्रा

30. (*b*) 13 वस्तुओं का कुल मूल्य

$= 13 \times 70 =$ ₹ 910

15 वस्तुओं का कुल मूल्य

$= 15 \times 60 =$ ₹ 900

12 वस्तुओं का कुल मूल्य

$= 12 \times 65 =$ ₹ 780

वस्तुओं की कुल संख्या

$= 13 + 15 + 12 = 40$

$\therefore$ प्रति वस्तु का औसत दाम

$= \frac{910 + 900 + 780}{40} = \frac{2590}{40} =$ ₹ 64.75

31. (*b*) छ: संख्याओं का कुल योग

$= 3.75 \times 6 = 22.5$

दो संख्याओं का कुल योग $= 2 \times 3.2 = 6.4$

अन्य दो संख्याओं का कुल योग

$= 2 \times 3.55 = 7.1$

शेष संख्याओं का कुल योग

$= 22.5 - (6.4 + 7.1) = 9$

अत: अभीष्ट औसत $= \frac{9}{2} = 4.5$

32. (*a*) प्रश्नानुसार, $\frac{B + C}{2} - \frac{A + B}{2} = 15$

$\Rightarrow \frac{B + C - A - B}{2} = 15$

$\Rightarrow C - A = 30$

$\Rightarrow 65 - A = 30$ [दिया है, $C = 65$]

$\therefore A = 65 - 30 = 35$

अत: A द्वारा प्राप्त अंक 35 है।

33. (*c*) चार परीक्षाओं के कुल अंक

$= 4 \times 80 = 320$

तीन परीक्षाओं के कुल प्राप्तांक

$= 74 + 84 + 94 = 252$

$\therefore$ जीतने के लिए चौथी परीक्षा के आवश्यक अंक $= 320 - 252 = 68$

34. (*b*) 25 संख्याओं का कुल योग

$= 25 \times 55 = 1375$

पहली 11 संख्याओं का कुल योग

$= 11 \times 51 = 561$

अन्तिम 10 संख्याओं का कुल योग

$= 10 \times 56 = 560$

अन्य दो संख्याएँ 66 तथा 70 हैं।

शेष 4 संख्याओं का कुल योग

$= 1375 - (561 + 560)$

$= 1375 - 1121 = 254$

$\therefore$ अभीष्ट औसत $= \frac{254 + 66 + 70}{4 + 2}$

$= \frac{390}{6} = 65$

35. (*c*) माना तीन धनात्मक संख्याएँ x, y और z हैं।

प्रश्नानुसार, $\frac{x + y}{2} + z = 154$

$\Rightarrow x + y + 2z = 308$ ...(i)

और $\frac{x + z}{2} + y = 148$

$\Rightarrow x + 2y + z = 296$ ...(ii)

तथा $x + \frac{y + z}{2} = 132$

$\Rightarrow 2x + y + z = 264$ ...(iii)

समी (i), (ii) और (iii) को जोड़ने पर,

$4(x + y + z) = 308 + 296 + 264$

$\therefore x + y + z = \frac{868}{4} = 217$

अत: तीनों संख्याओं का योगफल 217 है।

TOP TIPS इस प्रकार के प्रश्नों को अतिशीघ्रता से हल करने के लिए दिए गए परिणामी मानों को जोड़कर 2 से भाग देते हैं।

36. (*a*) 5 महीनों में किराने के सामान पर कुल खर्च

$= (4600 + 5600 + 4800 + 3800 + 6000)$

$=$ ₹ 24800

किराने पर 6 महीने का कुल खर्च

$= 4500 \times 6 =$ ₹ 27000

अत: छठे महीने का खर्च

$= (27000 - 24800) =$ ₹ 2200

37. (*d*) माना वित्तीय वर्ष की अन्तिम तिमाही का व्यय $=$ ₹ x

प्रश्नानुसार,

$\frac{32400 + 21600 + 79200 + x}{4} = 50400$

$\Rightarrow 133200 + x = 201600$

$\therefore x = 201600 - 133200 =$ ₹ 68400

अत: वित्तीय वर्ष की अन्तिम तिमाही का व्यय

$=$ ₹ 68400

38. (*a*) सभी कर्मचारियों के द्वारा अटेण्ड की गई कुल कॉलों की संख्या $= 72 \times (629 + 629)$

$= 2 \times 72 \times 629$

पुरुषों के द्वारा अटेण्ड की गई कुल कॉल

$= 72 \times 629$

$\therefore$ महिलाओं के द्वारा अटेण्ड की गई कुल कॉल

$= 2 \times 72 \times 629 - 72 \times 629$

$= 72 \times 629\,(2 - 1) = 72 \times 629$

$\therefore$ अभीष्ट औसत $= \frac{72 \times 629}{629} = 72$

39. (*c*) 40 कर्मचारियों का कुल वेतन

$= 40 \times 4000 =$ ₹ 160000

35 गैर-शिक्षण कर्मचारियों का कुल वेतन

$= 35 \times 4200 =$ ₹ 147000

अत: शेष कर्मचारियों का औसत वेतन

$= \frac{(160000 - 147000)}{(40 - 35)}$

$= \frac{13000}{5} =$ ₹ 2600

40. (*c*) पहले 30 ओवरों में बने कुल रनों की संख्या

$= 30 \times 5.6 = 168$

रनों का लक्ष्य $= 320$

शेष रनों की संख्या $= 320 - 168 = 152$

शेष ओवरों की संख्या $= 20$

$\therefore$ अभीष्ट औसत $= \frac{152}{20} = 7.6$ रन प्रति ओवर

Quick Method

अभीष्ट औसत $= \frac{320 - 30 \times 5.6}{20}$

$= \frac{320 - 168}{20}$

$= \frac{152}{20} = 7.6$ रन प्रति ओवर

41. (*c*) 10 छात्रों को प्राप्त कुल अंक

$= 10 \times 80 = 800$

शेष 15 छात्रों को प्राप्त कुल अंक

$= 15 \times 60 = 900$

अब 25 छात्रों की कक्षा का औसत अंक

$= \frac{800 + 900}{25} = \frac{1700}{25} = 68$

42. (*a*) आदमी का पहले चार महीनों का कुल खर्च

$= 4 \times 2300 =$ ₹ 9200

तथा अगले 8 महीनों का कुल खर्च

$= 8 \times 1800 =$ ₹ 14400

वार्षिक बचत $=$ ₹ 12400

तब, कुल वार्षिक आय

$= 9200 + 14400 + 12400$

$=$ ₹ 36000

अत: व्यक्ति की मासिक आय

$= \frac{36000}{12} =$ ₹ 3000

43. (*d*) पहले वर्ष उत्पाद की मात्रा

$= \frac{16060}{146} = 110$ लीटर

दूसरे वर्ष उत्पाद की मात्रा

$= \frac{16060}{292} = 55$ लीटर

तथा तीसरे वर्ष उत्पाद की मात्रा

$= \frac{16060}{365} = 44$ लीटर

∴ तीन वर्षों के लिए उस उत्पादन का औसत मूल्य

$$= \frac{16060 \times 3}{(110 + 55 + 44)} = \frac{48180}{209}$$

$= ₹\ 230.52$ प्रति लीटर

44. (*b*) 8 व्यक्तियों द्वारा खर्च की गई कुल राशि

$= 72 \times 8 = ₹\ 576$

माना नौवें व्यक्ति द्वारा खर्च की गई राशि $= ₹\ x$

प्रश्नानुसार, $\frac{576 + x}{9} = x - 8$

$\Rightarrow \quad 576 + x = 9x - 72$

$\Rightarrow \quad 8x = 576 + 72 = 648$

$\therefore \quad x = \frac{648}{8} = ₹\ 81$

9 व्यक्तियों द्वारा खर्च की गई कुल राशि

$= 576 + 81 = ₹\ 657$

45. (*d*) माना कक्षा में छात्राओं की कुल संख्या $= x$

9 छात्रों का कुल प्राप्तांक $= 9 \times 12 = 108$

x छात्राओं का कुल प्राप्तांक $= x \times 14 = 14x$

प्रश्नानुसार, $\frac{108 + 14x}{9 + x} = 13.1$

$\Rightarrow \quad 108 + 14x = 117.9 + 13.1x$

$\Rightarrow \quad 0.9x = 9.9$

$\therefore \quad x = \frac{99}{9} = 11$

अत: कक्षा में कुल छात्रों की संख्या

$= 9 + 11 = 20$

Quick Method

मिश्रण विधि से,

छात्र		छात्रा
12		14
	13.1	
0.9	:	1.1
9	:	11

$\because$ 9 इकाई = 9

$\therefore$ 20 इकाई $= \frac{9 \times 20}{9} = 20$

46. (*c*) दिया है, पहले 13 व्यक्तियों का औसत वजन = 78 किग्रा

∴ पहले 13 व्यक्तियों का कुल वजन

$= 78 \times 13 = 1014$ किग्रा

माना 14वें व्यक्ति का वजन $= x$ किग्रा

प्रश्नानुसार, $\frac{1014 + x}{14} + 39 = x$

$\Rightarrow \quad x - \frac{1014 + x}{14} = 39$

$\Rightarrow \quad 14x - 1014 - x = 39 \times 14 = 546$

$\Rightarrow \quad 13x = 1014 + 546 = 1560$

$\therefore \quad x = \frac{1560}{13} = 120$

अत: 14वें व्यक्ति का वजन = 120 किग्रा

47. (*b*) 11 संख्याओं का कुल योग

$= 11 \times 56 = 616$

पहली तीन संख्याओं का योग $= 3 \times 52 = 156$

अगली पाँच संख्याओं का योग

$= 5 \times 60 = 300$

माना ग्यारहवीं संख्या $= x$

$\therefore$ नौवीं संख्या $= x + 3$

और दसवीं संख्या $= x + 1$

तब, $156 + 300 + x + 3 + x + 1 + x = 616$

$\Rightarrow \quad 3x = 616 - 460 = 156$

$\Rightarrow \quad x = 52$

∴ नौवीं और ग्यारहवीं संख्याओं का औसत

$$= \frac{x + 3 + x}{2} = \frac{2x + 3}{2}$$

$$= \frac{2 \times 52 + 3}{2} \quad [\because x = 52]$$

$$= \frac{104 + 3}{2} = \frac{107}{2} = 53.5$$

48. (*c*) कक्षा के 25 विद्यार्थियों के अंकों का योग

$= 25 \times 60 = 1500$

पहले 13 विद्यार्थियों के अंकों का योग

$= 13 \times 70 = 910$

अन्तिम 13 विद्यार्थियों के अंकों का योग

$= 13 \times 50 = 650$

मध्य में व्यवस्थित छात्र के अंक

$= (910 + 650) - 1500$

$= 1560 - 1500 = 60$

Quick Method

आरोही क्रम से मध्य में व्यवस्थित छात्र के अंक $= 13 \times (70 + 50) - 25 \times 60$

$= 13 \times 120 - 25 \times 60$

$= 1560 - 1500 = 60$

49. (*c*) माना समूह में व्यक्तियों की कुल संख्या x है।

पुरुषों की संख्या $= x \times \frac{40}{100} = \frac{2x}{5}$

महिलाओं की संख्या $= x \times \frac{35}{100} = \frac{7x}{20}$

बच्चों की संख्या $= x \times \frac{25}{100} = \frac{x}{4}$

समूह का औसत वजन

$$= \frac{\frac{2x}{5} \times 70 + \frac{7x}{20} \times 60 + \frac{x}{4} \times 30}{x}$$

$$= \frac{28x + 21x + 7.5x}{x} = 56.5 \text{ किग्रा}$$

TOP TIPS इस प्रकार के प्रश्नों को हम 100 मानकर भी हल कर सकते हैं।

50. (*c*) माना पाँचवीं संख्या $= x$

$\therefore$ छठवीं संख्या $= x + 6$

तथा सातवीं संख्या $= x - 5$

प्रश्नानुसार,

$40 \times 4 + x + x + 6 + x - 5 + 35 \times 5 = 39 \times 12$

$\Rightarrow \quad 160 + 3x + 1 + 175 = 468$

$\Rightarrow \quad 3x = 468 - 336$

$\Rightarrow \quad 3x = 132$

$\Rightarrow \quad x = 44$

$\therefore$ अभीष्ट औसत $= \frac{x + x + 6}{2}$

$$= \frac{44 + 44 + 6}{2} = \frac{94}{2} = 47$$

51. (*a*) 71 नोटबुकों का कुल वजन $= 7.1 \times 71$

$= 504.1$ किग्रा

72 नोटबुकों का कुल वजन $= 7.2 \times 72$

$= 518.4$ किग्रा

अत: नई नोटबुक का वजन $= 518.4 - 504.1$

$= 14.3$ किग्रा

52. (*b*) 10 व्यक्तियों का कुल भार

$= 10 \times 40 = 400$ किग्रा

नए व्यक्ति के शामिल होने से,

11 व्यक्तियों का कुल भार

$= 11 \times 42 = 462$ किग्रा

अत: नए व्यक्ति का भार

$= 462 - 400 = 62$ किग्रा

Quick Method

नए व्यक्ति का भार $= n(y - x) + y$

[Formula 7.2 से]

$= 10(42 - 40) + 42 = 20 + 42 = 62$ किग्रा

53. (*d*) 11 खिलाड़ियों की क्रिकेट टीम की कुल आयु $= 27 \times 11 = 297$

माना दो नए खिलाड़ियों की आयु x वर्ष और y वर्ष है, तब

प्रश्नानुसार, $\frac{297 + x + y}{11 + 2} = 26$

$\Rightarrow \quad 297 + x + y = 26 \times 13$

$\therefore \quad x + y = 338 - 297 = 41$ वर्ष

अत: दो नए खिलाड़ियों का औसत $= \frac{x + y}{2}$

$= \frac{41}{2} = 20.5$ वर्ष

54. (*b*) माना चार संख्याएँ x_1, x_2, x_3 तथा x_4 हैं।

प्रश्नानुसार, $\frac{x_1 + x_2 + x_3 + x_4}{4} = 44$

$\therefore \quad x_1 + x_2 + x_3 + x_4 = 176$

पाँचवीं संख्या y को जोड़ने पर,

नया औसत $= \frac{176 + y}{5} = 42$

$\Rightarrow 176 + y = 210$

$\therefore \quad y = 210 - 176 = 34$

अत: y का मान 34 है।

Quick Method

जोड़ी गई संख्या $= n(y-x)+y$ [Formula 7.2 से]

यहाँ, $n=4, x=44, y=42$

$\therefore \quad y = 4(42-44)+42 = -8+42 = 34$

55. (a) m से प्रारम्भ होने वाले 5 क्रमिक पूर्णांक $m, m+1, m+2, m+3, m+4$ हैं।

तब,

$$\frac{m+m+1+m+2+m+3+m+4}{5} = n$$

$\Rightarrow \quad 5m+10 = 5n$

$\therefore \quad m+2 = n$ ...(i)

अभीष्ट औसत

$$= \frac{m+2+m+3+m+4+m+5+m+6+m+7}{6}$$

$$= \frac{6m+27}{6} = \frac{2m+9}{2}$$

$$= \frac{2(n-2)+9}{2} \quad \text{[समी (i) से]}$$

$$= \frac{2n+5}{2}$$

56. (b) नौ पारियों में बनाए गए कुल रन

$= 58 \times 9 = 522$

61 का औसत प्राप्त करने के लिए 10वीं पारी में बनाए गए रन

$= 61 \times 10 - 522 = 610 - 522 = 88$

57. (c) माना 11 पारियों के रनों का औसत $= x$

$\therefore$ 11 पारियों के रनों का कुल योग $= 11x$

12वीं पारी के बाद कुल रन $= 11x + 90$

नया औसत $= (x-5)$

प्रश्नानुसार, $\frac{11x+90}{12} = x-5$

$\Rightarrow \quad 11x + 90 = 12x - 60$

$\therefore \quad x = 150$

$\therefore$ बारहवीं पारी के बाद औसत $= 150 - 5 = 145$

58. (b) दिया है,

38 कलम का कुल मूल्य $= (38 \times 25)$ = ₹ 950

माना 8 नए कलम का मूल्य = ₹ x

प्रश्नानुसार, $\frac{950+x}{38+8} = 25+4$

$\Rightarrow \quad 950 + x = 29 \times 46$

$\Rightarrow \quad x = 1334 - 950 =$ ₹ 384

59. (d) 10वीं पारी में बनाया गया रन $= x$

नया औसत $= 28$

पुराना औसत $= 28 - 8 = 20$

प्रश्नानुसार, $x + 20 \times 9 = 28 \times 10$

$\Rightarrow \quad x + 180 = 280$

$\therefore \quad x = 280 - 180 = 100$

Quick Method

$x = 9 \times 8 + 28 = 72 + 28 = 100$

60. (c) सदस्यों की कुल संख्या = 50

माना कुल खर्च $= x$

वास्तविक औसत खर्च $= \frac{x}{50}$

10 और नए सदस्य जुड़ जाने से,

नया औसत खर्च $= \frac{x+210}{(50+10)} = \frac{x+210}{60}$

प्रश्नानुसार, $\frac{x}{50} - \frac{x+210}{60} = 9$

$\Rightarrow \quad \frac{6x - 5x - 1050}{300} = 9$

$\Rightarrow \quad x - 1050 = 2700 \Rightarrow x = 3750$

अत: वास्तविक कुल खर्च = ₹ 3750

61. (a) दिया है, 7 संख्याओं का औसत = 18

तो 7 संख्याओं का योग $= 18 \times 7 = 126$

1 संख्या हटाने के बाद, शेष संख्या $= 7 - 1 = 6$

6 संख्याओं का औसत = 15

शेष 6 संख्याओं का योग $= 6 \times 15 = 90$

अत: हटाई गई संख्या $= 126 - 90 = 36$

62. (d) 37 व्यक्तियों की कुल आयु

$= (37 \times 18)$ वर्ष = 666 वर्ष

प्रोफेसर को छोड़ने पर,

36 लड़कों की औसत आयु = 17 वर्ष

$\therefore$ 36 लड़कों की कुल आयु $= (36 \times 17)$ वर्ष = 612 वर्ष

अब, प्रोफेसर की आयु $= 666 - 612$ = 54 वर्ष

Quick Method

अभीष्ट औसत $= n(x-y)+y$ [Formula 7.3 से]

यहाँ, $n = 37, x = 18$ तथा $y = 17$

$\therefore$ औसत $= 37(18-17)+17$

$= 37 + 17 = 54$ वर्ष

63. (d) 27 संख्याओं का कुल योग

$= 27 \times 70 = 1890$

प्रथम 14 संख्याओं का कुल योग $= 14 \times 65$

अन्तिम 14 संख्याओं का कुल योग $= 14 \times 74$

तब, 14वीं संख्या $= 14(65 + 74) - 1890$

$= 14 \times 139 - 1890$

$= 1946 - 1890 = 56$

$\therefore$ 14वीं संख्या को निकालने पर,

शेष 26 संख्याओं का औसत

$$= \frac{1890-56}{26} = \frac{1834}{26} = 70.5$$

64. (c) 21 संख्याओं का कुल योग

$= 21 \times 44 = 924$

पहली 11 संख्याओं का कुल योग

$= 11 \times 48 = 528$

तथा अन्तिम 11 संख्याओं का कुल योग

$= 11 \times 42 = 462$

$\therefore$ 11वीं संख्या $= (528 + 462) - 924$

$= 990 - 924 = 66$

अब, 11वीं संख्या को छोड़कर शेष संख्याओं का योग $= 924 - 66 = 858$

$\therefore$ शेष 20 संख्याओं का औसत $= \frac{858}{20} = 42.9$

65. (d) माना 25 बक्सों का पहला औसत वजन $= x$ किग्रा

25 बक्सों का कुल वजन $= 25x$ किग्रा

पुन: माना नए बक्से का वजन y किग्रा है।

प्रश्नानुसार,

$25x - 68 + y = 25(x+2)$

$\Rightarrow \quad 25x - 68 + y = 25x + 50$

$\therefore \quad y = 50 + 68 = 118$ किग्रा

अत: नए बक्से का वजन 118 किग्रा है।

66. (c) आठ विद्यार्थियों का कुल अंक

$= 8 \times 7 = 56$

अत: सही औसत $= \frac{56-10+6}{8} = \frac{52}{8} = 6.5$

Quick Method

सही औसत $= 7 + \frac{(6-10)}{8}$ [Formula 7.1 से]

$= 7 - \frac{4}{8} = 7 - 0.5 = 6.5$

67. (c) माना समूह में लोगों की संख्या $= n$

तथा औसत $= x$ किग्रा

$\therefore$ समूह के लोगों का कुल वजन $= nx$ किग्रा

तथा नया औसत $= (x + 0.5)$ किग्रा

प्रश्नानुसार,

$nx - 63 + 83 = n(x + 0.5)$

$\Rightarrow \quad nx + 20 = nx + 0.5n$

$\therefore \quad n = \frac{20}{0.5} = 40$

अत: समूह में 40 लोग हैं।

68. (d) नए व्यक्ति का वजन $= 55 + 7 \times 5$ [Formula 7.4 से]

$= 55 + 35 = 90$ किग्रा

अध्याय

08 अनुपात एवं समानुपात

Chapter Snapshot

I. अनुपात दो सजातीय राशियों के मध्य ऐसा सम्बन्ध, जो यह निरूपित करता है, कि एक राशि, दूसरी राशि की कितनी गुनी है, **अनुपात** कहलाता है।

अनुपात का सरलतम रूप यदि दिए गए अनुपात के पूर्वपद व उत्तरपद परस्पर सहअभाज्य एवं पूर्णांक हों, तो वह अनुपात सरलतम अनुपात कहलाता है। जैसे—15 : 25 का सरलतम रूप $= (3\times5):(5\times5) = 3:5$

II. अनुपात के प्रकार

- **वर्गानुपात** यदि $a:b$ एक अनुपात है, तो इसका वर्गानुपात $a^2:b^2$ होगा। जैसे—2 : 3 का वर्गानुपात $= 4:9$
- **वर्गमूलानुपात** यदि $a:b$ एक अनुपात है, तो इसका वर्गमूलानुपात $\sqrt{a}:\sqrt{b}$ होगा। जैसे—49 : 144 का वर्गमूलानुपात $= \sqrt{49}:\sqrt{144} = 7:12$
- **घनानुपात** यदि $a:b$ एक अनुपात है, तो इसका घनानुपात $a^3:b^3$ होगा।
- **घनमूलानुपात** यदि $a:b$ एक अनुपात है, तो इस घनमूलानुपात $\sqrt[3]{a}:\sqrt[3]{b}$ होगा।
- **विलोमानुपात/प्रतिलोमानुपात** यदि $a:b$ एक अनुपात है, तो इसका विलोमानुपात $\frac{1}{a}:\frac{1}{b}$ या $b:a$ होगा। जैसे— 7 : 9 का विलोमानुपात $= \frac{1}{7}:\frac{1}{9}$ या $9:7$
- **मिश्र/संयोजित अनुपात** यदि $a:b$, $c:d$ और $e:f$ तीन अनुपात हों, तो इनका मिश्र/संयोजित अनुपात $(a\times c\times e):(b\times d\times f)$ होगा।

III. राशियों का आनुपातिक विभाजन यदि x को $a:b:c$ में विभाजित किया जाए, तो

पहला भाग $= x\times\frac{a}{(a+b+c)}$, दूसरा भाग $= x\times\frac{b}{(a+b+c)}$

और तीसरा भाग $= x\times\frac{c}{(a+b+c)}$

IV. समानुपात यदि चार शून्येतर/अशून्य संख्याएँ a, b, c तथा d इस प्रकार हैं, कि $a:b=c:d$ हों, तब a, b, c और d समानुपात में होंगी तथा इन्हें $a:b::c:d$ लिखा जाएगा। यहाँ, $a:b::c:d$ में a व d बाह्य पद तथा b व c मध्य पद हैं।

अर्थात $a\times d = b\times c$

V. समानुपात के प्रकार

- **वितत्नुपाती** तीन राशियाँ a, b व c वितत्नुपाती होंगी, यदि $a:b=b:c$ जैसे—यदि $3:6::6:12$, तब 3, 6 व 12 वितत्नुपाती हैं।
- **मध्यानुपाती** यदि $a:x::x:b$ हो, तो x को a तथा b का मध्यानुपाती कहा जाता है, तथा $x^2 = ab \Rightarrow x = \sqrt{ab}$; जैसे—5 और 125 का मध्यानुपाती $= \sqrt{5\times125} = 25$
- **तृतीयानुपाती** यदि $a:b::b:x$ है, तो x को a और b का तृतीयानुपाती कहा जाता है तथा $x = \frac{b^2}{a}$; जैसे—8 और 16 का तृतीयानुपाती $= \frac{16\times16}{8} = 32$
- **चतुर्थानुपाती** यदि $a:b::c:x$ हों, तो a, b और c का चतुर्थानुपाती x होता है तथा $x = \frac{bc}{a}$; जैसे—5, 10 और 15 का चतुर्थानुपाती $= \frac{10\times15}{5} = 30$

Concept Capsule

- अनुपात हमेशा सजातीय राशियों का ज्ञात किया जाता है।
- अनुपात का कोई भी मात्रक/इकाई नहीं होता है।
- यदि किसी अनुपात को दर्शाने वाली राशियों को शून्येतर राशि से गुणा या भाग किया जाता है, तो अनुपात अपरिवर्तित रहता है।
  जैसे- $a:b = am:bm$
  तथा $a:b = \frac{a}{m}:\frac{b}{m}$

Formula Flashcards

- यदि $a:b$ और $b:c$
  $\Rightarrow a:b:c = a\times b : b\times b : b\times c$
- यदि $a:b$, $b:c$ और $c:d$
  $\Rightarrow a:b:c:d = a\times b\times c : b\times b\times c : b\times c\times c : b\times c\times d$
- योगान्तरानुपात नियम
  यदि $\frac{a}{b} = \frac{c}{d}$, तो $\frac{a+b}{a-b} = \frac{c+d}{c-d}$

Exam Approach Examples

अनुपात पर आधारित

उदाहरण 1. यदि $A : B = 3 : 5$ और $B : C = 4 : 7$, तो $A : B : C$ का मान ज्ञात कीजिए। *RRB NTPC 2021*

(a) 12 : 35 : 20 (b) 3 : 5 : 7
(c) 20 : 12 : 5 (d) 12 : 20 : 35

हल (d) दिया है, $A : B = (3 : 5) \times 4 = 12 : 20$

तथा $B : C = (4 : 7) \times 5 = 20 : 35$

$\therefore$ $A : B : C = 12 : 20 : 35$

Quick Method

A : B = | 3 : 5
B : C = ↓ 4 : 7 ↓

$\Rightarrow A : B : C = 3 \times 4 : 5 \times 4 : 5 \times 7 = 12 : 20 : 35$

उदाहरण 2. यदि $A : B = 2 : 3$, $B : C = 6 : 7$, $C : D = 14 : 3$, तो $A : B : C : D$ का मान ज्ञात कीजिए। *SSC (10+2) 2023*

(a) 12 : 12 : 4 : 6 (b) 7 : 2 : 10 : 4
(c) 8 : 5 : 14 : 6 (d) 8 : 12 : 14 : 3

हल (d) दिया है, $A : B = (2 : 3) \times 2 = 4 : 6$

$B : C = 6 : 7$

$\therefore$ $A : B : C = (4 : 6 : 7) \times 2 = 8 : 12 : 14$

तथा $C : D = 14 : 3$

$\therefore$ $A : B : C : D = 8 : 12 : 14 : 3$

Quick Method

A : B = | 2 : 3
B : C = | 6 : 7
C : D = ↓ 14 : 3 ↓

$\Rightarrow A : B : C : D = 2 \times 6 \times 14 : 3 \times 6 \times 14 : 3 \times 7 \times 14 : 3 \times 7 \times 3$
$= 8 : 12 : 14 : 3$

उदाहरण 3. यदि $M : N = 9 : 6$ है, तो $(M + N) : (M - N)$ का मान कितना है? *SSC Constable (GD) 2024*

(a) 1 : 5 (b) 5 : 1 (c) 5 : 2 (d) 5 : 4

हल (b) माना, $M = 9x, N = 6x$

प्रश्नानुसार, $\frac{M+N}{M-N} = \frac{9x+6x}{9x-6x} = \frac{15x}{3x} = \frac{5}{1}$

$\therefore$ $(M + N) : (M - N) = 5 : 1$

समानुपात पर आधारित

उदाहरण 4. 7 और 112 का मध्यानुपाती ज्ञात कीजिए। *SSC CGL (Tier I) 2023*

(a) 21 (b) 42 (c) 28 (d) 14

हल (c) माना 7 और 112 का मध्यानुपाती x है।

$\therefore$ $7 : x :: x : 112$

$\Rightarrow$ $\frac{7}{x} = \frac{x}{112} \Rightarrow x^2 = 7 \times 112$

$\Rightarrow$ $x = \sqrt{7 \times 7 \times 4 \times 4} = 7 \times 4 = 28$

उदाहरण 5. यदि 8 एवं 24 का तीसरा समानुपाती A है और 4 एवं 16 का मध्यानुपाती B है, तो $\frac{A}{B}$ का मान .... है। *SSC Constable (GD) 2022*

(a) 10 (b) 8 (c) 9 (d) 12

हल (c) 8 एवं 24 का तीसरा समानुपाती

$$A = \frac{24^2}{8} = \frac{24 \times 24}{8} = 72$$

4 एवं 16 का मध्यानुपाती $B = \sqrt{4 \times 16} = 8$

$\therefore$ $\frac{A}{B} = \frac{72}{8} = 9$

> **Score Booster**
> इस प्रकार के प्रश्नों को हल करने के लिए **अनुपात तथा समानुपात के मूल सूत्रों** का स्मरण होना अति आवश्यक है।

राशि के विभाजन पर आधारित

उदाहरण 6. ₹ 8772 की राशि को अनुज, चन्दन और विक्रम के बीच इस प्रकार विभाजित किया गया है कि अनुज और चन्दन के शेयर 2 : 3 के अनुपात में है और चन्दन और विक्रम के शेयर 5 : 6 के अनुपात में है। चन्दन का हिस्सा ज्ञात कीजिए। *CISF HCM 2023*

(a) ₹ 4312 (b) ₹2341 (c) ₹ 2041 (d) ₹ 3060

हल (d) दिया है, अनुज : चन्दन = 2 : 3

चन्दन : विक्रय = 5 : 6

अनुज : चन्दन : विक्रम = $2 \times 5 : 3 \times 5 : 3 \times 6 = 10 : 15 : 18$

अत: चन्दन का हिस्सा $= \frac{15}{10 + 15 + 18} \times 8772 = \frac{15 \times 8772}{43} =$ ₹ 3060

सिक्कों पर आधारित

उदाहरण 7. किसी बैग में ₹ 1, ₹ 2 और ₹ 5 मूल्य वर्ग के सिक्कों का अनुपात 4 : 5 : 8 है। यदि इन सिक्कों का कुल मूल्य ₹ 432 है, तो ₹ 2 वाले सिक्कों की संख्या कितनी है? *SSC (10+2) 2021*

(a) 30 (b) 40 (c) 50 (d) 60

हल (b) माना बैग में ₹ 1, ₹ 2 और ₹ 5 मूल्य वर्ग के सिक्कों की संख्या क्रमश: $4x, 5x$ और $8x$ हैं।

प्रश्नानुसार, $4x \times 1 + 5x \times 2 + 8x \times 5 = 432$

$\Rightarrow 4x + 10x + 40x = 432 \Rightarrow 54x = 432 \Rightarrow x = \frac{432}{54} = 8$

अत: ₹ 2 मूल्य के सिक्कों की संख्या $= 5 \times 8 = 40$

अनुपात तथा समानुपात के अनुप्रयोग पर आधारित

उदाहरण 8. दो व्यक्तियों की आय का अनुपात 5 : 4 है और उनके व्यय का अनुपात 19 : 12 है। यदि वे क्रमशः ₹ 1200 और ₹ 1600 बचाते हैं, तो प्रत्येक व्यक्ति की आय ज्ञात कीजिए। *DSSSB Lab Attendant 2024*

(a) ₹ 10000 और ₹ 8000 (b) ₹ 5000 और ₹ 4000
(c) ₹ 2500 और ₹ 2000 (d) ₹ 15000 और ₹ 12000

हल (b) माना दोनों व्यक्तियों की आय क्रमश: $5x$ और $4x$ हैं।

प्रश्नानुसार, (आय − बचत) = व्यय

$\therefore$ $\frac{5x - 1200}{4x - 1600} = \frac{19}{12}$

$\Rightarrow 60x - 14400 = 76x - 30400$

$\Rightarrow 16x = 16000 \Rightarrow x = 1000$

अत: दोनों व्यक्तियों की आय

$= 5x = 5 \times 1000 =$ ₹ 5000

तथा $4x = 4 \times 1000 =$ ₹ 4000

> **Trending Concept**
> अनुपात तथा समानुपात के अनुप्रयोग पर आधारित प्रश्न वर्तमान में हो रही सभी परीक्षाओं (SSC, UP Police, NTPC, ALP, DSSSB) में पूछे जा रहे हैं। आगामी परीक्षाओं के लिए अति महत्त्वपूर्ण हैं।

Chapter Challenge

अनुपात पर आधारित

1. यदि $a:b=2:3$ और $b:c=3:4$, तो $a:b:c=?$ **RRC Group D 2022**

(a) 3 : 4 : 2 (b) 2 : 4 : 3
(c) 2 : 3 : 4 (d) 3 : 2 : 4

2. यदि $a:b=2:3$ और $b:c=6:8$ है, तो $a:b:c$ ज्ञात करें। **SSC (10+2) 2022**

(a) 2 : 3 : 6 (b) 2 : 3 : 4
(c) 2 : 3 : 5 (d) 1 : 2 : 3

3. सरलतम रूप में $\frac{1}{8}:\frac{1}{9}:\frac{1}{2}$ का अनुपात क्या होगा? **CISF ASI 2023**

(a) 8 : 9 : 36
(b) 8 : 9 : 2
(c) 9 : 8 : 36
(d) 4 : 18 : 9

> **MRC*****
> ***(Most Repeating Concepts)***
> प्र. सं. 1, 2, 3, 4 और 5 Examination Point of Views से अति महत्त्वपूर्ण है। इन Concept पर प्रश्न विभिन्न प्रतियोगी परीक्षाओं (Group D, CISF, SSC) में निरन्तर पूछे जा रहे हैं।

4. यदि $a:b=3:5, b:c=7:9, c:d=3:7$, तो $a:b:c:d=?$ का मान है **DSSSB 2019**

(a) 21 : 35 : 45 : 105
(b) 21 : 10 : 25 : 45
(c) 21 : 45 : 35 : 105
(d) 21 : 35 : 105 : 45

5. यदि $4p=6q=9r$ है, तो $p:q:r$ का मान ज्ञात करें। **SSC (10+2) 2021, SSC CGL (Tier-II) 2017**

(a) 16 : 36 : 81 (b) 15 : 13 : 10
(c) 4 : 6 : 9 (d) 9 : 6 : 4

6. यदि $(5t+3u):(5t-3u)=5:3$ है, तो $t:u$ का मान कितना होगा? **SSC Constable (GD) 2024**

(a) 8 : 7 (b) 4 : 5
(c) 6 : 7 (d) 12 : 5

7. यदि $P:Q=3:4$ और $Q:R=4:7$ हैं, तो $(P+Q):(Q+R):(R+P)$ का मान ज्ञात कीजिए। **SSC CGL (Tier II) 2023**

(a) 3 : 4 : 7 (b) 11 : 4 : 7
(c) 10 : 3 : 11 (d) 7 : 11 : 10

8. यदि $l=m$ का $\frac{6}{5}$ और $m=n$ का $\frac{5}{8}$ हो, तो $l:n$ का अनुपात ज्ञात कीजिए। **MHA IB 2023**

(a) 3 : 4 (b) 1 : 2
(c) 2 : 3 (d) 1 : 3

9. यदि $(p-q):(q-2r):(r-s)=3:4:7$ हो तो $(p+s):r$ का मान क्या है? **DSSSB 2019**

(a) 2 : 1 (b) 3 : 1
(c) 4 : 3 (d) 3 : 2

10. यदि $(a+b):(b+c):(c+a)=6:7:8$ तथा $a+b+c=14$ है, तो c का मान है **HCET 2023**

(a) 8 (b) 14
(c) 6 (d) 7

11. अनुपात 5 : 11 के प्रत्येक पद में क्या जोड़ा जाए ताकि अनुपात 3 : 5 हो जाए? **SSC (10+2) 2024**

(a) 2 (b) 4
(c) 6 (d) 5

12. यदि $2(A$ की पूँजी$)=3(B$ की पूँजी$)=4(C$ की पूँजी$)$ है, तो उनकी पूँजी का अनुपात ज्ञात कीजिए। **UP Police ASI 2021**

(a) 6 : 3 : 4 (b) 6 : 5 : 3
(c) 3 : 4 : 6 (d) 6 : 4 : 3

13. A और B द्वारा प्राप्त अंकों का अनुपात 3 : 4 है और B और C द्वारा प्राप्त अंकों का अनुपात 2 : 3 है। तो A और C द्वारा प्राप्त अंकों का अनुपात ज्ञात कीजिए। **RRC Group D 2022**

(a) 2 : 1 (b) 1 : 1
(c) 1 : 2 (d) 4 : 3

14. किसी संख्या का आधा दूसरी संख्या के 65% के बराबर है। पहली संख्या का दूसरी संख्या से अनुपात है **HCET 2023**

(a) 13 : 18 (b) 13 : 10
(c) 10 : 13 (d) 8 : 13

15. दो संख्याएँ 3 : 5 के अनुपात में हैं। यदि प्रत्येक में से 6 घटा दिया जाए, तो नई संख्याएँ 9 : 17 के अनुपात में हो जाती हैं। छोटी संख्या है **UP Police Constable 2024**

(a) 20 (b) 40
(c) 24 (d) 12

समानुपात पर आधारित

16. 0.024 और 0.12 का तृतीयानुपाती क्या होगा? **SSC CPO 2022**

(a) 6.000 (b) 0.600
(c) 0.006 (d) 0.060

17. 24 तथा 7 और 63 के मध्यानुपाती के बीच का अन्तर कितना है? **SSC (10+2) 2023**

(a) 3 (b) 2 (c) 4 (d) 5

18. 0.3, 0.8 और 0.108 का चतुर्थानुपाती क्या होगा? **CISF Head Constable 2023**

(a) 0.124 (b) 0.482
(c) 0.144 (d) 0.288

19. यदि $\frac{3}{2}:\frac{1}{p}=\frac{1}{p}:\frac{1}{6}$ है, तो $p(p>0)$ का मान क्या है? **DSSSB 2023**

(a) 3 (b) 2
(c) 3.5 (d) 4

20. यदि $48:x::x:75$, जहाँ $x>0$ है, तो x का मान ज्ञात कीजिए। **RRC Group D 2022**

(a) 57 (b) 51 (c) 63 (d) 60

21. 4, a और $16a$ का चतुर्थानुपाती 81 है। a का मान क्या है? **SSC CPO 2024**

(a) $\frac{5}{2}$ (b) $\frac{13}{2}$ (c) $\frac{11}{2}$ (d) $\frac{9}{2}$

22. 16 और 40 के तृतीयानुपाती तथा 10 और 40 के बीच मध्यानुपाती का अनुपात क्या है? **SSC CPO 2022**

(a) 5 : 1 (b) 1 : 4
(c) 1 : 5 (d) 4 : 1

23. यदि 6, 18, 39 और x समानुपात में हैं, तो x का मान ज्ञात कीजिए। **RRC Group D 2022**

(a) 117 (b) 112 (c) 139 (d) 115

24. जब x को 19, 28, 55 और 91 में से प्रत्येक से घटाया जाता है, तो इस क्रम में प्राप्त संख्याएँ समानुपात में होती हैं। x का मान ज्ञात कर **SSC CGL (Tier II) 2021**

(a) 5 (b) 8
(c) 9 (d) 7

25. दिया गया है कि c, 15 और b का तीसरा समानुपाती है। यदि b प्रथम तीन विषम प्राकृतिक संख्याओं का योग है, तो c का मान ज्ञात कीजिए। **RRC Group D 2022**

(a) $\frac{29}{5}$ (b) $\frac{27}{5}$ (c) $\frac{26}{5}$ (d) $\frac{28}{5}$

26. 19, 29, 28 और 44 में से कितना घटाया जाना चाहिए। ताकि परिणामी संख्या समानुपातिक हो जाए? **MP Police SI 2022**

(a) 8 (b) 6
(c) 2 (d) 4

राशि के विभाजन पर आधारित

27. दो संख्याओं का अनुपात 3 : 7 और उनका योग 180 है। दोनों संख्याओं का धनात्मक अन्तर ज्ञात कीजिए। **SSC MTS 2022**

(a) 72
(b) 78
(c) 85
(d) 80

> **MRC*****
> *(Most Repeating Concepts)*
> प्र. सं. 27, 28, और 29 Examination Point of Views से अति महत्त्वपूर्ण है। इन Concept पर प्रश्न विभिन्न प्रतियोगी परीक्षाओं (HCET, SSC, DP) में निरन्तर पूछे जा रहे हैं।

28. दो संख्याएँ 2 : 3 के अनुपात में हैं। यदि उनका योग 125 हो, तो वे संख्याएँ होंगी **HCET 2023**

(a) 32, 78 (b) 50, 75
(c) 24, 36 (d) 20, 30

29. दो संख्याएँ 5 : 3 के अनुपात में हैं और इन दोनों संख्याओं के बीच का अन्तर 34 है। दोनों संख्याओं में से छोटी संख्या ज्ञात कीजिए। **CISF DP 2023**

(a) 34 (b) 68
(c) 85 (d) 51

30. दो संख्याओं के बीच का अनुपात 7 : 8 है। यदि पहली संख्या का 60%, 42 है, तो दूसरी संख्या का 25% ज्ञात कीजिए। **DSSSB 2024**

(a) 24 (b) 16
(c) 26 (d) 20

31. किसी राशि को दो मित्रों के बीच 2 : 5 के अनुपात में विभाजित किया जाता है। यदि दूसरा भाग, पहले भाग से ₹ 6 अधिक है, तो प्रारम्भिक राशि ज्ञात कीजिए। **RRC Group D 2022**

(a) ₹ 13 (b) ₹ 12
(c) ₹ 23 (d) ₹ 14

32. यदि ₹ 10400 को P, Q और R के बीच में $\frac{1}{2}:\frac{1}{5}:\frac{1}{6}$ के अनुपात में तीन हिस्सों में बाँटा जाता है, तो Q का हिस्सा (₹ में) क्या होगा? **SSC DP Constable 2023**

(a) 2800 (b) 2400
(c) 2000 (d) 1600

33. ₹ 1440 के लाभ को $\frac{1}{5}:\frac{1}{7}$ के अनुपात में राम और श्याम के बीच विभाजित किया गया है। उनके लाभ का अन्तर ज्ञात करें। **MP Police SI 2022**

(a) ₹ 260 (b) ₹ 240
(c) ₹ 200 (d) ₹ 220

34. एक शिक्षक $\frac{1}{3}:\frac{1}{5}:\frac{1}{6}:\frac{1}{4}$ के अनुपात में अपने चार छात्रों के बीच कुछ टॉफियाँ बाँटता है। शिक्षक के पास न्यूनतम कितनी टॉफियाँ होनी चाहिए, ताकि किसी भी टॉफी को बाँटने के लिए उसे तोड़ना न पड़े? **CUET 2023**

(a) 76 (b) 71 (c) 77 (d) 57

35. तीन धनात्मक संख्याएँ 2 : 3 : 4 के अनुपात में हैं। उनके वर्गों का योग 2349 है। पहली दो संख्याओं का औसत ज्ञात कीजिए। **CUET 2022**

(a) 36 (b) 22.5
(c) 27.5 (d) 18

36. तीन संख्याओं का अनुपात 24 : 25 : 26 है और उनका योगफल 2700 है। तीनों संख्याओं में से दूसरी संख्या ज्ञात कीजिए। **UP Police ASI 2021**

(a) 900 (b) 890
(c) 910 (d) 875

37. तीन संख्याओं के वर्गों का योग जिनका अनुपात 3 : 4 : 5 है, 1250 है। तो सबसे बड़ी संख्या क्या है? **CISF ASI 2023**

(a) 20 (b) 25
(c) 15 (d) 30

38. A, B और C एक नकद पुरस्कार को 6 : 7 : 8 के अनुपात में आपस में बाँटते हैं। यदि C को ₹52000 मिलते हैं, तो A और B द्वारा प्राप्त कुल राशि को एकसाथ ज्ञात करें। **RPF Constable 2019**

(a) ₹ 88500 (b) ₹ 86500
(c) ₹ 84500 (d) ₹ 92500

39. दो संख्याओं का अनुपात 7 : 9 है। यदि उनके वर्गों का योगफल 8320 है, तो दोनों संख्याओं का योगफल ज्ञात कीजिए। **SSC MTS 2021**

(a) 120 (b) 228
(c) 128 (d) 124

40. एक स्कूल में कुल 414 विद्यार्थी हैं। लड़कों और लड़कियों का अनुपात 5 : 4 है। यदि अधिक 46 लड़कों को स्कूल में प्रवेश दिया जाता है, तो लड़कों और लड़कियों का नया अनुपात कितना होगा? **SSC (10+2) 2023**

(a) 3 : 2 (b) 4 : 3
(c) 3 : 1 (d) 5 : 2

41. हमीद, क्लीमेण्ट और गणेश के वेतन का अनुपात क्रमशः 3 : 5 : 7 है। यदि गणेश को हमीद से ₹ 892 ज्यादा मिल रहे हैं, क्लीमेण्ट का वेतन (₹ में) क्या है? **RPF SI 2019**

(a) 1145 (b) 1115
(c) 1125 (d) 1135

42. एक विद्यालय में 630 छात्र हैं। लड़कों की संख्या तथा लड़कियों की संख्या का अनुपात 3 : 2 है। 90 नए छात्रों के नामांकन के बाद यह अनुपात 7 : 5 हो जाता है। नये नामांकित लड़कों की संख्या ज्ञात कीजिए। **DSSSB 2021**

(a) 28 (b) 35
(c) 42 (d) 49

43. ₹ 8000 को P, Q तथा R में 5 : 6 : 9 के अनुपात में बाँटे जाने थे। परन्तु गलती से P, Q तथा R में यह 9 : 6 : 5 के अनुपात में बाँट दिए गए। इस वितरण में, R को कितना धन कम प्राप्त हुआ है? **DSSSB 2019**

(a) ₹ 1100 (b) ₹ 1600
(c) ₹ 1400 (d) ₹ 800

44. किसी धनराशि को A, B, C और D के बीच क्रमशः $5:7:11:15$ के अनुपात में वितरित किया जाता है। यदि C को B से ₹ 2480 अधिक मिलते हैं, तो B और D के हिस्सों का अन्तर ज्ञात करें। **SSC (10+2) 2021**

(a) ₹ 4690 (b) ₹ 4960 (c) ₹ 6490 (d) ₹ 4950

45. A, B और C के बीच ₹ 31866 की राशि को इस प्रकार विभाजित किया गया है, कि A और B के भागों का अनुपात $9:8$ और A और C के भागों का अनुपात $4:5$ है। B का भाग (₹ में) ज्ञात करें। **SSC CGL (Tier-I) 2021**

(a) 9024 (b) 8460 (c) 12690 (d) 10152

46. एक खम्भा 405 मी लम्बा है। इसे केसरिया, सफेद तथा हरे रंग में एक के ऊपर एक क्रमशः $8:9:10$ के अनुपात में रंगा गया है। खम्भे के सफेद भाग की लम्बाई (मी में) कितनी है? **RRB NTPC 2022**

(a) 140 (b) 130 (c) 120 (d) 135

47. ₹ 7200 को P, Q और R के बीच में क्रमशः 1/2:4: 3/2 के अनुपात में बाँटा जाता है। R का हिस्सा कितना है? **SSC Constable (GD) 2024**

(a) ₹ 1800 (b) ₹ 2400 (c) ₹ 600 (d) ₹ 4800

48. तीन संख्याओं का योग 100 है। पहली और दूसरी संख्या का अनुपात $4:9$ है और दूसरी और तीसरी संख्या का अनुपात $3:4$ है। दूसरी संख्या पता करें। **RRB JE 2019**

(a) 28 (b) 30 (c) 36 (d) 24

49. A, B और C एक क्रिकेट टीम में तीन बल्लेबाज हैं। एक निश्चित मैच में उनके द्वारा बनाए गए रनों का अनुपात दिया गया है। $A:B=6:7$ और $B:C=5:6$ है। मैच के अन्त में, A, B और C ने मिलकर 856 रन बनाए। B ने कितने रन बनाए? **SSC Constable (GD) 2022**

(a) 216 (b) 224 (c) 265 (d) 280

50. ₹ 7200 को P, Q और R के बीच इस प्रकार बाँटा जाता है, कि P के हिस्से का 6 गुना, Q के हिस्से के 2 गुना के बराबर है, जो कि R के हिस्से के 3 गुना के बराबर है। Q का हिस्सा कितना है? **SSC Constable (GD) 2024**

(a) ₹ 4800 (b) ₹ 1200 (c) ₹ 2400 (d) ₹ 3600

सिक्कों पर आधारित

51. राधिका ने एक बैंक के कैशियर से अनुरोध किया कि वह उसके ₹1845 के चेक के बदले में उसे सिक्के दे दे। कैशियर ने उसे ₹5, ₹10 और ₹20 के सिक्कों का एक पैकेट 3:5:7 के अनुपात में दिया। उसके द्वारा प्राप्त सबसे छोटे सिक्के का कुल मूल्य कितना है? **SSC (10+2) 2024**

> **MRC*****
> ***(Most Repeating Concepts)***
> प्र. सं. 51, 52, 53 और 54 Examination Point of Views से अति महत्त्वपूर्ण है। इन Concept पर प्रश्न सभी प्रतियोगी परीक्षाओं (CGL, DSSSB, ALP आदि) में निरन्तर पूछे जा रहे हैं।

(a) ₹ 125 (b) ₹ 135 (c) ₹ 145 (d) ₹ 105

52. कृष्णा के पास ₹ 1, 50 पैसे और 25 पैसे के कुछ सिक्के $\frac{1}{4}:\frac{1}{2}:\frac{1}{2}$ के अनुपात में हैं। यदि 25 पैसे के सिक्कों की संख्या 100 है, तो कृष्णा के पास मौजूद कुल राशि कितनी है? **RRC Group D 2022**

(a) ₹ 100 (b) ₹ 75
(c) ₹ 125 (d) ₹ 120

53. अतुल ₹ 20 क्रय मूल्य वाला ब्रेड खरीदता है और दुकानदार को ₹ 100 का नोट देता है। दुकानदार ₹ 2, ₹ 5 और ₹ 10 मूल्य वर्ग के सिक्कों में शेष धन देता है। यदि इन सिक्कों का अनुपात $5:4:1$ है, तो दुकानदार ₹ 5 के कितने सिक्के देता है? **SSC CGL (Tier-I) 2021**

(a) 8 (b) 6 (c) 5 (d) 4

54. एक बॉक्स में ₹ 110 रखे हुए हैं, जिसमें $1:2:3$ के अनुपात में ₹ 1, 50 पैसे और 25 पैसे के सिक्के शामिल हैं। 50 पैसे के सिक्कों की संख्या कितनी है? **RRB NTPC 2021**

(a) 79 (b) 77 (c) 80 (d) 78

55. एक डिब्बे में ₹ 10 के नोट, ₹ 20 के नोट और ₹ 50 के नोट $3:5:7$ के अनुपात में हैं। नोटों की कुल धनराशि ₹ 3360 है। ₹ 20 के नोटों और ₹ 50 के नोटों की कुल संख्या ज्ञात कीजिए। **MHA IB 2023**

(a) 79 (b) 84
(c) 73 (d) 80

56. R, ₹ 5, ₹ 2 और ₹ 1, के सिक्कों में P को ₹ 100 का भुगतान करता है। भुगतान के लिए उपयोग किए गए सिक्कों की संख्या 40 है। भुगतान में ₹ 5 मूल्य-वर्ग के सिक्कों की संख्या कितनी है? **SSC CGL (Tier I) 2024**

(a) 17 (b) 18
(c) 16 (d) 13

57. एक स्कूल के बच्चे ने तीन अलग-अलग प्रकार के पेन खरीदे और उनकी संख्या क्रमशः $7:6:5$ के अनुपात में है, जिसकी कीमत क्रमशः ₹ 5, ₹ 10, ₹ 15 है। बच्चे ने सभी पेन खरीदने के लिए ₹ 340 खर्च किए हैं। उसने जो ₹ 10 का पेन खरीदा है, उसकी संख्या ज्ञात कीजिए। **RPF Constable 2019**

(a) 10 (b) 14
(c) 16 (d) 12

अनुपात तथा समानुपात के अनुप्रयोग पर आधारित

58. अनिल और कुमुद के मासिक वेतन का अनुपात $19:17$ है। यदि अनिल और कुमुद के वेतन में क्रमशः ₹ 2000 और ₹ 1000 की वृद्धि होती है, तो उनके वेतन का अनुपात $8:7$ हो जाता है। कुमुद का वर्तमान वेतन (₹ में) ज्ञात करें। **SSC CGL (Tier-I) 2021**

(a) 34000 (b) 38000
(c) 35000 (d) 18000

59. एक क्लब में महिलाओं का पुरुषों की संख्या से अनुपात $3:2$ है। हाल ही में, 300 महिलाएँ क्लब में शामिल हुई और अनुपात $5:2$ हो गया। अब क्लब में महिला सदस्यों की संख्या कितनी है? **RRB NTPC 2020**

(a) 900 (b) 1200 (c) 750 (d) 600

60. दो संख्याओं का अनुपात $5:8$ है। यदि पहली संख्या में 40% की वृद्धि होती है और दूसरी संख्या में 15% की कमी होती है, तो नया अनुपात होगा **RRC Group D 2022**

(a) 37 : 39 (b) 35 : 34
(c) 23 : 26 (d) 12 : 17

61. तीन कक्षाओं में छात्र $2:3:5$ के अनुपात में हैं। यदि प्रत्येक कक्षा में 30 छात्र बढ़ा दिए जाते हैं तो अनुपात $4:5:7$ हो जाता है। वृद्धि के बाद छात्रों की कुल संख्या है **RRB NTPC 2021**

(a) 150 (b) 240
(c) 180 (d) 210

62. अहमद तथा विनोद के वेतन का अनुपात 4 : 5 है। यदि प्रत्येक का वेतन ₹ 5000 बढ़ जाता है तो नया अनुपात 38 : 45 हो जाता है। वृद्धि के बाद अहमद का वेतन क्या है? **DSSSB 2019**

(a) ₹ 19000 (b) ₹ 14000 (c) ₹ 18000 (d) ₹ 15000

63. निखिल और रीतू की आय 2 : 1 के अनुपात में है। वे 5 : 3 के अनुपात में खर्च करते हैं और 4 : 1 के अनुपात में बचत करते हैं। यदि निखिल और रीतू दोनों की कुल मिलाकर मासिक बचत ₹10000 है, तो प्रत्येक की मासिक आय ज्ञात कीजिए। **UP Police Constable 2024**

(a) ₹ 10000, ₹ 5000 (b) ₹ 28000, ₹ 14000
(c) ₹ 8000, ₹ 4000 (d) ₹ 2000, ₹ 1000

64. A की आय का B की आय से अनुपात 3 : 5 है। A का व्यय उसकी आय का $\frac{7}{12}$ है, और B का व्यय उसकी आय का $\frac{8}{15}$ है। उनके व्यय के बीच सकारात्मक अन्तर ₹ 14300 है। A की आय ज्ञात कीजिए। **RRC Group D 2022**

(a) ₹ 48300 (b) ₹ 16800
(c) ₹ 46800 (d) ₹ 78000

65. अभिनव और रेखा की मासिक आय 6 : 5 के अनुपात में है, जबकि उनके मासिक व्यय 9 : 8 के अनुपात में हैं। यदि अभिनव की आय, रेखा के व्यय से दोगुनी है, तब अभिनव और रेखा की बचत का अनुपात है **SSC MTS 2019**

(a) 21 : 16 (b) 23 : 18 (c) 5 : 3 (d) 3 : 2

66. दो मित्रों अनुज और मैथ्यू की मासिक आय का अनुपात 5 : 7 है और उनमें से प्रत्येक महीने में ₹ 10000 की बचत करता है। यदि उनके व्ययों का अनुपात 2 : 3 है, तो अनुज की आय ज्ञात कीजिए। **RRC Group D 2022**

(a) ₹ 5000 (b) ₹ 20000
(c) ₹ 50000 (d) ₹ 15000

67. रोहन और सोहम का वेतन 2 : 3 के अनुपात में है। यदि प्रत्येक के वेतन में ₹ 2000 की वृद्धि होती है, तो नया अनुपात 40 : 57 हो जाता है। सोहम का वर्तमान वेतन क्या है? **UP Police Constable 2024**

(a) ₹ 34000 (b) ₹ 25500
(c) ₹ 17000 (d) ₹ 20000

68. A और B की आय का अनुपात 5 : 7 है और उनकी बचत का अनुपात 2 : 3 है। यदि A और B क्रमशः ₹ 35400 और ₹ 48600 खर्च करते हैं, तो B और A की आय के बीच कितना अन्तर (₹ में) है? **RRB NTPC 2022**

(a) 17600 (b) 20000
(c) 18600 (d) 18000

69. दो संख्याओं के बीच का अन्तर 5 है। यदि छोटी संख्या में से 25 घटा दिया जाए और बड़ी संख्या में 20 जोड़ दिया जाए तो अनुपात 1 : 2 हो जाता है। बड़ी संख्या क्या है? **RRB NTPC 2021**

(a) 90 (b) 85
(c) 80 (d) 75

70. विनोद और मनोज के वर्तमान वेतन का अनुपात 6 : 7 है। यदि दोनों के वेतन में ₹ 16000 की वृद्धि होती है, तो यह अनुपात 8 : 9 हो जाता है। मनोज का वर्तमान वेतन कितना है? **RRB ALP 2019**

(a) ₹ 64000 (b) ₹ 56000
(c) ₹ 72000 (d) ₹ 48000

71. कॉफी और चाय के मूल्य का अनुपात 3 : 4 है और एक परिवार द्वारा उपभोग की जाने वाली उनकी मात्रा का अनुपात 4 : 7 है। कॉफी और चाय पर होने वाले व्यय का अनुपात ज्ञात कीजिए। **SSC (10+2) 2024**

(a) 7 : 4 (b) 3 : 7
(c) 4 : 7 (d) 7 : 3

72. यदि विमल की आय दीपक की आय की तुलना में 10% अधिक है और दीपक की आय शेखर की आय की तुलना में 20% कम है, विमल, दीपक और शेखर की आय क्रमशः निम्न अनुपात में होगी **DSSSB 2019**

(a) 11 : 15 : 17 (b) 20 : 22 : 24
(c) 18 : 21 : 23 (d) 22 : 20 : 25

73. एक हीरे का मूल्य उसके भार के वर्ग का अनुक्रमानुपाती है। एक व्यक्ति से गलती से यह हीरा तीन टुकड़ों में 6 : 8 : 11 के अनुपात में टूट गया और इस वजह से उसे ₹ 88880 की हानि हुई। हीरे का वास्तविक मूल्य क्या था? **DSSSB 2019**

(a) ₹ 107600 (b) ₹ 147500
(c) ₹ 117500 (d) ₹ 137500

Right Key

1 (c)	2 (b)	3 (c)	4 (a)	5 (d)	6 (d)	7 (d)	8 (a)	9 (b)	10 (c)
11 (b)	12 (d)	13 (c)	14 (b)	15 (c)	16 (b)	17 (a)	18 (d)	19 (b)	20 (d)
21 (d)	22 (a)	23 (a)	24 (d)	25 (b)	26 (d)	27 (a)	28 (b)	29 (d)	30 (d)
31 (d)	32 (b)	33 (b)	34 (d)	35 (b)	36 (a)	37 (b)	38 (c)	39 (c)	40 (a)
41 (b)	42 (c)	43 (b)	44 (b)	45 (a)	46 (d)	47 (a)	48 (c)	49 (d)	50 (d)
51 (b)	52 (c)	53 (a)	54 (c)	55 (b)	56 (d)	57 (d)	58 (a)	59 (c)	60 (b)
61 (b)	62 (a)	63 (b)	64 (c)	65 (a)	66 (c)	67 (c)	68 (d)	69 (c)	70 (b)
71 (b)	72 (d)	73 (d)							

Solutions

1. (c) $a : b = 2 : 3$
$\;\;\downarrow\swarrow\downarrow$
$b : c = 3 : 4$

$\therefore\; a : b : c = 6 : 9 : 12 = 2 : 3 : 4$

2. (b) $a : b = 2 : 3$
$b : c = 6 : 8$

$\therefore\; a : b : c = 2 \times 6 : 3 \times 6 : 3 \times 8$
$= 12 : 18 : 24 = 2 : 3 : 4$

3. (c) दिया गया अनुपात $= \frac{1}{8} : \frac{1}{9} : \frac{1}{2}$

$\because$ 8, 9 और 2 का ल.स. = 72

$\therefore$ अभीष्ट सरलतम अनुपात

$= \frac{1}{8} \times 72 : \frac{1}{9} \times 72 : \frac{1}{2} \times 72$

$= 9 : 8 : 36$

4. (a) $\because a : b = 3 : 5$
$b : c = 7 : 9$
$c : d = 3 : 7$

$\therefore\; a : b : c : d = 3 \times 7 \times 3 : 5 \times 7 \times 3$
$: 5 \times 9 \times 3 : 5 \times 9 \times 7$
$= 63 : 105 : 135 : 315$
$= 21 : 35 : 45 : 105$

5. (d) दिया है, $4p = 6q = 9r = x$ (माना)

$\therefore\; p = \frac{x}{4}, q = \frac{x}{6}, r = \frac{x}{9}$

$\therefore\; p : q : r = \frac{x}{4} : \frac{x}{6} : \frac{x}{9}$

$= \frac{1}{4} : \frac{1}{6} : \frac{1}{9} = 9 : 6 : 4$

6. (d) $\frac{5t + 3u}{5t - 3u} = \frac{5}{3}$

$\Rightarrow\; 15t + 9u = 25t - 15u$

$\Rightarrow\; 10t = 24u$

$\Rightarrow\; \frac{t}{u} = \frac{24}{10} = \frac{12}{5}$

अतः $t : u = 12 : 5$

> **TOP TIPS** इस प्रकार के प्रश्नों को अभ्यर्थी योगान्तरानुपात नियम से भी हल कर सकते हैं।

7. (d) $P : Q = 3 : 4$
$Q : R = 4 : 7$

$\therefore\; P : Q : R = 3 : 4 : 7$

अब, $(P + Q) : (Q + R) : (R + P)$
$= (3 + 4) : (4 + 7) : (7 + 3)$
$= 7 : 11 : 10$

8. (a) दिया है, $l = m$ का $\frac{6}{5}$

$\Rightarrow\; 5l = 6m$

$\therefore\; l : m = 6 : 5$

तथा $m = n$ का $\frac{5}{8}$

$\Rightarrow\; 8m = 5n$

$\therefore\; m : n = 5 : 8$

अब, $l : m : n = 6 : 5 : 8$

$\therefore\; l : n = 6 : 8 = 3 : 4$

> **Quick Method**
>
> $l = m \times \frac{6}{5}$ तथा $n = m \times \frac{8}{5}$
>
> $\therefore\; \frac{l}{n} = \frac{m \times \frac{6}{5}}{m \times \frac{8}{5}} = \frac{6}{8} = \frac{3}{4}$
>
> $\therefore\; l : n = 3 : 4$

9. (b) $(p - q) : (q - 2r) : (r - s) = 3 : 4 : 7$

माना, $p - q = 3x, q - 2r = 4x$

तथा $r - s = 7x$

$\therefore\; p - q + q - 2r = 3x + 4x$

$\Rightarrow\; p - 2r = 7x$

$\therefore\; p - 2r = r - s \;\; (\because r - s = 7x)$

$\Rightarrow\; p + s = 3r$

अतः $(p + s) : r = 3r : r = 3 : 1$

10. (c) $(a + b) : (b + c) : (c + a) = 6 : 7 : 8$

माना $(a + b) = 6k, (b + c) = 7k$

तथा $(c + a) = 8k$ जहाँ, $k \in R$

अब, $(a + b + c) = 14$

$\Rightarrow\; 2(a + b + c) = 28$

$\Rightarrow\; (a + b) + (b + c) + (c + a) = 28$

$\Rightarrow\; 6k + 7k + 8k = 28$

$\Rightarrow\; 21k = 28$

$\Rightarrow\; k = \frac{28}{21} = \frac{4}{3}$

$\therefore\; a + b = 6 \times \frac{4}{3} = 8$

अतः $(a + b + c) - (a + b)$
$= c = 14 - 8 = 6$

11. (b) माना प्रत्येक पद में जोड़ी गई संख्या $= x$

प्रश्नानुसार, $\frac{5 + x}{11 + x} = \frac{3}{5}$

$\Rightarrow\; 25 + 5x = 33 + 3x$

$\Rightarrow\; 2x = 8$

$\therefore\; x = 4$

12. (d) प्रश्नानुसार, $2A = 3B = 4C = K$ (माना)

तब, $A = \frac{K}{2}, B = \frac{K}{3}, C = \frac{K}{4}$

अब, $A : B : C = \frac{K}{2} : \frac{K}{3} : \frac{K}{4}$

$= \frac{12}{2} : \frac{12}{3} : \frac{12}{4}$

अतः $A : B : C = 6 : 4 : 3$

13. (c) $\because A : B = 3 : 4$

तथा $B : C = 2 : 3$

$\therefore\; A : B : C = 3 \times 2 : 4 \times 2 : 4 \times 3$
$= 6 : 8 : 12$
$= 3 : 4 : 6$

अतः $A : C = 3 : 6 = 1 : 2$

14. (b) माना दूसरी संख्या $= y$

तथा पहली संख्या $= x$

पहली संख्या $\times \frac{1}{2} =$ दूसरी संख्या $\times \frac{65}{100}$

$\Rightarrow\; \frac{x}{2} = y \times \frac{65}{100}$

$\Rightarrow\; \frac{x}{y} = \frac{65}{50} = \frac{13}{10}$

$\therefore$ पहली संख्या : दूसरी संख्या $= 13 : 10$

15. (c) माना संख्याएँ $3x$ और $5x$ हैं।

प्रश्नानुसार, $\frac{3x - 6}{5x - 6} = \frac{9}{17}$

$\Rightarrow\; 51x - 102 = 45x - 54$

$\Rightarrow\; 6x = 102 - 54 = 48$

$\Rightarrow\; x = 8$

$\therefore$ छोटी संख्या $= 3 \times 8 = 24$

> **Quick Method**
>
> प्रारम्भिक $\rightarrow (3 : 5) \times 8 \Rightarrow 24 : 40$
> नयी $\rightarrow (9 : 17) \times 2 \Rightarrow 18 : 34$) 6 (कमी)
>
> $\because\; 6 \rightarrow 6$
>
> $\therefore\; 24 \rightarrow \frac{6}{6} \times 24 = 24$
>
> अतः छोटी संख्या 24 है।

16. (b) 0.024 और 0.12 का तृतीयानुपाती

$= \frac{0.12 \times 0.12}{0.024}$

$\Rightarrow\; x = 0.600$

17. (a) माना 7 और 63 का मध्यानुपाती x है।

$x = \sqrt{7 \times 63}$

$\Rightarrow\; x = 7 \times 3 = 21$

अतः 24 और 21 का अन्तर $= 24 - 21 = 3$

18. (*d*) 0.3, 0.8 और 0.108 का चतुर्थानुपाती $= x$

$\Rightarrow \quad \frac{0.3}{0.8} = \frac{0.108}{x}$

$\Rightarrow \quad x \times 0.3 = 0.8 \times 0.108$

$\Rightarrow \quad x = 0.288$

19. (*b*) $\frac{3}{2} : \frac{1}{p} = \frac{1}{p} : \frac{1}{6}$

$\Rightarrow \quad \frac{1}{p} \times \frac{1}{p} = \frac{3}{2} \times \frac{1}{6}$

$\Rightarrow \quad p^2 = 2 \times 2$

$\therefore \quad p = 2$

20. (*d*) $48 : x :: x : 75$

$\Rightarrow \quad \frac{48}{x} = \frac{x}{75}$

$\Rightarrow \quad x^2 = 48 \times 75 = 3600$

$\therefore \quad x = \sqrt{3600} = 60 \qquad (\because x > 0)$

21. (*d*) प्रश्नानुसार, $4 : a :: 16a : 81$

$\Rightarrow \quad \frac{4}{a} = \frac{16a}{81}$

$\Rightarrow \quad 16a^2 = 4 \times 81$

$\Rightarrow \quad a^2 = \frac{4 \times 81}{16} = \frac{81}{4}$

$\therefore \quad a = \sqrt{\frac{81}{4}} = \frac{9}{2}$

22. (*a*) माना 16 और 40 का तृतीयानुपाती $= x$

तब, $16 : 40 :: 40 : x$

$\Rightarrow \quad 16 \times x = 40 \times 40$

$\Rightarrow \quad x = 100$

तथा 10 और 40 का मध्यानुपाती $= y$

तब, $10 : y :: y : 40$

$\Rightarrow \quad y \times y = 40 \times 10$

$\Rightarrow \quad y^2 = 400$

$\Rightarrow \quad y = 20$

$\therefore$ अभीष्ट अनुपात $= x : y = 100 : 20 = 5 : 1$

> **TOP TIPS** इस प्रकार के प्रश्नों को सूत्रों की सहायता से भी हल किए जा सकते हैं, जो कण्ठस्थ होने चाहिए।

23. (*a*) $\because$ 6, 18, 39 और x समानुपात में हैं।

$\therefore \quad 6 : 18 :: 39 : x$

$\Rightarrow \quad \frac{6}{18} = \frac{39}{x} \Rightarrow 6x = 39 \times 18$

$\therefore \quad x = \frac{39 \times 18}{6} = 39 \times 3 = 117$

24. (*d*) प्रश्नानुसार,

$\frac{19 - x}{28 - x} = \frac{55 - x}{91 - x}$

$\Rightarrow \quad 1729 - 91x - 19x + x^2 = 1540 - 55x - 28x + x^2$

$\Rightarrow \quad 110x - 83x = 1729 - 1540$

$\Rightarrow \quad 27x = 189$

$\Rightarrow \quad x = 7$

25. (*b*) प्रश्नानुसार, $b = 1 + 3 + 5 = 9$

प्रश्नानुसार,

c, 15 और b (अर्थात् 9) का तृतीयानुपाती है,

तब,

$c = \frac{9^2}{15} = \frac{81}{15} = \frac{27}{5}$

26. (*d*) माना घटाई गई संख्या $= x$

तब प्रश्नानुसार,

$\Rightarrow \quad \left(\frac{19 - x}{29 - x}\right) = \left(\frac{28 - x}{44 - x}\right)$

$\Rightarrow 836 - 19x - 44x + x^2 = 812 - 29x - 28x + x^2$

$\Rightarrow \quad 836 - 63x = 812 - 57x$

$\Rightarrow \quad 63x - 57x = 836 - 812$

$\Rightarrow \quad 6x = 24$

$\Rightarrow \quad x = 4$

अतः घटाई गई संख्या = 4

27. (*a*) माना दोनों संख्याएँ क्रमशः $3x$ और $7x$ हैं।

प्रश्नानुसार, $3x + 7x = 180$

$\Rightarrow \quad x = 18$

$\therefore$ अभीष्ट अन्तर $= (7x - 3x) = 4x = 4 \times 18 = 72$

28. (*b*) माना दोनों संख्याएँ $2x$ तथा $3x$ हैं।

प्रश्नानुसार, $2x + 3x = 125$

$\therefore \quad x = \frac{125}{5} = 25$

पहली संख्या $= 2x = 2 \times 25 = 50$

दूसरी संख्या $= 3x = 3 \times 25 = 75$

> ***Quick Method***
>
> अनुपातिक योग $= 2 + 3 = 5$
>
> पहली संख्या $= \frac{2}{5} \times 125 = 50$
>
> दूसरी संख्या $= \frac{3}{5} \times 125 = 75$

29. (*d*) माना पहली संख्या $= 5x$

तथा दूसरी संख्या $= 3x$

प्रश्नानुसार,

$5x - 3x = 34$

$\therefore \quad x = 17$

छोटी संख्या $= 3 \times 17 = 51$

> ***Quick Method***
>
> $\because (5 - 3) \rightarrow 34$
>
> $\therefore \quad 3 \rightarrow \frac{34}{2} \times 3 = 51$

30. (*d*) माना दो संख्याएँ क्रमशः $7x$ और $8x$ हैं।

प्रश्नानुसार, $7x \times \frac{60}{100} = 42$

$\Rightarrow \quad x = \frac{42 \times 100}{7 \times 60}$

$\Rightarrow \quad x = 10$

अतः दूसरी संख्या का 25% $= 8x \times \frac{25}{100}$

$= 8 \times 10 \times \frac{25}{100} = 20$

31. (*d*) माना दो मित्रों के बीच की राशि $2x$ तथा $5x$ है।

प्रश्नानुसार, $\quad 5x - 2x = 6$

$\therefore \quad x = \frac{6}{3} = 2$

$\therefore$ प्रारम्भिक राशि $= 7x = 7 \times 2 =$ ₹ 14

32. (*b*) $P : Q : R = \frac{1}{2} : \frac{1}{5} : \frac{1}{6}$

$= \frac{1}{2} \times 30 : \frac{1}{5} \times 30 : \frac{1}{6} \times 30$

$= 15 : 6 : 5$

$\therefore Q$ को प्राप्त राशि $= \frac{10400}{(15 + 6 + 5)} \times 6$

= ₹ 2400

33. (*b*) लाभ (राम : श्याम) $= \frac{1}{5} : \frac{1}{7} = 7 : 5$

$\therefore$ अभीष्ट अन्तर $= \frac{(7 - 5)}{(7 + 5)} \times 1440 =$ ₹ 240

34. (*d*) टॉफियों का अनुपात $= \frac{1}{3} : \frac{1}{5} : \frac{1}{6} : \frac{1}{4}$

$= \frac{20}{60} : \frac{12}{60} : \frac{10}{60} : \frac{15}{60}$

($\because$ 3, 5, 6, 4 का ल.स. = 60)

$= 20 : 12 : 10 : 15$

$\therefore$ टॉफियों की न्यूनतम संख्या = अनुपातिक योग

$= 20 + 12 + 10 + 15$

$= 57$

> **TOP TIPS** विभिन्न राशियों का आनुपातिक योग ही उन राशियों का न्यूनतम योग होता है।

35. (*b*) माना तीन संख्याएँ $2x$, $3x$ तथा $4x$ हैं।

प्रश्नानुसार,

$(2x)^2 + (3x)^2 + (4x)^2 = 2349$

$\Rightarrow \quad 4x^2 + 9x^2 + 16x^2 = 2349$

$\Rightarrow \quad 29x^2 = 2349$

$\Rightarrow \quad x^2 = 81$

$\Rightarrow \quad x = 9$

$\therefore$ प्रथम दो संख्याओं का औसत $= \frac{2x + 3x}{2}$

$= \frac{5x}{2} = \frac{5 \times 9}{2} = 22.5$

36. (*a*) दूसरी संख्या $= \dfrac{25}{(24+25+26)} \times 2700$

$= ₹\, 900$

TOP TIPS यदि संख्या x को तीन भाग $a:b:c$ में विभाजित किया जाए, तब

$b = \dfrac{b \text{ का अनुपातिक मान}}{(a+b+c) \text{ का अनुपातिक मान}} \times \text{संख्या}$

37. (*b*) माना तीनों संख्याएँ $3x$, $4x$ तथा $5x$ हैं।

प्रश्नानुसार,

$(3x)^2 + (4x)^2 + (5x)^2 = 1250$

$\Rightarrow \quad x^2(9+16+25) = 1250$

$\Rightarrow \quad x^2 = \dfrac{1250}{50} = 25$

$\Rightarrow \quad x = \sqrt{25} = 5$

$\therefore$ सबसे बड़ी संख्या $= 5x = 5 \times 5 = 25$

38. (*c*) 8 इकाई $= ₹\, 52000$

$\therefore (6+7)$ इकाई $= \dfrac{₹52000 \times 13}{8} = ₹84500$

39. (*c*) माना संख्याएँ $7x$ और $9x$ हैं।

प्रश्नानुसार, $(7x)^2 + (9x)^2 = 8320$

$\Rightarrow \quad 49x^2 + 81x^2 = 8320$

$\Rightarrow \quad 130x^2 = 8320$

$\Rightarrow \quad x^2 = 64 \Rightarrow x = 8$

$\therefore$ दोनों संख्याओं का योगफल

$= 16x = 16 \times 8 = 128$

40. (*a*) लड़कों की संख्या $= \dfrac{414}{(5+4)} \times 5 = 230$

और लड़कियों की संख्या

$= 414 - 230 = 184$

प्रश्नानुसार,

अब, लड़के और लड़कियों का नया अनुपात

$= (230+46) : 184 = 276 : 184 = 3:2$

41. (*b*) माना हमीद, क्लीमेण्ट और गणेश का वेतन क्रमशः $3x$, $5x$ और $7x$ हैं।

प्रश्नानुसार, $7x - 3x = 892$

$\Rightarrow \quad x = \dfrac{892}{4} = 223$

अतः क्लीमेण्ट का वेतन $= 5 \times 223 = ₹\, 1115$

42. (*c*) विद्यालय में लड़कों की प्रारम्भिक संख्या

$= 630 \times \dfrac{3}{(3+2)} = 378$

90 छात्रों के नामांकन के पश्चात् छात्रों की कुल संख्या $= 630 + 90 = 720$

अब, लड़कों की नई संख्या

$= 720 \times \dfrac{7}{12} = 420$

$\therefore$ नामांकित लड़कों की संख्या

$= 420 - 378 = 42$

43. (*b*) P, Q व R में बाटी जाने वाली सही राशि का अनुपात $= 5:6:9$

$\therefore R$ का हिस्सा $= \dfrac{9}{20} \times 8000 = ₹\, 3600$

P, Q व R में बाँटी जाने वाली गलत राशि का अनुपात $= 9:6:5$

R का हिस्सा $= \dfrac{5}{20} \times 8000 = ₹\, 2000$

$\therefore$ राशि में अभीष्ट कमी

$= (3600 - 2000) = ₹\, 1600$

44. (*b*) माना A, B, C और D को मिली धनराशि क्रमशः $5x$, $7x$, $11x$ और $15x$ हैं।

प्रश्नानुसार,

$11x - 7x = 2480$

$\Rightarrow \quad 4x = 2480$

$\Rightarrow \quad x = 620$

$\therefore B$ और D के हिस्सों का अन्तर $= 15x - 7x$

$= 8x = 8 \times 620 = ₹\, 4960$

Quick Method

$\because (11-7) \to 2480$

$\therefore (15-7) \to \dfrac{2480}{4} \times 8 = 4960$

45. (*a*) दिया है, $A:B = 9:8 = 36:32$

$A:C = 4:5 = 36:45$

$\therefore \quad A:B:C = 36:32:45$

$\therefore B$ का भाग $= 31866 \times \dfrac{32}{(36+32+45)}$

$= ₹\, 9024$

46. (*d*) सफेद भाग की लम्बाई

$= \dfrac{9}{(8+9+10)} \times 405 = 135$ मी

47. (*a*) P, Q और R के हिस्सों का अनुपात

$= \dfrac{1}{2} : 4 : \dfrac{3}{2} = 1:8:3$

R का हिस्सा $= \dfrac{3}{(1+8+3)} \times 7200 = ₹\, 1800$

48. (*c*) पहली संख्या : दूसरी संख्या $= 4:9$

दूसरी संख्या : तीसरी संख्या $= 3:4$

अब पहली संख्या : दूसरी संख्या : तीसरी संख्या

$= 4 \times 3 : 9 \times 3 : 9 \times 4$

$= 12 : 27 : 36 = 4 : 9 : 12$

$\therefore$ दूसरी संख्या $= \dfrac{9}{(4+9+12)} \times 100 = 36$

49. (*d*) दिया है, $A:B = 6:7$ ...(i)

$B:C = 5:6$ ...(ii)

$\therefore \quad A:B:C = 30:35:42$

अतः B द्वारा बनाए गए रन

$= \dfrac{856}{(30+35+42)} \times 35 = 280$

50. (*d*) $6P = 2Q = 3R$

$\therefore \quad P:Q:R = \dfrac{1}{6} : \dfrac{1}{2} : \dfrac{1}{3} = 1:3:2$

अतः Q का हिस्सा $= \dfrac{7200}{(1+3+2)} \times 3$

$= ₹\, 3600$

51. (*b*) माना ₹ 5, ₹ 10 और ₹ 20 के सिक्कों की संख्या क्रमशः $3x$, $5x$ और $7x$ है।

प्रश्नानुसार,

$3x \times 5 + 5x \times 10 + 7x \times 20 = 1845$

$\Rightarrow \quad 205x = 1845$

$\Rightarrow \quad x = \dfrac{1845}{205} = 9$

अतः सबसे छोटे सिक्के का कुल मूल्य

$= 3x \times 5 = 3 \times 9 \times 5 = ₹\, 135$

52. (*c*) सिक्कों का अनुपात $= \dfrac{1}{4} : \dfrac{1}{2} : \dfrac{1}{2}$

$= 1:2:2$

माना, ₹ 1, 50 पैसे तथा 25 पैसे के सिक्कों की संख्या क्रमशः x, $2x$ तथा $2x$ है।

25 पैसे के सिक्कों की संख्या $= 100$

$\therefore \quad 2x = 100$

$\therefore \quad x = 50$

कृष्णा के पास मौजूद राशि

$= 50 + \dfrac{2 \times 50}{2} + \dfrac{2 \times 50}{4}$

$= 50 + 50 + 25 = ₹\, 125$

53. (*a*) ₹ 20 की ब्रेड खरीदने के बाद शेष बची धनराशि $= 100 - 20 = ₹\, 80$

माना ₹ 2, ₹ 5 और ₹ 10 मूल्य वर्ग के सिक्कों की संख्या क्रमशः $5x$, $4x$ और x है।

तब, $5x \times 2 + 4x \times 5 + x \times 10 = 80$

$\Rightarrow \quad 10x + 20x + 10x = 80$

$\Rightarrow \quad 40x = 80 \Rightarrow x = 2$

$\therefore$ ₹ 5 के सिक्कों की संख्या $= 4 \times 2 = 8$

54. (*c*) माना ₹ 1, 50 पैसे और 25 पैसे के सिक्के x, $2x$ तथा $3x$ हैं।

प्रश्नानुसार, $x + \dfrac{2x}{2} + \dfrac{3x}{4} = 110$

$\Rightarrow \quad \dfrac{4x + 4x + 3x}{4} = 110$

$\Rightarrow \quad 11x = 110 \times 4$

$\therefore \quad x = \dfrac{110 \times 4}{11} = 40$

$\therefore$ 50 पैसे के सिक्कों की संख्या

$= 2 \times 40 = 80$

55. (*b*) माना ₹ 10 के नोटों की संख्या $= 3x$

₹ 20 के नोटों की संख्या $= 5x$

तथा, ₹ 50 के नोटों की संख्या $= 7x$

प्रश्नानुसार,

$3x \times 10 + 5x \times 20 + 7x \times 50 = 3360$

$\Rightarrow \quad 30x + 100x + 350x = 3360$

$\Rightarrow \quad 480x = 3360$

$\therefore \quad x = \frac{3360}{480} = 7$

$\therefore$ ₹ 20 के नोटों की संख्या $= 5 \times 7 = 35$

$\therefore$ ₹ 50 के नोटों की संख्या $= 7 \times 7 = 49$

अत: ₹ 20 और ₹ 50 के नोटों की कुल संख्या

$= 35 + 49 = 84$

56. (*d*) विकल्प (a), (b) और (c) कभी भी 5 के सिक्कों की संख्या नहीं हो सकती क्योंकि सिक्कों की संख्या 40 और कुल ₹ 100 नहीं बनेंगे।

$\therefore$ विकल्प (d) से,

₹ 5 के सिक्के = 13

$\therefore$5 के सिक्कों से कुल रुपए

$= 13 \times 5 =$ ₹ 65

शेष रुपए $= 100 - 65 = 35$

शेष सिक्के $= 40 - 13 = 27$

₹ 2 के सिक्कों की संख्या = 8

₹ 2 के सिक्कों से कुल रुपए

$= 8 \times 2 =$ ₹ 16

₹ 1 के सिक्कों की संख्या = 19

₹ 2 के सिक्कों से कुल रुपए

$= 19 \times 1 =$ ₹ 19

$\because$ कुल रुपए $= 65 + 16 + 19 = 100$

$\therefore$ कुल सिक्के $= 13 + 8 + 19 = 40$

57. (*d*) माना ₹ 5, ₹ 10, ₹ 15 के पेनों की संख्या क्रमश: $7x$, $6x$ और $5x$ हैं।

प्रश्नानुसार,

$5 \times 7x + 10 \times 6x + 15 \times 5x = 340$

$\Rightarrow \quad 35x + 60x + 75x = 340$

$\Rightarrow \quad 170x = 340$

$\therefore \quad x = 2$

$\therefore$ ₹ 10 वाले पेनों की संख्या $= 6 \times 2 = 12$

58. (*a*) माना अनिल और कुमुद का मासिक वेतन क्रमश: ₹ $19x$ और ₹ $17x$ हैं।

प्रश्नानुसार, $\frac{19x + 2000}{17x + 1000} = \frac{8}{7}$

$\Rightarrow \quad 133x + 14000 = 136x + 8000$

$\Rightarrow \quad 3x = 6000$

$\Rightarrow \quad x = 2000$

$\therefore$ कुमुद का वर्तमान वेतन = ₹ $17x$

= ₹ (17×2000) = ₹ 34000

59. (*c*) माना क्लब में महिलाओं व पुरुषों की संख्या क्रमश: $3x$ तथा $2x$ है।

प्रश्नानुसार, $\frac{3x + 300}{2x} = \frac{5}{2}$

$\Rightarrow \quad 6x + 600 = 10x$

$\Rightarrow \quad 4x = 600$

$\therefore \quad x = 150$

अत: क्लब में महिलाओं की संख्या $= 3x + 300$

$= 3 \times 150 + 300 = 750$

Quick Method

	महिला		पुरुष
प्रारम्भ →	3	:	2
नयी →	5	:	2

(2 वृद्धि)

$\because 2 \rightarrow 300$

$\therefore 5 \rightarrow \frac{300}{2} \times 5 = 750$

60. (*b*) माना दोनों संख्याएँ क्रमश: $5x$ तथा $8x$ हैं।

प्रश्नानुसार, 40% वृद्धि के बाद, पहली संख्या

$= 5x \times \frac{140}{100} = 7x$

तथा 15% की कमी के बाद, दूसरी संख्या

$= 8x \times \frac{85}{100} = \frac{136x}{20}$

$\therefore$ अभीष्ट अनुपात $= 7x : \frac{136x}{20}$

$= 140 : 136 = 35 : 34$

61. (*b*) माना तीनों कक्षाओं में छात्र क्रमश: $2x$, $3x$ तथा $5x$ हैं।

प्रश्नानुसार, $\frac{2x + 30}{3x + 30} = \frac{4}{5}$

$\Rightarrow \quad 10x + 150 = 12x + 120$

$\Rightarrow \quad 2x = 30$

$\therefore \quad x = 15$

वृद्धि के बाद छात्रों की संख्या

$= (2 + 3 + 5) \times 15 + 3 \times 30$

$= 10 \times 15 + 90 = 240$

Quick Method

$\because$ यहाँ समानुपात में समान वृद्धि हो रही है।

$\therefore \quad 2 \rightarrow 30$

$\therefore \quad (4 + 5 + 7) \rightarrow \frac{30}{2} \times 16 = 240$

62. (*a*) माना अहमद तथा विनोद का वेतन क्रमश: $4x$ तथा $5x$ है।

प्रश्नानुसार, $\frac{4x + 5000}{5x + 5000} = \frac{38}{45}$

$\Rightarrow \quad 180x + 225000 = 190x + 190000$

$\Rightarrow \quad 10x = 35000$

$\therefore \quad x = 3500$

वृद्धि के बाद अहमद का वेतन

$= 4x + 5000$

$= (4 \times 3500 + 5000)$

= ₹ $(14000 + 5000)$ = ₹ 19000

63. (*b*) निखिल और रीतू की कुल मासिक बचत

= ₹ 10000

$\therefore$ निखिल की बचत $= \frac{10000}{5} \times 4 =$ ₹ 8000

$\therefore$ रीतू की बचत $= 10000 - 8000 =$ ₹ 2000

माना निखिल और रीतू की मासिक आय क्रमश: ₹ $2x$ और ₹ x हैं।

प्रश्नानुसार, $\frac{2x - 8000}{x - 2000} = \frac{5}{3}$

$\Rightarrow \quad 6x - 24000 = 5x - 10000$

$x =$ ₹ 14000

$\therefore$ निखिल की मासिक आय $= 2x$

$= 2 \times 14000$

= ₹ 28000

तथा रीतू की मासिक आय = ₹ 14000

64. (*c*) माना A की आय $= 3x$

तथा B की आय $= 5x$

A का व्यय $= 3x \times \frac{7}{12} = \frac{7x}{4}$

B का व्यय $= 5x \times \frac{8}{15} = \frac{8x}{3}$

प्रश्नानुसार,

B का व्यय $- A$ का व्यय $= 14300$

$\Rightarrow \quad \frac{8x}{3} - \frac{7x}{4} = 14300$

$\Rightarrow \quad \frac{32x - 21x}{12} = 14300$

$\therefore \quad x = \frac{14300 \times 12}{11} = 15600$

अत: A की आय $= 3x$

$= 3 \times 15600 =$ ₹ 46800

65. (*a*) माना अभिनव और रेखा की मासिक आय क्रमश: $6x$ और $5x$ है।

तथा उनका व्यय क्रमश: $9y$ और $8y$ है।

प्रश्नानुसार, $6x = 2 \times 8y$

$\frac{x}{y} = \frac{8}{3}$

$\therefore$ उनकी बचत का अनुपात $= \frac{6x - 9y}{5x - 8y}$

$= \frac{6 \times 8 - 9 \times 3}{5 \times 8 - 8 \times 3}$

$= \frac{48 - 27}{40 - 24} = \frac{21}{16} = 21 : 16$

66. (*c*) माना अनुज तथा मैथ्यू की मासिक आय क्रमश: $5x$ तथा $7x$ हैं।

प्रश्नानुसार, $\frac{5x - 10000}{7x - 10000} = \frac{2}{3}$

$\Rightarrow \quad 15x - 30000 = 14x - 20000$

$\Rightarrow \quad x = 10000$

$\therefore$ अनुज की मासिक आय $= 5 \times 10000$

= ₹ 50000

TOP TIPS यदि दो व्यक्ति A और B समान बचत करते हैं, तो उनकी आय और व्यय का समान अन्तर होगा।

67. (c) माना रोहन और सोहम का वर्तमान वेतन क्रमश: $2x$ और $3x$ है।

प्रश्नानुसार, $\dfrac{2x + 2000}{3x + 2000} = \dfrac{40}{57}$

$\Rightarrow \quad 114x + 114000 = 120x + 80000$

$\Rightarrow \quad 6x = 34000$

$\Rightarrow \quad x = \dfrac{34000}{6}$

अत: सोहम का वर्तमान वेतन

$= 3 \times \dfrac{34000}{6} = ₹\ 17000$

68. (d) माना A तथा B की आय क्रमश: $5x$ तथा $7x$ है।

प्रश्नानुसार, $\dfrac{5x - 35400}{7x - 48600} = \dfrac{2}{3}$

$\Rightarrow \quad 15x - 106200 = 14x - 97200$

$\Rightarrow \quad x = 106200 - 97200 = 9000$

A की आय $= 5 \times 9000 = ₹\ 45000$

B की आय $= 7 \times 9000 = ₹\ 63000$

A तथा B की आय के बीच का अन्तर

$= ₹(63000 - 45000) = ₹\ 18000$

TOP TIPS इस प्रकार के प्रश्नों को हल करने का सर्वश्रेष्ठ तरीका General Method ही होता है।

69. (c) माना बड़ी संख्या x है।

$\therefore$ छोटी संख्या $= x - 5$

प्रश्नानुसार, $\dfrac{(x-5) - 25}{x + 20} = \dfrac{1}{2}$

$\Rightarrow \quad \dfrac{x - 30}{x + 20} = \dfrac{1}{2}$

$\Rightarrow \quad 2x - 60 = x + 20$

$\therefore \quad x = 80$

अत: बड़ी संख्या $= 80$

70. (b) माना, विनोद व मनोज का वर्तमान वेतन $6x$ तथा $7x$ है।

प्रश्नानुसार, $\dfrac{6x + 16000}{7x + 16000} = \dfrac{8}{9}$

$\Rightarrow \quad 54x + 144000 = 56x + 128000$

$\Rightarrow \quad 2x = 16000$

$\therefore \quad x = 8000$

मनोज का वर्तमान वेतन $= 7x$

$= ₹(7 \times 8000) = ₹\ 56000$

Quick Method

$\because$ यहाँ अनुपात में समान वृद्धि हो रही है।

$\therefore \quad 2 \rightarrow 16000$

$\therefore \quad 7 \rightarrow \dfrac{16000}{2} \times 7 = 56000$

71. (b) माना कॉफी और चाय का मूल्य क्रमश: ₹ $3x$ तथा ₹ $4x$ हैं।

तथा कॉफी और चाय के उपभोग की मात्रा क्रमश: $4y$ और $7y$ किग्रा है।

तब कॉफी और चाय पर होने वाले व्यय का अनुपात $= \dfrac{3x}{4x} \times \dfrac{4y}{7y} = 3:7$

TOP TIPS इस प्रकार के प्रश्नों में मूल्य और उपभोग के अनुपात को आपस में गुणा करके व्यय का अनुपात शीघ्रता से ज्ञात कर सकते हैं।

72. (d) माना शेखर की आय $= ₹\ x$

दीपक की आय $= x \times \dfrac{80}{100} = ₹\ \dfrac{4x}{5}$

विमल की आय $= \dfrac{4x}{5} \times \dfrac{110}{100} = ₹\ \dfrac{22x}{25}$

$\therefore$ अभीष्ट अनुपात $= \dfrac{22x}{25} : \dfrac{4x}{5} : x$

$= \dfrac{22}{25} \times 25 : \dfrac{4}{5} \times 25 : 1 \times 25$

$= 22 : 20 : 25$

73. (d) हीरे के टुकड़ों का अनुपात $= 6:8:11$

प्रश्नानुसार,

$(6 + 8 + 11)^2\, x - (6^2 + 8^2 + 11^2)\, x = 88880$

$\Rightarrow \quad 625x - 221x = 88880$

$\Rightarrow \quad 404x = 88880$

$\therefore \quad x = \dfrac{88880}{404} = 220$

$\therefore$ हीरे का वास्तविक मूल्य

$= (6 + 8 + 11)^2 \times 220$

$= 625 \times 220 = ₹\ 137500$

अध्याय

09 प्रतिशतता

Chapter Snapshot

प्रतिशत का शाब्दिक अर्थ 'प्रति सौ' या 'प्रति सैकड़ा' है अर्थात् प्रतिशत वह भिन्न है जिसका हर 100 तथा अंश कोई भी निर्धारित राशि होती है। x% का अर्थ है–किसी वस्तु के 100 भागों में से x भाग

- **भिन्न को प्रतिशत में बदलना** भिन्न को प्रतिशत में बदलने के लिए 100 से गुणा किया जाता है। जैसे—$\frac{2}{5}$ का प्रतिशत मान $= \frac{2}{5} \times 100 = 40\%$
- **प्रतिशत को भिन्न में बदलना** प्रतिशत को भिन्न में बदलने के लिए 100 से भाग किया जाता है। जैसे—60% का भिन्नात्मक मान $= \frac{60}{100} = \frac{3}{5}$

प्रतिशतता से सम्बन्धित मूल सूत्र

- किसी एक राशि का दूसरी राशि से प्रतिशत $= \frac{\text{पहली राशि}}{\text{दूसरी राशि}} \times 100\%$
- किसी राशि में वृद्धि या कमी करने पर,
  नई राशि में प्रतिशत वृद्धि/कमी $= \frac{\text{वृद्धि /कमी}}{\text{प्रारम्भिक राशि}} \times 100\%$
- किसी संख्या में y% की कमी या वृद्धि हो, तब नई संख्या $= \frac{(100 \mp y)}{100} \times$ संख्या
- यदि किसी वस्तु के मूल्य में a% वृद्धि/कमी हो, जबकि कुल खर्च में कमी/वृद्धि न हो, तब खर्च में कमी/वृद्धि प्रतिशत $= \left(\frac{a}{100 \pm a}\right) \times 100\%$

भिन्न का प्रतिशत में परिवर्तन

भिन्न	प्रतिशत		भिन्न	प्रतिशत	
1	100%	100%	$\frac{1}{9}$	11.11%	$11\frac{1}{9}\%$
$\frac{1}{2}$	50%	50%	$\frac{1}{10}$	10%	10%
$\frac{1}{3}$	33.33%	$33\frac{1}{3}\%$	$\frac{1}{11}$	9.09%	$9\frac{1}{11}\%$
$\frac{1}{4}$	25%	25%	$\frac{1}{12}$	8.33%	$8\frac{1}{3}\%$
$\frac{1}{5}$	20%	20%	$\frac{1}{15}$	6.66%	$6\frac{2}{3}\%$
$\frac{1}{6}$	16.66%	$16\frac{2}{3}\%$	$\frac{1}{16}$	6.25%	$6\frac{1}{4}\%$
$\frac{1}{7}$	14.28%	$14\frac{2}{7}\%$	$\frac{1}{20}$	5%	5%
$\frac{1}{8}$	12.5%	$12\frac{1}{2}\%$	$\frac{1}{25}$	4%	4%

Concept Capsule

- किसी संख्या में प्रतिशत वृद्धि/कमी करने पर उस संख्या में प्रतिशत संख्या के भिन्नात्मक मान को 1 में जोड़कर/घटाकर उस संख्या से गुणा करते हैं।
  $25\% \rightarrow \frac{1}{4}$
  25% वृद्धि $\rightarrow 1 + \frac{1}{4} = \frac{5}{4}$
  25% कमी $\rightarrow 1 - \frac{1}{4} = \frac{3}{4}$
- x का $y\% = y$ का $x\%$
  जैसे- 25 का 39% = 39 का 25%

Formula Flashcards

- **9.1** यदि किसी नगर की वर्तमान जनसंख्या P है तथा जनसंख्या में r% की वार्षिक वृद्धि या कमी होती है, तब
  (i) n वर्ष पश्चात् नगर की जनसंख्या,
  $$A = P\left(1 \pm \frac{r}{100}\right)^n$$
  (ii) n वर्ष पूर्व नगर की जनसंख्या,
  $$A = \frac{P}{\left(1 \pm \frac{r}{100}\right)^n}$$
  नोट उपरोक्त सूत्र का प्रयोग वस्तु/मशीन के मूल्य में अवमूल्यन/ह्रास वाले प्रश्नों में भी होता है। इसमें हमेशा '–' चिह्न का प्रयोग होगा।
- **9.2** किसी संख्या में क्रमशः x% व y% का परिवर्तन (वृद्धि/कमी) होने पर, नेट प्रतिशत परिवर्तन
  $$= \left(\pm x \pm y \pm \frac{x \times y}{100}\right)\%$$
  [**नोट** यहाँ, (+) → वृद्धि
  तथा (–) → कमी]

Exam Approach Examples

मूल अवधारणा पर आधारित

उदाहरण 1. 80, 64 का कितना प्रतिशत है? *MP Police Constable 2022*

(a) 75% (b) 85% (c) 120% (d) 125%

हल (d) माना 64 का $x\% = 80$

तब, $64 \times \frac{x}{100} = 80 \Rightarrow x = \frac{80 \times 100}{64}$

$\Rightarrow x = \frac{5 \times 100}{4} = 125\%$

अतः अभीष्ट प्रतिशत = 125%

उदाहरण 2. यदि x के 24% का 10%, 240 है, तो $x = ?$ *SSC (10+2) 2024*

(a) 10000 (b) 100 (c) 1000 (d) 100000

हल (a) प्रश्नानुसार, x के 24% का 10% = 240

$\Rightarrow x \times \frac{24}{100} \times \frac{10}{100} = 240 \Rightarrow x = \frac{240 \times 100 \times 100}{24 \times 10} = 10000$

राशियों की तुलना पर आधारित

उदाहरण 3. मोहित का वेतन, विजय के वेतन से 60% अधिक है। विजय का वेतन मोहित के वेतन से कितना प्रतिशत कम है? *SSC CGL (Tier II) 2022*

(a) 45% (b) 42.5% (c) 47.5% (d) 37.5%

हल (d) माना विजय का वेतन ₹ x है।

$\therefore$ मोहित का वेतन $= x \times \frac{160}{100} = ₹\, \frac{8x}{5}$

अतः अभीष्ट कमी प्रतिशत $= \frac{\left(\frac{8x}{5} - x\right)}{\left(\frac{8x}{5}\right)} \times 100\% = \frac{3}{8} \times 100 = 37.5\%$

Quick Method

अभीष्ट कमी प्रतिशत $= \frac{60}{160} \times 100\% = 37.5\%$

उदाहरण 4. 72 ग्राम, 3.6 किग्रा का कितने प्रतिशत होता है?

(a) 32 (b) 22 (c) 12 (d) 2

हल (d) अभीष्ट प्रतिशत $= \frac{72}{3.6 \times 1000} \times 100 = 2\%$

($\because$ 1 किग्रा = 1000 ग्राम)

प्रतिशत वृद्धि/कमी पर आधारित

उदाहरण 5. एक संख्या को $137\frac{1}{2}\%$ बढ़ाया जाता है तथा उस संख्या में वृद्धि 33 है, तब संख्या है *RRB NTPC 2022*

(a) 27 (b) 22 (c) 24 (d) 25

हल (c) माना वह संख्या x है।

प्रश्नानुसार, $x \times 137.5\% = 33$

$\Rightarrow x = \frac{33 \times 100}{137.5} = 24$

उदाहरण 6. किसी कर्मचारी का वेतन पहले 50% बढ़ जाता है और उसके बाद 44% घट जाता है। उसके वेतन में परिवर्तन का कुल प्रतिशत कितना था? *UP Police Constable Fireman 2020*

(a) 6% वृद्धि (b) 16% कमी
(c) 16% वृद्धि (d) 6% कमी

हल (b) यहाँ, $x = +50\%, y = -44\%$

वेतन में कुल परिवर्तन प्रतिशत $= \left(x + y + \frac{xy}{100}\right)\%$

$= \left(50 - 44 - \frac{50 \times 44}{100}\right)\%$ [Formula 9.2 से]

$= (6 - 22)\% = -16\%$

यहाँ, '–' चिह्न कमी को दर्शाता है।

अतः वेतन में 16% की कमी आएगी।

Score Booster
इस प्रकार के प्रश्नों को हम अनुपात विधि से भी आसानी से हल कर सकते हैं।

Quick Method

प्रारम्भिक वेतन : अन्तिम वेतन

2 : 3
25 : 14
50 : 42
$\Rightarrow$ 100 : 84 (16)

$\left[\because 50\% = \frac{1}{2}, 44\% = \frac{11}{25}\right]$

$\therefore$ वेतन में परिवर्तन $= \frac{16}{100} \times 100\% = 16\%$ कमी

उदाहरण 7. यदि तेल की कीमत में 45% की वृद्धि हो जाती है, तो एक परिवार को अपनी खपत में कितने प्रतिशत की कमी करनी चाहिए, ताकि खर्च वही बना रहे? *RRB NTPC (CBT- I) 2021*

(a) $31\frac{2}{29}\%$ (b) $3\frac{1}{29}\%$
(c) $31\frac{1}{29}\%$ (d) $1\frac{1}{29}\%$

हल (c) अभीष्ट कमी % $= \frac{45}{(100 + 45)} \times 100\%$

$= \frac{45}{145} \times 100\% = \frac{900}{29}\% = 31\frac{1}{29}\%$

वेतन/खर्च पर आधारित

उदाहरण 8. 15% की कमी के बाद, अजय की आय ₹212500 है। उसकी मूल आय (₹ में) कितनी थी? *DP Constable 2023*

(a) 250000 (b) 225000
(c) 240000 (d) 180625

हल (a) माना अजय की मूल आय = ₹ x

15% की कमी होने पर आय $= x \times \frac{(100 - 15)}{100} = \frac{85}{100}x$

प्रश्नानुसार, $\frac{85}{100}x = 212500 \Rightarrow x = 212500 \times \frac{100}{85}$

$\therefore x = ₹\, 250000$

अतः अजय की मूल आय ₹ 250000 थी।

उदाहरण 9. एक व्यक्ति अपनी धनराशि का 20% गवा देता है। शेष धनराशि का 25% खर्च करने के बाद उसके पास ₹ 480 बचते हैं। उसके पास मूल धनराशि कितनी थी? *RRB ALP (CBT-I) 2024*

(a) ₹ 800 (b) ₹ 600 (c) ₹ 720 (d) ₹ 840

हल (a) माना मूलराशि = 100 इकाई

20% गवाने के बाद शेष राशि $= 100 \times \frac{(100-20)}{100} = 80$ इकाई

80 इकाई का 25% खर्च करने के बाद शेष धनराशि

$= 80 \times \frac{(100-25)}{100}$ इकाई $= 80 + \frac{75}{100}$

$= 60$ इकाई

अब, 60 इकाई = ₹ 480

$\therefore$ 100 इकाई = ₹ $\frac{480 \times 100}{60}$ = ₹ 800

अत: व्यक्ति की मूल धनराशि = ₹ 800

Trending Concept

आय/व्यय पर आधारित प्रश्न वर्तमान में हो रही परीक्षाओं (ALP, Delhi Police, CISF) में पूछे जा रहे हैं, जो आगामी परीक्षाओं के लिए भी अति महत्त्वपूर्ण हैं।

परीक्षा में अंकों पर आधारित

उदाहरण 10. एक विद्यार्थी ने एक परीक्षा में 75% अंक प्राप्त किए और उसे 60% अंक प्राप्त करने वाले दूसरे विद्यार्थी के अंक से 30 अंक अधिक प्राप्त हुए। परीक्षा के अधिकतम अंक कितने हैं? *SSC Constable (GD) 2024*

(a) 150 (b) 200 (c) 120 (d) 100

हल (b) दिया है, पहले विद्यार्थी द्वारा प्राप्त अंक = 75%

दूसरे विद्यार्थी द्वारा प्राप्त अंक = 60%

माना अधिकतम अंक = x

प्रश्नानुसार, $x \times \frac{75}{100} = x \times \frac{60}{100} + 30$

$\Rightarrow 75x - 60x = 3000 \Rightarrow 15x = 3000 \Rightarrow x = 200$

अत: परीक्षा के अधिकतम अंक = 200

Quick Method

प्रश्नानुसार, $(75\% - 60\%) = 15\% \rightarrow 30$

$\therefore \quad 100\% \rightarrow \frac{30}{15} \times 100 = 200$

उदाहरण 11. राजीव ने एक परीक्षा में 20% अंक प्राप्त किए और 25 अंक से फेल हो गया। यदि वह 50% अंक प्राप्त करता है तब वह उत्तीर्ण अंकों से 20 अंक अधिक प्राप्त करता है। परीक्षा के लिए उत्तीर्ण अंक क्या हैं? *SSC (10+2) 2023*

(a) 40 (b) 35 (c) 55 (d) 45

हल (c) माना परीक्षा में कुल अंक x है।

उत्तीर्ण अंक $= x$ का $20\% + 25$

पुन: उत्तीर्ण अंक $= x$ का $50\% - 20$

प्रश्नानुसार, $x \times 20\% + 25 = x$ का $50\% - 20$

x का $30\% = 45 \Rightarrow \frac{30}{100}x = 45 \Rightarrow x = 150$

$\therefore$ परीक्षा के लिए प्राप्तांक $= x$ का $20\% + 25$

$= \frac{20}{100} \times 150 + 25 = 55$

जनसंख्या / अवमूल्यन पर आधारित

उदाहरण 12. किसी गाँव की जनसंख्या 400000 थी। इसमें पहले वर्ष में 20% की वृद्धि हुई और दूसरे वर्ष में 30% की वृद्धि हुई। इन दो वर्षों बाद इसकी जनसंख्या कितनी होगी? *RRC Group D 2022*

(a) 540000 (b) 624000 (c) 520000 (d) 625000

हल (b) दो वर्षों बाद गाँव की जनसंख्या

$= 400000 \times \left(\frac{100+20}{100}\right) \times \left(\frac{100+30}{100}\right)$

$= 40 \times 120 \times 130 = 624000$

अत: दो वर्ष बाद गाँव की जनसंख्या 624000 होगी।

Score Booster

इस प्रकार के प्रश्नों को हम अनुपात विधि से भी हल कर सकते हैं।

उदाहरण 13. दो वर्ष पहले मेरी मोटर बाइक का मूल्य ₹ 62500 था। यदि प्रतिवर्ष 4% का मूल्य ह्रास होता है, तो इस समय उसका मूल्य क्या होगा?

(a) ₹ 56700 (b) ₹ 57600 (c) ₹ 57500 (d) ₹ 55700

हल (b) मोटर बाइक का वर्तमान मूल्य $= P\left(1 - \frac{r}{100}\right)^n$

$= 62500\left(1 - \frac{4}{100}\right)^2$ **[Formula 9.1 से]**

$= 62500 \times \frac{24}{25} \times \frac{24}{25} = 57600$

अत: मोटर बाइक का वर्तमान मूल्य ₹ 57600 है।

चुनाव पर आधारित

उदाहरण 14. एक चुनाव में, जीतने वाले उम्मीद्वार को कुल मतों का 60% मत मिला और 8000 मतों से चुनाव जीता। मतदान किए गए कुल मत थे *DSSSB Grade-II 2019*

(a) 4400 (b) 45000
(c) 40000 (d) 42000

हल (c) माना मतदान में किए गए कुल मत = x

$\therefore$ जीतने वाले को मिले मत $= x \times \frac{60}{100} = \frac{3}{5}x$

तथा हारने वाले को मिले मत $= x - \frac{3}{5}x = \frac{2}{5}x$

प्रश्नानुसार,

$\frac{3}{5}x - \frac{2}{5}x = 8000 \Rightarrow \frac{x}{5} = 8000$

$\therefore \quad x = 40000$

अत: मतदान किए गए कुल मत 40000 थे।

Quick Method

माना कुल मत = 100%

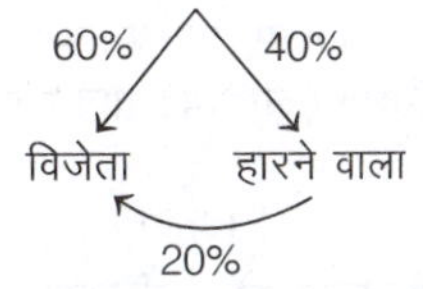

$20\% = 8000$

$\therefore \quad 100\% = \frac{8000 \times 100}{20} = 40000$

Score Booster

इस प्रकार के प्रश्नों में हम कुल मतों को 100% मानकर आसानी से हल कर सकते हैं।

Chapter Challenge

मूल अवधारणा पर आधारित

1. 1600 का 35% किसके बराबर है? *UPSSSC Forest Guard 2022*
(a) 640 (b) 560
(c) 5.6 (d) 5600

2. 2 का 75% किसके बराबर है? *HP Police Constable 2022*
(a) 37.5 (b) 15
(c) 1.5 (d) 0.15

3. 36 का 8% किस संख्या का 72% है? *CRPF HC 2023*
(a) 3 (b) 4
(c) 5 (d) 6

4. एक संख्या 50 से 50 का 20% अधिक है, वह संख्या है *CRPF HC 2023*
(a) 70 (b) 50 (c) 60 (d) 40

5. 320 के 10% में कौन-सी संख्या जोड़ी जाए, कि योग 230 का 30% हो जाए? *SSC CGL (Mains) 2014*
(a) 37 (b) 32 (c) 23 (d) 73

6. एक संख्या का 50%, उस संख्या के $\frac{4}{5}$ वें भाग से 21 कम है। संख्या ज्ञात कीजिए। *RRB NTPC 2021*
(a) 40 (b) 70
(c) 60 (d) 50

7. यदि A, B का 250% है, तो B, $(A+B)$ का कितना प्रतिशत है?
(a) 40% (b) $28\frac{4}{7}$%
(c) $66\frac{2}{3}$% (d) $33\frac{1}{7}$%

8. यदि M का 70% = N का 40% और $N = M$ का x% हैं, तो x का मान ज्ञात कीजिए। *MP Police Constable 2022*
(a) 180 (b) 163
(c) 172.5 (d) 175

9. यदि किसी संख्या के 55% का 15%, 2475 है, तो उस संख्या का 51% कितना होगा? *MHA Security Asst. 2023*
(a) 15100 (b) 15300
(c) 15000 (d) 15200

10. प्रत्येक 15% की दो क्रमिक वृद्धि, प्रत्येक 12% की दो क्रमिक कमी से कितने प्रतिशत अधिक है? (2 दशमलव स्थान तक पूर्णांकित) *SSC MTS 2024*
(a) 22.12% (b) 30.56%
(c) 28.25% (d) 42.95%

11. यदि 370 छात्र एक परीक्षा के लिए उपस्थित हुए, जिनमें से 352 उत्तीर्ण हुए, तो उत्तीर्ण प्रतिशत (लगभग) ज्ञात कीजिए। *RRB NTPC 2021*
(a) 86% (b) 90% (c) 97% (d) 95%

12. एक बैंक मैनेजर ने किसी संख्या को 8 की बजाय 6 से गुणा कर दिया। बाद में इस त्रुटि को लिया गया। प्रतिशत त्रुटि ज्ञात करें। *DSSSB Grade II 2019*
(a) 25% (b) 33%
(c) 20% (d) 24%

13. एक छात्र एक संख्या में $\frac{3}{2}$ से गुणा करने के बजाय $\frac{2}{3}$ से गुणा कर दिया। गणना में प्रतिशत त्रुटि क्या है? *DSSSB Grade II 2019*
(a) $\frac{400}{9}$% (b) $\frac{100}{3}$%
(c) $\frac{200}{9}$% (d) $\frac{500}{9}$%

14. यदि एक संख्या में से 65 को घटाया जाता है, तो संख्या स्वयं की 35% हो जाती है। संख्या क्या है? *DSSSB Grade II 2023*
(a) 110 (b) 90
(c) 100 (d) 95

15. यदि दो संख्याएँ किसी एक संख्या की 30% और 50% हैं, तो पहली संख्या, दूसरी संख्या की कितनी प्रतिशत है? *DSSSB Grade-II 2019*
(a) 35% (b) 60%
(c) 40% (d) 55%

16. किसी विद्यालय में 70% छात्र बालक हैं तथा बालिकाओं की संख्या 504 हैं, तब ज्ञात कीजिए बालकों की संख्या क्या होगी?
(a) 1176 (b) 1008
(c) 3024 (d) 1208

17. 450 सेबों में से 30% सेब सड़े हुए हैं। कितने सेब अच्छी स्थिति में हैं? *HP Police Constable 2022*
(a) 125 (b) 315
(c) 240 (d) 180

18. किसी मिश्रधातु में 15% चाँदी है। मिश्रधातु के किसी भार में, यदि 51 ग्राम चाँदी है, तो दूसरे धातु की मात्रा क्या है? *RRB ALP 2018*
(a) 204 ग्राम (b) 340 ग्राम
(c) 300 ग्राम (d) 289 ग्राम

19. दूध की कीमत ₹ 25 से बढ़ाकर ₹ 28 कर दी गई है। मूल्य में प्रतिशत वृद्धि का पता लगाएँ। *RPF Constable 2019*
(a) 12% (b) 11%
(c) 13% (d) 14%

20. जब कोई संख्या 40 से बढ़ा दी जाती है, तो वह स्वयं की 125% हो जाती है। वह संख्या क्या है?
(a) 200 (b) 60 (c) 160 (d) 100

21. यदि सुनील एक बॉक्स से 16 चॉकलेट खाने में सक्षम है, जिसमें 25 चॉकलेट हैं। बक्से में कितने प्रतिशत चॉकलेट शेष हैं? *RPF Constable 2019*
(a) 38% (b) 34%
(c) 36% (d) 32%

22. यदि किसी भिन्न के अंश में 25% की वृद्धि की जाती है और उसके हर में 10% की कमी की जाती है, तो भिन्न का मान $\frac{15}{16}$ होता है। मूल भिन्न क्या है? *CISF HC (Min.) 2022*
(a) $\frac{3}{4}$ (b) $\frac{11}{13}$ (c) $\frac{27}{40}$ (d) $\frac{43}{47}$

23. एक फैक्टरी में, साइकिलों का निर्माण 2 वर्ष में 40000 से बढ़कर 48400 हो गया। प्रतिवर्ष वृद्धि की दर क्या है?
(a) 8% (b) 10%
(c) 9% (d) 10.5%

24. एक सेब की कीमत में 20% की कमी एक व्यक्ति को ₹ 54 में 10 सेब अधिक खरीदने में सक्षम बनाती है, तो सेब की (प्रति दर्जन में) घटी हुई कीमत क्या है? *UP Police Constable 2024*
(a) ₹ 12.96 (b) ₹ 14.48
(c) ₹ 14.32 (d) ₹ 10.80

25. P, Q से 20% अधिक है और Q, R से 30% कम है। यदि P, 420 है, तो R का मान कितना है? **SSC (10+2) 2023**

(a) 500 (b) 700 (c) 625 (d) 600

26. एक कॉलेज में, लड़कों की संख्या का 20% लड़कियों की संख्या के तीन-चौथाई के बराबर है। उस कॉलेज के लड़कों और लड़कियों का अनुपात ज्ञात कीजिए। **SSC MTS 2024**

(a) 15 : 4 (b) 13 : 4
(c) 7 : 6 (d) 5 : 3

राशियों की तुलना पर आधारित

27. 65 ग्राम, 2 किग्रा का कितने प्रतिशत के बराबर है?

(a) $\frac{13}{4}$% (b) $\frac{65}{2}$% (c) $\frac{15}{8}$% (d) $\frac{13}{8}$%

28. 1494 ग्राम, 8.3 किग्रा का कितना प्रतिशत है? **UP Police SI 2021**

(a) 25% (b) 20%
(c) 18% (d) 16%

29. यदि एक घण्टे का y%, 1 मिनट 12 सेकण्ड है, तो y बराबर है

(a) 2 (b) 1 (c) $\frac{1}{2}$ (d) $\frac{1}{4}$

30. 1 दिन का कितना प्रतिशत 18 मिनट है? **RRB ALP 2018**

(a) 1.8% (b) 1.25%
(c) 12.5% (d) 7.5%

31. यदि $(x + y)$ का 15% = $(x - y)$ का 18% है, तो x का कितना प्रतिशत y है? **DSSSB Head Clerk 2022**

(a) $10\frac{1}{11}$% (b) $9\frac{1}{11}$%
(c) $11\frac{1}{11}$% (d) $8\frac{2}{11}$%

32. रवि का वेतन, सचिन के वेतन से 40% अधिक है। सचिन का वेतन रवि के वेतन से कितने प्रतिशत कम है? **UPSSSC Forest Guard 2022**

(a) 23.08% (b) 28.57%
(c) 37.5% (d) 43.8%

33. यदि A का वेतन, B के वेतन से 60% अधिक है, तो B का वेतन A के वेतन से कितने प्रतिशत कम है? **SSC CPO 2020**

(a) 47.7%
(b) 37.5%
(c) 33.3%
(d) 45%

> **MRC*****
> ***(Most Repeating Concepts)***
> प्र. सं. 33, 35 और 36 Examination Point of Views से अति महत्त्वपूर्ण है। इन Concept पर प्रश्न विभिन्न प्रतियोगी परीक्षाओं (CPO और CGL आदि) में निरन्तर पूछे जा रहे हैं।

34. B को A से 20% कम अंक प्राप्त हुए। A को B से कितने प्रतिशत अधिक अंक प्राप्त हुए?

(a) 20% (b) 25% (c) 12% (d) 80%

35. A का वजन, B के वजन से 20% अधिक है, जिसका वजन C के वजन से 30% अधिक है। A का वजन, C के वजन से कितना प्रतिशत अधिक है? **SSC CGL (Tier I) 2021**

(a) 44% (b) 35.89%
(c) 69% (d) 56%

36. राजू की आय मन्जू की आय से 25% अधिक है। राजू अपनी आय 25% तक बढ़ा देता है तथा मन्जू अपनी आय 40% तक बढ़ा लेती है, उनकी आय में कितने प्रतिशत वृद्धि हुई हैं? **SSC CPO 2022**

(a) 51.72% (b) 31.67%
(c) 22.43% (d) 41.26%

प्रतिशत वृद्धि/कमी पर आधारित

37. राजीव के वेतन में पहले 40% की कमी की गई और फिर 50% की वृद्धि की गई। नया वेतन उसके आरम्भिक वेतन से कितने प्रतिशत कम है? **RRC Group D 2022**

(a) 10%
(b) 14%
(c) 12%
(d) 15%

> **MRC*****
> ***(Most Repeating Concepts)***
> प्र. सं. 37, 38, 39 और 44 Examination Point of Views से अति महत्त्वपूर्ण है। इन Concept पर प्रश्न सभी प्रतियोगी परीक्षाओं (Group D, CUET, GD) में निरन्तर पूछे जा रहे हैं।

38. एक व्यक्ति के वेतन में 50% की कमी की गई और बाद में 50% की वृद्धि की गई। उसके वेतन में कितने प्रतिशत की वृद्धि या कमी हुई है? **NTA CUET (UG) 2022**

(a) 18% की कमी (b) 25% की कमी
(c) 15% की वृद्धि (d) 20% की कमी

39. जब किसी संख्या में क्रमिक रूप से 15%, 80% और 44% की कमी की जाती है, तो वह संख्या 19992 हो जाती है। वह संख्या क्या है? **SSC Constable (GD) 2024**

(a) 220000 (b) 211000
(c) 210100 (d) 210000

40. एक कार की कीमत में क्रमिक रूप से क्रमश: 5%, 10% और 20% की वृद्धि होती है। कीमत में समतुल्य परिवर्तन क्या है? **SSC Constable (GD) 2022**

(a) $34\frac{4}{5}$% (b) $32\frac{1}{5}$% (c) $33\frac{3}{5}$% (d) $38\frac{3}{5}$%

41. जल कर में 20% की वृद्धि हुई, लेकिन उसकी खपत 20% कम हुई है, तो धन के खर्च में वृद्धि या कमी कितनी हुई?

(a) 4% वृद्धि (b) 4% कमी
(c) 5% कमी (d) कोई परिवर्तन नहीं

42. यदि अरुण के वेतन में 50% की कमी की जाती है और बाद में 50% की वृद्धि की जाती है, तो उसे कितने प्रतिशत की हानि हुई? **SSC (10 + 2) 2024**

(a) 36% (b) 10% (c) 40% (d) 25%

43. यदि किसी पुरानी वस्तु (एण्टिक) की कीमत 20% घटा दी जाए और फिर उसकी कीमत 10% और घटा दी जाए, तो उसकी कीमत में कुल कितनी कमी हुई?

(a) 30% (b) 28%
(c) 25% (d) 23%

44. A का वेतन 10% बढ़ाया गया और फिर 10% घटाया गया। वेतन में परिवर्तन है

(a) 0% (b) 1% कमी
(c) 1% वृद्धि (d) 20% कमी

45. कपड़े का मूल्य 25% कम कर देने पर उसकी बिक्री की मात्रा में 20% की वृद्धि हो गई थी। तदनुसार, दुकान की सकल प्राप्ति पर क्या प्रभाव पड़ा?

(a) 5% वृद्धि (b) 5% कमी
(c) 10% वृद्धि (d) 10% कमी

46. एक संख्या को पहले 30% घटाया जाता है और फिर से 40% बढ़ाया जाता है। परिणामी संख्या को फिर 5% बढ़ाया जाता है। कुल कितने प्रतिशत की वृद्धि या कमी हुई है? **DP Constable 2023**

(a) 3.4% की वृद्धि (b) 2.9% की कमी
(c) 3.4% की कमी (d) 2.9% की वृद्धि

47. यदि किसी वस्तु के मूल्य में 36% की वृद्धि की जाती है, तो उसके उपभोग में कितने प्रतिशत (दशमलव के 1 स्थान तक सन्निकटित) की कमी करनी होगी ताकि वस्तु का व्यय समान रहे? **SSC (10+2) 2024**

(a) 32%
(b) 29.5%
(c) 36%
(d) 26.5%

> *MRC****
> *(Most Repeating Concepts)*
> प्र. सं. 47, 48, 49, 51 और 52 Examination Point of Views से अति महत्त्वपूर्ण है। इन Concept पर प्रश्न विभिन्न प्रतियोगी परीक्षाओं (SSC (10+2), DSSSB, CISF आदि) में निरन्तर पूछे जा रहे हैं।

48. बादाम के मूल्य में 10% की वृद्धि होने पर, बादाम की खपत में कितने प्रतिशत की कमी की जानी चाहिए, ताकि उस पर होने वाला खर्च पूर्ववत् ही रहे? **CISF Head Constable 2023**

(a) $8\frac{1}{11}\%$ (b) $5\frac{3}{11}\%$
(c) $10\frac{3}{11}\%$ (d) $9\frac{1}{11}\%$

49. यदि दूध का मूल्य 20% घटा दिया जाए, तो दूध की खपत कितनी बढ़ाई जाए, कि दूध पर किया जाने वाला व्यय समान रहे? **DSSSB Asst. Teacher 2018**

(a) 10% (b) 30%
(c) 25% (d) इनमें से कोई नहीं

50. चीनी के भाव में 20% की बढ़ोत्तरी की गई है। यदि चीनी पर किए जाने वाले व्यय को पहले जितना ही रखना हो, तो खपत में कमी प्रतिशत क्या है?

(a) 13.23 (b) 14.32
(c) 16.66 (d) 15.14

51. यदि एक टेलीविजन सेट का मूल्य 25% बढ़ा दिया जाए, तो नया मूल्य कितने प्रतिशत घटाया जाए, कि मूल्य मूल स्तर पर आ जाए? **DSSSB Grade-II 2018**

(a) 15% (b) 20% (c) 25% (d) 30%

52. चीनी की कीमत में 25% की बढ़ोत्तरी हो जाती है। किसी परिवार को अपने खर्च को पहले जैसा ही बनाए रखने के लिए चीनी की खपत को कितने प्रतिशत कम करना चाहिए? **DSSSB Grade-II 2019**

(a) 25% (b) 15%
(c) 20% (d) 10%

53. चावल के मूल्य को 55% से बढ़ाया गया है। व्यय को समान रखने के लिए एक गृहणी को अपनी खपत कितने प्रतिशत से कम कर देनी चाहिए? **DSSSB Asst. Primary Teacher 2019**

(a) 36.53% (b) 35.48%
(c) 37.83% (d) 39.85%

54. पेट्रोल के मूल्य (प्रति लीटर) में 52% की वृद्धि होती है। इसकी खपत में कितने प्रतिशत की कमी की जानी चाहिए, ताकि उस पर होने वाले व्यय में केवल 14% की वृद्धि हो? **RRC Group D 2022**

(a) 30% (b) 38%
(c) 25% (d) 35%

55. चावल का मूल्य ₹ 25 प्रति किग्रा से बढ़कर ₹ 30 प्रति किग्रा हो जाता है। खर्च को समान बनाए रखने के लिए खपत को कितने प्रतिशत कम किया जाना चाहिए? **RPF Constable 2019**

(a) $16\frac{2}{3}\%$ (b) $8\frac{1}{3}\%$
(c) 10% (d) 16%

वेतन/खर्च पर आधारित

56. आकाश की मासिक आय ₹ 9600 है। उसका मासिक खर्च उसकी आय का 60% है। उसकी मासिक बचत कितनी है? **RRB ALP 2018**

(a) ₹ 3870 (b) ₹ 3850
(c) ₹ 3840 (d) ₹ 3940

57. रतन ने बाजार में, ₹ 5000 खर्च किए। वह ₹ 250 का फोटो फ्रेम लाया, ₹ 1800 का हेलमेट, ₹ 2000 की किताबें और कपड़े पर ₹ 950 खर्च करता है। किताबों पर कितना प्रतिशत खर्च किया गया? **UPSSSC Forest Guard 2022**

(a) 80% (b) 30%
(c) 40% (d) 50%

58. एक व्यक्ति अपने वेतन का 72% खर्च कर देता है और प्रति महीने ₹ 5740 की बचत करता है। उसके वार्षिक वेतन का 10% कितना होगा? **CISF Head Constable 2023**

(a) ₹ 20500 (b) ₹ 28400
(c) ₹ 21600 (d) ₹ 24600

59. रनिता की साप्ताहिक आय का 57% भास्कर की साप्ताहिक आय के 76% के बराबर है। यदि रनिता की साप्ताहिक आय ₹ 400 कम कर दी जाती, जबकि भास्कर की साप्ताहिक आय अपरिवर्तित रहती है, तो रनिता और भास्कर की साप्ताहिक आय का अनुपात क्रमश: 6 : 5 है। भास्कर की साप्ताहिक आय (₹ में) क्या है? **SSC CPO 2024**

(a) 3000 (b) 4000 (c) 3200 (d) 2800

60. रवि की मासिक आय ₹ 16000 है। वह अपनी आय का 30% घर के किराये पर, अपनी आय का 20% शिक्षा पर, शेष का 60% म्यूचुअल फण्ड में निवेश करता है। वह एक माह में कितना धन म्यूचुअल फण्ड में निवेश करता है? **SSC MTS 2022**

(a) ₹ 4500 (b) ₹ 4200
(c) ₹ 4800 (d) ₹ 5000

61. ऋचा के व्यय और बचत का अनुपात 2 : 1 है। यदि उसकी आय और व्यय में क्रमश: 20% और 15% की वृद्धि होती है, तो उसकी बचत में प्रतिशतता वृद्धि ज्ञात कीजिए। **SSC (10+2) 2024**

(a) 20% (b) 35%
(c) 25% (d) 30%

62. अरुण की आय, बाला की आय की 150% है। चंदू की आय, अरुण की आय की 120% है। यदि अरुण, बाला और चंदू की कुल आय ₹ 86000 हो, तो चंदू की आय ज्ञात कीजिए। **RPF Constable 2019**

(a) ₹ 36000 (b) ₹ 32000
(c) ₹ 30000 (d) ₹ 34000

63. सुरेन्द्र के पास एक निश्चित मूल्य वाली सम्पत्ति है। वह अपनी सम्पत्ति का 60% अपनी पत्नी को देता है, शेष सम्पत्ति का 75% अपनी पुत्री को और विद्यमान शेष सम्पत्ति एक ट्रस्ट को देता है। यदि वह ट्रस्ट को ₹ 600000 की सम्पत्ति देता है, तो उस सम्पत्ति के हिस्से का मूल्य ज्ञात कीजिए, जो वह अपनी पुत्री को देता है। **MHA Security Asst. 2023**

(a) ₹ 1520000 (b) ₹ 1000000
(c) ₹ 1500000 (d) ₹ 1800000

64. धनुष अपनी बचत का 22% वृद्धाश्रम के लिए, बचत का 23% अनाथालय के लिए और बचत का 24% चिकित्सा सहायता के लिए फाउण्डेशन को दान कर देता है। बचत की शेष राशि ₹ 9300 बैंक में जमा कर दी गई है। धनुष का वेतन (₹ में) ज्ञात कीजिए, यदि वेतन का 40% उसकी बचत राशि (₹ में) है। **UP Police SI 2021**

(a) ₹ 75000 (b) ₹ 50000
(c) ₹ 40000 (d) ₹ 20000

65. एक व्यक्ति अपनी आय का 75% खर्च करता है। उसकी आय 20% बढ़ जाती है और वह अपना खर्च 10% बढ़ा लेता है। उसकी बचत कितने प्रतिशत बढ़ेगी?
(a) 10% (b) 25% (c) $37\frac{1}{2}$% (d) 50%

66. सुरेखा, अपनी मासिक आय का 24% किराने के सामान पर, 16% किराए पर और शेष आय का 55% बच्चों की शिक्षा और अन्य पर खर्च करती है। यदि वह महीने में ₹ 5940 बचाती है, तो वह किराए पर कितना (₹ में) खर्च करती है? ***SSC MTS 2021***
(a) 3960 (b) 3520
(c) 3740 (d) 3300

परीक्षा में अंकों पर आधारित

67. एक परीक्षा में पूरन ने 63 अंक प्राप्त किए, जो कि 84% अंक प्राप्त करने के बराबर थे। परीक्षा कितने अंक की थी? ***RRB ALP 2018***
(a) 65 (b) 75 (c) 80 (d) 85

68. एक परीक्षा में, 55% अभ्यर्थी अंग्रेजी में, 35% अभ्यर्थी गणित में उत्तीर्ण हुए और 20% अभ्यर्थी दोनों विषयों में उत्तीर्ण हुए। यदि दोनों विषयों में अनुत्तीर्ण अभ्यर्थियों की कुल संख्या 1200 है, तो ज्ञात कीजिए, कि कितने अभ्यर्थियों ने परीक्षा दी है? ***RRB NTPC (CBT-I) 2020***
(a) 2800 (b) 1200
(c) 4000 (d) 3000

69. एक अभ्यर्थी ने 30% अंक प्राप्त किए तथा 50 अंकों से फेल हो गया, जबकि दूसरे अभ्यर्थी ने 40% अंक प्राप्त किए, जो परीक्षा को पास करने के न्यूनतम अंक से 30 अंक अधिक है। अधिकतम अंक क्या है? ***DSSSB Grade-II 2019***
(a) 900
(b) 600
(c) 1000
(d) 800

> *MRC****
> ***(Most Repeating Concepts)***
> प्र. सं. 67, 68, 69, 70 और 71 Examination Point of Views से अति महत्त्वपूर्ण है। इन Concept पर प्रश्न प्रतियोगी परीक्षाओं (DSSSB, RRB ALP और NTPC) में निरन्तर पूछे जा रहे हैं।

70. एक विद्यार्थी को एक परीक्षा में उत्तीर्ण होने के लिए 45% अंक अर्जित करना है। वह 294 अंक प्राप्त करता है एवं 66 अंक से अनुत्तीर्ण हो जाता है। परीक्षा के अधिकतम अंक क्या हैं? ***DSSSB Junior Asst. 2021***
(a) 600 (b) 1000
(c) 800 (d) 900

71. राखी ने मोहन से 12 अंक अधिक प्राप्त किए। यदि राखी ने अधिकतम 200 में से 54% अंक प्राप्त किए। मोहन ने कितने अंक प्राप्त किए? ***RRB NTPC 2021***
(a) 46 अंक (b) 69 अंक
(c) 34 अंक (d) 96 अंक

72. किसी परीक्षा में पास होने के लिए अधिकतम अंकों के 36% अंक लाना आवश्यक है। एक विद्यार्थी ने 113 अंक प्राप्त किए तथा वह 85 अंकों से फेल हो गया। परीक्षा के अधिकतम अंक हैं
(a) 500 (b) 550
(c) 565 (d) 620

73. 300 अंकों की एक परीक्षा में एक छात्र को 75 अंक मिले हैं। यदि उसने 6 और अंक पाए होते हैं, तो वह उत्तीर्ण होने योग्य प्रतिशत प्राप्त कर लेता है। उत्तीर्ण होने योग्य प्रतिशत क्या है?
(a) 25% (b) 30% (c) 35% (d) 27%

74. एक परीक्षा में एक छात्र, जो अधिकतम अंक का 20% प्राप्त करता है, वह 5 अंकों से अनुत्तीर्ण हो जाता है। एक अन्य छात्र, जो अधिकतम अंकों का 30% स्कोर करता है, वह उत्तीर्ण अंकों से 20 अंक अधिक प्राप्त करता है। उत्तीर्ण होने के लिए आवश्यक प्रतिशत क्या है? ***UP Police Constable 2024***
(a) 27% (b) 42%
(c) 20% (d) 22%

75. उत्तीर्ण होने के लिए आवश्यक प्रतिशत ज्ञात कीजिए, यदि अधिकतम अंक का 10% प्राप्त करने वाला छात्र 5 अंकों से अनुत्तीर्ण हो जाता है। एक और छात्र जो अधिकतम अंकों का 20% अंक प्राप्त करता है, उसे उत्तीर्ण अंक से 15 अंक अधिक मिले हैं। ***MP Police Constable 2022***
(a) 13% (b) 12.5%
(c) 13.5% (d) 12%

जनसंख्या/अवमूल्यन पर आधारित

76. एक कस्बे की जनसंख्या 1161600 है। यदि वह 10% प्रतिवर्ष की दर से बढ़ रही है, तो ज्ञात कीजिए, कि 2 वर्ष पहले कस्बे की जनसंख्या कितनी थी? ***DSSSB Grade-II 2019***
(a) 960000
(b) 106000
(c) 100000
(d) 860000

> *MRC****
> ***(Most Repeating Concepts)***
> प्र. सं. 76, 77, 78, 80 और 81 Examination Point of Views से अति महत्त्वपूर्ण है। इन Concept पर प्रश्न सभी प्रतियोगी परीक्षाओं (DSSSB, NTPC, SSC (10+2), CPO और CGL) में निरन्तर पूछे जा रहे हैं।

77. एक शहर की जनसंख्या 5% वार्षिक से बढ़ रही है। शहर की वर्तमान जनसंख्या 93051 है। 2 वर्ष पूर्व इस शहर की जनसंख्या कितनी थी? ***SSC (10+2) 2022***
(a) 88000 (b) 88400
(c) 84400 (d) 84000

78. महामारी के कारण एक शहर की जनसंख्या 2% प्रतिवर्ष की दर से घटती है। यदि शहर की वर्तमान जनसंख्या 45000 है। 2 वर्ष बाद इसकी कुल जनसंख्या क्या होगी? ***SSC CPO 2022***
(a) 40538 (b) 41568
(c) 43218 (d) 44521

79. किसी कस्बे की जनसंख्या प्रतिवर्ष 4% बढ़ जाती है। यदि इसकी वर्तमान जनसंख्या 50000 हो, तो 2 वर्ष बाद जनसंख्या कितनी होगी?
(a) 53900 (b) 54000
(c) 54080 (d) 54900

80. एक कस्बे की जनसंख्या में प्रतिवर्ष 10% की दर से वृद्धि होती है। वर्तमान जनसंख्या 1000 है। कितने वर्षों में जनसंख्या 1331 हो जाएगी? ***RRB NTPC 2021***
(a) 2.5 (b) 3.5
(c) 2 (d) 3

81. किसी गाँव की वर्तमान जनसंख्या 15280 है। यदि पुरुषों की संख्या में 25% की वृद्धि होती है और महिलाओं की संख्या में 15% की वृद्धि होती है, तो जनसंख्या 18428 हो जाएगी। गाँव में पुरुषों और महिलाओं की वर्तमान जनसंख्या के बीच का अन्तर ज्ञात कीजिए। ***SSC CGL (Tier I) 2021***
(a) 920
(b) 2760
(c) 1840
(d) 1380

82. एक वर्ष के दौरान, एक शहर की जनसंख्या में 5% की वृद्धि हुई और अगले वर्ष के दौरान जनसंख्या में 5% की कमी आई। यदि दूसरे वर्ष के अन्त में कुल जनसंख्या 21945 है, तो पहले वर्ष की शुरुआत में जनसंख्या कितनी थी? ***MP Police Constable 2022***

(a) 35000 (b) 25000 (c) 22000 (d) 20000

83. एक लेथ मशीन की कीमत प्रतिवर्ष 10% कम हो रही है। यदि मशीन की वर्तमान कीमत ₹ 60000 है, तो 3 वर्ष बाद लेथ मशीन की कीमत क्या होगी? ***CISF ASI 2023***

(a) ₹ 42750 (b) ₹ 42500
(c) ₹ 43740 (d) ₹ 42750

84. एक मशीन की कीमत ₹ 6250 है। उस कीमत में पहले वर्ष में 10%, दूसरे वर्ष में 20% और तीसरे वर्ष में 30% की कमी आ जाती है। तद्नुसार, 3 वर्षों बाद मशीन की कीमत कितनी रह जाएगी?

(a) ₹ 2650 (b) ₹ 3050 (c) ₹ 3150 (d) ₹ 3510

85. एक कर्मचारी का वेतन हर वर्ष लगातार 20% बढ़ता है। यदि उसका वेतन आज ₹ 14000 है, तो 3 वर्ष बाद उसका वेतन कितना होगा? ***SSC (10+2) 2022***

(a) ₹ 24192 (b) ₹ 31200
(c) ₹ 31220 (d) ₹ 42344

चुनाव पर आधारित

86. किसी चुनाव में एक उम्मीदवार को 62% मत प्राप्त हुए और वह 35640 मतों से चुनाव जीत गया। चुनाव में कुल मतों की संख्या क्या थी, यदि कोई भी मत अमान्य नहीं रहा हो? ***RRB Group D 2018***

(a) 356400 (b) 57484
(c) 93790 (d) 148500

87. एक उम्मीदवार को 57% मत मिलते हैं और वह 742 मतों से चुनाव जीत जाता है। यदि दो उम्मीदवार हैं, तो कुल मतों की संख्या ज्ञात कीजिए। ***DSSSB Workshop 2024***

(a) 5100 (b) 5500 (c) 5600 (d) 5300

88. दो उम्मीदवारों के बीच एक चुनाव होता है। जीतने वाला उम्मीदवार वैध मतों के 54% मत प्राप्त करता है और 88 मतों से विजयी होता है। यदि 58 मत अवैध घोषित किए जाते हैं, तो चुनाव में डाले गए मतों की कुल संख्या ज्ञात कीजिए। ***SSC (10 + 2) 2024***

(a) 1156 (b) 1158 (c) 1850 (d) 2000

89. एक चुनाव में, मतदाता सूची में शामिल 12% मतदाताओं ने अपना वोट नहीं डाला, जबकि 84 मतदाताओं ने अपने मतपत्र खाली डाले। केवल दो उम्मीदवार, रामाज्ञा और श्रवण थे। विजेता रामाज्ञा को सूची के सभी मतदाताओं में से 54% का समर्थन प्राप्त हुआ। उसे अपने प्रतिद्वन्दी श्रवण से 1456 वोट अधिक मिले। सूची में मतदाताओं की कुल संख्या ज्ञात कीजिए। ***SSC CPO 2024***

(a) 7860 (b) 6860
(c) 5690 (d) 6670

90. 2 उम्मीदवारों ने चुनाव लड़ा। विजयी उम्मीदवार को वैध मतों के 52% मत प्राप्त हुए और वह 360 मतों के अन्तर से जीत गया। यदि 10% मतों को अवैध घोषित कर दिया गया था, तो डाले गए कुल मतों की संख्या कितनी थी? ***NTA CUET (UG) 2023***

(a) 8000 (b) 11000
(c) 10000 (d) 12000

विविध

91. एक बल्ब उत्पादक कम्पनी ने कुल उत्पाद का 13% उत्पाद दोषपूर्ण पाया। यदि गैर दोषपूर्ण उत्पादों की कुल संख्या 4959 हो, तो कुल दोषपूर्ण उत्पादों की संख्या बताएँ। ***RPF SI 2019***

(a) 751 (b) 731
(c) 741 (d) 761

92. एक स्कूल में 45% महिला कर्मचारी हैं। 80% महिला कर्मचारी और 60% पुरुष कर्मचारी स्नातकोत्तर हैं। स्कूल में गैर-स्नातकोत्तर कर्मचारियों का प्रतिशत ज्ञात कीजिए। ***DP Constable 2023***

(a) 64% (b) 42%
(c) 31% (d) 53%

93. एक परीक्षा में स्कूल X से भाग लेने वाले विद्यार्थियों की संख्या निश्चित है तथा 20% विद्यार्थी अनुत्तीर्ण हो गए। स्कूल Y में, स्कूल X से 130% अधिक विद्यार्थियों ने उसी परीक्षा में भाग लिया। यदि दोनों स्कूलों से भाग लेने वाले कुल विद्यार्थियों की संख्या के 90% विद्यार्थी उत्तीर्ण हुए, तब स्कूल Y के विद्यार्थियों का कितना प्रतिशत अनुत्तीर्ण हुआ। (दशमलव के ठीक एक-स्थान तक)? ***SSC CGL (Tier-I) 2021***

(a) 6.4% (b) 10%
(c) 5.7% (d) 8.3%

Right Key

1 (b)	2 (c)	3 (b)	4 (c)	5 (a)	6 (b)	7 (b)	8 (d)	9 (b)	10 (d)
11 (d)	12 (a)	13 (d)	14 (c)	15 (b)	16 (a)	17 (b)	18 (d)	19 (a)	20 (c)
21 (c)	22 (c)	23 (b)	24 (a)	25 (a)	26 (a)	27 (a)	28 (c)	29 (a)	30 (b)
31 (b)	32 (b)	33 (b)	34 (b)	35 (d)	36 (b)	37 (a)	38 (b)	39 (d)	40 (d)
41 (b)	42 (d)	43 (b)	44 (b)	45 (d)	46 (d)	47 (d)	48 (d)	49 (c)	50 (c)
51 (b)	52 (c)	53 (b)	54 (c)	55 (a)	56 (c)	57 (c)	58 (d)	59 (a)	60 (c)
61 (d)	62 (a)	63 (d)	64 (a)	65 (d)	66 (b)	67 (b)	68 (c)	69 (d)	70 (c)
71 (d)	72 (b)	73 (d)	74 (d)	75 (b)	76 (a)	77 (c)	78 (c)	79 (c)	80 (d)
81 (c)	82 (c)	83 (c)	84 (c)	85 (a)	86 (d)	87 (d)	88 (b)	89 (b)	90 (c)
91 (c)	92 (c)	93 (c)							

Solutions

1. (*b*) 1600 का 35% $= 1600 \times \frac{35}{100} = 560$

2. (*c*) 2 का 75% $= 2 \times \frac{75}{100} = 2 \times \frac{3}{4} = \frac{3}{2} = 1.5$

3. (*b*) माना वह संख्या x है।

प्रश्नानुसार, x का 72% = 36 का 8%

$\Rightarrow x \times \frac{72}{100} = 36 \times \frac{8}{100} \Rightarrow x = \frac{36 \times 8}{72}$

$\therefore \quad x = 4$

अत: अभीष्ट संख्या 4 है।

4. (*c*) माना संख्या x है, तब

प्रश्नानुसार, $x = 50 + 50 \times \frac{20}{100}$

$\Rightarrow \quad x = 50 + 10 \Rightarrow x = 60$

5. (*a*) माना जोड़ी गई संख्या x है, तब

प्रश्नानुसार,

320 का 10% + x = 230 का 30%

$\Rightarrow \frac{10 \times 320}{100} + x = \frac{30 \times 230}{100}$

$\Rightarrow 32 + x = 69 \Rightarrow x = 69 - 32$

$\therefore \quad x = 37$

6. (*b*) माना वह संख्या x है।

प्रश्नानुसार, $x \times \frac{50}{100} = x \times \frac{4}{5} - 21$

$\Rightarrow \quad \frac{x}{2} = \frac{4x}{5} - 21$

$\Rightarrow \quad \frac{4x}{5} - \frac{x}{2} = 21 \Rightarrow \frac{8x - 5x}{10} = 21$

$\Rightarrow 3x = 210 \Rightarrow \quad x = 70$

7. (*b*) प्रश्नानुसार, $A = B \times \frac{250}{100}$

$\therefore \ A = \frac{5}{2} B \Rightarrow \frac{A}{B} = \frac{5}{2}$

अत: अभीष्ट प्रतिशत $= \frac{B}{(A + B)} \times 100\%$

$= \frac{2}{5 + 2} \times 100$

$= \frac{2}{7} \times 100 = \frac{200}{7} = 28\frac{4}{7}\%$

8. (*d*) M का 70% = N का 40%

$\Rightarrow \quad M \times \frac{70}{100} = N \times \frac{40}{100}$

$\Rightarrow N = M \times \frac{70}{100} \times \frac{100}{40} \Rightarrow N = \frac{7}{4} M$

अब, $N = M$ का $x\%$ (दिया है)

$\Rightarrow \frac{7}{4} M = M$ का $x\%$

$\therefore \quad x = \frac{7}{4} \times 100\% = 175\%$

9. (*b*) माना वह संख्या $= x$

प्रश्नानुसार, $x \times \frac{55}{100} \times \frac{15}{100} = 2475$

$\therefore \quad x = \frac{2475 \times 100 \times 100}{55 \times 15} = 30000$

अब, 30000 का 51%

$= 30000 \times \frac{51}{100} = 15300$

10. (*d*) समतुल्य वृद्धि $= 15 + 15 + \frac{15 \times 15}{100}$

$= 30 + 2.25 = 32.25$

समतुल्य कमी $= 12 + 12 - \frac{12 \times 12}{100}$

[Formula 9.2 से]

$= 24 - 1.44 = 22.56$

$\therefore$ अभीष्ट प्रतिशत अधिक

$= \frac{(32.25 - 22.56)}{22.56} \times 100$

$= \frac{9.69}{22.56} \times 100 = 42.95\%$

11. (*d*) उत्तीर्णता का प्रतिशत $= \frac{352}{370} \times 100\%$,

$= 95.13\% \approx 95\%$

12. (*a*) माना संख्या $= x$

8 से गुना करने पर प्राप्त संख्या $= 8x$

गलती से 6 से गुना करने पर प्राप्त संख्या $= 6x$

$\therefore$ त्रुटि $= 8x - 6x = 2x$

अत: त्रुटि प्रतिशत $= \frac{2x}{8x} \times 100\% = 25\%$

Quick Method

त्रुटि प्रतिशत $= \frac{\text{त्रुटि}}{\text{मूल संख्या}} \times 100\%$

$= \frac{(8 - 6)}{8} \times 100\% = 25\%$

13. (*d*) त्रुटि $= \frac{3}{2} - \frac{2}{3} = \frac{9 - 4}{6} = \frac{5}{6}$

त्रुटि प्रतिशत $= \frac{\frac{5}{6}}{\left(\frac{3}{2}\right)} \times 100\%$

$= \left(\frac{5}{6} \times \frac{100}{3} \times 2\right)\% = \frac{500}{9}\%$

14. (*c*) माना संख्या x है, तब

प्रश्नानुसार, $(x - 65) = x \times 35\%$

$\Rightarrow \quad x - 65 = x \times \frac{35}{100} = \frac{7x}{20}$

$\Rightarrow \quad x - \frac{7x}{20} = 65 \Rightarrow 13x = 65 \times 20$

$\therefore \quad x = 5 \times 20 = 100$

अत: अभीष्ट संख्या = 100

15. (*b*) माना तीसरी संख्या x है, तब

पहली संख्या $= x \times \frac{30}{100} = \frac{3x}{10}$

दूसरी संख्या $= x \times \frac{50}{100} = \frac{5x}{10}$

अभीष्ट प्रतिशत $= \frac{\left(\frac{3x}{10}\right)}{\left(\frac{5x}{10}\right)} \times 100\%$

$= \frac{3}{5} \times 100\% = 60\%$

Quick Method

अभीष्ट प्रतिशत $= \frac{30}{50} \times 100\% = 60\%$

16. (*a*) माना कुल छात्रों की संख्या x है।

बालकों का भाग = 70%

$\therefore$ बालिकाओं का भाग = (100 − 70)% = 30%

प्रश्नानुसार, x का 30% = 504

$\Rightarrow \quad x \times \frac{30}{100} = 504 \Rightarrow x = \frac{504}{30} \times 100$

$\therefore \quad x = 1680$

अत: बालकों की संख्या = x का 70%

$= \frac{1680 \times 70}{100} = 1176$

Quick Method

$\because$ बालकों का प्रतिशत = 70%

$\therefore$ बालिकाओं का प्रतिशत = 30%

अत: बालकों की संख्या $= \frac{70 \times 504}{30} = 1176$

17. (*b*) 450 सेबों में से सड़े हुए सेब

$= 450 \times \frac{30}{100} = 135$

$\therefore$ अच्छे सेबों की संख्या = 450 − 135 = 315

18. (*d*) मिश्रधातु में दूसरे धातु की मात्रा

= 100 − 15 = 85%

मिश्रधातु में चाँदी की मात्रा = 51 ग्राम

$\therefore$ दूसरे मिश्रधातु की मात्रा

$= \frac{51 \times 85}{15} = 289$ ग्राम

19. (*a*) दूध के मूल्य में प्रतिशत वृद्धि

$= \frac{28 - 25}{25} \times 100\%$

$= (3 \times 4)\% = 12\%$

20. (*c*) माना संख्या = x

प्रश्नानुसार, $(x + 40) = x \times \frac{125}{100}$

$\Rightarrow \quad (x + 40) = \frac{5x}{4} \Rightarrow 4x + 160 = 5x$

$\Rightarrow \quad 5x - 4x = 160 \Rightarrow x = 160$

21. (*c*) शेष चॉकलेट का प्रतिशत

$= \frac{(25 - 16)}{25} \times 100\%$

$= (9 \times 4)\% = 36\%$

22. (*c*) माना मूल भिन्न $= \frac{x}{y}$

प्रश्नानुसार, $\frac{x \times 125}{y \times 90} = \frac{15}{16}$

$\Rightarrow \quad \frac{x}{y} = \frac{15}{16} \times \frac{90}{125} = \frac{27}{40}$

$\therefore$ मूल भिन्न $= \frac{27}{40}$

23. (*b*) माना प्रतिशत वृद्धि दर = $x\%$

प्रश्नानुसार,

$40000 \times \frac{(100 + x)}{100} \times \frac{(100 + x)}{100} = 48400$

$(100 + x)^2 = 12100$

$100 + x = 110$

$\therefore \quad x = 10\%$

24. (*a*) माना एक सेब की कीमत = ₹ x

तथा सेब की नयी कीमत $= x - \frac{x \times 20}{100}$

$= ₹ \frac{4x}{5}$

प्रश्नानुसार, $\frac{54 \times 5}{4x} - \frac{54}{x} = 10$

$\Rightarrow \quad \frac{270 - 216}{4x} = 10$

$\Rightarrow \quad x = \frac{54}{40}$

अत: सेब की प्रति दर्जन घटी हुई कीमत

$= \frac{54}{40} \times \frac{80}{100} \times 12$

= ₹ 12.96

25. (*a*) प्रश्नानुसार, माना $R = 100$

तब, $P : Q : R = 70 \times \frac{120}{100} : (100 - 30) : 100$

$= 84 : 70 : 100$

$\because$ 84 इकाई $\rightarrow$ 420

$\therefore$ 100 इकाई $\rightarrow \frac{420 \times 100}{84} = 500$

26. (*a*) माना कॉलेज में लड़कों तथा लड़कियों की संख्या क्रमश: x और y हैं।

प्रश्नानुसार,

x का 20% $= y \times \frac{3}{4}$

$\Rightarrow \quad x \times \frac{20}{100} = \frac{3y}{4}$

$\Rightarrow \quad \frac{x}{5} = \frac{3y}{4}$

$\Rightarrow \quad \frac{x}{y} = \frac{15}{4}$

$\therefore \quad x : y = 15 : 4$

27. (*a*) अभीष्ट प्रतिशत $= \frac{65}{2 \times 1000} \times 100\%$

$= \frac{13}{4}\%$

[$\because$ 1 किग्रा = 1000 ग्राम]

28. (*c*) अभीष्ट प्रतिशत $= \frac{1494}{8.3 \times 1000} \times 100$

$= \frac{1494}{8300} \times 100 = \frac{1494}{83} = 18\%$

29. (*a*) 1 घण्टा $\times y$ % = 1 मिनट 12 सेकण्ड

$\Rightarrow 60 \times 60 \times \frac{y}{100} = 72$

($\because$ 1 घण्टा = 60 मिनट
तथा 1 मिनट = 60 सेकण्ड)

$\Rightarrow \quad 36y = 72 \Rightarrow y = \frac{72}{36} = 2$

30. (*b*) माना 1 दिन का $x\%$ = 18 मिनट

$\Rightarrow$ 24 × 60 मिनट का $x\%$ = 18 मिनट

($\because$ 1 दिन = 24 घण्टा)

$\Rightarrow \quad \frac{x}{100} = \frac{18}{24 \times 60}$

$\therefore \quad x = \frac{18 \times 100}{1440} = 1.25\%$

31. (*b*) $(x + y)$ का 15% = $(x - y)$ का 18%

$\Rightarrow \quad (x + y) \times \frac{15}{100} = (x - y) \times \frac{18}{100}$

$\Rightarrow 15x + 15y = 18x - 18y \Rightarrow 3x = 33y$

$\Rightarrow \quad \frac{x}{y} = \frac{11}{1}$

अब, अभीष्ट प्रतिशत $= \frac{1}{11} \times 100\% = 9\frac{1}{11}\%$

32. (*b*) यहाँ, $x = 40\%$

अत: अभीष्ट प्रतिशत

$= \left(\frac{x}{100 + x}\right) \times 100\% = \frac{40}{(100 + 40)} \times 100\%$

$= \frac{4000}{140}\% = 28.57\%$

33. (*b*) अभीष्ट % $= \frac{60}{(100 + 60)} \times 100\%$

$= \frac{60 \times 100\%}{160} = 37.5\%$

34. (*b*) यहाँ, $x = 20\%$

अत: अभीष्ट प्रतिशत $= \frac{x}{(100 - x)} \times 100\%$

$= \frac{20}{(100 - 20)} \times 100\%$

$= \frac{20}{80} \times 100\% = 25\%$

35. (*d*) माना C का वजन x किग्रा है।

तब, B का वजन $= \frac{130}{100} x$ किग्रा

A का वजन $= \frac{120}{100} \times \frac{130}{100} x$

$= \frac{156}{100} x$ किग्रा

अत: अभीष्ट प्रतिशत $= \frac{\left(\frac{156x}{100} - x\right)}{x} \times 100\%$

$= 56\%$

36. (*b*) माना मन्जू की आय = ₹ x

$\therefore$ राजू की आय = x का $(100 + 25)\%$

= ₹ $1.25x$

राजू की आय में वृद्धि = $1.25x$ का 25%

$= 0.3125x$

मन्जू की आय में वृद्धि

$= x$ का 40% $= 0.4x$

$\therefore$ अभीष्ट प्रतिशत वृद्धि

$= \frac{0.3125x + 0.4x}{x + 1.25x} \times 100$

$= \frac{0.7125}{2.25} \times 100 = 31.67\%$

> **TOP TIPS** इस प्रकार के प्रश्नों में आय को 100 इकाई मानकर भी हल कर सकते हैं।

37. (*a*) यहाँ, $x = -40\%$ तथा $y = 50\%$

अभीष्ट परिवर्तन $= \left(x + y + \frac{xy}{100}\right)\%$

[Formula 9.2 से]

वेतन में अभीष्ट परिवर्तन

$= \left[-40 + 50 + \frac{(-40)(50)}{100}\right]\%$

$= (+10 - 20)\% = -10\%$

अत: नए वेतन में आरम्भिक वेतन से 10% की कमी हुई है।

38. (*b*) प्रतिशत वृद्धि/कमी

$= \left[-50 + 50 - \frac{50 \times 50}{100}\right]\% = -25\%$

[Formula 9.2 से]

अत: वेतन में 25% की कमी हुई।

> **TOP TIPS** यदि किसी संख्या में पहले जितने प्रतिशत की वृद्धि की जाए फिर उतने ही प्रतिशत की कमी की जाए तो परिणामी संख्या में सदैव कमी होती है।

39. (*d*) माना संख्या x है, तब

प्रश्नानुसार,

$$x \times \frac{(100-15)}{100} \times \frac{(100-80)}{100} \times \frac{(100-44)}{100} = 19992$$

$$\Rightarrow \quad x \times \frac{85}{100} \times \frac{20}{100} \times \frac{56}{100} = 19992$$

$$\therefore \quad x = \frac{19992 \times 100 \times 100 \times 100}{85 \times 20 \times 56} = 210000$$

40. (*d*) 5% और 10% के समतुल्य वृद्धि

$$= \left[5 + 10 + \frac{5 \times 10}{100}\right]\%$$

[Formula 9.2 से]

$$= [15 + 0.5]\% = 15.5\%$$

अब, 15.5% और 20% के समतुल्य वृद्धि

$$= \left[15.5 + 20 + \frac{15.5 \times 20}{100}\right]\%$$

$$= \left[35.5 + \frac{31}{10}\right]\% = \left[\frac{355 + 31}{10}\right]\%$$

$$= \frac{386}{10}\% = \frac{193}{5}\% = 38\frac{3}{5}\%$$

41. (*b*) यहाँ, $x = 20\%$, $y = -20\%$

अभीष्ट प्रतिशत कमी $= \left[x + y + \frac{xy}{100}\right]\%$

$$= \left[20 - 20 - \frac{20 \times 20}{100}\right]\% = -4\%$$

अत: धन के खर्च में 4% की कमी हुई।

42. (*d*) माना अरुण का प्रारम्भिक वेतन = ₹ 100

प्रश्नानुसार,

अरुण का अन्तिम वेतन

$$= 100 \times \frac{50}{100} \times \frac{150}{100} = ₹\ 75$$

अत: अभीष्ट हानि %

$$= \frac{100 - 75}{100} \times 100 = 25\%$$

> **Quick Method**
>
> अभीष्ट हानि/कमी
>
> $$= \left(-50 + 50 - \frac{50 \times 50}{100}\right)\% = -25\%$$
>
> अत: अरुण को 25% की हानि हुई।

43. (*b*) माना पुरानी वस्तु का मूल्य = ₹ 100

अब, 20% घटाने पर नया मूल्य

$= 100 - 100$ का 20%

$$= 100 - \frac{100 \times 20}{100} = 100 - 20 = ₹\ 80$$

फिर, 10% घटाने पर नया मूल्य

$= 80 - 80$ का $10\% = 80 - \frac{80 \times 10}{100}$

$= 80 - 8 = ₹\ 72$

अत: कीमत में कुल कमी

$= 100 - 72 = ₹\ 28$

अभीष्ट प्रतिशतता $= \frac{28}{100} \times 100\% = 28\%$

> **Quick Method**
>
> अभीष्ट प्रतिशत $= \pm x \pm y \pm \frac{x \times y}{100}$
>
> $$= -20 - 10 + \frac{20 \times 10}{100}$$
>
> $= -30 + 2 = -28\%$ (कमी)

44. (*b*) कुल परिवर्तन $= \left(x + y + \frac{xy}{100}\right)\%$

यहाँ, $x = +10\%$ तथा $y = -10\%$

[Formula 9.2 से]

$$= \left[10 - 10 + \frac{10 \times (-10)}{100}\right]\%$$

$$= \left[10 - 10 - \frac{100}{100}\right]\% = -1\%$$

> **नोट** ऋणात्मक, चिह्न कमी को दर्शाता है।

अत: वेतन में 1% कमी हुई है।

45. (*d*) यहाँ, $x = -25\%$, $y = 20\%$

अत: अभीष्ट प्रतिशत प्रभाव

$$= \left(x + y + \frac{xy}{100}\right)\% \quad \text{[Formula 9.2 से]}$$

$$= \left[-25 + 20 + \frac{(-25) \times 20}{100}\right]\%$$

$$= [-5 - 5]\% = -10\%$$

अत: सकल प्राप्ति में 10% की कमी हुई है।

46. (*d*) माना कुल संख्या 100 है, तब

प्रश्नानुसार,

नई संख्या

$$= 100 \times \frac{70}{100} \times \frac{140}{100} \times \frac{105}{100} = 102.9$$

अत: अभीष्ट वृद्धि प्रतिशत

$$= \frac{102.9 - 100}{100} \times 100 = 2.9\%$$

47. (*d*) अभीष्ट कमी % $= \frac{x}{(100 + x)} \times 100\%$

यहाँ, $x = 36\%$

$$\therefore \text{ अभीष्ट कमी } \% = \frac{36}{(100 + 36)} \times 100\%$$

$$= \frac{36 \times 100\%}{136}$$

$$= 26.47\% \approx 26.5\%$$

48. (*d*) बादाम का मूल्य = ₹100

वृद्धि के बाद बादाम का मूल्य = ₹110

∴ बादाम की खपत में प्रतिशत कमी

$$= \frac{10}{110} \times 100\% = 9\frac{1}{11}\%$$

> **Quick Method**
>
> अभीष्ट कमी $= \frac{10}{110} \times 100\%$
>
> $$= \frac{100}{11}\% = 9\frac{1}{11}\%$$

49. (*c*) दूध की खपत में वृद्धि प्रतिशत

$$= \frac{20}{(100 - 20)} \times 100\%$$

$$= \frac{20}{80} \times 100\% = 25\%$$

50. (*c*) यहाँ, $x = 20\%$

प्रतिशत कमी $= \frac{x}{(x + 100)} \times 100\%$

$$= \frac{20}{(20 + 100)} \times 100\%$$

$$= \frac{20}{120} \times 100\% = 16.66\%$$

51. (*b*) यहाँ, $x = 25\%$

अत: मूल्य में अभीष्ट कमी प्रतिशत

$$= \frac{25}{(100 + 25)} \times 100\%$$

$$= \frac{25}{125} \times 100\% = 20\%$$

52. (*c*) परिवार का खर्च समान रखने के लिए, चीनी की खपत में कमी प्रतिशत

$$= \frac{25}{(100 + 25)} \times 100\%$$

$$= \frac{25}{125} \times 100\% = 20\%$$

53. (*b*) गृहणी द्वारा खपत में कमी

$$= \frac{55}{(100 + 55)} \times 100\%$$

$$= \frac{55}{155} \times 100\% = 35.48\%$$

54. (*c*) माना पेट्रोल की कीमत = ₹ 100/लीटर

पेट्रोल का बढ़ा हुआ मूल्य

$$= 100 \times \frac{152}{100} = ₹\ 152/\text{लीटर}$$

अब, 14% वृद्धि के बाद व्यय

$$= 100 \times \frac{114}{100} = ₹\ 114/\text{लीटर}$$

∴ खपत में कमी = (152 − 114) = ₹ 38/लीटर

अभीष्ट प्रतिशत कमी $= \frac{38}{152} \times 100\%$

$= 25\%$

Quick Method

अभीष्ट कमी प्रतिशत $= \frac{(52-14)}{(100+52)} \times 100\%$

$= \frac{3800}{152}\% = 25\%$

55. (*a*) बढ़ा हुआ मूल्य = 30 − 25

= ₹ 5 प्रति किग्रा

∴ खपत में प्रतिशत कमी $= \frac{5}{30} \times 100\%$

$= \frac{50}{3}\% = 16\frac{2}{3}\%$

56. (*c*) मासिक बचत

$= 9600 \times \frac{(100-60)}{100} =$ ₹ 3840

57. (*c*) अभीष्ट प्रतिशत $= \frac{2000}{5000} \times 100\%$

= 40%

58. (*d*) माना व्यक्ति का वेतन = 100%

तब, खर्च = 72% तथा बचत = 28%

प्रश्नानुसार,

प्रति महीने बचत = ₹5740

∴ कुल वेतन $= \frac{5740}{28\%} \times 100\% =$ ₹ 20500

वार्षिक वेतन = 20500 × 12 = ₹ 246000

∴ वार्षिक वेतन का 10% $= 246000 \times \frac{10}{100}$

= ₹ 24600

59. (*a*) दिया है,

रनिता की आय का $\frac{57}{100}$

= भास्कर की आय का $\frac{76}{100}$

⇒ रनिता की आय × 3

= भास्कर की आय × 4

माना, भास्कर की आय = $3x$

∴ रनिता की आय = $4x$

प्रश्नानुसार, $\frac{(4x-400)}{3x} = \frac{6}{5}$

⇒ $20x - 2000 = 18x$

∴ $x = \frac{2000}{2} = 1000$

∴ भास्कर की साप्ताहिक आय

$= 3x = 3 \times 1000 =$ ₹ 3000

60. (*c*) रवि की मासिक आय = ₹ 16000

घर के किराए पर किया गया खर्च

$= \frac{16000 \times 30}{100} =$ ₹ 4800

शिक्षा पर खर्च $= \frac{16000 \times 20}{100} =$ ₹ 3200

शेष वेतन = 16000 − (4800 + 3200)

= 16000 − 8000 = ₹ 8000

अत: म्यूचुअल फण्ड में निवेशित राशि

$= \frac{8000 \times 60}{100} =$ ₹ 4800

Quick Method

किराए व शिक्षा के बाद बचत

= 100 − (30 + 20) = 50%

अब, 50% का 60% = 30%

∴ म्यूचुअल फण्ड में निवेशित राशि

$= 16000 \times \frac{30}{100} =$ ₹ 4800

61. (*d*) माना ऋचा की व्यय तथा बचत क्रमश: ₹ 200 और ₹ 100 हैं।

∴ ऋचा की आय = व्यय + बचत

= 200 + 100 = ₹ 300

प्रश्नानुसार,

ऋचा की नई आय $= 300 \times \frac{120}{100} =$ ₹ 360

तथा ऋचा का नया व्यय $= 200 \times \frac{115}{100}$

= ₹ 230

नई बचत = 360 − 230 = ₹ 130

अत: बचत में प्रतिशत वृद्धि

$= \frac{(130-100)}{100} \times 100\% = 30\%$

62. (*a*) माना बाला की आय = ₹ x

अरुण की आय $= x \times \frac{150}{100} =$ ₹ $\frac{3x}{2}$

चंदू की आय $= \frac{3x}{2} \times \frac{120}{100} =$ ₹ $\frac{9x}{5}$

प्रश्नानुसार,

$x + \frac{3x}{2} + \frac{9x}{5} = 86000$

⇒ $\frac{10x + 15x + 18x}{10} = 86000$

⇒ $43x = 10 \times 86000$

∴ $x = 20000$

अत: चंदू की आय $= \frac{9 \times 20000}{5} =$ ₹ 36000

63. (*d*) माना सुरेन्द्र के पास सम्पत्ति = ₹ x

प्रश्नानुसार,

$x \times \frac{40}{100} \times \frac{25}{100} = 600000$

∴ $x = \frac{600000 \times 100 \times 100}{40 \times 25} =$ ₹6000000

अत: पुत्री को दी गई सम्पत्ति

$= 6000000 \times \frac{40}{100} \times \frac{75}{100} =$ ₹ 1800000

64. (*a*) माना धनुष की बचत = 100%

दान की गई कुल बचत राशि

= 22% + 23% + 24% = 69%

शेष बचत राशि = 100 − 69 = 31%

प्रश्नानुसार,

धनुष की कुल बचत राशि

$= \frac{9300 \times 100\%}{31\%} =$ ₹ 30000

माना धनुष का वेतन ₹ x है, तब

पुन: प्रश्नानुसार, $x \times \frac{40}{100} = 30000$

⇒ $x = \frac{30000 \times 100}{40}$

∴ $x =$ ₹ 75000

अत: धनुष का वेतन ₹ 75000 है।

65. (*d*) माना व्यक्ति की आय = ₹ 100

तब, व्यय = ₹ 75 और बचत = ₹ 25

अब, व्यक्ति की नई आय

$= 100 \times \frac{120}{100} =$ ₹ 120

∴ नया व्यय $= 75 + 10 \times \frac{75}{100} =$ ₹ 82.5

∴ नई बचत = 120 − 82.5 = ₹ 37.5

∴ बचत में प्रतिशत वृद्धि

$= \frac{37.5-25}{25} \times 100\%$

$= \frac{12.5}{25} \times 100\% = 50\%$

66. (*b*) माना मासिक आय = ₹ x

∴ $x \times \frac{(100-40)}{100} \times \frac{(100-55)}{100} = 5940$

$x = \frac{5940 \times 100 \times 100}{60 \times 45} =$ ₹22000

किराए पर खर्च = ₹ $22000 \times \frac{16}{100}$

= ₹ 3520

67. (*b*) परीक्षा का कुल अंक $= \frac{63}{84} \times 100 = 75$

68. (*c*) प्रश्नानुसार,

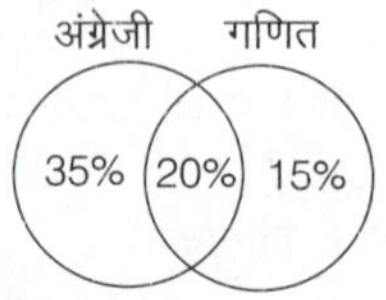

अनुत्तीर्ण अभ्यर्थियों का प्रतिशत

= [100 − (35 + 20 + 15)]%

= (100 − 70)% = 30%

अनुत्तीर्ण अभ्यर्थियों की कुल संख्या = 1200

∴ कुल अभ्यर्थियों की संख्या

$= \frac{1200}{30} \times 100 = 4000$

TOP TIPS यदि किसी परीक्षा में $a\%$ विद्यार्थी किसी एक विषय में, $b\%$ विद्यार्थी किसी अन्य विषय में उत्तीर्ण हो जाते हैं तथा $c\%$ दोनों विषयों में उत्तीर्ण हो जाते हैं, तो दोनों विषयों में अनुत्तीर्ण होने वाले विद्यार्थियों की संख्या का प्रतिशत
$= [100 - (a + b - c)]\%$

69. (*d*) माना परीक्षा का अधिकतम अंक 'x' है।
प्रश्नानुसार,
$$x \times \frac{30}{100} + 50 = x \times \frac{40}{100} - 30$$
$$\Rightarrow \frac{3x}{10} - \frac{4x}{10} = -30 - 50$$
$$\Rightarrow \frac{-x}{10} = -80$$
$$\therefore \quad x = 80 \times 10 = 800$$
अत: परीक्षा का अधिकतम अंक = 800

70. (*c*) माना परीक्षा का अधिकतम अंक 'x' है।
प्रश्नानुसार,
$$x \times \frac{45}{100} = 294 + 66$$
$$\Rightarrow \frac{9x}{20} = 360$$
$$\therefore \quad x = \frac{360 \times 20}{9} = 800$$
अत: परीक्षा का अधिकतम अंक = 800

71. (*d*) राखी का प्राप्तांक $= 200 \times \frac{54}{100} = 108$
मोहन का प्राप्तांक = 108 − 12 = 96 अंक

72. (*b*) माना अधिकतम अंक x है।
प्रश्नानुसार,
$$\frac{x \times 36}{100} = 113 + 85$$
$$\Rightarrow x = \frac{198 \times 100}{36} \Rightarrow x = 550$$
∴ परीक्षा के अधिकतम अंक = 550

73. (*d*) उत्तीर्ण होने का प्राप्तांक = 75 + 6 = 81
उत्तीर्ण होने योग्य प्रतिशत
$$= \frac{81}{300} \times 100\% = 27\%$$

74. (*d*) माना परीक्षा में अधिकतम अंक $= x$
प्रश्नानुसार,
$$\frac{x \times 20}{100} + 5 = \frac{x \times 30}{100} - 20$$
$$\Rightarrow \frac{x \times 10}{100} = 25 \Rightarrow x = 250$$
∴ उत्तीर्ण होने के लिए आवश्यक अंक
$$= \frac{250 \times 20}{100} + 5 = 55$$
अत: अभीष्ट प्रतिशत $= \frac{55}{250} \times 100 = 22\%$

75. (*b*) माना अधिकतम अंक $= x$
प्रश्नानुसार,
$$\left(x \times \frac{10}{100} + 5\right) = \left(x \times \frac{20}{100} - 15\right)$$
$$\Rightarrow \left(x \times \frac{20}{100} - x \times \frac{10}{100}\right) = 5 + 15$$
$$\Rightarrow x \times \frac{10}{100} = 20 \Rightarrow x = \frac{20 \times 100}{10}$$
$$\therefore \quad x = 200$$
तब, उत्तीर्ण होने के लिए आवश्यक अंक
प्रतिशत $= \left(\frac{200 \text{ का } 10\% + 5}{200}\right) \times 100\%$
$$= \left(\frac{20 + 5}{200}\right) \times 100\% = \frac{1}{8} \times 100\% = 12.5\%$$

76. (*a*) दो वर्ष पूर्व कस्बे की जनसंख्या
$$= 1161600 \times \frac{100}{(100 + 10)} \times \frac{100}{(100 + 10)}$$
$$= 1161600 \times \frac{100}{110} \times \frac{100}{110} = 960000$$

77. (*c*) माना 2 वर्ष पूर्व शहर की जनसंख्या $= x$
प्रश्नानुसार, $A = P\left(1 + \frac{r}{100}\right)^n$ **[Formula 9.1 से]**
$$\Rightarrow \quad 93051 = x\left(1 + \frac{5}{100}\right)^2$$
$$\Rightarrow \quad 93051 = x \times \frac{21}{20} \times \frac{21}{20}$$
$$\Rightarrow \quad x = \frac{93051 \times 20 \times 20}{21 \times 21}$$
$$\therefore \quad x = 84400$$

78. (*c*) 2 वर्ष बाद शहर की जनसंख्या
$$= 45000\left(1 - \frac{2}{100}\right)^2 = 45000 \times \left(\frac{49}{50}\right)^2$$
$= 45000 \times \frac{49}{50} \times \frac{49}{50}$ **[Formula 9.1 से]**
$$= 18 \times 49 \times 49 = 43218$$

79. (*c*) 2 वर्ष बाद जनसंख्या
$$= P\left(1 + \frac{r}{100}\right)^n = 50000\left(1 + \frac{4}{100}\right)^2$$
$$= 50000 \times \frac{26}{25} \times \frac{26}{25} = 54080$$

80. (*d*) माना 'n' वर्षों बाद कस्बे की जनसंख्या 1331 हो जाएगी।
$\because \quad A = P\left(1 + \frac{r}{100}\right)^n$ **[Formula 9.1 से]**
$$\Rightarrow \quad 1000\left(1 + \frac{10}{100}\right)^n = 1331$$
$$\Rightarrow \quad \left(\frac{11}{10}\right)^n = \frac{1331}{1000} \Rightarrow \left(\frac{11}{10}\right)^n = \left(\frac{11}{10}\right)^3$$
दोनों पक्षों की तुलना करने पर, $n = 3$ वर्ष
अत: 3 वर्ष बाद कस्बे की जनसंख्या 1331 हो जाएगी।

81. (*c*) माना गाँव में पुरुषों की संख्या x और महिलाओं की संख्या $(15280 - x)$ है।
प्रश्नानुसार,
$$\frac{125}{100}x + \frac{115}{100}(15280 - x) = 18428$$
$$\Rightarrow 125x + 1757200 - 115x = 1842800$$
$$\Rightarrow \quad 10x = 85600$$
$$\therefore \quad x = 8560$$
महिलाओं की संख्या = 15280 − 8560 = 6720
∴ पुरुषों व महिलाओं की वर्तमान जनसंख्या का अन्तर = 8560 − 6720 = 1840

82. (*c*) माना पहले वर्ष के शुरुआत में शहर की जनसंख्या $= x$
प्रश्नानुसार, $x \times \frac{105}{100} \times \frac{95}{100} = 21945$
$$\Rightarrow \quad x = \frac{21945 \times 100 \times 100}{105 \times 95}$$
$$= \frac{231 \times 20 \times 100}{21}$$
$$= 11 \times 2000 = 22000$$
पहले वर्ष की शुरुआत में जनसंख्या 22000 थी।

83. (*c*) 'n' वर्ष बाद मशीन की कीमत
$$= \text{वर्तमान मूल्य} \times \left(1 - \frac{r}{100}\right)^n$$
∴ 3 वर्ष बाद मशीन की कीमत
$= 60000\left(1 - \frac{10}{100}\right)^3$ **[Formula 9.1 से]**
$$= 60000 \times \frac{9}{10} \times \frac{9}{10} \times \frac{9}{10}$$
= ₹ 43740

84. (*c*) तीन वर्ष बाद मशीन की कीमत
$$= 6250 \times \left(1 - \frac{10}{100}\right)\left(1 - \frac{20}{100}\right)\left(1 - \frac{30}{100}\right)$$
$$= 6250 \times \frac{90}{100} \times \frac{80}{100} \times \frac{70}{100} = ₹\ 3150$$

TOP TIPS यदि किसी मशीन का वर्तमान मूल्य ₹ P है तथा उसके मूल्य में क्रमश: $R_1\%$, $R_2\%$, $R_3\%$ की वार्षिक दर से अवमूल्यन (ह्रास) हो रहा है तब
n वर्ष बाद मशीन का मूल्य
$$= P\left(1 - \frac{R_1}{100}\right)\left(1 - \frac{R_2}{100}\right)\left(1 - \frac{R_3}{100}\right)$$

85. (*a*) 3 वर्ष बाद वेतन $= 14000\left(1 + \frac{20}{100}\right)^3$
$$= 14000 \times \left(\frac{6}{5}\right)^3 = 14000 \times \frac{216}{125}$$
$$= 112 \times 216 = ₹\ 24192$$

86. (*d*) जीते हुए उम्मीदवार को प्राप्त वोट = 62%

हारे हुए उम्मीदवार को प्राप्त वोट

$= (100 - 62)\% = 38\%$

$\therefore$ कुल मतों की संख्या $= \dfrac{35640}{(62-38)} \times 100$

$= 148500$

87. (*d*) माना कुल मतों की संख्या = 100%

जीतने वाले उम्मीदवार को मिले मत = 57%

हारने वाले उम्मीदवार को मिले मत

$= (100 - 57)\% = 43\%$

प्रश्नानुसार, $(57 - 43)\% = 742$

$\Rightarrow \quad 14\% = 742$

$\therefore \quad 100\% = \dfrac{742}{14} \times 100 = 5300$

अत: कुल मतों की संख्या = 5300

> **TOP TIPS** चुनाव वाले प्रश्नों को हम कुल मतों को 100% मानकर भी आसानी से हल कर सकते हैं।

88. (*b*) माना कुल मत $= 100x$

अवैध मत = 58

$\therefore$ वैध मत $= (100x - 58)$

जीतने वाले को प्राप्त वोट

$= (100x - 58) \times 54\%$

हारने वाले को प्राप्त वोट

$= (100x - 58) \times 46\%$

जीत का अन्तर $= (100x - 58) \times 8\%$

प्रश्नानुसार, $(100x - 58) \times \dfrac{8}{100} = 88$

$\Rightarrow 100x - 58 = \dfrac{88 \times 100}{8} = 1100$

$\Rightarrow \quad 100x = 1100 + 58 = 1158$

$\therefore$ कुल मतों की संख्या = 1158

माना कुल मतों की संख्या = 100%

89. (*b*) वोट डालने वाले मतदाताओं की संख्या

$= 100 - 12 = 88\%$

वैध मतों की संख्या = 88% – 84

विजेता को मिले मत = 54%

श्रवण को प्राप्त मत = (88% – 84) – 54%

= 34% – 84

प्रश्नानुसार, 54% – (34% – 84) = 1456

$\Rightarrow \quad 20\% = 1456 - 84 = 1372$

$\therefore$ कुल मतों की संख्या $= \dfrac{1372 \times 100}{20} = 6860$

90. (*c*) माना डाले गए मतों की कुल संख्या $= x$

$\therefore$ अवैध मत $= x \times \dfrac{10}{100} = \dfrac{x}{10}$

वैध मत $= x - \dfrac{x}{10} = \dfrac{9x}{10}$

विजयी उम्मीदवार को प्राप्त मत

$= \dfrac{9x}{10} \times \dfrac{52}{100} = \dfrac{117}{250}x$

हारने वाले उम्मीदवार को प्राप्त मत

$= \dfrac{9x}{10} \times \dfrac{48}{100} = \dfrac{108}{250}x$

प्रश्नानुसार, $\dfrac{117}{250}x - \dfrac{108}{250}x = 360$

$\Rightarrow \quad \dfrac{9}{250}x = 360 \Rightarrow x = 40 \times 250$

$\therefore \quad x = 10000$

अत: डाले गए मतों की संख्या = 10000

Quick Method

माना कुल मत = 100%

वैध मत $= 100\% \times \dfrac{90}{100} = 90\%$

विजेता को प्राप्त मत $= 90\% \times \dfrac{52}{100}$

हारने वाले को प्राप्त मत $= 90\% \times \dfrac{48}{100}$

$\therefore$ अभीष्ट अन्तर, $90\% \times \left(\dfrac{52-48}{100}\right) = 360$

$\Rightarrow 90\% \times \dfrac{4}{100} = 360$

$\Rightarrow 100\% = \dfrac{360 \times 100 \times 100}{90 \times 4} = 10000$

$\therefore$ कुल मत = 10000

91. (*c*) माना कुल उत्पाद = 100%

$\therefore$ गैर-दोषपूर्ण उत्पाद $= 100 - 13 = 87\%$

प्रश्नानुसार,

गैर-दोषपूर्ण उत्पादों की कुल संख्या = 4959

87% = 4959

तब, $13\% = \dfrac{4959}{87} \times 13 = 741$

अत: कुल दोषपूर्ण उत्पादों की संख्या 741 है।

92. (*c*) माना स्कूल में कुल कर्मचारियों की संख्या $= x$

$\therefore$ महिला कर्मचारी $= x \times \dfrac{45}{100} = \dfrac{9}{20}x$

तथा पुरुष कर्मचारी $= x - \dfrac{9}{20}x = \dfrac{11}{20}x$

अब, स्नातकोत्तर महिला कर्मचारी

$= \dfrac{9}{20}x \times \dfrac{80}{100} = \dfrac{9}{25}x$

तथा स्नातकोत्तर पुरुष कर्मचारी

$= \dfrac{11}{20}x \times \dfrac{60}{100} = \dfrac{33}{100}x$

अत: स्कूल में गैर-स्नातकोत्तर कर्मचारी

$= x - \left(\dfrac{9}{25}x + \dfrac{33}{100}x\right)$

$= x\left[\dfrac{100 - (36 + 33)}{100}\right]$

$= x \times \dfrac{31}{100} = \dfrac{31}{100}x$

$\therefore$ अभीष्ट प्रतिशत $= \dfrac{\left(\dfrac{31}{100}x\right)}{x} \times 100\% = 31\%$

Quick Method

माना कुल कर्मचारी = 100

$\therefore$ महिला कर्मचारी = 45

तथा पुरुष कर्मचारी = 100 – 45 = 55

स्नातकोत्तर (महिला + पुरुष) कर्मचारी

$= 45 \times \dfrac{80}{100} + 55 \times \dfrac{60}{100}$

$= 36 + 33 = 69$

$\therefore$ गैर-स्नातकोत्तर कर्मचारी = 100 – 69 = 31

अत: अभीष्ट प्रतिशत = 31%

93. (*c*) माना स्कूल X में विद्यार्थियों की संख्या $= x$

X में अनुत्तीर्ण विद्यार्थियों की संख्या

$= \dfrac{20x}{100} = \dfrac{x}{5}$

X में उत्तीर्ण विद्यार्थी $= x - \dfrac{x}{5} = \dfrac{4x}{5}$

Y में भाग लेने वाले विद्यार्थियों की संख्या

$= \dfrac{230x}{100} = \dfrac{23x}{10}$

कुल अनुत्तीर्ण $= \left(x + \dfrac{23x}{10}\right) \times \dfrac{10}{100} = \dfrac{33x}{100}$

Y में अनुत्तीर्ण

$= \dfrac{33x}{100} - \dfrac{x}{5} = \dfrac{33x - 20x}{100} = \dfrac{13x}{100}$

अत: स्कूल Y में अनुत्तीर्ण विद्यार्थियों का प्रतिशत

$= \dfrac{\dfrac{13x}{100}}{\dfrac{23x}{10}} \times 100 = 5.65 \approx 5.7\%$

अध्याय

10 लाभ और हानि

Chapter Snapshot

- **क्रय मूल्य** वह मूल्य, जिस पर किसी वस्तु को खरीदा जाता है, **क्रय मूल्य** कहलाता है।
- **विक्रय मूल्य** वह मूल्य, जिस पर किसी वस्तु/उत्पाद को बेचा जाता है, **विक्रय मूल्य** कहलाता है।
- **अंकित मूल्य** वह मूल्य, जिस पर किसी वस्तु को बिक्री के लिए सूचीबद्ध किया जाता है, **अंकित मूल्य** कहलाता है।
- **लाभ** जब किसी वस्तु का विक्रय मूल्य (SP), वस्तु के क्रय मूल्य (CP) से अधिक होता है, तब विक्रेता को **लाभ** होता है।

  लाभ = विक्रय मूल्य – क्रय मूल्य
- **हानि** जब किसी वस्तु का विक्रय मूल्य (SP), वस्तु के क्रय मूल्य (CP) से कम होता है, तब विक्रेता को **हानि** होती है।

  हानि = क्रय मूल्य – विक्रय मूल्य

लाभ और हानि से सम्बन्धित मूल सूत्र

- लाभ प्रतिशत $= \dfrac{\text{लाभ}}{\text{क्रय मूल्य}} \times 100\%$
- हानि प्रतिशत $= \dfrac{\text{हानि}}{\text{क्रय मूल्य}} \times 100\%$
- विक्रय मूल्य = क्रय मूल्य $\times \left(\dfrac{100 + \text{लाभ}\,\%}{100}\right)$
- क्रय मूल्य = विक्रय मूल्य $\times \left(\dfrac{100}{100 + \text{लाभ}\,\%}\right)$
- विक्रय मूल्य = क्रय मूल्य $\times \left(\dfrac{100 - \text{हानि}\,\%}{100}\right)$
- क्रय मूल्य = विक्रय मूल्य $\times \left(\dfrac{100}{100 - \text{हानि}\,\%}\right)$
- यदि एक बेईमान व्यापारी अपना सामान क्रय मूल्य पर बेचने का दावा करता है, लेकिन गलत/त्रुटिपूर्ण वजन का उपयोग करता है, तब

  $\text{लाभ}\ \% = \dfrac{\text{त्रुटि}}{\text{सही वजन} - \text{त्रुटि}} \times 100\%$ या $\text{लाभ}\ \% = \dfrac{\text{सही वजन} - \text{गलत वजन}}{\text{गलत वजन}} \times 100\%$
- यदि एक वस्तु को बेचने पर पहले $a\%$ लाभ/हानि हो, फिर दोबारा बेचने पर $b\%$ हानि/लाभ होती है, तो उस वस्तु पर वास्तविक लाभ/हानि% निम्न होगा

  $$\text{लाभ/हानि}\% = \left(\pm a \mp b + \frac{(\pm a)(\mp b)}{100}\right)\%$$
- यदि A किसी वस्तु को $r_1\%$ लाभ/हानि पर B को बेचता है तथा B उसी वस्तु को $r_2\%$ लाभ/हानि पर C को बेचता है, तो C के लिए क्रय मूल्य

  $$= A \text{ का क्रय मूल्य } \left(1 \pm \frac{r_1}{100}\right)\left(1 \pm \frac{r_2}{100}\right)$$

> **नोट** लाभ % के लिए → '+' तथा हानि % के लिए → '–' चिह्न का प्रयोग करें।

Concept Capsule

- यदि प्रश्न में कुछ भी न बताया गया हो, तब लाभ और हानि की प्रतिशत गणना सदैव क्रय मूल्य पर ही की जाती है।
- यदि कोई वस्तु उसी कीमत पर बेची जाती है, जिस मूल्य पर वस्तु खरीदी गई हो, तो ऐसी स्थिति में न ही लाभ और न ही हानि होती है।
- वस्तु के परिवहन व रख रखाव पर खर्च की गई राशि को क्रय मूल्य में जोड़कर वास्तविक लागत मूल्य प्राप्त होता है।

Formula Flashcards

- **10.1** यदि a वस्तुओं का क्रय मूल्य b वस्तुओं के विक्रय मूल्य के बराबर हो, तब लाभ या हानि प्रतिशत

  $= \dfrac{a-b}{b} \times 100\%$
- **10.2** यदि कोई व्यक्ति दो अलग-अलग वस्तुएँ समान विक्रय मूल्य पर बेचता है इनमें से एक पर $x\%$ का लाभ तथा दूसरी पर $x\%$ की हानि होती है, तब

  कुल हानि % $= \left(\dfrac{x}{10}\right)^2 \%$

  [**नोट** यहाँ, विक्रेता को इस सौदे में सदैव हानि होती है।]
- **10.3** यदि 'a' वस्तुएँ ₹ x में खरीदी जाती है तथा 'b' वस्तुएँ ₹ y में बेची जाती है, तब

  $\text{लाभ/हानि}\% = \dfrac{ay \sim bx}{bx} \times 100$

Exam Approach Examples

मूल अवधारणा पर आधारित

उदाहरण 1. यदि एक बक्सा ₹ 350 की हानि पर ₹ 4650 में बेचा गया, तो हानि प्रतिशतता ज्ञात कीजिए। *DP Constable 2023*

(a) 6% (b) 7% (c) 3.8% (d) 4.5%

हल (b) क्रय मूल्य = विक्रय मूल्य + हानि = ₹ (4650 + 350) = ₹ 5000

$\therefore$ हानि प्रतिशत $= \frac{\text{हानि}}{\text{क्रय मूल्य}} \times 100\% = \frac{350}{5000} \times 100\% = 7\%$

उदाहरण 2. विकास एक पुरानी बाइक को ₹ 30000 में खरीदता है और उसकी मरम्मत पर ₹ 5000 खर्च करता है। यदि वह बाइक को ₹ 42000 में बेचता है। उसका लाभ प्रतिशत कितना है? *RRB NTPC 2021*

(a) 18% (b) 20% (c) 17% (d) 19%

हल (b) बाइक का कुल लागत मूल्य = ₹ (30000 + 5000) = ₹ 35000

बाइक का विक्रय मूल्य = ₹ 42000

$\therefore$ लाभ = ₹ (42000 − 35000) = ₹ 7000

अतः लाभ प्रतिशत $= \frac{\text{लाभ}}{\text{क्रय मूल्य}} \times 100\% = \frac{7000}{35000} \times 100\% = 20\%$

उदाहरण 3. एक वस्तु को ₹ 2200 में बेचने पर 10% का लाभ प्राप्त होता है। यदि इस वस्तु को ₹ 2600 में बेचा गया होता, तो लाभ प्रतिशत क्या होता? *SSC CGL (Tier-II) 2022*

(a) 37% (b) 20% (c) 30% (d) 15%

हल (c) वस्तु का क्रय मूल्य $= 2200 \times \frac{100}{110} =$ ₹ 2000

अब, वस्तु का नया विक्रय मूल्य = ₹ 2600

नया लाभ = नया विक्रय मूल्य − क्रय मूल्य = (2600 − 2000) = ₹ 600

$\therefore$ लाभ प्रतिशत $= \frac{\text{लाभ}}{\text{क्रय मूल्य}} \times 100\% = \frac{600}{2000} \times 100 = 30\%$

उदाहरण 4. एक प्लॉट को ₹ 18700 में बेचा जाता है, तो मालिक को 15% का नुकसान होता है। 15% लाभ प्राप्त करने के लिए प्लॉट को किस कीमत पर बेचा जाना चाहिए? *HSSC CET 2022*

(a) ₹ 21000 (b) ₹ 22500 (c) ₹ 25300 (d) ₹ 25800
(e) इनमें से कोई नहीं

हल (c) $\because$ क्रय मूल्य $= \left(\frac{100}{100 - \text{हानि}\ \%}\right) \times$ विक्रय मूल्य

$= \left(\frac{100}{100 - 15}\right) \times 18700 =$ ₹ 22000

15% लाभ पर विक्रय मूल्य $= 22000 \times \frac{115}{100} =$ ₹ 25300

वस्तु को एक से अधिक बार बेचे जाने पर आधारित

उदाहरण 5. रवि एक कुर्सी मोहन को 10% लाभ पर बेचता है और मोहन उसे गोविन्द को 20% लाभ पर बेचता है। यदि गोविन्द इसके लिए ₹ 1320 का भुगतान करता है, तो रवि के लिए क्रय मूल्य है *SSC (10+2) 2020*

(a) ₹ 980 (b) ₹ 1000 (c) ₹ 900 (d) ₹ 950

हल (b) यहाँ, $r_1 = 10\%$, $r_2 = 20\%$

माना रवि के लिए कुर्सी का क्रय मूल्य = ₹ x

$\therefore$ गोविन्द के लिए कुर्सी का क्रय मूल्य

$= ₹ x \times \left(1 + \frac{10}{100}\right)\left(1 + \frac{20}{100}\right)$

$\Rightarrow \quad 1320 = x \times \frac{110}{100} \times \frac{120}{100} \Rightarrow x = \frac{1320 \times 100 \times 100}{110 \times 120}$

$\therefore \quad x =$ ₹ 1000

वस्तु को अधिक या कम मूल्य पर खरीदने या बेचने पर आधारित

उदाहरण 6. एक व्यापारी एक वस्तु को उसके क्रय मूल्य से 16% कम पर बेचता है। यदि उसने इसे ₹ 192.20 अधिक में बेचा होता, तो उसे 15% का लाभ होता। वस्तु का लागत मूल्य (₹ में) है *SSC CGL (Tier I) 2021*

(a) 620 (b) 680 (c) 720 (d) 640

हल (a) माना क्रय मूल्य = $100x$

तब, विक्रय मूल्य $= 100x \times \left(\frac{100 - 16}{100}\right) =$ ₹ $84x$

तथा विक्रय मूल्य = क्रय मूल्य $\times \left(\frac{100 + \text{लाभ}\%}{100}\right) = 100x \times \frac{115}{100} =$ ₹ $115x$

प्रश्नानुसार, $115x - 84x = 192.20 \Rightarrow 31x = 192.20 \Rightarrow x = 6.2$

क्रय मूल्य $= 100x = 100 \times 6.2 =$ ₹ 620

Quick Method

माना

CP = ₹100 —16% हानि→ SP = ₹84
CP = ₹100 —15% लाभ→ SP = ₹115
(+31)

31 इकाई ⟶ ₹ 192.20

क्रय मूल्य, 100 ⟶ $\frac{192.20}{31} \times 100 =$ ₹ 620

Score Booster
इस प्रकार के प्रश्नों को अतिशीघ्रता से हल करने के लिए क्रय मूल्य को 100% मानना चाहिए।

दो वस्तुओं को समान मूल्य पर बेचने पर आधारित

उदाहरण 7. एक दुकानदार दो बैग, प्रत्येक को ₹ 5500 में बेचता है। एक पर उसे 27% लाभ होता है और दूसरे पर उसे 27% हानि होती है। पूरे लेन-देन में उसका लाभ या हानि प्रतिशत ज्ञात कीजिए। *UP Police SI 2021*

(a) 6.29% लाभ (b) 7.29% हानि (c) 6.29% हानि (d) 7.29% लाभ

हल (b) प्रत्येक बैग का विक्रय मूल्य = ₹ 5500

दोनों बैग का कुल विक्रय मूल्य = ₹ (2 × 5500) = ₹ 11000

27% लाभ पर बेचे गए बैग का क्रय मूल्य $= \frac{5500}{127} \times 100$

27% हानि पर बेचे गए बैग का क्रय मूल्य $= \frac{5500}{73} \times 100$

दोनों बैग का कुल क्रय मूल्य $= 5500 \times 100 \left(\frac{73 + 127}{127 \times 73}\right)$

$= \frac{5500 \times 100 \times 200}{127 \times 73} =$ ₹ 11864.95 ≈ ₹ 11865

$\therefore$ हानि = 11865 − 11000 = ₹ 865

अतः हानि % $= \frac{865 \times 100}{11865} = 7.29\%$

Quick Method

यहाँ, $x\% = 27\%$ [Formula 10.2 से]

अतः हानि $\% = \frac{x^2}{100}\% = \frac{27 \times 27}{100} = 7.29\%$

किसी वस्तु को भिन्न भागों में बाँटकर बेचने पर आधारित

उदाहरण 8. एक थोक विक्रेता के पास 1000 किग्रा चीनी है, जिसका एक भाग वह 6% लाभ पर और शेष 12% लाभ पर बेचता है। उसका कुल लाभ 10% है। 6% लाभ पर बेची गई चीनी की मात्रा है। (दशमलव के दो स्थानों तक) *SSC Constable (GD) 2023*

(a) 666.66 किग्रा (b) 336.331 किग्रा
(c) 663.66 किग्रा (d) 333.33 किग्रा

हल (*d*) माना 6% लाभ पर बेची गई चीनी की मात्रा = x किग्रा तथा चीनी का क्रय मूल्य ₹ 1 प्रतिकिग्रा है।

प्रश्नानुसार,

$$x \times \frac{106}{100} + (1000 - x) \times \frac{112}{100} = 1000 \times \frac{110}{100}$$

$$\Rightarrow \quad 106x + 112000 - 112x = 110000$$

$$\Rightarrow \quad 6x = 2000 \Rightarrow x = 333.33 \text{ किग्रा}$$

Quick Method

मिश्रण नियम द्वारा,

6% पर बेचा भाग   12% पर बेचा भाग

10%

2   4 ⇒ 1 : 2

∴ 6% लाभ पर बेची गई चीनी की मात्रा $= \frac{1}{2+1} \times 1000 = 333.33$ किग्रा

n वस्तुओं का क्रय मूल्य, *m* वस्तुओं के विक्रय मूल्य के समान होने पर आधारित

उदाहरण 9. 72 वस्तुओं को बेचने पर 8 वस्तुओं की बिक्री मूल्य के बराबर हानि होती है। हानि प्रतिशत क्या है? *SSC (10+2) 2019*

(a) $11\frac{1}{9}\%$ (b) 12%
(c) 10% (d) $9\frac{1}{9}\%$

हल (*c*) माना 1 वस्तु का विक्रय मूल्य = ₹ 1

∴ 72 वस्तुओं का विक्रय मूल्य = ₹ 72

∴ 72 वस्तुओं को बेचने पर हानि = 8 वस्तुओं का विक्रय मूल्य = ₹ 8

72 वस्तुओं का क्रय मूल्य = विक्रय मूल्य + हानि = 72 + 8 = ₹ 80

∴ हानि प्रतिशत $= \frac{\text{हानि}}{\text{क्रय मूल्य}} \times 100 = \frac{8}{80} \times 100 = 10\%$

Trending Concept

n वस्तुओं का क्रय मूल्य, *m* वस्तुओं के विक्रय मूल्य के बराबर होने पर आधारित प्रश्न वर्तमान में हो रही सभी परीक्षाओं (SSC, Railway, DSSSB) में निरन्तर पूछे जा रहे हैं।

उदाहरण 10. यदि 25 वस्तुओं का क्रय मूल्य, 35 वस्तुओं के विक्रय मूल्य के बराबर है, तो लाभ/हानि प्रतिशत ज्ञात कीजिए। *SSC (10+2) 2020*

(a) हानि 28.57% (b) लाभ 28.57% (c) हानि 18.93% (d) लाभ 18.93%

हल (*a*) माना 1 वस्तु का क्रय मूल्य = ₹ 1

∴ 25 वस्तुओं का क्रय मूल्य = ₹ 25

अब 35 वस्तुओं का विक्रय मूल्य = 25

∴ 1 वस्तु का विक्रय मूल्य $= \frac{25}{35} = ₹ \frac{5}{7}$

हानि $= 1 - \frac{5}{7} = \frac{7-5}{7} = \frac{2}{7}$

हानि % $= \frac{2}{7} \times \frac{100}{1} = 28.57\%$

Quick Method

यहाँ, $a = 25$ और $b = 35$

∴ लाभ या हानि प्रतिशत $= \frac{a-b}{b} \times 100 = \frac{25-35}{35} \times 100$ [Formula 10.1 से]

$= -\frac{10}{35} \times 100 = -\frac{2}{7} \times 100 = -28.57\%$

– का चिह्न हानि को दर्शाता है।

₹ *x* में *m* वस्तुओं को खरीदकर, ₹ *y* में *n* वस्तुओं की दर से बेचने पर आधारित

उदाहरण 11. एक विक्रेता ₹ 3 में 4 केले खरीदता है और ₹ 4 में 3 केले बेचता है। परिणाम क्या होगा? *SSC CGL (Tier II) 2018*

(a) 43.75% लाभ (b) 77.7% हानि (c) 77.7% लाभ (d) 43.75% हानि

हल (*c*) यहाँ, $a = 4, x = 3, b = 3, y = 4$

अतः लाभ % $= \frac{ay - bx}{bx} \times 100$ [Formula 10.3 से]

$= \frac{4 \times 4 - 3 \times 3}{3 \times 3} \times 100 = \frac{7}{9} \times 100 = 77.7\%$

अशुद्ध वजन पर आधारित

उदाहरण 12. एक बेईमान दुकानदार क्रय मूल्य पर चावल बेचता है, लेकिन वह 1000 ग्राम के लिए 925 ग्राम के त्रुटिपूर्ण वजन का उपयोग करता है। उसका लाभ प्रतिशत ज्ञात कीजिए। *SSC Constable (GD) 2023*

(a) 6.01% (b) 7.0% (c) 5.3% (d) 8.11%

हल (*d*) माना 1000 ग्राम चावल का क्रय मूल्य = ₹ 1000

∴ 925 ग्राम चावल का क्रय मूल्य = ₹ 925

प्रश्नानुसार, दुकानदार 1000 ग्राम के स्थान पर 925 ग्राम तौलता है और क्रय मूल्य पर बेचने का दावा करता है।

तब, 925 ग्राम चावल का विक्रय मूल्य = ₹ 1000

∴ दुकानदार का लाभ % $= \frac{(1000 - 925)}{925} \times 100$

$= \frac{75}{925} \times 100 = 8.108\% \approx 8.11\%$

Quick Method

∴ लाभ प्रतिशत $= \frac{\text{वास्तविक वजन} - \text{गलत वजन}}{\text{गलत वजन}} \times 100$

$= \frac{1000 - 925}{925} \times 100 = \frac{75}{925} \times 100$

$= 8.11\%$

Chapter Challenge

मूल अवधारणा पर आधारित

1. नमिता ने एक सेल फोन ₹ 2575 में खरीदा और उसे 12% के लाभ पर बेच दिया। विक्रय मूल्य (₹ में) कितना है? **CISF Head Constable 2022**

(a) 2657 (b) 2557
(c) 2884 (d) 2874

2. कोई व्यक्ति एक साइकिल ₹ 1400 में खरीदता है और उसे 15% की हानि पर बेच देता है। उस साइकिल का विक्रय मूल्य क्या है?

(a) ₹ 1202 (b) ₹ 1190
(c) ₹ 1160 (d) ₹ 1000

3. एक व्यक्ति एक वस्तु ₹ 960 में बेचता है, तो 4% की हानि होती है। तदनुसार, उसका क्रय मूल्य कितना था?

(a) ₹ 1000 (b) ₹ 784
(c) ₹ 498.4 (d) ₹ 300

4. एक मद ₹ 7130 में बेचा जाता है, जिससे 15% लाभ होता है। इस मद का लागत मूल्य क्या है?

(a) ₹ 6000 (b) ₹ 6125
(c) ₹ 6250 (d) ₹ 6200

5. अनुष्का ने कप का एक सेट ₹ 375 में खरीदा, लेकिन बाद में पुराना स्टॉक खत्म करने के लिए इसे ₹ 345 में बेचना पड़ा। उसे कितने प्रतिशत हानि हुई? **UP Police Assistant 2024**

(a) 14%
(b) 16%
(c) 7%
(d) 8%

> **MRC*****
> **(Most Repeating Concepts)**
> प्र. सं. 5, 6, 7 और 8 Examination Point of Views से अति महत्त्वपूर्ण हैं। इन Concept पर प्रश्न SSC तथा UP Police परीक्षाओं में निरन्तर पूछे जा रहे हैं।

6. एक व्यक्ति ने ₹ 489828 में एक वाहन खरीदा और ₹ 589828 में बेच दिया। इस वाहन पर उसे कितने प्रतिशत लाभ प्राप्त हुआ (दो दशमलव स्थानों तक सही करें)? **SSC (10 + 2) 2023**

(a) 18.65% (b) 20.42%
(c) 25% (d) 15%

7. विनय ने दो बोतलें कुल ₹ 100 में खरीदीं और वह इन दोनों बोतलों को ₹ 100 प्रति बोतल की दर से बेचता है। विनय को दोनों बोतलें बेचने पर हुआ कुल लाभ प्रतिशत कितना है? **SSC MTS 2022**

(a) 50% (b) 80%
(c) 200% (d) 100%

8. सन्दीप एक खिलौना गाड़ी ₹ 500 में खरीदता है और उसे ₹ 625 में बेच देता है। उसका लाभ या हानि प्रतिशत कितना है? **SSC MTS 2022**

(a) 25% लाभ (b) 25% हानि
(c) 20% हानि (d) 20% लाभ

9. यदि किसी वस्तु का क्रय मूल्य उसके विक्रय मूल्य का 80% है, तो लाभ प्रतिशत कितना है? **SSC Constable (GD) 2024**

(a) 35% (b) 30%
(c) 20% (d) 25%

10. यदि किसी खिलौने का विक्रय मूल्य, उसके क्रय मूल्य का $\frac{3}{5}$ है, तो हानि प्रतिशत ...... है। **IB 2023**

(a) 15% (b) 16%
(c) 25% (d) 40%

11. एक वस्तु का क्रय मूल्य, इसके विक्रय मूल्य का $\frac{7}{6}$ गुना है। लाभ/हानि प्रतिशत (दशमलव के दो स्थानों तक) ज्ञात कीजिए। **SSC MTS 2021**

(a) 16.67% लाभ (b) 19.54% लाभ
(c) 14.29% हानि (d) 16.67% हानि

12. रोहित ₹ 2320 में एक पुराना बल्ला खरीदता है और उसकी मरम्मत में ₹ 180 खर्च करता है। यदि वह इसे ₹ 2400 में बेचता है, तो हानि प्रतिशत कितना है? **SSC Constable (GD) 2024**

(a) 10% (b) 4%
(c) 8% (d) 5%

13. एक वस्तु का क्रय मूल्य ₹ 2800 है। विक्रय मूल्य के प्रतिशत में लाभ 20% है। वास्तविक लाभ का मान (₹ में) क्या है? **SSC CGL (Tier-II) 2022**

(a) ₹ 560 (b) ₹ 700
(c) ₹ 504 (d) ₹ 616

14. एक किंडल को 25% लाभ पर ₹ 1325 में बेचा जाता है। यदि इसे ₹ 742 में बेचा गया होता, तो इस पर वास्तविक लाभ या हानि क्या होता? **UP Police SI 2021**

(a) 20% हानि (b) 30% लाभ
(c) 20% लाभ (d) 30% हानि

15. यदि कोई कारीगर एक मेज को ₹ 1300 में बेचता है, तो उसे 35% की हानि होती है। 30% का लाभ पाने के लिए, वह इसे बेचेगा **SSC (10+2) 2023**

(a) ₹ 2600 (b) ₹ 2500
(c) ₹ 2300 (d) ₹ 2400

16. जब एक प्लॉट को ₹ 29625 में बेचा जाता है, तो मालिक को 21% की हानि होती है। 21% का लाभ प्राप्त करने के लिए उस प्लॉट को किस कीमत पर बेचा जाना चाहिए? **UP Police SI 2021**

(a) ₹ 46375 (b) ₹ 43375
(c) ₹ 44375 (d) ₹ 45375

17. राम ने एक प्लॉट को 20% हानि पर ₹ 400000 में बेचा। 5% लाभ प्राप्त करने के लिए उस प्लॉट को किस कीमत पर बेचना चाहिए? **SSC CGL (Tier-I) 2022**

(a) ₹ 525000 (b) ₹ 500000
(c) ₹ 520000 (d) ₹ 505000

18. एक वस्तु को ₹ 2090 में बेचने पर हुई हानि, उसी वस्तु को ₹ 2714 में बेचने पर प्राप्त लाभ का 95% है। वस्तु का क्रय मूल्य (₹ में) ज्ञात कीजिए। **UP Police SI 2021**

(a) 2494 (b) 2694
(c) 2394 (d) 2594

19. यदि कोई दुकानदार ₹ 2700 पर एक वस्तु बेचता है, तो वह 8% लाभ कमाता है। यदि वह ₹ 3000 पर वस्तु को बेचता है तो लाभ का प्रतिशत क्या होगा? **RRB ALP (Tier-II) 2019**

(a) 20 (b) 10
(c) 25 (d) 12

20. एक मोबाइल को ₹ 14105 में 35% की हानि पर बेचा जाता है। यदि इसे ₹ 28210 में बेचा गया होता, तो उस पर वास्तविक लाभ या हानि प्रतिशत क्या होता? *UP Police SI 2021*
(a) 34% लाभ (b) 32% हानि
(c) 30% लाभ (d) 36% हानि

21. एक दुकानदार जब किसी वस्तु को ₹ 230 में बेचता है, तो उसे 20% की हानि होती है। यदि वह उस वस्तु को ₹ 339.25 में बेचता है, तो उसे कितने प्रतिशत का लाभ होगा? *SSC MTS 2019*
(a) 20% (b) 18%
(c) 12% (d) 15%

22. एक कलम को 15% लाभ पर ₹ 28.75 में बेचा गया। यदि इसे ₹ 25.75 में बेचा जाता है, तो लाभ प्रतिशत क्या होगा? *SSC (10+2) 2022*
(a) 1% (b) 3%
(c) 4% (d) 2%

23. एक वस्तु के क्रय मूल्य और विक्रय मूल्य का अनुपात 10 : 11 है। लाभ प्रतिशत ज्ञात कीजिए। *SSC CGL (Tier-I) 2022*
(a) 8% (b) 5%
(c) 15% (d) 10%

24. जब किसी वस्तु का क्रय मूल्य और विक्रय मूल्य 20 : 17 के अनुपात में हो, तो हानि प्रतिशत क्या है? *DP Head Constable 2023*
(a) 21% (b) 12%
(c) 17% (d) 15%

25. एक व्यक्ति को ₹ 85 में 50 जूते बेचने पर 15% की हानि होती है। 35% का लाभ अर्जित करने के लिए 50 जूतों का विक्रय मूल्य कितना होना चाहिए? *SSC Constable (GD) 2024*
(a) ₹ 110 (b) ₹ 115
(c) ₹ 135 (d) ₹ 120

26. ₹ 55.80 प्रति क्विंटल पर नमक बेच कर एक व्यापारी को 7% की हानि हुई। उसे 7% लाभ अर्जित करने के लिए किस कीमत पर बेचना चाहिए था?
(a) ₹ 65.40 (b) ₹ 64.00
(c) ₹ 64.20 (d) ₹ 62.20

27. यदि ₹ 250 से ₹ 400 तक की कीमत पर खरीदी गई कपड़े की कुछ वस्तुओं को ₹ 350 से ₹ 550 तक की कीमतों पर बेचा जाता है, तो कपड़े की ऐसी 12 वस्तुओं की बिक्री पर अधिकतम सम्भव लाभ (₹ में) कितना हो सकता है? *IB 2023*
(a) 3000 (b) 3600
(c) 2400 (d) 1800

28. वेंकट ने एक पुराना स्कूटर खरीदा और उसकी मरम्मत पर क्रय मूल्य का 10% खर्च किया। उसने स्कूटर को ₹ 2200 के लाभ पर बेच दिया। यदि उसे 20% का लाभ हुआ, तो उसने मरम्मत पर कितना खर्च किया? *RRC Group D 2022*
(a) ₹ 1200 (b) ₹ 750
(c) ₹ 1000 (d) ₹ 400

29. एक व्यापारी को अपनी लागत मूल्य पर 18% लाभ की उम्मीद है। यदि एक सप्ताह में उसकी बिक्री ₹ 708 हैं, तो इसका लाभ क्या होगा? *DSSSB Asst. Grade 2024*
(a) ₹ 118 (b) ₹ 258
(c) ₹ 88 (d) ₹ 108

30. एक आदमी ₹ 2000 में 400 सन्तरे खरीदता है। ₹ 260 में कितने सन्तरे बेचे जा सकते हैं, ताकि उसे 30% का लाभ हो? *SSC (10+2) 2021*
(a) 45 (b) 35 (c) 30 (d) 40

31. श्रीमान सक्सेना ₹ 150 प्रति दर्जन की दर से कुछ पेन खरीदते हैं। वह उन्हें ₹ 15 प्रत्येक की दर से बेचते हैं। उनका प्रतिशत लाभ/हानि ज्ञात कीजिए। *RRC Group D 2022*
(a) 20% लाभ (b) 28.6% हानि
(c) 37.5% हानि (d) 18.5% लाभ

32. यदि विक्रय मूल्य दोगुना कर दिया जाए, तो लाभ तीन गुना हो जाता है। लाभ प्रतिशत क्या है? *SSC (10+2) 2022*
(a) 50% (b) 110%
(c) 28% (d) 100%

33. एक चिकित्सा लेन-देन में लागत मूल्य का 17 गुना, लागत मूल्य और बिक्री मूल्य के योग के 8 गुना के बराबर है। लाभ या हानि का प्रतिशत क्या है? *SSC CGL (Tier-II) 2022*
(a) लाभ 12.5% (b) हानि 30%
(c) हानि 15% (d) लाभ 17.5%

34. एक वस्तु के क्रय मूल्य तथा विक्रय मूल्य का अनुपात 13 : 9 है। यदि वस्तु पर ₹ 320 की हानि होती है, तो क्रय मूल्य तथा विक्रय मूल्यों का योग कितना है? *SSC CPO 2017*
(a) ₹ 1480 (b) ₹ 1620
(c) ₹ 1500 (d) ₹ 1760

35. किसी वस्तु को ₹ 832 में बेचने पर अर्जित लाभ, उस वस्तु को ₹ 448 में बेचने पर हुई हानि के बराबर है। 10% का लाभ कमाने के लिए, उस वस्तु का विक्रय मूल्य (₹ में) कितना होना चाहिए? *SSC CGL 2022*
(a) 704 (b) 715 (c) 640 (d) 750

36. कोई वस्तु ₹ 640 में बेचकर किसी व्यक्ति को वस्तु के विक्रय मूल्य पर 15% की हानि होती है। वस्तु के क्रय मूल्य पर 15% लाभ प्राप्त करने के लिए उसे वस्तु को किस मूल्य (₹ में) पर बेचना चाहिए? *SSC CGL 2021*
(a) 832 (b) 846.40 (c) 835 (d) 836.60

37. किसी वस्तु को ₹ 1920 में बेचने से प्राप्त लाभ प्रतिशत तथा उसी वस्तु को ₹ 1280 में बेचने से प्राप्त हानि प्रतिशत बराबर होता है। 25% लाभ कमाने हेतु वस्तु को कितने में बेचना पड़ेगा? *DP MTS 2022*
(a) ₹ 1800 (b) ₹ 1950
(c) ₹ 2000 (d) ₹ 2050

38. मन्जीत ने एक सेकण्ड हैण्ड मोटरसाइकिल ₹ 22000 में खरीदी और इसकी मरम्मत और अनुरक्षण पर ₹ 3000 खर्च किए। फिर उसने इसे 12% लाभ पर बेच दिया। यदि वह इसे ₹ 500 कम में बेचता, तो उसका लाभ प्रतिशत क्या होता? *SSC CGL 2022*
(a) 8% (b) 10% (c) 10.5% (d) 5%

39. ₹ 1170 में किसी वस्तु को बेचने से, एलिसा को उतनी ही हानि होती है, जितना उसे इस वस्तु को 22% लाभ पर बेचने से लाभ होता। यदि वह इसे ₹ 1450 में बेचती है, तो उसका लाभ/हानि प्रतिशत (ठीक एक दशमलव स्थान तक) ज्ञात करें। *SSC CGL (Tier-I) 2020*
(a) लाभ 3.3% (b) लाभ 26.2%
(c) हानि 3.3% (d) हानि 26.2%

40. एक वस्तु को एक निश्चित मूल्य पर बेचने पर कितना लाभ प्रतिशत प्राप्त होता है यदि उस मूल्य के $\frac{4}{5}$ वें भाग पर बेचने पर 12% की हानि होती है? **IB 2023**

(a) 5% (b) 12%
(c) 10% (d) 3%

41. एक वस्तु एक निश्चित कीमत पर बेची जाती है। उस कीमत के $\frac{2}{3}$ पर बेचने पर व्यक्ति को 10% की हानि होती है। मूल कीमत पर लाभ प्रतिशत ज्ञात कीजिए। **UP Police Constable 2024**

(a) 38% (b) 35%
(c) 25% (d) 30%

वस्तु को एक से अधिक बार बेचे जाने पर आधारित

42. A एक वस्तु B को 10% लाभ पर बेचता है। B इसे 25% लाभ पर C को बेचता है। यदि C इसके लिए ₹ 6875 का भुगतान करता है, तो A ने इसे किस मूल्य पर खरीदा था? **SSC (10+2) 2022**

(a) ₹ 5500 (b) ₹ 4665
(c) ₹ 5000 (d) ₹ 4850

43. शांतनु एक वस्तु खरीदता है और उसे 12% के लाभ पर अनिकेत को बेचता है। अनिकेत इसे वापस शांतनु को उसी कीमत पर बेच देता है, जो शांतनु ने इसके लिए चुकाई थी। अनिकेत की प्रतिशत हानि क्या है? **CISF ASI 2023**

(a) $10\frac{5}{7}$% (b) $6\frac{2}{3}$% (c) $8\frac{1}{3}$% (d) 10%

44. आरव के पास ₹ 10000 की कीमत की एक घड़ी है। वह इसे 15% के लाभ पर भाविन को बेचता है। कुछ दिनों बाद, भाविन इसे 15% की हानि पर आरव को वापस बेच देता है। आरव को होने वाला प्रतिशत लाभ या हानि ज्ञात करें। **SSC CPO 2024**

(a) 17.25% हानि (b) 17.25% लाभ
(c) 18.75 हानि (d) 18.25% लाभ

45. A ने B को 40% लाभ पर एक कपड़ा बेचा। B ने इसे 25% लाभ पर C को बेच दिया। C ने इसे 20% हानि पर D को बेच दिया। यदि A ने ₹ 2540 में कपड़ा खरीदा, तो वह कीमत ज्ञात करें जिस पर D ने कपड़ा खरीदा। **DSSSB Lab Asst. 2024**

(a) ₹ 3620 (b) ₹ 3520
(c) ₹ 3750 (d) ₹ 3556

वस्तु को अधिक या कम मूल्य पर खरीदने या बेचने पर आधारित

46. एक व्यक्ति एक वस्तु को एक निश्चित मूल्य पर बेचता है और उसे 20% की हानि होती है। यदि वह वस्तु को ₹ 100 अधिक पर बेचे, तो उसे 30% का लाभ प्राप्त होता है। वस्तु का क्रय मूल्य (₹ में) ज्ञात कीजिए। **SSC MTS 2024**

(a) 300 (b) 250
(c) 400 (d) 200

47. कोई दुकानदार, किसी वस्तु को ₹ 3750 में बेचता है। यदि वह इस वस्तु को 24% कम में बेचता है, तब भी उसे 14% का लाभ होता है। वस्तु का वास्तविक क्रय मूल्य ज्ञात करें। **SSC (10+2) 2021**

(a) ₹ 2500 (b) ₹ 2850
(c) ₹ 3289 (d) ₹ 2217

48. एक व्यापारी किसी वस्तु को बेचकर वर्तमान में 17% लाभ कमाता है। यदि वह वस्तु के मूल्य को ₹ 33.60 बढ़ा देता है, तो उसका लाभ प्रतिशत बढ़कर 29% हो जाता है। वस्तु का लागत मूल्य कितना है? **SSC MTS 2019**

> **MRC*****
> ***(Most Repeating Concepts)***
> प्र. सं. 48, 49 और 50 Examination Point of Views से अति महत्त्वपूर्ण हैं। इन Concept पर प्रश्न विभिन्न प्रतियोगी परीक्षाओं (MTS, CPO व CGL) में निरन्तर पूछे जा रहे हैं।

(a) ₹ 320 (b) ₹ 280 (c) ₹ 300 (d) ₹ 240

49. कोई व्यक्ति, किसी वस्तु को 16% की हानि पर बेचता है। यदि वह इस वस्तु को ₹ 660 अधिक में बेचता, तो उसे 8% का लाभ होता। 12% का लाभ प्राप्त करने के लिए विक्रय मूल्य (₹ में) कितना होना चाहिए? **SSC CPO 2020**

(a) 3200 (b) 2970 (c) 2750 (d) 3080

50. किसी वस्तु को 25% लाभ पर बेचा जाता है। यदि वस्तु के क्रय मूल्य और विक्रय मूल्य में ₹ 200 की वृद्धि होती है, तो लाभ 20% होता है। वस्तु का मूल क्रय मूल्य ज्ञात करें। **SSC MTS 2021**

(a) ₹ 900 (b) ₹ 800
(c) ₹ 840 (d) ₹ 750

दो वस्तुओं को समान मूल्य पर बेचने पर आधारित

51. एक दुकानदार प्रत्येक के लिए ₹ 94 पर दो लेख बेचता है। जिसमें एक लेख ने 10% का लाभ कमाया और दूसरे ने 10% का नुकसान उठाया। कुल लाभ या हानि प्रतिशत ज्ञात कीजिए। **RPF Constable 2019**

> **MRC*****
> ***(Most Repeating Concepts)***
> प्र. सं. 51, 52, 53 और 54 Examination Point of Views से अति महत्त्वपूर्ण हैं। इन Concept पर प्रश्न विभिन्न प्रतियोगी परीक्षाओं (RPF, GD, Delhi Police) में निरन्तर पूछे जा रहे हैं।

(a) 4% हानि
(b) 1% हानि
(c) 1% लाभ
(d) 4% लाभ

52. एक व्यापारी एक ही कीमत पर दो टीवी बेचता है। एक टीवी पर 20% का लाभ होता है और दूसरे टीवी पर 20% की हानि होती है। निम्नलिखित में से कौन-सा कथन सत्य है? **SSC (10+2) 2023**

(a) व्यापारी को 4% का लाभ होता है
(b) व्यापारी को 2% का लाभ होता है
(c) व्यापारी को न तो लाभ होता है और न ही हानि
(d) व्यापारी को 4% की हानि होती है

53. A और B दोनों ₹ 5000 प्रति घड़ी की दर से अपनी घड़ियाँ बेचते हैं। A, 25% का लाभ अर्जित करता है जबकि B को 10% की हानि होती है। A और B के क्रय मूल्यों का अनुपात कितना है? **SSC Constable (GD) 2024**

(a) 9 : 10 (b) 16 : 25
(c) 17 : 20 (d) 18 : 25

54. कोमल ने दो डिवाइस बेचे तथा उसने प्रत्येक को ₹ 4982 में बेचा। यदि उसे पहले पर 6% का लाभ और दूसरे पर 6% की हानि हुई, तो दोनों डिवाइसों की कुल लागत (क्रय मूल्य) कितनी है? **DP Constable 2023**

(a) ₹ 11000 (b) ₹ 10000
(c) ₹ 9000 (d) ₹ 8000

55. जोसेफ ने दो ऊनी जैकेट क्रमशः ₹ 2100 और ₹ 3150 में खरीदे। पहले जैकेट को k% लाभ पर और दूसरे जैकेट को k% की हानि पर बेचकर, उसे ज्ञात हुआ कि दोनों का विक्रय मूल्य समान है। k का मान ज्ञात कीजिए। **SSC (10+2) 2021**

(a) 15 (b) 25 (c) 22.64 (d) 20

56. अतुल ने ₹ 19200 प्रति बोरी की दर से दो बोरी चावल बेचे। एक पर उसे 20% का लाभ हुआ और दूसरे पर उसे 20% की हानि हुई। पूरे सौदे में उसका लाभ या हानि प्रतिशत ज्ञात करें। **SSC MTS 2024**

(a) 5% हानि (b) 7% लाभ
(c) 8% लाभ (d) 4% हानि

57. एक विक्रेता ₹ 15000 प्रति मशीन की दर से दो मशीनें बेचता है। एक पर वह 20% का लाभ कमाता है और दूसरी पर उसे 40% की हानि होती है। इस पूरे लेन-देन में उसका प्रतिशत लाभ/हानि क्या है? **SSC (10+2) 2023**

(a) 20% हानि (b) 10% हानि
(c) 10% लाभ (d) 20% लाभ

58. दो बाइकों के क्रय मूल्य का योगफल ₹ 50000 है। पहली बाइक को 20% के लाभ पर और दूसरी बाइक को 20% की हानि पर बेचा गया। यदि दोनों के विक्रय मूल्य समान हैं, तो बेची गई दूसरी बाइक का क्रय मूल्य (₹ में) कितना होगा? **SSC MTS 2021**

(a) 27500 (b) 20000 (c) 30000 (d) 25000

किसी वस्तु को भिन्न भागों में बाँटकर बेचने पर आधारित

59. दो कमीज ₹ 400 प्रति की दर से खरीदी गई हैं। दुकानदार पहली को 50% के लाभ पर तथा दूसरी को 50 % की हानि पर बेचता है। पूरे लेन-देन में कुल लाभ अथवा हानि क्या होगी? **SSC (10 + 2) 2023**

(a) ₹ 50 की हानि (b) कोई लाभ/हानि नहीं
(c) ₹ 25 का लाभ (d) ₹ 150 की हानि

60. एक व्यक्ति ने ₹ 3000 प्रत्येक के हिसाब से दो साइकिलें खरीदीं। यदि वह एक साइकिल को 10% के लाभ पर बेचता है, तो उसे दूसरी साइकिल को कितने प्रतिशत लाभ पर बेचना चाहिए, ताकि उसे कुल मिलाकर 20% का लाभ हो? **SSC CPO 2022**

(a) 10% (b) 30% (c) 25% (d) 15%

61. एक व्यापारी ने ₹ 9000 प्रत्येक में दो घड़ियाँ खरीदीं। उसने एक घड़ी 10% की हानि पर बेची। कुल मिलाकर 18% का लाभ अर्जित करने के लिए उसे दूसरी घड़ी किस कीमत पर (₹ में) बेचनी चाहिए? **SSC CPO 2024**

(a) 14130 (b) 13140
(c) 13410 (d) 14310

62. एक दुकानदार के पास कुछ खिलौने हैं। वह दो-तिहाई खिलौनों को 35% के लाभ पर और शेष खिलौनों को 10% की हानि पर बेचता है। उसका कुल लाभ प्रतिशत कितना है? **SSC Constable (GD) 2021**

(a) 20% (b) 18%
(c) 25% (d) 16%

63. श्याम ने ₹ 1200 के सन्तरे खरीदे। उसने इनका $\frac{1}{3}$ हिस्सा 10% की हानि पर शेष हिस्सा 20% के लाभ पर बेच दिया। कुल लाभ या हानि प्रतिशत की गणना कीजिए। **DSSSB 2019**

(a) 10% हानि (b) 12% हानि
(c) 15% लाभ (d) 10% लाभ

64. 50 समान इकाइयाँ ₹ 550 पर खरीदी जाती हैं और इनमें से $\frac{1}{5}$ इकाइयों को 10% की हानि पर बेचा जाता है। पूरे लेन-देन पर 20% लाभ प्राप्त करने के लिए शेष इकाइयों का प्रति इकाई विक्रय मूल्य (₹ में) ज्ञात कीजिए। **RRC Group D 2022**

(a) 15.175 (b) 13.650 (c) 12.250 (d) 14.025

65. एक विक्रेता ने 640 किग्रा चावल खरीदे। उसने चावल का एक भाग 20% लाभ पर बेचा और शेष भाग 5% हानि पर बेचा। पूरे लेन-देन में उसे 15% लाभ हुआ। उसके द्वारा 5% की हानि पर बेचे गए चावल की मात्रा ज्ञात करें। **SSC CGL (Tier-I) 2021**

(a) 128 किग्रा (b) 154 किग्रा
(c) 256 किग्रा (d) 132 किग्रा

n वस्तुओं का क्रय मूल्य, *m* वस्तुओं के विक्रय मूल्य के समान होने पर आधारित

MRC***
(Most Repeating Concepts)
प्र. सं. 66, 67, 68 और 69 Examination Point of Views से अति महत्त्वपूर्ण हैं। इन Concept पर प्रश्न सभी प्रतियोगी परीक्षाओं (DSSSB, UP Police, Railway, SSC) में निरन्तर पूछे जा रहे हैं।

66. 72 पुस्तकों का क्रय मूल्य, 60 पुस्तकों के विक्रय मूल्य के बराबर है, तो लाभ प्रतिशत क्या है? **UP Police 2024**

(a) $16\frac{2}{3}$%
(b) $8\frac{1}{3}$%
(c) 20%
(d) 18%

67. 18 पेन का लागत मूल्य 22 पेन के विक्रय मूल्य के बराबर है। लाभ या हानि प्रतिशत ज्ञात कीजिए। **DSSSB 2019**

(a) $17\frac{1}{11}$% हानि (b) $17\frac{2}{11}$% लाभ
(c) $18\frac{2}{11}$% लाभ (d) $18\frac{2}{11}$% हानि

68. यदि 12 आमों का क्रय मूल्य, 16 आमों के विक्रय मूल्य के बराबर है, तो हानि प्रतिशत है **SSC MTS 2023**

(a) 25% (b) 20% (c) 4% (d) 33%

69. यदि 63 वस्तुओं का क्रय मूल्य, ₹ 54 वस्तुओं के विक्रय मूल्य के बराबर है, तो प्रतिशत लाभ या हानि क्या है? **RRC Group D 2022**

(a) $16\frac{2}{3}$% हानि (b) $15\frac{1}{3}$% हानि
(c) $16\frac{2}{3}$% लाभ (d) $15\frac{1}{3}$% लाभ

70. कोई व्यक्ति 40 सेब के क्रय मूल्य में 30 सेब बेचता है। उसका लाभ प्रतिशत (दशमलव के बाद दो स्थानों तक गणना करें) ज्ञात करें। **SSC MTS 2021**

(a) 40.33% (b) 30.67% (c) 33.33% (d) 25.00%

71. 96 लीटर दूध बेचकर एक व्यक्ति को 24 लीटर दूध के क्रय मूल्य के बराबर लाभ होता है। उसका लाभ प्रतिशत क्या है? **SSC MTS 2017**

(a) 30% (b) 18.18% (c) 25% (d) 16.67%

72. एक व्यक्ति 280 कुर्सियों को बेचकर 35 कुर्सियों के विक्रय मूल्य के बराबर लाभ कमाता है। उसका लाभ प्रतिशत क्या है? **SSC MTS 2017**

(a) 20% (b) 14.28% (c) 15% (d) 16.67%

73. 38 गेंदों को ₹ 2240 में बेचने पर, 6 गेंदों के क्रय मूल्य के बराबर हानि होती है। एक गेंद का क्रय मूल्य है **SSC CGL (Tier II) 2020**

(a) ₹ 50 (b) ₹ 80
(c) ₹ 70 (d) ₹ 60

74. जब x वस्तुओं का क्रय मूल्य y वस्तुओं के विक्रय मूल्य के बराबर होता है, तो लाभ 25% होता है। तब $x : y$ किसके समतुल्य है? **RRB NTPC 2021**

(a) 5 : 4 (b) 3 : 5
(c) 4 : 5 (d) 5 : 3

75. 44 वस्तुओं का क्रय मूल्य, x वस्तुओं के विक्रय मूल्य के समान है। यदि लाभ 10% है, तो x का मान क्या है? **SSC (10+2) 2023**

(a) 55 (b) 40
(c) 60 (d) 50

76. 36 वस्तुओं का क्रय मूल्य N वस्तुओं के विक्रय मूल्य के बराबर है। यदि लाभ 20% है, तो N का मान ज्ञात कीजिए। **SSC CPO 2024**

(a) 42 (b) 40
(c) 25 (d) 30

77. मैंने 100 किग्रा चाय खरीदी और इसे मैंने उस लाभ पर बेचा, जो मेरे द्वारा 40 किग्रा चाय हेतु किए गए भुगतान के बराबर है। मेरे द्वारा अर्जित लाभ प्रतिशत ज्ञात कीजिए। **SSC CPO 2019**

(a) 20% (b) 25%
(c) 40% (d) 30%

78. एक खुदरा विक्रेता ने 250 किग्रा अनाज खरीदा और इसे इस प्रकार बेचा कि उसे अपने द्वारा 160 किग्रा के लिए किए गए भुगतान के बराबर लाभ प्राप्त हुआ। उसका लाभ प्रतिशत क्या होगा? **SSC MTS 2021**

(a) 36 (b) 18
(c) 64 (d) 32

₹*x* में *m* वस्तुओं को खरीदकर, ₹*y* में *n* वस्तुओं की दर से बेचने पर आधारित

79. ₹ 5 में 6 नग के मूल्य पर खरीदी गई वस्तुओं को ₹ 6 में 5 नग के भाव पर बेचने पर होने वाला प्रतिशत लाभ ज्ञात कीजिए। **RRB JE 2019**

(a) 30% (b) 44%
(c) 33% (d) 25%

80. एक लड़की ₹ 90 में 9 आम खरीदती है और ₹ 95 में 10 आम बेचती है। लाभ या हानि प्रतिशत ज्ञात कीजिए। **SSC CGL (Tier-I) 2022**

(a) 2.5% लाभ (b) 2.5% हानि
(c) 5% लाभ (d) 5% हानि

81. एक विक्रेता 10 सन्तरे ₹ 1 में बेचता है और 30% लाभ प्राप्त करता है। उसने ₹ 1 में कितने सन्तरे खरीदे? **RRB NTPC 2021**

(a) 11 (b) 13
(c) 7 (d) 9

82. एक व्यक्ति ने 8 सेब ₹ 34 में खरीदे और उसने 12 सेब ₹ 57 में बेच दिए। ₹ 45 का शुद्ध लाभ कमाने के लिए कितने सेब बेचे जाने चाहिए? **RRB JE 2019**

(a) 100 (b) 90
(c) 150 (d) 135

अशुद्ध वजन पर आधारित

> **MRC*****
> ***(Most Repeating Concepts)***
> प्र. सं. 83, 84, और 85 Examination Point of Views से अति महत्त्वपूर्ण हैं। इन Concept पर प्रश्न सभी प्रतियोगी परीक्षाओं (CGL, CPO, GD) में निरन्तर पूछे जा रहे हैं।

83. एक पंसारी लागत मूल्य पर चावल बेचने का दावा करता है, लेकिन 1 किग्रा के लिए 870 ग्राम के नकली वजन का उपयोग करता है। उसका लाभ प्रतिशत (दो दशमलव स्थानों तक सही) ज्ञात कीजिए।

(a) 18.21% (b) 15.11%
(c) 11.11% (d) 14.94% **SSC CGL (Tier I) 2024**

84. एक डीलर अपना सामान क्रय मूल्य के 10% हानि पर बेचता है, लेकिन 25% कम वजन का उपयोग करता है। उसका लाभ प्रतिशत क्या है? **SSC CPO 2023**

(a) 35% (b) 20%
(c) 25% (d) 15%

85. एक पंसारी 15% लाभ पर चावल बेचता है और बाजार के वजन से 20% कम वजन का उपयोग करता है। उसके द्वारा अर्जित कुल लाभ होगा **SSC Constable (GD) 2023**

(a) 45.37% (b) 53.74%
(c) 47.35% (d) 43.75%

86. एक दुकानदार एक वस्तु को 25% के लाभ पर बेचता है और बेईमानी से वास्तविक वजन से 30% कम वजन का उपयोग करता है। उसका कुल लाभ ज्ञात कीजिए। **RRC Group D 2022**

(a) 65.75% (b) 78.57% (c) 23% (d) 42%

87. एक दुकानदार, उस गेहूँ को ₹ 20 प्रति किग्रा की दर से बेचता है, जिसे उसने ₹ 18 प्रति किग्रा की दर से खरीदा था और बेचते समय वह 1 किग्रा के स्थान पर केवल 900 ग्राम गेहूँ देता है। दुकानदार का वास्तविक प्रतिशत लाभ है **RRC Group D 2022**

(a) 23.45% (b) 24.45%
(c) 20.45% (d) 22.45%

Right Key

1 (c)	2 (b)	3 (a)	4 (d)	5 (d)	6 (b)	7 (d)	8 (a)	9 (d)	10 (d)
11 (c)	12 (b)	13 (b)	14 (d)	15 (a)	16 (d)	17 (a)	18 (c)	19 (a)	20 (c)
21 (b)	22 (b)	23 (d)	24 (d)	25 (c)	26 (c)	27 (b)	28 (c)	29 (d)	30 (d)
31 (a)	32 (d)	33 (a)	34 (d)	35 (a)	36 (b)	37 (c)	38 (b)	39 (c)	40 (c)
41 (b)	42 (c)	43 (a)	44 (b)	45 (d)	46 (d)	47 (a)	48 (b)	49 (d)	50 (b)
51 (b)	52 (d)	53 (d)	54 (b)	55 (d)	56 (d)	57 (a)	58 (c)	59 (b)	60 (b)
61 (b)	62 (a)	63 (d)	64 (d)	65 (a)	66 (c)	67 (d)	68 (a)	69 (c)	70 (c)
71 (c)	72 (b)	73 (c)	74 (a)	75 (b)	76 (d)	77 (c)	78 (c)	79 (b)	80 (d)
81 (b)	82 (b)	83 (d)	84 (b)	85 (d)	86 (b)	87 (a)			

Solutions

1. (c) विक्रय मूल्य = क्रय मूल्य $\times \left(\frac{100 + \text{लाभ\%}}{100}\right)$

$= 2575 \times \frac{112}{100} = ₹\,2884$

2. (b) विक्रय मूल्य = क्रय मूल्य $\times \frac{(100 - \text{हानि \%})}{100}$

$= \frac{1400 \times (100 - 15)}{100}$

$= \frac{1400 \times 85}{100} = ₹\ 1190$

3. (a) क्रय मूल्य = विक्रय मूल्य $\times \left(\frac{100}{100 - \text{हानि \%}}\right)$

$= 960 \times \frac{100}{96} = ₹\ 1000$

4. (d) लागत मूल्य

$= \text{विक्रय मूल्य} \times \left(\frac{100}{100 + \text{लाभ \%}}\right)$

$= 7130 \times \left(\frac{100}{100 + 15}\right)$

$= 7130 \times \frac{100}{115} = ₹\ 6200$

5. (d) हानि = ₹ (375 − 345) = ₹ 30

हानि % $= \frac{30 \times 100}{375} = 8\%$

6. (b) लाभ = 589828 − 489828 = ₹ 100000

$\therefore$ अभीष्ट लाभ प्रतिशत $= \frac{100000}{489828} \times 100$

$= 20.42\%$

7. (d) 2 बोतलों का क्रय मूल्य = ₹ 100

2 बोतलों का विक्रय मूल्य = 2 × 100 = ₹ 200

अत: लाभ प्रतिशत $= \frac{200 - 100}{100} \times 100$

$= 100\%$

8. (a) $\therefore$ लाभ प्रतिशत $= \left(\frac{625 - 500}{500}\right) \times 100$

$= \frac{125}{500} \times 100 = 25\%$

9. (d) माना वस्तु का विक्रय मूल्य = ₹ 100

प्रश्नानुसार,

वस्तु का क्रय मूल्य $= ₹\left(100 \times \frac{80}{100}\right) = ₹\ 80$

लाभ = ₹ (100 − 80) = ₹ 20

अत: अभीष्ट लाभ % $= \frac{20}{80} \times 100 = 25\%$

Quick Method

क्रय मूल्य = विक्रय मूल्य $\times \frac{80}{100}$

$\frac{\text{क्रय मूल्य}}{\text{विक्रय मूल्य}} = \frac{80}{100}$

$\therefore$ लाभ % $= \frac{100 - 80}{80} \times 100\% = 25\%$

10. (d) माना खिलौने का क्रय मूल्य = ₹ x

$\therefore$ विक्रय मूल्य $= x \times \frac{3}{5} = ₹\ \frac{3}{5}x$

$\therefore$ हानि प्रतिशत $= \frac{x - \frac{3}{5}x}{x} \times 100$

$= \frac{2}{5} \times 100 = 40\%$

Quick Method

विक्रय मूल्य = क्रय मूल्य $\times \frac{3}{5}$

$\Rightarrow \frac{\text{विक्रय मूल्य}}{\text{क्रय मूल्य}} = \frac{3}{5}$

$\therefore$ हानि प्रतिशत $= \frac{2}{5} \times 100 = 40\%$

11. (c) क्रय मूल्य = विक्रय मूल्य $\times \frac{7}{6}$

$\Rightarrow \frac{\text{क्रय मूल्य}}{\text{विक्रय मूल्य}} = \frac{7}{6}$

$\therefore$ हानि % $= \frac{1}{7} \times 100 = 14.29\%$

12. (b) बल्ले की कुल लागत मूल्य

= 2320 + 180 = ₹ 2500

विक्रय मूल्य = ₹ 2400

$\therefore$ हानि % $= \frac{2500 - 2400}{2500} \times 100$

$= \frac{100}{2500} \times 100 = 4\%$

TOP TIPS जब किसी वस्तु पर मरम्मत, परिवहन या अन्य किसी प्रकार का खर्च होता है, तो इस खर्च को क्रय मूल्य में जोड़कर वास्तविक क्रय मूल्य प्राप्त करते हैं।

13. (b) दिया है, क्रय मूल्य = ₹ 2800

माना विक्रय मूल्य ₹ x है।

लाभ = 20% (विक्रय मूल्य पर)

प्रश्नानुसार, विक्रय मूल्य = क्रय मूल्य + लाभ

$\Rightarrow x = 2800 + x \times \frac{20}{100}$

$\Rightarrow x - \frac{x}{5} = 2800$

$\therefore x = \frac{2800 \times 5}{4} = 3500$

अत: वास्तविक लाभ

= 3500 − 2800 = ₹ 700

Quick Method

$20\% = \frac{1 \rightarrow \text{लाभ}}{5 \rightarrow \text{विक्रय मूल्य}}$

$\therefore$ क्रय मूल्य = 5 − 1 = 4 इकाई

$\because$ 4 इकाई = 2800

1 इकाई $= \frac{2800 \times 1}{4} = ₹ 700$

14. (d) क्रय मूल्य $= \frac{100}{100 + 25} \times 1325 = ₹\,1060$

अब नया विक्रय मूल्य = ₹ 742

$\therefore$ हानि % $= \frac{1060 - 742}{1060} \times 100\% = 30\%$

15. (a) क्रय मूल्य $= 1300 \times \left(\frac{100}{100 - 35}\right)$

$= 1300 \times \frac{100}{65} = ₹\ 2000$

अब 30% लाभ के लिए,

विक्रय मूल्य $= 2000 \times \frac{130}{100} = ₹\ 2600$

Quick Method

$\because$ (100 − 35)% = 1300

$\therefore 130\% = \frac{1300}{65} \times 130 = ₹\ 2600$

16. (d) माना प्लॉट की कीमत = ₹ x

$\Rightarrow 29625 = x \times \frac{79}{100}$

$\Rightarrow x = \frac{29625 \times 100}{79} = ₹\,37500$

21% लाभ पर,

विक्रय मूल्य $= 37500 \times \frac{121}{100} = ₹\ 45375$

Quick Method

$\because (100 - 21)\% \equiv 29625$

$\therefore (100 + 21)\% \equiv \frac{29625}{79} \times 121 = 45375$

अत: प्लॉट का विक्रय मूल्य = ₹ 45375

17. (a) 400000 = क्रय मूल्य $\times \frac{80}{100}$

$\therefore$ क्रय मूल्य $= \frac{400000 \times 100}{80} = ₹\ 500000$

$\therefore$ 5% लाभ पर विक्रय मूल्य

$$= 500000 \times \frac{105}{100}$$
$$= ₹\ 525000$$

Quick Method

$\because (100-20)\% \equiv 400000$

$\therefore\ (100+5)\% \equiv \frac{400000}{80} \times 105 = 525000$

अत: प्लॉट का विक्रय मूल्य $= ₹\ 525000$

18. (*c*) माना वस्तु का क्रय मूल्य = ₹ x

प्रश्नानुसार, $x - 2090 = (2714 - x) \times \frac{95}{100}$

$\Rightarrow\ 100x - 209000 = 2714 \times 95 - 95x$

$\Rightarrow\ 195x = 257830 + 209000$

$\therefore\ x = \frac{466830}{195} = ₹\ 2394$

19. (*a*) वस्तु का क्रय मूल्य $= \frac{2700}{108} \times 100$

$= ₹\ 2500$

नया विक्रय मूल्य = ₹ 3000

अत: लाभ = ₹ (3000 – 2500) = ₹ 500

लाभ % $= \frac{500}{2500} \times 100\% = 20\%$

20. (*c*) माना मोबाइल का क्रय मूल्य = ₹ x

तब प्रश्नानुसार,

$$x \times \left(\frac{100-35}{100}\right) = 14105$$

$\Rightarrow\ 65x = 1410500$

$\therefore\ x = \frac{1410500}{65} = ₹\ 21700$

अब, विक्रय मूल्य = ₹ 28210

तब, लाभ प्रतिशत

$$= \left(\frac{28210 - 21700}{21700}\right) \times 100 = 30\%$$

21. (*b*) क्रय मूल्य $= \frac{230 \times 100}{80} = ₹\ 287.5$

नया विक्रय मूल्य = ₹ 339.25

$\therefore$ अभीष्ट लाभ प्रतिशत

$$= \frac{(339.25 - 287.5)}{287.5} \times 100 = 18\%$$

22. (*b*) क्रय मूल्य $= 28.75 \times \left(\frac{100}{100+15}\right)$

$$= \frac{2875}{115} = ₹\ 25$$

नया विक्रय मूल्य = 25.75

$\therefore$ लाभ % $= \frac{25.75 - 25}{25} \times 100$

$$= \frac{0.75}{25} \times 100 = \frac{75}{25} = 3\%$$

Quick Method

इस प्रकार के प्रश्नों में क्रय मूल्य को 100% मानकर अभ्यर्थी शीघ्रता से हल कर सकते हैं।

माना क्रय मूल्य = 100%

$\because$ ₹ 28.75 → 115%

$\therefore\ 25.75 \rightarrow \frac{115}{28.75} \times 25.75 = 103\%$

अत: लाभ % = 103 – 100 = 3%

23. (*d*) माना वस्तु के क्रय मूल्य और विक्रय मूल्य क्रमश: $10x$ और $11x$ हैं।

$\therefore$ लाभ प्रतिशत $= \frac{11x - 10x}{10x} \times 100$

$$= \frac{x}{10x} \times 100 = 10\%$$

24. (*d*) माना क्रय मूल्य = $20x$

तथा विक्रय मूल्य = $17x$

$\therefore$ हानि % $= \frac{20x - 17x}{20x} \times 100\%$

$$= \frac{3}{20} \times 100 = 15\%$$

Quick Method

$\frac{\text{क्रय मूल्य}}{\text{विक्रय मूल्य}} = \frac{20}{17}$

हानि % $= \frac{3}{20} \times 100 = 15\%$

25. (*c*) 50 जूते का क्रय मूल्य $= 85 \times \frac{100}{(100-15)}$

$$= 85 \times \frac{100}{85} = ₹\ 100$$

35% लाभ के लिए,

विक्रय मूल्य $= 100 \times \frac{135}{100} = ₹\ 135$

26. (*c*) क्रय मूल्य $= 55.80 \times \frac{100}{93} = ₹\ 60$

$\therefore$ 7% लाभ पर विक्रय मूल्य $= 60 \times \frac{107}{100}$

= ₹ 64.2 प्रति क्विंटल

27. (*b*) ₹ 250 से ₹ 400 तक की कीमत की वस्तुओं को ₹ 350 से ₹ 550 तक की कीमत पर बेचा गया है। अधिकतम लाभ प्राप्त करने के लिए, क्रय मूल्य न्यूनतम तथा विक्रय मूल्य अधिकतम होना चाहिए।

$\therefore$ 1 कपड़े की वस्तु का क्रय मूल्य = ₹ 250

और 1 कपड़े की वस्तु का विक्रय मूल्य = ₹ 550

1 कपड़े की वस्तु पर लाभ = ₹ (550 – 250)

= ₹ 300

$\therefore$ 12 कपड़े की वस्तुओं पर कुल लाभ

= ₹ 300 × 12

= ₹ 3600

28. (*c*) माना क्रय मूल्य ₹ $100x$ है।

$\therefore$ मरम्मत पर खर्च = ₹ $10x$

$\therefore$ कुल क्रय मूल्य = ₹ $110x$

लाभ = ₹ 2200

$\therefore$ लाभ % = 20%

$\Rightarrow\ \frac{2200}{110x} \times 100 = 20\%$

$\Rightarrow\ \frac{2200}{22} = x$

$\Rightarrow\ x = 100$

$\therefore$ मरम्मत पर कुल खर्च = $10x$ = ₹ 1000

29. (*a*) माना क्रय मूल्य ₹ x है।

प्रश्नानुसार,

$$x + \frac{x \times 18}{100} = 708$$

$\Rightarrow\ 118x = 70800$

$\therefore\ x = \frac{70800}{118} = ₹\ 600$

अत: अभीष्ट लाभ $= \frac{600 \times 18}{100} = ₹\ 108$

Quick Method

माना क्रय मूल्य = 100%

$\because$ 118% → ₹ 708

$\therefore\ 18\% \rightarrow \frac{708}{118} \times 18 = ₹\ 108$

30. (*d*) 400 सन्तरों का क्रय मूल्य = ₹ 2000

$\therefore$ 1 सन्तरे का क्रय मूल्य = ₹ 5

अब माना n सन्तरों का विक्रय मूल्य = ₹ 260

लाभ = 30%

$\therefore$ n सन्तरों का कुल क्रय मूल्य

$$= 260 \times \frac{100}{130} = ₹\ 200$$

$\therefore$ सन्तरों की संख्या $(n) = \frac{200}{5} = 40$

31. (*a*) 1 दर्जन = 12 इकाई

12 पेन का क्रय मूल्य = ₹ 150

$\therefore$ 1 पेन का क्रय मूल्य $= ₹\ \frac{150}{12}$

तथा 1 पेन का विक्रय मूल्य = ₹ 15

$\therefore$ लाभ $= 15 - \frac{150}{12}$

$$= \frac{180 - 150}{12} = ₹\ \frac{30}{12}$$

अत: लाभ प्रतिशत $= \frac{30}{12} \times \frac{12}{150} \times 100 = 20\%$

32. (*d*) माना क्रय मूल्य = ₹ x

लाभ = ₹ y

तब, विक्रय मूल्य = ₹ $(x + y)$

प्रश्नानुसार, $(x + y) \times 2 = x + 3y$

$\Rightarrow\ x = y$

अतः लाभ % $= \frac{y}{x} \times 100$

$= \frac{x}{x} \times 100 = 100\%$

33. (a) माना लागत मूल्य = ₹ x

तथा बिक्री मूल्य = ₹ y

प्रश्नानुसार, $17 \times x = 8(x + y)$

$\Rightarrow 9x = 8y \Rightarrow \frac{x}{y} = \frac{8}{9}$

अतः अभीष्ट लाभ % $= \frac{1}{8} \times 100 = 12.5\%$

34. (d) माना वस्तु का क्रय मूल्य = ₹ $13x$

तथा वस्तु का विक्रय मूल्य = ₹ $9x$

तथा हानि = ₹ 320

$\Rightarrow (13x - 9x) = 320 \Rightarrow x = 80$

अब, वस्तु के क्रय तथा विक्रय मूल्य का योग

$= 22x$

$= 22 \times 80 =$ ₹ 1760

Quick Method

यहाँ $\frac{CP}{SP} = \frac{13}{9}$

प्रश्नानुसार,

$(13 - 9) \equiv 320$

$\therefore (13 + 9) \equiv \frac{320}{4} \times 22 = 1760$

अभीष्ट योगफल = ₹ 1760

35. (a) प्रश्नानुसार,

832 − क्रय मूल्य = क्रय मूल्य − 448

$\Rightarrow 2 \times$ क्रय मूल्य $= 832 + 448$

$\Rightarrow$ क्रय मूल्य $= \frac{1280}{2} =$ ₹ 640

$\therefore$ 10% लाभ कमाने के लिए वस्तु का विक्रय मूल्य $= \frac{640 \times 110}{100} =$ ₹ 704

TOP TIPS इस प्रकार के प्रश्नों में क्रय मूल्य दोनों स्थितियों में विक्रय मूल्य के योग का आधा होता है।

36. (b) वस्तु का विक्रय मूल्य = ₹ 640

विक्रय मूल्य पर हानि = 15%

$\therefore$ हानि $= 640 \times \frac{15}{100} =$ ₹ 96

$\therefore$ क्रय मूल्य $= 640 + 96 =$ ₹ 736

$\therefore$ 15% लाभ के लिए विक्रय मूल्य

$= 736 \times \frac{115}{100} =$ ₹ 846.4

37. (c) क्रय मूल्य $= \frac{1920 + 1280}{2} =$ ₹ 1600

तथा लाभ $(P) = 25\%$

$\therefore$ विक्रय मूल्य $= \frac{125}{100} \times 1600 =$ ₹ 2000

38. (b) मोटर साइकिल का कुल लागत मूल्य

$= 22000 + 3000 =$ ₹ 25000

12% लाभ के लिए,

विक्रय मूल्य $= 25000 \times \frac{112}{100} =$ ₹ 28000

अब, ₹ 500 कम में बेचने पर विक्रय मूल्य

$= 28000 - 500 =$ ₹ 27500

$\therefore$ अभीष्ट लाभ प्रतिशत

$= \frac{27500 - 25000}{25000} \times 100\%$

$= \frac{2500}{250}\% = 10\%$

39. (c) माना वस्तु का क्रय मूल्य = ₹ x

प्रश्नानुसार, $x - 1170 = x \times \frac{22}{100}$

$\Rightarrow 100x - 1170 \times 100 = 22x$

$\Rightarrow 78x = 117000$

$\therefore x = \frac{117000}{78} = 1500$

अब, वस्तु ₹ 1450 में बेचने पर हानि

$= 1500 - 1450 =$ ₹ 50

$\therefore$ अभीष्ट हानि प्रतिशत $= \frac{50}{1500} \times 100\%$

$= \frac{10}{3}\% = 3.3\%$

40. (c) माना वस्तु का क्रय मूल्य = ₹ x

तब, 12% हानि पर विक्रय मूल्य

$= x \times \frac{88}{100} = \frac{88}{100}x$

$\therefore$ वास्तविक विक्रय मूल्य

$= \frac{88}{100}x \times \frac{5}{4} = \frac{11}{10}x$

$\therefore$ अभीष्ट लाभ प्रतिशत $= \frac{\frac{11}{10}x - x}{x} \times 100$

$= \frac{11 - 10}{10} \times 100 = 10\%$

Quick Method

माना क्रय मूल्य = 100%

$\because 4 \rightarrow (100 - 12)\%$

$\therefore 5 \rightarrow \frac{88}{4} \times 5 = 110\%$

अतः लाभ = 10%

41. (b) माना वस्तु का क्रय मूल्य = x

10% हानि पर विक्रय मूल्य

$= x \times \frac{90}{100} = \frac{90x}{100}$

अतः वास्तविक विक्रय मूल्य $= \frac{90x}{100} \times \frac{3}{2}$

$= \frac{135x}{100}$

$\therefore$ लाभ $= \frac{135x}{100} - x = \frac{35x}{100}$

लाभ % $= \frac{35x}{100} \times \frac{100}{x} = 35\%$

42. (c) दिया है, C द्वारा B को भुगतान राशि

= ₹ 6875

$\therefore B$ द्वारा A को भुगतान राशि

$= 6875 \times \frac{100}{125} =$ ₹ 5500

$\therefore A$ के लिए क्रय मूल्य $= 5500 \times \frac{100}{110}$

= ₹ 5000

43. (a) माना शांतनु का क्रय मूल्य = x

अनिकेत का क्रय मूल्य $= x \times \frac{112}{100} = \frac{112x}{100}$

अनिकेत का विक्रय मूल्य = x

हानि $= \frac{112x - 100x}{100} = \frac{12x}{100}$

हानि % $= \frac{12x}{100} \times \frac{100}{112x} \times 100$

$= \frac{1200}{112}\% = 10\frac{5}{7}\%$

44. (b) घड़ी की कीमत = ₹ 10000

भाविन का क्रय मूल्य $= 10000 \times \frac{115}{100}$

= ₹ 11500

15% की हानि पर,

भाविन का विक्रय मूल्य $= 11500 \times \frac{85}{100}$

= ₹ 9775

अतः आरव का नया क्रय मूल्य = ₹ 9775

आरव का कुल लाभ

$= (11500 - 10000) + (10000 - 9775)$

$= 1500 + 225 = 1725$

अभीष्ट लाभ प्रतिशत

$= \frac{1725 \times 100}{10000} = 17.25\%$

45. (d) A के लिए कपड़े की कीमत = ₹ 2540

प्रश्नानुसार,

B के लिए कीमत $= 2540 \times \frac{140}{100} =$ ₹ 3556

C के लिए कीमत $= 3556 \times \frac{125}{100} =$ ₹ 4445

D के लिए कीमत $= 4445 \times \frac{80}{100} =$ ₹ 3556

अतः D का क्रय मूल्य = ₹ 3556

Quick Method

अभीष्ट मान $= 2540 \times \frac{140}{100} \times \frac{125}{100} \times \frac{80}{100}$

= ₹ 3556

46. (*b*) माना वस्तु का क्रय मूल्य = ₹ $100x$

$\therefore$ वस्तु का विक्रय मूल्य

$$= 100x \times \frac{80}{100} = ₹\ 80x$$

प्रश्नानुसार, $80x + 100 = 100x \times \frac{130}{100}$

$\Rightarrow \quad 800x + 1000 = 1300x$

$\Rightarrow \quad 500x = 1000$

$\therefore \quad x = \frac{1000}{500} = 2$

$\therefore$ वस्तु का क्रय मूल्य = $100x = 100 \times 2$

= ₹ 200

Quick Method

(20 + 30)% → ₹ 100

$\therefore$ 100% → $\frac{100}{50} \times 100$ = ₹ 200

47. (*a*) माना वस्तु का क्रय मूल्य ₹ x है।

प्रश्नानुसार,

$$x \times \left(\frac{100 + 14}{100}\right) = 3750 \times \left(\frac{100 - 24}{100}\right)$$

$\Rightarrow \quad 114x = 3750 \times 76$

$\therefore \quad x = \frac{3750 \times 76}{114}$ = ₹ 2500

अतः वास्तविक क्रय मूल्य = ₹ 2500

48. (*b*) माना वस्तु का लागत मूल्य = ₹ x

वस्तु का विक्रय मूल्य = ₹ $\frac{117}{100}x$

प्रश्नानुसार,

$$\frac{x \times (100 + 29)}{100} = \frac{117}{100}x + 33.60$$

$\Rightarrow \quad \frac{129}{100}x = \frac{117x + 3360}{100}$

$\Rightarrow 129x - 117x = 3360 \Rightarrow 12x = 3360$

$\therefore \quad x$ = ₹ 280

अतः वस्तु का लागत मूल्य = ₹ 280

Quick Method

माना क्रय मूल्य = 100 इकाई

17% लाभ ↙ ↘ 29% लाभ

117 129

12 इकाई

12 इकाई = ₹ 33.60

100 इकाई = $\frac{33.60 \times 100}{12}$ = ₹ 280

49. (*d*) माना वस्तु का क्रय मूल्य = ₹ x

$\therefore$ 16% की हानि पर विक्रय मूल्य

$$= x \times \left(\frac{100 - 16}{100}\right) = \frac{84}{100}x$$

प्रश्नानुसार,

$$x \times \left(\frac{100 + 8}{100}\right) = \frac{84}{100}x + 660$$

$\Rightarrow \quad \frac{108}{100}x - \frac{84}{100}x = 660$

$\Rightarrow \quad \frac{24}{100}x = 660$

$\therefore \quad x = \frac{660 \times 100}{24}$ = ₹ 2750

12% लाभ प्राप्त करने के लिए विक्रय मूल्य

$$= 2750 \times \frac{112}{100} = ₹\ 3080$$

50. (*b*) माना वस्तु का मूल क्रय मूल्य ₹ x है।

25% लाभ पर विक्रय मूल्य = $x \times \frac{125}{100} = \frac{5x}{4}$

₹ 200 की वृद्धि होने पर क्रय मूल्य

= ₹ $(x + 200)$

तथा विक्रय मूल्य = ₹ $\left(\frac{5}{4}x + 200\right)$

प्रश्नानुसार,

$$\frac{5x}{4} + 200 = (x + 200) \times \frac{120}{100}$$

$\Rightarrow \quad \frac{5x}{4} + 200 = \frac{6x}{5} + 240$

$\Rightarrow \quad \frac{5}{4}x - \frac{6}{5}x = 40$

$\Rightarrow \quad \frac{(25 - 24)x}{20} = 40 \Rightarrow x$ = ₹ 800

अतः वस्तु का क्रय मूल्य = ₹ 800

51. (*b*) हानि % = $\frac{x^2}{100} = \frac{10 \times 10}{100} = 1\%$

[Formula 10.2 से]

TOP TIPS इस प्रकार के प्रश्नों में सदैव हानि होती है।

52. (*d*) हानि % = $\frac{(20)^2}{100} = \frac{400}{100} = 4\%$

अतः व्यापारी को 4% की हानि होती है।

53. (*d*) *A* के लिए,

क्रय मूल्य = $\frac{5000}{125} \times 100$ = ₹ 4000

B के लिए,

क्रय मूल्य = $\frac{5000 \times 100}{90}$ = ₹ $\frac{50000}{9}$

$\therefore$ दोनों के क्रय मूल्य का अनुपात

$$= 4000 : \frac{50000}{9} = 18 : 25$$

54. (*b*) 6% लाभ पर क्रय मूल्य = $\frac{4982}{106} \times 100$

= ₹ 4700

6% हानि पर क्रय मूल्य = $\frac{4982}{94} \times 100$

= ₹ 5300

कुल क्रय मूल्य = (4700 + 5300) = ₹ 10000

Quick Method

हानि % = $\frac{6 \times 6}{100}$ = 0.36%

अतः दोनों डिवाइसों का लागत मूल्य

$$= \frac{4982 \times 2}{99.64} \times 100$$

$$= \frac{9964}{99.64} \times 100 = ₹\ 10000$$

55. (*d*) प्रश्नानुसार, दोनों जैकेट के विक्रय मूल्य समान हैं, तब

$$2100 \times \left(\frac{100 + k}{100}\right) = 3150 \times \left(\frac{100 - k}{100}\right)$$

$\Rightarrow \quad 2(100 + k) = 3(100 - k)$

$\Rightarrow \quad 200 + 2k = 300 - 3k$

$\Rightarrow \quad 5k = 100$

$\therefore \quad k = 20$

56. (*d*) अभीष्ट हानि प्रतिशत = $\frac{20^2}{100} = \frac{400}{100} = 4\%$

57. (*a*) अब, दोनों मशीनों का कुल विक्रय मूल्य

= ₹ 15000 × 2 = ₹ 30000

प्रश्नानुसार, पहली मशीन का क्रय मूल्य

$$= ₹\ \frac{100}{120} \times 15000 = ₹\ 12500$$

दूसरी मशीन का क्रय मूल्य

$$= ₹\ \frac{100}{60} \times 15000 = ₹\ 25000$$

मशीनों का कुल क्रय मूल्य

= ₹ (12500 + 25000) = ₹ 37500

$\therefore$ हानि प्रतिशत

$$= \left(\frac{37500 - 30000}{37500}\right) \times 100\% = 20\%$$

58. (*c*) माना दूसरी बाइक का क्रय मूल्य ₹ x है।

$\therefore$ पहली बाइक का क्रय मूल्य

= ₹ $(50000 - x)$

प्रश्नानुसार,

$$(50000 - x) \times \frac{120}{100} = x \times \frac{80}{100}$$

$\Rightarrow (50000 - x) \times 3 = 2x$

$\Rightarrow \quad 150000 - 3x = 2x$

$\Rightarrow \quad 5x = 150000$

$\therefore \quad x$ = ₹ 30000

अतः दूसरी बाइक का क्रय मूल्य = ₹ 30000

59. (*b*) चूँकि दोनों कमीज समान कीमत पर खरीदी गई हैं और एक कमीज को जितने प्रतिशत लाभ पर बेचा गया है, दूसरी कमीज को उतने ही प्रतिशत हानि पर बेचा गया है। इसलिए, इस प्रकार के लेन-देन में व्यक्ति को न तो कोई लाभ और न ही हानि होगी।

60. (*b*) एक साइकिल का मूल्य = ₹ 3000

∴ दो साइकिल का मूल्य = ₹ 6000

पहली साइकिल पर लाभ

$= 3000 \times \frac{10}{100} = ₹\ 300$

तथा कुल लाभ $= 6000 \times \frac{20}{100} = ₹\ 1200$

∴ दूसरी साइकिल पर लाभ

$= 1200 - 300 = ₹\ 900$

∴ दूसरी साइकिल पर लाभ %

$= \frac{900}{3000} \times 100 = 30\%$

Quick Method

10% (20+10) = 30% लाभ

20%

10 : 10

×10 (1 : 1) ×10

3000 : 3000

61. (*b*) दोनों घड़ियों का कुल क्रय मूल्य

$= 2 \times 9000 = ₹\ 18000$

18% लाभ पर,

कुल विक्रय मूल्य $= 18000 \times \frac{118}{100} = ₹\ 21240$

पहली घड़ी का विक्रय मूल्य

$= \frac{9000}{100} \times 90 = ₹\ 8100$

∴ दूसरी घड़ी का विक्रय मूल्य

$= ₹\ (21240 - 8100)$

$= ₹\ 13140$

62. (*a*) माना सभी खिलौनों का कुल क्रय मूल्य

$= ₹\ 100$

प्रश्नानुसार,

अभीष्ट प्रतिशत लाभ

$$= \frac{100\left(\frac{2}{3} \times \frac{135}{100} + \frac{1}{3} \times \frac{90}{100}\right) - 100}{100} \times 100$$

$= (90 + 30) - 100 = 120 - 100 = 20\%$

TOP TIPS इस प्रकार के प्रश्नों को Alligation Method से अतिशीघ्रता से हल किया जा सकता है।

63. (*d*) सन्तरों का कुल क्रय मूल्य = ₹ 1200

सन्तरों का कुल विक्रय मूल्य

$= 1200 \times \frac{1}{3} \times \frac{90}{100} + 1200 \times \frac{2}{3} \times \frac{120}{100}$

$= ₹\ (360 + 960) = ₹\ 1320$

लाभ प्रतिशत $= \frac{(1320 - 1200) \times 100}{1200} = 10\%$

64. (*d*) 1 इकाई का क्रय मूल्य $= \frac{550}{50} = ₹\ 11$

10 इकाइयों का क्रय मूल्य = ₹ 110

अब, $\frac{1}{5}$ इकाई या 10 इकाई, 10% हानि पर बेचता है

तब, 10 इकाइयों का विक्रय मूल्य

$= 110 - 11 = ₹\ 99$

20% लाभ के लिए,

कुल विक्रय मूल्य $= 550 \times \frac{120}{100} = ₹\ 660$

∴ प्रति इकाई विक्रय मूल्य $= \frac{660 - 99}{40}$

$= ₹\ 14.025$

65. (*a*) माना 5% हानि पर बेचे गए चावल की मात्रा = x किग्रा

20% लाभ पर बेचे गए चावल की मात्रा

$= (640 - x)$ किग्रा

माना 1 किग्रा चावल का क्रय मूल्य = ₹ 1

प्रश्नानुसार,

$x \times \frac{95}{100} + (640 - x) \times \frac{120}{100} = 640 \times \frac{115}{100}$

$\Rightarrow 95x + 640 \times 120 - 120x = 640 \times 115$

$\Rightarrow 25x = 76800 - 73600$

$\therefore x = \frac{3200}{25} = 128$

अत: चावल की अभीष्ट मात्रा = 128 किग्रा

Quick Method

+20% −5%

15%

20 : 5

चावल की मात्रा = 4 : 1

अभीष्ट मात्रा $= \frac{1}{5} \times 640 = 128$ किग्रा

66. (*c*) प्रश्नानुसार,

72 × क्रय मूल्य = 60 × विक्रय मूल्य

$\frac{\text{क्रय मूल्य}}{\text{विक्रय मूल्य}} = \frac{60}{72}$

अत: लाभ प्रतिशत $= \frac{(72 - 60)}{60} \times 100$

$= \frac{12}{60} \times 100 = 20\%$

67. (*d*) ∵ 18 पेन का लागत मूल्य = 22 पेन का विक्रय मूल्य

$\Rightarrow \frac{\text{लागत मूल्य}}{\text{विक्रय मूल्य}} = \frac{22}{18} = \frac{11}{9}$

∴ हानि प्रतिशत $= \frac{(11 - 9)}{11} \times 100\%$

$= \frac{200}{11}\% = 18\frac{2}{11}\%$

68. (*a*) ∵ 12 क्रय मूल्य = 16 विक्रय मूल्य

$\Rightarrow \frac{\text{क्रय मूल्य}}{\text{विक्रय मूल्य}} = \frac{16}{12} = \frac{4}{3}$

∴ हानि % $= \frac{4 - 3}{4} \times 100 = 25\%$

69. (*c*) 63 वस्तुओं का क्रय मूल्य

= 54 वस्तुओं का विक्रय मूल्य

$\Rightarrow \frac{\text{क्रय मूल्य}}{\text{विक्रय मूल्य}} = \frac{54}{63} = \frac{6}{7}$

∴ लाभ प्रतिशत $= \frac{7 - 6}{6} \times 100\%$

$= \frac{1}{6} \times 100 = 16\frac{2}{3}\%$

70. (*c*) माना 1 सेब का क्रय मूल्य ₹ x है।

तब, 30 सेब का विक्रय मूल्य = ₹ $40x$

1 सेब का विक्रय मूल्य $= \frac{40x}{30} = ₹\ \frac{4}{3}x$

∴ लाभ प्रतिशत

$= \frac{\frac{4}{3}x - x}{x} \times 100\% = \frac{\frac{x}{3}}{x} \times 100\%$

$= \frac{100}{3}\% = 33.33\%$

Quick Method

∵ लाभ प्रतिशत $= \frac{a - b}{b} \times 100\%$

यहाँ, $a = 40$ तथा $b = 30$ **[Formula 10.1 से]**

∴ लाभ प्रतिशत $= \frac{(40 - 30)}{30} \times 100\%$

$= \frac{100}{3}\% = 33.33\%$

71. (*c*) माना 1 लीटर दूध का मूल्य = ₹ 1

∴ क्रय मूल्य = ₹ 96

तथा लाभ = ₹ 24

∴ लाभ प्रतिशत $= \frac{24}{96} \times 100 = \frac{100}{4} = 25\%$

72. (*b*) माना 1 कुर्सी का विक्रय मूल्य = ₹ 1

∴ कुल विक्रय मूल्य = ₹ 280

कुल लाभ = ₹ 35

कुल क्रय मूल्य = विक्रय मूल्य − लाभ

$= 280 - 35 = ₹\ 245$

∴ लाभ प्रतिशत $= \frac{35 \times 100}{245} = 14.28\%$

73. (*c*) दिया है, हानि = 6 गेंदों का क्रय मूल्य

⇒ 38 गेंदों का क्रय मूल्य − 38 गेंदों का विक्रय मूल्य = 6 गेंदों का क्रय मूल्य

⇒ (38 − 6) गेंदों का क्रय मूल्य = 38 गेंदों का विक्रय मूल्य

$\Rightarrow$ 32 गेंदों का क्रय मूल्य = ₹ 2240

$\therefore$ 1 गेंद का क्रय मूल्य $= \frac{2240}{32}$ = ₹ 70

74. (a) x वस्तुओं का क्रय मूल्य = y वस्तुओं का विक्रय मूल्य

$\therefore \quad \frac{\text{क्रय मूल्य}}{\text{विक्रय मूल्य}} = \frac{y}{x}$

लाभ % $= \frac{(x-y)}{y} \times 100 = 25$

$\Rightarrow 25y = 100x - 100y \Rightarrow 125y = 100x$

$\therefore \quad x : y = 125 : 100 = 5 : 4$

75. (b) लाभ $= 10\% = \frac{1}{10}$

माना क्रय मूल्य = ₹ 10, विक्रय मूल्य = ₹ 11

$\therefore 44 \times$ क्रय मूल्य $= x \times$ विक्रय मूल्य

$\Rightarrow \quad 44 \times 10 = x \times 11$

$\therefore \quad x = \frac{44 \times 10}{11} = 40$

76. (d) 36 वस्तुओं का क्रय मूल्य

= N वस्तुओं का विक्रय मूल्य

$\Rightarrow 36 \times \text{CP} = N \times \text{SP} \Rightarrow \frac{\text{CP}}{\text{SP}} = \frac{N}{36}$

लाभ $= 36 - N$

लाभ प्रतिशत $= \frac{(36-N) \times 100}{N} = 20$

$\Rightarrow 20N = 3600 - 100N \Rightarrow 120N = 3600$

$\therefore \quad N = \frac{360}{12} = 30$

77. (c) माना 1 किग्रा चाय का क्रय मूल्य = ₹ 1

तब, 100 किग्रा चाय का क्रय मूल्य

= 1 × 100 = ₹ 100

लाभ = 1 × 40 = ₹ 40

$\therefore$ लाभ प्रतिशत $= \frac{\text{लाभ}}{\text{क्रय मूल्य}} \times 100$

$= \frac{40}{100} \times 100 = 40\%$

78. (c) माना 1 किग्रा अनाज का क्रय मूल्य ₹ x है।

$\therefore$ अनाज का क्रय मूल्य $= 250x$

$\therefore$ लाभ $= 160x$

$\therefore$ लाभ प्रतिशत $= \frac{\text{लाभ}}{\text{क्रय मूल्य}} \times 100$

$= \frac{160x}{250x} \times 100 = \frac{160}{250} \times 100 = 64\%$

79. (b) 1 नग का क्रय मूल्य = ₹ $\frac{5}{6}$

तथा 1 नग का विक्रय मूल्य = ₹ $\frac{6}{5}$

$\therefore$ लाभ $= \frac{6}{5} - \frac{5}{6} = \frac{36-25}{30} = \frac{11}{30}$

लाभ प्रतिशत $= \frac{11}{30} \times \frac{100}{5} \times 6 = 44\%$

Quick Method

लाभ प्रतिशत $= \left(\frac{6 \times 6 - 5 \times 5}{5 \times 5}\right) \times 100$

[Formula 10.3 से]

$= \frac{11}{25} \times 100 = 44\%$

80. (d) 1 आम का क्रय मूल्य $= \frac{90}{9}$ = ₹ 10

1 आम का विक्रय मूल्य $= \frac{95}{10}$ = ₹ 9.5

$\therefore$ हानि प्रतिशत $= \left(\frac{10 - 9.5}{10}\right) \times 100 = 5\%$

81. (b) $\because$ 10 सन्तरे का विक्रय मूल्य = ₹ 1

$\therefore$ 1 सन्तरे का विक्रय मूल्य = ₹ $\frac{1}{10}$

जब, लाभ = 30%

$\therefore$ 1 सन्तरे का क्रय मूल्य $= \frac{\frac{1}{10}}{130} \times 100 =$ ₹ $\frac{1}{13}$

अतः ₹ 1 में खरीदे गए सन्तरे की संख्या = 13

82. (b) 1 सेब का क्रय मूल्य = ₹ $\frac{34}{8} = \frac{17}{4}$

$\therefore$ 1 सेब का विक्रय मूल्य $= \frac{57}{12} = \frac{19}{4}$

$\therefore$ 1 सेब पर लाभ $= \left(\frac{19}{4} - \frac{17}{4}\right) = \frac{1}{2}$ = ₹ 0.5

माना ₹ 45 लाभ के लिए, x सेब बेचे जाते हैं।

$\therefore \quad x \times 0.5 = 45$

$\Rightarrow \quad x = 90$

Quick Method

वस्तुएँ मूल्य (₹ में)

CP → (8 : ₹ 34) × 3 = 24 : ₹ 102

SP → (12 : ₹ 57) × 2 = 24 : ₹ 114 (+₹12)

$\because$ ₹ 12 → 24

$\therefore$ ₹ 45 → $\frac{24}{12} \times 45 = 90$

अतः अभीष्ट सेबों की संख्या = 90

83. (d) माना 1 किग्रा चावल का मूल्य = ₹ 1000

$\therefore$ CP = 870 ग्राम का क्रय मूल्य = ₹ 870

SP = 870 ग्राम का विक्रय मूल्य = ₹ 1000

लाभ = 130

$\therefore$ लाभ % $= \frac{130}{870} \times 100$

$= \frac{1300}{87} = 14.94\%$

84. (b) माना 1000 ग्राम का क्रय मूल्य = ₹ 1000

$\therefore$ 1000 ग्राम का विक्रय मूल्य = ₹ 900

($\because$ 10% हानि)

प्रश्नानुसार, 25% कम वजन उपयोग करता है।

$\therefore$ वास्तविक क्रय मूल्य $= 1000 \times \frac{75}{100}$ = ₹ 750

$\therefore$ लाभ % $= \frac{900 - 750}{750} \times 100$

$= \frac{150}{15} \times 2 = 20\%$

Quick Method

जब कोई दुकानदार किसी वस्तु को x% हानि पर बेचता है और y% कम वजन का उपयोग करता है।

तब, लाभ प्रतिशत $= \left(\frac{y \pm x}{100 - y}\right) \times 100\%$

यहाँ, $x = 10\%$, $y = 25\%$

$\therefore$ अभीष्ट लाभ % $= \left(\frac{25 - 10}{100 - 25}\right) \times 100$

$= \frac{15}{75} \times 100\% = 20\%$

85. (d) माना 100 किग्रा चावल का क्रय मूल्य ₹ $100x$ है।

प्रश्नानुसार,

80 किग्रा चावल का विक्रय मूल्य = ₹ $115x$

$\therefore$ 100 किग्रा चावल का विक्रय मूल्य

$= \frac{115x}{80} \times 100$ = ₹ $143.75x$

$\therefore$ लाभ % $= \frac{(143.75x - 100x)}{100x} \times 100\%$

$= 43.75\%$

86. (b) माना शुद्ध वजन = 1000 ग्राम

$\therefore$ गलत वजन $= \frac{(100 - 30)}{100} \times 1000$

= 700 ग्राम

पुनः माना 1 ग्राम का क्रय मूल्य = ₹ 1

$\therefore$ 700 ग्राम का क्रय मूल्य = ₹ 700

प्रश्नानुसार,

25% लाभ के लिए,

विक्रय मूल्य $= 1000 \times \frac{125}{100}$ = ₹ 1250

लाभ = ₹ (1250 − 700) = ₹ 550

लाभ प्रतिशत $= \frac{550 \times 100}{700}\% = 78.57\%$

87. (a) गेहूँ का क्रय मूल्य = ₹ 18 प्रति किग्रा

अर्थात् 1000 ग्राम गेहूँ का मूल्य = ₹ 18

प्रश्नानुसार,

900 ग्राम गेहूँ का विक्रय मूल्य = ₹ 20

$\therefore$ 1000 ग्राम गेहूँ का विक्रय मूल्य

$= \frac{20}{900} \times 1000$

= ₹ 22.22

$\therefore$ लाभ प्रतिशत $= \frac{22.22 - 18}{18} \times 100\%$

$= \frac{4.22}{18} \times 100 = 23.45\%$

अध्याय

11 बट्टा/छूट

Chapter Snapshot

बट्टा का सामान्य अर्थ छूट है। अंकित मूल्य में की गई कमी ही **बट्टा/छूट** कहलाती है।

I. **अंकित मूल्य** किसी वस्तु पर मुद्रित मूल्य उस वस्तु का अंकित मूल्य कहलाता है। अंकित मूल्य को **सूची मूल्य** भी कहा जाता है।

II. **विक्रय मूल्य** किसी वस्तु के अंकित मूल्य से बट्टे/छूट की राशि निकालने या कम करने के बाद दुकानदार/विक्रेता वस्तु को जिस मूल्य पर बेचता है, वस्तु का **विक्रय मूल्य** कहलाता है।

विक्रय मूल्य = अंकित मूल्य – बट्टा

छूट/बट्टा = अंकित मूल्य – विक्रय मूल्य

$$\text{बट्टा/छूट प्रतिशत} = \frac{\text{बट्टा/छूट}}{\text{अंकित मूल्य}} \times 100\%$$

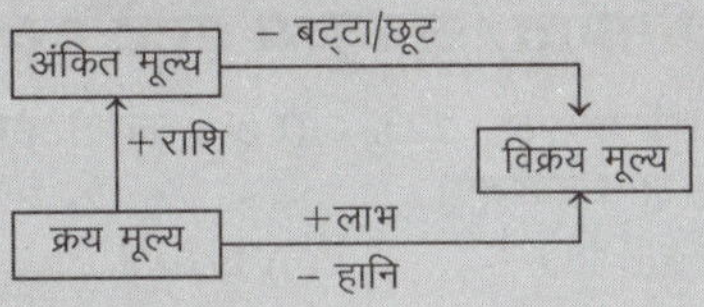

बट्टे से सम्बन्धित महत्त्वपूर्ण सूत्र

- $\text{विक्रय मूल्य} = \text{अंकित मूल्य} \times \left(\frac{100 - \text{बट्टा}\,\%}{100}\right)$
- $\text{अंकित मूल्य} = \left(\frac{\text{विक्रय मूल्य}}{100 - \text{बट्टा}\,\%}\right) \times 100$
- $\text{बट्टा/छूट प्रतिशत} = \left(\frac{\text{अंकित मूल्य} - \text{विक्रय मूल्य}}{\text{अंकित मूल्य}}\right) \times 100\%$

III. **क्रमागत बट्टा/छूट** यदि किसी वस्तु के अंकित मूल्य पर व्यापारी/विक्रेता द्वारा दो या दो से अधिक लगातार/क्रमशः छूट दी जाती है, तो यह छूट **क्रमागत बट्टा/छूट** कहलाता है। यदि अंकित मूल्य दिया गया हो और क्रमिक बट्टा $x_1\%, x_2\%, \ldots$ हों, तो

$$\text{विक्रय मूल्य} = \text{अंकित मूल्य} \times \left(\frac{100 - x_1\%}{100}\right) \times \left(\frac{100 - x_2\%}{100}\right) \times \ldots$$

IV. **समतुल्य बट्टा/छूट** किसी विक्रेता अथवा व्यापारी द्वारा अंकित मूल्य पर दी जाने वाली दो या दो से अधिक छूट के समतुल्य एकल छूट को **समतुल्य बट्टा/छूट** कहा जाता है।

- यदि दो बट्टे क्रमशः $x\%$ तथा $y\%$ हों, तब समतुल्य एकल बट्टा $= \left(x + y - \frac{xy}{100}\right)\%$
- यदि तीन बट्टे क्रमशः $x\%, y\%$ तथा $z\%$ हों, तब समतुल्य एकल बट्टा $= \left[(x + y + z) - \left(\frac{xy + yz + zx}{100}\right) + \frac{xyz}{(100)^2}\right]\%$

अथवा समतुल्य एकल बट्टा $= \left[1 - \left(1 - \frac{x}{100}\right)\left(1 - \frac{y}{100}\right)\left(1 - \frac{z}{100}\right)\right] \times 100\%$

Concept Capsule

- सामान्यतः बट्टा/छूट की गणना हमेशा अंकित मूल्य पर ही की जाती है।
- जब वस्तु पर बट्टा/छूट नहीं दी जा रही हो, तो अंकित मूल्य ही विक्रय मूल्य होता है।

Formula Flashcards

- **11.1** यदि किसी वस्तु पर $r\%$ छूट देकर भी $R\%$ का लाभ/हानि प्राप्त करना हो, तो अंकित मूल्य

$$= \text{क्रय मूल्य} \times \left(\frac{100 \pm R}{100 - r}\right)$$

यहाँ, धनात्मक चिह्न (+) लाभ तथा ऋणात्मक चिह्न (–) हानि के लिए प्रयोग किया जाता है।

- **11.2** यदि x वस्तु खरीदने पर y वस्तु मुफ्त/ निःशुल्क दी जाती है, तो छूट प्रतिशत

$$= \frac{(\text{मुफ्त वस्तु की संख्या})}{(\text{कुल वस्तुओं की संख्या})} \times 100\% = \frac{y}{x + y} \times 100\%$$

- **11.3** यदि किसी वस्तु पर क्रय मूल्य से $a\%$ अधिक मूल्य अंकित किया जाए और उसे $b\%$ की छूट पर बेच दिया जाए, तब

$$\text{लाभ/हानि प्रतिशत} = \left(a - b - \frac{a \times b}{100}\right)\%$$

उपरोक्त सूत्र का धनात्मक मान, लाभ तथा ऋणात्मक मान, हानि को दर्शाता है।

Exam Approach Examples

मूल अवधारणा पर आधारित

उदाहरण 1. ₹ 90 अंकित मूल्य का एक टूथपेस्ट ₹ 78 में बेचा जाता है। छूट की दर क्या है? *SSC (10+2) 2023*

(a) 13.33% (b) 15.23%
(c) 14.22% (d) 12.13%

हल (a) दिया है, टूथपेस्ट का अंकित मूल्य = ₹ 90
और टूथपेस्ट का विक्रय मूल्य = ₹ 78

∴ छूट = अंकित मूल्य − विक्रय मूल्य
= ₹ (90 − 78) = ₹ 12

अब, छूट % $= \frac{\text{छूट}}{\text{अंकित मूल्य}} \times 100$

$= \frac{12}{90} \times 100 = \frac{1200}{90} = 13.33\%$

उदाहरण 2. जब एक वस्तु 25% की छूट के बाद ₹ 3825 में बेची जाती है, तो उसका अंकित मूल्य (₹ में) ज्ञात कीजिए। *UP Police ASI 2021*

(a) ₹ 5050 (b) ₹ 5150
(c) ₹ 5100 (d) ₹ 5200

हल (c) वस्तु का अंकित मूल्य $= \left(\frac{\text{विक्रय मूल्य}}{100 - \text{छूट \%}}\right) \times 100$

$= \left(\frac{3825}{100 - 25}\right) \times 100$

$= \frac{3825}{75} \times 100 = ₹\ 5100$

उदाहरण 3. यदि एक वस्तु का क्रय मूल्य, अंकित मूल्य का 70% है, तो 16% की छूट देने के बाद लाभ प्रतिशत क्या होगा? *DSSSB Clerk 2022*

(a) 20% (b) 50%
(c) 25% (d) 40%

हल (a) माना वस्तु का अंकित मूल्य = x

∴ वस्तु का क्रय मूल्य $= x \times \frac{70}{100} = \frac{7x}{10}$

प्रश्नानुसार, 16% छूट के बाद,

वस्तु का विक्रय मूल्य $= x \times \frac{84}{100} = \frac{84x}{100}$

∴ लाभ $= \frac{84x}{100} - \frac{7x}{10} = \frac{84x - 70x}{100} = \frac{14x}{100}$

अत: लाभ प्रतिशत $= \frac{14x}{100} \times \frac{100}{7x} \times 10 = 20\%$

> **Score Booster**
> इस प्रकार के प्रश्नों को हम अंकित मूल्य को 100 मानकर भी आसानी से कर सकते हैं।

> **Quick Method**
> माना अंकित मूल्य = 100
>
> क्रय मूल्य $= 100 \times \frac{70}{100} = 70$
>
> विक्रय मूल्य $= 100 \times \frac{(100 - 16)}{100} = 84$
>
> ∴ लाभ % $= \frac{(84 - 70)}{70} \times 100\% = 20\%$

उदाहरण 4. एक वस्तु के अंकित मूल्य पर 10% छूट देने के बाद, एक विक्रेता 5% का लाभ कमाता है। अंकित मूल्य क्या है, यदि वस्तु का क्रय मूल्य ₹ 300 है? *SSC CPO 2019*

(a) ₹ 400 (b) ₹ 375 (c) ₹ 320 (d) ₹ 350

हल (d) दिया है, वस्तु का क्रय मूल्य = ₹ 300 तथा लाभ = 5%

∴ वस्तु का विक्रय मूल्य $= 300 \times \frac{105}{100} = ₹\ 315$

अब, छूट = 10%

∴ अंकित मूल्य $= \left(\frac{\text{विक्रय मूल्य}}{100 - \text{छूट \%}}\right) \times 100$

$= \left(\frac{315}{100 - 10}\right) \times 100 = \frac{315}{90} \times 100 = ₹\ 350$

> **Quick Method**
> यहाँ, $R = 5\%$ तथा $r = 10\%$ [Formula 11.1 से]
>
> ∴ अंकित मूल्य $= 300\left(\frac{100 + 5}{100 - 10}\right) = \frac{300 \times 105}{90} = ₹\ 350$

क्रमागत/समतुल्य बट्टे पर आधारित

उदाहरण 5. 12% और 8% की दो क्रमागत छूटों के बराबर एकल छूट ज्ञात कीजिए। *SSC MTS 2022*

(a) 18.8% (b) 19.04% (c) 19.8% (d) 19.4%

हल (b) समतुल्य एकल छूट $= \left(x + y - \frac{xy}{100}\right)\% = \left(12 + 8 - \frac{12 \times 8}{100}\right)\%$

$= 20 - 0.96 = 19.04\%$

उदाहरण 6. इस योजना के लिए प्रभावी छूट की गणना करें, 5 खरीदें और 3 मुफ्त प्राप्त करें। *SSC CPO 2022*

(a) 36.5%
(b) 36%
(c) 37.5%
(d) 37%

> **Trending Concept**
> 'x वस्तुएँ खरीदने पर y वस्तु मुफ्त' पर आधारित प्रश्न वर्तमान में हो रही परीक्षाओं (SSC, Railway, UP Police आदि) में पूछे जा रहे हैं। आगामी परीक्षाओं के लिए महत्त्वपूर्ण है।

हल (c) माना एक वस्तु का अंकित मूल्य = ₹ x

∴ सभी (5 + 3 = 8) वस्तुओं का अंकित मूल्य = ₹ $8x$

8 वस्तुओं का विक्रय मूल्य = 5 वस्तुओं का अंकित मूल्य = ₹ $5x$

∴ छूट% $= \frac{\text{अंकित मूल्य} - \text{विक्रय मूल्य}}{\text{अंकित मूल्य}} \times 100$

$= \frac{8x - 5x}{8x} \times 100 = \frac{300}{8} = 37.5\%$

> **Quick Method**
> यहाँ, $y = 3$ तथा $x = 5$ [Formula 11.2 से]
>
> ∴ छूट प्रतिशत $= \left[\frac{3}{5 + 3}\right] \times 100\% = \frac{3}{8} \times 100\% = 37.5\%$

उदाहरण 7. 20%, 35% और 10% की तीन क्रमागत छूटों के बराबर एकल छूट कितनी होगी? *SSC CGL (Tier II) 2023*

(a) 48.7% (b) 42.3%
(c) 65.4% (d) 53.2%

हल (d) $x\%$ तथा $y\%$ के क्रमिक छूट का समतुल्य एकल छूट

$$= \left(x + y - \frac{xy}{100}\right)\%$$

अब, 20% तथा 35% का समतुल्य एकल छूट

$$= \left(20 + 35 - \frac{20 \times 35}{100}\right)\% = 48\%$$

पुन: 48% तथा 10% का समतुल्य एकल छूट

$$= \left(48 + 10 - \frac{48 \times 10}{100}\right)\% = (58 - 4.8)\% = 53.2\%$$

अत: तीनों क्रमागत छूटों के समतुल्य एकल छूट = 53.2%

Quick Method

$$\text{समतुल्य एकल छूट} = \left[1 - \left(1 - \frac{x}{100}\right)\left(1 - \frac{y}{100}\right)\left(1 - \frac{z}{100}\right)\right] \times 100\%$$

$$= \left[1 - \left(1 - \frac{20}{100}\right)\left(1 - \frac{35}{100}\right)\left(1 - \frac{10}{100}\right)\right] \times 100\%$$

$$= \left[1 - \frac{4}{5} \times \frac{13}{20} \times \frac{9}{10}\right] \times 100\% = \left[\frac{250 - 117}{250}\right] \times 100\%$$

$$= \frac{133 \times 100}{250}\% = 53.2\%$$

उदाहरण 8. एक घड़ी विक्रेता ₹ 176064 प्रति घड़ी की दर से घड़ियाँ बेचता है। हालांकि, वह क्रमश: 20% और 30% की दो क्रमिक छूट देता है। अंकित मूल्य (₹ में) कितना है? *UP Police SI 2021*

(a) ₹ 314400 (b) ₹ 284400
(c) ₹ 294400 (d) ₹ 304400

हल (a) 20% तथा 30% का समतुल्य बट्टा

$$= \left(20 + 30 - \frac{20 \times 30}{100}\right)\% = 44\%$$

$$\text{घड़ी का अंकित मूल्य} = \frac{176064}{(100 - 44)} \times 100$$

$$= \frac{176064}{56} \times 100 = ₹\ 314400$$

Quick Method

विक्रय मूल्य = ₹ 176064 तथा क्रमागत छूट = 20% और 30%

$$\therefore \text{अंकित मूल्य} = 176064 \times \frac{100}{80} \times \frac{100}{70} = ₹\ 314400$$

उदाहरण 9. रिया अपनी सभी वस्तुओं पर 12% की छूट प्रदान करती है और नकद भुगतान करने वाले ग्राहकों को 6% की अतिरिक्त छूट प्रदान करती है। एक ग्राहक को ₹ 2400 अंकित मूल्य वाले पंखे के लिए कितना भुगतान करना होगा यदि वह नकद भुगतान करता है? *SSC MTS 2024*

(a) ₹ 2300.50 (b) ₹ 1900
(c) ₹ 2122.50 (d) ₹ 1985.28

हल (d) पंखे का विक्रय मूल्य $= 2400 \times \frac{(100 - 12)}{100} \times \frac{(100 - 6)}{100}$

$$= 2400 \times \frac{88}{100} \times \frac{94}{100} = ₹\ 1985.28$$

क्रय मूल्य से $x\%$ अधिक अंकित मूल्य पर आधारित

उदाहरण 10. एक दुकानदार किसी वस्तु के क्रय मूल्य में 46% की बढ़ोत्तरी करके उस पर मूल्य अंकित करने के पश्चात्, उसकी बिक्री के लिए अंकित मूल्य पर 46% की छूट देता है, तो उसे होने वाले कुल प्रतिशत लाभ/हानि को ज्ञात कीजिए। *RPF SI 2019*

(a) 21.16% लाभ (b) 20.04% हानि
(c) 20.04% लाभ (d) 21.16% हानि

हल (d) $\because$ हानि प्रतिशत $= \frac{x^2}{100}\%$

$$\therefore \text{अभीष्ट हानि प्रतिशत} = \frac{46 \times 46}{100} = 21.16\%$$

उदाहरण 11. एक डीलर अपने माल को लागत मूल्य से 40% अधिक पर अंकित करता है और 20% की छूट देता है। उसका लाभ कितना होगा? *RRB NTPC 2021*

(a) 10% (b) 20% (c) 40% (d) 12%

हल (d) माना माल का लागत मूल्य = ₹ $100x$

$$\text{माल का अंकित मूल्य} = 100x \times \frac{140}{100} = ₹\ 140x$$

प्रश्नानुसार, 20% छूट के बाद,

$$\text{माल का विक्रय मूल्य} = 140x \times \frac{80}{100} = ₹\ 112x$$

$$\text{लाभ प्रतिशत} = \frac{112x - 100x}{100x} \times 100 = 12\%$$

Quick Method

यहाँ, $a = 40$ तथा $b = 20$ [Formula 11.3 से]

$$\therefore \text{लाभ प्रतिशत} = \left(40 - 20 - \frac{40 \times 20}{100}\right)\% = (20 - 8)\% = 12\%$$

उदाहरण 12. एक खुदरा विक्रेता अपने उत्पादों के अंकित मूल्य पर 25% की व्यापार छूट और 8% की अतिरिक्त छूट देता है, यदि भुगतान उसकी दुकान के सदस्यता कार्ड के साथ किया जाता है। वह लागत पर 15% का निवल लाभ अर्जित करता है। उसके द्वारा उत्पादों का अंकित मूल्य कितने प्रतिशत अधिक रखा गया है? *SSC MTS 2024*

(a) $84\frac{1}{3}\%$ (b) $46\frac{1}{3}\%$ (c) $59\frac{2}{3}\%$ (d) $66\frac{2}{3}\%$

हल (d) माना वस्तु का अंकित मूल्य = ₹ 100

$$\text{वस्तु का विक्रय मूल्य} = 100 \times \frac{(100 - 25)}{100} \times \frac{(100 - 8)}{100}$$

$$= 100 \times \frac{75}{100} \times \frac{92}{100} = ₹\ 69$$

$$\therefore \text{वस्तु का क्रय मूल्य} = 69 \times \frac{100}{115} = ₹\ 60$$

$$\therefore \text{प्रतिशत अधिकता} = \frac{(100 - 60)}{60} \times 100$$

$$= \frac{40 \times 100}{60} = \frac{200}{3} = 66\frac{2}{3}\%$$

Chapter Challenge

मूल अवधारणा पर आधारित

1. यदि किसी वस्तु का अंकित मूल्य ₹ 2500 और विक्रय मूल्य ₹ 1800 है, तो वस्तु पर छूट कितनी है? *SSC Constable (GD) 2024*
(a) ₹ 850 (b) ₹ 750 (c) ₹ 500 (d) ₹ 700

2. किसी वस्तु के अंकित मूल्य ₹ 2900 पर 37% की छूट प्रदान की गई। उस वस्तु का विक्रय मूल्य ज्ञात कीजिए। *SSC (10 + 2) 2022*
(a) ₹ 1823 (b) ₹ 1827
(c) ₹ 1829 (d) ₹ 1073

3. ₹ 3800 के अंकित मूल्य वाली एक वस्तु को y% की छूट देने के बाद ₹ 3496 में बेचा गया। y का मान क्या था? *CISF 2023*
(a) 8% (b) 7% (c) 8.5% (d) 7.5%

4. एक टेबल लैम्प का अंकित मूल्य ₹ 2165 है। त्योहारी सीजन के दौरान इसे ₹ 1710.35 में बेचा जाता है। इस पर दी गई प्रतिशत छूट ज्ञात कीजिए। *SSC (10+2) 2024*
(a) 20.5% (b) 21% (c) 22.5% (d) 18%

5. 40% की छूट के बाद एक वस्तु को ₹ 1260 में बेचा गया है। वस्तु का अंकित मूल्य क्या है? *SSC (10 + 2) 2023*
(a) ₹ 2200 (b) ₹ 2100
(c) ₹ 1800 (d) ₹ 2000

6. किसी वस्तु का विक्रय मूल्य ₹ 5175 है और उस पर 25% की छूट दी गई है। वस्तु का अंकित मूल्य कितना है? *SSC Constable (GD) 2024*
(a) ₹ 6900 (b) ₹ 7000
(c) ₹ 6600 (d) ₹ 8500

7. एक व्यक्ति ने अंकित मूल्य पर 25% छूट पर एक खिलौना खरीदा, लेकिन उसे अंकित मूल्य पर बेच दिया। लाभ प्रतिशत ज्ञात कीजिए। *UP Police Assistant Operator 2024*
(a) 50% (b) (100/3)%
(c) 20% (d) 25%

8. यदि एक वस्तु पर दी गयी छूट 16% है, तो इस वस्तु के अंकित मूल्य का इस वस्तु के विक्रय मूल्य से क्या अनुपात होगा? *DSSSB 2019*
(a) 21 : 25 (b) 3 : 7
(c) 25 : 21 (d) 7 : 3

9. एक वस्तु का क्रय मूल्य ₹ 400 है। अंकित मूल्य, क्रय मूल्य से 50% अधिक है। यदि वस्तु को बिना किसी लाभ या हानि पर बेचा गया, तो दी गई छूट प्रतिशत क्या होगी? *UP Police Assistant Operator 2024*
(a) 60% (b) 33.33%
(c) 30% (d) 35%

10. एक दुकानदार अंकित मूल्य पर 12% की छूट देकर पुस्तक बेचकर 20% का लाभ कमाता है। पुस्तक के क्रय मूल्य और अंकित मूल्य का अनुपात ज्ञात करें। *DSSSB (Grade II) 2019*
(a) 10 : 11 (b) 14 : 11
(c) 11 : 15 (d) 3 : 4

11. एक छाता का क्रय मूल्य, अंकित मूल्य का 75% है यदि 10% का बट्टा है, तो लाभ प्रतिशत ज्ञात करें। *DSSSB (Grade II) 2019*
(a) 25% (b) 22%
(c) 15% (d) 20%

12. अंकित मूल्य पर 10% की छूट देने के बाद, एक वॉशिंग मशीन का मूल्य ₹ 28800 है। यदि कोई छूट नहीं दी जाती है, तो दुकानदार को 25% लाभ होता है। वॉशिंग मशीन का क्रय मूल्य है *SSC Constable (GD) 2022*
(a) ₹ 26600 (b) ₹ 25600
(c) ₹ 26200 (d) ₹ 28000

13. किसी वस्तु का अंकित मूल्य ₹ 1360 है। यदि एक दुकानदार इस वस्तु को 25% की छूट देने के बाद, 15% की हानि पर बेचता है, तो वस्तु का क्रय मूल्य ज्ञात करें। *SSC (10+2) 2021*
(a) ₹ 1200 (b) ₹ 1600
(c) ₹ 1400 (d) ₹ 1500

14. एक दुकानदार आमतौर पर अपने ग्राहकों को 20% की छूट देता है और फिर भी 30% का लाभ प्राप्त करता है। उस वस्तु का अंकित मूल्य ज्ञात कीजिए, जिसकी कीमत दुकानदार के लिए ₹ 750 है। *UP Police Assistant Operator 2024*
(a) ₹ 1400.75 (b) ₹ 1218.75
(c) ₹ 1504.20 (d) ₹ 1682.50

15. कोई विक्रेता किसी वस्तु को उसके अंकित मूल्य पर 20% छूट देकर बेचता है और 12% लाभ प्राप्त करता है। यदि वस्तु का क्रय मूल्य ₹ 750 है, तो इसका अंकित मूल्य (₹ में) ज्ञात करें। *SSC MTS 2021*
(a) ₹ 1125 (b) ₹ 1050
(c) ₹ 1150 (d) ₹ 1025

16. एक व्यापारी अपने माल की कीमत इस प्रकार अंकित करता है, कि 20% की छूट देने के बाद, वह 20% का लाभ अर्जित करता है। एक वस्तु का अंकित मूल्य (₹ में) क्या है जिसका क्रय मूल्य ₹ 21500 है? *UP Police SI 2021*
(a) 32450 (b) 32250
(c) 32150 (d) 32350

17. किसी वस्तु का अंकित मूल्य ₹ 240 है। कोई दुकानदार, वस्तु के अंकित मूल्य पर 18% छूट देने के बाद, वस्तु को बेचता है और उसे फिर भी 23% लाभ होता है, तो वस्तु का क्रय मूल्य ज्ञात करें। *SSC CGL (Tier-I) 2021*
(a) ₹ 160 (b) ₹ 200
(c) ₹ 180 (d) ₹ 150

18. अंकित मूल्य पर 20% की छूट पर भी 20% का लाभ कमाया जा सकता है, तो अंकित मूल्य लागत मूल्य से ....% अधिक है। *UP Police Assistant Operator 2024*
(a) 100 (b) 25
(c) 50 (d) 60

19. अरुण एक सेल से स्केट्स का एक जोड़ा खरीदता है, जहाँ उसे 20% बट्टा मिल रहा है। यदि उसने ₹ 1600 दिए तो निम्न में से कौन-सी राशि उस स्केट्स के एक जोड़े का अंकित मूल्य है? *[HCET 2023*
(a) ₹ 1280 (b) ₹ 1600
(c) ₹ 1920 (d) ₹ 2000
(e) उत्तर नहीं देना चाहते

20. एक व्यक्ति एक वस्तु को 35% छूट पर खरीदता है। अगर उसे कोई छूट नहीं मिलती है, तो ₹ 224 अधिक देने पड़ते हैं। उसने वस्तु के लिए कितना भुगतान किया? **DSSSB (Grade II) 2019**

(a) ₹ 416 (b) ₹ 224
(c) ₹ 640 (d) ₹ 864

21. एक दुकानदार ने ₹ 24000 में एक एयर कण्डीशनर खरीदा। वह इसका मूल्य ₹ 30000 अंकित करता है। वह इसे एक ग्राहक को बट्टागत मूल्य पर बेचता है और फिर भी 9% का लाभ अर्जित करता है। दुकानदार द्वारा ग्राहक को दिए जाने वाले बट्टे की दर क्या है? **SSC (10+2) 2023**

(a) 10.8% (b) 13.8%
(c) 12.8% (d) 14.8%

22. जब एक वस्तु को 5% की छूट पर बेचा जाता है, तो 14% का लाभ प्राप्त होता है। यदि छूट 11% हो, तो कितना लाभ प्राप्त होगा? **SSC CGL (Tier-II) 2022**

(a) 6.8% (b) 7.2%
(c) 7.6% (d) 8.4%

23. राजकुमार अपनी घड़ी को 5% की छूट पर बेचने का निर्णय लेता है। यद्यपि, उसका भाई उससे इसे खरीदता है और 8% की छूट प्राप्त करता है। इसके परिणामस्वरूप राज को लाभ में ₹ 45 की हानि होती है। घड़ी का अंकित मूल्य क्या था? **SSC CPO 2022**

(a) ₹ 1400 (b) ₹ 1500
(c) ₹ 1460 (d) ₹ 1560

24. एक दुकानदार एक वस्तु के अंकित मूल्य पर 28% की छूट देता है और फिर भी 20% का लाभ कमाता है। यदि उसे एक वस्तु की बिक्री पर ₹ 30.80 का लाभ होता है, तो वस्तु का विक्रय मूल्य (₹ में) क्या है? **SSC CGL 2022**

(a) 184.80 (b) 154.00
(c) 164.30 (d) 174.80

25. कोई दुकानदार, किसी वस्तु की कीमत इस प्रकार अंकित करता है, कि x% की छूट देने के बाद, उसे 20% का लाभ होता है। यदि वस्तु का क्रय मूल्य और अंकित मूल्य क्रमशः ₹ 920 और ₹ 1472 है, तो x का मान ज्ञात करें। **SSC CGL (Tier-I) 2021**

(a) 18% (b) 30%
(c) 25% (d) 20%

क्रमागत/समतुल्य बट्टे पर आधारित

26. 10%, 20% और 20% की क्रमागत छूट के समतुल्य एकल छूट की दर प्रतिशत ज्ञात कीजिए। **SSC CPO 2024**

(a) 42.4% (b) 50%
(c) 40% (d) 54.6%

27. 10%, 15% और 20% की क्रमिक छूटों के तुल्य एकल छूट ज्ञात कीजिए। **RRC Group D 2022**

(a) 45%
(b) 36.6%
(c) 40%
(d) 38.8%

> **MRC*****
> *(Most Repeating Concepts)*
> प्र. सं. 21, 26, 27 और 28 Examination Point of Views से अति महत्त्वपूर्ण हैं। इन Concept पर प्रश्न प्रतियोगी परीक्षाओं (CPO, RRB-JE, CGL आदि) में निरन्तर पूछे जा रहे हैं।

28. एक बिक्री के विज्ञापन में 10% और 20% की दो क्रमिक छूट प्रदर्शित की गई हैं। यदि नकद भुगतान पर 5% की अतिरिक्त छूट दी जाती है, तो नकद भुगतान करके खरीदारी करने पर मिलने वाली कुल छूट ज्ञात कीजिए। **RRB JE 2019**

(a) 40% (b) 35% (c) 31.6% (d) 32%

29. एक स्टोर '4 खरीदें 1 मुफ्त पाएँ' प्रमोशन स्कीम चला रहा है। शुद्ध छूट प्रतिशत क्या है? **SSC Constable (GD) 2022**

(a) 15%
(b) 20%
(c) 18.5%
(d) 22%

> **MRC*****
> *(Most Repeating Concepts)*
> प्र. सं. 29, 30 और 33 Examination Point of Views से अति महत्त्वपूर्ण हैं। इन Concept पर प्रश्न प्रतियोगी परीक्षाओं (SSC-GD, IB, RRB आदि) में निरन्तर पूछे जा रहे हैं।

30. साड़ी बेचने वाली किसी दुकान पर एक ऑफर के तहत ग्राहकों को 3 साड़ियों की खरीद पर 2 साड़ियाँ मुफ्त मिल रही थीं। ग्राहक को मिलने वाली छूट ज्ञात कीजिए। **RRC Group D 2022**

(a) 40% (b) 50%
(c) 60% (d) 30%

31. दिवाली सेल के दौरान, कम्पनी A, '4 स्वेटर खरीदें और 2 मुफ्त पाएँ' ऑफर देती है, कम्पनी B, '2 स्वेटर खरीदें और 3 मुफ्त पाएँ', ऑफर देती है, और कम्पनी C, 5% की छूट देती है। **IB 2023**

निम्नलिखित में से क्या सत्य है?

1. A, ग्राहक के लिए सबसे अच्छा ऑफर देती है।
2. B, ग्राहक के लिए सबसे अच्छा ऑफर देती है।
3. वास्तव में A और B दोनों, समान ऑफर देती हैं।
4. C, सबसे अच्छा ऑफर देती है।

कूट

(a) 2 (b) 3
(c) 4 (d) 1

32. एक दुकानदार, ग्राहकों के लिए दो योजनाएँ अर्थात् या तो '30% और 20% की क्रमिक छूटें' या '2 खरीदें, 1 मुफ्त पाएँ' लाया है। इन दोनों योजनाओं में दी जाने वाली कुल वास्तविक प्रतिशत छूटों में धनात्मक अन्तर (positive difference) कितना है? **RRC Group D 2022**

(a) $11\frac{2}{3}$% (b) $10\frac{1}{3}$% (c) $11\frac{1}{3}$% (d) $10\frac{2}{3}$%

33. एक दुकानदार अपने ग्राहकों को छूट की 3 योजनाएँ प्रदान करता है। निम्नलिखित में से किस योजना से न्यूनतम छूट प्रतिशत प्राप्त होगा? **SSC CPO 2024**

A. 24% और 27% की दो क्रमिक छूट
B. 5 खरीदें, तीन मुफ्त पाएँ
C. 6 खरीदें और 10 पाएँ

(a) A (b) A और C दोनों
(c) B (d) C

34. एक व्यापारी 18% और 20% की दो क्रमिक छूट देता है। यदि अंकित मूल्य ₹ 11000 है, तो विक्रय मूल्य .... है। **SSC Constable (GD) 2022**

(a) ₹ 6716 (b) ₹ 7926
(c) ₹ 7216 (d) ₹ 6926

35. एक मोबाइल फोन का अंकित मूल्य ₹ 16500 है। इस पर 8% की त्योहार छूट दी जाती है। इसके अलावा, नकद भुगतान के लिए 5% की दूसरी छूट दी जाती है। मोबाइल फोन खरीदने के लिए किया जाने वाला नकद भुगतान, (₹ में), कितना है? ***SSC Constable (GD) 2022***

(a) ₹ 14872 (b) ₹ 14421
(c) ₹ 14512 (d) ₹ 14671

36. एक आदमी ने एक पंखा खरीदा, जिसकी मुद्रित कीमत ₹ 200 थी। अगर उसे 30% और 20% की दो क्रमिक छूट मिलती है, तो उसने पंखे के लिए कितना भुगतान किया? ***RRB NTPC 2021***

(a) ₹ 115 (b) ₹ 108
(c) ₹ 112 (d) ₹ 90

37. इमरान को अपने ₹ 4750 के भोजन बिल पर 40% और फिर 10% की क्रमागत छूट मिलती है। इमरान द्वारा भुगतान की गई राशि (₹ में) कितनी है? ***UP Police ASI 2021***

(a) ₹ 2575 (b) ₹ 2560
(c) ₹ 2555 (d) ₹ 2565

38. ₹ 3000 के जूसर मिक्सर मशीन पर सीता को 20% की छूट मिलती है। चूँकि वह नकद भुगतान करती है, इसलिए उसे अतिरिक्त 5% की छूट भी मिलती है। वह कितने रुपये का भुगतान करती है? ***SSC CGL (Tier-I) 2022***

(a) ₹ 2282 (b) ₹ 2280
(c) ₹ 2276 (d) ₹ 2278

39. एक निश्चित बिल पर 27% की छूट और 20% तथा 10% की दो क्रमिक छूटों के बीच का अन्तर ₹ 56 था। बिल की धनराशि ज्ञात कीजिए। ***SSC (10+2) 2024***

(a) ₹ 5600 (b) ₹ 1120
(c) ₹ 1866 (d) ₹ 5500

40. ₹ 700 पर 35% की एकल छूट और समान राशि पर 18% और 12% की दो क्रमिक छूटों के बीच का अन्तर ज्ञात कीजिए (दशमलव के दो स्थानों तक पूर्णांकित करें)। ***CISF 2023***

(a) ₹ 52.10 (b) ₹ 50.12
(c) ₹ 49.80 (d) ₹ 51.20

41. यदि अंकित मूल्य पर 65% की छूट और 30% और 40% की दो क्रमिक छूट के बाद विक्रय मूल्य के बीच का अन्तर ₹ 105 है, तो अंकित मूल्य (₹ में) क्या है? ***SSC CGL 2024***

(a) 1320
(b) 1500
(c) 1650
(d) 1050

42. एक कम्प्यूटर का अंकित मूल्य ₹ 80000 है। यह दो क्रमिक छूटों के बाद ₹ 65280 में बेचा जाता है। यदि एक छूट 15% है, तो दूसरी छूट का मान क्या है? ***SSC (10+2) 2023***

(a) 5%
(b) 7%
(c) 4%
(d) 6%

MRC*
(Most Repeating Concepts)
प्र. सं. 35, 37, 42, 45 और 48 Examination Point of Views से अति महत्त्वपूर्ण हैं। इन Concept पर प्रश्न प्रतियोगी परीक्षाओं (GD, UP ASI, DSSSB आदि) में निरन्तर पूछे जा रहे हैं।

43. एक मशीन का अंकित मूल्य ₹ 6800 है और उस पर 10% छूट उपलब्ध है। दुकानदार उस पर ग्राहक को कुछ अतिरिक्त छूट देता है और उसे ₹ 5202 में बेच देता है। तद्नुसार, वह अतिरिक्त छूट कितनी थी?

(a) 10% (b) 12%
(c) 15% (d) 18%

44. ₹ 9600 अंकित मूल्य वाले एक वस्तु पर दो क्रमिक बट्टे दिए गए। पहला बट्टा 15% है। अन्ततः यह ₹ 7344 में बेचा गया। दूसरा बट्टा कितना था? ***DSSSB (Grade II) 2019***

(a) 8% (b) 10%
(c) 9% (d) 12%

45. एक कुर्सी का अंकित मूल्य ₹ 2000 है। 20% और x% की दो क्रमिक छूट देने के बाद वह कुर्सी ₹ 1400 में बेची जाती है। x का मान कितना है? ***SSC Constable (GD) 2024***

(a) 10% (b) 25%
(c) 12.5% (d) 20%

46. एक वस्तु का सूची मूल्य ₹ 200 है। एक ग्राहक इसे लगातार दो छूट के बाद ₹ 150 में खरीदता है। यदि एक छूट 10% है, तो अन्य छूट प्रतिशत (दो दशमलव स्थानों तक पूर्णांकित) ज्ञात कीजिए। ***RRC Group D 2022***

(a) 12.5% (b) 11.11%
(c) 16.66% (d) 20%

47. समान वस्तु पर, ट्रेडर A, 25% की एकल छूट देता है और ट्रेडर B, 20% और 5% की दो क्रमागत छूट देता है। यदि A द्वारा दी गई छूट, B द्वारा दी गई छूट से ₹ 320 अधिक है, तो वस्तु का अंकित मूल्य (₹ में) ज्ञात करें। ***SSC CGL (Tier-I) 2021***

(a) ₹ 25000 (b) ₹ 32000
(c) ₹ 3200 (d) ₹ 30000

48. भूमिका ने एक टीवी सेट ₹ 34200 में खरीदा और इसका अंकित मूल्य इस हिसाब से तय किया कि 10% और 5% की दो छूटें देने के बाद भी उसे 25% का लाभ मिले। अंकित मूल्य ज्ञात कीजिए। ***DSSSB (Grade II) 2019***

(a) ₹ 50000 (b) ₹ 45000
(c) ₹ 40000 (d) ₹ 30000

49. एक मोबाइल पर ₹ 15600 अंकित है। दुकानदार नकद भुगतान पर 10% की छूट देता है। यदि ग्राहक से 8% जीएसटी प्राप्त होता है, तो पता लगाएँ कि ग्राहक को मोबाइल खरीदने के लिए कितनी राशि नकद में भुगतान करनी होगी? ***CISF ASI 2023***

(a) ₹ 16848
(b) ₹ 14900
(c) ₹ 15163.20
(d) ₹ 14040

50. एक हेडफोन का अंकित मूल्य ₹ 800 है, एक दुकानदार ने इसे 20% और 10% की दो क्रमिक छूट पर खरीदा। उसने परिवहन पर ₹ 124 खर्च किए, इसके बाद उसने इस वस्तु को अंकित मूल्य पर बेच दिया। उसका लाभ या हानि प्रतिशत ज्ञात कीजिए। ***CISF ASI 2023***

(a) $14\frac{1}{2}\%$ (b) $12\frac{1}{2}\%$
(c) $16\frac{2}{3}\%$ (d) $14\frac{2}{7}\%$

क्रय मूल्य से x% अधिक अंकित मूल्य पर आधारित

MRC***
(Most Repeating Concepts)
प्र. सं. 51, 52, 56, 57, और 61 Examination Point of Views से अति महत्त्वपूर्ण हैं। इन Concept पर प्रश्न प्रतियोगी परीक्षाओं (Constable, DSSSB, SSC (10+2) आदि) में निरन्तर पूछे जा रहे हैं।

51. एक दुकानदार एक वस्तु पर क्रय मूल्य से 35% अधिक मूल्य अंकित करता है और अंकित मूल्य पर 20% की छूट देता है, उसका लाभ प्रतिशत क्या है? *DP Constable 2023*
(a) 9%
(b) 7%
(c) 8%
(d) 5%

52. एक डीलर अपनी वस्तुओं पर क्रय मूल्य से 32% अधिक मूल्य अंकित करता है और 12% की छूट देता है। उसका लाभ प्रतिशत ज्ञात कीजिए। *CISF HC (Min) 2022*
(a) 18.25% (b) 20%
(c) 44% (d) 16.16%

53. एक व्यापारी अपने माल पर क्रय मूल्य से 20% अधिक मूल्य अंकित करता है। यदि वह 6.5% की छूट देता है, तो उसका लाभ प्रतिशत क्या होगा? *DSSSB 2022*
(a) 13.3%
(b) 12.5%
(c) 13.5%
(d) 12.2%

54. एक व्यापारी अपने माल का अंकित मूल्य, क्रय मूल्य से 42% अधिक अंकित करता है। वह अपना माल अंकित मूल्य पर 15% छूट देकर बेचता है। उसका लाभ प्रतिशत (निकटतम पूर्णांक तक पूर्णांकित) कितना है? *SSC CGL (Tier II) 2023*
(a) 27% (b) 35%
(c) 21% (d) 42%

55. किसी वस्तु का क्रय मूल्य उसके अंकित मूल्य का 90% है। अंकित मूल्य पर 1% की छूट देने के पश्चात् लाभ प्रतिशत क्या है? *SSC MTS 2019*
(a) 12.5% (b) 20%
(c) 10% (d) 8.33%

56. एक दुकानदार अपने सामान पर 20% अधिक मूल्य अंकित करने के बाद उसे 12% लाभ पर बेचता है। छूट प्रतिशत कितना है? *SSC Constable (GD) 2024*
(a) 4.55% (b) 6.66%
(c) 5.5% (d) 7.2%

57. एक पेन्सिल का अंकित मूल्य, उसके क्रय मूल्य से 35% अधिक है। दुकानदार द्वारा अपनी पेन्सिल को न किसी लाभ न ही किसी हानि पर बेचने के लिए, कितने प्रतिशत अधिकतम छूट दी जा सकती है? *SSC (10 + 2) 2018*
(a) 34.24% (b) 44.44%
(c) 25.92% (d) 18.18%

58. एक व्यक्ति किसी वस्तु पर उसके क्रय मूल्य से 60% अधिक मूल्य अंकित करता है और इसके अंकित मूल्य पर 25% और 5% की दो क्रमिक छूट देकर इसे बेचना है। उसका लाभ प्रतिशत क्या है? *DSSSB TGT 2023*
(a) 14% (b) 20%
(c) 30% (d) 16%

59. एक वस्तु का अंकित मूल्य उसके क्रय मूल्य से 60% अधिक है। यदि वस्तु को ₹ 20 की छूट देने के पश्चात् ₹ 300 में बेचा गया है, तो लाभ प्रतिशत क्या होगा? *DSSSB 2023*
(a) 50% (b) 45%
(c) 60% (d) 40%

60. श्याम ने 16 कलम का एक पैकेट खरीदा, जिसके साथ उसे 4 कलम मुफ्त मिले। उसने उसका मूल्य, क्रय मूल्य से 20% अधिक अंकित किया। यदि उसने कोई छूट नहीं दी और सभी 20 कलम को उसी मूल्य पर बेच दिया, तो उसका लाभ प्रतिशत क्या था? *SSC (10+2) 2023*
(a) 36% (b) $37\frac{1}{2}$% (c) 48% (d) 50%

61. एक दुकानदार तेल का मूल्य 40% अधिक अंकित करता है और एक खराब तराजू का उपयोग करता है जो 15% कम मापती है। यदि दुकानदार 32% की छूट देता है, तो उसका लाभ/हानि प्रतिशत ज्ञात कीजिए। *SSC (10+2) 2024*
(a) 15% हानि (b) 25% लाभ
(c) 18% हानि (d) 12% लाभ

Right Key

1	(d)	2	(b)	3	(a)	4	(b)	5	(b)	6	(a)	7	(b)	8	(c)	9	(b)	10	(c)
11	(d)	12	(b)	13	(a)	14	(b)	15	(b)	16	(b)	17	(a)	18	(c)	19	(d)	20	(a)
21	(c)	22	(a)	23	(b)	24	(a)	25	(c)	26	(a)	27	(d)	28	(c)	29	(b)	30	(a)
31	(a)	32	(d)	33	(c)	34	(c)	35	(b)	36	(c)	37	(d)	38	(b)	39	(a)	40	(b)
41	(b)	42	(c)	43	(c)	44	(b)	45	(c)	46	(c)	47	(b)	48	(a)	49	(c)	50	(d)
51	(c)	52	(d)	53	(d)	54	(c)	55	(c)	56	(b)	57	(c)	58	(a)	59	(a)	60	(d)
61	(d)																		

Solutions

1. (*d*) छूट = अंकित मूल्य – विक्रय मूल्य

$= ₹ (2500 - 1800) = ₹\ 700$

2. (*b*) विक्रय मूल्य $= 2900 \times \left(\frac{100-37}{100}\right)$

$= 29 \times 63 = ₹\ 1827$

3. (*a*) प्रश्नानुसार,

$3800 \times \left(\frac{100-y}{100}\right) = 3496$

$\Rightarrow \quad 100 - y = 92$

$\therefore \quad y = 8\%$

4. (*b*) छूट $= (2165 - 1710.35) = ₹\ 454.65$

$\therefore$ छूट प्रतिशत $= \frac{\text{छूट}}{\text{अंकित मूल्य}} \times 100\%$

$= \frac{454.65}{2165} \times 100\% = 21\%$

5. (*b*) अंकित मूल्य $= \left(\frac{\text{विक्रय मूल्य}}{100 - \text{छूट } \%}\right) \times 100$

$\therefore$ वस्तु का अंकित मूल्य

$= \left(\frac{1260}{100-40}\right) \times 100$

$= \frac{1260}{60} \times 100 = ₹\ 2100$

6. (*a*) माना अंकित मूल्य $= ₹\ x$

प्रश्नानुसार,

$x \times \frac{75}{100} = ₹\ 5175$

$\therefore \quad x = \frac{5175 \times 100}{75} = ₹\ 6900$

7. (*b*) माना वस्तु का अंकित मूल्य = 100

छूट के बाद क्रय मूल्य = 75

खिलौने का विक्रय मूल्य = 100

लाभ = 100 – 75 = ₹ 25

लाभ प्रतिशत $= \frac{25}{75} \times 100 = \frac{100}{3}\%$

8. (*c*) माना अंकित मूल्य = 100

16% छूट के बाद,

विक्रय मूल्य $= 100 \times \left(\frac{100-16}{100}\right) = 84$

$\therefore$ अभीष्ट अनुपात = 100 : 84 = 25 : 21

9. (*b*) वस्तु का क्रय मूल्य = ₹ 400

$\therefore$ वस्तु का अंकित मूल्य

$= 400 \times \frac{150}{100} = ₹\ 600$

वस्तु को बिना लाभ या हानि पर बेचा जाता है,

अतः विक्रय मूल्य = ₹ 400

छूट = अंकित मूल्य – विक्रय मूल्य

= 600 – 400 = ₹ 200

$\therefore$ छूट प्रतिशत $= \frac{200}{600} \times 100 = 33.33\%$

10. (*c*) माना पुस्तक का अंकित मूल्य = 100

तब, वस्तु का विक्रय मूल्य

$= 100 \times \frac{88}{100} = 88$

$\therefore$ पुस्तक का क्रय मूल्य

$= \frac{\text{विक्रय मूल्य}}{(100 + \text{लाभ } \%)} \times 100$

$= \frac{88}{120} \times 100 = \frac{440}{6}$

$\therefore$ अभीष्ट अनुपात (क्रय मूल्य : अंकित मूल्य)

$= \frac{440}{6} : 100 = 440 : 600 = 11 : 15$

Quick Method

$\frac{\text{क्रय मूल्य}}{\text{अंकित मूल्य}} = \frac{(100 - \text{छूट } \%)}{(100 + \text{लाभ}\%)}$ [Formula 11.1 से]

$= \frac{(100-12)}{(100+20)} = \frac{88}{120} = \frac{11}{15} = 11 : 15$

11. (*d*) माना छाता का अंकित मूल्य = ₹ 100

$\therefore$ छाता का क्रय मूल्य $= 100 \times \frac{75}{100} = ₹\ 75$

10% बट्टा के बाद,

छाता का विक्रय मूल्य $= 100 \times \frac{90}{100} = ₹\ 90$

$\therefore$ लाभ प्रतिशत $= \frac{(90-75)}{75} \times 100$

$= \frac{15 \times 100}{75} = 20\%$

12. (*b*) वॉशिंग मशीन का अंकित मूल्य

$= \frac{28800}{90} \times 100 = ₹\ 32000$

यदि कोई छूट नहीं दी जाती है, तो 25% का लाभ होता है।

$\therefore$ वॉशिंग मशीन का क्रय मूल्य

$= \frac{32000}{125} \times 100 = ₹\ 25600$

13. (*a*) वस्तु का विक्रय मूल्य

$= 1360 \times \frac{75}{100} = ₹\ 1020$

$\therefore$ वस्तु का क्रय मूल्य

$= 1020 \times \frac{100}{85} = ₹\ 1200$

Quick Method

क्रय मूल्य = अंकित मूल्य $\times \frac{(100 - \text{छूट } \%)}{(100 - \text{हानि}\%)}$

[Formula 11.1 से]

$\Rightarrow$ क्रय मूल्य $= \frac{1360 \times 75}{85} = ₹1200$

14. (*b*) दुकानदार के लिए क्रय मूल्य = ₹ 750

30% लाभ के लिए,

विक्रय मूल्य $= 750 \times \frac{130}{100} = ₹\ 975$

अब, अंकित मूल्य $= \frac{975}{80} \times 100 = ₹\ 1218.75$

15. (*b*) अंकित मूल्य = क्रय मूल्य $\times \frac{(100 + \text{लाभ}\%)}{(100 - \text{छूट}\%)}$

अंकित मूल्य $= 750 \times \frac{112}{80} = ₹\ 1050$

16. (*b*) दिया है, वस्तु का क्रय मूल्य = ₹ 21500

वस्तु का अंकित मूल्य

$= 21500 \times \frac{120}{80} = ₹\ 32250$

17. (*a*) दिया है, वस्तु का अंकित मूल्य = ₹ 240

तथा छूट = 18%

$\therefore$ विक्रय मूल्य $= 240 \times \left(\frac{100-18}{100}\right)$

$= 240 \times \frac{82}{100} = ₹\ 196.8$

$\because$ लाभ = 23%

$\therefore$ क्रय मूल्य $= 196.8 \times \frac{100}{123} = ₹\ 160$

18. (*c*) माना वस्तु का अंकित मूल्य = ₹ 100

वस्तु का विक्रय मूल्य $= 100 \times \frac{80}{100} = ₹\ 80$

$\therefore$ वस्तु का क्रय मूल्य $= \frac{80}{120} \times 100 = ₹\ \frac{200}{3}$

अंकित मूल्य की लागत मूल्य से अधिकता

$= 100 - \frac{200}{3} = ₹\ \frac{100}{3}$

$\therefore$ अभीष्ट प्रतिशत $= \frac{100}{3} \times \frac{100}{200} \times 3 = 50\%$

Quick Method

$\frac{CP}{MP} = \frac{100-20}{100+20} = \frac{80}{120} = \frac{2}{3}$

प्रतिशत अधिकता $= \frac{1}{2} \times 100 = 50\%$

19. (*d*) स्केट्स के एक जोड़े का अंकित मूल्य

$= 1600 \times \frac{100}{80} = ₹\ 2000$

20. (*a*) माना वस्तु का अंकित मूल्य = x

प्रश्नानुसार,

$$x - 224 = x \times \left(\frac{100-35}{100}\right)$$

$$\Rightarrow \quad x - 224 = \frac{65x}{100}$$

$$\Rightarrow \quad \frac{35x}{100} = 224$$

$$\therefore \quad x = \frac{224 \times 100}{35} = ₹640$$

बिना किसी छूट के वस्तु के लिए भुगतान की राशि = 640 − 224 = ₹416

Quick Method

यहाँ, 35% → 224

$\therefore$ 100% → $224 \times \frac{100}{35}$ = ₹ 640

अतः भुगतान की राशि = 640 − 224 = ₹ 416

21. (*c*) एयर-कण्डीशनर का क्रय मूल्य = ₹ 24000

और एयर-कण्डीशनर का अंकित मूल्य = ₹ 30000

जब वह 9% लाभ कमाता है।

तब, विक्रय मूल्य = $24000\left[\frac{100+9}{100}\right]$

= 240 × 109 = ₹ 26160

$\therefore$ छूट % = $\left(\frac{30000-26160}{30000}\right) \times 100$

$= \frac{3840}{300} = 12.8\%$

22. (*a*) माना अंकित मूल्य = 100

$\because$ 95% ≡ 114

$\therefore$ $89\% \equiv \frac{114}{95} \times 89 = 106.8$

$\therefore$ लाभ % = (106.8 − 100)% = 6.8%

23. (*b*) माना घड़ी का अंकित मूल्य = ₹ $100x$

5% छूट पर घड़ी का विक्रय मूल्य

$= \frac{100x \times 95}{100}$ = ₹ $95x$

8% छूट पर घड़ी का विक्रय मूल्य

$= \frac{100x \times 92}{100}$ = ₹ $92x$

प्रश्नानुसार, $95x - 92x = 45$

$\Rightarrow \quad 3x = 45 \Rightarrow x$ = ₹ 15

$\therefore$ घड़ी का अंकित मूल्य = $100x$

= 100 × 15 = ₹ 1500

Quick Method

MP	SP_1	SP_2
100	95	92

(95 − 92 = −3)

अंकित मूल्य = $\frac{45}{3} \times 100$ = ₹ 1500

24. (*a*) माना वस्तु का विक्रय मूल्य = ₹ x

$\therefore$ अंकित मूल्य $= x \times \left(\frac{100}{100-28}\right) = \frac{100x}{72}$

$= \frac{25}{18}x$

$\therefore$ क्रय मूल्य $= x \times \left(\frac{100}{100+20}\right)$

$= \frac{100x}{120} = \frac{5}{6}x$

प्रश्नानुसार,

$$x - \frac{5}{6}x = 30.80$$

$$\Rightarrow \quad \frac{x}{6} = 30.80$$

$$\therefore \quad x = ₹\, 184.80$$

Quick Method

20% (लाभ) ≡ ₹ 30.80

100% (क्रय मूल्य) ≡ $30.8 \times \frac{100}{20}$ = ₹ 154

$\therefore$ विक्रय मूल्य = $154 \times \frac{120}{100}$ = ₹ 184.8

25. (*c*) दिया है, वस्तु का क्रय मूल्य = ₹ 920

$\therefore$ वस्तु का विक्रय मूल्य

$= \frac{120}{100} \times 920$

= ₹ 1104

अब वस्तु का अंकित मूल्य = ₹ 1472

माना छूट प्रतिशत = x%

प्रश्नानुसार,

$$\frac{100-x}{100} \times 1472 = 1104$$

$$\Rightarrow \quad 100 - x = \frac{1104 \times 100}{1472}$$

$$\Rightarrow \quad 100 - x = 75$$

$$\Rightarrow \quad x = 100 - 75$$

$$\therefore \quad x = 25\%$$

26. (*a*) 10% तथा 20% का एकल समतुल्य छूट

$= \left(a + b - \frac{ab}{100}\right)\%$

$= \left(10 + 20 - \frac{10 \times 20}{100}\right)\%$

= 30 − 2 = 28%

पुनः 28% तथा 20% का एकल समतुल्य छूट

$= \left(28 + 20 - \frac{28 \times 20}{100}\right)\%$

= (48 − 5.6)%

= 42.4%

$\therefore$ अभीष्ट समतुल्य छूट की दर = 42.4%

Quick Method

एकल छूट

$= \left[1 - \left(1 - \frac{x}{100}\right)\left(1 - \frac{y}{100}\right)\left(1 - \frac{z}{100}\right)\right] \times 100\%$

$= \left[1 - \left(1 - \frac{10}{100}\right)\left(1 - \frac{20}{100}\right)\left(1 - \frac{20}{100}\right)\right] \times 100\%$

$= \left[1 - \frac{9}{10} \times \frac{4}{5} \times \frac{4}{5}\right] \times 100\%$

$= \left[\frac{125-72}{125} \times 100\right]\%$

$= \frac{53 \times 100}{125} = 42.4\%$

27. (*d*) 10% तथा 15% का एकल छूट प्रतिशत

$= \left(10 + 15 - \frac{10 \times 15}{100}\right)\%$

= (25 − 1.5)% = 23.5%

पुनः 23.5% तथा 20% का एकल छूट प्रतिशत

$= \left(23.5 + 20 - \frac{23.5 \times 20}{100}\right)\%$

= (43.5 − 4.7)% = 38.8%

$\therefore$ समतुल्य एकल छूट = 38.8%

28. (*c*) 10% तथा 20% का एकल समतुल्य छूट

$= \left(10 + 20 - \frac{10 \times 20}{100}\right)\%$

= (30 − 2)% = 28%

पुनः 28% तथा 5% का एकल समतुल्य छूट

$= \left(28 + 5 - \frac{28 \times 5}{100}\right)\%$

= (33 − 1.4)% = 31.6%

29. (*b*) माना एक वस्तु का अंकित मूल्य = ₹ 1

कुल अंकित मूल्य = ₹ 5

$\therefore$ छूट प्रतिशत = $\frac{1}{5} \times 100 = 20\%$

30. (*a*) चूँकि 3 साड़ियों पर 2 साड़ियाँ मुफ्त मिल रही हैं।

अतः छूट = 2 साड़ी

तथा कुल साड़ियों की संख्या = 3 + 2 = 5

अतः छूट प्रतिशत = $\frac{2}{5} \times 100\% = 40\%$

Quick Method

यहाँ, $x = 3, y = 2$ **[Formula 11.2 से]**

छूट प्रतिशत $= \left(\frac{y}{x+y}\right) \times 100$

$= \frac{2}{5} \times 100 = 40\%$

31. (*a*) कम्पनी A का कुल छूट% $= \frac{2}{4+2} \times 100$

$= \frac{100}{3} = 33.33\%$

कम्पनी B का कुल छूट

$$= \frac{3}{2+3} \times 100 = \frac{300}{5} = 60\%$$

और कम्पनी C का छूट = 5%

अत: ग्राहक के लिए कम्पनी B सबसे अच्छा ऑफर देती है।

32. (*d*) पहली योजना में,

एकल छूट प्रतिशत

$$= \left(30 + 20 - \frac{30 \times 20}{100}\right)\% = 44\%$$

दूसरी योजना में, एकल छूट प्रतिशत

$$= \frac{1}{(2+1)} \times 100\% = \frac{100}{3}\%$$

$\therefore$ प्रतिशत छूट का अन्तर $= \left(44 - \frac{100}{3}\right)\%$

$$= \left(\frac{132 - 100}{3}\right)\% = \frac{32}{3}\% = 10\frac{2}{3}\%$$

33. (*c*) योजना A से,

एकल छूट $= \left(24 + 27 - \frac{24 \times 27}{100}\right)\%$

$$= (51 - 6.48)\% = 44.52\%$$

योजना B से,

छूट प्रतिशत $= \frac{3}{(5+3)} \times 100\%$

$$= \frac{3}{8} \times 100\% = 37.5\%$$

योजना C से,

छूट प्रतिशत $= \frac{4}{10} \times 100 = 40\%$

अत: न्यूनतम छूट प्रतिशत योजना 'B' से प्राप्त होगा।

34. (*c*) 18% और 20% की दो क्रमिक छूट के बाद

विक्रय मूल्य $= 11000 \times \frac{82}{100} \times \frac{80}{100} = ₹\,7216$

35. (*b*) प्रश्नानुसार,

नकद भुगतान पर देय राशि

$$= 16500 \times \frac{92}{100} \times \frac{95}{100} = ₹\,14421$$

36. (*c*) 30% और 20% की एकल छूट

$$= \left(30 + 20 - \frac{30 \times 20}{100}\right)\%$$

$$= (50 - 6)\% = 44\%$$

अब, पंखे के लिए भुगतान की गई राशि

$$= 200 \times \frac{(100 - 44)}{100}$$

$$= 200 \times \frac{56}{100} = ₹\,112$$

Quick Method

पंखे का क्रय मूल्य $= 200 \times \frac{70}{100} \times \frac{80}{100} = ₹\,112$

37. (*d*) भुगतान की गई राशि

$$= 4750 \times \left(\frac{100 - 40}{100}\right)\left(\frac{100 - 10}{100}\right)$$

$$= 4750 \times \frac{60}{100} \times \frac{90}{100} = ₹\,2565$$

38. (*b*) सीता द्वारा किया गया भुगतान

$$= \text{अंकित मूल्य} \times \left(\frac{100 - d_1}{100}\right) \times \left(\frac{100 - d_2}{100}\right)$$

$$= 3000 \times \frac{80}{100} \times \frac{95}{100} = ₹\,2280$$

39. (*a*) माना बिल का मूल्य = ₹ x

प्रश्नानुसार,

$$x \times \frac{73}{100} - x \times \frac{80}{100} \times \frac{90}{100} = 56$$

$$\Rightarrow \quad \frac{73x}{100} - \frac{72x}{100} = 56$$

$$\Rightarrow \quad \frac{x}{100} = 56$$

$$\therefore \quad x = ₹\,5600$$

40. (*b*) 35% की छूट के बाद मूल्य

$$= 700 \times \left(\frac{100 - 35}{100}\right) = 7 \times 65 = ₹\,455$$

तथा समान राशि पर 18% और 12% की क्रमिक छूट के बाद मूल्य

$$= 700 \times \left(\frac{100 - 18}{100}\right) \times \left(\frac{100 - 12}{100}\right)$$

$$= ₹\,505.12$$

$\therefore$ अभीष्ट अन्तर $= 505.12 - 455 = ₹\,50.12$

TOP TIPS इस प्रकार के प्रश्नों में विक्रय मूल्यों का अन्तर ही एकल छूटों का अन्तर होता है।

41. (*b*) माना अंकित मूल्य = ₹ x

प्रश्नानुसार,

$$x \times \frac{70}{100} \times \frac{60}{100} - x \times \frac{35}{100} = 105$$

$$\Rightarrow \quad 0.42x - 0.35x = 105$$

$$x = \frac{105}{0.07} = ₹\,1500$$

42. (*c*) माना दूसरी छूट = x%

प्रश्नानुसार,

$$80000 \times \frac{(100 - 15)}{100} \times \left(\frac{100 - x}{100}\right) = 65280$$

$$\Rightarrow \quad 80000 \times \frac{85}{100} \times \frac{(100 - x)}{100} = 65280$$

$$\Rightarrow \quad 680 \times 100 - 680x = 65280$$

$$\Rightarrow \quad 680x = 68000 - 65280$$

$$\Rightarrow \quad 680x = 2720$$

$$\therefore \quad x = \frac{2720}{680} = 4\%$$

43. (*c*) 10% छूट के बाद मशीन का मूल्य

$$= \frac{6800 \times 90}{100} = ₹\,6120$$

माना अतिरिक्त छूट = x%

प्रश्नानुसार,

$$6120 \times \left(\frac{100 - x}{100}\right) = 5202$$

$$\Rightarrow \quad 100 - x = \frac{5202 \times 100}{6120}$$

$$\Rightarrow \quad 100 - x = 85$$

$$\therefore \quad x = 100 - 85 = 15\%$$

44. (*b*) वस्तु का अंकित मूल्य = ₹ 9600

वस्तु का विक्रय मूल्य = ₹ 7344

माना वस्तु पर दूसरा बट्टा x% है।

प्रश्नानुसार,

$$9600 \times \left(\frac{100 - 15}{100}\right) \times \left(\frac{100 - x}{100}\right) = 7344$$

$$\Rightarrow \quad 9600 \times \frac{85}{100} \times \left(\frac{100 - x}{100}\right) = 7344$$

$$\Rightarrow \quad 100 - x = \frac{7344 \times 100}{96 \times 85} = 90$$

$$\therefore \quad x = 100 - 90 = 10$$

अत: दूसरा बट्टा = 10%

TOP TIPS इस प्रकार के प्रश्नों को विकल्पों की मदद से भी हल किया जा सकता है।

45. (*c*) कुर्सी का अंकित मूल्य = ₹ 2000

प्रश्नानुसार,

$$2000 \times \left(\frac{100 - 20}{100}\right) \times \left(\frac{100 - x}{100}\right) = 1400$$

$$\Rightarrow \quad 2000 \times \frac{80}{100} \times \left(\frac{100 - x}{100}\right) = 1400$$

$$\Rightarrow \quad 16\,(100 - x) = 1400$$

$$\Rightarrow \quad 16x = 1600 - 1400 = 200$$

$$\therefore \quad x = \frac{200}{16} = 12.5\%$$

46. (*c*) माना वस्तु पर दी गई दूसरी छूट = x%

प्रश्नानुसार,

$$200 \times \frac{90}{100} \times \left(\frac{100 - x}{100}\right) = 150$$

$$\Rightarrow \quad \frac{100 - x}{100} = \frac{150 \times 100}{200 \times 90} = \frac{5}{6}$$

$$\Rightarrow \quad 100 - x = \frac{5}{6} \times 100 = \frac{250}{3}$$

$$\therefore \quad x = 100 - \frac{250}{3} = \frac{50}{3} = 16.66\%$$

अत: अन्य छूट प्रतिशत = 16.66%

47. (*b*) माना वस्तु का अंकित मूल्य ₹ x है।

A द्वारा दी गई छूट = 25%

∴ B द्वारा दी गई कुल छूट प्रतिशत

$$= \left(20 + 5 - \frac{20 \times 5}{100}\right)\% = 24\%$$

प्रश्नानुसार,

x का 25% − x का 24% = 320

$$\Rightarrow \frac{25}{100}x - \frac{24}{100}x = 320$$

$$\Rightarrow \frac{x}{100} = 320 \Rightarrow x = ₹\,32000$$

∴ वस्तु का अंकित मूल्य = ₹ 32000

48. (*a*) टीवी सेट का क्रय मूल्य = ₹ 34200

प्रश्नानुसार, 25% लाभ के लिए,

वस्तु का विक्रय मूल्य

$$= 34200 \times \frac{125}{100} = ₹\,42750$$

पुन: प्रश्नानुसार, अंकित मूल्य पर दो क्रमागत छूटे 10% और 5% हैं।

∴ अंकित मूल्य

$$= \frac{42750 \times 100 \times 100}{90 \times 95} = ₹\,50000$$

49. (*c*) मोबाइल का अंकित मूल्य = ₹ 15600

प्रश्नानुसार,

मोबाइल का विक्रय मूल्य

$$= 15600 \times \frac{90}{100} = ₹\,14040$$

8% ग्राहक से जीएसटी लेने के बाद,

मोबाइल का विक्रय मूल्य

$$= 14040 \times \frac{(100 + 8)}{100}$$

$$= 14040 \times \frac{108}{100} = ₹\,15163.20$$

अत: ग्राहक द्वारा भुगतान की गई नकद राशि

= ₹ 15163.20

Quick Method

अभीष्ट राशि $= 15600 \times \frac{(100-10)}{100} \times \frac{(100+8)}{100}$

$= 15600 \times \frac{90}{100} \times \frac{108}{100} = ₹15163.20$

50. (*d*) हेडफोन का अंकित मूल्य = ₹ 800

20% तथा 10% क्रमिक छूट के लिए,

एकल समतुल्य छूट

$$= \left(20 + 10 - \frac{20 \times 10}{100}\right)\%$$

= (30 − 2)% = 28%

28% छूट के बाद,

हेडफोन का विक्रय मूल्य

$$= 800 \times \frac{72}{100} = ₹\,576$$

परिवहन पर खर्च = ₹ 124

अत: दुकानदार की कुल लागत मूल्य

= 576 + 124 = ₹ 700

दुकानदार का विक्रय मूल्य = वस्तु का अंकित मूल्य = ₹ 800

$$\therefore \text{ लाभ प्रतिशत} = \left(\frac{800 - 700}{700}\right) \times 100\%$$

$$= \frac{100}{7}\% = 14\frac{2}{7}\%$$

Quick Method

हेडफोन का क्रय मूल्य

$= 124 + 800 \times \frac{80}{100} \times \frac{90}{100}$

$= 124 + 576 = ₹700$

हेडफोन का विक्रय मूल्य = ₹800

∴ लाभ % $= \frac{(800-700)}{700} \times 100\% = 14\frac{2}{7}\%$

51. (*c*) माना वस्तु का क्रय मूल्य = x

$$\therefore \text{ वस्तु का अंकित मूल्य} = x \times \frac{135}{100} = \frac{135x}{100}$$

20% छूट के बाद,

$$\text{विक्रय मूल्य} = \frac{135x}{100} \times \frac{80}{100}$$

$$= \frac{135x}{100} \times \frac{4}{5} = \frac{27x}{25}$$

$$\text{लाभ} = \frac{27x}{25} - x = \frac{2x}{25}$$

$$\therefore \text{ लाभ प्रतिशत} = \frac{2x}{25} \times \frac{100}{x} = 8\%$$

Quick Method

CP MP SP

100 $\xrightarrow{+35\%}$ 135 $\xrightarrow{-20\%}$ 108

लाभ % $= \frac{8}{100} \times 100 = 8\%$

52. (*d*) माना वस्तु का क्रय मूल्य = 100

$$\therefore \text{ वस्तु का अंकित मूल्य} = 100 \times \frac{132}{100} = 132$$

$$\text{वस्तु का विक्रय मूल्य} = 132 \times \frac{88}{100} = 116.16$$

लाभ = ₹ (116.16 − 100) = ₹ 16.16

$$\therefore \text{ लाभ प्रतिशत} = \frac{16.16 \times 100}{100}\% = 16.16\%$$

Quick Method

यहाँ, $a = 32\%$ तथा $b = 12$ **[Formula 11.3 से]**

∴ लाभ प्रतिशत $= \left(a - b - \frac{a \times b}{100}\right)\%$

$= \left(32 - 12 - \frac{32 \times 12}{100}\right)\%$

$= (20 - 3.84)\% = 16.16\%$

53. (*d*) माना माल का क्रय मूल्य = ₹ x

$$\therefore \text{ माल का अंकित मूल्य} = x \times \frac{120}{100} = \frac{6x}{5}$$

प्रश्नानुसार, 6.5% छूट के बाद,

माल का विक्रय मूल्य

$$= \frac{6x}{5} \times \frac{93.5}{100} = \frac{561x}{500}$$

$$\therefore \text{ लाभ} = \frac{561x}{500} - x = \frac{61x}{500}$$

$$\text{अत: लाभ प्रतिशत} = \frac{61x}{500} \times \frac{100}{x} = 12.2\%$$

54. (*c*) माना माल का क्रय मूल्य = ₹ 100

माल का अंकित मूल्य

$$= 100 \times \frac{142}{100} = ₹\,142$$

$$\text{माल का विक्रय मूल्य} = 142 \times \frac{85}{100}$$

= ₹ 120.7

$$\therefore \text{ लाभ प्रतिशत} = \left(\frac{120.7 - 100}{100}\right) \times 100\%$$

= 20.7% ≈ 21%

TOP TIPS ऐसे प्रश्नों को समतुल्य बट्टा वाले सूत्र से आसानी से हल किया जा सकता है।

55. (*c*) माना वस्तु का अंकित मूल्य = ₹ x

तब, वस्तु का क्रय मूल्य

$$= x \times \frac{90}{100} = ₹\,\frac{90x}{100}$$

अब, वस्तु का विक्रय मूल्य

$$= x \times \frac{99}{100} = ₹\,\frac{99x}{100}$$

∴ लाभ प्रतिशत

$$= \left(\frac{\text{विक्रय मूल्य} - \text{क्रय मूल्य}}{\text{क्रय मूल्य}}\right) \times 100$$

$$= \frac{\frac{99x}{100} - \frac{90x}{100}}{\frac{90x}{100}} \times 100$$

$$= \frac{9x}{100} \times \frac{100}{90x} \times 100 = 10\%$$

Quick Method

इस प्रकार के प्रश्नों को हम अंकित मूल्य को 100 मानकर आसानी से हल कर सकते हैं।

माना अंकित मूल्य = ₹100

∴ क्रय मूल्य = ₹90

विक्रय मूल्य $= 100 \times \frac{(100-1)}{100} = ₹99$

∴ लाभ % $= \frac{(99-90)}{90} \times 100\% = 10\%$

56. (*b*) माना सामान का क्रय मूल्य = ₹ 100

तब, सामान का अंकित मूल्य

$$= 100 \times \frac{120}{100} = ₹\,120$$

माना छूट % = x

प्रश्नानुसार, $120 \times \frac{(100 - x)}{100} = 100 \times \frac{112}{100}$

$$\Rightarrow \quad 100 - x = \frac{100 \times 112}{120}$$

$$\Rightarrow \quad 100 - x = 93.34$$

$$\Rightarrow \quad x = 100 - 93.34 = 6.66$$

अत: अभीष्ट छूट प्रतिशत = 6.66%

Quick Method

CP — MP — SP

100 —(+20%)→ 120 ——→ 112

(+12%)

छूट % $= \frac{8}{120} \times 100 = 6.66\%$

57. (*c*) माना पेन्सिल का क्रय मूल्य = x

तब, पेन्सिल का अंकित मूल्य $= \frac{x \times 135}{100}$

पेन्सिल को न तो लाभ न ही हानि पर बेचा जाता है।

$$\therefore \text{ अभीष्ट छूट प्रतिशत } = \frac{\frac{x \times 135}{100} - x}{\frac{x \times 135}{100}} \times 100$$

$$= \left(\frac{135 - 100}{135}\right) \times 100$$

$$= \frac{3500}{135} = 25.92\%$$

Quick Method

CP	MP	SP
100	135	100

(−35)

छूट % $= \frac{35}{135} \times 100 = 25.92\%$

58. (*a*) माना वस्तु का क्रय मूल्य = ₹ 100

वस्तु का अंकित मूल्य $= 100 \times \frac{160}{100} = ₹\,160$

प्रश्नानुसार,

25% तथा 5% की क्रमिक छूट के पश्चात् वस्तु का विक्रय मूल्य

$$= 160 \times \frac{75}{100} \times \frac{95}{100} = ₹\,114$$

$$\therefore \text{लाभ प्रतिशत} = \left(\frac{114 - 100}{100}\right) \times 100$$

$$= 14\%$$

59. (*a*) वस्तु का विक्रय मूल्य = ₹ 300

वस्तु का अंकित मूल्य = 300 + 20 = ₹ 320

तब, वस्तु का क्रय मूल्य

$$= 320 \times \frac{100}{160} = ₹\,200$$

$$\therefore \text{ लाभ प्रतिशत } = \frac{(300 - 200)}{200} \times 100\%$$

$$= 50\%$$

60. (*d*) माना 1 कलम का क्रय मूल्य = x

16 कलम का क्रय मूल्य = $16x$

$\because$ 4 कलम मुफ्त मिलते हैं

$\therefore$ 20 कलम का क्रय मूल्य = $16x$

1 कलम का अंकित मूल्य $= x \times \frac{120}{100} = 1.2x$

20 कलम का विक्रय मूल्य

$$= 1.2x \times 20 = 24x$$

$$\therefore \text{ अभीष्ट लाभ प्रतिशत } = \frac{24x - 16x}{16x} \times 100$$

$$= \frac{8x}{16x} \times 100 = 50\%$$

61. (*d*) माना तेल का क्रय मूल्य = ₹ 100

$\therefore$ तेल का अंकित मूल्य $= \frac{100 \times 140}{100} = ₹\,140$

तथा तेल का विक्रय मूल्य $= \frac{140 \times 68}{100}$

$$= ₹\,95.2$$

खराब तराजू का उपयोग करने पर तेल का क्रय मूल्य $= \frac{100 \times (100 - 15)}{100} = ₹\,85$

अत: अभीष्ट लाभ प्रतिशत

$$= \left(\frac{95.2 - 85}{85}\right) \times 100\% = 12\%$$

अध्याय

12 साधारण ब्याज

Chapter Snapshot

उधार ली गई राशि के अतिरिक्त, ऋणदाता को चुकायी जाने वाली राशि **ब्याज** कहलाती है।

ब्याज से सम्बन्धित महत्त्वपूर्ण पद

- **मूलधन** एक निश्चित समय के लिए उधार लिया गया या जमा किया धन, **मूलधन** कहलाता है। इसे 'P' से निरूपित करते हैं।
- **मिश्रधन** ब्याज सहित ऋणदाता को समय अवधि के उपरान्त चुकायी गई कुल राशि **मिश्रधन** कहलाती है। इसे 'A' द्वारा निरूपित किया जाता है।
- **ब्याज की दर** प्रति ₹ 100 मूलधन पर प्रतिवर्ष दी जाने वाली ब्याज की राशि को **ब्याज की दर** कहा जाता है। इसे 'r' से निरूपित करते हैं।
- **समय** ब्याज के प्रश्नों में समय का अर्थ उस समयान्तराल से है अर्थात् जिस अवधि के लिए धन उधार लिया या दिया जाता है। इसे 't' से निरूपित करते हैं।
- **साधारण ब्याज** जब ब्याज की गणना केवल उधार ली गई धनराशि पर निश्चित अवधि के लिए प्रतिवर्ष समान रूप से की जाती है, तो इस प्रकार प्राप्त ब्याज को **साधारण ब्याज** कहते हैं। सामान्यत: साधारण ब्याज को '**SI**' से निरूपित करते हैं।

Concept Capsule

- यदि ब्याज की दर $r\%$ वार्षिक है, तब समय t वर्षों में लिया जाता है।
- यदि ब्याज की दर $r\%$ छमाही है, तब समय t वर्ष को छमाही में लिया जाता है। (t वर्ष $= 2t$ छमाही)
- यदि ब्याज की दर $r\%$ मासिक है, तब समय t वर्ष को महीनों में लिया जाता है। (t वर्ष $= 12t$ महीने)
- उधार लेने वाले दिन को ब्याज के लिए नहीं गिना जाता है, जबकि वापसी वाले दिन को सम्मिलित किया जाता है।

साधारण ब्याज से सम्बन्धित मूल सूत्र

- साधारण ब्याज $= \dfrac{\text{मूलधन} \times \text{दर} \times \text{समय}}{100}$ या $\text{SI} = \dfrac{P \times r \times t}{100}$

  यहाँ, $P =$ मूलधन, $t =$ समय तथा $r =$ वार्षिक दर

  $\text{SI} = P \times (rt)\%$, ब्याज $= (rt)\%$, मिश्रधन $= 100 + (rt)\%$

  (मूलधन हमेशा 100% के समतुल्य होता है)
- मिश्रधन = मूलधन + साधारण ब्याज या $A = P + \text{SI}$
- किसी राशि पर साधारण ब्याज, मूलधन का $\dfrac{m}{n}$ है तथा यदि ब्याज दर व समय समान हो, तो ब्याज दर = समय $= \sqrt{\dfrac{m}{n} \times 100}$
- कोई धनराशि P_1 साधारण ब्याज की दर R_1 से T_1 समय के लिए जमा की जाती है तथा एक दूसरी राशि P_2 साधारण ब्याज की दर R_2 से T_2 समय के लिए जमा की जाती है तो दोनों के साधारण ब्याज का अन्तर $= \left|\dfrac{P_2R_2T_2 - P_1R_1T_1}{100}\right|$
- जब एक धनराशि समान/बराबर किश्तों में साधारण ब्याज पर चुकायी जाए, तब किश्तों की राशि $= \dfrac{100P}{100t + \dfrac{rt(t-1)}{2}}$

  यहाँ, $A =$ मिश्रधन, $t =$ किश्तों की संख्या, $r =$ दर

Formula Flashcards

- **12.1** यदि कोई राशि P, $r\%$ वार्षिक दर से t वर्ष में स्वयं की n गुनी हो जाती है, तब $(n-1) \times 100 = rt$
- **12.2** यदि t समय में $r\%$ ब्याज की दर से साधारण ब्याज मूलधन का n गुना हो जाता है, तब $r = \dfrac{n \times 100}{t}\%$
- **12.3** यदि कोई धनराशि निश्चित ब्याज दर पर t_1 समय में n_1 गुनी और t_2 समय में n_2 गुनी हो जाती है, तब $$\frac{n_1 - 1}{n_2 - 1} = \frac{t_1}{t_2}$$
- **12.4** यदि कोई धनराशि निश्चित समय में $r_1\%$ दर से n_1 गुनी और $r_2\%$ दर से n_2 गुनी हो जाती है, तब $\dfrac{n_1 - 1}{n_2 - 1} = \dfrac{r_1}{r_2}$

Exam Approach Examples

मूल अवधारणा पर आधारित

उदाहरण 1. ₹ 1500 की राशि पर 3 वर्ष के लिए 5% वार्षिक दर से साधारण ब्याज कितना है? *DP Constable 2023*

(a) ₹ 195 (b) ₹ 225 (c) ₹ 192 (d) ₹ 180

हल (b) दिया है, मूलधन $(P) =$ ₹ 1500, समय $(t) = 3$ वर्ष

दर $(r) = 5\%$ वार्षिक

$\therefore$ साधारण ब्याज (SI) $= \frac{Prt}{100} = \frac{1500 \times 5 \times 3}{100} =$ ₹ 225

उदाहरण 2. किसी धनराशि पर 40 वर्षों तक प्राप्त साधारण ब्याज, उस धनराशि का 2/5 है। वार्षिक ब्याज दर कितनी है? *SSC Constable (GD) 2024*

(a) 1% (b) 1.5% (c) 3% (d) 2%

हल (a) माना मूलधन $(P) =$ ₹ x

तब, साधारण ब्याज (SI) $= x \times \frac{2}{5} =$ ₹ $\frac{2}{5}x$

तथा समय $(t) = 40$ वर्ष

माना दर $(r) = r\%$ वार्षिक

$\because$ $r = \frac{\text{SI} \times 100}{P \times t} \Rightarrow r = \frac{\frac{2x}{5} \times 100}{x \times 40} = 1$

अत: वार्षिक ब्याज दर = 1%

Quick Method

माना मूलधन = 100%

$\therefore$ ब्याज $= \frac{100 \times 2}{5} = 40\%$

अत: प्रतिवर्ष ब्याज की दर $= \frac{40}{40} = 1\%$

Score Booster

इस प्रकार के प्रश्नों को अति शीघ्रता से हल करने के लिए मूलधन को 100% माना जा सकता है।

उदाहरण 3. साधारण ब्याज पर 8% वार्षिक दर पर कितने समय में ₹ 12500 की राशि ₹ 20000 हो जाएगी? *SSC (10+2) 2022*

(a) 7.5 वर्ष (b) 12.5 वर्ष (c) 10 वर्ष (d) 8 वर्ष

हल (a) माना समय = t वर्ष

अब, $A = P + \frac{Prt}{100}$

$\Rightarrow$ $20000 = 12500 + \frac{12500 \times 8 \times t}{100}$

$\Rightarrow$ $7500 = \frac{12500 \times 8 \times t}{100}$

$\therefore$ समय $(t) = \frac{7500 \times 100}{12500 \times 8} = 7.5$ वर्ष

उदाहरण 4. 6% की वार्षिक दर से 8 माह में कितनी राशि पर ₹ 250 साधारण ब्याज प्राप्त होगा? *MP Police Constable 2022*

(a) ₹ 7250 (b) ₹ 6550 (c) ₹ 6225 (d) ₹ 6250

हल (d) दर $(r) = 6\%$ वार्षिक, साधारण ब्याज (SI) = ₹ 250

समय $(t) = 8$ माह $= \frac{8}{12}$ वर्ष

हम जानते हैं कि, $P = \frac{\text{SI} \times 100}{rt} = \frac{250 \times 100}{6 \times 8} \times 12 =$ ₹ 6250

अभीष्ट राशि = ₹ 6250

उदाहरण 5. 12% वार्षिक ब्याज दर पर 14 महीनों में ₹ 5000 पर कितना साधारण ब्याज मिलेगा? *SSC (10+2) 2024*

(a) ₹ 700 (b) ₹ 600
(c) ₹ 800 (d) ₹ 500

हल (a) मूलधन $(P) =$ ₹ 5000, दर $(r) = 12\%$ वार्षिक

समय $(t) = \frac{14}{12} = \frac{7}{6}$ वर्ष

$\therefore$ साधारण ब्याज $= \frac{\text{मूलधन} \times \text{दर} \times \text{समय}}{100} = \frac{5000 \times 12 \times 7}{100 \times 6} =$ ₹ 700

n-गुना राशि पर आधारित

उदाहरण 6. साधारण ब्याज पर कोई धनराशि 8 वर्ष में कितने प्रतिशत वार्षिक दर से स्वयं की 5 गुनी हो जाएगी? *IB 2023*

(a) 20% (b) 50% (c) 40% (d) 30%

हल (b) माना मूल धनराशि = ₹ P तथा दर = $r\%$

दिया है, समय = 8 वर्ष

$\therefore$ साधारण ब्याज (SI) $= 5P - P = 4P$

अब, $\text{SI} = \frac{Prt}{100} \Rightarrow 4P = \frac{P \times r \times 8}{100}$

$\therefore$ $r = 50\%$

Quick Method

यहाँ, $n = 5$, $t = 8$ वर्ष

अब, $(5-1) \times 100 = r \times 8$ [Formula 12.1 से]

$\therefore$ $r = \frac{400}{8} = 50\%$

उदाहरण 7. एक धनराशि 20 वर्षों में 7 गुनी हो जाती है। वह 13 गुनी होने में कितना समय लेगी? *CRPF HC 2023*

(a) 25 वर्ष (b) 40 वर्ष
(c) 30 वर्ष (d) 50 वर्ष

हल (b) माना धनराशि = ₹ P तथा दर = $r\%$ वार्षिक

पहली स्थिति से,

चूँकि 20 वर्षों में राशि 7 गुनी हो जाती है,

$\therefore$ साधारण ब्याज (SI) $= 7P - P = 6P$

$\therefore$ $6P = \frac{P \times r \times 20}{100} \Rightarrow r = \frac{6P \times 100}{P \times 20}$

$\Rightarrow$ $r = 30\%$

दूसरी स्थिति से,

माना राशि 13 गुनी होने में लगा समय = t वर्ष

तथा $\text{SI} = 13P - P = 12P$

$\therefore$ $12P = \frac{P \times 30 \times t}{100} \Rightarrow t = 40$ वर्ष

Quick Method

यहाँ, $n_1 = 7$ गुना, $t_1 = 20$ वर्ष [Formula 12.3 से]

$n_2 = 13$ गुना, $t_2 = ?$

$\therefore \frac{7-1}{13-1} = \frac{20}{t_2} \Rightarrow t_2 = \frac{12}{6} \times 20 = 40$ वर्ष

दो भिन्न राशियों पर आधारित

उदाहरण 8. कितने समय में 4% वार्षिक दर से ₹ 10000 पर उतना ही ब्याज प्राप्त होगा, जितना 5% साधारण ब्याज दर पर 4 वर्ष में ₹ 8000 पर प्राप्त होता है? *SSC CGL 2023*

(a) 3 वर्ष (b) 5 वर्ष
(c) 6 वर्ष (d) 4 वर्ष

Trending Concept

दो भिन्न राशियों पर आधारित प्रश्न वर्तमान में हो रही परीक्षाओं (SSC, Haryana CET, UPSI आदि) में पूछे जा रहे हैं, जो आगामी परीक्षाओं के लिए अति महत्त्वपूर्ण हैं।

हल (d) प्रश्नानुसार,

$$\frac{10000 \times 4 \times t}{100} = \frac{8000 \times 5 \times 4}{100}$$

$$\Rightarrow t = \frac{8 \times 5}{10} = 4$$

अत: अभीष्ट समय = 4 वर्ष

उदाहरण 9. रमेश शर्मा 3 वर्ष के लिए 5% प्रतिवर्ष साधारण ब्याज की दर से ₹ 8000 उधार लेता है। वह इसे 3 वर्ष के लिए मनोहर को 7% प्रतिवर्ष की दर से उधार देता है। उसका लाभ ज्ञात कीजिए। *RRB NTPC (CBT-I) 2021*

(a) ₹ 580 (b) ₹ 480
(c) ₹ 450 (d) ₹ 460

हल (b) मूलधन = ₹ 8000 तथा समय = 3 वर्ष

तब, उसका लाभ = ब्याज में अन्तर

$$= \frac{8000 \times (7-5) \times 3}{100}$$

$= 80 \times 2 \times 3$

= ₹ 480

राशि को दो भागों में विभाजित करने पर आधारित

उदाहरण 10. किरण ने दो व्यक्तियों को ₹ 4000 का एक भाग 8% प्रति वर्ष की दर से और शेष भाग 10% प्रति वर्ष की दर से उधार दिए। उसे ₹ 352 का वार्षिक साधारण ब्याज मिला। तो 10% पर उधार दी गई राशि ज्ञात करें। *SSC CGL (Tier-I) 2024*

(a) ₹ 2200 (b) ₹ 2400
(c) ₹ 1800 (d) ₹ 1600

हल (d) माना 10% पर उधार दी गई राशि = ₹ x

$\therefore$ 8% पर उधार दी गई राशि = ₹ $(4000 - x)$

प्रश्नानुसार,

$$\frac{x \times 10 \times 1}{100} + \frac{(4000 - x) \times 8 \times 1}{100} = 352$$

$$\Rightarrow 10x + 32000 - 8x = 35200$$

$$\Rightarrow 2x = 3200$$

$$\therefore x = ₹ 1600$$

विविध

उदाहरण 11. अनिल ने ₹ 5000 की राशि को 10 वर्षों के लिए साधारण ब्याज पर इस प्रकार उधार दिया कि, ब्याज की दर पहले 2 वर्षों के लिए 6% प्रति वर्ष, अगले 2 वर्षों के लिए 8% प्रति वर्ष और 4 वर्ष के बाद 10% वार्षिक हो, तो 10 वर्ष के अन्त में वह कितना ब्याज (₹ में) अर्जित करेगा? *NTA CUET (UG) 2022*

(a) 4400 (b) 3500 (c) 5000 (d) 4200

हल (a) दिया है, मूलधन (P) = ₹ 5000, समय (t) = 10 वर्ष

$$\therefore \text{साधारण ब्याज} = 5000 \times \frac{2 \times 6}{100} + 5000 \times \frac{2 \times 8}{100} + 5000 \times \frac{6 \times 10}{100}$$

$= 600 + 800 + 3000 =$ ₹ 4400

उदाहरण 12. ₹ 800 की राशि साधारण ब्याज पर 3 वर्ष में ₹ 920 हो जाती है। यदि ब्याज में 4% की वृद्धि की जाती है, तो प्राप्त राशि कितनी होगी? *RRB NTPC 2021*

(a) ₹ 1050 (b) ₹ 999 (c) ₹ 216 (d) ₹ 1016

हल (d) दिया है, मूलधन (P) = ₹ 800

3 वर्ष में प्राप्त मिश्रधन = ₹ 920

$\therefore$ 3 वर्षों का साधारण ब्याज = 920 − 800 = ₹ 120

$$\text{अब, साधारण ब्याज} = \frac{\text{मूलधन} \times \text{दर} \times \text{समय}}{100}$$

$$\Rightarrow 120 = \frac{800 \times \text{दर} \times 3}{100}$$

$$\therefore \text{दर} = \frac{120}{24} = 5\%$$

अब नई दर = 5 + 4 = 9%

$$\text{तब, साधारण ब्याज} = \frac{800 \times 9 \times 3}{100} = ₹ 216$$

$\therefore$ नया मिश्रधन = 800 + 216 = ₹ 1016

Quick Method

ब्याज दर में 4% वृद्धि के कारण प्राप्त अतिरिक्त ब्याज $= \frac{800 \times 4 \times 3}{100} =$ ₹ 96

$\therefore$ प्राप्त नई राशि = 920 + 96 = ₹ 1016

उदाहरण 13. साधारण ब्याज पर, एक निश्चित राशि 2 वर्षों में ₹ 1250 और 5 वर्षों में ₹ 2000 हो जाती है। प्रति वर्ष ब्याज की दर ज्ञात कीजिए (दशमलव के दो स्थानों तक पूर्णांकित) *RRC Group D 2022*

(a) 11.11% (b) 33.33%
(c) 16.67% (d) 27.27%

हल (b) दिया है, 2 वर्षों के बाद मिश्रधन = ₹ 1250

5 वर्षों के बाद मिश्रधन = ₹ 2000

$\therefore$ (5 − 2 = 3) वर्षों का ब्याज = 2000 − 1250 = ₹ 750

$$\therefore 1 \text{ वर्ष का ब्याज} = \frac{750}{3} = ₹ 250$$

$\therefore$ 2 वर्ष का ब्याज = 250 × 2 = ₹ 500

$\therefore$ मूलधन = 1250 − 500 = ₹ 750

$$\because \text{दर } (r) = \frac{SI \times 100}{Pt} = \frac{500 \times 100}{750 \times 2} = \frac{100}{3}\% = 33.33\%$$

Chapter Challenge

मूल अवधारणा पर आधारित

1. 6 वर्षों के लिए 7% प्रतिवर्ष की ब्याज दर पर उधार ली गई राशि ₹ 3500 पर साधारण ब्याज (₹ में) ज्ञात कीजिए। *SSC MTS 2024*
(a) 1510 (b) 1470 (c) 1430 (d) 1410

2. वीणा एक निश्चित राशि को 8% वार्षिक दर पर रखती है। तो उसे 6 वर्ष बाद साधारण ब्याज के ₹ 8376 मिलते हैं। वीणा द्वारा कितनी राशि निवेश की गई? *HP Constable 2022*
(a) ₹ 16660 (b) ₹ 17180
(c) ₹ 17450 (d) ₹ 18110

3. किस राशि (₹ में) पर 12% प्रतिवर्ष की ब्याज दर से 4 वर्षों में ₹ 240 का साधारण ब्याज अर्जित होगा? *SSC MTS 2024*
(a) 250 (b) 750 (c) 1000 (d) 500

4. जब ₹ 2425 की धनराशि वार्षिक साधारण ब्याज की निश्चित दर से 12 वर्षों के लिए निवेश की जाती है, तो परिपक्वता पर ₹ 5238 का ब्याज अर्जित करती है। वार्षिक साधारण ब्याज की दर ज्ञात कीजिए। *CISF HC 2022*
(a) 12% (b) 18% (c) 16% (d) 14%

5. ₹ 51600 की राशि पर 12% की वार्षिक दर से 1 वर्ष और 8 महीने के लिए साधारण ब्याज क्या होगा? *DSSSB (Grade-II) 2019*
(a) ₹ 10320 (b) ₹ 8320 (c) ₹ 11320 (d) ₹ 9320

6. ₹ 3660 पर 5% की वार्षिक दर से 15 महीनों के लिए साधारण ब्याज ज्ञात कीजिए। *IB 2023*
(a) ₹ 400.25 (b) ₹ 302.50
(c) ₹ 228.75 (d) ₹ 216.50

7. किस राशि पर $3\frac{3}{4}\%$ वार्षिक दर से $2\frac{1}{3}$ वर्षों का साधारण ब्याज ₹ 210 है? *Haryana CET 2023*
(a) ₹ 2800 (b) ₹ 2500 (c) ₹ 1580 (d) ₹ 2400

8. 18% की वार्षिक साधारण ब्याज दर पर 8 वर्षों के लिए निवेश की गई एक निश्चित राशि पर प्राप्त मिश्रधन ₹ 1220 है। निवेश की गई मूल राशि कितनी थी? *SSC MTS 2022*
(a) ₹ 420 (b) ₹ 480 (c) ₹ 450 (d) ₹ 500

9. ₹ 5250 की एक राशि 11% प्रतिवर्ष की दर से कितने समय में साधारण ब्याज पर ₹ 9870 हो जाएगी? *SSC CGL (Tier-I) 2022*
(a) 12 वर्ष (b) 15 वर्ष (c) 8 वर्ष (d) 14 वर्ष

10. किसी राशि पर 3 वर्ष में प्राप्त साधारण ब्याज, राशि के $\frac{2}{5}$ भाग के बराबर है। वार्षिक ब्याज की दर ज्ञात कीजिए। *RRC Group D 2022*
(a) $\frac{3}{40}\%$ (b) $\frac{40}{3}\%$ (c) $\frac{10}{3}\%$ (d) $\frac{20}{3}\%$

11. 16% वार्षिक साधारण ब्याज की दर से निवेश की गई ₹ 2500 की धनराशि कितने वर्षों में ₹ 4100 हो जाएगी? *SSC (10+2) 2024*
(a) 3 (b) 5 (c) 4 (d) 6

12. रमेश ने किसी बैंक में 5% वार्षिक साधारण ब्याज दर पर ₹ 1232 की राशि निवेश की। 3 वर्ष बाद, उसे प्राप्त होने वाला मिश्रधन ज्ञात कीजिए। *RRC Group D 2022*
(a) ₹ 1285.80 (b) ₹ 2145.80 (c) ₹ 1848.80 (d) ₹ 1416.80

13. शशि ने साधारण ब्याज पर ₹ 700 का ऋण लिया। ऋण उतने ही वर्षों के लिए लिया गया था, जितनी वार्षिक ब्याज की दर थी। यदि उसने ऋण की अवधि के अन्त में ब्याज के रूप में ₹ 343 का भुगतान किया, तो ब्याज की दर क्या थी? *SSC MTS 2022*
(a) 6% (b) 7% (c) 4% (d) 10%

14. किसी धनराशि पर साधारण ब्याज मूलधन का 36% है और प्रति वर्ष की दर वर्षों की संख्या के बराबर है, तब दर का प्रतिशत ज्ञात कीजिए। *MP Police Constable 2022*
(a) 5% (b) 8% (c) 6% (d) 4.5%

15. 8% प्रतिवर्ष साधारण ब्याज की दर पर निवेशित कोई धनराशि 2 वर्ष 9 महीने में ₹ 732 हो जाती है। निवेशित की गई धनराशि कितनी थी? *RRB ALP 2018*
(a) ₹ 600 (b) ₹ 575
(c) ₹ 550 (d) ₹ 585

16. सागर ने 20% वार्षिक साधारण ब्याज की दर से कुछ राशि प्रमोद से प्राप्त की। दो वर्षों के बाद उसे कुल भुगतान के लिए ₹ 43400 अदा करने पड़े। कर्ज की राशि क्या थी? *RRB Group D 2018*
(a) ₹ 42000 (b) ₹ 34000
(c) ₹ 4000 (d) ₹ 31000

17. कितने वर्षों में किसी धनराशि पर $2\frac{6}{7}\%$ वार्षिक की दर से साधारण ब्याज मूलधन के बराबर हो जाएगा? *SSC (10+2) 2024*
(a) 34 वर्ष (b) 33 वर्ष
(c) 37 वर्ष (d) 35 वर्ष

n-गुना राशि पर आधारित

18. किस वार्षिक ब्याज दर पर साधारण ब्याज पर एक धनराशि 5 वर्ष में तीन गुना हो जाएगी? *SSC Constable (GD) 2024*
(a) 45% (b) 34%
(c) 30% (d) 40%

19. साधारण ब्याज की किस दर से कोई राशि 12 वर्षों में स्वयं की दोगुनी हो जाती है? *Haryana CET 2023*
(a) $8\frac{1}{4}\%$
(b) $8\frac{1}{3}\%$
(c) $8\frac{1}{2}\%$
(d) $9\frac{1}{2}\%$
(e) उत्तर नहीं देना चाहते

> **MRC*****
> ***(Most Repeating Concepts)***
> प्र. सं. 3, 19, 20, 21 और 39 Examination Point of Views से अति महत्त्वपूर्ण हैं। इन Concept पर प्रश्न विभिन्न प्रतियोगी परीक्षाओं (SSC, MTS, CPO, RRB ALP आदि) में निरन्तर पूछे जा रहे हैं।

20. किसी राशि पर 4 वर्ष का साधारण ब्याज उस राशि का $\frac{1}{5}$ है। वार्षिक ब्याज की दर ज्ञात कीजिए। *DSSSB Lab Assist. 2024*
(a) 4% (b) 5% (c) 6% (d) 8%

21. कोई धनराशि साधारण ब्याज से 15 वर्ष में अपने से तीन गुनी हो जाती है। कितने समय में यह अपने से पाँच गुनी हो जाएगी?
(a) 40 वर्ष (b) 36 वर्ष (c) 30 वर्ष (d) 25 वर्ष

22. यदि किसी निश्चित समय में एक धनराशि 5% वार्षिक ब्याज की दर पर स्वयं की 6 गुनी हो जाती है, तो ज्ञात कीजिए कि उतने ही समय में यह धनराशि किस ब्याज की दर पर स्वयं की 12 गुनी हो जाएगी।
(a) 9% (b) 10% (c) 11% (d) 12%

दो भिन्न राशियों पर आधारित

23. यदि समान ब्याज दर पर ₹ 500 का 4 वर्ष और ₹ 700 का 2 वर्ष का साधारण ब्याज मिलाकर ₹ 280 है, तो ब्याज की दर कितनी होगी? **SSC CGL (Tier-I) 2023**

(a) $8\frac{4}{17}\%$ (b) $6\frac{5}{17}\%$ (c) $9\frac{3}{17}\%$ (d) $7\frac{3}{17}\%$

24. रमेश ने कुछ राशि 12% साधारण ब्याज पर और उतनी ही राशि 15% साधारण ब्याज पर, प्रत्येक को 2 वर्ष के लिए उधार दी। यदि उसका कुल ब्याज ₹ 675 था, तो उधार दी गई राशि (12% पर) कितनी थी? **DP Constable 2023**

(a) ₹ 1150 (b) ₹ 1250
(c) ₹ 1550 (d) ₹ 1350

25. चार वर्षों के लिए ₹ 3100 की राशि पर मिलने वाला साधारण ब्याज, समान अवधि के लिए ₹ 3000 की राशि पर मिलने वाले ब्याज से ₹ 80 अधिक है। ब्याज की दर कितनी है? **DSSSB 2019**

(a) 15% (b) 20% (c) 8% (d) 10%

26. ₹ 8400 की एक धनराशि 8.75% वार्षिक साधारण ब्याज दर पर एक निश्चित अवधि में ₹ 11046 हो जाती है। समान ब्याज दर और समान अवधि के लिए ₹ 10800 की राशि पर साधारण ब्याज (₹ में) कितना होगा? **SSC CGL (Tier-II) 2022**

(a) 3204 (b) 3024
(c) 3402 (d) 3420

27. यदि ₹ 2800 पर 10% की वार्षिक दर से 3 वर्षों में प्राप्त साधारण ब्याज ₹ x है और ₹ 6200 पर 14% की दर से y वर्षों में प्राप्त साधारण ब्याज ₹ 1736 है, तो x / y का मान क्या होगा? **SSC CGL (Tier-II) 2023**

(a) 380 (b) 420 (c) 550 (d) 140

28. एक व्यक्ति ने 6% वार्षिक दर से ₹ 1760 और 9% वार्षिक दर से ₹ 2240 समान अवधि के लिए साधारण ब्याज पर उधार लिए। उसे ब्याज के रूप में कुल मिलाकर ₹ 1536 चुकाने पड़े। समय (वर्ष में) ज्ञात कीजिए। **SSC CPO 2024**

(a) 4 (b) 2 (c) 3 (d) 5

29. सुरेश ₹ 80000 प्रति वर्ष 24% साधारण ब्याज पर उधार लेता है और रमेश ₹ 91000 प्रतिवर्ष 20% साधारण ब्याज पर उधार लेता है। कितने वर्षों में उनकी ऋण राशि बराबर हो जाएगी? **RRB NTPC (CBT-II) 2022**

(a) 22 (b) 20 (c) 11 (d) 10

30. दो व्यक्ति अमर और बाला प्रत्येक ने 5 वर्ष के लिए साधारण ब्याज पर ₹ 15000 उधार दिया। उनके द्वारा प्राप्त की गई साधारण ब्याज में ₹ 3000 का अन्तर है। यदि वार्षिक ब्याज की दरों का योग 11% है तथा अमर को बाला से अधिक ब्याज प्राप्त होता है, तो अमर द्वारा प्राप्त ब्याज क्या है? **DSSSB 2021**

(a) ₹ 5875 (b) ₹ 6250
(c) ₹ 5625 (d) ₹ 6500

31. 5 : 7 के अनुपात में दो धनराशियाँ 5 वर्षों के लिए उधार दी जाती हैं। दोनों धनराशियों पर ब्याज की दरें 3 : 4 के अनुपात में हैं एवं दोनों धनराशियों से प्राप्त साधारण ब्याज का अन्तर ₹ 1950 है। दोनों धनराशियों पर प्राप्त साधारण ब्याज का योगफल ज्ञात कीजिए। **DSSSB (Grade-IV) 2019**

(a) ₹ 7250 (b) ₹ 5580
(c) ₹ 6600 (d) ₹ 6450

राशि को दो भागों में विभाजित करने पर आधारित

32. अरविंद ने अपनी बचत को अपनी बेटियों कोथाई और उर्मिला के बीच इस प्रकार विभाजित किया है कि 4 वर्ष के लिए कोथाई को 10% प्रति वर्ष के हिसाब से साधारण ब्याज मिलता था, जो उर्मिला को मिलने वाले ब्याज का 6 वर्ष के लिए 8% प्रति वर्ष से दोगुना था। जिसमें राशि विभाजित की गई थी उसका अनुपात ज्ञात करें। **DSSSB (Grade-II) 2019**

(a) 11 : 6 (b) 6 : 11 (c) 5 : 12 (d) 12 : 5

33. ₹ 3100 की एक धनराशि दो भागों में साधारण ब्याज पर उधार दी जाती है एक भाग 8% की दर से तथा अन्य भाग 6% की दर से दिया जाता है। यदि कुल वार्षिक ब्याज ₹ 212 है, तो 8% की दर पर दी गई धनराशि क्या है?

(a) ₹ 1000 (b) ₹ 1250
(c) ₹ 1300 (d) ₹ 1400

34. ₹ 8320 की राशि को दो भागों में इस प्रकार से उधार दिया जाता है कि इसके एक भाग पर 10% की दर से 5 वर्ष का ब्याज दूसरे भाग पर 9% की दर से 6 वर्ष के ब्याज के बराबर होगा। 9% की दर पर उधार दी गई राशि की गणना करें। **DSSSB (Grade-II) 2019**

(a) ₹ 4300 (b) ₹ 5000 (c) ₹ 4320 (d) ₹ 4000

35. विश्वास ने कुल ₹ 30000 उधार लिए इसका एक भाग 12% वार्षिक साधारण ब्याज की दर से तथा शेष भाग 10% वार्षिक साधारण ब्याज की दर से लिया गया। यदि 2 वर्ष बाद कुल ₹ 36480 का भुगतान किया गया हो, तो 12% की दर पर ली गई राशि कितनी थी?

(a) ₹ 16000 (b) ₹ 18000
(c) ₹ 17500 (d) ₹ 12000

36. ₹ 36000 की धनराशि को दो भागों A और B में इस प्रकार विभाजित किया जाता है कि 15% वार्षिक दर पर A और B पर क्रमशः दो वर्ष और चार वर्ष बाद प्राप्त साधारण ब्याज बराबर बनता है। A से प्राप्त कुल ब्याज ज्ञात करें। **SSC CPO 2020**

(a) ₹ 3600 (b) ₹ 1800 (c) ₹ 5400 (d) ₹ 7200

37. एक व्यक्ति ₹ 10000 के एक भाग को 5% तथा दूसरे भाग को 6% वार्षिक दर पर निवेशित करता है यदि 5% पर निवेशित राशि, 6% पर निवेशित राशि से प्रतिवर्ष ₹ 76.50 अधिक ब्याज दे, तो 6% पर निवेशित धनराशि कितनी है?

(a) ₹ 3850 (b) ₹ 6150
(c) ₹ 6000 (d) ₹ 4050

38. एक व्यक्ति ने 12.5% और 15% की साधारण ब्याज दर पर दो अलग-अलग योजनाओं A और B में ₹ 25500 को विभाजित करके निवेश किया। यदि 2 वर्षों में अर्जित साधारण ब्याज की कुल राशि ₹ 7250 है, तो योजना A में निवेश की गई राशि (₹ में) क्या थी? **UP Police SI 2021**

(a) 9000 (b) 8000
(c) 7500 (d) 8500

39. राजेश ने ₹ 10000 की राशि को विभाजित करके क्रमशः 8% और 10% की साधारण ब्याज दरों पर दो अलग-अलग निवेश योजनाओं, A और B में निवेश किया। यदि 2 वर्षों में अर्जित कुल ब्याज ₹ 1680 है, तो योजना A में निवेश की गई राशि ज्ञात कीजिए। **SSC CPO 2023**

(a) ₹ 4000 (b) ₹ 8000
(c) ₹ 6000 (d) ₹ 2000

40. तिलक के पास ₹ 15000 है। वह कुछ राशि 7% प्रतिवर्ष और शेष राशि 10% प्रतिवर्ष की दर पर उधार देता है। यदि 1 वर्ष बाद, उसे कुल ब्याज के रूप में ₹ 1290 मिलते हैं, तो ब्याज की विभिन्न दरों पर दी गई राशि ज्ञात कीजिए। ***MP Police Constable 2022***

(a) ₹ 7000, ₹ 8000 (b) ₹ 5000, ₹ 10000
(c) ₹ 9000, ₹ 6000 (d) ₹ 6000, ₹ 9000

विविध

41. एक निश्चित धनराशि 1 वर्ष छः महीने में ₹ 1326 हो जाती है और 3 वर्ष में ₹ 1452 हो जाती है। वार्षिक ब्याज दर ज्ञात करें। ***DSSSB MTS 2024***

(a) 8% (b) 9%
(c) 7% (d) 6%

42. 5% वार्षिक साधारण ब्याज की दर पर निवेश की गई एक धनराशि 6 वर्षों में बढ़कर ₹ 806 हो जाती है। यदि धनराशि समान रहे, तो 12% साधारण ब्याज की दर से 5 वर्षों में यह कितनी हो जाएगी? ***SSC MTS 2024***

(a) ₹ 992 (b) ₹ 1000
(c) ₹ 1120 (d) ₹ 985

43. ₹ 800 की राशि साधारण ब्याज की एक निश्चित दर पर 3 वर्षों में ₹ 956 हो जाती है। यदि ब्याज की दर 4% बढ़ जाती है, तो ₹ 800 की राशि 3 वर्षों में कितनी हो जाएगी? ***RRB JE 2019***

(a) ₹ 1052 (b) ₹ 1025
(c) ₹ 1020.80 (d) ₹ 1054

44. ₹ 8500 की धनराशि साधारण ब्याज की दर से 5 वर्षों में ₹ 11900 हो जाती है। यदि ब्याज दर में 3% की वृद्धि हो जाए, तो उसी अवधि में प्राप्त होने वाली धनराशि ज्ञात कीजिए। ***SSC MTS 2021***

(a) ₹ 12475 (b) ₹ 13275
(c) ₹ 13175 (d) ₹ 12175

45. यदि साधारण ब्याज की वार्षिक दर 8% से बढ़कर $12\frac{1}{2}$% हो जाती है, तो एक व्यक्ति की वार्षिक आय में ₹ 639 की वृद्धि हो जाती है। मूलधन (₹ में) ज्ञात करें। ***SSC MTS 2021***

(a) 11250 (b) 12500
(c) 8200 (d) 14200

46. कोई राशि, x% वार्षिक साधारण ब्याज की दर पर 2 वर्ष के लिए निवेशित की जाती है। यदि इसे $(x + 4)$% की दर पर समान समय के लिए निवेशित किया जाए, तो राशि ₹ 1800 अधिक प्राप्त होती है। समान राशि पर वार्षिक 8% की दर से $5\frac{2}{3}$ वर्ष का साधारण ब्याज ज्ञात करें। ***SSC MTS 2021***

(a) ₹ 10064 (b) ₹ 9520 (c) ₹ 10200 (d) ₹ 10336

47. ₹ x पर m वर्षों का r% ब्याज दर पर साधारण ब्याज, ₹ y पर n वर्षों का s% ब्याज दर पर साधारण ब्याज बराबर हो, तब $\frac{x}{y}$ बराबर है। ***SSC MTS 2019***

(a) $\frac{nr}{ms}$ (b) $\frac{ns}{mr}$ (c) $\frac{ms}{nr}$ (d) $\frac{mr}{ns}$

48. 10% प्रतिवर्ष साधारण ब्याज की दर से, वह वार्षिक किस्त क्या होगी, जिससे ₹ 4200 का ऋण 5 वर्ष में पूरा चुका दिया जाए? ***SSC CGL (Tier-I) 2024***

(a) ₹ 700 (b) ₹ 750
(c) ₹ 800 (d) इनमें से कोई नहीं

49. किसी धनराशि को 4 वर्ष के लिए 7.5% वार्षिक दर पर साधारण ब्याज पर निवेश किया गया था। यदि निवेश 5 वर्ष के लिए होता, तो अर्जित ब्याज ₹ 375 अधिक होता। आरम्भ में निवेश की गई राशि कितनी थी? ***RRB ALP (Tier-I) 2018***

(a) ₹ 4500 (b) ₹ 5000
(c) ₹ 4750 (d) ₹ 3750

50. एक व्यक्ति तीन विभिन्न योजनाओं में क्रमशः 10%, 12% और 15% साधारण ब्याज पर 6 वर्ष, 10 वर्ष और 12 वर्ष के लिए धन निवेश करता है। यदि प्रत्येक योजना के पूरा होने पर, उसे समान ब्याज मिलता है, तो सम्बन्धित निवेशों का अनुपात है? ***RRB NTPC (CBT-I) 2021***

(a) 7 : 4 : 3 (b) 5 : 4 : 3 (c) 6 : 3 : 2 (d) 4 : 3 : 2

51. रॉय की मासिक आय ₹ 18000 है। उसने 5% की वार्षिक दर से 3 वर्ष के लिए साधारण ब्याज पर ₹ 30000 का ऋण लिया। वह 3 वर्षों में साधारण ब्याज के रूप में जिस राशि का भुगतान करेगा, यह उसके मासिक वेतन की कितनी प्रतिशत है? ***SSC CGL (Tier-I) 2022***

(a) 20% (b) 25% (c) 35% (d) 30%

52. तीन राशियाँ x, y और z ऐसी हैं कि y, x पर साधारण ब्याज है और z, y पर साधारण ब्याज है। यदि तीनों मामलों में प्रति वर्ष ब्याज दर और वह समय जिसके लिए ब्याज की गणना की जाती है, वे समान हैं, तो x, y और z के बीच सम्बन्ध ज्ञात करें। ***UP Police Head Operator 2024***

(a) $y^2 = xz$ (b) $z = x^2y$ (c) $xyz = 1$ (d) $x^2 = yz$

Right Key

1 (b)	2 (c)	3 (d)	4 (b)	5 (a)	6 (c)	7 (d)	8 (d)	9 (c)	10 (b)
11 (c)	12 (d)	13 (b)	14 (c)	15 (a)	16 (d)	17 (d)	18 (d)	19 (b)	20 (b)
21 (c)	22 (c)	23 (a)	24 (b)	25 (b)	26 (c)	27 (b)	28 (d)	29 (c)	30 (c)
31 (d)	32 (d)	33 (c)	34 (d)	35 (d)	36 (d)	37 (a)	38 (b)	39 (b)	40 (a)
41 (c)	42 (a)	43 (a)	44 (c)	45 (d)	46 (c)	47 (b)	48 (a)	49 (b)	50 (c)
51 (b)	52 (a)								

Solutions

1. (*b*) साधारण ब्याज (SI) $= \frac{Prt}{100}$

$= \frac{3500 \times 7 \times 6}{100} = ₹\, 1470$

2. (*c*) दिया है, ब्याज की दर, $r = 8\%$

समय, $t = 6$ वर्ष

साधारण ब्याज, SI $= ₹\ 8376$

माना निवेशित राशि $= P$

$\because \quad P = \frac{\text{SI} \times 100}{r \times t}$

$\Rightarrow \quad P = \frac{8376 \times 100}{8 \times 6}$

$\therefore \quad P = ₹\, 17450$

3. (*d*) मूलधन/राशि $= \frac{\text{ब्याज} \times 100}{\text{समय} \times \text{दर}}$

$= \frac{240 \times 100}{4 \times 12} = ₹\, 500$

4. (*b*) दिया है, धनराशि $(P) = ₹\ 2425$

समय $(t) = 12$ वर्ष

साधारण ब्याज (SI) $= ₹\ 5238$

$\because \quad r = \frac{\text{SI} \times 100}{P \times t}$

$\therefore \quad r = \frac{5238 \times 100}{2425 \times 12}$

अतः $\quad r = 18\%$

5. (*a*) मूलधन $(P) = ₹\ 51600$

दर $(r) = 12\%$ वार्षिक

समय $(t) = 1$ वर्ष 8 महीने $= 1 + \frac{8}{12}$ वर्ष

$= \frac{20}{12} = \frac{5}{3}$ वर्ष

$\therefore$ साधारण ब्याज (SI) $= \frac{Prt}{100}$

$= \frac{51600 \times 12 \times \frac{5}{3}}{100} = ₹\ 10320$

6. (*c*) दिया है, मूलधन $= ₹\ 3660$

ब्याज दर $= 5\%$ वार्षिक

समय $= 15$ महीने $= 1\frac{1}{4} = \frac{5}{4}$ वर्ष

साधारण ब्याज $= \frac{3660 \times 5 \times 5}{100 \times 4} = ₹\, 228.75$

7. (*d*) दिया है, साधारण ब्याज (SI) $= ₹\ 210$

वार्षिक दर $(r) = 3\frac{3}{4}\% = \frac{15}{4}\%$

तथा समय $(t) = 2\frac{1}{3}$ वर्ष $= \frac{7}{3}$ वर्ष

$\because$ साधारण ब्याज (SI) $= \frac{Prt}{100}$,

$\Rightarrow \quad 210 = P \times \frac{15}{4} \times \frac{7}{3} \times \frac{1}{100}$

$\Rightarrow \quad P = \frac{210 \times 4 \times 3 \times 100}{15 \times 7}$

$\therefore \quad P = ₹\ 2400$

8. (*d*) माना मूल राशि $= ₹\ P$

वार्षिक दर $(r) = 18\%$

समय $(t) = 8$ वर्ष,

मिश्रधन $(A) = ₹\ 1220$

प्रश्नानुसार, $A - P = \frac{P \times r \times t}{100}$

$\Rightarrow \quad 1220 - P = \frac{P \times 18 \times 8}{100}$

$\Rightarrow \quad 122000 - 100P = 144P$

$\Rightarrow \quad 244P = 122000$

$\therefore \quad P = \frac{122000}{244} = ₹\, 500$

Quick Method

माना मूलधन $= 100\%$

$\therefore$ मिश्रधन $= 100 + 18 \times 8 = 244\%$

$\because\ 244\% \longrightarrow 1220$

$\therefore\ 100\% \longrightarrow \frac{1220}{244} \times 100 = ₹\ 500$

9. (*c*) दिया है, $P = ₹\ 5250$, $A = ₹\ 9870$

$r = 11\%$ वार्षिक

$\therefore$ SI $= A - P = 9870 - 5250$

$= 4620$

$\therefore \quad t = \frac{4620 \times 100}{5250 \times 11} = 8$ वर्ष

10. (*b*) माना राशि $= ₹\, P$

$\therefore$ साधारण ब्याज $= ₹\, \frac{2}{5} P$

तथा ब्याज की दर $= r\%$ प्रतिवर्ष

दिया है, समय $= 3$ वर्ष

$\therefore$ साधारण ब्याज $= \frac{\text{मूलधन} \times \text{दर} \times \text{समय}}{100}$ से,

$\Rightarrow \quad \frac{2}{5} P = \frac{P \times r \times 3}{100}$

$\therefore \quad r = \frac{2 \times 100}{5 \times 3} = \frac{40}{3}\%$

Quick Method

दर $= \frac{2}{5} \times \frac{100}{3} = \frac{40}{3}\%$

11. (*c*) साधारण ब्याज $= 4100 - 2500 = ₹\, 1600$

$\because$ साधारण ब्याज $= \frac{Prt}{100}$

$\Rightarrow \quad 1600 = \frac{2500 \times 16 \times t}{100}$

$\therefore \quad t = \frac{1600 \times 100}{2500 \times 16} = 4$ वर्ष

12. (*d*) मूलधन $(P) = ₹\, 1232$

दर $(r) = 5\%$ वार्षिक

समय $(t) = 3$ वर्ष

$\therefore$ ब्याज $= \frac{1232 \times 5 \times 3}{100} = 184.8$

3 वर्ष बाद प्राप्त मिश्रधन

$= 1232 + 184.8 = ₹\, 1416.80$

13. (*b*) ऋण राशि $= ₹\, 700$

ब्याज $= ₹\, 343$; दर $=$ समय $= r$

तब, $343 = \frac{700 \times r \times r}{100}$

$\Rightarrow \quad 343 = 7 \times r \times r \Rightarrow r^2 = 49$

$\therefore \quad r = 7$

अतः वार्षिक ब्याज की दर $= 7\%$

14. (*c*) माना मूलधन की राशि $= ₹\, P$

$\therefore$ साधारण ब्याज $= \frac{P \times 36}{100} = \frac{36}{100} P$

तथा प्रतिवर्ष की दर $=$ समय $= n$

(संख्यात्मक मान)

प्रश्नानुसार, $\frac{36}{100} P = \frac{P \times n \times n}{100}$

$\Rightarrow \quad n^2 = 36 \Rightarrow n = 6\%$

Quick Method

$\therefore \quad$ दर $= \sqrt{\frac{36}{100} \times 100} = 6\%$

15. (*a*) माना निवेशित धनराशि $= ₹\, P$

दिया है, समय $(t) = 2$ वर्ष 9 महीने

$= 2\frac{9}{12}$ वर्ष $= \frac{33}{12} = \frac{11}{4}$ वर्ष

दर $(r) = 8\%$ प्रतिवर्ष; मिश्रधन $= ₹\, 732$

$\therefore$ साधारण ब्याज $= ₹\, (732 - P)$

अब, साधारण ब्याज $= \frac{\text{मूलधन} \times \text{दर} \times \text{समय}}{100}$ से,

$\Rightarrow \quad 732 - P = \frac{P \times 8 \times 11}{100 \times 4}$

$\Rightarrow 73200 - 100P = 22P \Rightarrow 122P = 73200$

$\therefore \quad P = \frac{73200}{122} = ₹\, 600$

Quick Method

$t = 2\frac{9}{12} = \frac{11}{4}$

ब्याज $= \frac{11}{4} \times 8 = 22\%$

$\because$ 122% → 732

$\therefore$ 100% → $\frac{732}{122} \times 100 =$ ₹ 600

16. (*d*) माना मूलधन = ₹ x; मिश्रधन = ₹ 43400

समय = 2 वर्ष तथा दर = 20% वार्षिक

$\therefore$ साधारण ब्याज = मिश्रधन − मूलधन

$= 43400 - x$

$\because$ साधारण ब्याज = $\frac{\text{मूलधन} \times \text{दर} \times \text{समय}}{100}$

$\Rightarrow \quad 43400 - x = \frac{x \times 20 \times 2}{100}$

$\Rightarrow 43400 - x = \frac{2x}{5} \Rightarrow 43400 = \frac{2x}{5} + x$

$\Rightarrow \quad 43400 = \frac{7x}{5} \Rightarrow x = \frac{43400 \times 5}{7}$

$\therefore \quad x =$ ₹ 31000

17. (*d*) माना 't' वर्ष में साधारण ब्याज, मूलधन के बराबर हो जाता है।

दिया है, दर $= 2\frac{6}{7}\% = \frac{20}{7}\%$ प्रतिवर्ष

$\because$ SI $= \frac{Prt}{100} \Rightarrow P = \frac{P \times 20 \times t}{7 \times 100}$

$\therefore \quad t = \frac{700}{20} = 35$ वर्ष

TOP TIPS इस प्रकार के प्रश्नों को अति शीघ्रता से हल करने के लिए 100 को दी गई दर से विभाजित करते हैं।

18. (*d*) माना धनराशि = ₹ 100

5 वर्ष बाद मिश्रधन = ₹ (100 × 3) = ₹ 300

$\therefore$ 5 वर्ष का ब्याज = ₹ (300 − 100) = ₹ 200

अतः ब्याज दर $= \left(\frac{200 \times 100}{100 \times 5}\right)\% = 40\%$

Quick Method

हम जानते हैं,

$(n-1) \times 100 = rt$ [Formula 12.1 से]

$\Rightarrow (3-1) \times 100 = r \times 5$

$\therefore \quad r = \frac{200}{5} = 40\%$

19. (*b*) माना धनराशि = ₹ P, मिश्रधन = $2P$

$\therefore$ साधारण ब्याज = ₹ P

समय = 12 वर्ष तथा दर = $r\%$ (माना)

$\therefore \; P = \frac{P \times r \times 12}{100}$

$\Rightarrow \quad r = \frac{100}{12} = 8\frac{4}{12}\% = 8\frac{1}{3}\%$

Quick Method

$(n-1) \times 100 = rt$ [Formula 12.1 से]

$\Rightarrow (2-1) \times 100 = r \times 12$

$\therefore \quad r = \frac{100}{12} = 8\frac{1}{3}\%$

20. (*b*) माना मूलधन $(P) =$ ₹ x

तब, साधारण ब्याज (SI) $= x \times \frac{1}{5} =$ ₹ $\frac{x}{5}$

$\therefore$ SI $= \frac{Prt}{100} \Rightarrow \frac{x}{5} = \frac{x \times r \times 4}{100} \Rightarrow r = 5\%$

Quick Method

हम जानते हैं कि,

$r = \frac{n \times 100}{t}\%$ [Formula 12.2 से]

$= \frac{\frac{1}{5} \times 100}{4} = 5\%$

21. (*c*) माना मूलधन = ₹ P

15 वर्ष के लिए ब्याज $= 3P - P = 2P$

$\Rightarrow \quad 2P = \frac{P \times r \times 15}{100}$

$\Rightarrow \quad r = \frac{2 \times 100}{15} = \frac{40}{3}\%$

माना राशि t वर्षों में राशि पाँच गुनी हो जाएगी।

मिश्रधन = $5P$

तब, साधारण ब्याज $= 5P - P =$ ₹ $4P$

$\Rightarrow 4P = \frac{P \times 40 \times t}{300} \Rightarrow t = \frac{4 \times 300}{40} = 30$ वर्ष

Quick Method

यहाँ $n_1 = 3$ गुना, $t_1 = 5$ वर्ष

$n_2 = 5$ गुना, $t_2 = ?$

$\therefore \quad \frac{n_1 - 1}{n_2 - 1} = \frac{t_1}{t_2}$ [Formula 12.3 से]

$\Rightarrow \quad \frac{3-1}{5-1} = \frac{15}{t_2} \Rightarrow t_2 = 15 \times \frac{4}{2}$

$\therefore \quad t_2 = 30$ वर्ष

22. (*c*) माना मूल राशि ₹ P तथा समय t है।

पहली स्थिति में,

$r = 5\%$, मिश्रधन $A = 6P$

$\therefore$ साधारण ब्याज (SI) $= 6P - P = 5P$

$\because \quad$ SI $= \frac{Prt}{100} \Rightarrow 5P = \frac{P \times 5 \times t}{100}$

$\Rightarrow \quad 5t = 5 \times 100 \Rightarrow t = 100$ वर्ष

दूसरी स्थिति में,

$A = 12P$ तब, SI $= 12P - P = 11P$

अब, $\quad \frac{Prt}{100} = 11P$

$\Rightarrow \quad \frac{r \times 100}{100} = 11 \Rightarrow r = 11\%$

Quick Method

हम जानते हैं कि,

$\frac{r_1}{r_2} = \frac{n_1 - 1}{n_2 - 1}$ [Formula 12.4 से]

$\Rightarrow \quad \frac{5}{r_2} = \frac{6-1}{12-1} \Rightarrow r_2 = \frac{5 \times 11}{5} = 11\%$

23. (*a*) माना ब्याज दर = $r\%$ वार्षिक

अब SI $= \frac{P \times r \times t}{100}$ से,

प्रश्नानुसार,

$500 \times r \times \frac{4}{100} + 700 \times 2 \times \frac{r}{100} = 280$

$\Rightarrow 20r + 14r = 280 \Rightarrow 34r = 280$

$\Rightarrow \quad r = \frac{280}{34} = \frac{140}{17} = 8\frac{4}{17}\%$

24. (*b*) माना 12% पर उधार दी गई राशि = ₹ x

$\therefore$ 15% पर उधार दी गई राशि = ₹ x

दिया है, दोनों के लिए समय $(t) = 2$ वर्ष

कुल ब्याज = ₹ 675

$\therefore \quad \frac{x \times 12 \times 2}{100} + \frac{x \times 15 \times 2}{100} = 675$

$\Rightarrow \quad 24x + 30x = 67500 \Rightarrow 54x = 67500$

$\therefore \quad x =$ ₹ 1250

Quick Method

माना मूलधन = 100%

$\therefore$ साधारण ब्याज $= 12 \times 2 + 15 \times 2 = 54\%$

$\because$ 54% ⟶ 675

$\therefore$ 100% ⟶ $\frac{675}{54} \times 100 =$ ₹ 1250

25. (*b*) माना ब्याज की दर = $r\%$ वार्षिक

प्रश्नानुसार,

$\frac{3100 \times r \times 4}{100} - \frac{3000 \times r \times 4}{100} = 80$

$\Rightarrow \quad \frac{100 \times r \times 4}{100} = 80$

$\therefore \quad r = 20\%$ वार्षिक

TOP TIPS इस प्रकार के प्रश्नों में दोनों राशियों का अन्तर मूलधन माना जाता है।

26. (*c*) दिया है, मूल धनराशि $(P) =$ ₹ 8400

साधारण ब्याज की दर $(r) = 8.75\%$

साधारण ब्याज = 11046 − 8400 = ₹ 2646

$\because$ साधारण ब्याज $= \frac{Prt}{100}$

$\Rightarrow \quad 2646 = \frac{8400 \times 8.75 \times t}{100}$

$\Rightarrow \quad t = \frac{2646}{84 \times 8.75} = 3.6$ वर्ष

अब, ₹ 10800 की धनराशि पर समान दर एवं समान अवधि पर साधारण ब्याज

$= \frac{10800 \times 8.75 \times 3.6}{100} = ₹\,3402$

Quick Method

$SI_1 = 11046 - 8400 = ₹\,2646$

$SI_2 = ₹\,x$

अब, $\frac{8400}{10800} = \frac{2646}{x} \Rightarrow \frac{7}{9} = \frac{2646}{x}$

$x = 378 \times 9 = ₹\,3402$

27. (*b*) प्रश्नानुसार,

$x = \frac{2800 \times 10 \times 3}{100} = 28 \times 30 = 840$

तथा $1736 = \frac{6200 \times 14 \times y}{100}$

$\Rightarrow y = \frac{1736 \times 100}{6200 \times 14} = \frac{124}{62} = 2$

अत: $\frac{x}{y} = \frac{840}{2} = 420$

28. (*d*) माना समयावधि $(t) = x$ वर्ष

साधारण ब्याज $= \frac{Prt}{100}$

प्रश्नानुसार,

$\frac{1760 \times 6 \times x}{100} + \frac{2240 \times 9 \times x}{100} = 1536$

$\Rightarrow 1056x + 2016x = 15360$

$\Rightarrow 3072x = 15360$

$\therefore x = \frac{15360}{3072} = 5$

अत: अभीष्ट समयावधि = 5 वर्ष

29. (*c*) माना t वर्षों में उनकी ऋण की राशि बराबर हो जाएगी।

प्रश्नानुसार, $80000 + \frac{80000 \times 24 \times t}{100} = 91000 + \frac{91000 \times 20 \times t}{100}$

$\Rightarrow 800 \times 24t - 910 \times 20t = 91000 - 80000$

$\Rightarrow 19200t - 18200t = 11000$

$\Rightarrow 1000t = 11000 \Rightarrow t = 11$ वर्ष

30. (*c*) माना अमर और बाला के लिए ब्याज दर क्रमश: $r_1\%$ और $r_2\%$ प्रति वर्ष हैं।

दिया है, उधार ली गई राशि = ₹ 15000

प्रश्नानुसार, $\frac{15000 \times (r_1 - r_2) \times 5}{100} = ₹\,3000$

$\Rightarrow r_1 - r_2 = \frac{3000}{150 \times 5}$

$r_1 - r_2 = 4$ ...(i)

तथा $r_1 + r_2 = 11$ ...(ii)

समी (i) व (ii) को जोड़ने पर,

$2r_1 = 15 \Rightarrow r_1 = \frac{15}{2}\%$

अत: अमर द्वारा प्राप्त ब्याज

$= \frac{15000 \times 5 \times 15}{100 \times 2} = ₹\,5625$

31. (*d*) माना दोनों धनराशियाँ क्रमश: ₹ $5x$ और ₹ $7x$ हैं तथा ब्याज दर $3r$ तथा $4r$ हैं।

प्रश्नानुसार,

$\frac{7x \times 4r \times 5}{100} - \frac{5x \times 3r \times 5}{100} = 1950$

$\Rightarrow 28xr - 15xr = 1950 \times 20$

$\Rightarrow 13xr = 39000$

$\Rightarrow xr = 3000$ ...(i)

$\therefore$ दोनों राशियों पर प्राप्त साधारण ब्याज का योग $= \frac{7x \times 4r \times 5}{100} + \frac{5x \times 3r \times 5}{100}$

$= \frac{28xr + 15xr}{20} = \frac{43}{20}xr$

$= \frac{43}{20} \times 3000 = ₹\,6450$ [समी (i) से]

Quick Method

दोनों राशियों से प्राप्त साधारण ब्याज का अनुपात $= 5 \times 3 : 7 \times 4 = 15 : 28$

$\because$ (28-15) $\longrightarrow$ 1950

$\therefore (15 + 28) \longrightarrow \frac{1950}{13} \times 43 = ₹\,6450$

32. (*d*) माना कोथाई की राशि = ₹ x

तथा उर्मिला की राशि = ₹ y

प्रश्नानुसार, कोथाई को मिला ब्याज = 2 × उर्मिला को मिला ब्याज

$\Rightarrow \frac{x \times 4 \times 10}{100} = 2 \times \frac{y \times 6 \times 8}{100}$

$\Rightarrow \frac{x}{y} = \frac{2 \times 6 \times 8}{4 \times 10} = \frac{12}{5} \Rightarrow x : y = 12 : 5$

33. (*c*) माना 8% की दर पर दी गई धनराशि = ₹ x

$\therefore$ 6% की दर पर दी गई धनराशि = ₹ $(3100 - x)$

प्रश्नानुसार,

$\frac{x \times 8 \times 1}{100} + \frac{(3100 - x) \times 6 \times 1}{100} = 212$

$\Rightarrow 8x + 18600 - 6x = 21200$

$\Rightarrow 2x = 21200 - 18600$

$\Rightarrow x = \frac{2600}{2} = ₹\,1300$

अत: 8% की दर पर दी गई धनराशि = ₹ 1300

TOP TIPS इस प्रकार के प्रश्नों में वह राशि 'x' माननी चाहिए, जो कि उत्तर में पूछना चाहता है।

34. (*d*) माना 9% वार्षिक दर पर उधार दी गई राशि = ₹ x

$\therefore$ 10% वार्षिक दर पर उधार दी गई राशि = ₹ $(8320 - x)$

प्रश्नानुसार, $\frac{x \times 9 \times 6}{100} = \frac{(8320 - x) \times 10 \times 5}{100}$

$\Rightarrow 54x = 416000 - 50x$

$\Rightarrow 104x = 416000 \Rightarrow x = ₹\,4000$

35. (*d*) माना 12% की दर पर ली गई धनराशि $= x$

अब, 10% की दर पर ली गई धनराशि = ₹ $(30000 - x)$

प्रश्नानुसार,

$\frac{x \times 12 \times 2}{100} + \frac{(30000 - x) \times 10 \times 2}{100} = 36480 - 30000$

$\Rightarrow \frac{24x}{100} + 6000 - \frac{x}{5} = 6480$

$\Rightarrow \frac{24x}{100} - \frac{x}{5} = 480$

$\Rightarrow 24x - 20x = 480 \times 100$

$\therefore x = \frac{480 \times 100}{4} = 12000$

अभीष्ट राशि = ₹ 12000

36. (*d*) माना A = ₹ x, B = ₹ $(36000 - x)$

प्रश्नानुसार, $SI = \frac{Prt}{100}$ से,

$\frac{x \times 15 \times 2}{100} = \frac{(36000 - x) \times 15 \times 4}{100}$

$\Rightarrow x = (36000 - x) \times 2 \Rightarrow x = 72000 - 2x$

$\Rightarrow 3x = 72000 \Rightarrow x = 24000$

$\therefore A$ से प्राप्त ब्याज

$= \frac{24000 \times 15 \times 2}{100} = ₹\,7200$

37. (*a*) माना 6% वार्षिक दर पर निवेशित राशि $= x$

$\therefore$ 5% वार्षिक दर पर निवेशित राशि = ₹ $(10000 - x)$

प्रश्नानुसार,

$\frac{(10000 - x) \times 5 \times 1}{100} - \frac{x \times 6 \times 1}{100} = 76.50$

$\Rightarrow 50000 - 5x - 6x = 76.50 \times 100 = 7650$

$\therefore x = \frac{50000 - 7650}{11} = 3850$

अत: 6% पर निवेशित राशि = ₹ 3850

38. (*b*) माना योजना A में निवेशित राशि = ₹ x

$\therefore$ योजना B में निवेशित राशि = ₹ $(25500 - x)$

प्रश्नानुसार,

$\frac{x \times 12.5 \times 2}{100} + \frac{(25500 - x) \times 15 \times 2}{100} = 7250$

$\Rightarrow \quad 25x + 765000 - 30x = 725000$

$\Rightarrow \quad 5x = 40000 \Rightarrow x = ₹\,8000$

39. (*b*) योजना A में निवेश की गई राशि $= ₹\,x$

योजना B में निवेश की गई राशि

$= ₹\,(10000 - x)$

प्रश्नानुसार,

$$1680 = \frac{x \times 8 \times 2}{100} + \frac{(10000 - x) \times 10 \times 2}{100}$$

$$\Rightarrow 1680 = \frac{16x}{100} + \frac{20 \times 10000}{100} - \frac{20x}{100}$$

$$\Rightarrow 1680 - 2000 = \frac{-4x}{100} \Rightarrow 320 = \frac{4x}{100}$$

$\therefore \quad x = 8000$

अत: A द्वारा निवेश की गई राशि $= ₹\,8000$

40. (*a*) माना 7% की दर पर मूलधन $= ₹\,x$

तब, 10% की दर पर मूलधन

$= ₹\,(15000 - x)$

प्रश्नानुसार,

$$x \times \frac{7}{100} \times 1 + \frac{(15000 - x) \times 10 \times 1}{100} = 1290$$

$$\Rightarrow \frac{7x}{100} + \frac{150000}{100} - \frac{10x}{100} = 1290$$

$$\Rightarrow \frac{3x}{100} = 1500 - 1290 = 210$$

$$\Rightarrow x = \frac{210 \times 100}{3} = ₹\,7000$$

$\therefore$ 10% की दर पर मूलधन $= (15000 - 7000)$

$= ₹\,8000$

41. (*c*) 1 वर्ष छ: महीने $= \frac{3}{2}$ वर्ष

मिश्रधन $= ₹\,1326$

और 3 वर्ष बाद मिश्रधन $= ₹\,1452$

$\therefore \left(3 - \frac{3}{2} = \frac{3}{2}\right)$ वर्ष का ब्याज

$= 1452 - 1326 = ₹\,126$

$\therefore$ मूलधन $(P) = 1326 - 126 = ₹\,1200$

प्रश्नानुसार,

$$\Rightarrow 126 = \frac{1200 \times r \times \frac{3}{2}}{100}$$

$$\therefore r = \frac{126 \times 2}{12 \times 3} = 7\%$$

42. (*a*) मिश्रधन $= 100 + 5 \times 6 = 130\%$

पुन: नया मिश्रधन $= 100 + 12 \times 5$

$= 160\%$

$\because 130\% \rightarrow 806$

$\therefore 160\% \rightarrow \frac{806}{130} \times 160 = 992$

अभीष्ट मिश्रधन $= ₹\,992$

43. (*a*) माना ब्याज की दर $= r\%$ वार्षिक

दिया है, मूलधन $= ₹\,800$

साधारण ब्याज $= 956 - 800 = ₹\,156$

समय $(t) = 3$ वर्ष

$$\text{अब, साधारण ब्याज} = \frac{\text{मूलधन} \times \text{दर} \times \text{समय}}{100}$$

$$\Rightarrow 156 = \frac{800 \times r \times 3}{100}$$

$$\therefore r = \frac{156}{8 \times 3} = 6.5\%$$

अब नई ब्याज दर $= 6.5 + 4 = 10.5\%$

$$\text{तब, नया मिश्रधन} = 800 + \frac{800 \times 10.5 \times 3}{100}$$

$= 800 + 252 = ₹\,1052$

Quick Method

4% की दर बढ़ने के बाद,

अतिरिक्त ब्याज $= \frac{800 \times 3 \times 4}{100} = ₹\,96$

अत: अभीष्ट राशि $= 956 + 96 = ₹\,1052$

44. (*c*) $\because$ साधारण ब्याज = मिश्रधन − मूलधन

$$\therefore \frac{8500 \times \text{दर} \times 5}{100} = 11900 - 8500$$

$$\Rightarrow \text{दर} = \frac{3400}{85 \times 5} = 8\%$$

अब, नई दर $= (8 + 3)\% = 11\%$

$$\therefore \text{मिश्रधन} = 8500 + \frac{8500 \times 11 \times 5}{100}$$

$= 8500 + 4675 = ₹\,13175$

45. (*d*) प्रश्नानुसार,

$$\frac{P \times 12\frac{1}{2} \times 1}{100} - \frac{P \times 8 \times 1}{100} = 639$$

$$\Rightarrow \frac{25}{2}P - 8P = 63900$$

$$\therefore P = \frac{63900 \times 2}{9} = ₹\,14200$$

46. (*c*) प्रश्नानुसार,

$$\frac{P \times (x + 4) \times 2}{100} - \frac{P \times x \times 2}{100} = 1800$$

$$\Rightarrow \frac{P \times 2}{100}(x + 4 - x) = 1800$$

$$\Rightarrow P = \frac{1800 \times 100}{8} = ₹\,22500$$

$$\therefore SI = \frac{22500 \times 8 \times 5\frac{2}{3}}{100} = ₹\,10200$$

47. (*b*) प्रश्नानुसार, $\frac{x \times r \times m}{100} = \frac{y \times s \times n}{100}$

$$\Rightarrow \frac{x}{y} = \frac{s \times n}{r \times m} \Rightarrow \frac{x}{y} = \frac{ns}{mr}$$

48. (*a*) यहाँ, $r = 10\%$, $A = ₹\,4200$, $t = 5$ वर्ष

$$\because \text{वार्षिक किस्त} = ₹\,\frac{100 \times A}{100 \times t + \frac{rt(t-1)}{2}}$$

$$= \frac{100 \times 4200}{100 \times 5 + \frac{10 \times 5 \times (5-1)}{2}}$$

$$= \frac{100 \times 4200}{500 + \frac{10 \times 5 \times 4}{2}}$$

$$= \frac{420000}{500 + 100}$$

$$= \frac{420000}{600}$$

$= ₹\,700$

49. (*b*) माना आरम्भ में निवेश की गई राशि $= ₹\,P$

$$\text{साधारण ब्याज} = \frac{\text{मूलधन} \times \text{दर} \times \text{समय}}{100}$$

$$\Rightarrow 375 = \frac{P \times 7.5 \times (5 - 4)}{100}$$

$$\Rightarrow P = \frac{375 \times 100}{7.5 \times 1}$$

$\therefore \quad P = ₹\,5000$

50. (*c*) माना तीनों योजनाओं में निवेशित राशि क्रमश: $₹\,P_1$, $₹\,P_2$ और $₹\,P_3$ हैं।

प्रश्नानुसार,

$$\frac{P_1 \times 10 \times 6}{100} = \frac{P_2 \times 12 \times 10}{100} = \frac{P_3 \times 15 \times 12}{100}$$

$\Rightarrow \quad 60P_1 = 120P_2 = 180P_3$

$\Rightarrow \quad P_1 = 2P_2 = 3P_3$

$\therefore \quad P_1 : P_2 : P_3 = 1 : \frac{1}{2} : \frac{1}{3}$

$= 6 : 3 : 2$

51. (*b*) रॉय की मासिक आय $= ₹\,18000$

$$\text{साधारण ब्याज} = \frac{30000 \times 5 \times 3}{100}$$

$= ₹\,4500$

$$\text{अभीष्ट प्रतिशत} = \frac{4500}{18000} \times 100 = 25\%$$

52. (*a*) माना ब्याज की दर $= r\%$ प्रतिवर्ष

तथा समय अवधि $= n$ वर्ष

प्रश्नानुसार, $y = \frac{x \times r \times n}{100}$ ...(i)

और $z = \frac{y \times r \times n}{100}$ ...(ii)

समी (i) व (ii) से,

$$\frac{y}{x} = \frac{z}{y}$$

$\therefore \quad y^2 = xz$

अध्याय

13 चक्रवृद्धि ब्याज

Chapter Snapshot

चक्रवृद्धि ब्याज जब किसी निश्चित अवधि के बाद ब्याज को मूलधन में जोड़कर प्राप्त मिश्रधन पर ब्याज की गणना की जाए तो इस प्रकार का ब्याज चक्रवृद्धि ब्याज कहलाता है।

चक्रवृद्धि ब्याज से सम्बन्धित मूल सूत्र

- यदि मूलधन = ₹ P, मिश्रधन = ₹ A, दर = $r\%$ तथा समय = n वर्ष, तब मिश्रधन $(A) = P\left(1+\frac{r}{100}\right)^n$
- चक्रवृद्धि ब्याज (CI) $= P\left[\left(1+\frac{r}{100}\right)^n - 1\right] = A - P$
- यदि समय $n\frac{a}{b}$ वर्ष है, तो $A = P\left(1+\frac{r}{100}\right)^n \left(1+\frac{\frac{a}{b}r}{100}\right)$
- दो क्रमागत वर्षों में $x\%$ तथा $y\%$ दर के लिए प्रभावी दर $= \left[x+y+\frac{xy}{100}\right]\%$
- यदि कोई राशि दी गई निश्चित दर पर 'n' वर्षों में x तथा '$2n$' वर्षों में y हो जाती है, तो मूलधन $= \frac{x^2}{y}$
- यदि ₹ P के ऋण को $r\%$ वार्षिक चक्रवृद्धि ब्याज की दर से n समान वार्षिक किस्तों में दिया जाता है,

  तो प्रत्येक किस्त $x = \frac{P}{\left(\frac{100}{100+r}\right)^1 + \left(\frac{100}{100+r}\right)^2 + ... + \left(\frac{100}{100+r}\right)^n}$
- यदि पहले, दूसरे व तीसरे वर्ष ब्याज की दर क्रमशः r_1, r_2 व r_3 हो, तब

$$A = P\left(1+\frac{r_1}{100}\right)\left(1+\frac{r_2}{100}\right)\left(1+\frac{r_3}{100}\right)$$

- किसी धन का दो लगातार वर्षों का चक्रवृद्धि मिश्रधन ज्ञात हों, तो

$$\text{ब्याज दर} = \frac{(\text{दोनों मिश्रधनों का अन्तर})}{\text{पहला मिश्रधन}} \times 100\%$$

- जब कोई राशि n_1 समय में A_1 तथा n_2 समय में A_2 हो जाती हैं,

  तो चक्रवृद्धि ब्याज की वार्षिक दर $= \left[\left(\frac{A_2}{A_1}\right)^{\frac{1}{n_2-n_1}} - 1\right] \times 100\%$

Concept Capsule

- चक्रवृद्धि ब्याज की गणना में एक निश्चित अवधि के बाद मूलधन बदलता रहता है।
- जब चक्रवृद्धि ब्याज प्रति छमाही संयोजित किया जाए, तब दर आधी व समय दोगुना हो जाता है।
- जब चक्रवृद्धि ब्याज प्रति तिमाही संयोजित किया जाए, तब दर चौथाई व समय चार गुना हो जाता है।
- प्रथम वर्ष का साधारण व चक्रवृद्धि ब्याज समान होता है।

Formula Flashcards

- **13.1** दो वर्षों के लिए साधारण और चक्रवृद्धि ब्याज का अन्तर,

$$D = P\left(\frac{r}{100}\right)^2$$

- **13.2** तीन वर्षों के लिए साधारण तथा चक्रवृद्धि ब्याज का अन्तर,

$$D = P\left(\frac{r}{100}\right)^2\left(\frac{r}{100}+3\right)$$

  जहाँ, P = मूलधन तथा r = दर
- **13.3** यदि चक्रवृद्धि ब्याज पर कोई धनराशि n_1 वर्षों में x गुनी और n_2 वर्षों में y गुनी हो जाती है, तब $x^{1/n_1} = y^{1/n_2}$

Exam Approach Examples

मूल अवधारणा पर आधारित

उदाहरण 1. 5% प्रतिवर्ष की दर से 2 वर्षों में प्राप्त मिश्रधन ₹ 13230 है। यदि ब्याज चक्रवृद्धि रूप से संयोजित होता है, तो मूलधन क्या होगा? *SSC (10+2) 2023*

(a) ₹ 13000 (b) ₹ 10500
(c) ₹ 11500 (d) ₹ 12000

हल (d) दिया है,

$r = 5\%$, $n = 2$ वर्ष तथा $A =$ ₹ 13230

$\because \quad A = P\left(1+\frac{r}{100}\right)^n$

$\therefore \quad 13230 = P\left(1+\frac{5}{100}\right)^2$

$\Rightarrow 13230 = P \times \frac{105}{100} \times \frac{105}{100}$

$\Rightarrow \quad P = 13230 \times \frac{20}{21} \times \frac{20}{21} = ₹ 12000$

Score Booster
इस प्रकार के प्रश्न अनुपात की सहायता से अति शीघ्र हल किए जा सकते है जहाँ दर को अनुपात में बदला जाता है।

Quick Method

		मूलधन	मिश्रधन
प्रथम वर्ष	→	20	21
द्वितीय वर्ष	→	20	21
		400	441

41 (ब्याज)

$\left[\because 5\% = \frac{1}{20}\right]$

मूलधन $= 400 \rightarrow \frac{13230}{441} \times 400 = ₹ 12000$

उदाहरण 2. एक निश्चित धनराशि को वार्षिक रूप से संयोजित चक्रवृद्धि ब्याज पर 3 वर्षों के लिए निवेशित किया जाता है। पहले, दूसरे एवं तीसरे वर्ष के लिए ब्याज की दरें क्रमशः 10%, 20% एवं 30% हैं। तीन वर्षों के बाद प्राप्त धनराशि ₹ 14586 है। तीन वर्षों के लिए कुल चक्रवृद्धि ब्याज ज्ञात कीजिए। *DSSSB (Grade IV) 2019*

(a) ₹ 6596 (b) ₹ 6086
(c) ₹ 5864 (d) ₹ 5566

हल (b) माना $r_1 = 10\%$, $r_2 = 20\%$ एवं $r_3 = 30\%$

$\because$ चक्रवृद्धि मिश्रधन $= P\left(1+\frac{r_1}{100}\right)\left(1+\frac{r_2}{100}\right)\left(1+\frac{r_3}{100}\right)$

$\Rightarrow \quad 14586 = P\left(1+\frac{10}{100}\right)\left(1+\frac{20}{100}\right)\left(1+\frac{30}{100}\right)$

$\Rightarrow \quad 14586 = P \times \frac{11}{10} \times \frac{6}{5} \times \frac{13}{10}$

$\Rightarrow \quad P = \frac{14586 \times 10 \times 5 \times 10}{11 \times 6 \times 13} = ₹ 8500$

$\therefore$ तीन वर्षों के लिए चक्रवृद्धि ब्याज $= 14586 - 8500$
$= ₹ 6086$

Quick Method

		मूलधन	मिश्रधन
प्रथम वर्ष	→	10	11
द्वितीय वर्ष	→	5	6
तृतीय वर्ष	→	10	13
		500	858

358 (ब्याज)

$\left[\because 10\% = \frac{1}{10}, 20\% = \frac{1}{5}\right.$ तथा $\left.30\% = \frac{3}{10}\right]$

$\because 858 \rightarrow 14586;\ \therefore\ 358 \rightarrow \frac{14586}{858} \times 358 = ₹ 6086$

उदाहरण 3. ब्याज अर्द्धवार्षिक रूप से चक्रवृद्धि होने पर, ₹ 8000 की राशि पर किस वार्षिक ब्याज दर से $1\frac{1}{2}$ वर्षों में प्राप्त मिश्रधन ₹ 9261 होगा? *RRC Group D 2022*

(a) 10% (b) 15% (c) 20% (d) 5%

हल (a) दिया है, मूलधन $(P) =$ ₹ 8000

माना दर $= r\%$ वार्षिक $= \frac{r}{2}\%$ अर्द्धवार्षिक

तथा समय $(n) = 1\frac{1}{2}$ वर्ष $= \frac{3}{2}$ वर्ष $= 3$ अर्द्धवार्षिक

मिश्रधन $(A) =$ ₹ 9261

$\because$ चक्रवृद्धि मिश्रधन $(A) = P\left(1+\frac{r}{100}\right)^n$

$\Rightarrow \quad 9261 = 8000\left(1+\frac{r}{200}\right)^3$

$\Rightarrow \quad \left(1+\frac{r}{200}\right)^3 = \frac{9261}{8000}$

$\Rightarrow \quad \left(1+\frac{r}{200}\right)^3 = \left(\frac{21}{20}\right)^3$

दोनों पक्षों की तुलना करने पर,

$1+\frac{r}{200} = \frac{21}{20} \Rightarrow \frac{r}{200} = \frac{21}{20} - 1 = \frac{1}{20}$

$\therefore \quad r = 10\%$ वार्षिक

उदाहरण 4. ₹ 15000 की राशि पर 18% प्रतिवर्ष की दर से $3\frac{2}{4}$ वर्षों के लिए चक्रवृद्धि ब्याज कितना होगा, जबकि ब्याज वार्षिक रूप से चक्रवृद्धि किया जाता है? (अपने उत्तर को निकटतम पूर्णांक तक पूर्णांकित कीजिए) *IB 2023*

(a) ₹ 10264 (b) ₹ 10486 (c) ₹ 11084 (d) ₹ 11864

हल (d) दिया है, मूलधन $(P) =$ ₹ 15000

ब्याज दर $(r) = 18\%$ वार्षिक; समय $(t) = 3\frac{2}{4}$ वर्ष

$\because$ चक्रवृद्धि मिश्रधन $= P\left(1+\frac{r}{100}\right)^n \left(1+\frac{\frac{a}{b}r}{100}\right)$

$\therefore$ मिश्रधन $= 15000\left(1+\frac{18}{100}\right)^3\left(1+\frac{\frac{18\times 2}{4}}{100}\right)$

$= 15000\times\left(\frac{118}{100}\right)^3\times\left(\frac{109}{100}\right) = ₹\ 26863.57$

$\therefore$ अभीष्ट चक्रवृद्धि ब्याज $= (26863.57 - 15000) = ₹\ 11864$ (लगभग)

राशि के n गुने होने पर आधारित

उदाहरण 5. चक्रवृद्धि ब्याज पर कोई धनराशि 3 वर्ष में स्वयं की दोगुनी हो जाती है। समान ब्याज दर पर धनराशि को स्वयं का आठ गुना होने में कितने वर्ष लगेंगे? *DP Constable 2023*

(a) 5 (b) 7 (c) 9 (d) 8

हल (c) यहाँ, मिश्रधन $(A) = ₹\ 2P$

$\because\ A = P\left(1+\frac{r}{100}\right)^n \Rightarrow 2P = P\left(1+\frac{r}{100}\right)^3$

$\Rightarrow \left(1+\frac{r}{100}\right)^3 = 2$ ...(i)

पुनः $8P = P\left(1+\frac{r}{100}\right)^n \Rightarrow \left(1+\frac{r}{100}\right)^n = 8$ ...(ii)

$\Rightarrow (2^{\frac{1}{3}})^n = 8$ [समी (i) से]

$\Rightarrow 2^{\frac{n}{3}} = 2^3$

दोनों पक्षों की तुलना करने पर, $\frac{n}{3} = 3 \Rightarrow n = 9$ वर्ष

अतः धनराशि को स्वयं का आठ गुना होने में 9 वर्ष लगेंगे।

Quick Method

यहाँ, $n_1 = 3$ वर्ष, $x = 2$, $n_2 = ?$, $y = 8$ [Formula 13.3 से]

$\therefore\ 2^{\frac{1}{3}} = 8^{\frac{1}{n_2}} \Rightarrow 2^{\frac{1}{3}} = 2^{\frac{3}{n_2}}$

दोनों पक्षों के घातों की तुलना करने पर,

$\frac{1}{3} = \frac{3}{n_2} \Rightarrow n_2 = 9$ वर्ष

साधारण ब्याज और चक्रवृद्धि ब्याज पर आधारित

उदाहरण 6. ₹ 32000 की राशि पर समान वार्षिक दर से 2 वर्षों में प्राप्त साधारण ब्याज और चक्रवृद्धि ब्याज का अन्तर ₹ 80 है। ब्याज वार्षिक रूप से संयोजित होने की स्थिति में चक्रवृद्धि ब्याज की दर ज्ञात कीजिए। *NTA CUET (UG) 2023*

(a) 8% वार्षिक (b) 12% वार्षिक (c) 5% वार्षिक (d) 2% वार्षिक

हल (c) हम जानते हैं, दो वर्षों के लिए,

$(CI - SI) = P\left(\frac{r}{100}\right)^2$

[Formula 13.1 से]

अब, $80 = 32000\left(\frac{r}{100}\right)^2$

$\Rightarrow r^2 = \frac{80\times 10000}{32000} \Rightarrow r^2 = 25$

$\therefore\ r = 5\%$ वार्षिक

अतः चक्रवृद्धि ब्याज की दर 5% वार्षिक है।

Trending Concept

चक्रवृद्धि ब्याज और साधारण ब्याज के अन्तर पर आधारित प्रश्न वर्तमान में हो रही परीक्षाओं (CUET, SSC, Railway, Constable) में पूछे जा रहे हैं। इसलिए आगामी परीक्षाओं के लिए भी अति महत्त्वपूर्ण हैं।

विविध

उदाहरण 7. चक्रवृद्धि ब्याज पर ₹ 3000 की राशि दो वर्षों में ₹ 6000 हो जाती है, तो चार वर्ष के लिए ब्याज कितना है? *UP Police Constable 2024*

(a) ₹ 12000 (b) ₹ 3000 (c) ₹ 9000 (d) ₹ 6000

हल (c) दिया है, मूलधन $(P) = ₹\ 3000$, माना ब्याज दर $= R$

प्रश्नानुसार,

$6000 = 3000\left(1+\frac{R}{100}\right)^2 \Rightarrow \left(1+\frac{R}{100}\right)^2 = 2$

तथा चार वर्ष बाद मिश्रधन, $A = 3000\left(1+\frac{R}{100}\right)^4$

$\Rightarrow A = 3000\times 2^2 = ₹\ 12000$

अतः चार वर्ष के लिए ब्याज $= 12000 - 3000 = ₹\ 9000$

उदाहरण 8. मिहिर और दीप्तेश के बीच ₹ 1301 इस प्रकार बाँटिए, ताकि 7 वर्षों के बाद मिहिर की राशि, 9 वर्षों के बाद दीप्तेश की राशि के बराबर हो जाए, ब्याज 4% प्रतिवर्ष की दर से संयोजित किया जाता है, तब मिहिर का हिस्सा कितना है? *UP Police Constable 2024*

(a) ₹ 676 (b) ₹ 620 (c) ₹ 653 (d) ₹ 616

हल (a) माना मिहिर का हिस्सा $(P_1) = ₹\ x$

$\therefore$ दीप्तेश का हिस्सा $(P_2) = ₹\ (1301 - x)$

ब्याज की दर $(r) = 4\%$ वार्षिक

प्रश्नानुसार, $x\left(1+\frac{4}{100}\right)^7 = (1301 - x)\left(1+\frac{4}{100}\right)^9$

$\Rightarrow x = (1301 - x)\left(1+\frac{4}{100}\right)^2$

$\Rightarrow x = (1301 - x)\times\frac{26}{25}\times\frac{26}{25}$

$\Rightarrow 625x = 1301\times 676 - 676x$

$\Rightarrow 1301x = 1301\times 676 \Rightarrow x = ₹\ 676$

अतः मिहिर का हिस्सा ₹ 676 है।

उदाहरण 9. एक आदमी 10% चक्रवृद्धि ब्याज पर ₹ 21000 का ऋण लेता है। प्रत्येक वर्ष के अन्त में उसे बराबर कितनी राशि देनी पड़ेगी, कि दो वर्षों के ऋण का भुगतान हो जाए?

(a) ₹ 12000 (b) ₹ 12100 (c) ₹ 12200 (d) ₹ 12300

हल (b) हम जानते हैं,

$\because\ x = \frac{P}{\left(\frac{100}{100+r}\right) + \left(\frac{100}{100+r}\right)^2 + \ldots + \left(\frac{100}{100+r}\right)^n}$

$\Rightarrow x = \frac{21000}{\left(\frac{100}{100+10}\right) + \left(\frac{100}{100+10}\right)^2}$

$\Rightarrow x = \frac{21000}{\left(\frac{100}{110}\right) + \left(\frac{100}{110}\right)^2} \Rightarrow x = \frac{21000}{\left[\frac{11000 + 10000}{(110)^2}\right]}$

$\Rightarrow x = \frac{21000\times 110\times 110}{21000} \Rightarrow x = ₹\ 12100$

अतः प्रत्येक वर्ष के अन्त में उसे ₹ 12100 की राशि चुकानी पड़ेगी।

Chapter Challenge

मूल अवधारणा पर आधारित

1. 3 वर्ष के बाद चक्रवृद्धि ब्याज के तहत कुल कितनी राशि प्राप्त होती है, यदि ब्याज दर 10% प्रतिवर्ष है तथा मूल राशि ₹ 18000 है? *RPF Constable 2019*

(a) ₹ 23589 (b) ₹ 23985
(c) ₹ 23598 (d) ₹ 23958

2. ₹ 2700 मूलधन का चक्रवृद्धि ब्याज ज्ञात कीजिए, जब ब्याज दर 3% प्रतिवर्ष और समय 2 वर्ष हो। *MP Police Constable 2022*

(a) ₹ 455.89 (b) ₹ 164.43
(c) ₹ 876.34 (d) ₹ 240.67

3. प्रतिवर्ष 10% की दर पर, दो वर्ष के अन्त में ₹ 7100 की राशि पर प्राप्त चक्रवृद्धि ब्याज ज्ञात कीजिए। *UP Police ASI 2021*

(a) ₹ 1495 (b) ₹ 1496
(c) ₹ 1491 (d) ₹ 1490

4. एक निश्चित राशि पर 2 वर्ष के लिए 10% प्रतिवर्ष की दर से वार्षिक संयोजन पर चक्रवृद्धि ब्याज लिया जाता है। यदि मिश्रधन ₹ 605 हो जाता है, तो मूलधन (₹ में) ज्ञात कीजिए। *SSC Constable (GD) 2022*

(a) 650 (b) 600 (c) 500 (d) 550

5. प्रतिवर्ष 30% की दर से चक्रवृद्धि ब्याज पर निवेश की गई वह राशि ज्ञात कीजिए, जो 2 वर्षों में ₹ 3887 हो जाएगी। *UP Police ASI 2021*

(a) ₹ 2300 (b) ₹ 2295
(c) ₹ 2350 (d) ₹ 2345

6. यदि ब्याज की दर 5% है, तो 2 वर्ष के बाद प्राप्त होने वाली ₹ 2.1 लाख की आय का अनुमानित वर्तमान मूल्य (₹ लाख में) का मान ज्ञात कीजिए। *SSC (10+2) 2023*

(a) 1.975 (b) 1.725
(c) 1.905 (d) 1.815

7. ₹ 4000 की राशि 3 वर्षों में प्रतिवर्ष किस दर से चक्रवृद्धि ब्याज पर ₹ 5324 हो जाएगी? *CISF ASI 2023*

(a) 12% (b) 10%
(c) 8% (d) 15%

8. ₹ 4800 की धनराशि, वार्षिक रूप से चक्रवृद्धि होने वाली किस वार्षिक ब्याज दर पर 2 वर्षों में राशि ₹ 5547 हो जाएगी?

(a) 8% (b) 7.5%
(c) 8.5% (d) 7%

9. ₹ 1000000 पर 3% वार्षिक की दर से वार्षिक चक्रवृद्धि आधार पर गणना किया गया चक्रवृद्धि ब्याज ₹ 92727 है। इसके लिए अपेक्षित वर्षों की संख्या का मान ज्ञात कीजिए। *SSC Constable (GD) 2022*

(a) 4 (b) 3
(c) 5 (d) 2

> **MRC*****
> *(Most Repeating Concepts)*
> प्र. सं. 7, 9, 10, 11, 12, 14 और 17 Examination Point of Views से अति महत्त्वपूर्ण हैं। इन Concept पर प्रश्न विभिन्न परीक्षाओं (SSC GD, CGL, Group-D, UP Police) में निरन्तर पूछे जा रहे हैं।

10. ब्याज की गणना वार्षिक चक्रवृद्धि आधार पर करते हुए, ₹ 11500 की राशि 30% वार्षिक दर पर उधार दी गई, तो कितने वर्ष में राशि ₹ 19435 हो जाएगी? *UP Police SI 2021*

(a) 2 (b) 8 (c) 6 (d) 4

11. यदि ब्याज की दर पहले वर्ष के लिए 16% वार्षिक, दूसरे वर्ष के लिए 20% वार्षिक और तीसरे वर्ष के लिए 15% वार्षिक है, तो ₹ 15000 पर तीन वर्षों के लिए चक्रवृद्धि ब्याज ज्ञात कीजिए। *SSC Constable (GD) 2023*

(a) ₹ 9012 (b) ₹ 8012
(c) ₹ 8015 (d) ₹ 9015

12. ₹ 30000 की राशि पर 15% वार्षिक दर से $2\frac{2}{3}$ वर्ष में भुगतान किया जाने वाला चक्रवृद्धि ब्याज ज्ञात कीजिए। *SSC CGL (Tier-I) 2021*

(a) ₹ 16342.50 (b) ₹ 14362.50
(c) ₹ 13642.50 (d) ₹ 12364.50

13. ₹ 5000 की राशि के लिए, अर्द्धवार्षिक रूप से चक्रवृद्धि की जाने वाली 10% वार्षिक ब्याज दर पर 2 वर्षों का चक्रवृद्धि ब्याज ज्ञात कीजिए। *CISF HC 2022*

(a) ₹ 1025.00 (b) ₹ 2320.50
(c) ₹ 1050.00 (d) ₹ 1077.50

14. ₹ 10000 पर 20% वार्षिक दर से चक्रवृद्धि ब्याज ₹ 4641 है। यदि चक्रवृद्धि अर्द्धवार्षिक रूप से की गई हो, तो मूलधन कितने वर्षों के लिए निवेश किया गया? *SSC CGL (Tier-II) 2023*

(a) 3 (b) 2
(c) 6 (d) 4

15. ₹ 5000 की राशि पर 8% प्रतिवर्ष की दर से 9 माह का चक्रवृद्धि ब्याज क्या होगा, यदि ब्याज तिमाही आधार पर संयोजित किया जाता है?

(a) ₹ 310.4 (b) ₹ 200
(c) ₹ 306.04 (d) ₹ 520.4

16. 20% की वार्षिक दर से 2 वर्षों के लिए चक्रवृद्धि ब्याज पर निवेश की गई राशि पर, ब्याज को वार्षिक रूप से चक्रवृद्धि करने की तुलना में अर्द्धवार्षिक रूप से चक्रवृद्धि किए जाने पर, ब्याज के रूप में ₹ 482 अधिक मिलेंगे। तब निवेश की गई राशि का मान ज्ञात कीजिए। *IB Assistant 2023*

(a) ₹ 24100 (b) ₹ 19120
(c) ₹ 20000 (d) ₹ 22210

17. यदि एक निश्चित धनराशि पर दूसरे वर्ष के दौरान अर्जित ब्याज ₹ 2761 है और चक्रवृद्धि ब्याज की दर 10% वार्षिक है, ब्याज की गणना वार्षिक चक्रवृद्धि आधार पर की जाती है, तो वह धनराशि का मान ज्ञात कीजिए। *RRC Group D 2022*

(a) ₹ 25150 (b) ₹ 26100
(c) ₹ 21500 (d) ₹ 25100

18. विपुल तथा मनीष ने ₹ 15000 तथा ₹ 20000 की राशियों को क्रमश: 20% तथा 30% प्रतिवर्ष की दर से चक्रवृद्धि ब्याज (वार्षिक रूप से चक्रवृद्धि होने वाले) पर निवेश किया। यदि दोनों के लिए समयावधि 3 वर्ष हो, तो विपुल तथा मनीष द्वारा अर्जित कुल चक्रवृद्धि ब्याज का मान ज्ञात कीजिए।

(a) ₹ 29460 (b) ₹ 32480
(c) ₹ 31688 (d) ₹ 34860

19. 10% प्रतिवर्ष चक्रवृद्धि ब्याज दर पर निवेशित कोई राशि 3 वर्ष में ₹ 19965 हो जाती है। यही राशि समान ब्याज दर पर $2\frac{2}{5}$ वर्षों में ₹ x हो जाएगी। यदि दोनों ही मामलों में ब्याज को वार्षिक रूप से संयोजित किया जाता है, तो x का मान ज्ञात कीजिए।
(a) ₹ 18855 (b) ₹ 18768
(c) ₹ 18867 (d) ₹ 18876

राशि के *n* गुने होने पर आधारित

20. चक्रवृद्धि ब्याज (वार्षिक रूप से संयोजित) पर रखी गई एक धनराशि 10 वर्षों में स्वयं की दोगुनी हो जाती है। वह समय ज्ञात कीजिए, जिसमें धनराशि स्वयं की 4 गुना हो जाएगी। *SSC Constable (GD) 2024*
(a) 20 वर्ष
(b) 10 वर्ष
(c) 15 वर्ष
(d) 14 वर्ष

> ***MRC****
> ***(Most Repeating Concepts)***
> प्र. सं. 20, 26, 30 और 34 Examination Point of Views से अति महत्त्वपूर्ण है। इन Concept पर प्रश्न प्रतियोगी परीक्षाओं (SSC GD, UP Police Constable, DSSSB, NTPC आदि) में निरन्तर पूछे जा रहे हैं।

21. यदि कोई धन चक्रवृद्धि ब्याज की दर से 10 वर्ष में स्वयं का दोगुना हो जाता है, तो उसी दर से वह कितने वर्ष में स्वयं का 16 गुना हो जाएगा? *RRC Group D 2022*
(a) 30 (b) 20 (c) 40 (d) 10

22. एक राशि चक्रवृद्धि ब्याज पर (वार्षिक संयोजन पर) 4 वर्षों में स्वयं की तीन गुना हो गई। समान दर से चक्रवृद्धि ब्याज पर (वार्षिक संयोजन पर) यह राशि कितने वर्षों में स्वयं की 9 गुना हो जाएगी? *DSSSB Assistant Teacher 2019*
(a) 16 (b) 12
(c) 8 (d) 10

23. एक धनराशि चक्रवृद्धि ब्याज पर 4 वर्ष में दोगुनी हो जाती है। समान ब्याज दर पर कितने वर्षों में धनराशि 8 गुना हो जाएगी? *SSC CPO 2024*
(a) 15 (b) 10 (c) 8 (d) 12

24. कोई राशि चक्रवृद्धि ब्याज की दर से 4 वर्षों में ₹ 600 तथा 8 वर्षों में ₹ 900 हो जाती है। राशि ज्ञात कीजिए।
(a) ₹ 300 (b) ₹ 900
(c) ₹ 800 (d) ₹ 400

साधारण ब्याज और चक्रवृद्धि ब्याज पर आधारित

25. 10% वार्षिक दर पर ऋण दी गई एक निश्चित धनराशि पर 1 वर्ष के लिए चक्रवृद्धि ब्याज (अर्द्धवार्षिक रूप से संयोजित) और 1 वर्ष के लिए साधारण ब्याज के बीच का अन्तर ₹ 25 है। वह धनराशि ज्ञात कीजिए। *SSC (10+2) 2022*
(a) ₹ 12000 (b) ₹ 6000
(c) ₹ 8000 (d) ₹ 10000

26. एक निश्चित धनराशि पर दो वर्ष के लिए 5% की दर से साधारण ब्याज ₹ 1600 है। 3 वर्ष के बाद समान दर पर चक्रवृद्धि ब्याज (वार्षिक रूप से संयोजित ब्याज) ज्ञात कीजिए। *UP Police Constable 2024*
(a) ₹ 2522 (b) ₹ 2520
(c) ₹ 2355 (d) ₹ 2555

27. ₹ 22500 की राशि पर 2 वर्षों में चक्रवृद्धि ब्याज की कुछ दर पर ₹ 5724 का ब्याज प्राप्त हुआ, जो वार्षिक रूप से संयोजित होता है, तो उसी राशि पर 4 वर्ष के लिए समान दर पर साधारण ब्याज का मान ज्ञात कीजिए। *UP Police Assistant Operator 2024*
(a) ₹ 10800 (b) ₹ 12800 (c) ₹ 12000 (d) ₹ 10500

28. पीटर ने 10% वार्षिक साधारण ब्याज देने वाली एक योजना में एक निश्चित राशि का निवेश किया, जबकि रेचल ने वार्षिक चक्रवृद्धि ब्याज आधार पर 10% वार्षिक ब्याज दर वाली एक योजना में पीटर से आधी राशि का निवेश किया। पीटर ने 2 वर्ष के लिए निवेश किया तथा रेचल ने 3 वर्ष के लिए निवेश किया। यदि उनके द्वारा अर्जित ब्याजों में ₹ 897 का अन्तर था, तो रेचल ने कितनी राशि का निवेश किया था? *SSC CPO 2023*
(a) ₹ 12900 (b) ₹ 12960 (c) ₹ 13100 (d) ₹ 13000

29. एक निश्चित राशि को 10% प्रतिवर्ष की साधारण ब्याज पर 3 वर्ष के लिए तथा 20% प्रतिवर्ष की चक्रवृद्धि ब्याज पर 2 वर्ष के लिए निवेश किया जाता है, तब साधारण ब्याज से चक्रवृद्धि ब्याज का अनुपात ज्ञात कीजिए। *DSSSB (Grade-II) 2019*
(a) 13 : 20 (b) 15 : 22 (c) 22 : 15 (d) 20 : 13

30. A और B ने समान अवधि के लिए समान राशि उधार ली। A ने 8% वार्षिक की दर से साधारण ब्याज पर उधार ली। B ने अर्द्धवार्षिक 5% चक्रवृद्धि ब्याज पर उधार ली। एक वर्ष के अन्त में, B के ब्याज और A के ब्याज से अनुपात का मान ज्ञात कीजिए। *RRB NTPC (CBT I) 2021*
(a) 41 : 32 (b) 40 : 41 (c) 32 : 41 (d) 4 : 3

31. 4 वर्षों में साधारण ब्याज पर एक राशि में 60% की वृद्धि होती है। 2 वर्ष बाद समान ब्याज दर पर ₹ 52500 का चक्रवृद्धि ब्याज का मान ज्ञात कीजिए। *UP Police SI 2021*
(a) ₹ 13931.25 (b) ₹ 15931.25
(c) ₹ 16931.25 (d) ₹ 13931.25

32. एक निश्चित धनराशि पर 10% प्रतिवर्ष की दर से 2 वर्षों का साधारण ब्याज ₹ 2400 है, तो समान धनराशि पर समान दर से समान अवधि के लिए वार्षिक रूप से संयोजित चक्रवृद्धि ब्याज का मान ज्ञात कीजिए। *DSSSB Asst. Superintendent 2019*
(a) ₹ 2450 (b) ₹ 2620 (c) ₹ 2520 (d) ₹ 2580

33. किसी धनराशि पर 30% वार्षिक की दर से 2 वर्ष के लिए चक्रवृद्धि ब्याज (वार्षिक रूप से संयोजित) और साधारण ब्याज के बीच का अन्तर ₹ 5400 है। वह धनराशि कितनी है? *SSC Constable (GD) 2024*
(a) ₹ 68000 (b) ₹ 65000
(c) ₹ 60000 (d) ₹ 70000

34. एक निश्चित राशि पर 3 वर्षों के लिए 30% प्रतिवर्ष की दर से साधारण ब्याज और चक्रवृद्धि ब्याज के बीच अन्तर ₹ 8910 है। यदि यह ज्ञात हो, कि ब्याज वार्षिक रूप से चक्रवृद्धि होता है, तो मूलधन का मान ज्ञात कीजिए। *DSSSB Lab Assistant 2024*
(a) ₹ 20500 (b) ₹ 20000
(c) ₹ 30000 (d) ₹ 30500

35. ₹ 10000 पर 3% वार्षिक दर से 3 वर्ष पर प्राप्त साधारण ब्याज और चक्रवृद्धि ब्याज के बीच अन्तर ज्ञात कीजिए। *RRB JE 2019*
(a) ₹ 27.27 (b) ₹ 21.54
(c) ₹ 17.82 (d) ₹ 16.25

विविध

36. किसी मूलधन पर पहले और दूसरे वर्ष के अन्त में चक्रवृद्धि ब्याज पर प्राप्त राशि क्रमशः ₹ 1350 और ₹ 1458 हैं, तो ब्याज दर का मान ज्ञात कीजिए। ***RRB ALP 2019***

(a) 12% (b) 8% (c) 15% (d) 10%

37. कोई धनराशि चक्रवृद्धि ब्याज दर पर 2 वर्ष में ₹ 3600 तथा 4 वर्ष में ₹ 5184 हो जाती है। ब्याज की वार्षिक दर ज्ञात कीजिए।

(a) 10% (b) 20% (c) 15% (d) 5%

38. ब्याज की गणना वार्षिक चक्रवृद्धि आधार पर करने पर, चक्रवृद्धि ब्याज पर दी गई एक निश्चित धनराशि 2 वर्ष में ₹ 3025 और 3 वर्ष में ₹ 3327.5 हो जाती है। धनराशि और वार्षिक ब्याज दर का मान क्रमशः ज्ञात कीजिए। ***RRB NTPC (CBT II) 2022***

(a) ₹ 2800 और 9% (b) ₹ 2200 और 10%
(c) ₹ 2000 और 8.5% (d) ₹ 2500 और 10%

39. 10% वार्षिक चक्रवृद्धि ब्याज की दर पर, ₹ 4000 की राशि उधार दी जाती है और ब्याज वार्षिक संयोजित होता है। दूसरे और तीसरे वर्ष में प्राप्त चक्रवृद्धि ब्याज के बीच का अन्तर ज्ञात कीजिए। ***SSC (10+2) 2021***

(a) ₹ 45.00 (b) ₹ 46.50
(c) ₹ 44.00 (d) ₹ 45.40

40. एक धनराशि चक्रवृद्धि ब्याज पर 3 वर्ष बाद ₹ 4460 और 6 वर्ष बाद ₹ 6690 हो जाती है, तब अनुमानित धनराशि का मान ज्ञात कीजिए। ***UP Police Constable 2024***

(a) ₹ 2991.66 (b) ₹ 3115.33
(c) ₹ 2973.33 (d) ₹ 3121.66

41. जोनाथन ने 3 वर्ष पहले वार्षिक चक्रवृद्धि आधार पर गणनीय 10% वार्षिक ब्याज की दर पर एक राशि 5 वर्षों के लिए उधार ली। इस अवधि के अन्त में भुगतान की जाने वाली ₹ 161051 थी। हालाँकि, कोई पूर्व भुगतान दण्ड (प्री-पेमेण्ट पेनल्टी) नहीं था और जोनाथन को अभी कुछ बोनस भुगतान प्राप्त हुआ, जिससे उसने अपना ऋण चुकाने का फैसला किया है। जोनाथन को अभी कितना भुगतान करना होगा? ***SSC CPO 2023***

(a) ₹ 133200 (b) ₹ 133000
(c) ₹ 132900 (d) ₹ 133100

42. ₹ 3364 की राशि को दो भागों में इस प्रकार विभाजित किया जाता है, कि इनसे क्रमशः 3 वर्ष और 5 वर्ष के बाद की प्राप्त राशियाँ बराबर होती हैं, जब यह वार्षिक 5% पर वार्षिक रूप से चक्रवृद्धि होती है, तब दोनों भागों के बीच अन्तर ज्ञात कीजिए। ***SSC MTS 2021***

(a) ₹ 164 (b) ₹ 180
(c) ₹ 166 (d) ₹ 160

43. एक व्यक्ति ने कुछ धनराशि उधार ली और पहले वर्ष के अन्त में ₹ 4200 और दूसरे वर्ष के अन्त में ₹ 4410 का भुगतान करके उसकी अदाएगी करने पर सहमत हुआ। यदि चक्रवृद्धि ब्याज की दर 5% प्रतिवर्ष थी, तो उधार ली गई राशि ज्ञात कीजिए। ***DP Constable 2023***

(a) ₹ 8500 (b) ₹ 7000
(c) ₹ 7500 (d) ₹ 8000

> ***MRC******
> ***(Most Repeating Concepts)***
> प्र. सं. 36, 40, 42, 43 और 47 Examination Point of Views से अति महत्त्वपूर्ण हैं। इन Concept पर प्रश्न प्रतियोगी परीक्षाओं (RRB ALP, MTS, Constable, CHSL आदि) में निरन्तर पूछे जा रहे हैं।

44. ₹ 8448 की राशि A तथा B के बीच बाँटना था। जिनकी आयु क्रमशः 18 वर्ष तथा 19 वर्ष हैं। ताकि उनका हिस्सा 6.25% वार्षिक चक्रवृद्धि ब्याज से निवेश किया गया। 21 वर्ष की आयु में वे दोनों समान राशि पाते हैं, तब A का वर्तमान हिस्सा ज्ञात करें। ***DSSSB (Grade-II) 2019***

(a) ₹ 4352 (b) ₹ 4225
(c) ₹ 4000 (d) ₹ 4096

45. ₹ 13010 की राशि को P तथा Q के बीच बाँटा जाता है, ताकि 7 वर्ष बाद P की राशि 9 वर्ष बाद Q को प्राप्त राशि के बराबर हो जाए, यदि ब्याज 4% वार्षिक चक्रवृद्धि ब्याज से संयोजित होता है, तो P तथा Q का हिस्से का मान क्रमशः ज्ञात कीजिए। ***DSSSB (Grade-II) 2019***

(a) ₹ 7500, ₹ 5510
(b) ₹ 6500, ₹ 6510
(c) ₹ 5000, ₹ 8010
(d) ₹ 6760, ₹ 6250

46. कुछ धनराशि वार्षिक चक्रवृद्धि की दर से 5% चक्रवृद्धि ब्याज देकर प्रति ₹ 17640 की दो वार्षिक किस्तों में चुकायी जाती है, तब उधार ली गई राशि का मान ज्ञात कीजिए।

(a) ₹ 32400 (b) ₹ 32000
(c) ₹ 32200 (d) ₹ 32800

47. एक मोबाइल फोन ₹ 79860 के नकद भुगतान पर या डाउन पेमेण्ट के रूप में ₹ 60000 का नकद भुगतान करने और शेष धनराशि को तीन समान वार्षिक किस्तों में भुगतान करने पर उपलब्ध है। यदि दुकानदार 10% वार्षिक चक्रवृद्धि ब्याज की दर से ब्याज लेता है, जो वार्षिक रूप से चक्रवृद्धि होता है, तो प्रत्येक किस्त की राशि (₹ में) कितनी होगी? ***SSC (10+2) 2021***

(a) 6789 (b) 7986
(c) 6000 (d) 6689

Right Key

1 (d)	2 (b)	3 (c)	4 (c)	5 (a)	6 (c)	7 (b)	8 (b)	9 (b)	10 (a)
11 (a)	12 (c)	13 (d)	14 (b)	15 (c)	16 (c)	17 (d)	18 (d)	19 (d)	20 (a)
21 (c)	22 (c)	23 (d)	24 (d)	25 (d)	26 (a)	27 (a)	28 (d)	29 (b)	30 (a)
31 (c)	32 (c)	33 (c)	34 (c)	35 (a)	36 (b)	37 (b)	38 (d)	39 (c)	40 (c)
41 (d)	42 (a)	43 (d)	44 (d)	45 (d)	46 (b)	47 (b)			

Solutions

1. (*d*) $P =$ ₹ 18000, $r = 10\%$ वार्षिक, $n = 3$ वर्ष

मिश्रधन $= P\left(1+\frac{r}{100}\right)^n$

$= 18000\left(1+\frac{10}{100}\right)^3$

$= 18000 \times \frac{11}{10} \times \frac{11}{10} \times \frac{11}{10}$

= ₹ 23958

2. (*b*) दिया है, मूलधन $(P) =$ ₹ 2700,

समय $(n) = 2$ वर्ष, दर $(r) = 3\%$ वार्षिक

चक्रवृद्धि ब्याज (CI)

$= P\left[\left(1+\frac{r}{100}\right)^n - 1\right]$

$= 2700\left[\left(1+\frac{3}{100}\right)^2 - 1\right]$

$= 2700\left[\left(\frac{103}{100}\right)^2 - 1\right]$

$= 2700 \times \frac{609}{10000}$

= ₹ 164.43

3. (*c*) दिया है, मूलधन = ₹ 7100

ब्याज की दर = 10% वार्षिक

समय = 2 वर्ष

$\therefore$ मिश्रधन $= 7100\left(1+\frac{10}{100}\right)^2$

$= 7100 \times \frac{11}{10} \times \frac{11}{10} =$ ₹ 8591

$\because$ चक्रवृद्धि ब्याज = मिश्रधन − मूलधन

= 8591 − 7100 = ₹ 1491

Quick Method

दो वर्षों की दर $= \left(10+10+\frac{10\times 10}{100}\right)\% = 21\%$

$\therefore$ चक्रवृद्धि ब्याज $= \frac{7100}{100} \times 21 =$ ₹ 1491

4. (*c*) यहाँ, मिश्रधन = ₹ 605

दर = 10% वार्षिक, समय = 2 वर्ष

$\because$ मिश्रधन = मूलधन $\left(1+\frac{\text{दर}}{100}\right)^{\text{समय}}$

$\Rightarrow$ 605 = मूलधन $\left(1+\frac{10}{100}\right)^2$

मूलधन $= \frac{605 \times 10 \times 10}{11 \times 11}$

= ₹ 500

TOP TIPS इस प्रकार के प्रश्न समतुल्य ब्याज की दर से भी आसानी से हल किए जा सकते हैं

समतुल्य ब्याज दर $= 2r + \frac{r \times r}{100}$

5. (*a*) माना धनराशि = ₹ *P*

ब्याज की दर $(r) = 30\%$ वार्षिक

समय $(n) = 2$ वर्ष

मिश्रधन $(A) =$ ₹ 3887

$\because \quad A = P\left(1+\frac{r}{100}\right)^n$

$\Rightarrow \quad 3887 = P\left(1+\frac{30}{100}\right)^2$

$\Rightarrow \quad 3887 = P \times \frac{13}{10} \times \frac{13}{10}$

$\Rightarrow \quad P = \frac{3887 \times 100}{169} = 23 \times 100$

$\therefore \quad P =$ ₹ 2300

अत: निवेश की गई धनराशि ₹ 2300 थी।

Quick Method

$\because 30\% = \frac{3}{10}$

	मूलधन	मिश्रधन
प्रथम वर्ष →	10	13
द्वितीय वर्ष →	10	13
	100	169

$\because 169 \rightarrow$ ₹ 3887

$\therefore 100 \rightarrow \frac{3887}{169} \times 100 =$ ₹ 2300

6. (*c*) दिया है, दर $(r) = 5\%$ वार्षिक

समय $(n) = 2$ वर्ष

मिश्रधन $(A) =$ ₹ 2.1 लाख

प्रश्नानुसार, $2.1 = P\left(1+\frac{5}{100}\right)^2$

$\left[\because A = P\left(1+\frac{r}{100}\right)^n\right]$

$\Rightarrow \quad 2.1 = P(1.05)^2$

$\Rightarrow \quad P \times 1.1025 = 2.1$ लाख

$\therefore \quad P = \frac{2.1}{1.1025}$ लाख

= 1.905 लाख (लगभग)

अत: वर्तमान अनुमानित राशि = ₹ 1.905 लाख

Quick Method

समतुल्य ब्याज दर $= 2 \times 5 + \frac{5 \times 5}{100} = 10.25\%$

वर्तमान मूल्य $= \frac{2.1 \times 100}{110.25} =$ ₹ 1.905 लाख

7. (*b*) दिया है, मूलधन $(P) =$ ₹ 4000

समय $(n) = 3$ वर्ष

मिश्रधन $(A) =$ ₹ 5324

अब, $A = P\left(1+\frac{r}{100}\right)^n$

$\Rightarrow \quad 5324 = 4000\left(1+\frac{r}{100}\right)^3$

$\Rightarrow \quad \frac{5324}{4000} = \left(1+\frac{r}{100}\right)^3$

$\Rightarrow \quad \left(1+\frac{r}{100}\right)^3 = \frac{1331}{1000}$

$\Rightarrow \quad \left(1+\frac{r}{100}\right)^3 = \left(\frac{11}{10}\right)^3$

दोनों पक्षों की तुलना करने पर,

$1 + \frac{r}{100} = \frac{11}{10}$

$\Rightarrow \quad \frac{r}{100} = \frac{11}{10} - 1 = \frac{1}{10}$

$\therefore \quad r = 10\%$ वार्षिक

Quick Method

1 वर्ष के लिए, मूलधन व मिश्रधन का अनुपात

$\frac{P}{A} = \sqrt[3]{\frac{4000}{5324}} = \sqrt[3]{\frac{1000}{1331}} = \frac{10}{11}$

अत: अभीष्ट ब्याज दर $= \frac{11-10}{10} \times 100$

$= 10\%$

8. (*b*) माना वार्षिक ब्याज दर $r\%$ है।

मिश्रधन $(A) =$ ₹ 5547

मूलधन $(P) =$ ₹ 4800

समय $(t) = 2$ वर्ष

प्रश्नानुसार,

$5547 = 4800\left(1+\frac{r}{100}\right)^2$

$\Rightarrow \quad \frac{5547}{4800} = \left(1+\frac{r}{100}\right)^2$

$\Rightarrow \quad \frac{1849}{1600} = \left(1+\frac{r}{100}\right)^2$

$\Rightarrow \quad \left(\frac{43}{40}\right)^2 = \left(1+\frac{r}{100}\right)^2$

$\Rightarrow \quad \frac{r}{100} = \frac{43}{40} - 1$

$\Rightarrow \quad \frac{r}{100} = \frac{3}{40}$

$\therefore \quad r = \frac{3 \times 100}{40} = \frac{15}{2} = 7.5\%$ वार्षिक

9. (*b*) मूलधन = ₹ 1000000; दर = 3% वार्षिक

चक्रवृद्धि ब्याज = ₹ 92727

चक्रवृद्धि मिश्रधन

$= \text{मूलधन}\left(1+\frac{\text{दर}}{100}\right)^{\text{समय}} = \text{मूलधन} + \text{ब्याज}$

$\Rightarrow 1000000\left(1+\frac{3}{100}\right)^n = 1000000 + 92727$

$\Rightarrow \left(1+\frac{3}{100}\right)^n = \frac{1092727}{1000000}$

$\Rightarrow \left(\frac{103}{100}\right)^n = \left(\frac{103}{100}\right)^3$

दोनों पक्षों की तुलना करने पर,

$\therefore \quad n = 3$ वर्ष

10. (*a*) $\because \quad A = P\left(1+\frac{r}{100}\right)^n$

$\Rightarrow \quad 19435 = 11500\left(1+\frac{30}{100}\right)^n$

$\Rightarrow \frac{19435}{11500} = \left(\frac{10+3}{10}\right)^n$

$\Rightarrow \frac{169}{100} = \left(\frac{13}{10}\right)^n$

$\Rightarrow \left(\frac{13}{10}\right)^2 = \left(\frac{13}{10}\right)^n$

दोनों पक्षों की तुलना करने पर,

$\therefore \quad n = 2$ वर्ष

11. (*a*) $\because$ चक्रवृद्धि ब्याज

$= P\left(1+\frac{r_1}{100}\right)\left(1+\frac{r_2}{100}\right)\left(1+\frac{r_3}{100}\right)$

$= 15000\left(1+\frac{16}{100}\right)\left(1+\frac{20}{100}\right)\left(1+\frac{15}{100}\right)$

$= 15000 \times \frac{116}{100} \times \frac{120}{100} \times \frac{115}{100}$

$= \frac{15 \times 116 \times 12 \times 115}{100}$

$= \frac{2401200}{100}$

= ₹ 24012

$\therefore$ तीन वर्षों का चक्रवृद्धि ब्याज

= 24012 − 15000

= ₹ 9012

12. (*c*) मूलधन (*P*) = ₹ 30000

ब्याज दर (*r*) = 15% वार्षिक

तथा समय $(n) = 2\frac{2}{3}$ वर्ष $= n\frac{a}{b}$

$\therefore A = P\left(1+\frac{r}{100}\right)^n\left(1+\frac{a}{b}\frac{r}{100}\right)$

$= 30000\left(1+\frac{15}{100}\right)^2\left(1+\frac{2}{3}\times\frac{15}{100}\right)$

$= 30000 \times \frac{115}{100} \times \frac{115}{100} \times \frac{330}{300}$

= ₹ 43642.5

$\therefore$ चक्रवृद्धि ब्याज = मिश्रधन − मूलधन

= 43642.5 − 30000

= ₹ 13642.5

13. (*d*) मूलधन (*P*) = ₹ 5000,

दर (*r*) = 10% वार्षिक = 5% अर्द्धवार्षिक

समय (*n*) = 2 वर्ष = 4 अर्द्धवर्ष

$CI = P\left[\left(1+\frac{r}{100}\right)^n - 1\right]$

$= 5000\left[\left(1+\frac{5}{100}\right)^4 - 1\right]$

$= 5000\left[\left(\frac{21}{20}\right)^4 - 1\right]$

$= 5000 \times \left[\frac{194481 - 160000}{160000}\right]$

$= \frac{5 \times 34481}{160}$ = ₹ 1077.53 ≈ ₹ 1077.50

14. (*b*) माना मूलधन के निवेश का समय

(*n*) = *t* वर्ष = 2*t* अर्द्धवार्षिक

दिया है, मूलधन (*P*) = ₹ 10000

दर (*r*) = 20% वार्षिक = 10% अर्द्धवार्षिक

चक्रवृद्धि ब्याज (CI) = ₹ 4641

अब, $CI = P\left[\left(1+\frac{r}{100}\right)^n - 1\right]$

$\Rightarrow \quad 4641 = 10000\left[\left(1+\frac{10}{100}\right)^{2t} - 1\right]$

$\Rightarrow \quad \frac{4641}{10000} = \left(1+\frac{1}{10}\right)^{2t} - 1$

$\Rightarrow \left(1+\frac{1}{10}\right)^{2t} = \left[\frac{4641+10000}{10000}\right]$

$\Rightarrow \left(\frac{11}{10}\right)^{2t} = \frac{14641}{10000} = \left(\frac{11}{10}\right)^4$

दोनों पक्षों की तुलना करने पर,

$2t = 4$

$\therefore \quad t = 2$ वर्ष

15. (*c*) दिया है, मूलधन (*P*) = ₹ 5000,

दर (*r*) = 8% वार्षिक = 2% तिमाही,

समय (*n*) = 9 माह = 3 तिमाही

$\because$ चक्रवृद्धि ब्याज (CI)

$= P\left[\left(1+\frac{r}{100}\right)^n - 1\right]$

$= 5000\left[\left(1+\frac{2}{100}\right)^3 - 1\right]$

$= 5000\left[\left(\frac{51}{50}\right)^3 - 1\right]$

$= 5000\left[\frac{132651 - 125000}{125000}\right]$

$= 5 \times \frac{7651}{125} = \frac{7651}{25}$ = ₹ 306.04

16. (*c*) माना निवेश की गई राशि (*P*) = ₹ *x*

दिया है, ब्याज की दर (*r*) = 20% वार्षिक

ब्याज की दर (*r*) = 10% अर्द्धवार्षिक

समय (*t*) = 2 वर्ष = 4 अर्द्धवार्षिक

चक्रवृद्धि मिश्रधन $(A) = P\left(1+\frac{r}{100}\right)^t$

प्रश्नानुसार,

$x\left(1+\frac{10}{100}\right)^4 - x\left(1+\frac{20}{100}\right)^2 = 482$

$\Rightarrow \quad x\left[\left(\frac{11}{10}\right)^4 - \left(\frac{6}{5}\right)^2\right] = 482$

$\Rightarrow \quad x\left[\frac{14641}{10000} - \frac{36}{25}\right] = 482$

$\Rightarrow \quad x\left[\frac{14641 - 14400}{10000}\right] = 482$

$\therefore \quad x = 482 \times \frac{10000}{241}$ = ₹ 20000

अत: निवेशित राशि = ₹ 20000

17. (*d*) दर, *r* = 10% वार्षिक

माना मूलधन = ₹ *P*

तब, 1 वर्ष बाद संयोजित राशि

$= P\left(1+\frac{r}{100}\right)^n$

$= P\left(1+\frac{10}{100}\right)^1 = ₹\ \frac{11}{10}P$

दूसरे वर्ष के बाद संयोजित राशि

$= \frac{11}{10}P\left(1+\frac{10}{100}\right) = ₹\ \frac{121}{100}P$

प्रश्नानुसार,

$\frac{121}{100}P - \frac{11}{10}P = 2761$

$\Rightarrow \quad \frac{11}{100}P = 2761$

$\Rightarrow \quad P = 2761 \times \frac{100}{11}$

$\therefore \quad P$ = ₹ 25100

18. (*d*) विपुल तथा मनीष द्वारा अर्जित कुल ब्याज

$= 15000\left[\left(1+\frac{20}{100}\right)^3 - 1\right] + 20000\left[\left(1+\frac{30}{100}\right)^3 - 1\right]$

$= 15000\left[\left(\frac{6}{5}\right)^3 - 1\right] + 20000\left[\left(\frac{13}{10}\right)^3 - 1\right]$

$= 15000 \times \left[\frac{216-125}{125}\right]$

$+ 20000 \times \left(\frac{2197-1000}{1000}\right)$

$= 120 \times 91 + 20 \times 1197$

$= 10920 + 23940 = ₹\ 34860$

19. (*d*) माना मूल धनराशि = P

दिया है, दर (r%) = 10% वार्षिक

समय (n) = 3 वर्ष

तथा चक्रवृद्धि मिश्रधन (A) = ₹ 19965

अब, $A = P\left(1+\frac{r}{100}\right)^n$

$\Rightarrow 19965 = P\left(1+\frac{10}{100}\right)^3$

$\Rightarrow \quad P = 19965 \times \left(\frac{10}{11} \times \frac{10}{11} \times \frac{10}{11}\right)$

$\therefore \quad P = ₹\ 15000$

अब, समय (n) = $2\frac{2}{5}$ वर्ष = $n\frac{a}{b}$

∴ प्राप्त धनराशि (x)

$= 15000\left(1+\frac{10}{100}\right)^2\left(1+\frac{10}{100} \times \frac{2}{5}\right)$

$= 15000 \times \frac{11}{10} \times \frac{11}{10} \times \frac{26}{25}$

$\therefore \quad x = ₹\ 18876$

20. (*a*) माना मूलधन ₹ P और ब्याज दर r% वार्षिक हैं तथा धनराशि n वर्षों में चार गुना हो जाती है।

$\therefore \quad 2P = P\left(1+\frac{r}{100}\right)^{10}$

$\Rightarrow \quad (2)^{\frac{1}{10}} = 1+\frac{r}{100}$ ...(i)

पुन: $\quad 4P = P\left(1+\frac{r}{100}\right)^n$

$\Rightarrow \quad (4)^{\frac{1}{n}} = 1+\frac{r}{100}$ ...(ii)

समी (i) और (ii) से,

$(4)^{\frac{1}{n}} = (2)^{\frac{1}{10}}$

$\Rightarrow \quad (2)^{\frac{2}{n}} = (2)^{\frac{1}{10}}$

दोनों पक्षों की तुलना करने पर,

$\frac{2}{n} = \frac{1}{10} \Rightarrow n = 20$ वर्ष

Quick Method

$x^{\frac{1}{n_1}} = y^{\frac{1}{n_2}}$ [Formula 13.3 से]

यहाँ, $n_1 = 10$ वर्ष, $x = 2$, $n_2 = ?$, $y = 4$

$\therefore \quad 2^{\frac{1}{10}} = 4^{\frac{1}{n_2}} \Rightarrow 2^{\frac{1}{10}} = 2^{\frac{2}{n_2}}$

दोनों पक्षों के घातों की तुलना करने पर,

$\frac{1}{10} = \frac{2}{n_2} \Rightarrow n_2 = 20$ वर्ष

21. (*c*) प्रश्नानुसार,

$P\left(1+\frac{r}{100}\right)^{10} = 2P$

$\Rightarrow \quad \left(1+\frac{r}{100}\right)^{10} = 2$ ...(i)

तथा माना वह धन n वर्षों में 16 गुना हो जाएगा।

तब, $P\left(1+\frac{r}{100}\right)^n = 16P$

$\left(1+\frac{r}{100}\right)^n = 16$ ...(ii)

समी (i) व समी (ii) से,

$2^{\frac{1}{10}} = 16^{\frac{1}{n}} \Rightarrow 2^{\frac{1}{10}} = 2^{\frac{4}{n}}$

दोनों पक्षों की तुलना करने पर,

$\frac{1}{10} = \frac{4}{n} \Rightarrow n = 40$ वर्ष

Quick Method

$x^{1/n_1} = y^{1/n_2}$ [Formula 13.3 से]

$\Rightarrow \quad 2^{1/10} = 16^{1/n_2}$

$\Rightarrow \quad 2^{1/10} = (2)^{4/n_2}$

दोनों पक्षों की तुलना करने पर,

$\frac{4}{n_2} = \frac{1}{10}$

$\therefore \quad n_2 = 40$ वर्ष

22. (*c*) यहाँ, $x = 3$, $n_1 = 4$

$y = 9$, $n_2 = ?$

$x^{\frac{1}{n_1}} = y^{\frac{1}{n_2}}$ [Formula 13.3 से]

$\Rightarrow \quad 3^{\frac{1}{4}} = 9^{\frac{1}{n_2}} \Rightarrow (3)^{\frac{1}{4}} = (3)^{\frac{2}{n_2}}$

दोनों पक्षों की तुलना करने पर,

$\frac{1}{4} = \frac{2}{n_2}$

$\therefore \quad n_2 = 8$ वर्ष

23. (*d*) यहाँ, $x = 2$, $n_1 = 4$

$y = 8$, $n_2 = ?$

$\therefore \quad 2^{\frac{1}{4}} = 8^{\frac{1}{n_2}}$ [Formula 13.3 से]

$\Rightarrow \quad 2^{\frac{1}{4}} = 2^{\frac{3}{n_2}}$

दोनों पक्षों की तुलना करने पर,

$\frac{1}{4} = \frac{3}{n_2} \Rightarrow n_2 = 12$ वर्ष

24. (*d*) मूलधन/राशि $= \frac{x^2}{y}$

$= \frac{600 \times 600}{900}$

$= ₹\ 400$

25. (*d*) माना धनराशि (P) = ₹ P

ब्याज दर (r) = 10% वार्षिक, = 5% अर्द्धवार्षिक तथा समय (t) = 1 वर्ष = 2 छमाही

साधारण ब्याज (SI) $= \frac{Prt}{100}$

$= \frac{P \times 10 \times 1}{100} = ₹\ \frac{P}{10}$

तथा चक्रवृद्धि ब्याज (CI)

$= P\left[\left(1+\frac{r}{100}\right)^t - 1\right]$

$= P\left[\left(1+\frac{5}{100}\right)^2 - 1\right]$

$= P\left[\left(\frac{21}{20}\right)^2 - 1\right] = P\left[\frac{441}{400} - 1\right]$

$= P \times \frac{41}{400} = ₹\ \frac{41P}{400}$

प्रश्नानुसार,

$\frac{41P}{400} - \frac{P}{10} = 25$

$\Rightarrow \quad \frac{41P - 40P}{400} = 25$

$\therefore \quad P = 25 \times 400 = ₹\ 10000$

26. (*a*) साधारण ब्याज (SI) = ₹ 1600

समय (T) = 2 वर्ष

दर (R) = 5%

$\because \quad SI = \frac{PRT}{100}$

$\therefore \quad 1600 = \frac{P \times 5 \times 2}{100}$

$P = ₹\ 16000$

चक्रवृद्धि मिश्रधन (A) $= P\left(1+\frac{r}{100}\right)^t$

$= 16000\left(1+\frac{5}{100}\right)^3$

$= 16000 \times \frac{21 \times 21 \times 21}{20 \times 20 \times 20}$

$= ₹\ 18522$

अत: चक्रवृद्धि ब्याज = 18522 − 16000

$= ₹\ 2522$

27. (*a*) माना ब्याज की दर = r% वार्षिक

दिया है, मूलधन (P) = ₹ 22500

समय (n) = 2 वर्ष

चक्रवृद्धि ब्याज (CI) = ₹ 5724

अब, $CI = P\left[\left(1+\frac{r}{100}\right)^n - 1\right]$

प्रश्नानुसार,

$5724 = 22500\left[\left(1+\frac{r}{100}\right)^2 - 1\right]$

$\Rightarrow \quad \frac{1431}{5625} = \left(1 + \frac{r}{100}\right)^2 - 1$

$\Rightarrow \left(1 + \frac{r}{100}\right)^2 = \left[\frac{1431 + 5625}{5625}\right] = \frac{7056}{5625}$

$\Rightarrow \quad 1 + \frac{r}{100} = \frac{84}{75}$

$\Rightarrow \quad \frac{r}{100} = \left[\frac{84 - 75}{75}\right] = \frac{9}{75}$

$\therefore \quad r = \frac{9}{75} \times 100\%$

$= 12\%$ वार्षिक

अब, 4 वर्ष के लिए

साधारण ब्याज $= \frac{\text{मूलधन} \times \text{दर} \times \text{समय}}{100}$

$= \frac{22500 \times 12 \times 4}{100}$

$=$ ₹ 10800

28. (*d*) माना पीटर की राशि = ₹ $100x$

तब, रेचल की राशि = ₹ $50x$

पीटर द्वारा अर्जित

साधारण ब्याज (SI) $= \frac{P \times R \times T}{100}$

$= \frac{100x \times 10 \times 2}{100} =$ ₹ $20x$

रेचल द्वारा अर्जित चक्रवृद्धि ब्याज (CI)

$= P\left[\left(1 + \frac{r}{100}\right)^t - 1\right]$

$= 50x\left[\left(1 + \frac{10}{100}\right)^3 - 1\right] =$ ₹ $16.55x$

प्रश्नानुसार, $20x - 16.55x = 897$

$\Rightarrow \quad 3.45x = 897$

$\therefore \quad x = \frac{897}{3.45} =$ ₹ 260

$\therefore$ रेचल द्वारा निवेशित राशि

$= 50 \times 260 =$ ₹ 13000

29. (*b*) पहली स्थिति से,

दर $(r) = 10\%$ वार्षिक, समय $(t) = 3$ वर्ष

$\text{SI} = \frac{P \times 10 \times 3}{100} =$ ₹ $\frac{3}{10}P$

दूसरी स्थिति से,

दर $(r) = 20\%$ वार्षिक, समय $(n) = 2$ वर्ष

तब, चक्रवृद्धि ब्याज (CI)

$= P\left[\left(1 + \frac{20}{100}\right)^2 - 1\right]$

$= P\left[\left(\frac{6}{5}\right)^2 - 1\right]$

$= P\left(\frac{36 - 25}{25}\right)$

$\therefore \quad \text{CI} = \frac{11}{25}P$

अतः अभीष्ट अनुपात $= \frac{3}{10}P : \frac{11}{25}P$

$= 15 : 22$

Quick Method

साधारण ब्याज $= 10 \times 3 = 30\%$

चक्रवृद्धि ब्याज $= \left(20 + 20 + \frac{20 \times 20}{100}\right)\% = 44\%$

$\therefore$ अभीष्ट अनुपात $= 30 : 44 = 15 : 22$

30. (*a*) माना उधार ली गई समान राशि = ₹ P

तथा समान अवधि = 1 वर्ष = 2 अर्द्धवार्षिक

A के लिए दर = 8% वार्षिक

तथा B के लिए दर = 5% अर्द्धवार्षिक

प्रश्नानुसार,

B का ब्याज $= P\left[\left(1 + \frac{5}{100}\right)^2 - 1\right]$

$= P\left[\left(\frac{21}{20}\right)^2 - 1\right]$

$= P\left(\frac{441 - 400}{400}\right) =$ ₹ $\frac{41}{400}P$

A का ब्याज $= \frac{P \times 8 \times 1}{100} =$ ₹ $\frac{2}{25}P$

$\therefore$ अभीष्ट अनुपात $= \frac{41}{400}P : \frac{2}{25}P = 41 : 32$

Quick Method

B की समतुल्य ब्याज दर $= 2 \times 5 + \frac{5 \times 5}{100} = \frac{41}{4}\%$

A की ब्याज दर $= 8\%$

अतः अभीष्ट अनुपात $= \frac{41}{4} : 8 = 41 : 32$

31. (*c*) माना मूलधन = ₹ P

प्रश्नानुसार, $\frac{60P}{100} = \frac{P \times \text{दर} \times 4}{100}$

$\left[\because \text{SI} = \frac{Prt}{100}\right]$

$\Rightarrow \quad$ दर $= \frac{60}{4}\% = 15\%$ वार्षिक

मूलधन $(P) =$ ₹ 52500; दर $(r) = 15\%$

समय $(n) = 2$ वर्ष

चक्रवृद्धि ब्याज (CI) $= P\left[\left(1 + \frac{r}{100}\right)^n - 1\right]$

$= 52500\left[\left(1 + \frac{15}{100}\right)^2 - 1\right]$

$= 52500 \times \left[\left(\frac{23}{20}\right)^2 - 1\right]$

$= 52500 \times \left(\frac{529 - 400}{400}\right)$

$\therefore \text{CI} = 52500 \times \frac{129}{400} =$ ₹ 16931.25

32. (*c*) माना मूलधन = ₹ P

दिया है, दर $(r) = 10\%$ वार्षिक

समय $(t) = 2$ वर्ष

साधारण ब्याज (SI) = ₹ 2400

$\therefore \quad \text{SI} = \frac{Prt}{100}$ से,

$\Rightarrow \quad 2400 = \frac{P \times 10 \times 2}{100}$

$\therefore \quad P =$ ₹ 12000

अब, समान अवधि के लिए

चक्रवृद्धि ब्याज (CI) $= P\left[\left(1 + \frac{r}{100}\right)^n - 1\right]$

$= 12000\left[\left(1 + \frac{10}{100}\right)^2 - 1\right]$

$= 12000\left[\left(\frac{11}{10}\right)^2 - 1\right]$

$= 12000\left[\frac{121 - 100}{100}\right]$

$= 120 \times 21 =$ ₹ 2520

Quick Method

साधारण ब्याज $= 10 \times 2 = 20\%$

चक्रवृद्धि ब्याज $= \left(10 \times 2 + \frac{10 \times 10}{100}\right)\% = 21\%$

$\because \quad 20\% \equiv 2400$

$\therefore \quad 21\% \equiv \frac{2400}{20} \times 21 =$ ₹ 2520

33. (*c*) दिया है, ब्याज दर $(r) = 30\%$

$\because \quad \text{CI} - \text{SI} = \frac{Pr^2}{(100)^2}$ [2 वर्ष के लिए]

$\Rightarrow \quad P \times \frac{(30)^2}{(100)^2} = 5400$ **[Formula 13.1 से]**

$\therefore \quad P = \frac{5400 \times 100 \times 100}{30 \times 30} =$ ₹ 60000

अतः धनराशि = ₹ 60000

TOP TIPS इस प्रकार के प्रश्नों को समतुल्य ब्याज दर निकाल कर भी आसानी से कम समय में हल कर सकते हैं।

34. (*c*) दिया है, $d =$ ₹ 8910, $n = 3$ वर्ष

तथा $r = 30\%$ वार्षिक

मूलधन $(P) = \frac{d \times (100)^3}{r^2(300 + r)}$ सूत्र से,

[Formula 13.2 से]

$\Rightarrow \quad P = \frac{8910 \times (100)^3}{(30)^2 (300 + 30)}$

$\Rightarrow \quad P = \dfrac{8910 \times 1000000}{900 \times 330} = ₹\, 30000$

35. (*a*) हम जानते हैं, कि 3 वर्ष के लिए साधारण ब्याज (SI) और चक्रवृद्धि ब्याज (CI) का अन्तर

$d = \text{CI} - \text{SI} = \dfrac{Pr^2(300 + r)}{(100)^3}$

[Formula 13.2 से]

यहाँ, $P = ₹\, 10000$, $r = 3\%$ वार्षिक

$\therefore$ अभीष्ट अन्तर

$= \dfrac{10000 \times 3 \times 3 \times (300 + 3)}{(100)^3}$

$= \dfrac{9 \times 303}{100} = ₹\, 27.27$

36. (*b*) $\therefore \quad A = P\left(1 + \dfrac{r}{100}\right)^n$ से,

$\Rightarrow \quad 1458 = 1350\left(1 + \dfrac{r}{100}\right)$

$\Rightarrow \quad 1 + \dfrac{r}{100} = \dfrac{1458}{1350} = \dfrac{27}{25}$

$\Rightarrow \quad \dfrac{r}{100} = \dfrac{27}{25} - 1 = \dfrac{2}{25}$

$\therefore \quad r = 8\%$ वार्षिक

Quick Method

ब्याज दर $= \dfrac{(1458 - 1350)}{1350} \times 100\%$

$= \dfrac{108}{1350} \times 100\% = 8\%$

37. (*b*) वार्षिक ब्याज दर

$= \left[\left(\dfrac{A_2}{A_1}\right)^{\frac{1}{n_2 - n_1}} - 1\right] \times 100\%$

$= \left[\left(\dfrac{5184}{3600}\right)^{\frac{1}{2}} - 1\right] \times 100\%$

$= (1.2 - 1) \times 100\% = 20\%$

38. (*d*) $\because \quad A = P\left(1 + \dfrac{r}{100}\right)^n$

$\Rightarrow \quad 3025 = P\left(1 + \dfrac{r}{100}\right)^2 \quad \ldots(\text{i})$

तथा $3327.5 = P\left(1 + \dfrac{r}{100}\right)^3 \quad \ldots(\text{ii})$

समी (i) से समी (ii) को भाग करने पर,

$1 + \dfrac{r}{100} = \dfrac{3327.5}{3025}$

$\Rightarrow \quad 1 + \dfrac{r}{100} = \dfrac{33275}{30250}$

$\Rightarrow \quad 1 + \dfrac{r}{100} = \dfrac{1331}{1210} = \dfrac{11}{10}$

$\Rightarrow \quad \dfrac{r}{100} = \dfrac{11}{10} - 1 = \dfrac{1}{10}$

$\therefore \quad r = 10\%$ वार्षिक

r का मान समी (i) में रखने पर,

$3025 = P\left(1 + \dfrac{10}{100}\right)^2$

$\Rightarrow \quad P = \dfrac{3025 \times 10 \times 10}{11 \times 11}$

$= ₹\, 2500$

अतः धनराशि और वार्षिक ब्याज दर क्रमशः ₹ 2500 और 10% हैं।

Quick Method

जब दो क्रमागत वर्षों में संयोजित राशि दी गई हो, तब वार्षिक ब्याज दर

$= \left[\dfrac{3327.5 - 3025}{3025}\right] \times 100\%$

$= \dfrac{302.5}{3025} \times 100\% = 10\%$

तथा मूलधन $= \dfrac{3025 \times 100 \times 100}{110 \times 110} = ₹\, 2500$

39. (*c*) 1 वर्ष बाद राशि $= 4000\left(1 + \dfrac{10}{100}\right)$

$= 4000 \times \dfrac{11}{10} = ₹\, 4400$

$\therefore$ दूसरे वर्ष का ब्याज

$= \left[4400\left(1 + \dfrac{10}{100}\right) - 4400\right]$

$= \left[4400 \times \dfrac{11}{10} - 4400\right]$

$= 4840 - 4400 = ₹\, 440$

2 वर्ष बाद की राशि

$= 4400 + 440 = ₹\, 4840$

तीसरे वर्ष का ब्याज

$= \left[4840\left(1 + \dfrac{10}{100}\right) - 4840\right]$

$= \left[4840 \times \dfrac{11}{10} - 4840\right]$

$= 5324 - 4840 = ₹\, 484$

$\therefore$ चक्रवृद्धि ब्याज का अभीष्ट अन्तर

$= 484 - 440 = ₹\, 44$

40. (*c*) मिश्रधन $(A) = P\left(1 + \dfrac{R}{100}\right)^n$

$\Rightarrow \quad 4460 = P\left(1 + \dfrac{R}{100}\right)^3$

$\Rightarrow \quad \dfrac{4460}{P} = \left(1 + \dfrac{R}{100}\right)^3 \quad \ldots(\text{i})$

तथा $6690 = P\left(1 + \dfrac{R}{100}\right)^6$

$\Rightarrow \quad 6690 = P\left[\left(1 + \dfrac{R}{100}\right)^3\right]^2$

$\Rightarrow \quad 6690 = P\left[\dfrac{4460}{P}\right]^2$ [समी (i) से]

$\Rightarrow \quad 6690 = \dfrac{P \times 4460 \times 4460}{P^2}$

$\Rightarrow \quad P = \dfrac{4460 \times 4460}{6690} = ₹\, 2973.33$

अतः अनुमानित धनराशि $= ₹\, 2973.33$

TOP TIPS

इस प्रकार के चक्रवृद्धि ब्याज के प्रश्नों में प्रथम x वर्ष में राशि जितने गुने बढ़ती हैं उतने ही गुने अगले x वर्षों में बढ़ती है।

Quick Method

3 वर्ष से 6 वर्षों तक बढ़ती हुई राशि

$= \dfrac{6690}{4460} = 1.5$ गुनी

अतः अनुमानित राशि $= \dfrac{4460}{1.5} = ₹\, 2973.33$

41. (*d*) $\because \; A = P\left(1 + \dfrac{r}{100}\right)^n$

$\Rightarrow \quad P\left(1 + \dfrac{10}{100}\right)^5 = 161051$

$\Rightarrow P\left(1 + \dfrac{10}{100}\right)^3 \times \left(\dfrac{11}{10}\right)^2 = 161051$

$\therefore$ 3 वर्ष बाद भुगतान राशि

$P\left(1 + \dfrac{10}{100}\right)^3 = \dfrac{161051}{121} \times 100$

$= ₹\, 133100$

42. (*a*) माना एक भाग $= ₹\, x$

$\therefore$ दूसरा भाग $= ₹\, (3364 - x)$

समय $(n) = 3$ वर्ष और 5 वर्ष,

दर $(r) = 5\%$ वार्षिक

प्रश्नानुसार,

$x\left(1 + \dfrac{5}{100}\right)^3 = (3364 - x)\left(1 + \dfrac{5}{100}\right)^5$

$\Rightarrow \quad x = (3364 - x)\left(1 + \dfrac{5}{100}\right)^2$

$\Rightarrow \quad x = (3364 - x) \times \dfrac{441}{400}$

$\Rightarrow 400x = 3364 \times 441 - 441x$

$\Rightarrow 841x = 3364 \times 441$

$\Rightarrow \quad x = \dfrac{3364 \times 441}{841} = ₹\, 1764$

दूसरा भाग $= 3364 - 1764 = ₹\, 1600$

$\therefore$ दोनों भागों के बीच अन्तर $= 1764 - 1600$

$= ₹\, 164$

43. (*d*) माना उधार ली गई राशि = ₹ P

तब, पहले वर्ष के अन्त में देय राशि

$$= P\left(1+\frac{5}{100}\right)^n$$

$$= \frac{105}{100}P = ₹\ \frac{21}{20}P$$

अब, चूँकि पहले वर्ष के अन्त में ₹ 4200 भुगतान करता है।

तब, शेष राशि = ₹ $\left(\frac{21}{20}P - 4200\right)$

प्रश्नानुसार,

$$\therefore \quad \left(\frac{21}{20}P - 4200\right) \times \frac{105}{100} = 4410$$

$$\Rightarrow \quad \frac{21}{20}P - 4200 = 4410 \times \frac{20}{21}$$

$$\Rightarrow \quad \frac{21}{20}P = 4200 + 4200$$

$$\Rightarrow \quad P = 8400 \times \frac{20}{21}$$

$$\therefore \quad P = ₹\ 8000$$

अतः उधार ली गई राशि = ₹ 8000

44. (*d*) माना A का वर्तमान हिस्सा = ₹ x

∴ B का वर्तमान हिस्सा = ₹ $(8448 - x)$

A के हिस्से के निवेश का समय

= 21 − 18 = 3 वर्ष

B के हिस्से के निवेश का समय

= 21 − 19 = 2 वर्ष

चक्रवृद्धि ब्याज की दर (r) = 6.25% वार्षिक

प्रश्नानुसार,

$$x\left(1+\frac{6.25}{100}\right)^3 = (8448 - x)\left(1+\frac{6.25}{100}\right)^2$$

$$\Rightarrow \quad \frac{106.25}{100}x = 8448 - x$$

$$\Rightarrow \left(\frac{106.25 + 100}{100}\right)x = 8448$$

$$\Rightarrow \quad x = 8448 \times \frac{100}{206.25}$$

$$\therefore \quad x = ₹\ 4096$$

अतः A का वर्तमान हिस्सा ₹ 4096 है।

45. (*d*) माना P का हिस्सा = ₹ x

∴ Q का हिस्सा = ₹ $(13010 - x)$

प्रश्नानुसार, 7 वर्ष बाद P की राशि

= 9 वर्ष बाद Q की राशि

$$\therefore x\left(1+\frac{4}{100}\right)^7 = (13010 - x)\left(1+\frac{4}{100}\right)^9$$

$$\Rightarrow \quad x = (13010 - x)\left(1+\frac{1}{25}\right)^2$$

$$\Rightarrow \quad x = (13010 - x) \times \frac{26}{25} \times \frac{26}{25}$$

$$\Rightarrow \quad \frac{x}{13010 - x} = \frac{676}{625}$$

$$\Rightarrow \quad 625x = 676 \times 13010 - 676x$$

$$\Rightarrow \quad 1301x = 676 \times 13010$$

$$\Rightarrow \quad x = ₹\ 676 \times 10$$

∴ P का हिस्सा = ₹ 6760

तथा Q का हिस्सा = 13010 − 6760

= ₹ 6250

46. (*b*) माना उधार ली गई धनराशि = ₹ x

प्रश्नानुसार, $17640 \times 2 = x\left(1+\frac{5}{100}\right)^2$

$$\Rightarrow \quad 35280 = x \times \left(\frac{21}{20}\right)^2$$

$$\therefore \quad x = \frac{35280 \times 20 \times 20}{21 \times 21}$$

= ₹ 32000

47. (*b*) मोबाइल फोन का मूल्य = ₹ 79860

नकद भुगतान = ₹ 60000

∴ शेष राशि = 79860 − 60000 = ₹ 19860

अब, P = ₹ 19860; दर r = 10% वार्षिक;

समय t = 3 वर्ष

∴ प्रत्येक किस्त की राशि

$$= \frac{P}{\left[\left(\frac{100}{100+r}\right) + \left(\frac{100}{100+r}\right)^2 + \left(\frac{100}{100+r}\right)^3\right]}$$

$$= \frac{19860}{\left[\left(\frac{100}{100+10}\right) + \left(\frac{100}{100+10}\right)^2 + \left(\frac{100}{100+10}\right)^3\right]}$$

$$= \frac{19860}{\left[\frac{100}{110} + \left(\frac{100}{110}\right)^2 + \left(\frac{100}{110}\right)^3\right]}$$

$$= \frac{19860}{\left[\frac{10}{11} + \frac{100}{121} + \frac{1000}{1331}\right]}$$

$$= \frac{19860}{\left[\frac{1210 + 1100 + 1000}{1331}\right]}$$

$$= 19860 \times \frac{1331}{3310}$$

= ₹ 7986

अतः प्रत्येक किश्त की राशि ₹ 7986 है।

TOP TIPS इस प्रकार के प्रश्नों को हल करने के लिए किस्त का सूत्र अभ्यर्थियों को कण्ठस्थ होना अति आवश्यक है।

अध्याय

14 मिश्रण

Chapter Snapshot

जब दो या दो से अधिक पदार्थों को एक निश्चित अनुपात में मिलाकर कोई नया उत्पाद बनाया जाता है, तब इस प्रकार बने उत्पाद को मिश्रण कहा जाता है।

मिश्रण का नियम

यह नियम दर्शाता है कि दिए हुए मूल्य पर दो वस्तुओं को किस अनुपात में मिलाया जाए, जिससे एक दिए हुए मूल्य पर उन वस्तुओं का मिश्रण प्राप्त हो।

माना 1 इकाई सस्ती वस्तु का क्रय मूल्य ₹ c तथा 1 इकाई महँगी वस्तु का क्रय मूल्य ₹ d व मिश्रण का औसत मूल्य ₹ m है, तब

$$\frac{\text{सस्ती वस्तु की मात्रा}}{\text{महँगी वस्तु की मात्रा}} = \frac{\text{1 इकाई महँगी वस्तु का क्रय मूल्य – औसत मूल्य}}{\text{औसत मूल्य – 1 इकाई सस्ती वस्तु का मूल्य}}$$

उपरोक्त नियम को निम्न प्रकार से भी दर्शाया जा सकता है

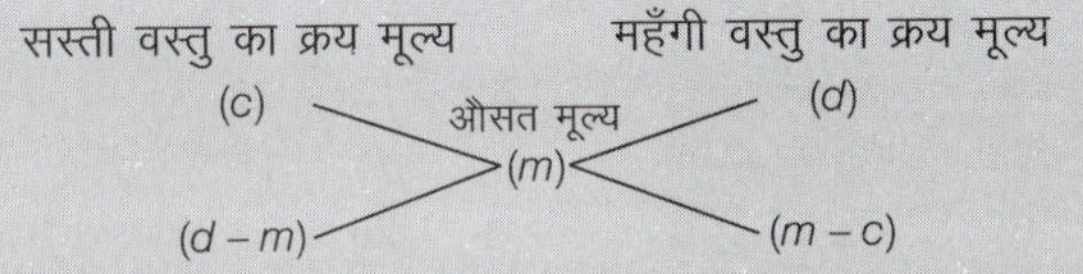

$$\therefore \quad \frac{\text{सस्ती वस्तु की मात्रा}}{\text{महँगी वस्तु की मात्रा}} = \frac{(d-m)}{(m-c)}$$

अर्थात् $$\frac{\text{सस्ती वस्तु की मात्रा}}{\text{महँगी वस्तु की मात्रा}} = \frac{\text{महँगी वस्तु का मूल्य – मिश्रण का मूल्य}}{\text{मिश्रण का मूल्य – सस्ती वस्तु का मूल्य}}$$

जैसे— ₹12/किग्रा की वस्तु में ₹18/किग्रा की वस्तु को किस अनुपात में मिलाकर बेचा जाए कि मिश्रण का क्रय मूल्य ₹15/किग्रा हो जाए

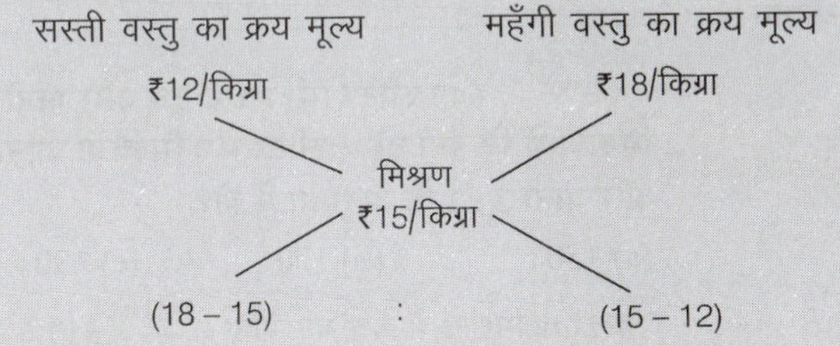

$$\therefore \quad \frac{\text{सस्ती वस्तु की मात्रा}}{\text{महँगी वस्तु की मात्रा}} = \frac{18-15}{15-12} = \frac{3}{3} = \frac{1}{1} = 1:1$$

- किसी द्रव में पानी मिलाने पर प्राप्त मिश्रण को क्रय मूल्य पर ही बेचने से यदि $x\%$ का लाभ हो, तो द्रव और पानी का अनुपात $= (100 : x)$
- x लीटर दूध और पानी के मिश्रण में $m\%$ दूध है। मिश्रण में दूध की मात्रा को $n\%$ करने के लिए डाली गई दूध की मात्रा $= \dfrac{x(n-m)}{(100-n)}$

Concept Capsule

- मिश्रण का औसत मूल्य एक राशि से छोटा तथा एक राशि से हमेशा बड़ा होता है।
- यदि दो मिश्रणों में एक पदार्थ की मात्रा स्थिर हो, तो गणना दूसरे पदार्थ की मात्रा से आसानी से कर सकते हैं।
- दिए गए मिश्रण से कुछ मिश्रण की मात्रा निकालने पर मिश्रण में अवयवों का अनुपात अपरिवर्तित रहता है।

Formula Flashcards

- **14.1** किसी बर्तन में दूध व पानी की मात्रा $a : b$ है। यदि x लीटर पानी मिश्रण में मिलाने पर दूध व पानी का अनुपात $a : c$ हो जाए, तब
  मिश्रण में दूध की मात्रा $= \dfrac{ax}{c-b}$ लीटर
  तथा पानी की मात्रा $= \dfrac{bx}{c-b}$ लीटर
- **14.2** x लीटर द्रव से a लीटर द्रव निकालकर अन्य द्रव की a लीटर मात्रा को n बार स्थानान्तरित करने पर, अंतिम मिश्रण में मूल द्रव की मात्रा
  $= x\left(1-\dfrac{a}{x}\right)^n$

Exam Approach Examples

मूल अवधारणा पर आधारित

उदाहरण 1. किसी मिश्रित धातु में 35% चाँदी थी। यदि मिश्रित धातु की मात्रा में 119 ग्राम चाँदी थी, तो मिश्रित धातु में अन्य तत्त्वों की मात्रा कितनी थी? *RRB ALP 2018*

(a) 221 ग्राम (b) 204 ग्राम
(c) 340 ग्राम (d) 273 ग्राम

हल (a) मिश्रित धातु में चाँदी की मात्रा

= 35% = 119 ग्राम

∴ अन्य तत्त्वों की मात्रा

$$= \frac{119}{35} \times (100 - 35)$$

$$= \frac{119}{35} \times 65 = 221 \text{ ग्राम}$$

Score Booster
मिश्रण की मात्रा हमेशा 100% होती है।

उदाहरण 2. दुकानदार द्वारा ₹ 75 प्रति किग्रा और ₹ 90 प्रति किग्रा वाली दाल की दो किस्मों को किस अनुपात में मिलाया जाना चाहिए, जिससे बनने वाले मिश्रण का मूल्य ₹ 80 प्रति किग्रा हो? *SSC (10+2) 2022*

(a) 2 : 1 (b) 3 : 2 (c) 2 : 3 (d) 1 : 2

हल (a) मिश्रण के नियम से,

सस्ती दाल का मूल्य महँगी दाल का मूल्य
I II
75 90
औसत मूल्य
80
90 − 80 = 10 80 − 75 = 5

$$\therefore \text{ अभीष्ट अनुपात } = \frac{10}{5} = 2 : 1$$

उदाहरण 3. ₹ 6 प्रति किग्रा की कीमत के 8 किग्रा चावल को ₹ 22 प्रति किग्रा के 4 किग्रा चावल के साथ मिलाया गया। मिश्रण की औसत कीमत क्या होगी?

(a) ₹ 18 (b) ₹ 16
(c) ₹ 20 (d) इनमें से कोई नहीं

हल (d) माना मिश्रण की औसत कीमत = ₹ x

मिश्रण के नियम से,

₹ 6 ₹ 22
₹ x
$(22 - x)$: $(x - 6)$

प्रश्नानुसार,

$$\frac{22 - x}{x - 6} = \frac{8}{4} = \frac{2}{1}$$

$$\Rightarrow \quad 22 - x = 2x - 12$$

$$\Rightarrow \quad 3x = 34$$

$$\therefore \quad x = 11.33 \text{ प्रति किग्रा}$$

Quick Method

$$\text{औसत कीमत} = \frac{(6 \times 8 + 22 \times 4)}{(8 + 4)} \text{ (औसत के सूत्र द्वारा)}$$

$$= \frac{48 + 88}{12} = \frac{136}{12} = ₹\ 11.33 \text{ प्रति किग्रा}$$

मिश्रण में एक या दोनों पदार्थों की मात्रा बढ़ाने पर आधारित

उदाहरण 4. किसी मिश्रण में पेट्रोल और एथेनॉल को 4 : 3 के अनुपात में मिलाया गया है। यदि इस मिश्रण में 5 लीटर एथेनॉल और मिला दिया जाए, तो यह अनुपात 4 : 5 हो जाता है। दिए गए मिश्रण में पेट्रोल की मात्रा होगी *DSSSB Grade-II 2019*

(a) 15 लीटर (b) 25 लीटर
(c) 10 लीटर (d) 20 लीटर

हल (c) माना मिश्रण में पेट्रोल तथा एथेनॉल क्रमशः $4x$ तथा $3x$ है।

$$\text{प्रश्नानुसार,} \quad \frac{4x}{3x + 5} = \frac{4}{5}$$

$$\Rightarrow \quad 20x = 12x + 20$$

$$\Rightarrow \quad 8x = 20$$

$$\therefore \quad x = \frac{20}{8} = \frac{5}{2}$$

$$\text{आरम्भिक मिश्रण में पेट्रोल की मात्रा} = 4x = 4 \times \frac{5}{2} = 10 \text{ लीटर}$$

Trending Concept
दिए गए Concept पर आधारित प्रश्न वर्तमान में हो रही परीक्षाओं (DSSSB, CGL, NTPC, RPF SI आदि) में निरन्तर पूछे जा रहे हैं, जो आगामी परीक्षाओं के लिए महत्त्वपूर्ण हैं।

Quick Method

यहाँ, $x = 5, a : b = 4 : 3$ तथा $a : c = 4 : 5$ [Formula 14.1 से]

$$\text{पेट्रोल की मात्रा} = \frac{ax}{c - b} = \frac{4 \times 5}{(5 - 3)} = \frac{4 \times 5}{2} = 10 \text{ लीटर}$$

उदाहरण 5. 645 लीटर मिश्रण में दूध और पानी का अनुपात 21 : 22 है। मिश्रण में कितना दूध (लीटर में) मिलाया जाना चाहिए, ताकि उसमें दूध और पानी 3 : 2 के अनुपात में हो? *UP Police SI 2021*

(a) 180 (b) 170 (c) 190 (d) 160

हल (a) $\text{मिश्रण में दूध की मात्रा} = \frac{21}{43} \times 645 = 315 \text{ लीटर}$

$$\text{तथा पानी की मात्रा} = \frac{22}{43} \times 645 = 330 \text{ लीटर}$$

माना मिलाए गए दूध की मात्रा = x लीटर

प्रश्नानुसार,

$$\frac{315 + x}{330} = \frac{3}{2}$$

$$\Rightarrow \quad 630 + 2x = 990$$

$$\Rightarrow \quad 2x = 990 - 630 = 360$$

$$\therefore \quad x = \frac{360}{2} = 180 \text{ लीटर}$$

Score Booster
इस प्रकार के प्रश्नों के लिए दिए गए अनुपात में एक पदार्थ के भाग/मात्रा को स्थिर (constant) कर, आसानी से हल कर सकते हैं।

Quick Method

दूध : पानी

प्रारम्भिक अनुपात $= 21 : 22 \Rightarrow 21 : 22$

अन्तिम अनुपात $= (3 : 2) \times 11 \Rightarrow 33 : 22$ (∵ पानी की मात्रा स्थिर है)

$\because \quad 21 + 22 \equiv 645$

$\therefore \quad (33 - 21) \equiv \frac{645}{43} \times 12 = 180$ लीटर

मिश्रण की कुछ मात्रा को मिश्रण के एक पदार्थ से बदलने पर आधारित

उदाहरण 6. 40 लीटर दूध को एक कण्टेनर में रखा जाता है, इस कण्टेनर से 4 लीटर दूध निकाला जाता है और इसकी जगह पानी डाल दिया जाता है। यह प्रक्रिया दो बार और की जाती है। अब कण्टेनर में कितना दूध है? *SSC CGL (Tier-II) 2023*

(a) 30 लीटर (b) 34.23 लीटर (c) 29.16 लीटर (d) 32 लीटर

हल (*c*) कण्टेनर में दूध की मात्रा = 40 लीटर

पहली बार 4 लीटर दूध निकालने के बाद कण्टेनर में दूध = 36 लीटर

मिलाया गया पानी = 4 लीटर

∴ दूध और पानी का अनुपात

$= 36 : 4 = 9 : 1$

दूसरी बार निकाले गये 4 लीटर मिश्रण में दूध $= 4 \times \frac{9}{10} = 3.6$ लीटर

तथा 4 लीटर मिश्रण में पानी

$= 4 \times \frac{1}{10} = 0.4$ लीटर

बर्तन में दूध $= 36 - 3.6 = 32.4$ लीटर

पानी $= 4 + 4 - 0.4 = 7.6$ लीटर

अब, दूध और पानी का अनुपात $= 32.4 : 7.6 = 81 : 19$

पुनः (तीसरी बार) निकाले गए 4 लीटर मिश्रण में दूध की मात्रा

$= 4 \times \frac{81}{100} = 3.24$ लीटर

∴ अब, बर्तन में शेष दूध $= 32.4 - 3.24 = 29.16$ लीटर

Trending Concept

किसी कन्टेनर में भरे द्रव में से कुछ द्रव निकालकर अन्य द्रव की कुछ मात्रा को बार-बार स्थानान्तरित करने पर आधारित प्रश्न वर्तमान में हो रही सभी परीक्षाओं (SSC, Bank, DSSSB, UP Police आदि) में पूछे जा रहे हैं। आगामी परीक्षाओं के लिए अति महत्त्वपूर्ण हैं।

Quick Method

यहाँ, $x = 40$ लीटर, $a = 4$ लीटर तथा $n = 3$

∴ अभीष्ट दूध की मात्रा $= 40\left(1 - \frac{4}{40}\right)^3$ [Formula 14.2 से]

$= 40 \times \frac{9}{10} \times \frac{9}{10} \times \frac{9}{10}$

$= 29.16$ लीटर

दो या दो से अधिक मिश्रणों को मिलाकर नया मिश्रण बनाने पर आधारित

उदाहरण 7. पानी और स्क्वाश के दो मिश्रण है। पहले मिश्रण में पानी और स्क्वाश का अनुपात 5 : 1 है और दूसरे में 3 : 1 का अनुपात है। इन्हें 3 : 2 के अनुपात में मिश्रित किया जाता है। अन्तिम मिश्रण में पानी और स्क्वाश का अनुपात कितना है? *RRB ALP 2018*

(a) 5 : 3 (b) 10 : 9

(c) 4 : 1 (d) 6 : 1

हल (*c*) अन्तिम मिश्रण में पानी की मात्रा $= \left(\frac{5}{6} \times 3 + \frac{3}{4} \times 2\right)$

$= \frac{5 + 3}{2} = 4$

अन्तिम मिश्रण में स्क्वाश की मात्रा $= \left(\frac{1}{6} \times 3 + \frac{1}{4} \times 2\right) = \frac{1 + 1}{2} = 1$

∴ अभीष्ट अनुपात = 4 : 1

उदाहरण 8. दो बीकरों में अम्ल और पानी का अनुपात क्रमशः 2 : 3 तथा 3 : 4 हैं। यदि इन दोनों बीकरों के मिश्रण की समान मात्रा को एक उभयनिष्ठ बीकर में डाला जाता हैं, तो उभयनिष्ठ बीकर के मिश्रण में अम्ल और पानी का परिणामी अनुपात ज्ञात कीजिए। *SSC MTS 2022*

(a) 7 : 5 (b) 21 : 29

(c) 5 : 7 (d) 29 : 41

हल (*d*) पहले बीकर में,

अम्ल का भाग $= \frac{2}{2 + 3} = \frac{2}{5}$

पानी का भाग $= \frac{3}{2 + 3} = \frac{3}{5}$

दूसरे बीकर में,

अम्ल का भाग $= \frac{3}{7}$ तथा पानी का भाग $= \frac{4}{7}$

नए बीकर में,

अम्ल की मात्रा $= \frac{2}{5} + \frac{3}{7} = \frac{14 + 15}{35} = \frac{29}{35}$

पानी की मात्रा $= \frac{3}{5} + \frac{4}{7} = \frac{21 + 20}{35} = \frac{41}{35}$

∴ अभीष्ट अनुपात (अम्ल : पानी) $= \frac{29}{35} : \frac{41}{35} = 29 : 41$

Score Booster

इस प्रकार के प्रश्नों को हम मिश्रण की मात्रा को समान बनाकर आसानी से हल कर सकते हैं।

Quick Method

पहला बीकर $= (2 : 3) \times 7 = 14 : 21$ ⎤

दूसरा बीकर $= (3 : 4) \times 5 = 15 : 20$ ⎦ समान मात्रा

अभीष्ट अनुपात $= (14 + 15) : (21 + 20) = 29 : 41$

Chapter Challenge

मूल अवधारणा पर आधारित

1. एक मशीन का धातु भाग ताँबे, जिंक और सीसा के मिश्रण से 13 : 6 : 1 के अनुपात में बनाया जाता है। यदि इसमें जिंक का वजन 90 किग्रा है, तो कुल वजन कितना होगा? ***RRB NTPC 2020***

(a) 210 किग्रा (b) 195 किग्रा
(c) 300 किग्रा (d) 285 किग्रा

2. यदि एक मिश्रधातु बनाने के लिए 140 ग्राम पीतल को ताँबे के साथ मिलाया जाता है, जिसमें पीतल और ताँबे का अनुपात 4 : 3 है, तो मिश्रधातु को तैयार करने के लिए कितना ताँबा लिया गया है? ***RRB NTPC 2021***

(a) 105 ग्राम (b) 245 ग्राम
(c) 60 ग्राम (d) 80 ग्राम

3. किसी मिश्रधातु में 15% चाँदी है। मिश्रधातु में यदि 51 ग्राम चाँदी है, तो दूसरे धातु की मात्रा क्या है? ***RRB ALP 2018***

(a) 289 ग्राम (b) 204 ग्राम
(c) 300 ग्राम (d) 340 ग्राम

4. एक किराना व्यापारी को क्रमशः ₹ 15 और ₹ 20 प्रति किग्रा की दाल की दो किस्मों को किस अनुपात में मिलाना चाहिए, ताकि ₹ 18 प्रति किग्रा का मिश्रण प्राप्त हो सके? ***SSC (10+2) 2022***

(a) 2 : 5 (b) 2 : 3
(c) 3 : 2 (d) 3 : 4

> **MRC*****
> *(Most Repeating Concepts)*
> प्र. सं. 4, 5, 7 और 9 Examination Point of Views से अति महत्त्वपूर्ण हैं। इन Concept पर प्रश्न प्रतियोगी परीक्षाओं (SSC MTS, HCET Group-D आदि) में निरन्तर पूछे जा रहे हैं।

5. एक पंसारी ₹ 120/किग्रा और ₹ 125/किग्रा मूल्य की दो किस्मों की चाय को एक अनुपात में मिलाकर ₹ 122/किग्रा मूल्य वाली एक नई किस्म तैयार करता है। नई किस्म प्राप्त करने के लिए मिश्रित की जाने वाली किस्मों का अनुपात कितना हैं? ***SSC MTS 2024***

(a) 3 : 2 (b) 4 : 4 (c) 2 : 5 (d) 1 : 3

6. दो प्रकार के चावल की दर ₹ 11 प्रति किग्रा और ₹ 21 प्रति किग्रा है। ₹ 17 प्रति किग्रा की दर से एक मिश्रण प्राप्त करने के लिए दो प्रकार के चावल का अनुपात ज्ञात कीजिए। ***UP Police Constable 2024***

(a) 1 : 1 (b) 3 : 1 (c) 2 : 3 (d) 2 : 1

7. प्रकार-I के चावल का मूल्य ₹ 15 प्रति किग्रा है, जबकि प्रकार-II के चावल का मूल्य ₹ 20 प्रति किग्रा है। यदि दोनों प्रकार के चावलों को 2 : 3 में मिलाया गया हो, तो मिश्रण का प्रति किलोग्राम मूल्य है। ***HCET 2023***

(a) ₹ 19 (b) ₹ 18.50
(c) ₹ 19.50 (d) ₹ 18

8. दो प्रकार के चावल, जिनका मूल्य ₹ 38 प्रति किग्रा और ₹ 42 प्रति किग्रा है, समान मात्रा में मिलाए जाते हैं और ₹ 45 प्रति किग्रा के भाव पर बेचे जाते हैं। प्रतिशत लाभ ज्ञात कीजिए। ***RRB JE 2019***

(a) 18% (b) 12.5% (c) 10% (d) 15%

9. ₹ 45 प्रति किग्रा वाली चीनी को ₹ 52 प्रति किग्रा वाली चीनी के साथ किस अनुपात में मिलाया जाना चाहिए, कि मिश्रण को ₹ 55.20 प्रति किग्रा पर बेचने पर 15% का लाभ प्राप्त हो? ***RRC Group D 2022***

(a) 4 : 3 (b) 5 : 4
(c) 3 : 2 (d) 2 : 1

10. ₹ 32 प्रति किग्रा की दार्जिलिंग की चाय और ₹ 25 प्रति किग्रा की असम की चाय, परस्पर किस अनुपात में मिलाई जाएँ, ताकि उस मिश्रण को ₹ 32.40 प्रति किग्रा में बेचने पर 20% लाभ प्राप्त हो सके?

(a) 4 : 3 (b) 3 : 4
(c) 5 : 2 (d) 2 : 5

11. 80% और 90% शुद्ध अम्लीय घोल को 20 लीटर 87% शुद्ध अम्लीय घोल प्राप्त करने के लिए मिलाया जाता है। मिश्रण बनाने के लिए 80% शुद्ध अम्लीय घोल की मात्रा (लीटर में) ज्ञात कीजिए। ***SSC CGL 2022***

(a) 4 (b) 6
(c) 8 (d) 9

मिश्रण में एक या दोनों पदार्थों की मात्रा बढ़ाने पर आधारित

12. 25 लीटर के एक मिश्रण में अम्ल और पानी का अनुपात 4 : 1 है। उस मिश्रण में 3 लीटर अतिरिक्त पानी मिला दिया जाता है। तद्नुसार, अम्ल और पानी का नए मिश्रण में अनुपात कितना हो जाएगा?

(a) 5 : 2 (b) 2 : 5
(c) 3 : 5 (d) 5 : 3

> **MRC*****
> *(Most Repeating Concepts)*
> प्र. सं. 12, 13 और 14 Examination Point of Views से अति महत्त्वपूर्ण हैं। इन Concept पर प्रश्न सभी प्रतियोगी परीक्षाओं में निरन्तर पूछे जा रहे हैं।

13. एक मिश्रण में अल्कोहल और पानी का अनुपात 5 : 4 है। यदि मिश्रण में 9 लीटर पानी मिला दिया जाए, तो अल्कोहल से पानी का अनुपात 4 : 5 हो जाता है। मिश्रण में अल्कोहल की मात्रा ज्ञात कीजिए। ***RRB NTPC 2021***

(a) 20 लीटर (b) 16 लीटर
(c) 24 लीटर (d) 28 लीटर

14. एक मिश्रण में अम्ल तथा जल 7 : 5 के अनुपात में हैं। यदि उसमें 14 लीटर जल मिलाया जाए, तो अम्ल तथा जल का अनुपात 4 : 3 हो जाता है। मिश्रण में अम्ल की मात्रा क्या है? ***DSSSB TET 2019***

(a) 306 लीटर (b) 392 लीटर
(c) 416 लीटर (d) 236 लीटर

15. एक बाल्टी में दूध और पानी 2 : 1 के अनुपात में मिलाया जाता है। यदि दूध और पानी का अनुपात 1 : 2 हो जाए, तो मिश्रण में डाले जाने वाले पानी की मात्रा कितनी है? ***RRB NTPC 2021***

(a) बाल्टी का $\frac{1}{3}$ (b) बाल्टी का $\frac{1}{4}$
(c) बाल्टी का आधा (d) एक पूरी बाल्टी

16. किसी 75 लीटर मिश्रण में दूध का पानी से अनुपात 2 : 1 है। मिश्रण में कितना पानी और मिलाया जाए, ताकि दूध का पानी से अनुपात 1 : 2 हो जाए?

(a) 45 लीटर (b) 60 लीटर
(c) 75 लीटर (d) 80 लीटर

Chapter Challenge मिश्रण

17. 100 लीटर के एक मिश्रण में दूध और पानी का अनुपात 3 : 2 है। यदि इस अनुपात को 1 : 2 करना हो, तो और कितना पानी डालना होगा? **RRB ALP 2019**

(a) 120 लीटर (b) 80 लीटर
(c) 60 लीटर (d) 100 लीटर

18. 84 लीटर के मिश्रण में, दूध और पानी का अनुपात 3 : 4 है। यदि यह अनुपात बदलकर 3 : 5 हो जाता है, तो मिश्रण में मिलाए जाने वाले अतिरिक्त पानी की मात्रा (लीटर में) बताएँ। **RPF SI 2019**

(a) 11 (b) 13 (c) 14 (d) 12

19. एक मिश्रण की 10 लीटर मात्रा में दूध और पानी का अनुपात 3 : 2 है। यदि यह अनुपात 2 : 3 करना हो, तो मिश्रण में कितना पानी मिलाया जाना चाहिए? **RRC Group D 2022**

(a) 10 लीटर
(b) 8 लीटर
(c) 5 लीटर
(d) 12 लीटर

> ***MRC******
> ***(Most Repeating Concepts)***
> प्र. सं. 19, 20, 24, 26 और 35 Examination Point of Views से अति महत्त्वपूर्ण हैं। इन Concept पर प्रश्न प्रतियोगी परीक्षाओं (Group-D, CET, MPSI, CPO आदि) में निरन्तर पूछे जा रहे हैं।

20. 20 लीटर दूध तथा पानी के मिश्रण में दूध तथा पानी का अनुपात 3 : 1 है। इस मिश्रण में कितना दूध और डाला जाए, कि यह अनुपात 4 : 1 हो जाए? **HCET 2023**

(a) 5 लीटर (b) 6 लीटर (c) 7 लीटर (d) 4 लीटर
(e) उत्तर नहीं देना चाहते

21. एक कण्टेनर के 2160 लीटर में दूध और पानी का अनुपात 7 : 5 है। दूध और पानी का एक नया मिश्रण 4 : 3 के अनुपात में प्राप्त करने के लिए कितना पानी मिलाना है? **MP Police SI 2022**

(a) 30 लीटर (b) 48 लीटर (c) 36 लीटर (d) 45 लीटर

22. एक बर्तन में दूध के एक नमूने में 4% पानी है। पानी की मात्रा को 2% तक कम करने के लिए बर्तन में 8 लीटर दूध में कितनी मात्रा में शुद्ध दूध मिलाया जाना चाहिए? **RRB NTPC 2021**

(a) 8 लीटर (b) 7 लीटर
(c) 7.5 लीटर (d) 6.5 लीटर

23. 3 : 2 के अनुपात में दूध और पानी वाले एक द्रव की 2 लीटर मात्रा को 2 : 3 के अनुपात में दूध और पानी वाले एक अन्य द्रव की 3 लीटर मात्रा में मिलाया जाता है। नए मिश्रण में दूध और पानी का अनुपात ज्ञात कीजिए। **RRB NTPC 202**

(a) 9 : 4 (b) 5 : 6 (c) 12 : 13 (d) 1 : 1

24. शराब और पानी के मिश्रण के 80 लीटर में 60% एल्कोहल है। यदि x लीटर पानी मिला दिया जाए, तो एल्कोहल का प्रतिशत 40% हो जाता है। x क्या है? **MP Police SI 2022**

(a) 80 लीटर (b) 40 लीटर (c) 20 लीटर (d) 60 लीटर

25. एक मिश्रधातु के 400 ग्राम में जस्ता तथा ताँबा 5 : 3 के अनुपात में हैं। तद्नुसार, उस अनुपात को 5 : 4 में परिवर्तित करने के लिए कितने ग्राम ताँबा और मिलाना चाहिए?

(a) 50 (b) 66 (c) 72 (d) 200

26. एसिड और जल के 12 लीटर विलयन में 30% एसिड है। 20% एसिड वाला विलयन प्राप्त करने के लिए कितना जल (लीटर में) मिलाना होगा? **SSC CPO 2024**

(a) 6 (b) 4 (c) 3 (d) 5

27. एक मिश्रण में, दूध तथा पानी 2 : 3 के अनुपात में हैं। मिश्रण में कुछ दूध मिलाया गया, जिससे दूध तथा पानी का अनुपात 2 : 1 हो गया। आरम्भिक मिश्रण के प्रतिशत में कितना दूध मिलाया गया है? **SSC CPO 2017**

(a) 75% (b) 60%
(c) 80% (d) 50%

28. एक मिश्रण में दूध और जल 5 : 1 के अनुपात में हैं। 5 लीटर पानी मिलाने के बाद दूध और पानी का अनुपात 5 : 2 हो जाता है। मूल मिश्रण में दूध की मात्रा ज्ञात करें। **DSSSB TET 2018**

(a) 25 लीटर (b) 20 लीटर
(c) 30 लीटर (d) 22.5 लीटर

29. 85 ग्राम चीनी के विलयन में 30% चीनी है। इस विलयन में चीनी की कितनी मात्रा मिलानी चाहिए, ताकि विलयन में चीनी की मात्रा 65% हो जाए? **IB 2023**

(a) 110 ग्राम (b) 90 ग्राम
(c) 100 ग्राम (d) 85 ग्राम

30. 15% मीथेन युक्त 400 मिली घोल में कितना शुद्ध मीथेन मिलाया जाना चाहिए, ताकि प्राप्त मिश्रण में मीथेन की सान्द्रता 32% हो जाए? **MP Police SI 2022**

(a) 67 मिली (b) 98 मिली
(c) 100 मिली (d) 99 मिली

31. दो उत्पादों A और B के स्टॉक में, आरम्भ में कुल स्टॉक का 80% भाग उत्पाद A था। यदि स्टॉक से 20 किग्रा उत्पाद A और 8 किग्रा उत्पाद B निकाला जाता है, तो स्टॉक में उत्पाद A और उत्पाद B का अनुपात बदलकर 9 : 2 हो जाता है। आरम्भ में कुल स्टॉक (किग्रा में) कितना था? **RRB NTPC 2022**

(a) 150 किग्रा (b) 165 किग्रा
(c) 220 किग्रा (d) 160 किग्रा

32. असम चाय की कीमत किस अनुपात में होनी चाहिए? यदि ₹ 1100 प्रति किग्रा की कीमत वाली दार्जिलिंग चाय के साथ मिश्रित, जिसकी कीमत ₹ 2200 प्रति किग्रा हो, ताकि मिश्रण को ₹ 2500 प्रति किग्रा में 40% की बढ़त हो।

(a) 168.47 : 91.53 (b) 1323 : 837.02
(c) 414.29 : 685.71 (d) 8671 : 833.08

33. अम्ल और पानी के किसी घोल में 20% अम्ल है। जब उस मिश्रण में 10 लीटर पानी मिलाया जाता है, तो अम्ल की मात्रा 15% हो जाती है। घोल की प्रारम्भिक मात्रा क्या है? **SSC CGL (Tier-II) 2022**

(a) 40 लीटर (b) 35 लीटर
(c) 30 लीटर (d) 25 लीटर

34. यदि 3% नमक वाले 5 लीटर घोल में 2 लीटर पानी वाष्पित हो जाता है, तो शेष घोल में नमक का प्रतिशत कितना है? **RRB NTPC 2021**

(a) 5% (b) 2%
(c) 6% (d) 3%

35. एक मिश्रधातु में ताँबा, निकिल और जस्ता 5 : 2 : 3 के अनुपात में है। इस मिश्रधातु के 100 किग्रा में कितना निकिल मिलाया जाना चाहिए, ताकि धातु 5 : 3 : 3 के अनुपात में हो जाए? **UP Police Assistant Operator 2024**

(a) 8 किग्रा (b) 10 किग्रा
(c) 12 किग्रा (d) 15 किग्रा

मिश्रण की कुछ मात्रा को मिश्रण के एक पदार्थ से बदलने पर आधारित

MRC***
(Most Repeating Concepts)
प्र. सं. 36, 39, 41, 46 और 48 Examination Point of Views से अति महत्त्वपूर्ण हैं। इन Concept पर प्रश्न प्रतियोगी परीक्षाओं (RRB JE, CGL, MTS, DSSSB आदि) में निरन्तर पूछे जा रहे हैं।

36. 50 लीटर शुद्ध दूध वाले एक कण्टेनर से 10 लीटर दूध निकालकर 10 लीटर पानी डाला जाता है। यदि इस प्रक्रिया को तीन बार दोहराया जाता है, तो अंततः पानी और दूध के बीच क्या अनुपात है? *RRB JE 2019*
(a) 7 : 16 (b) 9 : 16 (c) 61 : 64 (d) 64 : 61

37. एक कण्टेनर में दो तरल पदार्थ B_1 तथा B_2 का अनुपात 7 : 6 है। जब 13 लीटर के मिश्रण को कण्टेनर से निकाल दिया जाता है तथा उसे B_2 से बदल दिया जाता है, तो B_1 तथा B_2 का अनुपात 7 : 19 हो जाता है। शुरुआत में कण्टेनर में कितने लीटर B_1 था? *DSSSB 2023*
(a) 12 लीटर (b) 14 लीटर (c) 8 लीटर (d) 10 लीटर

38. एक बीकर में द्रव भरा हुआ है, जिसका 3 भाग पानी और 7 भाग औषधि है। इस मिश्रण का कितना भाग पानी से बदलने पर परिणामी मिश्रण में पानी और औषधि का अनुपात 1 : 1 हो जाएगा? *SSC (10+2) 2022*
(a) $\frac{2}{5}$ (b) $\frac{1}{7}$ (c) $\frac{2}{7}$ (d) $\frac{1}{5}$

39. पानी और दूध के मिश्रण की एक कैन में 60% दूध है। इस मिश्रण के एक भाग को 50% दूध वाले दूसरे मिश्रण से बदल दिया जाता है और दूध का प्रतिशत 52% हो जाता है। प्रतिस्थापित मिश्रण की मात्रा क्या होगी? *SSC CGL (Tier-I) 2022*
(a) $\frac{3}{5}$ (b) $\frac{2}{5}$ (c) $\frac{1}{5}$ (d) $\frac{4}{5}$

दो या दो से अधिक मिश्रणों को मिलाकर नया मिश्रण बनाने पर आधारित

40. मिश्रधातु A में कॉपर और जिंक का अनुपात 5 : 7 है और मिश्रधातु B में कॉपर और जिंक का अनुपात 4 : 5 है। A और B को 1 : 2 के अनुपात में लिया जाता है और नई मिश्रधातु C बनाने के लिए मिश्रित किया जाता है। C का कितना भाग कॉपर है? *SSC MTS 2021*
(a) $\frac{5}{12}$ (b) $\frac{47}{108}$ (c) $\frac{61}{108}$ (d) $\frac{4}{9}$

41. ₹ 43/किग्रा और ₹ 67/किग्रा मूल्य वाले चावलों को तीसरी किस्म के चावल के साथ 2 : 1 : 5 के अनुपात में मिलाया जाता है। यदि मिश्रण का मूल्य ₹ 96/किग्रा है, तो तीसरी किस्म के चावल का प्रति किग्रा मूल्य (₹ में) ज्ञात कीजिए। *SSC MTS 2024*
(a) 131 (b) 123 (c) 159 (d) 142

42. एक बर्तन A में अम्ल तथा पानी को 5 : 2 अनुपात में मिलाया जाता है और बर्तन B में 8 : 5 के अनुपात में मिलाया जाता है। तद्नुसार, उन बर्तनों के मिश्रणों में से किस अनुपात में मिश्रण निकाला जाएँ, कि उनमें अम्ल तथा पानी का अनुपात 9 : 4 हो जाए? *SSC (10+2) 2011*
(a) 7 : 2 (b) 2 : 7 (c) 7 : 4 (d) 2 : 3

43. A और B, 7 : 2 तथा 7 : 11 के अनुपात में गोल्ड और कॉपर के दो मिश्रधातु हैं। यदि इन दोनों मिश्रधातुओं की बराबर मात्रा गलाकर एक नई मिश्रधातु C बनाई जाए, तो C में गोल्ड और कॉपर का क्या अनुपात होगा? *SSC (10+2) 2021*
(a) 6 : 5 (b) 9 : 4 (c) 12 : 7 (d) 7 : 5

44. समान क्षमता वाले दो बर्तनों में जूस और पानी क्रमशः 3 : 5 और 3 : 1 के अनुपात में है। दोनों बर्तनों के मिश्रण को मिलाकर एक बड़े बर्तन में रख दिया जाता है। नए मिश्रण में जूस और पानी का अनुपात क्या है? *SSC MTS 2023*
(a) 13 : 9 (b) 9 : 7 (c) 8 : 9 (d) 7 : 3

45. 20 लीटर और 36 लीटर के दो मिश्रणों में स्पिरिट और जल का अनुपात क्रमशः 3 : 7 और 7 : 5 है। दोनों मिश्रणों को इकट्ठा मिला दिया गया। नए मिश्रण में स्पिरिट और जल का अनुपात कितना है?
(a) 25 : 29 (b) 9 : 10 (c) 27 : 29 (d) 27 : 31

46. मिश्रधातु A में, धातु x और y का अनुपात 5 : 2 है और मिश्रधातु B में, धातु x और y का अनुपात 3 : 4 है। A और B को 4 : 5 के अनुपात में मिलाकर मिश्रधातु C तैयार की जाती है। मिश्रधातु C में y का प्रतिशत ज्ञात करें। *SSC CGL (Tier-I) 2021*
(a) $44\frac{4}{9}\%$ (b) $33\frac{4}{9}\%$ (c) $66\frac{4}{9}\%$ (d) $55\frac{5}{9}\%$

47. X और Y सोने और प्लेटिनम की दो मिश्रधातु हैं, जो धातुओं को क्रमशः 5 : 2 और 5 : 7 के अनुपात में मिलाकर तैयार की जाती हैं। यदि हम मिश्रधातुओं की समान मात्रा को पिघलाकर तीसरी मिश्रधातु Z बनाते हैं, तो Z में सोने की मात्रा का प्लेटिनम की मात्रा से अनुपात होगा? *RRC Group D 2022*
(a) 95 : 84 (b) 73 : 95 (c) 95 : 73 (d) 84 : 73

48. कण्टेनर I तथा II में दूध तथा पानी का अनुपात क्रमशः 4 : 5 तथा 8 : 3 है। 16 : 13 के अनुपात में दूध तथा पानी वाला मिश्रण प्राप्त करने के लिए कण्टेनर I तथा कण्टेनर II के मिश्रणों को किस अनुपात में मिलाया जाए? *DSSSB 2019*
(a) 23 : 11 (b) 18 : 11 (c) 28 : 13 (d) 12 : 25

49. दो मिश्रधातुओं में एल्युमीनियम और जिंक का अनुपात 5 : 6 और 3 : 5 है। यदि पहली मिश्रधातु के 242 किग्रा और दूसरी मिश्रधातु के 144 किग्रा को आपस में मिलाया जाए, तो नई मिश्रधातु में एल्युमीनियम और जिंक का अनुपात क्या है? *SSC (10+2) 2023*
(a) 82 : 111 (b) 68 : 125
(c) 76 : 117 (d) 93 : 100

50. विलयन A में अम्ल और जल का अनुपात 2 : 5 है और विलयन B में अम्ल और जल का अनुपात 6 : 7 है। A के 7 लीटर को B के 9 लीटर के साथ मिलाया जाता है। परिणामी विलयन के 312 मिली में, अम्ल की मात्रा (मिली में) क्या है? *DSSSB TGT Computer Science 2023*
(a) 125 (b) 135 (c) 120 (d) 130

51. तीन कण्टेनरों का आयतन 4 : 5 : 6 के अनुपात में है। वे पेट्रोल और मिट्टी के तेल के मिश्रण के रूप में क्रमशः (3 : 1), (3 : 2) और (5 : 1) के अनुपात में भरे हुए हैं। इन तीनों कण्टेनरों के मिश्रण की पूरी मात्रा को एक चौथे कण्टेनर में उड़ेल दिया जाता है। चौथे कण्टेनर में पेट्रोल और मिट्टी के तेल का अनुपात क्या होगा? *IB 2023*
(a) 12 : 5 (b) 5 : 2
(c) 11 : 4 (d) 3 : 1

52. विलयन A और B में अम्ल और जल का अनुपात क्रमशः 4 : 5 और 5 : 7 है। 3 लीटर A को 5 लीटर B के साथ मिलाया जाता है। इस विलयन के 960 मिली में कितना अम्ल (मिली में) मिलाया जाए, कि परिणामी घोल में अम्ल और पानी का अनुपात 1 : 1 हो जाए? *IB 2023*
(a) 136 (b) 140 (c) 144 (d) 130

Chapter Challenge मिश्रण

Right Key

1 (c)	2 (a)	3 (a)	4 (b)	5 (a)	6 (c)	7 (d)	8 (b)	9 (a)	10 (d)
11 (b)	12 (a)	13 (a)	14 (b)	15 (d)	16 (c)	17 (b)	18 (d)	19 (c)	20 (a)
21 (d)	22 (a)	23 (c)	24 (b)	25 (a)	26 (a)	27 (c)	28 (a)	29 (d)	30 (c)
31 (d)	32 (c)	33 (c)	34 (a)	35 (b)	36 (c)	37 (b)	38 (c)	39 (d)	40 (b)
41 (b)	42 (a)	43 (d)	44 (b)	45 (c)	46 (a)	47 (c)	48 (b)	49 (a)	50 (c)
51 (c)	52 (b)								

Solutions

1. (*c*) ताँबा : जिंक : सीसा = 13 : 6 : 1

आनुपातिक योग = 13 + 6 + 1 = 20

दिया है, जिंक का वजन = 90 किग्रा

$\therefore$ कुल वजन $= \frac{90}{6} \times 20 = 300$ किग्रा

2. (*a*) पीतल की मात्रा = 140 ग्राम

पीतल : ताँबा = 4 : 3

$\therefore$ ताँबे की मात्रा $= \frac{140}{4} \times 3 = 105$ ग्राम

3. (*a*) मिश्रधातु में चाँदी का भाग = 15%

दूसरी धातु का भाग = 85%

चाँदी की मात्रा = 51 ग्राम

$\therefore$ मिश्रधातु में दूसरे धातु की मात्रा $= \frac{51}{15} \times 85$

$= 17 \times 17 = 289$ ग्राम

4. (*b*) मिश्रण के नियम से,

पहली किस्म की दाल — दूसरी किस्म की दाल

15 — 20

18

20–18=2 — 18–15=3

$\therefore$ अभीष्ट अनुपात = 2 : 3

5. (*a*) मिश्रण के नियम से,

किस्म-I — किस्म-II

120 — 125

122

(125–122) = 3 — (122–120)=2

$\therefore$ अभीष्ट अनुपात = 3 : 2

6. (*c*) मिश्रण के नियम से,

प्रकार-I — प्रकार-II

11 — 21

17

4 : 6

अत: अभीष्ट अनुपात = 4 : 6 = 2 : 3

7. (*d*) माना मिश्रण का प्रति किग्रा मूल्य = ₹ x

$\therefore \quad \frac{20-x}{x-15} = \frac{2}{3}$

$\Rightarrow \quad 60 - 3x = 2x - 30$

$\Rightarrow \quad 5x = 90$

$\therefore \quad x =$ ₹ 18

Quick Method

मिश्रण का मूल्य $= \frac{15 \times 2 + 20 \times 3}{2+3}$

$= \frac{30+60}{5}$

= ₹ 18 प्रति किग्रा

8. (*b*) दो प्रकार के चावल समान अनुपात अर्थात् 1 : 1 के अनुपात में मिलाए जाते हैं।

अत: 2 किग्रा मिश्रण का क्रय मूल्य

= (38 + 42) = ₹ 80

2 किग्रा मिश्रण का विक्रय मूल्य

= 45 × 2 = ₹ 90

लाभ = 90 − 80 = ₹ 10

लाभ प्रतिशत $= \frac{\text{लाभ}}{\text{क्रय मूल्य}} \times 100\%$

$= \frac{10}{80} \times 100\%$

= 12.5%

9. (*a*) मिश्रण का क्रय मूल्य

$= \frac{55.20}{115} \times 100$

= ₹ 48 प्रति किग्रा

मिश्रण के नियम से,

चीनी (I) — चीनी (II)

45 — 52

48

52–48=4 — 48–45=3

$\therefore$ अभीष्ट अनुपात = 4 : 3

10. (*d*) माना मिश्रण का क्रय मूल्य = ₹ x प्रति किग्रा

$\therefore \quad x \times \frac{120}{100} = 32.40$

$\Rightarrow \quad x = \frac{32.40 \times 100}{120} =$ ₹27 प्रति किग्रा

मिश्रण के नियम से,

(दार्जिलिंग की चाय का मूल्य) — (असम की चाय का मूल्य)

32 — 25

27 (मिश्रित चाय का मूल्य)

2 — 5

$\therefore$ अभीष्ट अनुपात = 2 : 5

11. (*b*) प्रश्नानुसार,

80% — 90%

87%

(90–87)%=3% — (87–80)%=7%

$\therefore$ 80% और 90% शुद्ध अम्लीय घोल का अनुपात = 3 : 7

$\therefore$ 20 लीटर मिश्रण में 80% अम्लीय घोल की मात्रा $= 20 \times \left(\frac{3}{3+7}\right) = 20 \times \frac{3}{10} = 6$ लीटर

12. (*a*) अम्ल की मात्रा $= \frac{25}{5} \times 4 = 20$ लीटर

तथा पानी की मात्रा $= \frac{25}{5} \times 1 = 5$ लीटर

$\therefore$ अभीष्ट अनुपात = 20 : (5 + 3)

= 20 : 8 = 5 : 2

13. (*a*) माना मिश्रण में अल्कोहल व पानी क्रमश: $5x$ तथा $4x$ है।

प्रश्नानुसार, $\frac{5x}{4x+9} = \frac{4}{5}$

$\Rightarrow \quad 25x = 16x + 36$

$\Rightarrow \quad 9x = 36$

$\Rightarrow \quad x = 4$

अत: मिश्रण में अल्कोहल की मात्रा $= 5x$

$= 5 \times 4 = 20$ लीटर

14. (*b*) माना मिश्रण में अम्ल तथा जल की मात्रा क्रमशः $7x$ तथा $5x$ है।

प्रश्नानुसार, $\frac{7x}{5x+14} = \frac{4}{3}$

$\Rightarrow \quad 21x = 20x + 56$

$\therefore \quad x = 56$

मूल मिश्रण में अम्ल की मात्रा $= 7x$

$= 7 \times 56 = 392$ लीटर

Quick Method

इस प्रकार के प्रश्नों को एक अनुपात को Constant बनाकर भी हल किया जा सकता है।

अम्ल : जल   अम्ल : जल

प्रारम्भिक अनुपात $(7 : 5) \times 4 = 28 : 20$

अन्तिम अनुपात $(4 : 3) \times 7 = 28 : 21$ (+1)

$\because \quad 1 \equiv 14$ लीटर

$\therefore \quad 28 \equiv 14 \times 28 = 392$ लीटर

15. (*d*) माना आरम्भिक मिश्रण में दूध व पानी की मात्रा $2x$ तथा x थी।

माना नए मिश्रण में मिलाया गया पानी $= y$

प्रश्नानुसार, $\frac{2x}{x+y} = \frac{1}{2}$

$\Rightarrow \quad 4x = x + y$

$\Rightarrow \quad 3x = y$

$\therefore \quad y = 3x$ (पूरी बाल्टी के बराबर)

Quick Method

दूध : पानी

आरम्भिक $\rightarrow 2 : 1$ कुल $= 3$ इकाई

अन्तिम $\rightarrow (1 : 2) \times 2$

अतिरिक्त पानी की मात्रा $= (2 \times 2) - 1$ इकाई

$= 3$ इकाई

अर्थात् अतिरिक्त पानी पूरी बाल्टी के बराबर है।

16. (*c*) 75 लीटर मिश्रण में,

दूध की मात्रा $= \frac{2}{3} \times 75 = 50$ लीटर

पानी की मात्रा $= \frac{1}{3} \times 75 = 25$ लीटर

माना मिलाया गया पानी $= x$ लीटर

प्रश्नानुसार, $\frac{50}{x+25} = \frac{1}{2}$

$\Rightarrow \quad x + 25 = 100 \Rightarrow x = 75$ लीटर

17. (*b*) 100 लीटर मिश्रण में,

दूध की मात्रा $= \frac{3}{5} \times 100 = 60$ लीटर

पानी की मात्रा $= \frac{2}{5} \times 100 = 40$ लीटर

माना मिश्रण में x लीटर पानी मिलाया जाता है।

प्रश्नानुसार,

$\frac{60}{40+x} = \frac{1}{2}$

$\Rightarrow \quad 40 + x = 120$

$\therefore \quad x = 120 - 40 = 80$

अतः मिलाए गए पानी की मात्रा $= 80$ लीटर

Quick Method

इस प्रकार के प्रश्नों को हम स्थिर पदार्थ को आधार मानकर आसानी से कर सकते हैं।

माना मिश्रण में x लीटर पानी मिलाया जाता है।

$\therefore \quad 100 \times \frac{3}{5} = (x + 100) \times \frac{1}{3}$

$\Rightarrow \quad x = 80$ लीटर

18. (*d*) 84 लीटर के मिश्रण में,

दूध की मात्रा $= \frac{3}{7} \times 84 = 36$ लीटर

पानी की मात्रा $= \frac{4}{7} \times 84 = 48$ लीटर

माना अतिरिक्त पानी की मात्रा $= x$ लीटर

प्रश्नानुसार,

$\frac{36}{48+x} = \frac{3}{5}$

$\Rightarrow \quad 144 + 3x = 180$

$\therefore \quad x = \frac{180 - 144}{3} = \frac{36}{3}$

$= 12$ लीटर

19. (*c*) 10 लीटर मिश्रण में,

दूध की मात्रा $= \frac{10}{5} \times 3 = 6$ लीटर

पानी की मात्रा $= \frac{10}{5} \times 2 = 4$ लीटर

माना मिलाया गया पानी $= x$ लीटर

प्रश्नानुसार, $\frac{6}{4+x} = \frac{2}{3}$

$\Rightarrow \quad 8 + 2x = 18$

$\Rightarrow \quad 2x = 18 - 8 = 10$

$\therefore \quad x = \frac{10}{2} = 5$

अतः आवश्यक पानी की मात्रा $= 5$ लीटर

20. (*a*) मिश्रण की कुल मात्रा $= 20$ लीटर

दूध की मात्रा $= \frac{20}{(3+1)} \times 3 = 15$ लीटर

तथा पानी की मात्रा $= \frac{20}{(3+1)} \times 1 = 5$ लीटर

माना नए मिश्रण में डाली गई दूध की मात्रा $= x$ लीटर

प्रश्नानुसार, $\left(\frac{15+x}{5}\right) = \frac{4}{1}$

$\Rightarrow \quad 15 + x = 20$

$\therefore \quad x = 20 - 15 = 5$ लीटर

21. (*d*) दिया है, कण्टेनर की क्षमता $= 2160$ लीटर

कण्टेनर में दूध की मात्रा $= 2160 \times \frac{7}{12}$

$= 180 \times 7 = 1260$ लीटर

तथा पानी की मात्रा

$= 2160 - 1260 = 900$ लीटर

माना मिश्रण में मिलाई गई पानी की मात्रा

$= x$ लीटर

तथा प्रश्नानुसार,

$\frac{1260}{900+x} = \frac{4}{3}$

$\Rightarrow \quad 3600 + 4x = 3780$

$\Rightarrow \quad 4x = 3780 - 3600$

$\therefore \quad x = \frac{180}{4} = 45$ लीटर

22. (*a*) बर्तन में दूध का भाग $= (100 - 4) = 96\%$

पानी का भाग $= 4\%$

दूध : पानी $= 96 : 4 = 24 : 1$

आनुपातिक योग $= 24 + 1 = 25$ इकाई

दूध को मिलाने पर,

पानी का भाग $= 2\%$

दूध का भाग $= (100 - 2)\% = 98\%$

दूध : पानी $= 98 : 2 = 49 : 1$

आनुपातिक योग $= (49 + 1) = 50$ इकाई

प्रश्नानुसार,

$\because$ 25 इकाई $\equiv 8$ लीटर

$\therefore$ 50 इकाई $= \frac{8}{25} \times 50 = 16$ लीटर

मिलाई गई शुद्ध दूध की मात्रा

$= 16 - 8 = 8$ लीटर

23. (*c*) नए मिश्रण में दूध की मात्रा

$= 2 \times \frac{3}{5} + 3 \times \frac{2}{5} = \frac{12}{5}$ लीटर

तथा पानी की मात्रा

$= 2 \times \frac{2}{5} + 3 \times \frac{3}{5} = \frac{13}{5}$ लीटर

$\therefore$ अभीष्ट अनुपात $= \frac{12}{5} : \frac{13}{5} = 12 : 13$

24. (*b*) मिश्रण की कुल मात्रा $= 80$ लीटर

मिश्रण में एल्कोहल की मात्रा

$= \frac{80 \times 60}{100} = 48$ लीटर

तथा मिश्रण में पानी की कुल मात्रा

$= 80 - 48 = 32$ लीटर

प्रश्नानुसार, x लीटर पानी मिलाने पर,

$$(80+x)\times\frac{40}{100}=48$$

$\Rightarrow \quad 160+2x=240$

$\Rightarrow \quad 2x=80$

$\therefore \quad x=40$ लीटर

25. (*a*) 400 ग्राम मिश्रधातु में,

जस्ता $=\frac{5}{8}\times400=250$ ग्राम

तथा ताँबा $=\frac{3}{8}\times400=150$ ग्राम

यदि x ग्राम ताँबा मिलाया जाए, तब

$$\frac{250}{150+x}=\frac{5}{4}$$

$\Rightarrow \quad 750+5x=1000$

$\Rightarrow \quad 5x=1000-750=250$

$\therefore \quad x=50$ ग्राम

26. (*a*) विलयन की मात्रा = 12 लीटर

एसिड की मात्रा $=12\times\frac{30}{100}=3.6$ लीटर

जल की मात्रा $=12-3.6=8.4$ लीटर

माना मिलाए गए जल की मात्रा $=x$ लीटर

प्रश्नानुसार,

$$\frac{3.6}{8.4+x}=\frac{20}{80}=\frac{1}{4}$$

$\Rightarrow \quad 14.4=8.4+x$

$\therefore \quad x=14.4-8.4=6$

अत: मिलाए गए जल की मात्रा = 6 लीटर

27. (*c*) मिश्रण में दूध की मात्रा $=\frac{2}{5}$

तथा मिश्रण में पानी की मात्रा $=\frac{3}{5}$

अब, माना मिश्रण में x लीटर दूध और मिलाया जाता है।

तब प्रश्नानुसार,

$$\frac{\frac{2}{5}+x}{\frac{3}{5}}=\frac{2}{1}\Rightarrow\frac{2}{5}+x=\frac{3}{5}\times2$$

$\Rightarrow \quad x=\frac{6}{5}-\frac{2}{5}=\frac{4}{5}$

$\therefore$ अभीष्ट प्रतिशतता $=\frac{4}{5}\times100\%=80\%$

Quick Method

इस प्रकार के प्रश्नों को हम स्थिर पदार्थ को आधार मानकर आसानी से कर सकते हैं।

आरम्भिक अनुपात $=2:3$

नया अनुपात $=(2:1)\times3=6:3$

अभीष्ट $\%=\frac{(6-2)}{(2+3)}\times100\%=80\%$

28. (*a*) माना मिश्रण में दूध तथा जल की मात्रा $5x$ तथा x हैं।

प्रश्नानुसार,

$$\frac{5x}{x+5}=\frac{5}{2}\Rightarrow 10x=5x+25$$

$\Rightarrow \quad 5x=25$

$\therefore \quad x=5$

मूल मिश्रण में दूध की मात्रा $=5x$

$=5\times5=25$ लीटर

Quick Method

दूध की मात्रा $=\frac{ax}{c-b}$ **[Formula 14.1 से]**

यहाँ, $a=5, x=5, c=2$ तथा $b=1$

$\therefore$ दूध की मात्रा $=\frac{5\times5}{2-1}=25$ लीटर

29. (*d*) 85 ग्राम चीनी के विलयन में चीनी की मात्रा

$=85\times\frac{30}{100}=25.5$ ग्राम

माना x ग्राम चीनी और मिलाई जाती है।

तब, $(85+x)\times\frac{65}{100}=25.5+x$

$\Rightarrow \quad 1105+13x=510+20x$

$\Rightarrow \quad 7x=595$

$\therefore \quad x=85$ ग्राम

30. (*c*) दिया है, घोल की मात्रा = 400 मिली

घोल में मीथेन की मात्रा

$=400\times\frac{15}{100}=60$ मिली

माना घोल में मिलाए गए मीथेन की मात्रा

$=x$ मिली

प्रश्नानुसार,

$$\frac{60+x}{400+x}=\frac{32}{100}$$

$\Rightarrow \quad 6000+100x=12800+32x$

$\Rightarrow \quad 100x-32x=12800-6000$

$\Rightarrow \quad 68x=6800$

$\therefore \quad x=100$ मिली

31. (*d*) स्टॉक में A का भाग = 80%

$\therefore$ स्टॉक में B का भाग

$=(100-80)\%=20\%$

$A:B=80:20=4:1$

माना स्टॉक में A तथा B की मात्रा क्रमश: $4x$ तथा x थी।

प्रश्नानुसार,

$$\frac{4x-20}{x-8}=\frac{9}{2}$$

$\Rightarrow \quad 8x-40=9x-72$

$\Rightarrow \quad 9x-8x=72-40$

$\therefore \quad x=32$

आरम्भ में कुल स्टॉक की मात्रा

$=4x+x=5x$

$=5\times32=160$ किग्रा

32. (*c*) मिश्रित चाय की कीमत

$=2500\times\frac{100}{140}=\frac{25000}{14}$

$=₹\,1785.71$

तब, मिश्रण के नियम से,

प्रथम प्रकार की चाय (प्रति किग्रा) — 1100; द्वितीय प्रकार की चाय (प्रति किग्रा) — 2200

1785.71 (मिश्रित चाय)

414.29 — 685.71

अत: अभीष्ट अनुपात = 414.29 : 685.71

33. (*c*) माना मिश्रण की प्रारम्भिक मात्रा x लीटर है।

मिश्रण में अम्ल की मात्रा $=x\times\frac{20}{100}=\frac{x}{5}$

मिश्रण में मिलाई गई पानी की मात्रा

= 10 लीटर

मिश्रण की नई मात्रा $=(x+10)$ लीटर

प्रश्नानुसार, $(x+10)\times\frac{15}{100}=\frac{x}{5}$

$\Rightarrow \quad 15x+150=20x$

$\Rightarrow \quad 5x=150$

$\therefore \quad x=30$ लीटर

34. (*a*) आरम्भिक घोल की मात्रा = 5 लीटर

$=5\times1000=5000$ मिली

घोल में नमक की मात्रा

$=5000\times\frac{3}{100}=150$ मिली

अब, 2 लीटर अर्थात् 2000 मिली पानी वाष्पित हो जाता है।

अत: नए घोल की मात्रा $=5000-2000$

$=3000$ मिली

नए घोल में नमक का प्रतिशत

$=\frac{150}{3000}\times100\%=5\%$

35. (*b*) मिश्रधातु में,

ताँबा : निकिल : जस्ता = 5 : 2 : 3

100 किग्रा मिश्रधातु में,

ताँबे की मात्रा $=\frac{100}{10}\times5=50$ किग्रा

निकिल की मात्रा $=\frac{100}{10}\times2=20$ किग्रा

माना x किग्रा निकिल मिश्रण में मिलाया जाता है।

प्रश्नानुसार,

$$\frac{50}{20+x}=\frac{5}{3}$$

$\Rightarrow \quad 100+5x=150$

$\therefore \quad x = \frac{150 - 100}{5} = 10$

$\therefore$ मिलाए गए निकिल की मात्रा = 10 किग्रा

36. (*c*) यहाँ $x = 50$, लीटर, $a = 10$ लीटर तथा $n = 3$

$\therefore$ अन्तिम मिश्रण में दूध की शेष मात्रा

$= x\left(1 - \frac{a}{x}\right)^n$ [Formula 14.2 से]

$= 50\left(1 - \frac{10}{50}\right)^3$

$= 50 \times \left(\frac{4}{5}\right)^3 = 50 \times \frac{64}{125} = \frac{128}{5}$ लीटर

$\therefore$ पानी की मात्रा $= 50 - \frac{128}{5}$

$= \frac{250 - 128}{5} = \frac{122}{5}$ लीटर

$\therefore$ अन्तिम मिश्रण में पानी और दूध का अनुपात

$= \frac{122}{5} : \frac{128}{5} = 61 : 64$

37. (*b*) माना कण्टेनर में B_1 तथा B_2 की मात्रा क्रमशः $7x$ तथा $6x$ हैं।

आनुपातिक योग = 7 + 6 = 13

अब मिश्रण से 7 लीटर B_1 और 6 लीटर B_2 निकाला गया।

$\therefore \quad \frac{B_1}{B_2} = \frac{7x - 7}{(6x - 6) + 13} = \frac{7}{19}$

$\Rightarrow \quad \frac{7x - 7}{6x + 7} = \frac{7}{19}$

$\Rightarrow 133x - 133 = 42x + 49$

$\Rightarrow 133x - 42x = 133 + 49$

$\Rightarrow \quad 91x = 182 \Rightarrow x = 2$

आरम्भ में कण्टेनर में B_1 की मात्रा $= 7x$

$= 7 \times 2 = 14$ लीटर

38. (*c*) माना बीकर में पानी = 30 इकाई

और औषधि = 70 इकाई

$\therefore$ कुल मिश्रण = 100 इकाई

माना मिश्रण के x लीटर को पानी से बदला गया है।

तब, प्रश्नानुसार,

$\frac{30 - \frac{3}{10}x + x}{70 - \frac{7}{10}x} = \frac{1}{1}$

$\Rightarrow \quad 30 + \frac{7}{10}x = 70 - \frac{7}{10}x$

$\Rightarrow \quad \frac{7}{5}x = 40$

$\Rightarrow \quad x = 40 \times \frac{5}{7} = \frac{200}{7} = \frac{2}{7} \times 100$

अतः अभीष्ट भाग $= \frac{2}{7}$

39. (*d*) माना दूध और पानी का कुल मिश्रण 100 लीटर है।

$\therefore$ मिश्रण में दूध $= 100 \times \frac{60}{100} = 60$ लीटर

माना मिश्रण से x लीटर प्रतिस्थापित किया जाता है।

$\therefore x$ लीटर में दूध की मात्रा

$= x \times \frac{60}{100} = \frac{6x}{10}$ लीटर

$\therefore x$ लीटर में आने वाला दूध

$= x \times \frac{50}{100} = \frac{x}{2}$ लीटर

प्रश्नानुसार,

$60 - \frac{6x}{10} + \frac{x}{2} = 100 \times \frac{52}{100}$

$\Rightarrow \quad 60 - 52 = \frac{6x}{10} - \frac{x}{2}$

$\Rightarrow \quad 8 = \frac{6x - 5x}{10} = \frac{x}{10}$

$\Rightarrow \quad x = 80$ लीटर

$\therefore$ अभीष्ट भाग $= \frac{80}{100} = \frac{4}{5}$ भाग

40. (*b*) अभीष्ट भाग $= \frac{\frac{5}{12} \times 1 + \frac{4}{9} \times 2}{1 + 2}$

$= \frac{\frac{15 + 32}{36}}{3} = \frac{47}{108}$

41. (*b*) माना तीसरे किस्म के चावल का प्रति किग्रा मूल्य = ₹ x

प्रश्नानुसार,

$43 \times 2 + 67 \times 1 + 5x = 96(2 + 1 + 5)$

$\Rightarrow \quad 86 + 67 + 5x = 96 \times 8$

$\Rightarrow \quad 5x = 768 - 153$

$\therefore \quad x = \frac{615}{5} =$ ₹ 123

42. (*a*) मिश्रण के नियम से,

(बर्तन *A* में अम्ल) (बर्तन *B* में अम्ल)

$\frac{5}{7}$ $\qquad$ $\frac{8}{13}$

$\frac{9}{13}$ (मिश्रित बर्तन में अम्ल)

$\frac{9}{13} - \frac{8}{13} = \frac{1}{13}$ $\qquad$ $\frac{5}{7} - \frac{9}{13} = \frac{2}{91}$

$\therefore$ अभीष्ट अनुपात $= \frac{1}{13} : \frac{2}{91} = 7 : 2$

43. (*d*) प्रत्येक की 1 किग्रा मात्रा ली जाती है।

तब, *A* में,

गोल्ड $= \frac{7}{9}$, और कॉपर $= \frac{2}{9}$

तथा *B* में, गोल्ड $= \frac{7}{18}$, और कॉपर $= \frac{11}{18}$

$\therefore$ अभीष्ट अनुपात $= \left(\frac{7}{9} + \frac{7}{18}\right) : \left(\frac{2}{9} + \frac{11}{18}\right)$

$= 21 : 15 = 7 : 5$

44. (*b*) यहाँ, $a : b = 3 : 5$ तथा $c : d = 3 : 1$

अभीष्ट अनुपात

$= \left[\frac{3}{3+5} + \frac{3}{3+1}\right] : \left[\frac{5}{3+5} + \frac{1}{3+1}\right]$

$= \left[\frac{3}{8} + \frac{3}{4}\right] : \left[\frac{5}{8} + \frac{1}{4}\right] = \left[\frac{3+6}{8}\right] : \left[\frac{5+2}{8}\right]$

$= 9 : 7$

45. (*c*) 20 लीटर मिश्रण में,

स्पिरिट की मात्रा $= \frac{3}{10} \times 20 = 6$ लीटर

तथा पानी की मात्रा $= \frac{7}{10} \times 20 = 14$ लीटर

36 लीटर मिश्रण में,

स्पिरिट की मात्रा $= \frac{7}{12} \times 36 = 21$ लीटर

पानी की मात्रा $= \frac{5}{12} \times 36 = 15$ लीटर

$\therefore$ अभीष्ट अनुपात $= (21 + 6) : (14 + 15)$

$= 27 : 29$

46. (*a*) माना मिश्रधातु *C* में *A* की मात्रा $= 4x$ किग्रा और *B* की मात्रा $= 5x$ किग्रा

मिश्रधातु *C* में दोनों धातुओं *A* और *B* से आए धातु y की मात्रा $= \frac{2}{7} \times 4x + \frac{4}{7} \times 5x$

$= \left(\frac{8}{7}x + \frac{20}{7}x\right)$ किग्रा

$= \left(\frac{28}{7}x\right) = 4x$ किग्रा

मिश्रधातु *C* में y का प्रतिशत

$= \frac{4x}{5x + 4x} \times 100$

$= \frac{4}{9} \times 100 = 44\frac{4}{9}\%$

47. (*c*) मिश्रधातु *X* में सोने की मात्रा $= \frac{5}{7}$

तथा प्लेटिनम की मात्रा $= \frac{2}{7}$

मिश्रधातु *Y* में सोने की मात्रा $= \frac{5}{12}$

तथा प्लेटिनम की मात्रा $= \frac{7}{12}$

अब दोनों को समान मात्रा में मिलाया जाता है, तब तीसरी मिश्रधातु में सोने और प्लेटिनम की मात्रा का अनुपात

$= \left(\frac{5}{7} + \frac{5}{12}\right) : \left(\frac{2}{7} + \frac{7}{12}\right)$

$= (5 \times 12 + 5 \times 7) : (2 \times 12 + 7 \times 7)$

$= (60 + 35) : (24 + 49) = 95 : 73$

48. (*b*) कण्टेनर I में,

दूध की मात्रा $= \dfrac{4}{(4+5)} = \dfrac{4}{9}$ इकाई

कण्टेनर II में,

दूध की मात्रा $= \dfrac{8}{(8+3)} = \dfrac{8}{11}$ इकाई

नए मिश्रण में,

दूध की मात्रा $= \dfrac{16}{(16+13)} = \dfrac{16}{29}$ इकाई

मिश्रण के नियम से,

I   II

$\dfrac{4}{9}$ $\dfrac{8}{11}$

$\dfrac{16}{29}$

$\dfrac{8}{11} - \dfrac{16}{29}$ $\dfrac{16}{29} - \dfrac{4}{9}$

$\therefore$ अभीष्ट अनुपात $= \dfrac{232-176}{11\times 29} : \dfrac{144-116}{29\times 9}$

$= \dfrac{56}{11\times 29} : \dfrac{28}{29\times 9}$

$= \dfrac{2}{11} : \dfrac{1}{9} = 18:11$

49. (*a*) प्रथम मिश्रण में,

$\therefore$ एल्युमीनियम की मात्रा

$= \left(\dfrac{242}{5+6}\right) \times 5 = 110$ किग्रा

और जिंक की मात्रा

$= \left(\dfrac{242}{5+6}\right) \times 6 = 132$ किग्रा

द्वितीय मिश्रण में,

$\therefore$ एल्युमीनियम की मात्रा

$= \left(\dfrac{144}{3+5}\right) \times 3 = 54$ किग्रा

और जिंक की मात्रा

$= \left(\dfrac{144}{3+5}\right) \times 5 = 90$ किग्रा

अब, नए मिश्रण में एल्युमीनियम और जिंक का अनुपात $= (110+54):(132+90)$

$= 164:222 = 82:111$

50. (*c*) विलयन A में,

अम्ल का भाग $= \dfrac{2}{(2+5)} = \dfrac{2}{7}$

विलयन B में,

अम्ल का भाग $= \dfrac{6}{(6+7)} = \dfrac{6}{13}$

अब, A के 7 लीटर को B के 9 लीटर के साथ मिलाया जाता है।

$\therefore$ 7 लीटर विलयन 'A' में,

अम्ल की मात्रा $= \dfrac{2}{7} \times 7 = 2$ लीटर

9 लीटर विलयन 'B' में,

अम्ल की मात्रा $= \dfrac{6}{13} \times 9 = \dfrac{54}{13}$ लीटर

मिश्रण के 312 मिली में,

अम्ल की मात्रा $= \dfrac{\left(2 + \dfrac{54}{13}\right)}{(7+9)} \times 312$ मिली

$= \dfrac{(26+54)}{13\times 16} \times 312$ मिली

$= \dfrac{80}{13\times 16} \times 312$ मिली

$= 5 \times 24 = 120$ मिली

51. (*c*) माना तीन कण्टेनरों का आयतन क्रमश: $4x$, $5x$ और $6x$ हैं।

प्रश्नानुसार,

पहले कण्टेनर में पेट्रोल की मात्रा

$= 4x \times \dfrac{3}{(3+1)} = 3x$

तथा मिट्टी के तेल की मात्रा $= 4x - 3x = x$

दूसरे कण्टेनर में पेट्रोल की मात्रा

$= 5x \times \dfrac{3}{(3+2)} = 3x$

तथा मिट्टी के तेल की मात्रा $= 5x - 3x = 2x$

और तीसरे कण्टेनर में पेट्रोल की मात्रा

$= 6x \times \dfrac{5}{(5+1)} = 5x$

तथा मिट्टी के तेल की मात्रा $= 6x - 5x = x$

अब, चौथे कण्टेनर में तीनों कण्टेनर को उड़ेल देने के बाद पेट्रोल और मिट्टी के तेल का अनुपात $= (3x + 3x + 5x) : (x + 2x + x)$

$= 11x : 4x = 11:4$

52. (*b*) विलयन A में अम्ल और जल का अनुपात

$= 4:5$

तो, 3 लीटर विलयन A में अम्ल की मात्रा

$= \dfrac{3000}{9} \times 4 = \dfrac{4000}{3}$ मिली

3 लीटर विलयन A में पानी की मात्रा

$= \dfrac{3000}{9} \times 5 = \dfrac{5000}{3}$ मिली

विलयन B में अम्ल और जल का अनुपात

$= 5:7$

5 लीटर विलयन B में अम्ल की मात्रा

$= \dfrac{5000}{12} \times 5 = \dfrac{25000}{12}$ मिली

5 लीटर विलयन B में पानी की मात्रा

$= \dfrac{5000}{12} \times 7 = \dfrac{35000}{12}$ मिली

$\therefore$ नए विलयन में अम्ल और पानी का अनुपात

$= \left(\dfrac{4000}{3} + \dfrac{25000}{12}\right) : \left(\dfrac{5000}{3} + \dfrac{35000}{12}\right)$

$= \dfrac{41000}{12} : \dfrac{55000}{12} = 41:55$

तब, 960 मिली घोल में अम्ल की मात्रा

$= \dfrac{960}{96} \times 41 = 410$ मिली

960 मिली घोल में पानी की मात्रा

$= \dfrac{960}{96} \times 55 = 550$ मिली

माना मिलाई गई अम्ल की मात्रा $= x$ मिली

$\therefore \quad \dfrac{410 + x}{550} = \dfrac{1}{1}$

$\Rightarrow \quad 410 + x = 550$

$\Rightarrow \quad x = 550 - 410 = 140$ मिली

अध्याय

15 साझेदारी

Chapter Snapshot

दो या दो से अधिक व्यक्तियों द्वारा एक निश्चित समय के लिए धन निवेश करना तथा उसके पश्चात् प्राप्त लाभांश को निवेश किए गए धन एवं समय के आधार पर बाँटना ही साझेदारी कहलाता है।

साझेदारी से सम्बन्धित महत्त्वपूर्ण पद

- **साझेदार** वे व्यक्ति जो साझेदारी के अन्तर्गत व्यापार करते हैं, साझेदार कहलाते हैं।
- **पूँजी** साझेदारों द्वारा व्यवसाय में निवेश की गई धनराशि, पूँजी कहलाती है।
- **समय** साझेदारों द्वारा व्यापार में पूँजी के निवेश का समय।
- **शुद्ध लाभ** किसी व्यापार में कुल आय में से कुल खर्च, मशीन की मरम्मत, मशीनों की क्षति का मौद्रिक मूल्य घटाने के पश्चात् जो शेष राशि बचती है, शुद्ध लाभ कहलाता है।
- **लाभ** = पूँजी × समय

साझेदारी के प्रकार

- **सक्रिय साझेदार** व्यापार का प्रबन्धन करने वाले साझेदार को सक्रिय साझेदार या कार्यशील साझेदार के रूप में जाना जाता है।
- **निष्क्रिय साझेदार** एक साझेदार, जो केवल अपने धन को व्यवसाय में निवेश करता है, लेकिन इसे संचालित या प्रबन्धित नहीं करता है। निष्क्रिय साझेदार कहलाता है।

व्यापार में किसी निश्चित समय बाद जो भी लाभ होता है, उसे सभी साझेदार आपस में बाँटने के लिए प्राय: तीन आधार अपनाते हैं

(i) जब दो साझेदारों A तथा B की पूँजी/राशि एक निश्चित समय के लिए व्यापार में निवेशित हो, तो लाभ का बँटवारा निवेशित पूँजी के अनुपात में होता है।

A की पूँजी : B की पूँजी = A का लाभ : B का लाभ

$$C_A : C_B = P_A : P_B$$

(ii) जब दो या दो से अधिक साझेदारों द्वारा निवेशित पूँजी/राशि समान हो, तो लाभ का वितरण उसके व्यापार में रहने के समय के अनुपात में होता है।

A का समय : B का समय = A का लाभ : B का लाभ

$$T_A : T_B = P_A : P_B$$

(iii) जब दो या दो से अधिक साझेदारों के बीच अलग-अलग पूँजी/राशि अलग-अलग समय के लिए व्यापार में निवेशित हों, तो उनके बीच लाभ का वितरण पूँजी और समय के गुणनफल के अनुपात में होता है।

(A की पूँजी × A का समय) : (B की पूँजी × B का समय) = A का लाभ : B का लाभ

$$(C_A \times T_A) : (C_B \times T_B) = P_A : P_B$$

Concept Capsule

- लाभ का अनुपात, समय और पूँजी के गुणनफल के अनुपात के बराबर होता है।
- जब समय समान हो, तब लाभ का अनुपात और पूँजी का अनुपात बराबर होता है।
- साझेदारी में कम-से-कम दो व्यक्तियों का होना आवश्यक है।

Formula Flashcards

- **15.1** यदि साझेदारी में लगाई गई राशियों का अनुपात $C_1 : C_2 : C_3 : ...$ है व साझेदारों के लाभ का अनुपात $P_1 : P_2 : P_3 ...$ है, तो उनके द्वारा लगाई गई धनराशियों के समय का अनुपात $= \frac{P_1}{C_1} : \frac{P_2}{C_2} : \frac{P_3}{C_3} : ...$
- **15.2** यदि साझेदारी में लगाई गई राशियों के समय का अनुपात $t_1, t_2, t_3 ...$ है व साझेदारों के लाभ का अनुपात $P_1 : P_2 : P_3$, तो उनके द्वारा लगाई गई धनराशियों का अनुपात $= \frac{P_1}{t_1} : \frac{P_2}{t_2} : \frac{P_3}{t_3}$

Exam Approach Examples

मूल अवधारणा पर आधारित

उदाहरण 1. A और B एक व्यवसाय में क्रमशः ₹ 42000 और ₹ 56000 का निवेश करते हैं। वर्ष के अन्त में वे ₹ 87220 का लाभ कमाते हैं, तो लाभ में B का हिस्सा ज्ञात कीजिए। *RRC Group D 2022*

(a) ₹ 47240 (b) ₹ 49840 (c) ₹ 48480 (d) ₹ 45620

हल (b) A और B के लाभ का अनुपात

= A और B द्वारा निवेशित राशि का अनुपात

= 42000 : 56000

∴ लाभ का अनुपात = 3 : 4

अतः B का हिस्सा $= \frac{4}{7} \times 87220 =$ ₹ 49840

उदाहरण 2. राम, श्याम और धीरज एक साझेदारी में हैं। उन्हें वर्ष के लिए ₹ 531000 का लाभ हुआ। उनकी पूँजी $\frac{1}{2}:\frac{1}{5}:\frac{1}{7}$ के अनुपात में हैं। श्याम का हिस्सा क्या है? *DSSSB TGT Math 2021*

(a) ₹ 125000 (b) ₹ 126000 (c) ₹ 315000 (d) ₹ 90000

हल (b) राम, श्याम और धीरज की पूँजियों का अनुपात क्रमशः $= \frac{1}{2}:\frac{1}{5}:\frac{1}{7}$

$= \frac{1}{2} \times 70 : \frac{1}{5} \times 70 : \frac{1}{7} \times 70$ [∵ 2, 5, 7 का ल.स. = 70]

$= 35 : 14 : 10$

∵ पूँजी का अनुपात ∝ लाभ का अनुपात

∴ उनके लाभों का अनुपात क्रमशः $= 35 : 14 : 10$

दिया है, कुल लाभ = ₹ 531000

अतः श्याम का हिस्सा $= \frac{14}{59} \times 531000 =$ ₹ 126000

उदाहरण 3. A, B और C ने क्रमशः ₹ 13750, ₹ 16250 और ₹ 18750 का निवेश करके एक व्यवसाय की शुरुआत की। यदि उनके द्वारा अर्जित लाभ में से B का हिस्सा ₹ 5200 है, तो A और C द्वारा अर्जित लाभ में अन्तर (₹ में) ज्ञात करें। *SSC CPO 2020*

(a) ₹ 1500 (b) ₹ 1800 (c) ₹ 1600 (d) ₹ 1200

हल (c) A, B तथा C के लाभों का अनुपात

= उनके निवेशों का अनुपात

$= 13750 : 16250 : 18750$

$= 55 : 65 : 75 = 11 : 13 : 15$

प्रश्नानुसार,

लाभ में B का हिस्सा = ₹ 5200

∴ $\left(\frac{13}{11+13+15}\right) \times$ कुल लाभ = ₹ 5200

⇒ कुल लाभ $= 5200 \times \frac{(11+13+15)}{13}$

$= 5200 \times \frac{39}{13} = 400 \times 39 =$ ₹ 15600

∴ A और C के अर्जित लाभों में अन्तर

$= 15600 \times \left(\frac{15-11}{39}\right) = 15600 \times \frac{4}{39} =$ ₹ 1600

> **Trending Concept**
> तीन साझेदारों की राशियों का अनुपात व उनके लाभ से सम्बन्धित प्रश्न वर्तमान में हो रही परीक्षाओं (CPO, CET, NTPC आदि) में निरन्तर पूछे जा रहे हैं। जो आगामी परीक्षाओं के लिए महत्त्वपूर्ण है।

मिश्रित साझेदारी पर आधारित

उदाहरण 4. A, B तथा C ने मिलकर एक व्यापार में ₹ 50000 लगाए। यदि A ने B से ₹ 4000 अधिक लगाए तथा B ने C से ₹ 5000 अधिक लगाए, तो ₹ 35000 के कुल लाभ में A का भाग है *HCET 2023*

(a) ₹ 13600 (b) ₹ 14700 (c) ₹ 8400 (d) ₹ 11900

(e) उत्तर नहीं देना चाहते

हल (b) माना C ने ₹ x व्यापार में लगाए।

तब, B का निवेश = ₹ $(x + 5000)$

A का निवेश $= (x + 5000 + 4000) =$ ₹ $(x + 9000)$

प्रश्नानुसार, $(A + B + C)$ का व्यापार में कुल निवेश = ₹ 50000

⇒ $3x + 14000 =$ ₹ 50000 ⇒ $3x =$ ₹ 36000

∴ $x =$ ₹ 12000

लाभ का अनुपात = A, B और C के निवेशों का अनुपात

$= 21000 : 17000 : 12000$

$= 21 : 17 : 12$

आनुपातिक योग $= 21 + 17 + 12 = 50$

दिया है, कुल लाभ = ₹ 35000

∴ लाभ में A का भाग $= \frac{35000}{50} \times 21 =$ ₹ 14700

उदाहरण 5. दो मित्रों ने एक व्यापार में क्रमशः ₹ 30000 तथा ₹ 50000 लगाए। वर्ष के अन्त में उन्हें ₹ 16000 लाभ प्राप्त हुआ। लाभ का आधा भाग उन्होंने बराबर-बराबर बाँटा, जबकि बाकी आधा भाग, पूँजियों के अनुपात में बाँटा गया। प्रत्येक को कितना-कितना लाभ मिला? *HCET 2022*

(a) ₹ 7200, ₹ 8800 (b) ₹ 7400, ₹ 8600
(c) ₹ 7500, ₹ 8500 (d) ₹ 7000, ₹ 9000
(e) उत्तर नहीं देना चाहते

हल (d) माना दो मित्र A और B हैं।

दोनों के निवेशों का अनुपात = उनके लाभों का अनुपात

$= 30000 \times 12 : 50000 \times 12 = 3 : 5$

कुल लाभ = ₹ 16000

लाभ का आधा भाग बराबर बाँटने पर,

A का हिस्सा $= \frac{8000}{2} =$ ₹ 4000

B का हिस्सा $= \frac{8000}{2} =$ ₹ 4000

शेष लाभ में, A का हिस्सा $= 8000 \times \frac{3}{8} =$ ₹ 3000

B का हिस्सा $= 8000 \times \frac{5}{8} =$ ₹ 5000

∴ A का कुल लाभ $= 4000 + 3000 =$ ₹ 7000

B का कुल लाभ $= 4000 + 5000 =$ ₹ 9000

> **Score Booster**
> इस प्रकार के प्रश्नों को ध्यानपूर्वक पढ़कर Stepwise हल करना चाहिए।

Chapter Challenge

मूल अवधारणा पर आधारित

1. अजय और भास्कर ने 8 : 9 के अनुपात में कुछ राशि का निवेश करके एक साझेदारी व्यवसाय शुरू किया। चाँद छः महीने के बाद भास्कर के बराबर राशि का निवेश करके उनके साथ जुड़ गया। एक वर्ष के अन्त में लाभ को अजय, भास्कर और चाँद के बीच किस अनुपात में वितरित किया जाना चाहिए? **UP Police SI 2021**

(a) 16 : 18 : 9 (b) 18 : 16 : 9
(c) 18 : 9 : 16 (d) 9 : 16 : 18

2. 3 साझेदार P, Q, R लाभ को इस प्रकार विभाजित करते हैं, कि P का 6 गुना, Q के 4 गुने के बराबर है तथा R के 12 गुने के बराबर है। P, Q तथा R के लाभ का अनुपात क्या होगा? **DSSSB 2019**

(a) 2 : 3 : 1 (b) 5 : 6 : 15
(c) 5 : 2 : 5 (d) 6 : 5 : 2

> **MRC*****
> *(Most Repeating Concepts)*
> प्र. सं. 1, 6, 10 और 16 Examination Point of Views से अति महत्त्वपूर्ण हैं। इन Concept पर प्रश्न प्रतियोगी परीक्षाओं (UP ASI, Group-D, DSSSB आदि) में निरन्तर पूछे जा रहे हैं।

3. A, B व C किसी साझेदारी में 6 : 9 : 10 के अनुपात में अपनी राशि लगाते हैं। यदि उनके द्वारा प्राप्त लाभों का अनुपात 2 : 3 : 5 है, तो उनके द्वारा लगाई गई धनराशियों के समय का अनुपात ज्ञात कीजिए।

(a) 2 : 2 : 3 (b) 1 : 1 : 2 (c) 2 : 2 : 5 (d) 5 : 2 : 2

4. X और Y किसी व्यवसाय में क्रमशः ₹ 5200 और ₹ 6200 का निवेश करते हैं। यदि 6 महीने के बाद X अपनी पूँजी को दोगुना कर देता है, तो X और Y को उस वर्ष के लाभ को किस अनुपात में विभाजित करना चाहिए? **UP Police ASI 2021**

(a) 39 : 37 (b) 39 : 31 (c) 39 : 32 (d) 31 : 39

5. A और B ने क्रमशः ₹ 92500 और ₹ 112500 के निवेश से व्यवसाय शुरू किया। यदि उनके द्वारा अर्जित लाभ में B का हिस्सा ₹ 9000 है, तो A द्वारा अर्जित लाभ ज्ञात करें। **SSC CPO 2020**

(a) ₹ 7400 (b) ₹ 10000
(c) ₹ 9000 (d) ₹ 11240

6. P और Q एक व्यापार में दो भागीदार हैं। P, 5 महीनों के लिए ₹ 1200 का योगदान देता है और Q, 4 महीनों के लिए ₹ 750 का योगदान देता है। यदि कुल लाभ ₹ 450 है, तो Q का हिस्सा ज्ञात करें। **UP Police Head Operator 2024**

(a) ₹ 150 (b) ₹ 200 (c) ₹ 120 (d) ₹ 180

7. A तथा B ने क्रमशः ₹ 22500 तथा ₹ 35000 निवेश कर, एक व्यापार प्रारम्भ किया। ₹ 27600 के कुल लाभ में B का भाग है **HCET 2023**

(a) ₹ 10800 (b) ₹ 14400
(c) ₹ 16800 (d) ₹ 19200
(e) उत्तर नहीं देना चाहते

8. A, B तथा C ने किसी व्यापार में क्रमशः 5 : 6 : 8 अनुपात में लाभ प्राप्त किया तथा वे जितने समय तक व्यापार में रहे उसमें 3 : 2 : 5 का अनुपात था। उन्होंने किस अनुपात में पूँजी निवेश की?

(a) 8 : 6 : 4 (b) 31 : 33 : 39
(c) 12 : 19 : 23 (d) 25 : 45 : 24

9. A, B और C किसी व्यवसाय में ₹ 10000, ₹ 12000 और ₹ 15000 की राशियाँ क्रमशः 5, 6 और 9 महीने के लिए निवेशित करते हैं। यदि लाभ में A का हिस्सा ₹ 2500 है, तो कुल लाभ ज्ञात कीजिए। **RRC Group-D 2022**

(a) ₹ 12550 (b) ₹ 12650 (c) ₹ 12700 (d) ₹ 12850

10. A, B और C ने एक व्यवसाय शुरू किया। उन्होंने क्रमशः 6 महीने, 12 महीने और 14 महीने के लिए साझेदारी की। यदि उनका लाभ क्रमशः 5 : 4 : 7 के अनुपात में है, तो उनके संबंधित निवेश का अनुपात है **RRC Group-D 2022**

(a) 5 : 2 : 3 (b) 2 : 3 : 5
(c) 2 : 3 : 7 (d) 1 : 5 : 3

11. P, Q तथा R एक कम्पनी में साझेदार हैं। किसी एक वर्ष में P लाभ का 1/6 भाग प्राप्त करता है, Q लाभ का 1/7 भाग प्राप्त करता है तथा R, ₹ 36250 प्राप्त करता है। P को लाभ के रूप में कितनी राशि प्राप्त होगी? **DSSSB 2022**

(a) ₹ 8750 (b) ₹ 7550
(c) ₹ 7500 (d) ₹ 8350

12. एक व्यवसाय में P, Q से आधा और Q, R से आधा निवेश करता है। ₹ 7000 मासिक लाभ को यदि उनके बीच साझा किया जाता है, तो R का हिस्सा क्या होगा? **RRB JE 2019**

(a) ₹ 2000 (b) ₹ 3000
(c) ₹ 1000 (d) ₹ 4000

> **MRC*****
> *(Most Repeating Concepts)*
> प्र. सं. 12, 13, 14 और 16 Examination Point of Views से अति महत्त्वपूर्ण हैं। इन Concept पर प्रश्न प्रतियोगी परीक्षाओं (RRB JE, Group-D, UP ASI आदि) में निरन्तर पूछे जा रहे हैं।

13. P, Q और R संयुक्त रूप से एक व्यवसाय शुरू करते हैं। यह सहमति हुई कि P, 6 महीने के लिए ₹ 25000 का Q, 5 महीने के लिए ₹ 44000 का और R, 3 महीने के लिए ₹ 50000 का निवेश करेगा। ₹ 104000 के कुल लाभ में से, P को कितनी राशि प्राप्त होगी? **RRC Group-D 2022**

(a) ₹ 30000 (b) ₹ 27900
(c) ₹ 40920 (d) ₹ 33000

14. तीन साझेदार P, Q और R एक व्यवसाय शुरू करते हैं। P की पूँजी का दोगुना, Q की पूँजी के तीन गुना के बराबर है और Q की पूँजी, R की पूँजी के चार गुना के बराबर है। वर्ष के अन्त में ₹ 27500 के कुल लाभ में से R का हिस्सा है **UP Police Constable 2024**

(a) ₹ 15000 (b) ₹ 5000
(c) ₹ 7000 (d) ₹ 2500

15. रविन्द्र और नुसरत ने मिलकर क्रमशः ₹ 8400 और ₹ 6500 के निवेश के साथ व्यवसाय शुरू किया। 6 महीने बाद रविन्द्र और नुसरत ने अपने निवेश में क्रमशः 10% और 20% की वृद्धि की यदि एक वर्ष के अन्त में व्यापार में कुल लाभ ₹ 6388 था, तो रविन्द्र के लाभ का हिस्सा है **DSSSB 2022**

(a) ₹ 7056 (b) ₹ 3528
(c) ₹ 5720 (d) ₹ 2860

16. श्रुति, सन्दीप, अमित साझेदारी करते हैं। श्रुति पूरी पूँजी का एक-तिहाई योगदान देती है, जबकि सन्दीप उतना ही योगदान देता है, जितना श्रुति और अमित मिलकर करते हैं। यदि वर्ष के अन्त में लाभ ₹ 120000 है, तो अमित को कितना धन (₹ में) प्राप्त होगा? **UP Police SI 2021**

(a) 20000 (b) 19500
(c) 21500 (d) 25000

17. *A, B* तथा *C* ने क्रमशः ₹ 100000, ₹ 140000 तथा ₹ 200000 के निवेश के साथ एक व्यापार आरम्भ किया। 3 महीने पश्चात् *C* ने व्यापार छोड़ दिया। *C* के व्यापार छोड़ने के 7 महीने पश्चात् *B* ने भी व्यापार छोड़ दिया। *B* तथा *C* ने अपना निवेश वापस ले लिया। वर्ष के अन्त में, *C* को लाभ के हिस्से के रूप में ₹ 1155 प्राप्त हुए। *A* तथा *B* के लाभों का कुल हिस्सा क्या है?
SSC CGL (Tier-II) 2022

(a) ₹ 6150 (b) ₹ 4995
(c) ₹ 5555 (d) ₹ 5005

18. *A* ने ₹ 450000 की पूँजी के साथ एक व्यवसाय शुरू किया। 3 महीने के बाद, *B* एक निश्चित पूँजी राशि के साथ उसके साथ जुड़ गया। *A* के व्यवसाय शुरू करने के एक वर्ष की समाप्ति पर लाभ को 3 : 2 के अनुपात में साझा किया गया। *B* ने कितना निवेश (₹ में) किया?
RRC Group-D 2022

> **MRC*****
> **(Most Repeating Concepts)**
> प्र. सं. 18, 21, 23 और 27 Examination Point of Views से अति महत्त्वपूर्ण हैं। इन Concept पर प्रश्न प्रतियोगी परीक्षाओं (Group-D, CGL, UP ASI आदि) में निरन्तर पूछे जा रहे हैं।

(a) ₹ 320000 (b) ₹ 420000
(c) ₹ 360000 (d) ₹ 400000

19. *A*, ₹ 7250 की पूँजी के साथ एक व्यवसाय शुरू करता है और 3 महीने बाद, *B* साझेदार के रूप में *A* के साथ जुड़ जाता है। *A* द्वारा व्यवसाय शुरू करने के एक वर्ष बाद, लाभ को *A* और *B* के बीच 8 : 9 के अनुपात में विभाजित किया जाता है। पूँजी में *B* का योगदान ज्ञात कीजिए।
RRC Group-D 2022

(a) ₹ 10250 (b) ₹ 10500 (c) ₹ 10000 (d) ₹ 10875

20. *A* एक व्यवसाय ₹ 3500 से आरम्भ करता है। 5 महीने के बाद *B* उसका साझीदार बन जाता है। एक वर्ष बाद दोनों के बीच लाभ को 2 : 3 के अनुपात में विभाजित कर दिया जाता है, तो *B* का पूँजी निवेश है

(a) ₹ 8000 (b) ₹ 8500 (c) ₹ 9000 (d) ₹ 7500

21. किसी व्यापार में *A* और *B* के निवेश का अनुपात 7 : 5 है और वर्ष के अन्त में उनके लाभ का अनुपात 2 : 5 है। यदि *A* ने अपनी धनराशि का निवेश 6 महीनों के लिए किया था, तो *B* ने अपनी धनराशि का निवेश कितनी अवधि (महीनों में) के लिए किया था?
SSC CGL (Tier-II) 2022

(a) 12 (b) 18 (c) 21 (d) 24

मिश्रित साझेदारी पर आधारित

22. *P* और *Q* ने क्रमशः ₹ 150000 और ₹ 450000 की पूँजी का निवेश करके एक दुकान खोली। एक वर्ष के बाद, ₹ 200000 के लाभ में से *P* को लाभ में उसके हिस्से के साथ-साथ वेतन के रूप में भी कुछ राशि मिली, जोकि लाभ का हिस्सा नहीं थी। यदि *P* को कुल ₹ 90000 मिले, तो उसे वेतन के रूप में कितनी धनराशि (₹ में) मिली?
SSC CGL (Tier II) 2022

(a) ₹ 40000 (b) ₹ 20000
(c) ₹ 50000 (d) ₹ 25000

23. दो मित्रों *A* और *B* ने क्रमशः ₹ 150000 और ₹ 250000 का निवेश करके एक व्यवसाय शुरू किया। वे अपनी आय को अपने निवेश के समान अनुपात में वितरित करने के लिए सहमत हुए। एक वर्ष के बाद, अर्जित लाभ ₹ 600000 था। उनमें से प्रत्येक ने अपने सम्बन्धित लाभ में ₹ 50000 जोड़कर एक अलग परियोजना में निवेश किया। यदि इस परियोजना से ₹ 420000 की आय हुई थी, तो अर्जित लाभ में *A* का हिस्सा कितना होगा?
SSC CGL (Tier-II) 2023

(a) ₹ 184000 (b) ₹ 165000
(c) ₹ 235000 (d) ₹ 197000

24. *P* और *Q* क्रमशः ₹ 1400 और ₹ 1800 के निवेश के साथ एक साझेदारी में प्रवेश करते हैं। वे लाभ के आधे हिस्से को व्यवसाय के संचालन के लिए रखते हैं और शेष हिस्से को अपने निवेश के अनुपात में बाँट लेते हैं। यदि लाभ में उनके हिस्सों का अन्तर ₹ 47 है, तो कुल लाभ ज्ञात कीजिए।
RRB JE 2019

(a) ₹ 752 (b) ₹ 954
(c) ₹ 804 (d) ₹ 504

25. *A* और *B* ने एक साझेदारी की ओर क्रमशः ₹ 16000 और ₹ 12000 निवेश किए। 3 महीने के बाद *A* ने ₹ 5000 निकाल लिए और *B* ने ₹ 5000 और निवेश किए। अगले तीन महीनों के बाद *C*, ₹ 21000 की पूँजी लगाकर कारोबार में शामिल हो गया। एक वर्ष बाद ₹ 26400 के लाभ में *B* का हिस्सा, *C* से कितना अधिक है?

(a) ₹ 1200 (b) ₹ 2400
(c) ₹ 4800 (d) ₹ 3600

26. *A, B* और *C* क्रमशः $\frac{2}{5}:\frac{3}{4}:\frac{5}{8}$ के अनुपात में अपनी पूँजी का निवेश कर एक साझेदारी करते हैं। चार माह बाद, *A* ने अपनी पूँजी में 50% की वृद्धि लेकिन *B* ने अपनी पूँजी में 20% की कमी की। वर्ष के अन्त में कुल लाभ ₹ 282100 में *B* का लाभांश क्या है?
SSC CPO 2019

(a) ₹ 97500 (b) ₹ 101400
(c) ₹ 100750 (d) ₹ 83200

27. अभिषेक, बिमल और चिन्मय साझेदारी में शामिल होते हैं। अभिषेक, बिमल के निवेश से 3 गुना अधिक निवेश करता है और बिमल, चिन्मय द्वारा किए गए निवेश का $\frac{2}{3}$ निवेश करता है। वर्ष के अन्त में, अर्जित लाभ ₹ 5500 है। चिन्मय का हिस्सा कितना है?
UP Police Constable 2024

(a) ₹ 2500 (b) ₹ 1500
(c) ₹ 1000 (d) ₹ 3000

Right Key

1 (a)	2 (a)	3 (a)	4 (b)	5 (a)	6 (a)	7 (c)	8 (d)	9 (d)	10 (a)
11 (a)	12 (d)	13 (a)	14 (d)	15 (b)	16 (a)	17 (d)	18 (d)	19 (d)	20 (c)
21 (c)	22 (a)	23 (b)	24 (a)	25 (d)	26 (b)	27 (b)			

Solutions

1. (*a*) प्रश्नानुसार,

अजय, भास्कर और चाँद के बीच लाभों का अनुपात = अजय, भास्कर और चाँद के निवेश और समय के गुणनफल का अनुपात क्रमशः

$= 8 \times 12 : 9 \times 12 : 9 \times 6 = 16 : 18 : 9$

> **TOP TIPS** दो या दो से अधिक साझेदार का लाभ का अनुपात निकालने के लिए निम्न सूत्र कण्ठस्थ होना चाहिए।
> लाभ का अनुपात
> = (पूँजी × समय) का अनुपात

2. (*a*) $P \times 6 = Q \times 4 = R \times 12$

$3P = 2Q = 6R = k$ (माना)

लाभ का अनुपात $= \frac{k}{3} : \frac{k}{2} : \frac{k}{6} = 2 : 3 : 1$

3. (*a*) निवेश की गई धनराशियों का अनुपात,

$C_1 : C_2 : C_3 = 6 : 9 : 10$

तथा लाभों का अनुपात, $P_1 : P_2 : P_3 = 2 : 3 : 5$

$\therefore$ *A*, *B* व *C* द्वारा लगाई गई धनराशियों के समय का अनुपात $= \frac{P_1}{C_1} : \frac{P_2}{C_2} : \frac{P_3}{C_3}$

[Formula 15.1 से]

$= \frac{2}{6} : \frac{3}{9} : \frac{5}{10} = \frac{1}{3} : \frac{1}{3} : \frac{1}{2} = 2 : 2 : 3$

4. (*b*) 1 वर्ष के बाद *X* और *Y* के लाभ का अनुपात

$= (5200 \times 6 + 5200 \times 2 \times 6) : 6200 \times 12$

$= 6(5200 + 10400) : 6200 \times 12$

$= 15600 : 6200 \times 2 = 39 : 31$

5. (*a*) *A* और *B* के लाभों का अनुपात

= उनके निवेशों का अनुपात

$= 92500 : 112500 = 37 : 45$

दिया है, लाभ में *B* का हिस्सा = ₹ 9000

अतः लाभ में *A* का हिस्सा

$= B \text{ का हिस्सा} \times \frac{A \text{ का अनुपात}}{B \text{ का अनुपात}}$

$= 9000 \times \frac{37}{45} =$ ₹ 7400

6. (*a*) प्रश्नानुसार,

P और *Q* के लाभ का अनुपात = उनके निवेश और समय के गुणनफल का अनुपात

$= 1200 \times 5 : 750 \times 4$

$= 2 : 1$

कुल लाभ = ₹ 450

$\therefore Q$ का हिस्सा $= \frac{1}{3} \times 450 =$ ₹ 150

7. (*c*) *A* और *B* के लाभ का अनुपात = उनके निवेशों का अनुपात $= 22500 : 35000$

$= 9 : 14$

कुल लाभ = ₹ 27600

$\therefore$ लाभ में *B* का भाग $= \frac{14}{23} \times 27600$

= ₹ 16800

8. (*d*) लाभ का अनुपात, $P_1 : P_2 : P_3 = 5 : 6 : 8$

तथा समय का अनुपात, $t_1 : t_2 : t_3 = 3 : 2 : 5$

$\therefore$ धनराशियों का अनुपात $= \frac{P_1}{t_1} : \frac{P_2}{t_2} : \frac{P_3}{t_3}$

[Formula 15.2 से]

$= \frac{5}{3} : \frac{6}{2} : \frac{8}{5} = \frac{5}{3} : 3 : \frac{8}{5} = 25 : 45 : 24$

9. (*d*) *A*, *B* और *C* के लाभ का अनुपात = उनके निवेशों और समय के गुणनफल का अनुपात

$= (10000 \times 5) : (12000 \times 6) : (15000 \times 9)$

$= 50 : 72 : 135$

$\because$ लाभ में *A* का हिस्सा = ₹ 2500

अतः कुल लाभ $= \frac{2500}{50} \times 257 =$ ₹ 12850

10. (*a*) प्रश्नानुसार,

माना *A*, *B*, *C* की निवेश राशि क्रमशः *x*, *y*, *z* हैं।

उनके लाभ का अनुपात

$= x \times 6 : y \times 12 : z \times 14$

$= 3x : 6y : 7z$

दिया है, लाभ का अनुपात $= 5 : 4 : 7$

$\therefore \quad \frac{3x}{6y} = \frac{5}{4} \Rightarrow \frac{x}{y} = \frac{5}{2}$

तथा $\frac{6y}{7z} = \frac{4}{7} \Rightarrow \frac{y}{z} = \frac{2}{3}$

अतः *A*, *B* और *C* के द्वारा निवेशित राशि का अनुपात $= 5 : 2 : 3$

> **Quick Method**
> $\because$ निवेश राशि $= \frac{\text{लाभ}}{\text{समय}}$
> अतः निवेश का अनुपात $= \frac{5}{6} : \frac{4}{12} : \frac{7}{14}$
> $= 5 : 2 : 3$

11. (*a*) प्रश्नानुसार,

P, *Q* और *R* के लाभ का अनुपात

$= \frac{1}{6} : \frac{1}{7} : \left(1 - \frac{1}{6} - \frac{1}{7}\right)$

$= \frac{1}{6} : \frac{1}{7} : \left(\frac{42 - 7 - 6}{42}\right)$

$= 7 : 6 : 29$

R का लाभ = ₹ 36250

P का लाभ में हिस्सा $= \frac{36250}{29} \times 7 =$ ₹ 8750

12. (*d*) माना *R* का निवेश = ₹ 4*x*

$\therefore Q$ का निवेश = ₹ 2*x*

तथा *P* का निवेश = ₹ *x*

$\therefore$ *P*, *Q* और *R* के लाभ का अनुपात

$= x : 2x : 4x$

$= 1 : 2 : 4$

दिया है, कुल लाभ = ₹ 7000

R का हिस्सा $= \frac{4}{7} \times 7000 =$ ₹ 4000

13. (*a*) *P*, *Q* और *R* के लाभ का अनुपात

$= 25000 \times 6 : 44000 \times 5 : 50000 \times 3$

$= 15 : 22 : 15$

लाभ में *P* का हिस्सा $= \frac{15}{52} \times 104000$

= ₹ 30000

14. (*d*) दिया है,

वर्ष के अन्त में कुल लाभ = ₹ 27500

माना *P*, *Q* और *R* द्वारा एक व्यवसाय में लगाई गई पूँजी क्रमशः *x*, *y* तथा *z* हैं।

प्रश्नानुसार, $\quad 2x = 3y \Rightarrow \frac{x}{y} = \frac{3}{2}$

$x : y = 3 : 2 \qquad$ ...(i)

तथा $\quad y = 4z \Rightarrow \frac{y}{z} = \frac{4}{1}$

$y : z = 4 : 1 \qquad$ ...(ii)

समी (i) तथा (ii) से,

$x : y : z = 12 : 8 : 2$

अतः लाभ में *R* का हिस्सा $= 27500 \times \frac{2}{22}$

= ₹ 2500

15. (*b*) रविन्द्र और नुसरत के लाभ का अनुपात

$= \left(8400 \times 6 + 8400 \times \frac{110}{100} \times 6\right)$

$: \left(6500 \times 6 + 6500 \times \frac{120}{100} \times 6\right)$

$= (8400 + 9240) : (6500 + 7800)$

$= 882 : 715$

$\because$ वर्ष के अन्त में कुल लाभ = ₹ 6388

$\therefore$ लाभ में रविन्द्र का हिस्सा

$= \frac{882}{(882 + 715)} \times 6388$

= ₹ 3528

16. (*a*) माना कुल पूँजी = ₹ x

श्रुति द्वारा निवेशित पूँजी = ₹ $\frac{x}{3}$

सन्दीप = श्रुति + अमित

प्रश्नानुसार, श्रुति + सन्दीप + अमित = x

$\frac{x}{3}$ + श्रुति + अमित + अमित = x

$\Rightarrow \frac{x}{3}+\frac{x}{3}+2\times$ अमित $= x$

$\Rightarrow 2\times$ अमित $= x-\frac{2x}{3}=\frac{x}{3}$

$\therefore$ अमित द्वारा निवेशित राशि = ₹ $\frac{x}{6}$

सन्दीप द्वारा निवेशित राशि = $\frac{x}{3}+\frac{x}{6}$ = ₹ $\frac{x}{2}$

वर्ष के अन्त में कुल लाभ = ₹ 120000

(श्रुति : सन्दीप : अमित) लाभ का अनुपात

= उनके निवेशों का अनुपात

$=\frac{1}{3}\times x:\frac{1}{2}\times x:\frac{1}{6}\times x=2:3:1$

$\therefore$ अमित को प्राप्त हुआ धन

$=\frac{120000}{6}\times 1$ = ₹ 20000

17. (*d*) A, B तथा C के लाभों का अनुपात

$= 100000\times 12:140000\times 10:200000\times 3$

$= 120:140:60 = 6:7:3$

लाभ में C का हिस्सा = ₹ 1155

$\Rightarrow \frac{3}{16}\times$ कुल लाभ = ₹ 1155

$\Rightarrow$ कुल लाभ $=\frac{1155\times 16}{3}$ = ₹ 6160

$\therefore$ लाभ में A और B का कुल हिस्सा

= 6160 − 1155 = ₹ 5005

18. (*d*) माना B, 3 माह बाद ₹ x की पूँजी के साथ व्यवसाय में जुड़ा।

A और B के लाभ का अनुपात

$= 450000\times 12 : x\times 9$

$= 600000 : x$

लाभ का अनुपात = 3 : 2

$\therefore \frac{600000}{x}=\frac{3}{2}\Rightarrow x=400000$

अतः B का निवेश = ₹ 400000

19. (*d*) माना B की पूँजी x है।

A और B के लाभ का अनुपात

$= 7250\times 12 : x\times 9 = 29000:3x$

दिया है, लाभ का अनुपात = 8 : 9

$\therefore \frac{29000}{3x}=\frac{8}{9}$

x = ₹ 10875

अतः पूँजी में B का योगदान = ₹ 10875

20. (*c*) दिया है, A की पूँजी = ₹ 3500

माना B की पूँजी = ₹ x

A और B के लाभ का अनुपात

$= 3500\times 12 : x\times 7 = 6000 : x$

प्रश्नानुसार, $\frac{6000}{x}=\frac{2}{3}\Rightarrow x$ = ₹ 9000

अतः B का पूँजी निवेश ₹ 9000 है।

21. (*c*) माना B ने धनराशि x महीनों के लिए निवेश की, तब A और B के समय अवधि का अनुपात

$=\frac{6}{x}$

प्रश्नानुसार, लाभों का अनुपात = निवेश राशि और समय के गुणनफल का अनुपात

$\Rightarrow \frac{7}{5}\times\frac{6}{x}=\frac{2}{5}\Rightarrow x = 21$ महीना

22. (*a*) P और Q के निवेशों का अनुपात

$= 150000 : 450000 = 1:3$

कुल लाभ = ₹ 200000

P का लाभ में हिस्सा $= 200000\times\frac{1}{4}$

= ₹ 50000

$\therefore$ P का वेतन = (90000 − 50000)

= ₹ 40000

23. (*b*) A और B के लाभ का अनुपात

$= 150000\times 1 : 250000\times 1$

$= 3 : 5$

1 वर्ष बाद अर्जित लाभ = ₹ 600000

लाभ में A का हिस्सा $=\frac{3}{8}\times 600000$

= ₹ 225000

लाभ में B का हिस्सा $=\frac{5}{8}\times 600000$

= ₹ 375000

अब, A का नया निवेश

= 225000 + 50000 = ₹ 275000

B का नया निवेश

= 375000 + 50000 = ₹ 425000

$\therefore$ उनके लाभ का अनुपात = 275000 : 425000

= 11 : 17

अब, दूसरी परियोजना में अर्जित लाभ

= ₹ 420000

$\therefore$ लाभ में A का हिस्सा $=\frac{11}{28}\times 420000$

= ₹ 165000

24. (*a*) P और Q के लाभ का अनुपात

= 1400 : 1800

= 7 : 9

$\because$ लाभ का अन्तर = ₹ 47

$\therefore (P+Q)$ को प्राप्त कुल लाभ

$=\frac{47}{(9-7)}\times(9+7)=\frac{47}{2}\times 16$ = ₹ 376

प्रश्नानुसार, लाभ का आधा हिस्सा व्यवसाय के संचालन के लिए रखते हैं और शेष लाभ को पूँजी के अनुपात में बाँटा जाता है।

$\therefore$ व्यवसाय में हुआ कुल लाभ $= 376\times 2$

= ₹ 752

25. (*d*) प्रश्नानुसार, A, B और C के लाभों का अनुपात $= (16000\times 3 + 11000\times 9)$

$: (12000\times 3 + 17000\times 9) : (21000\times 6)$

$= 147000 : 189000 : 126000 = 7:9:6$

1 वर्ष बाद प्राप्त कुल लाभ = ₹ 26400

लाभ में B का हिस्सा $=\frac{9}{22}\times 26400$

= ₹ 10800

लाभ में C का हिस्सा $=\frac{6}{22}\times 26400$

= ₹ 7200

$\therefore$ अभीष्ट अन्तर = 10800 − 7200 = ₹ 3600

> **TOP TIPS** दो हिस्सेदारों का अन्तर, अनुपातों के अन्तर से सीधे निकाला जा सकता है।

26. (*b*) A, B एवं C के आरम्भिक निवेशों का अनुपात $=\frac{2}{5}:\frac{3}{4}:\frac{5}{8}$

$=\left(\frac{2}{5}\times 40\right):\left(\frac{3}{4}\times 40\right):\left(\frac{5}{8}\times 40\right)$

$= 16 : 30 : 25$

A, B एवं C के लाभांशों का अनुपात

$=\left(16\times 4+16\times\frac{150}{100}\times 8\right)$

$:\left(30\times 4+30\times\frac{80}{100}\times 8\right):(25\times 12)$

$= (64+192):(120+192):300$

$= 256:312:300 = 64:78:75$

आनुपातिक योग = 64 + 78 + 75 = 217

$\because$ वर्ष के अन्त में कुल लाभ = ₹ 282100

$\therefore$ B का लाभांश $=\frac{78}{217}\times 282100$

= ₹ 101400

27. (*b*) वर्ष के अन्त में कुल अर्जित लाभ = ₹ 5500

लाभ में अभिषेक, बिमल और चिन्मय के हिस्सों का अनुपात = उनके निवेशों का अनुपात

$= 2:\frac{2}{3}:1 = 6:2:3$

$\therefore$ लाभ में चिन्मय का हिस्सा

$= 5500\times\left[\frac{3}{6+2+3}\right]$

$= 5500\times\frac{3}{11}$ = ₹ 1500

अध्याय

16 आयु पर आधारित समस्याएँ

Chapter Snapshot

किसी व्यक्ति के जन्म से वर्तमान तक की अवधि को उस व्यक्ति की **आयु** कहा जाता है। आयु पर आधारित प्रश्नों में सामान्यत: दो या दो से अधिक व्यक्तियों की आयु के मध्य विभिन्न स्थितियाँ तथा समय पर आधारित सम्बन्ध दिया गया होता है और उसके आधार पर हमें प्रश्न हल करके व्यक्तियों की आयु ज्ञात करनी होती है।

सामान्यत: इस प्रकार के प्रश्नों को हल करने के लिए रैखिक समीकरणों का उपयोग किया जाता है।

इस अध्याय से पूछे जाने वाले प्रश्न सामान्यत: निम्न प्रकार से सम्बन्धित होते हैं

Concept Capsule

- यदि वर्तमान में किसी व्यक्ति की आयु x वर्ष हो, तो 'n' वर्ष पूर्व उसकी आयु $(x-n)$ वर्ष तथा 'n' वर्ष बाद उसकी आयु $(x+n)$ वर्ष होगी।
- यदि दो व्यक्ति A और B की वर्तमान आयु का अनुपात $a:b$ हो, तो A और B की वर्तमान आयु क्रमशः ax तथा bx होगी।

आयु के अनुपात पर आधारित

उदाहरण 1. A और B की वर्तमान आयु का अनुपात 3 : 5 है। यदि A की वर्तमान आयु 33 वर्ष है, तो 5 वर्ष बाद B की आयु (वर्षों में) क्या होगी? *SSC MTS 2022*

(a) 65 (b) 50 (c) 60 (d) 55

हल (c) माना A और B की वर्तमान आयु क्रमश: $3x$ और $5x$ वर्ष हैं।

प्रश्नानुसार, $3x = 33 \Rightarrow x = 11$ वर्ष

$\therefore$ B की वर्तमान आयु $= 5x = 5 \times 11 = 55$ वर्ष

अत: 5 वर्ष बाद B की आयु $= 55 + 5 = 60$ वर्ष

उदाहरण 2. A और B की आयु का अनुपात 5 : 9 है। 7 वर्ष बाद, B की आयु 52 वर्ष होगी। 6 वर्ष पहले, A की आयु कितनी थी? *RRC Group D 2022*

(a) 19 वर्ष (b) 35 वर्ष (c) 44 वर्ष (d) 24 वर्ष

हल (a) माना A और B की आयु $5x$ क्रमश: वर्ष और $9x$ वर्ष हैं।

7 वर्ष बाद, B की आयु $= 9x + 7$

प्रश्नानुसार, $9x + 7 = 52$

$\Rightarrow$ $9x = 52 - 7 = 45$

$\Rightarrow$ $x = \frac{45}{9} = 5$

$\therefore$ A की वर्तमान आयु $= 5x$

$= 5 \times 5 = 25$ वर्ष

अत: 6 वर्ष पूर्व, A की आयु $= 25 - 6 = 19$ वर्ष

Trending Concept

अनुपात पर आधारित प्रश्न वर्तमान में हो रही विभिन्न परीक्षाओं (CHSL, Group D, NTPC आदि) में पूछे जा रहे हैं। आगामी परीक्षाओं के लिए भी महत्त्वपूर्ण है।

आयु के n गुना होने पर आधारित

उदाहरण 3. एक पुत्र और पिता की आयु का योग 52 वर्ष है। 4 वर्ष बाद, पिता की आयु, पुत्र की आयु की चार गुना हो जाएगी। पुत्र की वर्तमान आयु (वर्षों में) क्या है? *SSC (10+2) 2024*

(a) 9 वर्ष (b) 12 वर्ष (c) 10 वर्ष (d) 8 वर्ष

हल (d) माना पिता की आयु $= x$ वर्ष

तब, पुत्र की आयु $= (52 - x)$ वर्ष

प्रश्नानुसार,

$x + 4 = 4(52 - x + 4)$

$\Rightarrow$ $x + 4 = 224 - 4x$

$\Rightarrow$ $5x = 220$

$\therefore$ पुत्र की वर्तमान आयु $= 52 - 44 = 8$ वर्ष

औसत आयु पर आधारित

उदाहरण 4. एक क्रिकेट टीम में 7 पुरुषों की आयु 26, 25, 21, 29, 24, 28 और 22 है। उनकी औसत आयु (वर्ष में) कितनी है? *SSC Constable (GD) 2024*

(a) 23 (b) 24 (c) 25 (d) 22

हल (c) अभीष्ट औसत आयु

$$= \frac{26 + 25 + 21 + 29 + 24 + 28 + 22}{7}$$

$$= \frac{175}{7} = 25 \text{ वर्ष}$$

उदाहरण 5. दो मित्रों की औसत आयु 14 वर्ष है और उनकी आयु का अनुपात 3 : 4 हैं। उनकी आयु के बीच में अन्तर क्या है? *UP Police Head Operator 2024*

(a) 8 वर्ष (b) 4 वर्ष
(c) 7 वर्ष (d) 3 वर्ष

हल (b) दो मित्रों की औसत आयु $= 14$ वर्ष

$\therefore$ दो मित्रों की कुल आयु $= 2 \times 14 = 28$ वर्ष

माना दोनों मित्रों की आयु क्रमश: $3x$ वर्ष तथा $4x$ वर्ष है।

प्रश्नानुसार, $3x + 4x = 28 \Rightarrow x = \frac{28}{7} = 4$

अत: दोनों मित्रों के बीच आयु का अन्तर $= 4x - 3x = x = 4$ वर्ष

Quick Method

$\therefore$ अभीष्ट अन्तर $= \frac{(4-3)}{(3+4)} \times 2 \times 14 = 4$ वर्ष

Chapter Challenge

आयु के अनुपात पर आधारित

1. X और Y की उम्र 6 : 7 के अनुपात में है। यदि उनकी आयु का योग 78 वर्ष है, तो उनकी आयु (वर्ष में) के बीच का अन्तर है **RPF Constable 2019**

(a) 7 (b) 8 (c) 6 (d) 9

2. गीता, लता और माधुरी की आयु का अनुपात 5 : 6 : 3 है। यदि उनकी कुल आयु 42 वर्ष है, तो लता की आयु ज्ञात कीजिए।

(a) 18 वर्ष (b) 27 वर्ष (c) 45 वर्ष (d) 35 वर्ष

3. साई और सतीश की वर्तमान आयु का अनुपात 5 : 4 है। आज से तीन वर्ष बाद उनकी आयु का अनुपात 11 : 9 हो जाएगा। वर्तमान में सतीश की आयु कितने वर्ष है?

(a) 22
(b) 24
(c) 21
(d) 23 **RRB ALP 2018**

> **MRC*****
> ***(Most Repeating Concepts)***
> प्र. सं. 1, 3, 5 और 6 Examination Point of Views से अति महत्त्वपूर्ण हैं। इन Concept पर प्रश्न विभिन्न प्रतियोगी परीक्षाओं (ALP, MTS, NTPC, RPF आदि) में निरन्तर पूछे जा रहे हैं।

4. दो व्यक्तियों की वर्तमान आयु क्रमशः 36 तथा 50 वर्ष है। तद्नुसार, यदि n वर्षों बाद उनकी आयु का अनुपात 3 : 4 हो जाए, तो n का मान कितना होगा?

(a) 4 (b) 7 (c) 6 (d) 3

5. A और B की वर्तमान आयु का अनुपात 6 : 5 हैं चार वर्ष पूर्व, यह अनुपात 5 : 4 था। दस वर्ष बाद, A और B की आयु का अनुपात क्या होगा? **SSC MTS 2021**

(a) 17 : 15 (b) 11 : 15 (c) 15 : 17 (d) 15 : 11

6. महेन्द्र और जाहिद की आयु का अनुपात 6 : 7 है। पंद्रह वर्ष पहले उनकी आयु 9 : 11 के अनुपात में थी। महेन्द्र की वर्तमान आयु कितनी है? **RRB NTPC (CBT-I) 2021**

(a) 18 वर्ष (b) 54 वर्ष
(c) 60 वर्ष (d) 10 वर्ष

7. A और B की वर्तमान आयु का अनुपात 7 : 8 हैं। अब से 6 वर्ष बाद, उनकी आयु का अनुपात 8 : 9 होगा। यदि C की वर्तमान आयु, A की वर्तमान आयु से 10 वर्ष अधिक है, तो C की वर्तमान आयु ज्ञात कीजिए। **SSC CGL (Tier-I) 2021**

(a) 45 वर्ष (b) 52 वर्ष
(c) 56 वर्ष (d) 59 वर्ष

8. नलिनी का छोटा भाई 12 वर्ष का है। अगर नलिनी और उसके भाई की आयु का अनुपात 7 : 6 है, तो अब से 6 वर्ष पश्चात् उनकी आयु का अनुपात कितना होगा? **SSC (10+2) 2021**

(a) 17 : 15 (b) 10 : 9
(c) 10 : 6 (d) 13 : 12

9. राम और रमेश की वर्तमान आयु का अनुपात 3 : 5 है। 7 वर्ष बाद उनकी आयु का अनुपात 4 : 5 होगा। रमेश की वर्तमान आयु ज्ञात कीजिए। **SSC CGL (Tier-I) 2022**

(a) 12 वर्ष (b) 7 वर्ष (c) 15 वर्ष (d) 5 वर्ष

10. P और Q की वर्तमान आयु का अनुपात 3 : 5 है। 7 वर्ष बाद, Q की आयु 42 वर्ष हो जाएगी। 8 वर्ष बाद P की आयु कितनी होगी? **DSSSB PGT 2021**

(a) 39 वर्ष (b) 29 वर्ष
(c) 27 वर्ष (d) 34 वर्ष

11. देव और उसके पुत्र की आयु का अनुपात क्रमशः 4 : 1 है। 11 वर्ष बाद, उनकी आयु क्रमशः 13 : 6 के अनुपात में होगी। देव की उम्र क्या थी जब उनके बेटे का जन्म हुआ था? **DSSSB TGT 2021**

(a) 23 वर्ष (b) 24 वर्ष
(c) 25 वर्ष (d) 21 वर्ष

12. 1 वर्ष पूर्व, हनी तथा पीयूष की आयु का अनुपात क्रमशः 2 : 3 था। पाँच वर्ष के बाद उनकी आयु का अनुपात 4 : 5 होगा। पीयूष की वर्तमान आयु है **DP MTS 2022**

(a) 12 वर्ष (b) 11 वर्ष
(c) 10 वर्ष (d) 9 वर्ष

13. सचिन और रघु की आयु का अनुपात 1 : 4 है। 10 वर्ष बाद अनुपात 2 : 5 हो जाएगा। रघु की वर्तमान आयु ज्ञात कीजिए। **DSSSB Grade-II 2019**

(a) 44 वर्ष (b) 40 वर्ष (c) 38 वर्ष (d) 42 वर्ष

14. दो व्यक्तियों की आयु का अनुपात 5 : 7 है। 18 वर्ष पूर्व उनकी आयु 8 : 13 के अनुपात में थी, वर्तमान आयु हैं (वर्षों में) **DSSSB Lab Technician, 2019**

(a) 50, 70 (b) 70, 50 (c) 40, 56 (d) 35, 49

15. रानी और रोहन की वर्तमान आयु का अनुपात 3 : 4 हैं। 3 वर्ष बाद अनुपात 4 : 5 हो जाएगा। अब से 24 वर्ष बाद उनकी आयु का अनुपात होगा **IB 2023**

(a) 11 : 12 (b) 13 : 14 (c) 12 : 13 (d) 10 : 11

16. A और B की वर्तमान आयु का अनुपात 3 : 1 है। पाँच वर्ष पहले, उनकी आयु का अनुपात 5 : 1 था। आठ वर्ष बाद A की आयु (वर्ष में) कितनी होगी? **SSC MTS 2024**

(a) 40 (b) 30
(c) 22 (d) 38

17. एक वर्ष पहले, साकेत और तिलक की आयु का अनुपात क्रमशः 5 : 6 है। चार वर्ष बाद यह अनुपात 6 : 7 हो जाता है, तो साकेत की वर्तमान आयु क्या है? **RRC Group D 2022**

(a) 31 वर्ष (b) 25 वर्ष (c) 26 वर्ष (d) 30 वर्ष

18. यदि वर्तमान में भूमि और सोम की आयु का अनुपात 7 : 3 है और 4 वर्ष पूर्व भूमि की आयु और 4 वर्ष बाद सोम की आयु का अनुपात 2 : 1 है, तो 4 वर्ष बाद भूमि की आयु और 4 वर्ष पहले सोम की आयु के बीच का अनुपात ज्ञात कीजिए। **DSSSB PRT 2022**

(a) 11 : 4 (b) 7 : 4 (c) 4 : 11 (d) 4 : 7

19. 10 वर्ष पहले, A और B की आयु का अनुपात 5 : 9 था। अब से 15 वर्ष बाद, उनकी आयु का अनुपात 15 : 17 होगा। अब से 15 वर्ष बाद A की आयु क्या होगी? **RRC Group D 2022**

(a) 30 वर्ष (b) 38 वर्ष
(c) 35 वर्ष (d) 26 वर्ष

20. चार वर्ष पहले, राम की आयु का श्याम की आयु से अनुपात 13 : 9 था। अब से आठ वर्ष बाद उनकी आयु का अनुपात 4 : 3 होगा। उनकी वर्तमान आयु के बीच का अंतर (वर्षों में) है **RRB NTPC 2021**

(a) 17 (b) 16 (c) 19 (d) 18

आयु के n गुना होने पर आधारित

21. A की आयु, B की आयु की सात गुनी है। यदि उनकी आयु का योग 48 वर्ष है, तो उनकी आयु ज्ञात कीजिए। *RRC Group D 2022*
(a) 40 और 8 (b) 35 और 5
(c) 46 और 6 (d) 42 और 6

22. एक पिता का एक 12 वर्ष का पुत्र है। पुत्र के जन्म के समय पिता की आयु, पुत्र की वर्तमान आयु की तीन गुनी थी। पिता की वर्तमान आयु कितनी है? *RRB JE 2019*
(a) 48 वर्ष
(b) 46 वर्ष
(c) 60 वर्ष
(d) 40 वर्ष

> ***MRC****
> ***(Most Repeating Concepts)***
> प्र. सं. 21, 22, 23 और 24 Examination Point of Views से अति महत्त्वपूर्ण हैं। इन Concept पर प्रश्न विभिन्न प्रतियोगी परीक्षाओं (Group-D, RRB JE, CRPF आदि) में निरन्तर पूछे जा रहे हैं।

23. राम, श्याम से 5 गुना बड़ा है। वह उससे 20 वर्ष बड़ा भी हैं, तो राम और श्याम की वर्तमान आयु क्रमशः क्या है? *CRPF Head Constable 2023*
(a) 25 वर्ष, 5 वर्ष (b) 36 वर्ष, 6 वर्ष
(c) 50 वर्ष, 5 वर्ष (d) 20 वर्ष, 4 वर्ष

24. एक पिता की आयु, उसके पुत्र की आयु की चार गुनी है। 10 वर्ष बाद, पिता की आयु, उसके पुत्र की आयु की 2.5 गुना होगी। पुत्र की वर्तमान आयु ज्ञात कीजिए। *RRC Group D 2022*
(a) 60 वर्ष (b) 40 वर्ष
(c) 10 वर्ष (d) 15 वर्ष

25. नरेन्द्र की माँ की उम्र नरेन्द्र की चार गुना है। चार साल पहले, उसकी माँ की उम्र नरेन्द्र की उम्र से छह गुना थी। उनकी वर्तमान आयु क्या है? *RRB NTPC 2021*
(a) 7 वर्ष, 28 वर्ष (b) 10 वर्ष, 40 वर्ष
(c) 5 वर्ष, 20 वर्ष (d) 20 वर्ष, 80 वर्ष

26. रहीम की वर्तमान आयु, उसकी पुत्री सविता की वर्तमान आयु की पाँच गुना है। अब से सात वर्ष बाद रहीम की आयु, सविता की आयु की तीन गुनी हागी। रहीम की वर्तमान आयु (वर्ष में) क्या है? *SSC CGL (Tier-I) 2023*
(a) 40 (b) 35 (c) 45 (d) 30

27. 10 वर्ष बाद A की आयु 10 वर्ष पूर्व B की आयु की दोगुनी होगी। यदि A की वर्तमान आयु B की आयु से 9 वर्ष अधिक है, तो B की वर्तमान आयु है *DP MTS 2022*
(a) 39 वर्ष (b) 29 वर्ष
(c) 19 वर्ष (d) 9 वर्ष

28. चार्ल्स और श्रिया की उम्र के बीच 6 वर्ष का अंतर है। जब उन्होंने 30 वर्ष पहले एक-दूसरे से शादी की थी, तो चार्ल्स की उम्र का 4 गुना उतना था जितना कि श्रिया की उम्र का 5 गुना। उनकी वर्तमान आयु का योग क्या है? *RRB ALP (Tier-I) 2018*
(a) 114 वर्ष (b) 110 वर्ष
(c) 115 वर्ष (d) 112 वर्ष

29. क्रिश, पार्थिव से 5 वर्ष छोटा है। 8 वर्ष पहले क्रिश के उम्र का तीन गुना पार्थिव के उम्र के दोगुने से 10 वर्ष ज्यादा था। क्रिश की वर्तमान उम्र क्या है? *RRB ALP 2018*
(a) 32 वर्ष (b) 33 वर्ष
(c) 30 वर्ष (d) 28 वर्ष

30. 10 वर्ष पहले पिता की आयु, उसके पुत्र की आयु की तीन गुना थी। दस वर्ष बाद, पिता की आयु, उसके पुत्र की आयु की दोगुनी होगी। उनकी वर्तमान आयु का अनुपात क्या है? *SSC (10+2) 2024*
(a) 7 : 3 (b) 5 : 2 (c) 3 : 2 (d) 5 : 3

31. 5 वर्ष पहले, रोहन के पिता की आयु, रोहन की आयु की 8 गुनी थी। 5 वर्ष बाद रोहन के पिता की आयु और रोहन की आयु का अनुपात 10 : 3 होगा। रोहन की वर्तमान आयु क्या है? *RRB ALP (Tier-II) 2019*
(a) 10 वर्ष (b) 8 वर्ष
(c) 15 वर्ष (d) 12 वर्ष

32. 8 वर्ष पूर्व रघु की आयु मोहन की तत्कालीन आयु की तीन गुनी थी। आठ वर्ष बाद, रघु की आयु मोहन की आयु की दोगुनी होगी। क्रमशः मोहन और रघु की वर्तमान आयु का अनुपात ज्ञात कीजिए। *RRC Group D 2022*
(a) 3 : 7 (b) 3 : 5 (c) 6 : 7 (d) 4 : 5

33. A की शादी 8 वर्ष पहले हुई थी। A की वर्तमान आयु शादी के समय उसकी आयु से $1\frac{1}{4}$ गुनी है। A के पुत्र की आयु उसकी वर्तमान आयु का $\frac{1}{10}$ गुना है। वर्षों में उसके पुत्र की आयु है *SSC (10+2) 2011*
(a) 2 (b) 3 (c) 4 (d) 5

औसत आयु पर आधारित

34. एक पिता तथा उसके दो पुत्रों की औसत आयु 27 वर्ष है। 5 वर्ष पहले दोनों पुत्रों की औसत आयु 12 वर्ष थी। पिता की वर्तमान आयु है *DSSSB Grade-II 2019*
(a) 42 वर्ष (b) 34 वर्ष
(c) 49 वर्ष (d) 47 वर्ष

35. तीन लड़कों की औसत आयु 25 वर्ष है और उनकी आयु का अनुपात 3 : 5 : 7 है। सबसे छोटे लड़के की आयु ज्ञात कीजिए। *SSC CPO 2024*
(a) 12 वर्ष (b) 15 वर्ष (c) 24 वर्ष (d) 21 वर्ष

36. पाँच वर्ष पहले, एक परिवार के 10 सदस्यों की औसत आयु 54 वर्ष थी। एक बच्चे को शामिल करने के बाद भी परिवार के सदस्यों की औसत आयु 54 वर्ष है, बच्चे की आयु कितनी है? *DSSSB Grade-II 2019*
(a) 8 वर्ष (b) 4 वर्ष (c) 6 वर्ष (d) 5 वर्ष

37. एक कक्षा में 35 विद्यार्थियों की औसत आयु 16 वर्ष है। 21 विद्यार्थियों की औसत आयु 14 वर्ष हैं। शेष 14 विद्यार्थियों की औसत आयु कितनी है? *DSSSB 2021*
(a) 19 वर्ष (b) 17 वर्ष
(c) 15 वर्ष (d) 18 वर्ष

38. 40 लड़कों की औसत आयु 16.95 वर्ष है। एक नए लड़के के उनके समूह में शामिल होने के बाद औसत आयु 17 वर्ष हो जाती है। नए लड़कों की आयु ज्ञात कीजिए। *UP Police Assist. Operator 2024*
(a) 21 वर्ष (b) 17 वर्ष (c) 20 वर्ष (d) 19 वर्ष

39. चार खिलाड़ियों की औसत आयु 18.5 वर्ष है। अगर कोच की आयु भी इसमें शामिल की जाए तो औसत आयु 20% बढ़ जाती है, तो कोच की आयु है *UPSSSC PET 2021*
(a) 28 वर्ष (b) 31 वर्ष (c) 34 वर्ष (d) 37 वर्ष

Chapter Challenge आयु पर आधारित समस्याएँ

40. विवाह के समय एक पति और उसकी पत्नी की औसत आयु 23 वर्ष थी। विवाह के 5 वर्ष बाद उनका एक वर्ष का बच्चा था। बच्चे के जन्म के समय तीन सदस्यों वाले इस परिवार की औसत आयु कितनी थी? *RRC Group D 2022*
(a) 20 वर्ष (b) 18 वर्ष (c) 24 वर्ष (d) 23 वर्ष

41. अशोक और अब्दुल की औसत आयु 45 वर्ष है, अब्दुल और एंथॉनी की औसत आयु 50 वर्ष है और एंथॉनी और अशोक की औसत आयु 35 वर्ष है। अशोक की आयु ज्ञात करें। *DSSSB 2018*
(a) 35 वर्ष (b) 25 वर्ष
(c) 30 वर्ष (d) इनमें से कोई नहीं

42. चार वर्ष पहले, राजू के परिवार के 3 सदस्यों की औसत आयु 14 वर्ष थी। राजू की पुत्री के जन्म के बाद, राजू के परिवार की औसत आयु आज भी समान ही है। उसकी पुत्री की आयु क्या होगी? *DSSSB TGT 2021*
(a) 1 वर्ष (b) 2 वर्ष
(c) 3 वर्ष (d) 2 वर्ष 6 महीने

43. A, B और C की औसत आयु 20 वर्ष है। दो वर्ष पहले A और B की आयु का योग C की आयु से 6 वर्ष अधिक था। C की वर्तमान आयु ज्ञात कीजिए। *SSC CGL (Tier-II) 2023*
(a) 28 वर्ष (b) 26 वर्ष (c) 29 वर्ष (d) 25 वर्ष

44. एक कक्षा की आठ लड़कियों की औसत आयु y वर्ष है। $y + 3$, $y - 6$, $y + 15$, $y + 8$ और $y + 6$ आयु (वर्ष में) वाली 5 नई लड़कियाँ कक्षा में शामिल होती हैं। अब कक्षा की लड़कियों की औसत आयु कितनी है? *NTA CUET (UG) 2023*
(a) $(y + 3)$ वर्ष (b) $(y + 6)$ वर्ष
(c) $(y + 1)$ वर्ष (d) $(y + 2)$ वर्ष

45. 15 छात्रों की एक कक्षा की औसत आयु 30 वर्ष है। यदि शिक्षक की आयु को शामिल कर लिया जाए, तो औसत 2 वर्ष बढ़ जाता है। शिक्षक की आयु (वर्षों में) ज्ञात कीजिए। *UP Forest Gaurd 2022*
(a) 59 (b) 55 (c) 62 (d) 60

46. तीन वर्ष पहले, 5 सदस्यों वाले एक परिवार की औसत आयु 17 वर्ष थी। तत्पश्चात् एक बच्चे के उत्पन्न होने के उपरान्त, आज भी परिवार की औसत आयु उतनी ही है। बच्चे की वर्तमान आयु है
(a) 3 वर्ष (b) 2 वर्ष (c) $1\frac{1}{2}$ वर्ष (d) 1 वर्ष

47. श्रीनिवास ने अभी हाल ही में अपने से 4 वर्ष छोटी लड़की से शादी की है। 5 वर्ष बाद उनकी औसत आयु 33 वर्ष होगी। लड़की की वर्तमान आयु ज्ञात कीजिए। *RRC Group D 2022*
(a) 35 वर्ष (b) 30 वर्ष
(c) 26 वर्ष (d) 31 वर्ष

48. 10 वर्ष पहले, 4 सदस्यों वाले एक परिवार की औसत आयु 26 वर्ष थी। 4 वर्ष की आयु के अंतर वाले दो बच्चों के जन्म के बाद, परिवार की वर्तमान औसत आयु समान है। सबसे छोटे बच्चे की वर्तमान आयु क्या है? *CISF (ASI) 2023*
(a) 4 वर्ष (b) 16 वर्ष
(c) 12 वर्ष (d) 8 वर्ष

विविध

49. मेरे पिता वर्तमान में मुझसे 25 वर्ष बड़े हैं। 5 वर्ष पूर्व हमारी आयु का योग 39 वर्ष था। मेरी वर्तमान आयु ज्ञात कीजिए। *SSC (10+2) 2024*
(a) 15 वर्ष (b) 13 वर्ष
(c) 20 वर्ष (d) 12 वर्ष

50. वर्तमान में, एक पिता की आयु, उसके 3 बच्चों की आयु के योगफल की दोगुनी है। 15 वर्ष बाद, पिता की आयु उसके बच्चों की आयु के योगफल के बराबर होगी। आज से 15 वर्ष बाद पिता की आयु कितनी होगी? *RRC Group D 2022*
(a) 90 वर्ष (b) 85 वर्ष
(c) 75 वर्ष (d) 95 वर्ष

51. एक पिता की आयु उसके 5 बच्चों की आयु के योग के बराबर है। 15 वर्ष बाद बच्चों की आयु का योग, पिता की आयु का दोगुना है। पिता की आयु है *DSSSB 2019*
(a) 45 वर्ष (b) 50 वर्ष
(c) 35 वर्ष (d) इनमें से कोई नहीं

52. एक परिवार में पति अपनी पत्नी से 10 वर्ष बड़ा है। बेटी अपनी माँ से आधी आयु की है। यदि उनकी आयु का योग 105 वर्ष है, तो पत्नी की आयु कितनी है? *UP Police Assist. Operator 2024*
(a) 38 वर्ष (b) 36 वर्ष
(c) 28 वर्ष (d) 19 वर्ष

53. A की वर्तमान आयु के दोगुने और B की वर्तमान आयु के तीन गुने का योग 106 वर्ष है। B की वर्तमान आयु का चार गुना, A की वर्तमान आयु के तीन गुने से 11 वर्ष अधिक है। अब से 4 वर्ष बाद, A और B की आयु का योग (वर्ष में) कितना होगा? *RRC Group D 2022*
(a) 49 (b) 47 (c) 43 (d) 51

54. दो मित्रों, राम और रवि की आयु में 7 वर्ष का अन्तर है। राम की माता मायादेवी की आयु, राम की आयु की तीन गुनी है और रवि की आयु अपने भाई सोहम की आयु की चार गुनी है। मायादेवी और सोहम की आयु में 65 वर्ष का अन्तर है। मायादेवी की आयु (वर्षों में) ज्ञात कीजिए। *SSC CGL (Tier I) 2024*
(a) 85 (b) 69 (c) 45 (d) 36

Right Key

1 (c)	2 (a)	3 (b)	4 (c)	5 (a)	6 (c)	7 (b)	8 (b)	9 (b)	10 (b)
11 (d)	12 (c)	13 (b)	14 (a)	15 (a)	16 (d)	17 (c)	18 (a)	19 (a)	20 (b)
21 (d)	22 (a)	23 (a)	24 (c)	25 (b)	26 (b)	27 (a)	28 (a)	29 (d)	30 (a)
31 (a)	32 (a)	33 (c)	34 (d)	35 (b)	36 (b)	37 (a)	38 (d)	39 (d)	40 (b)
41 (c)	42 (b)	43 (b)	44 (d)	45 (c)	46 (b)	47 (c)	48 (a)	49 (d)	50 (c)
51 (a)	52 (a)	53 (d)	54 (b)						

Solutions

1. (c) माना X और Y की उम्र क्रमशः $6a$ और $7a$ वर्ष है।

प्रश्नानुसार,

$6a + 7a = 78$

$\Rightarrow 13a = 78 \Rightarrow a = 6$

$\therefore$ उनकी आयु के बीच अन्तर

$= 7a - 6a = a = 6$ वर्ष

Quick Method

$X : Y = 6 : 7$

$\therefore Y - X = \frac{78}{(6+7)} \times (7-6)$

$= \frac{78}{13} \times 1 = 6$ वर्ष

2. (a) माना गीता, लता और माधुरी की आयु क्रमशः $5x, 6x, 3x$ वर्ष है।

प्रश्नानुसार,

$5x + 6x + 3x = 42$

$\Rightarrow 14x = 42$

$\Rightarrow x = 3$

$\therefore$ लता की आयु $= 6 \times 3 = 18$ वर्ष

Quick Method

तीनों की कुल आयु $= 42$ वर्ष

अतः लता की आयु $= \frac{42}{5+6+3} \times 6 = \frac{42 \times 6}{14}$

$= 18$ वर्ष

3. (b) माना साई तथा सतीश की वर्तमान आयु क्रमशः $5x$ तथा $4x$ वर्ष है।

प्रश्नानुसार, $\frac{5x + 3}{4x + 3} = \frac{11}{9}$

$\Rightarrow 45x + 27 = 44x + 33$

$\Rightarrow x = 33 - 27$

$x = 6$

$\therefore$ वर्तमान में सतीश की आयु $= 4x$

$= 4 \times 6 = 24$ वर्ष

TOP TIPS इस प्रकार के प्रश्नों को सरलता से हल करने के लिए अभ्यर्थी को अनुपात-समानुपात के द्वारा रैखिक समीकरण बनाकर गणना करनी चाहिए।

4. (c) प्रश्नानुसार, $\frac{36 + n}{50 + n} = \frac{3}{4}$

$\Rightarrow 36 \times 4 + 4n = 50 \times 3 + 3n$

$\Rightarrow 4n - 3n = 50 \times 3 - 36 \times 4$

$\Rightarrow n = 150 - 144$

$\therefore n = 6$ वर्ष

5. (a) माना A और B की वर्तमान आयु क्रमशः $6x$ और $5x$ वर्ष हैं।

प्रश्नानुसार, $\frac{6x - 4}{5x - 4} = \frac{5}{4}$

$\Rightarrow 25x - 20 = 24x - 16$

$\Rightarrow 25x - 24x = 20 - 16$

$\Rightarrow x = 4$

अतः 10 वर्ष बाद अभीष्ट अनुपात $= \frac{6x + 10}{5x + 10}$

$= \frac{24 + 10}{20 + 10} = \frac{34}{30} = \frac{17}{15} = 17 : 15$

6. (c) माना महेन्द्र की आयु $= 6x$ वर्ष

तथा जाहिद की आयु $= 7x$ वर्ष

प्रश्नानुसार, $\frac{6x - 15}{7x - 15} = \frac{9}{11}$

$\Rightarrow 66x - 165 = 63x - 135$

$\Rightarrow 3x = 165 - 135 = 30$

$\therefore x = \frac{30}{3} = 10$

अतः महेन्द्र की वर्तमान आयु $= 6x$

$= 6 \times 10 = 60$ वर्ष

7. (b) माना A की वर्तमान आयु $= 7a$ वर्ष

तथा B की वर्तमान आयु $= 8a$ वर्ष

प्रश्नानुसार,

$\frac{7a + 6}{8a + 6} = \frac{8}{9}$

$\Rightarrow 63a + 54 = 64a + 48$

$\Rightarrow a = 6$ वर्ष

$\therefore A$ की वर्तमान आयु $= 7 \times 6 = 42$ वर्ष

तथा C की वर्तमान आयु $= 42 + 10 = 52$ वर्ष

8. (b) माना नलिनी तथा उसके छोटे भाई की आयु क्रमशः $7x$ तथा $6x$ वर्ष हैं।

प्रश्नानुसार,

$6x = 12 \Rightarrow x = 2$

$\therefore$ नलिनी की आयु $= 7x = 7 \times 2 = 14$ वर्ष

$\therefore$ 6 वर्ष पश्चात् उनकी आयु का अनुपात

$= \frac{14 + 6}{12 + 6} = \frac{20}{18} = 10 : 9$

9. (b) माना राम और रमेश की वर्तमान आयु क्रमशः $3x$ और $5x$ वर्ष हैं।

प्रश्नानुसार,

$\frac{3x + 7}{5x + 7} = \frac{4}{5}$

$\Rightarrow 20x + 28 = 15x + 35$

$\Rightarrow 5x = 7$

$\Rightarrow x = \frac{7}{5}$

$\therefore$ रमेश की वर्तमान आयु $= 5 \times \frac{7}{5} = 7$ वर्ष

10. (b) माना P तथा Q की वर्तमान आयु क्रमशः $3x$ तथा $5x$ वर्ष है।

प्रश्नानुसार, $5x + 7 = 42$

$\Rightarrow 5x = 42 - 7 = 35$

$\therefore x = \frac{35}{5} = 7$

8 वर्ष बाद P की आयु $= 3x + 8$

$= 3 \times 7 + 8 = 29$ वर्ष

11. (d) माना देव तथा उसके पुत्र की आयु क्रमशः $4x$ तथा x वर्ष है।

प्रश्नानुसार, $\frac{4x + 11}{x + 11} = \frac{13}{6}$

$\Rightarrow 24x + 66 = 13x + 143$

$\Rightarrow 24x - 13x = 143 - 66$

$\Rightarrow 11x = 77$

$\therefore x = \frac{77}{11} = 7$

देव की वर्तमान आयु $= 4x = 4 \times 7 = 28$

देव के पुत्र की वर्तमान आयु $= 7$ वर्ष

देव के पुत्र के जन्म के समय देव की आयु

$= 28 - 7 = 21$ वर्ष

12. (c) माना एक वर्ष पूर्व, हनी और पीयूष की आयु क्रमशः $2x$ वर्ष और $3x$ वर्ष थी।

प्रश्नानुसार, $\frac{2x + 6}{3x + 6} = \frac{4}{5}$

$\Rightarrow 10x + 30 = 12x + 24$

$\Rightarrow 2x = 6$

$\Rightarrow x = 3$

$\therefore$ पीयूष की वर्तमान आयु $= 3x + 1$

$= 3 \times 3 + 1 = 10$ वर्ष

13. (b) माना सचिन तथा रघु की आयु क्रमशः x तथा $4x$ वर्ष हैं।

प्रश्नानुसार, $\frac{x + 10}{4x + 10} = \frac{2}{5}$

$\Rightarrow 5x + 50 = 8x + 20$

$\Rightarrow 3x = 50 - 20 = 30$

$\therefore x = \frac{30}{3} = 10$

रघु की वर्तमान आयु $= 4x = 4 \times 10$

$= 40$ वर्ष

14. (*a*) माना दोनों व्यक्तियों की आयु क्रमशः $5x$ तथा $7x$ वर्ष हैं।

प्रश्नानुसार,
$$\frac{5x-18}{7x-18}=\frac{8}{13}$$
$\Rightarrow$ $65x - 234 = 56x - 144$

$\Rightarrow$ $65x - 56x = 234 - 144$

$\Rightarrow$ $9x = 90$

$\therefore$ $x = \frac{90}{9} = 10$

पहले व्यक्ति की वर्तमान आयु $= 5x$
$= 5 \times 10 = 50$ वर्ष

दूसरे व्यक्ति की वर्तमान आयु $= 7x$
$= 7 \times 10 = 70$ वर्ष

15. (*a*) माना रानी और रोहन की वर्तमान आयु क्रमशः $3x$ और $4x$ वर्ष है।

प्रश्नानुसार, $\frac{3x+3}{4x+3}=\frac{4}{5}$

$\Rightarrow$ $15x + 15 = 16x + 12$

$\Rightarrow$ $x = 3$

अतः 24 वर्ष बाद उनकी आयु का अनुपात
$$=\frac{3x+24}{4x+24}=\frac{3\times3+24}{4\times3+24}$$
$$=\frac{33}{36}=\frac{11}{12}=11:12$$

16. (*d*) माना A और B की वर्तमान आयु क्रमशः $3x$ तथा x वर्ष है।

पाँच वर्ष पहले,

A की आयु $= 3x - 5$

तथा B की आयु $= x - 5$

प्रश्नानुसार,
$$\frac{3x-5}{x-5}=\frac{5}{1}$$
$\Rightarrow$ $3x - 5 = 5x - 25$

$\Rightarrow$ $2x = 20$

$\therefore$ $x = \frac{20}{2} = 10$

$\therefore$ आठ वर्ष बाद A की आयु $= (3x + 8)$
$= (3 \times 10 + 8) = 38$ वर्ष

17. (*c*) माना 1 वर्ष पूर्व, साकेत की आयु $= 5x$ वर्ष तथा तिलक की आयु $= 6x$ वर्ष

प्रश्नानुसार,
$$\frac{5x+5}{6x+5}=\frac{6}{7}$$
$\Rightarrow$ $35x + 35 = 36x + 30$

$\Rightarrow$ $x = 5$

अतः साकेत की वर्तमान आयु $= 5x + 1$
$= 5 \times 5 + 1 = 26$ वर्ष

18. (*a*) माना वर्तमान में भूमि तथा सोम की आयु क्रमशः $7x$ तथा $3x$ वर्ष है।

प्रश्नानुसार, $\frac{7x-4}{3x+4}=\frac{2}{1}$

$\Rightarrow$ $7x - 4 = 6x + 8$

$\therefore$ $x = 8 + 4 = 12$

4 वर्ष बाद भूमि की आयु $= 7x + 4$
$= 7 \times 12 + 4 = 88$ वर्ष

4 वर्ष पहले सोम की आयु $= 3x - 4$
$= 3 \times 12 - 4 = 32$ वर्ष

$\therefore$ अभीष्ट अनुपात $= 88 : 32 = 11 : 4$

19. (*a*) माना 10 वर्ष पूर्व, A की आयु $= 5x$ तथा B की आयु $= 9x$

प्रश्नानुसार,
$$\frac{(5x+10)+15}{(9x+10)+15}=\frac{15}{17}$$
$\Rightarrow$ $\frac{5x+25}{9x+25}=\frac{15}{17}$

$\Rightarrow$ $85x + 425 = 135x + 375$

$\Rightarrow$ $135x - 85x = 425 - 375$

$\Rightarrow$ $50x = 50$

$\therefore$ $x = 1$

15 वर्ष बाद A की आयु
$= 5x + 10 + 15 = 5x + 25$
$= 5 \times 1 + 25 = 30$ वर्ष

20. (*b*) माना 4 वर्ष पूर्व, राम की आयु $= 13x$ वर्ष तथा 4 वर्ष पूर्व, श्याम की आयु $= 9x$ वर्ष

प्रश्नानुसार, $\frac{(13x+4)+8}{(9x+4)+8}=\frac{4}{3}$

$\Rightarrow$ $\frac{13x+12}{9x+12}=\frac{4}{3}$

$\Rightarrow$ $39x + 36 = 36x + 48$

$\Rightarrow$ $3x = 48 - 36 = 12$

$\therefore$ $x = \frac{12}{3} = 4$

राम की वर्तमान आयु $= 13x + 4$
$= 13 \times 4 + 4 = 56$ वर्ष

श्याम की वर्तमान आयु $= 9x + 4$
$= 9 \times 4 + 4 = 40$ वर्ष

राम और श्याम की आयु का अन्तर
$= 56 - 40 = 16$ वर्ष

21. (*d*) माना B की आयु $= x$ वर्ष

$\therefore$ A की आयु $= 7x$ वर्ष

प्रश्नानुसार,

$x + 7x = 48 \Rightarrow x = 6$

A की आयु $= 7x = 7 \times 6 = 42$ वर्ष

तथा B की आयु $= 6$ वर्ष

22. (*a*) माना पिता की वर्तमान आयु $= x$ वर्ष

पुत्र की आयु $= 12$ वर्ष

प्रश्नानुसार,

$(x - 12) = 3 \times 12$

$\Rightarrow$ $x - 12 = 36$

$\therefore$ $x = 36 + 12 = 48$

अतः पिता की वर्तमान आयु $= 48$ वर्ष

23. (*a*) माना श्याम की वर्तमान आयु $= x$ वर्ष

$\therefore$ राम की वर्तमान आयु $= 5x$ वर्ष

प्रश्नानुसार, $5x - x = 20$

$\Rightarrow$ $4x = 20$

$\Rightarrow$ $x = 5$

राम की वर्तमान आयु $= 5x = 5 \times 5 = 25$ वर्ष

श्याम की वर्तमान आयु $= 5$ वर्ष

24. (*c*) माना पुत्र की वर्तमान आयु $= x$ वर्ष

पिता की वर्तमान आयु $= 4x$ वर्ष

प्रश्नानुसार, 10 वर्ष बाद

$2.5(x + 10) = 4x + 10$

$\Rightarrow$ $2.5x + 25 = 4x + 10$

$\Rightarrow$ $1.5x = 15$

$\therefore$ $x = 10$

अतः पुत्र की वर्तमान आयु $= 10$ वर्ष

25. (*b*) माना नरेन्द्र की उम्र $= x$ वर्ष

नरेन्द्र की माँ की उम्र $= 4x$ वर्ष

प्रश्नानुसार,

$6(x - 4) = 4x - 4$

$\Rightarrow$ $6x - 24 = 4x - 4$

$\Rightarrow$ $2x = 24 - 4 = 20$

$\therefore$ $x = 10$

नरेन्द्र की वर्तमान उम्र $= 10$ वर्ष

नरेन्द्र की माँ की वर्तमान उम्र
$= 10 \times 4 = 40$ वर्ष

26. (*b*) माना सविता की वर्तमान आयु $= x$ वर्ष

रहीम की वर्तमान आयु $= 5x$ वर्ष

प्रश्नानुसार, $\frac{x+7}{5x+7}=\frac{1}{3}$

$\Rightarrow$ $3x + 21 = 5x + 7$

$\Rightarrow$ $2x = 14$

$\therefore$ $x = 7$

अतः रहीम की वर्तमान आयु $= 5 \times 7 = 35$ वर्ष

27. (*a*) माना 10 वर्ष पूर्व, B की आयु $= x$ वर्ष

$\therefore$ 10 वर्ष बाद, A की आयु $= 2x$ वर्ष

प्रश्नानुसार,

$2x - 10 = (x + 10) + 9$

$\Rightarrow$ $x = 19 + 10 = 29$

B की वर्तमान आयु $= x + 10$
$= 29 + 10 = 39$ वर्ष

28. (*a*) माना श्रिया की उम्र $= x$ वर्ष

$\therefore$ चार्ल्स की उम्र $= (x + 6)$ वर्ष

प्रश्नानुसार,

$$4(x + 6 - 30) = 5(x - 30)$$

$$\Rightarrow \quad 4(x - 24) = 5(x - 30)$$

$$\Rightarrow \quad 4x - 96 = 5x - 150$$

$$\therefore \quad x = 150 - 96 = 54$$

श्रिया व चार्ल्स की उम्र का योग

$= x + x + 6 = 2x + 6$

$= 2 \times 54 + 6 = 114$ वर्ष

29. (*d*) माना क्रिश की वर्तमान आयु $= x$ वर्ष

$\therefore$ पार्थिव की वर्तमान आयु $= (x + 5)$ वर्ष

प्रश्नानुसार,

$$(x - 8) \times 3 = (x + 5 - 8) \times 2 + 10$$

$$\Rightarrow \quad 3x - 24 = 2x - 6 + 10$$

$$\Rightarrow \quad x = 4 + 24 = 28$$

अत: क्रिश की वर्तमान आयु $= 28$ वर्ष

30. (*a*) माना 10 वर्ष पूर्व, पुत्र की आयु $= x$ वर्ष

$\therefore$ 10 वर्ष पूर्व, पिता की आयु $= 3x$

प्रश्नानुसार,

$$[x + 10 + 10] \times 2 = 3x + 10 + 10$$

$$\Rightarrow \quad 2x + 40 = 3x + 20$$

$$x = 20$$

$\therefore$ अभीष्ट अनुपात $= (3x + 10) : (x + 10)$

$= 70 : 30 = 7 : 3$

31. (*a*) माना 5 वर्ष पहले, रोहन की आयु $= x$ वर्ष

$\therefore$ 5 वर्ष पहले, रोहन के पिता की आयु $= 8x$ वर्ष

प्रश्नानुसार, $\dfrac{(8x + 5) + 5}{(x + 5) + 5} = \dfrac{10}{3}$

$$\Rightarrow \quad \frac{8x + 10}{x + 10} = \frac{10}{3}$$

$$\Rightarrow \quad 24x + 30 = 10x + 100$$

$$\Rightarrow \quad 14x = 70$$

$$\therefore \quad x = \frac{70}{14} = 5$$

अत: रोहन की वर्तमान आयु

$= x + 5 = 5 + 5 = 10$ वर्ष

32. (*a*) माना 8 वर्ष पूर्व, मोहन की आयु $= x$ वर्ष

तथा 8 वर्ष पूर्व, रघु की आयु $= 3x$ वर्ष

प्रश्नानुसार,

$$2 \times [(x + 8) + 8] = [(3x + 8) + 8]$$

$$\Rightarrow \quad 2(x + 16) = 3x + 16$$

$$\Rightarrow \quad 2x + 32 = 3x + 16$$

$$\therefore \quad x = 32 - 16 = 16$$

मोहन की वर्तमान आयु $= x + 8$

$= 16 + 8 = 24$ वर्ष

रघु की वर्तमान आयु $= 3x + 8$

$= 3 \times 16 + 8 = 56$ वर्ष

$\therefore$ अभीष्ट अनुपात $= 24 : 56 = 3 : 7$

33. (*c*) माना 8 वर्ष पूर्व A की आयु x वर्ष थी।

प्रश्नानुसार,

A की वर्तमान आयु $= (x + 8) = \dfrac{5}{4}x$

$$\Rightarrow \quad 4x + 32 = 5x$$

$\Rightarrow \quad x = 32$ वर्ष

$\therefore$ पुत्र की वर्तमान आयु $= \dfrac{1}{10}(x + 8)$

$= \dfrac{1}{10}(32 + 8) = \dfrac{1}{10} \times 40 = 4$ वर्ष

34. (*d*) पिता और उसके दोनों पुत्रों की कुल आयु

$= 3 \times 27 = 81$ वर्ष

और 5 वर्ष पूर्व दोनों पुत्रों की कुल आयु

$= 12 \times 2 = 24$ वर्ष

$\therefore$ दोनों पुत्रों की कुल वर्तमान आयु

$= 24 + 10 = 34$ वर्ष

$\therefore$ पिता की वर्तमान आयु $= 81 - 34 = 47$ वर्ष

> **TOP TIPS** इस प्रकार के प्रश्नों को हल करने के लिए औसत से सम्बन्धित जानकारी होना अति आवश्यक है। जैसे
>
> औसत $= \dfrac{\text{संख्याओं का कुल योग}}{\text{कुल संख्याएँ}}$

35. (*b*) $\because$ तीन लड़कों की औसत आयु $= 25$ वर्ष

$\therefore$ तीन लड़कों की कुल आयु

$= 25 \times 3 = 75$ वर्ष

आनुपातिक योग $= 3 + 5 + 7 = 15$

$\therefore$ छोटे लड़के की आयु $= \dfrac{3}{15} \times 75 = 15$ वर्ष

36. (*b*) पाँच वर्ष पूर्व,

परिवार के 10 सदस्यों की कुल आयु

$= 10 \times 54 = 540$ वर्ष

वर्तमान में परिवार के 10 सदस्यों की कुल आयु

$= 540 + 10 \times 5 = 590$ वर्ष

प्रश्नानुसार, 1 बच्चे के शामिल होने पर,

11 सदस्यों की कुल आयु $= 11 \times 54$

$= 594$ वर्ष

$\therefore$ बच्चे की आयु $= 594 - 590 = 4$ वर्ष

37. (*a*) प्रश्नानुसार, 35 विद्यार्थियों की कुल आयु

$= 35 \times 16 = 560$ वर्ष

21 विद्यार्थियों की कुल आयु

$= 21 \times 14 = 294$ वर्ष

$\therefore$ शेष 14 विद्यार्थियों की औसत आयु

$= \dfrac{(560 - 294)}{14} = \dfrac{266}{14} = 19$ वर्ष

38. (*d*) 40 लड़कों की कुल आयु $= 40 \times 16.95$

$= 678$ वर्ष

41 लड़कों की कुल आयु $= 41 \times 17$

$= 697$ वर्ष

$\therefore$ नए लड़के की आयु $= 697 - 678$

$= 19$ वर्ष

> ***Quick Method***
>
> नए लड़के की आयु $= 17 + (17 - 16.95) \times 40$
>
> $= 17 + 0.05 \times 40$
>
> $= 17 + 2 = 19$ वर्ष

39. (*d*) माना कोच की आयु x वर्ष है।

चार खिलाड़ियों की कुल आयु

$= 4 \times 18.5 = 74$ वर्ष

प्रश्नानुसार, $\dfrac{74 + x}{5} = \dfrac{120}{100} \times 18.5$

$$\Rightarrow \quad \frac{74 + x}{5} = 22.2$$

$$\Rightarrow \quad 74 + x = 111$$

$$\Rightarrow \quad x = 111 - 74$$

$\therefore \quad x = 37$ वर्ष

40. (*b*) विवाह के समय पति तथा पत्नी की आयु का कुल योग $= 2 \times 23 = 46$ वर्ष

विवाह के 5 वर्ष बाद,

बच्चे के जन्म के समय परिवार की कुल आयु

$= 46 + 4 + 4 = 54$ वर्ष

परिवार के सदस्यों की संख्या $= 3$

$\therefore$ परिवार की औसत आयु $= \dfrac{54}{3} = 18$ वर्ष

41. (*c*) अशोक और अब्दुल की कुल आयु

$= 45 \times 2 = 90$ वर्ष

अब्दुल और एंथॉनी की कुल आयु

$= 50 \times 2 = 100$ वर्ष

एंथॉनी और अशोक की कुल आयु

$= 2 \times 35 = 70$ वर्ष

अब, उपरोक्त से,

2(अशोक + अब्दुल + एंथॉनी) की आयु

$= 90 + 100 + 70 = 260$

$\Rightarrow$ (अशोक + अब्दुल + एंथॉनी) की कुल आयु $= \dfrac{260}{2} = 130$

$\therefore$ अशोक की आयु $= 130 - 100$

$= 30$ वर्ष

> **TOP TIPS** यदि प्रश्न में 3 अथवा अधिक व्यक्तियों की भिन्न-भिन्न प्रकार से औसत आयु दी जाए, तो अभ्यर्थी को सभी की एक साथ कुल आयु ज्ञात कर, उससे अतिरिक्त व्यक्तियों की कुल आयु घटाकर हल करना चाहिए।

42. (*b*) 4 वर्ष पूर्व,
राजू के परिवार की कुल आयु
$= 14 \times 3 = 42$ वर्ष
वर्तमान में राजू के परिवार की कुल आयु
$= 42 + 3 \times 4 = 54$ वर्ष
राजू की पुत्री के जन्म के बाद,
राजू के परिवार की कुल आयु
$= 4 \times 14 = 56$ वर्ष
$\therefore$ पुत्री की आयु $= 56 - 54 = 2$ वर्ष

43. (*b*) $(A + B + C)$ की कुल आयु
$= 20 \times 3 = 60$ वर्ष ...(i)
प्रश्नानुसार, 2 वर्ष पूर्व
$(A-2) + (B-2) = (C-2) + 6$
$\Rightarrow \quad A + B - C = 4 + 4 = 8$ ...(ii)
समी (i) समी (ii) से,
$2C = 60 - 8 = 52$
$\therefore \quad C = \frac{52}{2} = 26$
अत: C की वर्तमान आयु $= 26$ वर्ष

44. (*d*) कक्षा की आठ लड़कियों की कुल आयु
$= 8y$ वर्ष
अब नई 5 लड़कियाँ शामिल होने पर कुल आयु $= 8y + y + 3 + y - 6 + y + 15 + y + 8 + y + 6$
$= 13y + 26$
$\therefore$ अभीष्ट औसत आयु
$= \frac{13y + 26}{8 + 5} = \frac{13(y+2)}{13}$
$= (y + 2)$ वर्ष

45. (*c*) 15 छात्रों की कुल आयु $= 15 \times 30$
$= 450$ वर्ष
प्रश्नानुसार, शिक्षक को शामिल करने पर,
नई औसत आयु $= 30 + 2 = 32$ वर्ष
15 छात्रों और शिक्षक की एकसाथ कुल आयु
$= 16 \times 32 = 512$ वर्ष
$\therefore$ शिक्षक की आयु $= 512 - 450 = 62$ वर्ष

Quick Method
15 छात्रों की औसत आयु $= 30$ वर्ष
शिक्षक की आयु शामिल करने पर औसत आयु में वृद्धि $= 2$ वर्ष
$\therefore$ शिक्षक की आयु $= 30 + (15+1) \times 2 = 62$ वर्ष

46. (*b*) 3 वर्ष पहले, 5 सदस्यों की कुल आयु
$= 5 \times 17 = 85$ वर्ष
वर्तमान में, 5 सदस्यों की कुल आयु
$= 85 + 15 = 100$ वर्ष
अब, बच्चे सहित 6 सदस्यों की कुल आयु
$= 17 \times 6 = 102$ वर्ष
$\therefore$ बच्चे की आयु $= 102 - 100 = 2$ वर्ष

47. (*c*) माना लड़की की वर्तमान आयु $= x$ वर्ष
श्रीनिवास की वर्तमान आयु $= (x + 4)$ वर्ष
प्रश्नानुसार,
$\frac{(x) + (x+4) + 2 \times 5}{2} = 33$
$\Rightarrow \quad 2x + 14 = 66$
$\Rightarrow \quad 2x = 66 - 14 = 52$
$\therefore \quad x = \frac{52}{2} = 26$
अत: लड़की की वर्तमान आयु $= 26$ वर्ष

48. (*a*) 10 वर्ष पहले,
4 सदस्यों वाले परिवार की कुल आयु
$= 4 \times 26 = 104$ वर्ष
4 सदस्यों वाले परिवार की वर्तमान में कुल आयु $= 104 + 4 \times 10 = 144$ वर्ष
माना छोटे बच्चे की आयु $= x$ वर्ष
बड़े बच्चे की आयु $= (x + 4)$ वर्ष
अब, 6 सदस्यों की कुल आयु
$= 6 \times 26 = 156$ वर्ष
प्रश्नानुसार,
$x + x + 4 = 156 - 144$
$\Rightarrow \quad 2x + 4 = 12$
$\Rightarrow \quad 2x = 12 - 4 = 8$
$\therefore \quad x = \frac{8}{2} = 4$
अत: सबसे छोटे बच्चे की आयु $= 4$ वर्ष

49. (*d*) माना मेरी वर्तमान आयु $= x$ वर्ष
$\therefore$ पिता की वर्तमान आयु $= (x + 25)$ वर्ष
5 वर्ष पूर्व दोनों की आयु का योग $= 39$ वर्ष
$\therefore (x - 5) + (x + 25 - 5) = 39$
$\Rightarrow \quad 2x + 15 = 39$
$\Rightarrow \quad 2x = 24$
$\Rightarrow \quad x = 12$
$\therefore$ मेरी वर्तमान आयु $= 12$ वर्ष

50. (*c*) माना 3 बच्चों की आयु का योगफल $= x$ वर्ष
$\therefore$ पिता की आयु $= 2x$ वर्ष
प्रश्नानुसार,
$2x + 15 = x + 15 \times 3$
$\Rightarrow \quad 2x + 15 = x + 45$
$\therefore \quad x = 45 - 15 = 30$
आज से 15 वर्ष बाद,
पिता की आयु $= 2x + 15$
$= 2 \times 30 + 15 = 75$ वर्ष

51. (*a*) पिता की आयु = उसके 5 बच्चों की आयु का योग $= x$ (माना)
$\therefore$ 15 वर्ष बाद बच्चों की आयु का योग
$= x + 5 \times 15 = x + 75$
प्रश्नानुसार,
$(x + 75) = (x + 15) \times 2$
$\Rightarrow \quad x + 75 = 2x + 30$
$\Rightarrow \quad x = 75 - 30$
$\therefore \quad x = 45$
अत: पिता की आयु $= 45$ वर्ष

52. (*a*) माना परिवार में पत्नी की आयु $= x$ वर्ष
$\therefore$ पति की आयु $= (x + 10)$ वर्ष
तथा बेटी की आयु $= \frac{x}{2}$ वर्ष
प्रश्नानुसार,
$x + (x + 10) + \frac{x}{2} = 105$
$\Rightarrow \quad \frac{2x + 2x + x}{2} = 105 - 10 = 95$
$\Rightarrow \quad 5x = 95 \times 2 = 190$
$\therefore \quad x = \frac{190}{5} = 38$
अत: पत्नी की आयु $= 38$ वर्ष

53. (*d*) माना A तथा B की वर्तमान आयु क्रमश: A वर्ष तथा B वर्ष है।
प्रश्नानुसार,
$A \times 2 + B \times 3 = 106$
$\Rightarrow \quad 2A + 3B = 106$ ...(i)
पुन: $\quad B \times 4 = A \times 3 + 11$
$\Rightarrow \quad 4B - 3A = 11$ ...(ii)
समी (i) तथा (ii) को हल करने पर,
$B = 20$ तथा $A = 23$
अत: अब से 4 वर्ष बाद A तथा B की आयु का योग $= (23 + 4) + (20 + 4)$
$= 51$ वर्ष

54. (*b*) माना राम की आयु $= x$ वर्ष
$\therefore$ मायादेवी की आयु $= 3x$ वर्ष
तथा सोहम की आयु $= (3x - 65)$ वर्ष
$\therefore$ रवि की आयु $= 4(3x - 65)$ वर्ष
प्रश्नानुसार,
$x - 4(3x - 65) = 7$
$x - 12x + 260 = 7$
$11x = 253$
$\Rightarrow \quad x = 23$ वर्ष
अत: मायादेवी की आयु $= 3x = 3 \times 23$
$= 69$ वर्ष

अध्याय

17 कार्य और समय

Chapter Snapshot

प्रत्येक व्यक्ति की कार्यक्षमता भिन्न-भिन्न होती है, इसलिए प्रत्येक व्यक्ति समान कार्य को पूरा करने में भिन्न-भिन्न समय लेता है अर्थात् $\text{समय} \propto \frac{1}{\text{कार्यक्षमता}}$

$\therefore$ कुल कार्य = समय × कार्यक्षमता

यहाँ कार्यक्षमता से तात्पर्य व्यक्ति द्वारा इकाई समय में किए गए कार्य से है।

कार्य और समय से सम्बन्धित मूल सूत्र एवं नियम

- यदि किसी कार्य को पूरा करने में एक व्यक्ति को x दिन लगते हैं, तब उस व्यक्ति का एक दिन का कार्य $= \frac{1}{x}$
- यदि किसी व्यक्ति द्वारा 1 दिन में $\frac{1}{x}$ कार्य किया जाता है, तब वह व्यक्ति सम्पूर्ण कार्य को x दिन में पूरा कर लेगा।
- यदि A एक कार्य का $\frac{1}{x}$ भाग, t दिन में करता है, तब A द्वारा पूरा कार्य करने में लगा समय $= xt$ दिन

  जैसे—A एक कार्य का $\frac{3}{5}$ भाग 12 दिन में करता है, तब A कार्य पूरा करेगा

  $= 12 \times \frac{5}{3} = 20$ दिन में
- यदि A एक कार्य का $\frac{x}{y}$ भाग करता है, तब शेष कार्य $= 1 - \frac{x}{y}$
- यदि A किसी कार्य को x दिन में व B उसी कार्य को y दिन में करता है, तो दोनों मिलकर उस कार्य को पूरा करेंगे $= \left(\frac{xy}{x+y}\right)$ दिनों में
- यदि A और B किसी कार्य को x दिनों में पूरा कर सकते हैं और A अकेले उस कार्य को y दिनों में पूरा कर सकता है, तो B उस कार्य को पूरा करेगा

  $= \left(\frac{xy}{y-x}\right)$ दिनों में
- यदि A, B व C किसी कार्य को अलग-अलग क्रमशः x, y व z दिन में करते हैं, तब तीनों मिलकर उस कार्य को पूरा करेंगे $= \frac{xyz}{xy+yz+zx}$ दिनों में

Concept Capsule

- कार्य एवं समय में पूरे कार्य को 1 यूनिट माना जाता है।
- यदि पहला व्यक्ति, दूसरे से n गुना जल्दी कार्य करता है।
  तब, (पहले व्यक्ति : दूसरे व्यक्ति) की क्षमता $= n : 1$
  (पहले व्यक्ति : दूसरे व्यक्ति) द्वारा लिया गया समय $= 1 : n$
- किसी कार्य को दो, तीन या अधिक व्यक्तियों द्वारा पूरा करने पर प्राप्त धनराशि व्यक्तियों की कार्य क्षमताओं के आधार पर वितरित की जाती है।

Formula Flashcards

- **17.1** यदि M_1 व्यक्ति D_1 दिन में प्रत्येक दिन H_1 घण्टे कार्य करके W_1 यूनिट कार्य पूरा करते हैं, तो M_2 व्यक्ति D_2 दिन में प्रत्येक दिन H_2 घण्टे कार्य करके W_2 यूनिट कार्य पूरा करेंगे।

  तब, $\frac{M_1 D_1 H_1}{W_1} = \frac{M_2 D_2 H_2}{W_2}$
- **17.2** यदि किसी जगह पर A व्यक्तियों के लिए 'a' दिनों का भोजन/काम उपलब्ध है तथा 'b' दिनों के बाद 'B' अतिरिक्त व्यक्ति आ गए, तो बचा हुआ भोजन/काम सभी व्यक्तियों के लिए और कितने दिनों तक और चलेगा, के लिए अभीष्ट समय $= \frac{A(a-b)}{A+B}$ दिन

Exam Approach Examples

मूल अवधारणा पर आधारित

उदाहरण 1. A और B एक काम को क्रमशः 10 दिन और 40 दिन में पूरा कर सकते हैं। उन्हें साथ मिलकर काम को पूरा करने में कितना समय लगेगा? *SSC (10+2) 2024*

(a) 12 दिन (b) 8 दिन (c) 20 दिन (d) 15 दिन

हल (b) प्रश्नानुसार, A का 1 दिन का काम $= \frac{1}{10}$

तथा B का 1 दिन का काम $= \frac{1}{40}$

A तथा B का एकसाथ मिलकर 1 दिन में किया गया काम

$$= \frac{1}{10} + \frac{1}{40} = \frac{4+1}{40} = \frac{1}{8}$$

$\therefore$ A तथा B को एकसाथ मिलकर पूरा काम करने में लगा समय $= \frac{1}{\frac{1}{8}} = 8$ दिन

Quick Method

यहाँ, $x = 10$ तथा $y = 40$

$\therefore$ अभीष्ट समय $= \frac{xy}{x+y} = \frac{10 \times 40}{10+40} = \frac{400}{50} = 8$ दिन

उदाहरण 2. यदि A, B और C एक कार्य को क्रमशः 15, 24 और 18 दिनों में पूरा कर सकते हैं, तो एकसाथ कार्य करते हुए, वे उसी कार्य को कितने दिनों में पूरा करेंगे? *DSSSB 2022*

(a) $6\frac{6}{59}$ दिन (b) $6\frac{5}{59}$ दिन (c) $6\frac{7}{59}$ दिन (d) $6\frac{8}{59}$ दिन

हल (a) A का एक दिन का कार्य $= \frac{1}{15}$

B का एक दिन का कार्य $= \frac{1}{24}$

तथा C का एक दिन का कार्य $= \frac{1}{18}$

$(A+B+C)$ का एक दिन का कार्य $= \frac{1}{15} + \frac{1}{24} + \frac{1}{18} = \frac{59}{360}$

अतः $(A+B+C)$ मिलकर कार्य पूरा करेंगे $= \frac{360}{59} = 6\frac{6}{59}$ दिन में

Quick Method

यहाँ, $x = 15, y = 24, z = 18$

$\therefore$ कार्य पूरा होने में लगा समय $= \frac{15 \times 24 \times 18}{360+432+270} = \frac{15 \times 24 \times 18}{1062}$

$= \frac{360}{59} = 6\frac{6}{59}$ दिन

अतः तीनों मिलकर कार्य को $6\frac{6}{59}$ दिन में पूरा करेंगे।

उदाहरण 3. जग्गू एक लकड़ी की कुर्सी को 3 दिन में बना सकता है और रब्बू उसी कुर्सी को 4 दिन में बना सकता है। यदि वे एकसाथ मिलकर कार्य करते हैं, तो वे उसी तरह की 14 कुर्सियाँ कितने दिनों में बना लेंगे? *RRB ALP 2024*

(a) 18 दिन (b) 24 दिन (c) 16 दिन (d) 20 दिन

हल (b) जग्गू का एक दिन का कार्य $= \frac{1}{3}$

तथा रब्बू का एक दिन का कार्य $= \frac{1}{4}$

दोनों का एक दिन का कार्य $= \frac{1}{3} + \frac{1}{4} = \left(\frac{4+3}{12}\right) = \frac{7}{12}$

$\therefore$ 14 कुर्सियों को बनाने में लगा समय $= 14 \times \frac{12}{7} = 24$ दिन

उदाहरण 4. A तथा B किसी कार्य को 72 दिनों में, B तथा C, 120 दिनों में तथा A और C, 90 दिनों में पूरा कर सकते हैं। A अकेले उस कार्य को कितने दिनों में पूरा करेगा? *DP MTS 2022*

(a) 240 दिन (b) 150 दिन (c) 90 दिन (d) 120 दिन

हल (d) $(A+B)$ का एक दिन का कार्य $= \frac{1}{72}$ ...(i)

$(B+C)$ का एक दिन का कार्य $= \frac{1}{120}$ ...(ii)

$(C+A)$ का एक दिन का कार्य $= \frac{1}{90}$ ...(iii)

समी (i), (ii) और (iii) को जोड़ने पर,

$$2(A+B+C) = \frac{1}{72} + \frac{1}{120} + \frac{1}{90}$$

$$\Rightarrow 2(A+B+C) = \frac{5+3+4}{360} = \frac{12}{360} = \frac{1}{30}$$

$\therefore$ $(A+B+C)$ का एक दिन का कार्य $= \frac{1}{60}$ ...(iv)

समी (iv) में से (ii) घटाने पर,

A का 1 दिन का कार्य $= \frac{1}{60} - \frac{1}{120} = \frac{1}{120}$

अतः A अकेले कार्य को पूरा करेगा = 120 दिन में

उदाहरण 5. P और Q अकेले एक कार्य को क्रमशः 9 दिनों और 12 दिनों में पूरा कर सकते हैं। यदि वे Q से शुरू करके वैकल्पिक दिनों में कार्य करते हैं, तो कार्य कितने दिनों में पूरा होगा? *RRC Group D 2022*

(a) $10\frac{1}{3}$

(b) $11\frac{5}{6}$

(c) $11\frac{1}{3}$

(d) $10\frac{5}{6}$

Score Booster

इस प्रकार के सभी प्रश्नों को हल करने के लिए ल.स. विधि का प्रयोग किया जाता है। व्यक्तियों द्वारा कार्य को पूरा करने में लगे समयों के ल.स. को कुल कार्य माना जाता है।

हल (a) P का 1 दिन का कार्य $= \frac{1}{9}$

तथा Q का 1 दिन का कार्य $= \frac{1}{12}$

P तथा Q वैकल्पिक दिनों में कार्य करते हैं, तब

$(Q+P)$ का 2 दिन का कार्य $= \frac{1}{9} + \frac{1}{12} = \frac{7}{36}$

$(Q+P)$ का 10 दिन का कार्य $= \frac{35}{36}$

शेष कार्य $= 1 - \frac{35}{36} = \frac{1}{36}$

अब शेष कार्य Q द्वारा पूरा किया जाएगा।

$\therefore Q$ द्वारा कार्य का $\frac{1}{36}$ भाग करने में लगा समय $= \frac{1}{36} \times 12 = \frac{1}{3}$ दिन

कार्य समाप्त होने में लगा कुल समय $= 10 + \frac{1}{3} = 10\frac{1}{3}$ दिन

Quick Method

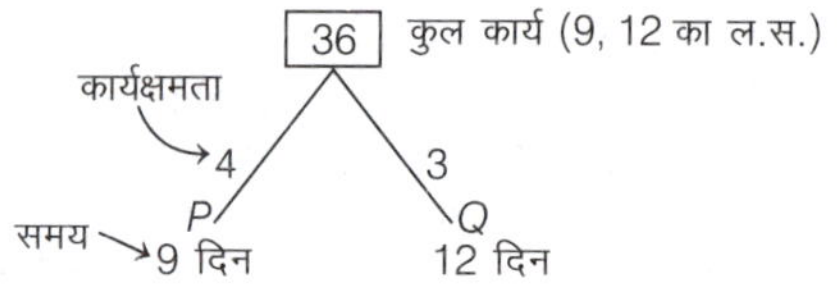

पहले 2 दिनों में P और Q द्वारा किया गया कार्य $= 4 + 3 = 7$ इकाई

$\therefore$ 10 दिनों में P और Q द्वारा किया गया कार्य $= 7 \times 5 = 35$ इकाई

शेष कार्य $= 36 - 35 = 1$

अब शेष कार्य Q करेगा $= \frac{1}{3}$ दिन में

$\therefore$ कुल समय $= 10 + \frac{1}{3} = 10\frac{1}{3}$ दिन

कार्यकुशलता (क्षमता) पर आधारित

उदाहरण 6. A एक कार्य को 20 दिनों में समाप्त कर सकता है और B उसी कार्य को A द्वारा लिए गए आधे समय में समाप्त कर सकता है। एकसाथ कार्य करते हुए, वे एक दिन में कार्य का कितना भाग समाप्त कर सकते हैं? ***RRB NTPC 2021***

(a) $\frac{2}{6}$ (b) $\frac{1}{2}$ (c) $\frac{3}{20}$ (d) $\frac{1}{18}$

हल (c) A का 1 दिन का कार्य $= \frac{1}{20}$

B का 1 दिन का कार्य $= \frac{1}{10}$

(चूँकि B, A से आधे समय में कार्य पूरा करता है)

$(A+B)$ का 1 दिन का कार्य $= \frac{1}{20} + \frac{1}{10} = \frac{3}{20}$

अत: A व B दोनों मिलकर एक दिन में कार्य का $\frac{3}{20}$ भाग समाप्त कर सकते हैं।

Quick Method

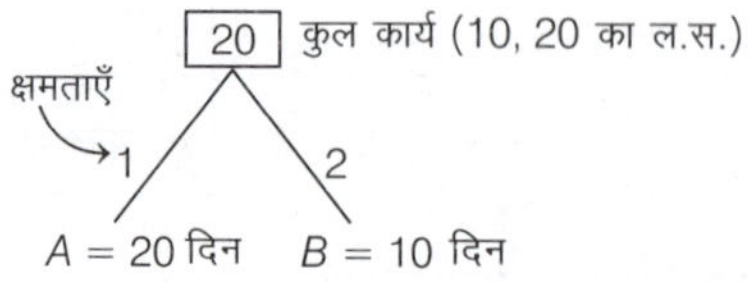

$(A+B)$ का 1 दिन का कार्य $= 1 + 2 = 3$

$(A+B)$ मिलकर 1 दिन में कार्य का $\frac{3}{20}$ भाग समाप्त कर सकते हैं।

उदाहरण 7. नीरज, धीरज से 4 गुना अधिक कुशल है और वे साथ मिलकर एक कार्य को 44 दिनों में पूरा करते हैं। नीरज को अकेले उसी कार्य को पूरा करने में कितने दिन लगेंगे? ***SSC Constable (GD) 2024***

(a) 80 दिन (b) 55 दिन (c) 70 दिन (d) 65 दिन

हल (b) माना नीरज द्वारा कार्य पूरा करने में लगा समय $= x$ दिन

तो धीरज द्वारा कार्य पूरा करने में लगा समय $= 4x$ दिन

प्रश्नानुसार, $\frac{1}{x} + \frac{1}{4x} = \frac{1}{44}$

$\Rightarrow \frac{4+1}{4x} = \frac{1}{44}$

$\therefore \quad x = \frac{5 \times 44}{4} = 55$

अत: नीरज अकेले 55 दिन में कार्य पूरा करेगा।

> **Trending Concept**
> वैकल्पिक दिनों में कार्य करने पर आधारित वर्तमान में हो रही सभी परीक्षाओं (SSC, ALP, SI & Constable Police, DSSSB आदि) में पूछे जा रहे हैं। आगामी परीक्षाओं के लिए यह अति महत्त्वपूर्ण है।

कार्य में शामिल होने/छोड़ने/मजदूरी पर आधारित

उदाहरण 8. P एवं Q अलग-अलग क्रमश: 10 एवं 15 दिनों में एक कार्य कर सकते हैं। उन्होंने 2 दिनों तक एकसाथ मिलकर कार्य किया एवं इसके बाद P ने छोड़ दिया। Q अकेले शेष कार्य को कितने दिनों में पूरा करेगा? ***DSSSB 2021***

(a) 10 दिन (b) 15 दिन (c) 12 दिन (d) 8 दिन

हल (a) P का 1 दिन का कार्य $= \frac{1}{10}$

Q का 1 दिन का कार्य $= \frac{1}{15}$

$\Rightarrow \quad (P+Q)$ का 1 दिन का कार्य $= \frac{1}{10} + \frac{1}{15} = \frac{5}{30} = \frac{1}{6}$

$\therefore \quad (P+Q)$ का 2 दिन का कार्य $= \frac{1}{6} \times 2 = \frac{1}{3}$

शेष कार्य $= 1 - \frac{1}{3} = \frac{2}{3}$

शेष कार्य Q द्वारा सम्पन्न होगा,

$\therefore Q$ द्वारा शेष कार्य करने में लगा समय $= \frac{\frac{2}{3}}{\frac{1}{15}} = \frac{2 \times 15}{3} = 10$ दिन

अत: Q अकेले शेष कार्य को 10 दिन में पूरा करेगा।

Quick Method

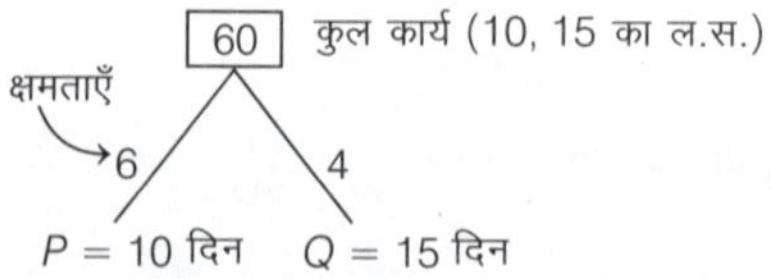

$(P+Q)$ का 1 दिन का कार्य $= 6 + 4 = 10$

$(P+Q)$ का 2 दिन का कार्य $= 10 \times 2 = 20$

शेष कार्य $= 60 - 20 = 40$

Q अकेले शेष कार्य करेगा $= \frac{40}{4} = 10$ दिनों में

उदाहरण 9. A और B एक कार्य को ₹ 600 में पूरा करने का अनुबन्ध करते हैं। A अकेले इसे 4 दिनों में पूरा कर सकता है जबकि B अकेले इसे 6 दिनों में पूरा कर सकता है। C की सहायता से वे उस कार्य को 2 दिनों में पूरा कर लेते हैं। प्राप्त भुगतान में C का हिस्सा ज्ञात कीजिए।

RRC Group D 2022

(a) ₹ 100
(b) ₹ 200
(c) ₹ 300
(d) ₹ 78

हल (a) A का 1 दिन का कार्य $= \frac{1}{4}$

B का 1 दिन का कार्य $= \frac{1}{6}$

$(A + B + C)$ कार्य को 2 दिनों में पूरा करते हैं

$\therefore$ $(A + B + C)$ का 1 दिन का कार्य $= \frac{1}{2}$

C का 1 दिन कार्य $= \frac{1}{2} - \left(\frac{1}{6} + \frac{1}{4}\right) = \frac{1}{2} - \frac{5}{12} = \frac{1}{12}$

A, B तथा C का 1 दिन के कार्य का अनुपात क्रमशः $= \frac{1}{4} : \frac{1}{6} : \frac{1}{12}$

$= 3 : 2 : 1$

दिया है, कुल धनराशि = ₹ 600

$\therefore$ C का हिस्सा $= \frac{600}{6} \times 1 =$ ₹ 100

Quick Method

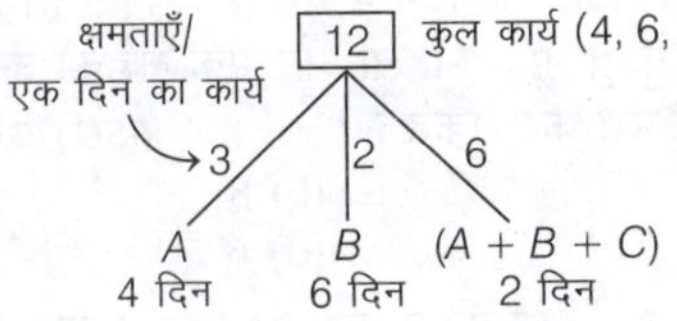

C का एक दिन का कार्य $= 6 - (3 + 2) = 1$

कुल धनराशि = ₹ 600

क्षमताओं का अनुपात $= 3 : 2 : 1$

$\therefore$ C का हिस्सा $= \frac{1}{6} \times 600 =$ ₹ 100

ऐकिक नियम पर आधारित

उदाहरण 10. 10 व्यक्ति, एक 50 फीट गहरा कुआँ, 8 दिन में खोद सकते हैं। 10 दिन में 100 फीट गहरा कुआँ खोदने के लिए कितने व्यक्तियों की आवश्यकता होगी?

[RRC Group D 2022]

(a) 16
(b) 18
(c) 14
(d) 15

हल (a) यहाँ, $M_1 = 10$, $W_1 = 50$, $D_1 = 8$ **[Formula 17.1 से]**

तथा $M_2 = ?$, $W_2 = 100$, $D_2 = 10$

$\because \quad \frac{M_1 D_1}{W_1} = \frac{M_2 D_2}{W_2}$

$\Rightarrow \quad \frac{10 \times 8}{50} = \frac{M_2 \times 10}{100}$

$\Rightarrow \quad M_2 = \frac{10 \times 8}{50} \times \frac{100}{10}$

$\therefore \quad M_2 = 16$

अत: 100 फीट गहरा कुआँ खोदने के लिए 16 व्यक्तियों की आवश्यकता होगी।

उदाहरण 11. किसी छात्रावास में 200 छात्रों के लिए 50 दिनों का भोजन सामग्री है। यदि 10 दिनों के बाद 50 छात्र और शामिल हो जाते हैं, तब शेष भोजन सामग्री कितने दिन चलेगी?

CISF Head Constable 2023

(a) 40 दिन
(b) 35 दिन
(c) 32 दिन
(d) 30 दिन

हल (c) अभीष्ट समय $= \frac{A(a-b)}{A+B}$ **[Formula 17.2 से]**

$\therefore$ समय $= \frac{200(50-10)}{200+50} = \frac{200 \times 40}{250} = 32$ दिन

पुरुष, महिला व लड़कों पर आधारित

उदाहरण 12. 12 पुरुष और 18 महिलाएँ एक कार्य को 10 दिनों में कर सकते हैं। 9 पुरुष और 18 महिलाएँ उसी कार्य को 12 दिनों में कर सकते हैं। यदि 2 पुरुष और 3 महिलाएँ एकसाथ उसी कार्य को करते हैं, तो वे कितने दिनों में पूरा कर सकते हैं?

UP Police Constable 2024

(a) 70 दिन
(b) 80 दिन
(c) 60 दिन
(d) 50 दिन

Trending Concept

पुरुष, महिला तथा लड़कों पर आधारित प्रश्न वर्तमान में हो रही सभी परीक्षाओं (CGL, Group D, Bank, ALP आदि) में पूछे जा रहे हैं। आगामी परीक्षाओं के लिए यह अति महत्त्वपूर्ण है।

हल (c) पुरुष $\rightarrow M$

महिला $\rightarrow W$

प्रश्नानुसार, $(12M + 18W) \times 10$

$= (9M + 18W) \times 12$

$\Rightarrow \quad 60M + 90W = 54M + 108W$ **[Formula 17.1 से]**

$\Rightarrow \quad 6M = 18W \Rightarrow \frac{M}{W} = \frac{3}{1}$

$\therefore (12 \times 3 + 18 \times 1) \times 10 = (2 \times 3 + 3 \times 1) \times D$ (माना)

$\Rightarrow \quad (36 + 18) \times 10 = (6 + 3) \times D \Rightarrow 540 = 9D$

$\Rightarrow \quad D = \frac{540}{9} = 60$ दिन

अत: अभीष्ट दिनों की संख्या 60 दिन है।

Chapter Challenge

मूल अवधारणा पर आधारित

1. A किसी काम को 20 दिन में और B उसी काम 30 दिन में कर सकता है। यदि वे 2 दिन तक मिलकर इस काम को करते हैं, तो कितना काम शेष रह जाएगा? **SSC CPO 2024**

(a) $\frac{5}{7}$ (b) $\frac{5}{6}$
(c) $\frac{3}{5}$ (d) $\frac{5}{8}$

2. टॉम किसी कार्य को 7 दिनों में कर सकता है, जबकि जय उसी कार्य को 14 दिनों में कर सकता है। यदि दोनों एकसाथ कार्य करते हैं, तो वे कार्य को पूरा करने में कितना समय लेंगे? **CAPF 2023**

(a) $2\frac{2}{3}$ दिन (b) $4\frac{2}{3}$ दिन
(c) $7\frac{2}{3}$ दिन (d) $5\frac{2}{3}$ दिन

3. यदि सीता और गीता मिलकर किसी कार्य को 4 दिनों में पूरा कर सकती हैं और सीता अकेले उसी कार्य को 6 दिनों में पूरा कर सकती है, तो गीता अकेले उसी कार्य को कितने दिनों में पूरा कर सकती है? **SSC (10+2) 2023**

(a) 12
(b) 14
(c) 8
(d) 10

> **MRC*****
> **(Most Repeating Concepts)**
> प्र. सं. 3, 4 और 5 Examination Point of Views से अति महत्त्वपूर्ण हैं। इन Concept पर प्रश्न विभिन्न प्रतियोगी परीक्षाओं (SSC (10+2), CISF HC, NTPC आदि) में निरन्तर पूछे जा रहे हैं।

4. A और B मिलकर एक कार्य को 12 दिनों में कर सकते हैं। यदि A अकेले 36 दिनों में कार्य कर सकता है, तो कार्य को पूरा करने के लिए B द्वारा आवश्यक दिनों की संख्या ……… है। **CISF HC (Min) 2022**

(a) 22 (b) 20
(c) 16 (d) 18

5. यदि A और B मिलकर किसी कार्य को 15 दिनों में पूरा कर सकते हैं और B अकेला 20 दिनों में पूरा कर सकता है, तो A अकेला उस कार्य को कितने दिनों में पूरा कर सकता है? **UP Forest Guard 2022**

(a) 60 (b) 45
(c) 40 (d) 30

6. A, 50 पेज की एक हस्तलिपि को कॉपी करने में 8 घण्टे लेता है, जबकि B उसी हस्तलिपि को 6 घण्टे में कॉपी कर लेता है। उसी प्रकार की 100 पेज की एक हस्तलिपि को कॉपी करने में उन्हें कितने घण्टे लगेंगे यदि वह दोनों मिलकर कार्य करते हैं? **HCET 2022**

(a) 9 घण्टे (b) $9\frac{5}{7}$ घण्टे
(c) 14 घण्टे (d) $6\frac{6}{7}$ घण्टे
(e) उत्तर नहीं देना चाहते

7. A एक घण्टे में 11 बेंच की मरम्मत कर सकता है और B एक घण्टे में 5 बेंच की मरम्मत कर सकता है। जब वे मिलकर एकसाथ कार्य करते हैं, तो निर्धारित करें कि 64 बेंचों की मरम्मत में उन्हें कितना समय लगेगा? **SSC Constable (GD) 2022**

(a) 3 घण्टे (b) 5 घण्टे
(c) 4 घण्टे (d) 6 घण्टे

8. A, 4 मिनट में 100 अण्डे गिन सकता है, जबकि B, 5 मिनट में उतने ही अण्डे गिन सकता है। यदि वे मिलकर 450 अण्डे गिनें तो कितना समय लगेगा? **RRC Group D 2022**

(a) 5 मिनट (b) 15 मिनट
(c) 20 मिनट (d) 10 मिनट

9. अशिता एक कार्य को a दिनों में कर सकती है जबकि सुमन उस कार्य को $2a$ दिनों में पूरा कर सकती है। दोनों एकसाथ मिलकर उस कार्य को 10 दिनों में पूरा करती हैं। a का मान क्या है? **DSSSB 2021**

(a) 12 (b) 10
(c) 15 (d) 16

10. सोनू एक कार्य को 15 दिनों में पूरा कर सकता है, मोनू उस कार्य को 10 दिनों में पूरा कर सकता है और टीपू उस कार्य को 12 दिनों में पूरा कर सकता है। सोनू, मोनू और टीपू साथ मिलकर उस कार्य को कितने दिनों में पूरा कर सकते हैं? **CUET (UG) 2023**

(a) 10 दिन (b) 5 दिन
(c) 8 दिन (d) 4 दिन

11. एक पुरुष, एक लड़का और एक महिला किसी कार्य को क्रमशः 10 दिन, 15 दिन और 30 दिन में पूरा कर सकते हैं। मिलकर कार्य करने पर एक पुरुष, एक महिला और एक लड़का उस कार्य को कितने दिनों में पूरा कर सकते हैं? **SSC CGL (Tier-I) 2023**

(a) 10 (b) 8
(c) 5 (d) 6

12. X, Y और Z एक काम को क्रमशः 24 दिन, 5 दिन और 12 दिन में कर सकते हैं। यदि वे साथ मिलकर काम करते हैं, तो वे उसी काम को कितने दिनों में कर सकते हैं? **SSC (10+2) 2024**

(a) $\frac{1}{24}$ दिन (b) $3\frac{1}{13}$ दिन (c) 4 दिन (d) $\frac{7}{24}$ दिन

13. एक निर्माण स्थल पर राजू एक दीवार को 36 घण्टे में पेण्ट कर सकता है, जबकि अंगद उसी कार्य को 18 घण्टे में कर सकता है। सुमित उसी दीवार को 24 घण्टे में पेण्ट कर सकता है। यदि वे सभी एकसाथ कार्य करते हैं, तो वे दीवार को कितने समय में पेण्ट कर सकते हैं? **SSC CPO 2022**

(a) 12 घण्टे (b) 6 घण्टे
(c) 9 घण्टे (d) 8 घण्टे

14. आशा और भुवन एक कार्य को क्रमशः 6 दिन तथा 9 दिन में पूरा कर सकते हैं। वे पहले दिन आशा से आरम्भ करते हुए वैकल्पिक दिनों में कार्य करते हैं। कार्य कितने दिनों में पूरा हो जाएगा? **SSC (10+2) 2022**

(a) 7 दिनों में (b) 9 दिनों में
(c) 6 दिनों में (d) 8 दिनों में

15. A एक कार्य के 1/4 भाग को 9 दिन में कर सकता है। B उसी कार्य के 2/3 भाग को 28 दिन में कर सकता है। साथ में मिलकर कार्य करते हुए, A तथा B पूरे कार्य को कितने दिनों में पूरा कर सकते हैं? **SSC CGL (Tier-II) 2022**

(a) 252/13 (b) 261/15
(c) 262/11 (d) 198/17

16. P और Q किसी कार्य को क्रमश: 9 दिन और 15 दिन में पूरा कर सकते हैं। यदि वे एक साथ मिलकर तीन दिन तक कार्य करते हैं, तो अकेले Q द्वारा शेष कार्य को पूरा करने में कितने दिन लगेंगे? **SSC (10+2) 2021**

(a) 12 (b) 8 (c) 9 (d) 7

17. A एक कार्य को $7\frac{1}{2}$ घण्टों में पूरा कर सकता है और B वही कार्य $10\frac{1}{2}$ घण्टों में पूरा कर सकता है। अगर वे एकसाथ $3\frac{1}{2}$ घण्टों तक कार्य करते हैं, तो कार्य का कितना भाग शेष बचेगा? **SSC (10+2) 2021**

(a) $\frac{4}{5}$ (b) $\frac{1}{5}$ (c) $\frac{3}{5}$ (d) $\frac{2}{5}$

18. A और B मिलकर एक कार्य को 12 दिनों में पूरा कर सकते हैं। A अकेला उस कार्य को 20 दिनों में पूरा कर सकता है। यदि प्रतिदिन B केवल आधा दिन कार्य करें, तो A और B मिलकर कार्य पूरा करने में कितना समय लेंगे? **CRPF HC 2023**

(a) 11 दिन (b) 15 दिन
(c) 20 दिन (d) 10 दिन

19. X, एक कार्य को 147 दिनों में समाप्त कर सकता है। उसने अकेले 63 दिनों तक कार्य किया और शेष कार्य को Y ने 84 दिनों में पूरा किया। दोनों मिलकर सम्पूर्ण कार्य को कितने दिनों में पूरा करेंगे? **UP Police SI 2021**

(a) 69.5 (b) 71.5
(c) 73.5 (d) 67.5

20. A अकेला किसी कार्य को 2 दिनों में पूरा कर सकता है, जबकि B अकेला उसे 3 दिनों में पूरा कर सकता है। यदि वे इसे पूरा करने के लिए एकसाथ कार्य करते हैं, तो ₹ 6000 की कुल मजदूरी में से, A के हिस्से का 20% क्या होगा? **UPSSSC 2022**

(a) ₹ 720 (b) ₹ 350
(c) ₹ 820 (d) ₹ 420

21. X, एक कार्य को 270 दिनों में कर सकता है। X, इस कार्य को 55 दिनों तक करता है और फिर Y शेष कार्य को 215 दिनों में पूरा करता है। X और Y दोनों एकसाथ मिलकर कार्य कितने दिनों में पूरा कर सकते हैं? **UP Police ASI 2021**

(a) 137 (b) 135
(c) 145 (d) 139

22. A और B मिलकर किसी कार्य को 20 दिन में पूरा कर सकते हैं। B और C मिलकर उसी कार्य को 15 दिन में पूरा कर सकते हैं। यदि A, B और C सभी मिलकर कार्य करें, तो यही कार्य 10 दिन में पूरा हो जाता है। A और C को मिलकर इस कार्य को पूरा करने में कितने दिन लगेंगे? **SSC (10+2) 2023**

> ***MRC******
> ***(Most Repeating Concepts)***
> प्र. सं. 22, 25 और 33 Examination Point of Views से अति महत्त्वपूर्ण हैं। इन Concept पर प्रश्न विभिन्न प्रतियोगी परीक्षाओं (CHSL, DSSSB, IB आदि) में निरन्तर पूछे जा रहे हैं।

(a) 15 दिन (b) 12 दिन
(c) 8 दिन (d) 10 दिन

23. राम और श्याम एक कार्य को 30 दिनों में, श्याम और भारती 40 दिनों में तथा भारती और राम इसे 60 दिनों में खत्म कर सकते हैं। वे तीनों मिलकर कार्य को पूरा करने में कितना समय लेंगे? **RRB NTPC 2021**

(a) $12\frac{2}{3}$ दिन (b) $15\frac{1}{3}$ दिन
(c) $25\frac{1}{3}$ दिन (d) $26\frac{2}{3}$ दिन

24. P, Q और R किसी कार्य को क्रमश; 15, 20 और 30 दिनों में पूरा कर सकते हैं। ठेकेदार कार्य को जल्दी खत्म करने के लिए उनमें से किन्हीं दो को कार्य पर रखने का फैसला करता है। इनमें से कौन-सा विकल्प सबसे अच्छा है? **RRB JE 2019**

(a) QR (b) RP
(c) PQ (d) या तो PQ या QR

25. A और B एकसाथ मिलकर एक स्वेटर को 255 घण्टे में बुन सकते हैं, B और C एकसाथ इसे 170 घण्टे में बुन सकते हैं, जबकि A और C एकसाथ इसे 204 घण्टों में बुन सकते हैं। A, B और C मिलकर स्वेटर बुनने में कितने घण्टे का समय लेंगे? **IB 2023**

(a) 102 (b) 136
(c) 140 (d) 150

26. X और Y एक कार्य को क्रमश: 9 दिन और 36 दिन में पूरा कर सकते हैं। X कार्य करना शुरू करता है और वे बारी-बारी से एक-एक करके एक-एक दिन कार्य करते हैं। सम्पूर्ण कार्य कितने दिन में पूरा होगा? **SSC CGL (Tier-I) 2023**

(a) $15\frac{1}{5}$ दिन (b) $12\frac{1}{2}$ दिन
(c) $13\frac{1}{3}$ दिन (d) $14\frac{1}{4}$ दिन

27. A किसी कार्य के $\frac{3}{4}$ भाग को 6 दिनों में कर सकता है और B उसी कार्य को $\frac{5}{8}$ भाग को 10 दिनों में कर सकता है। यदि दोनों साथ मिलकर कार्य करें, तो कार्य कितने समय में पूरा होगा? **DSSSB 2019**

(a) $4\frac{1}{3}$ दिन (b) $5\frac{1}{3}$ दिन
(c) $7\frac{1}{3}$ दिन (d) $6\frac{1}{3}$ दिन

28. A अकेले एक कार्य का $\left(\frac{2}{3}\right)$ भाग 40 दिन में पूरा कर सकता है, B अकेला समान कार्य का $\left(\frac{3}{4}\right)$ भाग 60 दिन में पूरा कर सकता है। A तथा B दोनों मिलकर समान कार्य का $\left(\frac{7}{8}\right)$ भाग कितने दिन में पूरा कर सकते हैं? **DSSSB 2019**

(a) 30 दिन (b) 32 दिन
(c) 24 दिन (d) 36 दिन

29. अक्षिता और रैना एक किताब टाइप कर रहे हैं, लेकिन उनके पास कार्य करने के लिए केवल एक लैपटॉप है। उन्होंने तय किया कि वे बारी-बारी से कार्य करेंगे, जैसे कि अक्षिता पहले दिन कार्य करती है, रैना दूसरे दिन कार्य करती है, अक्षिता तीसरे दिन और इसी तरह आगे कार्य चलता रहता है। अक्षिता अकेले इस टाइपिंग कार्य को 16 दिनों में पूरा कर सकती है, जबकि रैना को अकेले पूरी किताब का कार्य करने के लिए 24 दिन लगेंगे। यदि वे बारी-बारी से कार्य करती है, तो उन्हें टाइपिंग का कार्य पूरा करने में कितने दिन लगेंगे? **CAPF 2023**

(a) 17 (b) 19
(c) 15 (d) 13

30. A, B द्वारा लिए गए समय के चौथे-पाँचवें भाग में B के बराबर कार्य करता है। यदि वे दोनों मिलकर किसी कार्य को पूरा करने में $\frac{40}{9}$ दिन लेते हैं, तो B द्वारा अकेले कार्य करने में लिया गया समय ज्ञात कीजिए। **DSSSB 2024**

(a) 15 दिन (b) 12 दिन
(c) 18 दिन (d) 10 दिन

31. A और B एक कार्य को 36 दिनों में कर सकते हैं; B और C इसे 48 दिनों में कर सकते हैं; A और C इसे 60 दिनों में कर सकते हैं। B अकेला इसे कितने समय में कर सकता है? **DSSSB 2022**

(a) $52\frac{14}{15}$ दिन (b) $205\frac{5}{7}$ दिन
(c) $62\frac{14}{23}$ दिन (d) $84\frac{12}{17}$ दिन

32. A तथा B मिलकर एक कार्य का $\left(\frac{3}{5}\right)$ भाग 18 दिन में पूरा कर सकते हैं। यदि A अकेले समान कार्य का $\left(\frac{1}{3}\right)$ भाग 25 दिन में पूरा कर सकता है, तो B अकेले समान कार्य का $\left(\frac{4}{5}\right)$ भाग कितने दिन में पूरा कर सकता है? **DSSSB 2019**

(a) 40 दिन (b) 60 दिन
(c) 35 दिन (d) 48 दिन

कार्यकुशलता (क्षमता) पर आधारित

33. A एक निश्चित कार्य को 120 दिनों में कर सकता है। B, A से 60% अधिक कुशल है, तो उसी कार्य को करने के लिए B अकेले कितने दिन लेगा? **UP Constable 2024**

(a) 80 दिन (b) 70 दिन
(c) 75 दिन (d) 10 दिन

34. A किसी कार्य को पूरा करने में B की तुलना में 50% अधिक समय लेता है। यदि वे एकसाथ कार्य को पूरा करने में 27 दिन लेते हैं, तो अकेले B को कार्य करने में कितना समय लगेगा? **UP Constable 2024**

(a) 35 दिन (b) 45 दिन
(c) 30 दिन (d) 40 दिन

35. A और B मिलकर किसी कार्य को 20 दिन में पूरा कर सकते हैं। A, B से 20% अधिक कार्यकुशल है। B अकेले इसी कार्य को कितने दिनों में पूरा कर सकता है? **SSC (10+2) 2023**

(a) 33 दिन (b) 55 दिन
(c) 44 दिन (d) 66 दिन

36. A, B से दोगुना अच्छा कार्य करता है, और वे मिलकर एक कार्य को 10 दिनों में पूरा करते हैं। A अकेले उस कार्य को कितने दिनों में पूरा करेगा? **RRB NTPC 2021**

(a) 15 (b) 5
(c) 10 (d) 7

37. A किसी कार्य को $7\frac{1}{2}$ घण्टे में पूरा कर सकता है। A, B से 20% कम कार्य कुशल है। B अकेला उस कार्य को कितने दिनों में पूरा करेगा? **HCET 2023**

(a) 5 घण्टे (b) 6 घण्टे
(c) 7 घण्टे (d) 8 घण्टे
(e) उत्तर नहीं देना चाहते

38. A और B मिलकर किसी कार्य को 8 दिनों में पूरा करते हैं। यदि B, A से 25% अधिक कुशल है, तो A अकेला उसी कार्य को कितने दिनों में पूरा करेगा? **RRC Group D 2022**

(a) 24 दिन
(b) 12 दिन
(c) 18 दिन
(d) 6 दिन

> **MRC*****
> ***(Most Repeating Concepts)***
> प्र. सं. 37, 38 और 40 Examination Point of Views से अति महत्त्वपूर्ण हैं। इन Concept पर प्रश्न विभिन्न प्रतियोगी परीक्षाओं (Group D, NTPC व SSC (10+2) आदि) में निरन्तर पूछे जा रहे हैं।

39. A एक निश्चित कार्य को 14 दिनों में कर सकता है। B, A से $33\frac{1}{3}$% कम कार्य-कुशल हैं। दोनों ने एकसाथ कार्य करना आरम्भ किया, लेकिन A ने कार्य पूरा होने से 2 दिन पहले कार्य छोड़ दिया और B कार्य पूरा होने तक कार्य करता रहा है। सम्पूर्ण कार्य कितने दिनों में पूरा हुआ? **DSSSB 2023**

(a) $9\frac{3}{5}$ (b) $8\frac{1}{4}$ (c) $8\frac{1}{2}$ (d) $10\frac{2}{5}$

40. A, B की तुलना में तीन गुना अच्छा कामगार है और इसलिए A किसी कार्य को B से 60 दिन कम में पूरा कर सकता है। एकसाथ कार्य करते हुए, वे इस कार्य को कितने दिनों में पूरा कर सकते हैं? **DP Constable 2023**

(a) $23\frac{3}{4}$ दिन (b) $23\frac{1}{2}$ दिन
(c) $22\frac{1}{2}$ दिन (d) $22\frac{3}{4}$ दिन

41. A किसी कार्य को पूरा करने में B द्वारा लिए गए समय का तीन गुना और C द्वारा लिए गए समय का पाँच गुना समय लेता है। एकसाथ कार्य करते हुए, वे 5 दिनों में कार्य को पूरा कर सकते हैं। कार्य को पूरा करने के लिए A द्वारा लिए गए दिनों की संख्या ज्ञात कीजिए। **RRB NTPC 2021**

(a) 30 (b) 20
(c) 40 (d) 45

42. A, B और C सभी मिलकर एक कार्य को 10 दिनों में कर सकते हैं, जिसमें B को वह कार्य पूरा करने में लगने वाला समय A और C द्वारा मिलकर उस कार्य को पूरा करने में लगने वाले समय का 3 गुना है। B, अकेला उस कार्य को कितने दिनों में कर सकता है? **SSC (10+2) 2022**

(a) 50 दिन (b) 40 दिन
(c) 15 दिन (d) 10 दिन

कार्य में शामिल होने/छोड़ने/मजदूरी पर आधारित

43. राजू जो एक कार्य को 5 दिन में करने में सक्षम है, 2 दिन कार्य करने के बाद निकल जाता है। एक अन्य व्यक्ति आकाश, जो समान रूप से कुशल है शामिल होता है। तब आकाश शेष कार्य को कितने दिनों में पूरा करेगा? **UP Police Asst. Operator 2024**

(a) 7 (b) 3 (c) 2 (d) 5

44. अनिश और राम एक कार्य को क्रमश: 12 और 15 दिनों में पूरा कर सकते हैं। उन्होंने एक साथ कार्य करना शुरू किया। बीमारी के कारण अनिश ने 4 दिन के बाद कार्य छोड़ दिया। राम ने शेष कार्य को कितने दिनों में पूरा किया? **UP Police Asst. Operator 2024**

(a) 5 दिन (b) 9 दिन
(c) 8 दिन (d) 6 दिन

45. A, B, C एक के बाद एक के इस क्रम में कार्य करते हैं। उनमें से प्रत्येक अलग-अलग किसी कार्य को क्रमश; 10, 16, 12 दिन में पूरा कर सकते हैं। ABC, ABC, ABC ऐसे 3 चक्रों में कार्य करने के बाद, A और C कार्य छोड़ देते हैं। B अकेले शेष कार्य को ……… में पूरा करेगा। **DP Constable 2023**

(a) $1\frac{4}{5}$ दिनों (b) $4\frac{1}{5}$ दिनों
(c) $5\frac{4}{5}$ दिनों (d) $5\frac{1}{4}$ दिनों

46. P, Q और R जब अलग-अलग कार्य करते हैं, तो किसी कार्य को क्रमश: 36 दिन, 48 दिन और 144 दिन में पूरा कर सकते हैं। P, Q और R एकसाथ मिलकर कार्य शुरू करते हैं। P कार्य पूरा होने से 12 दिन पहले कार्य छोड़ देता है और Q कार्य पूरा होने से 8 दिन पहले कार्य छोड़ देता है। R कार्य के आरम्भ से अन्त तक कार्य करता है। कार्य पूरा करने में लगने वाले दिनों की कुल संख्या ज्ञात करें। **SSC CPO 2023**

(a) 24 (b) 27
(c) 25 (d) 30

47. A, B और C एक कार्य को क्रमश: 20 दिन, 30 दिन और 60 दिन में पूरा कर सकते है। यदि A प्रतिदिन कार्य करता है और प्रत्येक तीसरे दिन B और C भी A के साथ कार्य करते हैं, तो कार्य कितने दिनों में पूरा हो जाएगा? **SSC CPO 2023**

(a) 15 (b) 12
(c) 21 (d) 18

48. A एक कार्य को 25 दिन में पूरा कर सकता है जबकि B उसी कार्य को 30 दिन में पूरा कर सकता है। वे एकान्तर दिन के आधार पर कार्य करते हैं, A से शुरू करते हैं। A और B दोनों 5 दिन के लिए इस तरीके का पालन करते हैं और फिर A कार्य छोड़ देता है। B शेष कार्य को कितने दिन में पूरा करेगा? **SSC CGL (Tier-I) 2023**

(a) $24\frac{2}{5}$ (b) $5\frac{3}{5}$
(c) $24\frac{3}{5}$ (d) $5\frac{2}{5}$

49. A और B अकेले-अकेले कार्य करते हुए, किसी कार्य को क्रमश: 8 दिन और 12 दिन में पूरा कर सकते हैं। उन्होंने एकसाथ मिलकर कार्य करना शुरू किया, लेकिन A ने कार्य पूरा होने से 2 दिन पहले कार्य छोड़ दिया। कार्य कितने दिनों में पूरा हुआ? **SSC CGL 2022**

(a) 10 (b) 5
(c) 8 (d) 6

50. P और Q मिलकर किसी कार्य को 30 दिनों में पूरा कर सकते हैं। Q और R उसी कार्य को 24 दिनों में कर सकते हैं, जबकि R और P उसे 20 दिनों में पूरा कर सकते हैं। उन्होंने एकसाथ मिलकर कार्य करना शुरू किया, लेकिन 10 दिन बाद, Q और R ने कार्य छोड़ दिया। P शेष कार्य को कितने दिनों में पूरा कर लेगा? **CISF HC (Min) 2022**

(a) 18 दिन (b) 21 दिन
(c) 14 दिन (d) 17 दिन

51. A अकेले एक कार्य को 6 दिनों में और B अकेले उसी कार्य को 8 दिनों में कर सकता है। A और B ने इस कार्य को ₹ 3200 में पूरा करने का सोचा। C की सहायता से, उन्होंने इस कार्य को 3 दिनों में पूरा किया। C को कितना भुगतान करना होगा? **RRB ALP 2024**

(a) ₹ 375 (b) ₹ 400
(c) ₹ 800 (d) ₹ 600

52. 12 कुशल, 14 अर्द्ध-कुशल और 10 अकुशल श्रमिक, किसी कार्य को ₹ 13189 में पूरा करते हैं। यदि उनकी व्यक्तिगत, मजदूरी का अनुपात 9 : 5 : 4 है, तो 10 अकुशल श्रमिकों द्वारा अर्जित कुल धनराशि (₹ में) कितनी होगी? **RRB NTPC (CBT II) 2022**

(a) 3240 (b) 3420
(c) 2420 (d) 2240

ऐकिक नियम पर आधारित

53. 8 दिनों तक काम करने के बाद, राखी को पता चलता है कि अभी तक केवल 10% काम पूरा हुआ है। वह पूनम को काम पर रखती है, जो राखी से 20% अधिक कुशल है। शेष काम को पूरा करने में उन्हें कितने दिन और लगेंगे? **SSC Constable (GD) 2024**

(a) 360/7 दिन
(b) 340/7 दिन
(c) 340/11 दिन
(d) 360/11 दिन

54. 14 आदमी एक कार्य को 15 दिनों में पूरा कर सकते हैं। यदि 21 आदमी कार्य कर रहे हैं, तो वे उसी कार्य को कितने दिनों में पूरा करेंगे? **[SSC CGL 2022]**

(a) 10 (b) 12
(c) 14 (d) 15

55. एक कार्यालय में, 75 कर्मचारी एक परियोजना को 60 दिनों में पूरा कर सकते हैं। कुछ दिनों के बाद, 15 कर्मचारियों ने कार्य छोड़ दिया और परियोजना 65 दिनों में पूर्ण हुई। 15 कर्मचारियों ने कितने दिनों के बाद कार्य छोड़ दिया था? **CAPF 2023**

(a) 40 (b) 30
(c) 50 (d) 45

56. पुरुषों का एक समूह एक कार्य को 20 दिनों में पूरा करने के लिए प्रतिबद्ध हैं। कार्य 40 दिनों में पूरा किया गया क्योंकि 5 कर्मचारी कार्य पर नहीं आए थे। उन पुरुषों की संख्या निर्धारित कीजिए जो मूल रूप से कार्य को करने के लिए सहमत हुए थे। **SSC CPO 2022**

(a) 15 (b) 12
(c) 18 (d) 10

57. भारतीय रेलवे ने एक निश्चित कार्य को 150 दिनों में पूरा करने के लिए 200 श्रमिकों को नियुक्त किया। यदि 50 दिनों में केवल एक-चौथाई कार्य किया गया, तो पूरे कार्य को समय पर पूरा करने के लिए नियुक्त किए जाने वाले अतिरिक्त श्रमिकों की संख्या क्या है? **UP Police Constable 2024**

(a) 600 (b) 100
(c) 200 (d) 300

पुरुष, महिला व लड़कों पर आधारित

58. 15 पुरुष, 18 महिलाएँ और 12 लड़के एकसाथ कार्य करके एक दिन में ₹ 2070 कमाते हैं। यदि एक पुरुष, एक महिला और एक लड़के के दैनिक वेतन में अनुपात 4 : 3 : 2 हो, तो 1 पुरुष, 2 महिलाओं और 3 लड़कों का दैनिक वेतन (₹ में) है **HCET 2022**

(a) 180 (b) 205
(c) 240 (d) 135
(e) उत्तर नहीं देना चाहते

59. 6 आदमी और 8 लड़के एक कार्य को 10 दिनों में पूरा कर सकते हैं, जबकि 26 आदमी और 48 लड़के उसे 2 दिनों में कर सकते हैं। उसी कार्य को पूरा करने के लिए 15 आदमी और 20 लड़कों को कितना समय लगेगा?
UP Police Head Operator 2024

(a) 15 दिन (b) 7 दिन
(c) 8 दिन (d) 4 दिन

> ***MRC******
> ***(Most Repeating Concepts)***
> प्र. सं. 58, 59 और 60 Examination Point of Views से अति महत्त्वपूर्ण है। इन Concept पर प्रश्न विभिन्न प्रतियोगी परीक्षाओं (CGL, Police SI and Constable, CPO आदि) में निरन्तर पूछे जा रहे हैं।

60. 8 पुरुष एक कार्य को 45 दिन में पूरा कर सकते हैं। 8 महिलाएँ उसी कार्य को 18 दिन में पूरा कर सकती हैं। 5 पुरुष और 8 महिलाएँ मिलकर उसी कार्य को कितने दिन में पूरा करेंगे?
SSC CGL (Tier-I) 2023

(a) $14\frac{2}{5}$ (b) $12\frac{4}{5}$ (c) $15\frac{3}{5}$ (d) $13\frac{1}{5}$

61. 4 लड़के और 6 लड़कियाँ एक कार्य को 10 दिनों में कर सकते हैं, जबकि 6 लड़के और 4 लड़कियाँ उसी कार्य को 8 दिनों में कर सकते हैं। 4 लड़के और 2 लड़कियाँ उस कार्य को कितने दिनों में पूरा कर सकते हैं?
UP Police Constable 2024

(a) 30 (b) 28
(c) 25/2 (d) 27/2

62. 8 पुरुष किसी कार्य को 8 दिनों में पूरा कर सकते हैं जबकि 16 महिलाएँ उसी कार्य को 5 दिनों में पूरा कर सकती हैं। 4 पुरुष एवं 5 महिलाएँ मिलकर उस कार्य को कितने दिनों में समाप्त करेंगे?
DSSSB 2021

(a) 10 दिन (b) 8 दिन
(c) 14 दिन (d) 6 दिन

63. 4 महिलाएँ या 6 आदमी एक कार्य को समान दिनों में पूरा कर सकते हैं। एक आदमी इसे 60 दिनों में पूरा कर सकता है। प्रतिदिन एकसाथ मिलकर कार्य करते हुए 5 महिलाएँ उस कार्य को कितने दिनों में पूरा कर सकती हैं?
SSC CGL (Tier-I) 2023

(a) 4 (b) 8
(c) 10 (d) 6

64. 5 महिलाएँ और 9 लड़कियाँ 9 दिन में कुल ₹ 18720 कमाती हैं, जबकि 9 महिलाएँ और 16 लड़कियाँ 14 दिन में कुल ₹ 52080 कमाती है। 12 महिलाएँ और 7 लड़कियाँ मिलकर 13 दिन में कितना (₹ में) कमाएँगी?
SSC CGL (Tier-I) 2023

(a) 42120 (b) 42510
(c) 41990 (d) 42380

65. किसी छावनी में 200 व्यक्तियों की भोजन सामग्री 30 दिन के लिए थी। 10 दिन बाद 50 व्यक्ति और आ जाने से यह सामग्री कितने दिन के लिए पर्याप्त होगी?
SSC CGL (Tier-I) 2023

(a) 15 दिन (b) 10 दिन
(c) 16 दिन (d) 12 दिन

Right Key

1 (b)	2 (b)	3 (a)	4 (d)	5 (a)	6 (d)	7 (c)	8 (d)	9 (c)	10 (d)
11 (c)	12 (b)	13 (d)	14 (a)	15 (a)	16 (d)	17 (b)	18 (b)	19 (c)	20 (a)
21 (b)	22 (b)	23 (d)	24 (c)	25 (b)	26 (d)	27 (b)	28 (a)	29 (b)	30 (d)
31 (c)	32 (a)	33 (c)	34 (b)	35 (c)	36 (a)	37 (b)	38 (c)	39 (a)	40 (c)
41 (d)	42 (b)	43 (b)	44 (d)	45 (b)	46 (b)	47 (a)	48 (a)	49 (d)	50 (a)
51 (b)	52 (c)	53 (d)	54 (a)	55 (a)	56 (d)	57 (b)	58 (c)	59 (d)	60 (a)
61 (c)	62 (b)	63 (b)	64 (a)	65 (c)					

Solutions

1. (b) A का 1 दिन का काम $= \frac{1}{20}$

तथा B का 1 दिन का काम $= \frac{1}{30}$

A तथा B का एकसाथ 1 दिन का काम

$= \left(\frac{1}{20} + \frac{1}{30}\right) = \left(\frac{3+2}{60}\right) = \frac{5}{60}$

$\therefore$ A तथा B का 2 दिन का काम

$= 2 \times \frac{5}{60} = \frac{1}{6}$

$\therefore$ शेष बचा काम $= 1 - \frac{1}{6} = \frac{5}{6}$

2. (b) टॉम का 1 दिन का कार्य $= \frac{1}{7}$

तथा जय का 1 दिन का कार्य $= \frac{1}{14}$

टॉम तथा जय का एकसाथ मिलकर 1 दिन में किया गया कार्य $= \frac{1}{7} + \frac{1}{14} = \frac{2+1}{14} = \frac{3}{14}$

$\therefore$ दोनों के द्वारा कार्य समाप्त करने में लगा समय $= \frac{14}{3} = 4\frac{2}{3}$ दिन

Quick Method

दोनों के द्वारा मिलकर कार्य पूरा करने में लगा समय $= \frac{xy}{x+y}$

यहाँ, $x = 7, y = 14$

$= \frac{7 \times 14}{7 + 14} = \frac{98}{21} = \frac{14}{3} = 4\frac{2}{3}$ दिन

3. (a) (सीता + गीता) का एक दिन का कार्य $= \frac{1}{4}$

तथा सीता का एक दिन का कार्य $= \frac{1}{6}$

$\therefore$ गीता का एक दिन का कार्य $= \frac{1}{4} - \frac{1}{6}$

$= \left(\frac{3-2}{12}\right) = \frac{1}{12}$

अत: गीता अकेले उसी कार्य को कर सकती है

$= \frac{1}{\frac{1}{12}} = 12$ दिनों में

4. (d) माना B द्वारा कार्य पूरा करने के लिए आवश्यक दिनों की संख्या $= x$

प्रश्नानुसार, $\frac{1}{36} + \frac{1}{x} = \frac{1}{12}$

$\Rightarrow \frac{1}{x} = \frac{1}{12} - \frac{1}{36}$

$\Rightarrow \frac{1}{x} = \frac{3-1}{36} = \frac{1}{18}$

$\therefore x = 18$

Quick Method

कुल कार्य = 36 (12 व 36 का ल.स.)

क्षमताएँ → 3, 1

$A + B = 12$ दिन　$A = 36$ दिन

B की क्षमता /(एक दिन का कार्य) $= 3 - 1 = 2$

B अकेले कार्य पूरा करेगा $= \frac{36}{2} = 18$ दिन में

5. (a) $(A + B)$ का 1 दिन का कार्य $= \frac{1}{15}$

B का 1 दिन का कार्य $= \frac{1}{20}$

$\Rightarrow$ A का 1 दिन का कार्य

$= \frac{1}{15} - \frac{1}{20} = \frac{4-3}{60} = \frac{1}{60}$

अत: A अकेला कार्य पूरा कर सकता है

$= \frac{1}{\frac{1}{60}} = 60$ दिनों में

6. (d) A, 8 घण्टे में कॉपी करता है = 50 पेज

$\therefore$ 1 घण्टे में करेगा $= \frac{50}{8}$ पेज

B, 6 घण्टे में कॉपी करता है = 50 पेज

$\therefore$ 1 घण्टे में करेगा $= \frac{50}{6}$ पेज

A और B दोनों एक घण्टे में कॉपी करेंगे

$= \frac{50}{8} + \frac{50}{6} = \frac{150 + 200}{24}$

$= \frac{350}{24}$ पेज

$\therefore$ दोनों को 100 पेज कॉपी करने में लगा समय $= \frac{100}{\frac{350}{24}} = \frac{100 \times 24}{350} = \frac{48}{7} = 6\frac{6}{7}$ घण्टे

7. (c) प्रश्नानुसार,

A, 1 घण्टे में 11 बेंच की मरम्मत कर सकता है तथा B, 1 घण्टे में 5 बेंच की मरम्मत कर सकता है।

$\therefore$ दोनों मिलकर 1 घण्टे में $11 + 5 = 16$ बेंच की मरम्मत कर सकते हैं।

$\therefore$ 64 बेंच की मरम्मत होने में लगा समय

$= \frac{64}{16} = 4$ घण्टे

8. (d) A का 1 मिनट का कार्य $= \frac{100}{4}$

= 25 अण्डे गिनना

तथा B का 1 मिनट का कार्य $= \frac{100}{5}$

= 20 अण्डे गिनना

$\Rightarrow (A + B)$, 1 मिनट में अण्डे गिन सकते हैं

$= 25 + 20 = 45$ अण्डे

450 अण्डे गिनने में A और B को समय लगेगा $= \frac{450}{45} = 10$ मिनट

9. (c) अशिता और सुमन का मिलाकर एक दिन का कार्य $= \frac{1}{a} + \frac{1}{2a} = \frac{3}{2a}$

अशिता और सुमन कार्य को पूरा करेगी

$= \frac{2a}{3}$ दिन में

प्रश्नानुसार, $\frac{2a}{3} = 10$

$\therefore a = \frac{10 \times 3}{2} = 15$

Quick Method

यहाँ, $x = a, y = 2a$

$\therefore$ अभीष्ट समय $= \frac{a \times 2a}{a + 2a} = 10$

$\Rightarrow \frac{2a^2}{3a} = 10 \Rightarrow a = \frac{10 \times 3}{2}$

$\therefore a = 15$

10. (d) तीनों का मिलाकर 1 दिन का कार्य

$= \frac{1}{15} + \frac{1}{10} + \frac{1}{12}$

$= \frac{4 + 6 + 5}{60} = \frac{15}{60} = \frac{1}{4}$

अत: सोनू, मोनू और टीपू एकसाथ मिलकर उस कार्य को 4 दिन में पूरा कर सकते हैं।

11. (c) प्रश्नानुसार, एक पुरुष, एक लड़का और एक महिला द्वारा मिलकर किया गया एक दिन का कार्य

$= \left(\frac{1}{10} + \frac{1}{15} + \frac{1}{30}\right) = \left(\frac{3+2+1}{30}\right) = \frac{1}{5}$

तीनों के द्वारा मिलकर कार्य पूरा करने में लिया गया समय $= \frac{1}{1/5} = 5$ दिन

12. (b) प्रश्नानुसार,

$(X, Y$ और $Z)$ का एक दिन का काम

$= \frac{1}{24} + \frac{1}{5} + \frac{1}{12} = \frac{5 + 24 + 10}{120}$

$= \frac{39}{120} = \frac{13}{40}$

$\therefore (X, Y$ और $Z)$ द्वारा काम को पूरा करने में लगा समय $= \frac{40}{13}$ दिन $= 3\frac{1}{13}$ दिन

13. (*d*) राजू, अंगद तथा सुमित का मिलाकर 1 घण्टे का कार्य $= \frac{1}{36} + \frac{1}{18} + \frac{1}{24}$

$$= \frac{2+4+3}{72} = \frac{9}{72} = \frac{1}{8}$$

अतः वे तीनों मिलकर दीवार को 8 घण्टे में पेण्ट कर सकते हैं।

14. (*a*) आशा का 1 दिन का कार्य $= \frac{1}{6}$

भुवन का 1 दिन का कार्य $= \frac{1}{9}$

$\Rightarrow$ दोनों का मिलाकर 2 दिन का कार्य

$$= \frac{1}{6} + \frac{1}{9} = \frac{3+2}{18} = \frac{5}{18}$$

$\therefore$ दोनों का मिलाकर 6 दिन का कार्य

$$= \frac{5}{18} \times 3 = \frac{5}{6}$$

शेष कार्य $= 1 - \frac{5}{6} = \frac{1}{6}$

शेष कार्य आशा पूरा करेगी $= \frac{1}{6} \times 6 = 1$ दिन में

$\therefore$ कार्य पूरा होने में लगा कुल समय

$$= 6 + 1 = 7 \text{ दिन}$$

15. (*a*) A का 1 दिन का कार्य $= \frac{1/4}{9} = \frac{1}{36}$

B का 1 दिन का कार्य $= \frac{2/3}{28} = \frac{1}{42}$

A और B दोनों का मिलाकर 1 दिन का कार्य

$$= \frac{1}{36} + \frac{1}{42} = \frac{7+6}{252}$$

$$= \frac{13}{252}$$

$\therefore A$ और B दोनों मिलकर कार्य पूरा करेंगे

$$= \frac{252}{13} \text{ दिनों में}$$

16. (*d*) P और Q का एकसाथ मिलकर तीन दिन का कार्य $= 3\left(\frac{1}{9} + \frac{1}{15}\right) = 3\left(\frac{5+3}{45}\right) = \frac{8}{15}$

$\therefore$ शेष कार्य $= 1 - \frac{8}{15} = \frac{7}{15}$

$\therefore$ अकेला Q शेष कार्य को पूरा करेगा

$$= \frac{7}{15} \times 15 = 7 \text{ दिनों में}$$

17. (*b*) A का 1 घण्टे का कार्य $= \frac{1}{\frac{15}{2}} = \frac{2}{15}$

B का 1 घण्टे का कार्य $= \frac{1}{\frac{21}{2}} = \frac{2}{21}$

दोनों का मिलाकर 1 घण्टे का कार्य

$$= \frac{2}{15} + \frac{2}{21} = \frac{14+10}{105} = \frac{24}{105} = \frac{8}{35}$$

$\therefore$ दोनों द्वारा $3\frac{1}{2}$ घण्टे में किया गया कार्य

$$= \frac{8}{35} \times \frac{7}{2} = \frac{4}{5}$$

$\therefore$ शेष कार्य $= 1 - \frac{4}{5} = \frac{1}{5}$

18. (*b*) कुल कार्य = 60 (20 व 12 का ल.स.)

क्षमताएँ → 5: $(A + B)$ = 12 दिन; 3: A = 20 दिन

B की क्षमता/एक दिन का कार्य

$$= 5 - 3 = 2$$

B का आधे दिन का कार्य = 1

$\therefore (A + B)$ मिलकर कार्य करेंगे

$$= \frac{60}{3+1} = \frac{60}{4}$$

$$= 15 \text{ दिनों में}$$

19. (*c*) X का 1 दिन का कार्य $= \frac{1}{147}$

$\therefore X$ का 63 दिन का कार्य $= \frac{63}{147} = \frac{3}{7}$

शेष कार्य $= 1 - \frac{3}{7} = \frac{4}{7}$

Y द्वारा $\frac{4}{7}$ कार्य को पूरा करने में लगा समय

$$= 84 \text{ दिन}$$

अब Y द्वारा पूरा कार्य करने में लगा समय

$$= \frac{84 \times 7}{4} = 147 \text{ दिन}$$

Y का 1 दिन का कार्य $= \frac{1}{147}$ दिन

X और Y दोनों का 1 दिन का कार्य

$$= \frac{1}{147} + \frac{1}{147} = \frac{2}{147}$$

$\therefore$ दोनों को सम्पूर्ण कार्य करने में लगा समय

$$= \frac{147}{2} = 73.5 \text{ दिन}$$

20. (*a*) A का 1 दिन का कार्य $= \frac{1}{2}$

B का 1 दिन का कार्य $= \frac{1}{3}$

कार्यक्षमताओं का अनुपात $= \frac{1}{2} : \frac{1}{3} = 3 : 2$

$\because$ कुल मजदूरी = ₹ 6000

$\therefore A$ का हिस्सा $= 6000 \times \frac{3}{2+3}$

$$= ₹\ 3600$$

$\therefore A$ के हिस्से का 20% $= 3600 \times \frac{20}{100}$

$$= ₹\ 720$$

21. (*b*) X का 1 दिन में किया गया कार्य $= \frac{1}{270}$

X द्वारा 55 दिनों में किया गया कार्य $= \frac{55}{270}$

शेष कार्य $= 1 - \frac{55}{270} = \frac{215}{270}$

शेष कार्य को Y द्वारा करने में लगा समय = 215 दिन

$\therefore Y$ द्वारा 1 दिन में किया गया कार्य

$$= \frac{215}{270 \times 215} = \frac{1}{270}$$

अतः $(X + Y)$ द्वारा 1 दिन में किया गया कार्य

$$= \frac{1}{270} + \frac{1}{270} = \frac{2}{270} = \frac{1}{135}$$

अतः $(X + Y)$ द्वारा कार्य पूरा करने में लगा कुल समय $= \frac{1}{\frac{1}{135}} = 135$ दिन

22. (*b*) $(A + B)$ का एक दिन का कार्य $= \frac{1}{20}$

$(B + C)$ का एक दिन का कार्य $= \frac{1}{15}$

तथा $(A + B + C)$ का एक दिन का कार्य $= \frac{1}{10}$

तब, A का एक दिन का कार्य $= \frac{1}{10} - \frac{1}{15}$

$$= \frac{3-2}{30} = \frac{1}{30}$$

तथा C का एक दिन का कार्य

$$= \frac{1}{10} - \frac{1}{20} = \frac{1}{20}$$

A और C दोनों का मिलाकर एक दिन का कार्य $= \frac{1}{30} + \frac{1}{20} = \frac{2+3}{60} = \frac{1}{12}$

अतः A और C दोनों को एकसाथ कार्य पूरा करने में लगा समय $= \frac{1}{\frac{1}{12}} = 12$ दिन

Quick Method

$A + B \rightarrow 20$ (3)
$B + C \rightarrow 15$ (4) → 60 (कुल कार्य)
$A + B + C \rightarrow 10$ (6)

$\because A + B + C = 6$ तथा $B + C = 4$

$\Rightarrow A = 6 - 4 = 2$ तथा $C = 6 - 3 = 3$

$\therefore$ अभीष्ट समय $= \frac{60}{(2+3)} = 12$ दिन

23. (*d*) (राम + श्याम) का 1 दिन का कार्य $= \frac{1}{30}$

(श्याम + भारती) का 1 दिन का कार्य $= \frac{1}{40}$

(भारती + राम) का 1 दिन का कार्य $= \frac{1}{60}$

$\therefore 2$ (राम + श्याम + भारती) का एक दिन का कार्य $= \frac{1}{30} + \frac{1}{40} + \frac{1}{60} = \frac{9}{120}$

$\therefore$ (राम + श्याम + भारती) का 1 दिन का कार्य $= \frac{9}{120 \times 2} = \frac{3}{80}$

अतः (राम + श्याम + भारती) मिलकर कार्य को पूरा करेंगे $= \frac{80}{3} = 26\frac{2}{3}$ दिनों में

24. (c)

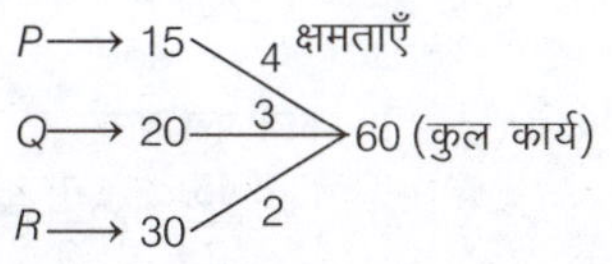

यहाँ, P और Q की कार्यक्षमता R से अधिक है, इसलिए P और Q मिलकर कार्य जल्दी खत्म कर सकते हैं।

TOP TIPS इस प्रकार के प्रश्न को हल करने के लिए प्रत्येक व्यक्ति की कार्यक्षमता ज्ञात करना आवश्यक है। क्योंकि कार्यक्षमता $\propto \frac{1}{\text{समय}}$

25. (b) $(A+B)$ का 1 दिन का कार्य $= \frac{1}{255}$ ...(i)

$(B+C)$ का 1 दिन का कार्य $= \frac{1}{170}$ ...(ii)

$(C+A)$ का 1 दिन का कार्य $= \frac{1}{204}$ ...(iii)

समी (i), (ii) और (iii) को जोड़ने पर,

$(A+B+C)$ का 2 दिन का कार्य

$$= \frac{1}{255} + \frac{1}{170} + \frac{1}{204}$$
$$= \frac{4+6+5}{1020} = \frac{15}{1020}$$

$\therefore (A+B+C)$ का 1 दिन का कार्य

$$= \frac{15}{1020 \times 2} = \frac{1}{136}$$

अतः A, B और C मिलकर स्वेटर बुनने में 136 घण्टे का समय लेंगे।

26. (d) $(X+Y)$ का 2 दिन का कार्य

$$= \frac{1}{9} + \frac{1}{36} = \frac{4+1}{36} = \frac{5}{36}$$

$(X+Y)$ का 14 दिन का कार्य

$$= \frac{5}{36} \times 7 = \frac{35}{36}$$

शेष कार्य $= 1 - \frac{35}{36} = \frac{1}{36}$

शेष कार्य X द्वारा किया जाएगा।

$\therefore X$ द्वारा शेष कार्य करने में लगा समय

$$= \frac{1}{36} \times 9 = \frac{1}{4} \text{ दिन}$$

सम्पूर्ण कार्य करने में लगा समय $= 14\frac{1}{4}$ दिन

Quick Method

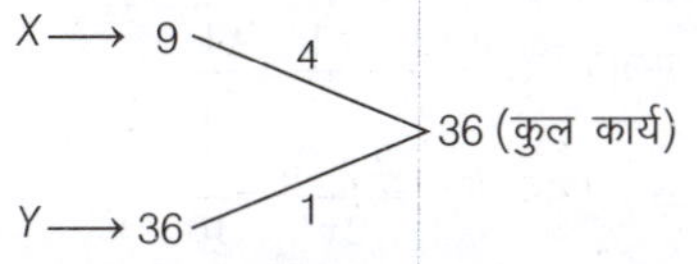

X और Y का 2 दिन का कार्य $= 4 + 1 = 5$

X और Y का 14 दिन का कार्य $= 5 \times 7 = 35$

शेष कार्य $= 36 - 35 = 1$

X द्वारा शेष कार्य करने में लगा समय $= \frac{1}{4}$

अभीष्ट समय $= 14\frac{1}{4}$ दिन

27. (b) A द्वारा कार्य का $\frac{3}{4}$ भाग करने में लगा समय = 6 दिन

$\therefore A$ का 1 दिन का कार्य $= \frac{3}{4} \times \frac{1}{6} = \frac{1}{8}$

इसी प्रकार, B का 1 दिन का कार्य

$$= \frac{5}{8} \times \frac{1}{10} = \frac{1}{16}$$

$\therefore A$ और B का 1 दिन का कार्य

$$= \frac{1}{8} + \frac{1}{16} = \frac{2+1}{16} = \frac{3}{16}$$

$\therefore$ अभीष्ट समय $= \frac{16}{3} = 5\frac{1}{3}$ दिन

28. (a) A कार्य के $\frac{2}{3}$ भाग को करता है = 40 दिनों में

A कार्य पूरा करेगा $= \frac{40 \times 3}{2} = 60$ दिनों में

B कार्य के $\frac{3}{4}$ भाग को करता है = 60 दिनों में

B कार्य पूरा करेगा $= \frac{60 \times 4}{3} = 80$ दिनों में

$(A+B)$ का 1 दिन का कार्य

$$= \frac{1}{60} + \frac{1}{80} = \frac{7}{240}$$

$(A+B)$ कार्य को पूरा करेंगे $= \frac{240}{7}$ दिनों में

अतः $(A+B)$ कार्य के $\frac{7}{8}$ भाग को पूरा करेंगे

$$= \frac{240}{7} \times \frac{7}{8} = 30 \text{ दिनों में}$$

29. (b) कुल पेज = 48 (16, 24 का ल.स.)

तब, अक्षिता तथा रैना 2 दिन में करेंगे

= 3 + 2 = 5 पेज

अगर अक्षिता पहले दिन तथा रैना दूसरे दिन कार्य करती है तब,

इसी तरह, 18 दिन में कार्य होगा

$= 5 \times 9 = 45$ पेज

शेष बचा हुआ कार्य = 48 − 45 = 3 पेज

अब शेष कार्य अगले दिन अक्षिता करेगी।

$\therefore$ कुल समय = 18 + 1 = 19 दिन

30. (d) A और B द्वारा मिलकर कार्य करने में लगा कुल समय $= \frac{40}{9}$ दिन

प्रश्नानुसार,

A और B द्वारा लिए गए समय का अनुपात

$= 4 : 5$

$\therefore$ समान समय में A और B द्वारा किए गए कार्यों का अनुपात $= 5 : 4$ $\left[\because \text{कार्य} \propto \frac{1}{\text{समय}}\right]$

अब, माना A का 1 दिन का कार्य $= 5x$

तथा B का 1 दिन का कार्य $= 4x$

$\therefore$ कुल कार्य $= \frac{40}{9} \times (5+4)x = 40x$

अतः B द्वारा अकेले कार्य करने में लगा समय

$$= \frac{40x}{4x} = 10 \text{ दिन}$$

31. (c) $(A+B)$ का 1 दिन का कार्य $= \frac{1}{36}$

$(B+C)$ का 1 दिन का कार्य $= \frac{1}{48}$

$(C+A)$ का 1 दिन का कार्य $= \frac{1}{60}$

$\therefore 2(A+B+C)$ का 1 दिन का कार्य

$$= \frac{1}{36} + \frac{1}{48} + \frac{1}{60}$$
$$= \frac{20+15+12}{720} = \frac{47}{720}$$

$(A+B+C)$ का 1 दिन का कार्य

$$= \frac{47}{720 \times 2} = \frac{47}{1440}$$

अकेले B का 1 दिन का कार्य

$$= \frac{47}{1440} - \frac{1}{60}$$
$$= \frac{47-24}{1440} = \frac{23}{1440}$$

अतः अकेले B कार्य पूरा करेगा $= \frac{1440}{23}$

$= 62\frac{14}{23}$ दिनों में

32. (a) $(A+B)$ कार्य के $\frac{3}{5}$ भाग को पूरा करता है

= 18 दिनों में

$(A+B)$ सम्पूर्ण कार्य पूरा करेंगे $= 18 \times \frac{5}{3}$

= 30 दिनों में

इसी तरह,

A कार्य के $\frac{1}{3}$ भाग को पूरा करता है

= 25 दिनों में

A अकेले सम्पूर्ण कार्य पूरा करेगा $= 25 \times 3$

= 75 दिनों में

$(A+B)$ का 1 दिन का कार्य $= \frac{1}{30}$

A का 1 दिन का कार्य $= \frac{1}{75}$

$\therefore$ B का 1 दिन का कार्य $= \frac{1}{30} - \frac{1}{75}$

$= \left(\frac{5-2}{150}\right) = \frac{3}{150}$

B का 1 दिन का कार्य $= \frac{1}{50}$

B कार्य पूरा करेगा = 50 दिनों में

अत: B अकेले कार्य का $\frac{4}{5}$ भाग पूरा करेगा

$= 50 \times \frac{4}{5} = 40$ दिनों में

Quick Method

$B + A \rightarrow 18 \times \frac{5}{3} \rightarrow 30$ — 5

$A \rightarrow 25 \times \frac{3}{1} \rightarrow 75$ — 2

(150)

$\Rightarrow B$ की क्षमता $= 5 - 2 = 3$

$\therefore$ अभीष्ट समय $= \frac{150 \times \frac{4}{5}}{3} = \frac{30 \times 4}{3} = 40$ दिन

33. (c) दिया है, A द्वारा एक निश्चित कार्य को पूरा करने में लगा समय = 120 दिन

उसी कार्य को B को अकेले करने में लगा समय $= 120 \times \frac{100}{160} = 75$ दिन

34. (b) A तथा B की कार्यक्षमता का अनुपात

$= 100 : 150 = 2 : 3$

अकेले B को कार्य करने में लगा समय

$= \frac{27 \times 5}{3} = 45$ दिन

35. (c) A और B का एक दिन का कार्य $= \frac{1}{20}$

$\because$ A, B से 20% अधिक सक्षम है।

माना B का 1 दिन का कार्य $= \frac{1}{x}$

$\therefore$ A का 1 दिन का कार्य $= \frac{1}{x} \times \frac{120}{100} = \frac{6}{5x}$

प्रश्नानुसार, $\frac{6}{5x} + \frac{1}{x} = \frac{1}{20}$

$\Rightarrow$ $\left(\frac{6+5}{5x}\right) = \frac{1}{20}$

$\therefore$ $x = 11 \times 4 = 44$ दिन

अत: B अकेले सम्पूर्ण कार्य को 44 दिन में करेगा।

36. (a) माना A द्वारा कार्य करने में लगा समय $= x$ दिन

$\therefore A$ का 1 दिन का कार्य $= \frac{1}{x}$

चूँकि A, B से दोगुना अच्छा कार्य करता है।

$\therefore B$ का 1 दिन का कार्य $= \frac{1}{2x}$

प्रश्नानुसार, $\frac{1}{x} + \frac{1}{2x} = \frac{1}{10}$

$\Rightarrow$ $\frac{2+1}{2x} = \frac{1}{10}$

$\therefore$ $x = \frac{30}{2} = 15$

अत: A अकेले कार्य को 15 दिनों में पूरा करेगा।

37. (b) दिया है, A द्वारा कार्य करने में लगा समय

$= 7\frac{1}{2} = \frac{15}{2}$ घण्टे

A का 1 घण्टे का कार्य $= \frac{2}{15}$

$\therefore B$ का 1 घण्टे का कार्य $= \frac{2}{15} \times \frac{100}{80} = \frac{1}{6}$

अत: B द्वारा अकेले उसी कार्य को पूरा करने में लगा समय = 6 घण्टे

38. (c) माना A अकेला कार्य को x दिन में पूरा करेगा

तब A का 1 दिन का कार्य $= \frac{1}{x}$

$\because$ B, A से 25% अधिक कुशल है

$\therefore$ B का 1 दिन का कार्य $= \frac{1}{x} \times \frac{125}{100} = \frac{5}{4x}$

प्रश्नानुसार, $\frac{1}{x} + \frac{5}{4x} = \frac{1}{8}$

$\Rightarrow$ $\frac{1}{x}\left(\frac{4+5}{4}\right) = \frac{1}{8}$

$\therefore$ $x = \frac{9}{4} \times 8 = 18$ दिन

39. (a) A का 1 दिन का कार्य $= \frac{1}{14}$

$\therefore B$ का 1 दिन का कार्य

$= \frac{1}{14} \times \left(\frac{100 - \frac{100}{3}}{100}\right)$

$= \frac{1}{14} \times \frac{2}{3} = \frac{1}{21}$

अब माना सम्पूर्ण कार्य x दिन में पूरा हुआ तब प्रश्नानुसार,

$\frac{x-2}{14} + \frac{x}{21} = 1$ (पूरा कार्य)

$\Rightarrow$ $\frac{3x - 6 + 2x}{42} = 1$

$\Rightarrow$ $5x = 42 + 6$

$\therefore$ $x = \frac{48}{5} = 9\frac{3}{5}$ दिन

40. (c) माना B की क्षमता $= x$

A, B से तीन गुना अच्छा कामगार है।

$\therefore A$ की क्षमता $= 3x$

$\therefore$ उनकी क्षमताओं का अनुपात $= 3x : x$

समय का अनुपात $= x : 3x$

प्रश्नानुसार,

$3x - x = 2x = 60$ दिन

$\therefore$ $x = \frac{60}{2} = 30$ दिन

A अकेले कार्य पूरा करता है = 30 दिनों में

$\therefore B$ अकेले कार्य पूरा करता है = 90 दिनों में

$(A + B)$ का 1 दिन का कार्य $= \frac{1}{30} + \frac{1}{90}$

$= \frac{(3+1)}{90} = \frac{2}{45}$

अत: $(A + B)$ कार्य पूरा करेंगे

$= \frac{45}{2} = 22\frac{1}{2}$ दिनों में

41. (d) माना अकेले A को कार्य पूरा करने में लगा समय $= x$ दिन

$\therefore$ अकेले B को कार्य पूरा करने में लगा समय

$= \frac{x}{3}$ दिन

अकेले C को कार्य पूरा करने में लगा समय

$= \frac{x}{5}$ दिन

प्रश्नानुसार, $\frac{1}{x} + \frac{3}{x} + \frac{5}{x} = \frac{1}{5}$

$\Rightarrow$ $\frac{9}{x} = \frac{1}{5}$

$\therefore$ $x = 45$

अत: A द्वारा कार्य पूरा करने में लगा समय

= 45 दिन

42. (b) माना A और C दोनों मिलकर कार्य x दिनों में कर सकते हैं।

$\therefore$ B अकेला कार्य को $3x$ दिनों में पूरा कर सकता है।

A और C का 1 दिन का कार्य $= \frac{1}{x}$

B का 1 दिन का कार्य $= \frac{1}{3x}$

A, B और C तीनों का 1 दिन का कार्य $= \frac{1}{10}$

$\therefore$ $\frac{1}{x} + \frac{1}{3x} = \frac{1}{10}$

$\Rightarrow$ $\frac{3+1}{3x} = \frac{1}{10} \Rightarrow 3x = 40$

अत: B द्वारा अकेले कार्य समाप्त करने में लगा समय = 40 दिन

43. (b) राजू का 1 दिन का कार्य $= \frac{1}{5}$

$\therefore$ राजू का 2 दिन का कार्य $= \frac{1}{5} \times 2 = \frac{2}{5}$

शेष कार्य $= 1 - \frac{2}{5} = \frac{3}{5}$

आकाश, जो राजू के समान कुशल है

$\therefore$ आकाश का 1 दिन का कार्य $= \frac{1}{5}$

शेष कार्य आकाश पूरा करेगा

$$= \frac{\frac{3}{5}}{\frac{1}{5}} = \frac{3 \times 5}{5 \times 1} = 3 \text{ दिनों में}$$

अत: आकाश शेष कार्य को 3 दिनों में पूरा करेगा।

44. (*d*) (अनिश + राम) का 1 दिन का कार्य

$$= \frac{1}{15} + \frac{1}{12} = \frac{9}{60} = \frac{3}{20}$$

(अनिश + राम) का 4 दिन का कार्य

$$= \frac{3}{20} \times 4 = \frac{3}{5}$$

$$\text{शेष कार्य} = 1 - \frac{3}{5} = \frac{2}{5}$$

शेष कार्य राम अकेले पूरा करेगा

$$= \frac{\frac{2}{5}}{\frac{1}{15}} = \frac{2 \times 15}{5} = 6 \text{ दिनों में}$$

अत: राम ने शेष कार्य को 6 दिनों में पूरा किया।

45. (*b*) कुल कार्य = 240 (10, 16 व 12 का ल.स.)

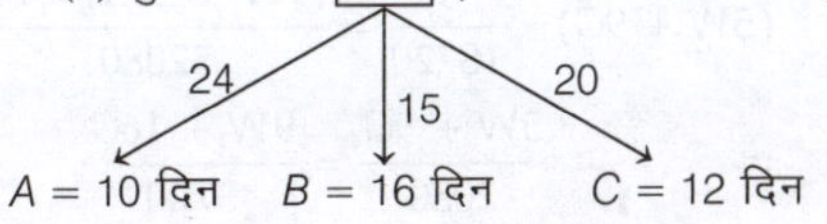

$(A + B + C)$ का 1 दिन का कार्य

$$= 24 + 15 + 20 = 59$$

$(A + B + C)$ के 3 चक्रों का 3 दिन का कार्य

$$= 59 \times 3 = 177$$

$$\text{शेष कार्य} = 240 - 177 = 63$$

$$\text{शेष कार्य } B \text{ अकेले करेगा} = \frac{63}{15}$$

$$= \frac{21}{5} = 4\frac{1}{5} \text{ दिनों में}$$

46. (*b*) माना कार्य पूरा होने में लगा समय = x दिन

प्रश्नानुसार,

$$\frac{x - 12}{36} + \frac{x - 8}{48} + \frac{x}{144} = 1 \text{ (पूरा कार्य)}$$

$$\Rightarrow \frac{4x - 48 + 3x - 24 + x}{144} = 1$$

$$\Rightarrow 8x = 144 + 72$$

$$\therefore x = \frac{216}{8} = 27 \text{ दिन}$$

47. (*a*) प्रश्नानुसार,

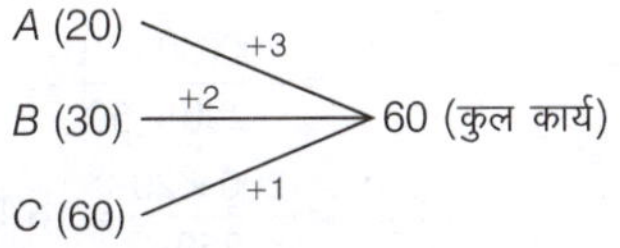

पहले तीन दिनों में,

A तथा $(A + B + C)$ द्वारा किया गया कार्य

$$= 3 + 3 + (3 + 2 + 1) = 12$$

∴ सम्पूर्ण कार्य समाप्त होने में लगा समय

$$= \frac{60}{12} \times 3 = 15 \text{ दिन}$$

48. (*a*) जब वे एकान्तर रूप से कार्य करते हैं, तो A और B का 5 दिन का कार्य

$$= \frac{3}{25} + \frac{2}{30} = \frac{18 + 10}{150} = \frac{28}{150}$$

$$\therefore \text{शेष कार्य} = \left(1 - \frac{28}{150}\right)$$

$$= \left(\frac{150 - 28}{150}\right) = \frac{122}{150}$$

अब, इस कार्य को B द्वारा पूरा करने में लगा

$$\text{समय} = \frac{\frac{122}{150}}{\frac{1}{30}} = \frac{122}{150} \times \frac{30}{1} = \frac{122}{5} = 24\frac{2}{5} \text{ दिन}$$

49. (*d*) माना कार्य पूरा होने में लगा समय = x दिन

प्रश्नानुसार,

$$\frac{x - 2}{8} + \frac{x}{12} = 1$$

$$\Rightarrow \frac{3(x - 2) + 2x}{24} = 1 \text{ (पूरा कार्य)}$$

$$\Rightarrow 3x - 6 + 2x = 24$$

$$\Rightarrow 5x = 30$$

$$\Rightarrow x = 6 \text{ दिन}$$

50. (*a*) $(P + Q)$ का 1 दिन का कार्य $= \frac{1}{30}$

$(Q + R)$ का 1 दिन का कार्य $= \frac{1}{24}$

$(R + P)$ का 1 दिन का कार्य $= \frac{1}{20}$

$2(P + Q + R)$ का 1 दिन का कार्य

$$= \frac{1}{30} + \frac{1}{24} + \frac{1}{20}$$

$$= \frac{4 + 5 + 6}{120} = \frac{15}{120} = \frac{1}{8}$$

$\therefore (P + Q + R)$ का 1 दिन का कार्य $= \frac{1}{16}$

अब P का 1 दिन का कार्य $= \frac{1}{16} - \frac{1}{24}$

$$= \frac{3 - 2}{48} = \frac{1}{48}$$

तथा $(P + Q + R)$ का 10 दिन का कार्य

$$= 10 \times \frac{1}{16} = \frac{5}{8}$$

$$\therefore \text{शेष कार्य} = 1 - \frac{5}{8} = \frac{3}{8}$$

अब शेष कार्य P द्वारा पूरा करने में लगा समय

$$= \frac{3}{8} \times 48 = 18 \text{ दिन}$$

51. (*b*) A तथा B दोनों का एक दिन का कार्य

$$= \frac{1}{6} + \frac{1}{8} = \left(\frac{4 + 3}{24}\right) = \frac{7}{24}$$

अब, C का एक दिन का कार्य $= \frac{1}{3} - \frac{7}{24}$

$$= \left(\frac{8 - 7}{24}\right) = \frac{1}{24}$$

$$\therefore A, B \text{ व } C \text{ की क्षमताएँ} = \frac{1}{6} : \frac{1}{8} : \frac{1}{24}$$

$$= 4 : 3 : 1$$

$$\therefore C \text{ का हिस्सा} = \frac{1}{8} \times 3200 = ₹\ 400$$

Quick Method

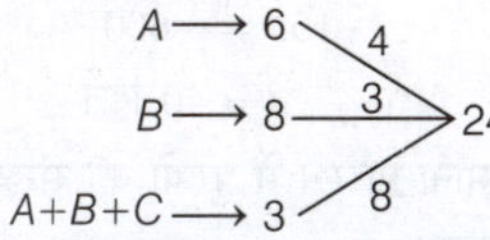

∴ क्षमता $[A : B : C] = 4 : 3 : (8 - 7) = 4 : 3 : 1$

∴ अभीष्ट भाग $= \frac{1}{8} \times 3200 = ₹400$

52. (*c*) माना कुशल, अर्द्ध-कुशल और अकुशल श्रमिक की व्यक्तिगत मजदूरी क्रमश: $9x$, $5x$ और $4x$ है।

∴ उनकी कुल मजदूरी

$$= 9x \times 12 + 5x \times 14 + 4x \times 10$$

$$= 108x + 70x + 40x = 218x$$

प्रश्नानुसार, $218x = 13189$

$$4x = \frac{13189}{218} \times 4 = 242$$

∴ 10 अकुशल श्रमिकों की मजदूरी

$$= 242 \times 10 = ₹\ 2420$$

53. (*d*) माना राखी की कार्यक्षमता = $100x$

∴ पूनम की कार्यक्षमता = $120x$

सूत्र $\frac{M_1 \times D_1}{W_1} = \frac{M_2 \times D_2}{W_2}$ से,

[Formula 17.1 से]

$M_1 = 100x$, $D_1 = 8$, $W_1 = 10\%$

$M_2 = 100x + 120x = 220x$,

$D_2 = ?$, $W_2 = 90\%$

$$\therefore \frac{100x \times 8}{10\%} = \frac{220x \times D_2}{90\%}$$

$$\therefore D_2 = \frac{100 \times 8 \times 9}{220} = \frac{360}{11} \text{ दिन}$$

TOP TIPS
इस प्रकार के प्रश्नों को हल करने के लिए अभ्यर्थियों को MDH सूत्र कठण्स्थ होना चाहिए।

$$\frac{M_1 D_1 H_1}{W_1} = \frac{M_2 D_2 H_2}{W_2}$$

54. (*a*) दिया है, $M_1 = 14$, $D_1 = 15$ दिन

$M_2 = 21$, $D_2 = ?$

$$\because M_1 \times D_1 = M_2 \times D_2$$

$\Rightarrow \quad 14 \times 15 = 21 \times D_2$

$\Rightarrow \quad \frac{14 \times 15}{21} = D_2$

$\therefore \quad D_2 = 10$ दिन

55. (*a*) माना 15 कर्मचारियों ने d दिन बाद कार्य छोड़ा

सूत्र, $M_1 \times D_1 = M_2 \times D_2$ से,

$M_2 = 75 - 15 = 60$

$75 \times 60 = (15 \times d) + (60 \times 65)$

$\Rightarrow \quad -15d = 3900 - 4500$

$\Rightarrow \quad -15d = -600$

$\therefore \quad d = 40$ दिन

56. (*d*) माना प्रारम्भ में पुरुषों की संख्या $= x$

प्रश्नानुसार,

$x \times 20 = (x - 5) \times 40$

[Formula 17.1 से]

$\Rightarrow \quad 20x = 40x - 200$

$\Rightarrow \quad 20x = 200 \Rightarrow x = 10$ आदमी

57. (*b*) यहाँ, $M_1 = 200, D_1 = 50$

$M_2 = ?\ , D_2 = 100$

$W_1 = \frac{1}{4}, W_2 = \frac{3}{4}$

$\Rightarrow \quad \frac{200 \times 50}{\frac{1}{4}} = \frac{M_2 \times 100}{\frac{3}{4}}$

[Formula 17.1 से]

$\Rightarrow \quad M_2 = \frac{200 \times 50 \times 3}{100} = 300$

अत: अतिरिक्त श्रमिकों की संख्या

$= 300 - 200 = 100$

58. (*c*) दिया है, पुरुष $= M$

महिला $= W$

लड़के $= B$

माना प्रत्येक पुरुष, महिला व लड़के को मिला वेतन क्रमश: $4x$, $3x$ व $2x$ है।

प्रश्नानुसार,

$15 \times 4x + 18 \times 3x + 12 \times 2x = 2070$

$\Rightarrow \quad 60x + 54x + 24x = 2070$

$\Rightarrow \quad 138x = 2070$

$\therefore \quad x =$ ₹ 15

अत: $(1M + 2W + 3B)$ का दैनिक वेतन

$= 1 \times 4x + 2 \times 3x + 3 \times 2x$

$= 4x + 6x + 6x$

$= 16x = 16 \times 15 =$ ₹ 240

59. (*d*) माना आदमी $= M$ तथा लड़के $= B$

प्रश्नानुसार,

$M_1D_1 = M_2D_2$ से,

$(6M + 8B) \times 10 = (26M + 48B) \times 2$

$\Rightarrow \quad 60M - 52M = 96B - 80B$

$\Rightarrow \quad 8M = 16B$

$\therefore \quad M = 2B$

अब, $6M + 8B = 6 \times 2B + 8B = 20B$

पुन: $20B \times 10 = (15M + 20B) \times D$

$\Rightarrow \quad 200B = (30B + 20B) \times D$

$\therefore \quad D = \frac{200}{50} = 4$ दिन

60. (*a*) $\because M_1D_1 = M_2D_2$

$\Rightarrow \quad 8M \times 45 = 8W \times 18$

$\Rightarrow \quad 45M = 18W \Rightarrow 5M = 2W$

अब, $5M + 8W = 2W + 8W = 10W$

माना 10 महिलाएँ D दिन में कार्य पूरा करेगी।

$\therefore 8W \times 18 = 10W \times D$

$\Rightarrow \quad D = \frac{144}{10} = \frac{72}{5} \therefore D = 14\frac{2}{5}$ दिन

61. (*c*) माना लड़का $= B$ तथा लड़की $= G$

प्रश्नानुसार,

$(4B + 6G)10 = (6B + 4G)8$

$\Rightarrow \quad 40B + 60G = 48B + 32G$

$\Rightarrow \quad 8B = 28G$

$\Rightarrow \quad \frac{B}{G} = \frac{28}{8} = \frac{7}{2}$

$\therefore$ कुल कार्य $= [(4 \times 7 + 6 \times 2)10]$

$= [(28 + 12) \times 10] = 400$

अत: 4 लड़के और 2 लड़कियों द्वारा कार्य करने में लगा समय $= \frac{400}{(4 \times 7) + 2 \times 2}$

$= \frac{400}{32} = \frac{25}{2}$ दिन

62. (*b*) प्रश्नानुसार,

8 पुरुष $\times$ 8 दिन $=$ 16 महिलाएँ $\times$ 5 दिन

$\frac{\text{पुरुष}}{\text{महिला}} = \frac{16 \times 5}{8 \times 8} = \frac{5}{4}$

माना 4 पुरुष एवं 5 महिलाएँ मिलकर उस कार्य को x दिन में पूरा करेंगे।

(4 पुरुष + 5 महिलाएँ) $\times x$ दिन

$=$ 8 पुरुष $\times$ 8 दिन

$(4 \times 5 + 5 \times 4) \times x = 8 \times 5 \times 8$

$\Rightarrow \quad 40 \times x = 8 \times 5 \times 8$

$\Rightarrow \quad x = \frac{8 \times 5 \times 8}{40} = 8$ दिन

अत: 4 पुरुष एवं 5 महिलाएँ मिलकर कार्य को 8 दिन में पूरा करेंगे।

63. (*b*) माना एक महिला का 1 दिन का कार्य $= W$

एक आदमी का 1 दिन का कार्य $= M$

दिया है, $\quad 4W = 6M$

$1W = \frac{6M}{4} = \frac{3M}{2}$

अब माना 5 महिलाएँ x दिन में कार्य पूरा करती है।

तो, $\quad M \times 60 = 5W \times x$

$\Rightarrow \quad M \times 60 = \frac{5 \times 3M}{2} \times x$

$\therefore \quad x = \frac{60 \times 2}{15} = 8$ दिन

64. (*a*) माना 1 महिला का एक दिन का कार्य $= W$

और 1 लड़की का एक दिन का कार्य $= G$

$\left[\because \frac{M_1D_1}{W_1} = \frac{M_2D_2}{W_2}\right]$

प्रश्नानुसार,

$(5W + 9G) \times \frac{9}{18720} = \frac{(9W + 16G) \times 14}{52080}$

$\Rightarrow \quad \frac{5W + 9G}{2080} = \frac{9W + 16G}{3720}$

$\Rightarrow \quad \frac{5W + 9G}{52} = \frac{9W + 16G}{93}$

$\Rightarrow \quad 465W + 837G = 468W + 832G$

$\Rightarrow \quad 3W = 5G$

माना 12 महिलाओं और 7 लड़कियों ने 13 दिन में ₹ x कमाएँगी।

$\therefore \quad \frac{(12W + 7G) \times 13}{x} = \frac{(9W + 16G) \times 14}{52080}$

$\Rightarrow \quad \frac{(20G + 7G) \times 13}{x} = \frac{(15G + 16G) \times 14}{52080}$

$\Rightarrow \quad \frac{27 \times 13}{x} = \frac{1}{120}$

$\Rightarrow \quad x =$ ₹ $(27 \times 13 \times 120)$

$\therefore \quad x =$ ₹ 42120

65. (*c*) दिया है, $A = 200$ व्यक्ति, $a = 30$ दिन

$b = 10$ दिन, $B = 50$ व्यक्ति

$\therefore$ अभीष्ट समय $= \frac{A(a - b)}{A + B}$

[Formula 17.2 से]

$= \frac{200(30 - 10)}{200 + 50}$

$= \frac{200 \times 20}{250} = 16$ दिन

अध्याय

18 नल और टंकी

Chapter Snapshot

नल तथा **टंकी** (हौज) पर आधारित प्रश्न समय और कार्य की मूल अवधारणा पर आधारित होते हैं। नल एक टैंक या टंकी से जुड़े होते हैं, जो टैंक या टंकी को भरते/खाली करते हैं। नल तथा टंकी में, कार्य नल द्वारा टंकी/टैंक को भरने (धनात्मक कार्य) या खाली करने (ऋणात्मक कार्य) के रूप में किया जाता है।

- **इनलेट पाइप** (प्रवेशिका नल) यह टैंक/टंकी को भरता है।
- **आउटलेट पाइप** (निकास नल) यह टैंक/टंकी को खाली करता है।
- टंकी/हौज को भरने में लगा समय $= \dfrac{\text{टंकी की कुल क्षमता/धारिता}}{\text{प्रत्येक नल की क्षमता}}$

Concept Capsule

- एक पूरा भरा टैंक या टंकी 1 या 100% माना जाता है।
- कम व्यास वाले नल से कम पानी निकलता है तथा वह टंकी को भरने में अधिक समय लेता है।
- अधिक व्यास वाले नल से अधिक पानी निकलता है तथा वह टंकी को भरने में कम समय लेता है।

नल एवं टंकी से सम्बन्धित बिन्दु

- यदि एक नल एक टैंक को m घण्टों में भरता/खाली करता है, तब

  नल द्वारा 1 घण्टे में टैंक का भरा/खाली भाग $= \dfrac{1}{m}$

  तथा t घण्टे में टैंक का भरा/खाली भाग $= \dfrac{t}{m}$

- यदि एक नल टैंक का $\dfrac{1}{m}$ भाग t घण्टे में भरता/खाली करता है, तब यह पूरे टैंक को mt घण्टों में भरता/खाली कर सकता है।
- इनलेट (प्रवेशिका) नल द्वारा भरा भाग धनात्मक लिया जाता है, तो आउटलेट (निकासी) पाइप द्वारा खाली किया गया भाग ऋणात्मक लिया जाता है।
- यदि एक नल टंकी को x घण्टे में भरता है तथा एक दूसरा नल उसी टंकी को y घण्टे में भरता है, तब

  दोनों नल द्वारा टंकी को भरने में लगा समय $= \dfrac{xy}{x+y}$

- यदि एक नल टंकी को x घण्टे में भरता है तथा एक दूसरा नल उसी टंकी को y घण्टे में खाली करता है, तब

  दोनों नल द्वारा टंकी को भरने में लगा समय $= \dfrac{xy}{y-x}$

- यदि दो नल एक टैंक को भरने में क्रमशः x तथा y घण्टे लेते हैं तथा एक तीसरा नल टैंक को खाली करने में z घण्टे लेता है, तब

  1 घण्टे में टैंक का भरा भाग $= \dfrac{1}{x} + \dfrac{1}{y} - \dfrac{1}{z}$

  टैंक को भरने में लिया कुल समय $= \dfrac{1}{\dfrac{1}{x} + \dfrac{1}{y} - \dfrac{1}{z}}$

  $\therefore$ अभीष्ट समय $= \dfrac{xyz}{yz + zx - xy}$

Formula Flashcards

- **18.1** दो नल A और B टंकी को क्रमशः x घण्टे और y घण्टे में भर सकते हैं। यदि दोनों नलों को एकसाथ खोल दिया जाए, तो नल B को $\left[y\left(1-\dfrac{t}{x}\right)\right]$ घण्टे बाद बन्द कर देना चाहिए ताकि टंकी t घण्टे में भर जाए।

- यदि तीन नल एक टंकी को क्रमशः x घण्टे, y घण्टे तथा z घण्टे में भर/खाली कर सकते हैं। यदि तीनों नल एकसाथ खोल दिए जाए, तो टंकी को भरने/खाली करने में लगा समय $= \dfrac{xyz}{xy + yz + zx}$ घण्टे

Exam Approach Examples

मूल अवधारणा पर आधारित

उदाहरण 1. एक टंकी को एक नल से 2 घण्टे 30 मिनट में तथा दूसरे नल से 3 घण्टे 45 मिनट में भरा जा सकता है। यदि उन्हें एकसाथ खोला जाए, तो टंकी को भरने में कितना समय लगेगा? *CISF ASI 2023*

(a) 1 घण्टा 15 मिनट (b) 2 घण्टे
(c) 1 घण्टा 30 मिनट (d) 6 घण्टे 15 मिनट

हल (c) पहला नल द्वारा टंकी को भरने में लगा समय = 2 घण्टे 30 मिनट

$= 2\frac{1}{2} = \frac{5}{2}$ घण्टे

पहले नल का 1 घण्टे का कार्य $= \frac{2}{5}$

दूसरा नल द्वारा टंकी को भरने में लगा समय = 3 घण्टे 45 मिनट

$= 3\frac{45}{60} = 3\frac{3}{4} = \frac{15}{4}$ घण्टे

दूसरे नल का 1 घण्टे का कार्य $= \frac{4}{15}$

दोनों नल का मिलाकर 1 घण्टे का कार्य $= \frac{2}{5} + \frac{4}{15} = \frac{6+4}{15} = \frac{10}{15} = \frac{2}{3}$

$\therefore$ दोनों नल द्वारा टंकी भरने में लगा समय $= \frac{3}{2}$ घण्टे = 1 घण्टा 30 मिनट

Quick Method

यहाँ, $x = 2$ घण्टे 30 मिनट $= \frac{5}{2}$ घण्टे तथा $y = 3$ घण्टे 45 मिनट $= \frac{15}{4}$ घण्टे

$\therefore$ अभीष्ट समय $= \dfrac{\frac{5}{2} \times \frac{15}{4}}{\frac{5}{2} + \frac{15}{4}} = \frac{75}{50} = \frac{3}{2} = 1$ घण्टा 30 मिनट

उदाहरण 2. नल P, किसी टंकी को 6 घण्टे में भर सकता है और नल Q भरी हुई टंकी को 10 घण्टे में खाली कर सकता है। यदि P और Q दोनों नलों को एकसाथ खोला जाता है, तो खाली टंकी, पूर्ण रूप से कितने घण्टे में भरेगी? *SSC (10+2) 2021*

(a) 16 (b) 12 (c) 18 (d) 15

हल (d) $\therefore$ दोनों नलों का मिलाकर 1 घण्टे में भरा गया भाग

$= \frac{1}{6} - \frac{1}{10} = \frac{5-3}{30} = \frac{2}{30} = \frac{1}{15}$

अत: खाली टंकी पूर्ण रूप से 15 घण्टे में भरेगी।

Quick Method

यहाँ, $x = 6$ घण्टे, $y = 10$ घण्टे

दोनों नलों को एकसाथ टंकी भरने में लगा समय $= \frac{6 \times 10}{10 - 6} = \frac{60}{4} = 15$ घण्टे

उदाहरण 3. दो पाइप A और B एक टैंक को क्रमश: 5 घण्टे और 8 घण्टे में भर सकते हैं। पाइप C उसी टैंक को 10 घण्टे में खाली कर सकता है। जब सभी पाइप एकसाथ खोले जाते हैं, तो खाली टैंक को भरने में लगने वाला समय ज्ञात कीजिए। *RRC Group D 2022*

(a) $4\frac{7}{9}$ घण्टे (b) $4\frac{4}{9}$ घण्टे
(c) $4\frac{5}{9}$ घण्टे (d) $4\frac{2}{9}$ घण्टे

हल (b) पाइप $(A+B+C)$ का 1 घण्टे का कार्य $= \frac{1}{5} + \frac{1}{8} - \frac{1}{10}$

$= \frac{8+5-4}{40} = \frac{9}{40}$

अत: पाइप $(A+B+C)$ खाली टैंक को $= \frac{40}{9} = 4\frac{4}{9}$ घण्टे में भरेंगे।

Score Booster

इस प्रकार के प्रश्नों को हल करने के लिए ल.स. विधि का प्रयोग किया जाता है। पाइप द्वारा भरने व खाली करने के समयो के ल.स. को टैंक की क्षमता माना जाता है।

नल को बीच में बन्द करने/खोलने पर आधारित

उदाहरण 4. तीन पाइप P, Q और R एक टंकी को क्रमश: 40 मिनट, 80 मिनट और 120 मिनट में भर सकते हैं। शुरूआत में सभी पाइप खोल दिए जाते हैं। कितने समय (मिनटों में) के बाद, Q पाइप और R को बंद कर देना चाहिए ताकि टंकी केवल आधे घण्टे में पूरी भर जाए? *SSC CGL (Tier I) 2024*

(a) 10 (b) 12
(c) 16 (d) 14

हल (b) प्रश्नानुसार,

$P \longrightarrow 40$ — 6
$Q \longrightarrow 80$ — 3 — 240 (कुल कार्य)
$R \longrightarrow 120$ — 2

माना पाइप Q और R को x मिनट बाद बन्द किया जाता है।

$\therefore 6 \times 30 + 3x + 2x = 240$

$\Rightarrow \quad 5x = 240 - 180 = 60$

$\Rightarrow \quad x = \frac{60}{5} = 12$ मिनट

Trending Concept

टंकी भरते समय किसी पाइप को बीच में बन्द करने पर या खोलने पर आधारित प्रश्न वर्तमान में हो रही सभी परीक्षाओं (CGL, ALP, Police SI और Constable, DSSSB आदि) में पूछे जा रहे हैं। आगामी परीक्षाओं के लिए भी अति महत्त्वपूर्ण हैं।

टंकी में छेद पर आधारित

उदाहरण 5. एक टंकी एक नल से 4 घण्टे में भर जाती है, परन्तु टंकी में किसी रिसाव के कारण टंकी $\left(\frac{16}{3}\right)$ घण्टे में भर पाती है। ज्ञात कीजिए कि कितने समय में यह रिसाव टंकी को खाली कर देगा? *DSSSB 2021*

(a) 13 घण्टे
(b) 16 घण्टे
(c) 15 घण्टे
(d) 12 घण्टे

हल (b) एक नल द्वारा टंकी को भरने में लगा समय = 4 घण्टे

$\therefore 1$ घण्टे में नल द्वारा भरा गया भाग $= \frac{1}{4}$

रिसाव के कारण टंकी को भरने में लगा कुल समय $= \frac{16}{3}$ घण्टे

रिसाव के कारण 1 घण्टे में भरा गया भाग $= \frac{3}{16}$

रिसाव द्वारा 1 घण्टे में खाली किया गया भाग $= \frac{1}{4} - \frac{3}{16} = \frac{1}{16}$

अत: रिसाव टंकी को 16 घण्टे में खाली कर देगा।

Chapter Challenge

मूल अवधारणा पर आधारित

1. दो पाइप A और B एक टंकी को क्रमश: 12 और 18 घण्टे में भर सकते है। टंकी को भरने के लिए दोनों पाइपों को एकसाथ खोला जाता है। खाली टंकी कितनी देर में पूरी भर जाएगी? **SSC CPO 2020**

(a) 7 घण्टे 12 मिनट (b) 9 घण्टे 30 मिनट
(c) 8 घण्टे (d) 10 घण्टे 24 मिनट

2. एक पाइप एक टंकी को 20 मिनट में भर सकता है, जबकि दूसरा पाइप इसे 60 मिनट में खाली कर सकता है। यदि दोनों पाइपों को एकसाथ खोल दिया जाता है, तो टंकी को पूरा भरने में कितना समय लगेगा? **RRC Group D 2022**

(a) 20 मिनट (b) 10 मिनट
(c) 40 मिनट (d) 30 मिनट

3. एक नल एक टंकी को 20 घण्टे में भर सकता है, जबकि दूसरा उसे 30 घण्टे में खाली कर सकता है। टंकी खाली है और यदि दोनों नल एकसाथ खोल दिए जाएँ तो टंकी को आधा भरने में कितना समय लगेगा? **CISF ASI 2023**

(a) 28 घण्टे (b) 40 घण्टे
(c) 25 घण्टे (d) 30 घण्टे

4. दो पाइप A और B किसी टंकी को क्रमश: 15 घण्टे और 18 घण्टे में भर सकते हैं। टंकी को भरने के लिए दोनों पाइप एकसाथ खोले जाते हैं। खाली टंकी कितने घण्टे में भरेगी? **SSC CPO 2020**

(a) $9\frac{2}{11}$ (b) $7\frac{2}{11}$ (c) $10\frac{2}{11}$ (d) $8\frac{2}{11}$

5. एक नल एक टंकी का 12 मिनट में भरता है और दूसरा नल उसे 15 मिनट में भरता है। अपशिष्ट पाइप टैंक को 10 मिनट में खाली कर सकता है। यदि दोनों नल चालू कर दिए जाए और अपशिष्ट पाइप गलती से खुला छोड़ दिया जाए तो टैंक कितने समय में भर जाएगा? **CISF ASI 2023**

(a) 20 मिनट में (b) 30 मिनट में
(c) 45 मिनट में (d) 1 घण्टा में

6. पाइप A एक टंकी को 64 मिनट में खाली कर सकता है, पाइप B उसी टंकी को 96 मिनट में भर सकता है और पाइप C उसी टंकी को 128 मिनट में भर सकता है। यदि तीनों पाइपों को एकसाथ खोल दिया जाए, तो खाली टंकी को भरने में कितने मिनट का समय लगेगा? **UP Police SI 2021**

(a) 384 (b) 394
(c) 364 (d) 374

> **MRC*****
> ***(Most Repeating Concepts)***
> प्र. सं. 1, 4, और 6 Examination Point of Views से अति महत्त्वपूर्ण है। इन Concept पर प्रश्न विभिन्न प्रतियोगी परीक्षाओं (Police SI और Constable, Group D, Bank, DSSSB आदि) में निरन्तर पूछे जा रहे हैं।

7. एक टैंक से तीन पाइप जुड़े हुए हैं। पहला वाला इसे 5 घण्टे में पूरी तरह से भर देता है, दूसरा इसे 4 घण्टे में पूरी तरह से भर देता है, और तीसरा इसे 20 घण्टे में खाली कर देता है। यदि तीनों पाइपों को 7 am पर एकसाथ खोल दिया जाए, तो टंकी किस समय पूरी तरह से भर जाएगी? **IB 2023**

(a) 10 : 30 am (b) 11 : 00 am
(c) 10 : 00 am (d) 9 : 30 am

8. 18 नल 20 मिनट में एक पानी की टंकी को भर सकते हैं। 15 मिनट में समान पानी की टंकी का एक-तिहाई भाग भरने के लिए इसी क्षमता के कितने नल आवश्यक हैं? **DSSSB 2021**

(a) 6 (b) 12 (c) 9 (d) 8

9. भरण पाइप P, भरण पाइप Q से 21 गुना तेज है। यदि Q एक टंकी को 110 मिनट में भर सकता है, तो दोनों भरण पाइपों को एकसाथ खोलने पर टंकी को भरने में कितना समय लगेगा? **SSC CGL (Tier I) 2024**

(a) 5 मिनट (b) 6 मिनट
(c) 3 मिनट (d) 4 मिनट

10. पाइप A और B क्रमश: 30 मी^{3}/घण्टा और 40 मी^{3}/घण्टा पर एक टैंक भरते हैं। साथ में वे 4 घण्टे में टैंक भरते हैं। टैंक का आयतन ज्ञात कीजिए। **RRB ALP 2019**

(a) 360 मी^{3} (b) 200 मी^{3}
(c) 280 मी^{3} (d) 180 मी^{3}

11. दो पाइप A और B एक 1000 लीटर की टंकी को क्रमश: 5 घण्टे और 6 घण्टे में भर सकते हैं। यदि उन्हें एकसाथ खोल दिया जाए, तो वे 1800 लीटर की एक खाली टंकी को भरने में कितने घण्टे का समय लेंगे? **RRC Group D 2022**

(a) $\frac{25}{11}$ (b) $\frac{54}{11}$ (c) $\frac{45}{11}$ (d) $\frac{52}{11}$

12. एक टंकी को तीन पाइपों A, B और C द्वारा 4 घण्टे में भरा जाता है। पाइप C, पाइप B से दोगुना तेज है और पाइप B, पाइप A से दोगुना तेज है। पाइप A द्वारा टंकी को भरने में कितना समय लगेगा? **RRC Group D 2022**

(a) 25 घण्टे (b) 26 घण्टे
(c) 20 घण्टे (d) 28 घण्टे

13. पाइप A, 50 मी^{3}/घण्टा की दर से एक टंकी को भरता है। पाइप B को उसी टंकी को भरने में 4 घण्टे लगते हैं। एकसाथ खोले जाने पर, वे उसी टंकी को 2 घण्टे में भर देते हैं। टंकी का आयतन ज्ञात कीजिए। **RRB ALP 2019**

(a) 100 मी^{3} (b) 225 मी^{3}
(c) 200 मी^{3} (d) 150 मी^{3}

14. एक टैंक को 4 मिनट में पूरी तरह से भरने के लिए दो पाइप A और B एकसाथ चलते हैं। यदि टंकी को पूरा भरने में A को B से 6 मिनट कम समय लगता है, तो टंकी को पूरा भरने में अकेले B को कितना समय लगेगा? **RRC Group D 2022**

(a) 20 मिनट (b) 6 मिनट
(c) 15 मिनट (d) 12 मिनट

15. तीन पाइप A, B और C को एकसाथ खोलने पर ये किसी खाली टंकी को $\frac{30}{7}$ घण्टे में भर सकते हैं। A और B भरने वाले पाइप हैं और C खाली करने वाला पाइप है। पाइप A टंकी को 15 घण्टे में भर सकता है और पाइप C इसे 12 घण्टे में खाली कर सकता है। पाइप B अकेले उस खाली टंकी को कितने समय में भर सकता है? **SSC CPO 2020**

(a) 3 घण्टे (b) 4 घण्टे
(c) 5 घण्टे (d) 6 घण्टे

16. पाइप A एक टंकी को 20 लीटर प्रति मिनट की दर से भरता है और पाइप B अकेले एक टंकी को 10 घण्टे में भरता है। यदि दोनों पाइपों को एकसाथ खोल दिया जाता है, तो टंकी 6 घण्टे में भर जाती है। टंकी की क्षमता ज्ञात कीजिए। **DSSSB 2022**

(a) 6000 लीटर (b) 18000 लीटर
(c) 9000 लीटर (d) 7500 लीटर

17. जब एक नाबदान को भरने के लिए अकेले वाल्व A को खोला जाता है, तब इसे दोनों वाल्व A और B को एकसाथ खोलने पर नाबदान को भरने में लगने वाले समय से 12 घण्टे अधिक लगते हैं। लेकिन अकेले वाल्व B नाबदान को भरने में दोनों वाल्व A तथा B को एकसाथ खोलने पर लगने वाले समय से 27 घण्टे अधिक लेता है, तो कितने समय में वाल्व A और B एकसाथ नाबदान भर सकते हैं? **DSSSB (Grade-II) 2019**

(a) 22 घण्टे (b) 14 घण्टे
(c) 18 घण्टे (d) 10 घण्टे

18. पाइप J एक टंकी को 48 घण्टे में भर सकता है तथा पाइप K उसी टंकी को 72 घण्टे में भर सकता है। यदि दोनों पाइपों को बारी-बारी से एक-एक घण्टे के लिए खोला जाता है, तथा पाइप K को पहले घण्टे के लिए खोला जाता है, तो टंकी कितने समय में पूरी भर जाएगी? **DSSSB 2022**

(a) 57(2/3) घण्टे में (b) 57(1/3) घण्टे में
(c) 59(2/9) घण्टे में (d) 58 घण्टे में

19. दो पाइप एक टंकी को अलग-अलग तौर पर क्रमश: 36 मिनट और 45 मिनट में भर सकते हैं। टंकी में लगा एक निकास पाइप प्रति मिनट 40 लीटर पानी निकाल सकता है। यदि तीनों पाइप एकसाथ खोल दिए जाए, तो टंकी एक घण्टे में भर जाती है। टंकी की क्षमता/धारिता (लीटर में) ज्ञात कीजिए। **SSC (10+2) 2024**

(a) 600 (b) 400
(c) 300 (d) 1200

नल को बीच में बन्द करने/खोलने पर आधारित

20. पाइप A, B और C किसी टंकी को क्रमश: 30, 36 और 28 घण्टे में भर सकते हैं। तीनों पाइप एकसाथ खोले जाते हैं। यदि टंकी पूर्ण रूप से भरने से पहले, A और C क्रमश: 5 और 8 घण्टे बन्द थे, तो टंकी भरने में लगने वाला समय (घण्टों में) ज्ञात करें। **SSC MTS 2021**

(a) 12 (b) 16
(c) 14 (d) 15

21. पाइप A और B एक टंकी को क्रमश: 16 और 24 घण्टे में भर सकते हैं, जबकि पाइप C उस भरी हुई टंकी को 40 घण्टे में खाली कर सकता है। तीनों पाइपों को एकसाथ खोला जाता है, लेकिन 10 घण्टे के बाद पाइप C को बन्द कर दिया जाता है। टंकी का शेष भाग कितने घण्टे बाद भरेगा? **SSC CPO 2020**

(a) $5\frac{1}{2}$ (b) 2
(c) $2\frac{1}{2}$ (d) 5

> **MRC*****
> *(Most Repeating Concepts)*
> प्र. सं. 21, 23, 25, 26 और 27 Examination Point of Views से अति महत्त्वपूर्ण है। इन Concept पर प्रश्न विभिन्न प्रतियोगी परीक्षाओं (MTS, DSSSB, RRB JE, ALP आदि) में निरन्तर पूछे जा रहे हैं।

22. दो पाइप P_1 तथा P_2 एक खाली टंकी को क्रमश: 6 घण्टे तथा 8 घण्टे में भर सकते हैं। पाइप P_3 उस संपूर्ण रूप से भरी हुई टंकी को 16 घण्टे में खाली कर सकता है। सबसे पहले दोनों पाइप P_1 तथा P_2 को खोला जाता है तथा 3 घण्टे बाद पाइप P_3 को भी खोला जाता है। टंकी कितने समय में सम्पूर्ण रूप से भर जाएगी? **DSSSB 2022**

(a) 42/11 घण्टे (b) 37/11 घण्टे
(c) 34/11 घण्टे (d) 39/11 घण्टे

23. वाल्व A एक नाबदान को 16 घण्टे में भर सकता है और वाल्व B उसी नाबदान को 10 घण्टे में भर सकता है। सबसे पहले केवल वाल्व A को खोला जाता है। वाल्व B को कितने घण्टे के बाद खोला जाना चाहिए। कि नाबदान 8 घण्टे में भर जाए? **DSSSB (Grade II), 2019**

(a) 3 घण्टे 20 मिनट (b) 5 घण्टे
(c) 3 घण्टे (d) 4 घण्टे

24. दो पाइप A और B एक टंकी को क्रमश: 36 मिनट और 48 मिनट में भर सकते हैं। दोनों पाइप एक ही समय में खोले जाते हैं और कुछ समय बाद पाइप B को बन्द कर दिया जाता है। यदि टंकी आधे घण्टे में भर जाती है, तो पाइप B को कितने मिनट बाद बन्द कर दिया गया था? **RRC Group D 2022**

(a) 8 (b) 5 (c) 10 (d) 9

25. वाल्व A एक नाबदान को 10 घण्टे में भर सकता है और वाल्व B उसी नाबदान को 8 घण्टे में भर सकता है। केवल वाल्व A पहले खोला जाता है। कितने घण्टे के बाद वाल्व B को खोला जाना चाहिए ताकि 6 घण्टे में नाबदान भर जाए? **DSSSB (Grade-II) 2019**

(a) $2\frac{4}{5}$ घण्टे (b) $3\frac{5}{4}$ घण्टे
(c) $3\frac{4}{5}$ घण्टे (d) $2\frac{5}{4}$ घण्टे

26. तीन पाइप P, Q और R अलग-अलग एक टैंक को 10, 15 और 20 घण्टे में भर सकते हैं। P को सुबह 7 बजे, Q को सुबह 8 बजे और R को सुबह 9 बजे खोला गया। टैंक किस समय तक पूरा भर गया, यदि R एक बार में केवल 3 घण्टे की अवधि तक कार्य कर सकता है और उसके बाद उसे 1 घण्टे के लिए बन्द करना पड़ता है? **RRB JE 2019**

(a) 12 : 00 बजे सायं (b) 12 : 12 बजे सायं
(c) 12 : 30 बजे सायं (d) 1 : 00 बजे सायं

27. स्वतन्त्र रूप से खोलने पर, पाइप P और Q, पूरी तरह से खाली टंकी को क्रमश: 24 मिनट और 36 मिनट में भर सकते हैं। पाइप R पूरी तरह से भरी हुई टंकी को 30 मिनट में खाली कर सकता है। प्रारम्भ में तीनों पाइप P, Q और R एकसाथ खोले जाते हैं। कितने मिनट बाद पाइप Q को बन्द कर देना चाहिए, ताकि टंकी 1 घण्टे में भर जाए? **SSC MTS 2021**

(a) 24 (b) 15 (c) 18 (d) 30

28. एक तरण ताल को दो पाइप क्रमश: 20 मिनट और 30 मिनट में भर सकते हैं। दोनों पाइप एक साथ खाली तरण ताल में खोले जाते हैं। कुछ समय बाद, पहले पाइप ने कार्य करना बन्द कर दिया और शेष तरण ताल 18 मिनट में भर गया। कितने समय बाद पहली पाइप ने कार्य करना बन्द कर दिया? **DSSSB 2021**

(a) 5 मिनट (b) 4.8 मिनट
(c) 10 मिनट (d) 12 मिनट

29. पाइप A, B और C किसी टंकी को क्रमशः 20, 30 और 60 घण्टे में भर सकते हैं। पाइप A, B और C को एक ही दिन सुबह क्रमशः 7 बजे, 8 बजे और 9 बजे खोला गया। टंकी कितने बजे पूरी तरह से भर जाएगी? **SSC CGL (Tier II) 2022**

(a) शाम 04 : 40 बजे (b) शाम 06 : 20 बजे
(c) शाम 07 : 20 बजे (d) शाम 05 : 40 बजे

30. दो पाइप A और B एक टंकी को क्रमशः 12 मिनट और 24 मिनट में भर सकते हैं। वही पाइप C पूरी भरी हुई टंकी को 32 मिनट में खाली कर सकता है। तीनों पाइपों को एकसाथ खोल दिया गया। हालाँकि पाइप C को टंकी के भरने से 2 मिनट पहले बन्द कर दिया गया। टंकी कितने समय (मिनट में) में पूरी तरह भर जाएगी? **SSC CGL Tier II 2022**

(a) 8 (b) 10
(c) 9 (d) 12

टंकी में छेद पर आधारित

31. दो पाइप X और Y एक टंकी को क्रमशः 21 घण्टे और 24 घण्टे में भर सकते हैं। पाइपों को एकसाथ खोला जाता है और यह पाया जाता है कि तली में रिसाव के कारण टंकी को भरने में 48 मिनट अधिक लगते हैं। जब टंकी भर जाती है, तो कितने समय में रिसाव उसे खाली कर देगा यदि उस दौरान कोई पाइप नहीं खुला है? **RRC Group D 2022**

(a) 130 घण्टे
(b) 120 घण्टे
(c) 144 घण्टे
(d) 168 घण्टे

32. एक टैंक में एक छिद्र (रिसाव) है, जो इसे 8 घण्टे में खाली कर सकता है। टैंक के लिए एक और पाइप लगाया जाता है, जो प्रति 6 घण्टे लीटर पानी भर सकता है। पाइप को खोल दिया जाता है, लेकिन छिद्र रिसाव के कारण, टैंक 12 घण्टों में खाली हो जाता है। टैंक की क्षमता क्या है? **RRB JE 2019**

(a) 80 लीटर (b) 120 लीटर
(c) 144 लीटर (d) 78 लीटर

33. एक टंकी आमतौर पर 4 घण्टे में भर जाती है, परन्तु जब टंकी के निचले भाग पर रिसाव होता है, तो इसे भरने में 5 घण्टे लगते हैं। यदि टंकी भरी हुई है, तो यह रिसाव द्वारा कितने घण्टे में खाली हो सकती है? **IB ACIO 2021**

(a) 15 (b) 20
(c) 12 (d) 10

34. दो पाइप एक टैंक को क्रमशः 24 और 30 मिनट में भर सकते हैं और टैंक के तल पर एक छेद 4 गैलन प्रति मिनट की दर से टैंक को खाली कर सकता है। तीनों पाइप मिलकर काम करते हैं और टंकी को 20 मिनट में भरते हैं। गैलन में टैंक की क्षमता ज्ञात कीजिए। **CRPF HCM 2023**

(a) 120 (b) 180
(c) 160 (d) 140

35. एक नल एक खाली टैंक को 15 घण्टे में भर सकता है, किन्तु तली में रिसाव के कारण यह 20 घण्टे में भरता है। यदि टैंक पूरा भरा हो, तो कितने समय में यह पूरा खाली हो जाएगा? **RRC Group D 2022**

(a) 40 घण्टे (b) 50 घण्टे
(c) 30 घण्टे (d) 60 घण्टे

Right Key

1 (a)	2 (d)	3 (d)	4 (d)	5 (a)	6 (a)	7 (d)	8 (d)	9 (a)	10 (c)
11 (b)	12 (d)	13 (c)	14 (d)	15 (b)	16 (b)	17 (c)	18 (a)	19 (d)	20 (d)
21 (b)	22 (d)	23 (c)	24 (a)	25 (a)	26 (c)	27 (c)	28 (b)	29 (d)	30 (b)
31 (d)	32 (c)	33 (b)	34 (c)	35 (d)					

Solutions

1. (*a*) पाइप A और पाइप B द्वारा 1 घण्टे में भरा भाग क्रमशः $\frac{1}{12}$ और $\frac{1}{18}$ है।

$\therefore$ दोनों पाइपों को मिलाकर 1 घण्टे में भरा भाग $= \frac{1}{12} + \frac{1}{18} = \frac{3+2}{36} = \frac{5}{36}$

$\therefore$ दोनों पाइप खोलने पर टंकी भरने में लगा समय $= \frac{36}{5} = 7\frac{1}{5}$

= 7 घण्टे 12 मिनट

Quick Method

दोनों पाइप द्वारा एकसाथ टंकी भरने में लगा समय $= \frac{xy}{x+y} = \frac{12 \times 18}{12+18}$

$= \frac{12 \times 18}{30} = \frac{36}{5} = 7$ घण्टे 12 मिनट

2. (*d*) दोनों पाइपों का एकसाथ एक मिनट का कार्य $= \frac{1}{20} - \frac{1}{60} = \frac{1}{30}$

दोनों पाइप मिलकर टंकी को भरेंगे = 30 मिनट में

Quick Method

दोनों पाइप द्वारा टंकी भरने में लगा समय

$= \frac{xy}{y-x}$

$= \frac{20 \times 60}{60-20} = \frac{20 \times 60}{40} = 30$ मिनट

3. (*d*) पहले नल का 1 घण्टे का कार्य $= \frac{1}{20}$

दूसरे नल का 1 घण्टे का कार्य $= \frac{-1}{30}$

दोनों नल का 1 घण्टे का कार्य

$= \frac{1}{20} - \frac{1}{30} = \frac{1}{60}$

दोनों नल टंकी को भरेंगे = 60 घण्टे में

अतः आधी टंकी को भरने में 30 घण्टे लगेंगे।

Quick Method

दोनों नल द्वारा एकसाथ टंकी भरने में लगा समय $= \frac{xy}{y-x} = \frac{20 \times 30}{(30-20)}$

$= \frac{20 \times 30}{10} = 60$ घण्टे

अतः आधी टंकी भरने में लगा समय

$= \frac{60}{2} = 30$ घण्टे

4. (*d*) A, B दोनों पाइपों को मिलाकर 1 घण्टे का कार्य $= \frac{1}{15} + \frac{1}{18} = \frac{6+5}{90} = \frac{11}{90}$

$\therefore$ दोनों पाइपों द्वारा खाली टंकी भरने में लगा समय $= \frac{90}{11} = 8\frac{2}{11}$ घण्टे

5. (*a*) पहले नल का एक मिनट का कार्य $= \frac{1}{12}$

दूसरे नल का एक मिनट का कार्य $= \frac{1}{15}$

अपशिष्ट पाइप का एक मिनट का कार्य

$= -\frac{1}{10}$

सभी नल का मिलकर 1 मिनट का कार्य

$= \frac{1}{12} + \frac{1}{15} - \frac{1}{10}$

$= \frac{5+4-6}{60} = \frac{3}{60} = \frac{1}{20}$

अतः सभी नल मिलकर टैंक को 20 मिनट में भरेंगे।

6. (*a*) पाइप A द्वारा 1 मिनट में किया गया कार्य

$= -\frac{1}{64}$

पाइप B द्वारा 1 मिनट में किया गया कार्य

$= \frac{1}{96}$

तथा पाइप C द्वारा 1 मिनट में किया गया कार्य

$= \frac{1}{128}$

$\therefore$ तीनों पाइपों द्वारा 1 मिनट में किया गया कार्य

$= \frac{1}{96} + \frac{1}{128} - \frac{1}{64} = \frac{4+3-6}{384} = \frac{1}{384}$

अतः टंकी को भरने में लगा समय = 384 मिनट

7. (*d*) पहले वाले पाइप द्वारा 1 घण्टे में टैंक का भरा गया भाग $= \frac{1}{5}$

दूसरे वाले पाइप द्वारा 1 घण्टे में टैंक का भरा गया भाग $= \frac{1}{4}$

तीसरे वाले पाइप द्वारा 1 घण्टे में टैंक का खाली किया गया भाग $= -\frac{1}{20}$

तीनों टैंक द्वारा 1 घण्टे में टैंक का भरा गया भाग $= \frac{1}{5} + \frac{1}{4} - \frac{1}{20}$

$= \frac{4+5-1}{20} = \frac{8}{20} = \frac{2}{5}$

पूरा टैंक भरने में लगा समय $= \frac{5}{2} = 2.5$ घण्टे

अतः टैंक भरने का अभीष्ट समय

= 7 : 00 am + 2 : 30 घण्टे

= 9 : 30 am

Quick Method

5, 4 तथा 20 का ल.स. = 20

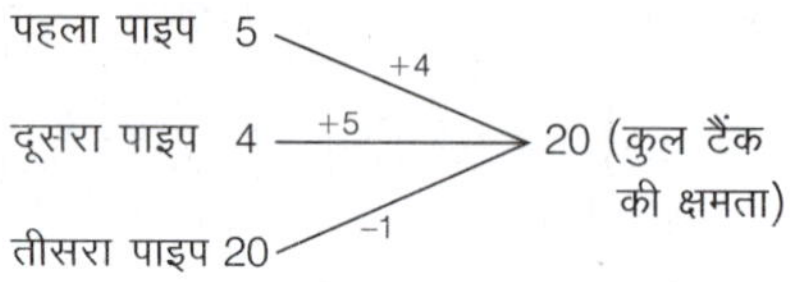

तीनों पाइप द्वारा 1 घण्टे का कार्य

= 4 + 5 − 1 = 8

टैंक भरने में लगा समय $= \frac{20}{8} = 2.5$ घण्टे

टंकी भरने का अभीष्ट समय

= 7.00 am + 2.5 घण्टा = 9 : 30 am

8. (*d*) $\because \frac{M_1 \times H_1}{W_1} = \frac{M_2 \times H_2}{W_2}$

$\Rightarrow \frac{18 \times 20}{1} = \frac{M_2 \times 15}{\frac{1}{3}}$

$\Rightarrow M_2 = \frac{18 \times 20}{15} \times \frac{1}{3} \Rightarrow M_2 = 8$

अतः 8 नल की आवश्यकता होगी।

TOP TIPS इस प्रकार के प्रश्नों में सभी नलों की क्षमता को समान माना जाता है।

9. (*a*) दिया है, $P : Q$

क्षमता = 21 : 1

Q द्वारा टंकी को भरने में लगा समय

= 110 मिनट

$\therefore$ टंकी की कुल क्षमता = 110 × 1 = 110

दोनों भरण पाइप (P और Q) टंकी को भरने में लगा समय $= \frac{110}{21+1} = \frac{110}{22} = 5$ मिनट

10. (*c*) पाइप A का 1 घण्टे का कार्य = 30 मी^{3}

तथा पाइप B का 1 घण्टे का कार्य = 40 मी^{3}

पाइप $(A+B)$ का 1 घण्टे का कार्य

= 30 + 40 = 70 मी^{3}

टैंक का आयतन = $(A+B)$ का 1 घण्टे का कार्य × टैंक को भरने लगा समय

= 70 × 4 = 280 मी^{3}

TOP TIPS इस प्रकार के प्रश्नों में टंकी की धारिता (आयतन) निम्न सूत्र की सहायता से ज्ञात करते हैं।

टंकी का आयतन = पाइप द्वारा टंकी को भरने की दर × कुल लगा समय

11. (*b*) पाइप A का एक घण्टे का कार्य

$$= \frac{1000}{5} = 200 \text{ लीटर/घण्टा}$$

पाइप B का एक घण्टे का कार्य

$$= \frac{1000}{6} = \frac{500}{3} \text{ लीटर/घण्टा}$$

तथा पाइप $(A+B)$ का एक घण्टे का कार्य

$$= 200 + \frac{500}{3} = \frac{1100}{3} \text{ लीटर/घण्टा}$$

पाइप $(A+B)$ को 1800 लीटर की खाली टंकी को भरने में लगा समय

$$= \frac{1800}{\frac{1100}{3}} = \frac{54}{11} \text{ घण्टे}$$

12. (*d*) प्रश्नानुसार,

$(A:B:C)$ क्षमता $= 1:2:4$ (माना)

पाइप $(A+B+C)$ की कुल क्षमता

$$= 1 + 2 + 4 = 7$$

पाइप $(A+B+C)$ टैंक को भरते हैं $= 4$ घण्टे में

टैंक की कुल क्षमता $= 7 \times 4 = 28$

अत: पाइप A द्वारा टंकी को भरने में लगा समय

$$= \frac{28}{1} = 28 \text{ घण्टे}$$

13. (*c*) माना पाइप A अकेले टंकी को x घण्टे में भर सकता है।

प्रश्नानुसार, $\frac{1}{x} + \frac{1}{4} = \frac{1}{2}$

$\Rightarrow \quad \frac{1}{x} = \frac{1}{2} - \frac{1}{4} = \frac{1}{4}$

$\therefore \quad x = 4$ घण्टे

पाइप A द्वारा टंकी भरने की दर

$= 50$ मी^{3}/घण्टे

$\therefore$ टंकी का आयतन $= 4 \times 50 = 200$ मी^{3}

14. (*d*) पाइप B द्वारा लिया गया समय $= x$ मिनट

पाइप A द्वारा लिया गया समय

$= (x-6)$ मिनट

प्रश्नानुसार, $\frac{1}{x} + \frac{1}{x-6} = \frac{1}{4}$

$\Rightarrow \quad \frac{x-6+x}{x(x-6)} = \frac{1}{4}$

$\Rightarrow \quad 8x - 24 = x^2 - 6x$

$\Rightarrow \quad x^2 - 14x + 24 = 0$

$\Rightarrow \quad x^2 - 12x - 2x + 24 = 0$

$\Rightarrow \quad x(x-12) - 2(x-12) = 0$

$\Rightarrow \quad (x-12)(x-2) = 0$

$\therefore \quad x = 12$ मिनट

क्योंकि $x = 2$ मिनट (यह मान सम्भव नही है)

अत: टंकी को पूरा भरने में B द्वारा लिया गया समय $= 12$ मिनट

15. (*b*) पाइप A का 1 घण्टे का कार्य $= \frac{1}{15}$

तथा पाइप C का 1 घण्टे का कार्य $= -\frac{1}{12}$

माना पाइप B अकेले टंकी को भरने में x घण्टे लेता है।

तब, पाइप B का 1 घण्टे का कार्य $= \frac{1}{x}$

प्रश्नानुसार, $\frac{1}{15} + \frac{1}{x} - \frac{1}{12} = \frac{7}{30}$

$\Rightarrow \quad \frac{1}{x} = \frac{7}{30} - \frac{1}{15} + \frac{1}{12}$

$\Rightarrow \quad \frac{1}{x} = \frac{14-4+5}{60} \Rightarrow \frac{1}{x} = \frac{15}{60} = \frac{1}{4}$

$\therefore \quad x = 4$ घण्टे

अत: B अकेले उसे 4 घण्टे में भर देगा।

16. (*b*) माना पाइप A अकेले टंकी को x घण्टे में भर सकता है।

प्रश्नानुसार, $\frac{1}{x} + \frac{1}{10} = \frac{1}{6}$

$\Rightarrow \quad \frac{1}{x} = \frac{1}{6} - \frac{1}{10}$

$\Rightarrow \quad \frac{1}{x} = \frac{5-3}{30} = \frac{2}{30} = \frac{1}{15}$

$\therefore \quad x = 15$ घण्टे

$\because$ A टंकी को 20 लीटर/मिनट की दर से भरता है।

$\therefore$ टंकी की क्षमता $= 20 \times 60 \times 15$

$= 18000$ लीटर

17. (*c*) माना वाल्व $(A+B)$ द्वारा नाबदान को भरने में लगा कुल समय $= x$ घण्टे

वाल्व A द्वारा अकेले नाबदान को भरने में लगा समय $= (x+12)$ घण्टे

वाल्व B द्वारा अकेले नाबदान को भरने में लगा समय $= (x+27)$ घण्टे

प्रश्नानुसार, $\frac{1}{x} = \frac{1}{x+12} + \frac{1}{x+27}$

$\frac{1}{x} = \frac{x+27+x+12}{(x+12)(x+27)}$

$\Rightarrow \quad 2x^2 + 39x = x^2 + 39x + 12 \times 27$

$\Rightarrow \quad x^2 = 12 \times 27$

$\Rightarrow \quad x = \sqrt{4 \times 3 \times 3 \times 3 \times 3}$

$\Rightarrow \quad x = 2 \times 3 \times 3 = 18$

अत: वाल्व $(A+B)$ द्वारा नाबदान को भरने में लगा समय $= 18$ घण्टे

18. (*a*) {48 व 72 का ल.स.}= 144 कुल क्षमता

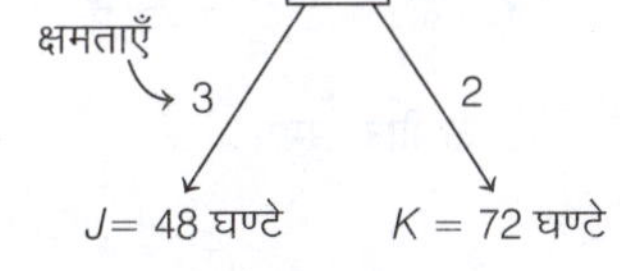

प्रश्नानुसार,

दोनों पाइपों को बारी-बारी से एक-एक घण्टे के लिए खोला जाता है

2 घण्टे में $(J+K)$ का कार्य $= 3 + 2 = 5$

$(56 = 28 \times 2)$ घण्टे में $(J+K)$ का कार्य

$= 5 \times 28 = 140$

शेष कार्य $= 144 - 140 = 4$

पाइप K द्वारा 57 वें घण्टे में किया गया कार्य $= 2$

अब शेष कार्य $= 4 - 2 = 2$

पाइप J द्वारा शेष कार्य करने में लगा समय

$= \frac{2}{3}$ घण्टे

अत: कुल समय $= 57 + \frac{2}{3} = 57\frac{2}{3}$ घण्टे

TOP TIPS इस प्रकार के प्रश्नों में 2 घण्टे में किया गया कुल कार्य दोनों पाइप द्वारा मिलकर 1 घण्टे में किए गए कार्य के बराबर होता है।

19. (*d*) माना टंकी की कुल क्षमता x लीटर है।

दोनों पाइपों का 1 मिनट का कार्य क्रमश: $\frac{x}{36}$ तथा $\frac{x}{45}$ हैं।

1 घण्टा अर्थात् 60 मिनट में दोनों पाइपों द्वारा भरा गया भाग $= \frac{60}{36}x + \frac{60}{45}x$

$$= \frac{5}{3}x + \frac{4}{3}x = 3x$$

निकासी पाइप द्वारा 60 मिनट में निकासी किया गया पानी $= 40 \times 60 = 2400$ लीटर

यदि तीनों पाइप एकसाथ खोल दिए जाएँ, तो टंकी 1 घण्टे अर्थात् 60 मिनट में भर जाती है।

तब, $\quad 3x - 2400 = x$

$\Rightarrow \quad 2x = 2400 \Rightarrow x = 1200$

अत: टंकी की कुल क्षमता 1200 लीटर है।

20. (*d*) माना टंकी भरने में लगा समय x घण्टे है।

प्रश्नानुसार,

$$\frac{x-5}{30} + \frac{x}{36} + \frac{x-8}{28} = 1$$

$\Rightarrow \quad \frac{42x - 210 + 35x + 45x - 360}{1260} = 1$

$\Rightarrow \quad 122x - 570 = 1260$

$\Rightarrow \quad 122x = 1260 + 570$

$\therefore \quad x = \frac{1830}{122} = 15$ घण्टे

21. (*b*) माना पाइप C बन्द करने के बाद टंकी का शेष भाग भरने में x घण्टे लगते हैं।

प्रश्नानुसार,

$\therefore \quad 10\left(\frac{1}{16} + \frac{1}{24} - \frac{1}{40}\right) + x\left(\frac{1}{16} + \frac{1}{24}\right) = 1$

$$\Rightarrow \quad 10\left(\frac{15+10-6}{240}\right)+x\left(\frac{3+2}{48}\right)=1$$

$$\Rightarrow \quad x\times\frac{5}{48}=1-\frac{19}{24}$$

$$\therefore \quad x=\frac{5}{24}\times\frac{48}{5}=2 \text{ घण्टे}$$

Quick Method

16, 24 व 40 का ल.स. = 240

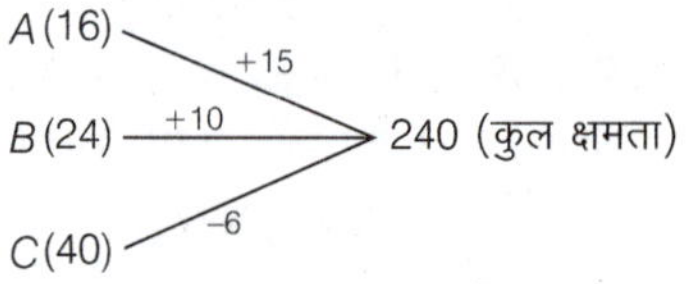

$(A+B+C)$ की एकसाथ कार्यक्षमता

$= 15+10-6 = 19$ भाग/घण्टा

10 घण्टे में $(A+B+C)$ द्वारा भरा गया भाग

$= 19\times 10 = 190$

शेष भाग $= 240-190 = 50$ जो A तथा B द्वारा भरा जाएगा।

A तथा B द्वारा शेष भाग भरने में लगा समय

$= \frac{50}{15+10} = \frac{50}{25} = 2$ घण्टे

22. (d) पाइप P_1 का 1 घण्टे का कार्य $= \frac{1}{6}$

पाइप P_2 का 1 घण्टे का कार्य $= \frac{1}{8}$

पाइप P_3 का 1 घण्टे का कार्य $= -\frac{1}{16}$

पाइप (P_1+P_2) का 3 घण्टे का कार्य

$$= 3\left(\frac{1}{6}+\frac{1}{8}\right)=3\left(\frac{4+3}{24}\right)=\frac{7}{8}$$

शेष कार्य $= 1-\frac{7}{8}=\frac{1}{8}$

अब शेष कार्य करने में $(P_1+P_2+P_3)$ द्वारा

लगा समय $= \dfrac{\frac{1}{8}}{\frac{1}{6}+\frac{1}{8}-\frac{1}{16}} = \dfrac{\left(\frac{1}{8}\right)}{\left(\frac{8+6-3}{48}\right)}$

$= \frac{48}{88} = \frac{6}{11}$ घण्टे

अत: टंकी को भरने में लगा कुल समय

$= 3+\frac{6}{11}=\frac{39}{11}$ घण्टे

Quick Method

6, 8 व 16 का ल.स. = 48

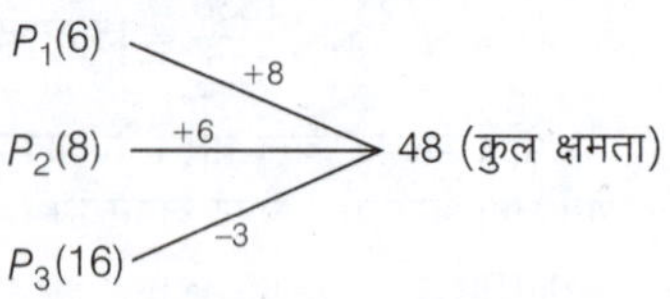

P_1 तथा P_2 का 3 घण्टे का कार्य

$= 3(8+6) = 42$ भाग

शेष भाग $= 48-42 = 6$ भाग

P_1, P_2 तथा P_3 का 1 घण्टे का कार्य

$= 8+6-3 = 11$

∴ शेष भाग भरने में P_1, P_2 तथा P_3 का समय

$= \frac{6}{11}$

कुल समय $= 3+\frac{6}{11}=\frac{33+6}{11}=\frac{39}{11}$ घण्टे

23. (c) {16 व 10 का ल.स.} = 80 कुल क्षमता

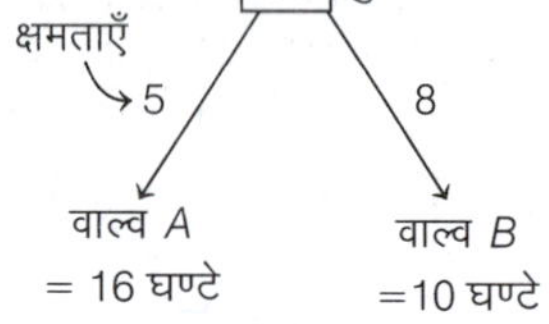

वाल्व A का 8 घण्टे का कार्य $= 5\times 8 = 40$

∴ शेष कार्य $= 80-40 = 40$

शेष कार्य वाल्व B करेगा $= \frac{40}{8} = 5$ घण्टे में

अत: वाल्व B को $8-5 = 3$ घण्टे बाद खोला जाना चाहिए।

24. (a) {36 व 48 का ल.स.} = 144 टैंक की क्षमता

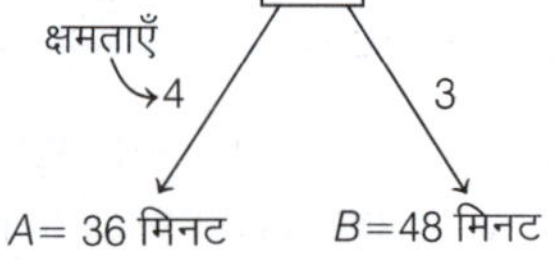

पाइप A का 30 मिनट का कार्य

$= 4\times 30 = 120$

शेष कार्य $= 144-120 = 24$

शेष कार्य B अकेले करेगा $= \frac{24}{3} = 8$ मिनट में

अत: पाइप B को 8 मिनट बाद बन्द कर दिया गया था।

Quick Method

अभीष्ट समय $= 48\left(1-\frac{30}{36}\right)$ **[Formula 18.1 से]**

$= 48\times\left(1-\frac{5}{6}\right) = 8$ मिनट

25. (a) {8 व 10 का ल.स.} = 40 नाबदान की क्षमता

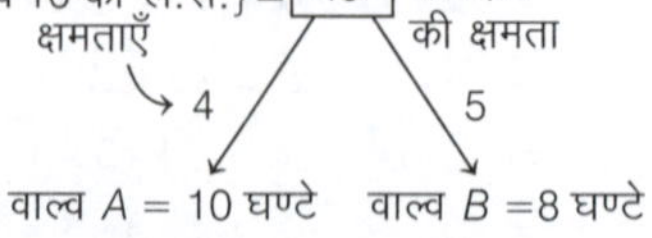

वाल्व A का 6 घण्टे का कार्य $= 4\times 6 = 24$

शेष कार्य $= 40-24 = 16$

शेष कार्य वाल्व B द्वारा किया जाएगा

$= \frac{16}{5}$ घण्टे में

∴ अभीष्ट समय $= 6-\frac{16}{5}=\frac{14}{5}$ घण्टे

$= 2\frac{4}{5}$ घण्टे

26. (c) {10, 15 व 20 का ल.स.} = 60 कुल क्षमता

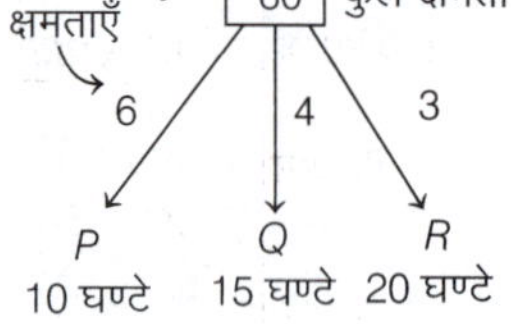

प्रश्नानुसार,

12 बजे तक का कार्य = (P का 5 घण्टे का कार्य) + (Q का 4 घण्टे का कार्य) + (R का 3 घण्टे का कार्य)

$= 5\times 6+4\times 4+3\times 3$

$= 30+16+9 = 55$

शेष कार्य $= 60-55 = 5$

शेष कार्य $(P+Q)$ करेंगे $= \frac{5}{6+4}$

$= \frac{5}{10}=\frac{1}{2}$ घण्टे = 30 मिनट में

अत: टैंक भरने का समय

= 12 बजे + 30 मिनट

= 12 : 30 बजे सायं

27. (c) माना पाइप Q को x मिनट बाद बन्द किया जाता है।

प्रश्नानुसार,

$$\frac{60}{24}+\frac{x}{36}-\frac{60}{30}=1$$

$$\Rightarrow \quad \frac{x}{36}=1-\frac{60}{24}+\frac{60}{30}$$

$$\Rightarrow \quad \frac{x}{36}=1-\frac{5}{2}+2$$

$$\Rightarrow \quad \frac{x}{36}=\frac{1}{2}$$

$$\therefore \quad x = 18 \text{ मिनट}$$

अत: पाइप Q को 18 मिनट बाद बन्द कर देना चाहिए।

Quick Method

24, 36 व 30 का ल.स. = 360

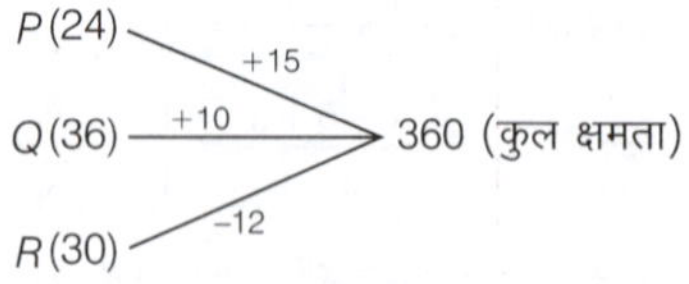

माना, Q को x मिनट बाद बन्द कर दिया जाता है।

P तथा R द्वारा 1 मिनट का कार्य

$= 15-12 = 3$

∴ $(P+R)$ का 60 मिनट का कार्य

$= 3\times 60 = 180$

शेष कार्य $= 360-180 = 180$, जो Q द्वारा x मिनट में किया जाएगा।

∴ $x = \frac{180}{10} = 18$ मिनट

28. (*b*)

{20 व 30 का ल.स.} = 60 कुल क्षमता

क्षमताएँ 3 2

पहला पाइप = 20 मिनट दूसरा पाइप = 30 मिनट

प्रश्नानुसार,

दूसरे पाइप द्वारा 18 मिनट में किया गया कार्य

$= 18 \times 2 = 36$

शेष कार्य $= 60 - 36 = 24$

शेष कार्य को करने में पहले पाइप और दूसरे पाइप द्वारा लिया गया समय

$= \frac{24}{3+2} = \frac{24}{5} = 4.8$ मिनट

अत: पहले पाइप ने 4.8 मिनट के बाद काम करना बन्द कर दिया।

29. (*d*) पाइप A, B और C का 1 घण्टे का काम क्रमश: $\frac{1}{20}, \frac{1}{30}$ और $\frac{1}{60}$ है।

माना टंकी 7 बजे से t घण्टे बाद पूरी भर जाएगी।

तब, $\frac{t}{20} + \frac{t-1}{30} + \frac{t-2}{60} = 1$

$\Rightarrow \frac{3t + 2t - 2 + t - 2}{60} = 1$

$\Rightarrow \quad 6t = 60 + 4 = 64$

$\Rightarrow \quad t = \frac{64}{6} = \frac{32}{3} = 10\frac{2}{3}$ घण्टा

= 10 घण्टे 40 मिनट

$\therefore$ टंकी भरने का सही समय

= 7 बजे + 10 घण्टे 40 मिनट

= शाम 5 : 40 बजे

30. (*b*) प्रश्नानुसार,

पाइप A का 1 मिनट का कार्य $= \frac{1}{12}$

B का 1 मिनट का कार्य $= \frac{1}{24}$

तथा C का 1 मिनट का कार्य $= -\frac{1}{32}$

माना टंकी t मिनट में भर जाएगी।

तब, $\frac{t}{12} + \frac{t}{24} - \frac{(t-2)}{32} = 1$

$\Rightarrow \frac{8t + 4t - 3t + 6}{96} = 1$

$\Rightarrow \quad 9t = 96 - 6 = 90$

$\therefore \quad t = 10$ मिनट

31. (*d*) {21 व 24 का ल.स.} = 168 कुल क्षमता

क्षमताएँ 8 7

$X = 21$ घण्टे $Y = 24$ घण्टे

$(X + Y)$ टंकी को भरेंगे $= \frac{168}{8+7}$

$= \frac{56}{5} = 11\frac{1}{5}$

= 11 घण्टे 12 मिनट में

किन्तु रिसाव के कारण टंकी भरने में लगा समय = 11 घण्टे 12 मिनट + 48 मिनट

= 12 घण्टे

$(X + Y +$ रिसाव$)$ की एकसाथ क्षमता

$= \frac{168}{12} = 14$

केवल रिसाव की क्षमता $= (8 + 7) - 14 = 1$

अत: रिसाव के कारण पूरी भरी टंकी खाली हो जाएगी $= \frac{168}{1} = 168$ घण्टे में

32. (*c*) माना रिसाव पाइप A तथा भरने वाला पाइप B है।

$\therefore \quad A \longrightarrow 8 \;(-3)$, $A+B \longrightarrow 12 \;(-2)$ → 24

$\Rightarrow \quad -3 + B = -2$

$B = 1$

$\therefore$ पाइप B टैंक को भरने में समय लेगा

$= \frac{24}{1} = 24$ घण्टे

$\therefore$ टैंक की क्षमता $= 6 \times 24 = 144$ लीटर

33. (*b*) माना पानी भरने वाला पाइप A तथा रिसाव पाइप B है।

प्रश्नानुसार, $A \longrightarrow 4 \;(+5)$, $A+B \longrightarrow 5 \;(+4)$ → 20

$\Rightarrow \quad 5 + B = 4$

$\Rightarrow \quad B = -1$

$\therefore$ रिसाव द्वारा टैंक को खाली करने में लगा समय $= \frac{20}{1} = 20$ घण्टे

34. (*c*) प्रश्नानुसार, $A \longrightarrow 24 \;(+5)$, $B \longrightarrow 30 \;(+4)$, $A+B+C \longrightarrow 20 \;(+6)$ → 120

$\Rightarrow \quad 5 + 4 + C = 6$

$\Rightarrow \quad C = -3$

$\therefore$ C छिद्र द्वारा खाली करने में लगा समय

$= \frac{120}{3} = 40$ मिनट

$\therefore$ टैंक की क्षमता $= 40 \times 4 = 160$ गैलन

35. (*d*) माना पानी भरने वाल नल $= A$

तथा रिसाव नल $= B$

$\therefore \quad A \longrightarrow 15 \;(+4)$, $A+B \longrightarrow 20 \;(+3)$ → 60

$\Rightarrow \quad 4 + B = 3$

$B = -1$

$\therefore$ रिसाव नल टैंक को खाली करेगा

$= \frac{60}{1} = 60$ घण्टों में

अध्याय

19 चाल, समय एवं दूरी

Chapter Snapshot

I. **चाल** किसी वस्तु द्वारा एकांक **समय** (t) में तय की गई **दूरी** (d) को वस्तु की **चाल** (s) कहते हैं। इसका मात्रक किमी/घण्टा, मी/से होता है। चाल $(s) = \frac{\text{दूरी}(d)}{\text{समय}(t)}$

II. **दूरी** किन्हीं दो स्थानों के बीच के पथ की लम्बाई को, उन दोनों स्थानों के बीच की **दूरी** कहा जाता है। इसका मात्रक मीटर, किलोमीटर आदि होता है।

दूरी (d) = चाल $(s) \times$ समय (t)

III. **समय** एक निश्चित दूरी तय करने में लगने वाले समयान्तराल, को **समय** कहा जाता है। इसका मात्रक सेकण्ड, मिनट, घण्टा आदि होता है। समय $(t) = \frac{\text{दूरी}(d)}{\text{चाल}(s)}$

- चाल को किमी/घण्टा से मीटर/सेकण्ड में बदलने के लिए $\frac{5}{18}$ से गुणा करते हैं।
- चाल को मी/से से किमी/घण्टा में बदलने के लिए $\frac{18}{5}$ से गुणा करते हैं।

IV. **औसत चाल** जब कोई निश्चित दूरी S_1 की औसत गति से तय की जाती है, और पुनः वापसी में वही दूरी S_2 की औसत गति से तय की जाती है तो,

यात्रा की औसत चाल $= \frac{2S_1 \cdot S_2}{S_1 + S_2}$

V. **सापेक्ष चाल**

- जब व्यक्ति/वाहन S_1 और S_2 की चाल से विपरीत दिशा में चल रहे हो, तब सापेक्ष चाल $= (S_1 + S_2)$
- जब व्यक्ति/वाहन S_1 और S_2 की चाल से एक समान दिशा में चल रहे हों, तब सापेक्ष चाल $= (S_1 \sim S_2)$
- यदि A और B एक-दूसरे की ओर चलते हैं तथा आपस में मिलने के पश्चात् A अपनी शेष दूरी t_1 समय में तथा B अपनी शेष दूरी t_2 समय में तय करता है, तब $\frac{S_A}{S_B} = \sqrt{\frac{t_2}{t_1}}$

VI. **दौड़ से सम्बन्धित नियम** माना L मी लम्बी दौड़ में A व B भाग लेते हैं।

- यदि A, B को x मी दूरी से हराता है, A व B दोनों बिन्दु X से प्रारम्भ करते हैं, तो A (विजेता) द्वारा तय की गई दूरी $= L$ मी तथा B (हारने वाले) द्वारा तय की गई दूरी $= (L - x)$ मी
- यदि B, A से x मी आगे से शुरू करता है A बिन्दु X से प्रारम्भ करता है तथा B बिन्दु Z से प्रारम्भ करता है। तब, B द्वारा तय की गई दूरी $= (L - x)$ मी

Concept Capsule

- चाल सदैव दूरी के अनुक्रमानुपाती और समय के व्युत्क्रमानुपाती होती है। अर्थात् $S \propto d$ और $S \propto \frac{1}{t}$
- यदि A तथा B की चाल का अनुपात $a : b$ है, तो समान दूरी तय करने में लगा समय $b : a$ होता है।

Formula Flashcards

- **19.1** यदि कोई व्यक्ति अपनी वास्तविक चाल की x/y चाल से चलता है तथा गंतव्य पर t समय पहले (या बाद) में पहुँचता है, तब
  - (i) नई चाल से गंतव्य तक पहुँचने में लगा समय $= \frac{y \times t}{x \sim y}$
  - (ii) वास्तविक चाल से गंतव्य तक पहुँचने में लगा समय $= \frac{x \times t}{y \sim x}$
- **19.2** एक व्यक्ति दो स्थानों के बीच एक निश्चित दूरी D को S_1 की चाल से तय करता है, गंतव्य पर t_1 समय जल्दी/देर से पहुँचता है और जब वह उसी दूरी को S_2 चाल से तय करता है और गंतव्य पर t_2 समय जल्दी/देर से पहुँचता है तब, $D = \frac{S_1 S_2}{\Delta S} \times \Delta t$
  जहाँ ΔS = चालों का अन्तर
  - (i) यदि एक समय जल्दी और दूसरा समय देरी का है, तब $\Delta t = t_1 + t_2$
  - (ii) यदि दोनों समय जल्दी या देरी के हो, तब, Δt = दोनों समय का अन्तर $= t_1 \sim t_2$

Exam Approach Examples

मूल अवधारणा पर आधारित

उदाहरण 1. एक कार 5 घण्टे में 275 किमी की दूरी तय कर सकती है। यदि इसकी चाल में 5 किमी/घण्टा की कमी कर दी जाए, तो कार को 250 किमी की दूरी तय करने में कितना समय लगेगा? *RRB ALP 2024*

(a) 4 घण्टे 30 मिनट (b) 5 घण्टे
(c) 6 घण्टे (d) 5 घण्टे 30 मिनट

हल (b) कार की चाल $= \frac{275}{5} = 55$ किमी/घण्टा

कमी के बाद कार की चाल $= 55 - 5 = 50$ किमी/घण्टा

$\therefore$ समय $= \frac{250}{50}$ किमी/घण्टा $= 5$ घण्टे

उदाहरण 2. एक बस 1 घण्टे 30 मिनट में 60 किमी की दूरी तय करती है, जबकि उस दूरी को एक कार द्वारा 45 मिनट में तय किया जाता है। कार की चाल और बस की चाल का अनुपात ज्ञात कीजिए। *SSC CPO 2020*

(a) 5 : 3 (b) 3 : 5 (c) 2 : 1 (d) 1 : 2

हल (c) $\because$ चाल $= \frac{\text{दूरी}}{\text{समय}}$

$\therefore$ बस की चाल $= \frac{60}{1+\frac{30}{60}} = \frac{60 \times 60}{90} = 40$ किमी/घण्टा

कार की चाल $= \frac{60}{\frac{45}{60}} = \frac{60 \times 60}{45} = 80$ किमी/घण्टा

$\therefore$ कार तथा बस की चाल में अनुपात $= 80 : 40 = 2 : 1$

उदाहरण 3. A और B की चालें 3 : 5 के अनुपात में है। गंतव्य तक पहुँचने में A, B की तुलना में 30 मिनट अधिक समय लेता है। A गंतव्य तक कितने समय में पहुँचता है? *SSC CPO 2022*

(a) 1 घण्टा (b) 1 घण्टा 10 मिनट
(c) 1 घण्टा 15 मिनट (d) 1 घण्टा 5 मिनट

हल (c) $\because$ चाल $\propto \frac{1}{\text{समय}}$

$(A : B)_{\text{चाल}} = 3 : 5$

$\therefore$ $(A : B)_{\text{समय}} = 5 : 3$

माना A और B क्रमश: $5x$ और $3x$ समय में गंतव्य तक पहुँचते हैं।

प्रश्नानुसार, $5x - 3x = 30$ मिनट

$\Rightarrow$ $2x = 30 \Rightarrow x = 15$ मिनट

$\therefore$ A को गंतव्य तक पहुँचने में लगा समय
$= 5x = 5 \times 15 = 75$ मिनट
$= 1$ घण्टा 15 मिनट

> **Score Booster**
> इस प्रकार के प्रश्नों को हल करने हेतु विद्यार्थी को मालूम होना चाहिए कि किसी निश्चित दूरी को तय करने में लिए गए समय, चाल का व्युत्क्रमानुपाती होता है। यदि चालों का अनुपात $a : b$ हो, तो उस निश्चित दूरी को तय करने में लिए गए समय का अनुपात $\frac{1}{a} : \frac{1}{b}$ होगा।

उदाहरण 4. कोई व्यक्ति 9 घण्टों में 61 किमी की दूरी तय करता है। वह इस दूरी को आंशिक तौर पर 4 किमी/घण्टा की चाल से पैदल तथा 9 किमी/घण्टा की चाल से साइकिल से तय करता है। वह कितनी दूरी पैदल चला? *DP MTS 2022*

(a) 13 किमी (b) 14 किमी (c) 15 किमी (d) 16 किमी

हल (d) माना पैदल चाल द्वारा तय की गई दूरी $= x$ किमी
इसलिए साइकिल चाल द्वारा तय की गई दूरी $= (61 - x)$ किमी

प्रश्नानुसार, $\frac{x}{4} + \frac{61-x}{9} = 9$

$\Rightarrow$ $9x + 244 - 4x = 9 \times 36$

$\Rightarrow$ $5x = 324 - 244 = \frac{80}{5}$

$\therefore$ $x = 16$ किमी

अत: व्यक्ति 16 किमी की दूरी पैदल तय करेगा।

औसत चाल पर आधारित

उदाहरण 5. यदि जॉन 90 किमी की दूरी 30 किमी/घण्टा की चाल से तय करता है, और 60 किमी/घण्टा की चाल से वापस लौटता है, तो उसकी औसत चाल ज्ञात कीजिए। *RRC Group D 2022*

(a) 60 किमी/घण्टा (b) 40 किमी/घण्टा
(c) 45 किमी/घण्टा (d) 30 किमी/घण्टा

हल (b) प्रश्नानुसार,

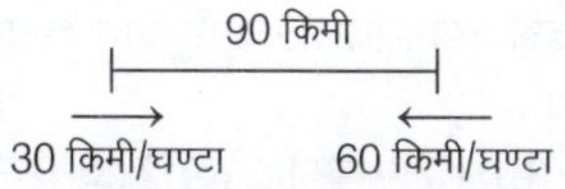

औसत चाल $= \frac{\text{कुल दूरी}}{\text{कुल समय}} = \frac{90+90}{\frac{90}{30}+\frac{90}{60}} = \frac{180}{3+\frac{3}{2}}$

$= \frac{180 \times 2}{9} = 40$ किमी/घण्टा

> **Quick Method**
> यहाँ, $S_1 = 30$ तथा $S_2 = 60$
> औसत चाल $= \frac{2 \times 30 \times 60}{30 + 60} = 40$ किमी/घण्टा

उदाहरण 6. एक बस 60 किमी/घण्टे की चाल से तीन घण्टे, 50 किमी/घण्टे की चाल से चार घण्टे और 50 किमी/घण्टे की चाल से अगले पाँच घण्टे यात्रा करती है। बस की औसत चाल ज्ञात कीजिए। *SSC (10+2) 2023*

(a) 46 किमी/घण्टा (b) 50 किमी/घण्टा
(c) 52 किमी/घण्टा (d) 52.5 किमी/घण्टा

हल (d) औसत चाल $= \frac{\text{कुल दूरी}}{\text{कुल समय}} = \frac{60 \times 3 + 50 \times 4 + 50 \times 5}{3+4+5}$

$= \frac{180 + 200 + 250}{12}$

$= \frac{630}{12} = 52.5$ किमी/घण्टा

गंतव्य तक समय से पहले या देरी से पहुँचने पर आधारित

उदाहरण 7. अपनी सामान्य चाल के 6/7 चाल से चलकर कोई व्यक्ति 12 मिनट विलम्ब से पहुँचता है। उस दूरी को वह सामान्य चाल से कितने समय में तय करेगा? *DP MTS 2022*

(a) 1 घण्टा (b) 1 घण्टा 10 मिनट
(c) 1 घण्टा 12 मिनट (d) 2 घण्टे

हल (c) नई चाल = सामान्य चाल $\times \frac{6}{7}$

$\Rightarrow \frac{\text{नई चाल}}{\text{सामान्य चाल}} = \frac{6}{7}$

$\therefore$ लगने वाले नए समय और सामान्य समय का अनुपात = 7 : 6

माना लगने वाला नया समय और सामान्य समय क्रमशः $7x$ और $6x$ मिनट है,

$\therefore \quad 7x - 6x = 12 \Rightarrow x = 12$

अतः सामान्य चाल से लगा समय = $6 \times 12 = 72$ मिनट

= 1 घण्टा 12 मिनट

> **Score Booster**
> इस प्रकार के प्रश्नों को हल करने के लिए अनुपात का प्रयोग किया जाता है।
> समयों का अनुपात $\propto \frac{1}{\text{चालों का अनुपात}}$

Quick Method

$\therefore$ वास्तविक चाल से गंतव्य तक पहुँचने में लगा समय [Formula 19.1 से]

$= \frac{6 \times 12}{7 - 6} = \frac{72}{1}$ मिनट = 1 घण्टा 12 मिनट

उदाहरण 8. एक छात्र अपने घर से 2.5 किमी/घण्टे की चाल से चलता है और विद्यालय के समय से 6 मिनट बाद अपने विद्यालय पहुँचता है। अगले दिन वह अपनी चाल 1 किमी/घण्टे की वृद्धि करता है, और विद्यालय के समय से 6 मिनट पहले अपने विद्यालय पहुँचता है। उसके घर से विद्यालय कितनी दूर है? *RRB NTPC CBT-II 2022*

(a) 2.5 किमी (b) 1.75 किमी (c) 2.25 किमी (d) 2 किमी

हल (b) माना घर से विद्यालय की दूरी = d किमी

पहले दिन घर से विद्यालय जाने की चाल = 2.5 किमी/घण्टे

अगले दिन घर से विद्यालय जाने की चाल = 2.5 + 1 = 3.5 किमी/घण्टे

प्रश्नानुसार, $\frac{d}{2.5} - \frac{6}{60} = \frac{d}{3.5} + \frac{6}{60}$

$\Rightarrow \frac{d}{2.5} - \frac{d}{3.5} = \frac{6}{60} + \frac{6}{60} \Rightarrow \frac{3.5d - 2.5d}{2.5 \times 3.5} = \frac{1}{5}$

$\Rightarrow d = \frac{2.5 \times 3.5}{5 \times 1} \Rightarrow d = 1.75$ किमी

Quick Method

यहाँ, $S_1 = 2.5$ तथा $S_2 = 3.5$

अतः $D = \frac{2.5 \times 3.5}{3.5 - 2.5} \times \frac{(6+6)}{60}$ [Formula 19.2 से]

$= \frac{2.5 \times 3.5}{1} \times \frac{1}{5} = 1.75$ किमी

सापेक्ष चाल पर आधारित

उदाहरण 9. A और B एक-दूसरे से 1.7 किमी की दूरी पर हैं और वे एक-दूसरे की ओर क्रमशः 8 मी/से और 9 मी/से की गति से दौड़ना शुरू करते हैं। वे कितने समय के बाद एक-दूसरे से मिलेंगे? *SSC CPO 2018*

(a) 14 मिनट (b) 1 मिनट 4 सेकण्ड

(c) 14 सेकण्ड (d) 1 मिनट 40 सेकण्ड

हल (d) प्रश्नानुसार,

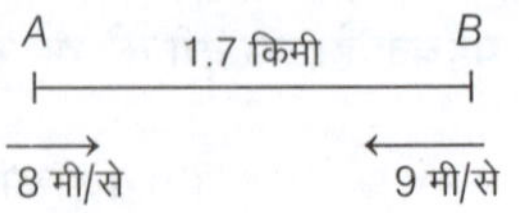

विपरीत दिशा में सापेक्षिक चाल = $(S_1 + S_2) = (8 + 9) = 17$ मी/से

अभीष्ट समय = $\frac{A \text{ और } B \text{ के मध्य की दूरी}}{\text{सापेक्ष चाल}}$

$= \frac{1.7 \times 1000}{17}$ [$\because$ 1 किमी = 1000 मी]

$= \frac{1700}{17} = 100$ सेकण्ड = 1 मिनट 40 सेकण्ड

उदाहरण 10. बिना किसी विराम के कोई व्यक्ति 42 किमी/घण्टा की औसत चाल से एक निश्चित दूरी तय करता है। वह व्यक्ति विराम लेकर उसी दूरी को 28 किमी/घण्टा की चाल से तय करता है। प्रत्येक घण्टे में वह कितने मिनट का विराम लेता है? *DP MTS 2022*

(a) 25 मिनट (b) 30 मिनट

(c) 20 मिनट (d) इनमें से कोई नहीं

हल (c) प्रत्येक घण्टे विराम = $\frac{\text{चालों का अन्तर}}{\text{बिना रुके चाल}} \times 60$ (मिनट)

$= \frac{(42 - 28)}{42} \times 60 = \frac{14}{42} \times 60 = 20$ मिनट

अतः व्यक्ति प्रत्येक घण्टे 20 मिनट का विराम लेता है।

दौड़ पर आधारित

उदाहरण 11. 1000 मी की दौड़ में, जॉन ने खान को 120 मी से हराया। यदि जॉन की चाल 40 किमी/घण्टा है, तो खान की चाल क्या होगी? *SSC Constable (GD) 2022*

(a) 28.5 किमी/घण्टा

(b) 35.2 किमी/घण्टा

(c) 27 किमी/घण्टा

(d) 38.7 किमी/घण्टा

> **Trending Concept**
> दौड़ पर आधारित प्रश्न वर्तमान में हो रही परीक्षाओं (GD, CGL, Group-D, DSSSB, Police Constable) में पूछे जा रहे हैं। आगामी परीक्षाओं के लिए अति महत्त्वपूर्ण हैं।

हल (b) जॉन को दौड़ पूरा करने में लगा

समय = $\frac{1000 \text{ मी}}{40 \times \frac{5}{18} \text{ (मी / से)}} = 90$ सेकण्ड

प्रश्नानुसार,

जॉन ने 1000 मी की दौड़ में खान को 120 मी से हराया। इसलिए खान द्वारा तय की दूरी = 1000 − 120 = 880 मी

अतः खान की चाल = $\frac{880}{90}$ मी / से $= \frac{88}{9} \times \frac{18}{5}$

= 35.2 किमी/घण्टा

उदाहरण 12. 1500 मी की दौड़ में A, B को 150 मी और B, C को 75 मी से हराता है, तो उसी दौड़ में A, C को कितनी दूरी से हराएगा? *SSC CGL (Tier I) 2022*

(a) 217.50 मी (b) 200.15 मी

(c) 293.50 मी (d) 313.75 मी

हल (a) यदि A, 1500 मी की दूरी दौड़ता है तो B दौड़ेगा = 1350 मी

और यदि B, 1500 मी दौड़ता है, तो C दौड़ेगा = 1425 मी

अतः A	: B	: C
1500	: 1350 :	1350
1500	: 1500 :	1425
1500		1282.5

$\therefore$ A, C को 217.50 मी से हराएगा।

Chapter Challenge

मूल अवधारणा पर आधारित

1. एक कार 1 सेकण्ड में 20 मी चलती है। किमी/घण्टा में इसकी चाल है **HCET 2023**

(a) 36 (b) 20 (c) 18 (d) 72
(e) उत्तर नहीं देना चाहते

2. एक बस 50 किमी/घण्टे की गति से 250 किमी की दूरी तय करती है। यात्रा पूरी करने में कितना समय लगेगा? **UP Police Constable 2024**

(a) 7 घण्टे
(b) 5 घण्टे
(c) 6 घण्टे
(d) 4 घण्टे

> **MRC*****
> *(Most Repeating Concepts)*
> प्र. सं. 2, 5 और 7 Examination Point of Views से अति महत्त्वपूर्ण हैं। इस Concept पर प्रश्न विभिन्न प्रतियोगी परीक्षाओं (CGL, DSSSB, Constable & SI, Group D आदि) में निरन्तर पूछे जा रहे हैं।

3. यदि वंदन 20 किमी/घण्टा की गति से दौड़ता है, तो उसे 500 मी की दूरी तय करने में कितने मिनट लगेंगे? **UP Police Constable 2024**

(a) 1.25 (b) 1.5 (c) 1.75 (d) 1

4. एक व्यक्ति एक 900 मी लम्बी सड़क को 6 मिनट में पार करता है। व्यक्ति की चाल (किमी/घण्टा) में ज्ञात कीजिए। **CISF Head Constable 2023**

(a) 9 (b) 10 (c) 5 (d) 8

5. एक लड़का 9 किमी/घण्टा की गति से 25 मी भुजा वाले एक वर्गाकार मैदान के चारों ओर दौड़ने में कितना समय लेगा? **UP Police Constable 2024**

(a) 48 सेकण्ड (b) 42 सेकण्ड
(c) 38 सेकण्ड (d) 40 सेकण्ड

6. एक लड़का 38 मी भुजा वाले एक वर्गाकार मैदान के चारों ओर एक पूरा चक्कर लगाने में कितने सेकण्ड का समय लेगा, यदि वह 6 किमी/घण्टा की गति से दौड़ता है? **RRC Group D 2022**

(a) 71.2 (b) 50.1 (c) 61.2 (d) 91.2

7. फर्नांडो, 50 घण्टे में 1850 किमी की दूरी तय करता है। तय की गई दूरी के लिए, उसकी चाल (किमी/घण्टा में) ज्ञात कीजिए। **UP ASI 2021**

(a) 37 (b) 35 (c) 34 (d) 39

8. एक ट्रक 550 मी की दूरी 1 मिनट में तय करता है, जबकि एक बस 33 किमी की दूरी 45 मिनट में तय करती है। ट्रक की गति का बस की गति से अनुपात है **HCET 2023**

(a) 4 : 3 (b) 3 : 5
(c) 5 : 3 (d) 3 : 4
(e) उत्तर नहीं देना चाहते

9. एक व्यक्ति 5 किमी/घण्टा की चाल से चलते हुए एक निश्चित दूरी को 3 घण्टे 45 मिनट में तय करता है। यदि वह समान दूरी को एक साइकिल द्वारा 2 घण्टे 10 मिनट में तय करता है, तो साइकिल की किमी/घण्टा में चाल क्या है? **SSC (10+2) 2024**

(a) $9\frac{11}{26}$ (b) $5\frac{11}{26}$ (c) $7\frac{16}{26}$ (d) $8\frac{17}{26}$

10. एक साइकिल चालक 900 मी की दूरी 2 मिनट 30 सेकण्ड में तय करता है। साइकिल चालक की किमी/घण्टा में गति कितनी है? **UP Police Constable 2024**

(a) 8.7 (b) 21.6
(c) 18.6 (d) 1.67

11. शीला अपनी सामान्य गति के (20/21) वीं गति से चलकर, एक निश्चित दूरी सामान्य गति में लगने वाले समय से 6 मिनट अधिक में तय कर पाती है। उसके द्वारा निश्चित दूरी तय करने में लगने वाले सामान्य समय की गणना कीजिए। **RPF 2019**

(a) 130 मिनट (b) 120 मिनट
(c) 140 मिनट (d) 150 मिनट

12. कार A, कार B से दोगुनी तेज है और कार B, कार C से तीन गुना तेज है। कार C द्वारा 60 मिनट में तय की गई दूरी को कार B द्वारा .... में तय की जाएगी। **RRB NTPC (CBT-I) 2021**

(a) 25 मिनट (b) 16 मिनट
(c) 20 मिनट (d) 18 मिनट

13. एक व्यक्ति 8 घण्टों में 80 किमी यात्रा करता है, आंशिक यात्रा पैदल चलकर एवं आंशिक साइकिल पर। इसकी पैदल चाल 8 किमी/घण्टा और साइकिल पर 16 किमी/घण्टा है, तो वह कितना दूर पैदल चलता है? **DSSSB (Grade-II) 2017**

(a) 28 किमी (b) 60 किमी
(c) 36 किमी (d) 48 किमी

14. सुनील सुबह 5:30 बजे Y शहर से X शहर के लिए प्रस्थान करता है। वह 2 घण्टे 15 मिनट में 80 किमी/घण्टे की चाल से सफर तय करता है। उसके बाद उसकी गति 60 किमी/घण्टा हो जाती है। यदि दोनों शहरों के बीच की दूरी 350 किमी है, तो सुनील शहर X कब पहुँचा था?

(a) सुबह 10:05 बजे
(b) सुबह 10:35 बजे
(c) सुबह 9:50 बजे
(d) सुबह 10:55 बजे

15. एक बस की चाल हर दो घण्टे बाद 4 किमी/घण्टा बढ़ जाती है। यदि बस पहले दो घण्टे में 80 किमी की दूरी तय करती है, तो बस द्वारा 10 घण्टे में तय की गई कुल दूरी ज्ञात कीजिए। **RRC Group D 2022**

(a) 440 किमी (b) 480 किमी
(c) 520 किमी (d) 460 किमी

16. एक छात्र 3 किमी/घण्टा की गति से $\frac{3}{2}$ घण्टे में अपनी साइकिल पर विद्यालय पहुँचता है। अपनी वापसी की यात्रा पर वह आधे घण्टे के लिए आराम करता है, और उस मार्ग से जाता है जो 1 किमी छोटा है। उसकी साइकिल की गति में कितने प्रतिशत की वृद्धि होनी चाहिए कि वह समान समय में घर पहुँच जाए। **RRB NTPC (CBT-I) 2021**

(a) $16\frac{2}{3}$% (b) 37%
(c) 35% (d) 30.5%

17. विपिन किसी यात्रा की एक तिहाई दूरी 30 किमी/ घण्टा की चाल से और शेष दूरी 40 किमी/घण्टा की चाल से तय करता है। यदि उसे यात्रा पूरी करने में कुल 12 घण्टे लगे, तो यात्रा की कुल दूरी (किमी में) कितनी थी? **SSC CGL (Tier-II) 2023**

(a) 450 (b) 412
(c) 445 (d) 432

18. 4 किमी/घण्टा की चाल से चलने वाला एक व्यक्ति एक सुरंग को 18 मिनट में पार करता है। सुरंग की लम्बाई (मी में) ज्ञात कीजिए। **SSC (10+2) 2021**

(a) 1600 (b) 1200
(c) 1400 (d) 1800

19. एक लड़का 20 किमी/घण्टा की गति से एक गाड़ी चला रहा है। वह प्रत्येक 12 किमी के अन्त पर 10 मिनट के लिए रुकता है। 80 किमी की दूरी तय करने के लिए उसे कितना समय लगेगा? **DSSSB Assistant 2019**

(a) 290 मिनट (b) 270 मिनट
(c) 300 मिनट (d) 260 मिनट

20. तीन कारों की चाल 3 : 4 : 8 के अनुपात में है। समान दूरी तय करने के लिए, इन कारों द्वारा लिए गए समय का अनुपात कितना होगा? **SSC MTS 2021**

(a) 8 : 3 : 6 (b) 6 : 3 : 8
(c) 8 : 6 : 3 (d) 6 : 8 : 3

21. अपनी सामान्य चाल की $\frac{7}{8}$ चाल से चलते हुए, अंश 35 किमी की दूरी 50 मिनट में तय करता है। अंश की सामान्य चाल किमी/घण्टा में ज्ञात कीजिए। **RRB NTPC 2022**

(a) 54 (b) 60
(c) 48 (d) 64

22. एक बस और एक कार की चालों का अनुपात 7 : 11 है। यदि कार 396 किमी की दूरी 6 घण्टे में तय करती है, तो बस की चाल किमी/घण्टा में ज्ञात कीजिए। **RRB NTPC 2022**

(a) 42 (b) 35
(c) 38.5 (d) 45.5

23. तीन कारों को समान दूरी तय करने में लगने वाले समय का अनुपात 12 : 15 : 10 है। तीनों कारों की चालों का अनुपात ज्ञात कीजिए। **CISF 2023**

(a) 4 : 5 : 6 (b) 5 : 6 : 4
(c) 5 : 4 : 6 (d) 4 : 6 : 5

24. एक व्यक्ति को 30 किमी की यात्रा करनी है। यात्रा के $\frac{5}{6}$ भाग की दूरी को यदि उसने 3 घण्टे और 20 मिनट में तय किया हो, तो उसकी चाल किमी/घण्टा में क्या है? **[SSC CPO 2019**

(a) 6.3 (b) 5.4
(c) 6 (d) 7.5

25. एक व्यक्ति 280 किमी की दूरी मोटरसाइकिल से 8 घण्टे में तय करता है। यदि वह साइकिल की सवारी करे और उसे मोटरसाइकिल की चाल की $\frac{3}{14}$ चाल से चलाए, तो वह 2 घण्टे में कितनी दूरी तय करेगा? **SSC CGL (Tier-I) 2021**

(a) 20 किमी (b) 25 किमी
(c) 24 किमी (d) 15 किमी

26. यदि कोई व्यक्ति 8 किमी/घण्टे की बजाय 12 किमी/घण्टे की गति से चलता है, तो वह 54 किमी अधिक चल सकेगा। उसके द्वारा तय की गई वास्तविक दूरी कितनी थी? **UP Police Constable 2020**

(a) 54 किमी
(b) 64 किमी
(c) 84 किमी
(d) 108 किमी

27. अपराह्न 2 बजे, कोई व्यक्ति 4.5 किमी/घण्टा की चाल से स्थान A से स्थान B के लिए चलता है और स्थान B पर 1.5 घण्टा रुकता है तथा फिर 6 किमी/घण्टे की चाल से स्थान A पर वापस आता है। वह स्थान A पर शाम 7 बजे पहुँचता है। स्थान A और B के बीच की दूरी (किमी में) ज्ञात कीजिए। **SSC (10+2) 2021**

(a) $8\frac{2}{5}$ (b) $8\frac{1}{3}$ (c) 9 (d) $9\frac{6}{11}$

28. एक बस, स्कूटर से 20% तेज चाल से चल सकती है। दोनों एक ही समय पर बिन्दु P से चलते हैं और बिन्दु P से 60 किमी दूर स्थित बिन्दु Q पर एक ही समय पर पहुँचते हैं। हालाँकि रास्ते में बस स्टेशनों पर बस लगभग 10 मिनट रुकी, जबकि स्कूटर कहीं नहीं रुका। बस की चाल ज्ञात कीजिए। **SSC MTS 2022**

(a) 60 किमी/घण्टा (b) 72 किमी/घण्टा
(c) 68 किमी/घण्टा (d) 80 किमी/घण्टा

29. एक बस लगातार 14 घण्टे तक चलती रहती है। पहली आधी दूरी यह 60 किमी/घण्टा और अगली आधी दूरी 80 किमी/घण्टा की गति से तय करती है। तो बस द्वारा तय की गई दूरी है **DSSSB (Grade-II) 2019**

(a) 740 किमी (b) 830 किमी
(c) 960 किमी (d) 620 किमी

30. कोई कार, 144 किमी की दूरी 1.8 घण्टे में तय कर सकती है। 20% अधिक चाल से यह दोगुनी दूरी कितने समय में तय करेगी? **SSC CGL (Tier-I) 2021**

(a) 3.2 घण्टे (b) 2.5 घण्टे (c) 3 घण्टे (d) 2 घण्टे

31. एक धावक 3 मिनट 40 सेकण्ड में 7 मी त्रिज्या वाले एक वृत्ताकार मैदान के 8 चक्कर लगाता है। उसकी चाल (किमी/घण्टा में) कितनी है? ($\pi = \frac{22}{7}$ का प्रयोग करें) **SSC CGL (Tier-I) 2022**

(a) $\frac{118}{25}$ (b) $\frac{144}{25}$
(c) $\frac{72}{25}$ (d) $\frac{108}{25}$

औसत चाल पर आधारित

32. एक बस अपनी यात्रा के पहले 50 किमी की दूरी को 40 मिनट में तय करती है और शेष 75 किमी की दूरी को 40 मिनट में तय करती है। बस की औसत चाल (किमी/घण्टा में) क्या है? **SSC CPO 2024**

(a) $93\frac{3}{4}$
(b) $105\frac{3}{4}$
(c) $95\frac{1}{4}$
(d) $101\frac{1}{4}$

MRC***
(Most Repeating Concepts)
प्र. सं. 32, 34 और 35 Examination Point of Views से अति महत्त्वपूर्ण हैं। इस Concept पर प्रश्न विभिन्न प्रतियोगी परीक्षाओं (CPO, NTPC, Railway, UP Police Constable और SI आदि) में निरन्तर पूछे जा रहे हैं।

33. कोई बस, शुरू में किसी दूरी का $\frac{1}{3}$ भाग 40 किमी/घण्टा की चाल से तय करती है, दूरी का अगला $\frac{1}{3}$ भाग 50 किमी/घण्टा की चाल से तय करती है और दूरी का अन्तिम $\frac{1}{3}$ भाग 60 किमी/घण्टा की

चाल से तय करती है। पूरी यात्रा के लिए बस की औसत चाल ज्ञात कीजिए। (दो दशमलव स्थान तक पूर्णांकित)

SSC CGL (Tier I) 2024

(a) 51.43 किमी/घण्टा (b) 54.13 किमी/घण्टा
(c) 48.65 किमी/घण्टा (d) 46.85 किमी/घण्टा

34. एक व्यक्ति 600 किमी की दूरी ट्रक द्वारा 80 किमी/घण्टे की चाल से, 800 किमी हवाई जहाज द्वारा 400 किमी/घण्टे की चाल से और 100 किमी मोटरसाइकिल द्वारा 50 किमी/घण्टे की चाल से तय करता है, तो पूरी दूरी के लिए औसत चाल क्या है?

UP Police Constable 2024

(a) $130\frac{10}{23}$ किमी/घण्टा (b) 62 किमी/घण्टा
(c) $65\frac{5}{123}$ किमी/घण्टा (d) $60\frac{5}{13}$ किमी/घण्टा

35. एक टूरिस्ट वैन देहरादून से मसूरी तक 35 किमी की दूरी 36 किमी/घण्टा की औसत चाल से तय करती है और 60 किमी/घण्टा की चाल से वापस आती है। इस पूरी यात्रा के लिए टूरिस्ट वैन की लगभग औसत चाल (किमी/घण्टा में) कितनी है? **CISF 2023**

(a) 50 (b) 48
(c) 42 (d) 45

36. कोई व्यक्ति 12 किमी/घण्टा की औसत चाल से 10 किमी साइकिल चलाता है और फिर 12 किमी की दूरी 10 किमी/घण्टा की औसत चाल से साइकिल चलाता है। उसकी सम्पूर्ण यात्रा की औसत चाल लगभग होगी **DP MTS 2022**

(a) 10.8 किमी/घण्टा
(b) 11 किमी/घण्टा
(c) 12 किमी/घण्टा
(d) 12.8 किमी/घण्टा

> **MRC*****
> ***(Most Repeating Concepts)***
> प्र. सं. 36, 38, 41 और 42 Examination Point of Views से अति महत्त्वपूर्ण हैं। इस Concept पर प्रश्न विभिन्न प्रतियोगी परीक्षाओं (MTS, CPO, ALP तथा Police आदि) में निरन्तर पूछे जा रहे हैं।

37. एक आदमी तीन घण्टे में 80 किमी की यात्रा करता है। वह आगे और दो घण्टे की यात्रा करता है। यदि पूरी यात्रा के लिए उसकी औसत गति 30 किमी/घण्टा है। तो बाद के दो घण्टों में तय की गई दूरी ज्ञात कीजिए। **RRC Group D 2022**

(a) 70 किमी (b) 150 किमी
(c) 120 किमी (d) 90 किमी

38. एक मोटरसाइकिल अपनी यात्रा के पहले 60 किमी की दूरी को 40 किमी/घण्टा की औसत चाल से तय करती है। शेष यात्रा अर्थात् 90 किमी की दूरी तय करने के लिए मोटरसाइकिल की चाल 45 किमी/घण्टा थी। पूरी यात्रा के दौरान मोटरसाइकिल की कुल औसत चाल कितनी थी? **SSC (10+2) 2024**

(a) $42\frac{6}{7}$ किमी/घण्टा (b) 42 किमी/घण्टा
(c) $42\frac{1}{7}$ किमी/घण्टा (d) $42\frac{1}{2}$ किमी/घण्टा

39. जीशान ने 40 मिनट के लिए 75 किमी/घण्टा की चाल से और 20 मिनट के लिए 60 किमी/घण्टा की चाल से यात्रा की। यात्रा के दौरान उसकी औसत चाल (किमी/घण्टा में) की गणना करें।

DP Constable 2023

(a) 67.5 (b) 70
(c) 65 (d) 72.5

40. दो तरफ की यात्रा के दौरान गौरव की औसत गति 15 किमी/घण्टा है। यदि वह जाते समय हर घण्टे 20 किमी की दूरी तय करता है, तो लौटने पर उसकी गति होगी? **RRC Group D 2022**

(a) 11 किमी/घण्टा (b) 15 किमी/घण्टा
(c) 12 किमी/घण्टा (d) 10 किमी/घण्टा

41. एक कार क्रमशः 10 किमी/घण्टा, 20 किमी/घण्टा, 30 किमी/घण्टा और 60 किमी/घण्टा की चाल से 3 किमी की चार क्रमिक दूरियाँ तय करती है। इस दूरी में कार की औसत चाल क्या है?

RRB ALP 2024

(a) 25 किमी/घण्टा (b) 15 किमी/घण्टा
(c) 20 किमी/घण्टा (d) 30 किमी/घण्टा

42. एक व्यक्ति 9 किमी की दूरी 3 किमी/घण्टा की गति से 25 किमी की दूरी 3 किमी/घण्टा की गति से और 30 किमी की दूरी, 10 किमी/ घण्टा की गति से तय करता है। तो पूरी यात्रा के लिए औसत गति ज्ञात कीजिए। **MP Police Constable 2022**

(a) $\frac{59}{11}$ किमी/घण्टा (b) $\frac{192}{43}$ किमी/घण्टा
(c) $\frac{79}{11}$ किमी/घण्टा (d) $\frac{50}{9}$ किमी/घण्टा

43. एक यात्रा में किरण ने बाइक से 50 मील प्रति घण्टे की चाल से 3 घण्टे तक यात्रा की। इसके अलावा उसने कार से 65 मील प्रति घण्टे की चाल से 2 घण्टे तक यात्रा की। वह आराम करने के लिए 2 घण्टे रूका। आराम के बाद उसने अपने गन्तव्य तक पहुँचने के लिए बाइक से 80 मील प्रति घण्टे की चाल से 4 घण्टे तक यात्रा की। पूरी यात्रा में किरण की औसत चाल ज्ञात करें। (मील प्रति घण्टे में) (दशमलव के दो स्थान तक पूर्णांकित)

SSC Constable (GD) 2022

(a) 65.68 (b) 50.44 (c) 54.54 (d) 60.06

44. एक व्यक्ति एक निश्चित दूरी कार से 60 किमी/ घण्टा की चाल से तय करता है और 40 किमी/ घण्टा की चाल से वापस आता है। पूरी यात्रा में उसे 6 घण्टे लगे। उसने कितनी दूरी तय की?

DSSSB PGT 2023

(a) 144 किमी (b) 150 किमी
(c) 140 किमी (d) 220 किमी

45. रवि अपने गाँव से कॉलेज 5 किमी/घण्टा की चाल से जाता है और 4 किमी/घण्टा की चाल से वापस आता है। यदि उसे कुल मिलाकर 9 घण्टे लगते हैं, तो गाँव और कॉलेज के बीच की दूरी (किमी में) ज्ञात कीजिए। **SSC MTS 2024**

(a) 9 (b) 18 (c) 10 (d) 20

गंतव्य तक समय से पहले या देरी से पहुँचने पर आधारित

46. अपनी सामान्य चाल से $\frac{3}{4}$ भाग चलकर, अथिरा अपने कार्यालय पहुँचने में 15 मिनट देर से पहुँचती है। उसे अपने घर और कार्यालय के बीच की दूरी तय करने में लगने वाला समय कितना है?

UP Police Constable 2024

(a) 44 मिनट (b) 45 मिनट (c) 35 मिनट (d) 48 मिनट

47. दो कार क्रमशः 45 किमी/घण्टा और 55 किमी/घण्टा की चाल से एक स्थान तक चलती है। यदि यात्रा में दूसरी कार, पहली कार से 40 मिनट कम समय लेती है, तो यात्रा की लम्बाई (किमी में) कितनी है? **SSC CPO 2024**

(a) 180 (b) 145 (c) 165 (d) 99

48. एक व्यक्ति अपनी मूल चाल के $\frac{5}{6}$ से चल रहा है एवं वह एक लक्ष्य तक 30 मिनट देर से पहुँचता है। दूरी तय करने का सामान्य समय ज्ञात करें। *[DSSSB Primary Teacher 2018*
(a) 2 घण्टे
(b) 2 घण्टे 30 मिनट
(c) 2 घण्टे 20 मिनट
(d) इनमें से कोई नहीं

49. एक राइफल से 2520 किमी/घण्टा की रफ्तार से एक गोली दागी गई। यह 0.2 सेकण्ड के बाद लक्ष्य को हिट करती है। राइफल से लक्ष्य कितनी दूर है? *SSC CGL (Tier-II) 2017*
(a) 70 मी (b) 140 मी
(c) 100 मी (d) 200 मी

50. रीना अपने जन्मदिन की पार्टी में 20 मिनट देरी से पहुँचती है यदि वह अपने घर से 3 किमी/घण्टा चलती है। यदि वह अपनी गति बढ़ाकर 4 किमी/ घण्टा कर देती है तो वह 30 मिनट पहले पहुँच जाती है, तो उसके घर और जन्मदिन की पार्टी के स्थान के बीच की दूरी है? *RRC Group D 2022*
(a) 9 किमी (b) 7 किमी
(c) 10 किमी (d) 4 किमी

51. एक विमान, 21 घण्टे में A और B के बीच की दूरी तय करता है। यदि विमान की गति 200 किमी/ घण्टा कम कर दी जाए, तो उतनी ही दूरी 26 घण्टे में तय की जाती है। A और B के बीच की दूरी (किमी में) ज्ञात कीजिए। *UP Police SI 2021*
(a) 24624 (b) 24224
(c) 24424 (d) 24024

52. A 'd' किमी चलने में B से 3 घण्टे अधिक समय लेता है। यदि A अपनी चाल को दोगुना कर देता है, तो वह इस दूरी को B से 1 घण्टे कम समय में तय कर सकता है। A को 'd' किमी चलने में कितना समय (घण्टों में) चाहिए? *SSC CGL 2022*
(a) 4 (b) 9
(c) 8 (d) 5

53. A को 160 किमी की दूरी तय करने में, B की तुलना में 8 घण्टे अधिक समय लगता है। यदि A अपनी चाल को दोगुना करता है, तो उसी दूरी को तय करने में, उसे B की तुलना में 3 घण्टे अधिक समय लगता है। B की चाल (किमी/घण्टा में) ज्ञात कीजिए। *SSC CGL (Tier-I) 2021*
(a) 72 (b) 75
(c) 70 (d) 80

54. 40 किमी की दूरी तय करने में A को B से 2 घण्टे 30 मिनट अधिक समय लगता है। यदि A अपनी चाल दोगुनी करता है, तो वह इसे B से 1 घण्टा कम समय में तय कर सकता है। A द्वारा 40 किमी की दूरी तय करने में लगने वाला समय (घण्टे में) ज्ञात कीजिए। *SSC CPO 2020*
(a) 5 (b) 9 (c) 6 (d) 7

सापेक्ष चाल पर आधारित

55. स्टॉपेज (ठहराव) को छोड़कर, एक बस की चाल 45 किमी/घण्टा है और स्टॉपेज सहित, उसकी चाल 27 किमी/घण्टा है। बस प्रति घण्टे कितने मिनट के लिए रुकती है? *RRB NTPC 2022*
(a) 40 मिनट (b) 36 मिनट
(c) 20 मिनट (d) 24 मिनट

56. विराम के बिना, एक बस की चाल 60 किमी/घण्टा है और विराम सहित, उसकी चाल 54 किमी/घण्टा है। बस प्रति घण्टे कितने मिनट के लिए रूकती है? *SSC (10+2) 2023*
(a) 7 मिनट (b) 6 मिनट
(c) 5 मिनट (d) 4 मिनट

57. 750 मी वाली एक वृत्ताकार दौड़ में, X और Y एक ही बिन्दु से और एक ही समय पर क्रमशः 9 किमी/घण्टा और 13.5 किमी/घण्टा की चाल से दौड़ना शुरू करते हैं। यदि वे एक ही दिशा में दौड़ रहे हैं, तो वे पुनः ट्रैक पर पहली बार कब मिलेंगे? *SSC CGL (Tier I) 2024*
(a) 750 सेकण्ड में
(b) 500 सेकण्ड में
(c) 600 सेकण्ड में
(d) 900 सेकण्ड में

58. कोई कार, 54 किमी/घण्टा की चाल से किसी निश्चित दूरी को 50 मिनट में तय करती है। यदि चाल में 25% की वृद्धि होती है, तो कार उस दूरी के $\frac{3}{4}$ भाग को कितने समय में तय करेगी? *[SSC (10+2) 2021*
(a) 35 मिनट (b) 30 मिनट
(c) 25 मिनट (d) 40 मिनट

59. 840 मी की एक वृत्ताकार दौड़ में A और B समान समय पर समान दिशा में समान बिन्दु से क्रमशः 6 मी/से और 12 मी/से की चाल से दौड़ना आरम्भ करते हैं। वे अगली बार कितने समय बाद मिलेंगे? *SSC CGL (Tier I) 2024*
(a) 20 सेकण्ड (b) 40 सेकण्ड
(c) 140 सेकण्ड (d) 70 सेकण्ड

60. दो बस एक-दूसरे की तरफ क्रमशः 20 किमी/घण्टा तथा 34 किमी/घण्टा की गति से चल रही हैं। टकराने से एक सेकण्ड पहले उनके बीच कितनी दूरी होगी? *SSC (10+2) 2018*
(a) 21 मी (b) 18 मी
(c) 12 मी (d) 15 मी

61. एक चोर ने एक पुलिसकर्मी को 150 मी की दूरी से देखा। चोर तुरन्त 13 किमी/घण्टा की चाल से भागने लगा और पुलिसकर्मी ने 14 किमी/घण्टा की चाल से उसका पीछा किया। 6 मिनट के बाद उनके बीच की दूरी ज्ञात कीजिए। *RRC Group D 2022*
(a) 75 मी
(b) 50 मी
(c) 100 मी
(d) 125 मी

> *MRC****
> ***(Most Repeating Concepts)***
> प्र. सं. 61, 62 और 63 Examination Point of Views से अति महत्त्वपूर्ण हैं। इन Concept पर प्रश्न विभिन्न प्रतियोगी परीक्षाओं (CGL, CHSL, Group D, NTPC आदि) में निरन्तर पूछे जा रहे हैं।

62. एक चोर प्रातः 3:00 पर एक वैन चुराता है और उसे 57 किमी/घण्टा की चाल से चलाता है। प्रातः 4:00 पर चोर का पता चलता है और मालिक 76 किमी/घण्टा की चाल से एक अन्य वैन से उसका पीछा करना शुरू करता है। वह चोर को कितने बजे पकड़ पाएगा? *SSC CGL (Tier-I) 2023*
(a) प्रातः 7:00 (b) प्रातः 7:30
(c) प्रातः 6:00 (d) अपराह्न 7:00

63. एक चोर, एक पुलिसकर्मी को देखता है और वह 18 मी/से की चाल से भागने लगता है। 12 सेकण्ड बाद, पुलिसकर्मी एक निश्चित चाल से चोर के पीछे दौड़ना शुरू करता है। यदि पुलिसकर्मी चोर तक पहुँचने के लिए 864 मी की दूरी तय करता है, तो पुलिसकर्मी की चाल (मी/से में) ज्ञात कीजिए **SSC MTS 2024**

(a) 15 (b) 24
(c) 30 (d) 28

64. एक व्यक्ति को 1 घण्टे में 8 किमी की दूरी तय करनी है। यदि वह कुल समय के एक-तिहाई समय में एक-चौथाई दूरी तय करता है, तो शेष समय में शेष दूरी तय करने के लिए उसकी चाल (किमी/घण्टा में) कितनी होनी चाहिए, ताकि वह ठीक समय पर गंतव्य तक पहुँच सके? **RRC Group D 2022**

(a) 6 (b) 7
(c) 8 (d) 9

65. A, 8 किमी/घण्टा की एकसमान गति से चलता है तथा उसके आरम्भ होने के 8 घण्टे के पश्चात् B अपनी साइकिल से 24 किमी/घण्टा की गति से उसके पीछे निकलता है। आरम्भिक बिन्दु से कितनी दूरी पर B, A को पकड़ेगा? **SSC CPO 2017**

(a) 72 किमी (b) 96 किमी
(c) 120 किमी (d) 144 किमी

66. स्थान A और B, एक-दूसरे से 45 किमी की दूरी पर स्थित हैं। स्थान A से एक कार चलना शुरू करती है और उसी समय स्थान B से दूसरी कार चलना शुरू करती है। यदि वे समान दिशा में चलती है; तो वे $4\frac{1}{2}$ घण्टे में मिलती है और यदि वे एक-दूसरे की ओर चलती हैं, तो वे 27 मिनट में मिलती है। तेज चलने वाली कार की चाल (किमी/घण्टा में) ज्ञात कीजिए। **SSC CGL (Tier-I) 2021**

(a) 56 (b) 45
(c) 50 (d) 55

दौड़ पर आधारित

67. 100 मी की दौड़ में A, 1.66 मी/से की चाल से दौड़ता है। यदि A, B के 4 मी दौड़ने के बाद दौड़ना आरम्भ करता है फिर भी वह B को 12 सेकण्ड से मात देता है। B की चाल क्या है? **DP MTS 2022**

(a) 1 मी/से (b) 1.33 मी/से
(c) 1.5 मी/से (d) 1.8 मी/से

68. एक 200 मी की दौड़ में, P, Q को 35 मी और 7 सेकण्ड से हरा देता है। दौड़ के दौरान P द्वारा लिया गया समय ज्ञात कीजिए। **RRB JE 2019**

(a) 36 सेकण्ड (b) 33 सेकण्ड
(c) 40 सेकण्ड (d) 47 सेकण्ड

69. 1200 मी की दौड़ में राम, श्याम को 200 मी या 20 सेकण्ड से हरा सकता है। राम की चाल क्या होगी? **SSC CPO 2022**

(a) 14 मी/से (b) 12 मी/से
(c) 10 मी/से (d) 16 मी/से

70. P, 400 मी की दौड़ में Q को 2 सेकण्ड की शुरुआत देता है, लेकिन दोनों एक ही समय पर दौड़ पूरी करते हैं। यदि Q की चाल 2 मी/से है, तो P द्वारा दौड़ पूरी करने में लिया गया समय ज्ञात कीजिए। **SSC CGL (Tier I) 2023**

(a) 198 सेकण्ड (b) 199 सेकण्ड
(c) 200 सेकण्ड (d) 195 सेकण्ड

71. सतीश ने मनोज को 700 मी की दौड़ में 40 मी की बढ़त दिलाई। सतीश 9 किमी/घण्टा की गति से दौड़ता है। यदि सतीश मनोज को 40 सेकण्ड से हरा देता है, तो सतीश और मनोज की गति का अनुपात ज्ञात कीजिए। यदि उन्होंने एक समय में दौड़ शुरू की **CRPF HCM 2023**

(a) 40 : 33 (b) 51 : 56
(c) 35 : 27 (d) 17 : 14

विविध

72. A, स्टेशन P से सुबह 8:00 बजे निकलता है और सुबह 11:00 बजे स्टेशन Q पर पहुँच जाता है। B, स्टेशन Q से सुबह 9:00 बजे निकलता है और सुबह 11:00 बजे स्टेशन P पर पहुँच जाता है। वे एक-दूसरे को कितने बजे पार करेंगे? **SSC MTS 2022**

(a) 9:52 पूर्वाह्न (b) 9:48 पूर्वाह्न
(c) 10:05 पूर्वाह्न (d) 10:00 पूर्वाह्न

73. एक व्यक्ति 80 किमी/घण्टा की चाल से स्कूटर से अपने कार्यालय जाता है और 60 मिनट पहले पहुँच जाता है। यदि वह 50 किमी/घण्टा की चाल से जाए, तो 48 मिनट देर से पहुँचता है। समय पर (न देर से न जल्दी) पहुँचने के लिए स्कूटर की चाल कितनी होनी चाहिए? **SSC (10+2) 2023**

(a) 64 किमी/घण्टा (b) 66 किमी/घण्टा
(c) 60 किमी/घण्टा (d) 62 किमी/घण्टा

74. एक व्यक्ति P से Q तक 20 किमी/घण्टा की चाल से जाता है। फिर वह q किमी/घण्टा की चाल से Q से R तक जाता है। अन्त में व्यक्ति R से S तक r किमी/घण्टा की चाल से जाता है। P से Q, Q से R और R से S तक की दूरी समान है। यदि P से R तक की औसत चाल $\frac{280}{11}$ किमी/घण्टा है और Q से S तक की औसत चाल $\frac{112}{3}$ किमी/घण्टा है, तो r का मान क्या है? **SSC MTS 2022**

(a) 40 (b) 37.5
(c) 42.5 (d) 45

Right Key

1 (d)	2 (b)	3 (b)	4 (a)	5 (d)	6 (d)	7 (a)	8 (d)	9 (d)	10 (b)
11 (b)	12 (c)	13 (d)	14 (b)	15 (b)	16 (a)	17 (d)	18 (b)	19 (c)	20 (c)
21 (c)	22 (a)	23 (c)	24 (d)	25 (d)	26 (d)	27 (c)	28 (b)	29 (c)	30 (c)
31 (b)	32 (a)	33 (c)	34 (a)	35 (d)	36 (a)	37 (a)	38 (a)	39 (b)	40 (c)
41 (c)	42 (b)	43 (c)	44 (a)	45 (d)	46 (b)	47 (c)	48 (b)	49 (b)	50 (c)
51 (d)	52 (c)	53 (d)	54 (d)	55 (d)	56 (b)	57 (c)	58 (b)	59 (c)	60 (d)
61 (b)	62 (a)	63 (b)	64 (d)	65 (b)	66 (d)	67 (b)	68 (b)	69 (b)	70 (a)
71 (a)	72 (b)	73 (c)	74 (a)						

Solutions

1. (*d*) $\therefore$ कार की चाल $= \frac{\text{दूरी}}{\text{समय}}$

$\therefore$ कार की चाल $= \frac{20}{1}$ मी/से

$= 20 \times \frac{18}{5}$ किमी/घण्टा

$= 72$ किमी/घण्टा

2. (*b*) समय $= \frac{\text{दूरी}}{\text{चाल}}$

अतः यात्रा में लगा समय $= \frac{250}{50} = 5$ घण्टे

3. (*b*) अभीष्ट समय $= \frac{500}{1000 \times 20} \times 60$ मिनट

$= 1.5$ मिनट

4. (*a*) सड़क की लम्बाई $= 900$ मी

सड़क पार करने में लगा समय $= 6$ मिनट

$\therefore$ व्यक्ति की चाल $= \frac{\text{दूरी}}{\text{समय}} = \frac{\frac{900}{1000}}{\frac{6}{60}}$

$= \frac{900 \times 60}{6 \times 1000} = 9$ किमी/घण्टा

5. (*d*) दिया है, लड़के की चाल $= 9$ किमी/घण्टा

$= 9 \times \frac{5}{18} = \frac{5}{2}$ मी/से

प्रश्नानुसार,

लड़के द्वारा तय की गई दूरी $= 4 \times 25$

$= 100$ मी

अतः अभीष्ट समय $= \frac{100}{\frac{5}{2}} = 40$ सेकण्ड

6. (*d*) वर्गाकार मैदान का 1 चक्कर = परिमाप

वर्गाकार मैदान का परिमाप $= 4 \times$ भुजा

$= 4 \times 38 = 152$ मी

एक चक्कर पूरा करने में लगा समय $= \frac{152}{6 \times \frac{5}{18}}$

$= \frac{152 \times 18}{30} = 91.2$ सेकण्ड

7. (*a*) कुल तय की गई दूरी $= 1850$ किमी

कुल समय $= 50$ घण्टे

$\therefore$ चाल $= \frac{\text{दूरी}}{\text{समय}} = \frac{1850}{50} = 37$ किमी/घण्टा

8. (*d*) ट्रक की चाल $= \frac{550 \text{ मी}}{1 \text{ मिनट}} = 550$ मी/मिनट

बस की चाल $= \frac{33 \text{ किमी}}{45 \text{ मिनट}}$

$= \frac{33 \times 1000}{45}$ मी/मिनट

ट्रक और बस की चालों का अनुपात

$= 550 \quad : \quad \frac{33000}{45}$

$= 550 \times 45 : 33000 = 3 : 4$

अतः चालों का अनुपात $= 3 : 4$

9. (*d*) 3 घण्टे 45 मिनट $= 3\frac{45}{60}$ घण्टे $= 3\frac{3}{4}$ घण्टे

$= \frac{15}{4}$ घण्टे

व्यक्ति द्वारा चली गई दूरी

$= 5 \times \frac{15}{4} = \frac{75}{4}$ किमी

2 घण्टे 10 मिनट $= 2\frac{10}{60}$ घण्टे

$= \frac{13}{6}$ घण्टे

अतः साइकिल की चाल

$= \frac{75 \times 6}{4 \times 13} = \frac{225}{26} = 8\frac{17}{26}$ किमी/घण्टा

10. (*b*) साइकिल चालक द्वारा तय दूरी $= 900$ मी

$= 0.9$ किमी

तथा दूरी तय करने में लगा समय

$= 2$ मिनट 30 सेकण्ड

$= \frac{2}{60} + \frac{30}{3600} = \frac{1}{30} + \frac{1}{120}$

$= \frac{5}{120} = \frac{1}{24}$ घण्टा

साइकिल चालक की गति

$= \frac{0.9}{\frac{1}{24}} = 21.6$ किमी/घण्टा

> **Quick Method**
>
> अभीष्ट गति $= \frac{900}{150} \times \frac{18}{5}$ किमी/घण्टा
>
> $= 21.6$ किमी/घण्टा

11. (*b*) शीला की नई गति = शीला की सामान्य गति $\times \frac{20}{21}$

$\frac{\text{शीला की नई गति}}{\text{शीला की सामान्य गति}} = \frac{20}{21}$

	सामान्य		नई
चाल का अनुपात =	21	:	20
समय का अनुपात =	20	:	21

1 (अनुपातिक अन्तर) $\equiv 6$ मिनट

अतः सामान्य समय $= 20 \times 6 = 120$ मिनट

> **Quick Method** [Formula 19.1 से]
>
> सामान्य समय $= \frac{20 \times 6}{(21 - 20)} = 120$ मिनट

12. (*c*) माना कार C की गति $= x$ किमी/घण्टा

$\therefore$ कार B की गति $= 3x$ किमी/घण्टा

कार, A की गति $= 6x$ किमी/घण्टा

कार C द्वारा 60 मिनट/1 घण्टे में तय दूरी

$= x$ किमी

$\therefore$ x किमी जाने में कार B द्वारा लगा समय

$= \frac{60x}{3x} = 20$ मिनट

> **Quick Method**
>
> चाल $[A : B : C] = 6 : 3 : 1$
>
> समय $[A : B : C] = \frac{1}{6} : \frac{1}{3} : \frac{1}{1}$ $\left[\because t \propto \frac{1}{s}\right]$
>
> $= 1 : 2 : 6$
>
> 6 इकाई = 60 मिनट
>
> 2 इकाई $= \frac{60 \times 2}{6} = 20$ मिनट

13. (*d*) माना पैदल तय की गई दूरी $= x$ किमी

$\therefore$ साइकिल द्वारा तय की गई दूरी $= (80 - x)$

प्रश्नानुसार,

$\frac{x}{8} + \frac{80 - x}{16} = 8$

$\Rightarrow \frac{2x + 80 - x}{16} = 8$

$\therefore x = 128 - 80 = 48$ किमी

अतः पैदल तय की गई दूरी

$= 48$ किमी

> **TOP TIPS** इस प्रश्न को हल करने के लिए अभ्यर्थी मिश्रण विधि का प्रयोग कर सकते हैं।

> **Quick Method**
>
> पैदल चाल साइकिल चाल
>
> 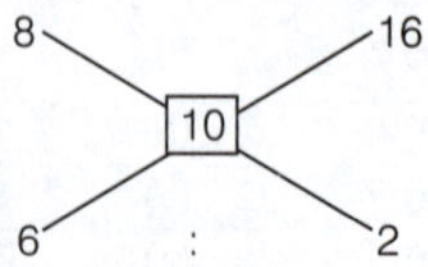
>
>
> $\Rightarrow$ समय 3 : 1
>
> पैदल का समय $= \frac{3}{4} \times 8 = 6$ घण्टे
>
> पैदल तय की गई दूरी $= 6 \times 8 = 48$ किमी

14. (b) $\because$ 2 घण्टे 15 मिनट $= 2\frac{1}{4} = \frac{9}{4}$ घण्टे

सुनील द्वारा सुबह 2 घण्टे 15 मिनट में 80 किमी/घण्टे की चाल से तय की गई दूरी

$= 80 \times \frac{9}{4} = 180$ किमी

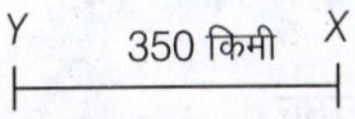

शेष दूरी $= 350 - 180 = 170$ किमी

अब चाल $= 60$ किमी/घण्टा

$\therefore$ समय $= \frac{170}{60} = 2$ घण्टे 50 मिनट

X पर पहुँचने में लगा कुल समय

= 2 घण्टे 15 मिनट + 2 घण्टे 50 मिनट

= 5 घण्टे 5 मिनट

= सुबह 5 : 30 + 5 घण्टे 5 मिनट

अत: सुबह 10 : 35 पर सुनील शहर X पहुँचा था।

15. (b) पहले 2 घण्टे में तय की दूरी = 80 किमी

चाल $= \frac{80}{2} = 40$ किमी/घण्टा

दिया है,

हर 2 घण्टे के बाद चाल, 4 किमी/घण्टा बढ़ जाती है।

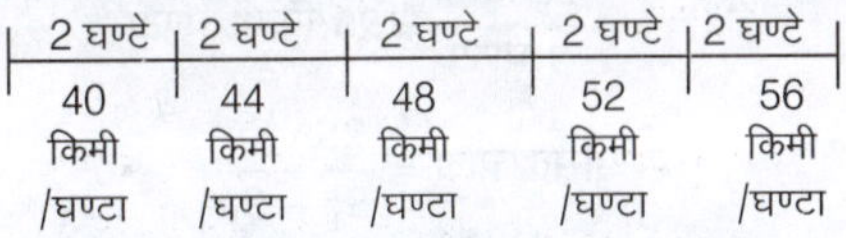

अत: 10 घण्टे में तय की गई कुल दूरी

$= 2 \times 40 + 2 \times 44 + 2 \times 48 + 2 \times 52 + 2 \times 56$

$= 80 + 88 + 96 + 104 + 112 = 480$ किमी

16. (a) दिया है, चाल = 3 किमी/घण्टा

समय $= \frac{3}{2}$ घण्टा

घर से विद्यालय की दूरी $= 3 \times \frac{3}{2} = 4.5$ किमी

वापसी यात्रा में दूरी $= 4.5 - 1 = 3.5$ किमी

वापसी यात्रा का समय $= \frac{3}{2} - \frac{1}{2} = 1$ घण्टा

वापसी यात्रा की चाल $= \frac{3.5}{1} = 3.5$ किमी/घण्टा

$\therefore$ चाल में प्रतिशत वृद्धि $= \frac{3.5 - 3}{3} \times 100$

$= \frac{0.5}{3} \times 100 = 16\frac{2}{3}\%$

17. (d) माना कुल दूरी $= 3x$ (किमी)

प्रश्नानुसार, $\frac{x}{30} + \frac{2x}{40} = 12$

$\Rightarrow \quad 40x + 60x = 12 \times 30 \times 40$

$\Rightarrow \quad 100x = 12 \times 1200$

$\therefore \quad x = 144$ किमी

अत: कुल दूरी $= 3x = 3 \times 144 = 432$ किमी

18. (b) व्यक्ति की चाल

$= 4 \times \frac{5}{18}$ मी/से $= \frac{10}{9}$ मी/से

सुरंग पार करने में लगा समय

$= 18 \times 60$ सेकण्ड

$\therefore$ सुरंग की लम्बाई $= \frac{10}{9} \times 18 \times 60 = 1200$ मी

19. (c) लड़के की चाल = 20 किमी/घण्टा

कुल दूरी = 80 किमी

बिना रुके लड़के द्वारा तय की गई दूरी में लगा

समय $= \frac{80}{20} = 4$ घण्टे

प्रश्नानुसार,

प्रत्येक 12 किमी पर रुकता है = 10 मिनट

$\therefore$ 72 किमी पर रुकता है = 60 मिनट

अत: कुल समय = 4 घण्टे + 60 मिनट

= 240 + 60 = 300 मिनट

20. (c) माना तीनों कारों की चाल क्रमश: $3x, 4x, 8x$ हैं।

$\therefore$ समान दूरी D तय करने में लिए गए समयों का अनुपात $= \frac{D}{3x} : \frac{D}{4x} : \frac{D}{8x}$

$= \frac{1}{3} : \frac{1}{4} : \frac{1}{8} = 8 : 6 : 3$

21. (c) अंश की चाल $= \dfrac{35}{\frac{50}{60}}$

$= \frac{35 \times 60}{50}$ किमी/घण्टा

= 42 किमी/घण्टा

सामान्य चाल $\times \frac{7}{8} = 42$ किमी/घण्टा

$\therefore$ सामान्य चाल $= \frac{42 \times 8}{7} = 48$ किमी/घण्टा

अत: अंश की सामान्य चाल = 48 किमी/घण्टा

22. (a) दिया है,

कार की चाल $= \frac{396}{6} = 66$ किमी/घण्टा

	बस	:	कार
चालों का अनुपात =	7	:	11

$\therefore$ बस की चाल $= \frac{66}{11} \times 7 = 42$ किमी/घण्टा

23. (c) माना कुल दूरी x है।

तीनों कारों को लगने वाला समय क्रमश: $12y$, $15y$ और $10y$ है।

$\therefore$ तीनों कारों की चाल का अनुपात

$= \frac{x}{12y} : \frac{x}{15y} : \frac{x}{10y}$

$= \frac{60}{12y} : \frac{60}{15y} : \frac{60}{10y}$

[$\because$ 12, 15, 10 का ल.स. = 60]

$= 5 : 4 : 6$

Quick Method

समय का अनुपात = 12 : 15 : 10

$\therefore$ चाल का अनुपात $= \frac{1}{12} : \frac{1}{15} : \frac{1}{10} = 5 : 4 : 6$

24. (d) व्यक्ति द्वारा तय दूरी $= 30 \times \frac{5}{6} = 25$ किमी

25 किमी की दूरी को तय करने में लगा समय

= 3 घण्टे 20 मिनट

$= 3 + \frac{20}{60} = \frac{10}{3}$ घण्टे

व्यक्ति की चाल $= \dfrac{25}{\frac{10}{3}} = \frac{75}{10}$

= 7.5 किमी/घण्टा

25. (d) मोटरसाइकिल की चाल $= \frac{280}{8}$

= 35 किमी/घण्टा

$\therefore$ साइकिल की चाल $= \frac{3}{14} \times 35$

$= \frac{15}{2}$ किमी/घण्टा

$\therefore$ साइकिल से 2 घण्टे में तय की गई दूरी

$= \frac{15}{2} \times 2 = 15$ किमी

26. (d) माना व्यक्ति द्वारा तय की गई वास्तविक दूरी $= d$ किमी

$\therefore \quad \frac{d}{8} = \frac{d + 54}{12} \Rightarrow 3d = 2d + 108$

$\therefore \quad d = 108$ किमी

27. (c) माना स्थान A और B के बीच की दूरी $= x$ किमी

अपराह्न 2 बजे से शाम 7 बजे तक कुल समय = 5 घण्टे

प्रश्नानुसार, $\frac{x}{4.5} + 1.5 + \frac{x}{6} = 5$

$\Rightarrow \quad \frac{4x + 3x}{18} = 5 - 1.5$

$\Rightarrow \quad 7x = 3.5 \times 18$

$\therefore \quad x = \frac{63}{7} = 9$ किमी

28. (b) माना स्कूटर की चाल $= 5x$

$\therefore$ बस की चाल $= 5x \times \frac{120}{100} = 6x$

प्रश्नानुसार, $\frac{60}{5x} - \frac{60}{6x} = \frac{10}{60}$

$\Rightarrow \quad 60\left[\frac{1}{30x}\right] = \frac{10}{60}$

$\Rightarrow \quad \frac{1}{x} \times 2 = \frac{1}{6} \Rightarrow x = 12$

अत: बस की चाल $= 6x$

$= 12 \times 6 = 72$ किमी/घण्टा

29. (c) माना कुल दूरी = $2d$ किमी

प्रश्नानुसार, $\frac{d}{60}+\frac{d}{80}=14$

$\Rightarrow \frac{4d+3d}{240}=14$

$\Rightarrow 7d = 14\times240$

$\therefore d = 480$ किमी

अतः बस द्वारा तय की गई कुल दूरी

$= 2d = 2\times480$

$= 960$ किमी

30. (c) दिया है, कार की चाल = $\frac{\text{दूरी}}{\text{समय}}$

$=\frac{144}{1.8}=80$ किमी/घण्टा

अब, कार की नई चाल $=\frac{120}{100}\times80$

$= 96$ किमी/घण्टा

नई दूरी $= 2\times144 = 288$ किमी

तथा नया समय $=\frac{288}{96}=3$ घण्टे

31. (b) वृत्ताकार मैदान की त्रिज्या $(r) = 7$ मी

तब, मैदान का परिमाप $= 2\pi r$

$=2\times\frac{22}{7}\times7=44$ मी

$\therefore$ 8 चक्कर में तय कुल दूरी

$= 44\times8 = 352$ मी

धावक द्वारा लिया गया समय

= 3 मिनट 40 सेकण्ड = 220 सेकण्ड

$\therefore$ धावक की चाल $=\frac{\text{दूरी}}{\text{समय}}=\frac{352}{220}=\frac{8}{5}$ मी/से

$=\left(\frac{8}{5}\times\frac{18}{5}\right)$ किमी/घण्टा

$=\frac{144}{25}$ किमी/घण्टा

32. (a) कुल तय दूरी $= 50+75 = 125$ किमी

कुल लगा समय $= 40+40 = 80$ मिनट

$=\frac{80}{60}=\frac{4}{3}$ घण्टा

$\therefore$ बस की औसत चाल $=\frac{\text{कुल दूरी}}{\text{कुल समय}}$

$=\frac{125}{4}\times3=\frac{375}{4}$

$=93\frac{3}{4}$ किमी/घण्टा

33. (c) माना यात्रा की कुल दूरी = 90 किमी

$\therefore$ औसत चाल $=\frac{\text{कुल दूरी}}{\text{कुल समय}}$

$=\frac{90}{\frac{30}{40}+\frac{30}{50}+\frac{30}{60}}$

$=\frac{90}{\frac{3}{4}+\frac{3}{5}+\frac{3}{6}}$

$=\frac{90\times60}{3\times37}\approx48.65$ किमी/घण्टा

34. (a) प्रश्नानुसार, औसत चाल $=\frac{\text{कुल दूरी}}{\text{कुल समय}}$

$=\frac{600+800+100}{\frac{600}{80}+\frac{800}{400}+\frac{100}{50}}$

$=\frac{1500}{\frac{15}{2}+4}=\frac{1500\times2}{23}$

$=130\frac{10}{23}$ किमी/घण्टा

35. (d) प्रश्नानुसार,

औसत चाल $=\frac{2\times36\times60}{60+36}=\frac{2\times36\times60}{96}$

$= 45$ किमी/घण्टा

TOP TIPS इस प्रश्न का हल करने के लिए अभ्यर्थी निम्नांकित LCM की विधि का प्रयोग कर सकते हैं।

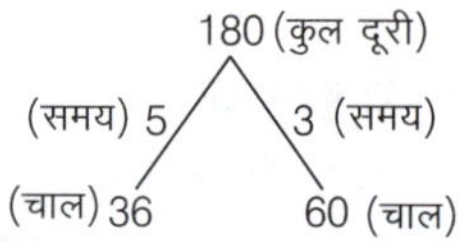

$\therefore$ औसत चाल $=\frac{2\times180}{(5+3)}$

= 45 किमी/घण्टा

36. (a) $\because$ औसत चाल $=\frac{\text{कुल दूरी}}{\text{कुल समय}}$

$=\frac{10+12}{\frac{10}{12}+\frac{12}{10}}$

$=\frac{22}{\frac{5}{6}+\frac{6}{5}}=\frac{22\times30}{25+36}$

$=\frac{660}{61}=10.8$ किमी/घण्टा

37. (a) माना अगले 2 घण्टे में तय दूरी $= x$ किमी

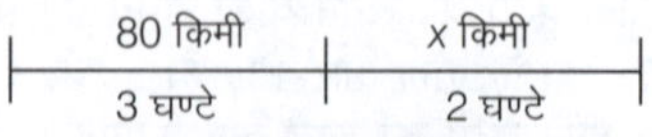

$\therefore$ औसत चाल $=\frac{\text{कुल दूरी}}{\text{कुल समय}}$

$\Rightarrow 30=\frac{80+x}{(3+2)}$

$\Rightarrow 150 = 80+x$

$\therefore x = 70$ किमी

38. (a) $\because$ औसत चाल $=\frac{\text{कुल दूरी}}{\text{कुल समय}}$

$=\frac{60+90}{\frac{60}{40}+\frac{90}{45}}=\frac{150\times2}{7}=\frac{300}{7}$

$=42\frac{6}{7}$ किमी/घण्टा

39. (b) प्रश्नानुसार,

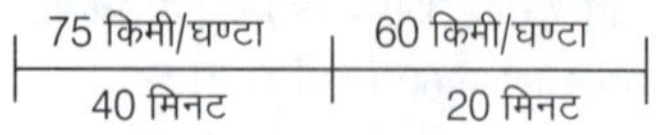

जीशान द्वारा 40 मिनट तय की गई दूरी

$=75\times\frac{40}{60}=50$ किमी

अगले 20 मिनट में जीशान द्वारा तय की गई दूरी $=60\times\frac{20}{60}=20$ किमी

$\therefore$ औसत चाल $=\frac{50+20}{40+20}$

$=\frac{70}{60}$ किमी/मिनट = 70 किमी/घण्टा

40. (c) प्रश्नानुसार, औसत चाल = 15 किमी/घण्टा

गौरव की जाते समय की चाल (S_1)

$=\frac{20\text{ किमी}}{1\text{ घण्टा}}=20$ किमी/घण्टा

$\therefore$ औसत चाल $=\frac{2S_1\cdot S_2}{S_1+S_2}$

$\Rightarrow 15=\frac{2\times20\times S_2}{20+S_2}$

$\Rightarrow 300+15S_2 = 40S_2$

$\Rightarrow 300 = 25S_2$

$S_2=\frac{300}{25}=12$

अतः लौटने पर औसत गति = 12 किमी/घण्टा

41. (c) कार की औसत चाल $=\frac{\text{कुल दूरी}}{\text{कुल समय}}$

$=\frac{3+3+3+3}{\frac{3}{10}+\frac{3}{20}+\frac{3}{30}+\frac{3}{60}}=\frac{12\times60}{18+9+6+3}$

$=\frac{12\times60}{36}=20$ किमी/घण्टा

42. (b) $\because$ औसत चाल $=\frac{D_1+D_2+D_3}{\frac{D_1}{S_1}+\frac{D_2}{S_2}+\frac{D_3}{S_3}}$

$=\frac{9+25+30}{\frac{9}{3}+\frac{25}{3}+\frac{30}{10}}=\frac{64}{3+\frac{25}{3}+3}$

$=\frac{64}{\frac{9+25+9}{3}}=\frac{64\times3}{25+18}$

$=\frac{192}{43}$ किमी/घण्टा

43. (*c*) किरण के द्वारा तय की गई कुल दूरी

$= 50 \times 3 + 65 \times 2 + 80 \times 4$

$= (150 + 130 + 320)$ मील $= 600$ मील

कुल समय $= 3 + 2 + 4 + 2$ (आराम किया)

$= 11$ घण्टे

$\therefore$ औसत चाल $= \frac{\text{कुल दूरी}}{\text{कुल समय}} = \frac{600}{11}$ मील/घण्टे

$= 54.54$ मील/घण्टे

44. (*a*) माना कुल दूरी $= d$ किमी

कार से जाने में लगा समय $= \frac{d}{60}$ घण्टे

कार से वापस आने में लगा समय $= \frac{d}{40}$ घण्टे

प्रश्नानुसार,

$$\frac{d}{60} + \frac{d}{40} = 6$$

$$\Rightarrow \frac{2d + 3d}{120} = 6$$

$$\Rightarrow 5d = 720$$

$$\therefore d = 144 \text{ किमी}$$

अत: उसने 144 किमी की दूरी तय की।

Quick Method

दूरी $= \frac{S_1 S_2}{S_1 + S_2} \times t = \frac{60 \times 40}{100} \times 6 = 144$ किमी

45. (*d*) माना रवि के गाँव और कॉलेज के बीच की दूरी $= x$ किमी

प्रश्नानुसार, $\frac{x}{5} + \frac{x}{4} = 9$

$$\Rightarrow \frac{4x + 5x}{20} = 9 \Rightarrow 9x = 9 \times 20$$

$$\therefore x = 20 \text{ किमी}$$

46. (*b*) माना अथिरा की सामान्य चाल $= 4x$

अथिरा की चाल का $\frac{3}{4}$ हिस्सा

$= 4x \times \frac{3}{4} = 3x$

$\therefore$ समय का अनुपात $= 3x : 4x$

$\left[\because \text{समय} \propto \frac{1}{\text{चाल}}\right]$

प्रश्नानुसार, $(4x - 3x) \rightarrow 15$

$\therefore \quad 3x \rightarrow 15 \times 3 = 45$ मिनट

अत: उसे अपने घर और कार्यालय के बीच की दूरी तय करने में 45 मिनट का समय लगता है।

Quick Method

अभीष्ट समय $= \frac{3 \times 15}{(4-3)}$ [Formula 19.1 से]

$= 45$ मिनट

47. (*c*) माना यात्रा की लम्बाई $= x$ किमी

प्रश्नानुसार, $\frac{x}{45} - \frac{x}{55} = \frac{40}{60}$

$$\Rightarrow \frac{55x - 45x}{45 \times 55} = \frac{2}{3}$$

$$\Rightarrow x = \frac{45 \times 55 \times 2}{3 \times 10} = 165$$

अत: यात्रा की लम्बाई $= 165$ किमी

48. (*b*) दिया है, नई चाल $= \frac{5}{6} \times$ सामान्य चाल

$\therefore$ सामान्य चाल : नई चाल $= 6 : 5$

$\therefore$ सामान्य समय : नया समय $= 5 : 6$

चूँकि नई चाल से 30 मिनट देर से पहुँचता है।

1 इकाई $= 30$ मिनट

$\therefore$ दूरी तय करने का सामान्य समय

$= 5 \times 30 = 150$ मिनट

$= 2$ घण्टे 30 मिनट

Quick Method

सामान्य समय $= \frac{x \times t}{y - x}$ [Formula 19.1 से]

$= \frac{5 \times 30}{6 - 5} = 150$ मिनट

$= 2$ घण्टे 30 मिनट

49. (*b*) गोली की चाल $= 2520$ किमी/घण्टा

$= 2520 \times \frac{5}{18}$ मी/से $= 700$ मी/से

अब, राइफल की लक्ष्य से दूरी

$= 700 \times 0.2 = 140$ मी

50. (*c*) रीना की चाल $(S_1) = 3$ किमी/घण्टा

रीना की चाल $(S_2) = 4$ किमी/घण्टा

$$\text{दूरी } (D) = \frac{S_1 \times S_2}{\Delta S} \Delta t$$

$$= \frac{3 \times 4}{4 - 3}\left(\frac{20 + 30}{60}\right)$$

$$= \frac{12}{1} \times \frac{50}{60} = 10 \text{ किमी}$$

$\therefore$ अभीष्ट दूरी $= 10$ किमी

51. (*d*) माना स्थान A से B की दूरी $= d$ किमी

तथा विमान की चाल $= x$ किमी/घण्टा

प्रश्नानुसार,

$$x = \frac{d}{21} \quad \text{...(i)}$$

तथा $$(x - 220) = \frac{d}{26} \quad \text{...(ii)}$$

समी (i) व (ii) से,

$$x \times 21 = x \times 26 - 220 \times 26$$

$$\Rightarrow 5x = 220 \times 26 = 5720$$

$$\therefore x = 1144 \text{ किमी/घण्टा}$$

x का मान समी (i) में रखने पर,

$$d = 21 \times 1144 = 24024$$

$\therefore$ A और B के बीच की दूरी

$= 24024$ किमी

52. (*c*) माना A की चाल x किमी/घण्टा तथा B की चाल y किमी/घण्टा है।

प्रश्नानुसार,

$$\frac{d}{x} - \frac{d}{y} = 3 \quad \text{...(i)}$$

$$-\frac{d}{2x} + \frac{d}{y} = 1 \quad \text{...(ii)}$$

समी (i) व (ii) को जोड़ने पर,

$$\frac{d}{2x} = 4$$

$$\Rightarrow \frac{d}{x} = 8 \text{ घण्टे}$$

$$\Rightarrow \frac{\text{दूरी}}{\text{चाल}} = \text{समय} = 8 \text{ घण्टे}$$

$\therefore$ अभीष्ट समय $= 8$ घण्टे

53. (*d*) माना A की चाल $= a$ किमी/घण्टा

तथा B की चाल $= b$ किमी/घण्टा

प्रश्नानुसार,

$$\frac{160}{a} - \frac{160}{b} = 8$$

$$\Rightarrow \frac{160}{2a} - \frac{160}{2b} = 4 \quad \text{...(i)}$$

तथा $$\frac{160}{2a} - \frac{160}{b} = 3 \quad \text{...(ii)}$$

समी (i) में से समी (ii) को घटाने पर,

$$\frac{160}{-2b} + \frac{160}{b} = 1$$

$$b = 80$$

अत: B की चाल $= 80$ किमी/घण्टा

54. (*d*) माना A की चाल $= x$ किमी/घण्टा

तथा B की चाल $= y$ किमी/घण्टा

प्रश्नानुसार,

$$\frac{40}{x} - \frac{40}{y} = \frac{5}{2} \quad \text{...(i)}$$

पुन: प्रश्नानुसार,

$$\frac{40}{y} - \frac{40}{2x} = 1 \quad \text{...(ii)}$$

समी (i) और (ii) को जोड़ने पर,

$$\frac{40}{x} - \frac{40}{2x} = \frac{5}{2} + 1$$

$$\Rightarrow \frac{20}{x} = \frac{7}{2}$$

$$\Rightarrow x = 20 \times \frac{2}{7} = \frac{40}{7}$$

अत: A द्वारा 40 किमी दूरी तय करने में लगा

समय $= \frac{40}{\frac{40}{7}} = 7$ घण्टे

55. (*d*) बस के प्रति घण्टे रुकने का समय

$= \dfrac{\text{चालों का अन्तर}}{\text{बिना रुके चाल}} \times 60$ (मिनट)

$= \dfrac{45-27}{45} \times 60 = \dfrac{18}{45} \times 60 = 24$ मिनट

अत: बस प्रति घण्टे 24 मिनट रुकती है।

56. (*b*) बस के प्रति घण्टा रुकने का समय

$= \dfrac{\text{चालों का अन्तर}}{\text{बिना रुके चाल}} \times 60$ (मिनट)

$= \dfrac{60-54}{60} \times 60 = 6$ मिनट

अत: बस प्रति घण्टा 6 मिनट रुकती है।

57. (*c*) दोनों को पुन: ट्रैक पर मिलने का समय

$= \dfrac{\text{वृत्ताकार की लम्बाई}}{\text{सापेक्ष चाल}}$

$= \dfrac{750}{(13.5-9) \times \dfrac{5}{18}}$

$= \dfrac{750 \times 18}{4.5 \times 5} = 600$ सेकण्ड

58. (*b*) कार की आरम्भिक चाल = 54 किमी/घण्टा

$= \dfrac{54 \times 1000}{60} = 900$ मी/मिनट

$\because$ कुल दूरी $= 900 \times 50 = 45000$ मी

कुल दूरी का $\dfrac{3}{4}$ भाग $= 45000 \times \dfrac{3}{4}$

$= 33750$ मी

प्रश्नानुसार,

नई चाल $= \dfrac{900 \times 125}{100} = 1125$ मी/मिनट

$\therefore$ अभीष्ट समय $= \dfrac{\text{दूरी}}{\text{चाल}} = \dfrac{33750}{1125} = 30$ मिनट

59. (*c*) A को दौड़ पूरा करने में लगा समय

$= \dfrac{840}{6}$ मी/से = 140 सेकण्ड

B को दौड़ पूरा करने में लगा समय

$= \dfrac{840}{12}$ मी/से = 70 सेकण्ड

$\therefore$ वृत्ताकार दौड़ में अगली बार मिलेंगे

= 140 तथा 70 का ल.स. = 140 सेकण्ड

60. (*d*) दोनों बसों की सापेक्ष चाल

$= 20 + 34 = 54$ किमी/घण्टा

$= 54 \times \dfrac{5}{18} = 15$ मी/से

$\therefore$ अभीष्ट दूरी = 15 मी

61. (*b*) दिया है,

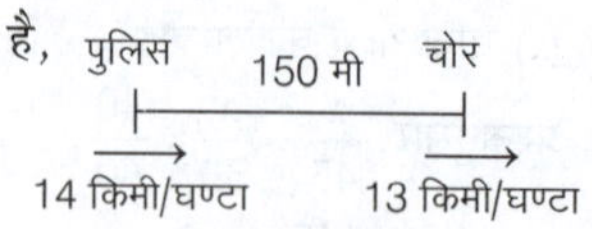

सापेक्षिक चाल $= (14-13) = 1$ किमी/घण्टा

6 मिनट में तय की गई सापेक्षिक दूरी

$= \left(1 \times \dfrac{5}{18} \times 6 \times 60\right)$ मी

= 100 मी

अत: 6 मिनट के बाद उनके बीच की दूरी

$= 150 - 100 = 50$ मी

62. (*a*) प्रश्नानुसार,

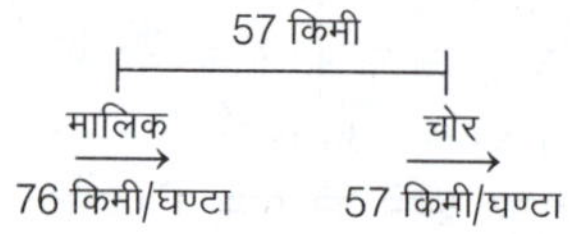

सापेक्षिक चाल $= 76 - 57$

= 19 किमी/घण्टा

पकड़ने में लगा समय $= \dfrac{57}{19} = 3$ घण्टा

$\therefore$ अभीष्ट समय = प्रात: 4 + 3 घण्टा

= प्रात: 7 : 00

अत: चोर प्रात: 7 : 00 बजे पकड़ा जाएगा।

63. (*b*) माना पुलिसकर्मी द्वारा चोर को पकड़ने में लगा समय = x सेकण्ड

प्रश्नानुसार, $18 \times x = 864 - (18 \times 12)$

$\Rightarrow \quad 18x = 864 - 216$

$\therefore \quad x = \dfrac{648}{18} = 36$ सेकण्ड

$\therefore$ पुलिसकर्मी की चाल $= \dfrac{864}{36} = 24$ मी/से

64. (*d*) दिया है,

समय = 1 घण्टे = 60 मिनट

दूरी = 8 किमी

प्रश्नानुसार,

कुल समय का $\dfrac{1}{3}$ समय = 20 मिनट

कुल दूरी की चौथाई दूरी = 2 किमी

शेष दूरी $= (8-2) = 6$ किमी

शेष समय $= (60-20)$

= 40 मिनट

$\therefore$ अभीष्ट चाल $= \dfrac{6}{\dfrac{40}{60}}$

$= \dfrac{6 \times 60}{40} = 9$ किमी/घण्टा

65. (*b*) A द्वारा 8 घण्टे में तय दूरी

$= 8 \times 8 = 64$ किमी

अब, B द्वारा 64 किमी की दूरी तय करने में लिया गया समय $= \dfrac{\text{दूरी}}{\text{सापेक्ष चाल}}$

$= \dfrac{64}{(24-8)}$

$= \dfrac{64}{16} = 4$ घण्टे

अब, B द्वारा A को पकड़ने में तय दूरी

$= 24 \times 4 = 96$ किमी

66. (*d*) माना स्थान A से चलने वाली गाड़ी की चाल S_A है और स्थान B से चलने वाली गाड़ी की चाल S_B है।

प्रश्नानुसार,

$(S_A - S_B) \times \dfrac{9}{2} = 45$

$\Rightarrow \quad (S_A - S_B) = \dfrac{45 \times 2}{9} = 10$

[$\because$ दूरी = चाल $\times$ समय]

तथा $(S_A + S_B) \times \dfrac{27}{60} = 45$ ...(i)

$\Rightarrow \quad S_A + S_B = 100$ ...(ii)

समी (i) और (ii) को हल करने पर,

$2S_A = 110$

$\Rightarrow \quad S_A = 55$ किमी/घण्टा

अत: तेज चलने वाली गाड़ी की चाल

= 55 किमी/घण्टा

67. (*b*) प्रश्नानुसार,

A की चाल = 1.66 मी/से = $\dfrac{5}{3}$ मी/से

दौड़ में, A द्वारा लिया गया समय

$= \dfrac{100 \text{ मी}}{5/3 \text{ मी/से}} = 60$ सेकण्ड

A, B को 12 सेकण्ड से मात देता है इसलिए

B का समय $= 60 + 12 = 72$ सेकण्ड

A, B के 4 मी दौड़ने के बाद दौड़ना आरम्भ करता है इसलिए B के द्वारा तय की गई दूरी

= 96 मी

$\therefore B$ की चाल $= \dfrac{96}{72} = 1.33$ मी/से

68. (*b*) दौड़ में P द्वारा तय की गई दूरी = 200 मी

Q द्वारा तय की गई दूरी $= 200 - 35$ मी

= 165 मी

Q की चाल $= \dfrac{35}{7} = 5$ मी/से

200 मी दूरी तय करने में, Q को लगा समय

$= \frac{200}{5} = 40$ सेकण्ड

किन्तु प्रश्न में P, Q को 7 सेकण्ड से हराता है

$\therefore$ P द्वारा लिया गया समय

$= 40 - 7 = 33$ सेकण्ड

69. (*b*) दिया है, श्याम की चाल $= \frac{200}{20} = 10$ मी/से

श्याम द्वारा 1000 मी दूरी तय करने में लगा समय $= \frac{1000}{10} = 100$ सेकण्ड

$\therefore$ राम की चाल $= \frac{1200}{100} = 12$ मी/से

70. (*a*) 400 मी की दूरी को तय करने में Q द्वारा लिया गया समय $= \frac{400}{2} = 200$ सेकण्ड

$\therefore$ P द्वारा लिया गया समय $= 200 - 2$

$= 198$ सेकण्ड

71. (*a*) सतीश द्वारा लिया गया समय

$= \frac{700 \times 18}{9 \times 5} = 280$ सेकण्ड

$\therefore$ मनोज द्वारा लिया गया समय

$= 280 + 40 = 320$ सेकण्ड

मनोज द्वारा तय की गई दूरी

$= 700 - 40 = 660$ मी

$\therefore$ सतीश और मनोज की चालों का अनुपात

$= \frac{9 \times 5}{18} : \frac{660}{320}$

$= 40 : 33$

72. (*b*) प्रश्नानुसार,

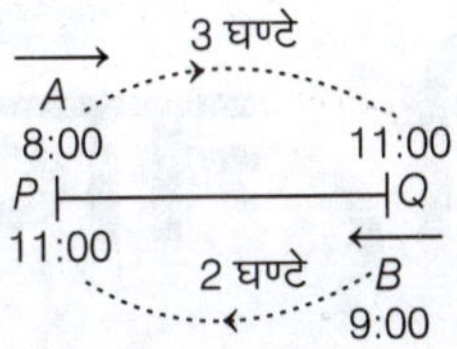

स्टेशन P से Q तक पहुँचने में A को लगा समय = 3 घण्टे

स्टेशन Q से P तक पहुँचने में B को लगा समय = 2 घण्टे

तब $\quad A : B$

समय $\rightarrow 3 : 2$

चाल $\rightarrow 2 : 3 \quad \left[\because S \propto \frac{1}{T}\right]$

$\therefore$ स्टेशन P से Q के बीच की दूरी

$= 2 \times 3 = 6$ इकाई

9:00 बजे तक A द्वारा चली गई दूरी

$= 2 \times 1 = 2$ इकाई

शेष दूरी $= 6 - 2 = 4$ इकाई

$\therefore$ 4 इकाई दूरी A और B द्वारा संयुक्त रूप से चली जाएगी।

तब उन दोनों के रास्ते में मिलने का समय

$= \frac{4}{(2+3)} \times 60$

$= \frac{4}{5} \times 60 = 48$ मिनट

अत: अभीष्ट समय $= 9:00 + 48$ मिनट

$= 9:48$ पूर्वाह्न

73. (*c*) दिया है, D(दूरी) $= \frac{S_1 \times S_2}{S_1 - S_2} \times \Delta t$

$\Rightarrow \quad D = \frac{80 \times 50}{80 - 50} \times \left(\frac{60 + 48}{60}\right)$

$\Rightarrow \quad D = \frac{80 \times 50}{30} \times \frac{108}{60}$

$\therefore \quad D = 240$ किमी

80 किमी/घण्टे की चाल से 240 किमी की दूरी तय करने में लगा समय $= \frac{240}{80} = 3$ घण्टे

समय पर कार्यालय पहुँचने में लगा समय

$= 3 + 1 = 4$ घण्टे

अत: समय पर कार्यालय पहुँचने के लिए स्कूटर की चाल $= \frac{240}{4} = 60$ किमी/घण्टा

74. (*a*) $\because$ औसत चाल $= \frac{2PQ}{P+Q}$

प्रश्नानुसार, $\frac{2 \times 20 \times q}{(20+q)} = \frac{280}{11}$

$\Rightarrow \quad 40q \times 11 = 280 \times 20 + 280q$

$\Rightarrow 440q = 5600 + 280q \Rightarrow 160q = 5600$

$\Rightarrow \quad q = \frac{5600}{160} = 35$ किमी/घण्टा

और $\frac{2qr}{q+r} = \frac{112}{3} \Rightarrow \frac{2 \times 35 \times r}{35 + r} = \frac{112}{3}$

$\Rightarrow \quad 210r = 3920 + 112r$

$\Rightarrow \quad 210r - 112r = 3920 \Rightarrow 98r = 3920$

$\therefore \quad r = \frac{3920}{98} = 40$ किमी/घण्टा

अध्याय

20 रेलगाड़ी, नाव एवं धारा

Chapter Snapshot

I. रेलगाड़ी रेलगाड़ी से सम्बन्धित प्रश्नों में भी चाल, समय और दूरी के सूत्रों का प्रयोग किया जाता है।

- यदि कोई रेलगाड़ी किसी खम्भे, पेड़, आदमी को पार करती है, तो रेलगाड़ी द्वारा लिया गया अभीष्ट समय $= \frac{\text{रेलगाड़ी की लम्बाई (दूरी)}}{\text{रेलगाड़ी की चाल}}$
- किसी रेलगाड़ी द्वारा पुल/प्लेटफॉर्म को पार करने में लगा समय $= \frac{\text{रेलगाड़ी की लम्बाई} + \text{पुल/प्लेटफॉर्म की लम्बाई}}{\text{रेलगाड़ी की चाल}}$
- एक ट्रेन में बैठे व्यक्ति को दूसरी ट्रेन द्वारा पार करने में लगा समय $= \frac{\text{दूसरी ट्रेन की लम्बाई}}{\text{सापेक्ष चाल}}$
- यदि दो रेलगाड़ियाँ समान/विपरीत दिशा में चल रही हैं, तब रेलगाड़ियों को एक-दूसरे को पार करने में लगा समय $= \frac{\text{दोनों रेलगाड़ी की लम्बाई का योग}}{\text{सापेक्ष चाल}}$

Concept Capsule

- जब दो रेलगाड़ियाँ समान दिशा में चलती हैं तो उनकी सापेक्ष चाल $(S_1 - S_2)$ होती हैं।
- जब विपरीत दिशा में चलती हैं तो उनकी सापेक्ष चाल $(S_1 + S_2)$ होती हैं।

II. नाव एवं धारा

- **स्थिर या शान्त जल** यदि किसी नदी अथवा तालाब के जल की चाल शून्य है अर्थात् जल निश्चल है, तो ऐसे जल को **स्थिर** या **शान्त जल** कहते हैं।
- **धारा के अनुकूल या अनुप्रवाह गति** यदि कोई नाव अथवा तैराक धारा के प्रवाह की ही दिशा में गति करता है, तो उसकी गति धारा के **अनुकूल** या **अनुप्रवाह** कहलाती है।
- **धारा के प्रतिकूल या ऊर्ध्वप्रवाह गति** यदि कोई नाव अथवा तैराक धारा के प्रवाह के विपरीत गति करता है, तो उसकी गति धारा के **प्रतिकूल** या **ऊर्ध्वप्रवाह** कहलाती है। यदि किसी नाव अथवा तैराक की चाल दी हुई है, तो वह उसकी स्थिर जल में चाल होती है।

नाव एवं धारा से सम्बन्धित सामान्य सूत्र

यदि शान्त जल में नाव अथवा तैराक की चाल x किमी/घण्टा व धारा की चाल y किमी/घण्टा हो, तो

- धारा के अनुकूल नाव अथवा तैराक की चाल या अनुप्रवाह चाल $(u) = (x + y)$ किमी/घण्टा
- धारा के प्रतिकूल नाव अथवा तैराक की चाल या ऊर्ध्वप्रवाह चाल $(v) = (x - y)$ किमी/घण्टा
- नाव की चाल $(x) = \frac{\text{अनुप्रवाह चाल} + \text{ऊर्ध्वप्रवाह चाल}}{2} = \frac{u+v}{2}$ किमी/घण्टा
- धारा की चाल $(y) = \frac{\text{अनुप्रवाह चाल} - \text{ऊर्ध्वप्रवाह चाल}}{2} = \frac{u-v}{2}$ किमी/घण्टा

Formula Flashcards

- **20.1** यदि समान लम्बाइयों की परन्तु विभिन्न चालों से गतिमान दो रेलगाड़ियाँ किसी खम्भे को पार करने में t_1 सेकण्ड व t_2 सेकण्ड का समय लेती हैं, तो उनके द्वारा एक-दूसरे को पार करने में लगा समय, $T = \frac{2t_1 t_2}{t_1 \pm t_2}$

  नोट यदि दोनों रेलगाड़ियाँ विपरीत दिशा में गतिमान हैं, तो '+' चिह्न तथा समान दिशा में गतिमान हैं, तो '–' चिह्न का प्रयोग किया जाता है।
- **20.2** दो रेलगाड़ियाँ स्टेशन P व Q से एक ही समय पर Q व P की ओर चलना प्रारम्भ करती हैं। एक-दूसरे को पार करने के क्रमशः T_1 व T_2 घण्टों बाद Q व P पर पहुँचती हैं। यदि P से चलने वाली रेलगाड़ी (पहली रेलगाड़ी) की चाल x किमी/घण्टा है, तो Q से चलने वाली रेलगाड़ी (दूसरी रेलगाड़ी) की चाल $= x\sqrt{\frac{T_1}{T_2}}$ किमी/घण्टा

Exam Approach Examples

रेलगाड़ी द्वारा व्यक्ति/सिग्नल पार करने पर आधारित

उदाहरण 1. एक रेलगाड़ी, एक पोल को 9 सेकण्ड में पार करती है। यदि रेलगाड़ी की गति 48 किमी/घण्टा है, तो रेलगाड़ी की लम्बाई क्या है? *DSSSB Grade II 2019*

(a) 80 मी (b) 120 मी (c) 90 मी (d) 150 मी

हल (b) रेलगाड़ी की लम्बाई (दूरी) = चाल × समय

$= 48 \times \frac{5}{18}$ (मी/से) × 9 सेकण्ड $= 48 \times \frac{5}{18} \times 9 = 120$ मी

अतः रेलगाड़ी की लम्बाई = 120 मी

रेलगाड़ी द्वारा प्लेटफॉर्म, पुल या गुफा पार करने पर आधारित

उदाहरण 2. 900 मी लम्बी एक ट्रेन 108 किमी/घण्टा की चाल से चल रही है। 900 मी लम्बे प्लेटफॉर्म को पूरी तरह से पार करने में इस ट्रेन को कितना समय लगेगा? *SSC CGL (Tier-I) 2023*

(a) 60 सेकण्ड (b) 18 सेकण्ड
(c) 30 सेकण्ड (d) 45 सेकण्ड

हल (a) समय $= \frac{\text{दूरी}}{\text{चाल}} = \frac{(900+900)}{108 \times \frac{5}{18}} = \frac{1800}{30} = 60$ सेकण्ड

अतः ट्रेन द्वारा प्लेटफॉर्म को पार करने में लगा समय = 60 सेकण्ड

उदाहरण 3. एक रेलगाड़ी 400 मी लम्बे प्लेटफॉर्म को 50 सेकण्ड में और एक अन्य 600 मी लम्बे प्लेटफॉर्म को 60 सेकण्ड में पार करती है। रेलगाड़ी की लम्बाई और चाल कितनी-कितनी है? *SSC (10+2) 2022*

(a) 550 मी, 75 किमी/घण्टा
(b) 650 मी, 74 किमी/घण्टा
(c) 500 मी, 70 किमी/घण्टा
(d) 600 मी, 72 किमी/घण्टा

हल (d) माना रेलगाड़ी की लम्बाई = x मी

प्रश्नानुसार, $\frac{x+400}{50} = \frac{x+600}{60}$

$\Rightarrow 6x + 2400 = 5x + 3000$

$\Rightarrow x = 600$ मी

∴ रेलगाड़ी की लम्बाई = 600 मी

तथा चाल $= \frac{600+400}{50} = \frac{1000}{50} = 20$ मी/से

$= 20 \times \frac{18}{5} = 72$ किमी/घण्टा

Trending Concept

एक रेलगाड़ी द्वारा प्लेटफॉर्म को पार करने पर आधारित प्रश्न वर्तमान में हो रही विभिन्न परीक्षाओं (SSC, ALP, MTS, Police SI तथा Constable आदि) में पूछे जा रहे हैं। आगामी परीक्षाओं के लिए अति महत्त्वपूर्ण हैं।

Quick Method

जब ट्रेन एकसाथ दो वस्तु को पार करें, तब ट्रेन की चाल $= \frac{\text{लम्बाइयों में अन्तर}}{\text{समय का अन्तर}}$

यहाँ, ट्रेन की चाल $= \frac{(600-400)}{(60-50)}$ मी/से $= \frac{200}{10} = 20$ मी/से

$= 20 \times \frac{18}{5} = 72$ किमी/घण्टा

ट्रेन की लम्बाई = ट्रेन की चाल × समय

$\Rightarrow (400 + l) = 20 \times 50 \Rightarrow 400 + l = 1000 \Rightarrow l = 600$

अतः ट्रेन की लम्बाई = 600 मी

एक रेलगाड़ी द्वारा दूसरी रेलगाड़ी को पार करने पर आधारित

उदाहरण 4. 200 मी और 250 मी लम्बी दो ट्रेनें समानान्तर रेल पटरियों पर क्रमशः 68 किमी/घण्टा और 50 किमी/घण्टा की चाल से चल रही हैं। यदि वे एक ही दिशा में चल रही हैं, तो वे एक-दूसरे को कितने समय में (सेकण्ड में) पार करेंगी? *CISF 2023*

(a) 75 (b) 90 (c) 80 (d) 85

हल (b) प्रश्नानुसार,

सापेक्षिक चाल = 68 − 50 = 18 किमी/घण्टा

∵ एक-दूसरे को पार करने में लगा समय $= \frac{200+250}{18 \times \frac{5}{18}} = \frac{450}{5} = 90$ सेकण्ड

उदाहरण 5. समान लम्बाई की दो ट्रेनें समान दिशा में समानान्तर पटरियों पर 56 मी/से और 46 मी/से की चाल से चल रही हैं। तेज गति वाली ट्रेन धीमी गति वाली ट्रेन को 26 सेकण्ड में पार करती है। प्रत्येक ट्रेन की लम्बाई ज्ञात कीजिए। *RRC Group D 2022*

(a) 100 मी (b) 120 मी (c) 140 मी (d) 130 मी

हल (d) माना प्रत्येक ट्रेन की लम्बाई = x मी

समान दिशा में ट्रेनों की सापेक्षिक चाल = 56 − 46 = 10 मी/से

ट्रेन की लम्बाई (दूरी) = चाल × समय

$x + x = 10 \times 26 \Rightarrow 2x = 260$

∴ $x = 130$ मी

अतः प्रत्येक ट्रेन की लम्बाई = 130 मी

उदाहरण 6. दो रेलगाड़ियाँ एक ही समय पर क्रमशः स्टेशन A और स्टेशन B से 60 किमी/घण्टा और 40 किमी/घण्टा की चाल से एक-दूसरे की ओर चलना शुरू करती हैं। जिस समय वे एक-दूसरे से मिलती हैं, उस समय तक तेज चलने वाली रेलगाड़ी, धीमे चलने वाली रेलगाड़ी से 60 किमी अधिक की दूरी तय कर चुकी होती है। दोनों स्टेशनों के बीच की दूरी कितनी है? *RRC Group D 2022*

(a) 300 किमी (b) 420 किमी
(c) 450 किमी (d) 360 किमी

हल (a) 1 घण्टे में पहली रेलगाड़ी द्वारा दूसरी रेलगाड़ी से अधिक चली गई दूरी

= 60 किमी − 40 किमी = 20 किमी

∵ 1 घण्टे में तय दूरी = 20 किमी

∴ 3 घण्टे में तय दूरी = 60 किमी

इसलिए, दोनों रेलगाड़ियाँ 3 घण्टे चली हैं।

दोनों रेलगाड़ियों की विपरीत दिशा में सापेक्षिक चाल

= 60 + 40 = 100 किमी/घण्टा

अतः दोनों स्टेशनों के बीच दूरी = सापेक्षिक चाल × समय

= 100 × 3 = 300 किमी

Quick Method

चाल $[A : B] = 60 : 40 = 3 : 2$

दूरी $[A : B] = \underbrace{3 : 2}_{1}$ $[\because d \propto s]$

1 इकाई = 60 किमी

5 इकाई = 5 × 60 = 300 किमी

उदाहरण 7. दो रेलगाड़ियाँ जिनकी लम्बाई 450 मी तथा 300 मी हैं, एक-दूसरे की ओर क्रमशः 162 किमी/घण्टा तथा 108 किमी/घण्टा की चाल से चल रही हैं। यदि रेलगाड़ियों के बीच की दूरी 300 मी है, तो ये रेलगाड़ियाँ एक-दूसरे को कितने समय में पार कर लेंगी? *SSC CGL (Tier II) 2022*

(a) 14 सेकण्ड (b) 28 सेकण्ड
(c) 35 सेकण्ड (d) 21 सेकण्ड

हल (a) रेलगाड़ियों को एक-दूसरे को पार करने में तय की गई दूरी
$= 450 + 300 + 300 = 1050$ मी

सापेक्ष चाल $= (162 + 108)$ किमी/घण्टा $= 270 \times \frac{5}{18} = 75$ मी/से

$\therefore$ अभीष्ट समय $= \frac{\text{तय की गई दूरी}}{\text{सापेक्ष चाल}} = \frac{1050}{75} = 14$ सेकण्ड

अनुप्रवाह तथा ऊर्ध्वप्रवाह सम्बन्धित साधारण प्रश्न

उदाहरण 8. एक नाव अनुप्रवाह में 36 किमी की दूरी 3 घण्टे में तय करती है। वह नाव ऊर्ध्वप्रवाह में समान दूरी तय करने में 9 घण्टे लेती है। उस नाव की शान्त जल में चाल ज्ञात कीजिए। *DSSSB Grade-IV 2019*

(a) 6 किमी/घण्टा (b) 9 किमी/घण्टा
(c) 4 किमी/घण्टा (d) 8 किमी/घण्टा

हल (d) माना नाव की शान्त जल में चाल $= x$ तथा धारा की चाल $= y$
धारा के अनुप्रवाह में नाव की चाल

$= (x + y) = \frac{36}{3} = 12$ किमी/घण्टा ...(i)

धारा के ऊर्ध्वप्रवाह में नाव की चाल

$= (x - y) = \frac{36}{9} = 4$ किमी/घण्टा ...(ii)

समी (i) व (ii) के योग से,

$2x = 12 + 4$

$\therefore$ $x = 8$ किमी/घण्टा

अतः शान्त जल में नाव की चाल $= 8$ किमी/घण्टा

Quick Method

यहाँ, $u = \frac{36}{3} = 12$ किमी/घण्टा, $v = \frac{36}{9} = 4$ किमी/घण्टा

$\therefore$ शान्त जल में नाव की चाल $= \frac{u + v}{2} = \frac{12 + 4}{2} = 8$ किमी/घण्टा

अनुप्रवाह तथा ऊर्ध्वप्रवाह सम्बन्धित मिश्रित प्रश्न

उदाहरण 9. शान्त जल में 3 किमी/घण्टा की चाल से नाव चला रहे एक गोताखोर को धारा की विपरीत दिशा में 50 किमी जाने में, धारा की दिशा में 50 किमी जाने की तुलना में दोगुना समय लगता है। धारा की चाल (किमी/घण्टे) में ज्ञात कीजिए। *RRC Group D 2022*

(a) $\frac{7}{3}$ (b) 1 (c) $\frac{4}{3}$ (d) 3

हल (b) माना धारा की चाल $= x$ किमी/घण्टा
दिया है, शान्त जल में नाव की चाल $= 3$ किमी/घण्टा

प्रश्नानुसार, $2\left(\frac{50}{3 + x}\right) = \frac{50}{3 - x} \Rightarrow \frac{100}{3 + x} = \frac{50}{3 - x}$

$\Rightarrow$ $300 - 100x = 150 + 50x$

$\Rightarrow$ $150x = 150$ $\Rightarrow x = 1$ किमी/घण्टा

अतः धारा की चाल 1 किमी/घण्टा है।

Quick Method

माना धारा की चाल $= x$ किमी/घण्टा

$\therefore$ दूरी $= (3 + x) \times 1 = (3 - x) \times 2$

$\Rightarrow$ $3 + x = 6 - 2x$

$\Rightarrow$ $x = 1$ किमी/घण्टा

उदाहरण 10. एक नौका 8 घण्टे में धारा के विपरीत दिशा में 25 किमी और धारा की दिशा में 39 किमी चलती है। यह 11 घण्टे में धारा की विपरीत दिशा में 35 किमी और धारा की दिशा में 52 किमी की दूरी तय करती है। यदि यह एकसमान चाल से यात्रा करती है, तो धारा की चाल बताइए। *SSC CGL (Tier I) 2022*

(a) 6 किमी/घण्टा (b) 5 किमी/घण्टा
(c) 3 किमी/घण्टा (d) 4 किमी/घण्टा

हल (d) माना नौका की चाल x किमी/घण्टा तथा धारा की चाल y किमी/घण्टा है।

प्रश्नानुसार, $\frac{25}{x - y} + \frac{39}{x + y} = 8$ ...(i)

तथा $\frac{35}{x - y} + \frac{52}{x + y} = 11$ ...(ii)

समी (i) को 7 से तथा समी (ii) को 5 से गुणा करके घटाने पर,

$\frac{175}{x - y} + \frac{273}{x + y} = 56$

$\frac{175}{x - y} + \frac{260}{x + y} = 55$

$- \quad - \quad -$

$\frac{13}{x + y} = 1$

$\Rightarrow$ $x + y = 13$ ...(iii)

समी (iii) का मान समी (i) में रखने पर,

$\frac{25}{x - y} = 8 - 3 = 5$

$\Rightarrow$ $x - y = 5$ ...(iv)

समी (iii) और (iv) को हल करने पर,

$y = 4$

अतः धारा की चाल $= 4$ किमी/घण्टा

Score Booster
इस Chapter के प्रश्नों को Quick Method से Solve करने के लिए Chapter के सभी सूत्रों का याद होना अति आवश्यक है।

Chapter Challenge

रेलगाड़ी द्वारा व्यक्ति/सिग्नल पार करने पर आधारित

1. 480 मी लम्बी एक ट्रेन, एक स्थिर आदमी को 24 सेकण्ड में पार करती है। ट्रेन की चाल ज्ञात कीजिए। *DSSSB 2022*

(a) 54 किमी/घण्टा (b) 64 किमी/घण्टा
(c) 72 किमी/घण्टा (d) 60 किमी/घण्टा

2. 60 किमी/घण्टा की गति से चल रही एक रेलगाड़ी 1.5 मिनट में एक खम्भे को पार करती है। रेलगाड़ी की लम्बाई (मी में) कितनी है? *RRB NTPC 2020*

(a) 1500 (b) 600 (c) 800 (d) 1200

3. एक ट्रेन विपरीत दिशा में जा रहे एक आदमी को 12 सेकण्ड में पार करती है और आदमी की गति 10 किमी/घण्टा है। यदि ट्रेन की गति 62 किमी/घण्टा है, तो ट्रेन की लम्बाई (मी में) क्या है? *RRB NTPC 2022]*

(a) 240 (b) 200 (c) 220 (d) 250

4. यदि समान लम्बाई परन्तु अलग-अलग चालों से एक-दूसरे की ओर गतिमान दो रेलगाड़ियाँ स्टेशन के सिग्नल को पार करने में क्रमश: 4 सेकण्ड व 8 सेकण्ड का समय लेती हैं, तो एक-दूसरे को पार करने में वे कितना समय लेंगी? *SSC (10+2) 2023*

(a) 15 सेकण्ड (b) 16/3 सेकण्ड
(c) 19/5 सेकण्ड (d) 20/3 सेकण्ड

रेलगाड़ी द्वारा प्लेटफॉर्म, पुल या गुफा पार करने पर आधारित

5. एक रेलगाड़ी की लम्बाई 330 मी है तथा वह 72 किमी/घण्टा की चाल से चल रही है। 710 मी लम्बे किसी प्लेटफॉर्म को पार करने में वह कितना समय लेगी? *SSC CGL (Tier-II) 2022*

(a) 72 सेकण्ड (b) 56 सेकण्ड
(c) 64 सेकण्ड (d) 52 सेकण्ड

6. 350 मी लम्बी रेलगाड़ी 250 मी लम्बे पुल को 20 सेकण्ड में पार करती है। रेलगाड़ी की चाल (किमी/घण्टा में) क्या है? *SSC (10 + 2) 2020*

(a) 108
(b) 88
(c) 95
(d) 72

> ***MRC******
> ***(Most Repeating Concepts)***
> प्र. सं. 4, 5, 6 और 7 Examination Point of Views से अति महत्त्वपूर्ण हैं। इन Concept पर प्रश्न विभिन्न प्रतियोगी परीक्षाओं (CPO, CGL, Police SI & Constable, ALP आदि) में निरन्तर पूछे जा रहे हैं।

7. 255 मी लम्बी एक रेलगाड़ी 72 किमी/घण्टा की चाल से चल रही है। यह 745 मी लम्बाई के एक प्लेटफॉर्म को ...... में पार करेगी। *SSC CPO 2024]*

(a) 40 सेकण्ड (b) 53 सेकण्ड
(c) 50 सेकण्ड (d) 51 सेकण्ड

8. एक ट्रेन 36 सेकण्ड में एक प्लेटफॉर्म को और प्लेटफॉर्म पर खड़े एक व्यक्ति को 20 सेकण्ड में पार करती है। यदि ट्रेन की चाल 54 किमी/घण्टा है, तो प्लेटफॉर्म की लम्बाई क्या है? *UP Police Assistant Operator 2024*

(a) 120 मी (b) 300 मी (c) 240 मी (d) 360 मी

एक रेलगाड़ी द्वारा दूसरी रेलगाड़ी को पार करने पर आधारित

9. दो रेलगाड़ियाँ क्रमश: 59 किमी/घण्टा और 32 किमी/घण्टा की चाल से समान दिशाओं में चलती हैं और तेजी से चलने वाली रेलगाडी, धीमी गति से चलने वाली रेलगाड़ी में बैठे एक व्यक्ति को 16 सेकण्ड में पार करती है। तेज गति से चलने वाली रेलगाड़ी की लम्बाई ज्ञात कीजिए। *UP Police Constable 2024*

(a) 120 मी (b) 170 मी (c) 123 मी (d) 124 मी

10. एक ट्रेन विपरीत दिशा में समान चाल से चल रही, दूसरी ट्रेन को 5 सेकण्ड में पार करती है। यदि पहली ट्रेन की चाल दोगुनी हो जाती है, और दूसरी ट्रेन की चाल आधी हो जाती है, तो दोनों ट्रेनों द्वारा एक-दूसरे को पार करने में लिया गया समय (सेकण्ड में) होगा। *SSC Constable (GD) 2022*

(a) 5 (b) 4 (c) 6 (d) 3

11. 74 किमी/घण्टा की चाल से चलने वाली रेलगाड़ी X, विपरीत दिशा में 52 किमी/घण्टा की चाल से चलने वाली रेलगाड़ी Y को 12 सेकण्ड में पार करती है। यदि रेलगाड़ी Y की लम्बाई, रेलगाड़ी X की लम्बाई की दो-तिहाई है, तो रेलगाड़ी X की लम्बाई (मी में) ज्ञात करें। *SSC CPO 2020*

(a) 168 (b) 210 (c) 200 (d) 252

12. दो ट्रेनें विपरीत दिशाओं में चल रही हैं। वे प्लेटफॉर्म पर खड़े एक व्यक्ति को क्रमश: 28 सेकण्ड और 10 सेकण्ड में पार करती हैं। वे एक-दूसरे को 24 सेकण्ड में पार करती हैं। उनकी चालों का अनुपात कितना है? *IB 2023*

(a) 9 : 2 (b) 7 : 2 (c) 4 : 5 (d) 1 : 9

रेलगाड़ी से सम्बन्धित मिश्रित प्रश्न

13. दो स्टेशनों A और B के बीच की दूरी 200 किमी है। एक ट्रेन A से B की ओर 75 किमी/घण्टा की चाल से चलती है, जबकि दूसरी ट्रेन B से A की ओर 85 किमी/घण्टा की चाल से चलती है। दोनों ट्रेनों के एक-दूसरे से मिलने से 3 मिनट पहले उनके बीच की दूरी (किमी में) कितनी होगी? *CUET (UG) 2022*

(a) 6 (b) 5 (c) 8 (d) 10

14. 67 मी लम्बी ट्रेन 10 सेकण्ड में 33 मी लम्बी सुरंग को पार करती है। ट्रेन द्वारा 65 मी लम्बे प्लेटफॉर्म पर खड़े एक व्यक्ति को पार करने में लगने वाला समय ज्ञात कीजिए। *UP Police Constable 2024*

(a) 8.8 सेकण्ड (b) 6.7 सेकण्ड (c) 4.5 सेकण्ड (d) 5.5 सेकण्ड

15. 240 मी लम्बी रेलगाड़ी, किसी खम्भे को 16 सेकण्ड में पार करती है और किसी प्लेटफॉर्म को 42 सेकण्ड में पार करती है। प्लेटफॉर्म की लम्बाई (मी में) ज्ञात करें। *SSC MTS 2021*

(a) 400 (b) 360 (c) 390 (d) 420

16. एक ट्रेन को एक सिग्नल को पार करने में 39 सेकण्ड लगते हैं, जो पुल के एक छोर पर है जिसकी लम्बाई 740 मी है। यदि ट्रेन को पुल को पार करने में 113 सेकण्ड लगते हैं, तो ट्रेन की लम्बाई ज्ञात करें। *RPF Constable 2019*

(a) 370 मी (b) 290 मी (c) 390 मी (d) 270 मी

17. एक रेलगाड़ी 220 किमी की दूरी 5 घण्टे में तय करती है। दूसरी रेलगाड़ी वही समान दूरी 1 घण्टे कम में तय करती है। इस रेलगाड़ी द्वारा 1 घण्टे में तय की गई दूरी में क्या अन्तर है? *DSSSB Lab Attendant 2024*

(a) 12 किमी (b) 15 किमी (c) 10 किमी (d) 11 किमी

18. दो स्टेशन R तथा S एक-दूसरे से 400 किमी की दूरी पर हैं। एक रेलगाड़ी R से S के लिए निकलती हैं तथा उसी समय पर एक अन्य रेलगाड़ी S से R के लिए निकलती है। 10 घण्टे के पश्चात् दोनों रेलगाड़ियाँ मिलती हैं। यदि पहली रेलगाड़ी की चाल दूसरी रेलगाड़ी से 4 किमी/घण्टा अधिक है, तो धीमी वाली रेलगाड़ी की चाल क्या है? *SSC CGL (Tier I) 2022*

(a) 26 किमी/घण्टा (b) 22 किमी/घण्टा
(c) 16 किमी/घण्टा (d) 18 किमी/घण्टा

19. एक ट्रेन अमृतसर से कांगड़ा तक 96 किमी/घण्टा की गति से चलती है और 98 किमी/घण्टा की गति से वापस आती है। यदि कुल यात्रा में 194 घण्टे लगते हैं, तो अमृतसर और कांगड़ा के बीच की दूरी (किमी में) ज्ञात कीजिए। *UP Police SI 2021*

(a) 9508 (b) 9308 (c) 9608 (d) 9408

20. एक रेलगाड़ी स्टेशन A से स्टेशन B की ओर 50 किमी/घण्टा की गति से निकलती है। आधे घण्टे के बाद, दूसरी रेलगाड़ी स्टेशन B से स्टेशन A की ओर 150 किमी/घण्टा की गति से निकलती है। स्टेशनों के बीच की दूरी 725 किमी है। स्टेशन A से उस बिन्दु की दूरी जहाँ दोनों रेलगाड़ी मिलती हैं, कितनी है? *RRB NTPC 2020*

(a) 250 किमी (b) 150 किमी
(c) 168 किमी (d) 200 किमी

21. दो रेलगाड़ियाँ हावडा व पटना से क्रमश: पटना व हावडा की ओर चलती हैं। एक-दूसरे को मिलने के 4 घण्टे 48 मिनट व 3 घण्टे 20 मिनट पश्चात् वे क्रमश: पटना व हावडा पहुँचती हैं। यदि हावडा से चलने वाली रेलगाड़ी की चाल 45 किमी/घण्टा है, तो दूसरी रेलगाड़ी की चाल ज्ञात कीजिए। *SSC CGL 2024*

(a) 48 किमी/घण्टा (b) 52 किमी/घण्टा
(c) 54 किमी/घण्टा (d) 60 किमी/घण्टा

22. समानान्तर पटरियों पर 45 किमी/घण्टा और 51 किमी/घण्टा की चाल से, एक-दूसरे की ओर चल रहीं दो रेलगाड़ियों को, एक-दूसरे को पार करने में 21 सेकण्ड का समय लगता है। यदि एक रेलगाड़ी की लम्बाई 290 मी है, तो दूसरी रेलगाड़ी की लम्बाई कितनी (मी में) *SSC MTS 2024*

(a) 230 (b) 270
(c) 250 (d) 290

23. 204 मी लम्बे पुल को पार करने में एक ट्रेन 57 सेकण्ड का समय लेती है। यदि वही ट्रेन एक संकेत बोर्ड को पार करने के लिए 23 सेकण्ड का समय लेती है, तो ट्रेन की लम्बाई (मी में) बताइए। *RPF Constable 2019*

(a) 138 (b) 128 (c) 118 (d) 148

24. 1000 किमी की दूरी तय करने के बाद, पटरियों की मरम्मत की वजह से एक ट्रेन धीमी हो गई। इस यात्रा के लिए इसकी औसत चाल में 75 किमी/घण्टा की कमी हो जाती है और यात्रा का समय 3 घण्टे बढ़ जाता है। यात्रा की मूल अवधि कितनी है? *CISF Head Constable 2023*

(a) 6.5 घण्टे (b) 5 घण्टे
(c) 5.5 घण्टे (d) 6 घण्टे

25. किसी रेलगाड़ी की चाल 78 किमी/घण्टा है। यह किसी सुरंग को 45 सेकण्ड में पार करती है और उसी दिशा में 6 किमी/घण्टा की चाल से चलने वाले व्यक्ति को 15 सेकण्ड में ओवरटेक करती है। सुरंग की लम्बाई (मी में) ज्ञात करें। *SSC (10+2) 2021*

(a) 780 (b) 650 (c) 675 (d) 975

अनुप्रवाह तथा ऊर्ध्वप्रवाह सम्बन्धित साधारण प्रश्न

26. शान्त जल में नाव की चाल 17 किमी/घण्टा और धारा की चाल 5 किमी/घण्टा है। नाव को धारा की दिशा में 110 किमी जाने में कितना समय लगता है? *CISF Head Constable 2023*

(a) 5 घण्टे (b) 5.5 घण्टे
(c) 4.5 घण्टे (d) 6 घण्टे

27. धारा की गति 3 किमी/घण्टा है और शान्त जल में एक व्यक्ति की गति 5 किमी/घण्टा है। व्यक्ति द्वारा धारा के अनुकूल 26 किमी तैरने में लिया गया समय कितना है? *RRB NTPC 2021*

(a) $4\frac{1}{3}$ घण्टे (b) $4\frac{3}{4}$ घण्टे
(c) $1\frac{3}{4}$ घण्टे (d) $3\frac{1}{4}$ घण्टे

28. एक नाव नदी की विपरीत धारा में 80 किमी की यात्रा 12 घण्टे में तय करती है और नदी की धारा के साथ उतनी ही दूरी 8 घण्टे में तय करती है। स्थिर जल में नाव की गति क्या है? *DSSSB 2019*

(a) $\frac{25}{3}$ किमी/घण्टा (b) $\frac{25}{2}$ किमी/घण्टा
(c) $\frac{20}{3}$ किमी/घण्टा (d) $\frac{25}{4}$ किमी/घण्टा

29. एक नाव धारा की प्रतिकूल दिशा में 1 घण्टे में 3 किमी चलती है और धारा की अनुकूल दिशा में 12 मिनट में 1 किमी चलती है। नाव को स्थिर जल में 6 किमी जाने में कितना समय लगेगा? *SSC (10+2) 2024*

(a) 1 घण्टा 30 मिनट
(b) 1 घण्टा 25 मिनट
(c) 1 घण्टा 20 मिनट
(d) 1 घण्टा 15 मिनट

> **MRC*****
> ***(Most Repeating Concepts)***
> प्र. सं. 27, 29 और 32 Examination Point of Views से अति महत्त्वपूर्ण हैं। इन Concept पर प्रश्न विभिन्न प्रतियोगी परीक्षाओं (DSSSB, NTPC, CHSL, SI तथा Constable आदि) में निरन्तर पूछे जा रहे हैं।

30. शान्त जल में एक नाव की चाल 30 किमी/घण्टा है और धारा की चाल 6 किमी/घण्टा है। 5 मिनट में धारा की दिशा में और धारा के विपरीत दिशा में तय की गई क्रमश: दूरी ज्ञात कीजिए। *RRB NTPC 2021*

(a) 3 किमी अनुप्रवाह गति; 4 किमी ऊर्ध्वप्रवाह गति
(b) 3 किमी अनुप्रवाह गति; 3 किमी ऊर्ध्वप्रवाह गति
(c) 2 किमी अनुप्रवाह गति; 2 किमी ऊर्ध्वप्रवाह गति
(d) 3 किमी अनुप्रवाह गति; 2 किमी ऊर्ध्वप्रवाह गति

31. एक नाव धारा के अनुकूल 18 किमी की दूरी 3 घण्टे में तय करती है। यदि धारा की गति इसकी अनुप्रवाह गति की $33\frac{1}{3}\%$ है। तो धारा के विपरीत दिशा में यह 100 किमी की दूरी कितने समय में तय करेगी? *CISF ASI 2023*

(a) 45 घण्टे (b) 40 घण्टे
(c) 20 घण्टे (d) 50 घण्टे

32. एक नाव धारा के विपरीत 1 किमी की दूरी $\frac{1}{2}$ घण्टे में तय करती है और धारा की दिशा में 3 किमी की दूरी 30 मिनट में तय करती है। नाव को स्थिर जल में 8 किमी की दूरी तय करने में कितना समय लगेगा? *IB 2023*

(a) 2 घण्टे 40 मिनट (b) 2 घण्टे 15 मिनट
(c) 2 घण्टे (d) 2 घण्टे 25 मिनट

अनुप्रवाह तथा ऊर्ध्वप्रवाह सम्बन्धित मिश्रित प्रश्न

33. शान्त पानी में नाव की गति और धारा की गति के बीच का अनुपात 5 : 4 है। यदि धारा के अनुकूल 720 किमी की दूरी 8 घण्टे में तय की जाती है, तो शान्त पानी में नाव की गति और धारा की गति के बीच अन्तर ज्ञात करें। ***CISF ASI 2023***

(a) 10 किमी/घण्टा (b) 15 किमी/घण्टा
(c) 12 किमी/घण्टा (d) 16 किमी/घण्टा

34. एक व्यक्ति शान्त जल में 11 किमी/घण्टा की गति से नाव चला सकता है। धारा की गति $\frac{5}{6}$ मी/से है। धारा के प्रतिकूल 36 किमी की दूरी तय करने में उसे कितना समय लगेगा? ***RRB NTPC 2022***

(a) 4 घण्टे 15 मिनट (b) 4 घण्टे 30 मिनट
(c) 4 घण्टे 20 मिनट (d) 4 घण्टे 36 मिनट

35. एक स्टीमर धारा के अनुकूल जाता है और दो बंदरगाहों के बीच की दूरी को 6 घण्टे में तय करता है। यह समान दूरी धारा के प्रतिकूल 8 घण्टे में तय करता है। यदि धारा की गति 3 किमी/घण्टा है, तो शान्त जल में स्टीमर की गति है ***RRB NTPC 2021***

(a) 10 किमी/घण्टा (b) 21 किमी/घण्टा
(c) 10.375 किमी/घण्टा (d) 21.5 किमी/घण्टा

36. एक नाव बिन्दु P से धारा की दिशा में चलना शुरू करती है और बिन्दु Q तक 3 घण्टे में पहुँचती है और बिन्दु Q से बिन्दु P पर 4 घण्टे में वापस आती है। यदि जल की चाल 3 किमी/घण्टा है, तो शान्त जल में नाव की चाल (किमी/घण्टा में) ज्ञात कीजिए। ***RRC Group D 2022***

(a) 12 (b) 20 (c) 21 (d) 32

37. एक मोटरबोट शान्त जल में 5 किमी/घण्टा की गति से चल सकती है। यह नदी में धारा के अनुकूल 90 किमी की यात्रा करती है और वापस लौटती है, कुल मिलाकर 100 घण्टे लगते है। नदी के प्रवाह की दर ज्ञात कीजिए। ***UP Forest Guard 2022***

(a) 3 किमी/घण्टा (b) 3.5 किमी/घण्टा
(c) 2 किमी/घण्टा (d) 4 किमी/घण्टा

38. आशु शान्त जल में 7.5 किमी/घण्टा की गति से नाव चला सकता है। उसने पाया कि धारा के प्रतिकूल दिशा नाव चलाने में उसे धारा के अनुकुल दिशा में नाव चलाने में लगने वाले समय से चार गुना अधिक समय लगता है। धारा की गति ज्ञात कीजिए। ***SSC CPO 2024***

(a) 3.5 किमी/घण्टा (b) 2.5 किमी/घण्टा
(c) 1.5 किमी/घण्टा (d) 4.5 किमी/घण्टा

39. एक नाव की शान्त जल में चाल 20 किमी/घण्टा है। यह ऊर्ध्वप्रवाह में 24 किमी दूरी जाने एवं प्रस्थान स्थल पर वापस आने में $2\frac{1}{2}$ घण्टे का समय लेती है। धारा की चाल क्या है? ***DSSSB Grade II 2019***

(a) 4 किमी/घण्टा (b) 8 किमी/घण्टा
(c) 3 किमी/घण्टा (d) 2 किमी/घण्टा

40. एक व्यक्ति स्थिर जल में 22 किमी/घण्टा की गति से नाव चला सकता है। यदि नदी 6 किमी/घण्टा की गति से बहती है, तो उसे एक स्थान तक जाने और वापस आने में 11 घण्टे लगते हैं। वह स्थान आरम्भिक बिन्दु से कितनी दूर है? ***DSSSB Lab Attendant 2024***

(a) 112 किमी (b) 104 किमी
(c) 108 किमी (d) 136 किमी

41. स्थिर जल में 3 किमी/घण्टा की चाल से नाव चला रहे एक नाविक को धारा के प्रतिकूल 50 किमी जाने में धारा के अनुकूल 50 किमी जाने की तुलना में दोगुना समय लगता है। धारा के प्रतिकूल नाविक की चाल ज्ञात कीजिए। ***RRB ALP 2024***

(a) 2 किमी/घण्टा (b) $\frac{3}{4}$ किमी/घण्टा
(c) $\frac{4}{3}$ किमी/घण्टा (d) 1 किमी/घण्टा

42. एक नाव धारा की विपरीत दिशा में 5 किमी की दूरी 15 मिनट में तय कर सकती है। यदि शान्त जल में नाव की चाल और धारा की चाल का अनुपात 6 : 1 है, तो नाव धारा की दिशा में 19.6 किमी की दूरी तय करने में कितना समय लेगी? ***SSC MTS 2022***

(a) 42 मिनट (b) 26 मिनट (c) 31 मिनट (d) 54 मिनट

43. एक नाव को धारा के अनुकूल 7 किमी जाने में उतना ही समय लगता है, जितना कि उसे धारा के प्रतिकूल 3 किमी जाने में लगा है। यह कुल $6\frac{2}{3}$ घण्टों में धारा के प्रतिकूल 14 किमी और अनुप्रवाह में समान दूरी तक जा सकती है। धारा के प्रतिकूल 16.8 किमी जाने में कितना समय (घण्टों में) लगेगा? ***RRB NTPC (CBT-II) 2022***

(a) 4.2 (b) 3.5 (c) 5.6 (d) 7

44. एक आदमी, धारा की दिशा में 8 किमी की दूरी एक निश्चित समय में तय कर सकता है और उतने ही समय में वह धारा की विपरीत दिशा में 6 किमी की दूरी तय कर सकता है। यदि वह धारा की विपरीत दिशा में 24 किमी की दूरी और धारा की दिशा में उतनी ही दूरी $1\frac{3}{4}$ घण्टे में तय करता है, तो धारा की चाल ज्ञात करें। ***SSC CGL (Tier-I) 2021***

(a) 3 किमी/घण्टा (b) 4 किमी/घण्टा
(c) $4\frac{1}{2}$ किमी/घण्टा (d) $2\frac{1}{2}$ किमी/घण्टा

45. धारा की चाल 4 किमी/घण्टा है। एक नाव धारा की दिशा में 40 किमी और धारा की विपरीत दिशा में 12 किमी की दूरी 4 घण्टे में तय कर सकती है। शान्त जल में नाव की चाल (किमी/घण्टा में) ज्ञात कीजिए। ***RRC Group D 2022***

(a) 16 (b) 12 (c) 10 (d) 14

46. कोई नाव, धारा की दिशा में बिन्दु P से Q तक जाती है, जो P से 24 किमी की दूरी पर है और फिर बिन्दु P पर वापस आती है। यदि नाव की वास्तविक चाल (शान्त जल में) 6 किमी/घण्टा है, तो P से Q तक की पूरी यात्रा में, Q से P तक की पूरी यात्रा में 3 घण्टे कम समय लगता है। P से Q तक 2 घण्टे में जाने के लिए नाव की वास्तविक चाल (किमी/घण्टे में) ज्ञात करें। ***SSC MTS 2021***

(a) 12 (b) 22 (c) 10 (d) 15

47. स्थिर जल में, किसी मोटरबोट की चाल 20 किमी/घण्टा है। यह धारा की दिशा में 150 किमी की दूरी तय करती है और फिर शुरुआती बिन्दु पर वापस आती है। यदि राउण्ड ट्रिप में 16 घण्टे का समय लगता है, तो नदी के प्रवाह की चाल (किमी/घण्टा में) ज्ञात करें। ***SSC CGL (Tier-I) 2021***

(a) 4 (b) 5 (c) 8 (d) 6

> **MRC*****
> ***(Most Repeating Concepts)***
> प्र. सं. 37, 38, 45 और 47 Examination Point of Views से अति महत्त्वपूर्ण है। इन Concept पर प्रश्न विभिन्न प्रतियोगी परीक्षाओं (CGL, Group D, DSSSB, CUET आदि) में निरन्तर पूछे जा रहे हैं।

Right Key

1 (c)	2 (a)	3 (a)	4 (b)	5 (d)	6 (a)	7 (c)	8 (c)	9 (a)	10 (b)
11 (d)	12 (b)	13 (c)	14 (b)	15 (c)	16 (c)	17 (d)	18 (d)	19 (d)	20 (d)
21 (c)	22 (b)	23 (a)	24 (b)	25 (c)	26 (a)	27 (d)	28 (a)	29 (a)	30 (d)
31 (d)	32 (c)	33 (a)	34 (b)	35 (b)	36 (c)	37 (d)	38 (d)	39 (a)	40 (a)
41 (a)	42 (a)	43 (c)	44 (b)	45 (b)	46 (c)	47 (b)			

Solutions

1. (*c*) जब ट्रेन एक स्थिर व्यक्ति को पार करती है,

तब चाल $= \frac{\text{ट्रेन की लम्बाई}}{\text{समय}}$

$= \frac{480}{24} = 20$ मी/से

$= 20 \times \frac{18}{5}$ किमी/घण्टा

$= 72$ किमी/घण्टा

2. (*a*) रेलगाड़ी की चाल = 60 किमी/घण्टा

खम्भे को पार करने में लगा समय = 1.5 मिनट

$= 1.5 \times 60$

= 90 सेकण्ड

∴ रेलगाड़ी की लम्बाई = चाल × समय

$= 60 \times \frac{5}{18} \times 90$ मी

= 1500 मी

3. (*a*) आदमी की चाल = 10 किमी/घण्टा

ट्रेन की चाल = 62 किमी/घण्टा

विपरीत दिशा में सापेक्षिक चाल

= (62 + 10) किमी/घण्टा

= 72 किमी/घण्टा

∴ ट्रेन की लम्बाई (दूरी) = चाल × समय

$= 72 \times \frac{5}{18} \times 12 = 240$ मी

4. (*b*) माना दोनों रेलगाड़ियों की लम्बाई = L,

पहली रेलगाड़ी की चाल = S_1

दूसरी रेलगाड़ी की चाल = S_2

∴ $\frac{L}{S_1} = 4 \Rightarrow S_1 = \frac{L}{4}$ ...(i)

और $\frac{L}{S_2} = 8 \Rightarrow S_2 = \frac{L}{8}$ ...(ii)

∴ अभीष्ट समय $= \frac{L + L}{S_1 + S_2}$

$= \frac{2L}{\frac{L}{4} + \frac{L}{8}} = \frac{2L}{\frac{2L + L}{8}}$

$= \frac{16L}{3L} = \frac{16}{3}$ सेकण्ड

Quick Method

यहाँ, $t_1 = 4$ सेकण्ड तथा $t_2 = 8$ सेकण्ड

एक-दूसरे को पार करने में लगा समय,

$T = \frac{2t_1t_2}{t_1 + t_2}$ **[Formula 20.1 से]**

[चूँकि दोनों रेलगाड़ियाँ एक-दूसरे की ओर अर्थात् विपरीत दिशा में गतिमान हैं। इसलिए '+' चिह्न का प्रयोग किया गया है]

$= \frac{2 \times 4 \times 8}{4 + 8} = \frac{2 \times 4 \times 8}{12}$

$= \frac{16}{3}$ सेकण्ड

5. (*d*) रेलगाड़ी की लम्बाई = 330 मी

रेलगाड़ी की चाल = 72 किमी/घण्टा

$= 72 \times \frac{5}{18}$ मी/से

= 20 मी/से

प्लेटफॉर्म की लम्बाई = 710 मी

∴ अभीष्ट समय $= \frac{330 + 710}{20}$

$= \frac{1040}{20} = 52$ सेकण्ड

6. (*a*) कुल दूरी = 350 + 250 = 600 मी

∴ रेलगाड़ी की चाल $= \frac{\text{दूरी}}{\text{समय}}$

$= \frac{600}{20} = 30$ मी/से

$= 30 \times \frac{18}{5}$ किमी/घण्टा

= 108 किमी/घण्टा

7. (*c*) रेलगाड़ी की चाल = 72 किमी/घण्टा

$= 72 \times \frac{5}{18} = 20$ मी/से

∴ अभीष्ट समय $= \frac{\text{कुल दूरी}}{\text{चाल}}$

$= \frac{255 + 745}{20}$

$= \frac{1000}{20} = 50$ सेकण्ड

8. (*c*) माना ट्रेन की लम्बाई = l मी

ट्रेन की चाल = 54 किमी/घण्टा

ट्रेन द्वारा प्लेटफॉर्म पर खड़े व्यक्ति को पार करने में लगा समय = 20 सेकण्ड

तब, $l = 20 \times 54 \times \frac{5}{18} = 300$ मी

माना प्लेटफॉर्म की लम्बाई = L मी

ट्रेन द्वारा प्लेटफॉर्म को पार करने में लगा समय

$= \frac{300 + L}{54 \times \frac{5}{18}}$

$\Rightarrow 36 \times 54 \times \frac{5}{18} = 300 + L$

$\Rightarrow 540 = 300 + L$

∴ $L = 240$ मी

अत: प्लेटफॉर्म की लम्बाई = 240 मी

9. (*a*) तेज गति से चलने वाली रेलगाड़ी की लम्बाई

= रेलगाड़ियों की सापेक्ष चाल × समय

$= (59 - 32) \times \frac{5}{18} \times 16$

$= 27 \times \frac{5}{18} \times 16 = 120$ मी

10. (*b*) माना दोनों ट्रेनों की चाल = x मी/से

प्रश्नानुसार,

दोनों रेलगाड़ियों की कुल लम्बाई

$= (x + x) \times 5 = \left[2x + \frac{x}{2}\right] \times t$

$\Rightarrow 2 \times x \times 5 = 5 \times \frac{x}{2} \times t$

$\Rightarrow t = 4$ सेकण्ड

∴ अभीष्ट समय = 4 सेकण्ड

11. (*d*) दोनों रेलगाड़ियों की सापेक्षिक चाल

= 74 + 52 = 126 किमी/घण्टा

$= 126 \times \frac{5}{18} = 35$ मी/से

माना, रेलगाड़ी 'X' की लम्बाई l है।

∴ रेलगाड़ी 'Y' की लम्बाई $= \frac{2l}{3}$

प्रश्नानुसार, $\frac{l + \frac{2l}{3}}{35} = 12$

$\Rightarrow \frac{5l}{3} = 12 \times 35$

$\therefore \quad l = \frac{12 \times 35 \times 3}{5} = 252$

अत: रेलगाड़ी 'X' की लम्बाई = 252 मी

12. (b) माना प्रत्येक ट्रेन की चाल क्रमश: x और y है।

माना प्रत्येक ट्रेन की लम्बाई क्रमश: L_1 और L_2 है।

पहली ट्रेन द्वारा व्यक्ति को पार करने में लगा

समय = $\frac{\text{दूरी}}{\text{चाल}}$

$\Rightarrow \quad 28 = \frac{L_1}{x} \Rightarrow L_1 = 28x$

दूसरी ट्रेन द्वारा व्यक्ति को पार करने में लगा समय = $10 = \frac{L_2}{y} \Rightarrow L_2 = 10y$

दोनों ट्रेनों को विपरीत दिशा में एक-दूसरे को पार करने में लगा समय

$24 = \frac{L_1 + L_2}{x + y}$

$\Rightarrow \quad 24 = \frac{28x + 10y}{x + y}$

$\Rightarrow \quad 24x + 24y = 28x + 10y$

$\Rightarrow \quad -4x = -14y$

$\therefore \quad \frac{x}{y} = \frac{7}{2}$

अत: दोनों ट्रेनों की चालों का अनुपात = 7 : 2

> **TOP TIPS** जब विपरीत दिशा से आती हुई दो रेलगाड़ियाँ एक-दूसरे को पार करती हैं। पार करने में तय दूरी उनकी लम्बाई के योग के बराबर होती हैं।

13. (c) सापेक्षिक चाल

= 75 + 85 = 160 किमी/घण्टा

$\therefore$ अभीष्ट दूरी = चाल × समय

$= 160 \times \frac{3}{60} = 8$ किमी

14. (b) ट्रेन की चाल

$= \frac{\text{ट्रेन की लम्बाई} + \text{सुरंग की लम्बाई}}{\text{समय}}$

$= \frac{67 + 33}{10} = 10$ मी/से

अत: व्यक्ति को पार करने में लगा समय

$= \frac{\text{ट्रेन की लम्बाई}}{\text{चाल}}$

$= \frac{67}{10} = 6.7$ सेकण्ड

15. (c) माना प्लेटफॉर्म की लम्बाई x मी है।

जब रेलगाड़ी खम्भे को पार करती है, तब

चाल = $\frac{240}{16} = 15$ मी/से

जब रेलगाड़ी प्लेटफॉर्म को पार करती है, तब

$42 = \frac{240 + x}{15} \quad \left(\because \text{समय} = \frac{\text{दूरी}}{\text{चाल}}\right)$

$\Rightarrow \quad 630 = 240 + x$

$\therefore \quad x = 630 - 240 = 390$ मी

Quick Method

प्लेटफॉर्म की लम्बाई $= \frac{240 \times (42 - 16)}{16}$

$= \frac{240 \times 26}{16} = 390$ मी

> **TOP TIPS** यदि रेलगाड़ी किसी प्लेटफॉर्म तथा खम्भे को पार करने में क्रमश: x तथा y समय लेती है, तो प्लेटफॉर्म को पार करने में लगा लम्बाई = ट्रेन की चाल $\times (x - y)$

16. (c) माना ट्रेन की लम्बाई x है।

पुल की लम्बाई = 740 मी

प्रश्नानुसार, $\frac{x}{39} = \frac{x + 740}{113}$

$\Rightarrow \quad 113x - 39x = 39 \times 740$

$\therefore \quad x = \frac{39 \times 740}{74} = 390$

अत: ट्रेन की लम्बाई = 390 मी

> **TOP TIPS** जब एक रेलगाड़ी पुल को पार करती है, तो पार करने में तय दूरी रेलगाड़ी तथा पुल की लम्बाई के योग के बराबर होती है।

17. (d) पहली रेलगाड़ी की चाल

$= \frac{220}{5} = 44$ किमी/घण्टा

दूसरी रेलगाड़ी का समय = 5 – 1 = 4 घण्टे

इसलिए, दूसरी रेलगाड़ी की चाल

$= \frac{220}{4} = 55$ किमी/घण्टा

$\therefore$ सापेक्षिक चाल = 55 – 44 = 11 किमी/घण्टा

अत: दूसरी रेलगाड़ी द्वारा 1 घण्टे में तय की गई दूरी का अन्तर = 11 किमी

18. (d) माना, धीमी रेलगाड़ी की चाल

= x किमी/घण्टा

$\therefore$ तेज रेलगाड़ी की चाल = $(x + 4)$ किमी/घण्टा

प्रश्नानुसार, $10(x + 4) + 10x = 400$

$\Rightarrow \quad 10x + 40 + 10x = 400$

$\Rightarrow \quad 20x = 360$

$\therefore \quad x = \frac{360}{20} = 18$

अत: धीमी वाली रेलगाड़ी की चाल

= 18 किमी/घण्टा

19. (d) माना अमृतसर से कागड़ा के बीच की दूरी

= x किमी

प्रश्नानुसार,

$\frac{x}{96} + \frac{x}{98} = 194$

$\Rightarrow \quad \frac{98x + 96x}{96 \times 98} = 194$

$\Rightarrow \quad 194x = 194 \times 96 \times 98$

$\therefore \quad x = 9408$ किमी

अत: अमृतसर से कांगड़ा के बीच की दूरी

= 9408 किमी

20. (d) पहली रेलगाड़ी द्वारा आधे घण्टे में तय की गई दूरी $= 50 \times \frac{1}{2} = 25$ किमी

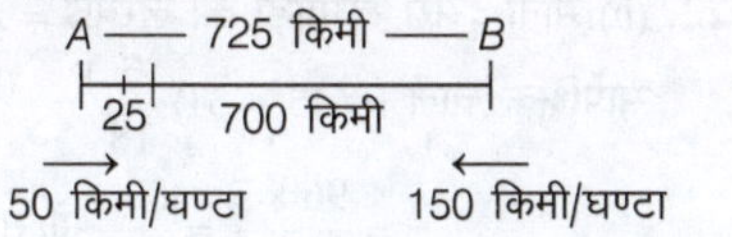

विपरीत दिशा में दोनों ट्रेनों की सापेक्षिक चाल

= 50 + 150

= 200 किमी/घण्टा

दोनों ट्रेनों के मिलने का समय

$= \frac{700}{200} = 3.5$ घण्टे

$\therefore$ पहली रेलगाड़ी द्वारा 3.5 घण्टे में तय की गई दूरी = 50 × 3.5 = 175 किमी

अत: पहली रेलगाड़ी स्टेशन A से 175 + 25 = 200 किमी की दूरी पर दूसरी रेलगाड़ी से मिलती है।

21. (c) माना दूसरी रेलगाड़ी की चाल = S

तथा दोनों रेलगाड़ियाँ बिन्दु O पर मिलती हैं।

O से B की दूरी = 45 × 4 : 48

$= 45 \times \frac{24}{5} = 216$ किमी

तथा $OA = 3 : 20\, S$

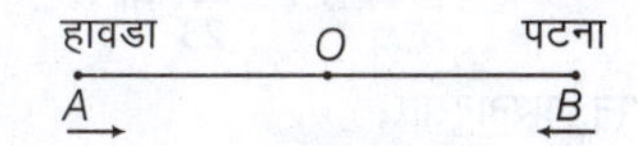

अब, $\frac{AO}{45} = \frac{OB}{S}$

$\Rightarrow \quad \frac{3 : 20S}{45} = \frac{216}{S}$

$\Rightarrow \quad 3 : 20S^2 = 216 \times 45$

$\Rightarrow \quad 3 : 20S^2 = 9720$

$\Rightarrow \quad S^2 = \frac{9720}{3 : 20} = \frac{9720}{3\frac{20}{60}}$

$= \frac{9720 \times 3}{10} = 2916$

$\Rightarrow S = \sqrt{2916} = 54$ किमी/घण्टा

Quick Method

यहाँ, $T_1 = 4$ घण्टे 48 मिनट

$= \left(4 + \frac{48}{60}\right) = \frac{24}{5}$ घण्टे,

$T_2 = 3$ घण्टे 20 मिनट $= \left(3 + \frac{20}{60}\right)$

$= \frac{10}{3}$ घण्टे तथा $x = 45$ किमी/घण्टा

$\therefore$ दूसरी रेलगाड़ी की चाल

$= x\sqrt{\frac{T_1}{T_2}} = 45\sqrt{\frac{\frac{24}{5}}{\frac{10}{3}}} = 45\sqrt{\frac{24}{5} \times \frac{3}{10}}$ **[Formula 20.2 से]**

$= 45 \times \frac{6}{5} = 54$ किमी/घण्टा

22. (*b*) माना दूसरी रेलगाड़ी की लम्बाई $= x$ मी

सापेक्षिक चाल $= (45 + 51)\frac{5}{18}$

$= \frac{96 \times 5}{18} = \frac{80}{3}$ मी/से

प्रश्नानुसार,

ट्रेनों को एक-दूसरे को पार करने में लगा समय

$= \frac{290 + x}{\frac{80}{3}}$

$\Rightarrow \quad 21 = \frac{(290 + x) \times 3}{80}$

$\Rightarrow \quad 1680 = 870 + 3x$

$\Rightarrow \quad 3x = 810$

$\therefore \quad x = \frac{810}{3} = 270$ मी

23. (*a*) माना ट्रेन की लम्बाई $= l$ मी

तथा ट्रेन की चाल $= x$ मी/से

प्रश्नानुसार,

ट्रेन को संकेत बोर्ड को पार करने में लगा समय

$23 = \frac{l}{x} \Rightarrow x = \frac{l}{23}$ मी/से ...(i)

पुन: प्रश्नानुसार,

$57 = \frac{l + 204}{x} \Rightarrow x = \frac{l + 240}{57}$

$\Rightarrow \quad \frac{l}{23} = \frac{l + 204}{57}$ [समी (i) से]

$\Rightarrow \quad 57l = 23l + 204 \times 23$

$\Rightarrow \quad 34l = 204 \times 23$

$\therefore \quad l = \frac{204 \times 23}{34} = 138$

अत: ट्रेन की लम्बाई = 138 मी

24. (*b*) दिया है, कुल दूरी = 1000 किमी

तथा माना ट्रेन की औसत चाल

$= x$ किमी/घण्टा

प्रश्नानुसार,

$\frac{1000}{x - 75} - \frac{1000}{x} = 3$

$\left[\because \text{समय} = \frac{\text{दूरी}}{\text{चाल}}\right]$

$\Rightarrow \quad 1000\left[\frac{x + 75 - x}{x(x - 75)}\right] = 3$

$\Rightarrow \quad \frac{75 \times 1000}{3} = x(x - 75)$

$\Rightarrow \quad x^2 - 75x - 25000 = 0$

$\Rightarrow x^2 - 200x + 125x - 25000 = 0$

$\Rightarrow x(x - 200) + 125(x - 200) = 0$

$\Rightarrow \quad (x - 200)(x + 125) = 0$

$\therefore x = 200$, तथा $x = -125$ (अमान्य)

अत: ट्रेन की औसत चाल = 200 किमी/घण्टा

$\therefore$ यात्रा की मूल अवधि $= \frac{\text{दूरी}}{\text{चाल}}$

$= \frac{1000}{200} = 5$ घण्टे

25. (*c*) माना सुरंग की लम्बाई $= x$ मी

तथा ट्रेन की लम्बाई $= y$ मी

दिया है, ट्रेन की चाल = 78 किमी/घण्टा

$= 78 \times \frac{5}{18} = \frac{195}{9}$ मी/से

तथा व्यक्ति की चाल = 6 किमी/घण्टा

$= 6 \times \frac{5}{18} = \frac{5}{3}$ मी/से

तथा व्यक्ति के सापेक्ष ट्रेन की चाल

$= \frac{195}{9} - \frac{5}{3} = \frac{180}{9} = 20$ मी/से

जब रेलगाड़ी व्यक्ति को पार करती है, तब

चाल $= \frac{\text{दूरी}}{\text{समय}}$

$\Rightarrow \quad 20 = \frac{y}{15} \Rightarrow y = 300$ मी

जब रेलगाड़ी सुरंग को पार करती है, तब

$\frac{195}{9} = \frac{x + y}{45} = \frac{x + 300}{45}$

$\Rightarrow x + 300 = \frac{195 \times 45}{9} = 975$

$\therefore \quad x = 975 - 300 = 675$

अत: सुरंग की लम्बाई = 675 मी

26. (*a*) $\because$ शान्त जल में नाव की चाल (x)

= 17 किमी/घण्टा

धारा की चाल $(y) = 5$ किमी/घण्टा

धारा की दिशा में चाल $= (x + y)$

= 17 + 5 = 22 किमी/घण्टा

धारा की दिशा में 110 किमी जाने में लगा

समय $= \frac{110}{22} = 5$ घण्टे

Quick Method

धारा की दिशा में 110 किमी जाने में लगा

समय $= \frac{110}{17 + 5} = \frac{110}{22} = 5$ घण्टे

27. (*d*) दिया है,

धारा की गति $(y) = 3$ किमी/घण्टा

शान्त जल में व्यक्ति की चाल (x)

= 5 किमी/घण्टा

धारा के अनुकूल चाल $(x + y) = 5 + 3$

= 8 किमी/घण्टा

$\therefore$ धारा के अनुकूल लगा समय $= \frac{26}{8}$ घण्टे

$= 3\frac{2}{8} = 3\frac{1}{4}$ घण्टे

28. (*a*) नदी की धारा के विपरीत नाव की चाल

$(x - y) = \frac{80}{12} = \frac{20}{3}$ किमी/घण्टा ...(i)

नदी की धारा के साथ नाव की चाल

$(x + y) = \frac{80}{8} = 10$ किमी/घण्टा ...(ii)

समी (i) तथा (ii) के योग से,

$2x = \frac{20}{3} + 10$

$\Rightarrow \quad x = \frac{25}{3}$ किमी/घण्टा

अत: स्थिर जल में नाव की चाल (x)

$= \frac{25}{3}$ किमी/घण्टा

29. (*a*) नाव की धारा के प्रतिकूल चाल

$(x - y) = \frac{3}{1} = 3$ किमी/घण्टा ...(i)

नाव की धारा के अनुकूल चाल

$(x + y) = \frac{1}{\frac{12}{60}} = 5$ किमी/घण्टा ...(ii)

समी (i) तथा (ii) से,

$x = 4$ किमी/घण्टा

$\therefore$ नाव को स्थिर जल में 6 किमी जाने में लगा

समय $= \frac{6}{4} = 1$ घण्टा 30 मिनट

30. (*d*) दिया है, शान्त जल में नाव की चाल (x)

= 30 किमी/घण्टा

धारा की चाल $(y) = 6$ किमी/घण्टा

धारा की दिशा में नाव की चाल $(x + y)$

= 30 + 6 = 36 किमी/घण्टा

धारा की दिशा में तय की गई दूरी

$= 36 \times \frac{5}{60} = 3$ किमी

धारा के विपरीत दिशा में नाव की चाल

$(x - y) = 30 - 6 = 24$ किमी/घण्टा

धारा के विपरीत दिशा में तय की गई दूरी

$= 24 \times \frac{5}{60} = 2$ किमी

TOP TIPS इस प्रकार के प्रश्नों को आसानी से हल करने के लिए विद्यार्थियों को इस विषय के Concepts अच्छी तरह तैयार होने चाहिए।

31. (d) धारा के अनुकूल नाव की चाल

$(x + y) = \frac{18}{3} = 6$ किमी/घण्टा

धारा की गति $(y) = 6 \times 33\frac{1}{3}\%$

$= 2$ किमी/घण्टा

शान्त जल में नाव की गति $(x) = 6 - 2$

$= 4$ किमी/घण्टा

धारा के विपरीत नाव की चाल

$(x - y) = 4 - 2 = 2$ किमी/घण्टा

$\therefore$ धारा के विपरीत 100 किमी दूरी तय करने में लगा समय $= \frac{100}{2} = 50$ घण्टे

32. (c) नाव की धारा के विपरीत चाल

$u = \frac{1}{1/2} = 2$ किमी/घण्टा

नाव की धारा की दिशा में चाल

$v = \frac{3}{30/60}$ किमी/घण्टा

$= 6$ किमी/घण्टा

स्थिर जल में नाव की चाल

$= \frac{u+v}{2} = \frac{2+6}{2} = 4$ किमी/घण्टा

$\therefore$ अभीष्ट समय $= \frac{8}{4} = 2$ घण्टे

33. (a) माना शान्त पानी में नाव व धारा की गति क्रमश: $5x$ तथा $4x$ है।

धारा के अनुकूल नाव की चाल

$= \frac{720}{8} = 90$ किमी/घण्टा

प्रश्नानुसार,

$5x + 4x = 90$

$\Rightarrow \quad 9x = 90$

$\therefore \quad x = \frac{90}{9} = 10$

अब, शान्त पानी में नाव की गति और धारा की गति के बीच अन्तर

$= 5x - 4x = x = 10$ किमी/घण्टा

34. (b) दिया है,

शान्त जल में नाव की चाल (x)

$= 11$ किमी/घण्टा

धारा की गति $(y) = \frac{5}{6} \times \frac{18}{5} = 3$ किमी/घण्टा

धारा के प्रतिकूल चाल $(x - y)$

$= 11 - 3 = 8$ किमी/घण्टा

$\therefore$ अभीष्ट समय $= \frac{\text{दूरी}}{\text{चाल}} = \frac{36}{8} = 4\frac{1}{2}$ घण्टे

$= 4$ घण्टे 30 मिनट

35. (b) माना शान्त जल में स्टीमर की गति

$= x$ किमी/घण्टा

धारा की गति $(y) = 3$ किमी/घण्टा

$\therefore \quad (x + 3) \times 6 = (x - 3) \times 8$

$\Rightarrow \quad 6x + 18 = 8x - 24$

$\Rightarrow \quad -2x = -42$

$\therefore \quad x = 21$ किमी/घण्टा

अत: शान्त जल में स्टीमर की गति

$= 21$ किमी/घण्टा

36. (c) दिया है, जल की चाल $(y) = 3$ किमी/घण्टा

माना, शान्त जल में नाव की चाल

$= x$ किमी/घण्टा

$\therefore \quad (x + 3) \times 3 = (x - 3) \times 4$

$\Rightarrow \quad 3x + 9 = 4x - 12$

$\Rightarrow \quad -x = -21$

$\therefore \quad x = 21$ किमी/घण्टा

अत: शान्त जल में नाव की चाल 21 किमी/घण्टा है।

37. (d) माना नदी के प्रवाह की दर $= x$

प्रश्नानुसार,

$$\frac{90}{5+x} + \frac{90}{5-x} = 100$$

$$\Rightarrow \quad 90\left[\frac{5-x+5+x}{25-x^2}\right] = 100$$

$\Rightarrow \quad 9 \times 10 = 10 \times (25 - x^2)$

$\Rightarrow \quad 9 = 25 - x^2$

$\Rightarrow \quad x^2 = 25 - 9 = 16$

$\therefore \quad x = 4$ किमी/घण्टा

38. (d) शान्त जल में नाव की चाल

$= 7.5$ किमी/घण्टा

माना धारा की चाल $= x$ किमी/घण्टा

प्रश्नानुसार, $\frac{d}{(7.5 + x)} = t \quad \ldots$(i)

तथा $\frac{d}{(7.5 - x)} = 4t \quad \ldots$(ii)

समी (ii) $\div$ समी (i) से,

$$\frac{7.5 + x}{7.5 - x} = 4$$

$\Rightarrow \quad 7.5 + x = 30 - 4x$

$\Rightarrow \quad 5x = 30 - 7.5 = 22.5$

$\therefore \quad x = \frac{22.5}{5} = 4.5$

अत: धारा की चाल $= 4.5$ किमी/घण्टा

Quick Method

माना धारा की चाल $= x$ किमी/घण्टा

$\therefore$ दूरी $= (7.5 - x) \times 4 = (7.5 + x) \times 1$

$\Rightarrow \quad 30 - 4x = 7.5 + x$

$\Rightarrow \quad x = 4.5$ किमी/घण्टा

39. (a) नाव की शान्त जल में चाल = 20 किमी/घण्टा

माना धारा की चाल $= y$ किमी/घण्टा

प्रश्नानुसार,

$$\frac{24}{20 + y} + \frac{24}{20 - y} = 2\frac{1}{2} = \frac{5}{2}$$

$\Rightarrow 24(20 - y) + 24(20 + y)$

$= \frac{5}{2}(20 - y)(20 + y)$

$\Rightarrow \quad 960 = \frac{5}{2}(400 - y^2)$

$\Rightarrow \quad \frac{960 \times 2}{5} = 400 - y^2$

$\Rightarrow 384 - 400 = -y^2 \Rightarrow y^2 = 16$

$\therefore \quad y = 4$

अत: धारा की चाल 4 किमी/घण्टा है।

40. (a) दिया है,

स्थिर जल में नाव की चाल (x)

$= 22$ किमी/घण्टा

धारा की गति $(y) = 6$ किमी/घण्टा

धारा के अनुकूल नाव की चाल

$= (x + y) = 22 + 6 = 28$ किमी/घण्टा

धारा के प्रतिकूल नाव की चाल

$= (x - y) = 22 - 6 = 16$ किमी/घण्टा

माना दूरी $= d$ किमी

$\therefore \quad \frac{d}{28} + \frac{d}{16} = 11$

$\Rightarrow \quad \frac{4d + 7d}{112} = 11$

$\Rightarrow \quad 11d = 11 \times 112$

$\therefore \quad d = 112$ किमी

अत: वह स्थान, आरम्भिक बिन्दु से 112 किमी दूर है।

41. (a) माना धारा की चाल x किमी/घण्टा है।

दिया है, स्थिर जल में नाव की चाल 3 किमी/घण्टा है।

$\therefore$ धारा के अनुकूल नाव की चाल $(3 + x)$ किमी/घण्टा तथा प्रतिकूल नाव की चाल $(3 - x)$ किमी/घण्टा है।

प्रश्नानुसार,

$$2\left(\frac{50}{3+x}\right) = \left(\frac{50}{3-x}\right)$$

$$\Rightarrow \quad \frac{100}{3+x} = \frac{50}{3-x}$$

$\Rightarrow \quad 6 - 2x = 3 + x$

$\Rightarrow \quad 3x = 3$

$\Rightarrow \quad x = 1$ किमी/घण्टा

अतः धारा के प्रतिकूल नाविक की चाल $= (3 - 1)$ किमी/घण्टा $= 2$ किमी/घण्टा

42. (a) माना शान्त जल में नाव की चाल $= 6x$ किमी/घण्टा

तथा धारा की चाल $= x$ किमी/घण्टा

$\because$ धारा के विपरीत दिशा में 15 मिनट में तय की गई दूरी = 5 किमी

$\therefore$ 1 घण्टे में तय की गई दूरी

$$= \frac{5}{15} \times 60 = 20 \text{ किमी}$$

प्रश्नानुसार,

$6x - x = 20 \Rightarrow 5x = 20$

$\therefore \quad x = 4$

अतः शान्त जल में नाव की चाल $= 6x$

$= 6 \times 4 = 24$ किमी/घण्टा

धारा की चाल $= 4$ किमी/घण्टा

$$\therefore \text{ अभीष्ट समय } = \frac{19.6}{(24 + 4)} \times 60$$

$$= \frac{196 \times 6}{28} = 42 \text{ मिनट}$$

43. (c) माना नाव की चाल $= x$ किमी/घण्टा

धारा की चाल $= y$ किमी/घण्टा

प्रश्नानुसार,

$$\frac{7}{x+y} = \frac{3}{x-y}$$

$\Rightarrow \quad 7(x - y) = 3(x + y)$

$\Rightarrow \quad 4x = 10y$

$\Rightarrow \quad \frac{x}{y} = \frac{5}{2} = \frac{5P}{2P}$ किमी (माना)

धारा के अनुकूल नाव की चाल $(x + y) = 7P$

धारा के प्रतिकूल नाव की चाल $(x - y) = 3P$

$\therefore \quad \frac{14}{3P} + \frac{14}{7P} = \frac{20}{3}$

$\Rightarrow \quad \frac{98 + 42}{21P} = \frac{20}{3}$

$\Rightarrow \quad 140 = 140P$

$\therefore \quad P = 1$

धारा के प्रतिकूल नाव की चाल $= 3P$

$= 3 \times 1 = 3$ किमी/घण्टा

$$\therefore \text{ अभीष्ट समय } = \frac{16.8}{3} = 5.6 \text{ घण्टे}$$

44. (b) माना स्थिर जल में व्यक्ति की चाल $= x$ किमी/घण्टा

धारा की चाल $= y$ किमी/घण्टा

प्रश्नानुसार, $\frac{8}{x+y} = \frac{6}{x-y}$

$\Rightarrow \quad 8x - 8y = 6x + 6y$

$\Rightarrow \quad 2x = 14y$

$\Rightarrow \quad \frac{x}{y} = \frac{7}{1}$

$\Rightarrow \quad x = 7y$

तथा $\frac{24}{x+y} + \frac{24}{x-y} = \frac{7}{4}$

$\Rightarrow \quad 24\left(\frac{1}{7y+y} + \frac{1}{7y-y}\right) = \frac{7}{4}$

$\Rightarrow \quad \frac{24}{y}\left(\frac{1}{8} + \frac{1}{6}\right) = \frac{7}{4}$

$\Rightarrow \quad y = 24\left(\frac{3+4}{24}\right) \times \frac{4}{7}$

$\therefore \quad y = 24 \times \frac{7}{24} \times \frac{4}{7} = 4$ किमी/घण्टा

45. (b) माना शान्त जल में नाव की चाल x किमी/घण्टा है।

दिया है, धारा की चाल $(y) = 4$ किमी/घण्टा

धारा की विपरीत दिशा में नाव की चाल

$(x - y) = (x - 4)$ किमी/घण्टा

धारा की दिशा में नाव की चाल

$(x + y) = (x + 4)$ किमी/घण्टा

प्रश्नानुसार,

$$\frac{40}{x+4} + \frac{12}{x-4} = 4$$

$\Rightarrow \quad \frac{40x - 160 + 12x + 48}{x^2 - 4^2} = 4$

$\Rightarrow \quad 52x - 112 = 4x^2 - 64$

$\Rightarrow \quad 4x^2 - 52x + 48 = 0$

$\Rightarrow \quad x^2 - 13x + 12 = 0$

$\Rightarrow \quad (x - 12)(x - 1) = 0$

$\therefore \quad x = 12, 1 \quad [\because x \neq 1]$

अतः शान्त जल में नाव की चाल

$= 12$ किमी/घण्टा

46. (c) माना धारा की चाल x किमी/घण्टा है।

प्रश्नानुसार, $\frac{24}{6-x} - \frac{24}{6+x} = 3$

$\Rightarrow \quad \frac{24(6 + x - 6 + x)}{36 - x^2} = \frac{3}{1}$

$\Rightarrow \quad \frac{48x}{36 - x^2} = \frac{3}{1}$

$\Rightarrow \quad 16x = 36 - x^2$

$\Rightarrow \quad x^2 + 16x - 36 = 0$

$\Rightarrow \quad x^2 + 18x - 2x - 36 = 0$

$\Rightarrow \quad x(x + 18) - 2(x + 18) = 0$

$\Rightarrow \quad (x + 18)(x - 2) = 0$

$\therefore \quad x = 2 \quad [\because x \neq -18]$

P से Q तक 2 घण्टे में जाने के लिए नाव की सापेक्ष चाल $= \frac{24}{2} = 12$ किमी/घण्टा

$\therefore$ नाव की वास्तविक चाल $= 12 - 2$

$= 10$ किमी/घण्टा

47. (b) माना नदी के प्रवाह की चाल $= x$ किमी/घण्टा

प्रश्नानुसार,

$$\frac{150}{20+x} + \frac{15}{20-x} = 16$$

$\Rightarrow \quad 150\left[\frac{1}{20+x} + \frac{1}{20-x}\right] = 16$

$\Rightarrow \quad 150\left[\frac{20 - x + 20 + x}{(20+x)(20-x)}\right] = 16$

$\Rightarrow \quad 150\left[\frac{40}{400 - x^2}\right] = 16$

$\Rightarrow \quad 400 - x^2 = 375$

$\Rightarrow \quad x^2 = 400 - 375$

$\Rightarrow \quad x^2 = 25$

$\therefore \quad x = 5$ किमी/घण्टा

TOP TIPS इस प्रकार के प्रश्न को हल करने के लिए अभ्यर्थी निम्न प्रकार विकल्प विधि का प्रयोग कर सकते हैं।

Quick Method

$$\frac{150}{20+x} + \frac{150}{20-x} = 16$$

विकल्पों द्वारा

यदि $x = 5$ है तो

$\frac{150}{25} + \frac{150}{15} = 16 \Rightarrow 6 + 10 = 16$

$\Rightarrow \quad 16 = 16$

अतः प्रवाह की चाल $= 5$ किमी/घण्टा

अध्याय

21 ज्यामिति

Chapter Snapshot

- **बिन्दु** एक ऐसी आकृति, जिसमें न तो लम्बाई, न ही चौड़ाई और न ही ऊँचाई होती है।

- **रेखा** ऐसी सरल रेखा जो दोनों तरफ अनन्त बिन्दु तक बढ़ी होती है।

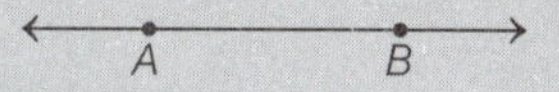

- **किरण** एक ऐसी रेखा, जिसमें एक निश्चित प्रारम्भिक बिन्दु होता है और उसके विपरीत दूसरी ओर उसे अनन्त तक बढ़ाया जाता है।

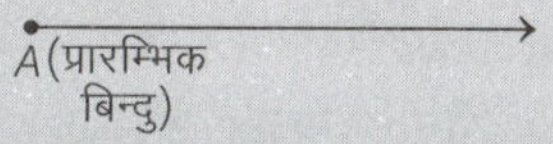

- **रेखाखण्ड** एक रेखा में स्थित दो बिन्दुओं के मध्य भाग को रेखाखण्ड कहा जाता है।

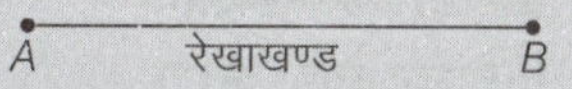

- **संरेख बिन्दु** यदि तीन या तीन से अधिक बिन्दु एक सीधी रेखा में स्थित हों।

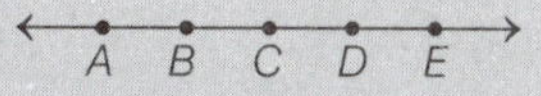

- **प्रतिच्छेदी रेखाएँ** यदि दो रेखाएँ एक-दूसरे को एक बिन्दु पर प्रतिच्छेद करें।

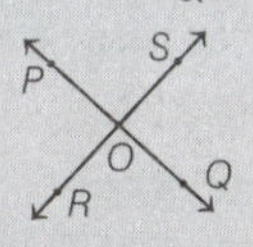

- **समान्तर रेखाएँ** यदि दो रेखाएँ एक-दूसरे को कभी प्रतिच्छेद न करें।

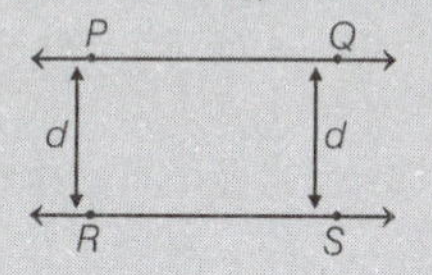

यहाँ, $PQ \parallel RS$

- **संगामी रेखाएँ** जब तीन या तीन से अधिक रेखाएँ एक ही बिन्दु से होकर जाती हैं।

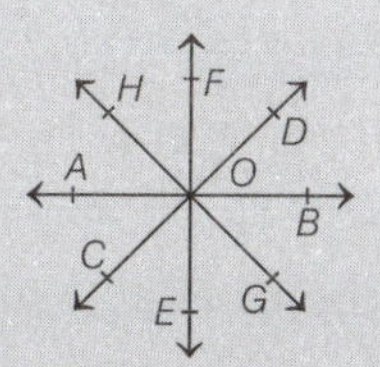

यहाँ, O संगामी बिन्दु है।

Concept Capsule

- दो बिन्दुओं से होकर केवल एक ही रेखा खींची जा सकती है।
- दो विभिन्न रेखाओं का एक से अधिक प्रतिच्छेद बिन्दु नहीं हो सकता है।
- दो प्रतिच्छेदित लम्बवत् रेखाओं के बीच का कोण, समकोण होता है।
- त्रिभुज की एक भुजा को आगे बढ़ाने पर बना बहिष्कोण दो सम्मुख अन्तः कोणों के योग के बराबर होता है।
- त्रिभुज की दो भुजाओं का योग तीसरी भुजा से बड़ा होता है।
- त्रिभुज की भुजाओं के मध्य-बिन्दुओं को मिलाने पर चार समान त्रिभुज बनते हैं, जिनमें से प्रत्येक मूल त्रिभुज के समरूप होता है।
- एक आयत की क्रमागत भुजाओं के मध्य-बिन्दुओं को मिलाने पर बनने वाला चतुर्भुज एक समचतुर्भुज होता है।
- एक वर्ग की क्रमागत भुजाओं के मध्य-बिन्दुओं को मिलाने पर बनने वाला चतुर्भुज एक वर्ग होता है।
- वृत्त की सबसे बड़ी जीवा वृत्त का व्यास होती है।

Formula Flashcards

- यदि $\Delta ABC \sim \Delta PQR$, तब
$$\frac{\Delta ABC \text{ का क्षेत्रफल}}{\Delta PQR \text{ का क्षेत्रफल}} = \frac{AB^2}{PQ^2} = \frac{BC^2}{QR^2} = \frac{AC^2}{PR^2}$$
- बहुभुज में विकर्णों की संख्या $= \frac{n(n-3)}{2}$
- उभयनिष्ठ अनुस्पर्श रेखा की लम्बाई $= \sqrt{d^2 - (r_1 - r_2)^2}$
- उभयनिष्ठ अनुप्रस्थ रेखा की लम्बाई $= \sqrt{d^2 - (r_1 + r_2)^2}$

जहाँ, d = वृत्तों के केन्द्रों के बीच की दूरी

r_1 और r_2 = वृत्तों की त्रिज्या

- **तिर्यक रेखा** ऐसी सीधी रेखा, जो दो या दो से अधिक रेखाओं को अलग-अलग बिन्दुओं पर काटती हैं।

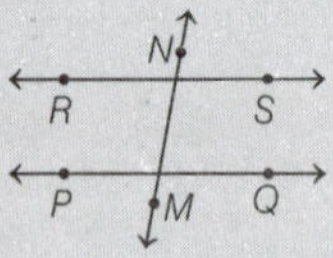

यहाँ, MN तिर्यक रेखा है।

कोण

I. कोण किसी उभयनिष्ठ बिन्दु से प्रारम्भ होने वाली दो रेखाओं द्वारा, उस बिन्दु पर बनाई गई आकृति को कोण कहते हैं।

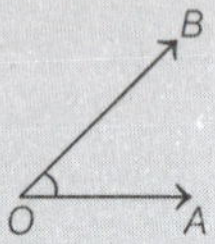

कोणों के प्रकार

- **न्यूनकोण** $0° < \theta < 90°$

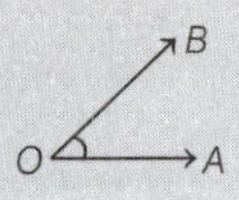

- **समकोण** $\theta = 90°$

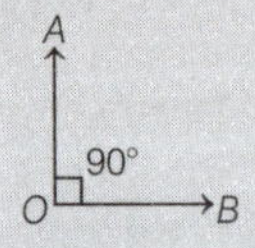

- **अधिक कोण** $90° < \theta < 180°$

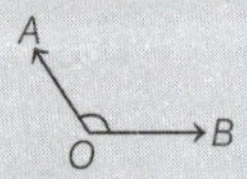

- **सरल कोण** $\theta = 180°$

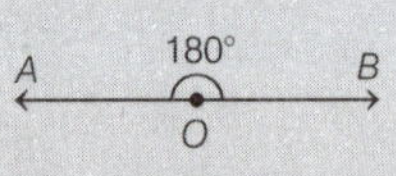

- **वृहत कोण** $180° < \theta < 360°$

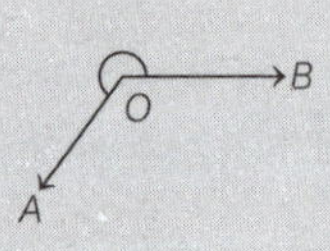

- **सम्पूर्ण कोण** $\theta = 360°$

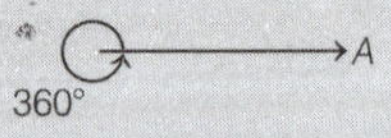

- **आसन्न कोण** यहाँ, $\angle AOB$ और $\angle BOC$ आसन्न कोण हैं।

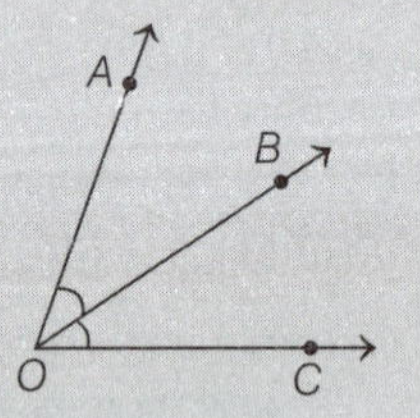

- **रैखिक युग्म कोण** यहाँ, $\angle AOC$ और $\angle BOC$ रैखिक युग्म वाले कोण हैं। रैखिक कोणों के युग्म का योगफल 180° होता है।
अर्थात् $\angle AOC + \angle BOC = 180°$

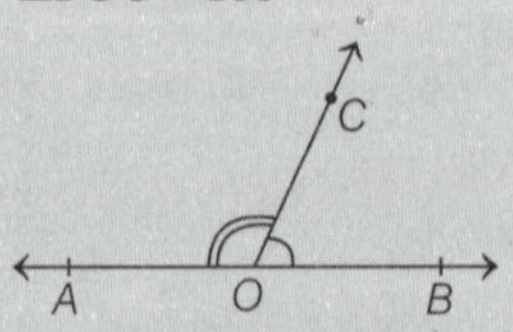

- **कोटिपूरक कोण** $\angle A$ और $\angle B$ एक-दूसरे के कोटिपूरक कोण होंगे, यदि $\angle A + \angle B = 90°$
- **सम्पूरक कोण** $\angle A$ और $\angle B$ एक-दूसरे के सम्पूरक कोण होंगे, यदि $\angle A + \angle B = 180°$

- **शीर्षाभिमुख कोण** दो रेखाओं के प्रतिच्छेद करने पर बनने वाले सम्मुख कोण शीर्षाभिमुख कोण होते हैं।

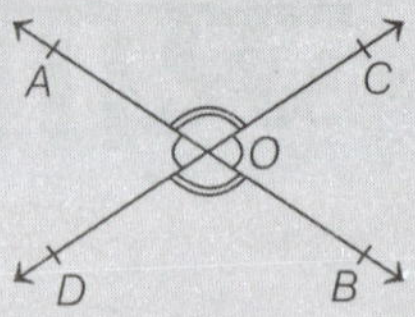

यहाँ, $\angle AOD = \angle BOC$ और $\angle AOC = \angle BOD$

- **रेखा एवं कोण की तिर्यक प्रमेय** यदि एक तिर्यक रेखा दो समान्तर रेखाओं को काटती है, तब

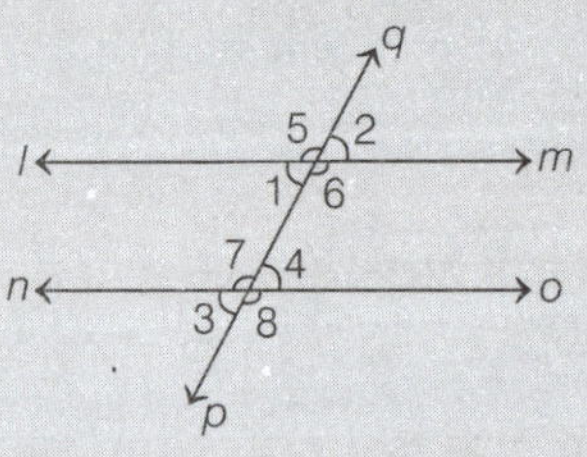

[यहाँ, $lm \parallel no$ तथा pq एक तिर्यक रेखा है।]

(a) **संगत कोण** $\angle 1 = \angle 3$; $\angle 2 = \angle 4$; $\angle 5 = \angle 7$; $\angle 6 = \angle 8$

(b) **शीर्षाभिमुख (सम्मुख) कोण**
$\angle 1 = \angle 2$; $\angle 3 = \angle 4$; $\angle 5 = \angle 6$; $\angle 7 = \angle 8$

(c) **एकान्तर अन्तः कोण** $\angle 1 = \angle 4$; $\angle 6 = \angle 7$

(d) **एकान्तर बाह्य कोण** $\angle 2 = \angle 3$; $\angle 5 = \angle 8$

(e) **तिर्यक रेखा के एक ही ओर के अन्तः कोणों का योगफल 180° होता है।**
$\angle 1 + \angle 7 = 180°$, $\angle 4 + \angle 6 = 180°$

II. त्रिभुज एक समतल में तीन रेखाखण्डों से बनी बन्द आकृति को त्रिभुज कहते हैं।

त्रिभुज के प्रकार

भुजा के आधार पर	कोणों के आधार पर
विषमबाहु त्रिभुज → जिसकी सभी भुजा असमान हो।	**न्यूनकोण त्रिभुज** → जिसके सभी कोण 90° से कम हो।
समद्विबाहु त्रिभुज → जिसकी दो भुजा समान हो।	**समकोण त्रिभुज** → जिसमें एक कोण 90° हो।
समबाहु त्रिभुज → जिसकी सभी भुजा समान तथा प्रत्येक कोण 60° हो।	**अधिक कोण त्रिभुज** → जिसमें एक कोण अधिक कोण हो।

त्रिभुज से सम्बन्धित बिन्दु

- **माध्यिका** त्रिभुज में शीर्ष को सम्मुख भुजा के मध्य-बिन्दु से मिलाने वाली रेखा (AD, BE, CF) माध्यिका कहलाती हैं।
- **केन्द्रक** त्रिभुज की तीनों माध्यिकाएँ जिस बिन्दु से होकर गुजरती हैं वह बिन्दु केन्द्रक कहलाता है।

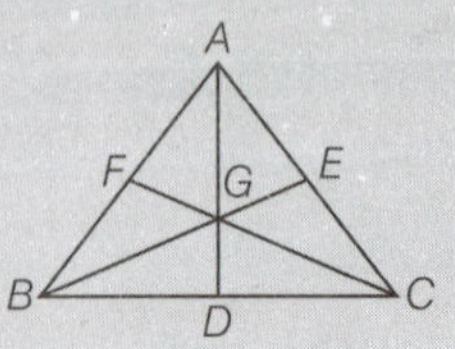

- **शीर्षलम्ब** किसी त्रिभुज के शीर्ष से सम्मुख भुजा पर खींचा लम्ब, शीर्षलम्ब कहलाता है।

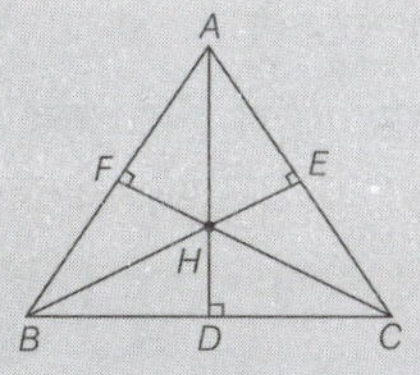

- **त्रिभुज का अन्त:केन्द्र** त्रिभुज के तीनों कोणों के अर्द्धकों का प्रतिच्छेदन बिन्दु, त्रिभुज का अन्त: केन्द्र कहलाता है।

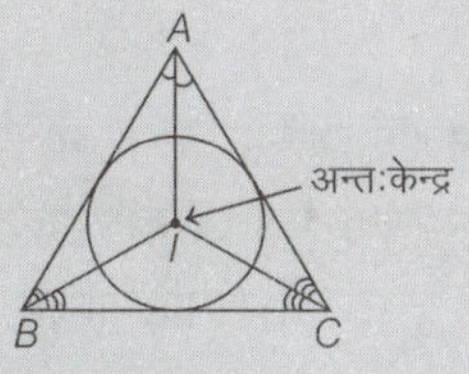

- **त्रिभुज का परिकेन्द्र** त्रिभुज की भुजाओं के लम्ब अर्द्धकों का प्रतिच्छेदन (कटान) बिन्दु त्रिभुज का परिकेन्द्र कहलाता है।

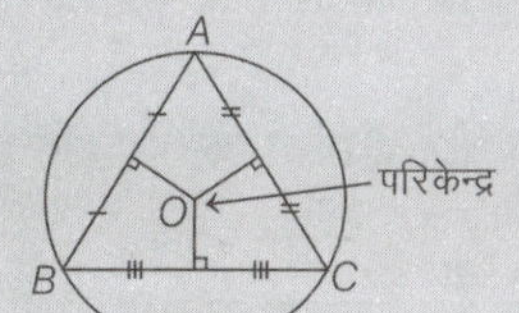

- **पाइथागोरस प्रमेय** समकोण त्रिभुज के कर्ण का वर्ग, अन्य दो भुजाओं के वर्गों के योगफल के बराबर होता है।

$\therefore \quad AC^2 = AB^2 + BC^2$

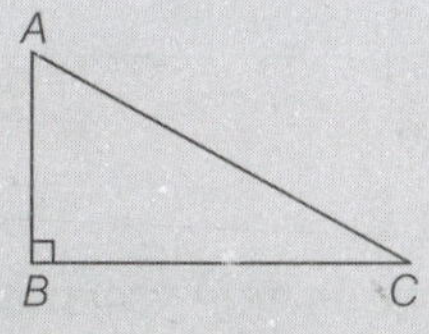

- **सर्वांगसम त्रिभुज** यदि किन्हीं दो त्रिभुजों के आकार तथा आकृति समान हों अर्थात् उनके संगत कोण तथा संगत भुजाएँ समान हों, तो वे त्रिभुज सर्वांगसम त्रिभुज कहलाते हैं। सर्वांगसमता के लिए '≅' चिह्न का प्रयोग करते हैं।

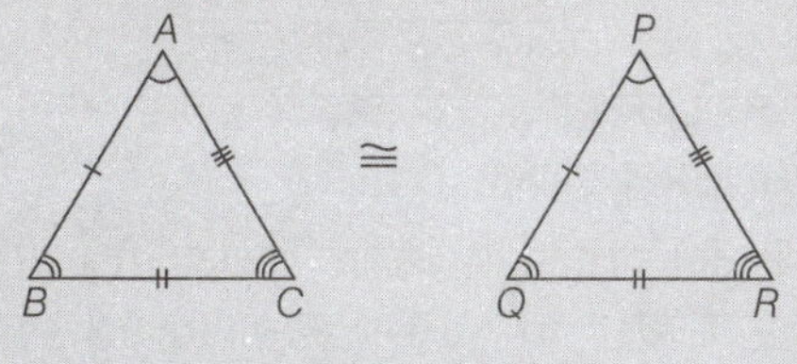

चित्र में, $\Delta ABC \cong \Delta PQR$ हैं।

$\therefore \quad \angle A = \angle P$ तथा $AB = PQ$

$\angle B = \angle Q$ तथा $BC = QR,$

$\angle C = \angle R$ तथा $CA = RP$

दो त्रिभुज सर्वांगसम होंगे, यदि वे निम्न शर्तों को पूर्ण करते हैं

(i) **भुजा-कोण-भुजा** (SAS) **सर्वांगसमता** जब एक त्रिभुज की दो संलग्न भुजाएँ एवं उनके बीच का कोण दूसरे त्रिभुज की दो संलग्न भुजाओं और उनके बीच के कोण के बराबर हो।

(ii) **कोण-भुजा-कोण** (ASA) **सर्वांगसमता** जब एक त्रिभुज के दो कोण और उनके मध्य की भुजा दूसरे त्रिभुज के संगत दो कोणों तथा उनके मध्य की भुजा के समान हो।

(iii) **भुजा-भुजा-भुजा** (SSS) **सर्वांगसमता** जब एक त्रिभुज की तीनों भुजाएँ दूसरे त्रिभुज की तीनों संगत भुजाओं के समान हो।

(iv) **समकोण-कर्ण-भुजा** (RHS) **सर्वांगसमता** जब दो समकोण त्रिभुजों में एक त्रिभुज का कर्ण और एक भुजा क्रमश: दूसरे त्रिभुज के कर्ण और एक भुजा के बराबर हो।

- **समरूप त्रिभुज** दो त्रिभुज समरूप होंगे, यदि

(i) उनके संगत कोण समान हों।

(ii) उनकी संगत भुजाएँ समानुपाती हों।

समरूपता के लिए '~' चिन्ह का प्रयोग करते हैं।

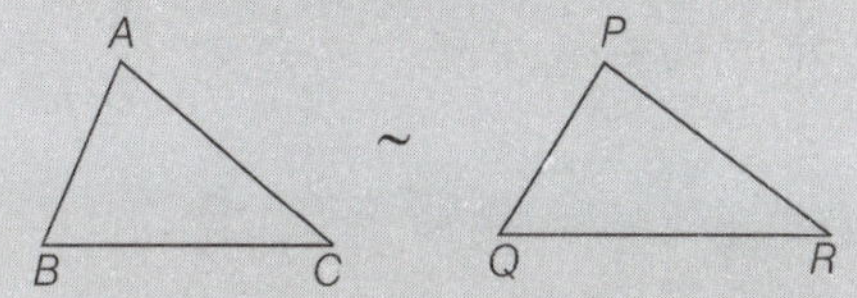

चित्र में, ΔABC व ΔPQR समरूप त्रिभुज हैं।

अर्थात् $\Delta ABC \sim \Delta PQR$

यहाँ, $\angle A = \angle P, \angle B = \angle Q, \angle C = \angle R$ तथा $\dfrac{AB}{PQ} = \dfrac{BC}{QR} = \dfrac{AC}{PR}$

दो त्रिभुज समरूप होंगे, यदि वे निम्न शर्तों को पूरा करें

(i) कोण-कोण-कोण (AAA) समरूपता

(ii) भुजा-कोण-भुजा (SAS) समरूपता

(iii) भुजा-भुजा-भुजा (SSS) समरूपता

(iv) समकोण-कर्ण-भुजा (RHS) समरूपता

समरूप त्रिभुजों के परिणाम

प्रमेय 1. थेल्स प्रमेय (Thale's Theorem)

एक त्रिभुज की एक भुजा के समान्तर खींची गई सरल रेखा अन्य दो भुजाओं को जिन दो बिन्दुओं पर प्रतिच्छेदित करती हैं, वे बिन्दु भुजाओं को समान अनुपात में विभाजित करते हैं।

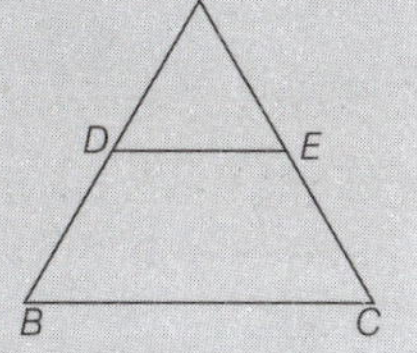

ΔABC में, DE, BC के समान्तर खींची गई है, जो AB व AC को क्रमश: D तथा E पर प्रतिच्छेदित करती हैं। अर्थात् $DE \parallel BC$

अत: $\dfrac{AD}{AB} = \dfrac{AE}{AC} = \dfrac{DE}{BC}$ तथा $\dfrac{AD}{DB} = \dfrac{AE}{EC}$

प्रमेय 2. किसी त्रिभुज की दो भुजाओं के मध्य-बिन्दुओं को मिलाने वाला रेखाखण्ड तीसरी भुजा के समान्तर तथा इसके आधे के बराबर होता है।

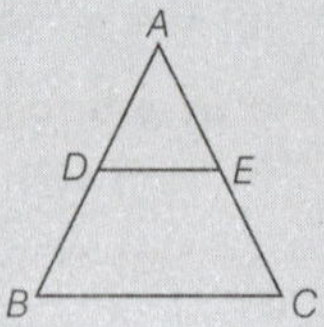

ΔABC में भुजाओं AB तथा AC के मध्य-बिन्दु क्रमशः D तथा E हों, तो $DE \parallel BC$ तथा $DE = \frac{1}{2} BC$

प्रमेय 3. यदि समकोण त्रिभुज के समकोण वाले शीर्ष से कर्ण पर लम्ब डाला जाता है, तो लम्ब का वर्ग, कर्ण के दो भागों की लम्बाइयों के गुणनफल के बराबर होता है।

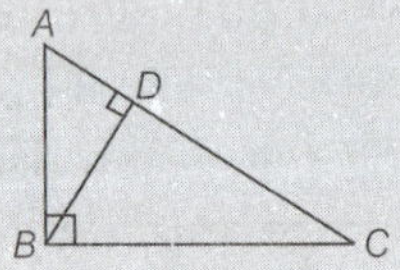

समकोण ΔABC में, $\angle B = 90^\circ$ तथा $BD \perp AC$

$\therefore\ BD^2 = AD \times DC$

प्रमेय 4. दो समरूप त्रिभुजों के क्षेत्रफल का अनुपात इनके संगत शीर्षलम्बों या माध्यिकाओं के वर्गों के अनुपात के बराबर होता है।

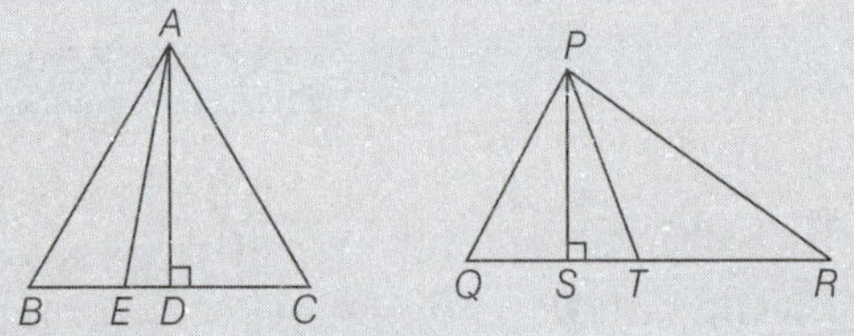

$$\frac{\Delta ABC \text{ का क्षेत्रफल}}{\Delta PQR \text{ का क्षेत्रफल}} = \frac{AD^2}{PS^2} = \frac{AE^2}{PT^2}$$

- ΔABC में $\angle B$ और $\angle C$ के समद्विभाजक एक-दूसरे को बिन्दु 'O' पर प्रतिच्छेद करते हैं, तो $\angle BOC = 90^\circ + \frac{1}{2} \angle A$

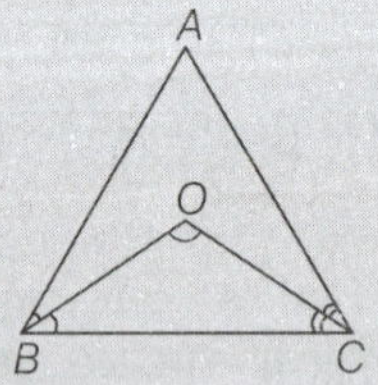

त्रिभुज से सम्बन्धित महत्त्वपूर्ण तथ्य

- एक त्रिभुज में बड़े कोण की विपरीत/सम्मुख भुजा सबसे लम्बी भुजा होती है।
- यदि त्रिभुज के शीर्ष कोण का अर्द्धक शीर्षलम्ब है, तो त्रिभुज समद्विबाहु त्रिभुज होता है।
- समबाहु त्रिभुज की माध्यिकाएँ समान होती हैं।
- यदि दो समरूप त्रिभुजों के क्षेत्रफल बराबर हों, तब त्रिभुज सर्वांगसम होते हैं।
- दो समकोण त्रिभुजों की संगत भुजाओं का अनुपात
  (i) उनके संगत शीर्षलम्बों के अनुपात के बराबर होता है।
  (ii) उनके संगत कोणीय अर्द्धकों के अनुपात के बराबर होता है।
  (iii) उनके संगत माध्यिकाओं के अनुपात के बराबर होता है।

III. चतुर्भुज चार रेखाखण्डों से घिरी बन्द आकृति को चतुर्भुज कहते हैं। चतुर्भुज के चारों अन्त:कोणों का योग 360° होता है।

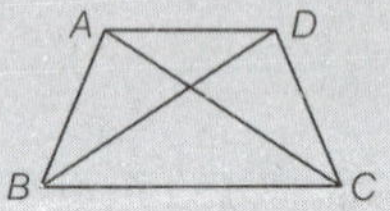

चतुर्भुज के प्रकार

समान्तर चतुर्भुज

- जिसकी सम्मुख भुजाएँ परस्पर समान्तर हों।
- सम्मुख कोण तथा सम्मुख भुजा बराबर होती हैं।
- दोनों विकर्ण एक-दूसरे को समद्विभाजित करते हैं।

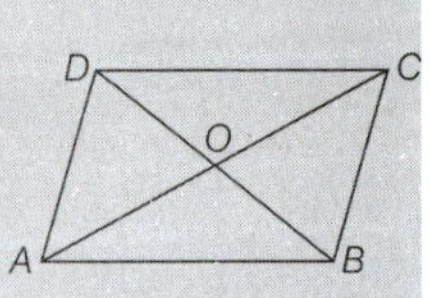

आयत

- ऐसा समान्तर चतुर्भुज जिसका प्रत्येक कोण 90° हो।
- सम्मुख भुजा तथा दोनों विकर्ण बराबर होते हैं।

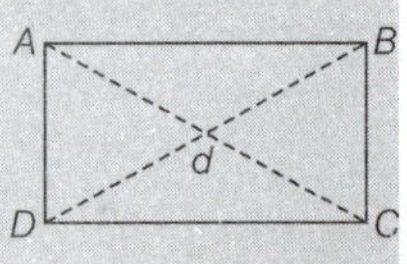

समचतुर्भुज

- ऐसा समान्तर चतुर्भुज जिसकी प्रत्येक भुजा समान हो।
- दोनों विकर्ण एक-दूसरे को लम्बवत् समद्विभाजित करते हैं।

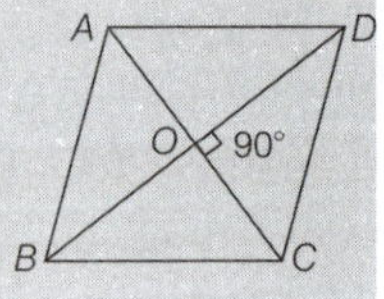

वर्ग

- ऐसा चतुर्भुज जिसकी प्रत्येक भुजा समान तथा प्रत्येक कोण 90° हो।
- विकर्ण बराबर होते हैं।
- विकर्ण एक-दूसरे को लम्बवत् समद्विभाजित करते हैं।

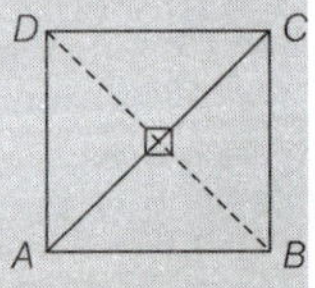

समलम्ब चतुर्भुज वह चतुर्भुज जिसकी दो भुजाएँ समान्तर हों।

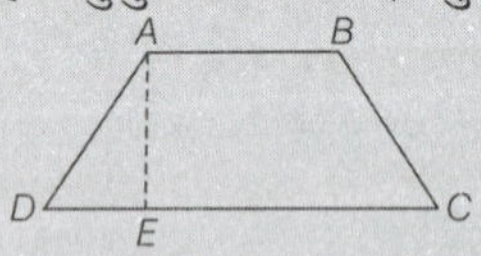

- यदि समलम्ब चतुर्भुज की असमान्तर भुजाएँ समान हों, तो उसके विकर्ण भी समान होते हैं।

IV. बहुभुज तीन या तीन से अधिक भुजाओं से घिरी बन्द आकृति को बहुभुज कहते हैं। बहुभुजों का नाम उनकी भुजाओं की संख्या के आधार पर रखते हैं।

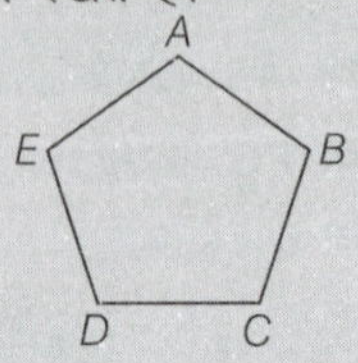

समबहुभुज वह बहुभुज, जिसकी सभी भुजाएँ व सभी आन्तरिक कोण आपस में बराबर होते हैं, समबहुभुज कहलाता है। n भुजाओं वाले समबहुभुज के लिए,

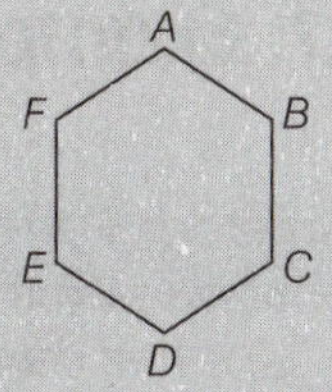

- प्रत्येक बाह्य कोण $= \left(\frac{360}{n}\right)^\circ$
- प्रत्येक अन्तः कोण $= \frac{(2n-4)\times 90^\circ}{n}$
- n भुजाओं वाले बहुभुज के सभी अन्तः कोणों का योग $= (2n-4)\times 90^\circ$
- सभी बाह्य कोणों का योग $= 360^\circ$

V. वृत्त किसी एक निश्चित बिन्दु से समान दूरी पर स्थित बिन्दुओं का बिन्दुपथ, वृत्त कहलाता है।

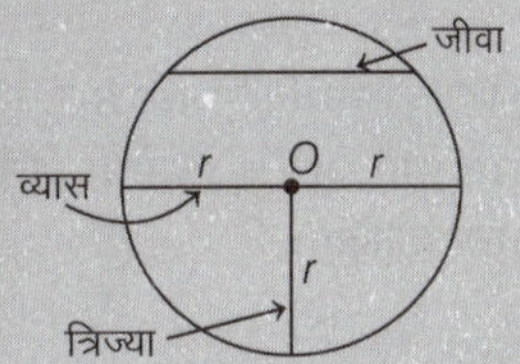

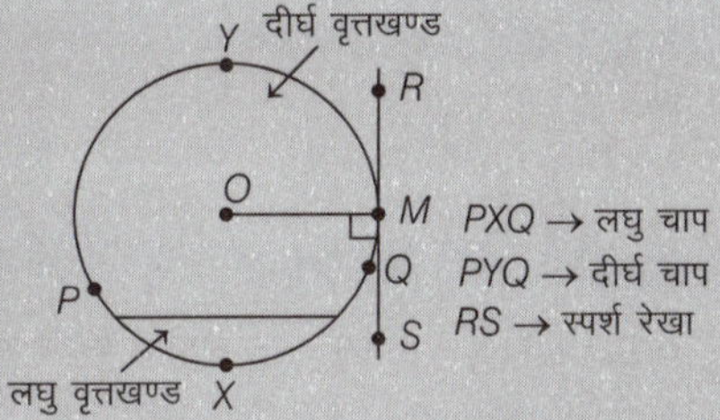

त्रिज्यखण्ड दो त्रिज्याओं तथा चाप द्वारा घिरा क्षेत्र, त्रिज्यखण्ड कहलाता है।

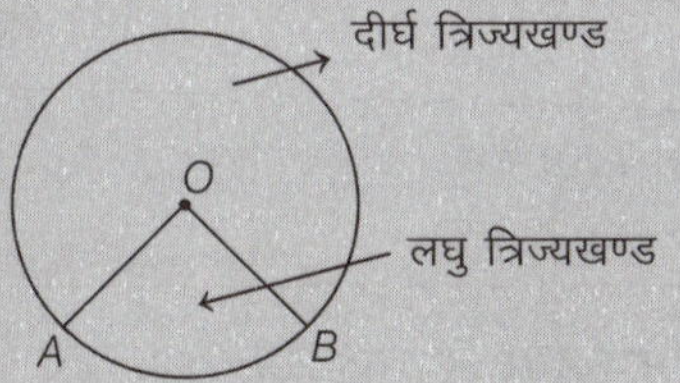

संकेन्द्रीय वृत्त एक ही केन्द्र वाले दो या दो से अधिक वृत्तों को संकेन्द्रीय वृत्त कहते हैं।

चक्रीय चतुर्भुज वह चतुर्भुज, जिसके सभी शीर्ष एक वृत्त पर स्थित हों, चक्रीय चतुर्भुज कहलाता है।

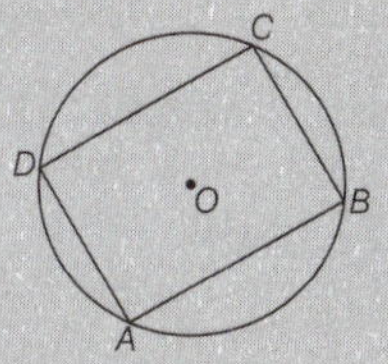

- $ABCD$ एक चक्रीय चतुर्भुज है।
- चक्रीय चतुर्भुज के सम्मुख कोणों के युग्म का योग 180° होता है।

वृत्त से सम्बन्धित महत्त्वपूर्ण बिन्दु

- वृत्त के केन्द्र से जीवा पर डाला गया लम्ब जीवा को समद्विभाजित करता है।
- एक वृत्त की समान जीवाएँ केन्द्र से समदूरस्थ होती हैं।
- वृत्त के एक चाप द्वारा वृत्त के केन्द्र पर अन्तरित कोण उसी चाप द्वारा शेष परिधि द्वारा बने कोण का दोगुना होता है।
- अर्द्धवृत्त खण्ड में बना कोण समकोण होता है।
- एक ही वृत्तखण्ड में बने दो कोण बराबर होते हैं।
- एक वृत्त की समान जीवाएँ केन्द्र पर बराबर कोण अन्तरित करती हैं।
- वृत्त की स्पर्श रेखा, स्पर्श बिन्दु से होकर जाने वाली त्रिज्या पर लम्ब होती है।
- किसी बाह्य बिन्दु से वृत्त पर दो स्पर्श रेखाएँ खींची जा सकती हैं जिनकी लम्बाइयाँ बराबर होती हैं।
- यदि वृत्त की स्पर्श रेखा के स्पर्श बिन्दु से एक जीवा खींची जाए, तो इस जीवा द्वारा दी हुई स्पर्श रेखा के साथ बनाए गए कोण संगत एकान्तर वृत्त खण्डों में बनाए गए कोण के क्रमशः बराबर होते हैं।
- एक बाह्य बिन्दु से वृत्त पर खींची गई स्पर्श रेखा की लम्बाई
  $= \sqrt{(\text{वृत्त के केन्द्र से बिन्दु की दूरी})^2 - (\text{त्रिज्या})^2}$
- यदि वृत्त की दो जीवाएँ वृत्त के अन्दर प्रतिच्छेदित होती हैं या आगे बढ़ाने पर वृत्त के बाहर प्रतिच्छेदित होती हैं और प्रतिच्छेदित बिन्दु P है, तब $AP \times BP = CP \times DP$ (निम्न चित्रों से)

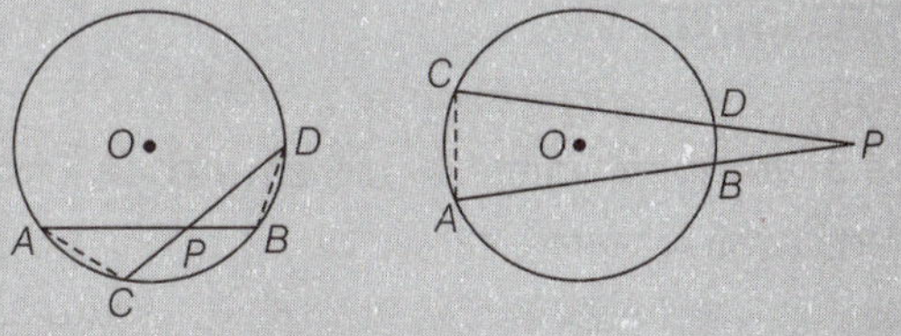

- यदि PAB वृत्त की छेदक रेखा हो, जो वृत्त को A व B पर प्रतिच्छेद करती हों तथा PT एक स्पर्श रेखा हो, तो $PA \cdot PB = PT^2$

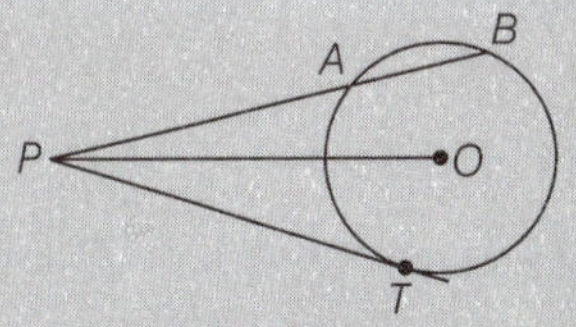

Exam Approach Examples

रेखा एवं कोण पर आधारित

उदाहरण 1. दो कोण पूरक हैं। बड़ा कोण छोटे कोण की माप के तीन गुने से 6° कम है, तो बड़े कोण की माप क्या है? **RRC Group D 2022**

(a) 66° (b) 54° (c) 63° (d) 57°

हल (*a*) माना छोटा पूरक कोण $= x$

∴ बड़ा पूरक कोण $= 3x - 6$

प्रश्नानुसार, $x + 3x - 6° = 90°$

⇒ $4x - 6° = 90°$

⇒ $4x = 96°$

∴ $x = 24°$

अतः बड़ा कोण $= 3 \times 24° - 6 = 66°$

उदाहरण 2. यदि एक तिर्यक छेदी रेखा, दो समानान्तर रेखाओं को प्रतिच्छेदित करती है और तिर्यक छेदी रेखा के एक ही ओर के दो आन्तरिक कोणों के बीच का अन्तर 40° है, तो आन्तरिक कोणों में सबसे छोटा कोण ज्ञात कीजिए। **SSC (10+2) 2024**

(a) 60° (b) 50° (c) 40° (d) 70°

हल (*d*) माना दो आन्तरिक कोण क्रमशः x तथा y हैं।

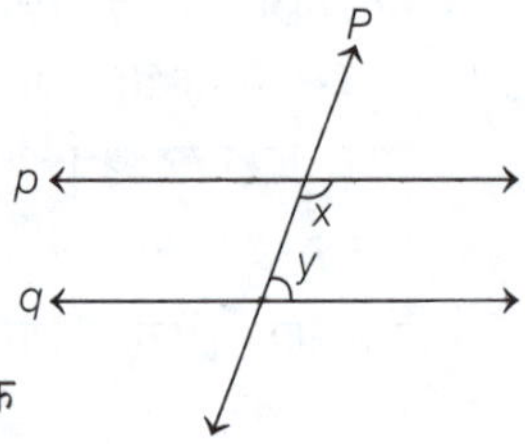

प्रश्नानुसार,

$x - y = 40°$ ...(i)

$x + y = 180°$ ...(ii)

[∵ तिर्यक रेखा के एक ओर के दो आन्तरिक कोणों का योग 180° होता है]

समी (i) तथा (ii) से,

$y = 70°$

अतः सबसे छोटा कोण 70° है।

त्रिभुज पर आधारित

उदाहरण 3. ΔABC, ΔPQR के समरूप है। यदि ΔABC के परिमाप और ΔPQR के परिमाप का अनुपात 24 : 16 है और $PQ = 4.8$ सेमी है, तो AB की लम्बाई (सेमी में) कितनी है? **SSC (10+2) 2023**

(a) 4.6 (b) 7.2 (c) 8.6 (d) 2.8

हल (*b*) दिया है,

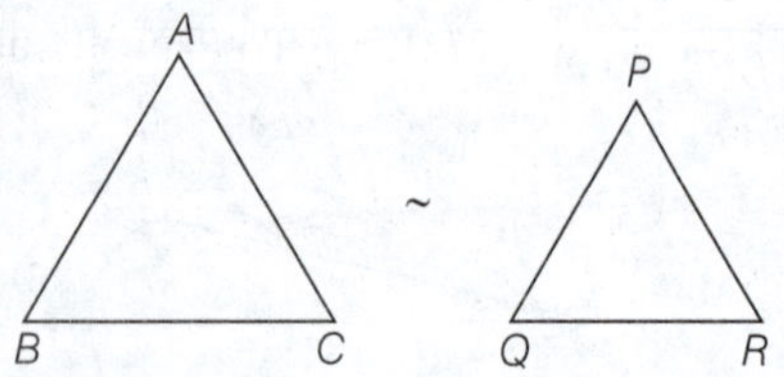

∵ $\Delta ABC \sim \Delta PQR$

∴ $\dfrac{\Delta ABC \text{ का परिमाप}}{\Delta PQR \text{ का परिमाप}} = \dfrac{AB}{PQ} \Rightarrow \dfrac{24}{16} = \dfrac{AB}{4.8}$

∴ $AB = \dfrac{24 \times 4.8}{16} = 24 \times 0.3 = 7.2$ सेमी

उदाहरण 4. यदि दो समरूप त्रिभुजों, ΔABC और ΔDEF के परिमाप क्रमशः 24 सेमी और 9 सेमी हैं और $DE = 3$ सेमी है, तो ΔABC और ΔDEF के क्षेत्रफल के बीच का अनुपात ज्ञात कीजिए। **SSC (10+2) 2024**

(a) 64 : 9 (b) 54 : 9 (c) 64 : 7 (d) 54 : 7

हल (*a*) दिया है, ΔABC और ΔDEF समरूप त्रिभुज हैं,

∴ $\dfrac{\Delta ABC \text{ का परिमाप}}{\Delta DEF \text{ का परिमाप}} = \dfrac{AB}{DE} \Rightarrow \dfrac{24}{9} = \dfrac{AB}{3}$

⇒ $AB = 8$ सेमी

अब, $\dfrac{\Delta ABC \text{ का क्षेत्रफल}}{\Delta DEF \text{ का क्षेत्रफल}} = \dfrac{AB^2}{DE^2} = \dfrac{8^2}{3^2} = \dfrac{64}{9} = 64 : 9$

उदाहरण 5. ΔABC में, $\angle BAC$ का समद्विभाजक BC, बिन्दु D पर इस प्रकार मिलता है, कि $AB = 10$ सेमी, $AC = 15$ सेमी और $BD = 6$ सेमी हैं। BC की लम्बाई (सेमी में) ज्ञात कीजिए। **CUET 2022**

(a) 15 (b) 9 (c) 17 (d) 11

हल (*a*) कोण समद्विभाजक प्रमेय से,

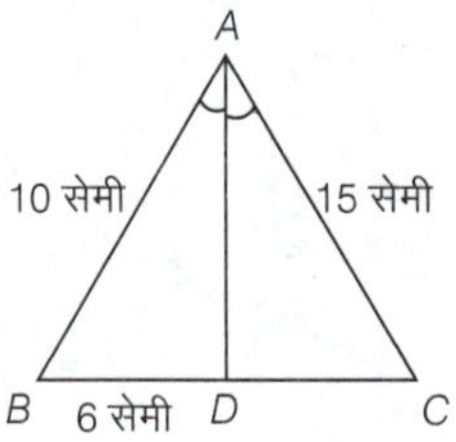

$\dfrac{AB}{AC} = \dfrac{BD}{DC}$

⇒ $DC = \dfrac{6 \times 15}{10}$

∴ $DC = 9$ सेमी

अब, $BC = BD + DC = 6 + 9 = 15$ सेमी

Quick Method

$AB : AC = 10 : 15 = 2 : 3$

⇒ $BD : DC = 2 : 3$

×3 ↓ ↓ ×3

6 सेमी 9 सेमी

∴ $BC = 6 + 9 = 15$ सेमी

उदाहरण 6. त्रिभुज ABC में, यदि $\angle B = 90°$, $\angle C = 45°$ और $AC = 4$ सेमी है, तो BC का मान .... है। **SSC CPO 2023**

(a) $2\sqrt{2}$ सेमी (b) $4\sqrt{2}$ सेमी
(c) $\sqrt{2}$ सेमी (d) 4 सेमी

हल (*a*) दिया है, ΔABC में

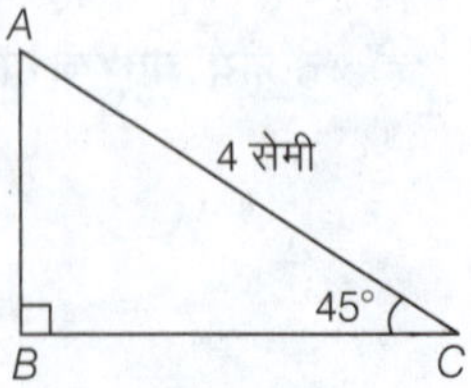

$AC = 4$ सेमी

$\angle B = 90°$ तथा $\angle C = 45°$

∴ $\angle A = 45°$

पाइथागोरस प्रमेय से, $AC^2 = AB^2 + BC^2$

दिया है, $AB = BC$ [∵ $\angle C = \angle A = 45°$]

⇒ $AC^2 = 2BC^2$

⇒ $BC = \dfrac{1}{\sqrt{2}} AC = \dfrac{1}{\sqrt{2}} \times 4$

∴ $BC = 2\sqrt{2}$ सेमी

उदाहरण 7. **ΔABC में, D और E ऐसे बिन्दु हैं, जो AB और AC पर इस प्रकार हैं, कि $DE \parallel BC$ होता है। यदि $AD = x + 3$, $DB = 2x - 3$, $AE = x + 1$ और $EC = 2x - 2$, तो x का मान है**

(a) $\frac{1}{5}$ (b) $\frac{3}{5}$ (c) $\frac{4}{5}$ (d) $\frac{1}{2}$

हल (b) दिया है, $AD = x + 3$, $DB = 2x - 3$, $AE = x + 1$ और $EC = 2x - 2$

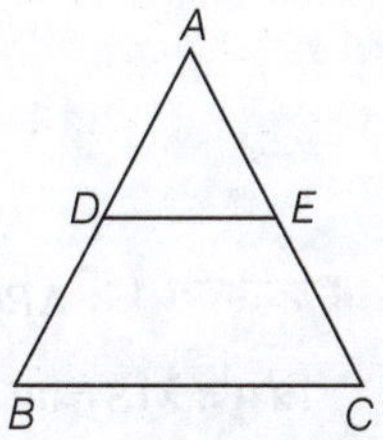

$\because$ $DE \parallel BC$

$\therefore$ $\frac{AD}{DB} = \frac{AE}{EC}$ (थेल्स प्रमेय से)

$\Rightarrow$ $\frac{x+3}{2x-3} = \frac{x+1}{2x-2}$

$\Rightarrow$ $2x^2 - 2x + 6x - 6 = 2x^2 - 3x + 2x - 3$

$\Rightarrow$ $4x - 6 = -x - 3 \Rightarrow 5x = 3$

$\therefore$ $x = \frac{3}{5}$

उदाहरण 8. **ΔABC में, AB पर एक बिन्दु P इस प्रकार है कि $PB : AP = 3 : 4$ है और PQ, AC के समान्तर है। यदि AR और QS, PC के लम्बवत् हैं और $QS = 9$ सेमी है, तो AR की लम्बाई (सेमी में) कितनी है?** *SSC CPO 2024*

(a) 14 (b) 28 (c) 35 (d) 21

हल (d) प्रश्नानुसार,

दिया है, $PB : AP = 3 : 4$

$QS = 9$ सेमी

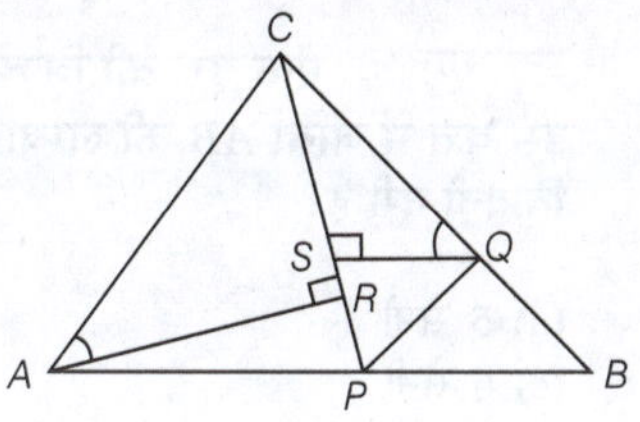

$\because$ $PQ \parallel AC$

$\therefore \Delta BQP \sim \Delta BCA$

$\frac{BQ}{BC} = \frac{QP}{CA} = \frac{BP}{AB} = \frac{3}{7}$

ΔACR तथा ΔQSP में,

$\angle ARC = \angle QSP = 90°$

$\angle ACR = \angle QPS$ (एकान्तर कोण से)

अत: $\Delta ARC \sim \Delta QSP$ (AA समरूपता से)

$\therefore$ $\frac{AR}{QS} = \frac{RC}{SP} = \frac{AC}{QP} \Rightarrow \frac{AR}{QS} = \frac{AC}{PQ}$

$\Rightarrow$ $AR = \frac{7}{3} \times 9 = 21$ सेमी

चतुर्भुज एवं बहुभुज पर आधारित

उदाहरण 9. **चतुर्भुज $ABCD$ में, $\angle C = 72°$ और $\angle D = 28°$ है। $\angle A$ और $\angle B$ के समद्विभाजक O पर मिलते हैं। $\angle AOB$ की माप क्या होगी?** *SSC CGL (Tier-II) 2019*

(a) 48° (b) 54° (c) 50° (d) 36°

हल (c) हम जानते हैं, कि

$\angle A + \angle B + \angle C + \angle D = 360°$

$\Rightarrow \angle A + \angle B + 72° + 28° = 360°$

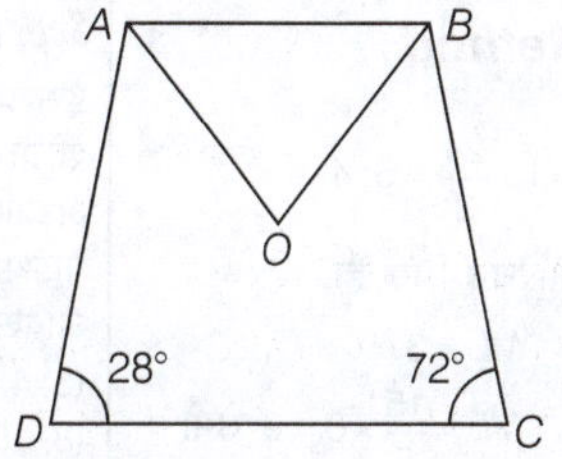

$\Rightarrow$ $\angle A + \angle B = 360° - 72° - 28°$

$\Rightarrow$ $\angle A + \angle B = 260°$

ΔAOB में, $\frac{\angle A}{2} + \frac{\angle B}{2} + \angle AOB = 180°$

$\Rightarrow$ $\angle AOB = 180° - \frac{(\angle A + \angle B)}{2}$

$= 180° - \frac{260°}{2} = 180° - 130° = 50°$

$\therefore$ $\angle AOB = 50°$

उदाहरण 10. **एक समबहुभुज के सभी अन्त: कोणों के योग और एक बाह्य कोण के माप का अनुपात 24 : 1 है। बहुभुज की भुजाओं की संख्या ज्ञात कीजिए।** *RRC Group D 2022*

(a) 80 (b) 10 (c) 78 (d) 8

हल (d) माना समबहुभुज की भुजाओं की संख्या $= n$

$\therefore$ समबहुभुज के अन्त: कोणों का योग $= (n - 2) \times 180°$

समबहुभुज का बहिष्कोण $= \frac{360°}{n}$

प्रश्नानुसार, $\frac{(n-2) \times 180°}{\frac{360°}{n}} = \frac{24}{1}$

$\Rightarrow$ $n(n - 2) = 24 \times 2$

$\Rightarrow$ $n^2 - 2n - 48 = 0$

$\Rightarrow$ $n^2 - 8n + 6n - 48 = 0$

$\Rightarrow$ $n(n - 8) + 6(n - 8) = 0$

$\Rightarrow$ $(n - 8)(n + 6) = 0$

$\therefore$ $n = 8, -6$ (भुजाओं की संख्या)

अत: बहुभुज की भुजाओं की संख्या = 8

वृत्त पर आधारित

उदाहरण 11. **बिन्दु M, 15 सेमी परित्रिज्या वाले, किसी ΔABC के परिवृत्त का परिकेन्द्र है। मान लें कि $BC = 24$ सेमी तथा ML, BC पर लम्ब है, तो ML की लम्बाई क्या होगी?**

(a) 12 सेमी (b) 10 सेमी (c) 9 सेमी (d) 8 सेमी

हल (c) दिया है,

$BM = 15$ सेमी, $BC = 24$ सेमी

तथा $BL = \frac{BC}{2} = \frac{24}{2} = 12$ सेमी

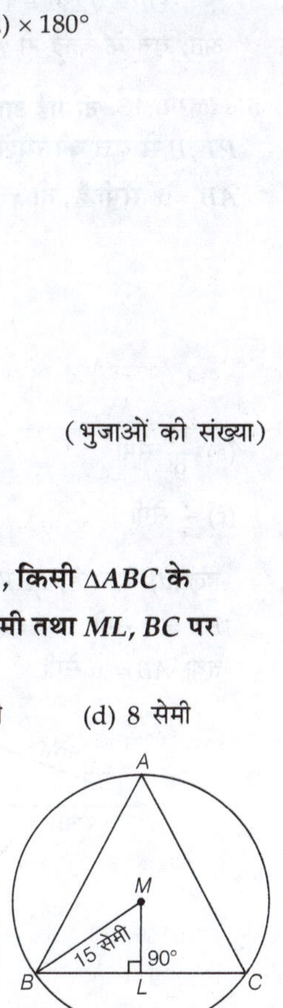

ΔBML में, पाइथागोरस प्रमेय से,

$BM^2 = BL^2 + ML^2$

$\Rightarrow (15)^2 = (12)^2 + ML^2$

$\Rightarrow ML^2 = 225 - 144 \Rightarrow ML = \sqrt{81}$

$\therefore$ $ML = 9$ सेमी

Quick Method

$$BM : BL = 15 : \frac{24}{2} = 5 : 4$$

$\because$ 3, 4, 5 पाइथागोरियन त्रिक हैं।

$\Rightarrow \quad ML = 3$

$\Rightarrow \quad ML = \frac{15}{5} \times 3 = 9$ सेमी

Score Booster

इस प्रकार के प्रश्नों को अति शीघ्रता से हल करने के लिए अभ्यर्थियों को कुछ महत्त्वपूर्ण पाइथागोरियन त्रिक याद होना आवश्यक है
(3, 4, 5), (5, 12, 13), (8, 15, 17)

उदाहरण 12. यदि बिन्दु P से वृत्त की स्पर्श रेखा $AP = 15$ सेमी, वृत्त के बिन्दु A पर मिलती है। यह दिया गया है कि वृत्त की त्रिज्या 8 सेमी है, वृत्त के केन्द्र से P की दूरी ज्ञात कीजिए। *RRB NTPC (CBT-I) 2021*

(a) 20 सेमी (b) 17 सेमी (c) 12 सेमी (d) 15 सेमी

हल (b) प्रश्नानुसार,

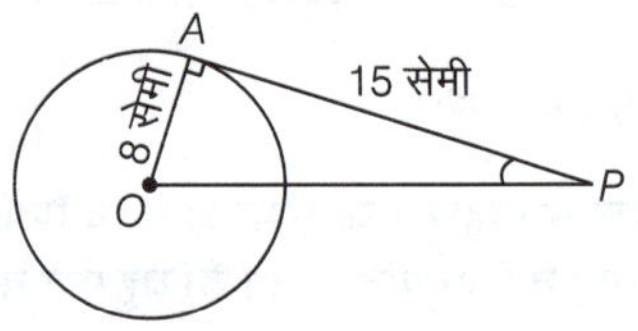

ΔOAP में पाइथागोरस प्रमेय से,

$$OP^2 = OA^2 + AP^2 = 8^2 + 15^2 = 64 + 225$$

$\therefore \quad OP = \sqrt{289} = 17$ सेमी

अत: वृत्त के केन्द्र से P की दूरी = 17 सेमी

उदाहरण 13. दी गई आकृति में, PAB एक छेदक (सीकेंट) रेखा है और PT, P से वृत्त की स्पर्श रेखा है। यदि $PT = 8$ सेमी, $PA = 6$ सेमी और $AB = x$ सेमी है, तो x का मान ज्ञात कीजिए। *SSC CGL 2023*

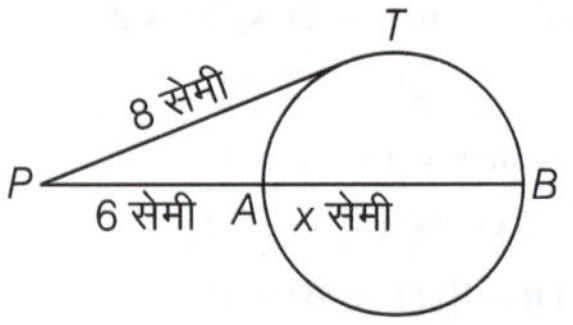

(a) $\frac{14}{9}$ सेमी (b) $\frac{1}{3}$ सेमी
(c) $\frac{4}{3}$ सेमी (d) $\frac{14}{3}$ सेमी

हल (d) दिया है, PAB एक छेदक रेखा है।

$PT = 8$ सेमी, $PA = 6$ सेमी

तथा $AB = x$ सेमी

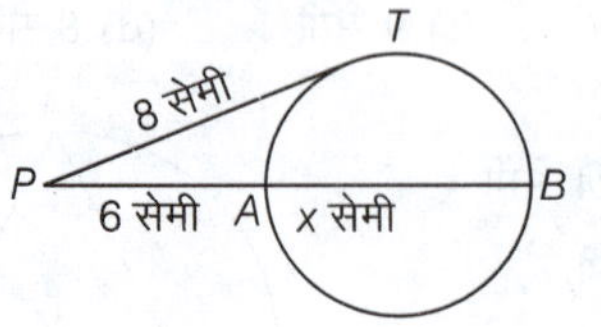

Trending Concept

वृत्त की छेदक रेखा तथा स्पर्श रेखा पर आधारित प्रश्न वर्तमान में हो रही सभी परीक्षाओं (SSC, Railway, DSSSB) में पूछे जा रहे हैं। आगामी परीक्षाओं के लिए अति महत्त्वपूर्ण हैं।

हम जानते हैं कि $(PT)^2 = PA \times PB$

$\Rightarrow \quad (8)^2 = 6 \times (x + 6)$

$\Rightarrow \quad \frac{64}{6} = (x + 6)$

$\Rightarrow \quad x = \frac{64}{6} - 6$

$\Rightarrow \quad x = \frac{64 - 36}{6}$

$\Rightarrow \quad x = \frac{28}{6} = \frac{14}{3}$ सेमी

उदाहरण 14. ΔPQR, एक वृत्त के अन्तर्गत खींचा गया एक समबाहु त्रिभुज है। S चाप QR पर स्थित कोई बिन्दु है। $\frac{1}{2}\angle PSQ$ का मान ज्ञात कीजिए। *SSC CPO 2023*

(a) 15° (b) 30°
(c) 60° (d) 20°

हल (b) प्रश्नानुसार,

हम जानते हैं, कि वृत्त में किसी जीवा द्वारा समान वृत्तखण्ड पर बनाए गए कोण समान होते हैं।

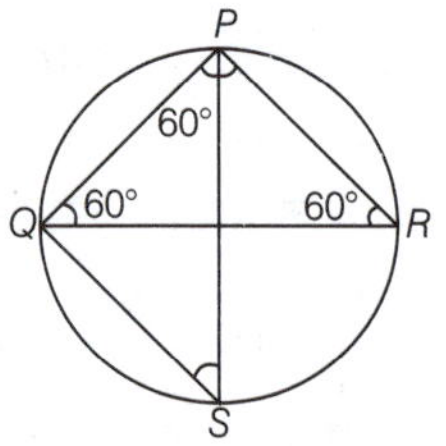

$\therefore \quad \angle PRQ = \angle PSQ = 60°$

$\therefore \quad \frac{1}{2}\angle PSQ = \frac{60°}{2} = 30°$

उदाहरण 15. एक वृत्त की त्रिज्या 5 सेमी है। इस वृत्त में जीवा AB की लम्बाई 6 सेमी है। इस जीवा की वृत्त के केन्द्र से कितनी दूरी है? *SSC CGL 2022*

(a) 5 सेमी (b) 8 सेमी
(c) 6 सेमी (d) 4 सेमी

हल (d) वृत्त की त्रिज्या, $OA = 5$ सेमी

($\because O$ वृत्त का केन्द्र है)

वृत्त की जीवा, $AB = 6$ सेमी

$\therefore \quad AP = PB = \frac{6}{2} = 3$ सेमी

[$\because$ वृत्त के केन्द्र से जीवा पर खींचा गया लम्ब, जीवा को समद्विभाजित करता है]

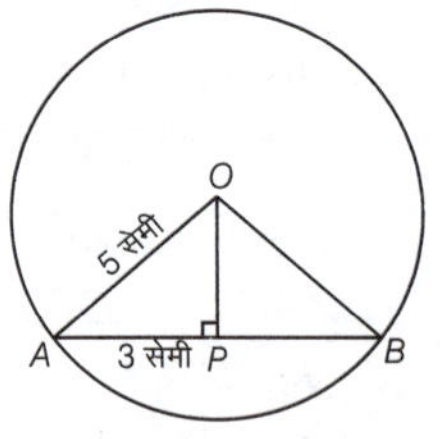

ΔOAP में,

$$(OA)^2 = (OP)^2 + (AP)^2 \quad \text{(पाइथागोरस प्रमेय से)}$$

$\Rightarrow \quad (5)^2 = (OP)^2 + (3)^2$

$\Rightarrow \quad (OP)^2 = 25 - 9$

$\Rightarrow \quad (OP)^2 = 16$

$\therefore \quad OP = 4$

अत: वृत्त के केन्द्र से जीवा की दूरी = 4 सेमी

Chapter Challenge

रेखा एवं कोण पर आधारित

1. एक कोण का मान इसके सम्पूरक कोण के मान से दोगुना है। इस कोण की माप है

(a) $120°$ (b) $60°$
(c) $100°$ (d) $90°$

2. यदि दो सम्पूरक कोणों में $44°$ का अन्तर है, तो उनमें से एक कोण है

(a) $102°$ (b) $65°$
(c) $68°$ (d) $72°$

3. यदि एक कोण के कोटिपूरक का सात गुना उस कोण के सम्पूरक के तीन गुने से $10°$ कम है, तो कोण की माप है

(a) $30°$ (b) $35°$
(c) $25°$ (d) $20°$

4. निम्नलिखित चित्र में,

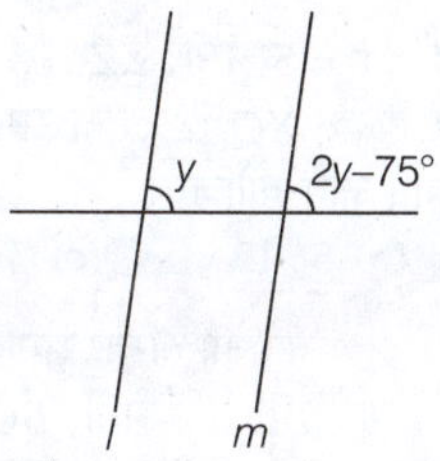

$l \parallel m$, तो y का मान है

(a) $20°$ (b) $55°$ (c) $75°$ (d) $45°$

5. यदि $l \parallel m$, तो $x = ?$

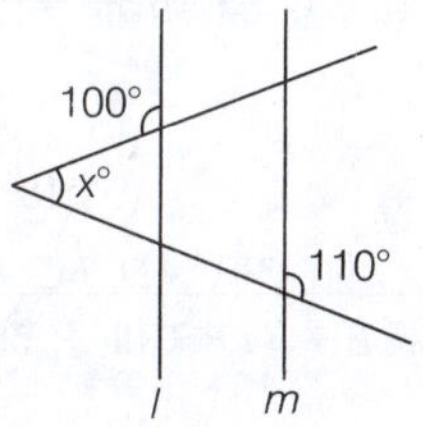

(a) $30°$ (b) $40°$ (c) $50°$ (d) $60°$

6. दी गई आकृति में $BC \parallel DE$ है, x का मान ज्ञात कीजिए। **RRB NTPC 2021**

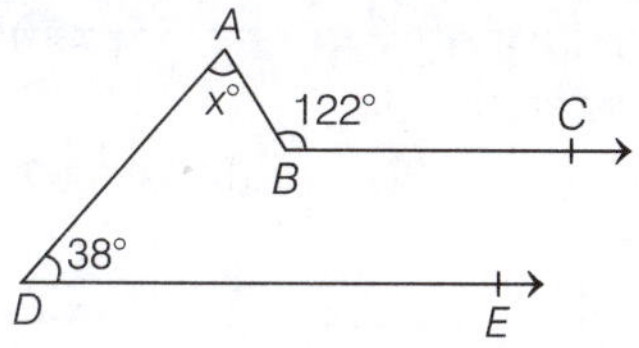

(a) $84°$ (b) $38°$
(c) $142°$ (d) $20°$

त्रिभुज पर आधारित

7. एक पाइथागोरियन त्रिक जिसकी सबसे छोटी संख्या 5 है **CRPF HC 2023**

(a) 5, 11, 15 (b) 5, 14, 19
(c) 5, 9, 12 (d) 5, 12, 13

8. एक त्रिभुज के कोण $1:7:10$ के अनुपात में हैं। सबसे बड़ा कोण है

(a) $100°$ (b) $80°$ (c) $60°$ (d) $120°$

9. त्रिभुज की माध्यिकाओं के प्रतिच्छेदन बिन्दु को .... कहा जाता है। **SSC (10+2) 2022**

(a) अन्त:केन्द्र (b) परिकेन्द्र
(c) केन्द्रक (d) लम्बकेन्द्र

10. यदि किसी त्रिभुज की भुजाओं की लम्बाइयाँ संख्याओं 7, 24 और 30 के समानुपाती हैं, तो त्रिभुज .... है।

(a) अधिक कोण त्रिभुज (b) न्यून कोण त्रिभुज
(c) सम्भव नहीं (d) समकोण त्रिभुज

11. x का मान क्या है?

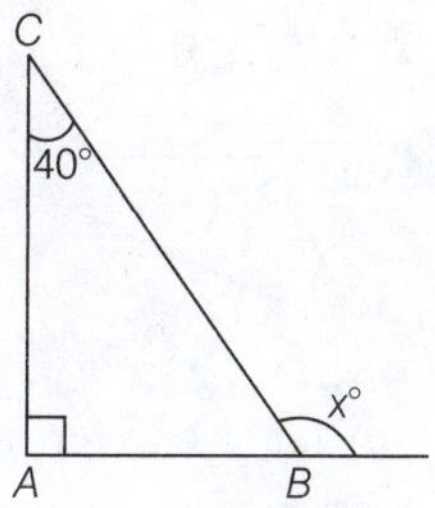

(a) $110°$ (b) $130°$ (c) $145°$ (d) $45°$

12. एक त्रिभुज की दो भुजाओं की लम्बाई 24 सेमी और 26 सेमी है। निम्नलिखित में से कौन-सी तीसरी भुजा की माप हो सकती है? **RRC Group D 2022**

(a) 48 सेमी (b) 55 सेमी
(c) 52 सेमी (d) 54 सेमी

13. ΔPQR में, $\angle P : \angle Q : \angle R = 3:4:8$ हैं। त्रिभुज की सबसे छोटी भुजा और सबसे बड़ी भुजा क्रमश: .... है। **SSC CPO 2023**

(a) QR और PQ (b) QR और PR
(c) PQ और PR (d) PQ और QR

14. निम्नलिखित चित्र में,

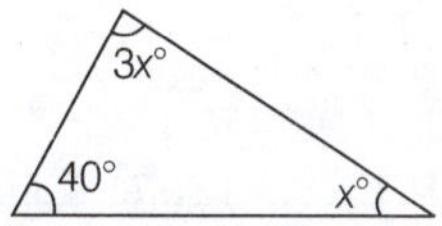

$x°$ का मान है

(a) $25°$ (b) $30°$
(c) $35°$ (d) $45°$

15. एक त्रिभुज के दो कोणों की माप $3:7$ के अनुपात में है। यदि इन दोनों मापों का योग तीसरे कोण की माप के बराबर है, तो सबसे छोटा कोण ज्ञात कीजिए। **SSC (10+2) 2024**

(a) $9°$ (b) $3°$
(c) $36°$ (d) $27°$

16. यदि ΔABC में, $AB = AC$ है और $\angle ACD = 125°$ है, तो $\angle BAC$ की माप क्या होगी?

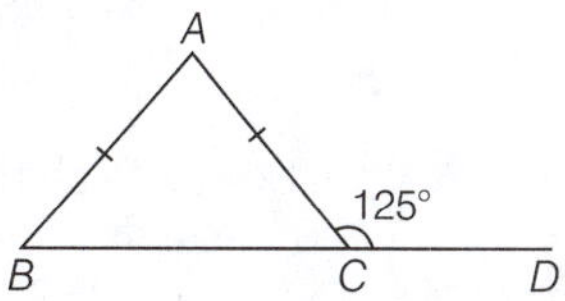

(a) $75°$ (b) $55°$
(c) $60°$ (d) $70°$

17. यदि $D, \Delta ABC$ में BC का मध्य-बिन्दु है और $\angle A = 90°$ है, तो $AD = ...$ होता है। **SSC CGL 2023**

(a) $\frac{BC}{4}$ (b) $\frac{BC}{2}$ (c) BC (d) $2BC$

18. ΔABC में, P, Q और R क्रमश: इसकी भुजाओं BC, CA और AB के मध्य-बिन्दु हैं। यदि त्रिभुज PQR का क्षेत्रफल 6 सेमी^{2} है, तो त्रिभुज ABC का क्षेत्रफल ज्ञात कीजिए। **RRC Group D 2022**

(a) 36 सेमी^{2} (b) 12 सेमी^{2} (c) 24 सेमी^{2} (d) 18 सेमी^{2}

19. दी गई आकृति में, यदि $KI = IT$ और $EK = ET$ है, तो $\angle TEI = ...$. **SSC CGL (Tier-I) 2022**

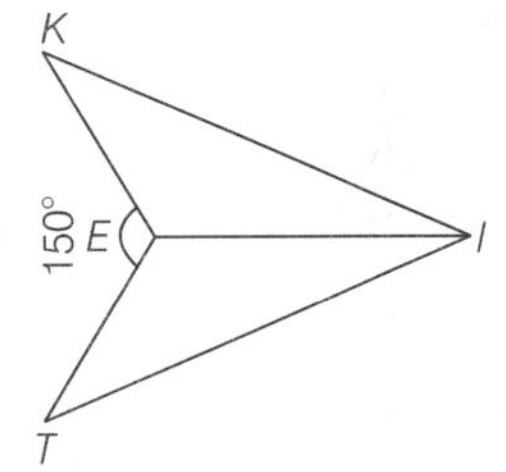

(a) 75° (b) 125° (c) 105° (d) 150°

20. ΔABC में, D, E और F क्रमश: BC, CA और AB के मध्य-बिन्दु हैं। यदि $BC = 25.6$ सेमी, $CA = 18.8$ सेमी और $AB = 20.4$ सेमी है, तो ΔDEF का परिमाप (सेमी में) ज्ञात करें। **CUET 2022**

(a) 34.4 (b) 36.8 (c) 32.4 (d) 30.6

21. यदि किसी समकोण त्रिभुज का कर्ण 29 सेमी है और अन्य दो भुजाओं का योग 41 सेमी हो, तो अन्य दो भुजाओं के बीच का अन्तर ज्ञात कीजिए। **SSC CPO 2023**

(a) 2 सेमी (b) 5 सेमी (c) 1 सेमी (d) 10 सेमी

22. ΔABC और ΔDEF में, $\frac{AB}{DF} = \frac{BC}{DE} = \frac{AC}{EF}$ है। निम्न में से कौन-सा सत्य है?

(a) $\Delta DEF \sim \Delta BAC$ (b) $\Delta DEF \sim \Delta ABC$
(c) $\Delta BCA \sim \Delta DEF$ (d) $\Delta CAB \sim \Delta DEF$

23. दो समरूप त्रिभुजों ΔPQR और ΔXYZ के परिमाप क्रमश: 48 सेमी और 24 सेमी हैं। यदि $XY = 12$ सेमी है, तो PQ का मान क्या होगा? **RRB NTPC (CBT-I) 2021**

(a) 8 सेमी (b) 18 सेमी (c) 24 सेमी (d) 12 सेमी

24. ΔABC और ΔDEF समरूप त्रिभुज हैं और उनका क्षेत्रफल क्रमश: 49 सेमी^{2} और 144 सेमी^{2} हैं। यदि $EF = 16.80$ सेमी है, तो BC ज्ञात कीजिए।

(a) 8.7 सेमी (b) 9.8 सेमी (c) 11.4 सेमी (d) 7.5 सेमी

25. दी गई आकृति में, $DE \parallel BC$, यदि $AD = x, DB = (x - 2)$, $AE = (x + 2)$ और $EC = (x - 1)$ हों, तो x का मान ज्ञात कीजिए। **RRB NTPC 2022**

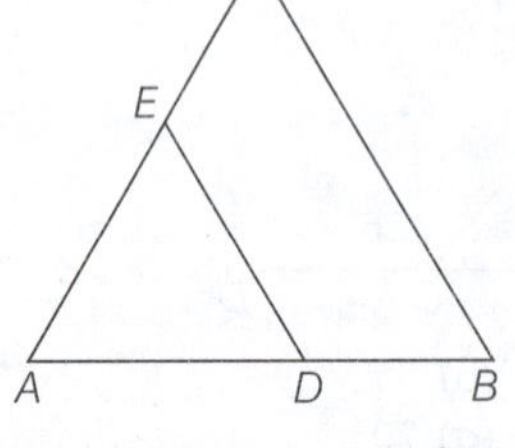

> ***MRC******
> ***(Most Repeating Concepts)***
> प्र. सं. 25 और 26 Examination Point of View से अति महत्त्वपूर्ण हैं। इन Concept पर प्रश्न विभिन्न प्रतियोगी परीक्षाओं (NTPC, SSC) में निरन्तर पूछे जा रहे हैं।

(a) 3 सेमी (b) 4 सेमी (c) 5 सेमी (d) 2 सेमी

26. ΔABC में, D और E भुजाओं AB और AC पर बिन्दु इस प्रकार हैं कि $DE \parallel BC$ है, यदि $AD = x, DB = x - 3, AE = x + 3$ और $EC = x - 2$, है, तो x का मान ज्ञात कीजिए। **SSC (10+2) 2024**

(a) 4.2 (b) 4.0 (c) 4.5 (d) 5.2

27. दो त्रिभुज XYZ और UVW सर्वांगसम हैं। यदि ΔXYZ का क्षेत्रफल 58 सेमी^{2} है, तो ΔUVW का क्षेत्रफल क्या होगा? **SSC (10+2) 2023**

(a) 58 सेमी^{2} (b) 29 सेमी^{2}
(c) 15 सेमी^{2} (d) 116 सेमी^{2}

28. मान लीजिए ABC, PQR दो ऐसे सर्वांगसम त्रिभुज हैं, कि $\angle A = \angle P = 90°$ है। यदि $BC = 13$ सेमी, $PR = 5$ सेमी है, तो AB का मान ज्ञात कीजिए। **SSC CGL 2023**

(a) 10 सेमी (b) 12 सेमी
(c) 8 सेमी (d) 5 सेमी

29. यदि $\angle C = \angle Z$ और $AC = XZ$ हैं, तो ΔABC और ΔXYZ के सर्वांगसम होने के लिए निम्नलिखित में से कौन-सी शर्तें आवश्यक हैं? **SSC CGL 2023**

(a) $BC = YZ$ (b) $AB = XY$
(c) $BC = AB$ (d) $AB = AC$

30. ΔXYZ में, यदि $XY = 5$ सेमी, $XZ = 7$ सेमी और Q, YZ पर एक बिन्दु इस प्रकार है कि XQ, $\angle X$ को समद्विभाजित करता है, तो $YQ : QZ$ का मान ज्ञात कीजिए। **SSC (10+2) 2024**

(a) 7 : 5 (b) 5 : 12 (c) 7 : 12 (d) 5 : 7

31. ΔABC में, AD, $\angle A$ का आन्तरिक समद्विभाजक है, जो भुजा BC से D पर मिलता है। यदि $BD = 5$ सेमी, $BC = 7.5$ सेमी, तो $AB : AC$ क्या है? **SSC CPO 2024**

(a) 3 : 1 (b) 1 : 3 (c) 2 : 1 (d) 1 : 2

32. ΔPQR की माध्यिका PM है। ΔPQR का केन्द्रक O है। यदि $PO = 27$ सेमी है, तो PM की लम्बाई कितनी है? **SSC (10+2) 2022**

(a) 40.5 सेमी (b) 54 सेमी
(c) 12 सेमी (d) 18 सेमी

33. ΔABC में, $\angle BAC = 90°$ और AD, BC के लम्बवत् है। यदि $AD = 8.4$ सेमी और $BD = 4.8$ सेमी है, तो BC की लम्बाई ज्ञात करें।

(a) 18.5 सेमी (b) 19.5 सेमी
(c) 18 सेमी (d) 15 सेमी

34. PQR एक ऐसा समद्विबाहु त्रिभुज है कि $PQ = QR = 10$ सेमी और $\angle PQR = 90°$ हैं। भुजा PR पर बिन्दु Q से खींचे जाने वाले लम्ब की लम्बाई बताइए।

(a) $4\sqrt{2}$ सेमी (b) $7\sqrt{2}$ सेमी
(c) $6\sqrt{2}$ सेमी (d) $5\sqrt{2}$ सेमी

35. ΔABC में, P और Q क्रमश: AB और AC के मध्य-बिन्दु हैं। यदि PQ पर कोई बिन्दु R इस प्रकार स्थित है कि $PR : RQ = 3 : 5$ और $QR = 20$ सेमी हैं, तो BC की लम्बाई ज्ञात करें।

(a) 24 सेमी (b) 64 सेमी
(c) 40 सेमी (d) 66.66 सेमी

36. समकोण त्रिभुज में समकोण बनाने वाली दो भुजाओं की लम्बाई 21 सेमी और 20 सेमी हैं। इस त्रिभुज के परिवृत्त की त्रिज्या क्या है?

(a) 12 सेमी (b) 14 सेमी
(c) 14.5 सेमी (d) 15.5 सेमी

37. एक समकोण त्रिभुज ABC में, समकोण बनाने वाली भुजाओं की माप क्रमश: 5 सेमी और 12 सेमी हैं। ΔABC के एक आन्तरिक वृत्त की त्रिज्या (सेमी में) क्या होगी?
(a) 2.8 (b) 2.5 (c) 2 (d) 3

38. यदि O, ΔABC का परिकेन्द्र है, जो त्रिभुज के अन्दर पड़ता है, तो $\angle OBC + \angle BAC$ किसके बराबर होगा?

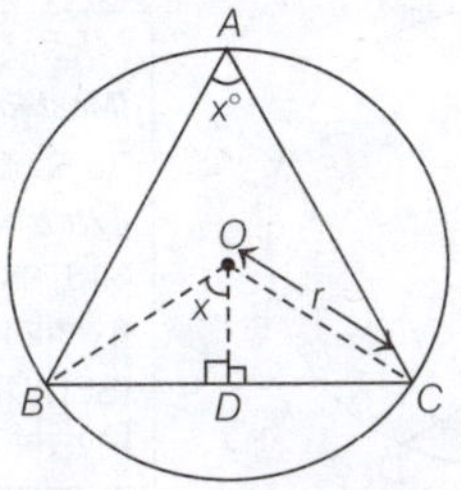

(a) 60° (b) 90°
(c) 110° (d) 120°

39. एक समबाहु त्रिभुज ABC एक वर्ग $BCDE$ के ऊपर स्थित है। $\angle EAB + 3\angle AEB$ का मान कितना होगा? ***SSC CGL (Tier-II) 2023***
(a) 240° (b) 60°
(c) 80° (d) 280°

40. ΔABC में, O अन्त: केन्द्र है और $\angle BOC = 135°$ है। $\angle BAC$ की माप ज्ञात कीजिए।
(a) 55° (b) 45°
(c) 80° (d) 90°

41. ΔABC के दो कोण, $\angle B$ और $\angle C$ के आन्तरिक समद्विभाजकों के बीच कोण की माप 132° है। $\angle A$ का मान ज्ञात करें।
(a) 72° (b) 48°
(c) 84° (d) 62°

42. ΔPQR में, भुजा QR, बिन्दु S तक इस प्रकार बढ़ाई गई है कि $RS = PR$ है। यदि $\angle QPS = 110°$ और $\angle PRQ = 70°$ है, तो $\angle PQR$ का मान ज्ञात करें।
(a) 35° (b) 40° (c) 45° (d) 50°

चतुर्भुज एवं बहुभुज पर आधारित

43. एक चतुर्भुज के कोण 3 : 5 : 7 : 9 के अनुपात में हैं। चतुर्भुज के सबसे छोटे और सबसे बड़े कोणों में क्या अन्तर है? ***CTET 2019***
(a) 90° (b) 50° (c) 60° (d) 72°

44. निम्नलिखित में से कौन-सा कथन सत्य नहीं है? ***RRC Group D 2022***
(a) सभी आयत समान्तर चतुर्भुज होते हैं
(b) आयत के विकर्ण एक-दूसरे को समद्विभाजित नहीं करते हैं
(c) आयत की सम्मुख भुजाएँ सर्वांगसम और समान्तर होती हैं
(d) आयत के आसन्न कोणों के किसी भी युग्म का योग 180° होता है

45. यदि किसी समान्तर चतुर्भुज की सभी भुजाएँ बराबर हों तथा एक कोण समकोण हो, तो उस आकृति को क्या कहते हैं? ***CRPF HC 2023***
(a) वर्ग (b) आयत
(c) समलम्ब चतुर्भुज (d) समचतुर्भुज

46. एक वर्ग $ABCD$ के अन्तर्गत, ΔBEC एक समबाहु त्रिभुज है। उसमें यदि CE तथा BD परस्पर O पर काटते हों, तो $\angle BOC$ किसके बराबर होगा?
(a) 60° (b) 75° (c) 90° (d) 120°

47. एक समान्तर चतुर्भुज $ABCD$ के विकर्ण BD की लम्बाई 18 सेमी है। यदि P और Q क्रमश: उसके ΔABC तथा ΔADC के केन्द्रक हों, तो PQ रेखाखण्ड की लम्बाई कितनी होगी?
(a) 4 सेमी (b) 6 सेमी
(c) 9 सेमी (d) 12 सेमी

48. P, किसी आयत $ABCD$ के अन्दर स्थित एक बिन्दु है। यदि $PA = 27$ सेमी, $PB = 21$ सेमी और $PC = 6$ सेमी हैं, तो लम्बाई PD का मान (सेमी में) ज्ञात कीजिए। ***RRC Group D 2022***
(a) 12 (b) 18
(c) 10 (d) 15

49. एक समचतुर्भुज $ABCD$ में, $\angle A = 60°$ और $AB = 12$ सेमी हैं, तो विकर्ण BD है
(a) $2\sqrt{3}$ सेमी (b) 6 सेमी
(c) 12 सेमी (d) 10 सेमी

50. चतुर्भुज $ABCD$ में, चतुर्भुज के आन्तरिक भाग में एक बिन्दु E इस प्रकार है, कि DE और CE क्रमश: $\angle D$ और $\angle C$ के द्विभाजक हैं। यदि $\angle B = 82°$ और $\angle DEC = 80°$ हैं, तो $\angle A = ?$
(a) 78° (b) 81° (c) 75° (d) 84°

51. यदि पाँच भुजाओं वाले किसी बहुभुज के अन्त: कोण 2 : 3 : 3 : 5 : 5 के अनुपात में हैं, तो सबसे छोटे कोण की माप है
(a) 20° (b) 30°
(c) 60° (d) 90°

52. एक बहुभुज के आन्तरिक कोणों का योग 1440° है। बहुभुज की भुजाओं की संख्या क्या होगी?
(a) 6 (b) 9
(c) 10 (d) 12

53. यदि एक समबहुभुज के आन्तरिक कोण की माप, उसके बाह्य कोण का दोगुना हो, तो उस बहुभुज की भुजाओं की संख्या कितनी है?
(a) 6 (b) 8 (c) 10 (d) 12

वृत्त पर आधारित

54. एक वृत्त के गुणों के सम्बन्ध में गलत कथन का चयन कीजिए। ***SSC CGL (Tier-I) 2022***
(a) एक जीवा की लम्बाई बढ़ाने पर वृत्त के केन्द्र से लम्बवत् दूरी बढ़ जाती है
(b) वृत्त का व्यास वृत्त की सबसे लम्बी जीवा है
(c) एक वृत्त के व्यास के अन्त में खींची गई दो स्पर्श रेखाएँ समान्तर होती हैं
(d) एक जीवा पर लम्बवत् खींची गई त्रिज्या जीवा को समद्विभाजित करती है

55. 8 सेमी त्रिज्या वाले एक वृत्त की दो समान्तर स्पर्श रेखाओं के बीच की दूरी ज्ञात करें।
(a) 8 सेमी (b) 4 सेमी
(c) 16 सेमी (d) 12 सेमी

56. बिन्दु Q से, किसी वृत्त पर खींची गई स्पर्श रेखा की लम्बाई 21 सेमी है और वृत्त के केन्द्र 'O' से Q की दूरी 29 सेमी है। वृत्त की त्रिज्या ज्ञात कीजिए। ***RRB NTPC (CBT-II) 2022***
(a) 20 सेमी (b) 8 सेमी
(c) 30 सेमी (d) 50 सेमी

> **MRC*****
> ***(Most Repeating Concepts)***
> प्र. सं. 39, 48 और 56 Examination Point of View से अति महत्त्वपूर्ण हैं। इन Concept पर प्रश्न विभिन्न प्रतियोगी परीक्षाओं (CUET, NTPC, CGL आदि) में निरन्तर पूछे जा रहे हैं।

57. O एक ऐसे वृत्त का केन्द्र है, जिसकी त्रिज्या 10 सेमी है। P, वृत्त के बाहर कोई बिन्दु है और PQ वृत्त की स्पर्श रेखा है। यदि OP की लम्बाई 26 सेमी है, तो PQ की लम्बाई (सेमी में) ज्ञात करें। **CUET 2022**

(a) 25 (b) $2\sqrt{194}$
(c) 24 (d) 20

58. O केन्द्र वाले एक वृत्त में बिन्दु P पर एक स्पर्श रेखा PQ है। इसके अलावा, AB वृत्त की जीवा है और इसे Q तक बढ़ाया गया है। यदि $PQ = 12$ सेमी और $QB = 8$ सेमी है, तो AB की लम्बाई बराबर है। **SSC CPO 2023**

(a) 8 सेमी (b) 4 सेमी
(c) 20 सेमी (d) 10 सेमी

59. निम्नलिखित आकृति में, AD वृत्त की स्पर्श रेखा है और ABC छेदक रेखा है। यदि $AB = 4$ सेमी और $BC = 5$ सेमी है, तो स्पर्श रेखा AD की लम्बाई क्या है? **UP TGT 2021; UP TET 2018**

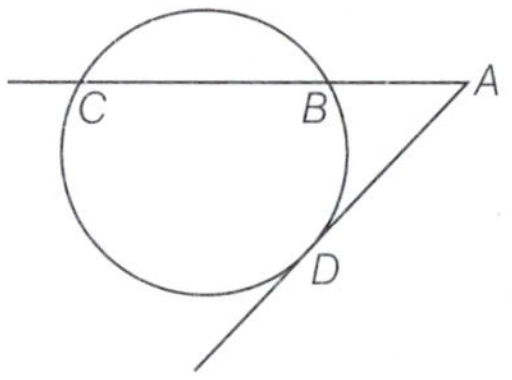

(a) 3 सेमी (b) 4 सेमी
(c) 5 सेमी (d) 6 सेमी

60. यदि TM और TN, केन्द्र O वाले किसी वृत्त पर दो स्पर्श रेखाएँ इस प्रकार हैं कि $\angle MON = 105°$ तो, $\angle MTN$ किसके बराबर होगा? **SSC (10+2) 2023**

(a) 70° (b) 60°
(c) 75° (d) 85°

61. एक जीवा AB द्वारा वृत्त के केन्द्र पर अन्तरित कोण 140° है। वृत्त के दीर्घ चाप पर जीवा AB द्वारा अन्तरित कोण कितना होगा? **SSC (10+2) 2022**

(a) 35° (b) 70°
(c) 60° (d) 80°

62. केन्द्र O वाले किसी वृत्त पर A, B और C तीन बिन्दु स्थित हैं। यदि $\angle BOC = 124°$ है, तो $\angle BAC$ का मान ज्ञात कीजिए।

(a) 34° (b) 72° (c) 62° (d) 66°

63. एक चक्रीय चतुर्भुज $EFGH$ में, $\angle E$, $\angle G$ के सम्मुख है। यदि $\angle E = 95°$ है, तो $\angle G$ का मान क्या है? **SSC (10+2) 2022**

(a) 105° (b) 75° (c) 85° (d) 80°

64. यदि PQ और PR केंद्र O वाले वृत्त की दो स्पर्श रेखाएँ हैं, और $\angle QOR = 150$ है, तो $\angle QPR$ किसके बराबर है? **SSC (10+2) 2024**

(a) 45° (b) 90° (c) 60° (d) 30°

65. रेखा ABC, B पर एक वृत्त की स्पर्श रेखा है। $PQ \parallel AC$ और $\angle QBC = 70°$ हैं, तो $\angle PBQ = ?$ **RRB NTPC (CBT-I) 2021**

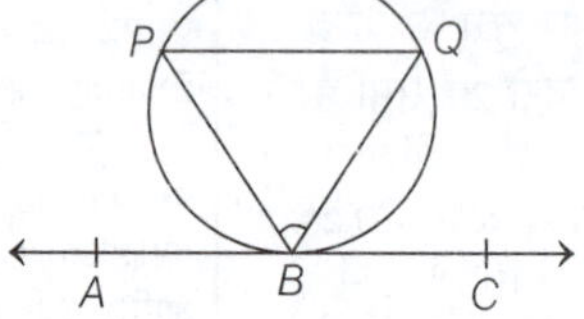

(a) 20° (b) 70° (c) 40° (d) 110°

66. यदि दो वृत्तों की त्रिज्याएँ 4.5 सेमी और 3.5 सेमी हैं और अनुप्रस्थ उभयनिष्ठ स्पर्श रेखा की लम्बाई 6 सेमी है, तो दोनों केन्द्रों के बीच की दूरी कितनी होगी? **RRB NTPC (CBT-I) 2021**

(a) 8 सेमी (b) 10 सेमी (c) 12 सेमी (d) 9 सेमी

67. दी गई आकृति में, जीवाएँ AB और CD एक-दूसरे को बिन्दु L पर प्रतिच्छेद करती हैं। CL की लम्बाई ज्ञात करें।

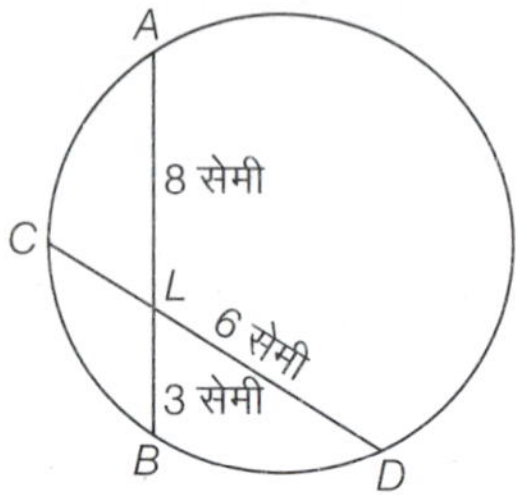

> **MRC*****
> ***(Most Repeating Concepts)***
> प्र. सं. 58, 59, 67 और 70 Examination Point of View से अति महत्त्वपूर्ण हैं। इन Concept पर प्रश्न सभी प्रतियोगी परीक्षाओं (SSC, TGT, NTPC आदि) में निरन्तर पूछे जा रहे हैं।

(a) 6 सेमी (b) 7 सेमी
(c) 4 सेमी (d) 5 सेमी

68. दी गई आकृति में, $\angle ABC = 81°$ और $\angle ACB = 9°$ हैं। तब, $\angle BDC$ का मान क्या है?

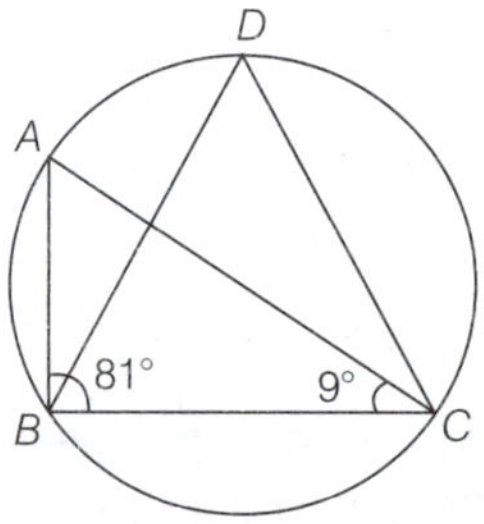

(a) 80° (b) 90°
(c) 60° (d) 70°

69. त्रिभुज ABC के अन्दर एक वृत्त खींचा जाता है। यह भुजा AB, BC और AC को क्रमशः बिन्दु R, P और Q पर स्पर्श करता है। यदि $AQ = 3.5$ सेमी, $PC = 4.5$ सेमी और $BR = 7$ सेमी हैं, तो ΔABC का परिमाप (सेमी में) ज्ञात करें।

(a) 30 (b) 45
(c) 15 (d) 28

70. एक वृत्त में, जीवाओं AB और CD को वृत्त के बाहर E पर मिलाने के लिए बढ़ाया जाता है। यदि $AB = 9$ सेमी, $AE = 12$ सेमी और $ED = 4$ सेमी है, तो जीवा CD की लम्बाई क्या है? **RRB NTPC (CBT-II) 2022**

(a) 5.5 सेमी (b) 5 सेमी
(c) 4 सेमी (d) 4.5 सेमी

71. दो समान वृत्त, जिनमें से प्रत्येक की त्रिज्या 24 सेमी है, एक-दूसरे को इस प्रकार प्रतिच्छेदित करते हैं कि उनमें से प्रत्येक, दूसरे के केन्द्र से होकर गुजरता है। उभयनिष्ठ जीवा की लम्बाई .... सेमी होगी। **RRB NTPC (CBT-II) 2022**

(a) $36\sqrt{3}$ (b) $30\sqrt{3}$
(c) $36\sqrt{2}$ (d) $24\sqrt{3}$

72. 22 सेमी और 10 सेमी त्रिज्या वाले दो वृत्तों के केन्द्रों के बीच की दूरी 37 सेमी है। यदि इन वृत्तों की सीधी उभयनिष्ठ अनुस्पर्श रेखा के स्पर्श बिन्दु (points of contact) M और Q हैं, तो रेखाखण्ड MQ की लम्बाई ज्ञात कीजिए। **SSC CGL (Tier-I) 2024**

(a) 35 सेमी (b) 39 सेमी
(c) 20 सेमी (d) 25 सेमी

73. केन्द्र O वाले वृत्त में बिन्दु A, B, C और D इस क्रम में एकवृत्तीय हैं, कि BD वृत्त का व्यास है। यदि $\angle BAC = 22°$ है, तो $\angle COD$ की माप ज्ञात करें।
(a) 158° (b) 79°
(c) 68° (d) 136°

74. एक वृत्त के केन्द्र से जीवा की लम्बवत् दूरी 20 सेमी है। यदि वृत्त का व्यास 58 सेमी है तो, जीवा की लम्बाई (सेमी में) ज्ञात कीजए। **SSC (10+2) 2023**
(a) 28 (b) 42 (c) 56 (d) 21

75. 10 सेमी त्रिज्या वाले एक वृत्त में, XY और PQ क्रमश: 12 सेमी और 16 सेमी लम्बाई की दो समान्तर जीवाएँ हैं। दोनों जीवाएँ केन्द्र की विपरीत दिशा में स्थित हैं। जीवाओं के बीच की दूरी कितनी है? **RRB NTPC (CBT-I) 2020**
(a) 12 सेमी (b) 14 सेमी
(c) 12.80 सेमी (d) 18 सेमी

76. एक 20 सेमी व्यास के वृत्त की दो समान्तर जीवाएँ क्रमश: 16 सेमी और 12 सेमी हैं। यदि दोनों जीवाएँ व्यास के एक ही ओर हों, तो इन जीवाओं के बीच की दूरी क्या है? **CISF HC 2022**
(a) 3 सेमी (b) 1.5 सेमी
(c) 2 सेमी (d) 1 सेमी

77. केन्द्र O वाले एक वृत्त का व्यास PQ, जीवा RS पर लम्बवत् है। PQ, RS को T पर प्रतिच्छेद करता है। यदि $RS = 16$ सेमी और $QT = 4$ सेमी हैं, तो वृत्त के व्यास की लम्बाई (सेमी में) क्या है? **SSC (10+2) 2023**
(a) 20 (b) 10 (c) 24 (d) 48

78. केन्द्र O वाले दो संकेन्द्री वृत्तों की त्रिज्याएँ 26 सेमी और 16 सेमी हैं। बड़े वृत्त की जीवा AB, बिन्दु C पर छोटे वृत्त की स्पर्श रेखा है और AD व्यास है। CD की लम्बाई कितनी है? **CUET 2022**
(a) 36 सेमी (b) 38 सेमी
(c) 35 सेमी (d) 42 सेमी

Right Key

1 (a)	2 (c)	3 (c)	4 (c)	5 (a)	6 (a)	7 (d)	8 (a)	9 (c)	10 (a)
11 (b)	12 (a)	13 (a)	14 (c)	15 (d)	16 (d)	17 (b)	18 (c)	19 (c)	20 (c)
21 (c)	22 (c)	23 (c)	24 (b)	25 (b)	26 (c)	27 (a)	28 (b)	29 (a)	30 (d)
31 (c)	32 (a)	33 (b)	34 (d)	35 (b)	36 (c)	37 (c)	38 (b)	39 (b)	40 (d)
41 (c)	42 (a)	43 (a)	44 (b)	45 (a)	46 (b)	47 (b)	48 (b)	49 (c)	50 (a)
51 (c)	52 (c)	53 (a)	54 (a)	55 (c)	56 (a)	57 (c)	58 (d)	59 (d)	60 (c)
61 (b)	62 (c)	63 (c)	64 (d)	65 (c)	66 (b)	67 (c)	68 (b)	69 (a)	70 (b)
71 (d)	72 (a)	73 (d)	74 (b)	75 (b)	76 (c)	77 (a)	78 (b)		

Solutions

1. (*a*) माना कोण $x°$ और इसका सम्पूरक कोण $(180° - x)$ है।
तब प्रश्नानुसार, $x = 2(180° - x)$
$\Rightarrow 3x = 360°$
$\therefore x = 120°$

2. (*c*) माना एक कोण $= x°$
तब, दूसरा कोण $= x + 44°$
$\because$ दो सम्पूरक कोणों का योग $= 180°$
$\Rightarrow x + x + 44° = 180°$
$\Rightarrow 2x = 180° - 44° = 136°$
$\therefore x = \frac{136°}{2} = 68°$

3. (*c*) माना अभीष्ट कोण θ है।
तब, इसका कोटिपूरक $= (90° - \theta)$
तथा इसका सम्पूरक $= (180° - \theta)$
प्रश्नानुसार,
$3(180° - \theta) - 7(90° - \theta) = 10°$
$\Rightarrow 540° - 3\theta - 630° + 7\theta = 10°$
$\Rightarrow 4\theta = 90° + 10° = 100°$
$\therefore \theta = 25°$

4. (*c*) $\because l \parallel m$
तब, $y = 2y - 75°$ (संगत कोण)
$\therefore y = 75°$

5. (*a*)

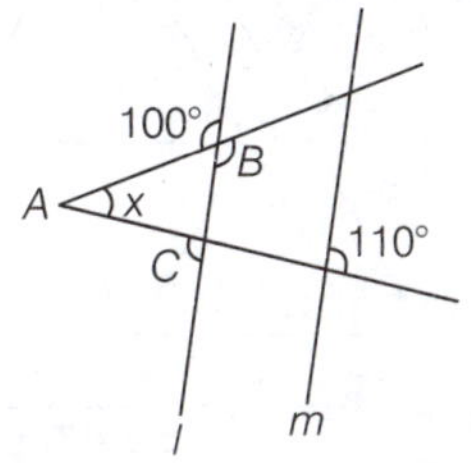

ΔABC में,
$\angle ABC = 180° - 100° = 80°$
तथा $\angle ACB = 180° - 110° = 70°$
अब, $\angle ABC + \angle ACB + \angle CAB = 180°$
$80° + 70° + x = 180°$
$\therefore x = 180° - 150° = 30°$

6. (*a*) दी गई आकृति में CB को F तक आगे बढ़ाने पर,

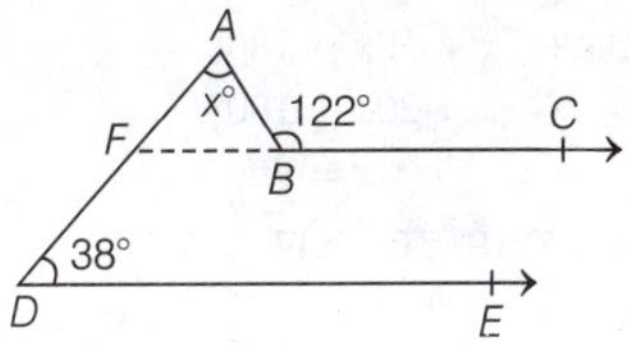

ΔAFB में,
$\angle ABF = 180° - 122° = 58°$
$\angle AFB = \angle ADE = 38°$ (संगत कोण)
अब, $\angle FAB + \angle AFB + \angle ABF = 180°$
$\Rightarrow x + 38° + 58° = 180°$
$\therefore x = 180° - 96° = 84°$

7. (*d*) 5, 12, 13 एक पाइथागोरियन त्रिक है।

8. (*a*) सबसे बड़ा कोण $= 180° \times \dfrac{10}{(1+7+10)}$

$= \dfrac{180° \times 10}{18} = 100°$

9. (*c*) त्रिभुज की माध्यिकाओं के प्रतिच्छेदन बिन्दु को केन्द्रक कहते हैं।

10. (*a*) यहाँ, $(7)^2 + (24)^2 < (30)^2$

अत: त्रिभुज अधिक कोण त्रिभुज है।

11. (*b*) ΔABC में,

$\angle B = \angle A + \angle C$

$\therefore \quad x = 90° + 40°$

$= 130°$

12. (*a*) हम जानते हैं कि, त्रिभुज की दो भुजाओं का योग सदैव तीसरी भुजा से अधिक होता है।

$\therefore$ तीसरी भुजा की माप $< 24 + 26 = 50$

अब, दिए गए विकल्पों में केवल $48 < 50$ है।

तब, तीसरी भुजा की माप $= 48$ सेमी

13. (*a*) हम जानते हैं कि, छोटे कोण के सामने वाली भुजा छोटी होती है तथा बड़े कोण के सामने वाली भुजा बड़ी होती है।

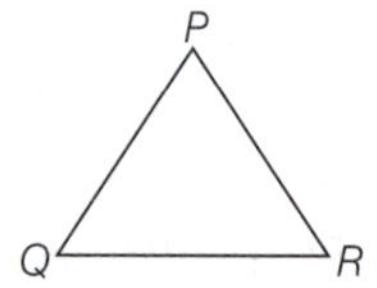

तब, $\angle P$ के सामने सबसे छोटी भुजा $= QR$

तथा $\angle R$ के सामने सबसे बड़ी भुजा $= PQ$

14. (*c*) हम जानते हैं कि, त्रिभुज के तीनों कोणों का योग $= 180°$

$\therefore \; x + 3x + 40° = 180°$

$\Rightarrow \quad 4x = 140°$

$\Rightarrow \quad x = 35°$

15. (*d*) माना त्रिभुज के दो कोणों की माप क्रमश: $3x$ तथा $7x$ हैं।

तीसरा कोण $= 3x + 7x = 10x$

प्रश्नानुसार,

$3x + 7x + 10x = 180°$

$\Rightarrow \quad 20x = 180°$

$\therefore \quad x = 9°$

अत: सबसे छोटा कोण $= 3x$

$= 3 \times 9° = 27°$

16. (*d*) दिया है, ΔABC में,

$AB = AC$ तथा $\angle ACD = 125°$

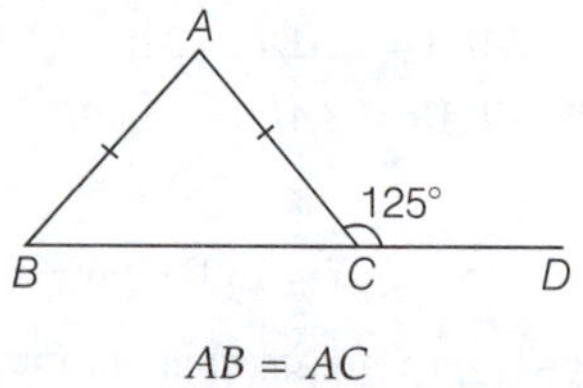

$\because \quad AB = AC$

$\therefore \quad \angle ABC = \angle ACB$

अब, $\quad \angle ACB = 180° - \angle ACD$

$= 180° - 125° = 55°$

अत: $\quad \angle BAC = 180° - \angle ABC - \angle ACB$

$= 180° - 55° - 55°$

$= 180° - 110° = 70°$

17. (*b*) $\because BD = DC \Rightarrow AD = \dfrac{BC}{2}$

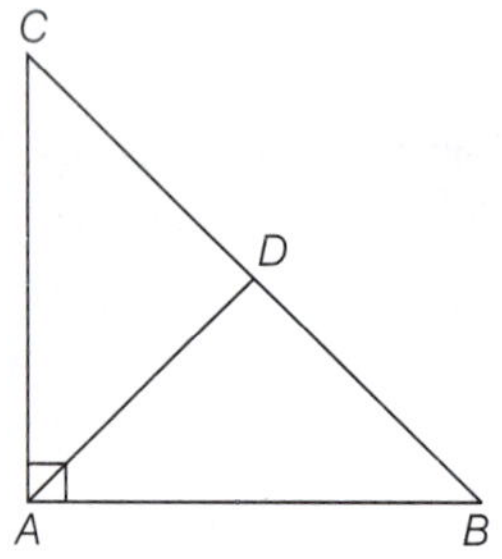

18. (*c*)

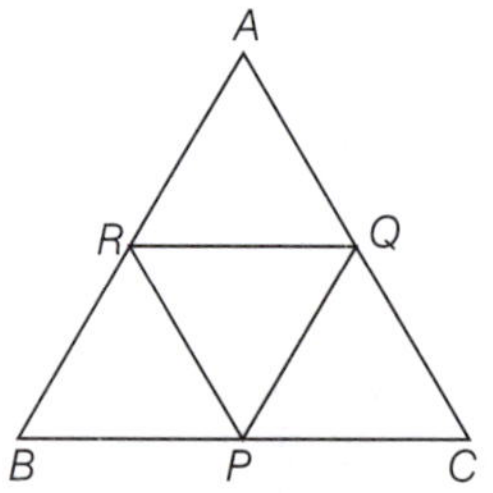

ΔPQR का क्षेत्रफल $= 6$ सेमी^{2}

$\therefore \Delta ABC$ का क्षेत्रफल

$= 4 \times \Delta PQR$ का क्षेत्रफल

$= 4 \times 6 = 24$ सेमी^{2}

19. (*c*) दी गई आकृति में, $\angle KET = 150°$

$\therefore$ बाह्य $\angle KET = 360° - 150° = 210°$

ΔKEI और ΔTEI में, $KI = IT$

$\because \quad \angle TEI = \angle KEI = \dfrac{\text{बाह्य } \angle KET}{2}$

$\therefore \quad \angle TEI = \dfrac{210°}{2} = 105°$

20. (*c*) प्रश्नानुसार,

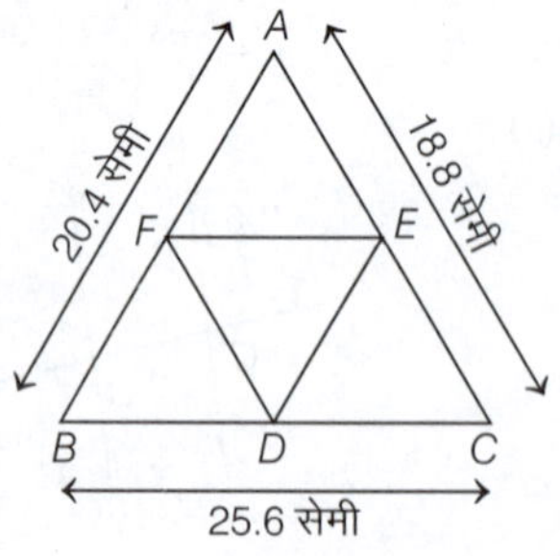

तब, $\quad BC \parallel EF$

$\Rightarrow \quad EF = \dfrac{25.6}{2} = 12.8$ सेमी

पुन: $\quad DE \parallel AB \Rightarrow DE = \dfrac{20.4}{2} = 10.2$ सेमी

पुन: $\quad DF \parallel AC \Rightarrow DF = \dfrac{18.8}{2} = 9.4$ सेमी

$\therefore \Delta DEF$ का परिमाप $= 12.8 + 10.2 + 9.4$

$= 32.4$ सेमी

> **TOP TIPS** त्रिभुज की भुजाओं के मध्य बिन्दुओं को मिलाने से बने त्रिभुज का परिमाप, उस त्रिभुज के परिमाप का आधा होता है।

21. (*c*) प्रश्नानुसार,

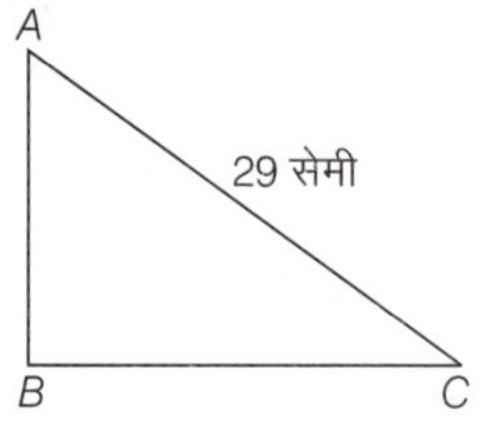

$\therefore \quad AB^2 + BC^2 = (AC)^2$

(पाइथागोरस प्रमेय से)

$\Rightarrow \quad AB^2 + BC^2 = (29)^2 \qquad ...(i)$

$\because \quad AB + BC = 41$

दोनों पक्षों का वर्ग करने पर,

$AB^2 + BC^2 + 2AB \cdot BC = (41)^2 \qquad ...(ii)$

समी (i) और समी (ii) से,

$2AB \cdot BC = (41)^2 - (29)^2$

$AB \cdot BC = \dfrac{70 \times 12}{2} = 420$

$(AB - BC)^2 = AB^2 + BC^2 - 2AB \cdot BC$

$= (29)^2 - 2 \times 420$

$= 841 - 840 = 1$

$\therefore \quad AB - BC = 1$ सेमी

Quick Method

(20, 21, 29) पाइथागोरियन त्रिक है।

$\therefore$ अभीष्ट अन्तर $= 21 - 20 = 1$ सेमी

22. (*c*) यदि ΔABC और ΔDEF में,

$\dfrac{AB}{DF} = \dfrac{BC}{DE} = \dfrac{AC}{EF}$ है, तो $\Delta BCA \sim \Delta DEF$ सत्य होगा।

23. (*c*) हम जानते हैं कि, दो समरूप त्रिभुजों के परिमापों का अनुपात उनकी संगत भुजाओं के अनुपात के समान होता है।

$\therefore \quad \dfrac{\Delta PQR \text{ का परिमाप}}{\Delta XYZ \text{ का परिमाप}} = \dfrac{PQ}{XY}$

$\Rightarrow \quad \dfrac{48}{24} = \dfrac{PQ}{12}$

$\therefore \quad PQ = 24$ सेमी

24. (*b*) $\because \Delta ABC \sim \Delta DEF$

$\therefore \dfrac{\Delta ABC \text{ का क्षेत्रफल}}{\Delta DEF \text{ का क्षेत्रफल}} = \dfrac{(BC)^2}{(EF)^2}$

[$\because$ समरूप त्रिभुजों के क्षेत्रफलों का अनुपात, उनकी संगत भुजाओं के वर्गों के अनुपात के बराबर होता है]

$\Rightarrow \quad \dfrac{49}{144} = \dfrac{(BC)^2}{(16.80)^2}$

दोनों पक्षों का वर्गमूल करने पर,

$\Rightarrow \dfrac{7}{12} = \dfrac{BC}{16.80} \Rightarrow BC = \dfrac{7 \times 16.80}{12}$

$\therefore \quad BC = 9.8$ सेमी

25. (*b*)

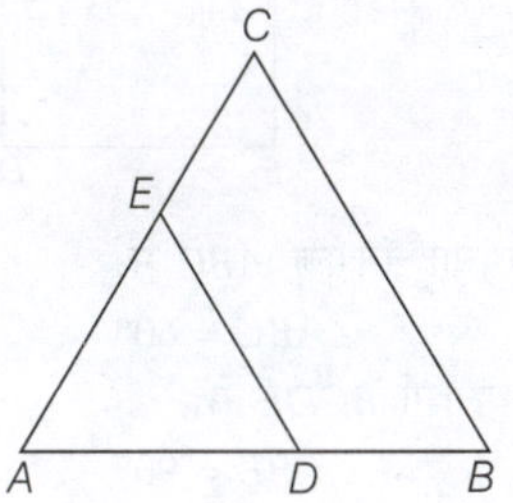

$\because \quad DE \parallel BC$

$\therefore \quad \dfrac{AD}{DB} = \dfrac{AE}{EC}$

$\Rightarrow \quad \dfrac{x}{x-2} = \dfrac{x+2}{x-1}$

$x^2 - x = x^2 - 4$

$\therefore \quad x = 4$ सेमी

26. (*c*) प्रश्नानुसार,

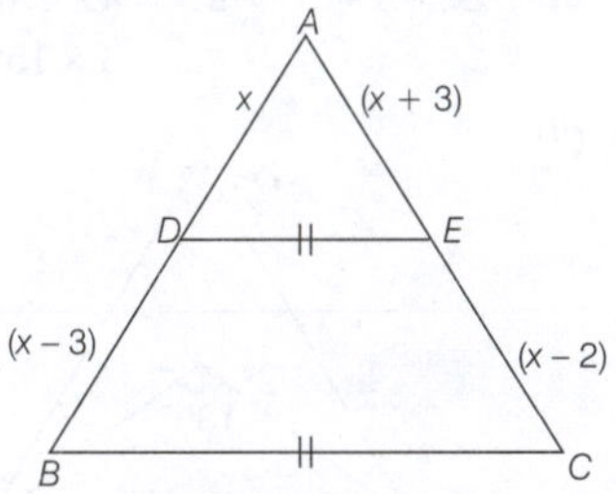

$\because \quad DE \parallel BC$

$\therefore \quad \dfrac{AD}{DB} = \dfrac{AE}{EC}$

$\Rightarrow \quad \dfrac{x}{(x-3)} = \dfrac{(x+3)}{(x-2)}$

$\Rightarrow \quad x(x-2) = (x+3)(x-3)$

$\Rightarrow \quad x^2 - 2x = x^2 - 3^2$

$\Rightarrow \quad 2x = 9 \Rightarrow x = 4.5$

27. (*a*) दिया है, $\Delta XYZ \cong \Delta UVW$

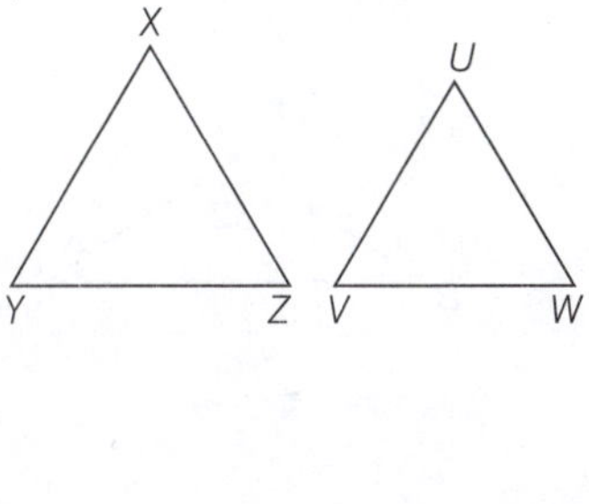

दो सर्वांगसम त्रिभुज में भुजाओं की संगत भुजाएँ बराबर होती हैं। दोनों त्रिभुज का परिमाप और क्षेत्रफल भी बराबर होता है। अत: ΔXYZ का क्षेत्रफल $= \Delta UVW$ का क्षेत्रफल = 58 सेमी^{2}

$\therefore \Delta UVW$ का क्षेत्रफल = 58 सेमी^{2}

28. (*b*) दिया है,

$\Delta ABC \cong \Delta PQR \Rightarrow \angle A = \angle P = 90°$

तब, $\quad AC = PR = 5$ सेमी

$BC = 13$ सेमी

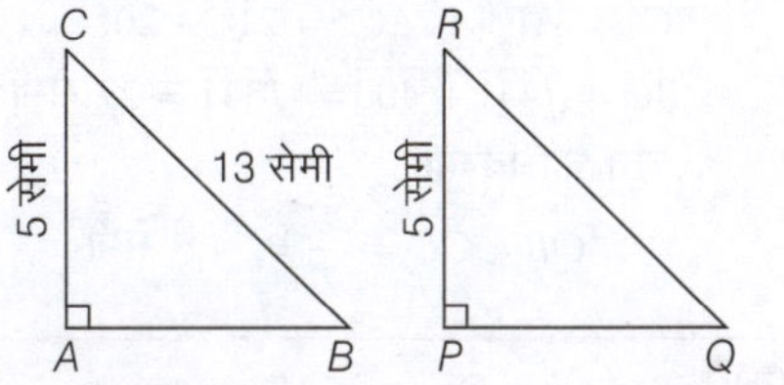

ΔABC में,

$AB = \sqrt{(BC)^2 - (AC)^2} = \sqrt{(13)^2 - (5)^2}$

$= \sqrt{169 - 25} = \sqrt{144} = 12$ सेमी

29. (*a*)

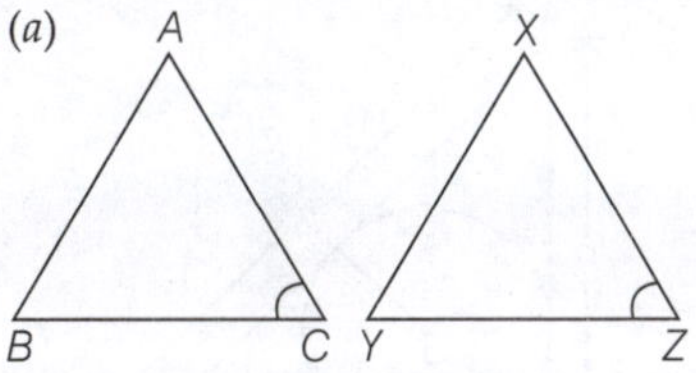

ΔABC व ΔXYZ में,

$\therefore \quad \angle C = \angle Z$ (दिया है)

$AC = XZ$ (दिया है)

ΔABC और ΔXYZ के सर्वांगसम होने के लिए दो स्थितियाँ हो सकती हैं

स्थिति I. SAS (भुजा-कोण-भुजा)

जब, $\quad BC = YZ$

स्थिति II. ASA (कोण-भुजा-कोण)

जब, $\quad \angle A = \angle X$

लेकिन विकल्प के अनुसार,

$BC = YZ$

30. (*d*) दिया है, $XY = 5$ सेमी, $XZ = 7$ सेमी

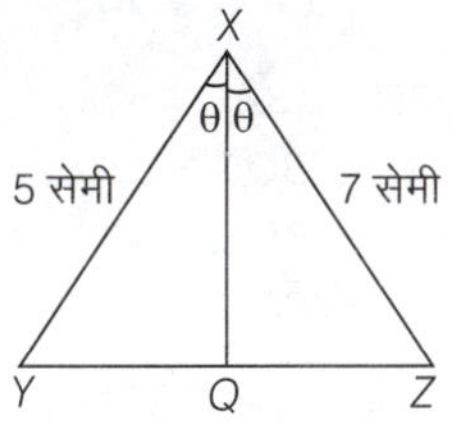

$\because XQ$, कोण X का समद्विभाजक है, तब

$\dfrac{XY}{XZ} = \dfrac{YQ}{QZ}$

$\Rightarrow \quad \dfrac{5}{7} = \dfrac{YQ}{QZ}$

$\therefore \quad YQ : QZ = 5 : 7$

31. (*c*) दिया है,

$BD = 5$ सेमी, $BC = 7.5$ सेमी

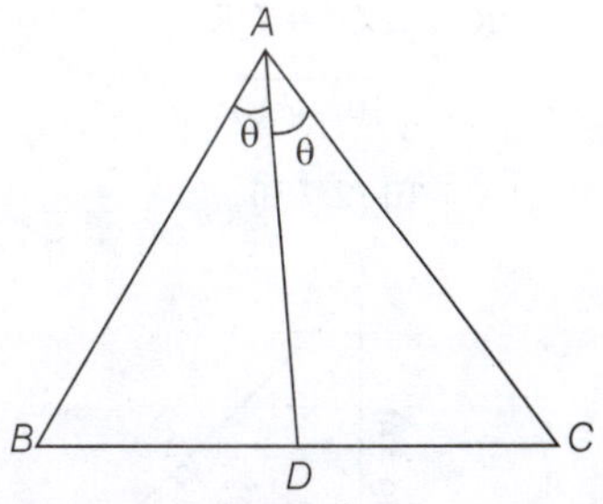

$\therefore \quad CD = 7.5 - 5 = 2.5$ सेमी

कोण समद्विभाजक प्रमेय से,

$\therefore \quad \dfrac{AB}{AC} = \dfrac{BD}{DC} = \dfrac{5}{2.5} = \dfrac{2}{1}$

$\therefore \quad AB : AC = 2 : 1$

32. (*a*)

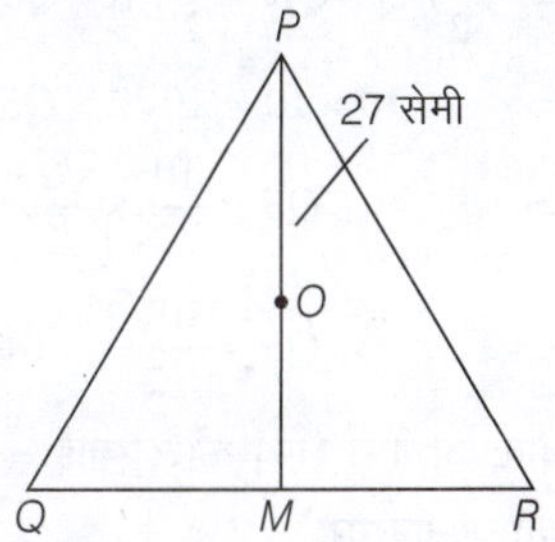

ΔPQR में,

$\because PM$ माध्यिका है।

$\Rightarrow \quad PO : OM = 2 : 1$

$\therefore \quad OM = \dfrac{1}{2} \times 27 = 13.5$ सेमी

($\because PO = 27$ सेमी)

अब, $PM = PO + OM = 27 + 13.5$

$= 40.5$ सेमी

33. (*b*) दिया है,

$\angle BAC = 90°$, $AD \perp BC$

$AD = 8.4$ सेमी तथा $BD = 4.8$ सेमी

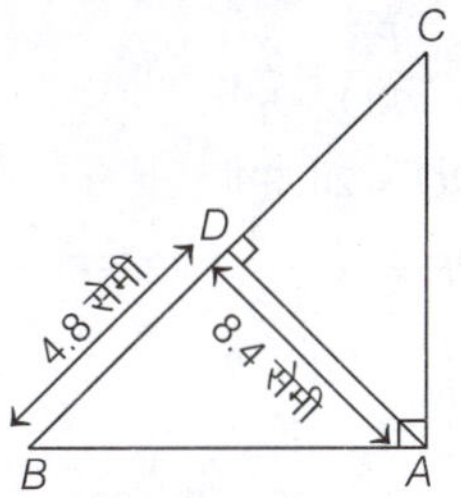

हम जानते हैं कि,

$AD^2 = BD \cdot DC$

$\Rightarrow \quad (8.4)^2 = 4.8 \times DC$

$\therefore \quad DC = \dfrac{8.4 \times 8.4}{4.8} = 14.7$ सेमी

$\therefore \quad BC = BD + DC$

$= 4.8 + 14.7 = 19.5$ सेमी

34. (*d*) ΔPQR में,
पाइथागोरस प्रमेय से,

$$PR = \sqrt{PQ^2 + QR^2}$$
$$= \sqrt{10^2 + 10^2}$$
$$= 10\sqrt{2} \text{ सेमी}$$

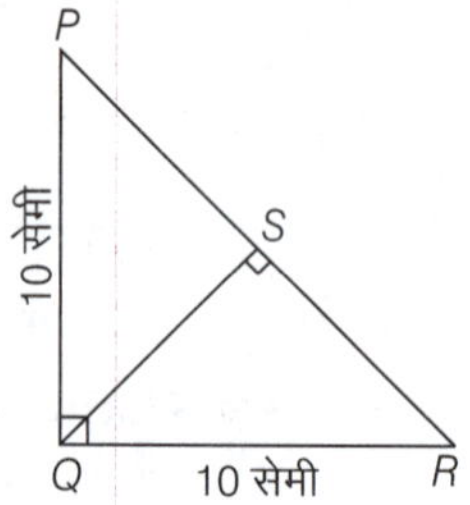

अब, ΔPQR का क्षेत्रफल

$$\Rightarrow \frac{1}{2} PQ \times QR = \frac{1}{2} PR \times QS$$
$$\Rightarrow 10 \times 10 = 10\sqrt{2} \times QS$$
$$\Rightarrow QS = \frac{10}{\sqrt{2}} \times \frac{\sqrt{2}}{\sqrt{2}}$$
$$\therefore QS = \frac{10\sqrt{2}}{2} = 5\sqrt{2}$$

अतः अभीष्ट लम्ब की लम्बाई $= 5\sqrt{2}$ सेमी

35. (*b*) प्रश्नानुसार,

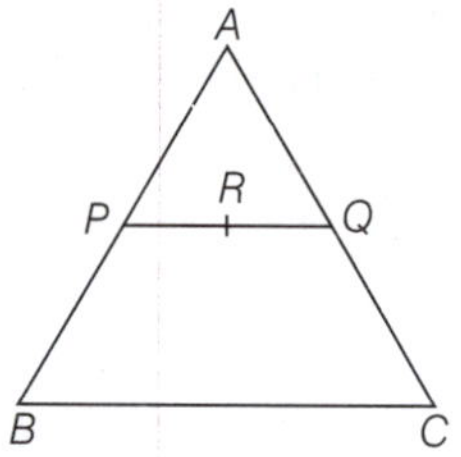

चूँकि P और Q क्रमशः AB और AC के मध्य-बिन्दु हैं।

$\therefore$ $PQ \parallel BC$

$\therefore$ $BC = 2PQ$ ...(i)

दिया है, $\frac{PR}{RQ} = \frac{3}{5}$

तथा $RQ = 20$ सेमी

$\therefore$ $PR = 20 \times \frac{3}{5} = 12$ सेमी

$\therefore$ $PQ = PR + RQ = 12 + 20 = 32$ सेमी

समी (i) से,

$$BC = 2 \times 32 = 64 \text{ सेमी}$$

Quick Method

$$BC = 2 \times \left[\frac{QR}{5} \times 8\right]$$
$$= \frac{2 \times 20 \times 8}{5} = 64 \text{ सेमी}$$

36. (*c*) प्रश्नानुसार,

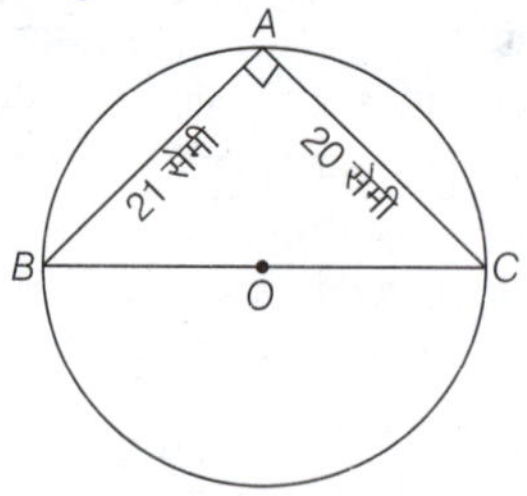

$\therefore$ ΔABC में पाइथागोरस प्रमेय से,

$$BC^2 = AB^2 + AC^2 = 21^2 + 20^2$$
$$BC = \sqrt{441 + 400} = \sqrt{841} = 29 \text{ सेमी}$$

$\therefore$ वृत्त की त्रिज्या

$$OB = OC = \frac{29}{2} = 14.5 \text{ सेमी}$$

> **TOP TIPS** समकोण त्रिभुज के परिवृत्त का व्यास त्रिभुज के कर्ण के समान होता है।

37. (*c*) ΔABC में,

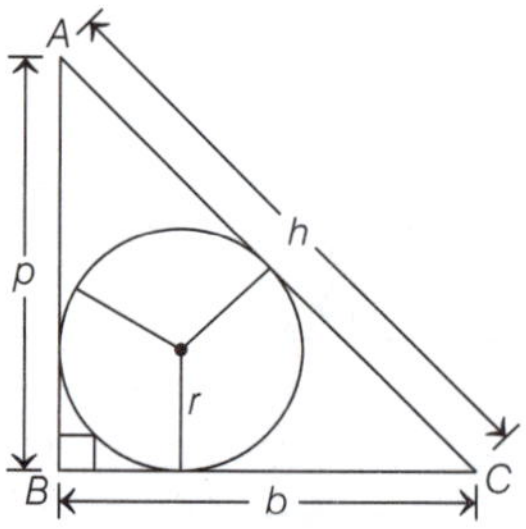

$$AB = p = 5 \text{ सेमी}$$
$$BC = b = 12 \text{ सेमी}$$
$$AC = \sqrt{(5)^2 + (12)^2} = 13$$
$$AC = h = 13 \text{ सेमी}$$

आन्तरिक वृत्त की त्रिज्या $(r) = \left[\frac{pb}{p + b + h}\right]$

$$= \frac{\text{त्रिभुज का क्षेत्रफल}}{\text{त्रिभुज का अर्द्धपरिमाप}}$$
$$= \left[\frac{5 \times 12}{5 + 12 + 13}\right] = 2 \text{ सेमी}$$

38. (*b*) माना, $\angle BAC = x°$

$\therefore$ $\angle BOC = 2x°$

$\angle BDO = 90°$

$\angle BOD = x°$

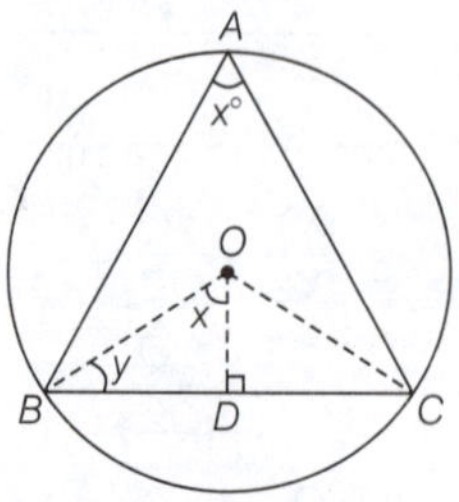

माना, $\angle OBD = y°$

$\therefore$ $\angle OCD = y°$ $[\because BO = OC]$

ΔBOD में,

$\angle OBD + \angle BOD + \angle BDO = 180°$

$\Rightarrow$ $y° + x° + 90° = 180°$

$\Rightarrow$ $x° + y° = 90°$

$\therefore$ $\angle OBC + \angle BAC = 90°$

39. (*b*)

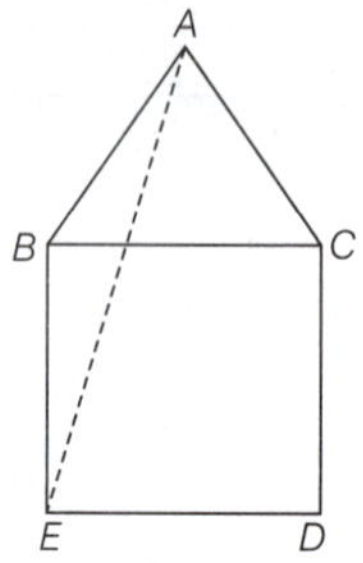

समबाहु त्रिभुज ABC में,

$\angle ABC = 60°$

तथा वर्ग $BCDE$ में,

$\angle CBE = 90°$

अब ΔBAE में,

$\angle ABE = \angle ABC + \angle CBE$

$= 60° + 90° = 150°$

$\because$ $AB = BE$

$\Rightarrow$ $\angle AEB = \angle EAB$

$\therefore$ $\angle AEB + \angle EAB + \angle ABE = 180°$

$\Rightarrow$ $2\angle EAB = 180° - 150° = 30°$

$\therefore$ $\angle EAB = 15°$

अतः $\angle EAB + 3\angle AEB = 4\angle EAB$

$= 4 \times 15° = 60°$

40. (*d*)

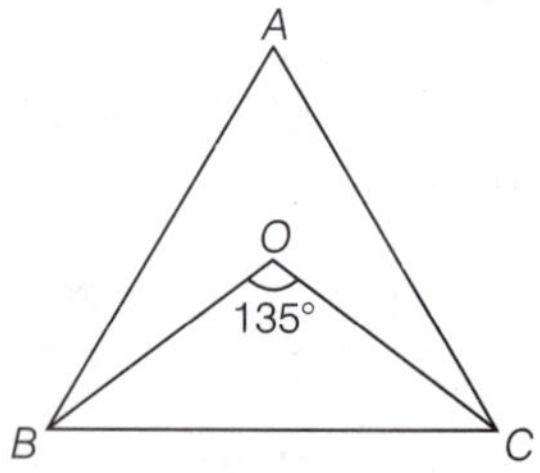

$\because$ $\angle BOC = 90° + \frac{\angle A}{2}$

$\Rightarrow$ $135° = 90° + \frac{\angle A}{2}$

$\therefore$ $\angle A = (135° - 90°) \times 2 = 90°$

41. (*c*) प्रश्नानुसार,

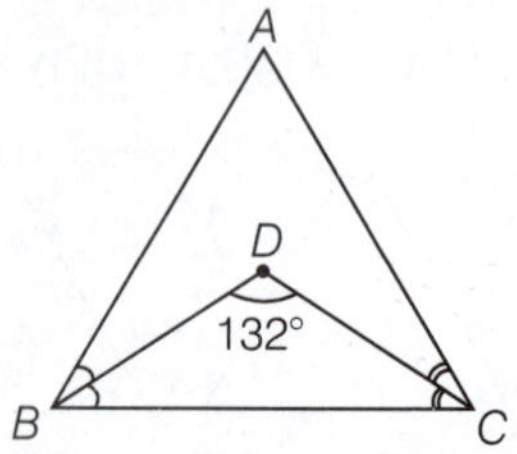

माना ΔABC के $\angle B$ और $\angle C$ के समद्विभाजक एक-दूसरे से बिन्दु D पर मिलते हैं।

तब, $\angle ABD = \angle DBC = \frac{\angle ABC}{2}$

तथा $\angle ACD = \angle DCB = \frac{\angle ACB}{2}$

दिया है, $\angle BDC = 132°$

ΔDBC में,

$$\angle DBC + \angle DCB + \angle BDC = 180°$$

$$\Rightarrow \frac{\angle ABC}{2} + \frac{\angle ACB}{2} = 180° - 132° = 48°$$

$$\Rightarrow \angle ABC + \angle ACB = 96°$$

अब, ΔABC में,

$$\angle ABC + \angle ACB + \angle BAC = 180°$$

$$\Rightarrow \angle BAC = 180° - 96° = 84°$$

$$\therefore \angle A = \angle BAC = 84°$$

Quick Method

$$\angle A = (\angle BDC - 90°) \times 2$$
$$= (132 - 90°) \times 2 = 84°$$

42. (*a*) दिया है, $\angle QPS = 110°$

$$\angle PRQ = 70°$$

$$\therefore \angle PRS = 180° - 70° = 110°$$

ΔPRS में, $PR = RS$

$$\therefore \angle RPS = \angle RSP = \frac{1}{2}(180° - 110°)$$

$$= \frac{1}{2} \times 70° = 35°$$

$$\therefore \angle QPR = 110° - 35° = 75°$$

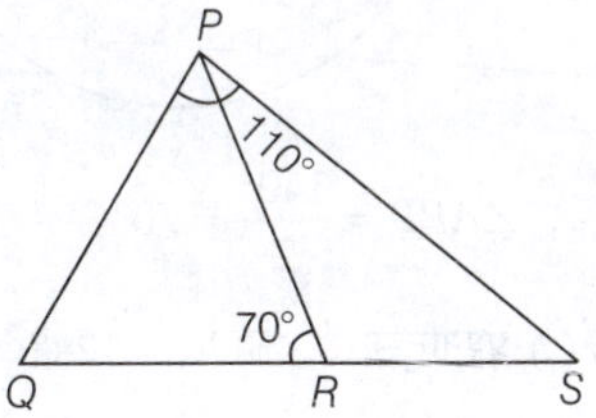

ΔPQR में,

$$\angle PQR + \angle QPR + \angle PRQ = 180°$$

$$\Rightarrow \angle PQR + 75° + 70° = 180°$$

$$\therefore \angle PQR = 180° - 145° = 35°$$

43. (*a*) माना चतुर्भुज के कोण $3x, 5x, 7x$ और $9x$ हैं।

प्रश्नानुसार,

$$3x + 5x + 7x + 9x = 360°$$

[$\because$ चतुर्भुज के सभी कोणों का योग 360° होता है]

$$\Rightarrow 24x = 360°$$

$$\therefore x = 15°$$

$$\therefore \text{अभीष्ट अन्तर} = 9 \times 15° - 3 \times 15°$$
$$= 6 \times 15° = 90°$$

Quick Method

$$\text{अभीष्ट अन्तर} = \frac{(9-3)}{(3+5+7+9)} \times 360°$$
$$= \frac{6 \times 360°}{24} = 90°$$

44. (*b*) कथन (b) असत्य है, क्योंकि आयत के विकर्ण एक-दूसरे को समद्विभाजित करते हैं।

45. (*a*) यदि किसी समान्तर चतुर्भुज की सभी भुजाएँ बराबर हो तथा एक कोण समकोण हो, तो प्रत्येक कोण समकोण होगा, इस प्रकार बनी आकृति को वर्ग कहते हैं।

46. (*b*) प्रश्नानुसार,

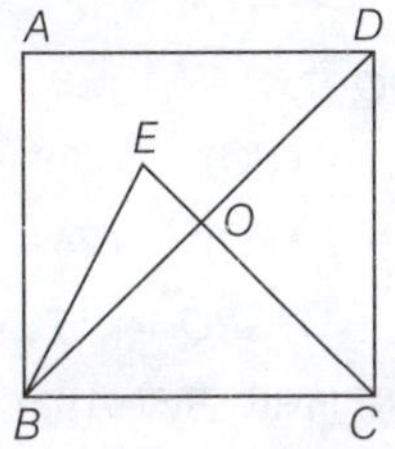

$$\angle OBC = 45°$$
$$\angle OCB = 60°$$
$$\therefore \angle BOC = 180° - 60° - 45° = 75°$$

47. (*b*) प्रश्नानुसार,

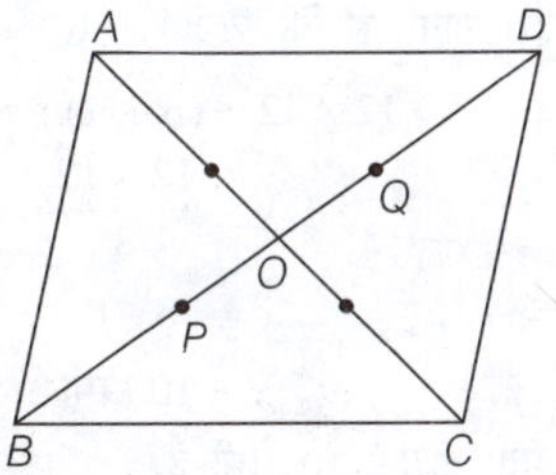

केन्द्रक वह बिन्दु है, जहाँ माध्यिकाएँ मिलती हैं। समान्तर चतुर्भुज के विकर्ण एक-दूसरे को समद्विभाजित करते हैं।

$$OB = OD = \frac{BD}{2} = \frac{18}{2} = 9 \text{ सेमी}$$

$$\therefore OP = \frac{1}{3} \times 9 = 3 \text{ सेमी}$$

तथा $OQ = \frac{1}{3} \times 9 = 3$ सेमी

$$\therefore PQ = OP + OQ = 6 \text{ सेमी}$$

TOP TIPS केन्द्रक, माध्यिका को 2 : 1 के अनुपात में विभाजित करता है।

48. (*b*) प्रश्नानुसार,

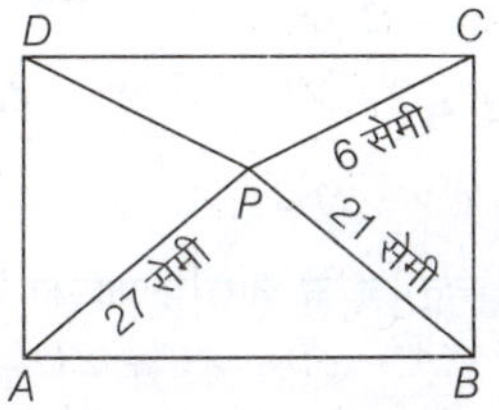

$\because P$, आयत $ABCD$ में अन्दर स्थित एक बिन्दु है।

तब, $AP^2 + PC^2 = BP^2 + PD^2$

$$\Rightarrow 27^2 + 6^2 = 21^2 + PD^2$$

$$\Rightarrow 729 + 36 = 441 + PD^2$$

$$\Rightarrow PD^2 = 765 - 441 = 324$$

$$\therefore PD = 18 \text{ सेमी}$$

49. (*c*) $\because$ समचतुर्भुज की सभी भुजाएँ बराबर होती हैं।

$$\therefore AB = AD = BC = CD = 12 \text{ सेमी}$$

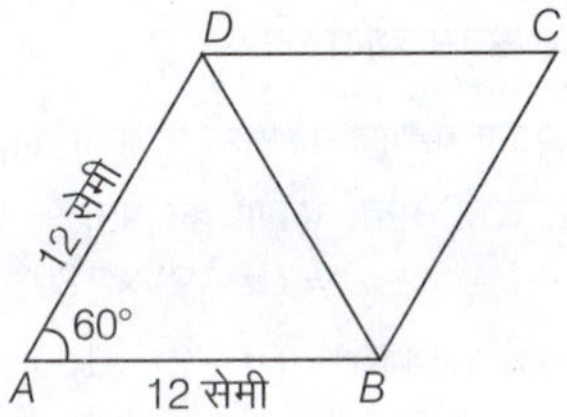

अब, ΔABD में, $AB = AD$

तथा $\angle A = 60°$

$$\therefore \angle ABD = \angle ADB$$

[$\because$ समान भुजाओं के सम्मुख कोण समान होते हैं]

$$\therefore \angle A + \angle ABD + \angle ADB = 180°$$

$$\Rightarrow 2\angle ABD = 180° - 60° = 120°$$

$$\therefore \angle ABD = 60° = \angle ADB$$

अत: ΔABD एक समबाहु त्रिभुज है, इसलिए त्रिभुज की तीनों भुजाएँ समान होंगी।

$$\therefore BD = 12 \text{ सेमी}$$

अत: समचतुर्भुज $ABCD$ का विकर्ण $BD = 12$ सेमी

50. (*a*) दिया है, $\angle B = 82°, \angle DEC = 80°$

ΔECD में,

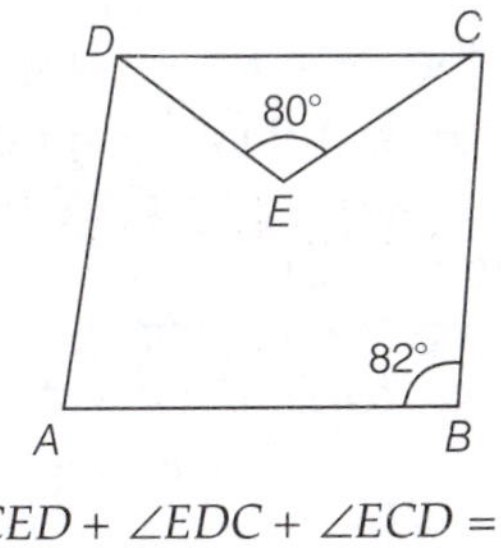

$$\angle CED + \angle EDC + \angle ECD = 180°$$

$\Rightarrow 80° + \frac{1}{2}\angle D + \frac{1}{2}\angle C = 180°$

$\Rightarrow \frac{1}{2}(\angle C + \angle D) = 180° - 80° = 100°$

$\Rightarrow \angle C + \angle D = 200°$

अब, चतुर्भुज के चारों कोणों का योग $= 360°$

$\Rightarrow \angle A + \angle B + \angle C + \angle D = 360°$

$\Rightarrow \angle A + 82° + 200° = 360°$

$\Rightarrow \angle A = 360° - 282°$

$\therefore \angle A = 78°$

51. (*c*) अन्त:कोणों का योग $= (2n - 4) \times 90°$

$= (2 \times 5 - 4) \times 90° = 540°$

माना पंचभुज के पाँचों कोण क्रमश: $2x, 3x, 3x, 5x$ तथा $5x$ हैं।

$\therefore 2x + 3x + 3x + 5x + 5x = 540°$

$\Rightarrow 18x = 540°$

$\Rightarrow x = 30°$

$\therefore$ सबसे छोटा कोण $= 2x = 60°$

52. (*c*) माना बहुभुज की सभी भुजाओं की संख्या $= n$

तब, सभी अन्त: कोणों का योग

$= (n - 2) \times 180°$

$\Rightarrow 1440° = (n - 2) \times 180°$

$\Rightarrow (n - 2) = \frac{1440°}{180°} = 8$

$\therefore n = 8 + 2 = 10$

53. (*a*) n भुजाओं वाले एक समबहुभुज का प्रत्येक अन्त:कोण $= \left(\frac{2n-4}{n}\right) \times 90°$

प्रत्येक बाह्य कोण $= \frac{360°}{n}$

प्रश्नानुसार,

$\therefore \frac{2n-4}{n} \times 90° = \frac{2 \times 360°}{n}$

$\Rightarrow 2n = 8 + 4$

$\Rightarrow 2n = 12$

$\therefore n = 6$ (भुजाओं की संख्या)

54. (*a*) विकल्प (a) से, एक जीवा की लम्बाई बढ़ने पर वृत्त के केन्द्र से लम्बवत् दूरी बढ़ जाती है, गलत है, क्योंकि वृत्त की एक जीवा की लम्बाई बढ़ने पर वृत्त के केन्द्र से लम्बवत् दूरी घट जाती है।

55. (*c*) हम जानते हैं कि, एक वृत्त की दो समान्तर स्पर्श रेखाओं के बीच की दूरी वृत्त के व्यास के बराबर होती है।

दिया है, वृत्त की त्रिज्या = 8 सेमी

$\therefore$ स्पर्श रेखाओं के बीच अभीष्ट दूरी

$= 8 \times 2 = 16$ सेमी

56. (*a*) प्रश्नानुसार,

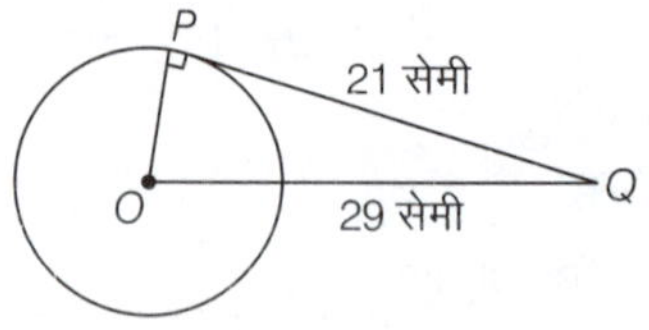

ΔOPQ में पाइथागोरस प्रमेय से,

$OP^2 = 29^2 - 21^2$

$= 841 - 441 = 400$

$\therefore OP = 20$ सेमी

57. (*c*)

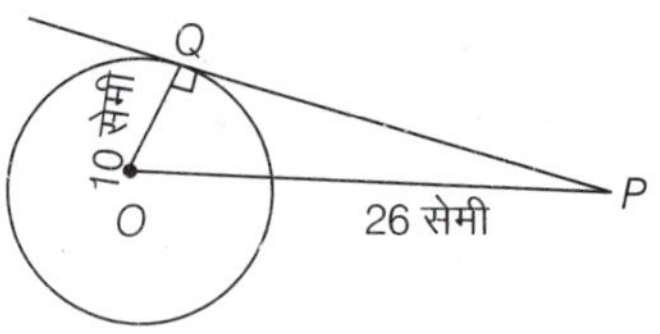

ΔPOQ में,

$(PQ)^2 = (26)^2 - (10)^2$

$\Rightarrow (PQ)^2 = 676 - 100$

$\therefore PQ = \sqrt{576} = 24$ सेमी

58. (*d*) प्रश्नानुसार, माना $AB = x$ सेमी

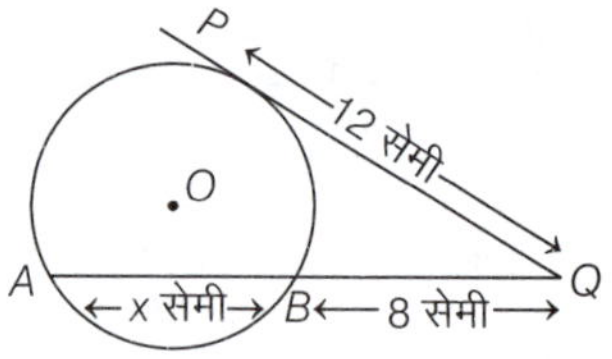

हम जानते हैं कि $PQ^2 = AQ \times QB$

$\Rightarrow 12 \times 12 = (8 + x) \times 8$

$\Rightarrow 8 + x = \frac{12 \times 12}{8}$

$\Rightarrow x = 18 - 8$

$\therefore x = 10$ सेमी

अत: $AB = 10$ सेमी है।

59. (*d*)

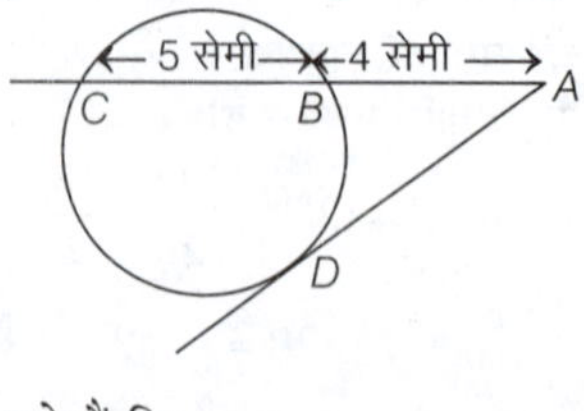

हम जानते हैं कि

$AD = \sqrt{AC \times AB}$

$= \sqrt{(5 + 4) \times 4}$

$= \sqrt{9 \times 4}$

$\Rightarrow AD = \sqrt{36}$

$\therefore AD = 6$ सेमी

60. (*c*) दिया है, एक वृत्त जिसका केन्द्र O है। MT और NT दो स्पर्श रेखाएँ हैं।

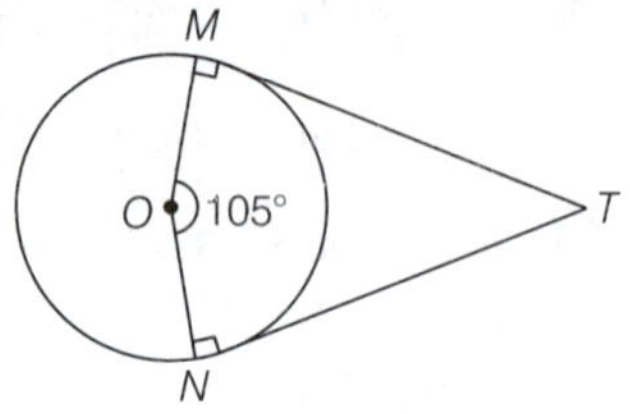

तथा $\angle MON = 105°$

अब, □ $MONT$ में,

$\angle M + \angle T + \angle N + \angle O = 360°$

$\Rightarrow 90° + \angle T + 90° + 105° = 360°$

$\Rightarrow \angle T = 360° - (90° + 90° + 105°)$

$\therefore \angle T = 360° - 285° = 75°$

अत: $\angle T = \angle MTN = 75°$

61. (*b*) हम जानते हैं, कि किसी वृत्त में एक चाप द्वारा वृत्त के केन्द्र पर अन्तरित कोण, उस चाप द्वारा वृत्त की परिधि के किसी अन्य बिन्दु पर बने अन्तरित कोण का दोगुना होता है।

अत: $\angle AOB = 2\angle APB = 140°$

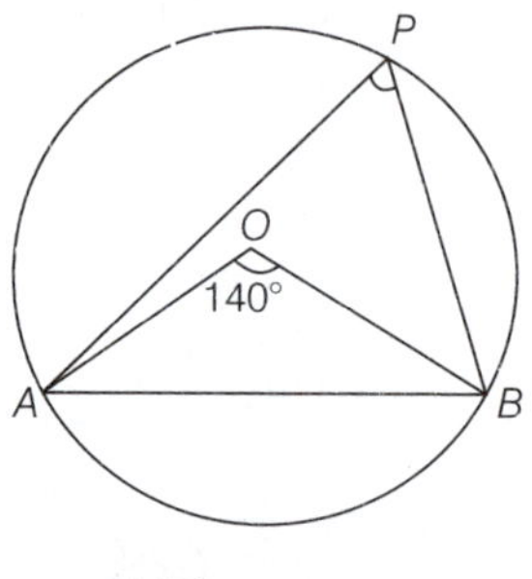

$\therefore \angle APB = \frac{140°}{2} = 70°$

62. (*c*) प्रश्नानुसार, $\angle BOC = 124°$

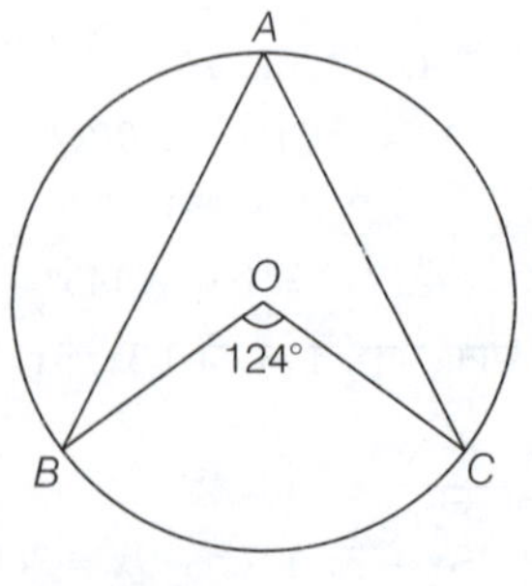

$\angle BAC = \frac{1}{2}\angle BOC$

$= \frac{1}{2} \times 124° = 62°$

63. (*c*) प्रश्नानुसार,

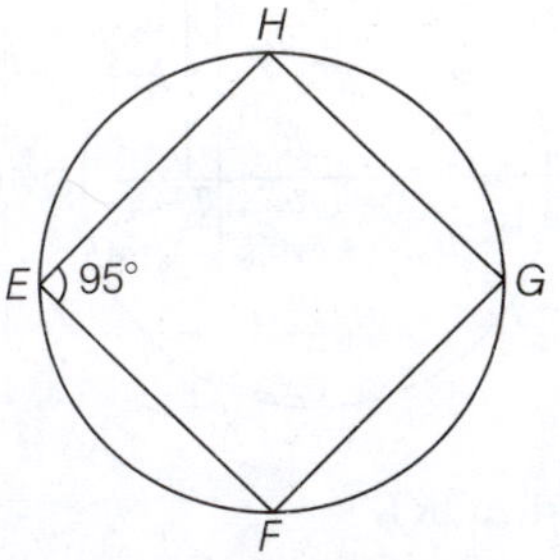

$\because$ चक्रीय चतुर्भुज के सम्मुख कोणों का योग 180° होता है।

$\therefore \quad \angle E + \angle G = 180°$

$\Rightarrow \quad 95° + \angle G = 180°$

$\therefore \quad \angle G = 180° - 95° = 85°$

64. (*d*) प्रश्नानुसार,

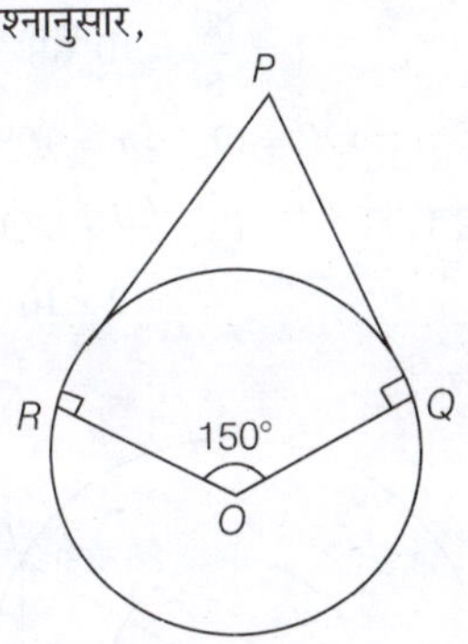

हम जानते हैं कि वृत्त की त्रिज्या, स्पर्श रेखा के लम्बवत् होती है।

$\therefore \quad \angle PRO = \angle PQO = 90°$

$\because \angle QPR + \angle PRO + \angle PQO + \angle QOR = 360°$

$\angle QPR + 90° + 90° + 150° = 360°$

$\therefore \quad \angle QPR = 360° - 330° = 30°$

65. (*c*) दिया है, $PQ \parallel AC$

$\angle QBC = 70°$

$\therefore \quad \angle PQB = \angle QBC = 70°$

(एकान्तर अन्तः कोण)

$\angle BPQ = \angle QBC = 70°$

(रेखा *AC*, बिन्दु *B* पर स्पर्श करती है)

ΔPBQ में,

$\angle QPB + \angle PBQ + \angle BQP = 180°$

$\Rightarrow \quad 70° + \angle PBQ + 70° = 180°$

$\therefore \quad \angle PBQ = 180° - 140° = 40°$

66. (*b*) दिया है,

दोनों वृत्तों की त्रिज्याएँ, $r_1 = 4.5$ सेमी,

$r_2 = 3.5$ सेमी

तथा स्पर्श रेखा की लम्बाई = 6 सेमी

माना केन्द्रों के बीच की दूरी = *d* सेमी

तब, $\quad 6 = \sqrt{d^2 - (r_1 + r_2)^2}$

$\Rightarrow \quad 6 = \sqrt{d^2 - (4.5 + 3.5)^2}$

दोनों पक्षों का वर्ग करने पर,

$36 = d^2 - 8^2$

$\Rightarrow \quad d^2 = 36 + 64 = 100$

$\therefore \quad d = 10$ सेमी

67. (*c*)

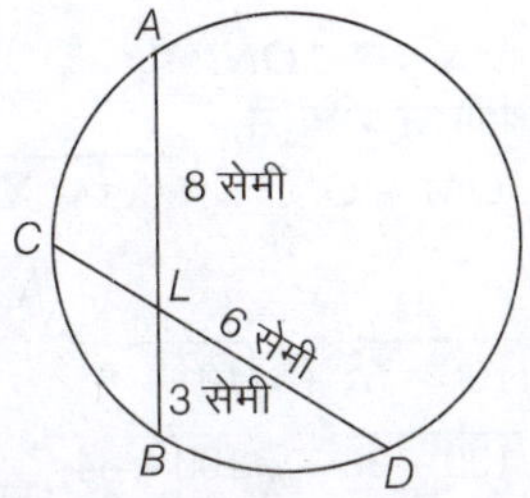

हम जानते हैं, जब किसी वृत्त की दो जीवाएँ *AB* और *CD* किसी बिन्दु *L* पर प्रतिच्छेद करती है, तब

$AL \times LB = CL \times LD$

$\Rightarrow \quad 8 \times 3 = CL \times 6$

$\therefore \quad CL = 4$ सेमी

68. (*b*) दिया है, $\angle ABC = 81°$ और $\angle ACB = 9°$

ΔABC में,

$\angle ABC + \angle ACB + \angle BAC = 180°$

$\Rightarrow \quad 81° + 9° + \angle BAC = 180°$

$\therefore \quad \angle BAC = 180° - 90° = 90°$

$\because$ एक ही वृत्तखण्ड में बने कोण बराबर होते हैं

$\therefore \quad \angle BDC = \angle BAC = 90°$

69. (*a*) हम जानते हैं कि वृत्त के किसी बाह्य बिन्दु से खींची गई स्पर्श रेखा की लम्बाई समान होती है।

$\therefore \quad BP = BR = 7$ सेमी

$QC = CP = 4.5$ सेमी

$AR = AQ = 3.5$ सेमी

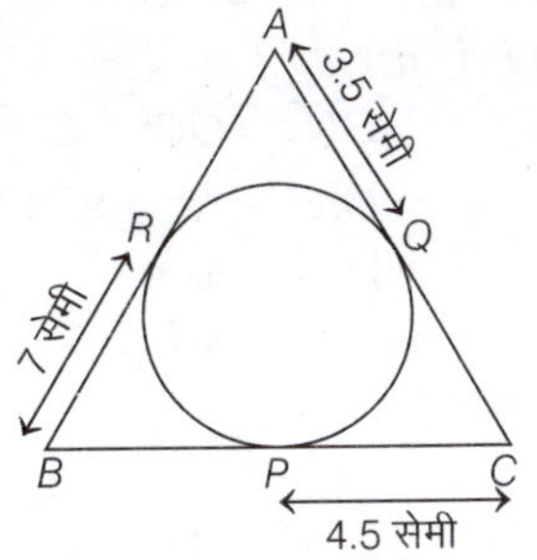

$\therefore \Delta ABC$ का परिमाप $= AB + BC + CA$

$= (AR + BR) + (PB + CP) + (QC + AQ)$

$= 3.5 + 7 + 7 + 4.5 + 4.5 + 3.5 = 30$ सेमी

TOP TIPS इस प्रकार के प्रश्नों में त्रिभुज का परिमाप निकालने के लिए दिए गए मानों का योग करके दोगुना करते हैं।

70. (*b*) प्रश्नानुसार,

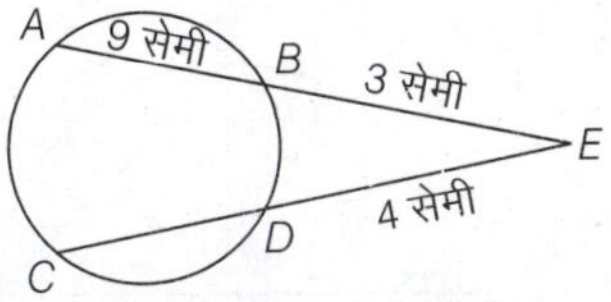

दिया है, $AB = 9$ सेमी, $AE = 12$ सेमी

और $ED = 4$ सेमी

माना, $CD = x$ सेमी

प्रश्नानुसार,

$AE \times BE = CE \times DE$

$\Rightarrow \quad 12 \times 3 = (x + 4) \times 4$

$\Rightarrow \quad 36 = 4x + 16$

$\Rightarrow \quad 4x = 20$

$\therefore \quad x = 5$ सेमी

71. (*d*) प्रश्नानुसार,

त्रिज्याएँ, $OP = OA = AP = 24$ सेमी

$\therefore \quad OM = MP = \frac{24}{2} = 12$ सेमी

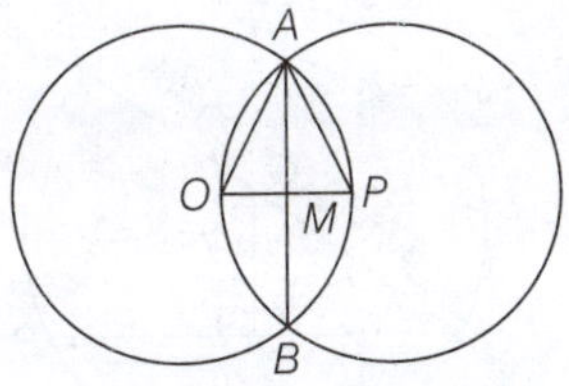

ΔOMA में, पाइथागोरस प्रमेय से,

$OA^2 = OM^2 + MA^2$

$AM^2 = \sqrt{24^2 - 12^2}$

$AM = \sqrt{12^2(2^2 - 1)} = 12\sqrt{3}$ सेमी

$\therefore$ उभयनिष्ठ जीवा $= 2 \times 12\sqrt{3}$

$= 24\sqrt{3}$ सेमी

72. (*a*) दिया है, $r_1 = 22$ सेमी, $r_2 = 10$ सेमी

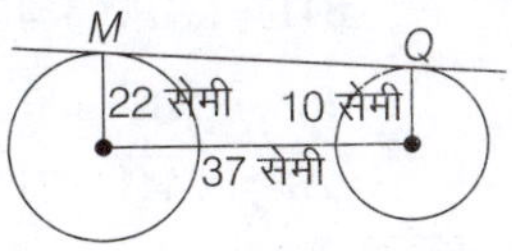

केन्द्रों के बीच की दूरी (*d*) = 37 सेमी

सीधी उभयनिष्ठ अनुस्पर्श रेखा *MQ* की लम्बाई

$MQ = \sqrt{d^2 - (r_1 - r_2)^2}$

$\Rightarrow \quad MQ = \sqrt{(37)^2 - (22 - 10)^2}$

$\Rightarrow \quad MQ = \sqrt{1369 - 144}$

$= \sqrt{1225}$

$\therefore \quad MQ = 35$ सेमी

73. (*d*) दिया है,

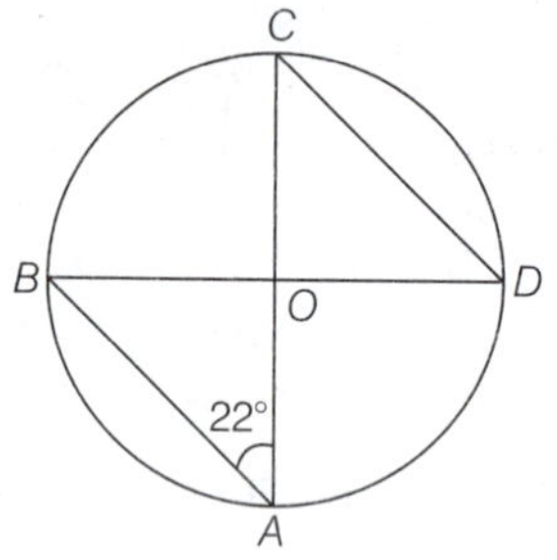

'O' वृत्त का केन्द्र है और BD वृत्त का व्यास है।

$\angle BDC = \angle BAC = 22°$

(समान वृत्तखण्ड में बने कोण)

अब, ΔOCD में,

$\angle OCD = \angle ODC = \angle BDC = 22°$

अब, $\angle COD + \angle ODC + \angle OCD = 180°$

$\Rightarrow \angle COD = 180° - (22° + 22°) = 136°$

74. (*b*) दिया है, एक वृत्त जिसका केन्द्र O है।

$OP = 20$ सेमी और $AD = 58$ सेमी

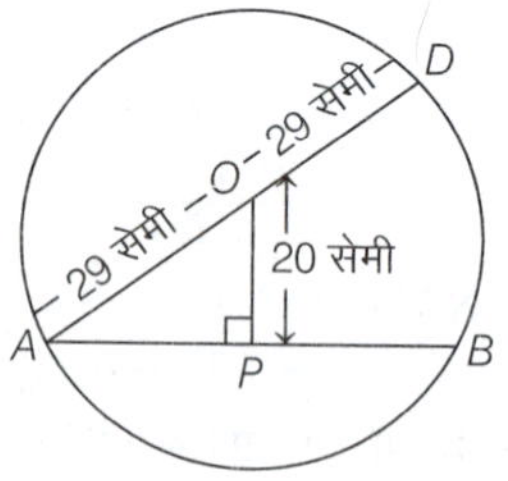

$\because$ वृत्त की त्रिज्या $(OA) = \dfrac{AD}{2} = \dfrac{58}{2}$

$= 29$ सेमी

अब, ΔOAP में,

पाइथागोरस प्रमेय से,

$(OA)^2 = (AP)^2 + (OP)^2$

$\Rightarrow \quad (29)^2 = (AP)^2 + (20)^2$

$\Rightarrow \quad 841 = (AP)^2 + 400$

$\Rightarrow \quad (AP)^2 = 841 - 400 = 441$

$\Rightarrow \quad AP = \sqrt{441} = 21$ सेमी

$\therefore \quad AB = 2 \times AP = 2 \times 21$

$= 42$ सेमी

75. (*b*) जीवा $XY = 12$ सेमी तथा $PQ = 16$ सेमी

$\therefore \quad XM = 6$ सेमी तथा $PN = 8$ सेमी

त्रिज्या $OP = OX = 10$ सेमी

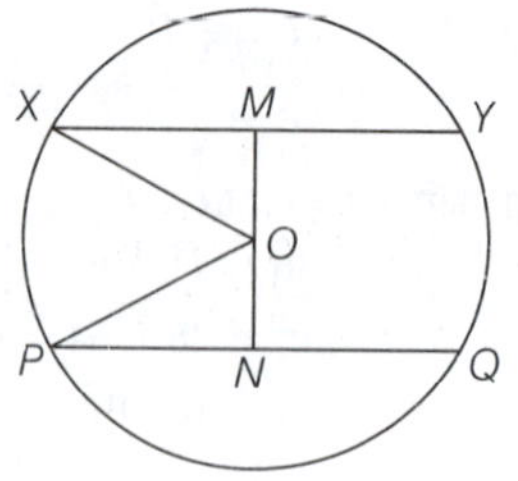

ΔOMX और ΔONP में,

पाइथागोरस प्रमेय से,

$OM + ON = \sqrt{OX^2 - XM^2} + \sqrt{OP^2 - PN^2}$

$= \sqrt{10^2 - 6^2} + \sqrt{10^2 - 8^2}$

$= \sqrt{100 - 36} + \sqrt{100 - 64}$

$= \sqrt{64} + \sqrt{36} = 8 + 6 = 14$

अतः दोनों जीवाओं के बीच की दूरी $= 14$ सेमी

76. (*c*) प्रश्नानुसार,

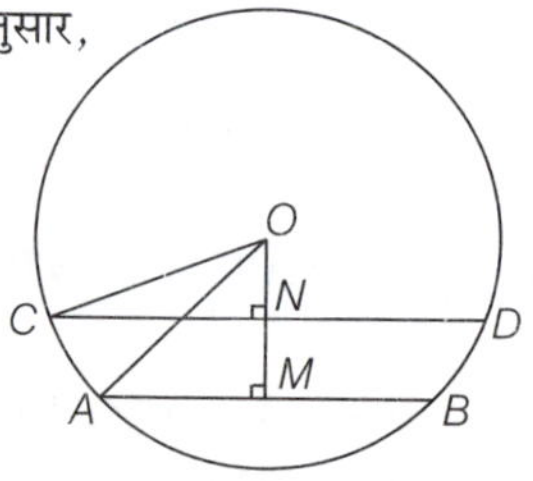

$\therefore \quad$ त्रिज्या $OA = OC = \dfrac{20}{2} = 10$ सेमी

जीवा $AB = 12$ सेमी

$\therefore \quad AM = 6$ सेमी

तथा $\quad CD = 16$ सेमी

$\therefore \quad CN = 8$ सेमी

ΔOMA में,

$OM^2 = OA^2 - AM^2$

$\Rightarrow \quad OM^2 = 10^2 - 6^2 = 100 - 36$

$\Rightarrow \quad OM^2 = 64 \Rightarrow OM = 8$ सेमी

ΔONC में,

$ON^2 = OC^2 - CN^2$

$\Rightarrow \quad ON^2 = 10^2 - 8^2 = 100 - 64$

$\Rightarrow \quad ON^2 = 36$

$\Rightarrow \quad ON = 6$ सेमी

$\therefore$ जीवाओं के बीच की दूरी $= OM - ON$

$= 8 - 6 = 2$ सेमी

77. (*a*) दिया है, एक वृत्त जिसका केन्द्र O है, RS, PQ को T पर काटता है।

$RS = 16$ सेमी और $QT = 4$ सेमी

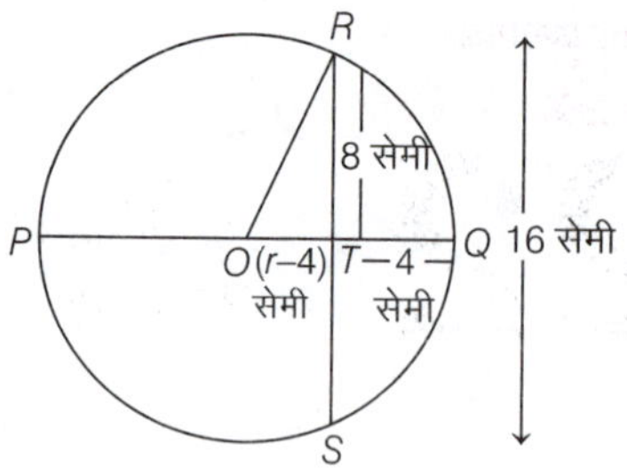

अब ΔORT में,

$(OR)^2 = (OT)^2 + (RT)^2$

(पाइथागोरस प्रमेय से)

$\Rightarrow \quad (OR)^2 = (r - 4)^2 + (8)^2$

$\Rightarrow \quad r^2 = (r - 4)^2 + 64$

$\Rightarrow \quad r^2 = r^2 + 16 - 8r + 64$

$\Rightarrow \quad 8r = 80$

$\Rightarrow \quad r = \dfrac{80}{8} = 10$ सेमी

$\therefore \quad OR = OQ = r = 10$ सेमी

अतः वृत्त का व्यास $PQ = 2 \times OQ$

$= 2 \times 10 = 20$ सेमी

78. (*b*) दिया है,

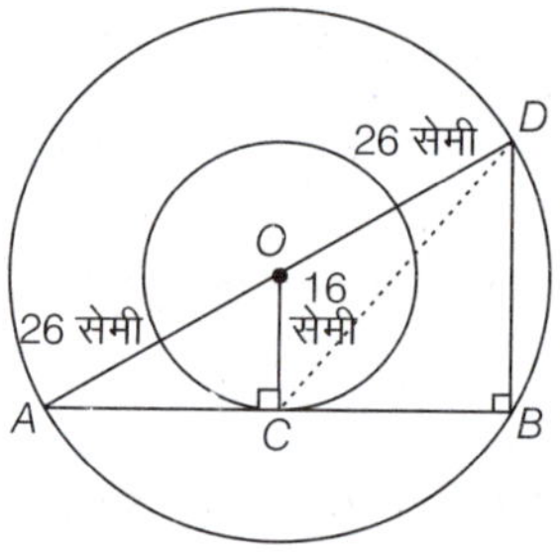

ΔAOC में पाइथागोरस प्रमेय से,

$AC = \sqrt{(26)^2 - (16)^2}$

$\Rightarrow \quad AC = \sqrt{676 - 256}$

$\Rightarrow \quad AC = \sqrt{420} = BC$

तब, $AB = 2AC = 2\sqrt{420}$ सेमी

ΔABD में, $\quad BD = \sqrt{(52)^2 - (2\sqrt{420})^2}$

$= \sqrt{2704 - 1680}$

$= \sqrt{1024} = 32$ सेमी

अब, ΔCBD में,

$CD = \sqrt{(32)^2 + (\sqrt{420})^2}$

$\Rightarrow \quad CD = \sqrt{1024 + 420}$

$\therefore \quad CD = \sqrt{1444} = 38$ सेमी

अध्याय

22 क्षेत्रफल तथा परिमाप

Chapter Snapshot

- **क्षेत्रफल** किसी समतल आकृति द्वारा घेरे जाने वाले स्थान को उस आकृति का **क्षेत्रफल** कहा जाता है। क्षेत्रफल का मात्रक 'वर्ग इकाई' होता है।
- **परिमाप/परिमिति** किसी समतल आकृति की सभी भुजाओं का योगफल, उस आकृति का **परिमाप** कहलाता है। परिमाप की इकाई/मात्रक वही होता है, जो इकाई/मात्रक दी गई भुजा का होता है।

विभिन्न आकृतियों के क्षेत्रफल तथा परिमाप

I. **त्रिभुज** तीन सरल रेखाओं से घिरी हुई बन्द आकृति, **त्रिभुज** कहलाती है।

- **विषमबाहु त्रिभुज**

त्रिभुज का क्षेत्रफल $= \frac{1}{2} \times b \times h = \sqrt{s(s-a)(s-b)(s-c)}$, जहाँ, $s =$ अर्द्ध–परिमाप $= \frac{a+b+c}{2}$

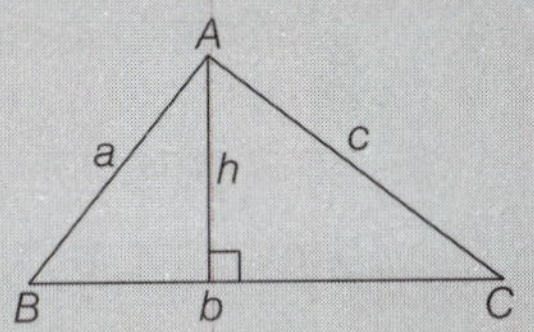

$h =$ ऊँचाई तथा $a \neq b \neq c$

त्रिभुज का परिमाप = तीनों भुजाओं का योग $= (a + b + c)$

अन्त:वृत्त की त्रिज्या $= \frac{\text{त्रिभुज का क्षेत्रफल}}{\text{अर्द्ध–परिमाप}} = \frac{\Delta}{s}$ तथा परिवृत्त की त्रिज्या $= \frac{abc}{4\Delta}$

- **समबाहु त्रिभुज** जिसकी सभी भुजा समान हों

क्षेत्रफल $= \frac{\sqrt{3}}{4} \times (\text{भुजा})^2 = \frac{\sqrt{3}}{4}a^2$

परिमाप $= 3a$ तथा ऊँचाई (माध्यिका) $= \frac{\sqrt{3}}{2}a$

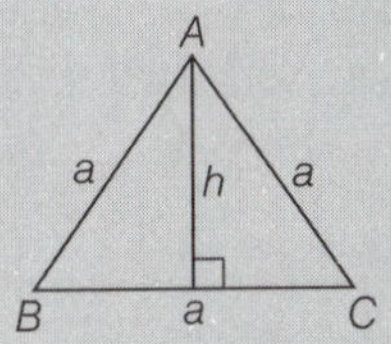

- **समकोण त्रिभुज** यदि ΔABC में, $\angle B = 90°$ हो तथा ΔABC का लम्ब, आधार व कर्ण क्रमश: p, b व h हों, तब

क्षेत्रफल $= \frac{1}{2} \times$ आधार $\times$ ऊँचाई $= \frac{1}{2} \times p \times b$,

परिमाप $= (p + b + h)$

पाइथागोरस प्रमेय, $(\text{कर्ण})^2 = (\text{लम्ब})^2 + (\text{आधार})^2$

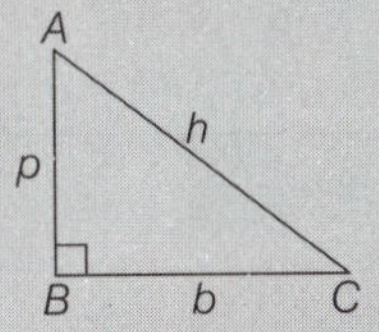

II. **चतुर्भुज** चतुर्भुज $ABCD$ के विकर्ण AC पर अन्य दो शीर्षों B व D से शीर्ष लम्ब BN व DM हैं, तब

क्षेत्रफल $= \frac{1}{2} \times AC \times (BN + DM)$

परिमाप = चारों भुजाओं का योग

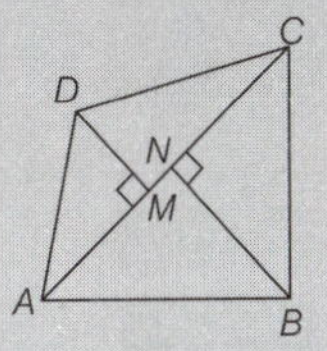

- **वर्ग** यदि दिए गए वर्ग में, वर्ग की प्रत्येक भुजा की लम्बाई 'a' हो, तब

क्षेत्रफल = $(\text{भुजा})^2 = a^2 = \frac{1}{2} \times (\text{विकर्ण})^2$

परिमाप $= 4 \times$ भुजा $= 4a$

वर्ग का विकर्ण $= \sqrt{2} \times$ भुजा $= \sqrt{2}\,a$

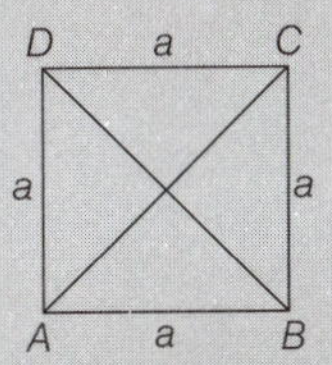

Concept Capsule

- समान्तर चतुर्भुज के विकर्ण उसे दो समान क्षेत्रफल वाले त्रिभुजों में विभाजित करते हैं।
- एक ही आधार और समान्तर रेखाओं के मध्य बने समान्तर चतुर्भुज और आयत के क्षेत्रफल समान होते हैं।
- समान्तर चतुर्भुज के विकर्ण एक-दूसरे को समद्विभाजित करते हैं।
- आयत के विकर्ण परस्पर समान होते हैं तथा परस्पर समद्विभाजित भी करते हैं।
- वर्ग के विकर्ण बराबर होते हैं तथा एक-दूसरे को 90° पर समद्विभाजित करते हैं।
- समचतुर्भुज के विकर्ण समान नहीं होते हैं परन्तु एक-दूसरे को 90° पर समद्विभाजित करते हैं।
- प्रत्येक वर्ग एक समचतुर्भुज होता है, परन्तु प्रत्येक समचतुर्भुज वर्ग नहीं होता है।

- **आयत** यदि आयत $ABCD$ की लम्बाई 'l' व चौड़ाई 'b' हो, तब

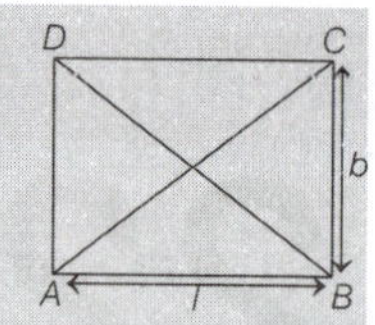

क्षेत्रफल = लम्बाई × चौड़ाई $= l \times b$

परिमाप = 2 (लम्बाई + चौड़ाई) $= 2\,(l + b)$

विकर्ण $= \sqrt{l^2 + b^2}$

- **समान्तर चतुर्भुज** यदि समान्तर चतुर्भुज $ABCD$ की क्रमागत भुजाएँ a व b हैं तथा a की संगत ऊँचाई h है, तब क्षेत्रफल = आधार × ऊँचाई $= a \times h$

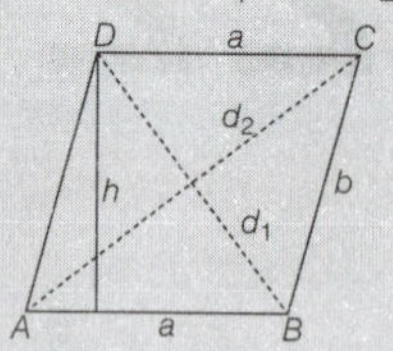

परिमाप $= 2(a + b)$

$d_1^2 + d_2^2 = 2(a^2 + b^2)$ [$\because d_1$ तथा d_2 समान्तर चतुर्भुज के विकर्ण हैं।]

- **समलम्ब** यदि समलम्ब चतुर्भुज $ABCD$ की दो समान्तर भुजाओं की लम्बाई क्रमशः a व b हैं, तथा उनके बीच की लम्बवत् दूरी/ऊँचाई 'h' है, तब

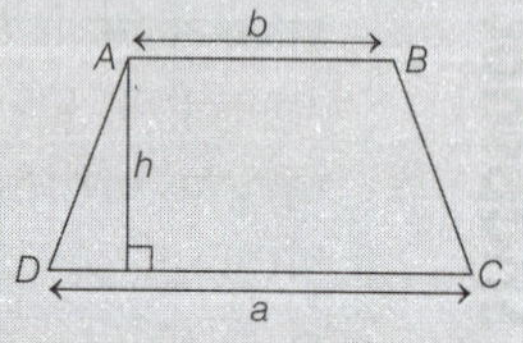

क्षेत्रफल $= \dfrac{1}{2} \times$ (समान्तर भुजाओं का योग) × ऊँचाई $= \dfrac{1}{2}(a + b) \times h$

परिमाप $= (AB + BC + CD + DA)$

- **समचतुर्भुज** यदि समचतुर्भुज $ABCD$ की प्रत्येक समान भुजा 'a' तथा दोनों विकर्ण d_1 तथा d_2 हों, तब

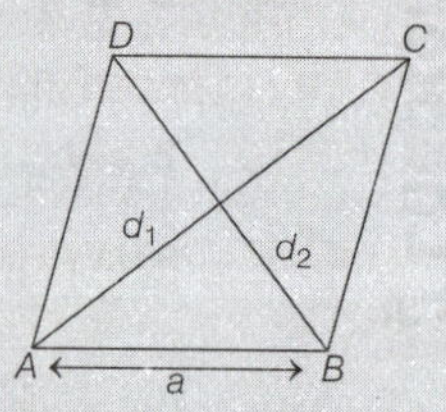

क्षेत्रफल $= \dfrac{1}{2} \times$ विकर्णों का गुणनफल $= \dfrac{1}{2} \times d_1 \times d_2$

परिमाप $= 4 \times$ भुजा $= 4a$ भुजा की लम्बाई $(a) = \dfrac{1}{2}\sqrt{d_1^2 + d_2^2}$

III. समबहुभुज तीन या तीन से अधिक समान भुजाओं वाली बन्द आकृति समबहुभुज कहलाती हैं।

IV. समषट्भुज छः भुजाओं से घिरी आकृति समषट्भुज कहलाती है। यदि समषट्भुज की भुजा 'a' हो, तब

समषट्भुज का क्षेत्रफल $= \dfrac{\sqrt{3}}{4} \times 6a^2$, समषट्भुज का परिमाप $= 6a$

V. वृत्त माना वृत्त की त्रिज्या r है, तब

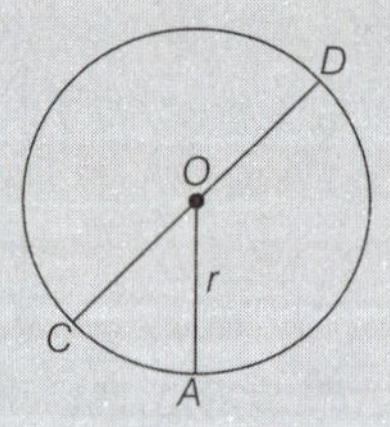

वृत्त का व्यास $(d) = 2r$

क्षेत्रफल $= \pi r^2 = \pi\left(\dfrac{d}{2}\right)^2$

परिधि/परिमाप $= 2\pi r = \pi d$

- **त्रिज्यखण्ड** यदि चाप द्वारा वृत्त के केन्द्र पर बना कोण θ है तथा चाप AB की लम्बाई 'l' है, तब

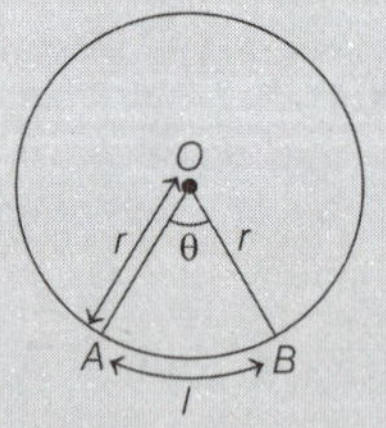

चाप की लम्बाई 'l' $= \dfrac{\theta}{360^\circ} \times$ परिधि $= \dfrac{2\pi r\,\theta}{360^\circ}$

त्रिज्यखण्ड का क्षेत्रफल $(A) = \dfrac{\pi r^2\,\theta}{360^\circ} = \dfrac{lr}{2}$

परिमाप $= (l + 2r)$

- **अर्द्धवृत्त** यदि अर्द्धवृत्त की त्रिज्या 'r' हो, तब

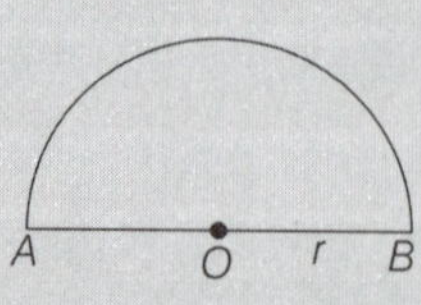

क्षेत्रफल $= \dfrac{1}{2}\pi r^2$,

परिमाप $= \pi r + 2r = r(\pi + 2)$

- **वृत्ताकार वलय** यदि वृत्तों की बाह्य व अन्तः त्रिज्या क्रमशः R व r हों, तब

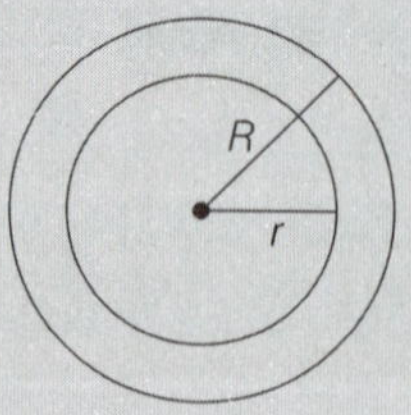

क्षेत्रफल $= \pi\,(R^2 - r^2)$

बाह्य परिधि/परिमाप $= 2\pi R$

अन्तः परिधि/परिमाप $= 2\pi r$

Formula Flashcards

- **22.1** यदि आयताकार क्षेत्र की भुजाएँ l व b इकाई हैं तथा इसके अन्दर या बाहर x इकाई का रास्ता बनाया जाता हैं तो बाहरी मार्ग का क्षेत्रफल $= 2x(l + b + 2x)$

  आन्तरिक मार्ग का क्षेत्रफल $= 2x(l + b - 2x)$

- **22.2** यदि किसी आयत की लम्बाई व चौड़ाई में $a\%$ तथा $b\%$ की वृद्धि या कमी होती है, तो आयत के क्षेत्रफल में परिवर्तन $= \left(\pm a \pm b + \dfrac{(\pm a)(\pm b)}{100}\right)\%$

  नोट यहाँ वृद्धि के लिए '+' चिह्न तथा कमी के लिए '–' चिह्न का प्रयोग करते हैं।

- **22.3** 'a' भुजा वाले समबाहु त्रिभुज के अन्तःवृत्त की त्रिज्या $\dfrac{a}{2\sqrt{3}}$ तथा क्षेत्रफल $\dfrac{\pi a^2}{12}$ होता है।

- **22.4** त्रिभुज का क्षेत्रफल $= \dfrac{1}{2}ab\sin\theta$

  जहाँ, a, b भुजा है, $\theta =$ भुजाओं के बीच का कोण

Exam Approach Examples

त्रिभुज पर आधारित

उदाहरण 1. उस त्रिभुज का क्षेत्रफल कितना होगा, जिसकी भुजाओं की लम्बाइयाँ 12 सेमी, 13 सेमी और 5 सेमी है? *CISF Head Constable 2023*

(a) 30 सेमी^{2} (b) 15 सेमी^{2}
(c) 40 सेमी^{2} (d) 70 सेमी^{2}

हल (a) यहाँ, $s = \frac{a+b+c}{2}$

$= \frac{12+13+5}{2} = 15$ सेमी

∴ त्रिभुज का क्षेत्रफल

$= \sqrt{s(s-a)(s-b)(s-c)}$

$= \sqrt{15(15-12)(15-13)(15-5)}$

$= \sqrt{15 \times 3 \times 2 \times 10} = \sqrt{900} = 30$ सेमी^{2}

Score Booster
इस प्रकार के प्रश्नों को हल करने के लिए सर्वप्रथम हम देखेंगे कि त्रिभुज की भुजाएँ पाइथागोरस प्रमेय को सन्तुष्ट करती हैं या नहीं।

Quick Method
$\because 13^2 = 12^2 + 5^2$
$\Rightarrow 169 = 144 + 25 \Rightarrow 169 = 169$
∴ त्रिभुज का आधार = 12 सेमी व ऊँचाई = 5 सेमी
अतः त्रिभुज का क्षेत्रफल $= \frac{1}{2} \times 12 \times 5 = 30$ सेमी^{2}

उदाहरण 2. एक समबाहु त्रिभुज का परिमाप 48 सेमी है। इसका क्षेत्रफल (सेमी^{2} में) ज्ञात कीजिए। *SSC CGL 2023*

(a) $81\sqrt{3}$ (b) $8\sqrt{3}$ (c) $25\sqrt{3}$ (d) $64\sqrt{3}$

हल (d) त्रिभुज की भुजा $(a) = \frac{48}{3} = 16$ सेमी

∴ समबाहु त्रिभुज का क्षेत्रफल $= \frac{\sqrt{3}}{4}a^2 = \frac{\sqrt{3}}{4} \times (16)^2 = 64\sqrt{3}$ सेमी^{2}

चतुर्भुज पर आधारित

उदाहरण 3. एक वर्ग का क्षेत्रफल 144 सेमी^{2} है। इसके प्रत्येक विकर्ण की लम्बाई कितनी होगी? *SSC MTS 2022*

(a) 12 सेमी (b) $14\sqrt{2}$ सेमी
(c) $6\sqrt{2}$ सेमी (d) $12\sqrt{2}$ सेमी

हल (d) माना वर्ग की भुजा a सेमी है।
तब $a^2 = 144 \Rightarrow a = 12$ सेमी
∴ वर्ग का विकर्ण $= \sqrt{2}\, a = 12\sqrt{2}$ सेमी

उदाहरण 4. एक आयत की चौड़ाई 65 सेमी है और इसका क्षेत्रफल 10140 वर्ग सेमी है। इसका परिमाप (सेमी में) ज्ञात कीजिए। *RPF Constable 2019*

(a) 452 (b) 442 (c) 422 (d) 432

हल (b) आयत का क्षेत्रफल = 10140 वर्ग सेमी
⇒ लम्बाई × चौड़ाई = 10140
⇒ $l \times b = 10140$
∴ $l = \frac{10140}{65} = 156$ सेमी

आयत का परिमाप $= 2(l+b) = 2(156+65) = 2 \times 221 = 442$ सेमी

उदाहरण 5. यदि एक आयत की लम्बाई 10% तथा चौड़ाई 20% बढ़ा दी जाए, तो क्षेत्रफल में कितने प्रतिशत वृद्धि होगी? *DSSSB (Grade II) 2019*

(a) 32% (b) 23%
(c) 25% (d) 30%

हल (a) माना आयत की लम्बाई $= x$ तथा चौड़ाई $= y$ है।
आयत का आरम्भिक क्षेत्रफल $= xy$ वर्ग इकाई

10% वृद्धि के बाद नई लम्बाई $= x \times \frac{110}{100} = \frac{11x}{10}$

20% की वृद्धि के बाद नई चौड़ाई $= y \times \frac{120}{100} = \frac{12y}{10}$

आयत का नया क्षेत्रफल $= \frac{11x}{10} \times \frac{12y}{10} = \frac{132}{100}xy$

क्षेत्रफल में वृद्धि $= \frac{132}{100}xy - xy = \frac{32xy}{100}$

प्रतिशत वृद्धि $= \frac{32xy}{100} \times \frac{100}{xy}\% = 32\%$

Quick Method
यहाँ, $a = 10\%$ तथा $b = 20\%$ [Formula 22.2 से]
आयत के क्षेत्रफल में वृद्धि/परिवर्तन $= \left(a + b + \frac{ab}{100}\right)\%$
$= \left[10 + 20 + \frac{10 \times 20}{100}\right]\% = 32\%$

उदाहरण 6. एक आयताकार मैदान 100 मी लम्बा और 80 मी चौड़ा है। उसके बाहर, उसके साथ बना एक रास्ता भी है। यदि रास्ते की चौड़ाई 10 मी है, तो उस रास्ते का क्षेत्रफल कितना है?

(a) 2000 मी^{2} (b) 4000 मी^{2} (c) 5000 मी^{2} (d) 3600 मी^{2}

हल (b) रास्ते सहित मैदान की लम्बाई = 100 + 10 + 10 = 120 मी

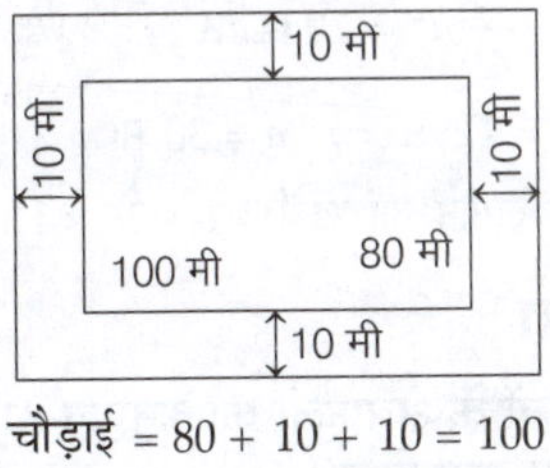

रास्ते सहित मैदान की चौड़ाई = 80 + 10 + 10 = 100 मी
रास्ते सहित मैदान का क्षेत्रफल = 120 × 100 = 12000 मी^{2}
मैदान का क्षेत्रफल $= l \times b = 100 \times 80 = 8000$ मी^{2}
∴ रास्ते का क्षेत्रफल = (12000 − 8000) मी^{2} = 4000 मी^{2}

Quick Method
यहाँ, $l = 100, b = 80$ तथा $x = 10$ [Formula 22.1 से]
∴ रास्ते का क्षेत्रफल $= 2x(l + b + 2x) = 2 \times 10(100 + 80 + 2 \times 10)$
$= 20(200) = 4000$ मी^{2}

उदाहरण 7. उस समलम्ब चतुर्भुज का क्षेत्रफल (सेमी^{2} में) ज्ञात कीजिए, जिसकी समान्तर भुजाओं का योगफल 186 सेमी है और उनके बीच की दूरी 93 सेमी है। *UP Police SI 2021*

(a) 8645 (b) 8650 (c) 8647 (d) 8649

हल (d) समलम्ब चतुर्भुज का क्षेत्रफल

$$= \frac{1}{2} \times (\text{समान्तर भुजाओं का योग}) \times \text{उनके बीच की दूरी}$$

$$= \frac{1}{2} \times 186 \times 93 = 93 \times 93 = 8649 \text{ सेमी}^2$$

उदाहरण 8. किसी समचतुर्भुज की प्रत्येक भुजा की लम्बाई 25 मी और एक विकर्ण की लम्बाई 14 मी है। समचतुर्भुज का क्षेत्रफल क्या है? *RRB ALP 2018*

(a) 336 मी^{2} (b) 350 मी^{2}

(c) 475 मी^{2} (d) 168 मी^{2}

हल (a) $AB = BC = CD = AD = 25$ मी

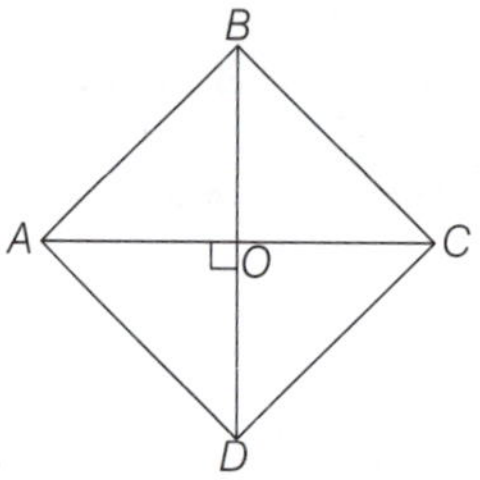

$\therefore OB = OD = \frac{BD}{2} = 7$ मी

ΔAOD में, $OA = \sqrt{(AD)^2 - (OD)^2}$

$= \sqrt{625 - 49} = \sqrt{576} = 24$ मी

$\therefore AC = 2 \times OA = 2 \times 24 = 48$ मी

समचतुर्भुज $ABCD$ का क्षेत्रफल

$$= \frac{1}{2} \times BD \times AC$$

$$= \frac{1}{2} \times 14 \times 48 = 336 \text{ मी}^2$$

बहुभुज पर आधारित

उदाहरण 9. एक षट्भुजाकार खेत का क्षेत्रफल $1944\sqrt{3}$ मी^{2} है। उसके चारों ओर ₹ 11.50 प्रति मी की दर से बाड़ लगाने में कितनी लागत आएगी? *SSC CPO 2020*

(a) ₹ 2256 (b) ₹ 2484

(c) ₹ 2785 (d) ₹ 3200

हल (b) षट्भुजाकार खेत का क्षेत्रफल $= 1944\sqrt{3}$ मी^{2}

$\Rightarrow \quad 6 \times \frac{\sqrt{3}}{4} a^2 = 1944\sqrt{3}$ [यहाँ, a = षट्भुज की भुजा]

$\Rightarrow \quad a^2 = 324 \times 4 = 1296 \Rightarrow a = 36$ मी

अत: चारों ओर बाड़ लगाने का खर्च $= 6 \times 36 \times 11.50 =$ ₹ 2484

वृत पर आधारित

उदाहरण 10. दो वृत्तों के क्षेत्रफलों का अनुपात 81 : 121 हैं। उनकी परिधियों का अनुपात क्या होगा? *SSC (10+2) 2023*

(a) 121 : 81 (b) 11 : 9 (c) 9 : 11 (d) 81 : 121

हल (c) माना दोनों वृत्तों के क्षेत्रफल क्रमश: $81x$ व $121x$ हैं।

$\therefore \quad \pi r_1^2 = 81x$ तथा $\pi r_2^2 = 121x$

अब, $\left(\frac{r_1}{r_2}\right)^2 = \frac{81}{121} \Rightarrow \frac{r_1}{r_2} = \frac{9}{11}$

परिधियों का अनुपात $= \frac{2\pi r_1}{2\pi r_2} = \frac{r_1}{r_2} = 9:11$

Quick Method

यहाँ, क्षेत्रफलों का अनुपात $(a:b) = 81:121$

$\therefore$ परिधियों का अनुपात $= \sqrt{a} : \sqrt{b} = \sqrt{81} : \sqrt{121} = 9:11$

उदाहरण 11. एक वृत्त की परिधि 132 सेमी है। उसके उस भाग की परिधि कितनी होगी, जिसका केन्द्रीय कोण 135° है? *RRB JE 2019*

(a) 92.5 सेमी (b) 93.5 सेमी

(c) 101.5 सेमी (d) 91.5 सेमी

हल (d) वृत्त की परिधि $= 2\pi r$

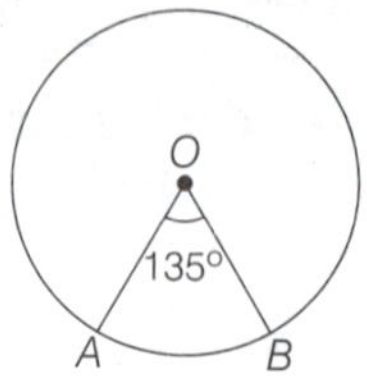

$\Rightarrow \quad 2 \times \frac{22}{7} \times r = 132$

$\therefore \quad r = \frac{132 \times 7}{44} = 21$ सेमी

त्रिज्यखण्ड की लम्बाई $(l) = \frac{2\pi r\theta}{360°}$

$$= \frac{2 \times \frac{22}{7} \times 21 \times 135°}{360°} = 49.5 \text{ सेमी}$$

त्रिज्यखण्ड AOB का परिमाप $= AB + OB + \widehat{AB}$

$= (21 + 21 + 49.5)$ सेमी $= 91.5$ सेमी

उदाहरण 12. एक अर्द्धवृत्त का क्षेत्रफल 693 सेमी^{2} है। अर्द्धवृत्त की त्रिज्या क्या है? *DSSSB 2023*

(a) 7 सेमी (b) 21 सेमी

(c) 28 सेमी (d) 14 सेमी

हल (b) अर्द्धवृत्त का क्षेत्रफल $= \frac{1}{2} \times \pi r^2$

$\Rightarrow \quad \frac{1}{2} \times \frac{22}{7} \times r^2 = 693$

$\Rightarrow \quad r^2 = \frac{693 \times 7 \times 2}{22} = 63 \times 7$

$\therefore \quad r = 21$ सेमी

Trending Concept

अर्द्धवृत्त के क्षेत्रफल पर आधारित प्रश्न वर्तमान में हो रही सभी परीक्षाओं (SSC, DSSSB, Police) में पूछे जा रहे हैं। आगामी परीक्षाओं के लिए अति महत्त्वपूर्ण हैं।

उदाहरण 13. एक वृत्त के एक त्रिज्यखण्ड का क्षेत्रफल 616 सेमी^{2} है, जिसका केन्द्रीय कोण 10° है। इस वृत्त की त्रिज्या है $\left(\pi = \frac{22}{7} \text{ का प्रयोग करें।}\right)$ *SSC (10+2) 2023*

(a) 48 सेमी (b) 21 सेमी (c) 84 सेमी (d) 28 सेमी

हल (c) त्रिज्यखण्ड का क्षेत्रफल $= \frac{\pi r^2 \theta}{360°}$

$\Rightarrow \quad \frac{\frac{22}{7} \times r^2 \times 10}{360} = 616 \Rightarrow r^2 = \frac{616 \times 360 \times 7}{22 \times 10}$

$\Rightarrow \quad r^2 = 28 \times 36 \times 7 \Rightarrow r = 84$ सेमी

विविध

उदाहरण 14. 10.5 सेमी त्रिज्या वाले एक वृत्ताकार तार को एक आयत के रूप में मोड़ा गया है जिसकी लम्बाई तथा चौड़ाई का अनुपात 6 : 5 है। आयत का क्षेत्रफल कितना है? *DSSSB (Grade II) 2019*

(a) 240 सेमी^{2} (b) 260 सेमी^{2}

(c) 370 सेमी^{2} (d) 270 सेमी^{2}

हल (d) माना आयत की लम्बाई तथा चौड़ाई $6x$ तथा $5x$ हैं।

$\because \quad$ आयत का परिमाप = वृत्त की परिधि

$\Rightarrow \quad 2(6x + 5x) = 2 \times \frac{22}{7} \times 10.5 \Rightarrow x = 3$

$\therefore$ आयत का क्षेत्रफल $= (6x)(5x) = 30x^2 = 30 \times 9 = 270$ सेमी^{2}

Chapter Challenge

त्रिभुज पर आधारित

1. यदि एक समबाहु त्रिभुज की दो भुजाओं का योग 16 सेमी है, तो तीसरी भुजा ज्ञात कीजिए। *UP Police ASI 2021*

(a) 4 सेमी (b) 8 सेमी
(c) ज्ञात नहीं किया जा सकता है (d) 16 सेमी

2. एक त्रिभुज की भुजाओं की लम्बाई 5 सेमी, 7 सेमी और 10 सेमी है। त्रिभुज का क्षेत्रफल (सेमी^{2} में) ज्ञात कीजिए। *ALP CBT-1 2024*

(a) 350 (b) 7/10 (c) $2\sqrt{66}$ (d) 25

3. एक त्रिभुज की भुजाएँ 5 : 12 : 13 के अनुपात में हैं और इसका परिमाप 90 सेमी है। इसका क्षेत्रफल (सेमी^{2} में) ज्ञात कीजिए। *CISF Head Constable 2023*

(a) 150 (b) 60 (c) 270 (d) 30

4. एक त्रिभुज के आधार की लम्बाई, इसकी ऊँचाई से 3 सेमी कम है। इसका क्षेत्रफल 104 सेमी^{2} है। इसके आधार की लम्बाई ज्ञात कीजिए। *SSC (10+2) 2021*

(a) 12 सेमी (b) 13 सेमी (c) 11 सेमी (d) 14 सेमी

5. दो त्रिभुजों के क्षेत्रफलों का अनुपात 4 : 3 है और उनकी ऊँचाइयों का अनुपात 6 : 5 है। उनके आधारों का अनुपात ज्ञात कीजिए। *CISF Head Constable 2023*

(a) 9 : 10 (b) 6 : 5 (c) 5 : 6 (d) 10 : 9

6. एक समबाहु त्रिभुज का क्षेत्रफल $\frac{\sqrt{5043}}{4}$ सेमी^{2} है। समबाहु त्रिभुज की भुजा की लम्बाई कितनी है? *SSC MTS 2024*

(a) $\sqrt{41}$ सेमी (b) $\sqrt{47}$ सेमी
(c) $\sqrt{29}$ सेमी (d) $\sqrt{23}$ सेमी

7. 600 मी^{2} क्षेत्रफल वाले एक समकोण त्रिभुज को इस प्रकार बनाया जाना है कि कर्ण, आधार से दोगुना हो। त्रिभुज का कर्ण, उसके आधार से कितना अधिक है? *SSC (10+2) 2024*

(a) 20.36 मी (b) 22.32 मी
(c) 26.32 मी (d) 24.36 मी

8. एक अधिककोण त्रिभुज ABC में, इसकी सबसे लम्बी भुजा AB की लम्बाई 50 सेमी है और अन्य दो भुजाओं में से एक भुजा की लम्बाई 42 सेमी है। यदि त्रिभुज का क्षेत्रफल 294 सेमी^{2} है, तो इसकी तीसरी भुजा की लम्बाई (सेमी में) क्या है? *SSC (10+2) 2024*

(a) $2\sqrt{58}$ (b) $8\sqrt{35}$ (c) $12\sqrt{43}$ (d) $15\sqrt{21}$

9. किसी समभुजीय त्रिभुज की अन्त: त्रिज्या और परित्रिज्या का अनुपात क्या होगा?

(a) $\sqrt{2}:1$ (b) $1:\sqrt{2}$
(c) 2 : 1 (d) 1 : 2

10. उस त्रिभुज का क्षेत्रफल ज्ञात कीजिए, जिसकी दो भुजाओं की लम्बाइयाँ 4 सेमी और 5 सेमी हैं और उनका कोण 45° है। *SSC CPO 2023*

(a) $6\sqrt{2}$ सेमी^{2} (b) $7\sqrt{2}$ सेमी^{2}
(c) $5\sqrt{2}$ सेमी^{2} (d) $4\sqrt{2}$ सेमी^{2}

11. ΔABC में D, E और F क्रमश: भुजा BC, CA और AB के मध्य-बिन्दु हैं। यदि $BC = 14.4$ सेमी, $CA = 15.2$ सेमी और $AB = 12.4$ सेमी है, तो ΔDEF का परिमाप (सेमी में) ज्ञात करें। *SSC CGL 2022*

(a) 21 (b) 42 (c) 28 (d) 35

चतुर्भुज पर आधारित

12. 64 मी^{2} क्षेत्रफल वाले वर्ग के विकर्ण की लम्बाई होगी *SSC CPO 2018*

(a) $8\sqrt{2}$ मी (b) 8 मी (c) 4 मी (d) $4\sqrt{2}$ मी

13. यदि एक वर्ग के विकर्ण की लम्बाई 4.4 सेमी है, तो वर्ग का क्षेत्रफल क्या होगा? *DSSSB 2022*

(a) 27.45 सेमी^{2} (b) 15.36 सेमी^{2}
(c) 19.36 सेमी^{2} (d) 9.68 सेमी^{2}

14. एक वर्ग के परिमाप का 5 गुना 600 सेमी है। इस वर्ग का क्षेत्रफल कितना होगा? *SSC MTS 2022*

(a) 750 सेमी^{2} (b) 1150 सेमी^{2}
(c) 900 सेमी^{2} (d) 480 सेमी^{2}

15. यदि दो वर्गों के विकर्णों का अनुपात 3 : 5 है, तो उनके क्षेत्रफलों का अनुपात ज्ञात कीजिए। *DSSSB 2024*

(a) 4 : 5 (b) 9 : 5 (c) 9 : 25 (d) 3 : 25

16. यदि किसी वर्ग की प्रत्येक भुजा में 20% की वृद्धि की जाती है, तो उसके क्षेत्रफल में प्रतिशत परिवर्तन ज्ञात करें। *DSSSB (Grade II) 2019*

(a) 44%
(b) 39%
(c) 40%
(d) 42%

> **MRC*****
> **(Most Repeating Concepts)**
> प्र. सं. 16, 17 और 21 Examination Point of View से अति महत्त्वपूर्ण है। इन Concept पर प्रश्न विभिन्न प्रतियोगी परीक्षाओं (Group-D, DSSSB, Police SI और Constable) आदि में निरन्तर पूछे जा रहे हैं।

17. यदि किसी वर्ग की भुजा 50% कम कर दी जाए, तो उसका क्षेत्रफल कितना कम हो जाएगा? *MP Police Constable 2022*

(a) 75% (b) 50% (c) 60% (d) 80%

18. एक वर्गाकार क्षेत्र में बाड़ लगाने के लिए मनीष 48 खम्भे गाड़ता है। यदि 2 खम्भों के बीच की दूरी 5 मी है, तो इस प्रकार निर्मित वर्ग का क्षेत्रफल ज्ञात कीजिए। *RRB NTPC (CBT I) 2021*

(a) 3200 मी^{2} (b) 3600 मी^{2}
(c) 3500 मी^{2} (d) 4000 मी^{2}

19. उस आयत का परिमाप (सेमी में) ज्ञात कीजिए, जिसकी लम्बाई और चौड़ाई क्रमश: 125 सेमी और 135 सेमी हैं। *UP Police ASI 2021*

(a) 520 (b) 530 (c) 525 (d) 545

20. एक आयत की लम्बाई 12 सेमी और चौड़ाई 8 सेमी है। जब लम्बाई को बढ़ाकर 24 सेमी कर दिया जाता है, तो आयत की चौड़ाई क्या होगी। यदि क्षेत्रफल समान रहता है? *DSSSB (Grade II) 2019*

(a) 3 सेमी (b) 5 सेमी
(c) 2.5 सेमी (d) 4 सेमी

21. एक लॉन आयत के आकार का है जिसकी भुजाओं का अनुपात 2 : 3 है। लॉन का क्षेत्रफल 600 मी^{2} है। लॉन की चौड़ाई ज्ञात कीजिए। *UP Police Constable 2024*

(a) 50 मी (b) 20 मी
(c) 40 मी (d) 10 मी

Chapter Challenge क्षेत्रफल तथ परिमाप

22. एक आयताकार मैदान का क्षेत्रफल 480 मी^{2} है। यदि इसकी लम्बाई, चौड़ाई से 20% अधिक हो, तो आयताकार मैदान की लम्बाई ज्ञात कीजिए। **SSC CPO 2023**

(a) 30 मी (b) 24 मी (c) 27 मी (d) 20 मी

23. यदि एक आयत की लम्बाई और चौड़ाई में क्रमश: 15% और 20% की वृद्धि की जाती हैं, तो आयत के क्षेत्रफल में कितने प्रतिशत की वृद्धि होगी? **SSC (10+2) 2022**

(a) 48% (b) 36% (c) 32% (d) 38%

24. यदि एक आयत की लम्बाई 14.28% की वृद्धि कर दी जाए, तो क्षेत्रफल को अपरिवर्तित रखने के लिए इसकी चौड़ाई कितने प्रतिशत घटाई जानी चाहिए? **SSC Constable (GD) 2024**

(a) 14.28% (b) 14% (c) 12.5% (d) 16.66%

25. यदि किसी आयत की प्रत्येक भुजा में 11% की कमी हो, तो इसके क्षेत्रफल में हुई कमी ज्ञात करें। **SSC CPO 2020**

(a) 20.79% (b) 24.31% (c) 25% (d) 21.13%

26. एक आयत के विकर्ण की लम्बाई और उसकी चौड़ाई क्रमश: 26 सेमी और 10 सेमी हैं। इसका परिमाप (सेमी में) ज्ञात करें। **SSC (10+2) 2018**

(a) 68 (b) 136 (c) 43 (d) 86

27. किसी आयत का क्षेत्रफल 453.6 मी^{2} है। यदि इसकी लम्बाई 27 मी है, तो आयत का परिमाप कितना होगा? **RRB NTPC 2022**

(a) 86.6 मी (b) 87.6 मी
(c) 85.4 मी (d) 89.8 मी

28. किसी आयताकार मैदान की लम्बाई और चौड़ाई के मध्य 5 : 2 का अनुपात है। यदि उस मैदान का परिमाप 238 मी है, तो मैदान की लम्बाई ज्ञात कीजिए। **SSC (10+2) 2020**

(a) 84 मी (b) 82 मी (c) 83 मी (d) 85 मी

29. 20 मी लम्बाई और 18 मी चौड़ाई वाले एक आयताकार पथ को बाहर की ओर से 2 मी चौड़े जॉगिंग ट्रैक से घेरा जाना है। ट्रैक का क्षेत्रफल क्या होगा? **DSSSB (Grade II) 2019**

(a) 174 वर्ग मी (b) 168 वर्ग मी
(c) 182 वर्ग मी (d) 162 वर्ग मी

30. एक आयत की लम्बाई और चौड़ाई का अनुपात 5 : 4 है। आयत का क्षेत्रफल 5780 सेमी^{2} है। आयत की चौड़ाई तथा क्षेत्रफल का अनुपात है **DSSSB (Grade II) 2019**

(a) 4 : 85 (b) 1 : 75
(c) 2 : 65 (d) 1 : 85

31. एक आयत की लम्बाई उसकी चौड़ाई की दोगुनी है। यदि आयत का परिमाप 66 मी है, तो आयत का क्षेत्रफल (मी^{2} में) क्या होगा? **DSSSB 2023**

(a) 121 मी^{2} (b) 338 मी^{2}
(c) 616 मी^{2} (d) 242 मी^{2}

32. एक आयत का परिमाप ज्ञात कीजिए। जिसकी लम्बाई उसकी चौड़ाई से 5 मी अधिक है और परिमाप उसके क्षेत्रफल के एक-तिहाई के बराबर है। **RRB NTPC 2021**

(a) 60 मी (b) 45 मी
(c) 40 मी (d) 50 मी

33. एक आयत की लम्बाई उसकी चौड़ाई से 3 मी अधिक है और परिमाप संख्यात्मक रूप से उसके क्षेत्रफल के बराबर है। इसके विकर्ण का पूर्णांक मान कितना होगा? **RRB NTPC 2021**

(a) 6 (b) 8 (c) 7 (d) 9

34. एक वर्गाकार आकार वाले मैदान का क्षेत्रफल 1764 मी^{2} है। एक आयताकार पार्क की चौड़ाई, वर्गाकार मैदान के भुजा की $\frac{1}{6}$ है और उसकी लम्बाई, इसकी चौड़ाई की चार गुनी है। ₹ 30 प्रति मी^{2} की दर से पार्क को समतल करने की लागत ज्ञात करें। **SSC CGL (Tier I) 2021**

(a) ₹ 4768 (b) ₹ 2940
(c) ₹ 6342 (d) ₹ 5880

35. समान्तर चतुर्भुज की एक भुजा और संगत ऊँचाई क्रमश: 16 सेमी और 20 सेमी हैं। तब समान्तर चतुर्भुज का क्षेत्रफल ज्ञात कीजिए। (मी^{2} में) **MP Police Constable 2022**

(a) 0.032 (b) 3.2 (c) 0.0032 (d) 32

36. समान्तर चतुर्भुज का क्षेत्रफल ज्ञात कीजिए। जिसकी संगत ऊँचाई 0.36 मी और आधार 0.63 मी है। **MP Police Constable 2022**

(a) 226.8 मी^{2} (b) 0.2268 मी^{2}
(c) 2.268 मी^{2} (d) 2268 मी^{2}

37. $ABCD$ एक चतुर्भुज है। विकर्ण AC की लम्बाई 24 सेमी है। विकर्ण AC पर शीर्ष B तथा D से बनाए गए लम्ब का योग 10 सेमी है। चतुर्भुज का क्षेत्रफल क्या है? **SSC CGL (Tier II) 2022**

(a) 120 सेमी^{2} (b) 90 सेमी^{2}
(c) 240 सेमी^{2} (d) 180 सेमी^{2}

38. एक समलम्ब चतुर्भुज की दो समानान्तर भुजाएँ क्रमश: 27 सेमी और 13 सेमी हैं। यदि समलम्ब चतुर्भुज की ऊँचाई 8 सेमी है, तो इसका क्षेत्रफल (मी^{2} में) ज्ञात कीजिए। **SSC CPO 2019**

(a) 0.32 मी^{2} (b) 0.056 मी^{2}
(c) 0.016 मी^{2} (d) 0.032 मी^{2}

39. एक चतुर्भुज का विकर्ण 32 मी लम्बा है और इसके दो अन्त:लम्ब 6 सेमी और 10 मी लम्बें हैं। तो चतुर्भुज का क्षेत्रफल क्या है? **RRC Group D 2022**

(a) 256 मी^{2} (b) 220 मी^{2} (c) 276 मी^{2} (d) 250 मी^{2}

40. एक समचतुर्भुज के विकर्णों की लम्बाई क्रमश: 16 सेमी और 12 सेमी हैं। इसका क्षेत्रफल ज्ञात कीजिए। **SSC CGL (Tier I) 2020**

(a) 96 सेमी^{2}
(b) 48 सेमी^{2}
(c) 69 सेमी^{2}
(d) 28 सेमी^{2}

> **MRC*****
> *(Most Repeating Concepts)*
> प्र. सं. 29, 34, 40 और 42 Examination Point of View से अति महत्त्वपूर्ण हैं। इन Concept पर प्रश्न विभिन्न प्रतियोगी परीक्षाओं (SSC, NTPC, MTS) आदि में निरन्तर पूछे जा रहे हैं।

41. एक समचतुर्भुज में यदि इसके विकर्ण 19 सेमी तथा 13 सेमी है, तो इसका क्षेत्रफल कितना होगा? **MP Police Constable 2022**

(a) $\frac{1}{2}(19 + 13)$ सेमी^{2} (b) $\frac{1}{2}(19 \times 13)$ सेमी^{2}
(c) $\frac{1}{2}(19 - 13)$ सेमी^{2} (d) 244.5 सेमी^{2}

42. एक समचतुर्भुज का क्षेत्रफल ज्ञात कीजिए। जिसके विकर्णों की लम्बाइयाँ 12 सेमी और 15 सेमी हैं। **RRC Group D 2022**

(a) 45 सेमी^{2} (b) 60 सेमी^{2}
(c) 90 सेमी^{2} (d) 80 सेमी^{2}

43. एक समान्तर चतुर्भुज का आधार उसकी ऊँचाई का दोगुना है। यदि समान्तर चतुर्भुज का क्षेत्रफल 338 सेमी^{2} है, तो इसकी ऊँचाई (सेमी में) ज्ञात करें। **SSC CPO 2024**

(a) 11 (b) 13 (c) 14 (d) 12

बहुभुज पर आधारित

44. एक समषट्भुज का क्षेत्रफल $2048\sqrt{3}$ सेमी^{2} है। षट्भुज की प्रत्येक भुजा की लम्बाई (सेमी में) ज्ञात करें। ***SSC MTS 2024***

(a) $32\sqrt{3}$ (b) $64\sqrt{3}$ (c) $\frac{32\sqrt{3}}{3}$ (d) $\frac{64\sqrt{3}}{3}$

45. एक समबाहु त्रिभुज, जिसकी भुजा a इकाई है, को एक समषट्भुज बनाने के लिए शीर्षों पर काटा जाता है। षट्भुज का क्षेत्रफल कितना है? ***SSC Constable (GD) 2022***

(a) $\frac{2a^2}{\sqrt{3}}$ वर्ग इकाई (b) $\frac{a^2}{2\sqrt{3}}$ वर्ग इकाई

(c) $\frac{3a^2}{2\sqrt{3}}$ वर्ग इकाई (d) $\frac{2a^2}{3\sqrt{3}}$ वर्ग इकाई

वृत पर आधारित

46. 7 सेमी त्रिज्या वाले एक वृत्त की परिधि ज्ञात करें। ***SSC (10+2) 2018***

(a) 56 सेमी (b) 44 सेमी (c) 16 सेमी (d) 32 सेमी

47. यदि एक गोलाकार (वृत्त) बगीचे का क्षेत्रफल 15400 मी^{2} है, तो उसका परिमाप कितना होगा? ***MP Police Constable 2022***

(a) 440 मी (b) 220 मी

(c) 110 मी (d) 550 मी

48. उस वृत्त का क्षेत्रफल ज्ञात कीजिए। जिसकी त्रिज्या, 196 मी परिमाप वाले एक वर्ग की भुजा के बराबर है ***SSC (10+2) 2023***

(a) 8844 मी^{2} (b) 6477 मी^{2}

(c) 7546 मी^{2} (d) 7457 मी^{2}

49. दो वृत्तों के क्षेत्रफलों का अनुपात 256 : 144 है। उनकी परिधियों का अनुपात क्या होगा? ***SSC (10+2) 2023***

(a) 256 : 144 (b) 16 : 11

(c) 144 : 256 (d) 4 : 3

50. यदि किसी वृत्त की त्रिज्या में 11% की कमी की जाती है, तो वृत्त के क्षेत्रफल में हुई कुल कमी को ज्ञात करें। ***SSC CGL (Tier I) 2020***

(a) 20.79% (b) 19.50%

(c) 20.50% (d) 21%

51. एक वृत्त की परिधि 132 सेमी है। वृत्त का क्षेत्रफल ज्ञात कीजिए। ***SSC (10+2) 2023***

$\left(\pi = \frac{22}{7}\right.$ का प्रयोग करें। $\left.\right)$

(a) 1380 सेमी^{2} (b) 1322 सेमी^{2}

(c) 1086 सेमी^{2} (d) 1386 सेमी^{2}

52. वृत्त की त्रिज्या को 6 गुना करने पर, इसकी परिधि इसकी पूर्व की परिधि से कितने गुना बढ़ जाएगी? ***RPF SI 2018***

(a) 8 (b) 5 (c) 6 (d) 7

53. 40π सेमी परिधि वाले वृत्त का क्रमशः क्षेत्रफल (सेमी^{2} में) और व्यास (सेमी में) ज्ञात करें। ***SSC (10+2) 2021***

(a) 40 और 400 (b) 400 π और 40

(c) 40 और 400 π (d) 400 और 40

54. वृत्ताकार मैदान का क्षेत्रफल 13.86 हेक्टेयर है। ₹3.2 प्रति मी की दर से इसकी बाड़ लगाने की लागत ज्ञात कीजिए।
(1 हेक्टेयर = 10000 मी^{2}) ***UP Police Constable 2024***

(a) ₹ 6132 (b) ₹ 5808

(c) ₹ 4224 (d) ₹ 5138

55. दो वृत्तों की परिधि क्रमशः 110 सेमी तथा 330 सेमी है। उनकी त्रिज्याओं के मध्य अन्तर क्या है? ***SSC CGL (Tier I) 2022***

(a) 35 सेमी (b) 15 सेमी

(c) 70 सेमी (d) 46 सेमी

56. दो वृत्तों A तथा B के क्षेत्रफलों का योग एक तीसरे वृत्त 'C' के क्षेत्रफल के बराबर है, जिसका व्यास 30 सेमी है। यदि वृत्त A का व्यास 18 सेमी है, तो वृत्त B की त्रिज्या है ***DSSSB 2021***

(a) 15 सेमी (b) 10 सेमी

(c) 18 सेमी (d) 12 सेमी

57. एक अर्द्धवृत्त का क्षेत्रफल (सेमी^{2} में) क्या होगा, जिसका परिमाप 72 सेमी है। $\left(\pi = \frac{22}{7}\right.$ का प्रयोग करें$\left.\right)$ ***RRC Group D 2022***

(a) 308 (b) 144

(c) 616 (d) 154

58. दो संकेन्द्रित वृत्तों के बीच घिरे एक वृत्ताकार पथ की आन्तरिक परिधि 264 मी है। वृत्ताकार पथ की एकसमान चौड़ाई 3 मी है। पथ का क्षेत्रफल (मी^{2} में, निकटतम पूर्ण संख्या तक) क्या है? $\left(\pi = \frac{22}{7}\right.$ का प्रयोग करें$\left.\right)$ ***SSC CGL 2022***

(a) 948 (b) 820 (c) 696 (d) 756

59. दो संकेन्द्री वृत्तों की आन्तरिक और बाहरी त्रिज्या क्रमशः 6.7 सेमी और 9.5 सेमी हैं। उनकी परिधि के बीच अन्तर (सेमी में) क्या होगा? $\left(\pi = \frac{22}{7}\right.$ का प्रयोग करें$\left.\right)$ ***SSC (10+2) 2021***

(a) 10.4 (b) 17.6

(c) 6.5 (d) 20.5

60. यदि त्रिज्या $r = 36$ सेमी के एक वृत्त में l लम्बाई चाप का एक त्रिज्यखण्ड, $4l = 3r$ को सन्तुष्ट करता है, तो त्रिज्यखण्ड का क्षेत्रफल कितना है? ***RRB NTPC 2021***

(a) 496 सेमी^{2} (b) 486 सेमी^{2}

(c) 476 सेमी^{2} (d) 461 सेमी^{2}

61. यदि 30 सेमी त्रिज्या वाले एक वृत्त के चाप की लम्बाई 19 सेमी है, तो वृत्त के केन्द्र पर अन्तरित कोण (अंश में, दो दशमलव स्थानों तक पूर्णांकित) ज्ञात कीजिए। ***SSC CPO 2022***

$\pi = \frac{22}{7}$ का प्रयोग करें।

(a) 16.27° (b) 36.27°

(c) 46.25° (d) 51.25°

विविध

62. सम्पूर्ण आकृति का क्षेत्रफल क्या है? ***RRB NTPC 2021***

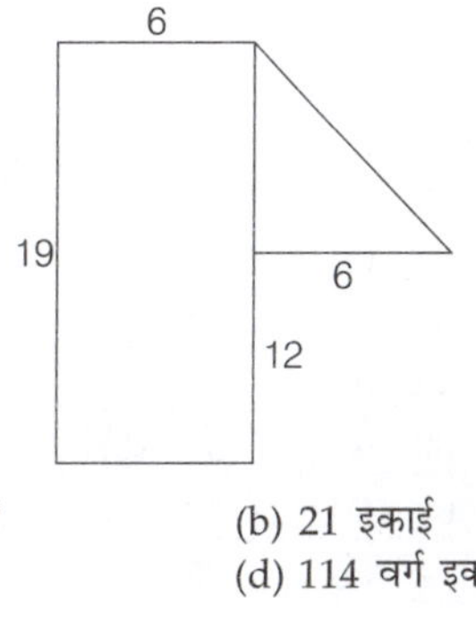

(a) 135 वर्ग इकाई (b) 21 इकाई

(c) 114 इकाई (d) 114 वर्ग इकाई

63. एक त्रिभुज और एक समान्तर चतुर्भुज का समान आधार है, जो 28 सेमी है और उनके क्षेत्रफल समान हैं। यदि समान्तर चतुर्भुज की ऊँचाई 12 सेमी है, तो त्रिभुज के शीर्षलम्ब (ऊँचाई) की लम्बाई ज्ञात कीजिए। **SSC CGL (Tier I) 2022**

(a) 24 सेमी
(b) 21 सेमी
(c) 28 सेमी
(d) 23 सेमी

64. ABC एक समबाहु त्रिभुज है। यदि त्रिभुज का क्षेत्रफल $36\sqrt{3}$ वर्ग इकाई है, तो त्रिभुज ABC के परिगत वृत्त की त्रिज्या क्या है? **SSC CGL (Tier II) 2022**

(a) $4\sqrt{3}$ इकाई (b) $2\sqrt{3}$ इकाई
(c) $3\sqrt{3}$ इकाई (d) $6\sqrt{3}$ इकाई

65. एक घोड़ा खेत में चर रहा है। इसे 6 मी लम्बी रस्सी से एक पोल से बाँधा गया है। घोड़ा 70° के कोण के साथ एक चाप बनाते हुए बिन्दु A से बिन्दु B तक जाता है। घोड़े द्वारा चरे गए त्रिज्यखण्ड का क्षेत्रफल ज्ञात कीजिए। **SSC CGL (Tier I) 2022**

(a) 22 मी^{2} (b) 23 मी^{2}
(c) 20 मी^{2} (d) 21 मी^{2}

66. एक त्रिभुजाकार मैदान की भुजाएँ 360 मी, 480 मी और 600 मी हैं। इसका क्षेत्रफल एक वर्गाकार मैदान के क्षेत्रफल के बराबर है। वर्गाकार मैदान की भुजा (मीटर में) क्या है? **SSC CGL 2022**

(a) $120\sqrt{6}$ (b) $120\sqrt{3}$
(c) $160\sqrt{6}$ (d) $160\sqrt{3}$

67. 44 सेमी परिमाप वाले एक वर्ग और 44 सेमी परिधि वाले एक वृत्त के बीच, किस आकृति का क्षेत्रफल अधिक है और कितना है? **RRB NTPC 2021**

(a) वर्ग, 34 सेमी^{2} (b) वृत्त, 23 सेमी^{2}
(c) वर्ग, 33 सेमी^{2} (d) वृत्त, 33 सेमी^{2}

68 24 सेमी की भुजा वाले समबाहु त्रिभुज में एक वृत्त बनाया गया है। उसी वृत्त में बनाए गए वर्ग का क्षेत्रफल ज्ञात कीजिए। **SSC CPO 2019**

(a) 48 सेमी^{2} (b) 72 सेमी^{2}
(c) 54 सेमी^{2} (d) 96 सेमी^{2}

69. 5 मिनट के अन्तराल में, दीवार घड़ी की 6 सेमी लंबी मिनट की सूईं से निर्मित होने वाले क्षेत्र का क्षेत्रफल कितना है? **RRB NTPC (CBT I) 2021**

(a) 9.8 सेमी^{2} (b) 9.63 सेमी^{2}
(c) 9.6 सेमी^{2} (d) 9.43 सेमी^{2}

70. किसी वर्ग का परिमाप, 7 सेमी त्रिज्या वाले वृत्त की परिधि के बराबर है। वृत्त के क्षेत्रफल का, वर्ग के क्षेत्रफल से अनुपात ज्ञात करें। $\left(\pi = \frac{22}{7}\right.$ का प्रयोग करें$\left.\right)$ **SSC CGL (Tier I) 2021**

(a) 7 : 11 (b) 121 : 44
(c) 14 : 11 (d) 7 : 2

71. 784 सेमी^{2} क्षेत्रफल वाले वर्ग में अन्तः स्थापित वृत्त का क्षेत्रफल (सेमी^{2} में) ज्ञात करें। $\left(\pi = \frac{22}{7}\right.$ का प्रयोग करें$\left.\right)$ **SSC CGL (Tier I) 2022**

(a) 462 (b) 616
(c) 924 (d) 660

72. किसी त्रिभुज का आधार उस वर्ग के परिमाप के बराबर है, जिसका विकर्ण $9\sqrt{2}$ सेमी है, और इसकी ऊँचाई उस वर्ग की भुजा के बराबर है, जिसका क्षेत्रफल 144 सेमी^{2} है। त्रिभुज का क्षेत्रफल ज्ञात करें। **SSC CPO 2020**

(a) 216 सेमी^{2} (b) 72 सेमी^{2}
(c) 144 सेमी^{2} (d) 288 सेमी^{2}

73. एक आयत का परिमाप, एक वृत्त की परिधि के बराबर है जिसकी त्रिज्या 21 सेमी है। यदि आयत का क्षेत्रफल 864 सेमी^{2} है, तो आयत के विकर्ण की लम्बाई क्या होगी? **DSSSB 2019**

(a) $6\sqrt{87}$ सेमी (b) $9\sqrt{83}$ सेमी
(c) $6\sqrt{73}$ सेमी (d) $5\sqrt{102}$ सेमी

74. 60 मी ×40 मी आकार वाले किसी आयताकार पार्क में, 7 मी त्रिज्या वाले दो वृत्ताकार फूलों की क्यारी बनाई गई हैं। पार्क के शेष हिस्से का क्षेत्रफल कितना है? **SSC (10+2) 2021**
$\left(\pi = \frac{22}{7}\right.$ का प्रयोग करें$\left.\right)$

(a) 2246 मी^{2} (b) 2092 मी^{2}
(c) 1196 मी^{2} (d) 1749 मी^{2}

75. एक समबाहु त्रिभुज की भुजा 28 सेमी है। प्रत्येक शीर्ष को केन्द्र मानकर, त्रिभुज की भुजा की आधी लम्बाई के बराबर त्रिज्या वाले एक वृत्त को चित्रित किया गया है। त्रिभुज के उस भाग का क्षेत्रफल ज्ञात कीजिए, जो वृत्त में शामिल नहीं है
($\pi = \frac{22}{7}$ और $\sqrt{3} = 1.73$ का उपयोग कीजिए)। **SSC CGL (Tier I) 2024**

(a) 38.08 सेमी^{2} (b) 39.08 सेमी^{2}
(c) 31.08 सेमी^{2} (d) 30.89 सेमी^{2}

Right Key

1 (b)	2 (c)	3 (c)	4 (b)	5 (d)	6 (a)	7 (c)	8 (a)	9 (d)	10 (c)
11 (a)	12 (a)	13 (d)	14 (c)	15 (c)	16 (a)	17 (a)	18 (b)	19 (a)	20 (d)
21 (b)	22 (b)	23 (d)	24 (c)	25 (a)	26 (a)	27 (b)	28 (d)	29 (b)	30 (d)
31 (d)	32 (d)	33 (c)	34 (d)	35 (a)	36 (b)	37 (a)	38 (c)	39 (a)	40 (a)
41 (b)	42 (c)	43 (b)	44 (d)	45 (b)	46 (b)	47 (a)	48 (c)	49 (d)	50 (a)
51 (d)	52 (c)	53 (b)	54 (c)	55 (a)	56 (d)	57 (a)	58 (b)	59 (b)	60 (b)
61 (b)	62 (a)	63 (a)	64 (a)	65 (a)	66 (a)	67 (d)	68 (d)	69 (d)	70 (c)
71 (b)	72 (a)	73 (c)	74 (b)	75 (c)					

Solutions

1. (*b*) समबाहु त्रिभुज की दो भुजाओं का योग
$= 16$ सेमी

$\therefore$ समबाहु त्रिभुज की एक भुजा

$= \frac{16}{2} = 8$ सेमी

[$\because$ समबाहु त्रिभुज की सभी भुजाएँ बराबर होती हैं।]

अतः समबाहु त्रिभुज की तीसरी भुजा 8 सेमी होगी।

2. (*c*) यहाँ, $a = 5$ सेमी, $b = 7$ सेमी, $c = 10$ सेमी

$s = \frac{a+b+c}{2} = \frac{5+7+10}{2} = 11$ सेमी

त्रिभुज का क्षेत्रफल

$= \sqrt{s(s-a)(s-b)(s-c)}$

$= \sqrt{11(11-5)(11-7)(11-10)}$

$= \sqrt{11 \times 6 \times 4 \times 1} = 2\sqrt{66}$ सेमी^{2}

3. (*c*) माना त्रिभुज की भुजाएँ क्रमशः $5x$, $12x$ और $13x$ हैं।

$\therefore 5x + 12x + 13x = 90 \Rightarrow 30x = 90$

$\therefore \quad x = 3$

चूँकि भुजाओं का अनुपात $5 : 12 : 13$ है।

अतः यह एक समकोण त्रिभुज है।

$\therefore$ त्रिभुज का क्षेत्रफल $= \frac{1}{2} \times 5x \times 12x$

$= \frac{1}{2} \times 5 \times 3 \times 12 \times 3 = 270$ सेमी^{2}

> **TOP TIPS** इस प्रकार के प्रश्नों को हल करने के लिए कुछ महत्त्वपूर्ण ट्रिपलेट याद होना अति आवश्यक हैं जैसे– (3, 4, 5), (5, 12, 13) तथा (8, 15, 17)

4. (*b*) माना त्रिभुज की ऊँचाई $= x$ सेमी

आधार की लम्बाई $= (x - 3)$ सेमी

$\therefore \quad \frac{1}{2} \times$ आधार $\times$ ऊँचाई $= 104$

$\Rightarrow \quad \frac{1}{2} \times x(x-3) = 104$

$\Rightarrow \quad x^2 - 3x = 208$

$\Rightarrow \quad x^2 - 3x - 208 = 0$

$\Rightarrow \quad (x - 16)(x + 13) = 0$

$\therefore \quad x = 16, -13$

x का मान ऋणात्मक नहीं हो सकता है।

अतः त्रिभुज के आधार की लम्बाई $= (x - 3)$

$= 16 - 3 = 13$ सेमी

5. (*d*) $\because$ त्रिभुज का क्षेत्रफल

$= \frac{1}{2} \times$ आधार $\times$ ऊँचाई

$\therefore \quad \frac{A_1}{A_2} = \frac{\text{आधार}_1 \times \text{ऊँचाई}_1}{\text{आधार}_2 \times \text{ऊँचाई}_2}$

$\Rightarrow \quad \frac{4}{3} = \frac{\text{आधार}_1}{\text{आधार}_2} \times \frac{6}{5}$

अतः आधारों का अनुपात

$= \frac{4}{3} \times \frac{5}{6} = \frac{10}{9} = 10 : 9$

6. (*a*) समबाहु त्रिभुज का क्षेत्रफल $= \frac{\sqrt{3}}{4} a^2$

$\Rightarrow \quad \frac{\sqrt{3}}{4} a^2 = \frac{\sqrt{5043}}{4}$

$\Rightarrow \quad a^2 = \frac{\sqrt{5043}}{\sqrt{3}}$

$\therefore \quad a = \sqrt{41}$

समबाहु त्रिभुज की भुजा की लम्बाई

$= \sqrt{41}$ सेमी

7. (*c*) माना समकोण त्रिभुज का आधार $= x$ मी

तब, कर्ण $= 2x$ मी

$\therefore$ (लम्ब)^2 = (कर्ण)^2 – (आधार)^2

$= (2x)^2 - x^2 = 3x^2$

लम्ब $= \sqrt{3}x$

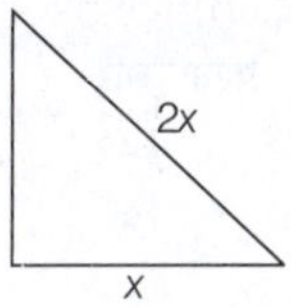

अब, त्रिभुज का क्षेत्रफल

$= \frac{1}{2} \times$ आधार $\times$ लम्ब $= 600$

$\Rightarrow \quad \frac{1}{2} \times x \times \sqrt{3}x = 600$

$\Rightarrow \quad x^2 = \frac{600 \times 2}{\sqrt{3}} \times \frac{\sqrt{3}}{\sqrt{3}} = 400\sqrt{3}$

$\Rightarrow \quad x^2 = 692.820$

$\Rightarrow \quad x = 26.32$ मी

$\therefore$ कर्ण, आधार से 26.32 मी अधिक है।

8. (*a*) प्रश्नानुसार,

$CD \perp AB$ खींचा

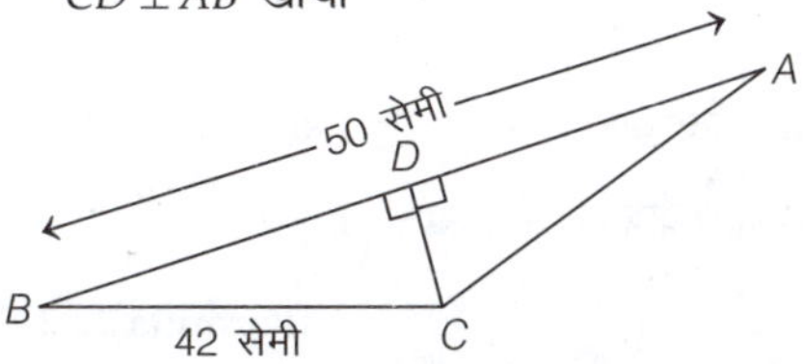

$\therefore \Delta BDC$ एक समकोण त्रिभुज है।

$\therefore$ त्रिभुज का क्षेत्रफल

$= \frac{1}{2} \times$ आधार $\times$ ऊँचाई $= 294$

$\Rightarrow \quad \frac{1}{2} \times 50 \times CD = 294$

$\Rightarrow \quad CD = \frac{294 \times 2}{50} = 11.76$ सेमी

अब समकोण ΔBDC में,

$(BD)^2 = (BC)^2 - (CD)^2$

$= (42)^2 - (11.76)^2$

$= 1764 - 138.2976$

$(BD)^2 = 1625.7024$

$\therefore \quad BD = 40.32$ सेमी

अब, $AD = 50 - 40.32 = 9.68$ सेमी

अब समकोण ΔADC में,

$(AC)^2 = (AD)^2 + (CD)^2$

$= (9.68)^2 + (11.76)^2$

$= 93.7024 + 138.2976$

$= 232$

$AC = \sqrt{232} = 2\sqrt{58}$ सेमी

9. (*d*) माना समबाहु त्रिभुज की भुजा $= a$

त्रिभुज की अन्तः त्रिज्या $= \frac{a}{2\sqrt{3}}$ तथा

[Formula 22.3 से]

त्रिभुज की परित्रिज्या $= \frac{a}{\sqrt{3}}$

$\therefore$ अभीष्ट अनुपात $= \frac{a}{2\sqrt{3}} : \frac{a}{\sqrt{3}} = 1 : 2$

10. (*c*) यहाँ, $a = 4$, $b = 5$ तथा $\theta = 45°$

तब, क्षेत्रफल $= \frac{1}{2} ab \sin\theta$

[Formula 22.4 से]

$= \frac{1}{2} \times 4 \times 5 \times \sin 45°$

$= 10 \times \frac{1}{\sqrt{2}} = 5\sqrt{2}$ सेमी^{2}

11. (*a*) प्रश्नानुसार,

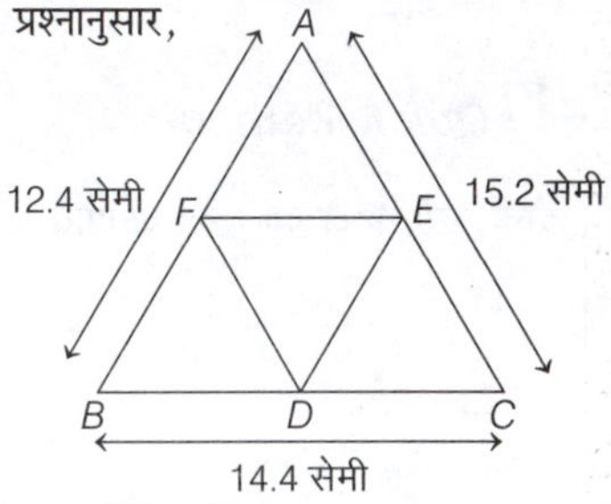

$\therefore \quad FE = \frac{BC}{2} = \frac{14.4}{2} = 7.2$ सेमी

$FD = \frac{AC}{2} = \frac{15.2}{2} = 7.6$ सेमी

$DE = \frac{AB}{2} = \frac{12.4}{2} = 6.2$ सेमी

अतः ΔDEF का परिमाप

$= 7.2 + 7.6 + 6.2$

$= 21$ सेमी

TOP TIPS त्रिभुज की तीनों भुजाओं के मध्य बिन्दु को मिलाने से बने त्रिभुज का परिमाप बड़े त्रिभुज का आधा होता है।

12. (*a*) ∵ वर्ग का क्षेत्रफल $= \dfrac{(\text{विकर्ण})^2}{2}$

⇒ $64 = \dfrac{(\text{विकर्ण})^2}{2}$

∴ विकर्ण $= \sqrt{8 \times 8 \times 2}$

$= 8\sqrt{2}$ मी

13. (*d*) वर्ग का विकर्ण $= \sqrt{2} \times$ भुजा

⇒ $4.4 = \sqrt{2} \times$ भुजा

∴ भुजा की लम्बाई $= \dfrac{4.4}{\sqrt{2}} \times \dfrac{\sqrt{2}}{\sqrt{2}}$

$= 2.2 \times \sqrt{2}$ सेमी

वर्ग का क्षेत्रफल = (भुजा)^2

$= (2.2 \times \sqrt{2})^2$

$= 2 \times 4.84 = 9.68$ सेमी^{2}

14. (*c*) माना वर्ग की भुजा a सेमी है।

प्रश्नानुसार,

वर्ग का परिमाप $\times 5 = 600$

वर्ग का परिमाप $= \dfrac{600}{5} = 120$ सेमी

∴ $4a = 120 \Rightarrow a = 30$ सेमी

[∵ वर्ग का परिमाप = 4 × भुजा]

अतः वर्ग का क्षेत्रफल $= a^2 = 30 \times 30$

$= 900$ सेमी^{2}

15. (*c*) माना दो विकर्णों की लम्बाई क्रमशः $3x$ और $5x$ हैं।

वर्ग का क्षेत्रफल $= \dfrac{(\text{विकर्ण})^2}{2}$

अतः अभीष्ट क्षेत्रफलों का अनुपात

$= \dfrac{(3x)^2}{2} : \dfrac{(5x)^2}{2} = 9 : 25$

Quick Method

दोनों वर्गों के क्षेत्रफल का अनुपात $= \left(\dfrac{d_1}{d_2}\right)^2$

$= \left(\dfrac{3}{5}\right)^2 = 9 : 25$

16. (*a*) यहाँ, $a = b = 20\%$

अभीष्ट प्रतिशत परिवर्तन

$= \left(20 + 20 + \dfrac{20 \times 20}{100}\right)\% = 44\%$

17. (*a*) माना वर्ग की भुजा $= x$ सेमी

तब, वर्ग का क्षेत्रफल $= x^2$ सेमी^{2}

∵ वर्ग की भुजा 50% कम करने पर,

नए वर्ग की भुजा $= x - \dfrac{x \times 50}{100} = \dfrac{50x}{100} = \dfrac{x}{2}$

तब, नए वर्ग का क्षेत्रफल $= \left(\dfrac{x}{2}\right)^2 = \dfrac{x^2}{4}$ सेमी^{2}

∴ वर्ग के क्षेत्रफल में परिवर्तन

$= \left(\dfrac{x^2 - \dfrac{x^2}{4}}{x^2} \times 100\right)\%$

$= \dfrac{3}{4} \times 100\% = 75\%$

Quick Method

अभीष्ट परिवर्तन $= 2 \times 50 - \dfrac{50 \times 50}{100} = 100 - 25$

$= 75\%$

18. (*b*) ∵ मनीष वर्गाकार क्षेत्र में 48 खम्भे गाड़ता है।

∴ वर्गाकार क्षेत्र का परिमाप $= 48 \times 5$

अतः वर्ग की भुजा $= \dfrac{48}{4} \times 5 = 60$ मी

वर्गाकार क्षेत्र का क्षेत्रफल $= (60)^2$

$= 3600$ मी^{2}

19. (*a*) आयत का परिमाप = 2 (लम्बाई + चौड़ाई)

$= 2(125 + 135)$

$= 2 \times 260 = 520$ सेमी

20. (*d*) माना नए आयत की चौड़ाई x सेमी है।

प्रश्नानुसार,

$12 \times 8 = 24 \times x$

∴ $x = \dfrac{12 \times 8}{24} = 4$ सेमी

21. (*b*) माना आयताकार लॉन की लम्बाई $= 3x$ मी

और चौड़ाई $= 2x$ मी

∴ $600 = 3x \times 2x$

⇒ $x^2 = 100 \Rightarrow x = 10$

अतः लॉन की चौड़ाई $= 2 \times 10 = 20$ मी

22. (*b*) माना आयत की चौड़ाई $= 5x$

आयत की लम्बाई $= 5x \times \dfrac{120}{100} = 6x$

∴ आयत का क्षेत्रफल = लम्बाई × चौड़ाई

⇒ $5x \times 6x = 480$

⇒ $x^2 = \dfrac{480}{30} = 16$

∴ $x = 4$

अतः आयत की लम्बाई $= 6 \times 4 = 24$ मी

23. (*d*) क्षेत्रफल में वृद्धि $= \left(a + b + \dfrac{ab}{100}\right)\%$

[Formula 22.2 से]

यहाँ, $a = 15\%$ तथा $b = 20\%$

अभीष्ट परिवर्तन प्रतिशत

$= \left(15 + 20 + \dfrac{15 \times 20}{100}\right)\%$

$= 38\%$ (वृद्धि)

24. (*c*) लम्बाई में वृद्धि $= 14.28\% = \dfrac{1}{7}$

माना पहली लम्बाई $= 7x$

∴ नई लम्बाई $= 7x + 7x \times \dfrac{1}{7} = 8x$

प्रश्नानुसार, $7x \times b = 8x \times$ नई चौड़ाई

नई चौड़ाई $= \dfrac{7b}{8}$

चौड़ाई में प्रतिशत कमी $= \dfrac{\left(b - \dfrac{7}{8}b\right)}{b} \times 100\%$

$= \dfrac{100}{8}\% = 12.5\%$

25. (*a*) आयत के क्षेत्रफल में प्रतिशत कमी

$= \left[x + x - \dfrac{x^2}{100}\right]\% = \left[11 + 11 - \dfrac{(11)^2}{100}\right]\%$

$= [22 - 1.21]\% = 20.79\%$

26. (*a*) आयत के विकर्ण की लम्बाई = 26 सेमी

तथा चौड़ाई = 10 सेमी

∴ आयत की लम्बाई $= \sqrt{(26)^2 - (10)^2}$

$= \sqrt{676 - 100}$

$= \sqrt{576} = 24$ सेमी

अतः आयत का परिमाप $= 2(24 + 10)$

$= 2 \times 34 = 68$ सेमी

27. (*b*) आयत का क्षेत्रफल $= 453.6$ मी^{2}

⇒ लम्बाई × चौड़ाई = 453.6

⇒ चौड़ाई $= \dfrac{453.6}{27} = 16.8$ मी

आयत का परिमाप $= 2(27 + 16.8)$

$= 2 \times 43.8 = 87.6$ मी

28. (*d*) माना आयताकार मैदान की लम्बाई $= 5x$ मी

तथा चौड़ाई $= 2x$ मी

∴ आयत का परिमाप = 2 (लम्बाई + चौड़ाई)

⇒ $238 = 2(5x + 2x)$

⇒ $7x = 119$

⇒ $x = 17$ मी

∴ मैदान की लम्बाई $= 5x = 5 \times 17 = 85$ मी

TOP TIPS हम इस प्रकार के प्रश्न विकल्प की सहायता से अति शीघ्र हल कर सकते हैं। यहाँ वह विकल्प सही होगा जो 5 से पूर्णतः विभाज्य हो क्योंकि भुजाएँ 5:2 के अनुपात में है।

29. (*b*) प्रश्नानुसार,

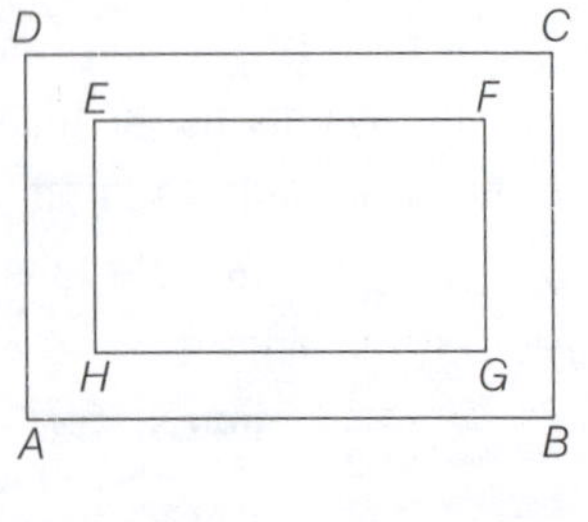

$\therefore$ अभीष्ट क्षेत्रफल = $ABCD$ का क्षेत्रफल − $EFGH$ का क्षेत्रफल

$= (20 + 2 + 2)(18 + 2 + 2) - 20 \times 18$

$= (24 \times 22) - (20 \times 18)$

$= 528 - 360 = 168$ वर्ग मी

Quick Method

यहाँ, $l = 20, b = 18$ तथा $x = 2$

ट्रैक का क्षेत्रफल $= 2x[l + b + 2x]$

[Formula 22.1 से]

$= 2 \times 2\,(20 + 18 + 2 \times 2)$

$= 4 \times 42 = 168$ वर्ग मी

30. (*d*) माना आयत की लम्बाई $(l) = 5x$ तथा

आयत की चौड़ाई $(b) = 4x$

आयत का क्षेत्रफल = 5780 सेमी^{2}

$\Rightarrow (5x) \times (4x) = 5780$

$\Rightarrow x^2 = \frac{5780}{20} = 289$

$\therefore x = \sqrt{289} = 17$

आयत की चौड़ाई $= 4x = 4 \times 17 = 68$ सेमी

$\therefore$ अभीष्ट अनुपात $= 68 : 5780 = 1 : 85$

31. (*d*) माना आयत की चौड़ाई $(b) = x$

$\therefore$ आयत की लम्बाई $(l) = 2x$

आयत का परिमाप $= 2(l + b)$

$\Rightarrow 2(x + 2x) = 66$

$\Rightarrow 3x = 33$

$\therefore x = 11$

आयत का क्षेत्रफल $= 2x^2$

$= 2 \times (11)^2 = 242$ मी^{2}

32. (*d*) माना आयत की चौड़ाई x मी है।

अत: आयत की लम्बाई $= (x + 5)$ मी

प्रश्नानुसार,

आयत का परिमाप $= \frac{1}{3} \times$ आयत का क्षेत्रफल

$\Rightarrow 2(x + x + 5) = \frac{1}{3} \times x(x + 5)$

$\Rightarrow 6(2x + 5) = x^2 + 5x$

$\Rightarrow x^2 - 7x - 30 = 0$

$\Rightarrow (x - 10)(x + 3) = 0$

$\therefore x = 10, x \neq -3$

अत: आयत का परिमाप $= 2(x + x + 5)$

$= 2(2x + 5)$

$= 2(2 \times 10 + 5)$

$= 50$ मी

33. (*c*) माना आयत की चौड़ाई $= x$ मी

आयत की लम्बाई $= (x + 3)$ मी

आयत का परिमाप = आयत का क्षेत्रफल

$\Rightarrow 2(x + x + 3) = x(x + 3)$

$\Rightarrow 4x + 6 = x^2 + 3x$

$\Rightarrow x^2 - x - 6 = 0$

$\Rightarrow x^2 - 3x + 2x - 6 = 0$

$\Rightarrow x(x - 3) + 2(x - 3) = 0$

$\Rightarrow (x - 3)(x + 2) = 0$

$\therefore x = 3$ परन्तु $x \neq -2$

आयत की चौड़ाई $= x = 3$ मी

आयत की लम्बाई $= x + 3 = 6$ मी

आयत का विकर्ण $= \sqrt{3^2 + 6^2}$

$= \sqrt{9 + 36} = \sqrt{45}$

$= 6.7 \approx 7$ मी

34. (*d*) माना वर्गाकार मैदान की भुजा x मी है।

$\therefore x^2 = 1764$

$\Rightarrow x = 42$ मी

आयताकार पार्क की चौड़ाई (b)

$= \frac{1}{6} \times 42 = 7$ मी

आयताकार पार्क की लम्बाई (l)

$= 7 \times 4 = 28$ मी

आयताकार पार्क का क्षेत्रफल

$= l \times b = 7 \times 28 = 196$ मी^{2}

$\therefore$ समतल करने की कुल लागत

= ₹ (196 × 30) = ₹ 5880

35. (*a*) समान्तर चतुर्भुज का क्षेत्रफल

= आधार × ऊँचाई

$= 16 \times 20 = 320$ सेमी^{2}

$= \frac{320}{100 \times 100}$

$= 0.032$ मी^{2}

36. (*b*) समान्तर चतुर्भुज का क्षेत्रफल

= आधार × संगत ऊँचाई

$= 0.63 \times 0.36 = 0.2268$ मी^{2}

37. (*a*) प्रश्नानुसार,

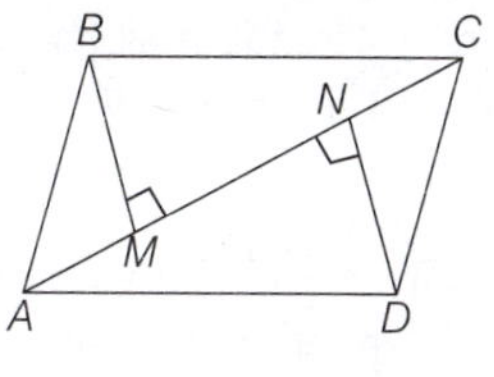

यदि $BM \perp AC$ तथा $DN \perp AC$, तब

$(BM + DN) = 10$ सेमी

$\therefore$ चतुर्भुज $ABCD$ का क्षेत्रफल

$= \frac{1}{2} \times AC \times (BM + DN)$

$= \frac{1}{2} \times 24 \times 10 = 120$ सेमी^{2}

38. (*c*) समलम्ब चतुर्भुज का क्षेत्रफल

$= \frac{1}{2} \times$ (समान्तर भुजाओं का योग) × ऊँचाई

$= \frac{1}{2} \times (27 + 13) \times 8$

$= 40 \times 4 = 160$ सेमी^{2}

$= \frac{160}{100 \times 100}$ मी^{2} $\left[\because 1 \text{ सेमी} = \frac{1}{100} \text{ मी}\right]$

$= 0.016$ मी^{2}

39. (*a*) समलम्ब चतुर्भुज का क्षेत्रफल

$= \frac{1}{2} \times$ (अन्त: लम्बों का योग) × विकर्ण

$= \frac{1}{2} \times (6 + 10) \times 32$

$= 8 \times 32 = 256$ मी^{2}

40. (*a*) समचतुर्भुज का क्षेत्रफल

$= \frac{1}{2} \times$ विकर्णों का गुणनफल

$= \frac{1}{2} \times 16 \times 12 = 96$ सेमी^{2}

41. (*b*) समचतुर्भुज के विकर्ण, $d_1 = 19$ सेमी

तथा $d_2 = 13$ सेमी

$\therefore$ समचतुर्भुज का क्षेत्रफल $= \frac{1}{2} \times d_1 \times d_2$

$= \frac{1}{2} \times 19 \times 13$

$= \frac{1}{2}(19 \times 13)$ सेमी^{2}

42. (*c*) समचतुर्भुज का क्षेत्रफल $= \frac{1}{2} \times d_1 \times d_2$

$= \frac{1}{2} \times 12 \times 15 = 90$ सेमी^{2}

43. (*b*) प्रश्नानुसार,

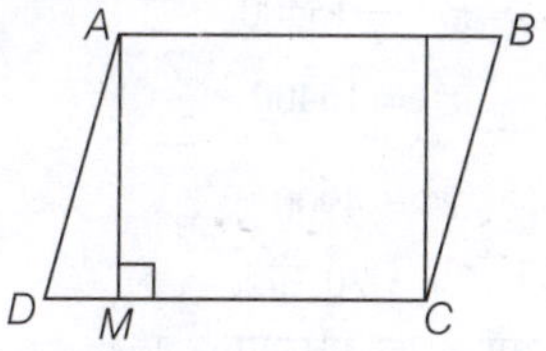

समान्तर चतुर्भुज $ABCD$ में,

माना AM = ऊँचाई $= h$

तब, CD = आधार $= 2h$

समान्तर चतुर्भुज का क्षेत्रफल = आधार × ऊँचाई

$\Rightarrow 2h \times h = 338$

$\Rightarrow h^2 = \frac{338}{2} = 169$

$\therefore h = \sqrt{169} = 13$ सेमी

समान्तर चतुर्भुज की ऊँचाई = 13 सेमी

44. (*d*) समषट्भुज का क्षेत्रफल $= 6 \times \frac{\sqrt{3}}{4} \times a^2$

$\Rightarrow \frac{6\sqrt{3}}{4} a^2 = 2048\sqrt{3}$

$\Rightarrow \quad a^2 = \dfrac{2048 \times 4}{6}$

$\Rightarrow a = \sqrt{\dfrac{4096}{3}} = \dfrac{64}{\sqrt{3}} \times \dfrac{\sqrt{3}}{\sqrt{3}} = \dfrac{64\sqrt{3}}{3}$

$\therefore$ समषट्भुज की प्रत्येक भुजा की लम्बाई

$= \dfrac{64\sqrt{3}}{3}$ सेमी

45. (*b*) ΔABC एक समबाहु त्रिभुज है।

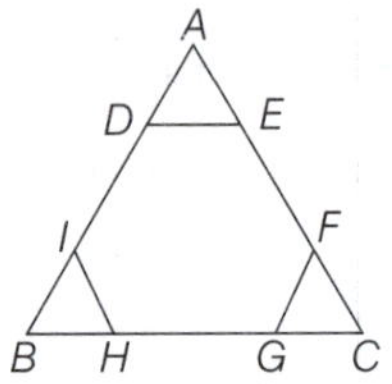

अत: त्रिभुज का शीर्ष काटने पर,

$\Delta ADE, \Delta BIH$ तथा ΔGFC भी समबाहु त्रिभुज है।

अत: षट्भुज की भुजा $= a \times \dfrac{1}{3} = \dfrac{a}{3}$ इकाई

$\therefore$ षट्भुज का क्षेत्रफल $= \dfrac{3\sqrt{3} \times (\text{भुजा})^2}{2}$

$= 3\sqrt{3} \times \dfrac{a}{3} \times \dfrac{a}{3} \times \dfrac{1}{2}$

$= \dfrac{a^2}{2\sqrt{3}}$ वर्ग इकाई

46. (*b*) वृत्त की त्रिज्या = 7 सेमी

$\therefore$ वृत्त की परिधि $= 2\pi r = 2 \times \dfrac{22}{7} \times 7$

= 44 सेमी

47. (*a*) माना गोलाकार (वृत्त) बगीचे की त्रिज्या $= r$

बगीचे का क्षेत्रफल = 15400 मी^{2}

$\Rightarrow \quad \pi r^2 = 15400$

$\Rightarrow \quad r^2 = 15400 \times \dfrac{7}{22}$

$\Rightarrow \quad r^2 = 4900$

$\Rightarrow \quad r = 70$ मी

$\therefore$ बगीचे का परिमाप $= 2\pi r$

$= 2 \times \dfrac{22}{7} \times 70$

= 440 मी

48. (*c*) वर्ग का परिमाप = 196 मी

$\Rightarrow 4 \times$ भुजा $(a) = 196$

$\therefore$ भुजा $(a) = 49$ मी

$\therefore$ वृत्त की त्रिज्या = 49 मी

तब, वृत्त का क्षेत्रफल $= \pi r^2$

$= \dfrac{22}{7} \times 49 \times 49$

= 7546 मी^{2}

49. (*d*) माना दोनों वृत्तों की परिधियाँ क्रमश: x व y हैं।

तब, उनके क्षेत्रफलों का अनुपात = उनकी परिधियों के वर्गों का अनुपात

$\Rightarrow \quad \dfrac{256}{144} = \dfrac{x^2}{y^2}$

$\Rightarrow \quad \dfrac{x}{y} = \sqrt{\dfrac{256}{144}} = \dfrac{16}{12} = \dfrac{4}{3}$

$\therefore \quad x : y = 4 : 3$

Quick Method

परिधियों का अनुपात $= \sqrt{a} : \sqrt{b}$

$= \sqrt{256} : \sqrt{144}$

$= 16 : 12 = 4 : 3$

50. (*a*) अभीष्ट परिवर्तन $= \left(a + b + \dfrac{ab}{100}\right)\%$

यहाँ, $a = -11$ तथा $b = -11$

$= \left(-11 - 11 + \dfrac{121}{100}\right)\%$

$= -22 + 1.21 = -20.79\%$

अत: क्षेत्रफल में 20.79% की कमी हुई।

51. (*d*) वृत्त की परिधि = 132 सेमी

$\Rightarrow \quad 2\pi r = 132$

$\Rightarrow \quad 2 \times \dfrac{22}{7} \times r = 132$

$\therefore \quad r = \dfrac{132 \times 7}{2 \times 22} = 21$ सेमी

वृत्त का क्षेत्रफल $= \pi r^2 = \dfrac{22}{7} \times 21 \times 21$

$= 22 \times 63 = 1386$ सेमी^{2}

52. (*c*) माना वृत्त की आरम्भिक त्रिज्या $= r$

वृत्त की आरम्भिक परिधि $= 2\pi r$

वृत्त की नई त्रिज्या $= 6r$

वृत्त की नई परिधि $= 2\pi \times 6r = 12\pi r$

$\therefore$ अभीष्ट भाग $= \dfrac{12\pi r}{2\pi r} = 6$ गुना

TOP TIPS हम वृत्त की त्रिज्या को जितने गुना बढ़ाते हैं उतने ही गुना वृत्त की परिधि बढ़ जाती है।

53. (*b*) माना वृत्त की त्रिज्या $= r$ सेमी

दिया है, वृत्त की परिधि $= 40\pi$ सेमी

$\Rightarrow \quad 2\pi r = 40\pi$

$\Rightarrow \quad r = 20$ सेमी

$\therefore$ वृत्त का क्षेत्रफल $= \pi r^2 = \pi \times 20 \times 20$

$= 400\pi$ सेमी^{2}

तथा वृत्त का व्यास $= 2r = 2 \times 20 = 40$ सेमी

54. (*c*) वृत्ताकार मैदान का क्षेत्रफल

= 13.86 हेक्टेयर

$= 13.86 \times 10000$ मी^{2}

[$\because$ 1 हेक्टेयर = 10000 मी^{2}]

प्रश्नानुसार,

वृत्ताकार मैदान का क्षेत्रफल $= \pi r^2$

$\Rightarrow \quad 13.86 \times 10000 = \dfrac{22}{7} \times r^2$

$\Rightarrow \quad r^2 = \dfrac{138600}{22} \times 7$

$\Rightarrow \quad r^2 = 44100$

$\therefore \quad r = 210$ मी

अत: बाड़ लगाने की कुल लागत $= 2\pi r \times 3.2$

$= 2 \times \dfrac{22}{7} \times 210 \times 3.2 =$ ₹ 4224

55. (*a*) माना वृत्तों की त्रिज्याएँ क्रमश: r_1 और r_2 हैं।

प्रश्नानुसार,

$2\pi r_1 = 110 \quad \ldots(i)$

तथा $\quad 2\pi r_2 = 330 \quad \ldots(ii)$

समी (ii) से समी (i) को घटाने पर,

$2\pi r_2 - 2\pi r_1 = 220$

$\Rightarrow \quad 2\pi (r_2 - r_1) = 220$

$\Rightarrow \quad r_2 - r_1 = \dfrac{220 \times 7}{2 \times 22}$

$\therefore \quad r_2 - r_1 = 35$

अत: वृत्तों की त्रिज्याओं के मध्य अन्तर 35 सेमी है।

56. (*d*) वृत्त A का व्यास $(d) = 18$ सेमी

$\therefore \quad r_A = \dfrac{18}{2} = 9$ सेमी

वृत्त C का व्यास = 30 सेमी

$\therefore \quad r_C = \dfrac{30}{2} = 15$ सेमी

प्रश्नानुसार,

$\pi r_A^2 + \pi r_B^2 = \pi r_C^2$

$\Rightarrow \quad (9)^2 + (r_B)^2 = (15)^2$

$\Rightarrow \quad (r_B)^2 = 225 - 81 = 144$

$\therefore \quad r_B = \sqrt{144} = 12$

अत: वृत्त B की त्रिज्या = 12 सेमी

57. (*a*) अर्द्धवृत्त का परिमाप = 72 सेमी

$\Rightarrow \quad \pi r + 2r = 72$

$\Rightarrow \quad r(\pi + 2) = 72$

$\Rightarrow \quad r\left(\dfrac{22}{7} + 2\right) = 72$

$\Rightarrow \quad r = \dfrac{72 \times 7}{36}$

$\therefore \quad r = 14$ सेमी

$\therefore$ अर्द्धवृत्त का क्षेत्रफल $= \frac{1}{2} \times \pi r^2$

$= \frac{1}{2} \times \frac{22}{7} \times 14 \times 14$

$= 308$ वर्ग सेमी

58. (*b*) दिया है, आन्तरिक वृत्त की परिधि = 264 मी

माना आन्तरिक वृत्त की त्रिज्या $= r$

प्रश्नानुसार,

$2\pi r = 264$

$\Rightarrow \quad r = \frac{264 \times 7}{2 \times 22} = 42$ मी

$\therefore$ वृत्त की बाह्य त्रिज्या $(r_1) = 42 + 3 = 45$ मी

$\therefore$ वृत्ताकार पथ का क्षेत्रफल $= \pi(r_1^2 - r^2)$

$= \frac{22}{7}[(45)^2 - (42)^2]$

$= \frac{22}{7}(2025 - 1764)$

$= \frac{22}{7} \times 261$

$= 820.28 \approx 820$ मी^{2}

59. (*b*) दो संकेन्द्री वृत्तों की त्रिज्याएँ,

$r_1 = 6.7$ सेमी तथा $r_2 = 9.5$ सेमी

$\therefore$ दोनों वृत्तों की परिधियों का अन्तर

$= 2\pi(r_2 - r_1)$

$= 2 \times \frac{22}{7} \times (9.5 - 6.7)$

$= 2 \times \frac{22}{7} \times 2.8 = 17.6$ सेमी

60. (*b*) $r = 36$ सेमी तथा $4l = 3r$

$\Rightarrow \quad l = \frac{3r}{4} = \frac{3 \times 36}{4} = 27$ सेमी

$\therefore$ त्रिज्यखण्ड का क्षेत्रफल $= \frac{1}{2} \times r \times l$

$= \frac{1}{2} \times 36 \times 27$

$= 486$ सेमी^{2}

61. (*b*) वृत्त की त्रिज्या = 30 सेमी

चाप की लम्बाई = 19 सेमी

$\therefore \quad l = \frac{2\pi r\theta}{360°}$

$\Rightarrow \quad \frac{2 \times \frac{22}{7} \times 30 \times \theta}{360°} = 19$

$\Rightarrow \quad \theta = \frac{19 \times 360 \times 7}{2 \times 22 \times 30}$

$\therefore \quad \theta = \frac{19 \times 3 \times 7}{11}$

$= \frac{399}{11} = 36.27°$

62. (*a*) दी गई आकृति को नामांकित करने से,

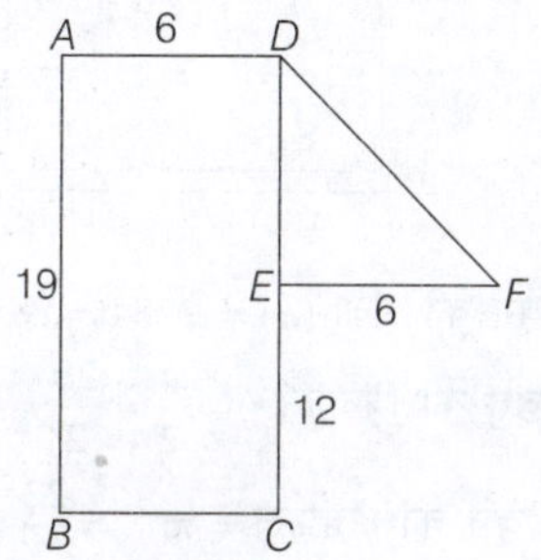

दिया है,

$AD = 6$ इकाई, $AB = 19$ इकाई

$EC = 12$ इकाई

$\therefore \quad DE = AB - EC = 19 - 12 = 7$ इकाई

$EF = 6$ इकाई

सम्पूर्ण आकृति का क्षेत्रफल $= \square ABCD$ का क्षेत्रफल + ΔDEF का क्षेत्रफल

$= (19 \times 6) + \left(\frac{1}{2} \times 6 \times 7\right)$

$= 114 + 21 = 135$ वर्ग इकाई

63. (*a*) समान्तर चतुर्भुज का क्षेत्रफल

= त्रिभुज का क्षेत्रफल

$\Rightarrow$ आधार $\times$ ऊँचाई $= \frac{1}{2} \times$ आधार $\times$ शीर्षलम्ब

$\Rightarrow \quad 28 \times 12 = \frac{1}{2} \times 28 \times$ शीर्षलम्ब

$\therefore$ शीर्षलम्ब = 24 सेमी

64. (*a*) त्रिभुज का क्षेत्रफल $= 36\sqrt{3}$ वर्ग इकाई

समबाहु त्रिभुज का क्षेत्रफल $= \frac{\sqrt{3}}{4}$ (भुजा)^2

$\Rightarrow \quad 36\sqrt{3} = \frac{\sqrt{3}}{4}$ (भुजा)^2

$\Rightarrow$ (भुजा)$^2 = 144 \Rightarrow$ भुजा = 12 इकाई

$\therefore$ त्रिभुज के परिवृत्त की त्रिज्या $= \frac{\text{भुजा}}{\sqrt{3}}$

$= \frac{12}{\sqrt{3}} = \frac{12\sqrt{3}}{3}$

$= 4\sqrt{3}$ इकाई

65. (*a*) यहाँ, $r = 6$ मी, $\theta = 70°$

$\therefore$ अभीष्ट त्रिज्यखण्ड का क्षेत्रफल $= \frac{\pi r^2 \theta}{360°}$

$= \frac{22 \times 6 \times 6 \times 70°}{7 \times 360°} = 22$ मी^{2}

66. (*a*) त्रिभुजाकार मैदान की भुजाएँ,

$a = 360$ मी, $b = 480$ मी तथा $c = 600$ मी

अब, $s = \frac{a + b + c}{2}$

$\Rightarrow \quad s = \left[\frac{360 + 480 + 600}{2}\right]$

$\Rightarrow \quad s = \frac{1440}{2} = 720$ मी

मैदान का क्षेत्रफल

$= \sqrt{(s(s-a)(s-b)(s-c))}$

$= \sqrt{720(720-360)(720-480)(720-600)}$

$= \sqrt{720 \times 360 \times 240 \times 120} = 86400$ मी^{2}

माना वर्गाकार मैदान की भुजा 'x' मी है।

प्रश्नानुसार,

$x^2 = 86400 \Rightarrow x = \sqrt{86400}$

$\therefore \quad x = 120\sqrt{6}$ मी

67. (*d*) वर्ग का परिमाप = 44 सेमी

$\therefore$ वर्ग की भुजा $= \frac{44}{4} = 11$ सेमी

वर्ग का क्षेत्रफल $= (a)^2 = (11)^2$

$= 121$ वर्ग सेमी

वृत्त की परिधि $= 2\pi r = 44$

$\Rightarrow \quad r = \frac{44}{2 \times 22} \times 7 = 7$ सेमी

वृत्त का क्षेत्रफल $= \pi r^2$

$= \frac{22}{7} \times 7 \times 7 = 154$ वर्ग सेमी

क्षेत्रफलों का अन्तर $= 154 - 121$

$= 33$ वर्ग सेमी

अतः वृत्त का क्षेत्रफल, वर्ग के क्षेत्रफल से 33 वर्ग सेमी अधिक है।

68. (*d*) समबाहु त्रिभुज की भुजा = 24 सेमी

अतः वृत्त की त्रिज्या $= \frac{\text{भुजा}}{2\sqrt{3}} = \frac{24}{2\sqrt{3}}$

[Formula 22.3 से]

$= \frac{12}{\sqrt{3}} \times \frac{\sqrt{3}}{\sqrt{3}} = 4\sqrt{3}$ सेमी

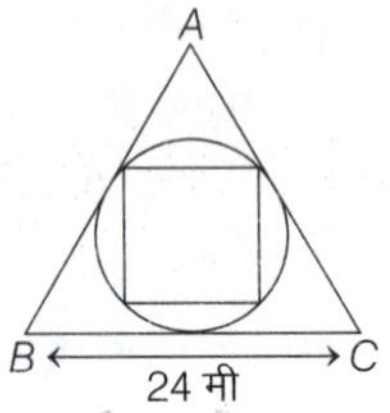

अन्त: वृत्त का व्यास $= 2 \times 4\sqrt{3} = 8\sqrt{3}$ सेमी

वर्ग का विकर्ण = अन्त: वृत्त का व्यास $= 8\sqrt{3}$

$\therefore$ वर्ग का क्षेत्रफल $= \dfrac{(\text{विकर्ण})^2}{2}$

$= \dfrac{(8\sqrt{3})^2}{2} = \dfrac{64 \times 3}{2} = 96$ सेमी^{2}

69. (*d*) 5 मिनट में बना कोण $= \dfrac{360°}{60°} \times 5 = 30°$

$\therefore$ अभीष्ट क्षेत्रफल $= \dfrac{\pi r^2 \theta}{360°}$

$= \dfrac{22}{7} \times 6 \times 6 \times \dfrac{30}{360}$

$= \dfrac{66}{7} = 9.43$ सेमी^{2}

> **TOP TIPS** घड़ी की मिनट वाली सुई प्रति मिनट $6°$ का कोण बनाती हैं जबकि घण्टे की सुई प्रति मिनट $\dfrac{1}{2}°$ का कोण बनाती है।

70. (*c*) माना वर्ग की भुजा x सेमी है।

प्रश्नानुसार,

वर्ग का परिमाप = वृत्त की परिधि

$\Rightarrow \quad 4x = 2\pi \times 7 \quad [\because r = 7$ सेमी$]$

$\Rightarrow \quad x = 2 \times \dfrac{22}{7} \times \dfrac{7}{4}$

$\Rightarrow \quad x = 11$ सेमी

$\therefore$ अभीष्ट अनुपात

$= \dfrac{\text{वृत्त का क्षेत्रफल}}{\text{वर्ग का क्षेत्रफल}} = \dfrac{\pi r^2}{x^2}$

$= \dfrac{\frac{22}{7} \times (7)^2}{(11)^2} = \dfrac{14}{11} = 14 : 11$

71. (*b*) दिया है, वर्ग का क्षेत्रफल = 784 सेमी^{2}

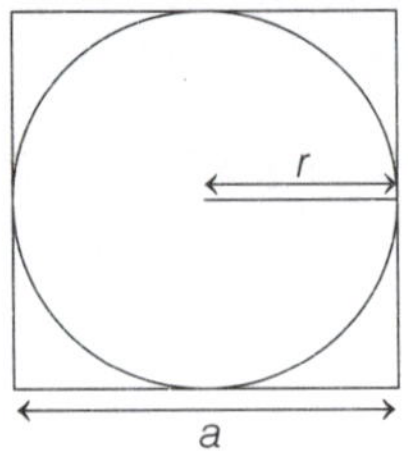

$\therefore$ वर्ग की भुजा $(a) = \sqrt{784} = 28$ सेमी

$\therefore$ वृत्त की त्रिज्या $(r) = \dfrac{a}{2} = \dfrac{28}{2} = 14$ सेमी

$\therefore$ वृत्त का क्षेत्रफल $= \pi r^2 = \dfrac{22}{7} \times 14 \times 14$

$= 616$ सेमी^{2}

72. (*a*) वर्ग का विकर्ण $= 9\sqrt{2}$ सेमी

$\therefore$ वर्ग की भुजा $= \dfrac{\text{विकर्ण}}{\sqrt{2}} = \dfrac{9\sqrt{2}}{\sqrt{2}} = 9$ सेमी

$\therefore$ वर्ग का परिमाप $= 4 \times$ भुजा

$= 4 \times 9 = 36$ सेमी

$\therefore$ त्रिभुज का आधार = 36 सेमी

पुन: वर्ग का क्षेत्रफल = 144 सेमी^{2}

$\therefore$ वर्ग की भुजा $= \sqrt{144} = 12$ सेमी

$\therefore$ त्रिभुज की ऊँचाई = 12 सेमी

$\therefore$ अभीष्ट त्रिभुज का क्षेत्रफल

$= \dfrac{1}{2} \times$ आधार $\times$ ऊँचाई

$= \dfrac{1}{2} \times 36 \times 12 = 216$ सेमी^{2}

73. (*c*) आयत का परिमाप = वृत्त की परिधि

$\Rightarrow 2(l + b) = 2 \times \dfrac{22}{7} \times 21 = 132$ सेमी

$\Rightarrow \quad 2(l + b) = 132$

$\therefore \quad l + b = 66 \quad \ldots(\text{i})$

पुन: आयत का क्षेत्रफल = 864

$\Rightarrow \quad lb = 864 \quad \ldots(\text{ii})$

आयत का विकर्ण $= \sqrt{l^2 + b^2}$

$= \sqrt{(l + b)^2 - 2lb}$

$= \sqrt{(66)^2 - 2 \times 864}$

(समी (i) तथा (ii) से)

$= \sqrt{4356 - 1728} = \sqrt{2628}$

$= \sqrt{36 \times 73} = 6\sqrt{73}$ सेमी

74. (*b*) आयताकार पार्क का क्षेत्रफल

$= 60 \times 40 = 2400$ मी^{2}

क्यारी की त्रिज्या $(r) = 7$ मी

एक वृत्ताकार क्यारी का क्षेत्रफल $= \pi r^2$

$= \dfrac{22}{7} \times 7 \times 7 = 154$ मी^{2}

$\therefore$ पार्क के शेष हिस्से का क्षेत्रफल

$= 2400 - 2 \times 154$

$= 2400 - 308 = 2092$ मी^{2}

75. (*c*) प्रश्नानुसार,

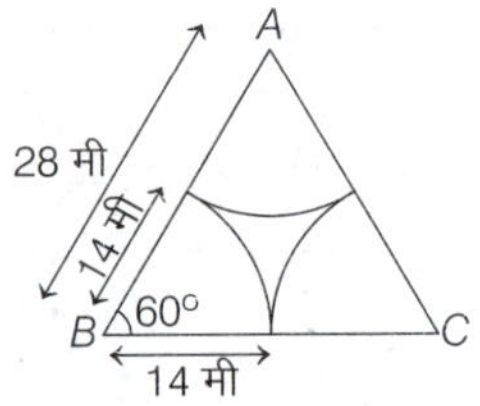

$\because$ समबाहु त्रिभुज का प्रत्येक कोण 60° होता है।

अत: बचे भाग का क्षेत्रफल

= त्रिभुज का क्षेत्रफल $- 3 \times$ वृत्तखण्ड का क्षेत्रफल

$= \dfrac{\sqrt{3}}{4} \times 28 \times 28 - 3 \times \dfrac{22}{7} \times 14 \times 14 \times \dfrac{60}{360}$

$= 339.08 - 308 = 31.08$ मी^{2}

Chapter Snapshot

अध्याय

23 आयतन एवं पृष्ठीय क्षेत्रफल

- **आयतन** किसी वस्तु (ठोस और त्रि-विमीय आकृति) द्वारा घेरे गए स्थान/जगह, उस वस्तु का **आयतन** कहलाता है।
आयतन का मात्रक/इकाई घन मीटर, घन सेमी, घन इकाई इत्यादि होता है।
- **पृष्ठीय क्षेत्रफल** ठोस वस्तुओं या आकृतियों के पृष्ठों/सतहों का क्षेत्रफल, पृष्ठीय क्षेत्रफल कहलाता है।
इसका मात्रक/इकाई वर्ग मीटर, वर्ग सेमी, वर्ग इकाई इत्यादि होता है।

विभिन्न त्रि-विमीय (3-D) आकृतियों के आयतन व पृष्ठीय क्षेत्रफल

I. **घन** यदि घन की समान भुजा 'a' है, तब
- घन का आयतन $= a^3$
- घन का वक्रपृष्ठीय क्षेत्रफल $= 4a^2$
- घन का सम्पूर्ण पृष्ठीय क्षेत्रफल $= 6a^2$
- घन का विकर्ण $= \sqrt{3}a = \sqrt{3} \times$ भुजा
- फलक का विकर्ण $= \sqrt{2}a = \sqrt{2} \times$ भुजा

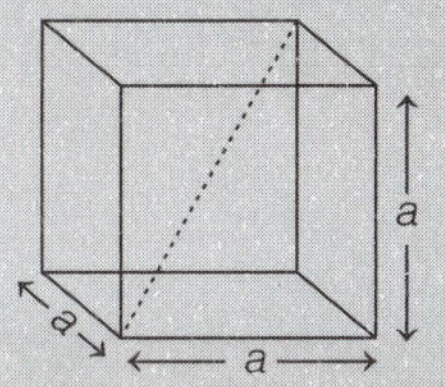

II. **घनाभ** यदि घनाभ की लम्बाई, चौड़ाई व ऊँचाई क्रमशः l, b व h हों, तब

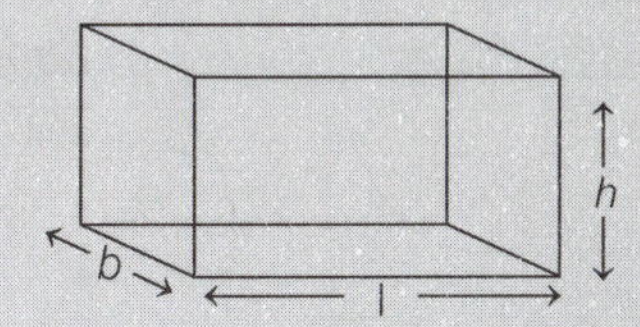

- घनाभ का आयतन $= l \times b \times h$
- घनाभ का वक्रपृष्ठीय क्षेत्रफल $= 2(l + b) \times h$
- घनाभ का सम्पूर्ण पृष्ठीय क्षेत्रफल $= 2(lb + bh + hl)$
- घनाभ के विकर्ण की लम्बाई $= \sqrt{l^2 + b^2 + h^2}$

III. **बेलन** यदि बेलन के आधार की त्रिज्या 'r' तथा ऊँचाई/लम्बाई 'h' हों, तब
- बेलन का आयतन $= \pi r^2 h$
- बेलन का वक्रपृष्ठीय क्षेत्रफल $= 2\pi rh$
- बेलन का सम्पूर्ण पृष्ठीय क्षेत्रफल $= 2\pi r(r + h)$
- बेलन के आधार का क्षेत्रफल = शीर्ष का क्षेत्रफल $= \pi r^2$

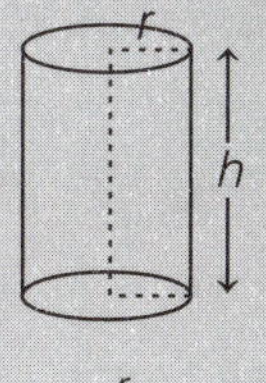

IV. **खोखला बेलन** यदि खोखले बेलन के आधार की बाह्य व अन्तः त्रिज्याएँ क्रमशः r_1 व r_2 तथा ऊँचाई h हैं, तब
- खोखले बेलन का आयतन $= \pi h(r_1^2 - r_2^2)$
- वक्रपृष्ठ का क्षेत्रफल $= 2\pi h(r_1 + r_2)$
- सम्पूर्ण पृष्ठ का क्षेत्रफल $= 2\pi(r_1 + r_2)(h + r_1 - r_2)$

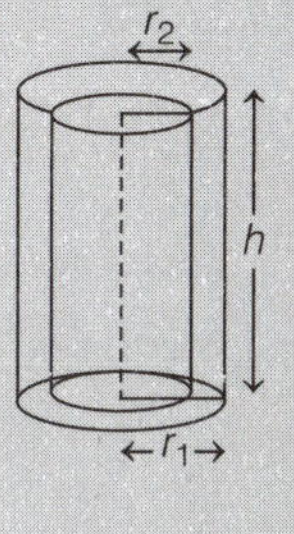

Concept Capsule

- घन और घनाभ में 12 कोर, 8 शीर्ष तथा 4 विकर्ण होते हैं।
- बेलन का आयतन, शंकु के आयतन का तीन गुना होता है।
- जब कागज को उसकी चौड़ाई के अनुदिश मोड़कर बेलन बनाया जाता है, तो उसकी चौड़ाई बेलन के आधार की परिधि बन जाती है तथा उसकी लम्बाई, बेलन की ऊँचाई बन जाती है।
- बेलन से बने बड़े से बड़े घनाभ की ऊँचाई, बेलन की ऊँचाई के बराबर होता है।

Formula Flashcards

- **23.1** कमरे की चारों दीवारों का क्षेत्रफल $= 2 \times (l + b) \times h$
जहाँ, l = लम्बाई, b = चौड़ाई तथा h = ऊँचाई
- **23.2** कमरे में रखी जा सकने वाली लम्बी से लम्बी छड़ की लम्बाई = कमरे का विकर्ण $= \sqrt{l^2 + b^2 + h^2}$
- **23.3** यदि त्रि-विमीय आकृति की दो भुजाओं में $a\%$ तथा $b\%$ का परिवर्तन हो, तो पृष्ठीय क्षेत्रफल में परिवर्तन
$$= \left[\pm a \pm b + \frac{(\pm a)(\pm b)}{100} \right]\%$$

V. शंकु एक समकोण त्रिभुज को इसके ऊँचाई के परित: घुमाने से बनी हुई त्रि-विमीय आकृति शंकु कहलाती है। यदि लम्बवृत्तीय शंकु के आधार की त्रिज्या 'r', तिर्यक ऊँचाई 'l' तथा ऊँचाई 'h' है, तब

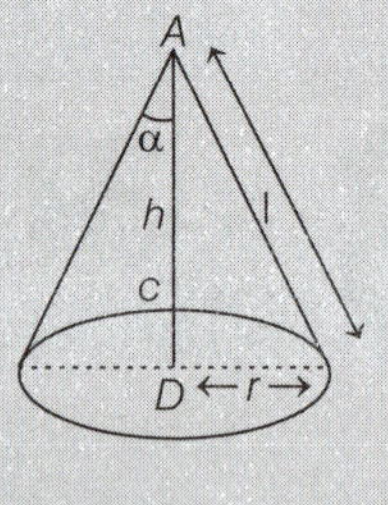

- शंकु का आयतन $= \frac{1}{3}\pi r^2 h$
- शंकु की तिर्यक ऊँचाई $(l) = \sqrt{r^2 + h^2}$
- शंकु का वक्रपृष्ठीय क्षेत्रफल $= \pi r l$
- शंकु का सम्पूर्ण पृष्ठीय क्षेत्रफल $= \pi r(r + l)$
- शंकु के आधार का क्षेत्रफल $= \pi r^2$

शंकु का छिन्नक यदि शंकु के छिन्नक के आधार व शीर्ष के वृत्ताकार क्षेत्र की त्रिज्या क्रमश: r_1 व r_2 तथा ऊँचाई h है, तब

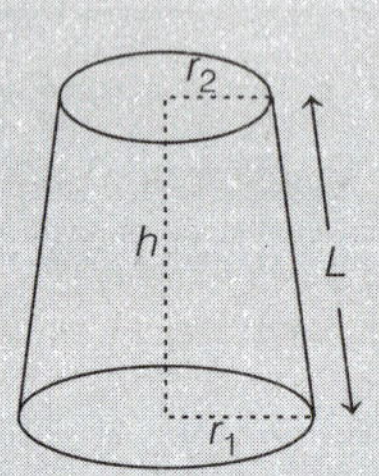

- तिर्यक ऊँचाई, $L = \sqrt{h^2 + (r_1 - r_2)^2}$
- आयतन $= \frac{1}{3}\pi h(r_1^2 + r_2^2 + r_1 r_2)$
- वक्रपृष्ठ का क्षेत्रफल $= \pi L(r_1 + r_2)$
- सम्पूर्ण पृष्ठ का क्षेत्रफल $= \pi L(r_1 + r_2) + \pi r_1^2 + \pi r_2^2$

VI. गोला यदि एक गोले की त्रिज्या r है, तब

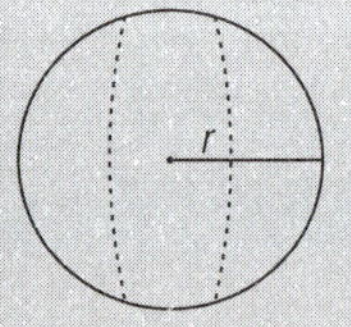

- गोले का आयतन $(V) = \frac{4}{3}\pi r^3$
- गोले का सम्पूर्ण पृष्ठीय क्षेत्रफल $= 4\pi r^2$

अर्द्धगोला यदि अर्द्धगोले की त्रिज्या r है, तब

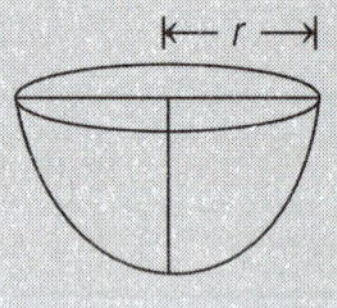

- अर्द्धगोले का आयतन $= \frac{2}{3}\pi r^3$
- अर्द्धगोले का वक्रपृष्ठीय क्षेत्रफल $= 2\pi r^2$
- अर्द्धगोले का सम्पूर्ण पृष्ठीय क्षेत्रफल $= 3\pi r^2$

खोखला गोला यदि खोखले गोले की बाह्य व आन्तरिक त्रिज्या क्रमश: 'R' तथा 'r' हों, तब

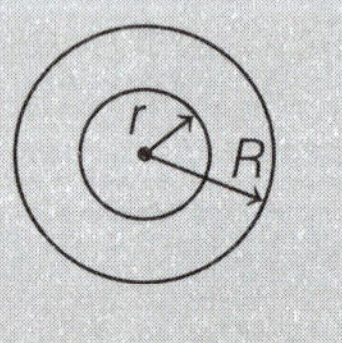

- खोखले गोले का आयतन $= \frac{4}{3}\pi(R^3 - r^3)$
- खोखले गोले का कुल पृष्ठीय क्षेत्रफल $= 4\pi(R^2 - r^2)$

Concept Capsule

- 1 घन मीटर = 1000 लीटर
- 1 लीटर = 1000 घन सेमी
- 1 मीटर = 100 सेमी = 10 डेसी मीटर
- 1 मीटर = 1000 मिली-मीटर
- पिरामिड का आधार किसी भी आकार का हो सकते हैं, जैसे वर्ग, आयत, त्रिभुज इत्यादि।

VII. प्रिज्म यदि प्रिज्म का आधार कोई भी आकृति है, तब

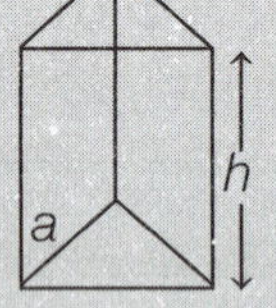

- प्रिज्म का आयतन = आधार का क्षेत्रफल × ऊँचाई
- प्रिज्म के पार्श्व पृष्ठीय क्षेत्रफल = प्रिज्म के आधार का परिमाप × ऊँचाई
- प्रिज्म का सम्पूर्ण पृष्ठीय क्षेत्रफल = पार्श्व पृष्ठ का क्षेत्रफल + 2 × (आधार का क्षेत्रफल)

VIII. पिरामिड पिरामिड का आधार कोई भी समबहुभुज है, तब

- पिरामिड का आयतन $= \frac{1}{3}$ × आधार का क्षेत्रफल × ऊँचाई
- पिरामिड का वक्रपृष्ठीय क्षेत्रफल $= \frac{1}{2}$ × आधार का परिमाप × तिर्यक ऊँचाई
- पिरामिड का सम्पूर्ण पृष्ठीय क्षेत्रफल = आधार का क्षेत्रफल + पार्श्व पृष्ठ का क्षेत्रफल
- पार्श्व पृष्ठ का क्षेत्रफल = आधार का परिमाप × ऊँचाई

Exam Approach Examples

घन एवं घनाभ पर आधारित

उदाहरण 1. एक घन का पृष्ठीय क्षेत्रफल 486 सेमी^{2} है, तो उसका आयतन ज्ञात करें। *SSC (10+2) 2024*

(a) 512 सेमी^{3} (b) 625 सेमी^{3} (c) 729 सेमी^{3} (d) 486 सेमी^{3}

हल (c) घन का पृष्ठीय क्षेत्रफल $= 6a^2$

$\therefore \quad 6a^2 = 486 \Rightarrow a^2 = \frac{486}{6} = 81 \Rightarrow a = 9$ सेमी

अतः घन का आयतन $= a^3 = 9^3 = 729$ सेमी^{3}

उदाहरण 2. एक बन्द घनाभ का कुल पृष्ठीय क्षेत्रफल ज्ञात कीजिए, जिसकी लम्बाई, चौड़ाई और ऊँचाई क्रमशः 16 सेमी, 12 सेमी और 8 सेमी हैं। *RRC Group D 2022*

(a) 238 सेमी^{2} (b) 382 सेमी^{2} (c) 832 सेमी^{2} (d) 823 सेमी^{2}

हल (c) घनाभ का कुल पृष्ठीय क्षेत्रफल $= 2(lb + bh + hl)$

$= 2(16 \times 12 + 12 \times 8 + 8 \times 16)$

$= 2(192 + 96 + 128) = 2 \times 416 = 832$ सेमी^{2}

उदाहरण 3. 60 फीट लम्बे, 30 फीट चौड़े और 20 फीट ऊँचे हॉल में फिट हो सकने वाले सबसे लम्बे खम्भे की लम्बाई कितनी होगी? *SSC CGL (Tier-I) 2022*

(a) 50 फीट (b) 70 फीट (c) 30 फीट (d) 20 फीट

हल (b) हॉल में फिट हो सकने वाले सबसे लम्बे खम्भे की लम्बाई

= हॉल का विकर्ण $= \sqrt{l^2 + b^2 + h^2}$ [Formula 23.2 से]

$= \sqrt{(60)^2 + (30)^2 + (20)^2}$

$= \sqrt{3600 + 900 + 400} = \sqrt{4900} = 70$ फीट

उदाहरण 4. यदि एक कमरे की लम्बाई, चौड़ाई और ऊँचाई क्रमशः 30 मी, 20 मी और 40 मी है, तो कमरे की चारों दीवारों का क्षेत्रफल क्या होगा? *RRB NTPC 2021*

(a) 3600 मी^{2} (b) 4000 मी^{2} (c) 4500 मी^{2} (d) 1800 मी^{2}

हल (b) दिया है, $l = 30$ मी, $b = 20$ मी तथा $h = 40$ मी

कमरे की चारों दीवारों का क्षेत्रफल $= 2(l + b) \times h$ [Formula 23.1 से]

$= 2(30 + 20) \times 40$

$= 100 \times 40 = 4000$ मी^{2}

उदाहरण 5. एक घनाभाकार ब्लॉक, 12 सेमी × 24 सेमी × 30 सेमी, को समान घनों की सटीक संख्या में काटा जाता है। ऐसे घनों की न्यूनतम सम्भव संख्या है *RRC Group D 2022*

(a) 45 (b) 40 (c) 55 (d) 50

हल (b) दिया है, $l = 12$ सेमी, $b = 24$ सेमी तथा $h = 30$ सेमी

अब, 12, 24 तथा 30 का म.स. = 6

$\therefore \quad a = 6$

अतः आवश्यक घनों की न्यूनतम संख्या

$= \frac{l \times b \times h}{a^3}$

$= \frac{12 \times 24 \times 30}{6 \times 6 \times 6} = 40$

> **Score Booster**
> जब किसी घनाभ को छोटे घनों में बाँटा जाता है, तब घनाभ की लम्बाई, चौड़ाई और ऊँचाई का म.स. छोटे घन की भुजा का मान होता है।

बेलन पर आधारित

उदाहरण 6. उस बेलन का कुल पृष्ठीय क्षेत्रफल ज्ञात कीजिए जिसके आधार की त्रिज्या 7 सेमी और ऊँचाई 12 सेमी है। *RRB ALP (CBT-I) 2024*

(a) 208π सेमी^{2}
(b) 266π सेमी^{2}
(c) 280π सेमी^{2}
(d) 303π सेमी^{2}

हल (b) कुल पृष्ठीय क्षेत्रफल $= 2\pi r(r + h)$

$= 2\pi \times 7 \times (7 + 12)$

$= 2\pi \times 7 \times 19$

$= 266\pi$ सेमी^{2}

> **Trending Concept**
> बेलन पर आधारित प्रश्न वर्तमान में हो रही सभी परीक्षाओं (SSC, Bank, Railway, DSSSB) में निरन्तर पूछे जा रहे हैं। आगामी परीक्षाओं के लिए अति महत्त्वपूर्ण हैं।

उदाहरण 7. यदि किसी बेलन की त्रिज्या 10% बढ़ा दी जाए और ऊँचाई 40% कम कर दी जाए, तो बेलन के वक्रपृष्ठीय क्षेत्रफल में कितने प्रतिशत की कमी होती है? *RRC Group D 2022*

(a) 24.3% (b) 34% (c) 20% (d) 51.6%

हल (b) माना मूल बेलन की त्रिज्या $= r$

तथा मूल बेलन की ऊँचाई $= h$

मूल बेलन का वक्रपृष्ठीय क्षेत्रफल $= 2\pi rh$

नए बेलन की त्रिज्या $= r \times \frac{110}{100} = \frac{11r}{10}$

नए बेलन की ऊँचाई $= h \times \frac{60}{100} = \frac{6h}{10}$

नए बेलन का वक्रपृष्ठीय क्षेत्रफल $= 2\pi\left(\frac{11r}{10}\right)\left(\frac{6h}{10}\right) = \frac{132\pi rh}{100}$

क्षेत्रफल में कमी $= 2\pi rh - \frac{132\pi rh}{100} = \frac{68\pi rh}{100}$

$\therefore$ अभीष्ट प्रतिशत कमी $= \frac{68\pi rh}{100} \times \frac{100}{2\pi rh} = 34\%$

> **Quick Method**
> यहाँ, $a = +10\%$ तथा $b = -40\%$ [Formula 23.3 से]
>
> $\therefore$ अभीष्ट प्रतिशत परिवर्तन $= \left(10 - 40 + \frac{10 \times (-40)}{100}\right)\%$
>
> $= (-30 - 4)\% = -34\%$
>
> अतः बेलन के वक्रपृष्ठीय क्षेत्रफल में 34% की कमी होती है।

उदाहरण 8. दो बेलनों की त्रिज्याओं का अनुपात 4 : 5 है और उनकी ऊँचाइयों का अनुपात 5 : 2 है। उनके आयतनों का अनुपात क्या है? *CISF Head Constable 2023*

(a) 2 : 1 (b) 9 : 4 (c) 9 : 7 (d) 8 : 5

हल (d) बेलनों की त्रिज्याओं का अनुपात $= r_1 : r_2 = 4 : 5$

बेलनों की ऊँचाई का अनुपात, $h_1 : h_2 = 5 : 2$

$\therefore$ अभीष्ट अनुपात $= \frac{\text{पहले बेलन का आयतन}}{\text{दूसरे बेलन का आयतन}}$

$= \frac{\pi r_1^2 h_1}{\pi r_2^2 h_2} = \frac{16 \times 5}{25 \times 2} = \frac{8}{5} = 8 : 5$

शंकु पर आधारित

उदाहरण 9. यदि एक शंकु की ऊँचाई 7 सेमी है और इसके वृत्ताकार आधार का व्यास 12 सेमी है, तो इसका आयतन क्या होगा? (निकटतम पूर्णांक तक) *CISF Head Constable 2023*

(a) 264 सेमी^{3} (b) 284 सेमी^{3} (c) 274 सेमी^{3} (d) 254 सेमी^{3}

हल (*a*) आधार का व्यास = 12 सेमी तब, त्रिज्या $(r) = 6$ सेमी, $h = 7$ सेमी

$\therefore$ शंकु का आयतन $= \frac{1}{3}\pi r^2 h = \frac{1}{3} \times \frac{22}{7} \times 6 \times 6 \times 7 = 264$ सेमी^{3}

उदाहरण 10. एक शंक्वाकार तम्बू बनाने में कितने मीटर कपड़े की आवश्यकता होगी, जिसके आधार की त्रिज्या 21 मी और ऊँचाई 28 मी है। कपड़े की चौड़ाई 5 मी है। (जहाँ, $\pi = \frac{22}{7}$) *SSC CPO 2024*

(a) 470 मी (b) 462 मी (c) 456 मी (d) 478 मी

हल (*b*) शंक्वाकार तम्बू के आधार की त्रिज्या $(r) = 21$ मी,

ऊँचाई $(h) = 28$ मी

$\therefore$ तिर्यक ऊँचाई $(l) = \sqrt{h^2 + r^2} = \sqrt{28^2 + 21^2}$

$= \sqrt{(784 + 441)} = \sqrt{1225} = 35$ मी

शंकु का वक्र पृष्ठीय क्षेत्रफल $= \pi rl$

$\because$ प्रयुक्त कपड़े की चौड़ाई = 5 मी

$\therefore$ आवश्यक कपड़े की लम्बाई $= \frac{\pi rl}{5} = \frac{22 \times 21 \times 35}{7 \times 5} = 462$ मी

उदाहरण 11. एक शंकु की तिर्यक ऊँचाई 20 सेमी है। यदि इसके आधार का क्षेत्रफल 616 सेमी^{2} हो, तो शंकु का वक्रपृष्ठीय क्षेत्रफल कितना है? $\left(\pi = \frac{22}{7}\right.$ लें$\left.\right)$ *SSC CGL (Tier-II) 2022*

(a) 880 सेमी^{2} (b) 440 सेमी^{2}
(c) 960 सेमी^{2} (d) 1760 सेमी^{2}

हल (*a*) शंकु की तिर्यक ऊँचाई, $(l) = 20$ सेमी

माना शंकु की त्रिज्या r सेमी है।

$\therefore$ शंकु के आधार का क्षेत्रफल $= \pi r^2$

$\Rightarrow \quad 616 = \frac{22}{7} \times r^2 \quad \Rightarrow \quad r^2 = \frac{616 \times 7}{22}$

$\Rightarrow \quad r^2 = 28 \times 7 \quad \Rightarrow \quad r = 14$ सेमी

$\therefore$ शंकु का वक्रपृष्ठीय क्षेत्रफल $= \pi rl = \frac{22}{7} \times 14 \times 20 = 880$ सेमी^{2}

गोले पर आधारित

उदाहरण 12. यदि एक गोले का व्यास 14 सेमी है, तो उसका आयतन ज्ञात कीजिए। (मान लीजिए $\pi = \frac{22}{7}$) *SSC Constable (GD) 2022*

(a) 2437.34 सेमी^{3} (b) 1537.22 सेमी^{3}
(c) 1437.33 सेमी^{3} (d) 1637.13 सेमी^{3}

हल (*c*) दिया है, गोले का व्यास = 14 सेमी तब, त्रिज्या $(r) = \frac{14}{2} = 7$ सेमी

$\therefore$ गोले का आयतन $= \frac{4}{3}\pi r^3 = \frac{4}{3} \times \frac{22}{7} \times 7 \times 7 \times 7 = 1437.33$ सेमी^{3}

उदाहरण 13. एक गोले की त्रिज्या में 2 सेमी की वृद्धि करने पर, उसके पृष्ठीय क्षेत्रफल में 704 सेमी^{2} की वृद्धि होती है। $\left(\pi = \frac{22}{7}\right)$ का उपयोग करते हुए, वृद्धि से पहले गोले की त्रिज्या ज्ञात कीजिए। *RRC Group D 2022*

(a) 16 सेमी (b) 14 सेमी (c) 15 सेमी (d) 13 सेमी

हल (*d*) माना गोले की आरम्भिक त्रिज्या = r सेमी

नई त्रिज्या = $(r + 2)$ सेमी

गोले का पृष्ठीय क्षेत्रफल $= 4\pi r^2$

प्रश्नानुसार, $4\pi(r + 2)^2 - 4\pi r^2 = 704$

$\Rightarrow \quad 4\pi[(r + 2)^2 - r^2] = 704$

$\Rightarrow \quad (r + 2 + r)(r + 2 - r) = \frac{704 \times 7}{4 \times 22} = 56$

$\Rightarrow \quad (2r + 2) \times 2 = 56$

$\Rightarrow \quad 2r + 2 = 28$

$\Rightarrow \quad 2r = 28 - 2 = 26$

$\therefore \quad r = 13$

अत: गोले की आरम्भिक त्रिज्या = 13 सेमी

मिश्रित आकृतियों पर आधारित

उदाहरण 14. एक लम्बवृत्तीय शंकु की ऊँचाई 6 सेमी एवं इसकी त्रिज्या 12 सेमी है। इसको पिघलाकर एक ठोस गोले में ढाला जाता है। गोले का व्यास क्या है? *DSSSB 2021*

(a) 16 सेमी (b) 8 सेमी (c) 10 सेमी (d) 12 सेमी

हल (*d*) दिया है, शंकु की ऊँचाई $(h) = 6$ सेमी

तथा आधार की त्रिज्या $(r) = 12$ सेमी

माना गोले की त्रिज्या = R सेमी

प्रश्नानुसार, शंकु का आयतन = गोले का आयतन

$\Rightarrow \quad \frac{1}{3}\pi r^2 h = \frac{4}{3}\pi R^3$

$\Rightarrow \quad (12)^2 \times 6 = 4R^3$

$\Rightarrow \quad R^3 = \frac{144 \times 6}{4} = 36 \times 6 = 216$

$\Rightarrow \quad R = \sqrt[3]{216} = 6$

अत: गोले का व्यास $= 2R = 2 \times 6 = 12$ सेमी

उदाहरण 15. एक प्रिज्म का आधार एक समकोण त्रिभुज है, जिसकी भुजाएँ 9 सेमी, 12 सेमी तथा 15 सेमी हैं। इस प्रिज्म का आयतन 648 सेमी^{3} है। प्रिज्म की ऊँचाई क्या होगी? *SSC CGL (Tier-II) 2022*

(a) 9 सेमी (b) 16 सेमी (c) 12 सेमी (d) 14 सेमी

हल (*c*) समकोण त्रिभुज की भुजाएँ क्रमश: 9 सेमी, 12 सेमी तथा 15 सेमी हैं।

$\therefore$ प्रिज्म के आधार का क्षेत्रफल = त्रिभुज का क्षेत्रफल

$= \frac{1}{2} \times 9 \times 12 = 54$ सेमी^{2}

प्रिज्म का आयतन = आधार का क्षेत्रफल $\times$ प्रिज्म की ऊँचाई

$\Rightarrow \quad 648 = 54 \times$ प्रिज्म की ऊँचाई

$\therefore$ प्रिज्म की ऊँचाई $= \frac{648}{54} = 12$ सेमी

Chapter Challenge

घन एवं घनाभ पर आधारित

1. यदि एक बन्द घन का कुल पृष्ठीय क्षेत्रफल 1014 सेमी^{2} है, तो इस घन के प्रत्येक किनारे की लम्बाई है **RRC Group D 2022**

(a) 12 सेमी (b) 13 सेमी
(c) 14 सेमी (d) 16 सेमी

2. यदि एक घन का कुल पृष्ठीय क्षेत्रफल 600 सेमी^{2} है, तो घन का आयतन कितना है? **SSC Constable (GD) 2024**

(a) 1000 सेमी^{3} (b) 750 सेमी^{3}
(c) 900 सेमी^{3} (d) 1728 सेमी^{3}

3. ₹ 2 प्रति सेमी^{2} की दर पर किसी घन की सभी बाहरी सतहों को रंगने की लागत ₹ 588 है। घन का आयतन (सेमी^{3} में) ज्ञात कीजिए। **RRB NTPC 2022**

(a) 216 (b) 274.625
(c) 343 (d) 512

4. किसी घन का सम्पूर्ण पृष्ठीय क्षेत्रफल 13.5 मी^{2} है। इसके विकर्ण की लम्बाई (मीटर में) ज्ञात करें। **SSC CGL (Tier-II) 2021**

(a) $2\sqrt{3}$ (b) 2
(c) $1.5\sqrt{3}$ (d) 1.5

5. 4 सेमी भुजा वाले एक खोखले घन में कोई व्यक्ति 1 सेमी भुजा वाले छोटे घनों को डालना चाहता है। इसमें कितने छोटे घन डाले जा सकते हैं। **DP MTS 2022**

(a) 34 (b) 56
(c) 64 (d) 128

6. 6 मी लम्बाई, 4 मी चौड़ाई और 4 मी ऊँचाई वाले एक कमरे की चारों दीवारों का क्षेत्रफल क्या होगा? **SSC CGL (Tier-I) 2020**

(a) 40 मी^{2} (b) 80 मी^{2}
(c) 50 मी^{2} (d) 60 मी^{2}

7. एक घनाभ का आयतन 4800 सेमी^{3} है। यदि इस घनाभ की ऊँचाई 20 सेमी हो, तो घनाभ के आधार का क्षेत्रफल क्या होगा? **SSC CGL (Tier-II) 2022**

(a) 150 सेमी^{2} (b) 120 सेमी^{2}
(c) 480 सेमी^{2} (d) 240 सेमी^{2}

8. $(12 \times 6 \times 4)$ मी आयाम वाले कमरे में रखे जा सकने वाले सबसे लम्बे खम्भे की लम्बाई (मीटर में, दशमलव के बाद दो स्थानों तक गणना करें), ज्ञात करें। **SSC MTS 2020**

(a) 13.4 (b) 7.2 (c) 12.6 (d) 14

9. एक दीवार का आयतन 23958 सेमी^{3} है, जिसकी ऊँचाई उसकी चौड़ाई की छह गुनी और लम्बाई उसकी ऊँचाई की आधी है। दीवार की चौड़ाई कितनी है? **SSC CGL (Tier-I) 2022**

(a) 11 सेमी (b) 18 सेमी
(c) 21 सेमी (d) 15 सेमी

10. एक घनाभाकार हॉल 15 मी लम्बा और 10 मी चौड़ा है। यदि फर्श और छत के क्षेत्रफल का योग चारों दीवारों के क्षेत्रफल के योग के बराबर है, तो हॉल का आयतन ज्ञात कीजिए। **RRC Group D 2022**

(a) 790 मी^{3} (b) 930 मी^{3}
(c) 900 मी^{3} (d) 840 मी^{3}

11. एक घनाभ की लम्बाई, चौड़ाई और गहराई का योग 23 सेमी है और इसका विकर्ण $5\sqrt{7}$ सेमी है। इसका पृष्ठीय क्षेत्रफल का आधा क्या है? **SSC (10+2) 2022**

(a) 188 सेमी^{2} (b) 144 सेमी^{2}
(c) 111 सेमी^{2} (d) 177 सेमी^{2}

12. किसी घनाभ की लम्बाई, चौड़ाई और ऊँचाई का अनुपात 4 : 3 : 5 है और इसके सभी किनारों की लम्बाइयों का योगफल 144 सेमी है। घनाभ का पूर्ण पृष्ठीय क्षेत्रफल ज्ञात कीजिए। **RRB NTPC 2022**

(a) 1620 सेमी^{2} (b) 1026 सेमी^{2}
(c) 756 सेमी^{2} (d) 846 सेमी^{2}

13. एक संवृत घनाभ की लम्बाई, चौड़ाई और ऊँचाई का अनुपात 6 : 3 : 2 दिया गया है। इस घनाभ का सम्पूर्ण पृष्ठीय क्षेत्रफल 1800 सेमी^{2} दिया गया है। इस घनाभ का आयतन (सेमी^{3} में) ज्ञात कीजिए। **SSC CGL (Tier-II) 2023**

(a) 4500 (b) 4800 (c) 4200 (d) 4650

14. घन के आकार वाले एक टैंक की लम्बाई 12 मी है। यदि इससे 18 किलोलीटर पानी निकाल दिया जाता है, तो इसका जल स्तर 30 सेमी नीचे चला जाता है। टैंक की चौड़ाई (मीटर में) कितनी है? **SSC CGL (Tier-II) 2019**

(a) 5 (b) 4.5 (c) 4 (d) 5.5

15. यदि V और S क्रमश: घनाभ (भुजा a, b और c वाले) के आयतन और सम्पूर्ण पृष्ठीय क्षेत्रफल को निरूपित करते हैं, तो निम्नलिखित में से कौन-सा सत्य है? **IB 2023**

(a) $0 = (2/S)(1/a + 1/b + 1/c)$
(b) $(1/V) = (1/S)(2 + 1/b + 1/c)$
(c) $(1/V) = (2/S)(1/a + 1/b + 1/c)$
(d) $(1/V) = (2/S)(1/a - 1/b - 1/c)$

16. एक घनाभ में, इसकी तीन विमाओं के वर्गों का योग, इसके कुल पृष्ठीय क्षेत्रफल के आधे के बराबर है। यदि घनाभ का आयतन 729 सेमी^{3} है, तो इसका पार्श्व पृष्ठीय क्षेत्रफल (सेमी^{2} में) ज्ञात कीजिए। **RRB NTPC (CBT-I) 2021**

(a) 648 (b) 576
(c) 900 (d) 324

17. एक घनाभ की लम्बाई, चौड़ाई और ऊँचाई का योग 20 सेमी हैं। यदि इसके विकर्ण की लम्बाई 12 सेमी हैं, तो घनाभ का सम्पूर्ण पृष्ठीय क्षेत्रफल ज्ञात कीजिए। **SSC CGL (Tier-I) 2020**

(a) 356 सेमी^{2} (b) 364 सेमी^{2}
(c) 256 सेमी^{2} (d) 264 सेमी^{2}

18. 10 मी लम्बाई, 5 मी चौड़ाई और 6 मी ऊँचाई वाले हॉल को पेण्ट किया जाना है (केवल एक तरफ)। पेण्ट किया जाने वाला सम्पूर्ण पृष्ठीय क्षेत्रफल ज्ञात कीजिए। (खिड़कियों और दरवाजों के क्षेत्रफल को नजर अन्दाज करें) फर्श क्षेत्रफल पर पेण्ट नहीं किया जाना है। **SSC CPO 2022**

(a) 330 मी^{2} (b) 300 मी^{2}
(c) 230 मी^{2} (d) 280 मी^{2}

19. एक आयताकार खण्ड का आयतन 12288 मी^{3} है। इसके आयाम 4 : 3 : 2 के अनुपात में है। यदि सम्पूर्ण पृष्ठ को 2 पैसे/मी^{2} की दर से पॉलिश किया जाए, तो पॉलिश करने की कुल लागत ज्ञात कीजिए। **SSC (10+2) 2024**

(a) ₹ 33.28 (b) ₹ 44.42
(c) ₹ 66.56 (d) ₹ 11.14

20. यदि दो घनों, जिनमें से प्रत्येक की भुजा 10 सेमी है, को एक सिरे से दूसरे सिरे तक जोड़ा जाता है, तो परिणामी घनाभ का पृष्ठीय क्षेत्रफल ज्ञात कीजिए। **RRB NTPC 2021**

(a) 1000 सेमी^{2}
(b) 100 सेमी^{2}
(c) 500 सेमी^{2}
(d) 300 सेमी^{2}

> **MRC*****
> ***(Most Repeating Concepts)***
> प्र. सं. 2, 19, 22 और 25 Examination Point of View से अति महत्त्वपूर्ण हैं। इन Concept पर प्रश्न प्रतियोगी परीक्षाओं (NTPC, GD, IB आदि) में निरन्तर पूछे जा रहे हैं।

21. 18 सेमी किनारे वाला धातु का एक घन, असमान आयाम वाले तीन छोटे घन बनाने के लिए पिघलाया जाता है। यदि दो छोटे घनों के किनारे 9 सेमी और 15 सेमी हैं, तो तीसरे छोटे घन का पृष्ठीय क्षेत्रफल (सेमी^{2} में) ज्ञात करें। **SSC MTS 2020**

(a) 864 (b) 1944 (c) 1728 (d) 486

22. 18 मी भुजा वाला एक घन दूध से पूरा भरा हुआ है। दूध को 27 मी लम्बाई और 7 मी ऊँचाई वाले एक घनाभ में स्थानान्तरित किया जाता है। घनाभ की चौड़ाई कितनी है? **RRC Group D 2022**

(a) 72.5 मी (b) 54.6 मी
(c) 12.7 मी (d) 30.8 मी

23. 40 सेमी, 35 सेमी तथा 20 सेमी आयाम वाले एक ठोस घनाभ को पिघलाकर 4 सेमी भुजा वाले समान घन बनाए जाते हैं। ठोस घनाभ का 20% पिघलाने में खराब हो जाता है। छोटे घन की कुल संख्या क्या है? **DSSSB 2019**

(a) 440 (b) 400 (c) 350 (d) 380

24. $26\sqrt{3}$ सेमी विकर्ण वाले घन को पिघलाकर घनाभ बनाने पर उसकी ऊँचाई कितनी होगी, यदि घनाभ की लम्बाई घन की भुजा के बराबर है और घनाभ की चौड़ाई 13 सेमी है? **RPF SI 2019**

(a) 52 सेमी (b) 54 सेमी
(c) 53 सेमी (d) 55 सेमी

25. एक घनाभाकार टैंक के आधार का क्षेत्रफल 8400 सेमी^{2} है और इसमें भरे हुए पेट्रोल का आयतन 10.2 मी^{3} है। टैंक में पेट्रोल की गहराई ज्ञात कीजिए (दशमलव के एक स्थान तक सही)। **IB 2023**

(a) 1300.4 सेमी (b) 1843.2 सेमी
(c) 1214.3 सेमी (d) 900.2 सेमी

बेलन पर आधारित

26. एक लम्बवृत्तीय बेलन की त्रिज्या तथा ऊँचाई क्रमशः 0.14 मी तथा 0.21 मी है। इसका आयतन (घन सेमी में) कितना होगा? **DSSSB (Grade-II) 2019**

(a) 12639 (b) 12969
(c) 12936 (d) 12369

27. एक बेलन के आधार की त्रिज्या 7 सेमी है और ऊँचाई 5 सेमी है, उसका कुल पृष्ठीय क्षेत्रफल कितना है? **SSC (10+2) 2023**

(a) 426 सेमी^{2} (b) 428 सेमी^{2}
(c) 528 सेमी^{2} (d) 572 सेमी^{2}

28. एक बेलन के आधार की त्रिज्या 12 सेमी और आयतन 19008 सेमी^{3} है, उस बेलन की ऊँचाई ज्ञात कीजिए। $\left(\pi = \frac{22}{7} \text{ लें}\right)$ **SSC MTS 2022**

(a) 38 सेमी (b) 42 सेमी
(c) 24 सेमी (d) 6 सेमी

29. एक बेलन का वक्रपृष्ठीय क्षेत्रफल 1848 सेमी^{2} है और इसकी आधार की त्रिज्या 19.6 सेमी है। बेलन की ऊँचाई (सेमी में) ज्ञात कीजिए। **RRC Group D 2022**

(a) 13 (b) 14 (c) 15 (d) 17

30. 20 सेमी त्रिज्या और 100 सेमी ऊँचाई वाला एक बेलनाकार बर्तन पानी से पूरा भरा है। इसके पानी से 10 सेमी त्रिज्या और 20 सेमी ऊँचाई वाले कितने बेलनाकार बर्तन भरे जा सकते हैं? **RRC Group D 2022**

(a) 20 (b) 30 (c) 60 (d) 40

31. यदि एक लम्बवृत्तीय बेलन के वक्रपृष्ठीय क्षेत्रफल के दोगुने का संख्यात्मक मान, उसके आयतन के संख्यात्मक मान के बराबर है, तो बेलन के आधार की त्रिज्या का संख्यात्मक मान ज्ञात कीजिए। **SSC CGL (Tier-I) 2022**

(a) 2 (b) 3 (c) 4 (d) 5

32. एक ठोस लम्बवृत्तीय बेलन का वक्रपृष्ठीय क्षेत्रफल और आधार की परिधि क्रमशः 2200 सेमी^{2} और 110 सेमी हैं। बेलन की ऊँचाई ज्ञात कीजिए। **SSC CPO 2022**

(a) 20 सेमी (b) 24 सेमी (c) 18 सेमी (d) 22 सेमी

33. यदि समान आयतन के दो लम्बवृत्तीय बेलनों की त्रिज्या का अनुपात 3 : 1 है, तो उनकी ऊँचाई का अनुपात क्या है? **UP Police Constable 2020**

(a) 1 : 3 (b) 3 : 1 (c) 1 : 9 (d) 9 : 1

34. एक बेलन का आयतन ज्ञात कीजिए, जिसका व्यास 20 सेमी है और इसकी ऊँचाई इसकी आधार त्रिज्या की दोगुनी है। **SSC (10+2) 2022**

(a) 6000 π सेमी^{3} (b) 3000 सेमी^{3}
(c) 2000 π सेमी^{3} (d) 4000 सेमी^{3}

35. यदि एक बेलनाकार टंकी की धारिता 14168 मी^{3} है और इसके आधार का व्यास 28 मी है, तो टंकी की गहराई (मीटर में) ज्ञात कीजिए। ($\pi = \frac{22}{7}$ मानिए) **DP Constable 2023**

(a) 30 (b) 32 (c) 27 (d) 23

36. एक बेलन के आधार की त्रिज्या 4 सेमी से बढ़ाकर 16 सेमी कर दी जाती है, लेकिन इसका वक्रपृष्ठीय क्षेत्रफल अपरिवर्तित रहता है। यदि बेलन की प्रारम्भिक ऊँचाई 4 सेमी थी, तो उसकी नई ऊँचाई क्या होगी? **RRC Group D 2022**

(a) 2 सेमी (b) 1 सेमी (c) 3 सेमी (d) 4 सेमी

37. एक बेलन के वक्रपृष्ठ का क्षेत्रफल उसके आधार के क्षेत्रफल का पाँच गुना है। उस बेलन की त्रिज्या और ऊँचाई का अनुपात ज्ञात कीजिए। **SSC CGL (Tier-II) 2020**

(a) 3 : 5 (b) 2 : 5 (c) 2 : 3 (d) 3 : 4

38. यदि एक लम्बवृत्तीय बेलन के आधार का क्षेत्रफल 346.50 सेमी^{2} और ऊँचाई 21 सेमी है, तो इसका सम्पूर्ण पृष्ठीय क्षेत्रफल ज्ञात कीजिए। [$\pi = \frac{22}{7}$ का उपयोग कीजिए।] **RRC Group D 2022**

(a) 2145 सेमी^{2} (b) 2231 सेमी^{2}
(c) 2079 सेमी^{2} (d) 2352 सेमी^{2}

39. यदि दो बेलनों की त्रिज्याएँ 2 : 3 के अनुपात में हैं और उनकी ऊँचाई 5 : 3 के अनुपात में हैं, तो उनके आयतन का अनुपात क्या है? **SSC (10+2) 2022**

(a) 3 : 4 (b) 22 : 15
(c) 20 : 27 (d) 16 : 23

40. एक बन्द धात्विक बेलनाकार पात्र 1.05 मी ऊँचा है और इसकी आधार त्रिज्या 35 सेमी है। यदि धातु की शीट का मूल्य ₹ 150 प्रति मी^{2} हो, तो इस पात्र में प्रयुक्त सामग्री का मूल्य ज्ञात कीजिए। [$\pi = \frac{22}{7}$ का उपयोग कीजिए।] *RRC Group D 2022*

(a) ₹ 514 (b) ₹ 462 (c) ₹ 336 (d) ₹ 360

41. 22 सेमी ऊँचाई और 42 सेमी त्रिज्या का एक बेलनाकार रोलर 10 चक्कर (revolution) लगाता है। यह कितने क्षेत्रफल को कवर करता है? *UP Police Head Operator 2024*

(a) 0.58 मी^{2} (b) 3.6 मी^{2}
(c) 0.924 मी^{2} (d) 5.8 मी^{2}

42. एक लम्बवृत्तीय बेलन के आधार की त्रिज्या और ऊँचाई का अनुपात 3 : 2 है और इसका आयतन 19404 सेमी^{3} है। बेलन का वक्रपृष्ठीय क्षेत्रफल (सेमी^{2} में) क्या है? ($\pi = \frac{22}{7}$ लें) *RRB NTPC 2022*

(a) 1232 (b) 1848 (c) 1386 (d) 924

43. एक बेलनाकार निकासी पाइप 70 सेमी लम्बा है। अंत: एवं बाह्य व्यास क्रमश: 20 सेमी एवं 32 सेमी हैं। पाइप का आयतन (धात्विक) क्या है? *DSSSB 2021*

(a) 34320 सेमी^{3} (b) 28630 सेमी^{3}
(c) 13728 सेमी^{3} (d) 24240 सेमी^{3}

44. धातु के एक बेलनाकार पाइप का आयतन 748 सेमी^{3} है इसकी लम्बाई 14 सेमी है और इसका बाहरी त्रिज्या 9 सेमी है। इसकी मोटाई ज्ञात कीजिए। *UP Police Head Operator 2024*

(a) 0.5 सेमी
(b) 0.25 सेमी
(c) 2 सेमी
(d) 1 सेमी

> ***MRC******
> ***(Most Repeating Concepts)***
> प्र. सं. 44, 48, 50 और 58 Examination Point of View से अति महत्त्वपूर्ण हैं। इन Concept पर प्रश्न प्रतियोगी परीक्षाओं (UP Police, CGL, CPO आदि) में निरन्तर पूछे जा रहे हैं।

45. एक बेलन की त्रिज्या उसकी ऊँचाई से 5 सेमी अधिक है। यदि बेलन का वक्रपृष्ठ क्षेत्रफल 792 सेमी^{2} है, तो बेलन का आयतन (घन सेमी में) होगा *Haryana CET 2023*

(a) 5244 (b) 5544 (c) 5306 (d) 5712
(e) इनमें से कोई नहीं

शंकु पर आधारित

46. एक शंकु का पार्श्व क्षेत्रफल है *CRPF (HC) 2023*

(a) $\pi r\sqrt{r^2+h^2}$ (b) $\pi\sqrt{r+h}$
(c) $\pi r^2\sqrt{r^2+h^2}$ (d) इनमें से कोई नहीं

47. एक ठोस शंकु के आधार का क्षेत्रफल 616 सेमी^{2} है। यदि शंकु की ऊँचाई 15 सेमी है, तो इस शंकु का आयतन ज्ञात कीजिए। *SSC MTS 2022*

(a) 3440 सेमी^{3} (b) 2940 सेमी^{3}
(c) 3190 सेमी^{3} (d) 3080 सेमी^{3}

48. यदि 24 सेमी ऊँचाई वाले एक लम्बवृत्तीय शंकु का आयतन 1232 सेमी^{3} है, तो शंकु का सम्पूर्ण पृष्ठीय क्षेत्रफल क्या है? ($\pi = \frac{22}{7}$ का उपयोग कीजिए।) *SSC CGL (Tier-I) 2024*

(a) 904 सेमी^{2} (b) 608 सेमी^{2}
(c) 704 सेमी^{2} (d) 806 सेमी^{2}

49. एक शंकु की तिर्यक ऊँचाई 5 सेमी और व्यास 8 सेमी है। शंकु का आयतन (ठीक दो दशमलव स्थान तक) क्या है? (जहाँ, $\pi = \frac{22}{7}$) *DP Constable 2023*

(a) 59.82 सेमी^{3} (b) 28.28 सेमी^{3}
(c) 50.29 सेमी^{3} (d) 35.66 सेमी^{3}

50. दो शंकुओं की ऊँचाई 7 : 5 के अनुपात में है और उनके व्यास का अनुपात 10 : 21 है। उनके आयतन का अनुपात ज्ञात करें। (जहाँ $\pi = \frac{22}{7}$) *SSC CPO 2023*

(a) 26 : 47 (b) 17 : 21
(c) 14 : 19 (d) 20 : 63

51. दो शंकुओं के आधारों के व्यास समान है। यदि उनकी तिर्यक ऊँचाइयों का अनुपात 3 : 4 है, तो उनके वक्रपृष्ठीय क्षेत्रफलों का अनुपात क्या होगा? *RRB NTPC 2021*

(a) 9 : 16 (b) 4 : 3 (c) 16 : 9 (d) 3 : 4

52. दो शंकुओं की त्रिज्याओं का अनुपात 2 : 5 और उनके आयतन का अनुपात 3 : 5 है। इनकी ऊँचाइयों का अनुपात क्या है? *SSC CGL (Tier-I) 2024*

(a) 11:15 (b) 13:11 (c) 4 : 11 (d) 15 : 4

53. 14 मी व्यास के आधार और 9 मी की तिर्यक ऊँचाई वाले किसी शंक्वाकार टेण्ट को बनाने के लिए 2 मी की चौड़ाई वाले कितने मीटर कपड़े की आवश्यकता होगी, यदि अपव्यय को नगण्य मान लिया जाए? *SSC CGL (Tier-I) 2022*

(a) 77 मी (b) 88 मी
(c) 99 मी (d) 66 मी

54. शंकु की त्रिज्या और ऊँचाई दोनों में 40% की वृद्धि की जाती है। तो ज्ञात करें कि शंकु के आयतन में कितनी वृद्धि हुई? *DSSSB Grade-II 2019*

(a) 155.5% (b) 100%
(c) 174.4% (d) 196.6%

55. राज की टोपी 14 सेमी त्रिज्या तथा 48 सेमी ऊँचाई वाले लम्बवृत्तीय शंकु के रूप का है। 15 टोपी बनाने के लिए सीट का क्षेत्रफल ज्ञात करें। *DSSSB (Grade-II) 2019*

(a) 3600 सेमी^{2} (b) 3300 सेमी^{2}
(c) 6300 सेमी^{2} (d) 33000 सेमी^{2}

56. एक शंकु का व्यास 5 सेमी और ऊर्ध्वाधर ऊँचाई 10 सेमी है। शंकु का कुल पृष्ठीय क्षेत्रफल (सेमी^{2} में) ज्ञात कीजिए। *MP Police Constable 2022*

(a) 345 (b) 350
(c) 100.63 (d) 340

57. यदि शंकु की त्रिज्या में 5% की वृद्धि होती है और तिर्यक ऊँचाई में 10% की वृद्धि होती है, तो शंकु के वक्र पृष्ठीय क्षेत्रफल में कितनी वृद्धि होगी?

(a) 15.5% (b) 16%
(c) 17.5% (d) 18%

गोले पर आधारित

58. यदि एक गोले की त्रिज्या 2.1 सेमी है, तो गोले का आयतन ज्ञात करें। *SSC CPO 2024*

(a) 38.808 सेमी^{3} (b) 36.808 सेमी^{3}
(c) 36.088 सेमी^{3} (d) 38.088 सेमी^{3}

59. 4.2 सेमी त्रिज्या वाले एक गोले का आयतन .... होता है। $\left(\pi = \frac{22}{7}\right.$ का प्रयोग करें$\left.\right)$ ***SSC CGL 2023***
(a) 278.234 सेमी^{3} (b) 297.824 सेमी^{3}
(c) 310.464 सेमी^{3} (d) 312.725 सेमी^{3}

60. उस अर्द्धगोले का कुल पृष्ठीय क्षेत्रफल (सेमी^{2} में) ज्ञात कीजिए, जिसकी त्रिज्या 60 सेमी और $\pi = 3.14$ है। ***UP Police SI 2021***
(a) 36912 (b) 35912
(c) 33912 (d) 34912

61. 9 सेमी त्रिज्या वाले एक गोले का पृष्ठीय क्षेत्रफल ज्ञात कीजिए। [$\pi = \frac{22}{7}$ का उपयोग कीजिए।] ***RRC Group D 2022***
(a) $1013\frac{5}{7}$ सेमी^{2} (b) $1018\frac{2}{7}$ सेमी^{2}
(c) $1020\frac{4}{7}$ सेमी^{2} (d) $1010\frac{6}{7}$ सेमी^{2}

62. 2 सेमी मोटाई और 9 सेमी बाह्य त्रिज्या वाले एक गोलाकार पात्र की धारिता ज्ञात कीजिए। (2 दशमलव स्थानों तक पूर्णांकित कीजिए) ($\pi = \frac{22}{7}$ का उपयोग कीजिए।) ***RRC Group D 2022***
(a) 1050.67 सेमी^{3} (b) 1590.48 सेमी^{3}
(c) 1437.33 सेमी^{3} (d) 1241.14 सेमी^{3}

63. एक ठोस अर्द्धगोले का वक्रपृष्ठीय क्षेत्रफल 22 सेमी^{2} है। अर्द्धगोले का सम्पूर्ण पृष्ठीय क्षेत्रफल कितना है? ($\pi = \frac{22}{7}$ लीजिए) ***SSC CGL (Tier-II) 2022***
(a) 33 सेमी^{2}
(b) 30 सेमी^{2}
(c) 44 सेमी^{2} (d) 66 सेमी^{2}

> ***MRC****
> ***(Most Repeating Concepts)***
> प्र. सं. 63, 69, 72, 78, 80 और 83 Examination Point of View से अति महत्त्वपूर्ण हैं। इन Concept पर प्रश्न प्रतियोगी परीक्षाओं (CGL, Group-D, MTS आदि) में निरन्तर पूछे जा रहे हैं।

64. 12 सेमी व्यास वाली धातु की एक ठोस गेंद को पिघलाकर 0.5 सेमी त्रिज्या वाली छोटी गेंदें बनाई जाती हैं। ऐसी कितनी गेंदें बनाई जा सकती हैं? ***DSSSB 2022***
(a) 3456 (b) 2202 (c) 2304 (d) 1728

65. एक अर्द्धगोले का पूर्ण पृष्ठीय क्षेत्रफल 108 π सेमी^{2} है। उस अर्द्धगोले का आयतन कितना होगा? ***RRB NTPC 2022***
(a) 144 π सेमी^{3} (b) $54\sqrt{3}\,\pi$ सेमी^{3}
(c) 216 π सेमी^{3} (d) $108\sqrt{6}\,\pi$ सेमी^{3}

66. यदि एक गोले के आयतन को उसके पृष्ठीय क्षेत्रफल से विभाजित किया जाता है, तो परिणाम 9 सेमी प्राप्त होता है। गोले की त्रिज्या (सेमी में) ज्ञात कीजिए। ***RRC Group D 2022***
(a) 27 (b) 81 (c) 4.5 (d) 18

67. यदि दो गोलों के पृष्ठीय क्षेत्रफलों का अनुपात 9 : 4 है, तो उनके व्यासों का अनुपात .... होगा। ***CISF HC (Min) 2022***
(a) 9 : 4 (b) 2 : 3
(c) 4 : 9 (d) 3 : 2

68. 7 सेमी त्रिज्या वाले एक गोले को दो समान भागों में काटा जाता है। दोनों भागों का कुल पृष्ठीय क्षेत्रफल ज्ञात कीजिए। ***DSSSB (Grade IV) 2019***
(a) 852 सेमी^{2} (b) 1104 सेमी^{2}
(c) 880 सेमी^{2} (d) 924 सेमी^{2}

69. दो गोलों के आयतनों का अनुपात 216 : 125 है। उनके पृष्ठीय क्षेत्रफलों का अनुपात ज्ञात कीजिए। ***RRC Group D 2022***
(a) 25 : 9 (b) 36 : 25
(c) 9 : 4 (d) 16 : 9

70. एक ठोस अर्द्धगोले का सम्पूर्ण पृष्ठीय क्षेत्रफल 942 सेमी^{2} है। इसका आयतन (सेमी^{3} में) ..... के निकटतम होगा ($\pi = 3.14$ लें) ***SSC CGL (Tier-II) 2022***
(a) 2097 (b) 2037 (c) 2089 (d) 2093

71. यदि किसी गोले का व्यास घटाकर आधा कर दिया जाए, तो उसके आयतन पर क्या प्रभाव पड़ेगा? ***SSC CPO 2023***
(a) पूर्व आयतन से $\frac{1}{8}$ हो जाएगा
(b) पूर्व आयतन से $\frac{1}{8}$ बढ़ जाएगा
(c) पूर्व आयतन से $\frac{1}{4}$ घट जाएगा
(d) पूर्व आयतन से $\frac{1}{4}$ बढ़ जाएगा

72. 12 सेमी त्रिज्या वाले एक ठोस धातु के गोले को पिघलाकर 2 सेमी त्रिज्या वाले छोटे गोलों के रूप में ढाला जाता है। ऐसे कितने छोटे गोले बनाए जा सकते हैं? ***RRB ALP (CBT-I) 2024***
(a) 48 (b) 96 (c) 216 (d) 864

73. किसी ठोस गोलार्द्ध से अधिकतम आयतन वाला एक गोला काटकर निकाला गया है। गोले और बचे हुए ठोस पदार्थ के आयतन का अनुपात कितना है? ***SSC CGL (Tier-II) 2019***
(a) 1 : 4 (b) 1 : 3 (c) 1 : 1 (d) 1 : 2

74. एक गोलाकार गुब्बारे की त्रिज्या 5 सेमी से बढ़कर 10 सेमी हो जाती है जब उसमें अधिक हवा डाली जाती है। मूल गुब्बारे के पृष्ठीय क्षेत्रफल और फुले हुए गुब्बारे के पृष्ठीय क्षेत्रफल का अनुपात कितना है? ***RRB NTPC 2021***
(a) 1 : 2 (b) 1 : 4 (c) 2 : 1 (d) 1 : 8

75. एक अर्द्धगोलाकार कटोरे की किनारी 88 सेमी है इसे भरा हुआ मानते हुए, इससे कितने लोगों को अर्द्धगोलाकार गिलासों में परोसा जा सकता है, यदि गिलास के शीर्ष का व्यास 7 सेमी है? (जहाँ, $\pi = \frac{22}{7}$) ***SSC CPO 2024***
(a) 74 (b) 64 (c) 70 (d) 68

76. 810 सेमी त्रिज्या का एक बड़ा गोलाकार बेसन का लड्डू 90 सेमी त्रिज्या के छोटे गोलाकार लड्डुओं में तोड़ा जाता है। सभी छोटे लड्डुओं को मिलाकर उनके कुल पृष्ठीय क्षेत्रफल और बड़े लड्डू के पृष्ठीय क्षेत्रफल का अनुपात ज्ञात कीजिए। ***IB 2023***
(a) 8 : 3 (b) 9 : 1 (c) 1 : 9 (d) 2 : 7

77. दो गोलों के व्यासों का अनुपात 1 : 4 दिया गया है। बड़े गोले को पिघलाया जाता है और पिघले हुए पदार्थ से 125 समरूप गोले बनाए जाते हैं। छोटे गोले को पिघलाया जाता है और पिघले हुए पदार्थ से 27 समरूप गोले बनाए जाते हैं। यदि 125 समरूप गोलों में से प्रत्येक के आयतन का, 27 समरूप गोलों में से प्रत्येक के आयतन से अनुपात 1 : m दिया गया है, तो m का मान क्या होगा? ***SSC (10+2) 2024***
(a) $\frac{27}{8000}$ (b) $\frac{64}{3375}$ (c) $\frac{1728}{125}$ (d) $\frac{125}{1728}$

78. 3 सेमी त्रिज्या वाले 20 एकसमान ठोस अर्द्धगोलों को पिघलाकर एक बड़ा ठोस अर्द्धगोला बनाया जाता है। यदि इस प्रक्रिया के दौरान 20% ठोस बर्बाद हो जाता है, तो बनाए गए सबसे बड़े अर्द्धगोले की त्रिज्या (सेमी में) कितनी है? **SSC MTS 2024**

(a) $6\sqrt[3]{2}$ (b) 6
(c) 3 (d) $3\sqrt{2}$

मिश्रित आकृतियों पर आधारित

79. एक गोले की त्रिज्या और शंकु की आधार त्रिज्या दोनों $3\sqrt{2}$ सेमी हैं। यदि गोले का सतही क्षेत्रफल लम्बवृत्ताकार शंकु के कुल पृष्ठीय क्षेत्रफल के समान है, तो शंकु की ऊँचाई क्या है? **RRB NTPC 2022**

(a) 8 सेमी (b) $9\sqrt{2}$ सेमी
(c) 12 सेमी (d) $8\sqrt{2}$ सेमी

80. 45 सेमी ऊँचे एक ठोस लम्बवृत्तीय शंकु के छिन्नक के सिरों की त्रिज्याएँ 28 सेमी और 7 सेमी हैं। यदि इस छिन्नक को पिघलाकर एक ठोस लम्बवृत्तीय बेलन बनाया जाता है, जिसके आधार की त्रिज्या और ऊँचाई का अनुपात 3 : 5 है, तो इस बेलन का वक्रपृष्ठीय क्षेत्रफल (सेमी^{2} में) ज्ञात करें।
($\pi = \frac{22}{7}$ का प्रयोग करें) **CISF 2023**

(a) 4640 (b) 4580
(c) 4620 (d) 4610

81. सबसे बड़े गोले का आयतन ज्ञात कीजिए जिसे 21 सेमी भुजा वाले घन से निकाला जा सकता है। **RRB NTPC 2022**

(a) 5841 सेमी^{3} (b) 4158 सेमी^{3}
(c) 4851 सेमी^{3} (d) 8514 सेमी^{3}

82. 36 सेमी व्यास वाले एक अर्द्धगोलाकार कण्टेनर में द्रव रूप में एक दवा तैयार की जाती है। जब कण्टेनर दवा से पूरा भरा होता है, तो दवा को 6 सेमी व्यास और 6 सेमी ऊँचाई वाली छोटी बेलनाकार बोतलों में स्थानान्तरित किया जाता है। कण्टेनर को खाली करने के लिए ऐसी कितनी बोतलों की आवश्यकता होगी? **SSC CPO 2023**

(a) 72 (b) 75
(c) 70 (d) 76

83. किसी गोले की त्रिज्या 9 सेमी है। इसे पिघलाकर 0.3 सेमी त्रिज्या वाला तार खींचा जाता हैं। तार की लम्बाई ज्ञात करें। **SSC (10+2) 2021**

(a) 118 मी (b) 108 मी
(c) 106 मी (d) 112 मी

84. 7 सेमी कोर वाले किसी ठोस घन से एक ठोस गोला काटा जाता है। शेष ठोस का आयतन $163\frac{1}{3}$ सेमी^{3} पाया गया। गोले का व्यास (सेमी में) क्या है? ($\pi = \frac{22}{7}$ लें) **SSC CGL (Tier-I) 2022**

(a) 7 (b) 5 (c) 8 (d) 10

85. 10 मी ऊँचाई और 5 मी त्रिज्या के एक बेलनाकार टैंक की ऊपरी सतह पर 0.5 मी त्रिज्या का एक छोटा गोलाकार कट है। टैंक का सम्पूर्ण पृष्ठीय क्षेत्रफल कितना होगा? **SSC MTS 2024**

(a) $\frac{599\pi}{4}$ मी^{2} (b) 156π मी^{2}
(c) 150π मी^{2} (d) $\frac{299\pi}{2}$ मी^{2}

86. एक दवा का कैप्सूल एक बेलन के आकार का है, जिसके प्रत्येक सिरे अर्द्धगोलाकार है। कैप्सूल की कुल लम्बाई 3 सेमी है और बेलन के अनुप्रस्थ काट का व्यास 1.4 सेमी है। कैप्सूल की अनुमानित क्षमता (सेमी^{3} में) ज्ञात कीजिए। ($\pi = \frac{22}{7}$ लें) **IB 2023**

(a) 6 (b) 2 (c) 8 (d) 4

87. एक बेलनाकार मोमबत्ती, जिसका व्यास 14 सेमी और लम्बाई 2 सेमी है, को पिघलाकर 7 सेमी $\times$ 11 सेमी $\times$ 2 सेमी विमाओं वाली एक घनाभाकार मोमबत्ती बनाई जाती है। इससे कितनी घनाभाकार मोमबत्तियाँ प्राप्त की जा सकती हैं? **SSC (10+2) 2024**

(a) 4 (b) 2 (c) 5 (d) 3

88. एक प्रिज्म का आधार 10 सेमी लम्बी भुजा का एक वर्ग है। यदि इसकी ऊँचाई 8 सेमी हो, तो प्रिज्म के आयतन एवं कुल पृष्ठीय क्षेत्रफल के संख्यात्मक मानों का अनुपात क्या है? **DSSSB (Grade-II) 2019**

(a) 13 : 20 (b) 20 : 13
(c) 13 : 10 (d) 10 : 13

Right Key

1 (b)	2 (a)	3 (c)	4 (c)	5 (c)	6 (b)	7 (d)	8 (d)	9 (a)	10 (c)
11 (d)	12 (d)	13 (a)	14 (a)	15 (c)	16 (d)	17 (c)	18 (c)	19 (c)	20 (a)
21 (a)	22 (d)	23 (c)	24 (a)	25 (c)	26 (c)	27 (c)	28 (b)	29 (c)	30 (a)
31 (c)	32 (a)	33 (c)	34 (c)	35 (d)	36 (b)	37 (b)	38 (c)	39 (c)	40 (b)
41 (d)	42 (b)	43 (a)	44 (d)	45 (b)	46 (a)	47 (d)	48 (c)	49 (c)	50 (d)
51 (d)	52 (d)	53 (c)	54 (c)	55 (d)	56 (c)	57 (a)	58 (a)	59 (c)	60 (c)
61 (b)	62 (c)	63 (a)	64 (d)	65 (a)	66 (a)	67 (d)	68 (d)	69 (b)	70 (d)
71 (a)	72 (c)	73 (b)	74 (b)	75 (b)	76 (b)	77 (d)	78 (a)	79 (c)	80 (c)
81 (c)	82 (a)	83 (b)	84 (a)	85 (a)	86 (d)	87 (b)	88 (b)		

Solutions

1. (*b*) घन का कुल पृष्ठीय क्षेत्रफल = 1014 सेमी^{2}

$\Rightarrow$ $6 \times (\text{भुजा})^2 = 1014$

$\Rightarrow$ $(\text{भुजा})^2 = \frac{1014}{6} = 169$

$\therefore$ भुजा $= \sqrt{169} = 13$ सेमी

अत: घन के प्रत्येक किनारे की लम्बाई = 13 सेमी

2. (*a*) घन का कुल पृष्ठीय क्षेत्रफल = 600 सेमी^{2}

$\Rightarrow$ $6 \times (\text{भुजा})^2 = 600$

$\therefore$ भुजा की लम्बाई $= \sqrt{100} = 10$ सेमी

अब, घन का आयतन = (भुजा)^3

$= 10 \times 10 \times 10 = 1000$ सेमी^{3}

3. (*c*) घन का कुल पृष्ठीय क्षेत्रफल $= \frac{588}{2} = 294$ सेमी^{2}

$\Rightarrow$ $6 \times (a)^2 = 294$

$\Rightarrow$ $a^2 = \frac{294}{6} = 49$

$\therefore$ $a = \sqrt{49} = 7$ सेमी

घन का आयतन $= (a)^3$

$= (7)^3 = 343$ सेमी^{3}

4. (*c*) घन का सम्पूर्ण पृष्ठीय क्षेत्रफल $= 6a^2$

प्रश्नानुसार,

$13.5 = 6a^2$

$\Rightarrow$ $a = \sqrt{\frac{13.5}{6}}$

$\therefore$ घन का विकर्ण $= \sqrt{3}a = \sqrt{3} \times \sqrt{\frac{13.5}{6}}$

$= \sqrt{\frac{13.5 \times 3}{6}} = \sqrt{\frac{13.5}{2}}$

$= \sqrt{6.75} = 1.5\sqrt{3}$ मी

5. (*c*) छोटे घनों की संख्या

$= \frac{\text{बड़े घन का आयतन}}{\text{छोटे घन का आयतन}} = \frac{4^3}{1^3} = 64$

6. (*b*) कमरे की लम्बाई (*l*) = 6 मी,

चौड़ाई (*b*) = 4 मी, ऊँचाई (*h*) = 4 मी

$\therefore$ चारों दीवारों का क्षेत्रफल

$= 2(l + b) \times h$ **[Formula 23.1 से]**

$= 2(6 + 4) \times 4$

$= 2 \times 10 \times 4 = 80$ मी^{2}

7. (*d*) घनाभ का आयतन

= आधार का क्षेत्रफल × ऊँचाई

$\Rightarrow$ 4800 = आधार का क्षेत्रफल × 20

$\therefore$ आधार का क्षेत्रफल $= \frac{4800}{20} = 240$ सेमी^{2}

8. (*d*) कमरे में रखे जाने वाले सबसे लम्बे खम्भे की लम्बाई = कमरे का विकर्ण

$= \sqrt{l^2 + b^2 + h^2}$ **[Formula 23.2 से]**

$= \sqrt{12^2 + 6^2 + 4^2}$

$= \sqrt{144 + 36 + 16} = \sqrt{196} = 14$ मी

9. (*a*) माना दीवार की चौड़ाई = x सेमी

$\therefore$ ऊँचाई = $6x$ सेमी

तथा लम्बाई $= \frac{6x}{2} = 3x$ सेमी

दीवार का आयतन = 23958

$\Rightarrow$ $x \times 6x \times 3x = 23958$

$\Rightarrow$ $18x^3 = 23958$

$\Rightarrow$ $x^3 = 1331 \Rightarrow x = 11$

अत: दीवार की चौड़ाई = 11 सेमी

10. (*c*) दिया है, $l = 15$ मी तथा $b = 10$ मी

प्रश्नानुसार,

(फर्श + छत) का क्षेत्रफल

= चारों दीवारों का क्षेत्रफल

$\Rightarrow$ $2 \times lb = 2(l + b) \times h$

$\Rightarrow$ $2 \times 15 \times 10 = 2(15 + 10) \times h$

$\Rightarrow$ $h = \frac{150}{25} = 6$ मी

अत: हॉल का आयतन $= l \times b \times h$

$= 15 \times 10 \times 6 = 900$ मी^{3}

11. (*d*) माना घनाभ की लम्बाई, चौड़ाई और गहराई क्रमश: *a*, *b* और *c* सेमी हैं।

तब, $a + b + c = 23$ ...(i)

तथा घनाभ का विकर्ण $= 5\sqrt{7}$ सेमी

$\Rightarrow \sqrt{a^2 + b^2 + c^2} = 5\sqrt{7}$

$\Rightarrow a^2 + b^2 + c^2 = 175$ ...(ii)

$\because$ $(a + b + c)^2 = a^2 + b^2 + c^2 + 2(ab + bc + ca)$

(समी (i) और (ii) से)

$\Rightarrow$ $(23)^2 = 175 + 2(ab + bc + ca)$

$\Rightarrow ab + bc + ca = \frac{529 - 175}{2}$

$= \frac{354}{2} = 177$

अत: घनाभ के पृष्ठीय क्षेत्रफल का आधा

= 177 सेमी^{2}

12. (*d*) माना घनाभ की लम्बाई (*l*) = $4x$

चौड़ाई (*b*) = $3x$ तथा ऊँचाई (*h*) = $5x$

घनाभ के किनारों की संख्या = 12

प्रश्नानुसार,

$4(4x + 3x + 5x) = 144$

$\Rightarrow$ $12x = \frac{144}{4} = 36$

$\therefore$ $x = \frac{36}{12} = 3$

घनाभ का कुल पृष्ठीय क्षेत्रफल

$= 2(lb + bh + hl)$

$= 2(12x^2 + 15x^2 + 20x^2)$

$= (2 \times 47)x^2$

$= 94 \times 9 = 846$ सेमी^{2}

13. (*a*) माना घनाभ की लम्बाई, चौड़ाई व ऊँचाई क्रमश: $6x$, $3x$ तथा $2x$ हैं।

घनाभ का सम्पूर्ण पृष्ठीय क्षेत्रफल = 1800

$\Rightarrow$ $2(lb + bh + hl) = 1800$

$2(18x^2 + 6x^2 + 12x^2) = 1800$

$\Rightarrow$ $18x^2 + 6x^2 + 12x^2 = 900$

$\Rightarrow$ $36x^2 = 900$

$\therefore$ $x = \sqrt{\frac{900}{36}} = \frac{30}{6} = 5$

घनाभ का आयतन = *lbh*

$= (6 \times 3 \times 2)x^3$

$= 36 \times (5)^3 = 36 \times 125$

$= 4500$ सेमी^{3}

14. (*a*) $\because$ 1000 लीटर = 1 मी^{3}

$\therefore$ 18 किलोलीटर $= \frac{1}{1000} \times 18000$

$= 18$ मी^{3}

दिया है, टैंक की लम्बाई, $l = 12$ मी

जलस्तर में कमी (ऊँचाई), $h = 30$ सेमी

$= \frac{30}{100} = 0.3$ मी

माना टैंक की चौड़ाई = b मी

प्रश्नानुसार,

टैंक से निकाला गया पानी = 18 मी^{3}

$\therefore$ $l \times b \times h = 18 \Rightarrow 12 \times 0.3 \times b = 18$

$\therefore$ $b = \frac{18}{3.6} = 5$ मी

15. (*c*) भुजा *a*, *b* और *c* वाले घनाभ का आयतन

$V = abc$ ...(i)

तथा सम्पूर्ण पृष्ठीय क्षेत्रफल

$S = 2(ab + bc + ca)$ ...(ii)

समी (ii) में समी (i) से भाग देने पर,

$\frac{S}{V} = \frac{2(ab + bc + ca)}{abc}$

$\frac{1}{V} = \frac{2}{S}\left(\frac{1}{a} + \frac{1}{b} + \frac{1}{c}\right)$

अत: विकल्प (c) सही है।

16. (*d*) माना घनाभ की विमाएँ l, b तथा h हैं।

प्रश्नानुसार,

$$l^2 + b^2 + h^2 = \frac{1}{2} \times 2(lb + bh + hl)$$

$$\Rightarrow l^2 + b^2 + h^2 = lb + bh + hl$$

$$\therefore \quad l = b = h$$

घनाभ का आयतन $= 729$ सेमी^{3} $= (9)^3$

$$\therefore \quad l = b = h = 9 \text{ सेमी}$$

घनाभ का पार्श्व पृष्ठीय क्षेत्रफल

$= 2(l + b) \times h$

$= 2(9 + 9) \times 9$

$= 2 \times 18 \times 9 = 324$ सेमी^{2}

TOP TIPS यदि लम्बाई का वर्ग, लम्बाई और चौड़ाई के गुणनफल के बराबर है, तो लम्बाई व चौड़ाई बराबर होगी।

17. (*c*) माना घनाभ की लम्बाई, चौड़ाई तथा ऊँचाई क्रमशः x, y और z सेमी हैं।

तब, $x + y + z = 20$ ...(i)

तथा घनाभ का विकर्ण = 12 सेमी

$\Rightarrow \sqrt{x^2 + y^2 + z^2} = 12$

$\Rightarrow x^2 + y^2 + z^2 = (12)^2 = 144$ ...(ii)

समी (i) और (ii) से,

$\therefore (x + y + z)^2 = x^2 + y^2 + z^2 + 2(xy + yz + zx)$

$\Rightarrow (20)^2 = 144 + 2(xy + yz + zx)$

$\Rightarrow 2(xy + yz + zx) = 400 - 144 = 256$

$\therefore$ घनाभ का सम्पूर्ण पृष्ठीय क्षेत्रफल

$= 2(xy + yz + zx)$

$= 256$ सेमी^{2}

18. (*c*) हॉल को पेण्ट किए जाने वाले भाग का क्षेत्रफल = हॉल का सम्पूर्ण पृष्ठीय क्षेत्रफल − फर्श का क्षेत्रफल

$= 2(lb + bh + hl) - lb$

$= 2(10 \times 5 + 5 \times 6 + 6 \times 10) - 10 \times 5$

$= 2(50 + 30 + 60) - 50$

$= 280 - 50 = 230$ मी^{2}

19. (*c*) माना आयताकार खण्ड की लम्बाई $= 4x$ मी

चौड़ाई $= 3x$ मी और ऊँचाई $= 2x$ मी

प्रश्नानुसार,

आयताकार खण्ड का आयतन = 12288 सेमी^{3}

$\Rightarrow 4x \times 3x \times 2x = 12288$

$\Rightarrow x^3 = \frac{12288}{24} = 512$

$\therefore x = 8$ मी

$\therefore$ आयताकार खण्ड का सम्पूर्ण पृष्ठ

$= 2$[ल. × चौ. + चौ. × ऊँ + ऊँ × ल.]

$= 2[4x \times 3x + 3x \times 2x + 2x \times 4x]$

$= 2[12x^2 + 6x^2 + 8x^2]$

$= 2 \times 26x^2 = 52 \times 8 \times 8$ मी

$\therefore$ पॉलिश करने की कुल लागत

$= ₹\left(52 \times 8 \times 8 \times \frac{2}{100}\right) = ₹\ 66.56$

20. (*a*) प्रत्येक घन की भुजा = 10 सेमी

$\therefore$ घनाभ की लम्बाई (l) $= 10 \times 2 = 20$ सेमी

घनाभ की चौड़ाई (b) = 10 सेमी

तथा घनाभ की ऊँचाई (h) = 10 सेमी

परिणामी घनाभ का पृष्ठीय क्षेत्रफल

$= 2(lb + bh + hl)$

$= 2(200 + 100 + 200)$

$= 1000$ सेमी^{2}

TOP TIPS जब दो घनों को जोड़ा जाता है तो बने नए घनाभ की लम्बाई घन की भुजा की दोगुनी हो जाती है।

21. (*a*) माना तीसरे घन की भुजा a सेमी है।

प्रश्नानुसार,

$(18)^3 = (9)^3 + (15)^3 + a^3$ [$\because$ घन का आयतन $= a^3$]

$\Rightarrow 5832 = 729 + 3375 + a^3$

$\Rightarrow a^3 = 5832 - 4104 = 1728$

$\Rightarrow a = \sqrt[3]{1728} = 12$ सेमी

$\therefore$ तीसरे घन का पृष्ठीय क्षेत्रफल $= 6a^2$

$= 6(12)^2 = 6 \times 144$

$= 864$ सेमी^{2}

22. (*d*) घन की भुजा (a) = 18 मी

घन का आयतन $= (a)^3$

$= 18 \times 18 \times 18$

$= 5832$ मी^{3}

घनाभ की चौड़ाई $= \frac{5832}{27 \times 7}$ मी

$= 30.85 \approx 30.8$ मी

TOP TIPS जब हम किसी भी प्रकार की आकृति में भरे द्रव को अन्य किसी भी आकृति में भरते हैं तो द्रव का आयतन सदैव समान होता है।

23. (*c*) घनाभ का आयतन $= l \times b \times h$

$= 40 \times 35 \times 20$

चूँकि घनाभ का 20% भाग खराब हो जाता है

$\therefore$ शेष भाग $= (100 - 20)\% = 80\%$

एक छोटे घन का आयतन $= 4 \times 4 \times 4$

आवश्यक छोटे घनों की संख्या

$= \frac{40 \times 35 \times 20}{4 \times 4 \times 4} \times \frac{80}{100} = 350$

24. (*a*) घन का विकर्ण $= \sqrt{3} \times$ भुजा

$\therefore$ घन की भुजा $= \frac{26\sqrt{3}}{\sqrt{3}} = 26$ सेमी

घन का आयतन $= 26 \times 26 \times 26$ सेमी^{3}

दिया है, घनाभ की लम्बाई, घन की भुजा के बराबर है

घनाभ का आयतन = लम्बाई × चौड़ाई × ऊँचाई

$\Rightarrow 26 \times 26 \times 26 = 26 \times 13 \times$ ऊँचाई

अतः घनाभ की ऊँचाई $= \frac{26 \times 26 \times 26}{26 \times 13}$

$= 52$ सेमी

25. (*c*) माना टैंक की लम्बाई, चौड़ाई और गहराई क्रमशः l, b और h सेमी है।

प्रश्नानुसार, $l \times b = 8400$ ...(i)

तथा $l \times b \times h = 10.2 \times 100 \times 100 \times 100$

$\therefore h = \frac{10200000}{8400} = 1214.3$ सेमी [समी (i) से]

26. (*c*) लम्बवृत्तीय बेलन की त्रिज्या (r) = 0.14 मी = 14 सेमी

ऊँचाई (h) = 0.21 मी = 21 सेमी

बेलन का आयतन $= \pi r^2 h$

$= \frac{22}{7} \times 14 \times 14 \times 21$

$= 12936$ घन सेमी

27. (*c*) बेलन का कुल पृष्ठीय क्षेत्रफल

$= 2\pi r(r + h)$

$= 2 \times \frac{22}{7} \times 7 \times (7 + 5)$

$= 44 \times 12 = 528$ सेमी^{2}

28. (*b*) बेलन का आयतन $= \pi r^2 h$

$\Rightarrow 19008 = \frac{22}{7} \times 12 \times 12 \times h$

$\Rightarrow h = \frac{19008 \times 7}{22 \times 12 \times 12} = 42$ सेमी

अतः बेलन की ऊँचाई = 42 सेमी

29. (*c*) बेलन का वक्रपृष्ठीय क्षेत्रफल = 1848 सेमी^{2}

$\Rightarrow 2\pi rh = 1848$

$\Rightarrow 2 \times \frac{22}{7} \times 19.6 \times h = 1848$

$\therefore h = \frac{1848 \times 7}{44 \times 19.6} = 15$

अतः बेलन की ऊँचाई = 15 सेमी

30. (*a*) $\because$ बेलन का आयतन $= \pi r^2 h$

अब, आवश्यक बेलनाकार बर्तनों की संख्या

$= \frac{\pi r_1^2 h_1}{\pi r_2^2 h_2} = \frac{20 \times 20 \times 100}{10 \times 10 \times 20} = 20$

31. (c) माना बेलन की त्रिज्या r तथा ऊँचाई h है।
प्रश्नानुसार,
2 × बेलन का वक्रपृष्ठीय क्षेत्रफल = बेलन का आयतन
$$\Rightarrow \quad 2 \times 2\pi rh = \pi r^2 h$$
$$\therefore \quad r = 4$$

32. (a) आधार की परिधि = 110 सेमी
$$\therefore \quad 2\pi r = 110 \quad ...(i)$$
तथा वक्रपृष्ठीय क्षेत्रफल = 2200
$$\Rightarrow \quad 2\pi rh = 2200$$
$$\Rightarrow \quad 110 \times h = 2200 \quad \text{[समी (i) से]}$$
$$\therefore \quad h = 20 \text{ सेमी}$$

> **TOP TIPS** बेलन का आधार एक वृत्त होता है, जिसकी परिधि $2\pi r$ तथा आधार का क्षेत्रफल πr^2 होता है।

33. (c) माना दोनों बेलनों की त्रिज्याएँ क्रमश: r_1 और r_2 हैं और ऊँचाइयाँ h_1 और h_2 हैं।
चूँकि दोनों का आयतन समान है।
$$\therefore \quad \pi r_1^2 h_1 = \pi r_2^2 h_2$$
$$\Rightarrow \quad (3)^2 h_1 = (1)^2 h_2 \quad (\because r_1 : r_2 = 3 : 1)$$
$$\Rightarrow \quad \frac{h_1}{h_2} = \frac{1}{9}$$
$$\therefore \quad h_1 : h_2 = 1 : 9$$

> **TOP TIPS** दो बेलनों की ऊँचाई का अनुपात उन दोनों बेलनों के आधार की त्रिज्याओं के वर्ग के व्युत्क्रमानुपाती होता है।

34. (c) बेलन के आधार की त्रिज्या $(r) = \frac{20}{2}$
$= 10$ सेमी
ऊँचाई $(h) = 10 \times 2 = 20$ सेमी
$\therefore$ बेलन का आयतन $= \pi r^2 h$
$= \pi \times 10 \times 10 \times 20$
$= 2000\pi$ सेमी^{3}

35. (d) बेलनाकार टंकी की धारिता = 14168 मी^{3}
$$\Rightarrow \quad \pi r^2 h = 14168$$
$$\Rightarrow \quad \frac{22}{7} \times \left(\frac{28}{2}\right)^2 \times h = 14168$$
($\because$ टंकी के आधार का व्यास = 28 सेमी)
$$\Rightarrow \quad h = \frac{14168 \times 7 \times 4}{22 \times 28 \times 28} = 23$$
अत: टंकी की गहराई = 23 मी

36. (b) बेलन की त्रिज्या $(r_1) = 4$ सेमी
पुन: नई त्रिज्या $(r_2) = 16$ सेमी
बेलन की प्रारम्भिक ऊँचाई $(h_1) = 4$ सेमी
प्रश्नानुसार,
$$2\pi r_1 h_1 = 2\pi r_2 h_2$$
$$\Rightarrow \quad 4 \times 4 = 16 \times h_2$$
$$\therefore \quad h_2 = \frac{16}{16} = 1 \text{ सेमी}$$
अत: बेलन की नई ऊँचाई = 1 सेमी

37. (b) $\because$ बेलन के आधार का क्षेत्रफल $= \pi r^2$
वक्रपृष्ठ का क्षेत्रफल $= 2\pi rh$
प्रश्नानुसार,
$$2\pi rh = \pi r^2 \times 5$$
$$\Rightarrow \quad \frac{h}{r} = \frac{5}{2}$$
$$\therefore \quad \frac{r}{h} = \frac{2}{5} = 2 : 5$$

38. (c) बेलन के आधार का क्षेत्रफल
= 346.50 सेमी^{2}
$$\Rightarrow \quad \pi r^2 = 346.50$$
$$\Rightarrow \quad r^2 = \frac{346.50}{22} \times 7 = 110.25$$
$$\therefore \quad r = \sqrt{110.25} = 10.5 \text{ सेमी}$$
बेलन का सम्पूर्ण पृष्ठीय क्षेत्रफल
$= 2\pi r(r + h)$
$= 2 \times \frac{22}{7} \times 10.5(10.5 + 21)$
$= \frac{2 \times 22 \times 105 \times 31.5}{7 \times 10}$
$= 2079$ सेमी^{2}

39. (c) माना दो बेलनों की त्रिज्याएँ क्रमश: r_1 और r_2 हैं तथा इनकी ऊँचाइयाँ क्रमश: h_1 और h_2 हैं।
दोनों बेलनों के आयतनों का अनुपात
$$= \frac{\pi r_1^2 h_1}{\pi r_2^2 h_2} = \left(\frac{r_1}{r_2}\right)^2 \times \frac{h_1}{h_2}$$
$$= \left(\frac{2}{3}\right)^2 \times \frac{5}{3} = \frac{20}{27}$$
$= 20 : 27$

40. (b) बेलन के आधार की त्रिज्या $(r) = 35$ सेमी
= 0.35 मी
बेलन की ऊँचाई $(h) = 1.05$ मी
बेलन का सम्पूर्ण पृष्ठीय क्षेत्रफल
$= 2\pi r(r + h)$
$= 2 \times \frac{22}{7} \times 0.35(0.35 + 1.05)$
$= 2.2 \times 1.4 = 3.08$ मी^{2}
$\therefore$ प्रयुक्त सामग्री का कुल मूल्य
$= (150 \times 3.08) =$ ₹ 462

41. (d) बेलनाकार रोलर की ऊँचाई $(h) = 22$ सेमी
त्रिज्या $(r) = 42$ सेमी
1 चक्कर का क्षेत्रफल $= 2\pi rh$
$= 2 \times \frac{22}{7} \times 42 \times 22$
$= 5808$ सेमी^{2}
$\therefore$ 10 चक्करों का क्षेत्रफल $= 5808 \times 10$
$= 58080$ सेमी^{2}
$= 5.808$ मी^{2}
[$\because$ 10000 सेमी^{2} = 1 मी^{2}]
$= 5.8$ मी^{2}

42. (b) माना बेलन की त्रिज्या $(r) = 3x$ सेमी
तथा ऊँचाई $(h) = 2x$ सेमी
बेलन का आयतन $= \pi r^2 h$
$$\Rightarrow \quad \frac{22}{7} \times r^2 \times h = 19404$$
$$\Rightarrow \quad \frac{22}{7} \times (3x)^2 \times (2x) = 19404$$
$$\Rightarrow \quad \frac{22}{7} \times 18x^3 = 19404$$
$$\Rightarrow \quad x^3 = \frac{19404 \times 7}{22 \times 18} = 343$$
$$\therefore \quad x = \sqrt[3]{343} = 7$$
बेलन का वक्रपृष्ठीय क्षेत्रफल $= 2\pi rh$
$= 2 \times \frac{22}{7} \times 3x \times 2x$
$= 2 \times \frac{22}{7} \times 21 \times 14$
$= 1848$ सेमी^{2}

43. (a) बेलनाकार पाइप की बाह्य त्रिज्या
$(R) = \frac{32}{2} = 16$ सेमी
बेलनाकार पाइप की अन्त: त्रिज्या (r)
$= \frac{20}{2} = 10$ सेमी
निकासी पाइप की लम्बाई/ऊँचाई (h)
= 70 सेमी
अब, पाइप का आयतन
$= \pi(R^2 - r^2) \times h$
$= \frac{22}{7}(16^2 - 10^2) \times 70$
$= \frac{22}{7}(256 - 100) \times 70$
$= 22 \times 156 \times 10$
$= 34320$ सेमी^{3}

44. (d) माना पाइप की भीतरी त्रिज्या r तथा बाहरी त्रिज्या R है।
प्रश्नानुसार,

$\pi(R^2 - r^2) \times h = 748$

$\Rightarrow \frac{22}{7}(9^2 - r^2) \times 14 = 748$

$\Rightarrow (81 - r^2) = \frac{748 \times 7}{22 \times 14} = 17$

$\Rightarrow r^2 = 81 - 17 = 64$

$\therefore r = \sqrt{64} = 8$ सेमी

पाइप की मोटाई $= (R - r)$

$= 9 - 8 = 1$ सेमी

45. (*b*) माना बेलन की ऊँचाई $(h) = x$ सेमी

तब, बेलन की त्रिज्या $(r) = x + 5$ सेमी

बेलन का वक्रपृष्ठ = 792 वर्ग सेमी

$\Rightarrow 2\pi rh = 792$

$\Rightarrow 2 \times \frac{22}{7} \times (x+5) \times x = 792$

$\Rightarrow x^2 + 5x = \frac{792 \times 7}{2 \times 22} = 126$

$\Rightarrow x^2 + 5x - 126 = 0$

$\Rightarrow (x + 14)(x - 9) = 0$

$\therefore x = 9, -14$

ऊँचाई ऋणात्मक नहीं हो सकती है।

$\therefore x = 9$

बेलन का आयतन $= \pi r^2 h$

$= \frac{22}{7} \times (x+5)^2 \times x$

$= \frac{22}{7} \times (9+5)^2 \times 9$

$= \frac{22}{7} \times 14 \times 14 \times 9$

= 5544 घन सेमी

46. (*a*) शंकु का पार्श्व पृष्ठ क्षेत्रफल $= \pi rl$

$= \pi r\sqrt{r^2 + h^2}$

$(\because l = \sqrt{r^2 + h^2})$

47. (*d*) शंकु का आयतन

$= \frac{1}{3} \times$ आधार का क्षेत्रफल $\times$ ऊँचाई

$= \frac{1}{3} \times 616 \times 15 = 616 \times 5$

$= 3080$ सेमी^{3}

48. (*c*) शंकु का आयतन $= \frac{1}{3}\pi r^2 h$

$\Rightarrow \frac{1}{3} \times \frac{22}{7} \times r^2 \times 24 = 1232$

$r^2 = \frac{1232 \times 3 \times 7}{22 \times 24} = 49$

$\therefore r = 7$ सेमी

अब, $l = \sqrt{r^2 + h^2}$

$= \sqrt{7^2 + 24^2}$

$= \sqrt{49 + 576} = \sqrt{625}$

= 25 सेमी

अतः शंकु का सम्पूर्ण पृष्ठीय क्षेत्रफल

$= \pi r(l + r)$

$= \frac{22}{7} \times 7(25 + 7)$

$= 22 \times 32 = 704$ सेमी^{2}

49. (*c*) शंकु की तिर्यक ऊँचाई $(l) = 5$ सेमी

$\therefore$ त्रिज्या $(r) = \frac{8}{2} = 4$ सेमी

शंकु की ऊँचाई, $h = \sqrt{l^2 - r^2}$

$= \sqrt{25 - 16} = 3$ सेमी

शंकु का आयतन $= \frac{1}{3}\pi r^2 h$

$= \frac{1}{3} \times \frac{22}{7} \times 16 \times 3$

$= \frac{1056}{21} = 50.29$ सेमी^{3}

50. (*d*) दिया है, शंकुओं की ऊँचाइयों का अनुपात

$= h_1 : h_2 = 7 : 5$

शंकुओं की त्रिज्याओं का अनुपात

$r_1 : r_2 = \left(\frac{10}{2} : \frac{21}{2}\right)$

शंकुओं के आयतनों का अनुपात $= \dfrac{\frac{1}{3}\pi r_1^2 h_1}{\frac{1}{3}\pi r_2^2 h_2}$

$= \dfrac{\left(\frac{10}{2}\right)^2 \times 7}{\left(\frac{21}{2}\right)^2 \times 5} = \frac{20}{63}$

$\therefore$ अभीष्ट अनुपात = 20 : 63

51. (*d*) दो शंकुओं के आधार का व्यास समान है।

$\Rightarrow d_1 = d_2$

$\therefore r_1 = r_2$

माना शंकुओं की तिर्यक ऊँचाइयाँ $3x$ तथा $4x$ हैं।

शंकु का वक्रपृष्ठीय क्षेत्रफल $= \pi rl$

$\therefore$ अभीष्ट अनुपात $= \pi r_1 l_1 : \pi r_2 l_2$

$= l_1 : l_2 = 3 : 4$

TOP TIPS यदि दो शंकुओं के व्यास अथवा त्रिज्याएँ समान हैं तो उन शंकुओं के वक्रपृष्ठीय क्षेत्रफल का अनुपात उनकी तिर्यक ऊँचाई के अनुपात के बराबर होता है।

52. (*d*) दो शंकुओं की त्रिज्याओं का अनुपात,

$r_1 : r_2 = 2 : 5$

तथा उनके आयतन का अनुपात, $v_1 : v_2 = 3 : 5$

$\frac{3}{5} = \dfrac{\frac{1}{3}\pi r_1^2 h_1}{\frac{1}{3}\pi r_2^2 h_2} \Rightarrow \frac{3}{5} = \frac{(2)^2 \times h_1}{(5)^2 \times h_2}$

$\Rightarrow \frac{3}{5} = \frac{4}{25} \times \frac{h_1}{h_2} \Rightarrow \frac{3 \times 25}{5 \times 4} = \frac{h_1}{h_2}$

$\Rightarrow \frac{15}{4} = \frac{h_1}{h_2}$

अतः शंकुओं की ऊँचाइयों का अनुपात = 15 : 4

53. (*c*) शंक्वाकार टेण्ट के आधार की त्रिज्या,

$r = \frac{14}{2} = 7$ मी

शंक्वाकार टेण्ट की तिर्यक ऊँचाई, $l = 9$ मी

$\therefore$ शंक्वाकार टेण्ट में लगे कपड़े का क्षेत्रफल

$= \pi rl = \frac{22}{7} \times 7 \times 9 = 198$ मी^{2}

2 मी की चौड़ाई वाले कपड़े की लम्बाई

$= \frac{198}{2} = 99$ मी

54. (*c*) माना शंकु की आरम्भिक त्रिज्या व ऊँचाई r तथा h है।

शंकु का आरम्भिक आयतन $= \frac{1}{3}\pi r^2 h$

शंकु की नई त्रिज्या $= r \times \frac{140}{100} = 1.4r$

शंकु की नई ऊँचाई $= h \times \frac{140}{100} = 1.4h$

शंकु का नया आयतन $= \frac{1}{3}\pi(1.4r)^2 \times 1.4h$

$= \frac{1}{3}\pi r^2 h(2.744)$

आयतन में वृद्धि $= \frac{1}{3}\pi r^2 h(2.744 - 1)$

$= \frac{1}{3}\pi r^2 h \times 1.744$

आयतन में प्रतिशत वृद्धि

$= \dfrac{\frac{1}{3}\pi r^2 h \times 1.744 \times 100}{\frac{1}{3}\pi r^2 h} = 174.4\%$

Quick Method

शंकु की त्रिज्या और ऊँचाई में 40% की वृद्धि होती है।

40% व 40% का समतुल्य प्रतिशत

$= 40 + 40 + \frac{40 \times 40}{100} = 96\%$

पुनः 96% व 40% का एकल प्रतिशत

$= 96 + 40 + \frac{96 \times 40}{100}$

$= 136 + 38.4 = 174.4\%$

अतः शंकु के आयतन में वृद्धि प्रतिशत

= 174.4%

55. (*d*) दिया है, टोपी की त्रिज्या $(r) = 14$ सेमी

शंकु की ऊँचाई $(h) = 48$ सेमी

$\therefore$ तिर्यक ऊँचाई $(l) = \sqrt{r^2 + h^2}$

$= \sqrt{(14)^2 + (48)^2}$

$= \sqrt{196 + 2304}$

$= \sqrt{2500} = 50$ सेमी

शंकु का वक्रपृष्ठीय क्षेत्रफल

$= \pi rl = \frac{22}{7} \times 14 \times 50$

$= 2200$ सेमी^{2}

15 टोपी के लिए सीट का कुल क्षेत्रफल

$= 15 \times 2200$

$= 33000$ सेमी

56. (*c*) दिया है, शंकु का व्यास $(d) = 5$ सेमी

$\therefore$ त्रिज्या $(r) = \frac{5}{2}$ सेमी

तथा ऊर्ध्वाधर ऊँचाई $(h) = 10$ सेमी

$\because$ तिर्यक ऊँचाई $(l) = \sqrt{h^2 + r^2}$

$= \sqrt{(10)^2 + \left(\frac{5}{2}\right)^2}$

$= \sqrt{100 + \frac{25}{4}}$

$= \sqrt{\frac{400 + 25}{4}} = \frac{\sqrt{425}}{2}$

तब, शंकु का कुल पृष्ठीय क्षेत्रफल

$= \pi rl + \pi r^2$

$= \frac{22}{7} \times \frac{5}{2} \times \frac{\sqrt{425}}{2} + \frac{22}{7} \times \left(\frac{5}{2}\right)^2$

$= \frac{22}{7}\left[\frac{25\sqrt{17}}{4} + \frac{25}{4}\right]$

$= \left(\frac{22}{7} \times \frac{25}{4}\right)[\sqrt{17} + 1]$

$= \frac{275}{14}[\sqrt{17} + 1]$

$= 100.63$ सेमी^{2}

57. (*a*) यहाँ, $a = 5\%$, $b = 10\%$

$\therefore$ क्षेत्रफल में वृद्धि प्रतिशत

$= \left(5 + 10 + \frac{5 \times 10}{100}\right)\%$

[Formula 23.3 से]

$= (15 + 0.5)\%$

$= 15.5\%$

58. (*a*) गोले का आयतन $= \frac{4}{3}\pi r^3$

$= \frac{4}{3} \times \frac{22}{7} \times (2.1)^3$

$= \frac{4}{3} \times \frac{22}{7} \times \frac{21}{10} \times \frac{21}{10} \times \frac{21}{10}$

$= \frac{38808}{1000} = 38.808$ सेमी^{3}

59. (*c*) गोले की त्रिज्या $(r) = 4.2$ सेमी

अब, गोले का आयतन

$= \frac{4}{3}\pi r^3 = \frac{4}{3} \times \frac{22}{7} \times (4.2)^3$

$= \frac{4}{3} \times \frac{22}{7} \times \left(\frac{42}{10}\right)^3 = 310.464$ सेमी^{3}

60. (*c*) अर्द्धगोले की त्रिज्या $(r) = 60$ सेमी

$\therefore$ अर्द्धगोले का कुल पृष्ठीय क्षेत्रफल

$= 3\pi r^2$

$= 3 \times 3.14 \times 60 \times 60$

$= 33912$ सेमी^{2}

61. (*b*) गोले की त्रिज्या $(r) = 9$ सेमी

गोले का पृष्ठीय क्षेत्रफल $= 4\pi r^2$

$= 4 \times \frac{22}{7} \times 9 \times 9$

$= \frac{7128}{7} = 1018\frac{2}{7}$ सेमी^{2}

62. (*c*) दिया है, बाहरी त्रिज्या $(R) = 9$ सेमी

$\therefore$ आन्तरिक त्रिज्या $(r) = 9 - 2 = 7$ सेमी

गोलाकार पात्र की धारिता $= \frac{4}{3}\pi r^3$

$= \frac{4}{3} \times \frac{22}{7} \times 7 \times 7 \times 7$

$= \frac{4312}{3} = 1437.33$ सेमी^{3}

63. (*a*) माना अर्द्धगोले की त्रिज्या r सेमी है।

$\therefore$ अर्द्धगोले का वक्रपृष्ठीय क्षेत्रफल $= 2\pi r^2$

$\Rightarrow \quad 22 = 2 \times \frac{22}{7} \times r^2$

$\Rightarrow \quad r^2 = \frac{7}{2}$

$\therefore$ अर्द्धगोले का सम्पूर्ण पृष्ठीय क्षेत्रफल $= 3\pi r^2$

$= 3 \times \frac{22}{7} \times \frac{7}{2} = 33$ सेमी^{2}

64. (*d*) बड़ी गेंद की त्रिज्या $= \frac{12}{2} = 6$ सेमी

छोटी गेंद की त्रिज्या $= 0.5$ सेमी

छोटी गेंदों की कुल संख्या

$= \frac{\text{ठोस गेंद का आयतन}}{\text{एक छोटी गेंद का आयतन}}$

$= \frac{\frac{4}{3}\pi R^3}{\frac{4}{3}\pi r^3} = \left(\frac{6}{0.5}\right)^3$

$= (12)^3 = 1728$

65. (*a*) अर्द्धगोले का सम्पूर्ण पृष्ठीय क्षेत्रफल $= 108\pi$ सेमी^{2}

$\Rightarrow \quad 3\pi r^2 = 108\pi$

$\Rightarrow \quad r^2 = \frac{108}{3} = 36$

$\therefore \quad r = \sqrt{36} = 6$ सेमी

अर्द्धगोले का आयतन $= \frac{2}{3}\pi r^3$

$= \frac{2}{3} \times \pi \times (6)^3$

$= 144\pi$ सेमी^{3}

66. (*a*) प्रश्नानुसार,

$\frac{\text{गोले का आयतन}}{\text{गोले का पृष्ठीय क्षेत्रफल}} = 9$

$\Rightarrow \quad \frac{\frac{4}{3}\pi r^3}{4\pi r^2} = 9$

$\Rightarrow \quad \frac{1}{3} \times r = 9$

$\therefore \quad r = 9 \times 3 = 27$

अत: गोले की त्रिज्या $= 27$ सेमी

67. (*d*) दो गोले के पृष्ठीय क्षेत्रफलों का अनुपात

$= 9 : 4$

$\Rightarrow \quad 4\pi r_1^2 : 4\pi r_2^2 = 9 : 4$

$\Rightarrow \quad \left(\frac{r_1}{r_2}\right)^2 = \frac{9}{4}$

$\Rightarrow \quad \frac{r_1}{r_2} = \sqrt{\frac{9}{4}} = \frac{3}{2}$

$\Rightarrow \quad \frac{2r_1}{2r_2} = \frac{2 \times 3}{2 \times 2} = \frac{6}{4}$

$\therefore \quad d_1 : d_2 = 3 : 2$

TOP TIPS दो गोलों के व्यास अथवा त्रिज्याओं का अनुपात सदैव उनके पृष्ठीय क्षेत्रफल के वर्गमूल के अनुपात के बराबर होता है।

68. (*d*) गोले को दो समान भागों में काटा जाता है। अत: इस प्रकार बने अर्द्धगोले की त्रिज्या समान होगी।

दोनों अर्द्धगोले का कुल पृष्ठीय क्षेत्रफल

$= 3\pi r^2 + 3\pi r^2 = 6\pi r^2$

$= 6 \times \frac{22}{7} \times 7 \times 7$

$= 924$ सेमी^{2}

69. (*b*) $\frac{\text{पहले गोले का आयतन}}{\text{दूसरे गोले का आयतन}} = \frac{216}{125}$

$\Rightarrow \quad \frac{\frac{4}{3}\pi r_1^3}{\frac{4}{3}\pi r_2^3} = \frac{216}{125}$

$\Rightarrow \quad \left(\frac{r_1}{r_2}\right)^3 = \frac{216}{125}$

$\therefore \quad \frac{r_1}{r_2} = \sqrt[3]{\frac{216}{125}} = \frac{6}{5}$

दोनों गोलों के पृष्ठ क्षेत्रफलों का अनुपात

$$= \frac{4\pi r_1^2}{4\pi r_2^2}$$

$$= \left(\frac{r_1}{r_2}\right)^2 = \frac{36}{25}$$

∴ अभीष्ट अनुपात = 36 : 25

Quick Method

दो गोलों के पृष्ठीय क्षेत्रफलों का अनुपात

$$= \left(\frac{V_1}{V_2}\right)^{\frac{2}{3}} = \left(\frac{216}{125}\right)^{\frac{2}{3}} = \left(\frac{6^3}{5^3}\right)^{\frac{2}{3}}$$

$$= \frac{6^2}{5^2} = \frac{36}{25} = 36:25$$

70. (*d*) अर्द्धगोले का सम्पूर्ण पृष्ठीय क्षेत्रफल

$= 942$ सेमी^{2}

$\Rightarrow \quad 3\pi r^2 = 942$

$\Rightarrow \quad r^2 = \frac{942}{3 \times 3.14} = 100$

∴ $r = 10$ सेमी

अर्द्धगोले का आयतन $= \frac{2}{3}\pi r^3$

$= \frac{2}{3} \times 3.14 \times 10 \times 10 \times 10$

$= 2093.33 \approx 2093$ सेमी^{3}

71. (*a*) माना गोले की त्रिज्या r है।

तब, आयतन $= \frac{4}{3}\pi r^3$

तथा यदि गोले का व्यास आधा होगा, तब त्रिज्या भी आधी हो जाएगी।

तब, नई त्रिज्या $= \frac{r}{2}$

तब, नया आयतन $= \frac{4}{3}\pi\left(\frac{r}{2}\right)^3 = \frac{1}{8}\left[\frac{4}{3}\pi r^3\right]$

अत: नया आयतन, पूर्व आयतन से $\frac{1}{8}$ हो जाएगा।

72. (*c*) छोटे गोलों की संख्या

$$= \frac{\text{बड़े गोले का आयतन}}{\text{छोटे गोले का आयतन}}$$

$$= \frac{\frac{4}{3}\pi \times 12 \times 12 \times 12}{\frac{4}{3}\pi \times 2 \times 2 \times 2}$$

$= 6 \times 6 \times 6 = 216$

73. (*b*) जब गोलार्द्ध से अधिकतम आयतन वाला गोला काटकर निकाला जाता है, तब

गोलार्द्ध की त्रिज्या = 2 × गोले की त्रिज्या

माना गोले की त्रिज्या = r

गोलार्द्ध की त्रिज्या = $2r$

∴ गोले का आयतन $= \frac{4}{3}\pi r^3$

गोलार्द्ध का आयतन $= \frac{2}{3}\pi(2r)^3 = \frac{16}{3}\pi r^3$

∴ गोलार्द्ध से गोला काटकर निकालने के बाद शेष बचे ठोस पदार्थ का आयतन

$$= \frac{16}{3}\pi r^3 - \frac{4}{3}\pi r^3 = \frac{12}{3}\pi r^3$$

∴ अभीष्ट अनुपात $= \dfrac{\frac{4}{3}\pi r^3}{\frac{12}{3}\pi r^3} = \frac{1}{3} = 1:3$

74. (*b*) गुब्बारे की आरम्भिक त्रिज्या $(r_1) = 5$ सेमी

गुब्बारे की नयी त्रिज्या $(r_2) = 10$ सेमी

$$\frac{\text{मूल गुब्बारे का पृष्ठीय क्षेत्रफल}}{\text{फुले हुए गुब्बारे का पृष्ठीय क्षेत्रफल}} = \frac{4\pi r_1^2}{4\pi r_2^2}$$

$$= \left(\frac{r_1}{r_2}\right)^2 = \left(\frac{5}{10}\right)^2 = \frac{25}{100} = \frac{1}{4}$$

∴ अभीष्ट अनुपात = 1 : 4

75. (*b*) माना कटोरे की त्रिज्या r सेमी है।

प्रश्नानुसार,

कटोरे की किनारी की लम्बाई = 88 सेमी

∵ $2\pi r = 88$

$\Rightarrow \quad 2 \times \frac{22}{7} \times r = 88$

∴ $r = \frac{88 \times 7}{44} = 14$ सेमी

अर्द्धगोलाकार गिलास के शीर्ष की त्रिज्या

$(R) = \frac{7}{2}$ सेमी

माना अर्द्धगोलाकार गिलासों की संख्या = x

पुन: प्रश्नानुसार,

अर्द्धगोलाकार कटोरे का आयतन

= x × अर्द्धगोलाकार गिलासों का आयतन

$$\frac{2}{3}\pi r^3 = x \times \frac{2}{3}\pi(R^3)$$

$\Rightarrow \quad (14)^3 = x \times \left(\frac{7}{2}\right)^3$

∴ $x = \left(\frac{14}{7} \times 2\right)^3 = 64$

76. (*b*) बड़े गोलाकार लड्डू की त्रिज्या (R)

= 810 सेमी

तथा एक छोटे लड्डू की त्रिज्या $(r) = 90$ सेमी

∴ छोटे गोलाकार लड्डुओं की कुल संख्या

$$= \frac{\text{बड़े लड्डू का आयतन}}{\text{छोटे लड्डू का आयतन}}$$

$$= \frac{\frac{4}{3}\pi(R)^3}{\frac{4}{3}\pi(r)^3} = \frac{810 \times 810 \times 810}{90 \times 90 \times 90}$$

$= 9 \times 9 \times 9 = 729$

∴ सभी छोटे लड्डुओं को मिलाकर उनके पृष्ठीय क्षेत्रफल और बड़े लड्डू के पृष्ठीय क्षेत्रफल का अनुपात

$$= \frac{729 \times 4\pi r^2}{4\pi R^2} = \frac{729 \times 90 \times 90}{810 \times 810} = \frac{9}{1} = 9:1$$

77. (*d*) माना बड़े गोले और छोटे गोले की त्रिज्या क्रमश: R और r हैं।

दिया है, $\frac{R}{r} = \frac{4}{1}$

$$\therefore \frac{\text{बड़े गोले का आयतन}}{\text{छोटे गोले का आयतन}} = \frac{\frac{4}{3}\pi R^3}{\frac{4}{3}\pi r^3}$$

$$= \frac{4^3}{1^3} = \frac{64}{1}$$

$$\therefore \frac{\text{बड़े गोले के 1 समरूप गोले का आयतन}}{\text{छोटे गोले के 1 समरूप गोले का आयतन}} = \frac{64 \times 27}{125 \times 1}$$

प्रश्नानुसार, $\frac{64 \times 27}{125} = \frac{1}{m}$

∴ $m = \frac{125}{1728}$

78. (*a*) 20 छोटे ठोस अर्द्धगोलों का कुल आयतन

$= 20 \times \frac{2}{3}\pi r^3$

$= 20 \times \frac{2}{3} \times \pi \times 3 \times 3 \times 3$

$= 360\pi$ सेमी^{3}

शेष ठोस का आयतन

$= 360\pi \times \frac{80}{100} = 288\pi$ सेमी^{3}

∴ सबसे बड़े अर्द्धगोले का आयतन $= \frac{2}{3}\pi R^3$

$\Rightarrow \quad \frac{2}{3}\pi R^3 = 288\pi$

$\Rightarrow \quad R^3 = \frac{288 \times 3}{2}$

∴ $R = \sqrt[3]{144 \times 3}$

$= \sqrt[3]{3 \times 2 \times 2 \times 3 \times 2 \times 2 \times 3}$

$= 6\sqrt[3]{2}$ सेमी

अत: बनाए गए सबसे बड़े अर्द्धगोले की त्रिज्या

$= 6\sqrt[3]{2}$ सेमी

79. (*c*) गोले का पृष्ठीय क्षेत्रफल $= 4\pi r^2$

$= 4\pi(3\sqrt{2})^2 = 72\pi$ सेमी^{2}

शंकु का सम्पूर्ण पृष्ठीय क्षेत्रफल $= \pi r(r + l)$

अब, प्रश्नानुसार,

$3\sqrt{2}\pi(l + 3\sqrt{2}) = 72\pi$

$\Rightarrow \quad 3\sqrt{2}l + 18 = 72$

$\Rightarrow \quad 3\sqrt{2}l = 54$

$\Rightarrow \quad l = \frac{54}{3\sqrt{2}} \times \frac{\sqrt{2}}{\sqrt{2}} = 9\sqrt{2}$ सेमी

शंकु की ऊँचाई $(h) = \sqrt{l^2 - r^2}$

$= \sqrt{(9\sqrt{2})^2 - (3\sqrt{2})^2}$

$= \sqrt{162 - 18} = \sqrt{144}$

= 12 सेमी

80. (*c*) माना छिन्नक को पिघलाकर बनाए गए बेलन की त्रिज्या $(R) = 3x$ सेमी तथा ऊँचाई $(H) = 5x$ सेमी

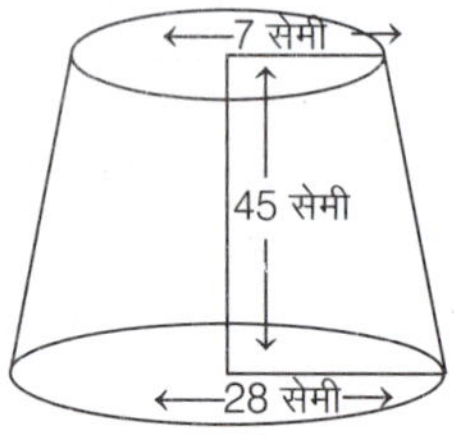

यहाँ, $r_1 = 7$ सेमी, $r_2 = 28$ सेमी

तथा $h = 45$ सेमी

प्रश्नानुसार,

$\frac{1}{3}\pi(r_1^2 + r_2^2 + r_1 \times r_2)h = \pi R^2 H$

$\Rightarrow \frac{1}{3}\pi\{(7)^2 + (28)^2 + 7 \times 28)\}45$

$= \pi \times 9x^2 \times 5x$

$\Rightarrow \frac{1}{3}(49 + 784 + 196)45 = 45x^3$

$\Rightarrow \quad x^3 = 343$

$\therefore \quad x = 7$

बेलन का वक्रपृष्ठीय क्षेत्रफल $= 2\pi rh$

$= 2 \times \pi \times 3x \times 5x$

$= 2 \times \frac{22}{7} \times 3 \times 7 \times 5 \times 7$

$= 2 \times \frac{22}{7} \times 35 \times 21$

$(\because x = 7)$

= 4620 सेमी^{2}

81. (*c*) घन की भुजा = 21 सेमी

∴ गोले का व्यास = 21 सेमी

अतः गोले की त्रिज्या $= \frac{21}{2} = 10.5$ सेमी

घन से निकाले जाने वाले सबसे बड़े गोले का आयतन $= \frac{4}{3}\pi r^3$

$= \frac{4}{3} \times \frac{22}{7} \times 10.5 \times 10.5 \times 10.5$

= 4851 सेमी^{3}

82. (*a*) अर्द्धगोलाकार कण्टेनर का व्यास = 36 सेमी

तब, त्रिज्या $(R) = \frac{36}{2} = 18$ सेमी

तथा बेलनाकार बोतल की ऊँचाई $(h) = 6$ सेमी

बोतल की त्रिज्या $(r) = \frac{\text{व्यास}}{2} = \frac{6}{2} = 3$ सेमी

तब, कुल बोतल की संख्या

$= \frac{\text{अर्द्धगोलाकार कण्टेनर का आयतन}}{\text{बेलनाकार बोतल का आयतन}}$

$= \frac{\frac{2}{3}\pi R^3}{\pi r^2 h} = \frac{\frac{2}{3}(18)^3}{(3)^2 \times 6}$

$= \frac{2 \times 18 \times 18 \times 18}{3 \times 3 \times 3 \times 6} = 72$

83. (*b*) गोले का आयतन $= \frac{4}{3}\pi r^3 = \frac{4}{3} \times \pi \times (9)^3$

तार की त्रिज्या, $(R) = 0.3$ सेमी

माना तार की लम्बाई = h सेमी

∴ तार का आयतन $= \pi R^2 h$

$= \pi \times (0.3)^2 \times h$

प्रश्नानुसार,

$\frac{4}{3} \times \pi \times (9)^3 = \pi(0.3)^2 \times h$

$\therefore \quad h = \frac{4}{3} \times \frac{9 \times 9 \times 9}{0.3 \times 0.3}$

= 10800 सेमी = 108 मी

TOP TIPS जब एक आकृति को पिघलाकर दूसरी आकृति में बदला जाता है, तो उन दोनों आकृतियों का आयतन सदैव समान होता है।

84. (*a*) माना गोले की त्रिज्या = r सेमी

प्रश्नानुसार,

घन का आयतन − गोले का आयतन $= 163\frac{1}{3}$

$\Rightarrow \quad 7^3 - \frac{4}{3}\pi r^3 = \frac{490}{3}$

$\Rightarrow \quad \frac{4}{3}\pi r^3 = 343 - \frac{490}{3}$

$\Rightarrow \quad \frac{4}{3}\pi r^3 = \frac{1029 - 490}{3}$

$\Rightarrow \quad 4\pi r^3 = 539$

$\Rightarrow \quad r^3 = \frac{539 \times 7}{4 \times 22}$

$\Rightarrow \quad r^3 = 42.875$

$\therefore \quad r = 3.5$

अतः गोले का व्यास = 3.5 × 2 = 7 सेमी

85. (*a*) टैंक का सम्पूर्ण पृष्ठीय क्षेत्रफल

$= 2\pi r_1(r_1 + h) - \pi r_2^2$

$= 2\pi \times 5(5 + 10) - \pi \times (0.5)^2$

$= \pi\left(10 \times 15 - \frac{1}{4}\right)$

$= \pi\left(\frac{600 - 1}{4}\right) = \frac{599\pi}{4}$ मी^{2}

86. (*d*) प्रश्नानुसार,

बेलन की त्रिज्या = अर्द्धगोले की त्रिज्या

$= \frac{1.4}{2} = 0.7$ सेमी

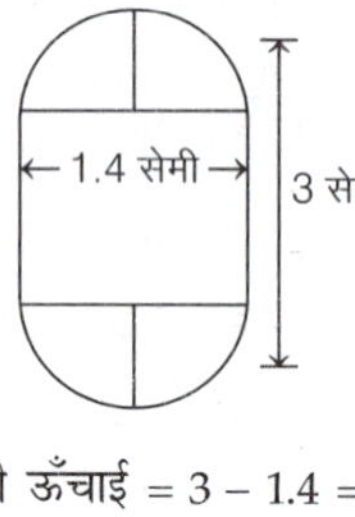

बेलन की ऊँचाई = 3 − 1.4 = 1.6 सेमी

कैप्सूल की क्षमता = बेलनाकार भाग की क्षमता + 2 × (अर्द्धगोलाकार भाग की क्षमता)

$= \pi r^2 h + 2 \times \frac{2}{3} \times \pi r^3$

$= \frac{22}{7} \times 0.7 \times 0.7 \times 1.6$

$+ \frac{4}{3} \times \frac{22}{7} \times 0.7 \times 0.7 \times 0.7$

= 2.464 + 1.437

= 3.901 ~ 4 सेमी^{3}

87. (*b*) माना पिघलाकर बनाई जाने वाली घनाभाकार मोमबत्ती की कुल संख्या = n

बेलनाकार मोमबत्ती की त्रिज्या $(r) = \frac{14}{2}$ सेमी

तथा लम्बाई $(h) = 2$ सेमी

बेलनाकार मोमबत्ती का आयतन $= \pi r^2 h$

$= \frac{22}{7} \times \frac{14}{2} \times \frac{14}{2} \times 2$

$= 22 \times 14$

प्रश्नानुसार,

n घनाभाकार मोमबत्ती का आयतन

= बड़ी बेलनाकार मोमबत्ती का आयतन

$n \times 7 \times 11 \times 2 = 22 \times 14$

$n = \frac{22 \times 14}{14 \times 11}$

∴ कुल मोमबत्ती की संख्या = 2

88. (*b*) प्रिज्म के आधार का क्षेत्रफल

$= (10)^2 = 100$ वर्ग सेमी

प्रिज्म के आधार (वर्गाकार) का परिमाप

= 4 × 10 = 40 सेमी

प्रिज्म का आयतन

= आधार का क्षेत्रफल × ऊँचाई

= 100 × 8 = 800 घन सेमी

प्रिज्म का कुल पृष्ठीय क्षेत्रफल

= (40 × 8 + 2 × 100)

= 520 वर्ग सेमी

∴ अभीष्ट अनुपात = 800 : 520 = 20 : 13

अध्याय

24 त्रिकोणमिति

Chapter Snapshot

त्रिकोणमिति गणित की वह शाखा, जिसमें त्रिभुज के कोणों तथा भुजाओं के बीच सम्बन्धों का अध्ययन किया जाता है।

- **वृत्तीय मापन पद्धति** यदि किसी वृत्त के चाप की लम्बाई 'l', त्रिज्या 'r' तथा केन्द्र पर अन्तरित कोण 'θ' हो, तब

$$\theta \text{ (कोण) } = \frac{l}{r} = \frac{\text{चाप}}{\text{त्रिज्या}}$$

$$\therefore \quad \pi \text{ रेडियन } = 180^\circ = \pi^c, \quad \frac{\pi}{2} = 90^\circ, \quad \frac{\pi}{4} = 45^\circ$$

- **पाइथागोरस प्रमेय** समकोण त्रिभुज के कर्ण का वर्ग शेष दोनों भुजाओं के वर्गों के योग के बराबर होता है।

$$(\text{कर्ण})^2 = (\text{लम्ब})^2 + (\text{आधार})^2$$

I. त्रिकोणमितीय अनुपात

- $\sin\theta = \frac{\text{लम्ब}}{\text{कर्ण}} = \frac{p}{h}$, $\quad \cos\theta = \frac{\text{आधार}}{\text{कर्ण}} = \frac{b}{h}$,
- $\tan\theta = \frac{\text{लम्ब}}{\text{आधार}} = \frac{p}{b}$, $\quad \text{cosec}\,\theta = \frac{\text{कर्ण}}{\text{लम्ब}} = \frac{h}{p}$,
- $\sec\theta = \frac{\text{कर्ण}}{\text{आधार}} = \frac{h}{b}$, $\quad \cot\theta = \frac{\text{आधार}}{\text{लम्ब}} = \frac{b}{p}$

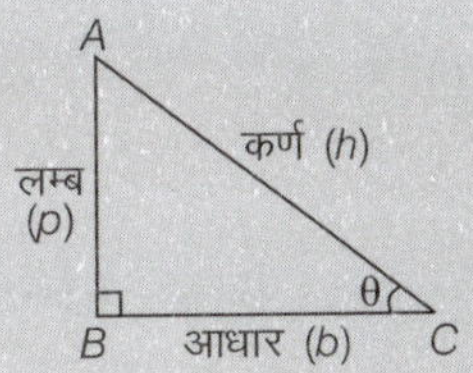

II. त्रिकोणमितीय फलनों में पारस्परिक सम्बन्ध

- $\sin\theta = \frac{1}{\text{cosec}\,\theta} \Leftrightarrow \sin\theta \cdot \text{cosec}\,\theta = 1$
- $\sin^2\theta + \cos^2\theta = 1$
- $\cos\theta = \frac{1}{\sec\theta} \Leftrightarrow \cos\theta \cdot \sec\theta = 1$
- $\sec^2\theta - \tan^2\theta = 1$
- $\tan\theta = \frac{1}{\cot\theta} \Leftrightarrow \tan\theta \cdot \cot\theta = 1$
- $\text{cosec}^2\theta - \cot^2\theta = 1$
- $\tan\theta = \frac{\sin\theta}{\cos\theta}$

विभिन्न त्रिकोणमितीय अनुपातों के लिए मानक कोणों की माप

कोण	0°	30°	45°	60°	90°
sin	0	$\frac{1}{2}$	$\frac{1}{\sqrt{2}}$	$\frac{\sqrt{3}}{2}$	1
cos	1	$\frac{\sqrt{3}}{2}$	$\frac{1}{\sqrt{2}}$	$\frac{1}{2}$	0
tan	0	$\frac{1}{\sqrt{3}}$	1	$\sqrt{3}$	∞
cot	∞	$\sqrt{3}$	1	$\frac{1}{\sqrt{3}}$	0
sec	1	$\frac{2}{\sqrt{3}}$	$\sqrt{2}$	2	∞
cosec	∞	2	$\sqrt{2}$	$\frac{2}{\sqrt{3}}$	1

Concept Capsule

- 1 डिग्री $= \frac{\pi}{180}$ रेडियन
- त्रिकोणमितीय अनुपात के कुछ महत्त्वपूर्ण त्रिक
  (3, 4, 5), (9, 12, 15), (9, 40, 41)
- $\sin(-\theta) = -\sin\theta$
- $\cos(-\theta) = \cos\theta$
- $(90^\circ \pm \theta)$ तथा $(270^\circ \pm \theta)$ के लिए फलन में परिवर्तन $\sin \leftrightarrow \cos$, $\sec \leftrightarrow \text{cosec}$ तथा $\tan \leftrightarrow \cot$ में होता है।
- $(180^\circ \pm \theta)$ तथा $(360^\circ \pm \theta)$ के लिए फलन में कोई परिवर्तन नहीं होता है।

Formula Flashcards

महत्त्वपूर्ण त्रिकोणमितीय व्यंजकों का अधिकतम और न्यूनतम मान

- $a\sin\theta + b\cos\theta$
  अधिकतम मान $= \sqrt{a^2 + b^2}$
  न्यूनतम मान $= -\sqrt{a^2 + b^2}$
- $a\sin^2\theta + b\,\text{cosec}^2\theta$
- $a\tan^2\theta + b\cot^2\theta$
- $a\cos^2\theta + b\sec^2\theta$
  (उपरोक्त तीनों के लिए) अधिकतम मान $= \infty$, न्यूनतम मान $= 2\sqrt{ab}$
- $a\cos^2\theta + b\sin^2\theta$
  (i) यदि $a > b$, अधिकतम मान $= a$, न्यूनतम मान $= b$
  (ii) यदि $b > a$, अधिकतम मान $= b$, न्यूनतम मान $= a$
- $a\sec^2\theta + b\,\text{cosec}^2\theta$, यदि $a, b > 0$
  न्यूनतम मान $= (\sqrt{a} + \sqrt{b})^2$

चतुर्थांशों में त्रिकोणमितीय अनुपातों का चिह्न

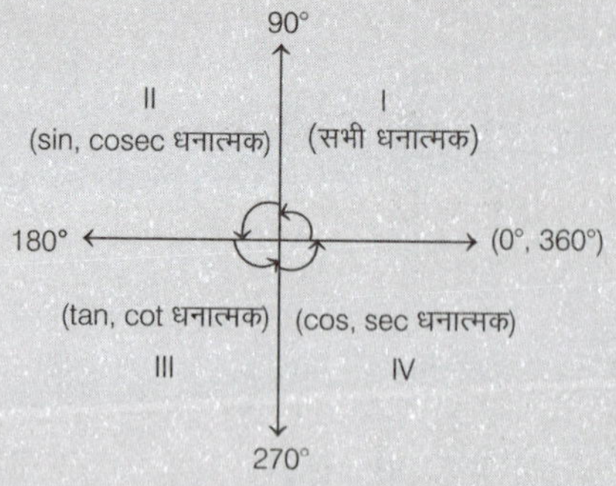

III. दो कोणों के लिए त्रिकोणमितीय अनुपातों के योग/अन्तर के सूत्र

- $\sin(A \pm B) = \sin A \cos B \pm \cos A \sin B$
- $\cos(A \pm B) = \cos A \cos B \mp \sin A \sin B$
- $\tan(A \pm B) = \dfrac{\tan A \pm \tan B}{1 \mp \tan A \tan B}$
- $\cot(A \pm B) = \dfrac{\cot A \cot B \mp 1}{\cot B \pm \cot A}$
- $\sin(A+B)\sin(A-B) = \sin^2 A - \sin^2 B = \cos^2 B - \cos^2 A$
- $\cos(A+B)\cos(A-B) = \cos^2 A - \sin^2 B = \cos^2 B - \sin^2 A$
- $\tan(A+B+C) = \dfrac{\tan A + \tan B + \tan C - \tan A \cdot \tan B \cdot \tan C}{1 - \tan A \cdot \tan B - \tan B \cdot \tan C - \tan A \cdot \tan C}$

IV. sin तथा cos के योग व अन्तर के सूत्र

(i) $2\sin A \cos B = \sin(A+B) + \sin(A-B)$

(ii) $2\cos A \sin B = \sin(A+B) - \sin(A-B)$

(iii) $2\cos A \cos B = \cos(A+B) + \cos(A-B)$

(iv) $2\sin A \sin B = \cos(A-B) - \cos(A+B)$

(v) $\sin C + \sin D = 2\sin\left(\dfrac{C+D}{2}\right)\cos\left(\dfrac{C-D}{2}\right)$

(vi) $\sin C - \sin D = 2\cos\left(\dfrac{C+D}{2}\right)\sin\left(\dfrac{C-D}{2}\right)$

(vii) $\cos C + \cos D = 2\cos\left(\dfrac{C+D}{2}\right)\cos\left(\dfrac{C-D}{2}\right)$

(viii) $\cos C - \cos D = 2\sin\left(\dfrac{C+D}{2}\right)\sin\left(\dfrac{D-C}{2}\right)$

अपवर्त्य तथा अपवर्तक कोणों के लिए त्रिकोणमितीय अनुपात

- $\sin 2\theta = 2\sin\theta\cos\theta = \dfrac{2\tan\theta}{1+\tan^2\theta}$
- $\cos 2\theta = \cos^2\theta - \sin^2\theta = 1 - 2\sin^2\theta = 2\cos^2\theta - 1 = \dfrac{1-\tan^2\theta}{1+\tan^2\theta}$
- $\tan 2\theta = \dfrac{2\tan\theta}{1-\tan^2\theta}$
- $\sin 3\theta = 3\sin\theta - 4\sin^3\theta$
- $\cos 3\theta = 4\cos^3\theta - 3\cos\theta$
- $\tan 3\theta = \dfrac{3\tan\theta - \tan^3\theta}{1 - 3\tan^2\theta}$

कुछ महत्त्वपूर्ण परिणाम

- यदि $A + B + C = 180°$ है, तब $\tan A + \tan B + \tan C = \tan A \cdot \tan B \cdot \tan C$ तथा $\cot A \cdot \cot B + \cot B \cdot \cot C + \cot C \cdot \cot A = 1$
- यदि $A + B + C = 90°$ है, तब $\cot A + \cot B + \cot C = \cot A \cdot \cot B \cdot \cot C$ तथा $\tan A \cdot \tan B + \tan B \cdot \tan C + \tan C \cdot \tan A = 1$

V. उन्नयन कोण और अवनमन कोण

- **उन्नयन कोण** जब वस्तु प्रेक्षक से ऊपर हो, दृष्टि रेखा और क्षैतिज के बीच बना कोण।
- **अवनमन कोण** जब वस्तु प्रेक्षक से नीचे हो, दृष्टि रेखा और क्षैतिज के बीच बना कोण।

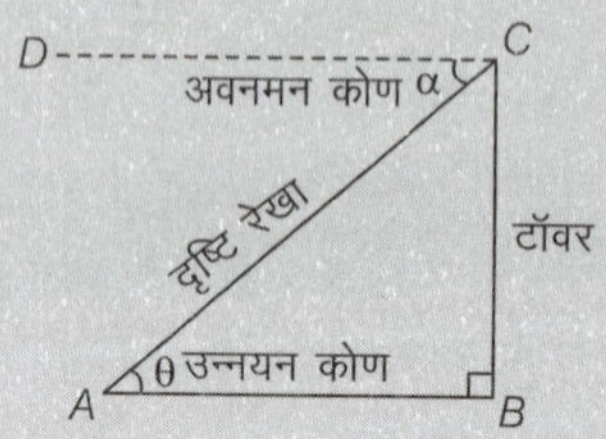

Concept Capsule

- θ का मान बढ़ने पर sin θ, tan θ तथा sec θ का भी मान बढ़ता है। ($0° \le \theta \le 90°$) अन्य का मान $0° \le \theta \le 90°$ के बीच घटते जाता है।
- उन्नयन कोण तथा अवनमन कोण हमेशा न्यूनकोण होते हैं।

Exam Approach Examples

त्रिकोणमितीय अनुपात व सम्बन्धों पर आधारित

उदाहरण 1. यदि $\tan A = \frac{4}{3}, 0 \le A \le 90°$ है, तो $\sin A$ का मान क्या होगा? *CISF Head Constable 2023*

(a) $\frac{3}{4}$ (b) $\frac{3}{5}$ (c) $\frac{4}{5}$ (d) 1

हल (c) $\tan A = \frac{4}{3} = \frac{\text{लम्ब}}{\text{आधार}}$

$\therefore$ कर्ण $= \sqrt{\text{लम्ब}^2 + \text{आधार}^2}$ [पाइथागोरस प्रमेय से]

$= \sqrt{4^2 + 3^2} = \sqrt{25} = 5$

$\therefore \sin A = \frac{\text{लम्ब}}{\text{कर्ण}} = \frac{4}{5}$

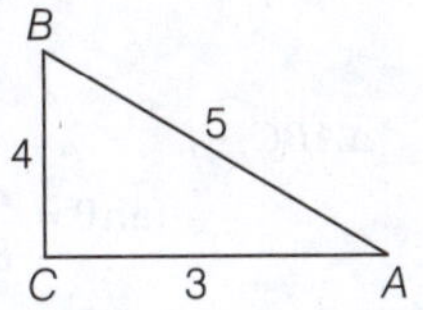

उदाहरण 2. यदि θ एक न्यूनकोण है और $\cos\theta = \frac{12}{13}$ है, तो $\frac{13\sin\theta + 12\sec\theta}{12\tan\theta + 5\operatorname{cosec}\theta}$ का मान ज्ञात कीजिए। *RRC Group D 2022*

(a) 1 (b) $\frac{1}{2}$ (c) 2 (d) $\frac{3}{2}$

हल (a) $\because \cos\theta = \frac{12}{13}$

$\therefore \sec\theta = \frac{13}{12}$ [$\because \cos\theta \cdot \sec\theta = 1$]

$\sin\theta = \sqrt{1 - \cos^2\theta} = \frac{5}{13}, \operatorname{cosec}\theta = \frac{13}{5}$

तथा $\tan\theta = \frac{5}{12}$

अत: $\frac{13\sin\theta + 12\sec\theta}{12\tan\theta + 5\operatorname{cosec}\theta}$

$= \frac{13 \times \frac{5}{13} + 12 \times \frac{13}{12}}{12 \times \frac{5}{12} + 5 \times \frac{13}{5}}$

$= \frac{5 + 13}{5 + 13} = \frac{18}{18} = 1$

उदाहरण 3. निम्नलिखित में कौन-सा $\sec A - \cos A$ के बराबर है? *SSC CGL (Tier II) 2022*

(a) $\tan A \cdot \sin A$ (b) $\cos A \cdot \sin A$
(c) $\cot A \cdot \cos A$ (d) $\sin A \cdot \cot A$

हल (a) $\sec A - \cos A = \frac{1}{\cos A} - \cos A$

$= \frac{1 - \cos^2 A}{\cos A} = \frac{\sin^2 A}{\cos A}$ [$\because \sin^2 A + \cos^2 A = 1$]

$= \frac{\sin A}{\cos A} \times \sin A$

$= \tan A \cdot \sin A$

विशिष्ट कोणों व चिह्नों पर आधारित

उदाहरण 4. यदि $\sec 6A = \operatorname{cosec}(A - 29°)$ है, जहाँ $2A$ न्यूनकोण है, तो $\angle A = ...°$ होगा। *SSC CPO 2024*

(a) 21 (b) 18 (c) 17 (d) 19

हल (c) दिया है,

$\sec 6A = \operatorname{cosec}(A - 29°)$

$\Rightarrow \operatorname{cosec}(90° - 6A) = \operatorname{cosec}(A - 29°)$

[$\because \operatorname{cosec}(90 - \theta) = \sec\theta$]

$\Rightarrow 90° - 6A = A - 29°$

$\Rightarrow 7A = 90° + 29° = 119°$

$\therefore A = 17°$

> **Trending Concept**
> दिए गए त्रिकोणमितीय समीकरण से कोण के माप का पता करना, पर आधारित प्रश्न वर्तमान में हो रही विभिन्न परीक्षाओं (SSC, Railway, States, Police) में निरन्तर पूछे जा रहे हैं।

उदाहरण 5. $\frac{\cos(50° + A) - \sin(40° - A)}{\cos 40° \sec 40°}$ का मान क्या है? *NTA (CUET) 2023*

(a) 2 (b) 1 (c) 0.5 (d) 0

हल (d) $\frac{[\cos(50° + A) - \sin(40° - A)]}{\cos 40° \cdot \sec 40°}$

$= \frac{[\cos 50° \cdot \cos A - \sin 50° \cdot \sin A] - [\sin 40° \cos A - \sin A \cos 40°]}{\cos 40° \cdot \sec 40°}$

[$\because \cos\theta = \sin(90° - \theta)$]

$= \frac{[\sin 40° \cdot \cos A - \sin 50° \cdot \sin A] - \sin 40° \cdot \cos A + \sin A \cdot \cos 40°}{1}$

$= \sin A \cos 40° - \sin 50° \sin A$

$= \sin A \sin(\cos 90° - 40°) - \sin 50° \sin A$

$= \sin A \sin 50° - \sin 50° \sin A = \sin A(0) = 0$

उदाहरण 6. $\operatorname{cosec}(47° + \theta) - \sec(43° - \theta) + \tan(61° + \theta) - \cot(29° - \theta) + \sin(45° + \theta) - \cos(45° - \theta)$ का मान ज्ञात कीजिए। *RRC Group D 2022*

(a) 0
(b) $\frac{1}{\sqrt{2}}$
(c) 1
(d) $\frac{\sqrt{3}}{2}$

> **Score Booster**
> इस प्रकार के प्रश्नों में त्रिकोणमितीय फलनों को पूरक फलनों में परिवर्तित करके हल करना चाहिए।

हल (a) $\operatorname{cosec}(47° + \theta) - \sec(43° - \theta) + \tan(61° + \theta) - \cot(29° - \theta) + \sin(45° + \theta) - \cos(45° - \theta)$

$= \sec[90° - (47° + \theta)] - \sec(43° - \theta) + \cot[90° - (61° + \theta)] - \cot(29° - \theta) + \cos[90° - (45° + \theta)] - \cos(45° - \theta)$

{$\because \sec(90° - \theta) = \operatorname{cosec}\theta; \cot(90° - \theta) = \tan\theta$ तथा $\cos(90° - \theta) = \sin\theta$}

$= [\sec(43° - \theta) - \sec(43° - \theta)] + [\cot(29° - \theta) - \cot(29° - \theta)] + [\cos(45° - \theta) - \cos(45° - \theta)] = 0$

उदाहरण 7. यदि ΔABC, A पर समकोण है, तो $\sin\left(\frac{B+C}{2}\right)\cos\left(\frac{B+C}{2}\right)$ का मान ज्ञात करें।

SSC (10+2) 2021

(a) $\sqrt{2}$ (b) $\frac{1}{2}$

(c) $\frac{1}{4}$ (d) $\frac{\sqrt{3}}{4}$

हल (b) हम जानते हैं कि ΔABC में,

$$A + B + C = 180°$$

$\Rightarrow$ $90° + B + C = 180°$ $[\because \angle A = 90°]$

$\Rightarrow$ $B + C = 90°$

$\Rightarrow$ $\frac{B+C}{2} = 45°$

$\therefore \sin\left(\frac{B+C}{2}\right)\cdot\cos\left(\frac{B+C}{2}\right) = \sin 45°\cdot\cos 45° = \frac{1}{\sqrt{2}}\times\frac{1}{\sqrt{2}} = \frac{1}{2}$

उदाहरण 8. यदि $\cos^4\theta - \sin^4\theta = k$ है, तो $\frac{1+k}{1-k}$ का मान ज्ञात कीजिए।

RRC Group D 2022

(a) $\cot^2\theta$ (b) $\tan^2\theta$

(c) $\text{cosec}^2\theta$ (d) $\sin^2\theta$

हल (a) दिया है, $\cos^4\theta - \sin^4\theta = k$

$\Rightarrow$ $(\cos^2\theta)^2 - (\sin^2\theta)^2 = k$

$\Rightarrow$ $(\cos^2\theta + \sin^2\theta)(\cos^2\theta - \sin^2\theta) = k$

$[\because a^2 - b^2 = (a+b)(a-b)]$

$\Rightarrow$ $\cos^2\theta - \sin^2\theta = k$ $[\because \sin^2\theta + \cos^2\theta = 1]$

अब, $\frac{1+k}{1-k} = \frac{1+\cos^2\theta - \sin^2\theta}{1-\cos^2\theta + \sin^2\theta}$

अंश व हर में $\cos^2\theta$ से भाग देने पर,

$$\frac{\frac{1}{\cos^2\theta} + 1 - \frac{\sin^2\theta}{\cos^2\theta}}{\frac{1}{\cos^2\theta} - 1 + \frac{\sin^2\theta}{\cos^2\theta}} = \frac{\sec^2\theta + 1 - \tan^2\theta}{\sec^2\theta - 1 + \tan^2\theta}$$

$$= \frac{(\sec^2\theta - \tan^2\theta) + 1}{(\sec^2\theta + \tan^2\theta) - 1} = \frac{2}{\sec^2 + \tan^2\theta - \sec^2\theta + \tan^2\theta}$$

$[\because \sec^2\theta - \tan^2\theta = 1]$

$$= \frac{2}{2\tan^2\theta} = \cot^2\theta$$

अधिकतम व न्यूनतम मान पर आधारित

उदाहरण 9. $(2\sin\theta + 3\cos\theta)$ का अधिकतम मान क्या होगा?

(a) 2 (b) $\sqrt{13}$

(c) $\sqrt{15}$ (d) 1

हल (b) $a\sin\theta + b\cos\theta$ का अधिकतम मान $= \sqrt{a^2 + b^2}$

यहाँ, $a = 2$ तथा $b = 3$

$\therefore$ व्यंजक का अधिकतम मान $= \sqrt{2^2 + 3^2} = \sqrt{13}$

ऊँचाई एवं दूरी पर आधारित

उदाहरण 10. 30 मी ऊँचे पेड़ की जमीन पर निर्मित छाया की लम्बाई $10\sqrt{3}$ मी है। सूर्य का उन्नयन कोण (डिग्री में) क्या है?

SSC CGL (Tier I) 2022

(a) 45° (b) 15° (c) 30° (d) 60°

हल (d) प्रश्नानुसार,

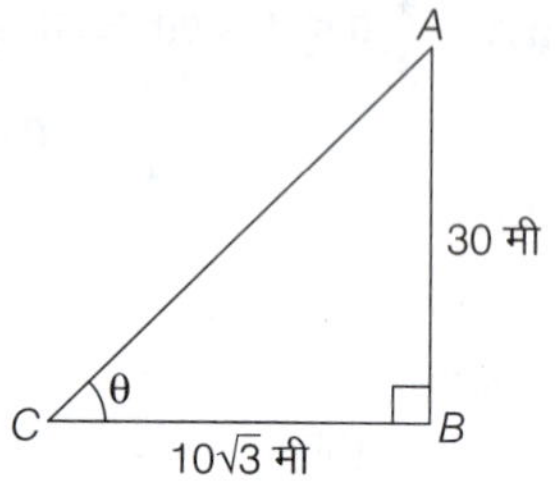

ΔABC में,

$$\tan\theta = \frac{AB}{BC} = \frac{30}{10\sqrt{3}} \quad \left[\because \tan\theta = \frac{\text{लम्ब}}{\text{आधार}}\right]$$

$\Rightarrow$ $\tan\theta = \sqrt{3} \Rightarrow \tan\theta = \tan 60°$

$\therefore$ $\theta = 60°$

उदाहरण 11. एक नदी के किनारे खड़ा एक व्यक्ति देखता है कि एक पेड़ द्वारा विपरीत किनारे पर बनाया गया कोण 60° है। वह किनारे पर 36 मी पीछे चलता है और कोण को 30° पाता है। नदी की चौड़ाई कितनी है?

RRB NTPC 2021

(a) 10 मी (b) 18 मी (c) 20 मी (d) 28 मी

हल (b) माना AB = पेड़ की ऊँचाई तथा CD = 36 मी

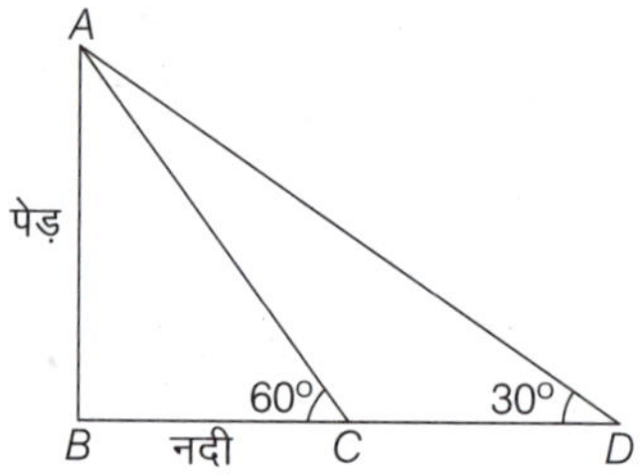

Score Booster

इस प्रकार के प्रश्नों को हल करते समय स्थिर वस्तु और गतिमान वस्तु की दिशा और स्थिति को ध्यान से समझकर हल करना चाहिए।

स्थिर वस्तु के पास जाने पर उन्नयन कोण बढ़ता है और दूर जाने पर उन्नयन कोण घटता है।

ΔABC में, $\tan 60° = \frac{AB}{BC}$

$\Rightarrow$ $\sqrt{3} = \frac{AB}{BC}$

$\therefore$ $AB = \sqrt{3}BC$ ...(i)

अब, ΔABD में,

$$\tan 30° = \frac{AB}{BD} = \frac{AB}{BC + CD}$$

$\Rightarrow$ $\frac{1}{\sqrt{3}} = \frac{\sqrt{3}BC}{BC + 36}$

[$\because$ समी (i) से, $AB = \sqrt{3}BC$ तथा $CD = 36$]

$\Rightarrow$ $3BC = BC + 36 \Rightarrow 2BC = 36$

$\therefore$ $BC = 18$ मी

अतः नदी की चौड़ाई = 18 मी

Chapter Challenge

त्रिकोणमितीय अनुपात व सम्बन्धों पर आधारित

1. यदि θ एक न्यूनकोण है और $\cos\theta = \frac{11}{17}$, तो $\tan\theta$ का मान क्या है? **SSC (10+2) 2023**

(a) $\frac{4\sqrt{10}}{11}$ (b) $\frac{2\sqrt{42}}{11}$ (c) $\frac{13}{11}$ (d) $\frac{2\sqrt{42}}{17}$

2. यदि $\cot\theta = \frac{28}{45}$ है, तो $(\sin\theta - \cos\theta)$ का मान ज्ञात कीजिए। **SSC CPO 2024**

(a) $\frac{7}{53}$ (b) $\frac{45}{28}$ (c) $\frac{17}{53}$ (d) $\frac{28}{53}$

3. यदि $3\tan\theta = 4$, तो $7\sin\theta - 2\cos\theta$ का मान क्या है? **SSC (10+2) 2023**

(a) $\frac{22}{5}$ (b) 4 (c) $\frac{12}{5}$ (d) $\frac{17}{5}$

4. यदि $4\cot A = 5$, तो $6\sec A \cdot \tan A$ का मान क्या है? **NTA CUET 2023**

(a) $\frac{3}{2}\sqrt{41}$ (b) $\frac{20\sqrt{41}}{21}$

(c) $\frac{24\sqrt{41}}{25}$ (d) $\frac{25\sqrt{41}}{24}$

5. यदि $\operatorname{cosec}\theta = 5/3$ है, तो $(\sec^2\theta - 1)\times\cot^2\theta\times(1+\cot^2\theta)$ का मान ज्ञात कीजिए। **SSC CGL 2024**

(a) $\frac{25}{16}$ (b) $\frac{9}{16}$ (c) $\frac{4}{5}$ (d) $\frac{25}{9}$

6. $\frac{(3\sin\theta - \cos\theta)}{(\cos\theta + \sin\theta)} = 1$ है, तो $\cot\theta$ का मान ज्ञात कीजिए। **SSC CGL 2023**

(a) 3 (b) 1 (c) 2 (d) 0

7. यदि $\cos\theta = \frac{5}{13}$ है, तो $\tan^2\theta + \sec^2\theta$ का मान ज्ञात कीजिए। **SSC CGL (Tier II) 2020**

(a) $\frac{233}{25}$ (b) $\frac{303}{25}$ (c) $\frac{313}{25}$ (d) $\frac{323}{25}$

8. यदि $\sec\theta = 5x$ और $\tan\theta = \frac{5}{x}$ तो $10\left(x^2 - \frac{1}{x^2}\right)$ का मान ज्ञात कीजिए। **RRB NTPC (CBT-I) 2021**

(a) 2 (b) $\frac{2}{5}$ (c) $\frac{1}{5}$ (d) $\frac{3}{5}$

9. $(\tan^2\theta + \tan^4\theta)$ का मान ज्ञात कीजिए। **DP CISF 2023**

(a) $\sec^2\theta - \sec^4\theta$ (b) $\sec^4\theta - \sec^2\theta$

(c) $\sec^4\theta + \sec^2\theta$ (d) $\cot^2\theta - \tan^2\theta$

10. सरल कीजिए $(1+\tan^2 A) + \left(1 + \frac{1}{\tan^2 A}\right)$ **[SSC CPO 2024]**

(a) $\frac{1}{\cot^2 A - \tan^4 A}$ (b) $\frac{1}{\sin^2 A - \sin^4 A}$

(c) $\frac{1}{\sin^2 A - \cos^4 A}$ (d) $\frac{1}{\cos^2 A - \sin^4 A}$

11. यदि $\tan(t) + \cot(t) = 1$, तो व्यंजक $\frac{1}{\sin(t) + \cos(t)}$ का एक मान ..... है। **SSC CPO 2024**

(a) $\frac{1}{\sqrt{3}}$ (b) $\sqrt{3}$ (d) $\frac{2}{\sqrt{3}}$ (d) $\frac{\sqrt{3}}{2}$

12. $\sec\theta + \tan\theta = p$ है, तो $4\sec\theta$ का मान ज्ञात कीजिए। **RRC Group D 2022**

(a) $\frac{2(1-p^2)}{p}$

(b) $\frac{2(1+p^2)}{p}$

(c) $\frac{(1+p^2)}{2p}$

(d) $\frac{(1+p)^2}{p}$

> **MRC*****
> **(Most Repeating Concepts)**
> प्र. सं. 10, 24, 30, 43, 48, 54, 55, 57, 72, 78 और 83 Examination Point of Views से अति महत्वपूर्ण हैं। इन Concept पर प्रश्न विभिन्न प्रतियोगी परीक्षाओं (SSC CGL, SSC (10+2), SSC CPO, Railway Group D और NTPC आदि) में निरन्तर पूछे जा रहे हैं।

13. यदि $\tan\theta + \sec\theta = a$ है, तो $\sec\theta$ का मान किसके बराबर होगा? **SSC (10+2) 2023**

(a) $\frac{a^2+1}{2a}$ (b) $\frac{a+1}{2a^2}$ (c) $\frac{(a-1)}{2a^2}$ (d) $\frac{a^2-1}{2a}$

14. $\frac{1}{\sin\theta} - \frac{\cot^2\theta}{1+\operatorname{cosec}\theta}$ का मान क्या है? **SSC (10+2) 2023**

(a) 0 (b) – 1 (c) 1 (d) 2

15. यदि $3\sec\theta + 4\cos\theta - 4\sqrt{3} = 0$ है, जहाँ θ न्यूनकोण है, तो θ का मान ज्ञात करें। **SSC CGL (Tier-I) 2021**

(a) 45° (b) 20°

(c) 60° (d) 30°

16. यदि $\cos\theta - \sin\theta = \sqrt{2}\sin\theta$ है, तो $(\cos\theta + \sin\theta)$ का मान ज्ञात कीजिए। **DP CISF 2023**

(a) $-\sqrt{2}\sin\theta$ (b) $\sqrt{2}\tan\theta$

(c) $\sqrt{2}\cos\theta$ (d) $-\sqrt{2}\cos\theta$

17. यदि $3\cot^2 x - 7\operatorname{cosec}^2 x + 7 = 0$ है, तो $x (0 \le x \le 90°)$ का मान ज्ञात कीजिए। **SSC (10+2) 2021**

(a) 30° (b) 60° (c) 0° (d) 90°

18. यदि $\sec A - \tan A = p$ है, तो $\sec A$ का मान ज्ञात कीजिए। **SSC CPO 2023**

(a) $\frac{p^2-1}{p^2+1}$ (b) $\frac{p^2+1}{2p}$ (c) $\frac{p^2+1}{p}$ (d) $\frac{p^2+1}{p^2-1}$

19. निम्नलिखित के मान त्रिकोणमितीय अनुपातों के पदों में ज्ञात करें। **CISF HC Min 2022**

$$\frac{\tan A + \sec A - 1}{\tan A - \sec A + 1}$$

(a) $\frac{1-\cos A}{\sin A}$ (b) $\frac{1-\sin A}{\cos A}$

(c) $\frac{1+\sin A}{\cos A}$ (d) $\frac{1+\cos A}{\sin A}$

20. यदि $\sec\theta = \frac{5}{3}$ और θ एक न्यूनकोण है, तो $\frac{3\tan\theta - 5\cos\theta}{5\sin\theta - 3\sec\theta} = ?$ **RRC Group D 2022**

(a) 4 (b) 0 (c) 1 (d) – 1

21. यदि $x = r\sin A\cos C$, $y = r\sin A\cdot\sin C$, और $z = r\cos A$ है, तो $x^2 + y^2 + z^2$ का मान ज्ञात कीजिए। **RRB NTPC (CBT-I) 2021**

(a) r^2 (b) $2r$ (c) $2r^2$ (d) 0

22. $\operatorname{cosec} A(1-\cos A)(\operatorname{cosec} A + \cot A)$ का मान क्या है? **SSC (10+2) 2023**

(a) 3 (b) 2 (c) 0 (d) 1

23. यदि $6\sec\theta = 10$ है, तो $(5\operatorname{cosec}\theta - 3\cot\theta)/(4\cos\theta + 3\sin\theta)$ का मान ज्ञात कीजिए। **SSC (10+2) 2023**

(a) $\frac{3}{2}$ (b) $\frac{6}{5}$ (c) $\frac{2}{3}$ (d) $\frac{5}{6}$

24. यदि $\operatorname{cosec}\theta - \cot\theta = a$, तो $\operatorname{cosec}\theta$ का मान क्या है? **RRB NTPC (CBT-I) 2021**

(a) $\frac{1}{2}\left(a+\frac{1}{a}\right)$ (b) $\frac{1}{2}\left(a-\frac{1}{a}\right)$

(c) $\frac{1}{4}\left(a-\frac{1}{a}\right)$ (d) $\left(a+\frac{1}{a}\right)$

25. दिए गए समीकरण को सरल कीजिए।

$\frac{\cot^3 A - 1}{\cot A - 1} = ?$ **SSC (10+2) 2023**

(a) $\cot^2 A + \operatorname{cosec} A$ (b) $\operatorname{cosec}^2 A + \cot A$

(c) $\operatorname{cosec}^2 A - \cot A$ (d) $\cot^2 A - \operatorname{cosec} A$

26. $\frac{\sin A - \sin B}{\cos A + \cos B} + \frac{\cos A - \cos B}{\sin A + \sin B}$ का मान ज्ञात कीजिए। **RRC Group D 2023**

(a) 2 (b) 0

(c) –1 (d) 1

27. निम्नलिखित में से कौन-सा विकल्प $\frac{1}{\tan\theta} + \tan\theta$ के बराबर है? **SSC CGL (Tier-II) 2022**

(a) $\frac{\operatorname{cosec}\theta}{\sec\theta}$ (b) $\sec\theta\cdot\operatorname{cosec}\theta$

(c) 1 (d) $\tan^2\theta$

28. यदि $\cos\theta = \frac{4x}{1+4x^2}$ है, तो $\sin\theta$ का मान क्या होगा? **SSC (10+2) 2021**

(a) $\frac{1+4x^2}{1-4x^2}$ (b) $\frac{1-4x^2}{1+4x^2}$ (c) $\frac{1-4x^2}{4x}$ (d) $\frac{1+4x^2}{4x^2}$

29. यदि $\sec\theta + \tan\theta = p, (p > 1)$ है, तो $\frac{\operatorname{cosec}\theta + 1}{\operatorname{cosec}\theta - 1} = ?$ **SSC CGL (Tier-II) 2019**

(a) $2p^2$ (b) $\frac{p+1}{p-1}$ (c) p^2 (d) $\frac{p-1}{p+1}$

विशिष्ट कोणों व चिह्नों पर आधारित

30. मान ज्ञात कीजिए। $\cos 1°\cos 2°\cos 3°......\cos 89°\cos 90°$ **RRB NTPC 2021**

(a) 1 (b) $\frac{1}{\sqrt{2}}$ (c) 0 (d) $\frac{1}{2}$

31. $\frac{\sin^2 30° + \cos^2 60° + \sec 45°\cdot\sin 45°}{\sec 60° + \operatorname{cosec} 30°}$ का मान ज्ञात करें। **SSC CPO 2020**

(a) $-\frac{3}{8}$ (b) $\frac{1}{4}$ (c) $-\frac{1}{4}$ (d) $\frac{3}{8}$

32. यदि $\sec^2 A + \tan^2 A = 3$ है, तो $\cot A$ का मान क्या होगा? **SSC CGL (Tier-I) 2022**

(a) $\sqrt{3}$ (b) 0 (c) $\frac{1}{\sqrt{3}}$ (d) 1

33. यदि $\sin\alpha = \frac{1}{\sqrt{5}}$ और $\cos\beta = \frac{3}{\sqrt{10}}$, तो $\alpha + \beta$ का मान ज्ञात कीजिए। **RRB NTPC 2021**

(a) 30° (b) 45°

(c) 90° (d) 60°

34. $1 + \tan\cdot 15°\cot 75°$ का मान क्या है? **RRB NTPC (CBT-I) 2021**

(a) $\sec^2 15°$ (b) $\operatorname{cosec}^2 15°$

(c) $\cos^2 15°$ (d) $\sin^2 15°$

35. यदि $2\sin(3x-3)° = \tan 240°$, तो डिग्री में x का मान क्या होगा? **RRB NTPC 2021**

(a) 21° (b) 25°

(c) 27° (d) 23°

36. सरल कीजिए $\frac{\sin 3A}{\sin A} + \frac{\cos 3A}{\cos A}$ **RRB JE 2019**

(a) $4\cos 2A$ (b) – 2

(c) $2\cos A$ (d) $2\sin A$

37. समकोण त्रिभुज ABC में, $\angle B = 90°$ तथा कोण A एवं कोण C न्यूनकोण हैं। यदि $\operatorname{cosec} A = 2\sqrt{2}$ हो, तो $\sin A\cdot\cos C + \cos A\cdot\sin C$ का मान ज्ञात कीजिए। **SSC (10+2) 2024**

(a) $\sqrt{2}$ (b) $2\sqrt{2}$ (c) 0 (d) 1

38. यदि $A = 30°$ है, तो $\frac{[8\sin A + 11\operatorname{cosec} A - \cot^2 A]}{10\cos 2A}$ का मान ज्ञात करें। **NTA (UET) 2022**

(a) $3\frac{4}{5}$ (b) $5\frac{1}{5}$ (c) $4\frac{2}{5}$ (d) $4\frac{3}{5}$

39. $\frac{1+\tan 75°}{1-\tan 75°}$ का मान ज्ञात कीजिए। **RRB NTPC 2021**

(a) $-\sqrt{3}$ (b) $-\frac{2}{\sqrt{3}}$ (c) $\frac{1}{\sqrt{3}}$ (d) $\sqrt{3}$

40. यदि $\sin(\theta + 30°) = \cos 5\theta$, तो θ का मान क्या है? **SSC (10+2) 2023**

(a) 10° (b) 20°

(c) 30° (d) 15°

41. $\frac{\sin 54°}{\cos 36°} + \frac{\sec 46°}{\operatorname{cosec} 44°}$ **SSC CPO 2022**

(a) 1 (b) 0 (c) –1 (d) 2

42. निम्न का मान ज्ञात कीजिए।

$\sin 25°\cdot\sin 65° - \cos 25°\cdot\cos 65°$ **SSC CGL 2023**

(a) 1 (b) 0 (c) 4 (d) 40

43. निम्नलिखित का मान ज्ञात कीजिए। **SSC CGL 2023**

$\cos(36° + A)\cdot\cos(36° - A) + \cos(54° + A)\cdot\cos(54° - A)$

(a) $\cos A$ (b) $\sin 2A$

(c) $\sin A$ (d) $\cos 2A$

44. यदि $\sin 2A = 2\sin A$, तो $A = ?$ **RRB NTPC 2021**

(a) 30° (b) 90° (c) 0° (d) 60°

45. निम्न को हल कीजिए।
$$\frac{\cos^2(45°+\theta)+\cos^2(45°-\theta)}{\text{cosec}^2 30° \sin^2 45° - \sec^2 60°}$$ **RRB NTPC 2022**
(a) $-\frac{1}{2}$ (b) $-\frac{1}{6}$ (c) $\frac{1}{6}$ (d) $\frac{1}{2}$

46. $\frac{\sin 58°}{\cos 32°}+\frac{\sin 55°\cdot\sec 35°}{\tan 5°\cdot\tan 45°\cdot\tan 85°}$ का मान .... के बराबर है। **SSC (10+2) 2023**
(a) 3 (b) 0 (c) 2 (d) 1

47. यदि $\tan(\alpha+\beta)=a, \tan(\alpha-\beta)=b$ हैं, तो $\tan 2\alpha$ का मान ज्ञात कीजिए। **SSC CGL (Tier-I) 2022**
(a) $\frac{a+b}{1-ab}$ (b) $\frac{a+b}{1+ab}$ (c) $\frac{a-b}{1-ab}$ (d) $\frac{a-b}{1+ab}$

48. यदि $\frac{\cos A}{1-\sin A}+\frac{\cos A}{1+\sin A}=4$, तो A का मान क्या होगा? **RRB NTPC 2021**
(a) 90° (b) 60° (c) 30° (d) 45°

49. यदि $\sin(3A-20°)=\cos(20°-3B)$, तो $A-B$ का मान ज्ञात कीजिए। **RRB NTPC 2021**
(a) 30° (b) 45° (c) 60° (d) 20°

50. $\frac{\sin A}{1+\cos A}+\frac{1+\cos A}{\sin A}$ को सरल कीजिए। **RRC Group D 2022**
(a) $2\sec A$ (b) $\sec A$
(c) $\text{cosec } A$ (d) $2\,\text{cosec } A$

51. यदि $16\sec^2\theta-40\sec\theta+25=0$ है और θ एक न्यूनकोण है, तो $\tan\theta$ का मान क्या होगा? **RRB NTPC 2021**
(a) $\frac{3}{4}$ (b) $\frac{4}{5}$ (c) $\frac{3}{5}$ (d) $\frac{4}{3}$

52. $\frac{3\sin 58°}{\cos 32°}+\frac{3\sin 42°}{\cos 48°}$ का मान क्या है? **SSC CGL (Tier-II) 2022**
(a) 7 (b) 9 (c) 6 (d) 8

53. यदि $2\sin 3\theta=1$ है, तो θ का मान क्या होगा? **SSC CPO (Tier-I) 2018**
(a) 30° (b) 45° (c) 20° (d) 10°

54. $2(\sin 1°\times\sec 89°)+3(\cos 11°\times\text{cosec } 79°)$
$+5(\tan 21°\times\tan 69°)=?$ **CAPF AST 2023**
(a) 10 (b) 12 (c) 11 (d) 20

55. $\text{cosec}15°\sec 15°$ का मान क्या है? **SSC CGL (Tier-I) 2022**
(a) 1 (b) 0.5 (c) 4 (d) 2

56. यदि $\sin(a+b)=1$ और $\cos(a-b)=\frac{1}{2}$ हैं, तो a का मान ज्ञात करें। **SSC CGL 2023**
(a) 30° (b) 45° (c) 75° (d) 15°

57. $\tan 35°\cdot\cot 40°\cdot\tan 45°\cdot\cot 50°\cdot\tan 55°$ का मान ज्ञात करें। **SSC CGL (Tier-I) 2021**
(a) $\frac{1}{2}$ (b) -1 (c) $\frac{1}{\sqrt{2}}$ (d) 1

58. यदि $\sec\theta-\text{cosec}\,\theta=0$ और θ न्यूनकोण है, तो $\sec^2\theta+\text{cosec}^2\theta$ का मान ज्ञात करें। **SSC (10+2) 2021**
(a) 2 (b) 4
(c) 0 (d) 1

59. $(\sin^2 22°+\sin^2 68°)$ और $(\cos^2 33°+\cos^2 57°)$ का अनुपात ज्ञात कीजिए। **RRC Group D 2022**
(a) 1 : 4 (b) 1 : 1 (c) 1 : 2 (d) 2 : 1

60. यदि $(2\cos A+1)(2\cos A-1)=0, 0°<A\le 90°$ है, तो A का मान ज्ञात कीजिए। **NTA (CUET) 2022**
(a) 45° (b) 90° (c) 30° (d) 60°

61. $\sqrt{\frac{1-\tan A}{1+\tan A}}$ का मान ज्ञात कीजिए। **SSC CGL 2023**
(a) $\sqrt{\frac{1-\sin 2A}{\cos 2A}}$ (b) $\sqrt{\frac{1-\sin A}{\cos A}}$
(c) $\sqrt{\frac{1+\sin A}{\cos A}}$ (d) $\sqrt{\frac{1+\sin 2A}{\cos 2A}}$

62. $\sec^2 54°-\cot^2 36°+\frac{3}{2}\sin^2 37°\times\sec^2 53°+\frac{2}{\sqrt{3}}\tan 60°$ का मान क्या है? **SSC CGL 2023**
(a) $\frac{3}{2}$ (b) $\frac{9}{2}$ (c) $\frac{7}{2}$ (d) $\frac{5}{2}$

63. यदि $\frac{(2\cos^3 A-\cos A)}{(\sin A-2\sin^3 A)}=1$, तो A का मान क्या है? **SSC (10+2) 2023**
(a) 60° (b) 90° (c) 30° (d) 45°

64. यदि $7\sin^2 A+3\cos^2 A=4$ है, तो $\cot A$ का मान ज्ञात कीजिए। **SSC CPO 2023**
(a) $\frac{1}{\sqrt{3}}$ (b) $\sqrt{3}$ (c) $\frac{1}{\sqrt{2}}$ (d) $\sqrt{2}$

65. यदि $\tan A+\sin A=x, \tan A-\sin A=y$ है, तो x^2-y^2 का मान क्या है? **SSC (10+2) 2024**
(a) $\sqrt{xy}$ (b) $4\sqrt{\frac{x}{y}}$ (c) $4\sqrt{xy}$ (d) $2\sqrt{\frac{x}{y}}$

66. दिए गए व्यंजक को सरल कीजिए।
$$\frac{\sin^2 32°+\sin^2 58°}{\cos^2 32°+\cos^2 58°}+\sin^2 53°+\cos 53°\sin 37°$$ **SSC (10+2) 2023**
(a) 2 (b) −2 (c) 1 (d) −1

67. निम्नलिखित व्यंजक का मान क्या है?
$$\frac{1+\sec\theta+\tan\theta}{1+\sec\theta-\tan\theta}$$ **RRB NTPC (CBT-I) 2021**
(a) $\frac{1-\tan\frac{\theta}{2}}{\tan\frac{\theta}{2}}$ (b) $\frac{1-\tan\frac{\theta}{2}}{1+\tan\frac{\theta}{2}}$ (c) $\frac{1+\tan\frac{\theta}{2}}{1-\tan\frac{\theta}{2}}$ (d) $\frac{\tan\theta}{1+\tan\frac{\theta}{2}}$

68. यदि θ कोण एक न्यूनकोण है और $\sin\theta+\text{cosec}\theta=2$ है, तो $\sin^5\theta+\text{cosec}^5\theta$ का मान ज्ञात कीजिए। **DP CISF 2023**
(a) 4 (b) 2 (c) 10 (d) 5

अधिकतम व न्यूनतम मान पर आधारित

69. $9\sin^2\theta+10\cos^2\theta$ का न्यूनतम मान है? **RRB NTPC 2021**
(a) 1 (b) 0 (c) 8 (d) 9

70. $4\sin^2\theta+5\cos^2\theta$ का न्यूनतम मान क्या है? **RRB NTPC (CBT-I) 2021**
(a) 0 (b) 2 (c) 4 (d) 1

71. यदि x वास्तविक राशि है, तो $(25\cos^2 x+9\sec^2 x)$ का न्यूनतम मान ज्ञात करें। **SSC CGL (Tier-I) 2021**
(a) 30 (b) 40 (c) 20 (d) 15

ऊँचाई एवं दूरी पर आधारित

72. जब एक ध्रुव की छाया की लम्बाई उसकी ऊँचाई के बराबर होती है, तो सूर्य का उन्नयन कोण कितना है? **RRB NTPC 2021**

(a) $30°$ (b) $60°$
(c) $90°$ (d) $45°$

73. एक पतंग की डोर 30 मी लम्बी है और यह क्षैतिज के समानान्तर $60°$ का कोण बनाती है। धरातल से पतंग की ऊँचाई क्या है? **SSC CPO 2018**

(a) $15\sqrt{3}$ मी (b) 15 मी
(c) $10\sqrt{3}$ मी (d) 7.5 मी

74. एक टावर $200\sqrt{3}$ मी ऊँचा है। इसके पाद से 200 मी दूर एक बिन्दु से इसके शीर्ष का उन्नयन कोण ज्ञात कीजिए। **RRB NTPC 2021**

(a) $90°$ (b) $60°$
(c) $30°$ (d) $45°$

75. एक सीढ़ी दीवार के सहारे झुकी है और वह क्षैतिज भूमि के साथ θ कोण इस प्रकार बनाती है कि $\tan\theta = \frac{12}{5}$ है, यदि दीवार के पाद से सीढ़ी के शीर्ष की ऊँचाई 24 मी है, तो दीवार से सीढ़ी के आधार की दूरी (मी में) ज्ञात करें। **SSC CPO 2020**

(a) 10 (b) 18
(c) 7.5 (d) 19.5

76. एक पेड़ की लम्बाई और उसकी छाया का अनुपात $1 : \frac{1}{\sqrt{3}}$ है। सूर्य का उन्नयन कोण है **RRB NTPC 2021**

(a) $75°$ (b) $30°$ (c) $60°$ (d) $45°$

77. एक घर की ऊँचाई h मी है और 5.2 मी लम्बी सीढ़ी घर के शीर्ष पर जाने के लिए पर्याप्त है जब क्षैतिज जमीन के साथ इसका झुकाव $45°$ है। घर की ऊँचाई ज्ञात करें। **RRB NTPC 2021**

(a) 14 मी (b) 10.4 मी
(c) $\frac{13\sqrt{2}}{5}$ मी (d) 13 मी

78. दीवार के सहारे रखी हुई एक सीढ़ी के पाद और क्षैतिज के साथ कोण $45°$ है और सीढ़ी का पाद दीवार से 6.6 मी दूर है। सीढ़ी की लम्बाई ज्ञात करें। **SSC CPO (Tier-I) 2020**

(a) $2.2 \times \sqrt{2}$ मी (b) $3.6 \times \sqrt{2}$ मी
(c) $3.3 \times \sqrt{2}$ मी (d) $6.6 \times \sqrt{2}$ मी

79. एक 15 मी ऊँचा पेड़ हवा से इस तरह टूट जाता है कि उसका शीर्ष जमीन को छूता है और जमीन के साथ $60°$ का कोण बनाता है। नीचे से कितनी ऊँचाई पर पेड़ टूटा है? **RRB NTPC (CBT-I) 2021**

(a) $\frac{15}{1+\sqrt{3}}$ मी (b) $\frac{30\sqrt{3}}{2+\sqrt{3}}$ मी
(c) 5 मी (d) $\frac{15\sqrt{3}}{2+\sqrt{3}}$ मी

80. 180 मी ऊँचे जहाज के मास्टहेड से नाव का अवनमन कोण $60°$ है। जहाज से नाव की दूरी (मी में) ज्ञात कीजिए। **SSC CGL (Tier I) 2022**

(a) $180\sqrt{3}$ (b) 180
(c) 360 (d) $60\sqrt{3}$

81. सूर्य का उन्नयन कोण $60°$ से बदलकर $30°$ होने पर, भूतल पर स्थित किसी मीनार की छाया की लम्बाई में $40\sqrt{3}$ मी की वृद्धि हो जाती है। मीनार की ऊँचाई ज्ञात कीजिए। **RRC Group D 2022**

(a) 70 मी (b) 60 मी
(c) 40 मी (d) 50 मी

82. एक 1.8 मी लम्बा व्यक्ति एक मीनार से $30\sqrt{3}$ मी दूर है। यदि उसके नेत्र का मीनार के शीर्ष से उन्नयन कोण $30°$ है, तो मीनार की ऊँचाई क्या है? **SSC CGL (Tier-II) 2022**

(a) 30.5 मी (b) 32.5 मी
(c) 37.8 मी (d) 31.8 मी

83. किसी प्लेटफॉर्म के ऊपर से, एक टावर का उन्नयन कोण $30°$ था। टावर 45 मी ऊँचा था और प्लेटफॉर्म तथा टावर के बीच की क्षैतिज दूरी $40\sqrt{3}$ मी थी। प्लेटफॉर्म की ऊँचाई (मी में) कितनी थी? **RRB ALP 2018**

(a) $45\sqrt{3}$ (b) 40 (c) 5 (d) $20\sqrt{3}$

84. 20 मी और 24 मी लम्बाई के दो खम्भों को एक समतल मैदान पर 3 मी पृथक ऊर्ध्वाधर लगाया है। उन दोनों के शीर्षों के मध्य दूरी का पता लगाइए।

(a) 4 मी (b) 5 मी (c) 6 मी (d) 3 मी

85. 2 मी लम्बा एक पर्यवेक्षक एक टावर से $150\sqrt{3}$ मी दूर है। उसकी आँख से टावर के शीर्ष तक का उन्नयन कोण $60°$ है। टावर की ऊँचाई कितनी है? **RRB NTPC (CBT-I) 2021**

(a) 452 मी (b) 480 मी
(c) 400 मी (d) 450 मी

86. एक टावर के शीर्ष से चिमनी के शीर्ष का उन्नयन कोण $60°$ है और टावर के शीर्ष से चिमनी के पाद बिन्दु का अवनमन कोण $30°$ है। यदि टावर की ऊँचाई 40 मी है, तो चिमनी की ऊँचाई ज्ञात करें। **RRB JE 2019**

(a) 160 मी (b) 175 मी
(c) 192 मी (d) 220 मी

Right Key

1 (b)	2 (c)	3 (a)	4 (c)	5 (d)	6 (b)	7 (c)	8 (b)	9 (b)	10 (b)
11 (a)	12 (b)	13 (a)	14 (c)	15 (d)	16 (c)	17 (d)	18 (b)	19 (c)	20 (d)
21 (a)	22 (d)	23 (d)	24 (a)	25 (b)	26 (b)	27 (b)	28 (b)	29 (c)	30 (c)
31 (d)	32 (d)	33 (b)	34 (a)	35 (a)	36 (a)	37 (d)	38 (d)	39 (a)	40 (a)
41 (d)	42 (b)	43 (d)	44 (c)	45 (a)	46 (c)	47 (a)	48 (b)	49 (a)	50 (d)
51 (a)	52 (c)	53 (d)	54 (a)	55 (c)	56 (c)	57 (d)	58 (b)	59 (b)	60 (d)
61 (a)	62 (b)	63 (d)	64 (b)	65 (c)	66 (a)	67 (c)	68 (b)	69 (d)	70 (c)
71 (a)	72 (d)	73 (a)	74 (b)	75 (a)	76 (c)	77 (c)	78 (d)	79 (d)	80 (d)
81 (b)	82 (d)	83 (c)	84 (b)	85 (a)	86 (a)				

Solutions

1. (*b*) $\sin\theta = \sqrt{1-\cos^2\theta} = \sqrt{1-\frac{121}{289}}$

$= \frac{\sqrt{289-121}}{289} = \frac{\sqrt{168}}{17}$

$= \frac{2\sqrt{42}}{17}$

$\therefore \tan\theta = \frac{\sin\theta}{\cos\theta} = \frac{2\sqrt{42}}{17} \times \frac{17}{11} = \frac{2\sqrt{42}}{11}$

2. (*c*) $\cot\theta = \frac{28}{45} = \frac{b}{p}$

पाइथागोरस प्रमेय से, $h = \sqrt{p^2 + b^2}$

$\therefore \quad h = \sqrt{28^2 + 45^2}$

$= \sqrt{784 + 2025} = \sqrt{2809} = 53$

अत: $(\sin\theta - \cos\theta) = \left(\frac{P}{h} - \frac{B}{h}\right)$

$= \frac{45}{53} - \frac{28}{53} = \frac{17}{53}$

3. (*a*) $\because 3\tan\theta = 4$

$\therefore \quad \tan\theta = \frac{4}{3} = \frac{\text{लम्ब}}{\text{आधार}}$

कर्ण $= \sqrt{4^2 + 3^2} = 5$

$\sin\theta = \frac{4}{5}$ तथा $\cos\theta = \frac{3}{5}$

$7\sin\theta - 2\cos\theta = 7 \times \frac{4}{5} - 2 \times \frac{3}{5}$

$= \frac{28}{5} - \frac{6}{5} = \frac{22}{5}$

4. (*c*) $4\cot A = 5 \Rightarrow \cot A = \frac{5}{4} = \frac{\text{आधार}}{\text{लम्ब}}$

पाइथागोरस प्रमेय से,

$(\text{कर्ण})^2 = 16 + 25 = 41$

$\therefore \quad \text{कर्ण} = \sqrt{41}$

$\sec A = \frac{\text{कर्ण}}{\text{आधार}} = \frac{\sqrt{41}}{5}, \tan A = \frac{1}{\cot A} = \frac{4}{5}$

$\therefore 6\sec A \cdot \tan A = 6 \times \frac{\sqrt{41}}{5} \times \frac{4}{5} = \frac{24}{25}\sqrt{41}$

5. (*d*) $\operatorname{cosec}\theta = \frac{5}{3}$

अब, $(\sec^2\theta - 1) \times \cot^2\theta \times (1 + \cot^2\theta)$

$= \tan^2\theta \times \cot^2\theta \times \operatorname{cosec}^2\theta$

$= \operatorname{cosec}^2\theta = \left(\frac{5}{3}\right)^2 = \frac{25}{9}$

6. (*b*) $\because \frac{(3\sin\theta - \cos\theta)}{(\cos\theta + \sin\theta)} = 1$

$\Rightarrow \quad 3\sin\theta - \cos\theta = \cos\theta + \sin\theta$

$\Rightarrow \quad 2\sin\theta = 2\cos\theta$

$\Rightarrow \quad \frac{\cos\theta}{\sin\theta} = 1$

$\therefore \quad \cot\theta = 1$

7. (*c*) दिया है, $\cos\theta = \frac{5}{13}$

$\therefore \tan^2\theta + \sec^2\theta = \sec^2\theta - 1 + \sec^2\theta$

$= 2\sec^2\theta - 1 = \frac{2}{\cos^2\theta} - 1$

$= \frac{2}{\left(\frac{5}{13}\right)^2} - 1 = \frac{2 \times (13)^2}{5^2} - 1$

$= \frac{338}{25} - 1 = \frac{338 - 25}{25} = \frac{313}{25}$

8. (*b*) $\sec\theta = 5x$ तथा $\tan\theta = \frac{5}{x}$

$\because \quad \sec^2\theta - \tan^2\theta = 1$

$\Rightarrow \quad (5x)^2 - \left(\frac{5}{x}\right)^2 = 1$

$\Rightarrow \quad 25x^2 - \frac{25}{x^2} = 1$

$\Rightarrow \quad 25\left(x^2 - \frac{1}{x^2}\right) = 1$

$\Rightarrow \quad x^2 - \frac{1}{x^2} = \frac{1}{25}$

अब, $10\left(x^2 - \frac{1}{x^2}\right) = \frac{1}{25} \times 10$

$\therefore \quad 10\left(x^2 - \frac{1}{x^2}\right) = \frac{2}{5}$

9. (*b*) $(\tan^2\theta + \tan^4\theta) = \frac{\sin^2\theta}{\cos^2\theta} + \frac{\sin^4\theta}{\cos^4\theta}$

$= \frac{\sin^2\theta \cdot \cos^2\theta + \sin^4\theta}{\cos^4\theta}$

$= \frac{\sin^2\theta \cdot (\sin^2\theta + \cos^2\theta)}{\cos^4\theta}$

$= \frac{\sin^2\theta}{\cos^4\theta} = \frac{1 - \cos^2\theta}{\cos^4\theta}$

$= \sec^4\theta - \sec^2\theta$

Quick Method

$\tan^2\theta + \tan^4\theta$

$= \tan^2\theta(1 + \tan^2\theta)$

$= \tan^2\theta \cdot \sec^2\theta$

$= (\sec^2\theta - 1)\sec^2\theta = \sec^4\theta - \sec^2\theta$

10. (*b*) $(1 + \tan^2 A) + \left(1 + \frac{1}{\tan^2 A}\right)$

$= \left(1 + \frac{\sin^2 A}{\cos^2 A}\right) + \left(1 + \frac{\cos^2 A}{\sin^2 A}\right)$

$= \left(\frac{\cos^2 A + \sin^2 A}{\cos^2 A}\right) + \left(\frac{\sin^2 A + \cos^2 A}{\sin^2 A}\right)$

$= \frac{1}{\cos^2 A} + \frac{1}{\sin^2 A} \quad [\because \sin^2\theta + \cos^2\theta = 1]$

$= \frac{\sin^2 A + \cos^2 A}{\cos^2 A \sin^2 A} = \frac{1}{(1 - \sin^2 A)\sin^2 A}$

$= \frac{1}{\sin^2 A - \sin^4 A}$

TOP TIPS इस प्रकार के प्रश्नों को हल करने के लिए $\tan\theta$ को $\frac{\sin\theta}{\cos\theta}$ में परिवर्तित करना चाहिए।

11. (*a*) $\tan(t) + \cot(t) = 1$

$\Rightarrow \quad \frac{\sin t}{\cot t} + \frac{\cos t}{\sin t} = 1$

$\Rightarrow \quad \frac{\sin^2 t + \cos^2 t}{\sin t \cot t} = 1$

$\Rightarrow \quad \frac{1}{\sin t \cos t} = 1$

$\therefore \quad \sin t \cos t = 1$

अब, $(\sin t + \cos t)^2 = \sin^2 t + \cos^2 t + 2\sin t \cos t$

$\Rightarrow \quad (\sin t + \cos t)^2 = 1 + 2 \times 1 = 3$

$\Rightarrow \quad \sin t + \cos t = \sqrt{3}$

$\therefore \quad \frac{1}{\sin t + \cos t} = \frac{1}{\sqrt{3}}$

12. (*b*) $\sec\theta + \tan\theta = p \qquad \text{...(i)}$

हम जानते हैं,

$\sec^2\theta - \tan^2\theta = 1$

$\Rightarrow (\sec\theta + \tan\theta)(\sec\theta - \tan\theta) = 1$

$\therefore \sec\theta - \tan\theta = \frac{1}{\sec\theta + \tan\theta} = \frac{1}{p} \qquad \text{...(ii)}$

समी (i) और (ii) को जोड़ने से,

$2\sec\theta = p + \frac{1}{p} = \frac{p^2 + 1}{p}$

$\therefore \quad 4\sec\theta = \frac{2(p^2 + 1)}{p}$

13. (*a*) $\tan\theta + \sec\theta = a \qquad \text{...(i)}$

$\therefore \quad \sec\theta - \tan\theta = \frac{1}{\sec\theta + \tan\theta} = \frac{1}{a} \qquad \text{...(ii)}$

समी (i) तथा (ii) का योग करने पर,

$2\sec\theta = a + \frac{1}{a} \Rightarrow 2\sec\theta = \frac{a^2 + 1}{a}$

$\therefore \quad \sec\theta = \frac{a^2 + 1}{2a}$

14. (*c*) $\left(\frac{1}{\sin\theta}\right)-\left(\frac{\cot^2\theta}{1+\operatorname{cosec}\theta}\right)$

$= \frac{1}{\sin\theta}-\left(\frac{\operatorname{cosec}^2\theta-1}{\operatorname{cosec}\theta+1}\right)$

$[\because \cot^2\theta=\operatorname{cosec}^2\theta-1]$

$=\left(\frac{1}{\sin\theta}\right)-(\operatorname{cosec}\theta-1)$

$[\because a^2-b^2=(a-b)(a+b)]$

$=\frac{1}{\sin\theta}-\left(\frac{1}{\sin\theta}-1\right)=1$

15. (*d*) दिया है,

$3\sec\theta+4\cos\theta-4\sqrt{3}=0$

$\Rightarrow \frac{3}{\cos\theta}+4\cos\theta-4\sqrt{3}=0$

$\Rightarrow 3+4\cos^2\theta-4\sqrt{3}\cos\theta=0$

$\Rightarrow 4\cos^2\theta+(\sqrt{3})^2-4\sqrt{3}\cos\theta=0$

$\Rightarrow (2\cos\theta-\sqrt{3})^2=0$

$\Rightarrow 2\cos\theta=\sqrt{3}$

$\Rightarrow \cos\theta=\frac{\sqrt{3}}{2}=\cos 30^\circ$

$\therefore \theta=30^\circ$

16. (*c*) $\cos\theta-\sin\theta=\sqrt{2}\sin\theta$

दोनों तरफ वर्ग करने पर,

$\cos^2\theta+\sin^2\theta-2\sin\theta\cdot\cos\theta=2\sin^2\theta$

$\Rightarrow \cos^2\theta-2\sin\theta\cdot\cos\theta=\sin^2\theta$

$\Rightarrow \cos^2\theta-\sin^2\theta=2\sin\theta\cdot\cos\theta$

$\Rightarrow (\cos\theta-\sin\theta)(\cos\theta+\sin\theta)=2\sin\theta\cdot\cos\theta$

$\Rightarrow \sqrt{2}\sin\theta(\cos\theta+\sin\theta)=2\sin\theta\cdot\cos\theta$

$\therefore \cos\theta+\sin\theta=\frac{2}{\sqrt{2}}\cos\theta=\sqrt{2}\cos\theta$

17. (*d*) $3\cot^2x-7\operatorname{cosec}^2x+7=0$

$\Rightarrow 3\frac{\cos^2x}{\sin^2x}-\frac{7}{\sin^2x}+7=0$

$\Rightarrow 3\cos^2x-7+7\sin^2x=0$

$\Rightarrow 3(\cos^2x+\sin^2x)-7+4\sin^2x=0$

$\Rightarrow 3\times1-7+4\sin^2x=0$

$\Rightarrow 4\sin^2x=4$

$\Rightarrow \sin^2x=1$

$\Rightarrow \sin x=1=\sin 90^\circ \Rightarrow x=90^\circ$

18. (*b*) दिया है, $\sec A-\tan A=p$ ...(i)

$\therefore \sec A+\tan A=\frac{1}{p}$ ...(ii)

समी (i) और समी (ii) को जोड़ने पर,

$2\sec A=p+\frac{1}{p}$

$\therefore \sec A=\frac{p^2+1}{2p}$

19. (*c*) $\frac{\tan A+\sec A-1}{\tan A-\sec A+1}$

$[\because \sec^2\theta-\tan^2\theta=1]$

$=\frac{\tan A+\sec A-(\sec^2A-\tan^2A)}{(1+\tan A-\sec A)}$

$=\frac{(\sec A+\tan A)-(\sec A+\tan A)(\sec A-\tan A)}{(1+\tan A-\sec A)}$

$=\frac{(\sec A+\tan A)(1-\sec A+\tan A)}{(1-\sec A+\tan A)}$

$=\frac{1}{\cos A}+\frac{\sin A}{\cos A}=\frac{1+\sin A}{\cos A}$

20. (*d*) $\sec\theta=\frac{5}{3} \Rightarrow \cos\theta=\frac{3}{5}$

$\therefore \sin\theta=\sqrt{1-\cos^2\theta}=\sqrt{1-\frac{9}{25}}=\frac{4}{5}$

अब, $\tan\theta=\frac{\sin\theta}{\cos\theta}=\frac{4}{5}\times\frac{5}{3}=\frac{4}{3}$

$\therefore \frac{3\tan\theta-5\cos\theta}{5\sin\theta-3\sec\theta}=\frac{3\times\frac{4}{3}-5\times\frac{3}{5}}{5\times\frac{4}{5}-3\times\frac{5}{3}}$

$=\frac{4-3}{4-5}=-1$

21. (*a*) $x=r\sin A\cdot\cos C,\ y=r\sin A\cdot\sin C$ तथा $z=r\cos A$

$\therefore x^2+y^2+z^2$

$=r^2\sin^2A\cdot\cos^2C+r^2\sin^2A\cdot\sin^2C+r^2\cos^2A$

$=r^2\sin^2A(\cos^2C+\sin^2C)+r^2\cos^2A$

$=r^2\sin^2A+r^2\cos^2A$

$[\because \sin^2\theta+\cos^2\theta=1]$

$=r^2(\sin^2A+\cos^2A)=r^2$

TOP TIPS: इस प्रकार के प्रश्नों को शीघ्रता से हल करने के लिए त्रिकोणमितीय फलनों के पारस्परिक सम्बन्ध कण्ठस्थ होने चाहिए।

22. (*d*) त्रिकोणमितीय व्यंजक

$=\operatorname{cosec}A(1-\cos A)(\operatorname{cosec}A+\cot A)$

$=\left(\frac{1-\cos A}{\sin A}\right)\left(\frac{1}{\sin A}+\frac{\cos A}{\sin A}\right)$

$=\frac{(1-\cos A)(1+\cos A)}{\sin^2A}$

$=\left(\frac{1-\cos^2A}{\sin^2A}\right)=\frac{\sin^2A}{\sin^2A}=1$

23. (*d*) $6\sec\theta=10$

$\Rightarrow \sec\theta=\frac{10}{6}=\frac{5}{3}=\frac{h}{b}$

$\therefore p=\sqrt{25-9}=4$

$\therefore \operatorname{cosec}\theta=\frac{5}{4}$ तथा $\cos\theta=\frac{3}{5}$

$\sin\theta=\frac{4}{5}$ तथा $\cot\theta=\frac{3}{4}$

$\therefore \frac{5\operatorname{cosec}\theta-3\cot\theta}{4\cos\theta+3\sin\theta}=\frac{5\times\frac{5}{4}-3\times\frac{3}{4}}{4\times\frac{3}{5}+3\times\frac{4}{5}}$

$=\frac{\frac{25}{4}-\frac{9}{4}}{\frac{12}{5}+\frac{12}{5}}=\frac{16}{4}\times\frac{5}{24}=\frac{5}{6}$

24. (*a*) $\because \operatorname{cosec}\theta-\cot\theta=a$ ...(i)

$\therefore \operatorname{cosec}\theta+\cot\theta=\frac{1}{a}$ ...(ii)

समी (i) और (ii) को जोड़ने पर,

$2\operatorname{cosec}\theta=a+\frac{1}{a}$

$\therefore \operatorname{cosec}\theta=\frac{1}{2}\left(a+\frac{1}{a}\right)$

25. (*b*) दिया गया समीकरण,

$\frac{\cot^3A-1}{\cot A-1}=?$

माना $\cot A=a$ तथा $1=b$

$\therefore ?=\frac{a^3-b^3}{a-b}=\frac{(a-b)(a^2+ab+b^2)}{(a-b)}$

$=a^2+ab+b^2$

a तथा b का मान रखने पर,

$?=\cot^2A+\cot A+1$

$=(1+\cot^2A)+\cot A$

$=\operatorname{cosec}^2A+\cot A$

TOP TIPS: इस प्रकार के प्रश्नों को बीजगणितीय सूत्रों की सहायता से हल करना चाहिए।

26. (*b*) $\frac{\sin A-\sin B}{\cos A+\cos B}+\frac{\cos A-\cos B}{\sin A+\sin B}$

$[\because \sin^2\theta+\cos^2\theta=1]$

$=\frac{(\sin^2A-\sin^2B)+(\cos^2A-\cos^2B)}{(\cos A+\cos B)(\sin A+\sin B)}$

$=\frac{(\sin^2A+\cos^2A)-(\sin^2B+\cos^2B)}{(\cos A+\cos B)(\sin A+\sin B)}$

$=\frac{1-1}{(\cos A+\cos B)(\sin A+\sin B)}=0$

27. (*b*) $\frac{1}{\tan\theta}+\tan\theta=\frac{\cos\theta}{\sin\theta}+\frac{\sin\theta}{\cos\theta}$

$=\frac{\cos^2\theta+\sin^2\theta}{\sin\theta\cdot\cos\theta}=\frac{1}{\sin\theta\cdot\cos\theta}$

$=\operatorname{cosec}\theta\cdot\sec\theta$

Quick Method

$$\frac{1}{\tan\theta} + \tan\theta = \frac{1+\tan^2\theta}{\tan\theta}$$

$$= \frac{\sec^2\theta}{\tan\theta} = \frac{1}{\sin\theta\cos\theta} = \operatorname{cosec}\theta \cdot \sec\theta$$

28. (*b*) दिया है, $\cos\theta = \frac{4x}{1+4x^2}$

$$\therefore \sin\theta = \sqrt{1-\cos^2\theta} = \sqrt{1-\left(\frac{4x}{1+4x^2}\right)^2}$$

$$= \sqrt{\frac{(1+4x^2)^2-(4x)^2}{(1+4x^2)^2}}$$

$$= \sqrt{\frac{1+(4x^2)^2+8x^2-16x^2}{(1+4x^2)^2}}$$

$$= \sqrt{\frac{1+(4x^2)^2-8x^2}{(1+4x^2)^2}}$$

$$= \sqrt{\frac{(1-4x^2)^2}{(1+4x^2)^2}} = \frac{1-4x^2}{1+4x^2}$$

29. (*c*) $\sec\theta + \tan\theta = p$

$$\Rightarrow \frac{1}{\cos\theta} + \frac{\sin\theta}{\cos\theta} = p$$

$$\Rightarrow \frac{1+\sin\theta}{\cos\theta} = p \quad \ldots(i)$$

अब, $$\frac{\operatorname{cosec}\theta+1}{\operatorname{cosec}\theta-1} = \frac{\frac{1}{\sin\theta}+1}{\frac{1}{\sin\theta}-1}$$

$$= \left(\frac{1+\sin\theta}{1-\sin\theta}\right) \times \left(\frac{1+\sin\theta}{1+\sin\theta}\right)$$

$$= \frac{1+\sin^2\theta+2\sin\theta}{1-\sin^2\theta}$$

$$= \frac{(1+\sin\theta)^2}{\cos^2\theta} = p^2 \quad \text{[समी (i) से]}$$

30. (*c*) $\cos 1^\circ \cdot \cos 2^\circ \cdot \cos 3^\circ \ldots\ldots \cos 89^\circ \cdot \cos 90^\circ$

$= (\cos 1^\circ \cdot \cos 2^\circ \cdot \cos 3^\circ \ldots\ldots \cos 89^\circ) \times 0$

$= 0 \quad (\because \cos 90^\circ = 0)$

31. (*d*) $$\frac{\sin^2 30^\circ + \cos^2 60^\circ + \sec 45^\circ \cdot \sin 45^\circ}{\sec 60^\circ + \operatorname{cosec} 30^\circ}$$

$$= \frac{\left(\frac{1}{2}\right)^2 + \left(\frac{1}{2}\right)^2 + \sqrt{2} \times \frac{1}{\sqrt{2}}}{2+2}$$

$$= \frac{\frac{1}{4}+\frac{1}{4}+1}{4} = \left(\frac{1}{2}+1\right) \times \frac{1}{4}$$

$$= \frac{3}{2} \times \frac{1}{4} = \frac{3}{8}$$

32. (*d*) $\sec^2 A + \tan^2 A = 3$

$\Rightarrow 1 + \tan^2 A + \tan^2 A = 3$

$\Rightarrow 2\tan^2 A = 2$

$\Rightarrow \tan^2 A = 1 \Rightarrow \tan A = 1$

$\Rightarrow \frac{1}{\cot A} = 1 \Rightarrow \cot A = 1$

33. (*b*) $\sin\alpha = \frac{1}{\sqrt{5}}$ तथा $\cos\beta = \frac{3}{\sqrt{10}}$

$\because \sin(\alpha+\beta) = \sin\alpha \cdot \cos\beta + \cos\alpha \cdot \sin\beta$

$$= \frac{1}{\sqrt{5}} \times \frac{3}{\sqrt{10}} + \sqrt{1-\frac{1}{5}} \times \sqrt{1-\frac{9}{10}}$$

$$= \frac{3}{\sqrt{50}} + \frac{2}{\sqrt{5}} \times \frac{1}{\sqrt{10}}$$

$(\because \sin A = \sqrt{1-\cos^2 A}; \cos A = \sqrt{1-\sin^2 A})$

$$= \frac{3}{\sqrt{50}} + \frac{2}{\sqrt{50}}$$

$$= \frac{5}{\sqrt{50}} = \frac{5}{5\sqrt{2}} = \frac{1}{\sqrt{2}}$$

$\Rightarrow \sin(\alpha+\beta) = \sin 45^\circ$

$\therefore \alpha + \beta = 45^\circ$

34. (*a*) $1 + \tan 15^\circ \cdot \cot 75^\circ$

$= 1 + \tan 15^\circ \cdot \cot(90^\circ - 15^\circ)$

$= 1 + \tan 15^\circ \cdot \tan 15^\circ$

$= 1 + \tan^2 15^\circ$

$= \sec^2 15^\circ \quad (\because \sec^2\theta - \tan^2\theta = 1)$

35. (*a*) $2\sin(3x-3)^\circ = \tan 240^\circ$

$\Rightarrow 2\sin(3x-3)^\circ = \tan(270^\circ - 30^\circ)$

$\Rightarrow 2\sin(3x-3)^\circ = \cot 30^\circ = \sqrt{3}$

$\Rightarrow \sin(3x-3)^\circ = \frac{\sqrt{3}}{2} \quad [\because \cot 30^\circ = \sqrt{3}]$

$\Rightarrow \sin(3x-3)^\circ = \sin 60^\circ$

$\Rightarrow (3x-3)^\circ = 60^\circ \Rightarrow x = \frac{63^\circ}{3} = 21^\circ$

36. (*a*) $$\frac{\sin 3A}{\sin A} + \frac{\cos 3A}{\cos A}$$

$$= \frac{(3\sin A - 4\sin^3 A)}{\sin A} + \frac{(4\cos^3 A - 3\cos A)}{\cos A}$$

$= 3 - 4\sin^2 A + 4\cos^2 A - 3$

$= 4(\cos^2 A - \sin^2 A)$

$= 4\cos 2A \quad [\because \cos^2\theta - \sin^2\theta = \cos 2\theta]$

TOP TIPS अभ्यर्थी इसे कंठस्थ रखें

$\sin 3\theta = 3\sin\theta - 4\sin^3\theta$

$\cos 3\theta = 4\cos^3\theta - 3\cos\theta$

37. (*d*)

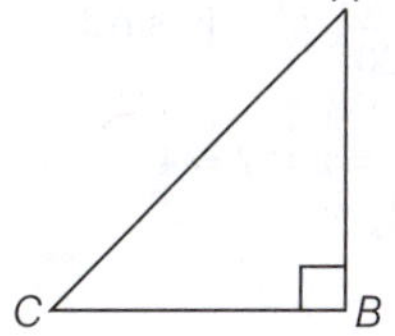

ΔABC में,

$\angle A + \angle C = 180^\circ - 90^\circ = 90^\circ$

$\therefore \sin A \cdot \cos C + \cos A \cdot \sin C$

$= \sin(A + C) = \sin 90^\circ = 1$

38. (*d*) दिया है, $A = 30^\circ$

व्यंजक $$= \frac{8\sin A + 11\operatorname{cosec} A - \cot^2 A}{10\cos 2A}$$

$$= \frac{8 \times \sin 30^\circ + 11\operatorname{cosec} 30^\circ - \cot^2 30^\circ}{10 \times \cos 60^\circ}$$

$$= \frac{\frac{8}{2} + 11 \times 2 - (\sqrt{3})^2}{10 \times \frac{1}{2}}$$

$$= \frac{4+22-3}{5} = \frac{23}{5} = 4\frac{3}{5}$$

39. (*a*) व्यंजक $$= \frac{1+\tan 75^\circ}{1-\tan 75^\circ}$$

$$= \frac{\tan 45^\circ + \tan 75^\circ}{1 - \tan 45^\circ \tan 75^\circ} \quad [\because \tan 45^\circ = 1]$$

$= \tan(45^\circ + 75^\circ) = \tan(120^\circ)$

$= \tan(90^\circ + 30^\circ) = -\cot 30^\circ = -\sqrt{3}$

40. (*a*) दिया है,

$\sin(\theta + 30^\circ) = \cos 5\theta$

$\Rightarrow \sin(\theta + 30^\circ) = \sin(90^\circ - 5\theta)$

$\Rightarrow \theta + 30^\circ = 90^\circ - 5\theta$

$\Rightarrow 6\theta = 90^\circ - 30^\circ = 60^\circ$

$\therefore \theta = 10^\circ$

41. (*d*) $$\frac{\sin 54^\circ}{\cos 36^\circ} + \frac{\sec 46^\circ}{\operatorname{cosec} 44^\circ}$$

$$= \frac{\sin(90^\circ - 36^\circ)}{\cos 36^\circ} + \frac{\sec(90^\circ - 44^\circ)}{\operatorname{cosec} 44^\circ}$$

$$= \frac{\cos 36^\circ}{\cos 36^\circ} + \frac{\operatorname{cosec} 44^\circ}{\operatorname{cosec} 44^\circ}$$

$= 1 + 1 = 2$

42. (*b*) $\sin 25^\circ \cdot \sin 65^\circ - \cos 25^\circ \cdot \cos 65^\circ$

$= \sin(90^\circ - 65^\circ) \cdot \sin(90^\circ - 25^\circ) - \cos 25^\circ \cdot \cos 65^\circ$

$= \cos 65^\circ \cdot \cos 25^\circ - \cos 25^\circ \cdot \cos 65^\circ = 0$

43. (*d*) $\cos(36^\circ + A)\cos(36^\circ - A) + \cos(54^\circ + A) \cdot \cos(54^\circ - A)$

$= \cos^2 36^\circ - \sin^2 A + \cos^2 54^\circ - \sin^2 A$

$= \cos^2 36^\circ + \cos^2(90^\circ - 36^\circ) - 2\sin^2 A$

$= \cos^2 36^\circ + \sin^2 36^\circ - 2\sin^2 A$

$= 1 - 2\sin^2 A = \cos 2A$

44. (*c*) दिया है, $\sin 2A = 2\sin A$

$\Rightarrow 2\sin A \cdot \cos A = 2\sin A$

$\Rightarrow 2\sin A \cdot (\cos A - 1) = 0$

$\Rightarrow \sin A = 0$ या $\cos A = 1 = \cos 0^\circ$

$\therefore A = 0^\circ$

45. (a) $\dfrac{\cos^2(45°+\theta)+\cos^2(45°-\theta)}{\text{cosec}^2 30°\cdot\sin^2 45° - \sec^2 60°}$

$= \dfrac{\cos^2(45°+\theta)+\cos^2[90°-(45°+\theta)]}{(2)^2 \times \frac{1}{2} - (2)^2}$

$= \dfrac{\cos^2(45°+\theta)+\sin^2(45°+\theta)}{2-4}$,

$[\because \cos(90°-\theta) = \sin\theta]$

$= -\dfrac{1}{2}$

46. (c) त्रिकोणमितीय व्यंजक

$= \dfrac{\sin 58°}{\cos 32°} + \dfrac{\sin 55°\cdot\sec 35°}{\tan 5°\cdot\tan 45°\cdot\tan 85°}$

$= \dfrac{\cos(90°-58°)}{\cos 32°} + \dfrac{\sin 55°}{\sin(90°-35°)} \times \dfrac{1}{\tan 5° \times 1 \times \cot(90°-85°)}$

$[\because \sin\theta = \cos(90°-\theta)$ और $\tan\theta = \cot(90°-\theta)]$

$= \dfrac{\cos 32°}{\cos 32°} + \left(\dfrac{\sin 55°}{\sin 55°} \times \dfrac{1}{\tan 5° \times 1 \times \cot 5°}\right)$

$= 1 + 1 = 2$

47. (a) $\tan(\alpha+\beta) = a$, $\tan(\alpha-\beta) = b$

$\therefore \tan 2\alpha = \tan[(\alpha+\beta)+(\alpha-\beta)]$

$= \dfrac{\tan(\alpha+\beta)+\tan(\alpha-\beta)}{1-\tan(\alpha+\beta)\cdot\tan(\alpha-\beta)}$

$= \dfrac{a+b}{1-ab}$

48. (b) $\dfrac{\cos A}{1-\sin A} + \dfrac{\cos A}{1+\sin A} = 4$

$\Rightarrow \dfrac{\cos A(1+\sin A)+\cos A(1-\sin A)}{1-\sin^2 A} = 4$

$\Rightarrow \dfrac{\cos A + \cos A\cdot\sin A + \cos A - \cos A\cdot\sin A}{\cos^2 A} = 4$

$\Rightarrow \dfrac{2\cos A}{\cos^2 A} = 4$

$\Rightarrow 2\sec A = 4$

$\Rightarrow \sec A = 2 = \sec 60°$

$\therefore A = 60°$

49. (a) $\sin(3A-20°) = \cos(20°-3B)$

$\Rightarrow \sin(3A-20°) = \sin[90°-(20°-3B)]$

$\Rightarrow \sin(3A-20°) = \sin[70°+3B]$

$\Rightarrow 3A - 20° = 70° + 3B$

$\Rightarrow 3A - 3B = 70° + 20° = 90°$

$\Rightarrow 3(A-B) = 90°$

$\therefore A - B = 30°$

50. (d) $\dfrac{\sin A}{1+\cos A} + \dfrac{1+\cos A}{\sin A}$

$= \dfrac{\sin^2 A + 1 + \cos^2 A + 2\cos A}{\sin A(1+\cos A)}$

$= \dfrac{2(1+\cos A)}{\sin A(1+\cos A)} = \dfrac{2}{\sin A} = 2\,\text{cosec}\,A$

51. (a) $16\sec^2\theta - 40\sec\theta + 25 = 0$

$\Rightarrow 16\sec^2\theta - 20\sec\theta - 20\sec\theta + 25 = 0$

$\Rightarrow 4\sec\theta(4\sec\theta-5) - 5(4\sec\theta-5) = 0$

$\Rightarrow (4\sec\theta-5)^2 = 0$

$\Rightarrow 4\sec\theta - 5 = 0$

$\Rightarrow \sec\theta = \dfrac{5}{4}$

$\because \sec^2\theta - \tan^2\theta = 1$

$\Rightarrow \tan^2\theta = \sec^2\theta - 1$

$\therefore \tan\theta = \sqrt{\dfrac{25-16}{16}} = \dfrac{3}{4}$

52. (c) $\dfrac{3\sin 58°}{\cos 32°} + \dfrac{3\sin 42°}{\cos 48°}$

$= \dfrac{3\sin(90°-32°)}{\cos 32°} + \dfrac{3\sin 42°}{\cos(90°-42°)}$

$= \dfrac{3\cos 32°}{\cos 32°} + \dfrac{3\sin 42°}{\sin 42°}$

$= 3 + 3 = 6$

53. (d) $2\sin 3\theta = 1$

$\Rightarrow \sin 3\theta = \dfrac{1}{2} = \sin 30°$

$\Rightarrow 3\theta = 30°$

$\therefore \theta = 10°$

54. (a) $2(\sin 1° \times \sec 89°) + 3(\cos 11° \times \text{cosec}\,79°) + 5(\tan 21° \times \tan 69°)$

$= 2[\sin 1° \times \sec(90°-1)] + 3[\cos 11° \times \text{cosec}(90°-11) + 5[\tan 21° \times \tan(90°-21)]$

$= 2[\sin 1° \times \text{cosec}\,1°] + 3[\cos 11° \times \sec 11°] + 5[\tan 21° + \cot 21°]$

$= 2 \times 1 + 3 \times 1 + 5 \times 1 = 10$

55. (c) $\text{cosec}\,15° \sec 15°$

$= \dfrac{1}{\sin 15°\cdot\cos 15°} = \dfrac{2}{2\sin 15°\cdot\cos 15°}$

$= \dfrac{2}{\sin 30°}$ $[\because \sin 2A = 2\sin A\cdot\cos A]$

$= \dfrac{2}{\left(\frac{1}{2}\right)} = 2 \times 2 = 4$

56. (c) $\sin(a+b) = 1$

$\Rightarrow \sin(a+b) = \sin 90°$

$\Rightarrow a + b = 90°$ ...(i)

तथा $\cos(a-b) = \dfrac{1}{2}$

$\Rightarrow \cos(a-b) = \cos 60°$

$\Rightarrow a - b = 60°$ ...(ii)

समी (i) तथा (ii) को जोड़ने पर,

$2a = 150°$

$\therefore a = \dfrac{150°}{2} = 75°$

57. (d) $\tan 35°\cdot\cot 40°\cdot\tan 45°\cdot\cot 50°\cdot\tan 55°$

$= \cot(90°-35°) \times \tan(90°-40°) \tan 45°\cdot\cot 50°\cdot\tan 55°$

$= \cot 55° \times \tan 50° \times \tan 45° \times \cot 50° \times \tan 55°$

$[\because \cot\theta = \tan(90°-\theta),\ \tan\theta = \cot(90°-\theta)]$

$= (\cot 55°\cdot\tan 55°)(\tan 50°\cdot\cot 50°) \times 1$

$= 1$ $[\because \tan 45° = 1]$

Quick Method

$(\tan 35° \times \tan 55°) \times (\cot 40° \times \cot 50°) \times \tan 45°$

$= (\tan 35° \cot 35°) \times (\cot 40° \times \tan 40° \times \tan 45°)$

$= 1 \times 1 \times 1 = 1$

58. (b) दिया है, $\sec\theta - \text{cosec}\,\theta = 0$

$\Rightarrow \sec\theta = \text{cosec}\,\theta$

$\Rightarrow \dfrac{1}{\cos\theta} = \dfrac{1}{\sin\theta}$

$\Rightarrow \dfrac{\sin\theta}{\cos\theta} = 1 \Rightarrow \tan\theta = 1$

$\Rightarrow \tan\theta = \tan 45° \Rightarrow \theta = 45°$

$\therefore \sec^2\theta + \text{cosec}^2\theta$

$= \sec^2 45° + \text{cosec}^2 45°$

$= (\sqrt{2})^2 + (\sqrt{2})^2 = 2 + 2 = 4$

59. (b) $\dfrac{(\sin^2 22° + \sin^2 68°)}{(\cos^2 33° + \cos^2 57°)}$

$= \dfrac{[\sin^2 22° + \sin^2(90°-22°)]}{[\cos^2 33° + \cos^2(90°-33°)]}$

$= \dfrac{(\sin^2 22° + \cos^2 22°)}{(\cos^2 33° + \sin^2 33°)} = \dfrac{1}{1}$

$\therefore$ अभीष्ट अनुपात $= 1:1$

60. (d) $(2\cos A + 1)(2\cos A - 1) = 0$

$\Rightarrow 4\cos^2 A - 1 = 0$

$[\because (a-b)(a+b) = a^2 - b^2]$

$\Rightarrow \quad 4\cos^2 A = 1 \Rightarrow \cos^2 A = \frac{1}{4}$

$\Rightarrow \quad \cos A = \frac{1}{2} = \cos 60°$

$\therefore \quad A = 60°$

61. (a) $\sqrt{\frac{1-\tan A}{1+\tan A}}$

$= \sqrt{\frac{1-\frac{\sin A}{\cos A}}{1+\frac{\sin A}{\cos A}}} = \sqrt{\frac{\cos A - \sin A}{\cos A + \sin A}}$

$= \sqrt{\frac{(\cos A - \sin A)(\cos A - \sin A)}{(\cos A + \sin A)(\cos A - \sin A)}}$

$= \sqrt{\frac{\cos^2 A + \sin^2 A - 2\sin A.\cos A}{\cos^2 A - \sin^2 A}}$

$= \sqrt{\frac{1 - 2\sin A \cdot \cos A}{\cos^2 A - \sin^2 A}} = \sqrt{\frac{1-\sin 2A}{\cos 2A}}$

($\because \sin 2A = 2\sin A\cos A$,

$\cos^2 A - \sin^2 A = \cos 2A$)

62. (b) $\sec^2 54° - \cot^2 36° + \frac{3}{2}\sin^2 37°$

$\times \sec^2 53° + \frac{2}{\sqrt{3}}\tan 60°$

$= \sec^2 54° - \cot^2(90° - 54°) + \frac{3}{2}\sin^2 37°$

$\times \sec^2(90° - 37°) + \frac{2}{\sqrt{3}} \times \sqrt{3}$

$= (\sec^2 54° - \tan^2 54°)$

$+ \frac{3}{2}\sin^2 37° \times \text{cosec}^2 37° + 2$

$= 1 + \frac{3}{2} \times 1 + 2 = 3 + \frac{3}{2} = \frac{6+3}{2} = \frac{9}{2}$

63. (d) त्रिकोणमितीय समीकरण

$\left(\frac{2\cos^3 A - \cos A}{\sin A - 2\sin^3 A}\right) = 1$

$\Rightarrow 2\cos^3 A - \cos A = \sin A - 2\sin^3 A$

$\Rightarrow \cos A(2\cos^2 A - 1)$

$= \sin A(1 - 2\sin^2 A)$

$\Rightarrow \tan A = \frac{2\cos^2 A - 1}{1 - 2\sin^2 A} = \frac{\cos 2A}{\cos 2A} = 1$

$\Rightarrow \tan A = \tan 45° \Rightarrow A = 45°$

64. (b) $7\sin^2 A + 3\cos^2 A = 4$

$7\sin^2 A + 3(1 - \sin^2 A) = 4$

$\Rightarrow 7\sin^2 A + 3 - 3\sin^2 A = 4$

$\Rightarrow 4\sin^2 A + 3 = 4 \Rightarrow \sin^2 A = \frac{1}{4}$

$\Rightarrow \quad \sin A = \frac{1}{2} = \sin 30° \Rightarrow A = 30°$

अत: $\cot A = \cot 30° = \sqrt{3}$

65. (c) प्रश्नानुसार,

$\tan A + \sin A = x \quad \ldots(i)$

$\tan A - \sin A = y \quad \ldots(ii)$

अब, $x^2 - y^2 = (\tan A + \sin A)^2 - (\tan A - \sin A)^2$

$\Rightarrow \quad x^2 - y^2 = 4\tan A \times \sin A \quad \ldots(iii)$

$[\because (a+b)^2 - (a-b)^2 = 4ab]$

अब, समी (i) × समी (ii) से,

$xy = \tan^2 A - \sin^2 A = \frac{\sin^2 A}{\cos^2 A} - \sin^2 A$

$xy = \sin^2 A\left(\frac{1}{\cos^2 A} - 1\right)$

$= \frac{\sin^2 A(1 - \cos^2 A)}{\cos^2 A}$

$= \frac{\sin^2 A \times \sin^2 A}{\cos^2 A}$

$\therefore \quad \sqrt{xy} = \sqrt{\frac{\sin^2 A \times \sin^2 A}{\cos^2 A}}$

$= \frac{\sin A}{\cos A} \times \sin A$

$= \tan A \times \sin A \quad \ldots(iv)$

अब, समी (iii) और (iv) से,

$x^2 - y^2 = 4\sqrt{xy}$

66. (a) त्रिकोणमितीय व्यंजक

$\frac{\sin^2 32° + \sin^2 58°}{\cos^2 32° + \cos^2 58°} + \sin^2 53° + \cos 53° \cdot \sin 37°$

$= \frac{\cos^2(90° - 32°) + \sin^2 58°}{\sin^2(90° - 32°) + \cos^2 58°} + \sin^2 53° + \cos 53° \cdot \cos(90° - 37°)$

$[\because \sin\theta = \cos(90° - \theta)$ और $\cos\theta = \sin(90° - \theta)]$

$= \frac{\cos^2 58° + \sin^2 58°}{\sin^2 58° + \cos^2 58°} + (\sin^2 53° + \cos^2 53°)$

$= \frac{1}{1} + 1 = 2$

TOP TIPS इस प्रकार के प्रश्नों में त्रिकोणमितीय फलनों को पूरक कोणों के फलनों में परिवर्तित करके हल करना चाहिए।

67. (c) $\frac{1 + \sec\theta + \tan\theta}{1 + \sec\theta - \tan\theta}$

$= \frac{(\sec^2\theta - \tan^2\theta) + (\sec\theta + \tan\theta)}{(1 + \sec\theta - \tan\theta)}$

$= \frac{(\sec\theta + \tan\theta)(\sec\theta - \tan\theta) + (\sec\theta + \tan\theta)}{(1 + \sec\theta - \tan\theta)}$

$= \frac{(\sec\theta + \tan\theta)(1 + \sec\theta - \tan\theta)}{(1 + \sec\theta - \tan\theta)}$

$= \sec\theta + \tan\theta$

$= \frac{1}{\cos\theta} + \frac{\sin\theta}{\cos\theta} = \frac{1 + \sin\theta}{\cos\theta}$

$= \frac{1 + \left(\frac{2\tan\frac{\theta}{2}}{1 + \tan^2\frac{\theta}{2}}\right)}{\left(\frac{1 - \tan^2\frac{\theta}{2}}{1 + \tan^2\frac{\theta}{2}}\right)}$

$\left[\because \sin 2\alpha = \frac{2\tan\alpha}{1 + \tan^2\alpha}\right.$ तथा $\left.\cos 2\alpha = \frac{1 - \tan^2\alpha}{1 + \tan^2\alpha}\right]$

$= \frac{1 + \tan^2\frac{\theta}{2} + 2\tan\frac{\theta}{2}}{1 - \tan^2\frac{\theta}{2}}$

$= \frac{\left(1 + \tan\frac{\theta}{2}\right)^2}{\left(1 + \tan\frac{\theta}{2}\right)\left(1 - \tan\frac{\theta}{2}\right)} = \frac{1 + \tan\frac{\theta}{2}}{1 - \tan\frac{\theta}{2}}$

68. (b) दिया है, $\sin\theta + \text{cosec}\,\theta = 2 \quad \ldots(i)$

समी (i) में दोनों तरफ वर्ग करने पर,

$(\sin\theta + \text{cosec}\,\theta)^2 = (2)^2$

$\Rightarrow \sin^2\theta + \text{cosec}^2\theta + 2\sin\theta \times \frac{1}{\sin\theta} = 4$

$\Rightarrow \sin^2\theta + \text{cosec}^2\theta = 2 \quad \ldots(ii)$

समी (i) में दोनों तरफ घन करने पर,

$(\sin\theta + \text{cosec}\,\theta)^3 = (2)^3$

$\sin^3\theta + \text{cosec}^3\theta + 3(\sin\theta + \text{cosec}\,\theta) = 8$

$\sin^3\theta + \text{cosec}^3\theta = 8 - 6 = 2 \quad \ldots(iii)$

समी (ii) और (iii) को गुणा करने पर,

$(\sin^2\theta + \text{cosec}^2\theta)(\sin^3\theta + \text{cosec}^3\theta) = 2 \times 2$

$\Rightarrow \sin^5\theta + \sin^2\theta \cdot \text{cosec}^3\theta + \text{cosec}^2\theta \cdot \sin^3\theta + \text{cosec}^5\theta = 4$

$\Rightarrow \sin^5\theta + \text{cosec}^5\theta + (\sin\theta + \text{cosec}\,\theta) = 4$

$\therefore \sin^5\theta + \text{cosec}^5\theta = 4 - 2 = 2$

Quick Method

$\sin\theta + \text{cosec}\theta = 2 \quad \ldots(i)$

समी (i) सन्तुष्ट होगी,

यदि $\sin\theta = \text{cosec}\,\theta = 1$

$\therefore \sin^5\theta + \text{cosec}^5\theta = 1^5 + 1^5 = 1 + 1 = 2$

69. (d) $9\sin^2\theta + 10\cos^2\theta$

$= 9\sin^2\theta + 10(1 - \sin^2\theta)$

$= 9\sin^2\theta - 10\sin^2\theta + 10$

$= -\sin^2\theta + 10$

$\sin^2\theta$ का अधिकतम मान = 1

$\therefore$ व्यंजक का न्यूनतम मान $= -1 + 10 = 9$

Quick Method

$10\cos^2\theta + 9\sin^2\theta$ $(\because 10 > 9)$

$\therefore$ न्यूनतम मान = 9

(Formula Flashcards से)

70. (c) $4\sin^2\theta + 5\cos^2\theta$

$= 4\sin^2\theta + 5(1 - \sin^2\theta)$

$= 4\sin^2\theta + 5 - 5\sin^2\theta = 5 - \sin^2\theta$

व्यंजक का मान न्यूनतम होने के लिए $\sin^2\theta$ का मान अधिकतम होना चाहिए।

$\therefore \quad \sin^2\theta = 1$

अत: व्यंजक का न्यूनतम मान = 5 − 1 = 4

71. (a) हम जानते हैं कि

$a\sec^2\theta + b\cos^2\theta$ का न्यूनतम मान $= 2\sqrt{ab}$

यहाँ, $a = 9, \ b = 25$

$\therefore 25\cos^2 x + 9\sec^2 x$ का न्यूनतम मान

$= 2\sqrt{25 \times 9} = 2 \times 5 \times 3 = 30$

72. (d) दिया है, $AB = BC$

AB = ध्रुव, BC = छाया

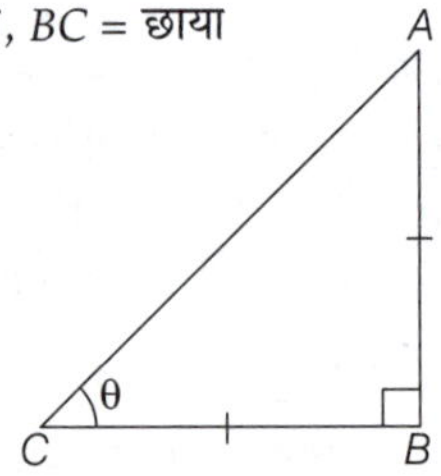

$$\tan\theta = \frac{AB}{BC} = \frac{AB}{AB} = 1$$

$\Rightarrow \quad \tan\theta = \tan 45° \ \Rightarrow \ \theta = 45°$

अत: सूर्य का उन्नयन कोण = 45°

73. (a) माना धरातल से पतंग की ऊँचाई h मी है।

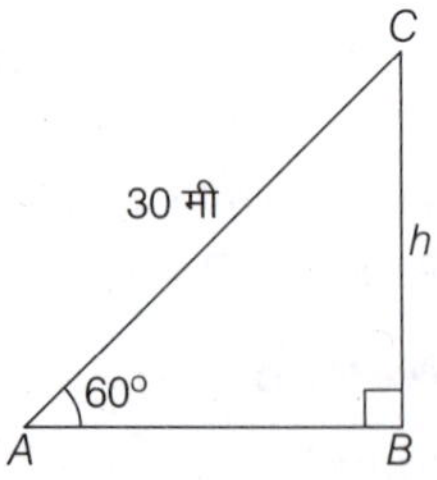

ΔABC में, $\sin 60° = \frac{h}{30} \Rightarrow \frac{\sqrt{3}}{2} = \frac{h}{30}$

$\Rightarrow \quad h = 15\sqrt{3}$ मी

74. (b) ΔABC में,

$AB = 200\sqrt{3}$ मी तथा $BC = 200$ मी

माना उन्नयन कोण θ है।

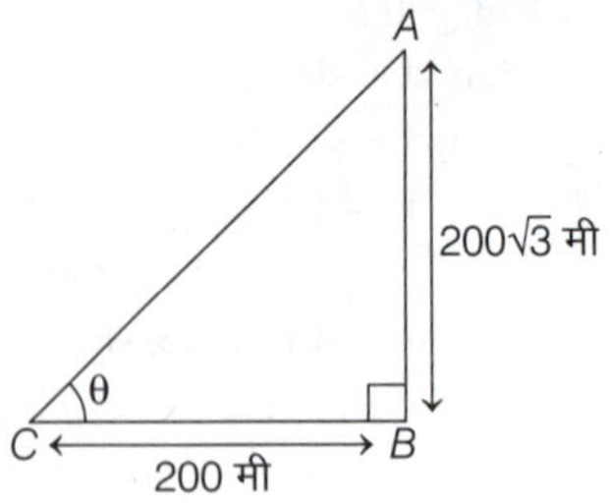

ΔABC में,

$$\tan\theta = \frac{AB}{BC} = \frac{200\sqrt{3}}{200} = \sqrt{3}$$

$\Rightarrow \quad \tan\theta = \tan 60°$

$\therefore \quad \theta = 60°$

75. (a) माना दीवार से सीढ़ी के आधार की दूरी x मी है।

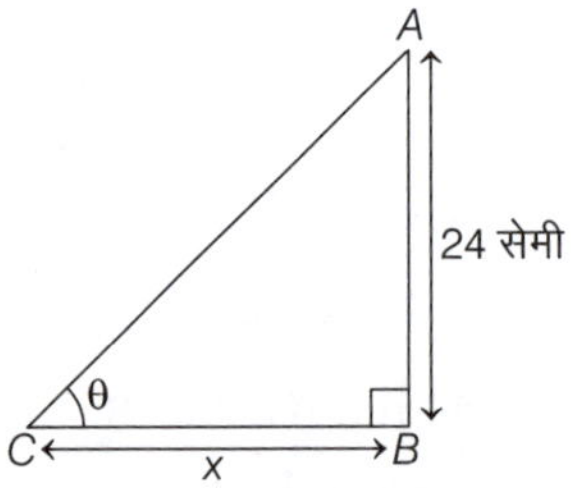

$\because \quad \tan\theta = \frac{12}{5}$ [दिया है]

ΔABC में, $\tan\theta = \frac{24}{x}$

$\Rightarrow \quad \frac{12}{5} = \frac{24}{x}$

$\therefore \quad x = 10$ मी

76. (c) माना सूर्य का उन्नयन कोण θ है।

प्रश्नानुसार,

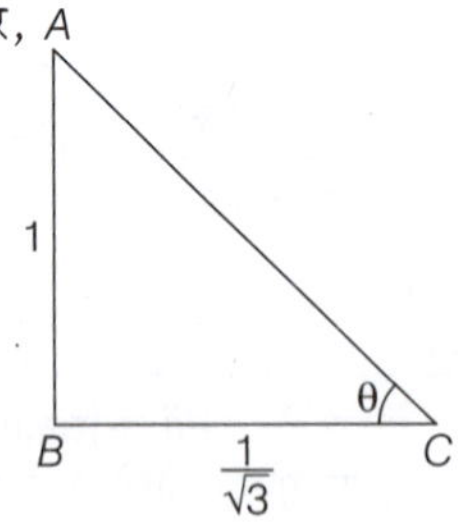

AB = पेड़ की लम्बाई

BC = छाया की लम्बाई

ΔABC में,

$$\tan\theta = \frac{AB}{BC} \Rightarrow \tan\theta = \frac{1}{\left(\frac{1}{\sqrt{3}}\right)} = \sqrt{3}$$

$\Rightarrow \quad \tan\theta = \tan 60° \Rightarrow \theta = 60°$

अत: सूर्य का उन्नयन कोण = 60°

77. (c) माना छत की ऊँचाई h मी है, तब

प्रश्नानुसार,

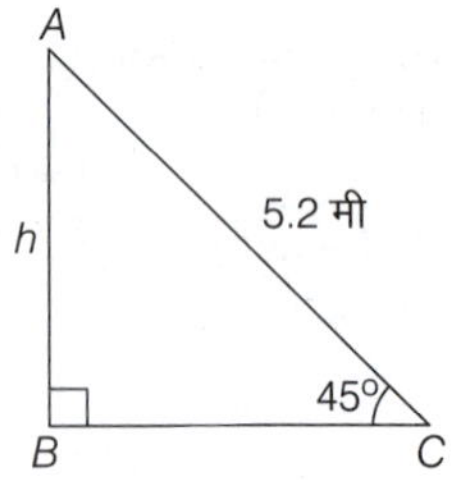

ΔABC में,

$AB = h$ मी तथा $AC = 5.2$ मी

$\therefore \sin 45° = \frac{AB}{AC} \Rightarrow \frac{1}{\sqrt{2}} = \frac{h}{5.2}$

$\Rightarrow \quad h = \frac{5.2}{\sqrt{2}} \times \frac{\sqrt{2}}{\sqrt{2}} \Rightarrow h = 2.6 \times \sqrt{2}$

$\therefore \quad h = \frac{13\sqrt{2}}{5}$ मी

78. (d) माना सीढ़ी की लम्बाई = h मी

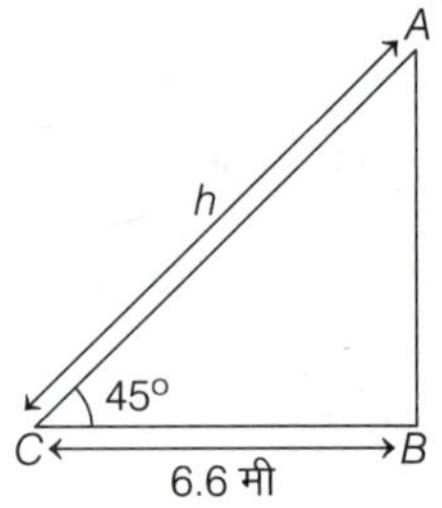

$\therefore \Delta ABC$ में,

$$\cos 45° = \frac{6.6}{h} = \frac{BC}{AC}$$

$\Rightarrow \quad \frac{1}{\sqrt{2}} = \frac{6.6}{h}$

$\therefore \quad h = 6.6 \times \sqrt{2}$ मी

79. (d) माना पेड़ x मी ऊँचाई से टूटा है।

ΔABC में,

$$\sin 60° = \frac{AB}{AC} = \frac{x}{15 - x}$$

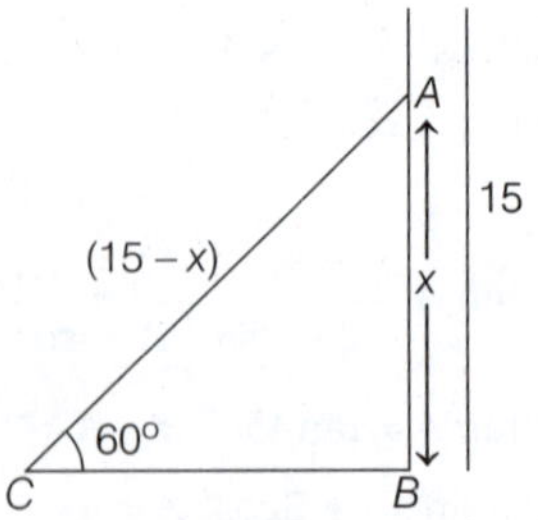

$\Rightarrow \quad \frac{\sqrt{3}}{2} = \frac{x}{15 - x}$

$\Rightarrow 15\sqrt{3} - \sqrt{3}x = 2x$

$\Rightarrow \quad x(\sqrt{3} + 2) = 15\sqrt{3} \ \Rightarrow x = \frac{15\sqrt{3}}{2 + \sqrt{3}}$

TOP TIPS ऊँचाई तथा दूरी के प्रश्नों को आसानी से हल करने के लिए मुख्यतः 30°, 45° तथा 60° के त्रिकोणमितीय फलन के मान कण्ठस्थ होने चाहिए।

80. (*d*) माना B जहाज, C नाव तथा A मास्टहेड है।

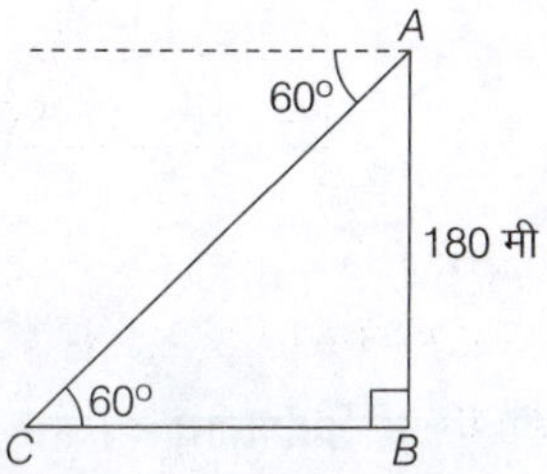

जहाज से नाव की दूरी = BC

ΔABC में,

$$\tan 60° = \frac{AB}{BC} \Rightarrow \sqrt{3} = \frac{180}{BC}$$

$$\Rightarrow \quad BC = \frac{180}{\sqrt{3}} = \frac{180\sqrt{3}}{3}$$

$$\therefore \quad BC = 60\sqrt{3} \text{ मी}$$

81. (*b*) माना AB मिनार है।

प्रश्नानुसार, $CD = 40\sqrt{3}$ मी, $BD = h$

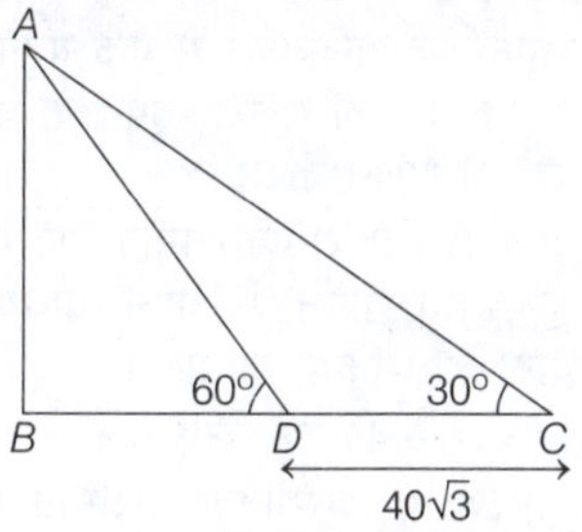

ΔABD में, $\tan 60° = \dfrac{AB}{BD}$

$$\Rightarrow \quad \sqrt{3} = \frac{AB}{h}$$

$$\Rightarrow \quad AB = h\sqrt{3} \text{ मी}$$

ΔABC में,

$$\tan 30° = \frac{AB}{BC} = \frac{AB}{BD + CD}$$

$$\Rightarrow \quad \frac{1}{\sqrt{3}} = \frac{h\sqrt{3}}{h + 40\sqrt{3}}$$

$$\Rightarrow \quad h + 40\sqrt{3} = 3h$$

$$\Rightarrow \quad 2h = 40\sqrt{3}$$

$$\therefore \quad h = 20\sqrt{3}$$

अतः मीनार की ऊँचाई = $AB = h\sqrt{3}$

$$= 20\sqrt{3} \times \sqrt{3} = 60 \text{ मी}$$

82. (*d*) माना AB एक व्यक्ति तथा PQ एक मीनार है, जिसकी ऊँचाई h मी है।

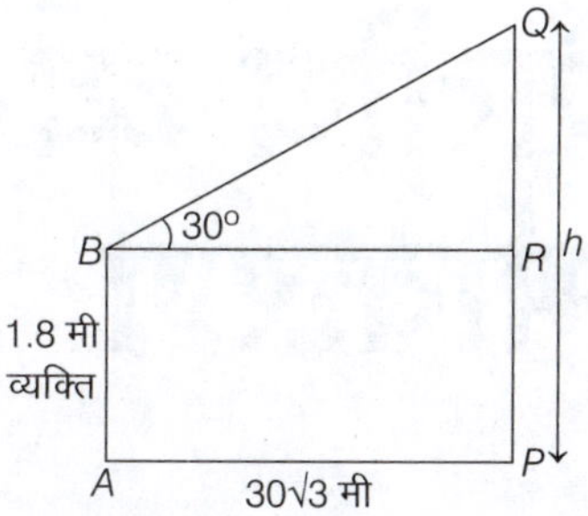

$\therefore AP = 30\sqrt{3}$ मी, $PQ = h$ मी, $AB = 1.8$ मी

$PR = AB = 1.8$ मी

तथा $BR = AP = 30\sqrt{3}$ मी

$QR = PQ - PR = h - 1.8$

ΔBRQ में, $\tan 30° = \dfrac{QR}{BR}$

$$\Rightarrow \quad \frac{1}{\sqrt{3}} = \frac{h - 1.8}{30\sqrt{3}} \quad \Rightarrow h - 1.8 = 30$$

$$\therefore \quad h = 30 + 1.8 = 31.8 \text{ मी}$$

83. (*c*)

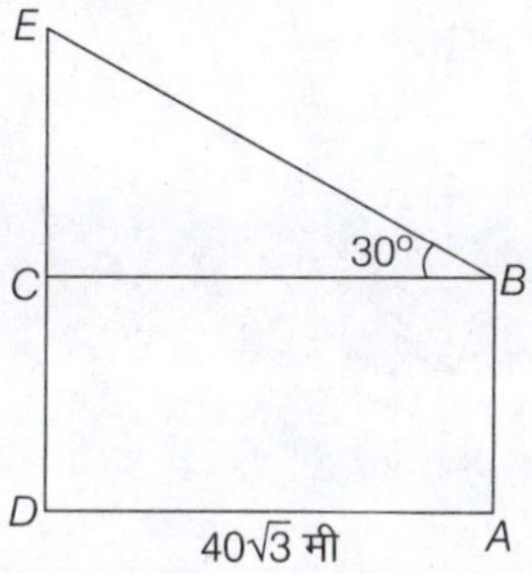

दिया है, AB = प्लेटफॉर्म की ऊँचाई

DE = टावर की ऊँचाई = 45 मी

AD = क्षैतिज दूरी = $40\sqrt{3}$ मी

$$\therefore \quad AD = BC = 40\sqrt{3} \text{ मी}$$

ΔBCE में, $\tan 30° = \dfrac{CE}{BC}$

$$\Rightarrow \quad \frac{1}{\sqrt{3}} = \frac{CE}{40\sqrt{3}} \Rightarrow CE = 40 \text{ मी}$$

अब, $DE = DC + CE$

$\Rightarrow \quad DC = DE - CE = 45 - 40 = 5$ मी

अतः $AB = DC$ = प्लेटफॉर्म की ऊँचाई = 5 मी

84. (*b*) दिया है, AB और CD दो खम्भे हैं।

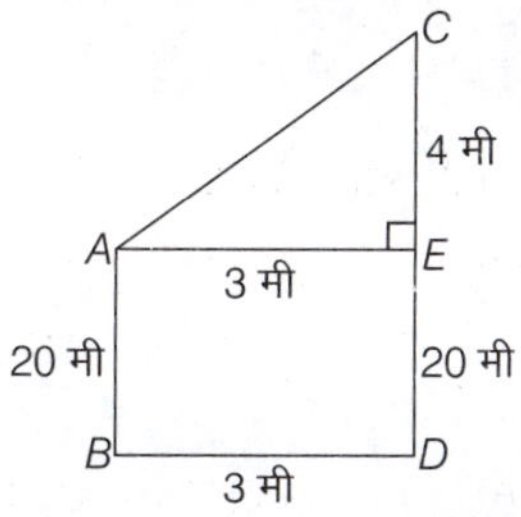

$AB = 20$ मी, $CD = 24$ मी

$\therefore \quad CE = (24 - 20)$ मी = 4 मी

$BD = AE = 3$ मी

ΔAEC में, पाइथागोरस प्रमेय द्वारा,

$$AC = \sqrt{AE^2 + EC^2}$$

$$= \sqrt{3^2 + 4^2} = \sqrt{9 + 16}$$

$$= \sqrt{25} = 5 \text{ मी}$$

85. (*a*) माना CB पर्यवेक्षक है और AE टावर है।

दिया है, $BC = AD = 2$ मी

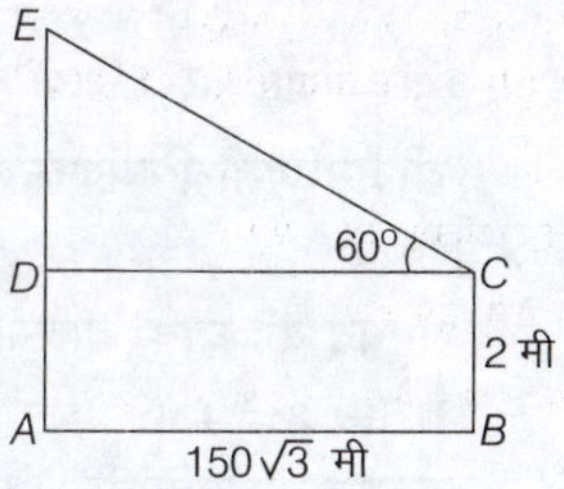

तथा $AB = CD = 150\sqrt{3}$ मी

ΔCDE में,

$$\tan 60° = \frac{DE}{DC} \Rightarrow \sqrt{3} = \frac{DE}{150\sqrt{3}}$$

$\Rightarrow DE = 450$ मी

$\therefore$ टावर की ऊँचाई = $AD + DE$

$= (2 + 450) = 452$ मी

86. (*a*) यहाँ, AB = टॉवर की ऊँचाई = 40 मी

CE = चिमनी की ऊँचाई

ΔABC में,

$$\tan 30° = \frac{AB}{BC} \Rightarrow \frac{1}{\sqrt{3}} = \frac{40}{BC}$$

$$\therefore \quad BC = 40\sqrt{3} \text{ मी}$$

तथा $BC = AD = 40\sqrt{3}$ मी

ΔADE में,

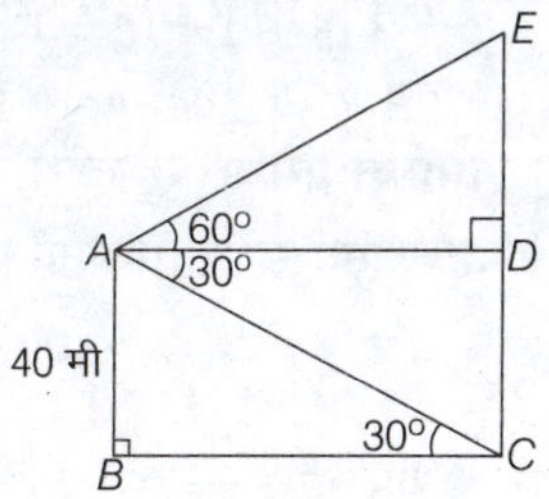

$$\tan 60° = \frac{DE}{AD} \Rightarrow \sqrt{3} = \frac{DE}{40\sqrt{3}}$$

$$\therefore \quad DE = 120 \text{ मी}$$

$$\because \quad CE = CD + DE$$

$$\Rightarrow \quad CE = AB + DE$$

$$= 40 + 120 = 160 \text{ मी}$$

अतः चिमनी की ऊँचाई = 160 मी

अध्याय 25

बीजगणितीय व्यंजक और समीकरण

Chapter Snapshot

I. बीजगणित चर राशियों की गणितीय संक्रियाओं के अध्ययन को बीजगणित कहते हैं।

बीजगणितीय व्यंजक एक या अधिक चरों, संख्याओं व गणितीय संक्रियाओं से सम्मिलित पदों को बीजगणितीय व्यंजक कहते हैं।

जैसे— $2x^2 - 5y + 3, 3x - 2y + 1$ इत्यादि।

बहुपद की घात बीजगणितीय बहुपद में सुमेलित चरों की अधिकतम घात, बहुपद की घात होती है।

जैसे— $3x^2 + 4x^4 - 5x + 6$ में बहुपद की घात '4' है।

बहुपद की गणितीय संक्रिया सजातीय चर व समान घात वाले पदों का योग व घटाव करते हैं।

II. बीजगणितीय सर्वसमिकाएँ

- $(a+b)^2 = a^2 + b^2 + 2ab$
- $(a-b)^2 = a^2 + b^2 - 2ab$
- $a^2 - b^2 = (a+b)(a-b)$
- $(a+b)^3 = a^3 + b^3 + 3ab(a+b)$
- $(a-b)^3 = a^3 - b^3 - 3ab(a-b)$
- $a^3 + b^3 = (a+b)(a^2 - ab + b^2)$
- $a^3 - b^3 = (a-b)(a^2 + ab + b^2)$
- $(a+b+c)^2 = a^2 + b^2 + c^2 + 2(ab + bc + ca)$
- $a^3 + b^3 + c^3 - 3abc = (a+b+c)(a^2 + b^2 + c^2 - ab - bc - ca)$

$$= \frac{1}{2}(a+b+c)[(a-b)^2 + (b-c)^2 + (c-a)^2]$$

$$= (a+b+c)[(a+b+c)^2 - 3(ab+bc+ca)]$$

- यदि $(a-b)^2 + (b-c)^2 + (c-a)^2 = 0$

तब $a - b = 0 \Rightarrow a = b$ तथा $b - c = 0 \Rightarrow b = c$ तथा $c - a = 0 \Rightarrow c = a;\ a = b = c$

शेषफल प्रमेय बहुपदीय व्यंजक $f(x)$ को $(x-a)$ से भाग देने पर शेषफल $f(a)$ प्राप्त होता है।

महत्त्वपूर्ण सर्वसमिकाएँ

- यदि $x + \frac{1}{x} = m$, तब $x^2 + \frac{1}{x^2} = m^2 - 2$
- यदि $x^2 + \frac{1}{x^2} = m$, तब $x^4 + \frac{1}{x^4} = m^2 - 2$
- यदि $x + \frac{1}{x} = m$, तब $x^3 + \frac{1}{x^3} = m^3 - 3m$
- यदि $x - \frac{1}{x} = m$, तब $x^3 - \frac{1}{x^3} = m^3 + 3m$
- यदि $x - \frac{1}{x} = m$, तब $x^2 + \frac{1}{x^2} = m^2 + 2$
- यदि $x^2 + \frac{1}{x^2} = m$, तब $x + \frac{1}{x} = \sqrt{m+2}$
- यदि $x^2 + \frac{1}{x^2} = m$, तब $x - \frac{1}{x} = \sqrt{m-2}$

Concept Capsule

- चर पद में संख्यात्मक गुणांक, उस चर का गुणांक होता है। जैसे-$3x^2$ में x^2 का गुणांक = 3
- बहुपदों के गुणनफल में एक बहुपद के प्रत्येक पद का दूसरे बहुपद के प्रत्येक पदों से गुणन करते हैं।
- दो चर वाले रैखिक समीकरणों का हल, प्रतिस्थापन, विलोपन विधियों द्वारा ज्ञात किया जाता है।
- $D = b^2 - 4ac$ के लिए मूल
  (a) $D > 0$, वास्तविक, असमान
  (b) $D = 0$, वास्तविक, समान

Formula Flashcards

- $(a+b)^2 + (a-b)^2 = 2(a^2 + b^2)$
- $(a+b)^2 - (a-b)^2 = 4ab$
- यदि $a + b + c = 0$ तब, $a^3 + b^3 + c^3 = 3abc$

- यदि $x+\frac{1}{x}=m$, तब $x-\frac{1}{x}=\sqrt{m^2-4}$
- यदि $x-\frac{1}{x}=m$, तब $x+\frac{1}{x}=\sqrt{m^2+4}$

III. समीकरण एक या अधिक अज्ञात राशियों या चरों के मध्य का सम्बन्ध, समीकरण कहलाता है।

IV. रैखिक समीकरण एक या एक से अधिक चर वाली ऐसी समीकरण जिसकी अधिकतम घात '1' हो, उसे रैखिक समीकरण कहा जाता है। सामान्य रैखिक समीकरण $ax+by+c=0$ है।

रैखिक समीकरणों के निकाय का प्रतिबन्ध

दो समीकरण $a_1x+b_1y+c_1=0$ तथा $a_2x+b_2y+c_2=0$ हो, तब

- $\frac{a_1}{a_2}=\frac{b_1}{b_2}\neq\frac{c_1}{c_2}$ (कोई हल नहीं/No solution)
- $\frac{a_1}{a_2}=\frac{b_1}{b_2}=\frac{c_1}{c_2}$ (अनन्त हल/Many solution)
- $\frac{a_1}{a_2}\neq\frac{b_1}{b_2}$ (अद्वितीय हल/Unique solution)

V. द्विघात समीकरण $ax^2+bx+c=0$ एक द्विघात समीकरण है, इसकी अधिकतम घात '2' होती है। द्विघात समीकरण के केवल दो मूल/हल होते हैं तथा प्रत्येक मूल समीकरण को सन्तुष्ट करता है। यहाँ, $a\neq 0$ तथा $a, b, c\in R$

द्विघात समीकरण का शून्यक यदि 'α' द्विघात समीकरण $ax^2+bx+c=0$ का एक मूल है, तब $(x-\alpha)$ समीकरण का शून्यक होता है।

गुणनखण्ड विधि द्वारा समीकरण का हल/मूल समीकरण के सभी पदों को एक पक्ष में लाकर दूसरे पक्ष को शून्य करते हैं, पुनः मध्य पद को विभक्त कर गुणनखण्ड ज्ञात कर उसे शून्य के समतुल्य रखते हैं तथा दोनों चरों का मान ज्ञात करते हैं।

श्रीधराचार्य सूत्र द्वारा हल निकालना समीकरण $ax^2+bx+c=0$ के मूल हैं

$$x=\frac{-b\pm\sqrt{b^2-4ac}}{2a}$$

यहाँ, $D=b^2-4ac$ को विविक्तकर कहते हैं।

मूलों का योगफल एवं गुणनफल

यदि $ax^2+bx+c=0$ के दो मूल 'α' तथा 'β' हैं, तब

- मूलों का योग $=\alpha+\beta=\frac{-b}{a}$
- मूलों का गुणनफल $=\alpha\beta=\frac{c}{a}$
- यदि α तथा β द्विघात समीकरण के मूल हों, तब द्विघात समीकरण है $x^2-(\alpha+\beta)x+\alpha\beta=0$

एक द्विघात समीकरण के

- मूल व्युत्क्रम है, यदि $a=c$ हैं।
- एक मूल $=0$ है, यदि $c=0$ है।
- दोनों मूल 0 के बराबर है, यदि $b=0, c=0$ है।

Concept Capsule

- किसी समीकरण के दोनों पक्षों में कोई राशि जोड़ देने अथवा घटा देने से समीकरण में कोई परिवर्तन नहीं होता है।
- यदि किसी समीकरण के दोनों पक्षों में किसी राशि की गुणा अथवा भाग कर दें, तो समीकरण की समानता पर कोई प्रभाव नहीं पड़ता है।
- समीकरण के किसी पद को एक पक्ष से दूसरे पक्ष में ले जाने पर केवल चिह्न बदलते हैं न कि समीकरण की समानता अर्थात् पदों को पक्षान्तर करने पर उसके मान पर कोई प्रभाव नहीं पड़ता है।
- द्विघात समीकरण के शून्यक और मूल परस्पर समान होते हैं।
- यदि द्विघात समीकरण $ax^2+bx+c=0$ का एक मूल $p+\sqrt{q}$ है, तो दूसरा मूल $p-\sqrt{q}$ होगा, अर्थात् अपरिमेय मूल संयुग्मी होते हैं।

Exam Approach Examples

बीजगणितीय बहुपद पर आधारित

उदाहरण 1. $(x-3y)^3$ में x का गुणांक ...... है SSC CGL (Tier-I) 2019

(a) $3y^2$ (b) $-3y^2$
(c) $-27y^2$ (d) $27y^2$

हल (d) $(x-3y)^3 = x^3 - 27y^3 - 3x \times 3y(x-3y)$

$[\because (a-b)^3 = a^3 - b^3 - 3ab(a-b)]$

$= x^3 - 27y^3 - 9x^2y + 27xy^2$

$\therefore$ x का गुणांक $= 27y^2$

उदाहरण 2. यदि $a^3 - b^3 = 625, a^2 - b^2 = 25$ और $a + b = 5$ है, तो $a^2 + ab + b^2$ का मान ज्ञात कीजिए। RRB NTPC 2020

(a) 125 (b) 25
(c) 5 (d) 150

हल (a) $\because a^2 - b^2 = 25$

$\Rightarrow (a+b)(a-b) = 25$

$\Rightarrow (a-b) = \frac{25}{5} = 5$ $(\because a+b=5)$

पुन: $a^3 - b^3 = (a-b)(a^2+ab+b^2)$

$\Rightarrow 625 = 5(a^2+ab+b^2)$

$\therefore a^2+ab+b^2 = \frac{625}{5} = 125$

उदाहरण 3. यदि $x+y+z=1, xy+yz+zx=-1$ और $xyz=-1$ है, तो $(x^3+y^3+z^3)$ का मान ज्ञात कीजिए। SSC CPO 2024

(a) 3 (b) 0
(c) 2 (d) 1

हल (d) दिया है, $x+y+z=1$ तथा

$xy+yz+zx=-1$ तथा $xyz=-1$

$\because x^3+y^3+z^3-3xyz$

$= (x+y+z)[(x+y+z)^2 - 3(xy+yz+zx)]$

$\Rightarrow x^3+y^3+z^3 = 3xyz + (x+y+z)$

$[(x+y+z)^2 - 3(xy+yz+zx)]$

$= 3(-1) + 1[(1)^2 - 3\times(-1)]$

(मानों को रखने पर)

$= -3 + [1+3] = 4 - 3 = 1$

उदाहरण 4. यदि $m - \frac{1}{m} = 7$, तो $m^2 + \left(\frac{1}{m^2}\right)$ का मान क्या है? SSC (10+2) 2023

(a) 0 (b) 49
(c) 53 (d) 51

हल (d) दिया है, $m - \frac{1}{m} = 7$

दोनों तरफ का वर्ग करने पर, $\left(m - \frac{1}{m}\right)^2 = 7^2$

$\Rightarrow m^2 + \frac{1}{m^2} - 2m \times \frac{1}{m} = 49$

$\Rightarrow m^2 + \frac{1}{m^2} = 49 + 2$

$\therefore m^2 + \frac{1}{m^2} = 51$

Trending Concept

$x + \frac{1}{x}$ के रूप में प्रश्न विभिन्न परीक्षाओं (SSC, NTPC, MTS, ALP, DSSSB, आदि) में अक्सर पूछे जाते हैं।

Quick Method

$m - \frac{1}{m} = 7 \Rightarrow m^2 + \frac{1}{m^2} = (7)^2 + 2 = 51$

उदाहरण 5. समीकरण $x^2 + 7x + 6 = 0$ को किस प्रकार लिखा जा सकता है? RRC Group D 2022

(a) $(x-1)(x-6)=0$ (b) $(x+1)(x+6)=0$
(c) $(x-1)(x+6)=0$ (d) $(x+1)(x-6)=0$

हल (b) $\because x^2 + 7x + 6 = 0$

$\Rightarrow x^2 + x + 6x + 6 = 0 \Rightarrow x(x+1) + 6(x+1) = 0$

$\therefore (x+1)(x+6) = 0$

उदाहरण 6. शेषफल ज्ञात कीजिए, जब $x^3 + 4x^2 + 6x - 2$ को $(x+5)$ से विभाजित किया जाता है RRB NTPC 2021

(a) −53 (b) −50 (c) −57 (d) −55

हल (c) माना $P(x) = x^3 + 4x^2 + 6x - 2$

शेषफल प्रमेय से,

$\because x + 5 = 0 \Rightarrow x = -5$

अब $P(-5) = (-5)^3 + 4(-5)^2 + 6(-5) - 2$

$= -125 + 100 - 30 - 2$

$= 100 - 157 = -57$

अत: शेषफल $= -57$

रैखिक समीकरण पर आधारित

उदाहरण 7. निम्नलिखित समीकरणों से क्रमश: x और y के मान ज्ञात करें। $6x + 7y = 5xy, 10y - 4x = 4xy$ SSC CPO 2022

(a) 2 और 4 (b) 2 और 5 (c) 3 और 4 (d) 4 और 5

हल (a) $6x + 7y = 5xy$ ...(i)

$10y - 4x = 4xy$ ...(ii)

समी (i) में 2 से तथा समी (ii) में 3 से गुणा करने पर,

$12x + 14y = 10xy$ ...(iii)

$30y - 12x = 12xy$ ...(iv)

समी (iii) व (iv) को जोड़ने पर,

$44y = 22xy \Rightarrow x = 2$

समी (ii) में x का मान रखने पर,

$10y - 8 = 8y$

$\Rightarrow 2y = 8 \Rightarrow y = 4$

अत: $x = 2$ तथा $y = 4$

Score Booster

इस प्रकार के प्रश्नों में एक चर के गुणांकों को समान बनाकर समीकरणों को जोड़कर या घटाकर दोनों चरों का मान ज्ञात करते हैं।

उदाहरण 8. यदि समीकरण $3x - 2y = 8$, $2ax + (b-a)y = 48$ के निकाय के अपरिमित रूप से अनेक हल हैं, तो **RRB NTPC 2021**

(a) $a = 3b$ (b) $3a + b = 0$

(c) $a + 3b = 0$ (d) $a = b$

हल (c) दिया है, $3x - 2y - 8 = 0$

तथा $2ax + (b-a)y - 48 = 0$

अनेक हल होने के लिए,

$$\frac{a_1}{a_2} = \frac{b_1}{b_2} = \frac{c_1}{c_2} \Rightarrow \frac{3}{2a} = \frac{-2}{b-a}$$

$\Rightarrow$ $3b - 3a = -4a \Rightarrow 3b = -4a + 3a = -a$

$\therefore$ $a + 3b = 0$

द्विघात समीकरण पर आधारित

उदाहरण 9. द्विघात समीकरण कौन-सा है? **RRC Group D 2022**

(a) $b - \sqrt{3} + 2b - \sqrt{32} = 0$

(b) $(x - 4x^2 + 5) + \sqrt{3}x + 8 = 0$

(c) $(p-q)^2 - q^3 + 2pq - \sqrt{p} = -3$

(d) $(x+3)^{\frac{1}{2}} = 0$

हल (b) स्पष्टत: विकल्प (b) का समीकरण एक द्विघात समीकरण है क्योंकि

$$(x - 4x^2 + 5) + \sqrt{3}x + 8 = 0$$

$$\Rightarrow -4x^2 + \sqrt{3}x + x + 5 + 8 = 0$$

$$\Rightarrow -4x^2 + x(\sqrt{3} + 1) + 13 = 0$$

उपरोक्त समीकरण की अधिकतम घात 2 है।

उदाहरण 10. यदि α एवं β समीकरण $x^2 - 7x + 20 = 0$ के मूल हैं, तो $\left(\frac{1}{\alpha^2} + \frac{1}{\beta^2}\right)$ का मान है **DSSSB 2018**

(a) 1 (b) $\frac{-9}{400}$ (c) $\frac{9}{400}$ (d) $\frac{7}{400}$

हल (c) $x^2 - 7x + 20 = 0$

मूलों का योगफल $= \alpha + \beta = \frac{-b}{a} = \frac{-(-7)}{1} = 7$

मूलों का गुणनफल $= \alpha\beta = \frac{c}{a} = \frac{20}{1} = 20$

अब $\frac{1}{\alpha^2} + \frac{1}{\beta^2} = \frac{\beta^2 + \alpha^2}{(\alpha\beta)^2} = \frac{(\alpha+\beta)^2 - 2\alpha\beta}{(\alpha\beta)^2}$

$$= \frac{(7)^2 - 2 \times 20}{(20)^2}$$

$$= \frac{49 - 40}{400} = \frac{9}{400}$$

उदाहरण 11. $2(p+q)^2x^2 + 2(p+q)x + 1 = 0$ के मूलों की प्रकृति ज्ञात कीजिए। **RRC Group D 2022**

(a) वास्तविक और समान मूल (b) काल्पनिक मूल

(c) वास्तविक मूल (d) वास्तविक और भिन्न मूल

हल (b) $2(p+q)^2x^2 + 2(p+q)x + 1 = 0$

यहाँ, $a = 2(p+q)^2$, $b = 2(p+q)$

तथा $c = 1$

$$D = b^2 - 4ac$$

$$= [2(p+q)]^2 - 4 \times 2(p+q)^2 \times 1$$

$$= 4(p+q)^2 - 8(p+q)^2 = -4(p+q)^2$$

$\because$ $(p+q)^2 > 0$

$\therefore$ $-4(p+q)^2 < 0$

अर्थात् $D < 0$

अत: मूल काल्पनिक होंगे।

> **Score Booster**
> मूलों की प्रकृति से सम्बन्धित प्रश्न के लिए चरों के गुणांक का चिह्न ध्यान में रखना चाहिए।

उदाहरण 12. वह समीकरण ज्ञात कीजिए, जिसके मूल $(a + \sqrt{b})$ और $(a - \sqrt{b})$ हैं। **RRB JE 2019**

(a) $x^2 + ax + a^2 - b^2 = 0$ (b) $x^2 - ax + a^2 - b^2 = 0$

(c) $x^2 - 2ax + (a^2 - b) = 0$ (d) $x^2 + 2ax - (a^2 - b) = 0$

हल (c) मूलों का योगफल $= \alpha + \beta = a + \sqrt{b} + a - \sqrt{b} = 2a$

मूलों का गुणनफल $= \alpha\beta = (a + \sqrt{b})(a - \sqrt{b}) = a^2 - b$

$\therefore$ अभीष्ट द्विघात समीकरण है,

$$x^2 - (\alpha + \beta)x + \alpha\beta = 0$$

$$\Rightarrow x^2 - 2ax + (a^2 - b) = 0$$

Chapter Challenge

Chapter Challenge बीजगणितीय व्यंजक और समीकरण

बीजगणितीय बहुपद पर आधारित

1. $\frac{(x^2-9)}{x+3}$ का मान क्या होगा? **SSC CGL 2024**

(a) $x-9$ (b) $x-3$
(c) $\sqrt{x^2-9}$ (d) $x+3$

2. यदि $a+b=10$ और $ab=6$, तो a^3+b^3 का मान क्या होगा? **SSC CPO 2023**

(a) 820 (b) 800 (c) 840 (d) 860

3. यदि $a+b=28$ तथा $a^2+b^2=632$, तो ab का मान ज्ञात करें। **DSSSB 2019**

(a) 56 (b) 66 (c) 78 (d) 76

4. यदि $x-y=4$ और $xy=3$ है, तो x^3-y^3 का मान ज्ञात करें। **SSC (10+2) 2021**

(a) 88 (b) 100 (c) 64 (d) 28

5. यदि $x+y=32$ तथा $x^2+y^2=826$, तो xy का मान है **DSSSB 2019**

(a) 90 (b) 89 (c) 99 (d) 98

6. $(7x+4y)^2+(7x-4y)^2$ को सरल रूप में लिखें। **SSC CPO 2022**

(a) $98x^2+32y^2$ (b) $32x^2+98y^2$
(c) $98x^2-32y^2$ (d) $98x^2+32y^2-5xy$

7. यदि a और b दो धनात्मक वास्तविक संख्याएँ इस प्रकार हैं, कि $a+b=20$ और $ab=4$ है, तो a^3+b^3 का मान ज्ञात करें। **SSC (10+2) 2020**

(a) 8240 (b) 8000 (c) 7760 (d) 240

8. यदि $\frac{x}{y}=\frac{3}{5}$ एवं $\frac{y}{z}=\frac{10}{9}$, तो $\frac{x^2+z^2}{x^2-z^2}$ का मान है **DSSSB 2019**

(a) 1.6 (b) −2.6 (c) 2.6 (d) −1.6

9. यदि $a+b=15$ और $a^2+b^2=113$ है, तो a^3+b^3 का मान ज्ञात कीजिए। **SSC Selection Post 2022**

(a) 865 (b) 845 (c) 855 (d) 875

10. सरल कीजिए।
$\frac{x^3+15x^2+75x+125}{x^2-25}(x-5)$ **SSC CGL 2024**

(a) $x^2+5x+25$ (b) x^2+25
(c) x^2-25 (d) $x^2+10x+25$

11. यदि $x+y=10$, $2xy=48$ और $x>y$ है, तो $2x-y$ का मान ज्ञात कीजिए। **SSC CPO 2022**

(a) 8 (b) 4 (c) 6 (d) 3

12. यदि $\frac{3\sqrt{2}-2\sqrt{3}}{3\sqrt{2}+2\sqrt{3}}=a+b\sqrt{6}$, तो b का मान ज्ञात कीजिए। **RRB NTPC 2021**

(a) −5 (b) 5 (c) 2 (d) −2

13. यदि $2p+q=19$ और $8p^3+q^3=361$ हैं, तो pq का मान ज्ञात कीजिए। **SSC CGL (Tier-I) 2022**

(a) 58 (b) 59 (c) 56 (d) 57

14. यदि $a^2+b^2+c^2+3=2(a+b+c)$, तो $(a+b+c)$ का मान क्या होगा? **RRB NTPC 2021**

(a) 2 (b) 3 (c) 5 (d) 4

15. यदि $\frac{a}{b}+\frac{b}{a}=-1$, $a\neq 0$, $b\neq 0$ है, तो $6(a^3-b^3)$ का मान क्या होगा? **SSC (10+2) 2022**

(a) 3 (b) 0 (c) 6 (d) 1

16. यदि $(a+b+c)=16$ और $(a^2+b^2+c^2)=90$ है, तो $(ab+bc+ca)$ का मान ज्ञात कीजिए। **SSC CGL (Tier-I) 2023**

(a) 82 (b) 84 (c) 83 (d) 81

17. यदि $a=26$ और $b=22$ है, तो $\frac{a^3-b^3}{a^2-b^2}-\frac{3ab}{a+b}$ का मान .... है। **SSC CGL (Tier-I) 2022**

(a) $\frac{11}{13}$ (b) $\frac{1}{3}$ (c) $\frac{13}{11}$ (d) $\frac{5}{3}$

18. $(x-2y)(5x+y)^3$ में x^3y का गुणांक ज्ञात करें। **SSC (10+2) 2021**

(a) −150 (b) 75 (c) −175 (d) 250

19. दिए गए व्यंजक का मान ज्ञात करें।
$(2a-b-3c)(4a^2+b^2+9c^2+2ab+6ac-3bc)$ **SSC (10+2) 2021**

(a) $8a^3+b^3+27c^3$ (b) $-8a^3+b^3+27c^3$
(c) $8a^3-b^3-27c^3-18abc$ (d) $8a^3-b^3-27c^3+18abc$

20. यदि $a+b+c=0$ है तो $\frac{(a^2+b^2+c^2)^2}{a^2b^2+b^2c^2+c^2a^2}$ का मान ज्ञात कीजिए। **RRB NTPC 2021**

(a) 2 (b) 0 (c) 1 (d) 4

21. यदि $x+y+z=6$, $xyz=-10$ तथा $x^2+y^2+z^2=30$ है, तो $(x^3+y^3+z^3)$ का मान क्या होगा? **SSC CGL (Tier-II) 2019**

(a) 127 (b) 130 (c) 132 (d) 135

22. यदि $x+y+z=4$, $xy+yz+zx=1$ और $x^3+y^3+z^3=34$ है, तो $2xyz$ का मान ज्ञात करें। **SSC (10+2) 2021**

(a) 8 (b) −6 (c) 18 (d) −12

23. यदि $x+y+z=7$,
$x^2+y^2+z^2=85$ और
$x^3+y^3+z^3=913$ हो, तो
$\sqrt[3]{xyz}$ का मान ज्ञात करें। **SSC CGL (Tier-I) 2021**

(a) 4
(b) 2
(c) 8
(d) 1

> **MRC*****
> *(Most Repeating Concepts)*
> प्र. सं. 21, 23 और 25 Examination Point of Views से अति महत्त्वपूर्ण हैं। इन Concept पर आधारित प्रश्न विभिन्न प्रतियोगी परीक्षाओं (CGL, Group D, CHSL, Police Constable, SI आदि) में निरन्तर पूछे जा रहे हैं।

24. यदि $x=32.5$, $y=34.6$ और $z=30.9$ है, तो $x^3+y^3+z^3-3xyz$ का मान $0.98k$ होता है, जहाँ k का मान है **SSC CGL (Tier-II) 2022**

(a) 1026 (b) 933 (c) 921 (d) 1033

25. यदि $x(x+y+z)=30$, $y(x+y+z)=64$, $z(x+y+z)=50$, तो $2(x+y+z)$ का मान ज्ञात कीजिए, जहाँ $x, y, z > 0$ है

RRB NTPC 2022

(a) 20 (b) 22 (c) 24 (d) 26

26. यदि $x = \frac{2+\sqrt{3}}{2-\sqrt{3}}$, तो $(x-7)^2$ का मान ज्ञात कीजिए।

RRB NTPC 2022

(a) 48 (b) $2\sqrt{3}$ (c) $4\sqrt{3}$ (d) 24

27. यदि $\frac{1}{5\sqrt{2}-7} = a\sqrt{2}+b$, तो a और b के मान क्या है?

RRB NTPC 2021

(a) −7, 5 (b) 5, 7 (c) 7, 5 (d) 5, −7

28. यदि $x+y+z=2$ और $xy+yz+zx=-11$ है, तो $x^3+y^3+z^3-3xyz$ का मान ज्ञात करें।

SSC CGL (Tier-I) 2021

(a) 78 (b) 69 (c) 71 (d) 74

29. यदि $a+\frac{1}{a}=12$ है, तो $a^2+\frac{1}{a^2}$ का मान ज्ञात कीजिए। **SSC CGL 2024**

(a) 146
(b) 144
(c) 140
(d) 142

> **MRC*****
> *(Most Repeating Concepts)*
> प्र. सं. 29, 32, 41, 57, 64 और 85 Examination Point of Views से अति महत्त्वपूर्ण हैं। इन Concept पर प्रश्न विभिन्न प्रतियोगी परीक्षाओं (Group D, ALP, CGL, Police SI and Constable) में निरन्तर पूछे जा रहे हैं।

30. यदि $\sqrt{x}-\frac{1}{\sqrt{x}}=\sqrt{7}$ है, तो $x^2+\frac{1}{x^2}$ का मान ज्ञात करें।

SSC CGL (Tier-I) 2021

(a) 75 (b) 81 (c) 60 (d) 79

31. यदि $m+\frac{1}{m-2}=4$ है, तो $(m-2)^2+\frac{1}{(m-2)^2}$ का मान ज्ञात कीजिए।

SSC CGL (Tier-I) 2022

(a) 2 (b) −2 (c) 4 (d) 0

32. यदि $x-\frac{1}{x}=8$ है, तो $x^3-\frac{1}{x^3}$ का मान ज्ञात कीजिए।

RRC Group D 2022

(a) 425 (b) 536 (c) 489 (d) 541

33. दो संख्याओं x और y (जहाँ x, y से बड़ी है) का योग उनके अन्तर के चार गुने के बराबर है। $\frac{5xy}{3(x^2-y^2)}$ का मान ज्ञात करें।

SSC CPO 2024

(a) $\frac{25}{16}$ (b) 16 (c) $2\frac{3}{16}$ (d) 25

34. यदि $x^4+\frac{1}{x^4}=27$, तो $x^2+\frac{1}{x^2}$ का मान ज्ञात कीजिए?

RRC Group D 2022

(a) 31 (b) $\sqrt{29}$ (c) $\sqrt{31}$ (d) 29

35. यदि $\left(x^2+\frac{1}{x^2}\right)=\frac{33}{4}$ है, तो $\left(x^3-\frac{1}{x^3}\right)$ का मान ज्ञात करें?

DSSSB 2019

(a) $\frac{125}{8}$ (b) $\frac{185}{8}$ (c) $\frac{155}{8}$ (d) $\frac{140}{8}$

36. यदि $a^2+\frac{1}{a^2}=3$ हो, तो $a^3+\frac{1}{a^3}=?$

RRB ALP 2018

(a) $3\sqrt{5}$ (b) $3\sqrt{3}$ (c) $2\sqrt{5}$ (d) $2\sqrt{3}$

37. यदि $x^4+x^{-4}=1154$ है, तो $x+x^{-1}$ का मान ज्ञात कीजिए।

RRB NTPC 2021

(a) 8 (b) 6 (c) 5 (d) 12

38. यदि $x-\frac{1}{x}=5$, तो $x^4+\frac{1}{x^4}$ का मान ज्ञात कीजिए।

RRB NTPC 2021

(a) 730 (b) 727 (c) 728 (d) 729

39. यदि $x^2+\frac{1}{x^2}=7$ है, तो $x^3+\frac{1}{x^3}$ का मान ज्ञात करें, जहाँ $x>0$ है।

SSC CGL (Tier-II) 2020

(a) 16 (b) 18 (c) 15 (d) 12

40. यदि $x^4+\frac{1}{x^4}=322$ और $x>1$, तो $x-\frac{1}{x}$ का मान क्या है?

RRB NTPC 2021

(a) 6 (b) 5 (c) 4 (d) 3

41. यदि $x^4+\frac{1}{x^4}=47$ तो $x+\frac{1}{x}$ का मान ज्ञात कीजिए। **RRB JE 2019**

(a) 5 (b) 7 (c) 9 (d) 3

42. यदि $x+\frac{1}{x}=7$ है, तो $x^3+\frac{1}{x^3}$ का मान ज्ञात कीजिए।

SSC (10+2) 2021

(a) 322 (b) 340 (c) 343 (d) 161

43. यदि $16x^2-8x+1=0$ है, तो $\left(16x^2+\frac{1}{4x^2}\right)$ का मान ज्ञात कीजिए।

RRC Group D 2022

(a) 4 (b) 6 (c) 5 (d) 7

44. व्यंजक $2x^2-5x-12$ के गुणनखण्ड क्या होंगे? **SSC (10+2) 2019**

(a) $(x-4)$ और $(2x-3)$ (b) $(x-4)$ और $(2x+3)$
(c) $(x+4)$ और $(2x+3)$ (d) $(x+4)$ और $(2x-3)$

45. यदि $1-64x^3-12x+px^2=(1-4x)^3$ है, तो p का मान ज्ञात कीजिए।

SSC CGL (Tier-I) 2019

(a) 48 (b) 16 (c) −12 (d) −48

46. यदि $7b-\frac{1}{4b}=7$ है, तो $16b^2+\frac{1}{49b^2}$ का मान ज्ञात कीजिए।

SSC CGL (Tier-I) 2023

(a) $\frac{120}{7}$ (b) $\frac{104}{7}$ (c) $\frac{80}{49}$ (d) $\frac{7}{2}$

47. यदि $x-\frac{1}{x}=11$ है, तो $\left(x^4+\frac{1}{x^4}\right)$ का मान क्या होगा?

SSC (10+2) 2022

(a) 14159 (b) 14163 (c) 15131 (d) 15127

48. यदि एक धनात्मक संख्या x के लिए $4x^2+\frac{1}{x^2}=12$ है, तो $8x^3+\frac{1}{x^3}$ का मान क्या होगा?

CISF HC (min) 2022

(a) 40 (b) 64 (c) 16 (d) 4

49. यदि $x+\frac{1}{x}=6$ है, तो $\frac{3x}{2x^2-5x+2}$ का मान ज्ञात कीजिए।

SSC CGL (Tier-I) 2022

(a) $\frac{2}{3}$ (b) 1 (c) 0 (d) $\frac{3}{7}$

50. यदि $x^2+\frac{1}{x^2}=83$, $x>0$ है, तो $x^3-\frac{1}{x^3}$ का मान ज्ञात करें।

SSC (10+2) 2021

(a) 675 (b) 756 (c) 746 (d) 576

51. यदि $x^4 + \frac{1}{x^4} = 322$ और $x > 1$, तो $x^3 - \frac{1}{x^3}$ का मान ज्ञात कीजिए। **RRB NTPC 2021**
(a) 72 (b) 78 (c) 76 (d) 74

52. यदि $a - \frac{24}{a} = 5$ है, जहाँ $a > 0$ है, तो $a^2 + \frac{64}{a^2}$ का मान ज्ञात करें। **SSC (10+2) 2021**
(a) 45 (b) 60 (c) 65 (d) 56

53. यदि $x + \frac{1}{x} = 4$ है, तो $\frac{4x^2 + 4}{9x^2 + 10x + 9}$ का मान ज्ञात कीजिए। **RRB NTPC 2022**
(a) 1 (b) $\frac{8}{23}$ (c) $\frac{4}{9}$ (d) $\frac{8}{22}$

54. यदि $8x^2 + 9x + 8 = 0$ है, तो $x^3 + \frac{1}{x^3}$ का मान ज्ञात कीजिए। **SSC (10+2) 2022**
(a) $\frac{199}{512}$ (b) $\frac{999}{212}$ (c) $\frac{999}{512}$ (d) $\frac{199}{212}$

रैखिक समीकरण पर आधारित

55. दी गई दो रेखाओं का हल समुच्चय क्या है? $2x + 3y = 12$ तथा $3x - 2y = 5$ **SSC CGL (Tier-II) 2022**
(a) $x = 3, y = 2$ (b) $x = 2, y = 3$
(c) $x = -2, y = 3$ (d) $x = 3, y = -2$

56. दो समीकरणों $4x - y = 2$ और $2y - 8x + 4 = 0$ के हलों की संख्या है
(a) शून्य (b) एक (c) दो (d) अनेक

57. यदि समीकरण $6x - 5y + 11 = 0$ और $15x + ky - 9 = 0$ का कोई हल न हो, तो k का मान कितना है? **RRB ALP 2018**
(a) –12.5 (b) 18
(c) –18 (d) 12.5

58. यदि $4x + 5y = 192$ तथा $\frac{x+y}{y} = \frac{15}{4}$, तो $3x + 2y$ का मान है **DSSSB 2019**
(a) 123 (b) 142 (c) 132 (d) 133

59. यदि $2x - 3y = 7$ और $\frac{x}{x+y} = \frac{5}{6}$ है, तो $x - y$ का मान ज्ञात कीजिए। **RRB NTPC 2021**
(a) 4 (b) 7 (c) 6 (d) $\frac{1}{5}$

60. यदि $3x + 7y = 255$ और $\frac{x-y}{y} = \frac{7}{3}$ हो, तो $(2x - 5y)$ का मान है **DSSSB 2019**
(a) 45 (b) 25 (c) 35 (d) 52

द्विघात समीकरण पर आधारित

61. द्विघात समीकरण $7x^2 + 28x + 1 = 0$ के मूलों का योग ज्ञात कीजिए। **RRC Group D 2022**
(a) 28 (b) $\frac{-1}{7}$ (c) 1 (d) –4

62. यदि α, β द्विघात समीकरण $x^2 - 11x + 18 = 0$ के मूल हैं, तो $\alpha^2 + \beta^2$ का मान ज्ञात कीजिए। **RRC Group D 2022**
(a) 75 (b) 85 (c) 95 (d) 105

63. यदि α और β समीकरण $6x^2 + x - 15 = 0$ के मूल हैं, जहाँ $\alpha > \beta$ तो $(\alpha - \beta)$ का मान ज्ञात कीजिए। **RRC Group D 2022**
(a) $\frac{20}{3}$ (b) $\frac{19}{6}$
(c) $\frac{1}{6}$ (d) $\frac{1}{3}$

> **MRC*****
> **(Most Repeating Concepts)**
> प्र. सं. 63, 64 और 69 Examination Point of Views से अति महत्त्वपूर्ण हैं। इन Concept पर आधारित प्रश्न विभिन्न प्रतियोगी परीक्षाओं (MTS, NTPC, UP Police आदि) में निरन्तर पूछे जा रहे हैं।

64. यदि α और β समीकरण $x^2 + 5x + 6 = 0$ के मूल हैं, तो $\alpha\beta - \left(\frac{1}{\alpha} + \frac{1}{\beta}\right)$ का मान ज्ञात कीजिए। **RRC Group D 2022**
(a) $-\frac{31}{6}$ (b) $\frac{31}{6}$ (c) $\frac{41}{6}$ (d) $-\frac{41}{6}$

65. द्विघात समीकरण $5x^2 - 6x + 1 = 0$ का एक मूल है **SSC CPO 2017**
(a) 2/5 (b) 3/5 (c) 4/5 (d) 1/5

66. यदि α और β बहुपद $x^2 - 5x + m$ के शून्यक इस प्रकार हैं कि $\alpha - \beta = 1$ है, तो m का मान क्या होगा? **RRB NTPC 2021**
(a) 3 (b) 2 (c) 6 (d) 10

67. $\frac{(143 \div 13 \times x - 3 \times 3)}{(6^2 - 7 \times 5 + x^2)} = 1$ को सन्तुष्ट करने वाला x का सम्भव मान क्या होगा? **SSC CPO 2024**
(a) 4 (b) 2 (c) 1 (d) 3

68. यदि $3x^2 + kx + k = 0$ का कोई हल नहीं है, तो k का मान निम्नलिखित में से किसके अनुसार होगा? **RRB ALP 2018**
(a) $0 < k < 12$ (b) $k > 12$ (c) $k > -12$ (d) $k < 12$

69. यदि समीकरण $x^2 - x + 2 = 0$, के मूल α और β हैं, तो $\alpha^2\beta + \beta^2\alpha =$ **DSSSB 2018**
(a) 2 (b) –2 (c) 1 (d) –1

70. यदि द्विघातीय बहुपद $(k-1)x^2 + kx + 1$ का एक शून्यांक –3 है, तो k का मान क्या होगा? **RRB ALP 2018**
(a) $\frac{-2}{3}$ (b) $\frac{2}{3}$ (c) $\frac{4}{3}$ (d) $\frac{-4}{3}$

71. k का मान ज्ञात कीजिए, जिसके लिए द्विघात समीकरण $4x^2 + 4\sqrt{3}x + k = 0$ के मूल समान हैं। **RRB ALP 2018**
(a) –2 (b) 3 (c) 2 (d) –3

72. यदि समीकरण $4x^2 - 2x + k - 4 = 0$ का एक मूल दूसरे का व्युत्क्रम है, तो k का मान क्या है? **RRC Group D 2022**
(a) –4 (b) 4 (c) –8 (d) 8

73. यदि x समीकरण $x^2 - 2x + 1 = 0$ को सन्तुष्ट करता है, तो $x^3 - \frac{1}{x^3}$ का मान है **RRB NTPC 2020**
(a) 1 (b) –1 (c) $\frac{1}{3}$ (d) 0

74. यदि α और β बहुपद $f(x) = kx^2 + 4x + 4$ के शून्यक इस प्रकार हों कि $\alpha^2 + \beta^2 = 24$ हो, तो k का धनात्मक मान ज्ञात कीजिए। **RRB NTPC 2021**
(a) $\frac{4}{3}$ (b) $\frac{1}{3}$ (c) $\frac{3}{4}$ (d) $\frac{2}{3}$

75. यदि a और b समीकरण $x^2 - 7x + 12 = 0$ के मूल हैं, तो $\frac{a^3 + b^3}{a^2 + b^2 + 1}$ का मान ज्ञात कीजिए। **RRC Group D 2022**

(a) 2.6 (b) 5.2 (c) 4.4 (d) 3.5

76. यदि –5 द्विघात समीकरण $2x^2 + px - 15 = 0$ का मूल है और द्विघात समीकरण $p(kx^2 + x) = 0$ का भी है, तो p और k का मान क्या है? **RRB NTPC 2021**

(a) 7, 0.2 (b) 7, – 0, 2 (c) –7, 0.4 (d) –7, – 0.2

77. यदि α और β समीकरण $ax^2 + bx + c = 0$ के मूल हैं, तो $\left(\frac{\alpha}{\beta^2} + \frac{\beta}{\alpha^2}\right)$ का मान है **DSSSB 2018**

(a) $\frac{3abc - b^2}{c^2}$ (b) $\frac{3abc - b^3}{ac^2}$

(c) $\frac{3abc - b^3}{c^3}$ (d) इनमें से कोई नहीं

78. $\frac{6}{x} - \frac{2}{x-1} - \frac{1}{x-2} = 0$ के मूल ज्ञात कीजिए। **RC Group D 202**

(a) $\frac{4}{5}$ और $\frac{3}{2}$ (b) $\frac{4}{3}$ और $\frac{3}{2}$

(c) $\frac{4}{3}$ और 3 (d) $\frac{4}{5}$ और 3

79. समीकरण $ax^2 + bx + c = 0$ (जहाँ a, b तथा c परिमेय संख्याएँ हैं) का मूल $5 + 3\sqrt{3}$ है। $\frac{(a^2 + b^2 + c^2)}{(a + b + c)}$ का मान क्या है? **SSC CGL (Tier-II) 2018**

(a) $\frac{35}{3}$ (b) $\frac{37}{3}$ (c) $-\frac{105}{11}$ (d) $-\frac{105}{13}$

80. यदि $\alpha, \beta (\alpha > \beta)$ द्विघात समीकरण $x^2 - 10x + 16 = 0$ के मूल हैं, तो $\alpha^4 - \beta^4$ का मान ज्ञात कीजिए। **RRC Group D 2022**

(a) 4080 (b) –5080 (c) 5080 (d) –4080

81. $3x^2 + 6x - 5 = 0$ के मूलों की प्रकृति क्या है? **RRC Group D 2022**

(a) मूल वास्तविक और असमान हैं
(b) मूल वास्तविक और समान हैं
(c) मूल वास्तविक और 2 से अधिक हैं
(d) केवल एक मूल है

82. z के किन मानों के लिए निम्न समीकरण के मूल समान होंगे? $(z + 4)x^2 + (z + 1)x + 1 = 0$ **RRC Group D 2022**

(a) 2, – 3 (b) 4, 3 (c) 5, – 3 (d) 2, – 5

83. निम्नलिखित में से कौन-सा एक द्विघात समीकरण है जिसके मूल 7 और 12 हैं? **RRC Group D 2022**

(a) $2x^2 - 19x + 84 = 0$
(b) $x^2 - 19x + 34 = 0$
(c) $x^2 - 14x + 84 = 0$
(d) $x^2 - 19x + 84 = 0$

> **MRC*****
> ***(Most Repeating Concepts)***
> प्र. सं. 83, 84 और 86 Examination Point of Views से अति महत्त्वपूर्ण हैं। इन Concept पर आधारित प्रश्न विभिन्न प्रतियोगी परीक्षाओं (Group D, CGL, CHSL, DSSSB, Police SI तथा Constable आदि) में निरन्तर पूछे जा रहे हैं।

84. वह द्विघात समीकरण ज्ञात कीजिए, जिसका एक मूल $(1 + \sqrt{3})$ है। **RRC Group D 2022**

(a) $x^2 + 2x + 1 = 0$ (b) $x^2 + 2x + 2 = 0$

(c) $x^2 - 2x - 2 = 0$ (d) $x^2 + \sqrt{3}x + 1 = 0$

85. निम्न में से कौन-सा वह द्विघात समीकरण है, जिसके मूल $\frac{7}{3}$ और $\frac{12}{5}$ हैं? **RRC Group D 2022**

(a) $15x^2 - 70x + 84 = 0$ (b) $15x^2 - 72x + 84 = 0$

(c) $x^2 - 71x + 84 = 0$ (d) $15x^2 - 71x + 84 = 0$

86. यदि $3 + 2\sqrt{2}$ और $3 - 2\sqrt{2}$ एक द्विघात समीकरण के मूल हैं, तो द्विघात समीकरण ज्ञात कीजिए। **RRC Group D 2022**

(a) $x^2 - 6x + 1 = 0$ (b) $x^2 - 6x - 1 = 0$

(c) $x^2 + 6x + 1 = 0$ (d) $x^2 + 6x - 1 = 0$

87. 'k' का वह धनात्मक मान ज्ञात कीजिए, जिसके लिए समीकरण $x^2 + kx + 64 = 0$ और $x^2 - 8x + k = 0$ दोनों के मूल वास्तविक होंगे। **RRC Group D 2022**

(a) 15 (b) 17 (c) 16 (d) 14

88. यदि किसी द्विघात समीकरण का एक मूल $\frac{1}{2 - \sqrt{2}}$ है, तो द्विघात समीकरण ज्ञात कीजिए। **RRC Group D 2022**

(a) $\sqrt{2}x^2 + 3x + 2 = 0$ (b) $-2x^2 + 3x + 5 = 0$

(c) $\sqrt{2}x^2 + 3x - 2 = 0$ (d) $2x^2 - 4x + 1 = 0$

89. यदि a और b समीकरण $x^2 + x - 2 = 0$ के मूल हैं, तो x के पदों में वह द्विघात समीकरण ज्ञात कीजिए, जिसके मूल $\frac{1}{a} + \frac{1}{b}$ और ab होंगे। **RRC Group D 2022**

(a) $2x^2 + 5x - 2 = 0$ (b) $2x^2 + 3x - 2 = 0$

(c) $2x^2 - 5x + 2 = 0$ (d) $2x^2 - 3x + 2 = 0$

Right Key

1 (b)	2 (a)	3 (d)	4 (b)	5 (c)	6 (a)	7 (c)	8 (b)	9 (c)	10 (d)
11 (a)	12 (d)	13 (d)	14 (b)	15 (b)	16 (c)	17 (b)	18 (c)	19 (c)	20 (d)
21 (c)	22 (d)	23 (a)	24 (d)	25 (c)	26 (a)	27 (b)	28 (d)	29 (d)	30 (d)
31 (a)	32 (b)	33 (a)	34 (b)	35 (b)	36 (c)	37 (b)	38 (b)	39 (b)	40 (c)
41 (d)	42 (a)	43 (c)	44 (b)	45 (a)	46 (a)	47 (d)	48 (a)	49 (d)	50 (b)
51 (c)	52 (c)	53 (b)	54 (c)	55 (a)	56 (d)	57 (a)	58 (a)	59 (a)	60 (b)
61 (d)	62 (b)	63 (b)	64 (c)	65 (d)	66 (c)	67 (c)	68 (a)	69 (a)	70 (c)
71 (b)	72 (d)	73 (d)	74 (d)	75 (d)	76 (a)	77 (b)	78 (c)	79 (c)	80 (a)
81 (a)	82 (c)	83 (d)	84 (c)	85 (d)	86 (a)	87 (c)	88 (d)	89 (b)	

Solutions

1. (*b*) $\frac{x^2-9}{x+3} = \frac{x^2-3^2}{x+3}$

$= \frac{(x+3)(x-3)}{(x+3)} = x-3$

2. (*a*) $\because$ $a+b=10$ और $ab=6$

$\therefore \quad (a+b)^3 = (10)^3$

$\Rightarrow \quad a^3+b^3+3ab(a+b) = 1000$

$\Rightarrow \quad a^3+b^3+3\times6\times10 = 1000$

$\Rightarrow \quad a^3+b^3 = 1000-180$

$\therefore \quad a^3+b^3 = 820$

3. (*d*) $a+b=28$ तथा $a^2+b^2=632$

$\because \quad (a+b)^2 = a^2+b^2+2ab$

$\Rightarrow \quad (28)^2 = 632+2ab$

$\Rightarrow \quad 784-632 = 2ab$

$\therefore \quad ab = \frac{152}{2} = 76$

4. (*b*) दिया है, $x-y=4$ और $xy=3$

$\therefore x^3-y^3 = (x-y)^3+3xy(x-y)$

$= (4)^3+3\times3\times4$

$= 64+36 = 100$

5. (*c*) दिया है, $x+y=32$

तथा $x^2+y^2=826$

$\therefore \quad (x+y)^2 = (32)^2$

$\Rightarrow x^2+y^2+2xy = 1024$

$\Rightarrow \quad 826+2xy = 1024$

$\Rightarrow \quad 2xy = 1024-826 = 198$

$\therefore \quad xy = \frac{198}{2} = 99$

6. (*a*) $(7x+4y)^2+(7x-4y)^2$

$= 2(7x)^2+2(4y)^2$

$= 98x^2+32y^2$

$[\because (a+b)^2+(a-b)^2 = 2a^2+2b^2]$

7. (*c*) दिया है, $a+b=20$ तथा $ab=4$

$\therefore \quad (a+b)^2 = a^2+b^2+2ab$

$\Rightarrow \quad (20)^2 = a^2+b^2+2\times4$

$\Rightarrow \quad a^2+b^2 = 400-8 = 392$

अब, $\quad a^3+b^3 = (a+b)(a^2+b^2-ab)$

$= 20(392-4)$

$= 20\times388 = 7760$

8. (*b*) प्रश्नानुसार, $x:y = 3:5$

तथा $\quad y:z = 10:9$

$\therefore \quad x:y:z = 6:10:9$

अब $x=6$ और $z=9$ लेने पर

$\frac{x^2+z^2}{x^2-z^2} = \frac{6^2+9^2}{6^2-9^2} = \frac{36+81}{36-81}$

$= -\frac{117}{45} = -2.6$

9. (*c*) $a+b=15$ तथा $a^2+b^2=113$

$\because \quad (a+b)^2 = a^2+b^2+2ab$

$\therefore \quad (15)^2 = 113+2ab$

$\Rightarrow \quad ab = \frac{225-113}{2}$

$= \frac{112}{2} = 56$

$\because \quad (a+b)^3 = a^3+b^3+3ab(a+b)$

$\therefore \quad (15)^3 = a^3+b^3+3\times56\times15$

$\Rightarrow \quad a^3+b^3 = (15)[15^2-168]$

$\Rightarrow \quad a^3+b^3 = 15[225-168] = 855$

10. (*d*) $\frac{(x^3+15x^2+75x+125)}{(x+5)(x-5)}\times(x-5)$

$= \frac{(x^3+15x^2+75x+125)}{(x+5)}$

$= \frac{(x^3+5x^2+10x^2+50x+25x+125)}{(x+5)}$

$= \frac{x^2(x+5)+10x(x+5)+25(x+5)}{x+5}$

$= \frac{(x+5)(x^2+10x+25)}{(x+5)} = x^2+10x+25$

11. (*a*) $\quad x+y = 10 \quad$ ...(i)

$2xy = 48$

$\therefore \quad xy = 24$

अब,

$\because \quad (x-y)^2 = (x+y)^2-4xy$

$\Rightarrow \quad (x-y)^2 = (10)^2-4\times24$

$\Rightarrow \quad (x-y)^2 = 100-96 = 4$

$\therefore \quad x-y = \sqrt{4} = 2 \quad$ ...(ii)

समी (i) तथा (ii) को हल करने पर,

$x=6$ तथा $y=4$

अब, $\quad 2x-y = 2\times6-4 = 8$

12. (*d*) $a+b\sqrt{6} = \frac{3\sqrt{2}-2\sqrt{3}}{3\sqrt{2}+2\sqrt{3}}\times\frac{(3\sqrt{2}-2\sqrt{3})}{(3\sqrt{2}-2\sqrt{3})}$

$= \frac{(3\sqrt{2}-2\sqrt{3})^2}{(3\sqrt{2})^2-(2\sqrt{3})^2}$

$= \frac{18+12-12\sqrt{6}}{18-12}$

$\therefore \quad a+b\sqrt{6} = \frac{30-12\sqrt{6}}{6} = 5-2\sqrt{6}$

दोनों पक्षों की तुलना करने पर,

$b = -2$

13. (*d*) दिया है, $2p+q=19 \quad$ ...(i)

तथा $\quad 8p^3+q^3 = 361 \quad$ ...(ii)

समी (i) के दोनों पक्षों का घन करने पर,

$8p^3+q^3+3(2p)(q)(2p+q) = (19)^3$

$\Rightarrow \quad (8p^3+q^3)+6pq(2p+q) = 6859$

$\Rightarrow \quad 361+6pq(19) = 6859$

$\Rightarrow \quad 114pq = 6859-361 = 6498$

$\therefore \quad pq = \frac{6498}{114} = 57$

14. (*b*) $a^2+b^2+c^2+3 = 2(a+b+c)$

$\Rightarrow (a^2-2a+1)+(b^2-2b+1)+(c^2-2c+1) = 0$

$\Rightarrow (a-1)^2+(b-1)^2+(c-1)^2 = 0$

$\therefore \quad a=b=c=1$

अब, $a+b+c = 1+1+1 = 3$

> **TOP TIPS** दो संख्याओं के अन्तर का वर्ग शून्य तभी हो सकता है, जब दोनों संख्याएँ बराबर हों।

15. (*b*) $\frac{a}{b}+\frac{b}{a} = -1$

$\Rightarrow \quad \frac{a^2+b^2}{ab} = -1$

$\Rightarrow \quad a^2+b^2 = -ab$

$\Rightarrow \quad a^2+b^2+ab = 0 \quad$ ...(i)

अब $6(a^3-b^3) = 6[(a-b)(a^2+b^2+ab)]$

$= 6[(a-b)\times0]$ [समी (i) से]

$= 0$

16. (*c*) दिया है, $\quad (a+b+c) = 16$

और $\quad (a^2+b^2+c^2) = 90$

$\because \quad (a+b+c)^2 = a^2+b^2+c^2+2(ab+bc+ac)$

$\Rightarrow \quad (16)^2 = 90+2(ab+bc+ac)$

$\Rightarrow \quad (256-90) = 2(ab+bc+ac)$

$\therefore \quad (ab+bc+ac) = \frac{166}{2} = 83$

17. (*b*) दिया है, $a=26$, $b=22$

$\therefore \frac{a^3-b^3}{a^2-b^2}-\frac{3ab}{a+b}$

$= \frac{(a-b)(a^2+b^2+ab)}{(a-b)(a+b)}-\frac{3ab}{a+b}$

$= \frac{a^2+b^2+ab}{a+b}-\frac{3ab}{a+b}$

$= \frac{a^2 + b^2 + ab - 3ab}{a + b}$

$= \frac{(a - b)^2}{a + b}$

$= \frac{(26 - 22)^2}{26 + 22}$ [a, b के मान रखने पर]

$= \frac{16}{48} = \frac{1}{3}$

18. (c) $(x - 2y)(5x + y)^3$

$= (x-2y)[125x^3 + y^3 + 3 \times 5x \times y(5x + y)]$

$= (x - 2y)[125x^3 + y^3 + 75x^2y + 15xy^2]$

$= 125x^4 + xy^3 + 75x^3y + 15x^2y^2$
$-250x^3y - 2y^4 - 150x^2y^2 - 30xy^3$

$= 125x^4 - 2y^4 - 175x^3y - 135x^2y^2 - 29xy^3$

अतः x^3y का गुणांक $= -175$

19. (c) $(2a - b - 3c)$
$(4a^2 + b^2 + 9c^2 + 2ab + 6ac - 3bc)$

$= (2a - b - 3c)[(2a)^2 + (-b)^2 + (-3c)^2 + 2a \times b + 2a \times 3c - b \times 3c]$

$= (2a)^3 + (-b)^3 + (-3c)^3 - 3 \times 2a \times (-b) \times (-3c)$

[$\because x^3 + y^3 + z^3 - 3xyz = (x + y + z)(x^2 + y^2 + z^2 - xy - yz - zx)$]

$= 8a^3 - b^3 - 27c^3 - 18abc$

TOP TIPS इस प्रकार के प्रश्नों में बहुपदों को सर्वसमिका के रूप में परिवर्तित करते हैं, फिर सम्बन्धित सर्वसमिका से तुलना कर परिणाम ज्ञात करते हैं।

20. (d) $a + b + c = 0$

$\because \quad (a + b + c)^2 = a^2 + b^2 + c^2 + 2(ab + bc + ca)$

$\therefore \quad a^2 + b^2 + c^2 = -2(ab + bc + ca)$

अब,
$(a^2 + b^2 + c^2)^2 = 4(ab + bc + ca)^2$

$= 4[a^2b^2 + b^2c^2 + c^2a^2 + 2(b^2ac + c^2ab + a^2bc)]$

$= 4[a^2b^2 + b^2c^2 + c^2a^2 + 2abc(b + c + a)]$

$= 4[a^2b^2 + b^2c^2 + c^2a^2 + 0]$

$= 4[a^2b^2 + b^2c^2 + c^2a^2]$

अब, व्यंजक $= \frac{(a^2 + b^2 + c^2)^2}{a^2b^2 + b^2c^2 + c^2a^2}$

$= \frac{4[a^2b^2 + b^2c^2 + c^2a^2]}{(a^2b^2 + b^2c^2 + c^2a^2)}$

$= 4$

Quick Method

$a + b + c = 0$ ...(i)

यहाँ, $a = 0, b = 1, c = -1$ रखने पर समी (i) सन्तुष्ट होती है।

$\therefore \frac{(a^2 + b^2 + c^2)^2}{a^2b^2 + b^2c^2 + c^2a^2}$

$= \frac{(0^2 + 1^2 + (-1)^2)^2}{0^2 \times 1^2 + 1^2 \times (-1)^2 + (-1)^2 \times 0^2} = \frac{4}{1 \times 1} = 4$

21. (c) दिया है, $x + y + z = 6$

$xyz = -10$

$x^2 + y^2 + z^2 = 30$

$\because \quad (x + y + z)^2 = x^2 + y^2 + z^2 + 2(xy + yz + zx)$

$\Rightarrow 2(xy + yz + zx) = (6)^2 - 30 = 6$

$\Rightarrow xy + yz + zx = \frac{6}{2} = 3$

अब, $x^3 + y^3 + z^3 - 3xyz = (x + y + z)(x^2 + y^2 + z^2 - xy - yz - zx)$

$\Rightarrow x^3 + y^3 + z^3 - 3 \times (-10) = 6(30 - 3)$

$\Rightarrow x^3 + y^3 + z^3 = 6 \times 27 - 30$
$= 162 - 30 = 132$

22. (d) दिया है, $x + y + z = 4$,

$xy + yz + zx = 1$

तथा $x^3 + y^3 + z^3 = 34$

$\because \quad (x + y + z)^2 = x^2 + y^2 + z^2 + 2(xy + yz + zx)$

$\Rightarrow \quad 4^2 = x^2 + y^2 + z^2 + 2 \times 1$

$\Rightarrow x^2 + y^2 + z^2 = 16 - 2 = 14$

पुनः $x^3 + y^3 + z^3 - 3xyz = (x + y + z)(x^2 + y^2 + z^2 - xy - yz - zx)$

$\Rightarrow \quad 34 - 3xyz = 4(14 - 1)$

$\Rightarrow \quad 3xyz = 34 - 52$

$\Rightarrow \quad 3xyz = -18$

$\therefore \quad 2xyz = \frac{-18}{3} \times 2 = -12$

23. (a) दिया है, $x + y + z = 7$

$x^2 + y^2 + z^2 = 85$ तथा $x^3 + y^3 + z^3 = 913$

$\because \quad (x + y + z)^2 = x^2 + y^2 + z^2 + 2(xy + yz + zx)$

$\Rightarrow \quad (7)^2 = 85 + 2(xy + yz + zx)$

$\Rightarrow 2(xy + yz + zx) = 49 - 85 = -36$

$\Rightarrow \quad xy + yz + zx = -18$

अब, $x^3 + y^3 + z^3 - 3xyz = (x + y + z)(x^2 + y^2 + z^2 - xy - yz - zx)$

$\Rightarrow \quad 913 - 3xyz = 7(85 + 18)$

$\Rightarrow \quad 3xyz = 913 - 7 \times 103$

$\Rightarrow \quad 3xyz = 913 - 721 = 192$

$\Rightarrow \quad xyz = \frac{192}{3} = 64$

$\therefore \quad \sqrt[3]{xyz} = \sqrt[3]{64} = 4$

24. (d) दिया है, $x = 32.5$, $y = 34.6$

और $z = 30.9$

प्रश्नानुसार, $x^3 + y^3 + z^3 - 3xyz = 0.98k$

$x^3 + y^3 + z^3 - 3xyz$
$= (x + y + z) \times \frac{1}{2}[(x - y)^2 + (y - z)^2 + (z - x)^2]$

$\Rightarrow 0.98k = (32.5 + 34.6 + 30.9) \times \frac{1}{2}[(-2.1)^2 + (3.7)^2 + (-1.6)^2]$

$\Rightarrow 0.98k = 98 \times \frac{1}{2}[4.41 + 13.69 + 2.56]$

$\Rightarrow k = 100 \times \frac{1}{2}(20.66)$

$\therefore \quad k = 100 \times 10.33 = 1033$

25. (c) $x(x + y + z) = 30$ ...(i)

$y(x + y + z) = 64$ ...(ii)

$z(x + y + z) = 50$ ...(iii)

तीनों समीकरणों को जोड़ने पर,

$(x + y + z)(x + y + z)$
$= 30 + 64 + 50 = 144$

$\Rightarrow \quad (x + y + z)^2 = 144$

$\therefore \quad x + y + z = \sqrt{144} = 12$

अब, $2(x + y + z) = 2 \times 12 = 24$

26. (a) $x = \frac{2 + \sqrt{3}}{2 - \sqrt{3}} \times \left(\frac{2 + \sqrt{3}}{2 + \sqrt{3}}\right)$

$= \frac{(2 + \sqrt{3})^2}{(2)^2 - (\sqrt{3})^2} = \frac{4 + 3 + 4\sqrt{3}}{4 - 3}$

$= 7 + 4\sqrt{3}$

अब $(x - 7)^2 = (7 + 4\sqrt{3} - 7)^2$
$= 16 \times 3 = 48$

27. (b) $\frac{1}{5\sqrt{2} - 7} = a\sqrt{2} + b$

$\Rightarrow \frac{1}{5\sqrt{2} - 7} \times \frac{(5\sqrt{2} + 7)}{(5\sqrt{2} + 7)} = a\sqrt{2} + b$

$\Rightarrow \frac{5\sqrt{2} + 7}{(5\sqrt{2})^2 - (7)^2} = a\sqrt{2} + b$

$\Rightarrow \quad \frac{5\sqrt{2} + 7}{50 - 49} = a\sqrt{2} + b$

$\Rightarrow \quad 5\sqrt{2} + 7 = a\sqrt{2} + b$

दोनों पक्षों की तुलना करने पर,

$a = 5$ तथा $b = 7$

TOP TIPS इस प्रकार के प्रश्नों को शीघ्रता से हल करने के लिए संयुग्मी से गुणा एवं भाग करते हैं।

28. (*d*) दिया है, $x + y + z = 2$

और $xy + yz + zx = -11$

$\because (x + y + z)^2 = x^2 + y^2 + z^2 + 2(xy + yz + zx)$

$\Rightarrow 2^2 = x^2 + y^2 + z^2 + 2(-11)$

$\Rightarrow x^2 + y^2 + z^2 = 4 + 22 = 26$

$\therefore x^3 + y^3 + z^3 - 3xyz = (x + y + z) \times (x^2 + y^2 + z^2 - xy - yz - zx)$

$= 2[26 - (-11)] = 2 \times 37 = 74$

29. (*d*) $a + \frac{1}{a} = 12$

$\Rightarrow \left(a + \frac{1}{a}\right)^2 = 144$

$\Rightarrow a^2 + \frac{1}{a^2} = 144 - 2 = 142$

30. (*d*) दिया है, $\sqrt{x} - \frac{1}{\sqrt{x}} = \sqrt{7}$

दोनों पक्षों का वर्ग करने पर,

$x + \frac{1}{x} - 2 = 7 \Rightarrow x + \frac{1}{x} = 9$

दोनों पक्षों का पुनः वर्ग करने पर,

$x^2 + \frac{1}{x^2} + 2 = 81$

$\therefore x^2 + \frac{1}{x^2} = 79$

31. (*a*) $m + \frac{1}{m-2} = 4$

$\Rightarrow (m-2) + \frac{1}{(m-2)} = 2$

दोनों ओर का वर्ग करने पर

$(m-2)^2 + \frac{1}{(m-2)^2} + 2 = 4$

$\therefore (m-2)^2 + \frac{1}{(m-2)^2} = 2$

32. (*b*) $x - \frac{1}{x} = 8$

$\left(x - \frac{1}{x}\right)^3 = x^3 - \frac{1}{x^3} - 3\left(x - \frac{1}{x}\right)$

$[\because (a-b)^3 = a^3 - b^3 - 3ab(a-b)]$

$\Rightarrow (8)^3 = x^3 - \frac{1}{x^3} - 3 \times 8$

$\therefore x^3 - \frac{1}{x^3} = 512 + 24 = 536$

Quick Method

$x^3 - \frac{1}{x^3} = (8)^3 + 3 \times 8 = 512 + 24 = 536$

33. (*a*) दिया है, $x > y$

प्रश्नानुसार, $x + y = 4(x - y)$

$\Rightarrow x + y = 4x - 4y$

$\Rightarrow 3x = 5y$

$\Rightarrow x : y = 5 : 3$

माना $x = 5k$ तथा $y = 3k$

अब, व्यंजक $= \frac{5xy}{3(x^2 - y^2)}$ में x तथा y का मान रखने से,

$= \frac{(5 \times 5 \times 3)k^2}{3 \times (5^2 - 3^2)k^2} = \frac{5 \times 5 \times 3}{3 \times 16} = \frac{25}{16}$

34. (*b*) $\because x^4 + \frac{1}{x^4} = 27$

$\Rightarrow (x^2)^2 + \left(\frac{1}{x^2}\right)^2 = 27$

$\Rightarrow \left(x^2 + \frac{1}{x^2}\right)^2 - 2 = 27$

$[\because a^2 + b^2 = (a+b)^2 - 2ab]$

$\therefore x^2 + \frac{1}{x^2} = \sqrt{29}$

35. (*b*) $x^2 + \frac{1}{x^2} = \frac{33}{4}$

$\left(x - \frac{1}{x}\right)^2 = \frac{33}{4} - 2 = \frac{25}{4}$

$\therefore x - \frac{1}{x} = \sqrt{\frac{25}{4}} = \frac{5}{2}$

$\because \left(x - \frac{1}{x}\right)^3 = x^3 - \frac{1}{x^3} - 3\left(x - \frac{1}{x}\right)$

$\Rightarrow x^3 - \frac{1}{x^3} = \left(x - \frac{1}{x}\right)^3 + 3\left(x - \frac{1}{x}\right)$

$= \left(\frac{5}{2}\right)^3 + 3 \times \frac{5}{2}$

$\therefore x^3 - \frac{1}{x^3} = \frac{125}{8} + \frac{15}{2} = \frac{185}{8}$

36. (*c*) $a^2 + \frac{1}{a^2} = 3$

$\Rightarrow \left(a + \frac{1}{a}\right)^2 = 3 + 2$

$\Rightarrow a + \frac{1}{a} = \sqrt{5}$

अब, $a^3 + \frac{1}{a^3} = \left(a + \frac{1}{a}\right)\left(a^2 + \frac{1}{a^2} - 1\right)$

$= (\sqrt{5})(3 - 1)$

$= \sqrt{5} \times 2 = 2\sqrt{5}$

37. (*b*) $x^4 + x^{-4} = 1154$

$\Rightarrow x^4 + \frac{1}{x^4} = 1154$

$\Rightarrow \left(x^2 + \frac{1}{x^2}\right)^2 = 1154 + 2 = 1156$

$\therefore x^2 + \frac{1}{x^2} = \sqrt{1156} = 34$

$\Rightarrow \left(x + \frac{1}{x}\right)^2 = 34 + 2 = 36$

$\therefore x + \frac{1}{x} = \sqrt{36} = 6$

38. (*b*) $x - \frac{1}{x} = 5$

अब, $x^2 + \frac{1}{x^2} = \left(x - \frac{1}{x}\right)^2 + 2$

$= 25 + 2 = 27$

$\therefore x^4 + \frac{1}{x^4} = \left(x^2 + \frac{1}{x^2}\right)^2 - 2$

$= (27)^2 - 2 = 729 - 2 = 727$

39. (*b*) $\because x^2 + \frac{1}{x^2} = 7$

$\therefore \left(x + \frac{1}{x}\right)^2 = x^2 + \frac{1}{x^2} + 2$

$= 7 + 2 = 9$

$\therefore x + \frac{1}{x} = \sqrt{9} = 3$

अब, $x^3 + \frac{1}{x^3} = \left(x + \frac{1}{x}\right)\left(x^2 + \frac{1}{x^2} - 1\right)$

$= 3(7 - 1) = 3 \times 6 = 18$

40. (*c*) $x^4 + \frac{1}{x^4} = 322$

$\Rightarrow x^2 + \frac{1}{x^2} = \sqrt{322 + 2} = \sqrt{324} = 18$

$\therefore x - \frac{1}{x} = \sqrt{18 - 2} = \sqrt{16} = 4$

41. (*d*) $x^4 + \frac{1}{x^4} = 47$

$\Rightarrow \left(x^2 + \frac{1}{x^2}\right)^2 = 47 + 2 = 49$

$\therefore x^2 + \frac{1}{x^2} = \sqrt{49} = 7$

$\therefore x + \frac{1}{x} = \sqrt{7 + 2} = \sqrt{9} = 3$

42. (*a*) दिया है, $x + \frac{1}{x} = 7$

दोनों पक्षों का वर्ग करने पर,

$x^2 + \frac{1}{x^2} + 2 = 49 \Rightarrow x^2 + \frac{1}{x^2} = 47$

$\therefore \left(x^3 + \frac{1}{x^3}\right) = \left(x + \frac{1}{x}\right)\left(x^2 + \frac{1}{x^2} - 1\right)$

$= 7(47 - 1) = 7 \times 46 = 322$

Quick Method

$x^3 + \frac{1}{x^3} = m^3 - 3m = 7^3 - 3 \times 7$

$= 343 - 21 = 322$

43. (*c*) $16x^2 - 8x + 1 = 0$

$(4x - 1)^2 = 0 \Rightarrow x = \frac{1}{4}$

अब, $16x^2 + \frac{1}{4x^2} = 16 \times \left(\frac{1}{4}\right)^2 + \frac{1}{4 \times \left(\frac{1}{4}\right)^2}$

$= 16 \times \frac{1}{16} + \frac{1 \times 16}{4} = 1 + 4 = 5$

44. (*b*) व्यंजक $= 2x^2 - 5x - 12$

$= 2x^2 - 8x + 3x - 12$

$= 2x(x-4) + 3(x-4)$

$= (x-4)(2x+3)$

45. (*a*) $1 - 64x^3 - 12x + px^2 = (1-4x)^3$

$\Rightarrow 1 - 64x^3 - 12x + px^2$

$= 1 - 64x^3 - 3 \times 1 \times 4x(1-4x)$

$[\because (a-b)^3 = a^3 - b^3 - 3ab(a-b)]$

$\Rightarrow \quad -12x + px^2 = -12x + 48x^2$

$\Rightarrow \quad px^2 = 48x^2 \Rightarrow p = 48$

46. (*a*) $\because 7b - \frac{1}{4b} = 7$

$\Rightarrow \frac{4}{7}\left(7b - \frac{1}{4b}\right) = 7 \times \frac{4}{7}$

$\Rightarrow \left(4b - \frac{1}{7b}\right) = 4$

दोनों पक्षों का वर्ग करने पर,

$16b^2 + \frac{1}{49b^2} - 2(4b)\left(\frac{1}{7b}\right) = 16$

$\therefore 16b^2 + \frac{1}{49b^2} = 16 + \frac{8}{7} = \frac{120}{7}$

47. (*d*) दिया है, $x - \frac{1}{x} = 11$

दोनों पक्षों का वर्ग करने पर,

$\left(x - \frac{1}{x}\right)^2 = (11)^2$

$\Rightarrow \quad x^2 + \frac{1}{x^2} - 2 = 121$

$\Rightarrow \quad x^2 + \frac{1}{x^2} = 123$

पुन: वर्ग करने पर,

$\left(x^2 + \frac{1}{x^2}\right)^2 = (123)^2$

$\Rightarrow x^4 + \frac{1}{x^4} + 2 = 15129$

$\therefore \quad x^4 + \frac{1}{x^4} = 15129 - 2 = 15127$

48. (*a*) $4x^2 + \frac{1}{x^2} = 12$

$\Rightarrow (2x)^2 + \left(\frac{1}{x}\right)^2 = 12$

$\Rightarrow \left(2x + \frac{1}{x}\right)^2 - 2 \times 2x \times \frac{1}{x} = 12$

$\Rightarrow \quad \left(2x + \frac{1}{x}\right)^2 = 12 + 4 = 16$

$\Rightarrow \quad 2x + \frac{1}{x} = \sqrt{16} = 4$

$\because \quad \left(2x + \frac{1}{x}\right)^3 = (2x)^3 + \left(\frac{1}{x}\right)^3 + 3 \times 2\left(2x + \frac{1}{x}\right)$

$\Rightarrow \quad (4)^3 = 8x^3 + \frac{1}{x^3} + 6 \times 4$

$\therefore \quad 8x^3 + \frac{1}{x^3} = 64 - 24 = 40$

Quick Method

$2x + \frac{1}{x} = \sqrt{12+4} = 4$

अब, $(2x)^3 + \left(\frac{1}{x}\right)^3 = (4)^3 - 3 \times 2 \times 4$

$= 64 - 24 = 40$

49. (*d*) $\quad x + \frac{1}{x} = 6$

$\Rightarrow \quad x^2 + 1 = 6x \quad$ ...(i)

अब, $\frac{3x}{2x^2 - 5x + 2} = \frac{3x}{2(x^2+1) - 5x}$

$= \frac{3x}{2(6x) - 5x}$ [समी (i) से]

$= \frac{3x}{12x - 5x}$

$= \frac{3x}{7x} = \frac{3}{7}$

50. (*b*) $\left(x - \frac{1}{x}\right)^2 = 83 - 2 = 81$

$\left[\because x^2 + \frac{1}{x^2} = 83\right]$

$\therefore \quad x - \frac{1}{x} = 9$

अत: $x^3 - \frac{1}{x^3} = \left(x - \frac{1}{x}\right)\left(x^2 + \frac{1}{x^2} + 1\right)$

$= 9 \times (83 + 1)$

$= 9 \times 84 = 756$

TOP TIPS इस प्रकार के प्रश्नों को शीघ्रता से हल करने के लिए संख्याओं के वर्ग तथा वर्गमूल कण्ठस्थ होने चाहिए।

51. (*c*) $x^4 + \frac{1}{x^4} = 322$

$\Rightarrow \quad x^2 + \frac{1}{x^2} = \sqrt{324} = 18$

$\therefore \quad x - \frac{1}{x} = \sqrt{16} = 4$

अब $\quad x^3 - \frac{1}{x^3} = (4)^3 + 3 \times 4$

$= 64 + 12 = 76$

52. (*c*) दिया है, $\quad a - \frac{24}{a} = 5$

$\Rightarrow \quad a^2 - 24 = 5a$

$\Rightarrow \quad a^2 - 5a - 24 = 0$

$\Rightarrow \quad a^2 - 8a + 3a - 24 = 0$

$\Rightarrow \quad a(a-8) + 3(a-8) = 0$

$\Rightarrow \quad (a-8)(a+3) = 0$

$\Rightarrow \quad a = 8, -3$

$\therefore \quad a = 8 \quad$ ($\because$ दिया है, $a > 0$)

अब, $\quad a^2 + \frac{64}{a^2} = 8^2 + \frac{64}{8^2}$

$= 64 + \frac{64}{64} = 64 + 1 = 65$

Quick Method

$a - \frac{24}{a} = 5 \quad$ ...(i)

समी (i) में $a = 8$ रखने पर सन्तुष्ट हो जाती है।

$\therefore a^2 + \frac{64}{a^2} = 8^2 + \frac{64}{8^2} = 64 + 1 = 65$

53. (*b*) दिया है, $x + \frac{1}{x} = 4$

अब, $\quad$ व्यंजक $= \frac{4x^2 + 4}{9x^2 + 10x + 9}$

$= \frac{4x\left(x + \frac{1}{x}\right)}{9x^2 + 9x + x + 9}$

$= \frac{4x\left(x + \frac{1}{x}\right)}{9x\left(x + \frac{1}{x}\right) + 10x}$

$= \frac{4x\left(x + \frac{1}{x}\right)}{x\left[9\left(x + \frac{1}{x}\right) + 10\right]}$

$= \frac{4 \times 4}{9 \times 4 + 10} = \frac{16}{46} = \frac{8}{23}$

Quick Method

$x + \frac{1}{x} = 4 \Rightarrow x^2 = 4x - 1$

अब, $\frac{4(4x-1)+4}{9(4x-1)+10x+9} = \frac{16}{46} = \frac{8}{23}$

54. (*c*) $8x^2 + 9x + 8 = 0$

$\Rightarrow \quad 8x^2 + 8 = -9x$

$\Rightarrow \quad 8x\left(x + \frac{1}{x}\right) = -9x$

$\Rightarrow \quad x + \frac{1}{x} = -\frac{9}{8}$

दोनों पक्षों का वर्ग करने पर,

$x^2 + \frac{1}{x^2} + 2 = \frac{81}{64}$

$\Rightarrow \quad x^2 + \frac{1}{x^2} = \frac{81}{64} - 2 = \frac{-47}{64}$

$\therefore x^3 + \frac{1}{x^3} = \left(x + \frac{1}{x}\right)\left(x^2 + \frac{1}{x^2} - 1\right)$

$= \left(-\frac{9}{8}\right)\left(\frac{-47}{64} - 1\right)$

$= \left(\frac{-9}{8}\right) \times \left(-\frac{111}{64}\right) = \frac{999}{512}$

55. (*a*) $2x + 3y = 12$ ...(i)

$3x - 2y = 5$ ...(ii)

समी (i) को 2 से तथा (ii) को 3 से गुणा करके जोड़ने पर,

$$4x + 6y = 24$$
$$+ \; 9x - 6y = 15$$
$$13x = 39$$

$\therefore \quad x = \frac{39}{13} = 3$

x का मान समी (i) में रखने पर,

$2 \times 3 + 3y = 12$

$\Rightarrow \quad 3y = 6$

$\therefore \quad y = 2$

अत: हल $x = 3, y = 2$ है।

56. (*d*) $4x - y - 2 = 0$ ...(i)

$-8x + 2y + 4 = 0$ ...(ii)

समी (i) तथा (ii) से,

यहाँ, $\frac{a_1}{a_2} = \frac{b_1}{b_2} = \frac{c_1}{c_2}$

$\Rightarrow \quad \frac{4}{-8} = \frac{-1}{2} = \frac{-2}{4}$

$\Rightarrow \quad -\frac{1}{2} = -\frac{1}{2} = -\frac{1}{2}$

अत: दी गई समीकरणों के अनेक हल हैं।

57. (*a*) $6x - 5y + 11 = 0$

तथा $15x + ky - 9 = 0$

समीकरण का कोई हल नहीं होने के लिए,

$\frac{a_1}{a_2} = \frac{b_1}{b_2} \neq \frac{c_1}{c_2}$

$\Rightarrow \quad \frac{6}{15} = \frac{-5}{k} \neq \frac{11}{-9}$

$\Rightarrow \quad \frac{6}{15} = \frac{-5}{k}$

$\Rightarrow \quad k = -\frac{15 \times 5}{6} = -\frac{75}{6}$

$\therefore \quad k = -12.5$

58. (*a*) $4x + 5y = 192$ ...(i)

तथा $\frac{x+y}{y} = \frac{15}{4}$

$\Rightarrow \quad 4x + 4y = 15y$

$\Rightarrow \quad 4x - 11y = 0$ ...(ii)

समी (i) – समी (ii) से,

$5y + 11y = 192$

$\therefore \quad y = \frac{192}{16} = 12$

समी (ii) में y का मान रखने पर,

$4x - 11 \times 12 = 0$

$\Rightarrow \quad 4x = 11 \times 12$

$\therefore \quad x = 11 \times 3 = 33$

अब $3x + 2y = 3 \times 33 + 2 \times 12 = 123$

59. (*a*) $2x - 3y = 7$ ...(i)

तथा $\frac{x}{x+y} = \frac{5}{6}$

$\Rightarrow \quad 6x = 5x + 5y$

$\Rightarrow \quad x = 5y$ ...(ii)

समी (i) में x का मान रखने पर,

$10y - 3y = 7$

$\Rightarrow \quad 7y = 7$

$\therefore \quad y = 1$

समी (ii) से,

$x = 5 \times 1 = 5$

$\therefore x - y = 5 - 1 = 4$

60. (*b*) $3x + 7y = 255$ ...(i)

पुन: $\frac{x-y}{y} = \frac{7}{3}$

$\Rightarrow \quad 3x - 3y = 7y$

$\Rightarrow \quad 3x - 10y = 0$ ...(ii)

समी (i) – समी (ii) से,

$7y + 10y = 255$

$\Rightarrow \quad 17y = 255$

$\therefore \quad y = \frac{255}{17} = 15$

समी (ii) में y का मान रखने पर,

$3x - 10 \times 15 = 0$

$\Rightarrow \quad 3x = 150$

$\therefore \quad x = \frac{150}{3} = 50$

अब, $2x - 5y = 2 \times 50 - 5 \times 15$

$= 100 - 75 = 25$

61. (*d*) $7x^2 + 28x + 1 = 0$

मूलों का योगफल $(\alpha + \beta) = \frac{-b}{a}$

$= \frac{-28}{7} = -4$

62. (*b*) $x^2 - 11x + 18 = 0$

$\alpha + \beta = \frac{-b}{a} = 11$

तथा $\alpha\beta = \frac{c}{a} = 18$

$\because \quad (\alpha + \beta)^2 = \alpha^2 + \beta^2 + 2\alpha\beta$

$\Rightarrow \quad (11)^2 = \alpha^2 + \beta^2 + 2 \times 18$

$\therefore \quad \alpha^2 + \beta^2 = 121 - 36 = 85$

63. (*b*) $6x^2 + x - 15 = 0$

$\alpha + \beta = \frac{-b}{a} = \frac{-1}{6}$

तथा $\alpha\beta = \frac{c}{a} = \frac{-15}{6} = \frac{-5}{2}$

अब, $(\alpha - \beta)^2 = (\alpha + \beta)^2 - 4\alpha\beta$

$= \left(\frac{-1}{6}\right)^2 - 4 \times \left(\frac{-5}{2}\right)$

$= \frac{1}{36} + \frac{20}{2}$

$= \frac{1 + 360}{36} = \frac{361}{36}$

$\therefore \quad \alpha - \beta = \sqrt{\frac{361}{36}} = \frac{19}{6}$

64. (*c*) $x^2 + 5x + 6 = 0$

मूलों का योगफल $(\alpha + \beta) = \frac{-b}{a} = -5$

मूलों का गुणनफल $(\alpha\beta) = \frac{c}{a} = 6$

अब, $(\alpha\beta) - \left(\frac{1}{\alpha} + \frac{1}{\beta}\right)$

$= (\alpha\beta) - \left(\frac{\alpha + \beta}{\alpha\beta}\right)$

$= 6 - \left(\frac{-5}{6}\right) = 6 + \frac{5}{6}$

$= \frac{41}{6}$

65. (*d*) $5x^2 - 6x + 1 = 0$

यहाँ $a = 5, b = -6$ तथा $c = 1$

$D = b^2 - 4ac = (-6)^2 - 4 \times 5 \times 1$

$= 36 - 20 = 16$

$x = \frac{-b \pm \sqrt{D}}{2a} = \frac{6 \pm \sqrt{16}}{2 \times 5} = \frac{6 \pm 4}{10}$

$\therefore \quad x = 1$ तथा $\frac{1}{5}$

Quick Method

$5x^2 - 6x + 1 = 0$

$\Rightarrow 5x^2 - 5x - x + 1 = 0$

$\Rightarrow 5x(x - 1) - 1(x - 1) = 0$

$\Rightarrow (5x - 1)(x - 1) = 0$

$\therefore \; x = \frac{1}{5}$ या $x = 1$

66. (*c*) माना, $P(x) = x^2 - 5x + m$

α तथा β बहुपद के शून्यक (मूल) हैं।

$\alpha + \beta = \frac{-b}{a} = 5$

$\alpha\beta = \frac{c}{a} = m$

$(\alpha - \beta)^2 = (\alpha + \beta)^2 - 4\alpha\beta$

$\Rightarrow \quad (1)^2 = (5)^2 - 4m$

$\Rightarrow \quad 1 - 25 = -4m$

$\therefore \quad m = \frac{24}{4} = 6$

67. (*c*) दिया गया समीकरण है,

$\frac{(143 \div 13 \times x - 3 \times 3)}{(6^2 - 7 \times 5 + x^2)} = 1$

$\Rightarrow \quad \frac{11x - 9}{1 + x^2} = 1$

$\Rightarrow \quad x^2 + 1 - 11x + 9 = 0$

$\Rightarrow \quad x^2 - 11x + 10 = 0$

$\Rightarrow \quad x^2 - 10x - x + 10 = 0$

$\Rightarrow \quad x(x-10) - 1(x-10) = 0$

$\Rightarrow \quad (x-1)(x-10) = 0$

$\therefore \quad x = 1$ या 10

विकल्प से, x का सम्भव मान = 1

68. (*a*) $3x^2 + kx + k = 0$ का कोई हल नहीं है,

$\therefore \quad D < 0$

$\Rightarrow \quad b^2 - 4ac < 0$

$\Rightarrow \quad (k)^2 - 4 \times 3 \times k < 0$

$\Rightarrow \quad k^2 - 12k < 0$

$\Rightarrow \quad k(k-12) < 0$

$\therefore \quad k > 0$ तथा $k < 12$

अत: $\quad 0 < k < 12$

69. (*a*) $x^2 - x + 2 = 0$

यहाँ $\alpha + \beta = \frac{-b}{a} = -(-1) = 1$

तथा $\quad \alpha\beta = \frac{c}{a} = 2$

$\alpha^2\beta + \beta^2\alpha = \alpha\beta(\alpha + \beta)$

$= 2 \times (1) = 2$

70. (*c*) माना, $P(x) = (k-1)x^2 + kx + 1$

$P(x)$ का एक शन्यांक '-3' है

$\therefore \quad P(-3) = 0$

$\Rightarrow (k-1)(-3)^2 + k(-3) + 1 = 0$

$\Rightarrow \quad (k-1) \times 9 - 3k + 1 = 0$

$\Rightarrow \quad 9k - 9 - 3k + 1 = 0$

$\Rightarrow \quad 6k - 8 = 0$

$\therefore \quad k = \frac{8}{6} = \frac{4}{3}$

71. (*b*) $4x^2 + 4\sqrt{3}\,x + k = 0$

मूल समान होने के लिए,

$D = b^2 - 4ac = 0$

$\Rightarrow \quad (4\sqrt{3})^2 - 4 \times 4 \times k = 0$

$\Rightarrow \quad 48 - 16k = 0$

$\therefore \quad k = \frac{48}{16} = 3$

72. (*d*) द्विघात समीकरण है,

$4x^2 - 2x + (k-4) = 0$

माना एक मूल $= \alpha$

$\therefore \quad$ दूसरा मूल $= \frac{1}{\alpha}$

मूलों का गुणनफल $= \frac{c}{a}$

$\Rightarrow \quad \frac{(k-4)}{4} = \alpha \times \frac{1}{\alpha}$

$\Rightarrow \quad \frac{(k-4)}{4} = 1$

$\Rightarrow \quad k - 4 = 4$

$\therefore \quad k = 8$

73. (*d*) $x^2 - 2x + 1 = 0$

$\Rightarrow \quad (x-1)^2 = 0$

$\therefore \quad x = 1$

अब, $\quad x^3 - \frac{1}{x^3} = 1 - 1 = 0$

74. (*d*) $f(x) = kx^2 + 4x + 4$

$\therefore \quad kx^2 + 4x + 4 = 0$

$\alpha + \beta = \frac{-4}{k}$

तथा $\quad \alpha\beta = \frac{4}{k}$

$\because \quad \alpha^2 + \beta^2 = (\alpha+\beta)^2 - 2\alpha\beta$

$= \left(-\frac{4}{k}\right)^2 - 2 \times \frac{4}{k}$

$\Rightarrow \quad 24 = \frac{16}{k^2} - \frac{8}{k}$

[$\because$ दिया है, $\alpha^2 + \beta^2 = 24$]

$\Rightarrow \quad 24 = \frac{16 - 8k}{k^2}$

$\Rightarrow \quad 24k^2 - 16 + 8k = 0$

$\Rightarrow \quad 3k^2 + k - 2 = 0$

$\Rightarrow \quad 3k^2 + 3k - 2k - 2 = 0$

$\Rightarrow \quad 3k(k+1) - 2(k+1) = 0$

$\Rightarrow \quad (k+1)(3k-2) = 0$

$\therefore \quad k = \frac{2}{3} \qquad (\because k > 0)$

75. (*d*) $x^2 - 7x + 12 = 0$

$\Rightarrow \quad x^2 - 3x - 4x + 12 = 0$

$\Rightarrow \quad x(x-3) - 4(x-3) = 0$

$\Rightarrow \quad (x-3)(x-4) = 0$

$\therefore \quad x = 3$ तथा 4

अत: $a = 3$ तथा $b = 4$

अब, $\frac{a^3 + b^3}{a^2 + b^2 + 1} = \frac{(3)^3 + (4)^3}{(3)^2 + (4)^2 + 1}$

$= \frac{27 + 64}{9 + 16 + 1} = \frac{91}{26} = 3.5$

76. (*a*) $2x^2 + px - 15 = 0$

दिया है, '-5' द्विघात समीकरण का मूल है।

$\therefore \quad p(-5) = 2(-5)^2 + p(-5) - 15 = 0$

$\Rightarrow \quad 50 - 5p - 15 = 0$

$\Rightarrow \quad 5p = 35$

$\therefore \quad p = 7$

अब, $\quad p(kx^2 + x) = 0$

$\Rightarrow \quad 7(kx^2 + x) = 0$

इस समीकरण का भी मूल '-5' है।

$\Rightarrow \quad 7(k \times 25 - 5) = 0$

$\Rightarrow \quad 25k - 5 = 0$

$\therefore \quad k = \frac{5}{25} = 0.2$

अत: $p = 7$ तथा $k = 0.2$

77. (*b*) $ax^2 + bx + c = 0$ के मूल α तथा β हैं।

$\alpha + \beta = \frac{-b}{a}$ तथा $\alpha\beta = \frac{c}{a}$

अब, $\left(\frac{\alpha}{\beta^2} + \frac{\beta}{\alpha^2}\right) = \frac{\alpha^3 + \beta^3}{(\alpha\beta)^2}$

$= \frac{(\alpha+\beta)^3 - 3\alpha\beta(\alpha+\beta)}{(\alpha\beta)^2}$

$= \frac{\left(\frac{-b}{a}\right)^3 - \frac{3c}{a} \times \left(\frac{-b}{a}\right)}{\left(\frac{c}{a}\right)^2}$

$= \frac{\frac{-b^3}{a^3} + \frac{3bc}{a^2}}{\frac{c^2}{a^2}} = \frac{-b^3 + 3abc}{ac^2}$

$\therefore \quad \frac{\alpha}{\beta^2} + \frac{\beta}{\alpha^2} = \frac{3abc - b^3}{ac^2}$

78. (*c*) $\frac{6}{x} - \frac{2}{x-1} - \frac{1}{x-2} = 0$

$\Rightarrow \quad \frac{6}{x} = \frac{2}{x-1} + \frac{1}{x-2}$

$\Rightarrow \quad \frac{6}{x} = \frac{2(x-2) + (x-1)}{(x-1)(x-2)}$

$\Rightarrow \quad \frac{6}{x} = \frac{2x - 4 + x - 1}{x^2 - 3x + 2}$

$\Rightarrow \quad \frac{6}{x} = \frac{3x - 5}{x^2 - 3x + 2}$

$\Rightarrow \quad 6x^2 - 18x + 12 = 3x^2 - 5x$

$\Rightarrow \quad 3x^2 - 13x + 12 = 0$

$\Rightarrow \quad 3x^2 - 9x - 4x + 12 = 0$

$\Rightarrow \quad 3x(x-3) - 4(x-3) = 0$

$\Rightarrow \quad (x-3)(3x-4) = 0$

$\therefore \quad x = 3$ तथा $x = \frac{4}{3}$

79. (*c*) दिया है, समीकरण $ax^2 + bx + c = 0$ का एक मूल $5 + 3\sqrt{3}$ है।

$\therefore \quad x = 5 + 3\sqrt{3}$

$x - 5 = 3\sqrt{3}$

दोनों पक्षों का वर्ग करने पर,

$(x-5)^2 = (3\sqrt{3})^2$

$\Rightarrow x^2 + 25 - 10x = 27$

$\Rightarrow \quad x^2 - 10x - 2 = 0$

उपरोक्त समीकरण की तुलना मूल समीकरण $ax^2 + bx + c = 0$ से करने पर,

$a = 1, b = -10, c = -2$

$\therefore \quad \frac{a^2 + b^2 + c^2}{a + b + c} = \frac{1^2 + (-10)^2 + (-2)^2}{1 - 10 - 2}$

$= \frac{1 + 100 + 4}{-11} = -\frac{105}{11}$

80. (*a*) $x^2 - 10x + 16 = 0$

$\therefore \quad \alpha + \beta = \frac{-b}{a} = 10 \quad$ ...(i)

तथा $\quad \alpha\beta = \frac{c}{a} = 16$

$(\alpha - \beta)^2 = (\alpha + \beta)^2 - 4\alpha\beta$

$= (10)^2 - 4 \times 16 = 36$

$\therefore \quad \alpha - \beta = 6 \quad$ ...(ii)

समी (i) तथा (ii) से,

$\alpha = 8$ तथा $\beta = 2$

अब, $\alpha^4 - \beta^4 = (8)^4 - (2)^4$

$= 4096 - 16 = 4080$

81. (*a*) $3x^2 + 6x - 5 = 0$

यहाँ, $D = b^2 - 4ac$

$= (6)^2 - 4 \times 3(-5)$

$= 36 + 60 = 96 > 0$

$\because \quad D > 0$

अत: मूल वास्तविक और असमान हैं।

82. (*c*) $(z + 4)x^2 + (z + 1)x + 1 = 0$

यहाँ $a = z + 4$, $b = z + 1$ तथा $c = 1$

समान मूल होने के लिए,

$D = b^2 - 4ac = 0$

$\Rightarrow (z + 1)^2 - 4(z + 4) \times 1 = 0$

$\Rightarrow z^2 + 2z + 1 - 4z - 16 = 0$

$\Rightarrow z^2 - 2z - 15 = 0$

$\Rightarrow z^2 - 5z + 3z - 15 = 0$

$\Rightarrow z(z - 5) + 3(z - 5) = 0$

$\Rightarrow (z + 3)(z - 5) = 0$

$\therefore \quad z = 5$ तथा -3

83. (*d*) द्विघात समीकरण है,

$x^2 - (\alpha + \beta)x + \alpha\beta = 0$

$\Rightarrow x^2 - (7 + 12)x + 7 \times 12 = 0$

$\therefore \quad x^2 - 19x + 84 = 0$

84. (*c*) माना $\alpha = (1 + \sqrt{3})$

$\therefore \beta = (1 - \sqrt{3})$ (संयुक्त मूल से)

द्विघात समीकरण है

$x^2 - (\alpha + \beta)x + \alpha\beta = 0$

$\Rightarrow x^2 - (1 + \sqrt{3} + 1 - \sqrt{3})x - (1 + \sqrt{3})(1 - \sqrt{3}) = 0$

$\Rightarrow x^2 - 2x + (1 - 3) = 0$

$\therefore x^2 - 2x - 2 = 0$

TOP TIPS इस प्रकार के प्रश्नों में हमेशा मूल संयुग्मी होते हैं।

85. (*d*) माना, $\alpha = \frac{7}{3}$ तथा $\beta = \frac{12}{5}$

$\alpha + \beta = \frac{7}{3} + \frac{12}{5}$

$= \frac{35 + 36}{15} = \frac{71}{15}$

$\alpha\beta = \frac{7}{3} \times \frac{12}{5} = \frac{28}{5}$

द्विघात समीकरण

$x^2 - (\alpha + \beta)x + \alpha\beta = 0$

$\Rightarrow \quad x^2 - \left(\frac{71}{15}\right)x + \frac{28}{5} = 0$

$\therefore \quad 15x^2 - 71x + 84 = 0$

86. (*a*) माना, $\alpha = 3 + 2\sqrt{2}$ तथा $\beta = 3 - 2\sqrt{2}$

$\therefore \quad \alpha + \beta = 3 + 2\sqrt{2} + 3 - 2\sqrt{2} = 6$

$\alpha\beta = (3 + 2\sqrt{2})(3 - 2\sqrt{2})$

$= 9 - 8 = 1$

अब द्विघात समीकरण है,

$x^2 - (\alpha + \beta)x + \alpha\beta = 0$

$\Rightarrow \quad x^2 - 6x + 1 = 0$

87. (*c*) द्विघात समीकरण है,

$x^2 + kx + 64 = 0$

मूल वास्तविक होने के लिए,

$D \geq 0$

$\Rightarrow \quad k^2 - 4 \times 64 \geq 0$

$\Rightarrow \quad k^2 - (16)^2 \geq 0$

$\Rightarrow \quad (k + 16)(k - 16) \geq 0$

$\Rightarrow k \geq 16$ तथा $k \geq -16$

पुन: दूसरे समीकरण के लिए,

$x^2 - 8x + k = 0$

यहाँ $\quad D \geq 0$

$\Rightarrow \quad (8)^2 - 4 \times k \geq 0$

$\Rightarrow \quad 64 - 4k \geq 0$

$\Rightarrow \quad -4k \geq -64$

$\therefore \quad k \leq 16$

k के सभी मानों को मिलाने से,

k का सम्भवत: मान '16' है।

88. (*d*) माना, $\alpha = \frac{1}{2 - \sqrt{2}}$

$= \frac{1}{2 - \sqrt{2}} \times \frac{2 + \sqrt{2}}{2 + \sqrt{2}}$

$= \frac{2 + \sqrt{2}}{4 - 2} = \frac{2 + \sqrt{2}}{2}$

$\therefore \quad \beta = \frac{2 - \sqrt{2}}{2}$

(अपरिमेय मूल संयुक्त रूप में विद्यमान होते हैं।)

$\alpha + \beta = \frac{2 + \sqrt{2} + 2 - \sqrt{2}}{2} = 2$

$\alpha\beta = \frac{(2)^2 - (\sqrt{2})^2}{4}$

$= \frac{4 - 2}{4} = \frac{1}{2}$

द्विघात समीकरण है,

$x^2 - (\alpha + \beta)x + \alpha\beta = 0$

$\Rightarrow \quad x^2 - 2x + \frac{1}{2} = 0$

$\therefore \quad 2x^2 - 4x + 1 = 0$

89. (*b*) a तथा b समीकरण $x^2 + x - 2 = 0$ के मूल हैं।

$\therefore$ मूलों का योगफल $= a + b = -1$

तथा मूलों का गुणनफल $= ab = -2$

अब, $\quad \frac{1}{a} + \frac{1}{b} = \frac{a + b}{ab}$

$= \frac{-1}{-2} = \frac{1}{2}$

मूलों का योगफल $= \alpha + \beta = \left(\frac{1}{a} + \frac{1}{b}\right) + (ab)$

$= \frac{1}{2} - 2 = \frac{-3}{2}$

मूलों का गुणनफल $= \alpha\beta = \left(\frac{1}{a} + \frac{1}{b}\right)(ab)$

$= \frac{-2}{2} = -1$

नया समीकरण $= x^2 - (\alpha + \beta)x + \alpha\beta = 0$

$\Rightarrow \quad x^2 + \frac{3}{2}x - 1 = 0$

$\therefore \quad 2x^2 + 3x - 2 = 0$

अध्याय

26 क्रमचय, संचय और प्रायिकता

Chapter Snapshot

I. क्रमगुणित प्रथम 'n' संख्याओं का सतत् गुणनफल, 'n' का क्रमगुणित/$n!$/$\underline{|n}$ होता है।

$$n! = n(n-1)(n-2) \ldots\ldots 3 \cdot 2 \cdot 1$$

II. क्रमचय एक समय में कुछ या सभी वस्तुओं को साथ लेकर बनाई गई विभिन्न क्रम व्यवस्था को **क्रमचय** कहते हैं।

$${}^nP_r = \frac{n!}{(n-r)!}\ ; 0 \le r \le n$$

III. संचय वस्तुओं के क्रम को छोड़कर कुछ या सभी वस्तुओं को साथ लेकर बनाए गए समूहों में से प्रत्येक समूह को **संचय** कहते हैं।

$${}^nC_r = \frac{n!}{r!(n-r)!}$$

Concept Capsule

- 0! का मान 1 होता है।
- क्रमचय में वस्तुओं के क्रम को महत्त्व दिया जाता है तथा क्रम को महत्व नहीं दिया जाता है।
- '0' एक असम्भव घटना व 1 एक निश्चित घटना को दर्शाता है।
- $0 \le P(E) \le 1$

- यदि किसी समूह के n व्यक्ति आपस में एक-दूसरे से हाथ मिलाते हैं, तब हाथ मिलाने की कुल संख्या $= \frac{n(n-1)}{2}$
- यदि n वस्तुओं में से p वस्तुएँ एक प्रकार की, q वस्तुएँ दूसरे प्रकार की, r वस्तुएँ तीसरे प्रकार की हों तथा शेष वस्तुएँ भिन्न-भिन्न प्रकार की हों, तब सभी n वस्तुओं को एकसाथ लेकर बने क्रमचयों की संख्या $= \frac{n!}{p!\,q!\,r!}$
- यदि n वस्तुओं में से r वस्तुओं को लेकर, जिनमें प्रत्येक वस्तु की पुनरावृत्ति हो सकती है, तब कुल क्रमचयों की संख्या $= n^r$
- n वस्तुओं को एक वृत्ताकार टेबल के चारों ओर व्यवस्थित किए जाने की संख्या $=(n-1)!$

IV. प्रायिकता किसी घटना के घटित होने या न होने की गणितीय परिणाम/सम्भावना को **प्रायिकता** कहते हैं।

$$\left\{P(E) = \frac{\text{अनुकूल परिणामों की संख्या}}{\text{कुल परिणामों की संख्या}} = \frac{n(E)}{n(S)}\right\}$$

यहाँ, $P(E)$, घटना 'E' के घटित होने की प्रायिकता है। घटना 'E' के घटित न होने की प्रायिकता को $P(\overline{E})$ से निरूपित करते हैं।

$$P(\overline{E}) = 1 - P(E)$$

- **प्रयोग/परीक्षण** सुपरिभाषित परिणामों को उत्पन्न कर सकने वाली प्रक्रिया, प्रयोग/परीक्षण कहलाती है।
- **प्रतिदर्श समष्टि** एक यादृच्छिक प्रयोग के सभी सम्भावित परिणामों के समुच्चय को प्रतिदर्श समष्टि कहा जाता है।
- **घटना** एक सम्भावित परिणाम या परिणामों के संयोजन को घटना कहा जाता है।

प्रायिकता का योग प्रमेय

- जब दो घटनाएँ A और B परस्पर अपवर्जी घटना नहीं हो, तब
$$P(A \cup B) = P(A) + P(B) - P(A \cap B)$$
- जब दो घटनाएँ A और B अपवर्जी हों, तब
$$P(A \cup B) = P(A) + P(B);\ P(A \cap B) = 0$$

प्रायिकता का गुणन प्रमेय

- जब दो घटनाएँ A और B नि:शेष घटनाएँ हों, तो A और B के एकसाथ घटित होने की प्रायिकता है, $P(A \cap B) = P(A) \cdot P(B/A)$
- जब A और B दो स्वतन्त्र घटनाएँ हों, तो $P(A \cap B) = P(A) \cdot P(B)$

यहाँ, $P(B/A) = \frac{P(A \cap B)}{P(A)}$

Formula Flashcards

- ${}^nP_0 = 1$
- ${}^nP_1 = n$
- ${}^nP_n = n! = {}^nP_{n-1}$
- ${}^nC_n = {}^nC_0 = 1$
- ${}^nC_r = {}^nC_{n-r}$
- ${}^nP_r = {}^nC_r \times r!$
- ${}^nC_{r-1} + {}^nC_r = {}^{n+1}C_r$

Exam Approach Examples

क्रमचय और संचय पर आधारित

उदाहरण 1. $^{14}P_3$ **का मान ज्ञात करें।**

(a) 2100 (b) 2148 (c) 2184 (d) 2194

हल (c) $^nP_r = \frac{n!}{(n-r)!}$

$\therefore \quad ^{14}P_3 = \frac{14!}{(14-3)!} = \frac{14!}{11!} = \frac{14 \times 13 \times 12 \times 11!}{11!}$

$= 14 \times 13 \times 12 = 2184$

उदाहरण 2. यदि $^nP_4 = 20\ ^nP_2$ **हो, तो** n **का मान क्या हैं?**

(a) 5 (b) 6 (c) 7 (d) 8

हल (c) दिया है, $^nP_4 = 20\ ^nP_2$

$\Rightarrow \frac{\frac{n!}{(n-4)!}}{\frac{n!}{(n-2)!}} = 20 \Rightarrow \frac{(n-2)!}{(n-4)!} = 20$

$\Rightarrow \frac{(n-2)(n-3)(n-4)!}{(n-4)!} = 20$

$\Rightarrow (n-2)(n-3) = 20$

$\Rightarrow n^2 - 5n + 6 - 20 = 0$

$\Rightarrow n^2 - 5n - 14 = 0$

$\Rightarrow (n-7)(n+2) = 0 \Rightarrow n = 7$ या -2

[$\because n = -2$ सम्भव नहीं है]

$\therefore \quad n = 7$

> **Score Booster**
> इस प्रकार के प्रश्नों को हल करने के लिए द्विघात समीकरण के मूल ज्ञात करने का ज्ञान होना आवश्यक है।

उदाहरण 3. "ENGINEERING" शब्द के अक्षरों से कितने शब्द बनाए जा सकते हैं?

(a) 272700 (b) 277200 (c) 227700 (d) 207720

हल (b) दिए गए शब्द में कुल अक्षर, $n = 11$

जिसमें E = 3, N = 3, I = 2, G = 2

$\therefore$ शब्दों की अभीष्ट संख्या $= \frac{11!}{3!3!2!2!} = 277200$

उदाहरण 4. संचय $^{100}C_{100}$ **का मूल्यांकन कीजिए।**

(a) 10000 (b) 1000 (c) 10 (d) 1

हल (d) $\because \quad ^nC_r = \frac{n!}{r!(n-r)!}$

$\therefore \quad ^{100}C_{100} = \frac{100!}{100!0!} = \frac{100!}{100!} = 1$

> **Quick Method**
> $\because\ ^nC_n = 1 \Rightarrow\ ^{100}C_{100} = 1$

उदाहरण 5. एक शतरंज टूर्नामेंट में 125 प्रतिभागी होते हैं। खेल नॉक आउट आधार पर खेला जाएगा। पूरे टूर्नामेंट में कितने मैच खेले जाने हैं? *RRB NTPC CBT-I 2021*

(a) 124 (b) 125 (c) 62 (d) 84

हल (a) खेले गए मैचों की कुल संख्या = 125 − 1 = 124

प्रायिकता पर आधारित

उदाहरण 6. जब एक पासे को एक बार फेंका जाता है, तो एक अभाज्य प्राप्त करने की प्रायिकता है *DSSSB 2019*

(a) $\frac{2}{3}$ (b) $\frac{1}{2}$

(c) $\frac{1}{3}$ (d) इनमें से कोई नहीं

हल (b) पासे में अभाज्य संख्या के परिणाम

= 3 अर्थात् {2, 3, 5}

पासा एक बार फेंकने पर कुल परिणाम = 6

अर्थात् {1, 2, 3, 4, 5, 6}

$\therefore$ अभीष्ट प्रायिकता $= \frac{3}{6} = \frac{1}{2}$

> **Trending Concept**
> पासे, सिक्के और तास की गड्डी से सम्बन्धित प्रश्न (NTPC, DSSSB, CHSL, CPO आदि) में निरन्तर पूछे जा रहे हैं।

उदाहरण 7. 'TENDULKAR' शब्द से दो अक्षर चुने गए है। दोनों के स्वर होने की प्रायिकता क्या है? *RRB NTPC 2021*

(a) $\frac{2}{9}$ (b) $\frac{1}{12}$

(c) $\frac{9}{12}$ (d) $\frac{5}{12}$

हल (b) शब्द = TENDULKAR

कुल अक्षरों क संख्या = 9

स्वर अक्षर हैं = E, U तथा A

अत: स्वरों अक्षरों की संख्या = 3

अनुकूल परिणामों की संख्या = $^3C_2$

कुल परिणामों की संख्या = $^9C_2$

$\therefore$ अभीष्ट प्रायिकता $= \frac{^3C_2}{^9C_2} = \frac{3}{36} = \frac{1}{12}$

> **Score Booster**
> इस प्रकार के प्रश्नों में कुल स्वरों में से चुने जाने तथा कुल अक्षरों में से चुने जाने का ज्ञान अत्यन्त आवश्यक है।

उदाहरण 8. दो सिक्कों को एकसाथ उछालने पर दो पट आने की क्या प्रायिकता है?

(a) $\frac{1}{2}$ (b) $\frac{1}{4}$ (c) $\frac{3}{4}$ (d) $\frac{1}{3}$

हल (b) प्रतिदर्श समष्टि $(S) = \{HH, HT, TH, TT\}$

$n(S) = 4$ तथा $n(E) = 1$

$\therefore \quad P(E) = \frac{n(E)}{n(S)} = \frac{1}{4}$

Chapter Challenge

क्रमचय और संचय पर आधारित

1. यदि $^nC_4 = 70$ तो n का मान ज्ञात करें **RRB NTPC 2021**
(a) 4 (b) 8
(c) 5 (d) 6

2. एक समूह में 30 लोग हैं। यदि सभी एक-दूसरे से हाथ मिलाते हैं, तो कितने हाथ मिलाना सम्भव है? **UP Forest Guard 2022**
(a) 870 (b) 435
(c) 30! (d) 29! + 1

3. यदि अक्षरों B, A, R, E का उपयोग करके विभिन्न संयोजन बनाए जाते हैं और अंग्रेजी शब्दकोश में दिखाई देने वाले क्रम में व्यवस्थित किए जाते हैं, तो संयोजन 'BARE' .... स्थिति में होगा। **RRB NTPC 2021**
(a) 8वाँ (b) 10वाँ
(c) 7वाँ (d) 6वाँ

4. कक्षा में उपस्थित छात्रों में 378 मोबाइलों को एक समान रूप से कितने प्रकार से बाँटा जा सकता है? **RPF SI 2019**
(a) 18 (b) 16
(c) 14 (d) 12

प्रायिकता पर आधारित

5. निम्नलिखित में से कौन-सी एक घटना की प्रायिकता नहीं हो सकती है? **DSSSB 2019**
(a) $\frac{2}{3}$ (b) -1.5
(c) 10% (d) 0.5

6. 52 पत्तों की एक गड्डी से इक्का निकालने की प्रायिकता क्या है? **UP Police Constable 2024**
(a) $\frac{2}{25}$ (b) $\frac{1}{52}$
(c) $\frac{1}{13}$ (d) $\frac{3}{13}$

7. एक पहलवान 6 मैच जीतता है और 4 मैच हार जाता है। उसके द्वारा जीते गए खेल की प्रायिकता है
(a) $\frac{1}{2}$ (b) $\frac{6}{4}$
(c) $\frac{2}{3}$ (d) $\frac{3}{5}$

8. यदि 9 विद्यार्थी एक वृत्ताकार पथ पर खड़े हैं, तो उनमें से 2 के हमेशा एक साथ खड़े होने की प्रायिकता क्या है? **RRB NTPC CBT-I 2021**
(a) $\frac{1}{4}$ (b) $\frac{2}{7}$
(c) $\frac{7}{8}$ (d) $\frac{1}{3}$

9. एक बार में तीन सिक्के उछालने पर, कम-से-कम एक शीर्ष आने की प्रायिकता क्या है? **RRB NTPC 2021**
(a) $\frac{7}{8}$ (b) $\frac{1}{2}$
(c) $\frac{1}{8}$ (d) $\frac{3}{8}$

10. 1 से 30 तक की संख्याओं में से एक अभाज्य संख्या चुने जाने की प्रायिकता क्या है, जबकि प्रत्येक संख्या के समान रूप से चुने जाने की सम्भावना है? **IBPS RRB Officer Scale I (Pre) 2020**
(a) $\frac{3}{5}$ (b) $\frac{1}{3}$
(c) $\frac{11}{30}$ (d) $\frac{14}{33}$
(e) इनमें से कोई नहीं

11. ताश के पत्तों की एक गड्डी से यादृच्छिक रूप से एक पत्ता निकाला जाता है। फेस कार्ड मिलने की सम्भावना क्या है? **RRB NTPC 2021**
(a) $\frac{5}{13}$ (b) $\frac{1}{13}$
(c) $\frac{3}{13}$ (d) $\frac{4}{13}$

12. सैपी ने दो पासों को एकसाथ फेंका। संख्याओं की गुणा करने पर एक पूर्ण वर्ग संख्या प्राप्त करने की प्रायिकता क्या होगी? **MP Police 2022**
(a) $\frac{11}{26}$ (b) $\frac{1}{6}$
(c) $\frac{2}{9}$ (d) $\frac{5}{18}$

13. एक बक्से में 6 सफेद, 2 काली और 3 लाल गेंदें हैं। यदि एक गेंद यादृच्छया निकाली जाती है, तो उसके सफेद न होने की प्रायिकता क्या है? **RRB NTPC 2021**
(a) $\frac{5}{6}$ (b) $\frac{6}{5}$
(c) $\frac{5}{11}$ (d) $\frac{6}{11}$

14. सुदर्शन और अब्राहम दो रिक्तियों के लिए साक्षात्कार के लिए उपस्थित हुए। सुदर्शन के चयन की प्रायिकता $\frac{1}{3}$ है और अब्राहम के चयन की प्रायिकता $\frac{1}{5}$ है। उनमें से किसी के भी चयनित न होने की प्रायिकता ज्ञात कीजिए। **SSC (10+2) 2024**
(a) $\frac{8}{15}$ (b) $\frac{14}{15}$
(c) $\frac{1}{15}$ (d) $\frac{22}{15}$

15. यदि ताश की गड्डी से दो पत्ते एकसाथ यादृच्छया निकाले जाते हैं, इनमें से एक के बेगम और दूसरे के बादशाह होने की प्रायिकता क्या है? **MP Police 2022**
(a) $\frac{^3C_1 \times {}^8C_1}{^8C_2}$
(b) $\frac{^8C_1 \times {}^4C_1}{^8C_2}$
(c) $\frac{^8C_1 \times {}^8C_1}{^8C_2}$
(d) $\frac{^4C_1 \times {}^4C_1}{^{52}C_2}$

> **MRC*****
> **(Most Repeating Concepts)**
> प्र. सं. 2, 4, 6, 18 और 22 Examination Point of View से अति महत्त्वपूर्ण है। इन Concept पर प्रश्न प्रतियोगी परीक्षाओं (SSC, NTPC, DSSSB आदि) में निरन्तर पूछे जा रहे हैं।

16. दो पद A और B के लिए, $P(A) = \frac{1}{3}, P(B) = \frac{1}{4}$ और $P(A \cup B) = \frac{1}{2}$ ज्ञात करें $P\left(\frac{A}{B}\right) = ?$ **RRB NTPC 2021**
(a) $\frac{1}{4}$ (b) 1 (c) $\frac{1}{2}$ (d) $\frac{1}{3}$

17. $A, \frac{4}{5}$ सच बोलता है और $B, \frac{3}{4}$ सच बोलता है, तो हर एक द्वारा दूसरे को झूठा घोषित करने की प्रायिकता है **DSSSB 2019**

(a) $\frac{1}{10}$ (b) $\frac{7}{20}$

(c) $\frac{1}{20}$ (d) इनमें से कोई नहीं

18. एक बक्से में 7 लाल रंग की, 8 हरे रंग की और 5 सफेद रंग की गेंदें हैं। एक गेंद यादृच्छया निकाला जाता है। वह निकाली गई गेंद सफेद रंग की ज्ञात होगी, उसकी सम्भाव्यता ज्ञात कीजिए।

(a) $\frac{5}{11}$ (b) $\frac{7}{12}$ (c) $\frac{5}{13}$ (d) $\frac{1}{4}$

19. एक बैग में 2 लाल, 3 हरी और 2 नीली गेंदें हैं। यादृच्छिक रूप से दो गेंदें निकाली जाती हैं। इसकी क्या प्रायिकता है कि निकाली गई गेंदों में से कोई भी नीली न हो? **RRB NTPC 2021**

(a) $\frac{10}{21}$ (b) $\frac{6}{21}$

(c) $\frac{10}{14}$ (d) $\frac{5}{7}$

20. एक बैग में 1, 2, 3, ... 20 की संख्या वाली गेंदें हैं। बैग से यादृच्छया एक गेंद निकाली जाती है। क्या प्रायिकता है कि निकाली गई गेंद पर संख्या 3 या 5 से विभाज्य है? **RRB NTPC 2021**

(a) $\frac{2}{5}$ (b) $\frac{1}{2}$

(c) $\frac{9}{20}$ (d) $\frac{1}{10}$

21. एक बैग में 5 सफेद, 8 लाल और 3 नीली टोपियाँ हैं। यदि थैले में से यादृच्छिक रूप से तीन टोपियाँ निकाली जाती हैं, तो सभी के नीले होने की प्रायिकता क्या है? **MP Police 2022**

(a) $\frac{1}{200}$ (b) $\frac{1}{560}$

(c) $\frac{1}{590}$ (d) $\frac{1}{470}$

22. दो पासों के एक उछाल में, योग 7 से अधिक आने की प्रायिकता है।

(a) $\frac{7}{36}$ (b) $\frac{5}{12}$

(c) $\frac{7}{12}$ (d) $\frac{5}{36}$

Right Key

1 (b)	2 (b)	3 (a)	4 (b)	5 (b)	6 (c)	7 (d)	8 (a)	9 (a)	10 (b)
11 (c)	12 (c)	13 (c)	14 (a)	15 (d)	16 (d)	17 (b)	18 (d)	19 (a)	20 (c)
21 (b)	22 (b)								

Solutions

1. (*b*) $^nC_4 = 70$

$\Rightarrow \dfrac{n!}{4!(n-4)!} = 70$

$\Rightarrow \dfrac{n(n-1)(n-2)(n-3)}{4 \times 3 \times 2 \times 1} = 70$

$\Rightarrow n(n-1)(n-2)(n-3) = 70 \times 24$

$= 8 \times 7 \times 6 \times 5$

दोनों पक्षों की तुलना करने पर, $n = 8$

2. (*b*) हाथ मिलाने की संख्या $= \dfrac{n(n-1)}{2}$

$= \dfrac{30 \times (30-1)}{2}$

$= 15 \times 29 = 435$

3. (*a*) अक्षर हैं— B, A, R, E

A			

पहले स्थान पर A के प्रयोग से बने शब्द

$= 3! = 3 \times 2 = 6$

पहले स्थान पर B के प्रयोग से बना पहला शब्द = BAER

पहले स्थान पर 'B' के प्रयोग से बना दूसरा शब्द = BARE

अत: BARE का स्थान = 6 + 2 = 8 वाँ

4. (*b*) $378 = 2 \times 3 \times 3 \times 3 \times 7$

$= 2^1 \times 3^3 \times 7^1$

$\therefore$ तरीकों की अभीष्ट संख्या

$= (1+1) \times (3+1) \times (1+1)$

$= 2 \times 4 \times 2 = 16$

5. (*b*) नकारात्मक संख्या प्रायिकता नहीं हो सकती।

6. (*c*) 52 पत्तों में इक्कों की कुल संख्या = 4

$\therefore$ अभीष्ट प्रायिकता $= \dfrac{4}{52} = \dfrac{1}{13}$

7. (*d*) कुल मैचों की संख्या = 10

$\therefore$ अभीष्ट प्रायिकता $= \dfrac{6}{10} = \dfrac{3}{5}$

8. (*a*) 9 विद्यार्थियों की कुल व्यवस्था = 8!

दो विद्यार्थी को साथ खड़े होने की कुल सम्भावना $= 2 \times 7!$

$\therefore$ अभीष्ट प्रायिकता $= \dfrac{2 \times 7!}{8!} = \dfrac{2 \times 7!}{8 \times 7!} = \dfrac{1}{4}$

9. (*a*) तीन सिक्कों को एकसाथ उछालने पर सम्भावित परिणामों की संख्या, $n(S) = 2^3 = 8$

सभी पट्ट प्राप्त करने के सम्भावित परिणामों की संख्या = 1

सभी पट्ट प्राप्त करने की सम्भावना $= \dfrac{1}{8}$

कम-से-कम एक शीर्ष होने की सम्भावना

$= 1 - \dfrac{1}{8} = \dfrac{7}{8}$

> **TOP TIPS** n सिक्कों को उछालने के कुल परिणाम 2^n होते हैं।

10. (*b*) कुल सम्भावित परिणाम

= 30 संख्याओं में से एक संख्या का चयन

$\therefore n(S) = 30$

1 से 30 तक की अभाज्य संख्याएँ

= 2, 3, 5, 7, 11, 13, 17, 19, 23, 29

$\therefore n(E) = 10$

$\therefore$ अभीष्ट प्रायिकता $= \dfrac{n(E)}{n(S)} = \dfrac{10}{30} = \dfrac{1}{3}$

11. (*c*) कुल पत्ते $= n(S) = 52$

फेस कार्डों (पत्तों) की संख्या, $n(E) = 12$

$\therefore$ अभीष्ट प्रायिकता $= \dfrac{12}{52} = \dfrac{3}{13}$

> **TOP TIPS** ताश की गड्डी में 52 पत्ते होते हैं, जिसमें 26 लाल व 26 काले रंग के होते हैं। बादशाह, बेगम, गुलाम को फेस कार्ड कहते हैं।

12. (*c*) सम्भव परिस्थितियाँ

= {(1, 1) (2, 2), (4, 1), (1, 4) (3, 3) (4, 4) (5, 5) (6, 6)}

$n(E) = 8, n(S) = 36$

$\therefore$ अभीष्ट प्रायिकता $= \dfrac{8}{36} = \dfrac{2}{9}$

13. (*c*) कुल गेंदों की संख्या = 6 + 2 + 3 = 11

गेंद के सफेद होने की प्रायिकता $= \dfrac{6}{11}$

गेंद के सफेद न होने की प्रायिकता

$= 1 - \dfrac{6}{11} = \dfrac{5}{11}$

14. (*a*) किसी के भी चयनित न होने की प्रायिकता

$= \left(1 - \dfrac{1}{3}\right) \times \left(1 - \dfrac{1}{5}\right) = \dfrac{2}{3} \times \dfrac{4}{5} = \dfrac{8}{15}$

15. (*d*) ताश की गड्डी में कुल पत्तों की संख्या = 52

जिसमें, बादशाह के पत्तों की संख्या = 4

तथा बेगम के पत्तों की संख्या = 4

$\therefore$ अभीष्ट प्रायिकता $P(E) = \dfrac{^4C_1 \times {^4C_1}}{^{52}C_2}$

16. (*d*) $\because P(A \cup B) = P(A) + P(B) - P(A \cap B)$

$\Rightarrow \dfrac{1}{2} = \dfrac{1}{3} + \dfrac{1}{4} - P(A \cap B)$

$\Rightarrow P(A \cap B) = \dfrac{1}{3} + \dfrac{1}{4} - \dfrac{1}{2} = \dfrac{1}{12}$

$\therefore P\left(\dfrac{A}{B}\right) = \dfrac{P(A \cap B)}{P(B)} = \dfrac{1}{12} \times 4 = \dfrac{1}{3}$

17. (*b*) $P(\overline{A}) = 1 - \dfrac{4}{5} = \dfrac{1}{5}$; $P(\overline{B}) = 1 - \dfrac{3}{4} = \dfrac{1}{4}$

$\therefore$ अभीष्ट प्रायिकता

$= P(A) \times P(\overline{B}) + P(\overline{A}) \times P(B)$

$= \dfrac{4}{5} \times \dfrac{1}{4} + \dfrac{1}{5} \times \dfrac{3}{4} = \dfrac{1}{5} + \dfrac{3}{20} = \dfrac{7}{20}$

18. (*d*) गेंदों की कुल संख्या = 7 + 8 + 5 = 20

$\therefore$ अभीष्ट सम्भाव्यता $= \dfrac{5}{20} = \dfrac{1}{4}$

19. (*a*) कुल गेंदों की संख्या = 2 + 3 + 2 = 7

यहाँ, कुल $n(S) = {^7C_2} = \dfrac{7 \times 6}{2} = 21$

$n(E) = {^5C_2} = \dfrac{5 \times 4}{2} = 10$

$\therefore P(E) = \dfrac{n(E)}{n(S)} = \dfrac{10}{21}$

20. (*c*) गेंदों की कुल संख्या = 20

3 के गुणज

= 3, 6, 9, 12, (15), 18

$\therefore$ 3 के गुणजों की संख्या = 6

5 के गुणज है— 5, 10, (15), 20

$\therefore$ 5 के गुणजों की संख्या = 4

दोनों गुणज में '15' उभयनिष्ठ है।

$\therefore n(E) = 6 + 4 - 1 = 9$

$\therefore P(E) = \dfrac{n(E)}{n(S)} = \dfrac{9}{20}$

21. (*b*) बैग में टोपियों की कुल संख्या

= 5 + 8 + 3 = 16

$\therefore$ अभीष्ट प्रायिकता $= \dfrac{^3C_3}{^{16}C_3}$

$= \dfrac{1}{\dfrac{16 \times 15 \times 14}{3 \times 2 \times 1}} = \dfrac{1}{560}$

22. (*b*) कुल सम्भव परिणाम $= 6 \times 6 = 36 = n(S)$

अनुकूल परिणाम = (2, 6), (6, 2), (3, 5), (5, 3), (4, 4), (3, 6), (6, 3), (4, 5), (5, 4), (4, 6), (6, 4), (5, 5), (5, 6), (6, 5), (6, 6)

$\therefore n(E) = 15$

$\therefore$ अभीष्ट प्रायिकता $= \dfrac{15}{36} = \dfrac{5}{12}$

> **TOP TIPS** 'n' पासों को उछालने का कुल परिणाम 6^n होता है।

अध्याय

27 श्रेढ़ियाँ

Chapter Snapshot

एक विशेष क्रम में व्यवस्थित संख्याओं के समूह को **श्रेढ़ी** (Progression) कहते हैं। जैसे— 2, 4, 6, ... एक श्रेढ़ी है, जिसमें प्रत्येक अगला पद, पिछले पद में '2' जोड़कर प्राप्त किया जाता है। श्रेढ़ी मुख्यत: तीन प्रकार की होती हैं—

I. समान्तर श्रेढ़ी ऐसा अनुक्रम/सूची जो एकसमान संख्या से या तो लगातार बढ़ता है या घटता है।

समान्तर श्रेढ़ी (AP) का सामान्य रूप है

$$a, a + d, a + 2d, a + 3d, a + 4d, ..., a + (n - 1)d$$

यहाँ, a = पहला पद तथा d = सर्वान्तर = दो क्रमागत पदों का अन्तर

- समान्तर श्रेढ़ी में nवाँ पद $(T_n) = a + (n - 1)d$
- अन्तिम पद $(l) = T_n = a + (n - 1)d$
- समान्तर श्रेढ़ी के n पदों का योग $(S_n) = \frac{n}{2}[2a + (n - 1)d]$ अथवा $S_n = \frac{n}{2}(a + l)$

समान्तर माध्य यदि a, b तथा c समान्तर श्रेढ़ी (AP) में है, तो b, a और c का समान्तर माध्य (AM) होगा, अर्थात् $b = \frac{a + c}{2}$

II. गुणोत्तर श्रेढ़ी एक अनुक्रम $a_1, a_2, a_3......a_n$ को गुणोत्तर श्रेढ़ी कहा जाता है, यदि दो क्रमागत पदों का अनुपात समान होता है।

गुणोत्तर श्रेढ़ी (GP) का सामान्य रूप है $a, ar, ar^2, ar^3 ...... ar^{n-1}$

यहाँ, पहला पद $= a$ तथा सर्वानुपात $= \frac{ar}{a} = \frac{ar^2}{ar} = \frac{ar^3}{ar^2} = r$

- nवाँ पद $(T_n) = ar^{n-1}$
- n पदों का योग $(S_n) = \frac{a(1 - r^n)}{1 - r}$ (जब $r < 1$)
- $(S_n) = \frac{a(r^n - 1)}{r - 1}$ (जब $r > 1$)
- GP के अनन्त पदों का योग, $S_\infty = \frac{a}{1 - r}$

गुणोत्तर माध्य यदि तीन संख्याएँ a, b तथा c गुणोत्तर श्रेढ़ी में है, तो b, a और c का गुणोत्तर माध्य (GM) होगा, अर्थात्

$$b = \sqrt{ac} \text{ या } b^2 = ac$$

III. हरात्मक श्रेढ़ी एक हरात्मक श्रेढ़ी (HP) ऐसा अनुक्रम है, जो समान्तर श्रेढ़ी के प्रत्येक पद के व्युत्क्रम से बनता है।

यदि एक श्रेढ़ी $a_1, a_2, a_3......a_n$, AP में है तब, $\frac{1}{a_1}, \frac{1}{a_2}, \frac{1}{a_3} .... \frac{1}{a_n}$, HP में होंगे।

जैसे— $\frac{1}{3}, \frac{1}{5}, \frac{1}{7}, \frac{1}{9}$ एक हरात्मक श्रेढ़ी है क्योंकि प्रत्येक पद का व्युत्क्रम अर्थात् 3, 5, 7, 9 समान्तर श्रेढ़ी में है।

हरात्मक माध्य यदि a, b तथा c हरात्मक श्रेढ़ी (HP) में है, तो b, a और c का हरात्मक माध्य (HM) होगा,

$$b = \frac{2ac}{a + c}$$

Concept Capsule

- यदि किसी समान्तर श्रेढ़ी के पदों को समान अचर से जोड़ा, घटाया, गुणा अथवा भाग किया जाए, तब भी वे पद समान्तर श्रेढ़ी में ही रहते हैं।
- गुणोत्तर श्रेढ़ी का कोई भी पद शून्य नहीं होता है।
- गुणोत्तर श्रेढ़ी के प्रत्येक पद में एक अशून्य अचर से गुणा किया जाए या भाग दिया जाए, तो प्राप्त श्रेढ़ी भी गुणोत्तर श्रेढ़ी होती है।
- गुणोत्तर श्रेढ़ी के पदों के व्युत्क्रम से बनी श्रेणी भी एक गुणोत्तर श्रेढ़ी होती है, जिसका सर्वानुपात दी गई गुणोत्तर श्रेढ़ी के सर्वानुपात का व्युत्क्रम होता है।

Formula Flashcards

- यदि दो संख्याओं के AM, GM और HM क्रमश: A, G और H है, तब

  $G^2 = AH$ तथा $A > G > H$
- यदि किसी समान्तर श्रेढ़ी का प्रथम पद (a) तथा अन्तिम पद (l) हो, तो श्रेढ़ी का औसत $= \frac{a + l}{2}$ होगा।

Exam Approach Examples

समान्तर व हरात्मक श्रेढ़ी पर आधारित

उदाहरण 1. समान्तर श्रेढ़ी 2, 7, 12, ... का 10 वाँ पद क्या होगा? *RRB NTPC 2021*

(a) 27 (b) 47 (c) 37 (d) 57

हल (b) दी गई श्रेढ़ी समान्तर श्रेढ़ी है 2, 7, 12 ....

जिसका पहला पद $(a) = 2$, सर्वान्तर $(d) = 7 - 2 = 5$

$\therefore$ समान्तर श्रेढ़ी का 10वाँ पद $T_{10} = a + 9d$

$= 2 + 9 \times 5 = 47$

अत: समान्तर श्रेढ़ी का 10वाँ पद 47 है।

Quick Method

$\because$ $t_n = a + (n-1)d$

यहाँ $n = 10, d = 5$ तथा $a = 2$

$t_{10} = 2 + 9 \times 5 = 47$

Score Booster

समान्तर श्रेढ़ी में यदि पहला पद व सर्वान्तर ज्ञात हो, तो $T_n = a + (n-1)d$ सूत्र से श्रेढ़ी का कोई भी पद आसानी से ज्ञात कर सकते हैं।

उदाहरण 2. एक समान्तर श्रेढ़ी में, पहला पद 23 है और सर्वान्तर 6 है। पहले 46 पदों का योगफल ज्ञात कीजिए। *UP Police ASI 2021*

(a) 7269 (b) 7268 (c) 7267 (d) 7265

हल (b) दिया है, पहला पद $(a) = 23$

सर्वान्तर $(d) = 6$, कुल पद $(n) = 46$

$\because$ n पदों का योग $(S_n) = \frac{n}{2}[2a + (n-1)d]$

$\therefore$ $S_{46} = \frac{46}{2}[2 \times 23 + (46 - 1) \times 6]$

$= 23[46 + 45 \times 6]$

$= 23[46 + 270] = 23 \times 316 = 7268$

अत: प्रथम 46 पदों का योग 7268 है।

उदाहरण 3. श्रेढ़ी −9, −6, −3, ... के कितने पदों का योग 45 है? *SSC (10+2) 2023*

(a) 11 (b) 8 (c) 10 (d) 9

हल (c) माना दी गई श्रेढ़ी के n पदों का योग 45 है।

$\therefore d = -6 + 9 = -3 + 6 = 3,\ a = -9$

$S_n = 45$

$\because S_n = \frac{n}{2}[2a + (n-1)]d$

$\therefore 45 = \frac{n}{2}[2 \times (-9) + (n-1)3]$

$\Rightarrow 90 = n[-18 + 3n - 3]$

$\Rightarrow 90 = -21n + 3n^2$

$\Rightarrow 3n^2 - 21n - 90 = 0$

$\Rightarrow n^2 - 7n - 30 = 0$

$\Rightarrow n^2 - 10n + 3n - 30 = 0$

$\Rightarrow n(n-10) + 3(n-10) = 0$

$\therefore n = 10$ $[\because n \neq -3]$

अत: 10 पदों का योग 45 है।

Trending Concept

समान्तर श्रेणी के योगफल पर आधारित प्रश्न वर्तमान में हो रही परीक्षाओं (NTPC, SSC, UP Police, DSSSB आदि) में पूछे जा रहे हैं, जो आगामी परीक्षाओं के लिए अति महत्त्वपूर्ण है।

उदाहरण 4. दी गई हरात्मक श्रेढ़ी का 15वाँ पद ज्ञात कीजिए।
$\frac{1}{2}, \frac{1}{5}, \frac{1}{8}, \frac{1}{11}$ ....

(a) $\frac{1}{43}$ (b) $\frac{1}{48}$ (c) $\frac{1}{44}$ (d) $\frac{1}{51}$

हल (c) $\because \frac{1}{2}, \frac{1}{5}, \frac{1}{8}, \frac{1}{11}$ .... HP में हैं

$\therefore$ 2, 5, 8, 11 .... समान्तर श्रेढ़ी में होंगे।

यहाँ $a = 2,\ d = 3$

समान्तर श्रेढ़ी का 15वाँ पद $(T_{15}) = a + 14d$

$= 2 + 14 \times 3 = 2 + 42 = 44$

$\therefore$ हरात्मक श्रेढ़ी का 15वाँ पद $= \frac{1}{44}$

गुणोत्तर श्रेढ़ी पर आधारित

उदाहरण 5. दी गई गुणोत्तर श्रेढ़ी का 10वाँ पद ज्ञात कीजिए।
5, 25, 125 ....

(a) 5^{12} (b) 5^{10} (c) 5^{11} (d) 5^{13}

हल (b) दी गई गुणोत्तर श्रेढ़ी है 5, 25, 125 ....

पहला पद $(a) = 5$, सर्वानुपात $(r) = \frac{25}{5} = 5$

$\because$ n वाँ पद $(T_n) = ar^{n-1}$

$\therefore$ 10 वाँ पद $(T_{10}) = 5 \times 5^{10-1} = 5 \times 5^9 = 5^{10}$

उदाहरण 6. दी गई श्रेढ़ी में प्रथम 15 पदों का योग ज्ञात कीजिए।
3, 6, 12, 24, ...

(a) 98298 (b) 97398 (c) 98301 (d) 95298

हल (c) दी गई गुणोत्तर श्रेढ़ी है 3, 6, 12, 24 ....

प्रथम पद $(a) = 3$, सर्वानुपात $(r) = \frac{6}{3} = 2$

गुणोत्तर श्रेढ़ी के पदों का योग $(S_n) = \frac{a(r^n - 1)}{r - 1}$ (जहाँ, $r > 1$)

$\therefore$ $S_{15} = \frac{3(2^{15} - 1)}{2 - 1} = 3(32768 - 1) = 3 \times 32767 = 98301$

अत: श्रेढ़ी के प्रथम 15 पदों का योग 98301 है।

उदाहरण 7. यदि दो अऋणात्मक प्रेक्षणों का समान्तर माध्य और गुणोत्तर माध्य क्रमश: 20 और 8 है, तो इनका हरात्मक माध्य ज्ञात कीजिए।

(a) 3.2 (b) 4.2 (c) 5 (d) 6.2

हल (a) दिया है, AM = 20, GM = 8, तब HM = ?

हम जानते हैं कि,

$G^2 = AH$

$\Rightarrow (8)^2 = 20 \times H$

$\Rightarrow 64 = 20 \times H$

$\therefore H = 3.2$

अत: हरात्मक माध्य (HM) = 3.2

Chapter Challenge

समान्तर व हरात्मक श्रेढ़ी पर आधारित

1. अनुक्रम 2, 5, 8, 11 .... का दसवाँ पद क्या होगा? **RRB NTPC 2021**

(a) 28 (b) 29 (c) 32 (d) 27

2. अनुक्रम 26, 20, 14, 8, ... का 21वाँ पद ज्ञात कीजिए। **UP Police Constable 2024**

(a) 88
(b) −100
(c) 146
(d) −94

> **MRC*****
> ***(Most Repeating Concepts)***
> प्र. सं. 1, 3, 5, 8, 13 और 20 परीक्षा की दृष्टि से अति महत्त्वपूर्ण हैं। इन Concept पर प्रश्न प्रतियोगी परीक्षाओं (NTPC, Constable, SI, DSSSB आदि) में निरन्तर पूछे जा रहे हैं।

3. समान्तर श्रेढ़ी का औसत ज्ञात कीजिए, जिसका पहला पद 33 है और अन्तिम पद 45 है। **RPF Constable 2019**

(a) 37 (b) 39 (c) 43 (d) 41

4. श्रेढ़ी $\sqrt{3}, \sqrt{12}, \sqrt{27}, \sqrt{48}, ..., 22\sqrt{3}$ में कितने पद हैं? **RRB ALP (Tier-II) 2019**

(a) 25 पद (b) 17 पद (c) 22 पद (d) 15 पद

5. 15, 20, 25, ... 135 के बीच कितने पद हैं? **UP Police Constable 2024**

(a) 26 (b) 24 (c) 25 (d) 23

6. एक समान्तर श्रेढ़ी का सत्रहवाँ और पहला पद क्रमशः 315 और 251 हैं। 24 पदों तक का योगफल ज्ञात कीजिए। **UP Police SI 2021**

(a) 7128 (b) 7228 (c) 7328 (d) 7428

7. 20 से विभाज्य तीन अंकों की सभी संख्याओं का योग क्या है? **SSC (10+2) 2023**

(a) 24300 (b) 19400 (c) 21800 (d) 20500

8. 2 से 281 तक सभी सम पूर्णांकों का योग कितना है? **RRB NTPC 2021**

(a) 19599 (b) 19458 (c) 19527 (d) 19740

9. किसी समान्तर श्रेढ़ी में, 71वाँ पद 491 है और सर्वान्तर 5 है, तो श्रेढ़ी में पहला पद ज्ञात कीजिए। **UP Police ASI 2021**

(a) 142 (b) 141 (c) 143 (d) 144

10. एक समान्तर श्रेढ़ी के 13 पद हैं जिनका योग 143 है। तीसरा पद 5 है, तो पहला पद होगा **DSSSB 2019**

(a) 4 (b) 7 (c) 9 (d) 2

11. समान्तर श्रेढ़ी की तीन संख्याएँ जिनका योग 15 और गुणनफल −55 है **DSSSB 2019**

(a) 1, 5, 11 (b) −1, 5, 11
(c) 1, −5, 11 (d) इनमें से कोई नहीं

12. समान्तर श्रेढ़ी में 3 संख्याएँ जिनका योग 18 और गुणनफल 210 है **DSSSB Lab Technician 2019**

(a) 5, 6, 7 (b) 4, 5, 6
(c) 3, 4, 5 (d) 2, 4, 6

13. यदि एक समान्तर श्रेढ़ी का दूसरा पद 4 व 10वाँ पद 20 है, तो 15वाँ पद है **DSSSB 2019**

(a) 28 (b) 32
(c) 30 (d) इनमें से कोई नहीं

14. 5 से विभाज्य होने वाली 2 अंकों की संख्याओं की संख्या है **DSSSB 2019**

(a) 17 (b) 19
(c) 18 (d) इनमें से कोई नहीं

15. 295 से 500 के बीच वह कितनी संख्याएँ हैं, जो 3 तथा 5 से पूर्णतः विभाजित होंगी?

(a) 8 (b) 17 (c) 22 (d) 14

16. उन सभी 3-अंकीय संख्याओं का योगफल ज्ञात कीजिए, जिन्हें 10 से विभाजित करने पर शेषफल 5 प्राप्त होता है। **UP Police SI 2021**

(a) 49500 (b) 72000
(c) 56500 (d) 54800

गुणोत्तर श्रेढ़ी पर आधारित

17. दो संख्याओं का समान्तर माध्य 5 और गुणोत्तर माध्य 4 है उन संख्याओं का हरात्मक माध्य ज्ञात कीजिए।

(a) $\frac{16}{5}$ (b) $\frac{17}{4}$ (c) $\frac{19}{6}$ (d) $\frac{8}{3}$

18. निम्नलिखित में से कौन-सी श्रृंखला गुणोत्तर श्रेढ़ी में नहीं है? **DDA JE (E & M) 2018**

(a) 5, 15, 45, ... (b) 12, 24, 36, ...
(c) 3, 15, 75, ... (d) 4, 8, 16, ...

19. उस गुणोत्तर श्रेढ़ी के 39वें पद और 37वें पद के बीच अनुपात ज्ञात कीजिए, जिसका सर्वानुपात 24 है। **UP Police ASI 2021**

(a) 577 : 1 (b) 1 : 576
(c) 576 : 1 (d) 2 : 575

20. एक GP के 4 पदों का योग ज्ञात कीजिए, यदि प्रथम पद 16 है और सर्वानुपात 6 हैं। **UP Police SI 2021**

(a) 4044 (b) 4144 (c) 4244 (d) 4344

21. श्रेढ़ी 4, 8, 16, 32, ... 512 में पदों की संख्या ज्ञात कीजिए। **RRB NTPC (CBT-I) 2021**

(a) 7 (b) 10
(c) 9 (d) 8

22. गुणोत्तर श्रेढ़ी (GP) का योगफल ज्ञात करें, $\frac{1}{3}, \frac{1}{9}, \frac{1}{27}, \frac{1}{81}, ... n$ पदों तक। **UP Police SI 2021**

(a) $\frac{4}{3}\left(1-\left(\frac{1}{3}\right)^n\right)$ (b) $\frac{5}{3}\left(1-\left(\frac{1}{3}\right)^n\right)$

(c) $\frac{1}{2}\left(1-\left(\frac{1}{3}\right)^n\right)$ (d) $\frac{3}{2}\left(1-\left(\frac{1}{3}\right)^n\right)$

Right Key

1 (b)	2 (d)	3 (b)	4 (c)	5 (c)	6 (a)	7 (a)	8 (d)	9 (b)	10 (d)
11 (b)	12 (a)	13 (c)	14 (c)	15 (d)	16 (a)	17 (a)	18 (b)	19 (c)	20 (b)
21 (d)	22 (c)								

Solutions

1. (b) दिया है, अनुक्रम 2, 5, 8, 11 ....

पहला पद $(a) = 2$, सर्वान्तर $(d) = 5 - 2 = 3$

$\because$ nवाँ पद, $T_n = a + (n-1)d$

$\therefore \quad T_{10} = 2 + (10-1)3$

$= 2 + 9 \times 3 = 29$

2. (d) दिया गया अनुक्रम 26, 20, 14, 8, ...

$a = 26, d = 20 - 26 = 14 - 20 = -6, T_{21} = ?$

$\because \quad T_n = a + (n-1)d$

$\therefore \quad T_{21} = 26 + (21-1)(-6)$

$\Rightarrow \quad T_{21} = 26 - 120 = -94$

अतः अनुक्रम का 21वाँ पद −94 है।

3. (b) पहला पद $(a) = 33$

अन्तिम पद $(l) = 45$

समान्तर श्रेढ़ी का औसत

$= \frac{\text{पहला पद + अन्तिम पद}}{2}$

$= \frac{33 + 45}{2} = \frac{78}{2} = 39$

4. (c) दिया है, $\sqrt{3}, \sqrt{12}, \sqrt{27}, \sqrt{48}, \ldots\ldots 22\sqrt{3}$

प्रथम पद $(a) = \sqrt{3}$

सर्वान्तर $(d) = \sqrt{12} - \sqrt{3}$

$= 2\sqrt{3} - \sqrt{3} = \sqrt{3}$

अन्तिम पद $(l) = 22\sqrt{3}$

$\because$ अन्तिम पद $(l) = a + (n-1)d$

$\Rightarrow \quad 22\sqrt{3} = \sqrt{3} + (n-1)\sqrt{3}$

$\Rightarrow \quad 22\sqrt{3} - \sqrt{3} = (n-1)\sqrt{3}$

$\Rightarrow \quad \sqrt{3}(22-1) = (n-1)\sqrt{3}$

$\Rightarrow \quad 21 = n - 1$

$\therefore \quad n = 22$

अतः श्रेढ़ी में 22 पद हैं।

5. (c) दी गई श्रेढ़ी समान्तर श्रेढ़ी है

15, 20, 25 135

पहला पद $(a) = 15$

सर्वान्तर $(d) = 20 - 15 = 25 - 20 = 5$

अन्तिम पद, $T_n = 135$

अब, $\quad T_n = a + (n-1)d$

$\Rightarrow \quad 135 = 15 + (n-1) \times 5$

$\Rightarrow \quad 120 = 5n - 5$

$\Rightarrow \quad 5n = 125$

$\therefore \quad n = 25$

अतः कुल 25 पद हैं।

6. (a) दिया है, समान्तर श्रेढ़ी का 17वाँ पद = 315

पहला पद $(a) = 251$

$T_{17} = a + 16d$

$\therefore \quad 315 = 251 + 16d$

$\Rightarrow \quad 315 - 251 = 16d$

$\Rightarrow \quad 64 = 16d$

$\Rightarrow \quad d = \frac{64}{16} = 4$ (सर्वान्तर)

$\because \quad S_n = \frac{n}{2}[2a + (n-1)d]$

$\therefore$ समान्तर श्रेढ़ी के 24 पदों का योगफल

$S_{24} = \frac{24}{2}[2 \times 251 + (24-1)4]$

$= 12[502 + 92]$

$= 12 \times 594 = 7128$

7. (a) 20 से विभाज्य तीन अंकों की संख्याएँ

100, 120, ..., 980

यहाँ, प्रथम पद $(a) = 100$

सर्वान्तर $(d) = 120 - 100 = 20$

$T_n = 980$

$\therefore \quad T_n = a + (n-1)d$ से,

$\Rightarrow \quad 980 = 100 + (n-1)20$

$\Rightarrow \quad (n-1) = \frac{980 - 100}{20}$

$\Rightarrow \quad n - 1 = \frac{880}{20} = 44$

$\Rightarrow \quad n = 44 + 1 = 45$

अतः अभीष्ट योग $(S_n) = \frac{n}{2}[a + l]$

$\Rightarrow \quad S_{45} = \frac{45}{2}[100 + 980]$

$\Rightarrow \quad S_{45} = \frac{45}{2} \times 1080$

$\therefore \quad S_{45} = 24300$

> **TOP TIPS** किसी समान्तर श्रेढ़ी के प्रथम व अन्तिम पद ज्ञात हो तो, n पदों का योग
>
> $S_n = \frac{n}{2}$[प्रथम पद + अन्तिम पद]

8. (d) दिया है, 2, 4, 6, 8, 10 280

पहला पद $(a) = 2$

अन्तिम पद $(l) = 280$

सर्वान्तर $(d) = 4 - 2 = 2$

पदों की संख्या $(n) = \frac{280}{2} = 140$

$\because$ n पदों का योगफल, $S_n = \frac{n}{2}[2a + (n-1)d]$

$\therefore \quad S_{140} = \frac{140}{2}[2 \times 2 + (140-1)2]$

$= 70[4 + 278] = 70 \times 282$

$= 19740$

> **Quick Method**
>
> 2, 4, 6, ... 280
>
> $a = 2, l = 280, n = \frac{280}{2} = 140$
>
> $\therefore S_{140} = \frac{140}{2}(2 + 280)$
>
> $= 70 \times 282 = 19740$

9. (b) दिया है, 71वाँ पद = 491

सर्वान्तर $(d) = 5$

$\because \quad T_n = a + (n-1)d$

$\Rightarrow \quad T_{71} = a + (71-1)5$

$\Rightarrow \quad 491 = a + 70 \times 5$

$\therefore$ पहला पद $\quad a = 491 - 350 = 141$

10. (d) समान्तर श्रेढ़ी के 13 पदों का योग = 143

माना पहला पद = a

तीसरा पद = 5

$\Rightarrow \quad T_3 = a + 2d = 5 \quad$ ...(i)

$\because \quad S_n = \frac{n}{2}[2a + (n-1)d]$

$\therefore \quad S_{13} = 143 = \frac{13}{2}[2a + (13-1)d]$

$\Rightarrow \quad \frac{143 \times 2}{13} = [2a + 12d]$

$\Rightarrow \quad 22 = 2(a + 6d)$

$11 = a + 6d \quad$ ...(ii)

समी (i) में से समी (ii) को घटाने पर,

$-4d = -6 \Rightarrow d = \frac{3}{2}$

समी (i) में d का मान रखने पर,

$a + 2 \times \frac{3}{2} = 5 \Rightarrow a = 5 - 3 = 2$

अतः पहला पद 2 है।

11. (b) माना तीन संख्याएँ क्रमशः

$(a-d), a, (a+d)$ हैं।

$\therefore \quad a - d + a + a + d = 15$

$\Rightarrow \quad 3a = 15 \Rightarrow a = 5$

अब, $\quad (a-d) \times a \times (a+d) = -55$

$\Rightarrow \quad (5-d) \times 5 \times (5+d) = -55$

$\Rightarrow \quad (5)^2 - (d)^2 = -11$

$\Rightarrow \quad d^2 = 25 + 11 = 36$

$\Rightarrow \quad d = \sqrt{36}$

$\therefore \quad d = 6$

अतः संख्याएँ क्रमशः $(5-6), 5, (5+6)$

अर्थात् −1, 5, 11 हैं।

> **TOP TIPS** समान्तर श्रेढ़ी में तीन क्रमागत संख्याएँ क्रमशः $(a-d), a, (a+d)$, चार क्रमागत संख्याएँ क्रमशः $(a-2d), (a-d), (a+d), (a+2d)$ इसी प्रकार आगे भी, लेने पर हल करना सरल होता है।

12. (*a*) माना तीन संख्याएँ क्रमशः $(a-d), a, (a+d)$ हैं।

$\therefore \quad a-d+a+a+d = 18$

$\Rightarrow \quad 3a = 18$

$\therefore \quad a = \frac{18}{3} = 6$

पुनः $(a-d)\times a \times (a+d) = 210$

$\Rightarrow \quad (6-d)\times 6\times(6+d) = 210$

$\Rightarrow \quad 6^2 - d^2 = 35$

$\therefore \quad d = 1$

अतः संख्याएँ क्रमशः $(6-1), 6, (6+1)$ अर्थात् 5, 6, 7 हैं।

13. (*c*) दिया है,

$T_2 \Rightarrow a + d = 4 \quad$ ...(i)

$T_{10} \Rightarrow a + 9d = 20 \quad$ ...(ii)

समी (ii) में से समी (i) को घटाने पर,

$8d = 16 \Rightarrow d = 2$

$\therefore \quad a = 2$

अतः 15वाँ पद, $T_{15} = a + 14d$

$= 2 + 14 \times 2 = 30$

14. (*c*) 5 से विभाज्य 2 अंकों की संख्या

10, 15, 20, 25 95

श्रेढ़ी का प्रथम पद $(a) = 10$

सर्वान्तर $(d) = 15 - 10 = 5$

अन्तिम पद $(l) = 95$

अन्तिम पद $(l) = a + (n-1)d$

$\Rightarrow \quad 95 = 10 + (n-1)5$

$\Rightarrow \quad 85 = (n-1)5$

$\Rightarrow \quad 17 = n - 1 \Rightarrow n = 18$

अतः 5 से विभाज्य होने वाली 2 अंकों की कुल संख्या 18 है।

15. (*d*) दिया है, 3, 5 का ल.स. = 15

15 से विभाजित संख्या 295 से 500 के बीच

300, 315, ... 495

प्रथम पद $(a) = 300$

सर्वान्तर $(d) = 315 - 300 = 15$

अन्तिम पद $(l) = 495$

$\therefore \quad (l) = a + (n-1)d$

$\Rightarrow \quad 495 = 300 + (n-1)15$

$\Rightarrow \quad 195 = (n-1)15 \Rightarrow 13 = n - 1$

$\therefore \quad n = 14$

अतः 295 से 500 के बीच 3 तथा 5 से पूर्णतः विभाज्य संख्याएँ 14 हैं।

16. (*a*) अभीष्ट संख्याएँ 105, 115, 125, ..., 985, 995 होगी।

जहाँ, अन्तिम पद $(l) = 995$

प्रथम पद $(a) = 105$, सर्वान्तर $(d) = 10$

$\because \quad l = a + (n-1)d$

$\Rightarrow \quad 995 = 105 + (n-1)\times 10$

$\Rightarrow \quad (n-1) = \frac{995-105}{10} = \frac{890}{10}$

$\Rightarrow \quad n - 1 = 89$

$\Rightarrow \quad n = 89 + 1 = 90$

$\because$ 'n' पदों का योगफल $(S_n) = \frac{n}{2}[a+l]$

$\therefore S_{90} = \frac{90}{2}[105 + 995] = 45[1100] = 49500$

17. (*a*) समान्तर माध्य (AM) = 5

गुणोत्तर माध्य (GM) = 4

हरात्मक माध्य (HM) = ?

$\because \quad (\text{GM})^2 = \text{AM} \times \text{HM}$

$\Rightarrow \quad (4)^2 = 5 \times \text{HM}$

$\Rightarrow \quad 16 = 5 \times \text{HM}$

$\Rightarrow \quad \text{HM} = \frac{16}{5}$

अतः हरात्मक माध्य $\frac{16}{5}$ है।

18. (*b*) विकल्प (b) से, 12, 24, 36 ...

$$\text{सर्वानुपात } (r) = \frac{\text{दूसरा पद}}{\text{पहला पद}} = \frac{\text{तीसरा पद}}{\text{दूसरा पद}}$$

$$= \frac{24}{12} \neq \frac{36}{24} = 2 \neq \frac{3}{2}$$

अतः 12, 24, 36 गुणोत्तर श्रेढ़ी में नहीं हैं।

19. (*c*) सर्वानुपात $(r) = 24$

गुणोत्तर श्रेढ़ी का nवाँ पद $(T_n) = ar^{n-1}$

प्रश्नानुसार, $\frac{T_{39}}{T_{37}} = \frac{a(24)^{39-1}}{a(24)^{37-1}} = \frac{(24)^{38}}{(24)^{36}}$

$= (24)^2 : 1 = 576 : 1$

20. (*b*) प्रथम पद $(a) = 16$; सर्वानुपात $(r) = 6$

$\because S_n = \frac{a(r^n - 1)}{r - 1}; \quad r > 1$

$\therefore S_4 = \frac{16(6^4 - 1)}{6 - 1} = \frac{16}{5}(6^2 - 1)(6^2 + 1)$

$= \frac{16}{5} \times 35 \times 37 = 4144$

> **TOP TIPS** किसी गुणोत्तर श्रेणी का योग निकालने के लिए निम्न सूत्र कण्ठस्थ होना चाहिए।
>
> $S_n = \frac{a(r^n - 1)}{r - 1}, r > 1$

21. (*d*) श्रेढ़ी 4, 8, 16, 32 .... 512 गुणोत्तर श्रेढ़ी है, जिसका

पहला पद $(a) = 4$; सर्वानुपात $(r) = \frac{8}{4} = 2$

अन्तिम पद $(T_n) = 512$

$\therefore \quad T_n = ar^{n-1} = 512$

$\Rightarrow \quad 512 = 4 \times 2^{n-1}$

$\Rightarrow 128 = 2^{n-1} \Rightarrow 2^7 = 2^{n-1}$

घातों की तुलना करने पर,

$7 = n - 1$

$\Rightarrow \quad n = 8$

अतः श्रेढ़ी में पदों की कुल संख्या 8 है।

22. (*c*) गुणोत्तर श्रेढ़ी $\frac{1}{3}, \frac{1}{9}, \frac{1}{27}, \frac{1}{81}, ..., n$

यहाँ, प्रथम पद $(a) = \frac{1}{3}$

$$\text{सर्वानुपात } (r) = \frac{\frac{1}{9}}{\frac{1}{3}} = \frac{1}{3}(r < 1)$$

$\therefore$ गुणोत्तर श्रेढ़ी (GP) का योगफल

$$S_n = \frac{a(1 - r^n)}{1 - r} = \frac{\frac{1}{3}\left[1 - \left(\frac{1}{3}\right)^n\right]}{\left(1 - \frac{1}{3}\right)}$$

$$= \frac{\frac{1}{3}}{\frac{2}{3}}\left[1 - \left(\frac{1}{3}\right)^n\right] = \frac{1}{2}\left[1 - \left(\frac{1}{3}\right)^n\right]$$

अध्याय

28 समंकों का विश्लेषण

Chapter Snapshot

किन्हीं विशेष गुणों से युक्त तथ्यों का संख्यात्मक रूप समंक कहलाता है। समंकों का अध्ययन कर परिणाम ज्ञात करना **समंकों का विश्लेषण** कहलाता है।

इसमें निम्नलिखित आलेखों का अध्ययन करेंगे।

I. **सारणी** समंकों को स्तम्भों और पंक्तियों में क्रमबद्ध करने की व्यवस्था को सारणी कहा जाता है। सारणी का उपयोग साधारणतया बहुत अधिक आँकड़ों को एकसाथ दर्शाने के लिए किया जाता है।

II. **दण्ड आरेख** दण्ड आरेख आँकड़ों को चित्रित रूप में प्रदर्शित करता है, इसमें विभिन्न चरों के मानों को दर्शाने के लिए समान चौड़ाई के आयताकार दण्ड या स्तम्भ का उपयोग किया जाता है। दण्ड आरेख की ऊँचाई उसके द्वारा दर्शाए गए मान के समानुपाती होती है।

III. **आयत चित्र** इसमें समान चौड़ाई और संगत वर्ग अन्तरालों की बारम्बारता लम्बाई के संगत मान के समानुपाती होते हैं।

दो क्रमागत आयतों के बीच कोई रिक्त स्थान नहीं है, इसलिए परिणामी आलेख एक बन्द आकृति के समान दिखाई देगा।

IV. **रेखा आरेख** रेखा आरेख में आँकड़ों को बिन्दु और रेखा की सहायता से दर्शाया जाता है। रेखा आरेख में रेखीय झुकाव किन्हीं दो क्रमागत बिन्दुओं के मध्य होने वाले मात्रात्मक परिवर्तन की तुलना करने में सहायक होते हैं।

V. **वृत्त चित्र** वृत्ताकार चार्ट, पाई-चार्ट होता है, जो किसी चर की विभिन्न राशियों को निरूपित करता हुआ विभिन्न खण्डों में विभाजित होता है। पाई-चार्ट में प्रत्येक खण्ड का चाप, उसका केन्द्रीय कोण और उसका क्षेत्रफल उस राशि के समानुपाती होता है, जिसको वह प्रदर्शित करता है। पाई-चार्ट का प्रयोग समंकों का तुलनात्मक अध्ययन करने के लिए किया जाता है। इसके अन्तर्गत समंक वास्तविक मान, प्रतिशत या अंशों (डिग्री) के रूप में दिए गए होते हैं।

VI. **मिश्रित आरेख** मिश्रित आरेख के अन्तर्गत किन्हीं दो प्रकार के आरेखों का प्रयोग करके आँकड़ों को प्रदर्शित किया जाता है तथा इस प्रकार के प्रश्न पूछे जाते हैं कि वे प्रश्न दोनों आरेखों पर एकसाथ आधारित हों। मिश्रित आरेख के अन्तर्गत विभिन्न प्रकार के संयोजन जैसे—सारणी व रेखा आरेख, सारणी व दण्ड आरेख इत्यादि सम्भव हैं।

Concept Capsule

- विभिन्न प्रश्नों को हल करने के लिए विभिन्न संक्रियाओं प्रतिशत, औसत, इत्यादि का ज्ञान होना आवश्यक होता है।
- वृत्त चित्रों की संरचना में समंकों के कुल योग को 360° अथवा 100% मानते हुए विभिन्न विभागों के कोणों की माप अथवा सम्बन्धित प्रतिशत निकाली जाती है।

Formula Flashcards

- समंकों के विश्लेषण में निम्न Formulas का प्रयोग करते हैं।
- प्रतिशत वृद्धि
$$= \frac{\text{अन्तिम मूल्य} - \text{प्रारम्भिक मूल्य}}{\text{प्रारम्भिक मूल्य}} \times 100$$
- प्रतिशत कमी
$$= \frac{\text{प्रारम्भिक मूल्य} - \text{अन्तिम मूल्य}}{\text{प्रारम्भिक मूल्य}} \times 100$$
- मात्रा I का मात्रा II से अभीष्ट प्रतिशत
$$= \frac{\text{मात्रा I}}{\text{मात्रा II}} \times 100$$
- औसत $= \frac{\text{कुल पदों का योगफल}}{\text{कुल पद}}$
- जब वृत्त चित्र में आँकड़े प्रतिशत में हों, तब खण्ड का वास्तविक मान
$$= \frac{\text{कुल वास्तविक मान} \times \text{खण्ड का प्रतिशत मान}}{100}$$
- जब वृत्त चित्र में आँकड़े डिग्री में हों, तब खण्ड का वास्तविक मान
$$= \frac{\text{कुल वास्तविक मान} \times \text{खण्ड का डिग्री मान}}{360^\circ}$$

Exam Approach Examples

सारणी पर आधारित

उदाहरण 1. निम्न तालिका में 2018-19 से 2021-22 के दौरान एक गाँव में चार फसलों (टन में) के वर्षवार उत्पादन को दर्शाया गया है।

SSC (10+2) 2023

फसलें / वर्ष	दालें	गेहूँ	चावल	अन्य
2018-19	410	720	400	600
2019-20	380	680	350	580
2020-21	320	790	420	510
2021-22	250	690	270	490

इन वर्षों में गेहूँ के औसत उत्पादन और दालों के औसत उत्पादन (टन में) के बीच का अन्तर क्या है?

(a) 350 (b) 370 (c) 380 (d) 360

हल (*c*) गेहूँ का औसत उत्पादन $= \frac{720 + 680 + 790 + 690}{4}$

$= \frac{2880}{4} = 720$ टन

दालों का औसत उत्पादन $= \frac{410 + 380 + 320 + 250}{4} = \frac{1360}{4} = 340$ टन

$\therefore$ अभीष्ट अन्तर $= 720 - 340 = 380$ टन

दण्ड आरेख व आयत चित्र पर आधारित

उदाहरण 2. दिए गए ग्राफ का अध्ययन करें और निम्नलिखित प्रश्न का उत्तर दें।

2017 से 2020 तक एक कम्पनी के आयात और निर्यात (₹ करोड़ में)

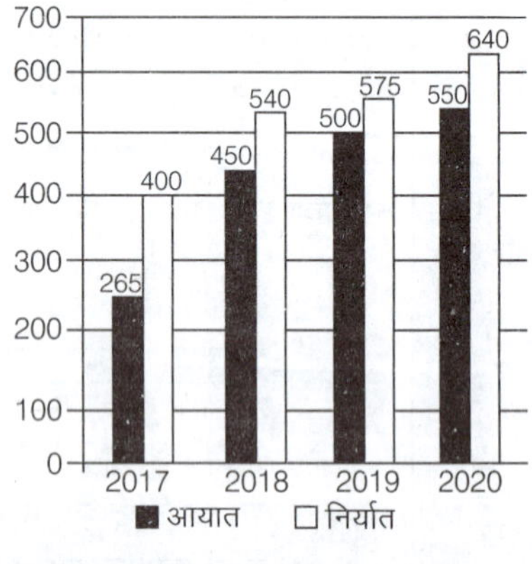

2018 और 2020 में कम्पनी के औसत निर्यात का 2017 और 2019 में कुल आयात से क्या अनुपात है?

DSSSB 2023

(a) 118 : 153 (b) 31 : 39 (c) 41 : 51 (d) 115 : 151

हल (*a*) 2018 और 2020 में कम्पनी का औसत निर्यात

$= \frac{540 + 640}{2} = \frac{1180}{2} = 590$

2017 और 2019 में कम्पनी का कुल आयात $= 265 + 500 = 765$

अभीष्ट अनुपात $= 590 : 765 = 118 : 153$

उदाहरण 3. निम्नांकित आयत चित्र का अध्ययन कीजिए और दिए गए प्रश्न का उत्तर दीजिए।

SSC CGL (Tier-II) 2020

एक प्रवेश परीक्षा में विद्यार्थियों द्वारा प्राप्त किए गए अंक

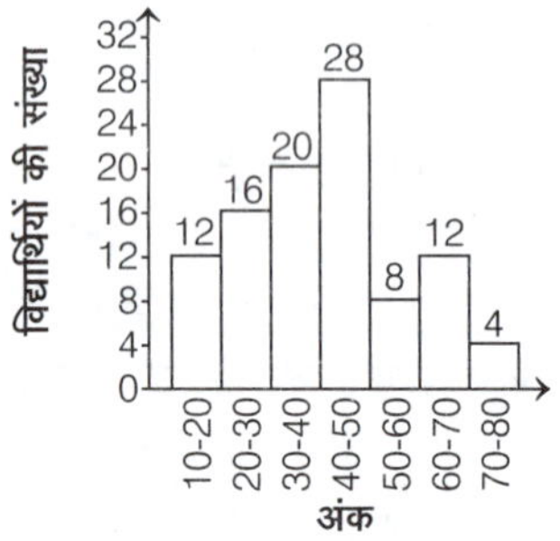

30 या अधिक लेकिन 40 से कम अंक प्राप्त करने वाले विद्यार्थियों की कुल संख्या का, प्रवेश परीक्षा में भाग लेने वाले विद्यार्थियों की संख्या से अनुपात कितना है?

(a) 1 : 5 (b) 2 : 5

(c) 2 : 3 (d) 3 : 5

हल (*a*) 30 या अधिक लेकिन 40 से कम अंक प्राप्त करने वाले विद्यार्थियों की संख्या = 20

प्रवेश परीक्षा में भाग लेने वाले कुल विद्यार्थियों की संख्या

$= 12 + 16 + 20 + 28 + 8 + 12 + 4 = 100$

$\therefore$ अभीष्ट अनुपात $= \frac{20}{100} = \frac{1}{5} = 1 : 5$

वृत्त चित्र/पाई-चार्ट पर आधारित

उदाहरण 4. दिया गया पाई-चार्ट एक परिवार के घरेलू व्यय का प्रतिशत विभाजन दर्शाता है। यदि यह दिया गया है कि परिवार की कुल मासिक आय ₹ 32500 है, तो भोजन और मनोरंजन पर संयुक्त रूप से खर्च की गई कुल मासिक राशि क्या है?

UP Police Constable 2024

एक परिवार का घरेलू व्यय

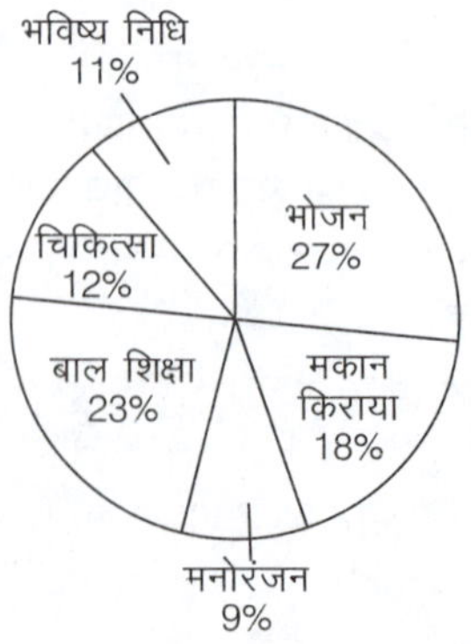

> **Score Booster**
> इस प्रकार के प्रश्नों में संयुक्त प्रतिशत मात्रा एक साथ निकालने से उत्तर जल्दी प्राप्त होता है।

(a) ₹ 12200 (b) ₹ 18500

(c) ₹ 11700 (d) ₹ 11000

हल (*c*) परिवार की कुल मासिक आय = ₹32500

भोजन और मनोरंजन पर संयुक्त रूप से खर्च की गई कुल मासिक राशि

$$= 32500 \times \frac{(27+9)}{100} = ₹11700$$

उदाहरण 5. निम्नांकित पाई-चार्टों का अध्ययन करें और दिए गए प्रश्न का उत्तर दें। ***SSC CGL (Tier-II) 2022***

संस्थान A, B, C, D और E से परीक्षा में शामिल होने वाले छात्रों का वितरण (डिग्री में)

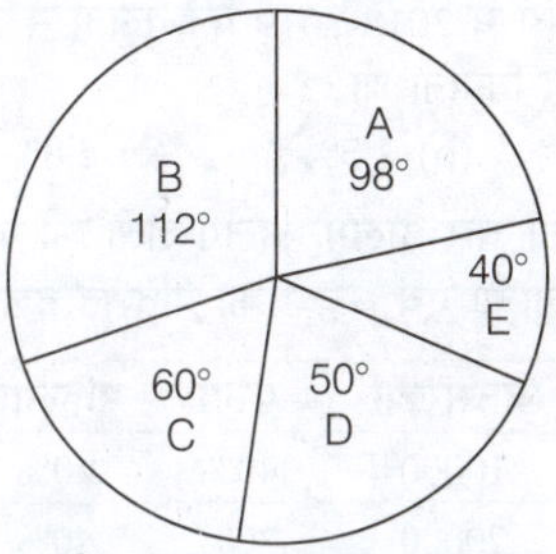

शामिल हुए कुल छात्र = 1800

संस्थान A, B, C, D और E से परीक्षा में उत्तीर्ण होने वाले छात्रों का वितरण (प्रतिशत में)

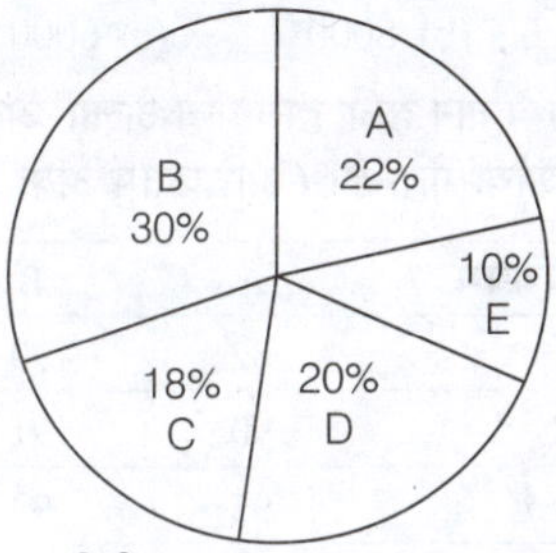

उत्तीर्ण हुए कुल छात्र = 1200

संस्थान B से परीक्षा में शामिल होने वाले छात्रों की संख्या, संस्थान A और C से उत्तीर्ण होने वाले छात्रों की कुल संख्या से कितने प्रतिशत अधिक है?

(a) $16\frac{2}{3}\%$

(b) $15\frac{1}{3}\%$

(c) $7\frac{2}{7}\%$

(d) $14\frac{1}{7}\%$

Trending Concept

इस प्रकार के प्रश्न विभिन्न प्रतियोगी परीक्षाओं (SSC, Bank, UP ASI, DSSSB) में पूछे जा रहे हैं। आगामी परीक्षाओं के लिए महत्त्वपूर्ण हैं।

हल (*a*) संस्थान B से परीक्षा में शामिल होने वाले छात्रों की संख्या

$$= 1800 \times \frac{112}{360} = 560$$

संस्थान A और C से उत्तीर्ण होने वाले छात्रों की कुल संख्या

$$= 1200 \times \frac{(22+18)}{100}$$

$$= 12 \times 40 = 480$$

$$\therefore \text{ अभीष्ट प्रतिशत } = \frac{(560-480)}{480} \times 100$$

$$= \frac{80}{480} \times 100 = 16\frac{2}{3}\%$$

रेखा चित्र/आरेख पर आधारित

उदाहरण 6. निम्नलिखित लाइन ग्राफ 2007-12 की अवधि के दौरान एक कार निर्माण कम्पनी द्वारा अर्जित वार्षिक लाभ प्रतिशत को दर्शाता है।

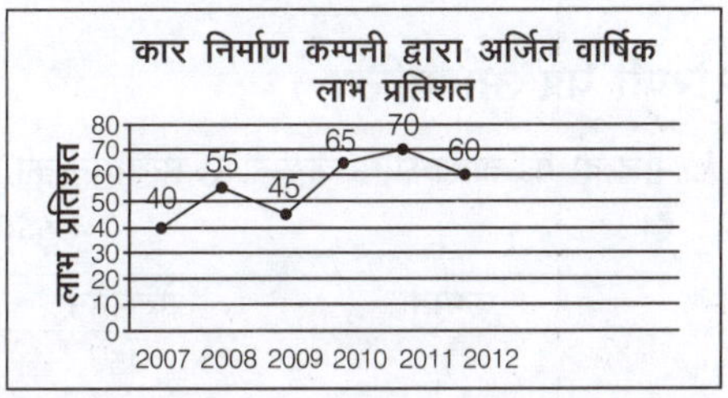

निम्नलिखित में से किस वर्ष में वार्षिक लाभ प्रतिशत ग्राफ में दिए गए सभी वर्षों में वार्षिक लाभ प्रतिशत के औसत के निकटतम था? ***RRB NTPC 2022***

(a) 2008 (b) 2009 (c) 2007 (d) 2011

हल (*a*) सभी वर्षों का औसत लाभ प्रतिशत

$$= \frac{40+55+45+65+70+60}{6} = \frac{335}{6} = 55.83\%$$

अत: वर्ष 2008 का वार्षिक लाभ अन्य सभी वर्षों के औसत वार्षिक लाभ के निकटतम था।

मिश्रित आरेखों पर आधारित

उदाहरण 7. दिए गए वृत्त आलेख और तालिका का अध्ययन करके प्रश्न का उत्तर दें। वृत्त आलेख में एक महीने में एक पार्क में पर्यटकों के आयु समूह के प्रतिशत वितरण को दर्शाया गया है।

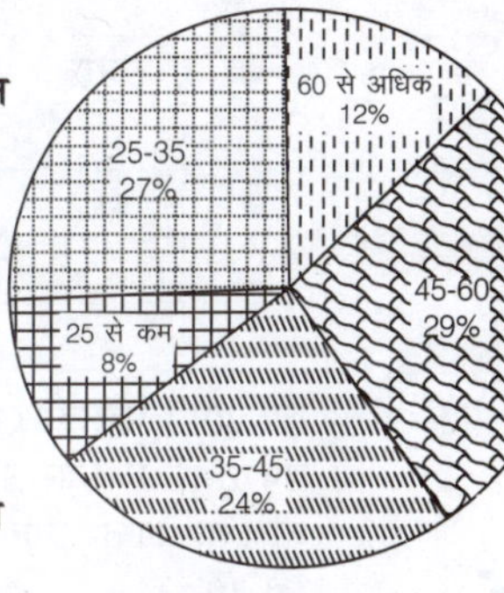

सन्दर्भ: 60 से अधिक, 25 से कम तालिका में प्रतिशत के सन्दर्भ में पर्यटकों के पुरुष, महिला वितरण को दर्शाया गया है।

आयु	पुरुष प्रतिशत	महिला प्रतिशत
60 से अधिक	58	42
45-60	80	20
35-45	81	19
25-35	60	40
25 से कम	45	55

यदि वहाँ कुल 2000 पुरुष पर्यटक और 1500 महिला पर्यटक थे, तो 25-35 आयु वर्ग के पुरुष पर्यटकों की संख्या और 45-60 आयु वर्ग की महिला पर्यटकों की संख्या का अनुपात क्या है? ***SSC CHSL 2023***

(a) 71 : 45 (b) 57 : 41 (c) 63 : 47 (d) 81 : 29

हल (*d*) कुल पर्यटकों की संख्या = 2000 + 1500 = 3500

25-35 आयु के पुरुष पर्यटकों की संख्या $= 3500 \times \frac{27}{100} \times \frac{60}{100} = 567$

तथा 45-60 आयु की महिला पर्यटकों की संख्या

$$= 3500 \times \frac{29}{100} \times \frac{20}{100} = 203$$

अत: अभीष्ट अनुपात = 567 : 203 = 81 : 29

Chapter Challenge

सारणी पर आधारित

1. नीचे दी गई तालिका, 5 कम्पनी में सेल्समैन की संख्या को दर्शाती है। *SSC CGL (Tier-I) 2022*

कम्पनी	सेल्समैन
J	45
K	20
L	40
M	15
N	25

J में सेल्समैन की संख्या K में सेल्समैन की संख्या का कितना प्रतिशत है?

(a) 150 %
(b) 225%
(c) 250 %
(d) 125%

2. निम्न तालिका चार अलग-अलग वर्षों में चार अलग-अलग स्टोर द्वारा बेचे गए मोबाइल फोन की संख्या को दर्शाती है। *SSC CPO 2023*

स्टोर	2012	2013	2014	2015
P	178	183	205	225
Q	133	198	220	235
R	284	250	220	198
S	225	243	199	205

वर्ष 2013 में स्टोर Q द्वारा बेचे गए मोबाइल फोन की संख्या और वर्ष 2015 में स्टोर S द्वारा बेचे गए मोबाइल फोन की संख्या के बीच का अन्तर ज्ञात कीजिए।

(a) 10
(b) 12
(c) 8
(d) 7

3. नीचे दी गई तालिका 2001 से 2005 के दौरान दो कम्पनियों P और Q द्वारा किए गए जूट के कपड़े के उत्पादन (लाख मीटर में) को दर्शाती है। *SSC CPO 2023*

वर्ष	कम्पनी P	कम्पनी Q
2001	100	96
2002	120	130
2003	108	100
2004	190	180
2005	240	275

किस वर्ष/किन वर्षों में, कम्पनी Q ने, कम्पनी P की तुलना में, अधिक कपड़े का उत्पादन किया?

(a) 2005
(b) 2002
(c) 2003, 2005
(d) 2002, 2005

4. निम्न आँकड़े एक राज्य की एक निश्चित 4 वर्षीय योजना (2018-2022) में वर्ष वार परिव्यय (लाख रुपये में) प्रदान करते हैं। *SSC CPO 2023*

वर्ष	स्वास्थ्य	आवास	परिवहन	शिक्षा
2018-19	6200	6500	7100	8000
2019-20	7000	6600	7200	8100
2020-21	7300	6800	7400	8200
2021-22	7400	7000	7500	8400

शिक्षा परिव्यय में 2018-2019 की तुलना में 2020-2021 के दौरान प्रतिशत वृद्धि कितनी थी?

(a) 3.2% (b) 2.5% (c) 2.8% (d) 2.0%

5. निम्न तालिका चार अलग-अलग क्षेत्रों की जनसंख्या और उनमें से पुरुषों, महिलाओं एवं बच्चों का प्रतिशत दर्शाती है। *SSC CPO 2023*

क्षेत्र	जनसंख्या	पुरुष	महिलाएँ	बच्चे
P	10000	40%	40%	20%
Q	20000	30%	40%	30%
R	16000	50%	30%	20%
S	18000	45%	35%	20%

क्षेत्र P और Q मिलाकर बच्चों की कुल संख्या कितनी है?

(a) 9000 (b) 8000 (c) 6000 (d) 7000

6. निम्न तालिका में तीन छात्रों द्वारा पाँच अलग-अलग विषयों में प्राप्त अंकों को दर्शाया गया है। (अधिकतम अंक 100) *DSSSB 2022*

विषय	A	B	C
हिन्दी	87	90	86
अंग्रेजी	90	91	83
गणित	95	93	91
विज्ञान	86	82	87
सामाजिक विज्ञान	92	94	93

A और C द्वारा प्राप्त औसत अंकों के मध्य अन्तर कितना है?

(a) 5
(b) 3
(c) 4
(d) 2

7. निम्नलिखित तालिका एक कम्पनी द्वारा पाँच वर्षों के दौरान विभिन्न मदों पर किए गए व्यय को दर्शाती है। *RRB NTPC 2022*

कम्पनी के व्यय (लाख में)

	व्यय की मदें				
वर्ष	वेतन	परिवहन	कर	विज्ञापन	ऑफर एवं प्रमोशन
2017	361	93	83	142	52
2018	273	67	65	133	86
2019	645	110	152	108	95
2020	712	108	165	112	48
2021	652	111	132	101	75

2017 में कम्पनी का कुल व्यय 2021 में इसके कुल व्यय के लगभग कितने प्रतिशत के बराबर था? *RRB NTPC 2022*

(a) 68%
(b) 71%
(c) 61%
(d) 55%

8. एक विद्यालय में कक्षा VI के विद्यार्थियों के 3 अनुभाग, A, B और C हैं। अर्द्धवार्षिक और वार्षिक परीक्षाओं के परिणाम दी गई तालिका में दिखाए गए हैं। इस तालिका के आधार पर निम्नलिखित प्रश्न का उत्तर दें। **DSSSB 2023**

परिणाम	विद्यार्थियों की संख्या		
	अनुभाग A	अनुभाग B	अनुभाग C
विद्यार्थी जो दोनों परीक्षाओं में अनुत्तीर्ण हुए	14	21	15
विद्यार्थी जो अर्द्धवार्षिक में अनुत्तीर्ण हुए लेकिन वार्षिक परीक्षा में उत्तीर्ण हुए	12	10	9
विद्यार्थी जो अर्द्धवार्षिक में उत्तीर्ण हुए लेकिन वार्षिक परीक्षा में अनुत्तीर्ण हुए	8	14	11
विद्यार्थी जो दोनों परीक्षाओं में उत्तीर्ण हुए	52	58	62

विद्यालय में कक्षा VI में कितने विद्यार्थी हैं?
(a) 196 (b) 286 (c) 276 (d) 172

9. निम्नांकित तालिका का अध्ययन करें और नीचे दिए गए प्रश्न का उत्तर दें।
यह तालिका एक परीक्षा में इतिहास और भूगोल में छात्रों को प्राप्त अंकों के आधार पर 100 छात्रों का वर्गीकरण दर्शाती है। **SSC CGL (Tier-I) 2023**

विषय	50 में से अंक				
	40 और उससे अधिक	30 और उससे अधिक	20 और उससे अधिक	10 और उससे अधिक	0 और उससे अधिक
इतिहास	9	32	80	92	100
भूगोल	4	21	66	81	100
कुल औसत	7	27	73	87	100

तालिका के आधार पर कुल 20% से कम अंक प्राप्त करने वाले छात्रों की कुल औसत संख्या कितनी है?
(a) 10 (b) 13
(c) 11 (d) 12

10. निम्न तालिका गरीबी रेखा से नीचे के चार शहरों की प्रतिशत जनसंख्या और पुरुषों एवं महिलाओं का अनुपात दर्शाती है।

शहर	गरीबी रेखा से नीचे वाली जनसंख्या का प्रतिशत	गरीबी रेखा से नीचे	गरीबी रेखा से ऊपर
		पुरुष : महिला	पुरुष : महिला
A	10	1 : 3	3 : 2
B	15	3 : 4	1 : 2
C	20	2 : 3	5 : 3
D	25	4 : 5	5 : 4

यदि शहर C की कुल जनसंख्या 8000 है, तो शहर C में गरीबी रेखा से ऊपर वाली महिलाओं की संख्या कितनी है? **CAPF 2023**
(a) 2600 (b) 2400 (c) 2200 (d) 2000

11. निम्न तालिका 4 अलग-अलग गाँवों (A, B व C और D) में व्यक्तियों की संख्या और उन गाँवों में साक्षर और निरक्षर व्यक्तियों के अनुपात को दर्शाती है। **RRB NTPC 2022**

गाँव	जनसंख्या	साक्षर : निरक्षर
A	1500	2 : 3
B	4000	11 : 9
C	3000	13 : 2
D	5500	4 : 1

सभी चार गाँवों में कुल मिलाकर साक्षर व्यक्तियों का प्रतिशत कितना है?
(a) 67% (b) 65% (c) 72% (d) 70%

12. दी गई तालिका विभिन्न गाँवों की जनसंख्या का निरूपण करती है।

गाँव का नाम	पुरूषों की संख्या	महिलाओं की संख्या
A	1500	1220
B	1460	1320
C	1105	1180
D	1305	1170

J : गाँवों A, B तथा C में पुरुषों की औसत संख्या को दर्शाता है।
K : गाँवों B, C तथा D में महिलाओं की औसत संख्या को दर्शाता है। J तथा K का औसत क्या है? **SSC CPO 2022**
(a) 1289.17 (b) 1288.62 (c) 1279.62 (d) 1278.36

13. एक कक्षा में 5 परीक्षणों का भारांक और रितु द्वारा उन परीक्षणों में प्राप्तांक निम्न प्रकार है। उसके द्वारा प्राप्त पाँच परीक्षणों के प्रतिशत का भारित औसत कितना है? **IB 2023**

प्राप्तांक/अधिकतम	भारांक
12/20	15%
16/20	12%
40/50	30%
80/100	10%
14/20	33%

(a) 77.6% (b) 65.4% (c) 82.4% (d) 73.7%

14. दी गई तालिका का अध्ययन कीजिए और निम्नलिखित प्रश्न का उत्तर दीजिए।
दी गई तालिका चार वर्षों के लिए किसी कम्पनी में विभिन्न श्रेणियों के कर्मचारियों में शामिल किए गए नए कर्मचारियों की संख्या और इन श्रेणियों के प्रत्येक वर्ष कम्पनी छोड़ने वाले कर्मचारियों की संख्या को दर्शाती है। **SSC MTS 2024**

वर्ष	प्रबन्धक		तकनीशियन		लेखाकार	
	नए शामिल	छोड़ गए	नए शामिल	छोड़ गए	नए शामिल	छोड़ गए
2001	280	120	260	50	200	100
2002	300	92	340	160	228	95
2003	310	150	450	200	254	125
2004	420	120	480	180	260	120

वर्ष 2001 और 2004 के बीच की अवधि के दौरान, कम्पनी छोड़ने वाले तकनीशियनों की कुल संख्या कम्पनी में शामिल होने वाले तकनीशियनों की कुल संख्या का कितना प्रतिशत (निकटतम पूर्णांक तक पूर्णांकित) है?
(a) 35% (b) 39% (c) 24% (d) 29%

15.

वर्ष	व्यय की वस्तुएँ			
	वेतन	खाना	दवा	कर
2001	₹ 1500	₹ 200	₹ 500	₹ 100
2002	₹ 2600	₹ 300	₹ 600	₹ 200
2003	₹ 3200	₹ 150	₹ 700	₹ 150
2004	₹ 4100	₹ 250	₹ 650	₹ 125
2005	₹ 5000	₹ 200	₹ 800	₹ 150
2006	₹ 5200	₹ 100	₹ 750	₹ 175

2001 से 2006 की अवधि के दौरान
वेतन : व्यय का अनुपात प्रतिवर्ष क्या है?

RRB ALP 2018

(a) $\frac{105}{71}$ (b) $\frac{216}{61}$

(c) $\frac{71}{105}$ (d) $\frac{71}{108}$

निर्देश (प्र. सं. 16 और 17) *निम्नलिखित जानकारी का ध्यानपूर्वक अध्ययन करें, दिए गए प्रश्नों का उत्तर दीजिए।*

मान लीजिए कि सभी कॉलेजों से सभी विषयों में समान संख्या में छात्रों ने हिस्सा लिया।

सभी विषयों का प्रतिशत परिणाम

कॉलेज	अंग्रेजी	गणित	भौतिक विज्ञान	लेखांकन
P	52	65	62	47
Q	47	62	52	35
R	53	70	46	54
S	35	72	58	62

DSSSB (Grade-II) 2019

16. सभी कॉलेजों को गणना में शामिल करते हुए उच्चतम प्रतिशत परिणाम दर्शाने वाला विषय कौन-सा है?

(a) लेखांकन (b) अंग्रेजी

(c) भौतिक विज्ञान (d) गणित

17. सभी विषयों के प्रदर्शन को ध्यान में रखते हुए ज्ञात कीजिए कि किस कॉलेज का प्रदर्शन सबसे खराब रहा है?

(a) Q (b) S

(c) P (d) R

दण्ड आरेख व आयत चित्र पर आधारित

18. दिए गए दण्ड आलेख में किसी देश में क्रमागत 6 वर्षों में जारी किए गए पासपोर्ट की संख्या को दर्शाया गया है। ***SSC (10+2) 2023***

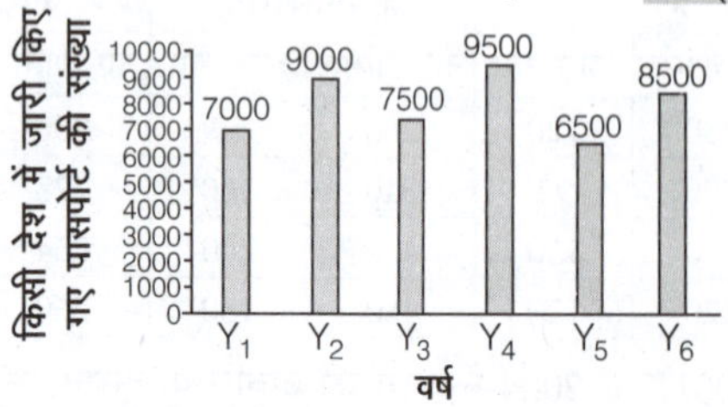

प्रतिवर्ष जारी किए गए पासपोर्ट की औसत संख्या कितनी है?

(a) 12000 (b) 11200

(c) 7600 (d) 8000

19. नीचे दिया गया दण्ड आरेख 6 दुकानदारों द्वारा बेचे गए कलमों की संख्या को दर्शाता है। एक विशिष्ट दुकानदार द्वारा बेचे गए कलमों की संख्या को इन 6 दुकानदारों द्वारा बेचे गए कलमों की संख्या को प्रतिशत के रूप में दर्शाया गया है। ***DSSSB 2022***

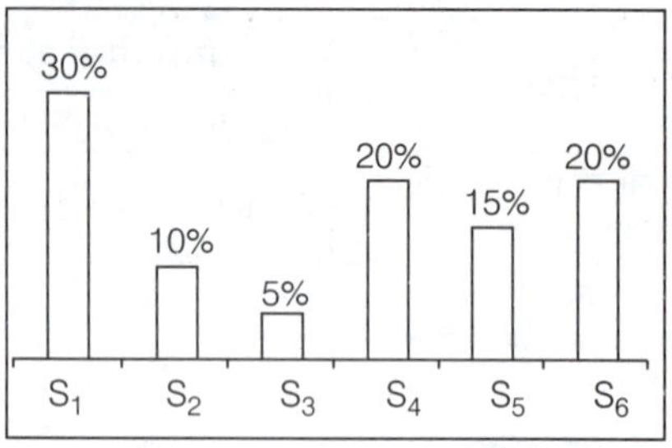

यदि सभी दुकानदारों द्वारा बेचे गए कलमों की कुल संख्या 600 है, तो S_1 द्वारा बेचे गए कलमों की संख्या क्या है?

(a) 160 (b) 200

(c) 180 (d) 120

20. दिए गए आरेख का अध्ययन करके निम्नलिखित प्रश्न का उत्तर दीजिए।

निम्न दण्ड आरेख पाँच विभिन्न वर्षों के दौरान एक कम्पनी में कर्मचारियों की संख्या (लाखों में) दर्शाता है।

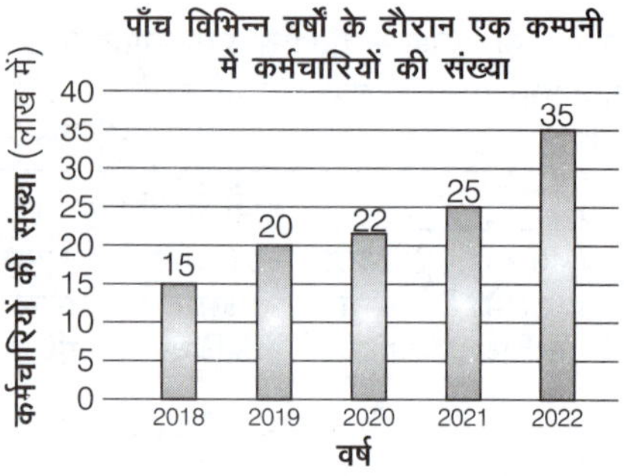

वर्ष 2019 की तुलना में वर्ष 2022 में कर्मचारियों की संख्या में कितने प्रतिशत की वृद्धि हुई थी? ***SSC CPO 2024***

(a) 70% (b) 25%

(c) 20% (d) 75%

21. निम्नलिखित चार्ट किसी विशेष दिन पर एक कॉल सेंटर पर विभिन्न कॉल अवधियों में टेलीफोन पर हुई बातचीतों की संख्या को दर्शाता है। ***RRB NTPC 2022***

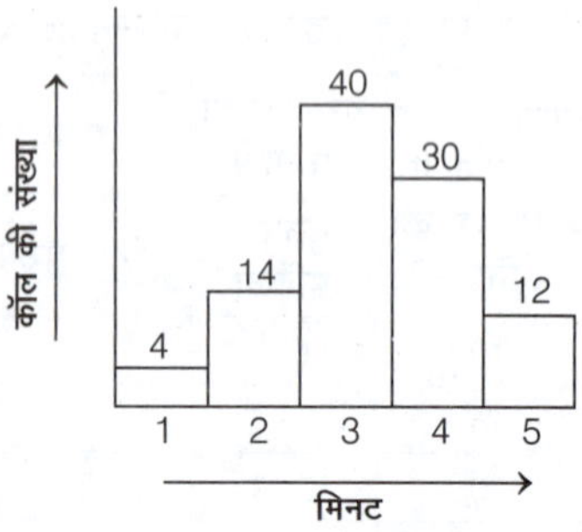

उस दिन कितने मिनट टेलीफोन पर बातचीत हुई?

(a) 547 (b) 332

(c) 100 (d) 98

22. निम्नलिखित आयत चित्र एक स्कूल की बास्केटबॉल टीम के खिलाड़ियों की ऊँचाई को दर्शाता है। **SSC (10+2) 2023**

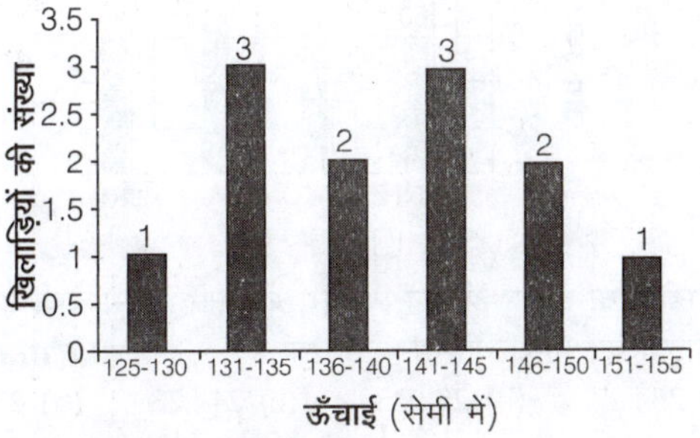

Y-अक्ष : खिलाड़ियों की संख्या,
X-अक्ष : ऊँचाई सेमी में

कितने खिलाड़ियों की ऊँचाई 141 सेमी से कम है?

(a) 5 (b) 4
(c) 7 (d) 6

23. नीचे दिया गया बार ग्राफ नियॉन लैम्पों के जीवनकाल (घण्टों में) के बारे में जानकारी प्रदान करता है। दिए गए बार ग्राफ का अध्ययन कीजिए और उससे सम्बन्धित प्रश्न का उत्तर दीजिए। **CUET (UG) 2023**

नियॉन लैम्पों का जीवनकाल (घण्टों में)

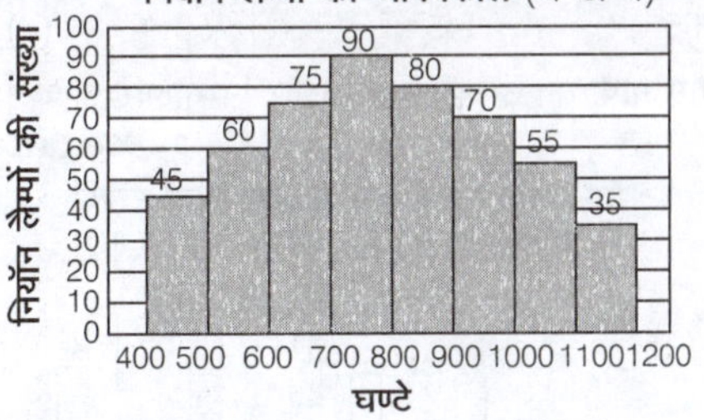

उन लैम्पों की संख्या ज्ञात कीजिए जिनका जीवनकाल 600 घण्टे से अधिक लेकिन 900 घण्टे से कम है।

(a) 270 (b) 305 (c) 245 (d) 180

24. दिए गए ग्राफ का ध्यानपूर्वक अध्ययन कीजिए और निम्नलिखित प्रश्न का उत्तर दीजिए। **SSC CPO 2023**

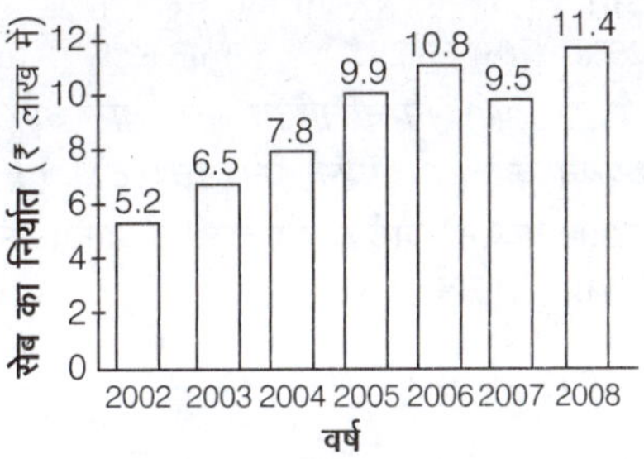

किस वर्ष सेब के निर्यात में पिछले वर्ष सेब के निर्यात की तुलना में अधिकतम प्रतिशत वृद्धि हुई?

(a) 2008 (b) 2006
(c) 2003 (d) 2005

25. दिया गया बार ग्राफ वर्ष 2018 से 2022 तक प्याज का उत्पादन (क्विंटल में) दर्शाता है। ग्राफ का अध्ययन करें और निम्नलिखित प्रश्न का उत्तर दें। **SSC MTS 2024**

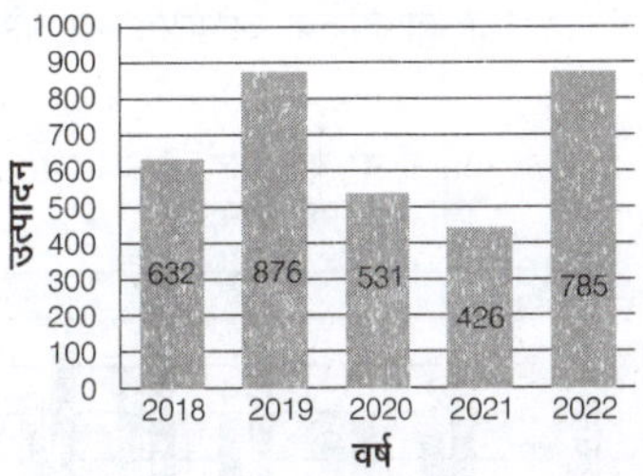

इस अवधि के दौरान औसत उत्पादन को ध्यान में रखते हुए, उन वर्षों की संख्या ज्ञात करें, जिनमें उत्पादन औसत से अधिक रहा।

(a) 1 (b) 4
(c) 3 (d) 2

26. निम्नलिखित बार चार्ट एक फर्म की सकल राशि (₹ करोड़ में) और कुल लागत (₹ करोड़ में) दर्शाता है। **SSC CGL (Tier-I) 2023**

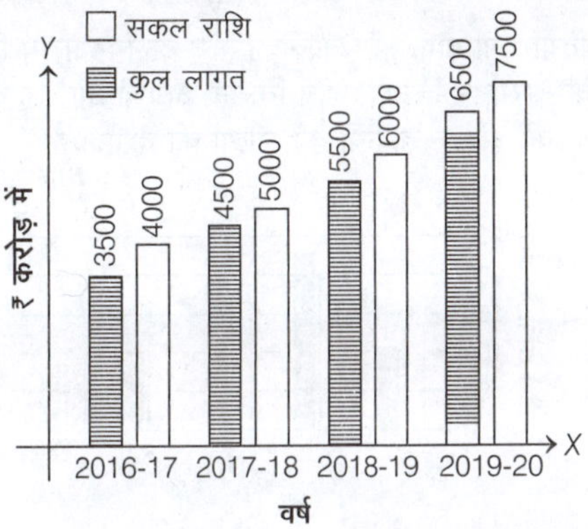

25% का लाभ अर्जित करने के लिए, 2019-20 में सकल राशि (₹ करोड़ में) कितनी होनी चाहिए, यदि कुल लागत समान रहती है?

(a) 8250
(b) 8125
(c) 7800
(d) 8000

> ***MRC****
> ***(Most Repeating Concepts)***
> प्र. सं. 25, 26, 27 और 28 Examination Point of View से अति महत्त्वपूर्ण है। इन Concept पर प्रश्न विभिन्न प्रतियोगी परीक्षाओं (SSC, Railway, CUET) में निरन्तर पूछे जा रहे हैं।

27. निम्न दण्ड आलेख वर्ष 2020 और 2021 में विभिन्न विषयों को चुनने वाले छात्रों की संख्या को दर्शाता है। **SSC CPO 2022**

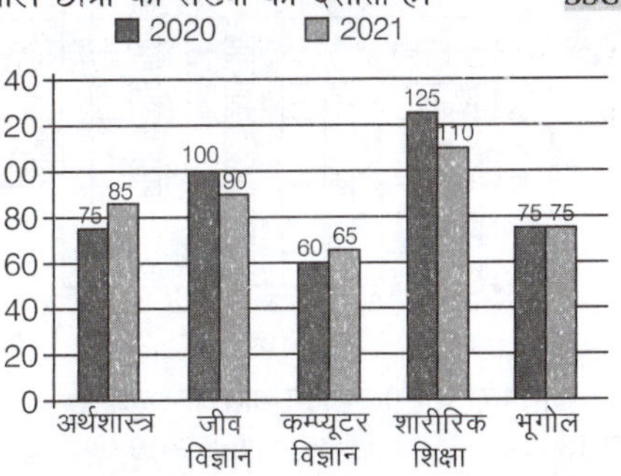

2020 में अर्थशास्त्र का चयन करने वाले छात्रों की शारीरिक शिक्षा का चयन करने वाले छात्रों का अनुपात ज्ञात कीजिए।

(a) 5 : 7 (b) 3 : 5
(c) 5 : 9 (d) 3 : 7

28. निम्नलिखित ग्राफ का ध्यानपूर्वक अध्ययन करें और प्रश्न का उत्तर दें। ***RRC Group D 2022***

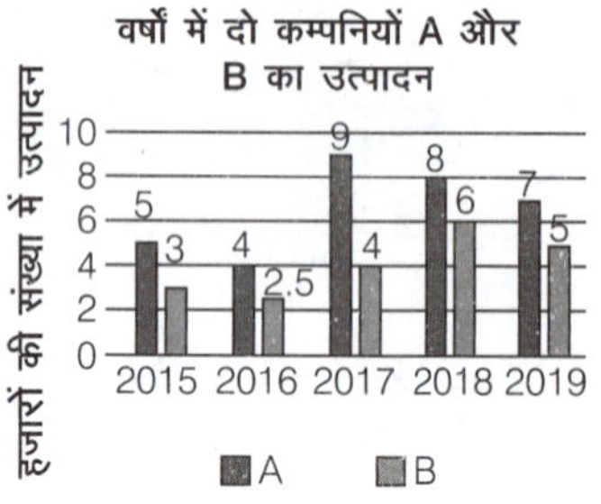

कम्पनी A के लिए, 2015 से 2016 तक उत्पादन में अनुमानित प्रतिशत कमी कितनी हुई है?

(a) 15% (b) 22%
(c) 25% (d) 20%

29. नीचे दिया गया ग्राफ और तालिका पाँच अलग-अलग विषयों यानी भौतिकी, रसायन विज्ञान, जीव विज्ञान, अंग्रेजी और हिन्दी में पास हुए लड़कों और लड़कियों की संख्या को दर्शाता है। ***RRC Group D 2022***

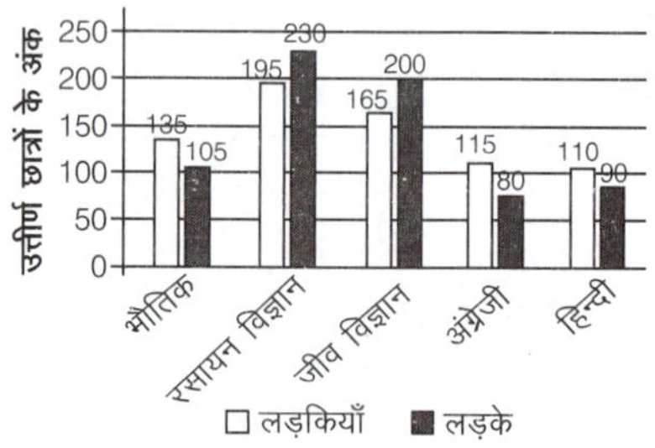

भौतिकी, रसायन विज्ञान और जीव विज्ञान में उत्तीर्ण लड़कियों का क्रमश: अनुपात क्या है?

(a) 9 : 13 : 11 (b) 9 : 13 : 8
(c) 8 : 11 : 14 (d) 9 : 15 : 13

30. निम्नांकित बार ग्राफ एक व्यवसायिक फर्म के 5 वर्षों के आय और व्यय को दर्शाता है।
लाभ = आय − व्यय। ***SSC CGL (Tier-I) 2022***

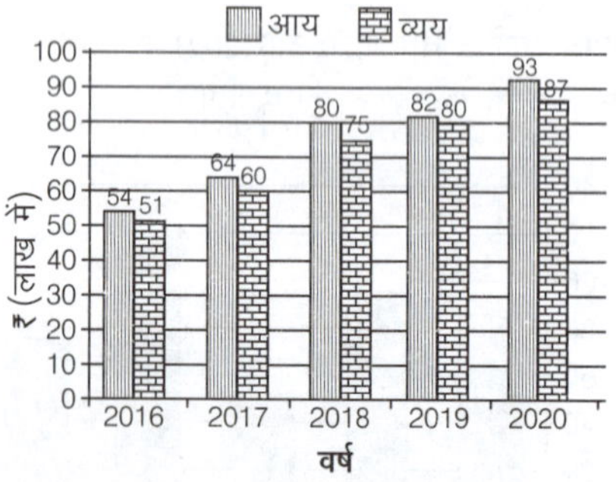

कम्पनी को किस वर्ष में न्यूनतम राशि प्राप्त हुई?

(a) 2018 (b) 2019
(c) 2017 (d) 2016

31. नीचे दिया गया ग्राफ और तालिका जनवरी से अप्रैल तक 4 महीनों में दो सेल्समैन श्रीमान P और श्रीमान Q द्वारा बेची गई इकाइयों को दर्शाती है। ग्राफ और तालिका का अध्ययन करें और प्रश्न का उत्तर दें।

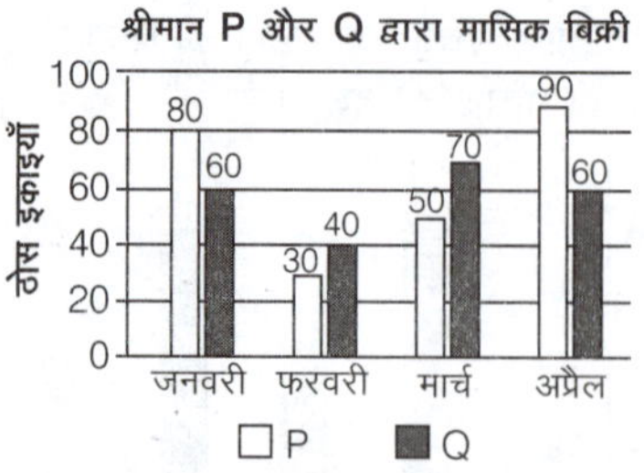

4 महीनों के दौरान श्रीमान P और श्रीमान Q द्वारा बेची गई कुल इकाइयों का सम्बन्धित अनुपात क्या है? ***RRC Group D 2022***

(a) 25 : 27 (b) 25 : 23 (c) 24 : 23 (d) 23 : 21

32. नीचे दिया गया बार ग्राफ भारत में 2009 से 2014 में स्टील के उत्पादन (टन में) तथा बिक्री (टन में) को दर्शाता है।

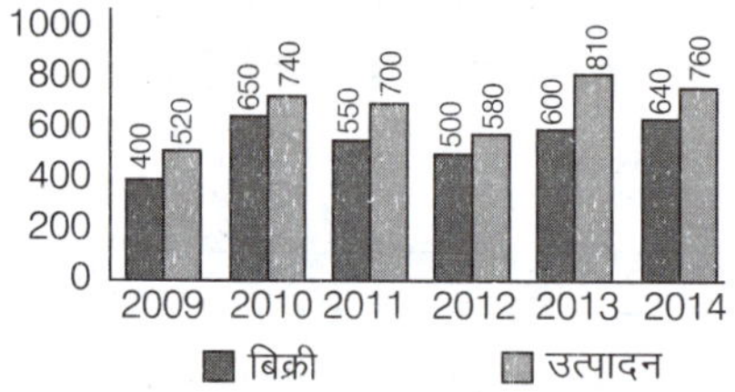

2012 से 2014 तक औसत बिक्री तथा 2009 से 2014 तक औसत उत्पादन के बीच अन्तर (टन में) क्या है? ***DSSSB 2021***

(a) 105 (b) 145 (c) 160 (d) 85

33. दिए गए ग्राफ का अध्ययन करें और निम्नलिखित प्रश्न का उत्तर दें। ***SSC CGL (Tier-I) 2022***

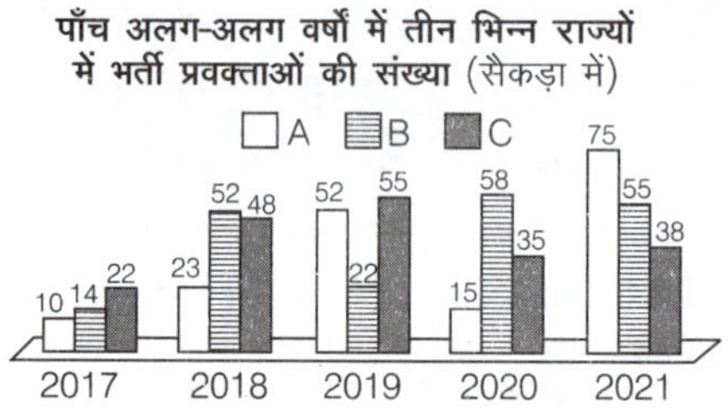

वर्ष 2019 में B राज्य में भर्ती किए गए प्रवक्ताओं की संख्या, वर्ष 2021 में C राज्य में भर्ती किए गए प्रवक्ताओं की संख्या का कितना प्रतिशत थी? (2 दशमलव स्थान तक सही)

(a) 56.25% (b) 50.25% (c) 48.62% (d) 57.89%

निर्देश (प्र. सं. 34-36) *निम्नलिखित बार-चार्ट और दिए गए डेटा का अध्ययन करें और प्रश्नों का उत्तर दें।* ***UP Police SI 2021***

वर्ष 2006 से 2009 तक टी-शर्ट बेचने वाली 3 अलग-अलग कम्पनियों की बिक्री दी गई है।

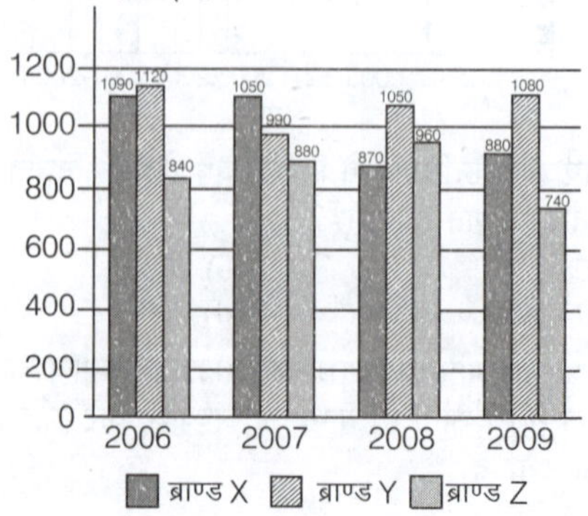

34. 2007 की तुलना में 2009 में ब्राण्ड X टी-शर्ट की बिक्री में कितने प्रतिशत की कमी आई?
(a) 18.94% (b) 17.29% (c) 16.19% (d) 11.11%

35. 2009 में बेची गई ब्राण्ड Z टी-शर्ट, ब्राण्ड Y टी-शर्ट की कुल बिक्री का कितना प्रतिशत है? (दशमलव के बाद दो अंकों तक)
(a) 39.34% (b) 36.35% (c) 17.45% (d) 29.25%

36. ब्राण्ड X टी-शर्ट की कुल बिक्री के आधे और ब्राण्ड Z टी-शर्ट की कुल बिक्री के बीच का अन्तर कितना है?
(a) 1475 (b) 1525 (c) 2075 (d) 2975

वृत्त चित्र/पाई-चार्ट पर आधारित

37. निम्नलिखित पाई-चार्ट का सावधानीपूर्वक अध्ययन करें तथा नीचे दिए गए प्रश्न का उत्तर दें। ***DSSSB 2021***

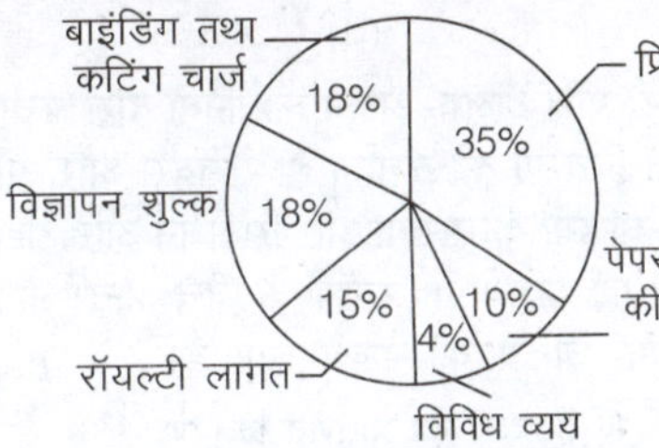

विज्ञापन शुल्क के तद्नुरूप केन्द्रीय कोण क्या है?
(a) 50.2° (b) 64.8° (c) 60° (d) 70.2°

38. दिए गए पाई-चार्ट का अध्ययन कीजिए और निम्नलिखित प्रश्न का उत्तर दीजिए। ***SSC CGL (Tier-I) 2023***

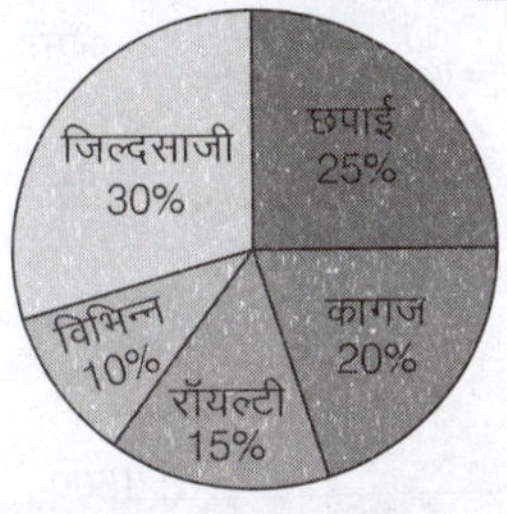

पाई-चार्ट एक प्रकाशक द्वारा पुस्तक तैयार करने में विभिन्न मदों के तहत् किए गए व्यय को दर्शाता है। पुस्तक प्रकाशित करने पर किया गया व्यय जिल्दसाजी और छपाई पर किए गए व्यय को दर्शाने वाले पाई-चार्ट के कोणों के बीच अन्तर ज्ञात कीजिए।
(a) 15° (b) 20° (c) 22° (d) 18°

39. निम्नांकित पाई-चार्ट में 1800 छात्रों का प्रदर्शन ग्रेड में दर्शाया गया है। ग्रेड B प्राप्त करने वाले छात्रों की संख्या, ग्रेड A प्राप्त करने वाले छात्रों की संख्या का कितने प्रतिशत हैं? ***NTA CEUT (UG) 2022***

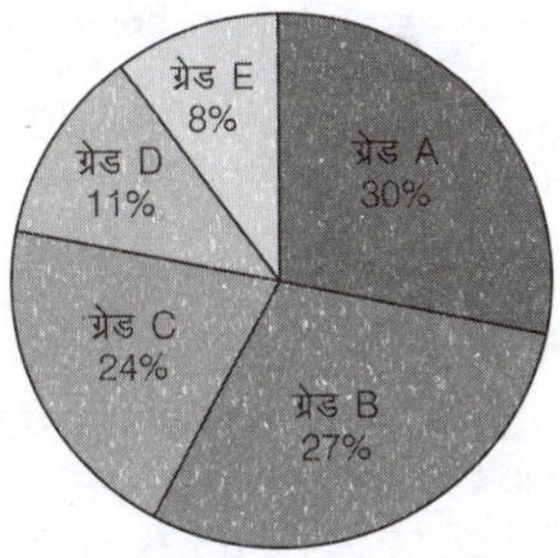

(a) 85% (b) 90% (c) 95% (d) 97%

40. नीचे दिया गया पाई-चार्ट विभिन्न खाद्य फसलों के तहत एक गाँव में भूमि का वितरण निरूपित करता है। ***DSSSB 2022***

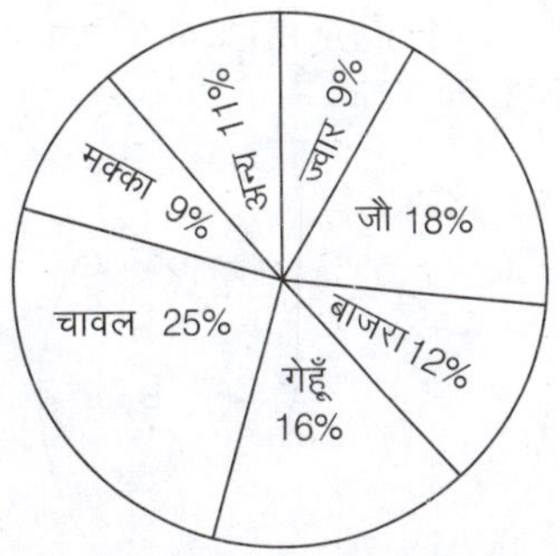

यदि बाजरे का कुल क्षेत्रफल 2.4 मिलियन एकड़ था, तो मक्के के अन्तर्गत (मिलियन एकड़ में) क्षेत्रफल कितना था?
(a) 3.3 (b) 1.8
(c) 2.1 (d) 2.7

41. नीचे दिया गया वृत्त आलेख (पाई-चार्ट) एक बल्लेबाज द्वारा पाँच पारियों में बनाए गए रन को दर्शाता है। इन सभी पाँच पारियों में एक बल्लेबाज द्वारा बनाए गए कुल रन 600 हैं। एक विशेष पारी में एक बल्लेबाज द्वारा बनाए गए रन को इन सभी पाँच पारियों में बनाए गए रनों के प्रतिशत के रूप में दिखाया गया है। ***SSC (10+2) 2023***

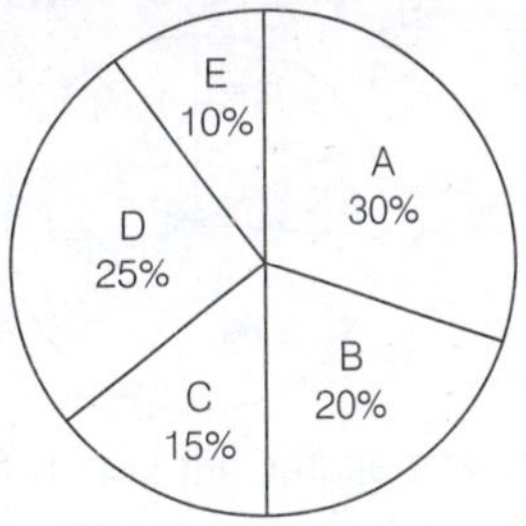

पारी A में बनाए गए रन, पारी D में बनाए गए रनों का कितना प्रतिशत है?
(a) 90% (b) 70%
(c) 150% (d) 120%

42. दिए गए पाई-चार्ट का अध्ययन करें और निम्नलिखित प्रश्न का उत्तर दें।
निम्न पाई-चार्ट एक दुकान में एक दिन में विभिन्न फलों की बिक्री को दर्शाता है। ***SSC CPO 2023***

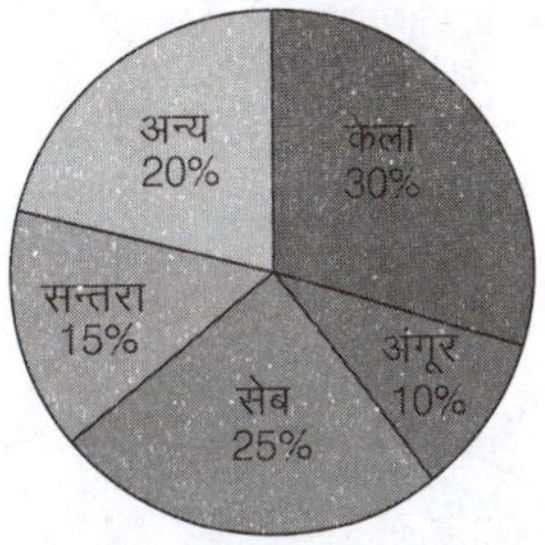

यदि एक दिन में कुल 1200 किग्रा फल बेचे गए, तो बेचे गए केलों की मात्रा (किग्रा में) की गणना कीजिए।
(a) 260 (b) 330
(c) 290 (d) 360

43. दिए गए पाई-चार्ट का अध्ययन कीजिए और निम्नलिखित प्रश्न का उत्तर दीजिए।

पाई-चार्ट, विभिन्न स्कूलों (A, B, C) के प्ले ग्रुप में पढ़ने वाले लड़कों की संख्या को दर्शाता है। ***SSC CPO 2023***

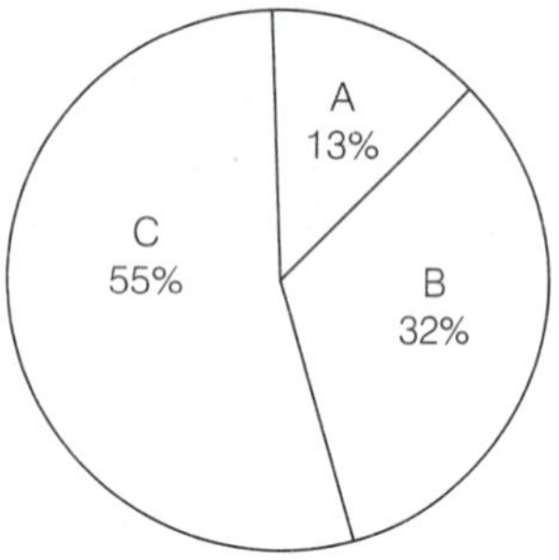

लड़कों की कुल संख्या = 2000

स्कूल A और C में पढ़ने वाले लड़कों की औसत संख्या कितनी है?

(a) 560 (b) 740
(c) 920 (d) 680

44. नीचे दिए गए वृत्त आलेख में कुल 7200 कर्मचारियों वाली एक कम्पनी के विभिन्न विभागों में कर्मचारियों का प्रतिशत दर्शाया गया है। ***SSC (10+2) 2023***

कर्मचारियों का प्रतिशत

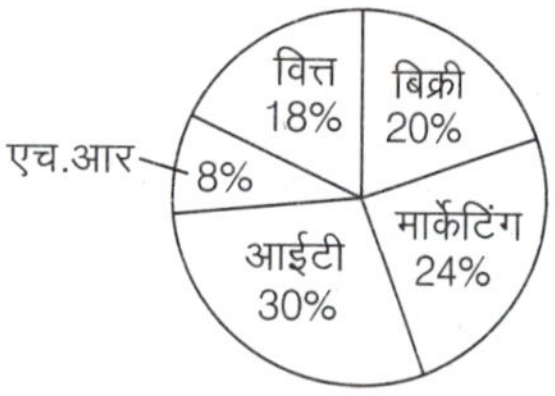

मान लीजिए कि कम्पनी आगामी भर्ती प्रक्रिया में 324 नए कर्मचारियों को नियुक्त करने की योजना बना रही है, जिनमें से 25% आईटी विभाग के लिए होंगे। भर्ती अभियान के बाद आईटी विभाग में कर्मचारियों की संख्या में प्रतिशत वृद्धि क्या होगी?

(a) 2.50% (b) 3.75%
(c) 3.50% (d) 2.75%

45. नीचे दिया गया वृत्त आलेख एक बल्लेबाज द्वारा पाँच पारियों में बनाए गए रनों को दर्शाता है। इन सभी पाँच पारियों में बल्लेबाज द्वारा बनाए गए कुल रन 800 हैं। किसी विशेष पारी में बल्लेबाज द्वारा बनाए गए रनों को इन सभी पाँच पारियों में बनाए गए रनों के प्रतिशत के रूप में दिखाया गया है। ***SSC (10+2) 2023***

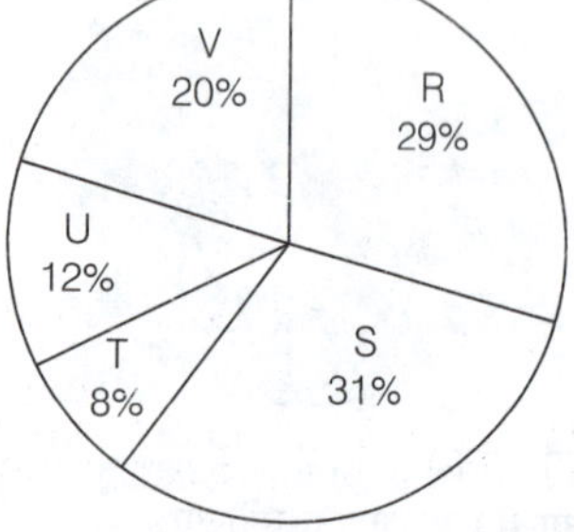

S और U में बनाए गए रनों के बीच कितना अन्तर है?

(a) 142 (b) 174 (c) 152 (d) 184

46. निम्नलिखित पाई-चार्ट का सावधानीपूर्वक अध्ययन करें तथा नीचे दिए गए प्रश्नों का उत्तर दें

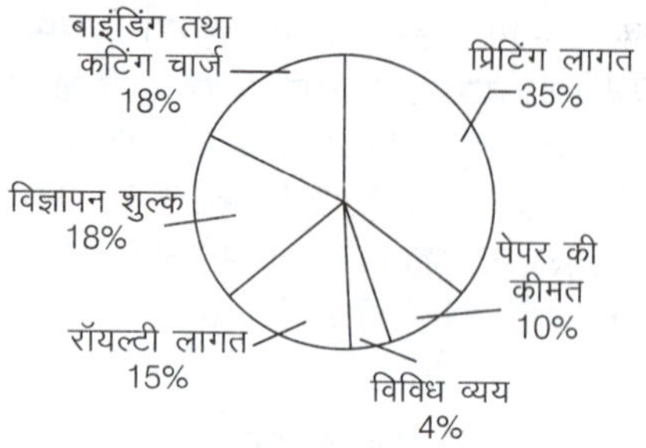

यदि "विविध व्यय" ₹ 6000 है तो बाइंडिंग तथा कटिंग शुल्क, विविध व्यय से कितना अधिक है? ***DSSSB 2021***

(a) ₹ 16000 (b) ₹ 15500
(c) ₹ 21000 (d) ₹ 24000

47. दिया गया पाई-पार्ट, पाँच अलग-अलग कम्पनियों द्वारा बेची गई घड़ियों के प्रतिशत वितरण को दर्शाता है। रोलेक्स और ओमेगा द्वारा एकसाथ बेची गई घड़ियों की संख्या और सिटीजन और टाइमेक्स द्वारा एकसाथ बेची गई घड़ियों की संख्या के बीच अन्तर ज्ञात करें, यदि कैसियो द्वारा बेची गई घड़ियों की संख्या 7500 है। ***DSSSB 2024***

बेचे गए प्रिण्टरों का प्रतिशत वितरण

(a) 950 (b) 1200
(c) 1000 (d) 1500

48. निम्नलिखित पाई-चार्ट वैज्ञानिक कैलकुलेटर के निर्माण में किए गए व्यय का प्रतिशत वितरण दर्शाता है। पाई-चार्ट का अध्ययन करें और प्रश्न का उत्तर दें। ***RRC Group D 2022***

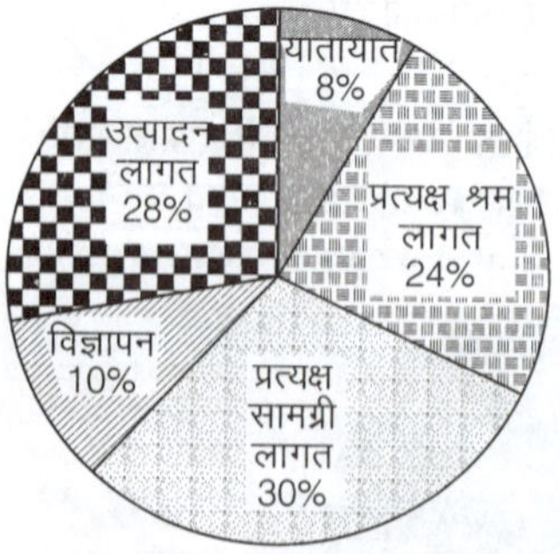

> **MRC*****
> ***(Most Repeating Concepts)***
> प्र. सं. 48, 49, 50, 51 और 52 Examination Point of Views से महत्त्वपूर्ण हैं। इन Concept पर प्रश्न विभिन्न प्रतियोगी परीक्षाओं (Group D, CPO, DSSSB आदि) में निरन्तर पूछे जा रहे हैं।

यदि 500 उत्पादों का निर्माण किया जाता है और उन पर प्रत्यक्ष श्रम लागत ₹ 100000 है, तो उत्पाद का विक्रय मूल्य क्या होना चाहिए ताकि निर्माता 44% का लाभ अर्जित कर सके?

(a) ₹ 1200 (b) ₹ 1000
(c) ₹ 1500 (d) ₹ 600

49. निम्नांकित पाई-चार्ट एक परीक्षा में विभिन्न विषयों में अनुत्तीर्ण छात्रों की संख्या को दर्शाता है। चार्ट का अवलोकन कीजिए और निम्नलिखित प्रश्न का उत्तर दीजिए। अनुत्तीर्ण होने वाले छात्रों की कुल संख्या 350 है **SSC CPO 2023**

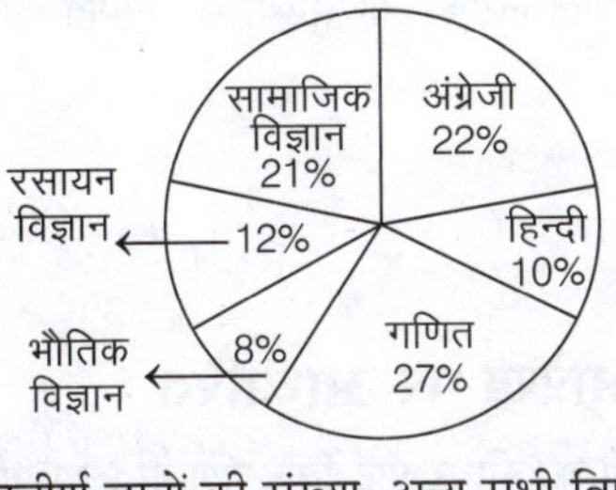

गणित में अनुत्तीर्ण छात्रों की संख्या, अन्य सभी विषयों में अनुत्तीर्ण छात्रों की संख्या से कितनी कम है?

(a) 190 (b) 95 (c) 256 (d) 161

50. निम्न पाई-चार्ट का अध्ययन करें और उसके आधार पर दिए गए प्रश्न का उत्तर दें। **NTA CUET (UG) 2023**

जनवरी 2020 में विभिन्न बैंकों में स्केल-I अधिकारियों का प्रतिशत

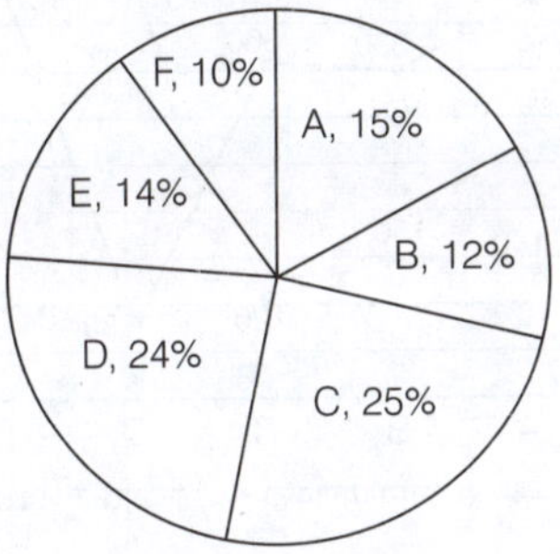

सभी छः बैंकों में स्केल-I अधिकारियों की कुल संख्या =500

बैंक D, E और F में स्केल-I के अधिकारियों की औसत संख्या कितनी है?

(a) 90 (b) 85
(c) 75 (d) 80

51. नीचे दिया गया पाई-चार्ट 8 विभिन्न राज्यों द्वारा कॉफी के उत्पादन को दर्शाता है। सभी राज्यों द्वारा कॉफी का कुल उत्पादन 20000 टन है। एक विशिष्ट राज्य द्वारा कॉफी के उत्पादन को इन सभी 8 राज्यों द्वारा कॉफी के कुल उत्पादन के प्रतिशत के रूप में दर्शाया गया है। **DSSSB 2022**

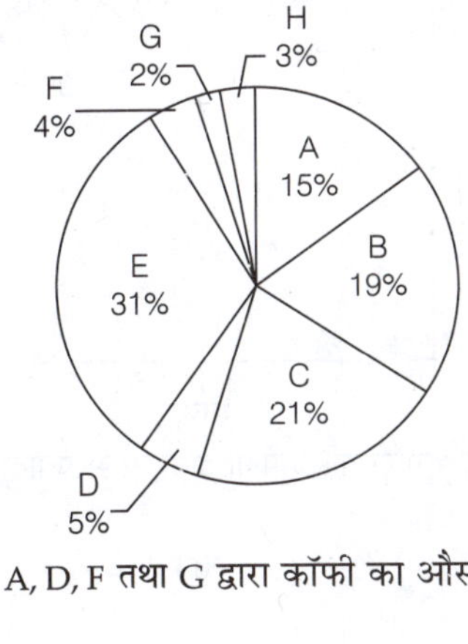

J_1 = राज्य, A, D, F तथा G द्वारा कॉफी का औसत उत्पादन।

J_2 = राज्य B, C तथा H द्वारा कॉफी के उत्पादन का योग।

$(J_2 - J_1)$ का मान क्या है?

(a) 7300 (b) 7400 (c) 7200 (d) 7500

52. दिए गए पाई-चार्ट का अध्ययन करें और निम्नलिखित प्रश्न का उत्तर दें।

एक विद्यालय में कक्षा VI से कक्षा X तक में पढ़ने वाले विद्यार्थियों की संख्या का ब्रेकअप (डिग्री वार)

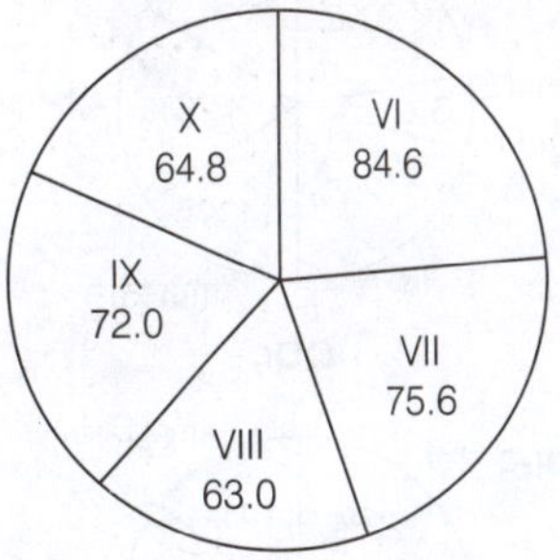

कक्षा VIII में विद्यार्थियों की संख्या = 105

कक्षा X में लड़कों और लड़कियों की संख्या का अनुपात 4 : 5 है और कक्षा VII में लड़कों और लड़कियों की संख्या का अनुपात 5 : 9 है। कक्षा VII में लड़कों की संख्या का, कक्षा X में लड़कियों की संख्या से अनुपात कितना है? **DSSSB 2023**

(a) 4 : 3 (b) 4 : 5 (c) 5 : 4 (d) 3 : 4

53. निम्नलिखित पाई चार्ट एक परीक्षा के लिए नामांकित अभ्यर्थियों और विभिन्न संस्थानों में परीक्षा उत्तीर्ण करने वाले अभ्यर्थियों (नामांकित अभ्यर्थियों में से) का वितरण दर्शाते हैं **UP Police Constable 2024**

नामांकित अभ्यर्थी = 8550

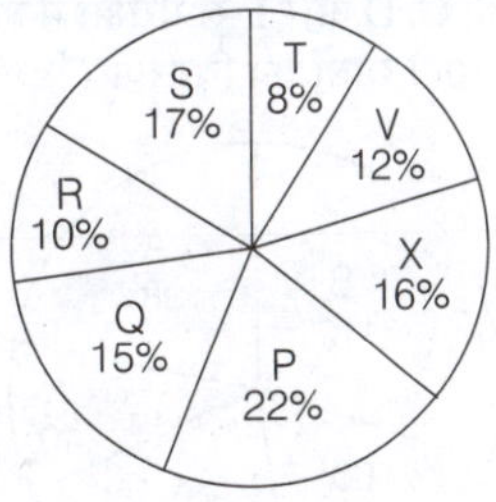

परीक्षा उत्तीर्ण करने वाले अभ्यर्थी = 5700

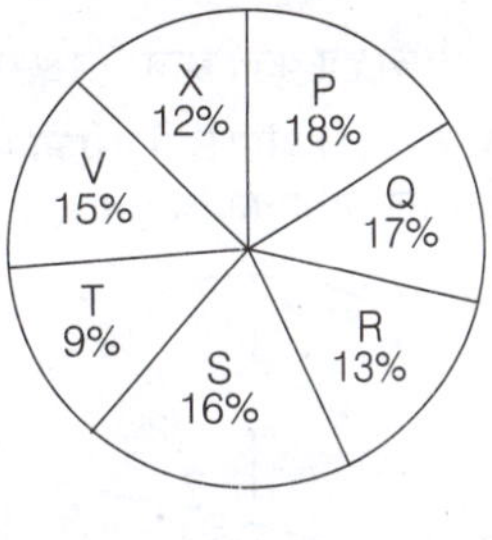

संस्थान S और P से उत्तीर्ण हुए कुल अभ्यर्थियों की संख्या तथा संस्थान T और R से नामांकित अभ्यर्थियों की कुल संख्या के बीच का अन्तर क्या है?

(a) 400 (b) 440
(c) 300 (d) 399

54. निम्नलिखित पाई-चार्ट का अध्ययन करें और उसके नीचे दिए गए प्रश्न का उत्तर दें।

निम्नलिखित पाई-चार्ट एकदिवसीय अन्तर्राष्ट्रीय (ODI) और टेस्ट मैचों में विभिन्न देशों के खिलाफ एक बल्लेबाज द्वारा बनाए गए रनों को दर्शाता है। ODI और टेस्ट मैचों में बल्लेबाज द्वारा बनाए गए रन क्रमश: 9000 और 7500 हैं। ***UP Police Head Operator 2024***

टेस्ट

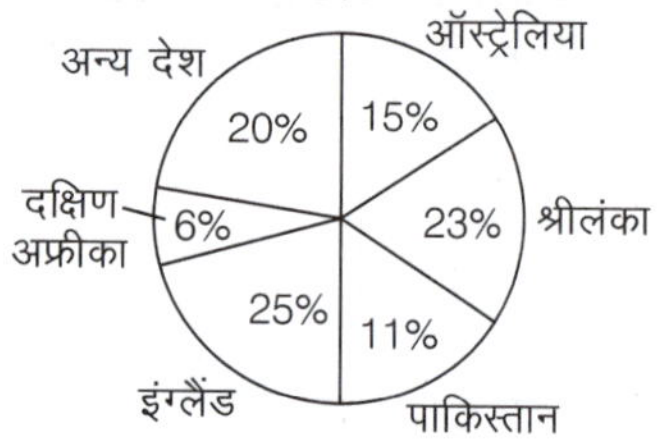

ODI

ODI में पाकिस्तान के खिलाफ बनाए गए रनों का टेस्ट मैचों में श्रीलंका के खिलाफ बनाए गए रनों से अनुपात ज्ञात कीजिए।

(a) 122 : 131 (b) 129 : 125
(c) 132 : 115 (d) 131 : 129

55. निम्नांकित पाई-चार्टों का अध्ययन करें और उसके बाद दिए गए प्रश्न का उत्तर दें। ***SSC CGL (Tier-II) 2022***

संस्थान A, B, C, D और E से परीक्षा में शामिल होने वाले छात्रों का वितरण (डिग्री में)

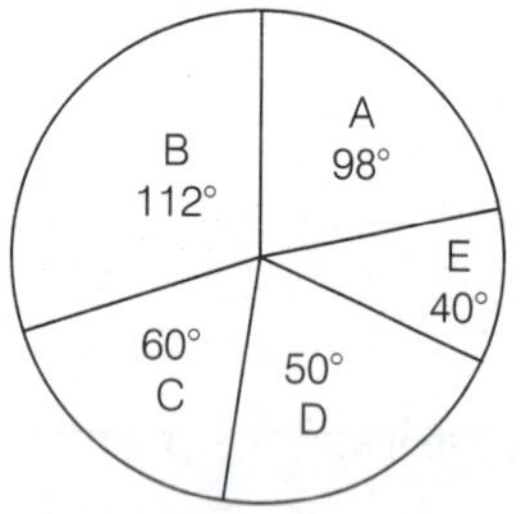

शामिल हुए कुल छात्र = 1800

संस्थान A, B, C, D और E से परीक्षा में उत्तीर्ण होने वाले छात्रों का वितरण (प्रतिशत में)

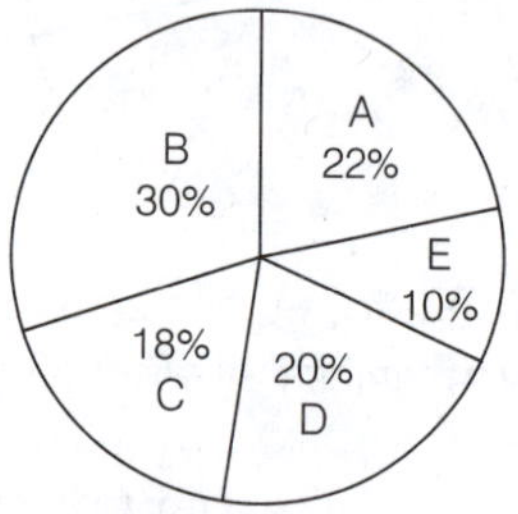

उत्तीर्ण हुए कुल छात्र = 1200

यदि संस्थान A से उत्तीर्ण होने वाले लड़कों की संख्या का, उसी संस्थान से उत्तीर्ण होने वाली लड़कियों से अनुपात 5 : 6 है और संस्थान D से उत्तीर्ण होने वाले छात्रों में से 40% लड़के हैं, तो संस्थान A से उत्तीर्ण होने वाले लड़कों की संख्या का, संस्थान D से उत्तीर्ण होने वाले लड़कों की संख्या से अनुपात कितना होगा?

(a) 25 : 24
(b) 3 : 2
(c) 4 : 3
(d) 5 : 4

रेखा चित्र/आरेख पर आधारित

56. किसी कम्पनी का स्पेयर पार्ट विनिर्माण के लिए पाँच संयन्त्र हैं। प्रत्येक संयन्त्र स्थानीय गुणवत्ता और निर्यात गुणवत्ता का विनिर्माण करता है। उच्चतम विनिर्माण संयन्त्र की स्थानीय गुणवत्ता और निर्यात गुणवत्ता इकाइयों के उत्पादन का अनुपात क्या है? ***SSC (10+2) 2024***

विभिन्न संयन्त्रों की विनिर्माण दक्षता

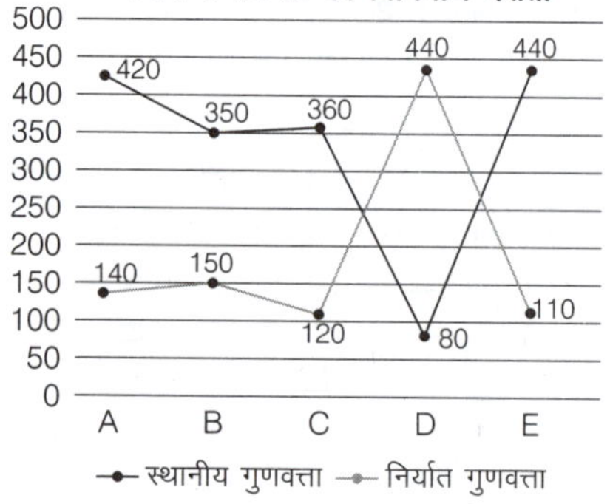

(a) 3 : 1 (b) 2 : 11
(c) 7 : 3 (d) 4 : 1

निर्देश (प्र. सं. 57-60) *निम्नलिखित प्रश्न दिए गए ग्राफ पर आधारित हैं। ग्राफ का अध्ययन कर उस पर आधारित प्रश्नों के उत्तर दें।* ***UPSSSC PET 2021***

ग्राफ में एक परीक्षा में 7 छात्रों के इतिहास और भूगोल के अंकों का अनुपात दर्शाया गया है।

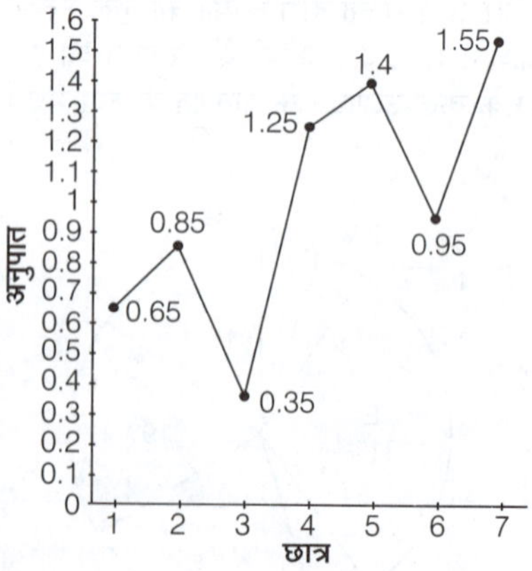

57. कितने छात्रों ने भूगोल की अपेक्षा इतिहास में ज्यादा अंक अर्जित किए?

(a) 2 (b) 3 (c) 4 (d) 5

58. निम्न में से किन छात्रों को भूगोल की अपेक्षा इतिहास में कम अंक मिले?
(a) 1, 3, 5, 6 (b) 1, 2, 3, 6
(c) 1, 4, 5, 7 (d) 4, 5, 7

59. भूगोल में छात्र 3 से 4 के मध्य तक अंक की प्रतिशत बढ़त है
(a) 15 (b) 20
(c) 90 (d) आँकड़े अपर्याप्त हैं

60. इतिहास/भूगोल के अधिकतम अनुपात और न्यूनतम अनुपात का अन्तर है
(a) 0.45 (b) 0.50 (c) 0.90 (d) 1.20

61. नीचे दिए गए रेखा आलेख में 5 वर्षों में दो कम्पनियाँ A और B द्वारा चीनी के उत्पादन को दर्शाया गया है। ***SSC (10+2) 2023***

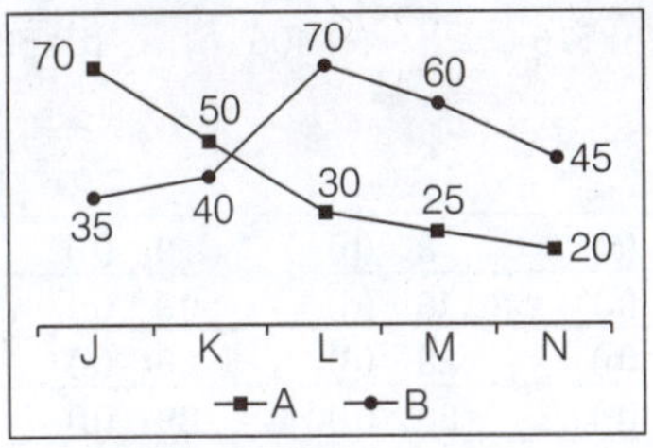

निम्नलिखित में से कौन-सा कथन सही है?
I. वर्ष J और K में मिलाकर A द्वारा किया गया चीनी का उत्पादन, वर्ष L और M में मिलाकर B द्वारा किए गए चीनी के उत्पादन से 7.69% अधिक है।
II. वर्ष M और N में B द्वारा चीनी के संयुक्त उत्पादन और वर्ष K और L में A द्वारा चीनी के संयुक्त उत्पादन का अनुपात 21 : 16 है।
(a) न तो I और न ही II (b) केवल I
(c) I और II दोनों (d) केवल II

निर्देश (प्र. सं. 62 और 63) *निम्नलिखित आरेख का ध्यानपूर्वक अध्ययन करें और नीचे दिए गए प्रश्नों के उत्तर दें।* ***UP Police SI 2021***

रेखा आरेख, 2016 से 2020 की अवधि के दौरान दो अलग-अलग कम्पनियों X और Y की बचत और आय के अनुपात को निरूपित करता है।

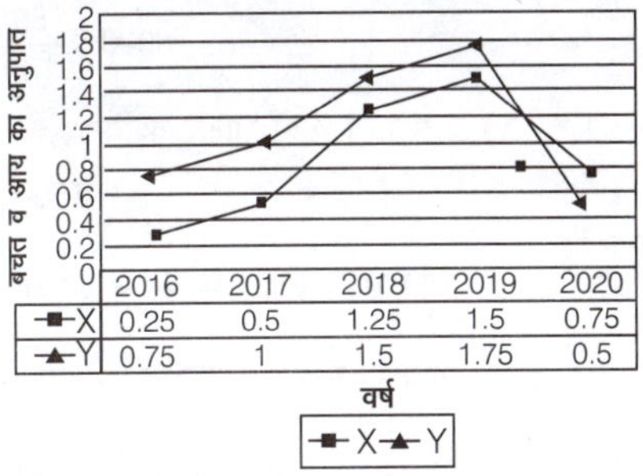

62. कितने वर्षों में कम्पनी X की बचत उसकी आय से अधिक है?
(a) चार (b) एक
(c) तीन (d) दो

63. कितने वर्षों में कम्पनी Y की आय उसकी बचत से अधिक है?
(a) चार (b) तीन (c) एक (d) दो

मिश्रित आरेखों पर आधारित

64. निम्न पाई-चार्ट किसी विद्यालय में A, B, C, D, E और F छ: भिन्न-भिन्न वर्गों में कक्षा XII के 800 विद्यार्थियों के प्रतिशत वार विवरण को निरूपित करता है। ***SSC CGL (Tier-I) 2021***

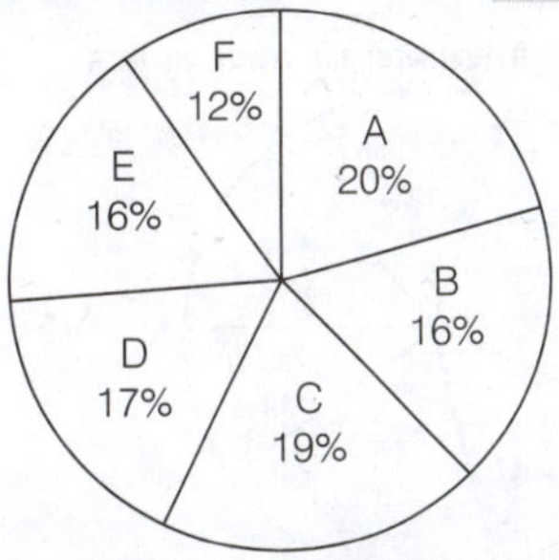

दी गई तालिका A, B, C, D, E और F छ: भिन्न-भिन्न वर्गों में कक्षा XII की लड़कियों की संख्या दर्शाती है।

वर्ग	A	B	C	D	E	F
लड़कियों की संख्या	102	80	104	98	0	60

एकसाथ वर्ग A, B और D में लड़कों की कुल संख्या की तुलना में, एकसाथ वर्ग B, C और D में लड़कियों की संख्या के कितने प्रतिशत है?
(a) 51.06% (b) 80% (c) 50% (d) 65.75%

65. दिए गए आँकड़ों का अध्ययन करें और निम्नलिखित प्रश्न का उत्तर दें।

वर्ष 2015 में विभिन्न राज्यों की जनसंख्या से सम्बन्धित डेटा पाई-चार्ट और तालिका में दर्शाया गया है।

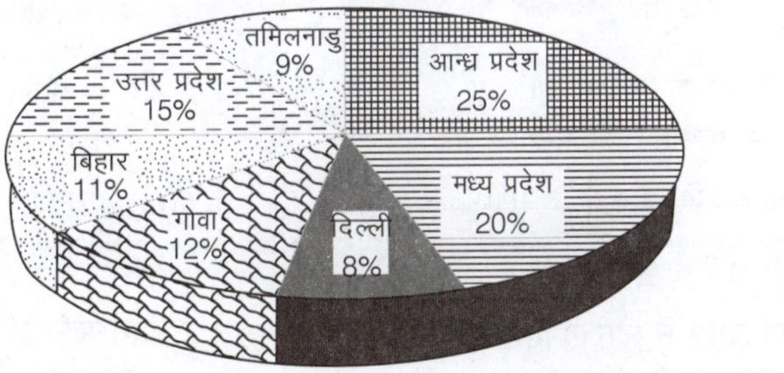

राज्य	लिंग एवं साक्षरता-वार जनसंख्या अनुपात			
	लिंग		साक्षरता	
	M	F	साक्षरता	निरक्षर
आन्ध्र प्रदेश	5	3	2	7
मध्य प्रदेश	3	1	1	4
दिल्ली	2	3	2	1
गोवा	3	5	3	2
बिहार	3	4	4	1
उत्तर प्रदेश	3	2	7	2
तमिलनाडु	3	4	9	4

यदि दिए गए राज्यों की कुल जनसंख्या 315000 है, तो गोवा (Goa) और मध्य प्रदेश (MP) में निरक्षर लोगों की कुल संख्या कितनी थी? ***SSC CGL 2023***
(a) 65520 (b) 81900 (c) 120500 (d) 90870

निर्देश (प्र. सं. 66 और 67) *निम्नांकित पाई-चार्ट और तालिका का अध्ययन करें और निम्नलिखित प्रश्नों के उत्तर दीजिए* **SSC CGL (Tier-II) 2020**

एक विश्वविद्यालय में विभिन्न संकायों में प्रवेश लेने वाले विद्यार्थियों की संख्या 5000 है।

विभिन्न संकायों में विद्यार्थियों की संख्या का बंटन

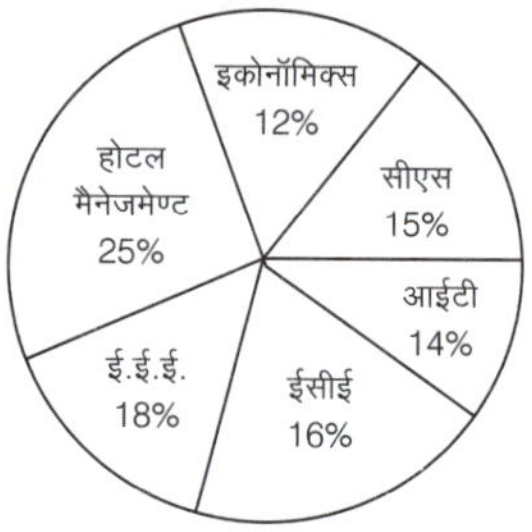

संकाय	लड़कों की संख्या
इकॉनोमिक्स	56%
सीएस	44%
आईटी	65%
ईसीई	72%
ईईई	68%
होटल मैनेजमेण्ट	80%

66. आईटी में लड़कियों की संख्या और ईसीई में लड़कियों की संख्या में कितना अन्तर है?
(a) 30 (b) 25 (c) 21 (d) 20

67. सीएस, ईसीई और ईईई संकायों में लड़कों की औसत संख्या कितनी है?
(a) 514 (b) 516 (c) 406 (d) 506

Right Key

1 (b)	2 (d)	3 (d)	4 (b)	5 (b)	6 (d)	7 (a)	8 (b)	9 (b)	10 (b)
11 (d)	12 (a)	13 (d)	14 (b)	15 (b)	16 (d)	17 (a)	18 (d)	19 (c)	20 (d)
21 (b)	22 (d)	23 (c)	24 (d)	25 (d)	26 (b)	27 (b)	28 (d)	29 (a)	30 (b)
31 (b)	32 (a)	33 (d)	34 (c)	35 (c)	36 (a)	37 (b)	38 (d)	39 (b)	40 (b)
41 (d)	42 (d)	43 (d)	44 (b)	45 (c)	46 (c)	47 (d)	48 (a)	49 (d)	50 (d)
51 (a)	52 (d)	53 (d)	54 (c)	55 (d)	56 (a)	57 (b)	58 (b)	59 (d)	60 (d)
61 (d)	62 (d)	63 (d)	64 (a)	65 (a)	66 (c)	67 (d)			

Solutions

1. (*b*) J में सेल्समैन की संख्या = 45

K में सेल्समैन की संख्या = 20

$\therefore$ अभीष्ट प्रतिशत $= \frac{45}{20} \times 100$

$= 225\%$

2. (*d*) वर्ष 2013 में स्टोर Q द्वारा बेचे गए मोबाइल फोन की संख्या = 198

वर्ष 2015 में स्टोर S द्वारा बेचे गए मोबाइल फोन की संख्या = 205

$\therefore$ अभीष्ट अन्तर = 205 − 198 = 7

3. (*d*) दी गई तालिका से स्पष्ट है, वर्ष 2002 और 2005 में कम्पनी Q द्वारा कम्पनी P की तुलना में अधिक कपड़े का उत्पादन किया।

4. (*b*) अभीष्ट प्रतिशत वृद्धि

$= \frac{(8200 - 8000)}{8000} \times 100 = \frac{200}{80} = 2.5\%$

5. (*b*) क्षेत्र P में बच्चों की संख्या

$= 10000 \times \frac{20}{100} = 2000$

क्षेत्र Q में बच्चों की संख्या

$= 20000 \times \frac{30}{100} = 6000$

$\therefore$ क्षेत्र P और Q में कुल बच्चों की संख्या

$= 2000 + 6000 = 8000$

6. (*d*) A द्वारा प्राप्त औसत अंक

$= \frac{87 + 90 + 95 + 86 + 92}{5} = \frac{450}{5} = 90$

C द्वारा प्राप्त औसत अंक

$= \frac{86 + 83 + 91 + 87 + 93}{5} = \frac{440}{5} = 88$

$\therefore$ A और C के औसत अंकों का अन्तर

$= 90 - 88 = 2$

7. (*a*) वर्ष 2017 में कुल व्यय

= 361 + 93 + 83 + 142 + 52 = 731 लाख

वर्ष 2021 में कुल व्यय

= 652 + 111 + 132 + 101 + 75

= 1071 लाख

$\therefore$ अभीष्ट प्रतिशत $= \frac{731}{1071} \times 100$

$= 68.25\% \approx 68\%$

8. (*b*) कक्षा VI में कुल विद्यार्थियों की संख्या

= 14 + 21 + 15 + 12 + 10 + 9 + 8 + 14 + 11 + 52 + 58 + 62

= 286

9. (*b*) तालिका का ध्यानपूर्वक अध्ययन करने पर,

20% अंक $= 50 \times \frac{20}{100} = 10$ अंक

$\therefore$ 10 से कम अंक प्राप्त करने वाले छात्रों की औसत संख्या = 100 − 87 = 13

10. (*b*) शहर C में गरीबी रेखा के ऊपर वाले महिलाओं की संख्या

$= 8000 \times \frac{80}{100} \times \frac{3}{8} = 2400$

11. (*d*) गाँव A में साक्षर व्यक्ति

$= 1500 \times \frac{2}{5} = 600$

गाँव B में साक्षर व्यक्ति $= 4000 \times \frac{11}{20} = 2200$

गाँव C में साक्षर व्यक्ति $= 3000 \times \frac{13}{15} = 2600$

गाँव D में साक्षर व्यक्ति $= 5500 \times \frac{4}{5} = 4400$

सभी गाँव में कुल साक्षर व्यक्तियों की संख्या

= 600 + 2200 + 2600 + 4400 = 9800

$\therefore$ सभी गाँव में कुल व्यक्तियों की संख्या

= 1500 + 4000 + 3000 + 5500 = 14000

$\therefore$ अभीष्ट प्रतिशत $= \frac{9800}{14000} \times 100 = 70\%$

12. (*a*) $J = \frac{1500 + 1460 + 1105}{3} = \frac{4065}{3}$

$K = \frac{1320 + 1180 + 1170}{3} = \frac{3670}{3}$

$\therefore$ J और K का औसत $= \frac{1}{2}\left(\frac{4065}{3} + \frac{3670}{3}\right)$

$= \frac{1}{2}\left(\frac{4065 + 3670}{3}\right)$

$= \frac{7735}{6} = 1289.17$

13. (*d*)

प्राप्तांक/अधिकतम अंक	भारांक	प्रतिशत अंक × भारांक
12/20 = 0.6	15%	9%
16/20 = 0.8	12%	9.6%
40/50 = 0.8	30%	24%
80/100 = 0.8	10%	8%
14/20 = 0.7	33%	23.1%
	योग	= 73.7%

अत: पाँच परीक्षणों का भारित औसत 73.7% है।

TOP TIPS भारित औसत

$= \left(\frac{\text{प्राप्तांक}}{\text{अधिकतम अंक}} \times \text{भारांक}\right)$ का योग

14. (*b*) वर्ष 2001 और 2004 के बीच कम्पनी छोड़ने वाले तकनीशियनों की कुल संख्या

$= (50 + 160 + 200 + 180) = 590$

वर्ष 2001 और 2004 के बीच कम्पनी में शामिल होने वाले तकनीशियनों की कुल संख्या

$= (260 + 340 + 450 + 480) = 1530$

$\therefore$ अभीष्ट प्रतिशत

$= \frac{590}{1530} \times 100 = 38.5 \approx 39\%$

15. (*b*) वर्ष 2001 से 2006 तक कुल वेतन

$= 1500 + 2600 + 3200 + 4100 + 5000 + 5200 =$ ₹21600

वर्ष 2001 से 2006 तक कुल व्यय

$= (200 + 500 + 100) + (300 + 600 + 200) + (150 + 700 + 150) + (250 + 650 + 125) + (200 + 800 + 150) + (100 + 750 + 175)$

$= 800 + 1100 + 1000 + 1025 + 1150 + 1025 = 6100$

अभीष्ट अनुपात = 21600 : 6100

= 216 : 61

16. (*d*) सभी कॉलेजों में अंग्रेजी का प्रतिशत परिणाम = 52 + 47 + 53 + 35 = 187

सभी कॉलेजों में गणित का प्रतिशत परिणाम

= 65 + 62 + 70 + 72 = 269

सभी कॉलेजों में भौतिकी विज्ञान का प्रतिशत परिणाम = 62 + 52 + 46 + 58 = 218

सभी कॉलेजों में लेखांकन का प्रतिशत

= 47 + 35 + 54 + 62 = 198

अत: उच्चतम परिणाम दर्शाने वाला विषय गणित है।

17. (*a*) Q का कुल प्रतिशत परिणाम

= 47 + 62 + 52 + 35 = 196

P का कुल प्रतिशत परिणाम

= 52 + 65 + 62 + 47 = 226

R का कुल प्रतिशत परिणाम

= 53 + 70 + 46 + 54 = 223

S का कुल प्रतिशत परिणाम

= 35 + 72 + 58 + 62 = 227

अत: सबसे खराब प्रदर्शन कॉलेज Q का रहा।

18. (*d*) प्रतिवर्ष जारी किए गए पासपोर्ट की

औसत संख्या $= \frac{7000 + 9000 + 7500 + 9500 + 6500 + 8500}{6}$

$= \frac{48000}{6} = 8000$

TOP TIPS इस प्रकार के प्रश्नों को विचलन विधि से आसानी व जल्दी हल किया जा सकता है।

19. (*c*) कुल बेचे गए कलमों की संख्या = 600

$\therefore$ S_1 द्वारा बेचे गए कलमों की संख्या

$= 600 \times \frac{30}{100} = 180$

20. (*d*) अभीष्ट वृद्धि प्रतिशत

$= \frac{(35 - 20)}{20} \times 100$

$= \frac{15}{20} \times 100 = 75\%$

21. (*b*) कुल बातचीत का समय (मिनट में)

$= (1 \times 4) + (2 \times 14) + (3 \times 40) + (4 \times 30) + (5 \times 12)$

= 4 + 28 + 120 + 120 + 60 = 332 मिनट

22. (*d*) उन खिलाड़ियों की संख्या जिनकी ऊँचाई 141 सेमी से कम है = 1 + 3 + 2 = 6

23. (*c*) 600 घण्टे से अधिक लेकिन 900 घण्टे से कम जीवनकाल वाले लैम्पों की संख्या

= 75 + 90 + 80 = 245

24. (*d*) सेब के निर्यात में पिछले वर्ष सेब के निर्यात की तुलना में वृद्धि

वर्ष 2008 में $= \frac{1.9}{11.4} \times 100 = 16.6\%$

वर्ष 2006 में $= \frac{0.9}{10.8} \times 100 = 8.3\%$

वर्ष 2003 में $= \frac{1.3}{6.5} \times 100 = 20\%$

वर्ष 2005 में $= \frac{2.1}{9.9} \times 100 = 21.21\%$

(अधिकतम वृद्धि)

अत: वर्ष 2005 में पिछले वर्ष की तुलना में सेब के निर्यात में अधिक वृद्धि हुई।

25. (*d*) वर्ष 2018 से 2022 तक प्याज का औसत उत्पादन

$= \frac{632 + 876 + 531 + 426 + 785}{5}$

$= \frac{3250}{5} = 650$

वर्ष 2019 और 2022 में प्याज उत्पाद, औसत उत्पादन से अधिक है।

अत: अभीष्ट वर्षों की संख्या = 2

26. (*b*) 2019-2020 में कुल लागत

= ₹ 6500 (करोड़)

25% का लाभ अर्जित करने के लिए, 2019-2020 में सकल राशि

$= 6500 \times \frac{125}{100} =$ ₹ 8125 करोड़

27. (*b*) वर्ष 2020 में अर्थशास्त्र का चयन करने वाले छात्रों की संख्या = 75

वर्ष 2020 में शारीरिक शिक्षा का चयन करने वाले छात्रों की संख्या = 125

$\therefore$ अभीष्ट अनुपात = 75 : 125 = 3 : 5

28. (*d*) कम्पनी A का वर्ष 2015 में उत्पादन

= 5 हजार

कम्पनी A का वर्ष 2016 में उत्पादन = 4 हजार

अभीष्ट कमी % $= \frac{(5 - 4)}{5} \times 100$

$= \frac{1}{5} \times 100 = 20\%$

29. (*a*) अभीष्ट अनुपात

= 135 : 195 : 165 = 9 : 13 : 11

30. (*b*) वर्ष 2018 में लाभ = 80 – 75 = 5 लाख

वर्ष 2019 में लाभ = 82 – 80 = 2 लाख

वर्ष 2017 में लाभ = 64 – 60 = 4 लाख

वर्ष 2016 में लाभ = 54 – 51 = 3 लाख

अत: वर्ष 2019 में न्यूनतम राशि प्राप्त हुई।

31. (*b*) 4 महीनों में श्रीमान P द्वारा बेची गई कुल इकाइयाँ = 80 + 30 + 50 + 90 = 250

4 महीनों में श्रीमान Q द्वारा बेची गई कुल इकाइयाँ = 60 + 40 + 70 + 60 = 230

$\therefore$ अभीष्ट अनुपात = 250 : 230 = 25 : 23

32. (*a*) 2012 से 2014 तक औसत बिक्री

$= \frac{(500 + 600 + 640)}{3}$ टन

$= \frac{1740}{3} = 580$ टन

2009 से 2014 तक औसत उत्पादन

$$= \frac{(520 + 740 + 700 + 580 + 810 + 760)}{6} \text{ टन}$$

$$= \frac{4110}{6} = 685 \text{ टन}$$

$\therefore$ अभीष्ट अन्तर $= 685 - 580 = 105$ टन

33. (*d*) अभीष्ट प्रतिशत $= \left(\frac{22 \times 100}{38 \times 100}\right) \times 100$

$$= \frac{2200}{38} = 57.89\%$$

34. (*c*) अभीष्ट प्रतिशत कमी

$$= \left(\frac{1050 - 880}{1050}\right) \times 100$$

$$= \frac{170}{1050} \times 100 = 16.19\%$$

35. (*c*) अभीष्ट प्रतिशत

$$= \frac{740}{(1120 + 990 + 1050 + 1080)} \times 100$$

$$= \frac{740}{4240} \times 100 = 17.45\%$$

36. (*a*) ब्राण्ड X के टी-शर्ट की कुल बिक्री का आधा

$$= \frac{1090 + 1050 + 870 + 880}{2}$$

$$= \frac{3890}{2} = 1945$$

ब्राण्ड Z के टी-शर्ट की कुल बिक्री

$$= 840 + 880 + 960 + 740 = 3420$$

$\therefore$ अभीष्ट अन्तर $= 3420 - 1945 = 1475$

37. (*b*) विज्ञापन शुल्क का केन्द्रीय कोण

$$= \frac{18}{100} \times 360° = 64.8°$$

38. (*d*) जिल्दसाजी पर व्यय = 30%

छपाई पर व्यय = 25%

अन्तर $= (30 - 25)\% = 5\%$

$\therefore$ अभीष्ट कोण $= \frac{360°}{100} \times 5 = 18°$

39. (*b*) ग्रेड B प्राप्त करने वाले छात्रों का भाग = 27%

ग्रेड A प्राप्त करने वाले छात्रों का भाग = 30%

$\therefore$ अभीष्ट प्रतिशत $= \frac{27}{30} \times 100 = 90\%$

40. (*b*) बाजरा के अन्तर्गत क्षेत्रफल (12%) = 2.4 मिलियन एकड़

$\therefore$ मक्के के अन्तर्गत क्षेत्रफल (9%) $= \frac{2.4}{12} \times 9$

= 1.8 मिलियन एकड़

41. (*d*) पारी A में बनाए गए रनों की संख्या

$$= 600 \times \frac{30}{100} = 180$$

पारी D में बनाए गए रनों की संख्या

$$= 600 \times \frac{25}{100} = 150$$

$\therefore$ अभीष्ट प्रतिशत $= \frac{180}{150} \times 100 = 120\%$

Quick Method

अभीष्ट प्रतिशत $= \frac{30}{25} \times 100\% = 120\%$

42. (*d*) बेचे गए कुल फलों की मात्रा = 1200 किग्रा

तब, बेचे गए केलों की मात्रा

$$= 1200 \times \frac{30}{100} = 360 \text{ किग्रा}$$

43. (*d*) दिया है, कुल लड़कों की संख्या = 2000

स्कूल A में लड़कों की संख्या

$$= \frac{13}{100} \times 2000 = 260$$

स्कूल C में लड़कों की संख्या

$$= \frac{55}{100} \times 2000 = 1100$$

$\therefore$ अभीष्ट औसत संख्या

$$= \frac{1100 + 260}{2} = \frac{1360}{2} = 680$$

Quick Method

अभीष्ट औसत $= \frac{1}{2} \times 2000 \times \frac{(13 + 55)}{100}$

$= 680$

44. (*b*) पहले आईटी विभाग में कर्मचारियों की संख्या $= 7200 \times \frac{30}{100} = 2160$

नई भर्ती के पश्चात्,

आईटी विभाग में कर्मचारियों की संख्या में वृद्धि $= 324 \times \frac{25}{100} = 81$

$\therefore$ अभीष्ट वृद्धि प्रतिशत

$$= \frac{81}{2160} \times 100 = 3.75\%$$

45. (*c*) कुल रनों की संख्या = 800

पारी S और U में बनाए गए रनों का अन्तर $= 31\% - 12\% = 19\%$

$\therefore$ अभीष्ट अन्तर $= \frac{800 \times 19}{100} = 152$

46. (*c*) बाइंडिग तथा कटिंग शुल्क कुल व्यय

$$= \frac{6000}{4} \times 18$$

= ₹ 27000

अभीष्ट अन्तर = ₹ (27000 − 6000)

= ₹ 21000

47. (*d*) कैसियों द्वारा बेची गई घड़ियों की संख्या = 7500

रोलेक्स और ओमेगा द्वारा बेची गई घड़ियों की कुल संख्या $= \frac{7500}{25} \times (20 + 15)$

$$= \frac{7500 \times 35}{25} = 10500$$

सिटीजन और टाइमेक्स द्वारा बेची गई घड़ियों की कुल संख्या $= \frac{7500}{25} \times (12 + 28)$

$$= \frac{7500 \times 40}{25} = 12000$$

अत: अभीष्ट अन्तर $= 12000 - 10500$

$= 1500$

48. (*a*) 1 उत्पाद की प्रत्यक्ष श्रम लागत

$$= \frac{100000}{500} = ₹\ 200$$

1 उत्पाद की कुल लागत $= \frac{200}{24} \times 100$

$\therefore$ 1 उत्पाद का विक्रय मूल्य $= \frac{20000}{24} \times \frac{144}{100}$

= ₹ 1200

49. (*d*) गणित में अनुत्तीर्ण छात्रों की संख्या

$$= 350 \times \frac{27}{100} = \frac{35 \times 27}{10}$$

अन्य सभी विषयों में अनुत्तीर्ण छात्रों की संख्या

$$= \frac{350 \times 73}{100} = \frac{35 \times 73}{10}$$

$\therefore$ अभीष्ट अन्तर $= \frac{35 \times 73}{10} - \frac{35 \times 27}{10}$

$$= \frac{35}{10} \times (73 - 27)$$

$$= \frac{7}{2} \times 46 = 7 \times 23 = 161$$

50. (*d*) बैंक D, E और F में स्केल-I के अधिकारियों की औसत संख्या

$$= \frac{1}{3}\left(500 \times \frac{24 + 14 + 10}{100}\right)$$

$$= \frac{500}{3} \times \frac{48}{100} = 80$$

51. (*a*) $J_1 = \frac{20000}{4} \times \left(\frac{15 + 5 + 4 + 2}{100}\right)$

= 1300 टन

$J_2 = 20000 \times \frac{(19 + 21 + 3)}{100}$

$= 20000 \times \frac{43}{100} = 8600$ टन

$\therefore J_2 - J_1 = 8600 - 1300 = 7300$ टन

TOP TIPS इस प्रकार के प्रश्नों में अलग-अलग Steps में करने के बजाए एकसाथ हल करने से समय की बहुत बचत होती है।

52. (*d*) दिया है, कक्षा VIII = 63° = 105

$\therefore$ कुल छात्रों की संख्या $= \dfrac{105}{63°} \times 360° = 600$

कक्षा X में कुल छात्रों की संख्या

$= 600 \times \dfrac{64.8°}{360°} = 108$

कक्षा VII में कुल छात्रों की संख्या

$= 600 \times \dfrac{75.6°}{360°} = 126$

कक्षा (VII) में लड़कों की संख्या

$= 126 \times \dfrac{5}{14} = 45$

कक्षा X में लड़कियों की संख्या

$= 108 \times \dfrac{5}{9} = 60$

$\therefore$ अभीष्ट अनुपात = 45 : 60 = 3 : 4

53. (*d*) प्रश्नानुसार,

A. संस्थान S और P से उत्तीर्ण हुए कुल अभ्यर्थियों की संख्या $= 5700 \times \left(\dfrac{18+16}{100}\right) = 1938$

B. संस्थान T और R से नामांकित अभ्यर्थियों की कुल संख्या $= 8550 \times \left(\dfrac{8+10}{100}\right) = 1539$

$\therefore$ अन्तर (A – B) = 1938 – 1539 = 399

54. (*c*) अभीष्ट अनुपात

= 9000 × 22% : 7500 × 23% = 132 : 115

55. (*d*) संस्थान A से उत्तीर्ण होने वाले कुल छात्र

$= 1200 \times \dfrac{22}{100} = 264$

संस्थान A से उत्तीर्ण होने वाले लड़कों की संख्या $= 264 \times \dfrac{5}{(5+6)} = 264 \times \dfrac{5}{11} = 120$

संस्थान D से उत्तीर्ण होने वाले लड़कों की संख्या $= 1200 \times \dfrac{20}{100} \times \dfrac{40}{100} = 96$

$\therefore$ अभीष्ट अनुपात = 120 : 96 = 5 : 4

56. (*a*) कम्पनी A का कुल उत्पादन

= 420 + 140 = 560

कम्पनी B का कुल उत्पादन

= 350 + 150 = 500

कम्पनी C का कुल उत्पादन

= 360 + 120 = 480

कम्पनी D का कुल उत्पादन

= 440 + 80 = 520

कम्पनी E का कुल उत्पादन

= 440 + 110 = 550

$\because$ यहाँ कम्पनी A का उच्चतम उत्पादन है

अत: अभीष्ट अनुपात = 420 : 140

= 3 : 1

57. (*b*) ग्राफ से यह स्पष्ट है, कि तीन छात्रों (छात्र 4, छात्र 5 ओर छात्र 7) ने भूगोल की अपेक्षा इतिहास में ज्यादा अंक अर्जित किए हैं।

58. (*b*) ग्राफ से स्पष्ट है, कि छात्र 1, 2, 3 और 6 को भूगोल की अपेक्षा, इतिहास में कम अंक प्राप्त हुए हैं।

59. (*d*) प्रतिशत बढ़त ज्ञात करने के लिए आँकड़े अपर्याप्त हैं।

60. (*d*) इतिहास और भूगोल का अधिकतम अनुपात = 1.55

इतिहास और भूगोल का न्यूनतम अनुपात

= 0.35

$\therefore$ अभीष्ट अन्तर = 1.55 – 0.35 = 1.20

61. (*d*)

I. वर्ष J और K में मिलाकर A द्वारा किया गया चीनी का उत्पादन = 70 + 50 = 120 और वर्ष L और M में मिलाकर *B* द्वारा किया गया चीनी का उत्पादन

= 70 + 60 = 130

$\therefore$ अभीष्ट प्रतिशत $= \dfrac{(130-120)}{120} \times 100$

= 8.33%

II. वर्ष N और M में मिलाकर B द्वारा किया गया चीनी का उत्पादन = 60 + 45 = 105 और वर्ष K और L में मिलाकर A द्वारा किया गया चीनी का उत्पादन

= 50 + 30 = 80

$\therefore$ अभीष्ट अनुपात = 105 : 80 = 21 : 16

अत: केवल II कथन सत्य है।

62. (*d*) कम्पनी X की बचत व आय का अनुपात

वर्ष 2016 में, $0.25 = \dfrac{25}{100}$

वर्ष 2017 में, $0.50 = \dfrac{50}{100}$

वर्ष 2018 में, $1.25 = \dfrac{125}{100}$

वर्ष 2019 में, $1.50 = \dfrac{150}{100}$

वर्ष 2020 में, $0.75 = \dfrac{75}{100}$

अत: दो वर्षों (2018 और 2019) में कम्पनी X की बचत उसकी आय से अधिक है।

63. (*d*) कम्पनी Y की बचत व आय का अनुपात वर्ष,

2016 में, $0.75 = \dfrac{75}{100}$

2017 में, $1.00 = \dfrac{100}{100}$

2018 में, $1.50 = \dfrac{150}{100}$

2019 में, $1.75 = \dfrac{175}{100}$

2020 में, $0.50 = \dfrac{50}{100}$

अत: केवल दो वर्षों (2016 व 2020) में आय, बचत से अधिक है।

64. (*a*) वर्ग A, B और D में कुल छात्र

= (20 + 16 + 17)% × 800

$= \dfrac{53}{100} \times 800 = 424$

वर्ग A, B और D में लड़कों की संख्या

= 424 – (102 + 80 + 98)

= 424 – 280 = 144

वर्ग B, C और D में लड़कियों की संख्या

= 80 + 104 + 98 = 282

$\therefore$ अभीष्ट प्रतिशत $= \dfrac{144}{282} \times 100 = 51.06\%$

65. (*a*) पाई-चार्ट से,

राज्य गोवा में लोगों की कुल जनसंख्या $= 315000 \times \dfrac{12}{100} = 37800$

तथा राज्य मध्य प्रदेश में लोगों की कुल जनसंख्या $= \dfrac{315000 \times 20}{100} = 63000$

अब, दी गई तालिका से,

गोवा और मध्य प्रदेश में निरक्षर लोगों की जनसंख्या $= 37800 \times \dfrac{2}{5} + 63000 \times \dfrac{4}{5}$

= 15120 + 50400 = 65520

66. (*c*) आईटी में लड़कियों की संख्या

$= 5000 \times \dfrac{14}{100} \times \dfrac{100-65}{100}$

$= 5000 \times \dfrac{14}{100} \times \dfrac{35}{100} = 245$

ईसीई में लड़कियों की संख्या

$= 5000 \times \dfrac{16}{100} \times \dfrac{100-72}{100}$

$= 5000 \times \dfrac{16}{100} \times \dfrac{28}{100} = 224$

$\therefore$ अभीष्ट अन्तर = 245 – 224 = 21

67. (*d*) सीएस में लड़कों की संख्या

$= 5000 \times \dfrac{15}{100} \times \dfrac{44}{100} = 330$

ईसीई में लड़कों की संख्या

$= 5000 \times \dfrac{16}{100} \times \dfrac{72}{100} = 576$

ईईई में लड़कों की संख्या

$= 5000 \times \dfrac{18}{100} \times \dfrac{68}{100} = 612$

$\therefore$ अभीष्ट अनुपात

$= \dfrac{330 + 576 + 612}{3}$

$= \dfrac{1518}{3} = 506$

अध्याय

29 सांख्यिकी

Chapter Snapshot

असंगृहीत आँकड़ों को संगृहीत आँकड़ों में परिवर्तित कर प्राप्त सूचनाओं का अध्ययन **सांख्यिकी** कहलाता है।

- **अवर्गीकृत आँकड़े** जब प्रेक्षण एक श्रेणी अथवा समूह में दिए गए हो, **अवर्गीकृत आँकड़े** कहलाते हैं।
- **वर्गीकृत आँकड़े** जब प्रेक्षण संगत बारम्बारता के साथ दिए गए हों, **वर्गीकृत आँकड़े** कहलाते हैं।
- **सतत् आँकड़े** वर्ग-अन्तराल व उनके संगत बारम्बारताओं के समूह को **सतत् आँकड़े** कहते हैं।
- **संचयी बारम्बारता** पूर्ववर्ती वर्ग अन्तरालों की बारम्बारता को बाद के वर्ग अन्तराल की बारम्बारता में जोड़ने पर प्राप्त बारम्बारता को संचयी बारम्बारता कहते हैं।

I. माध्य दिए गए प्रेक्षणों के योग को प्रेक्षणों की संख्या से विभाजित करने पर प्राप्त मान को माध्य या समान्तर माध्य कहते हैं।

- **अवर्गीकृत आँकड़ों का माध्य** $\bar{x} = \dfrac{\text{प्रेक्षणों का योग}}{\text{प्रेक्षणों की संख्या}} = \dfrac{x_1 + x_2 + \dots + x_n}{n} = \dfrac{\sum_{i=1}^{n} x_i}{n}$
- **वर्गीकृत आँकड़ों का माध्य** $\bar{x} = \dfrac{\Sigma f_i x_i}{\Sigma f_i}$ यहाँ $i = 1, 2, 3, \dots$

यहाँ, f_i = संगत बारम्बारता, x_i = वर्ग अन्तराल का मध्यमान

II. माध्यिका आँकड़ों को आरोही या अवरोही क्रम में व्यवस्थित करने के उपरान्त चरों का केन्द्रीय मान/मध्य मान माध्यिका कहलाता है।

- **अवर्गीकृत आँकड़ों की माध्यिका**

(i) जब n विषम हों, तब माध्यिका $= \left(\dfrac{n+1}{2}\right)$वाँ पद

(ii) जब n सम हों, तब माध्यिका $= \dfrac{\left(\dfrac{n}{2}\right)\text{ वाँ पद} + \left(\dfrac{n}{2}+1\right)\text{वाँ पद}}{2}$

- वर्गीकृत आँकड़ों की माध्यिका $= l + \dfrac{\left(\dfrac{N}{2} - C\right)}{f} \times h$

यहाँ, N = बारम्बारता का योग

$\dfrac{N}{2}$ = माध्यिका वर्ग; l = माध्यिका वर्ग की निम्न सीमा

C = माध्यिका वर्ग से पहले वर्ग की संचयी बारम्बारता

f = माध्यिका वर्ग की बारम्बारता

h = माध्यिका वर्ग के वर्ग-अन्तराल की लम्बाई

III. बहुलक आँकड़ों में अधिकतम बार/अधिकतम आवृत्ति वाला मान बहुलक कहलाता है।

- **वर्गीकृत आँकड़ों का बहुलक** सर्वाधिक बारम्बारता वाला वर्ग बहुलक वर्ग कहलाता है।

बहुलक $= l + \left(\dfrac{f_1 - f_0}{2f_1 - f_0 - f_2}\right) \times h$

यहाँ, l = बहुलक वर्ग की निम्न सीमा; f_1 = बहुलक वर्ग की बारम्बारता; f_0 = बहुलक वर्ग के पहले वर्ग की बारम्बारता

f_2 = बहुलक वर्ग के बाद के वर्ग की बारम्बारता; h = बहुलक वर्ग का वर्ग-अन्तराल

IV. परास प्रेक्षणों के उच्च (X) तथा निम्न (Y) मान का अन्तर, (परास $= X - Y$)

Concept Capsule

- प्रत्येक पद में समान संख्या जोड़ने या घटाने पर माध्य भी उतना ही अधिक या कम हो जाता है।
- प्रत्येक पद में समान संख्या से गुणा या भाग करने पर माध्य भी उसी संख्या का उतना ही गुणा या भाग हो जाता है।

Formula Flashcard

- बहुलक $= 3 \times$ माध्यिका $- 2 \times$ माध्य
- प्रसरण $(\sigma^2) = \dfrac{\Sigma (X - \bar{x})^2}{n}$
- मानक विचलन $(\sigma) = \sqrt{\text{प्रसरण}}$
- प्रसरण गुणांक $= \dfrac{\sigma}{\bar{x}} \times 100\%$
- वर्ग अन्तराल का मध्यमान $= \dfrac{(\text{निम्न सीमा + उच्च सीमा})}{2}$

Exam Approach Examples

माध्य पर आधारित

उदाहरण 1. 10 और 22 के बीच सभी अभाज्य संख्याओं का माध्य क्या होगा? *RRB NTPC (CBT-II) 2022*

(a) 13 (b) 15 (c) 16 (d) 14

हल (b) 10 और 22 के बीच की अभाज्य संख्याएँ हैं 11, 13, 17 तथा 19

प्रेक्षणों की कुल संख्या = 4

प्रेक्षणों का योग = 11 + 13 + 17 + 19 = 60

$\therefore$ माध्य $(\bar{x}) = \dfrac{\text{प्रेक्षणों का योग}}{\text{प्रेक्षणों की संख्या}} = \dfrac{60}{4} = 15$

उदाहरण 2. पाँच प्रेक्षणों $m, m+5, m+10, m+15$ और $m+20$ का माध्य 20 है। प्रथम चार प्रेक्षणों का माध्य है *DSSSB Grade-II 2019*

(a) 16.5 (b) 15.5 (c) 16 (d) 17.5

हल (d) प्रेक्षणों की संख्या = 5

प्रेक्षणों का योग $= m + (m+5) + (m+10) + (m+15) + (m+20)$

$= 5m + 50 = 5(m+10)$

दिया है, माध्य = 20

$\therefore \quad \bar{x} = \dfrac{\Sigma x}{n} \Rightarrow 20 = \dfrac{5(m+10)}{5} \Rightarrow m + 10 = 20$

$\therefore \quad m = 20 - 10 = 10$

प्रथम चार प्रेक्षणों का योग $= m + (m+5) + (m+10) + (m+15)$

$= 4m + 30 = 4 \times 10 + 30 = 70$

$\therefore$ अभीष्ट माध्य $= \dfrac{70}{4} = 17.5$

उदाहरण 3. नीचे दिए गए आँकड़े विभिन्न छात्रों द्वारा प्राप्त अंकों को प्रदर्शित करते हैं।

अंक	छात्रों की संख्या
10-12	6
12-14	8
14-16	5
16-18	7
18-20	4

दिए गए आँकड़ों का माध्य अंक (दो दशमलव स्थान तक) कितना है? *SSC MTS 2019*

(a) 13.67 (b) 13.33
(c) 14.67 (d) 15.33

हल (c)

अंक	x_i	छात्रों की संख्या (f_i)	$f_i x_i$
10-12	11	6	66
12-14	13	8	104
14-16	15	5	75
16-18	17	7	119
18-20	19	4	76
		$\Sigma f_i = 30$	$\Sigma f_i x_i = 440$

$\therefore$ आँकड़ों का माध्य $= \dfrac{\Sigma f_i x_i}{\Sigma f_i} = \dfrac{440}{30} = 14.666 \approx 14.67$

माध्यिका पर आधारित

उदाहरण 4. प्रेक्षणों 20, 23, 25, 30, 20, 31, 32, 35, 20, 41, 42, 43, 20, 20 और 20 की माध्यिका ज्ञात कीजिए। *RRC Group D 2022*

(a) 23 (b) 25 (c) 26 (d) 28

हल (b) आँकड़ों को आरोही क्रम में व्यवस्थित करने पर,

20, 20, 20, 20, 20, 20, 23, 25, 30, 31, 32, 35, 41, 42, 43

यहाँ, $n = 15$ (विषम संख्या)

अत: माध्यिका $= \left(\dfrac{n+1}{2}\right)$ वाँ पद = 25

$= \left(\dfrac{15+1}{2}\right)$ वाँ पद = 8 वाँ पद = 25

$\therefore$ माध्यिका = 25

Trending Concept
माध्यिका से सम्बन्धित प्रश्न (SSC, Group-D, DSSSB आदि) में अक्सर पूछे जा रहे हैं।

उदाहरण 5. नीचे दिए गए आँकड़ों में छक्कों की संख्या तथा उन्हें जड़ने वाले बल्लेबाजों की संख्या को दिखाया गया है।

छक्कों की संख्या	बल्लेबाजों की संख्या
1	2
2	3
3	1
4	3
5	2

छक्कों की संख्या की माध्यिका कितनी है? *SSC MTS 2019*

(a) 3 (b) 5 (c) 4 (d) 4.5

हल (a) दिया है,

छक्कों की संख्या	बल्लेबाजों की संख्या (बारम्बारता)	संचयी बारम्बारता
1	2	2
2	3	5
3	1	6
4	3	9
5	2	11

$n = 11$ (विषम संख्या)

$\therefore$ माध्यिका $= \left(\dfrac{n+1}{2}\right)$ वाँ पद $= \left(\dfrac{11+1}{2}\right)$ वाँ पद = 6 वाँ पद = 3

$\therefore$ छक्कों की संख्या की माध्यिका 3 है।

उदाहरण 6. दिए गए बारम्बारता बंटन की माध्यिका ज्ञात कीजिए। *RRC Group D 2022*

वर्ग-अन्तराल	बारम्बारता (f)
0-10	8
10-20	7
20-30	9
30-40	12
40-50	11

(a) $\dfrac{215}{9}$ (b) $\dfrac{85}{3}$ (c) $\dfrac{265}{9}$ (d) $\dfrac{88}{3}$

हल (*c*) संचयी बारम्बारता सारणी बनाने पर,

वर्ग-अन्तराल	बारम्बारता (f)	संचयी बारम्बारता ($c.f.$)
0-10	8	8
10-20	7	15
20-30	9	24
30-40	12	36
40-50	11	47

$$N = 47, \quad \therefore \quad \frac{N}{2} = \frac{47}{2} = 23.5$$

माध्यिका वर्ग = 20 − 30

$C = 15,\ f = 9,\ l = 20$ तथा $h = 10$

$$\because \text{ माध्यिका } = l + \left(\frac{\frac{N}{2} - C}{f}\right) \times h = 20 + \left(\frac{23.5 - 15}{9}\right) \times 10$$

$$= 20 + \left(\frac{8.5}{9}\right) \times 10 = 20 + \frac{85}{9} = \frac{265}{9}$$

बहुलक पर आधारित

उदाहरण 7. दिए गए आँकड़ों का बहुलक क्या है?

5, 7, 9, 7, 3, 7, 5, 7, 8, 6, 7 *SSC CGL (Tier-II) 2023*

(a) 5 (b) 3 (c) 6 (d) 7

हल (*d*) यहाँ सर्वाधिक बारम्बारता वाला अंक '7' है, क्योंकि '7' की पुनरावृत्ति सर्वाधिक (5 बार) हुई है।

अत: बहुलक = 7

> **Score Booster**
> इस प्रकार के प्रश्नों में विकल्पों से उत्तर निकालना अधिक सरल होता है।

उदाहरण 8. दिए गए बारम्बारता बंटन का बहुलक ज्ञात कीजिए।

अंक	बारम्बारता
51	3
29	4
85	6
40	7

RRC Group D 2022

(a) 51 (b) 7 (c) 85 (d) 40

हल (*d*) तालिका में स्पष्टत: सर्वाधिक बारम्बारता (7) से सम्बन्धित अंक 40 है।

अत: बारम्बारता बंटन का बहुलक = 40

उदाहरण 9. कक्षा IX के छात्रों के एक समूह ने एक घर में परिवार के सदस्यों की संख्या के लिए एक इलाके में 40 घरों पर एक सर्वेक्षण किया, जिसके परिणामस्वरूप दी गई बारम्बारता तालिका प्राप्त हुई। आँकड़ों का बहुलक क्या है?

परिवार में सदस्यों की संख्या	परिवारों की संख्या
2-4	10
4-6	8
6-8	12
8-10	6
10-12	4

RRC Group D 2022

(a) 6.6 (b) 6.7 (c) 6.9 (d) 6.8

हल (*d*) अधिकतम बारम्बारता = 12

सम्बन्धित वर्ग = (6 − 8)

l = सम्बन्धित वर्ग की निचली सीमा = 6

h = वर्ग की ऊँचाई = 8 − 6 = 2

$f_1 = 12,\ f_2 = 6,\ f_0 = 8$

$$\because \text{ बहुलक } = l + \left(\frac{f_1 - f_0}{2f_1 - f_0 - f_2}\right) \times h$$

$$= 6 + \frac{(12 - 8)}{(2 \times 12 - 6 - 8)} \times 2$$

$$= 6 + \frac{4}{10} \times 2$$

$$= 6 + 0.8 = 6.8$$

> **Score Booster**
> वर्गीकृत आँकड़ों के माध्य, माध्यिका तथा बहुलक को ज्ञात करने के लिए सम्बन्धित सूत्रों का स्मरण होना अत्यन्त आवश्यक है।

उदाहरण 10. एक सामान्य असममित बंटन में, बहुलक और माध्यिका के मान क्रमश: 7.52 और 9.06 है। वितरण का माध्य कितना होगा?

SSC MTS 2021

(a) 10.23 (b) 8.67

(c) 9.83 (d) 9.5

हल (*c*) ∵ बहुलक = 3 × माध्यिका − 2 × माध्य

$\Rightarrow$ 7.52 = 3(9.06) − 2 × माध्य

$\Rightarrow$ 2 × माध्य = 27.18 − 7.52

$\Rightarrow$ 2 × माध्य = 19.66

$\therefore$ माध्य $= \frac{19.66}{2} = 9.83$

> **Trending Concept**
> माध्य, माध्यिका, बहुलक के सम्बन्ध पर आधारित प्रश्न विभिन्न प्रतियोगी परीक्षाओं (MTS, Railway, Police SI तथा Constable आदि) में पूछे जा रहे हैं, जो आगामी परीक्षाओं के लिए अति महत्त्वपूर्ण हैं।

आँकड़ों पर आधारित

उदाहरण 11. 7 प्रेक्षणों 6, 7, 10, 12, 13, 8, 14 का प्रसरण है

RRB NTPC 2021

(a) 9 (b) 9.25

(c) 8.50 (d) 8.29

हल (*d*) प्रेक्षणों की संख्या = 7

प्रेक्षणों का योग = 6 + 7 + 10 + 12 + 13 + 8 + 14 = 70

$\therefore$ माध्य $(\bar{x}) = \frac{70}{7} = 10$

$$\text{प्रसरण} = \frac{\Sigma(X - \bar{x})^2}{n}$$

$$= \frac{4^2 + 3^2 + 0^2 + 2^2 + 3^2 + 2^2 + 4^2}{7}$$

$$= \frac{16 + 9 + 4 + 9 + 4 + 16}{7}$$

$$= \frac{58}{7} = 8.29$$

उदाहरण 12. यदि 5 मानों का प्रसरण 0.64 है, तो इसका मानक विचलन क्या होगा? *RRB NTPC (CBT-I) 2021*

(a) 5.64 (b) 0.128

(c) 3.2 (d) 0.8

हल (*d*) यहाँ,

प्रसरण, $(\sigma^2) = 0.64$

मानक विचलन $(\sigma) = \sqrt{\text{प्रसरण}} = \sqrt{0.64} = 0.8$

Chapter Challenge

माध्य पर आधारित

1. 10 मदों के एक संग्रह के लिए $\Sigma x = 155$ है, तो अंकगणितीय माध्य क्या होगा? **DSSSB PRT 2019**

(a) 10 (b) 10.5
(c) 15 (d) 15.5

2. दिए गए प्रेक्षणों, 39, 49, 59, 60, 70, 80, 90, 93 और 90 का समान्तर माध्य क्या है? **RRB ALP (CBT-I) 2024**

(a) 78
(b) 79
(c) 76
(d) 70

> **MRC*****
> *(Most Repeating Concepts)*
> प्र. सं. 2, 3 और 7 Examination Point of Views से अति महत्त्वपूर्ण हैं। इन Concept पर प्रश्न विभिन्न प्रतियोगी परीक्षाओं (SSC, ALP, DSSSB, NTPC आदि) में निरन्तर पूछे जा रहे हैं।

3. दस प्रेक्षणों का माध्य 14 है, यदि प्रत्येक प्रेक्षण में 6 जोड़ दिया जाए, तो परिणामी माध्य क्या होगा?

(a) अपरिवर्तित होगा (b) 6 कम हो जाएगा
(c) 6 अधिक हो जाएगा (d) 8 अधिक हो जाएगा

4. 25 संख्याओं का माध्य 14 है। यदि प्रत्येक संख्या में 3 जोड़ दिया जाए, तो नया माध्य कितना होगा? **SSC MTS 2021**

(a) 14 (b) 17
(c) 15 (d) 18

5. x प्रेक्षणों का समान्तर माध्य m है। यदि दो प्रेक्षणों 0 और m को जोड़ दिया जाए, तो नया माध्य क्या होगा? **RRB NTPC 2021**

(a) $\frac{mx}{x+1}$ (b) $\frac{m}{x+1}$
(c) m (d) $\frac{m(x+1)}{x+2}$

6. कुछ आँकड़ों के 15 प्रेक्षणों का योग $(434 + x)$ है। यदि आँकड़ों का माध्य x है, तो x का मान क्या होगा? **RRB ALP 2018**

(a) 25 (b) 33
(c) 27 (d) 31

7. निम्नलिखित बंटन के माध्य अंक ज्ञात कीजिए।

प्राप्तांक	विद्यार्थियों की संख्या
25	5
30	6
35	3
40	1

RRC Group D 2022

(a) 32 (b) 31
(c) 29 (d) 30

8. यदि निम्न आँकड़ों का माध्य 4 है, तो लुप्त बारम्बारता ज्ञात कीजिए।

x	3	5	9	2
f	3	4	–	8

RRC Group D 2022

(a) 5 (b) 4 (c) 7 (d) 3

9. यदि निम्नलिखित बंटन का माध्य 26 है, तो k का मान क्या है?

वर्ग	0-10	10-20	20-30	30-40	40-50
बारम्बारता	8	10	k	6	12

RRB NTPC 2021

(a) 8 (b) 1 (c) 4 (d) 10

10. निम्नलिखित तालिका 200 छात्रों द्वारा एक परीक्षा में प्राप्त % अंकों को दर्शाती है। तालिका को पढ़िए तथा निम्नलिखित प्रश्न के उत्तर दीजिए।

अंक	छात्रों की संख्या
30-35	28
35-40	32
40-45	36
45-50	46
50-55	36
55-60	16
60-65	6

छात्रों का औसत अंक क्या है? **DSSSB PRT 2018**

(a) 45.05 (b) 44.35 (c) 44.15 (d) 46.15

11. यदि निम्नलिखित आँकड़ों का माध्य k है, तो k का मान ज्ञात कीजिए।

मान	3	2	k	4	5
बारम्बारता	k	$2k$	$3k$	$4k$	$5k$

RRB NTPC 2021

(a) 4 (b) 3 (c) 2 (d) 6

12. यदि बंटन का माध्य 24.6 है, तो x का मान ज्ञात करें।

वर्ग	0-10	10-20	20-30	30-40	40-50
बारम्बारता	6	12	15	x	5

SSC MTS 2021

(a) 13 (b) 10 (c) 12 (d) 9

माध्यिका पर आधारित

13. क्रिकेट मैच में 11 खिलाड़ियों द्वारा बनाए गए रन इस प्रकार है 7, 16, 121, 51, 101, 81, 1, 16, 9, 11, 16 आँकड़ों की माध्यिका की गणना करें। **SSC (10+2) 2024**

(a) 51 (b) 11 (c) 22 (d) 16

14. यदि $a, \frac{a}{2}, \frac{2a}{3}, \frac{a}{4}, \frac{3a}{6}$ की माध्यिका 6 है, तो फिर a का मान क्या है, जहाँ a प्राकृतिक संख्या है? **RRB NTPC 2022**

(a) 11 (b) 10 (c) 9 (d) 12

15. यदि 5, 9, 11, $x-3$, 25, 27 एवं 32 की माध्यिका 19 हो, तो $x = ?$

(a) 21 (b) 22 (c) 20 (d) 18

16. आँकड़ों को आरोही क्रम में लिखा जाता है, अर्थात् 3, 4, 7, x, $x+1$, 12, 13, 15। यदि इन आँकड़ों की माध्यिका 9.5 है, तो x का मान ज्ञात कीजिए। **SSC MTS 2021**

(a) 9 (b) 8.5 (c) 8 (d) 7.5

17. 11 अलग-अलग प्रेक्षणों के एक समूह की माध्यिका 73.2 है। यदि समूह के सबसे बड़े पाँच प्रेक्षणों में से प्रत्येक में '3' की वृद्धि होती है, तो नए समूह की माध्यिका **SSC CGL (Tier-II) 2023**

(a) मूल समूह के 3 गुनी है (b) में 3 की कमी होती है
(c) में 3 की वृद्धि होती है (d) मूल समूह के समान रहती है

18. संख्या 5, 7, 8, 10, 12, 13 और N को आरोही क्रम में व्यवस्थित किया जाता है। इन संख्याओं का माध्य, संख्याओं की माध्यिका के बराबर है। N का मान ज्ञात कीजिए। ***SSC MTS 2021***
(a) 14 (b) 16 (c) 15 (d) 25

19. आरोही क्रम में नीचे दिए गए प्रेक्षणों की माध्यिका $n-1$ है। 4, 8, $n-14$, 17, $n+5$, 30, 32 और 35, n का मान क्या है? ***RRC Group D 2022***
(a) 18 (b) 19 (c) 24 (d) 17

20. नीचे दी गई तालिका एक गाँव के 100 किसानों की प्रति हेक्टेयर गेहूँ की उपज के आँकड़े दर्शाती है। माध्यिका वर्ग से पूर्ववर्ती वर्ग की संचयी बारम्बारता ज्ञात कीजिए।

उपज (क्विंटल/हेक्टेयर)	किसानों की संख्या
30-40	5
40-50	18
50-60	15
60-70	22
70-80	27
80-90	13

RRC Group D 2022
(a) 43 (b) 38 (c) 29 (d) 35

21. दिए गए बारम्बारता बंटन की माध्यिका ज्ञात कीजिए।

वर्ग	0-10	10-20	20-30	30-40	40-50
बारम्बारता	10	8	7	9	12

RRC Group D 2022
(a) $\frac{250}{7}$ (b) $\frac{190}{7}$ (c) $\frac{290}{7}$ (d) $\frac{150}{7}$

22. निम्नलिखित आँकड़ों का माध्यिका 28.5 है। कुल बारम्बारता 60 है। x और y के मान क्रमशः हैं

आयु (वर्ष में)	रोगियों की संख्या
0-10	5
10-20	x
20-30	20
30-40	15
40-50	y
50-60	5
कुल	60

RRC Group D 2022
(a) $x = 7, y = 8$ (b) $x = 6, y = 9$
(c) $x = 8, y = 7$ (d) $x = 9, y = 6$

बहुलक पर आधारित

23. दिए गए आँकड़ों का बहुलक कितना है?
4, 3, 4, 3, 2, 2, 2, 5, 5, 3, 4, 6, 4, 3, 3 ***SSC MTS 2019***
(a) 2 (b) 5 (c) 4 (d) 3

24. आँकड़ों 2, 2, 3, 5, 15, 15, 15, 20, 21, 23, 25, 15, 23, 25 का बहुलक ज्ञात कीजिए। ***RRC Group D 2022***
(a) 21 (b) 25 (c) 23 (d) 15

25. 2, 2, 3, 3, 5, 5, 5, 7, 8, 8, 9, 10 का बहुलक है ***SSC MTS 2019***
(a) 3 (b) 5 (c) 6 (d) 2

26. एक मध्यम असममित वितरण में बहुलक और माध्य का मान क्रमशः 12.5 और 15.2 हैं। वितरण का माध्यक ज्ञात कीजिए। ***RRB NTPC 2021***
(a) 14.0
(b) 14.9
(c) 14.3
(d) 14.5

> **MRC*****
> *(Most Repeating Concepts)*
> प्र. सं. 23, 24, 25 और 26 Examination Point of Views से अति महत्त्वपूर्ण हैं। इन Concept पर प्रश्न विभिन्न प्रतियोगी परीक्षाओं (MTS, Group-D, NTPC आदि) में निरन्तर पूछे जा रहे हैं।

27. एक कारखाने में कार्यरत 100 श्रमिकों का उनके मासिक वेतन के अनुसार बंटन, औसत वेतन ₹ 4500 प्रतिमाह दर्शाता है। यदि माध्यिका वेतन ₹ 4900 पाया जाता है, तो बहुलक वेतन ज्ञात कीजिए। ***SSC (10+2) 2024***
(a) ₹ 5600 (b) ₹ 5500
(c) ₹ 5700 (d) ₹ 5800

28. नीचे दिए गए आँकड़ों का अध्ययन करें और उल्लिखित क्रम में ही इसका बहुलक, माध्यिका और माध्य ज्ञात करें।
8, 9, 8, 5, 9, 8, 9, 7, 9 ***RRC Group D 2022***
(a) 8, 9, 9 (b) 8, 9, 8
(c) 9, 9, 9 (d) 9, 8, 8

29. यदि आँकड़ों 11, 17, $x + 1$, $3x$, 19, $2x - 4$, $x + 5$ का माध्य 21 है, तो इन आँकड़ों का बहुलक ज्ञात कीजिए। ***RRC Group D 2022***
(a) 17 (b) 15 (c) 11 (d) 19

30. निम्न तालिका में 20 छात्रों के वजन को दर्शाया गया है

वजन (किग्रा में)	48	51	60	53	56
छात्रों की संख्या	6	3	2	4	5

SSC MTS 2019
उपरोक्त आँकड़ों के क्रमशः बहुलक और माध्यिका क्या हैं?
(a) 53 और 56 (b) 60 और 53
(c) 51 और 48 (d) 48 और 53

आँकड़ों पर आधारित

31. निम्नलिखित आँकड़ों का प्रसरण ज्ञात कीजिए।
6, 7, 5, 9, 12, 15 ***RRB NTPC (CBT-I) 2021***
(a) $\frac{37}{6}$ (b) $\frac{67}{6}$ (c) $\frac{81}{3}$ (d) $\frac{37}{3}$

32. निम्नलिखित आँकड़ों के लिए मानक विचलन की गणना करें।
3, 4, 5, 6, 7 ***RRB NTPC 2021***
(a) $\sqrt{6}$ (b) $\sqrt{3}$ (c) $\sqrt{2}$ (d) 2

33. निम्नलिखित आँकड़ों के लिए प्रसरण गुणांक की गणना करें।
4, 7, 9, 10, 15
(a) 39.9% (b) 35.5%
(c) 30.4% (d) 40.3%

Right Key

1 (d)	2 (d)	3 (c)	4 (b)	5 (d)	6 (d)	7 (d)	8 (d)	9 (c)	10 (a)
11 (a)	12 (c)	13 (d)	14 (b)	15 (b)	16 (a)	17 (d)	18 (c)	19 (c)	20 (b)
21 (b)	22 (c)	23 (d)	24 (d)	25 (b)	26 (c)	27 (c)	28 (d)	29 (d)	30 (d)
31 (d)	32 (c)	33 (d)							

Solutions

1. (*d*) प्रेक्षणों/मदों की संख्या $(n) = 10$

मदों का योग $= \Sigma x = 155$

$\therefore$ माध्य $(\bar{x}) = \frac{\Sigma x}{n} = \frac{155}{10} = 15.5$

2. (*d*) माध्य

$$= \frac{39 + 49 + 59 + 60 + 70 + 80 + 90 + 93 + 90}{9}$$

$$= \frac{630}{9} = 70$$

3. (*c*) 10 प्रेक्षणों का माध्य = 14

$\therefore$ 10 प्रेक्षणों का योग $= 14 \times 10 = 140$

प्रत्येक प्रेक्षणों में '6' जोड़ने पर,

10 प्रेक्षणों का नया योग $= 140 + 10 \times 6 = 200$

नया माध्य $= \frac{200}{10} = 20$

अर्थात् प्रेक्षण का माध्य '6' अधिक हो जाएगा।

4. (*b*) 25 संख्याओं का माध्य = 14

25 संख्याओं का योग $= 25 \times 14$

प्रत्येक संख्या में 3 जोड़ने पर नया योग

$= 25 \times 14 + 25 \times 3$

$= 350 + 75 = 425$

$\therefore$ नया माध्य $= \frac{425}{25} = 17$

Quick Method

यदि संख्याओं का माध्य y है, तब प्रत्येक संख्या में x जोड़ने पर नया माध्य $(y + x)$ होगा।

$\therefore$ प्रत्येक संख्या में 3 जोड़ देने पर नया माध्य $= 14 + 3 = 17$

5. (*d*) x प्रेक्षणों का समान्तर माध्य $= m$

$\therefore$ x प्रेक्षणों का योग $= mx$

0 तथा m जोड़ने पर,

नया योग $= mx + 0 + m$

$= m(x + 1)$

नए प्रेक्षणों की संख्या $= x + 2$

$\therefore$ अभीष्ट नया माध्य $= \frac{m(x+1)}{(x+2)}$

6. (*d*) प्रेक्षणों की संख्या $(n) = 15$

प्रेक्षणों का योग $= (434 + x)$

$\therefore$ माध्य $(\bar{x}) = \frac{434 + x}{15} = x$ (दिया है)

$\Rightarrow$ $15x = 434 + x \Rightarrow 14x = 434$

$\therefore$ $x = \frac{434}{14} = 31$

7. (*d*)

प्राप्तांक (x)	विद्यार्थियों की संख्या (f)	fx
25	5	125
30	6	180
35	3	105
40	1	40
	$\Sigma f = 15$	$\Sigma fx = 450$

$\therefore$ माध्य $(\bar{x}) = \frac{\Sigma fx}{\Sigma f} = \frac{450}{15} = 30$

TOP TIPS आँकड़ों का माध्य ज्ञात करने के लिए माध्य के सभी सूत्र कण्ठस्थ होने चाहिए।

8. (*d*) माना लुप्त बारम्बारता $= m$

x	3	5	9	2	
f	3	4	m	8	$\Sigma f = (15 + m)$
fx	9	20	$9m$	16	$\Sigma fx = (45 + 9m)$

$\because \bar{x} = \frac{\Sigma fx}{\Sigma f} \Rightarrow 4 = \frac{45 + 9m}{15 + m}$

$\Rightarrow 60 + 4m = 45 + 9m$

$\Rightarrow 5m = 15 \Rightarrow m = 3$

9. (*c*)

वर्ग	मध्यमान (x)	बारम्बारता (f)	fx
0-10	5	8	40
10-20	15	10	150
20-30	25	k	$25k$
30-40	35	6	210
40-50	45	12	540
		$\Sigma f = 36 + k$	$\Sigma fx = 940 + 25k$

$\because$ माध्य $(\bar{x}) = \frac{\Sigma fx}{\Sigma f}$

$\Rightarrow 26 = \frac{940 + 25k}{36 + k}$

$\Rightarrow 936 + 26k = 940 + 25k$

$\therefore k = 940 - 936 = 4$

10. (*a*)

अंक	x	छात्रों की संख्या (f)	fx
30-35	32.5	28	910
35-40	37.5	32	1200
40-45	42.5	36	1530
45-50	47.5	46	2185
50-55	52.5	36	1890
55-60	57.5	16	920
60-65	62.5	6	375
		$\Sigma f = 200$	$\Sigma fx = 9010$

$\therefore$ अभीष्ट औसत $\bar{x} = \frac{\Sigma fx}{\Sigma f} = \frac{9010}{200} = 45.05$

11. (*a*)

मान (x)	बारम्बारता (f)	संचयी बारम्बारता (fx)
3	k	$3k$
2	$2k$	$4k$
k	$3k$	$3k^2$
4	$4k$	$16k$
5	$5k$	$25k$
	$\Sigma f = 15k$	$\Sigma fx = 48k + 3k^2$

माध्य $(\bar{x}) = \frac{\Sigma fx}{\Sigma f}$

$\Rightarrow k = \frac{48k + 3k^2}{15k}$

$\Rightarrow 15k^2 = 48k + 3k^2$

$\Rightarrow 12k^2 - 48k = 0 \Rightarrow 12k(k - 4) = 0$

$\therefore k = 4$

12. (*c*)

वर्ग	मध्यमान (x_i)	बारम्बारता (f_i)	$f_i x_i$
0-10	5	6	30
10-20	15	12	180
20-30	25	15	375
30-40	35	x	$35x$
40-50	45	5	225
योग		$\Sigma f_i = 38 + x$	$\Sigma f_i x_i = 810 + 35x$

माध्य $= \frac{\Sigma f_i x_i}{\Sigma f_i}$

$\Rightarrow \quad 24.6 = \dfrac{810 + 35x}{38 + x}$

$\Rightarrow 934.8 + 24.6x = 810 + 35x$

$\Rightarrow \quad 10.4x = 124.8$

$\therefore \quad x = \dfrac{124.8}{10.4} = 12$

13. (*d*) 11 खिलाड़ियों द्वारा बनाए गए रनों को आरोही क्रम में व्यवस्थित करने पर,

1, 7, 9, 11, 16, 16, 16, 51, 81, 101, 121

यहाँ, $n = 11$ (विषम है)

$\therefore$ माध्यिका $= \left(\dfrac{n+1}{2}\right)$ वाँ पद

$= \left(\dfrac{11+1}{2}\right)$ वाँ पद

= 6 वाँ पद = 16

TOP TIPS आँकड़ों की माध्यिका ज्ञात करने के लिए सम व विषम पदों की संख्या पर ध्यान देना चाहिए।

14. (*b*) संख्याओं को आरोही क्रम में व्यवस्थित करने पर, $\dfrac{a}{4}, \dfrac{a}{2}, \dfrac{3a}{5}, \dfrac{2a}{3}, a$

यहाँ, $n = 5$ (विषम)

माध्यिका $= \left(\dfrac{5+1}{2}\right)$ वाँ पद = तीसरा पद

$\therefore$ माध्यिका $= \dfrac{3a}{5} = 6$

$\Rightarrow \quad 3a = 30$

$\therefore \quad a = 10$

15. (*b*) प्रेक्षणों की संख्या = 7 (विषम)

$\therefore$ माध्यिका $= \dfrac{(n+1)}{2}$ वाँ पद

$\Rightarrow \quad 19 = \left(\dfrac{7+1}{2}\right)$ = चौथा पद $= x - 3$

$\therefore \quad x = 19 + 3 = 22$

16. (*a*) आरोही क्रम में आँकड़े 3, 4, 7, x, $x + 1$, 12, 13, 15

यहाँ, $n = 8$ (सम है)

$\therefore$ माध्यिका $= \left[\dfrac{\dfrac{n}{2} \text{ वाँ पद} + \left(\dfrac{n}{2}+1\right) \text{ वाँ पद}}{2}\right]$

$9.5 = \left[\dfrac{\left(\dfrac{8}{2}\right) \text{ वाँ पद} + \left(\dfrac{8}{2}+1\right) \text{ वाँ पद}}{2}\right]$

$9.5 = \left[\dfrac{\text{4वें पद का मान} + \text{5वें पद का मान}}{2}\right]$

$\Rightarrow \quad 19 = x + x + 1 \Rightarrow \quad 2x = 18$

$\therefore \quad x = 9$

17. (*d*) 11 प्रेक्षणों की माध्यिका = 73.2

यहाँ, $n = 11$ (विषम संख्या)

$\therefore$ माध्यिका $= \left(\dfrac{11+1}{2}\right)$ वाँ पद

= 6 वाँ पद

अत: यहाँ छठा पद = 73.2

अब, यदि समूह के सबसे बड़े पाँच प्रेक्षणों में प्रत्येक में '3' की वृद्धि होगी, तो नए समूह की माध्यिका मूल समूह के समान होगी।

18. (*c*) आरोही क्रम में आँकड़े हैं

5, 7, 8, 10, 12, 13, N

माध्य $= \dfrac{5 + 7 + 8 + 10 + 12 + 13 + N}{7}$

$= \dfrac{55 + N}{7}$

यहाँ, $n = 7$ (विषम है)

माध्यिका $= \left(\dfrac{7+1}{2}\right)$ वाँ पद का मान

= चौथे पद का मान = 10

प्रश्नानुसार,

$\dfrac{55 + N}{7} = 10 \quad \Rightarrow \quad 55 + N = 70$

$\Rightarrow \quad N = 70 - 55$

$\therefore \quad N = 15$

19. (*c*) आरोही क्रम में आँकड़े हैं।

4, 8, $(n - 14)$, 17, $(n + 5)$, 30, 32, 35

यहाँ, आँकड़ों की संख्या = 8 (सम)

माध्यिका $= \dfrac{\dfrac{8}{2} \text{ वाँ पद} + \left(\dfrac{8}{2}+1\right) \text{ वाँ पद}}{2}$

$\Rightarrow n - 1 = \dfrac{\text{4 वाँ पद} + \text{5 वाँ पद}}{2}$

$\Rightarrow \quad 2n - 2 = 17 + (n + 5)$

$\Rightarrow \quad 2n - 2 = 22 + n$

$\therefore \quad n = 22 + 2 = 24$

20. (*b*)

उपज (क्विंटल/हेक्टेयर)	बारम्बारता (f)	संचयी बारम्बारता (cf)
30-40	5	5
40-50	18	23
50-60	15	38
60-70	22	60
70-80	27	87
80-90	13	100

यहाँ, $N = 100 \Rightarrow \dfrac{N}{2} = 50$

$\therefore$ माध्यिका वर्ग = 60 – 70

माध्यिका वर्ग से पहले वाले वर्ग = 50 – 60

अत: अभीष्ट संचयी बारम्बारता = 38

21. (*b*)

वर्ग	(f)	संचयी बारम्बारता (cf)
0-10	10	10
10-20	8	18
20-30	7	25
30-40	9	34
40-50	12	46
	$\Sigma f = 46$	$N = 46$

यहाँ, $N = 46 \Rightarrow \dfrac{N}{2} = 23$

माध्यिका $= l + \left(\dfrac{\dfrac{N}{2} - C}{f}\right) \times h$

$\therefore$ माध्यिका वर्ग = (20 – 30)

यहाँ, $l = 20,\ C = 18,\ f = 7,$

$h = 30 - 20 = 10$

$\therefore$ माध्यिका $= 20 + \dfrac{(23 - 18)}{7} \times 10$

$= 20 + \dfrac{50}{7} = \dfrac{190}{7}$

22. (*c*)

आयु (वर्षों में)	रोगियों की संख्या (f)	संचयी बारम्बारता (cf)
0-10	5	5
10-20	x	$5 + x$
20-30	20	$25 + x$
30-40	15	$40 + x$
40-50	y	$40 + x + y$
50-60	5	$45 + x + y$
	$\Sigma f = 60 = 45 + x + y$	

माध्यिका $= l + \dfrac{\left(\dfrac{N}{2} - C\right)}{f} \times h$

$N = 60$

$\therefore \quad \dfrac{N}{2} = \dfrac{60}{2} = 30$

माध्यिका वर्ग = (20 – 30)

$\therefore\ l = 20, \quad h = 30 - 20 = 10, \ f = 20$

$C = (5 + x)$

$\therefore$ माध्यिका $= 20 + \dfrac{30 - (5 + x)}{20} \times 10$

$\Rightarrow \quad 28.5 - 20 = 15 - \left(\dfrac{5+x}{2}\right)$

$\Rightarrow \quad \dfrac{5 + x}{2} = 15 - 8.5 = 6.5$

$\therefore \quad x = 13 - 5 = 8$

$\because \quad 45 + x + y = 60$

$\Rightarrow 45 + 8 + y = 60$ (x का मान रखने पर)

$\therefore \quad y = 60 - 53 = 7$

23. (*d*) आँकड़े 4, 3, 4, 3, 2, 2, 2, 5, 5, 3, 4, 6, 4, 3, 3

दिए गए आँकड़ों में संख्या 3 सबसे अधिक बार (5 बार) आई है।

अत: आँकड़ों का बहुलक = 3

24. (*d*) दिए गए आँकड़ों में संख्या '15' की पुनरावृत्ति सर्वाधिक (4 बार) हुई है।

अत: बहुलक = 15

25. (*b*) आँकड़ों में संख्या 5 सर्वाधिक बार (3 बार) आई है।

अत: आँकड़ों का बहुलक = 5

26. (*c*) बहुलक = 12.5; माध्य = 15.2

$\because$ बहुलक = 3 × माध्यिका − 2 × माध्य

$\Rightarrow$ 12.5 = 3 × माध्यिका − 2 × 15.2

$\Rightarrow$ 3 × माध्यिका = 12.5 + 30.4 = 42.9

$\therefore$ माध्यिका $= \frac{42.9}{3} = 14.3$

TOP TIPS बहुलक = 3 × माध्यिका − 2 × माध्य
इसे याद करने के लिए बड़ी संख्या (3) का गुणा बड़ा शब्द (माध्यिका) और छोटी संख्या (2) का गुणा छोटा शब्द (माध्य) से करते हैं।

27. (*c*) माध्य वेतन = ₹ 4500

माध्यिका वेतन = ₹ 4900

$\because$ बहुलक = 3 × माध्यिका − 2 × माध्य

$= 3 \times 4900 - 2 \times 4500$

$= (14700 - 9000) = 5700$

अत: बहुलक वेतन = ₹ 5700

28. (*d*) आँकड़ों को आरोही क्रम में व्यवस्थित करने पर,

5, 7, 8, 8, 8, 9, 9, 9, 9

माध्य $= \frac{5+7+8+8+8+9+9+9+9}{9}$

$= \frac{72}{9} = 8$

$\therefore$ $n = 9$ (विषम)

माध्यिका $= \left(\frac{n+1}{2}\right)$ वाँ पद = 5 वाँ पद = 8

बहुलक = 9

अत: (बहुलक, माध्यिका, माध्य) = (9, 8, 8)

29. (*d*) $\bar{x} = \frac{\text{आँकड़ों का योग}}{\text{आँकड़ों की संख्या}}$

$\Rightarrow 21 = \frac{11 + 17 + (x+1) + 3x + 19 + (2x-4) + (x+5)}{7}$

$\Rightarrow 147 = 49 + 7x$

$\Rightarrow 7x = 98$

$\therefore x = \frac{98}{7} = 14$

आँकड़े हैं,

11, 17, 15, 42, 19, 24, 19

यहाँ, 19 की पुनरावृत्ति सर्वाधिक है।

अत: बहुलक = 19

30. (*d*) दी गई तालिका में सभी छात्रों के वजन को बढ़ते आरोही में व्यवस्थित करने पर,

वजन (किग्रा में)	48	51	53	56	60
छात्रों की संख्या	6	3	4	5	2

उपरोक्त तालिका से स्पष्ट है, कि बहुलक 48 है, क्योंकि 48 किग्रा वजन सबसे अधिक 6 छात्रों का है।

अब, चूँकि छात्रों की संख्या (n) = 20 (सम)

$\therefore$ माध्यिका $= \left[\frac{10\text{वाँ पद} + 11\text{वाँ पद}}{2}\right]$

$= \frac{53+53}{2} = 53$

अत: आँकड़ों का बहुलक 48 और माध्यिका 53 है।

31. (*d*) माध्य $(\bar{x}) = \frac{6+7+5+9+12+15}{6}$

$= \frac{54}{6} = 9$

यहाँ, $n = 6$

प्रसरण $= \frac{\Sigma(X-\bar{x})^2}{n}$

$= \frac{(9-6)^2 + (9-7)^2 + (9-5)^2 + (9-9)^2 + (9-12)^2 + (9-15)^2}{6}$

$= \frac{9+4+16+0+9+36}{6}$

$= \frac{74}{6} = \frac{37}{3}$

32. (*c*) यहाँ, $n = 5$

$\bar{x} = \frac{3+4+5+6+7}{5}$

$= \frac{25}{5} = 5$

मानक विचलन $= \sqrt{\frac{\Sigma(X-\bar{x})^2}{n}}$

$= \sqrt{\frac{(5-3)^2 + (5-4)^2 + (5-5)^2 + (5-6)^2 + (5-7)^2}{5}}$

$= \sqrt{\frac{4+1+0+1+4}{5}}$

$= \sqrt{\frac{10}{5}} = \sqrt{2}$

33. (*d*) यहाँ, आँकड़ों की संख्या (n) = 5

माध्य $(\bar{x}) = \frac{4+7+9+10+15}{5}$

$= \frac{45}{5} = 9$

मानक विचलन $(\sigma) = \sqrt{\frac{\Sigma(X-\bar{x})^2}{n}}$

$= \sqrt{\frac{(9-4)^2 + (9-7)^2 + (9-9)^2 + (9-10)^2 + (9-15)^2}{5}}$

$= \sqrt{\frac{25+4+1+36}{5}} = \sqrt{\frac{66}{5}}$

$= \sqrt{13.2} = 3.633$

$\therefore$ प्रसरण गुणांक $= \frac{\sigma}{\bar{x}} \times 100\%$

$= \frac{3.633}{9} \times 100 = 40.3\%$

अध्याय
30 विविध

Chapter Snapshot

इस अध्याय में विभिन्न प्रतियोगी परीक्षाओं में कभी-कभी आने वाले विषयों का अध्ययन करेंगे। जैसे—निर्देशांक ज्यामिति, समुच्चय, वेन आरेख, लघुगणक आदि।

I. निर्देशांक ज्यामिति

- **कार्तीय पद्धति** एक तल में बिन्दु की स्थिति के निर्धारण में प्रयुक्त पद्धति को **कार्तीय पद्धति** कहा जाता है। क्षैतिज रेखा XOX' को X-अक्ष तथा ऊर्ध्वाधर रेखा YOY' को Y-अक्ष कहा जाता है।

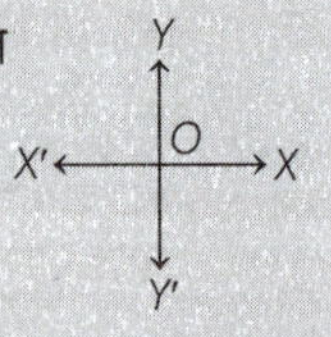

  वह बिन्दु जहाँ ये दोनों रेखाएँ एक-दूसरे को प्रतिच्छेद करती हैं, मूलबिन्दु कहलाता है तथा इसे 'O' से निरूपित किया जाता है। मूलबिन्दु के निर्देशांक सदैव $(0, 0)$ होते हैं।

  यदि किसी बिन्दु P के निर्देशांक (x, y) हैं, तो x को भुज तथा y को कोटि कहते हैं। यदि बिन्दु प्रथम चतुर्थांश में स्थित है, तो इस बिन्दु के निर्देशांक धनात्मक होंगे।

बिन्दु के निर्देशांक का चित्र

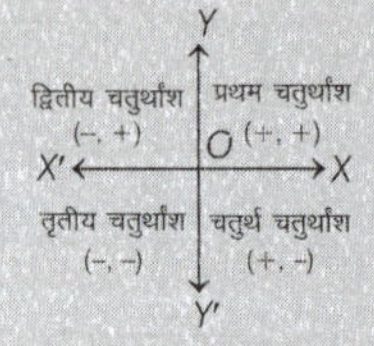

- **दो बिन्दुओं के बीच की दूरी** यदि दो बिन्दुओं $P(x_1, y_1)$ तथा $Q(x_2, y_2)$ के बीच की दूरी 'd' है,

  तब $PQ = d = \sqrt{(x_2 - x_1)^2 + (y_2 - y_1)^2}$
  $= \sqrt{(x_1 - x_2)^2 + (y_1 - y_2)^2}$

- **अन्त: विभाजन के निर्देशांक** यदि दो बिन्दु $A(x_1, y_1)$ तथा $B(x_2, y_2)$ को मिलाने वाली सरल रेखा को एक बिन्दु $C(x, y)$, $m : n$ के अनुपात में अन्त: विभाजित करता है, तब बिन्दु $C(x, y)$ के निर्देशांक $\left(\frac{mx_2 + nx_1}{m + n}, \frac{my_2 + ny_1}{m + n}\right)$ होंगे।

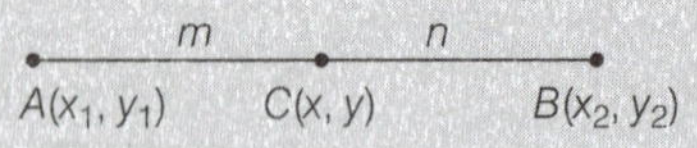

- **बाह्य विभाजन के निर्देशांक** यदि दो बिन्दु $A(x_1, y_1)$ तथा $B(x_2, y_2)$ को मिलाने वाली रेखा को एक बिन्दु $C(x, y)$, $m : n$ में बाह्यत: विभाजित करता है, तब बिन्दु $C(x, y)$ के निर्देशांक $\left(\frac{mx_2 - nx_1}{m - n}, \frac{my_2 - ny_1}{m - n}\right)$ होंगे।

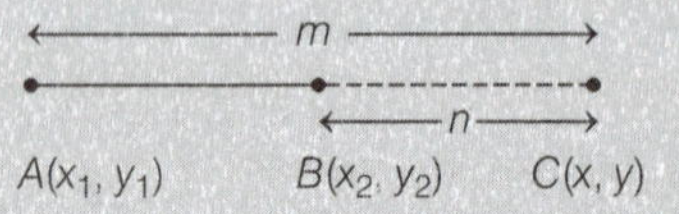

- **मध्य-बिन्दु के निर्देशांक** दो बिन्दु $A(x_1, y_1)$ तथा $B(x_2, y_2)$ को मिलाने वाली रेखा के मध्य-बिन्दु के निर्देशांक $\left(\frac{x_1 + x_2}{2}, \frac{y_1 + y_2}{2}\right)$ होते हैं।

Concept Capsule

- X-अक्ष पर स्थित प्रत्येक बिन्दु की कोटि अर्थात्, y-निर्देशांक सर्वदा शून्य होता है।
- Y-अक्ष पर स्थित प्रत्येक बिन्दु का भुज अर्थात्, x-निर्देशांक सर्वदा शून्य होता है।
- मूलबिन्दु $(0, 0)$ से बिन्दु (x, y) की दूरी $\sqrt{x^2 + y^2}$ होती है।
- त्रिभुज का क्षेत्रफल हमेशा धनात्मक होता है।
- तीन संरेखीय बिन्दु का क्षेत्रफल हमेशा शून्य होता है।
- X-अक्ष का समीकरण $y = 0$ तथा Y-अक्ष का समीकरण $x = 0$ होता है।
- मूलबिन्दु से होकर जाने वाली रेखा का समीकरण, $y = mx$ होता है।
- जब $m_1 = m_2$ हो, तो रेखाएँ समान्तर होंगी।
- जब $m_1 m_2 = -1$ हो, तब रेखाएँ लम्बवत् होती हैं।
- रिक्त समुच्चय प्रत्येक समुच्चय का उपसमुच्चय होता है।
- प्रत्येक समुच्चय, स्वयं का उपसमुच्चय होता है।
- 'n' अवयवों वाले समुच्चय में उपसमुच्चयों की संख्या 2^n होती है।
- यदि लघुगणक का आधार नहीं दिया गया हो, तो आधार को सदैव 10 माना जाता है।
- साधारण लघुगणक का आधार सदैव 10 होता है।
- ऋणात्मक संख्या का लघुगणक कभी परिभाषित नहीं होता है।
- प्रत्येक धनात्मक संख्या का एक ही लघुगणक होता है।

- **त्रिभुज का क्षेत्रफल** यदि ΔABC के शीर्ष A, B तथा C के निर्देशांक क्रमश: $(x_1, y_1), (x_2, y_2)$ व (x_3, y_3) हैं, तब

$$\Delta ABC \text{ का क्षेत्रफल} = \frac{1}{2}[x_1(y_2 - y_3) + x_2(y_3 - y_1) + x_3(y_1 - y_2)] = \frac{1}{2}\begin{vmatrix} x_1 & y_1 & 1 \\ x_2 & y_2 & 1 \\ x_3 & y_3 & 1 \end{vmatrix}$$

- **त्रिभुज के केन्द्रक के निर्देशांक** यदि ΔABC के शीर्ष $A(x_1, y_1)$, $B(x_2, y_2)$ व $C(x_3, y_3)$ हैं, तो

$$\text{केन्द्रक के निर्देशांक} = \left(\frac{x_1 + x_2 + x_3}{3}, \frac{y_1 + y_2 + y_3}{3}\right)$$

- **बिन्दुओं के प्रतिबिम्ब** किसी बिन्दु के मूलबिन्दु या किसी अन्य बिन्दु और अक्षों के सापेक्ष प्रतिबिम्ब बिन्दु निम्न प्रकार से होते हैं
  - (i) बिन्दु (x, y) का मूलबिन्दु के सापेक्ष प्रतिबिम्ब $(-x, -y)$ होता है।
  - (ii) बिन्दु (x, y) का X-अक्ष के सापेक्ष प्रतिबिम्ब $(x, -y)$ होता है।
  - (iii) बिन्दु (x, y) का Y-अक्ष के सापेक्ष प्रतिबिम्ब $(-x, y)$ होता है।
  - (iv) बिन्दु (x, y) का रेखा $x = k; x = -k, y = k$ और $y = -k$ के सापेक्ष प्रतिबिम्ब आलेख की सहायता से ज्ञात करते हैं।
- **रेखा की प्रवणता** बिन्दु $A(x_1, y_1)$ तथा $B(x_2, y_2)$ से गुजरने वाली रेखा की प्रवणता/ढ़लान 'm' है, तब $m = \frac{y_2 - y_1}{x_2 - x_1}$

सरल रेखा के मानक समीकरण

(i) **प्रवणता रूप** प्रवणता m वाली रेखा जो Y-अक्ष पर लम्बाई c का अन्त:खण्ड काटती है, का समीकरण $y = mx + c$ होता है।

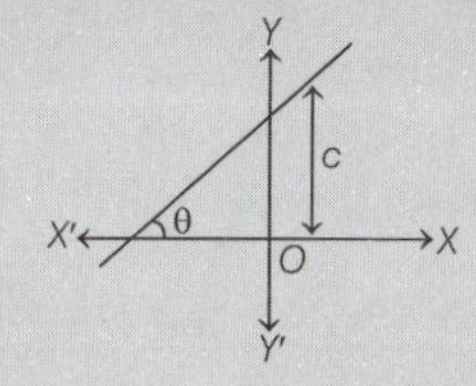

(ii) **अन्त:खण्ड रूप** एक सरल रेखा जो अक्षों पर a व b लम्बाई के अन्त:खण्ड काटती है, का समीकरण $\frac{x}{a} + \frac{y}{b} = 1$ होता है।

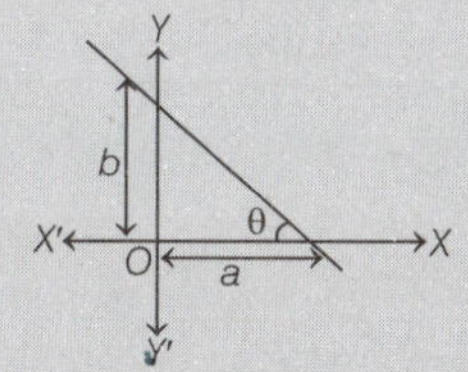

अक्षों के समान्तर रेखा का समीकरण

(i) X-अक्ष के समान्तर रेखा का समीकरण, $y = b$

(ii) Y-अक्ष के समान्तर रेखा का समीकरण, $x = a$

- **समान्तर रेखाओं के बीच की दूरी** रेखाओं $ax + by + c_1 = 0$ व $ax + by + c_2 = 0$ के बीच की दूरी $= \frac{c_1 \sim c_2}{\sqrt{a^2 + b^2}}$

II. **समुच्चय** विभिन्न सुपरिभाषित वस्तुओं के संग्रह को **समुच्चय** कहा जाता है। समुच्चय में मौजूद वस्तुएँ समुच्चय के अवयव या सदस्य (element) कहलाते हैं। यदि समुच्चय 'A' का अवयव 'x' है, तब इसे $x \in A$ से निरूपित करते हैं।

जैसे— A = अंग्रेजी वर्णमाला के सभी स्वरों का समुच्चय

$\therefore \quad A = \{a, e, i, o, u\}$ अर्थात् $a \in A, e \in A$ आदि।

Formula Flashcards

- रेखा $ax + by + c = 0$ दी गई हो, तब प्रवणता $(m) = \frac{-x \text{ का गुणांक}}{y \text{ का गुणांक}} \Rightarrow m = \frac{-a}{b}$
- एक बिन्दु (x_1, y_1) से गुजरने वाली रेखा है $(y - y_1) = m(x - x_1)$
- दो बिन्दुओं (x_1, y_1) तथा (x_2, y_2) से गुजरने वाली रेखा है $$(y - y_1) = \frac{y_2 - y_1}{x_2 - x_1}(x - x_1)$$
- दो सरल रेखाओं के बीच का कोण जब m_1. तथा m_2 उन रेखाओं की, प्रवणता हो, $$\tan\theta = \left|\frac{m_1 - m_2}{1 + m_1 m_2}\right|$$
- $n(A \cup B) = n(A) + n(B) - n(A \cap B)$
- $n(A \cup B) = n(A) + n(B)$ जब $n(A \cap B) = \phi$ हो,
- $n(A - B) = n(A) - n(A \cap B)$
- $\phi' = U$
- $(A')' = A$
- $A \cup A' = U$
- $n(A \cup B \cup C) = n(A) + n(B) + n(C) - n(A \cap B) - n(B \cap C) - n(A \cap C) + n(A \cap B \cap C)$
- $n(A') = n(U) - n(A)$
- $n(A' \cup B') = n(U) - n(A \cap B)$
- $n(A' \cap B') = n(U) - n(A \cup B)$

समुच्चयों के प्रकार

- **उपसमुच्चय तथा अधिसमुच्चय** माना A व B दो अरिक्त समुच्चय हैं। यदि A का प्रत्येक अवयव समुच्चय B का अवयव हो, तब समुच्चय A को समुच्चय B का **उपसमुच्चय** कहते हैं। यदि B का उपसमुच्चय A है, तब B को A का **अधिसमुच्चय** कहते हैं तथा इसे $B \supset A$ से निरूपित करते हैं। यदि B का उपसमुच्चय A है, तब इसे $A \subseteq B$ द्वारा निरूपित करते हैं तथा इसे 'B का उपसमुच्चय A है' पढ़ते हैं।

समुच्चयों की संक्रियाएँ

- **समुच्चयों का सम्मिलन** यदि A तथा B दो समुच्चय हैं, तब A तथा B का सम्मिलन वह समुच्चय है, जिसमें सभी अवयव होते हैं, जो या तो A या B या दोनों में होते हैं। इसे $A \cup B$ द्वारा निरूपित किया जाता है तथा A यूनियन B अथवा 'A' सम्मिलन 'B' पढ़ा जाता है।

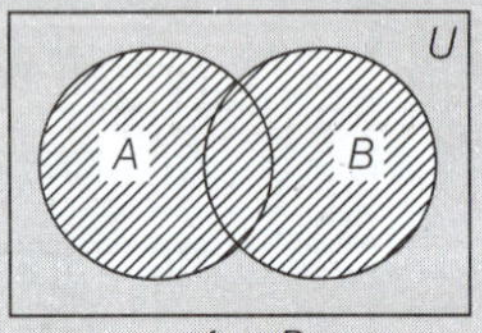

$A \cup B$

$A \cup B = \{x : x \in A$ या $x \in B\}$

जैसे— यदि, $A = \{3, 4, 5\}$ तथा $B = \{1, 4, 9\}$ तब, $A \cup B = \{1, 3, 4, 5, 9\}$

- **समुच्चयों का प्रतिच्छेदन** यदि A व B दो समुच्चय हैं, तब A व B का प्रतिच्छेदन वह समुच्चय है जिनमें वे अवयव हैं, जो दोनों A व B में हैं। A व B के प्रतिच्छेदन को $A \cap B$ द्वारा निरूपित करते हैं तथा इसे 'A प्रतिच्छेदन B' पढ़ते हैं।

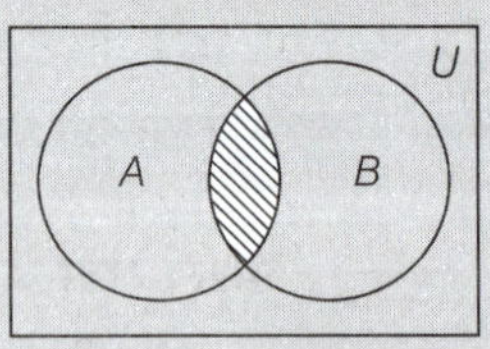

$A \cap B$

$\therefore A \cap B = \{x : x \in A$ तथा $x \in B\}$

जैसे— यदि, $A = \{1, 3, 5, 7\}$ तथा $B = \{3, 4, 5, 6, 7\}$

तब, $A \cap B = \{3, 5, 7\}$

- **विसंघीय समुच्चय** दो समुच्च्य A व B विसंघीय समुच्चय कहलाते हैं, यदि $A \cap B = \phi$ अर्थात् यदि A तथा B में कोई भी उभयनिष्ठ अवयव नहीं हैं।

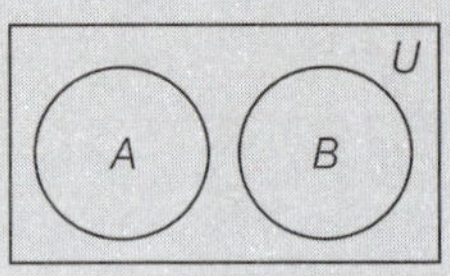

$A \cap B = \phi$

जैसे— यदि $A = \{1, 2, 3\}$ तथा $B = \{4, 5, 6\}$

तब, $A \cap B = \{\ \} = \phi$

- **समुच्चयों का अन्तर** यदि A तथा B दो अरिक्त समुच्चय हैं, तो A तथा B का अन्तर $(A - B)$ वह समुच्चय है, जिसमें वे सभी अवयव होते हैं, जो 'A' में हैं, परन्तु 'B' में न हों, इसे $A - B$ द्वारा निरूपित किया जाता है।

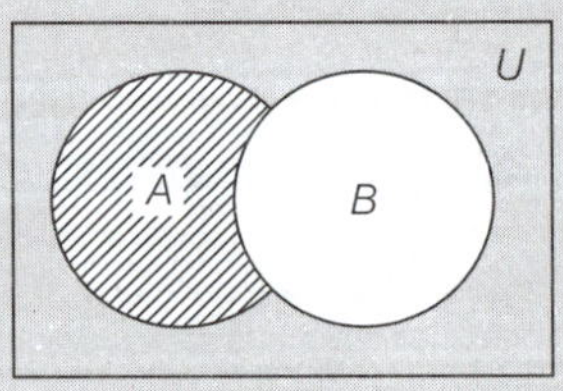

$A - B$

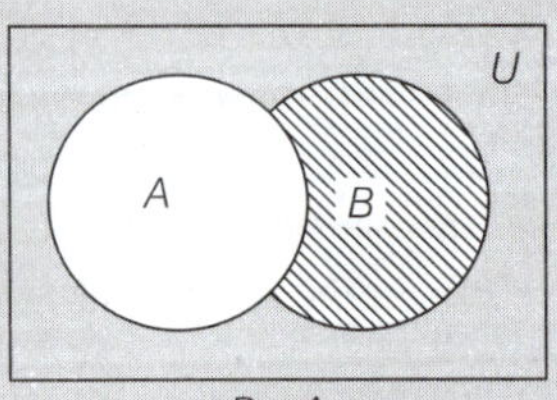

$B - A$

$A - B = \{x : x \in A,$ परन्तु, $x \notin B\}$

$B - A = \{x : x \in B,$ परन्तु, $x \notin A\}$

जैसे— $A = \{1, 3, 5, 7, 9\}$ तथा $B = \{6, 8, 7, 9, 11\}$

तब, $A - B = \{1, 3, 5\}$ तथा $B - A = \{6, 8, 11\}$

- **पूरक समुच्चय** समुच्चय A का पूरक समुच्चय वह समुच्चय है, जिसमें वे सभी अवयव होते हैं, जो सार्वत्रिक समुच्चय में तो होते हैं, परन्तु समुच्चय 'A' में नहीं होते हैं। इसे A' या A^c द्वारा निरूपित किया जाता है।

जब, $U =$ सार्वत्रिक समुच्चय तब, $A \subset U$

$\therefore \quad A' = U - A = \{x : x \in U,$ परन्तु $x \notin A\}$

जैसे— यदि $U = \{1, 2, 3, 4, 5, \ldots\}$ तथा $A = \{2, 4, 6, 8, ..\}$

तब $A' = U - A = \{1, 3, 5, 7, \ldots\}$

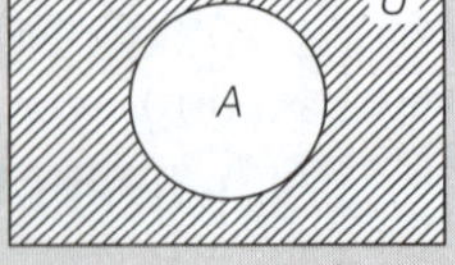

$A' = U - A$

- **डी-मार्गन नियम** $(A \cup B)' = A' \cap B'$ और $(A \cap B)' = A' \cup B'$

III. लघुगणक यदि $a^m = b$ हों, तब यहाँ 'a' को आधार और 'm' को घात कहते हैं। लघुगणक को $\log_a b$ के द्वारा निरूपित किया जाता है। अर्थात् $a^m = b$ अथवा $m = \log_a b$

लघुगणक के नियम

(i) $\log_a (m \times n) = \log_a m + \log_a n$

(ii) $\log_a \left(\dfrac{m}{n}\right) = \log_a m - \log_a n$

(iii) $\log_a m^n = n \log_a m$

(iv) $\log_a m = \dfrac{\log_b m}{\log_b a}$

(v) $\log_a a = 1$

(vi) $\log_a 1 = 0$

Exam Approach Examples

निर्देशांक ज्यामिति पर आधारित

उदाहरण 1. यदि दो बिन्दुओं (x, 7) और (1, 15) के बीच की दूरी 10 इकाई है, तो x का मान ज्ञात कीजिए। *RRB NTPC 2021*

(a) 7, – 5 (b) 4, 5 (c) 5, – 7 (d) 3, 7

हल (a) माना $A(x, 7)$ और $B(1, 15)$ है

$\therefore\ x_1 = x, x_2 = 1, y_1 = 7$ तथा $y_2 = 15$

$\therefore$ बिन्दु A और B के बीच की दूरी

$(AB) = d = \sqrt{(x_1 - x_2)^2 + (y_1 - y_2)^2}$

$\Rightarrow\ 10 = \sqrt{(x-1)^2 + (7-15)^2}$

$\Rightarrow\ 100 = (x-1)^2 + 64$

$\Rightarrow\ (x-1)^2 = 36 \ \Rightarrow\ x - 1 = \pm 6 \ \therefore\ x = 7$ तथा -5

Trending Concept

दो बिन्दुओं के बीच की दूरी से सम्बन्धित प्रश्न निरन्तर (CRPF तथा Railway NTPC) की परीक्षाओं में पूछे जा रहे हैं।

उदाहरण 2. यदि A(–5, – 2), B(1, 3) और C(2, – 2) एक त्रिभुज के शीर्ष है, तब ΔABC का क्षेत्रफल (वर्ग इकाई में) का मान ज्ञात कीजिए। *CRPF Constable 2023*

(a) 16 (b) 16.5 (c) 17.5 (d) 15.5

हल (c) ΔABC का क्षेत्रफल

$$= \frac{1}{2}[x_1(y_2 - y_3) + x_2(y_3 - y_1) + x_3(y_1 - y_2)]$$

$$= \frac{1}{2}[-5(3+2) + 1(-2+2) + 2(-2-3)]$$

$$= \frac{1}{2}[-25 + 0 - 10] = \frac{1}{2} \times (-35) = \frac{-35}{2} = -17.5$$

चूँकि क्षेत्रफल कभी भी ऋणात्मक नहीं हो सकता है,

अतः ΔABC का क्षेत्रफल 17.5 वर्ग इकाई है।

उदाहरण 3. बिन्दुओं (2, 5), (3, 9) और (4, 1) द्वारा बने त्रिभुज का केन्द्रक ज्ञात कीजिए। *RRB NTPC 2021*

(a) (6, 6) (b) (9, 15) (c) (3, 9) (d) (3, 5)

हल (d) त्रिभुज का केन्द्रक $(x, y) = \left(\frac{x_1 + x_2 + x_3}{3}, \frac{y_1 + y_2 + y_3}{3}\right)$

$$= \left(\frac{2+3+4}{3}, \frac{5+9+1}{3}\right) = \left(\frac{9}{3}, \frac{15}{3}\right) = (3, 5)$$

उदाहरण 4. समीकरण 4x + 6y = 9 द्वारा दर्शाई गई रेखा की प्रवणता ज्ञात कीजिए। *RRB ALP 2019*

(a) $\frac{3}{2}$ (b) $\frac{-3}{2}$ (c) $\frac{2}{3}$ (d) $\frac{-2}{3}$

हल (d) $\because ax + by + c = 0$ की प्रवणता $= \frac{-a}{b}$

$\therefore 4x + 6y - 9 = 0$ की प्रवणता $= \frac{-4}{6} = \frac{-2}{3}$

समुच्चय सिद्धान्त पर आधारित

उदाहरण 5. किसी सामान्य सेट के सन्दर्भ में, $A \cup (B \cap C)$ किसके बराबर है? *RRB ALP 2018*

(a) $(A \cup B) \cap (A \cap C)$ (b) $(A \cap B) \cup (A \cap C)$

(c) $(A \cup B) \cup (A \cup C)$ (d) $(A \cup B) \cap (A \cup C)$

हल (d) $A \cup (B \cap C) = (A \cup B) \cap (A \cup C)$

माना, $A = \{1, 2, 3\}$, $B = \{3, 4, 5, 6\}$, $C = \{5, 7, 9, 8\}$

$A \cup (B \cap C) = \{1, 2, 3\} \cup \{5\}$

$= \{1, 2, 3, 5\}$

अब $A \cup B = \{1, 2, 3, 4, 5, 6\}$

$A \cup C = \{1, 2, 3, 5, 7, 8, 9\}$

$(A \cup B) \cap (A \cup C) = \{1, 2, 3, 5\}$

अतः $A \cup (B \cap C) = (A \cup B) \cap (A \cup C)$

Score Booster

इस प्रकार के प्रश्नों को आसानी से उत्तर देने के लिए समुच्चय सिद्धान्त के नियमों को याद रखें।

उदाहरण 6. किसी परीक्षा में 52% छात्र अंग्रेजी में अनुत्तीर्ण हैं और 42% गणित में अनुत्तीर्ण है। यदि 17% छात्र अंग्रेजी तथा गणित दोनों में अनुत्तीर्ण हैं, तो दोनों विषयों में कितने प्रतिशत छात्र उत्तीर्ण हुए हैं?

(a) 18% (b) 21% (c) 23% (d) 25%

हल (c) अंग्रेजी में अनुत्तीर्ण छात्र, $n(E) = 52\%$

गणित में अनुत्तीर्ण छात्र, $n(M) = 42\%$

दोनों विषयों में अनुत्तीर्ण छात्र, $n(E \cap M) = 17\%$

$\therefore$ कुल अनुत्तीर्ण छात्र, $n(E \cup M) = n(E) + n(M) - n(E \cap M)$

$= 52 + 42 - 17 = 94 - 17 = 77\%$

अतः दोनों विषयों में कुल उत्तीर्ण छात्र $= (100 - 77)\% = 23\%$

Quick Method

अतः दोनों विषयों में उत्तीर्ण छात्र

$= 100 - (35 + 17 + 25)$

$= 23\%$

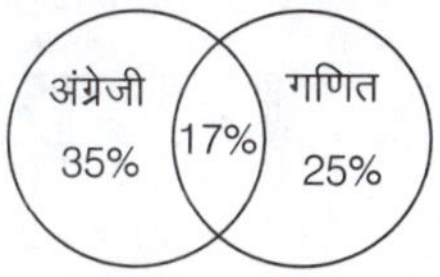

लघुगणक पर आधारित

उदाहरण 7. यदि $y = \frac{x}{(2+a)^z}$ है, तब z का मान ज्ञात कीजिए। *RRB NTPC 2021*

(a) $\frac{\log(x-y)}{\log(2+a)}$ (b) $\frac{\log\left(\frac{x}{y}\right)}{\log(2-a)}$ (c) $\frac{\log\left(\frac{y}{x}\right)}{\log(2+a)}$ (d) $\frac{\log\left(\frac{x}{y}\right)}{\log(2+a)}$

हल (d) दिया है, $y = \frac{x}{(2+a)^z}$

दोनों ओर log लेने पर,

$$\log y = \log\left(\frac{x}{(2+a)^z}\right) \Rightarrow \log y = \log x - \log(2+a)^z$$

$$\Rightarrow \log(2+a)^z = \log x - \log y$$

$$\Rightarrow \log(2+a)^z = \log\left(\frac{x}{y}\right) \qquad \left(\because \log m - \log n = \log\frac{m}{n}\right)$$

$$\Rightarrow z\log(2+a) = \log\left(\frac{x}{y}\right) \qquad [\because \log m^n = n\log m]$$

$$\therefore \quad z = \frac{\log\left(\frac{x}{y}\right)}{\log(2+a)}$$

Chapter Challenge

निर्देशांक ज्यामिति पर आधारित

1. समीकरण $x = a(a \neq 0)$ का ग्राफ, ... है। **SSC CGL (Tier-II) 2022**
(a) Y-अक्ष के समान्तर रेखा
(b) X-अक्ष पर 45° के कोण पर रेखा
(c) X-अक्ष के समान्तर सरल रेखा
(d) Y-अक्ष पर 45° के कोण पर रेखा

2. बिन्दुओं (–4, 7) और (2, 3) को मिलाने वाले रेखाखण्ड के मध्य बिन्दु के निर्देशांक लिखिए। **RRB ALP 2019**
(a) (1, – 5)
(b) (2, 4)
(c) (–1, 5)
(d) (–2, 3)

> **MRC*****
> ***(Most Repeating Concepts)***
> प्र. सं. 2, 12, 17 और 20 Examination Point of Views से महत्त्वपूर्ण है। इन Concept पर प्रश्न प्रतियोगी परीक्षाओं (Railway, SSC) में निरन्तर पूछे जाते हैं।

3. बिन्दुओं (2, 7) और (k, – 5) के बीच की दूरी 13 है, तो k का मान ज्ञात कीजिए। **SSC CGL (Tier-I) 2017**
(a) –7 (b) 7 (c) 6 (d) –6

4. रेखा $y = 2$ में बिन्दु (6, – 3) का प्रतिबिम्ब ज्ञात कीजिए। **SSC CGL (Tier-I) 2017**
(a) (–2, – 3) (b) (6, 7) (c) (–6, 7) (d) (–2, 3)

5. यदि बिन्दु (3, 5), (6, y) और (–3, 4) द्वारा निर्मित त्रिभुज का केन्द्रक (x, y) है, तो x और y का मान ज्ञात कीजिए। **UP TET 2018**
(a) $x = 2, y = \frac{9}{2}$ (b) $x = 2, y = 3$
(c) $x = \frac{9}{2}, y = 3$ (d) $x = 3, y = 2$

6. रेखा AB का ढ़लान $-\frac{2}{3}$ है तथा बिन्दु A और B के निर्देशांक क्रमशः (x, – 3) और (5, 2) हैं, तब x का मान ज्ञात कीजिए। **SSC CGL (Tier-I) 2017**
(a) 4 (b) –14 (c) 12.5 (d) –4

7. रेखा $y = -2$ में बिन्दु (4, – 3) का प्रतिबिम्ब ज्ञात कीजिए। **SSC CGL (Tier-I) 2017**
(a) (4, 1) (b) (–4, 1) (c) (–4, – 1) (d) (4, –1)

8. वह बिन्दु जिसके भुज और कोटि बराबर हैं और बिन्दुओं (1, 0) तथा (0, 3) से समान दूरी पर स्थित है, है
(a) (1, 1) (b) (2, 2) (c) (3, 3) (d) (4, 4)

9. उन बिन्दुओं के निर्देशांक ज्ञात कीजिए, जहाँ रेखा $57x - 19y = 399$ के निर्देशांक अक्षों को काटते हैं। **SSC CGL (Tier-II) 2023**
(a) X-अक्ष पर (7, 0) तथा Y-अक्ष पर (0, – 21)
(b) X-अक्ष पर (7, 0) तथा Y-अक्ष पर (0, 21)
(c) X-अक्ष पर (–7, 0) तथा Y-अक्ष पर (0, 21)
(d) X-अक्ष पर (–7, 0) तथा Y-अक्ष पर (0, – 21)

10. यदि रेखा p का समीकरण $x + y = 5$ है और रेखा q का समीकरण $x - y = 3$ है, तो दोनों रेखाओं में उभयनिष्ठ बिन्दु के निर्देशांक क्या हैं?
(a) (2, 1) (b) (1, 4) (c) (2, 3) (d) (4, 1)

11. $x + 2y = 3$ और $3x - 2y = 1$ के ग्राफ Y-अक्ष के दो बिन्दुओं पर मिलते हैं, जिनके बीच की दूरी है।
(a) $\frac{8}{3}$ इकाई (b) $\frac{4}{3}$ इकाई (c) 1 इकाई (d) 2 इकाई

12. यदि त्रिभुज के शीर्ष (3, – 2), (2, – 3) तथा (P, – 4) हैं, तथा त्रिभुज का क्षेत्रफल 8 वर्ग इकाई है, तो P का मान ज्ञात कीजिए। **RRC Group D 2022**
(a) 17 (b) – 16 (c) 15 (d) – 15

13. $2x + 5y = 12$, $x + y = 3$ और X-अक्ष के ग्राफों से परिबद्ध त्रिभुज का क्षेत्रफल (वर्ग इकाई में) कितना होगा? **SSC CGL (Tier-II) 2022**
(a) 3 (b) 2.5 (c) 3.5 (d) 4

14. बिन्दु (3, – 4) और (5, 2) को मिलाने वाली रेखा की प्रवणता ज्ञात कीजिए। **RRB ALP 2019**
(a) $\frac{1}{3}$ (b) 2 (c) 3 (d) $\frac{1}{2}$

समुच्चय सिद्धान्त पर आधारित

15. n घटक वाले एक परिमित समुच्चय के उपसमुच्चयों की संख्या कितनी होती है? **DSSSB Workshop Asst. 2014**
(a) 2^n (b) $n!$ (c) n^2 (d) n^n

16. समुच्चय $A = \{a, b\}$ के उपसमुच्चयों की संख्या ज्ञात कीजिए।
(a) 3 (b) 4 (c) 2 (d) 1

17. यदि $A = \{1, 7, 10, 16, 19\}$, $B = \{7, 3, 16, 22, 25\}$ तथा $C = \{10, 13, 19, 22, 28\}$, तब $C \cup (A - B)$ का मान ज्ञात कीजिए।
(a) {1, 10, 13, 19, 22, 28} (b) {1, 13, 19, 22, 28}
(c) {1, 7, 13, 16, 22, 25} (d) उपरोक्त में से कोई नहीं

18. एक कक्षा के 45 छात्र विज्ञान तथा गणित दोनों विषय को पढ़ने के लिए चुनते हैं। 10 छात्र दोनों विषय को चुनते हैं तथा 20 छात्र गणित विषय को चुनते हैं, तब विज्ञान विषय को चुनने वाले छात्रों की संख्या ज्ञात कीजिए।
(a) 35 (b) 15 (c) 25 (d) इनमें से कोई नहीं

19. यदि सेट A और B के पदों की संख्या $n(A) = 40$, $n(B) = 26$ तथा $n(A \cap B) = 16$, तो $n(A \cup B)$ किसके बराबर है?
(a) 30 (b) 40 (c) 50 (d) 60

20. एक कक्षा के 25 विद्यार्थियों में से 12 ने गणित विषय लिया है। 8 विद्यार्थियों ने गणित विषय लिया है, परन्तु सांख्यिकी विषय नहीं लिया है, तो कितने विद्यार्थियों ने सांख्यिकी विषय लिया है, परन्तु गणित विषय नहीं लिया है?
(a) 5 (b) 17 (c) 13 (d) 4

लघुगणक पर आधारित

21. यदि $9 \times \log(x) = \log(9) + \log(27) + \log(81)$, तो x का मान ज्ञात कीजिए। **RRB NTPC 2021**
(a) 4 (b) 2 (c) 1 (d) 3

22. $\log\frac{15}{16} + \log\frac{2}{5} - \log\frac{3}{8}$ का मान ज्ञात कीजिए।
(a) 0 (b) 1 (c) $\log\frac{3}{8}$ (d) $2\log\frac{3}{8}$

23. यदि $\log_{\sqrt{3}} 81 = x$ है, तो x का मूल्य ज्ञात कीजिए। **DSSSB Workshop Asst. 2014**
(a) 4 (b) 8 (c) 16 (d) 32

24. यदि $\log(x^3 - 1) - \log(x^2 + x + 1) = 0$ हो, तो x का मान ज्ञात कीजिए।

(a) 0 (b) 1
(c) 2 (d) 3

25. यदि $a^2 + b^2 = 7ab$ हो, तो $\log \frac{a+b}{3}$ का मान ज्ञात कीजिए।

(a) $\frac{1}{2}(\log a - \log b)$ (b) $\frac{1}{2}(\log a + \log b)$
(c) $\log a - \log b$ (d) $\log a + \log b$

Right Key

1 (a)	2 (c)	3 (b)	4 (b)	5 (a)	6 (c)	7 (d)	8 (b)	9 (a)	10 (d)
11 (d)	12 (a)	13 (a)	14 (c)	15 (a)	16 (b)	17 (a)	18 (a)	19 (c)	20 (c)
21 (d)	22 (a)	23 (b)	24 (c)	25 (b)					

Solutions

1. (a) दी गई समीकरण $x = a$

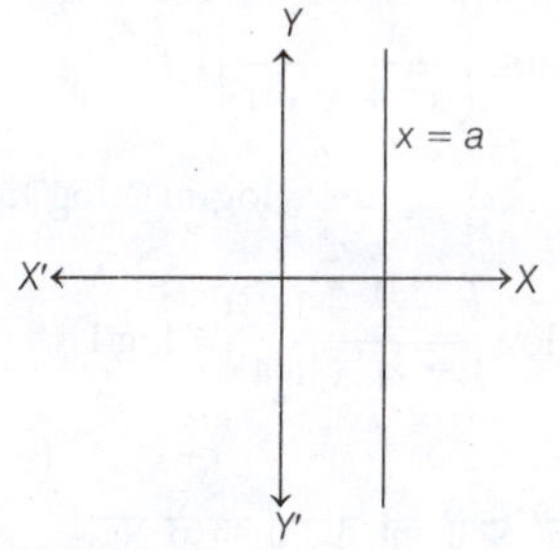

∴ दी गई समीकरण $x = a$, Y-अक्ष के समान्तर है।

2. (c) मध्य-बिन्दु के निर्देशांक,

$$(x, y) = \left(\frac{x_1 + x_2}{2}, \frac{y_1 + y_2}{2}\right)$$
$$= \left(\frac{-4 + 2}{2}, \frac{7 + 3}{2}\right) = (-1, 5)$$

3. (b) दो बिन्दुओं के बीच की दूरी

$$= \sqrt{(x_2 - x_1)^2 + (y_2 - y_1)^2}$$
$$\Rightarrow 13 = \sqrt{(k-2)^2 + (-5-7)^2}$$

दोनों पक्षों का वर्ग करने पर,

$$169 = (k-2)^2 + (-12)^2$$
$$\Rightarrow (k-2)^2 = 169 - 144 = 25$$
$$\Rightarrow k - 2 = \sqrt{25} = 5 \Rightarrow k = 7$$

4. (b) बिन्दु $(6, -3)$ का प्रतिबिम्ब, रेखा $y = 2$ के सापेक्ष $(6, 7)$ है।

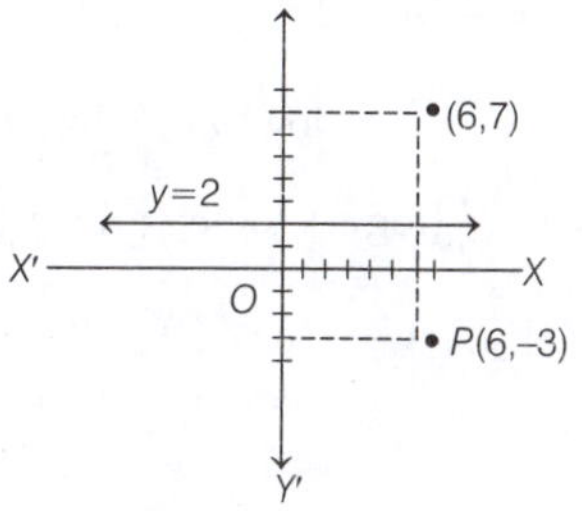

5. (a) केन्द्रक (x, y)

$$= \left(\frac{x_1 + x_2 + x_3}{3}, \frac{y_1 + y_2 + y_3}{3}\right)$$
$$\Rightarrow (x, y) = \left(\frac{3 + 6 - 3}{3}, \frac{5 + y + 4}{3}\right)$$
$$\Rightarrow (x, y) = \left(2, \frac{9 + y}{3}\right)$$
$$\therefore \quad x = 2 \quad \text{तथा} \quad y = \frac{9 + y}{3}$$
$$\Rightarrow 3y = 9 + y \Rightarrow y = \frac{9}{2}$$

अतः $x = 2$ तथा $y = \frac{9}{2}$

> **TOP TIPS** X-अक्ष पर $y = 0$ तथा Y-अक्ष पर $x = 0$ होता है।

6. (c) दिया है, $A(x_1, y_1) = (x, -3)$

तथा $B(x_2, y_2) = (5, 2)$

ढलान $(m) = -\frac{2}{3}$

∴ रेखा AB का ढलान,

$$m = \frac{y_2 - y_1}{x_2 - x_1}$$
$$\Rightarrow \frac{-2}{3} = \frac{2 - (-3)}{5 - x}$$
$$\Rightarrow -10 + 2x = 5 \times 3$$
$$\Rightarrow 2x = 15 + 10 = 25$$
$$\therefore x = 12.5$$

7. (d)

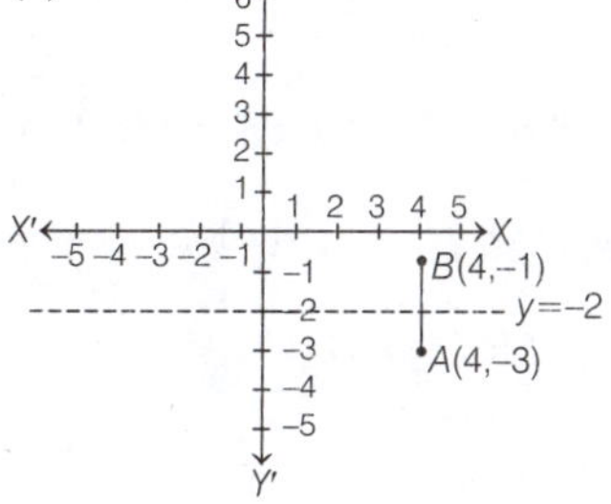

अतः $y = -2$ के सापेक्ष में $A(4, -3)$ का प्रतिबिम्ब $B(4, -1)$ है।

8. (b) माना बिन्दु (x, x) है।

प्रश्नानुसार,

$$\sqrt{(x-1)^2 + (x-0)^2} = \sqrt{(x-0)^2 + (x-3)^2}$$
$$\Rightarrow (x-1)^2 + x^2 = x^2 + (x-3)^2$$
$$\Rightarrow x^2 + 1 - 2x = x^2 + 9 - 6x$$
$$\Rightarrow 6x - 2x = 9 - 1$$
$$\therefore x = \frac{8}{4} = 2$$

अभीष्ट बिन्दु $(2, 2)$ है।

9. (a) दिया है, $57x - 19y = 399$

Y-अक्ष पर, $x = 0$ होता है,

$$\therefore 57 \times 0 - 19y = 399$$
$$\therefore y = -\frac{399}{19} = -21$$

अब, X-अक्ष पर, $y = 0$ होता है।

$$57x - 19 \times 0 = 399$$
$$\therefore x = \frac{399}{57} = 7$$

अतः X-अक्ष पर $(7, 0)$ और Y-अक्ष पर $(0, -21)$ निर्देशांक अक्षों को काटता है।

10. (d) दिया है, रेखा p का समीकरण,

$$x + y = 5 \quad \text{...(i)}$$

तथा रेखा q का समीकरण

$$x - y = 3 \quad \text{...(ii)}$$

समी (i) व (ii) को जोड़ने पर,

$$2x = 8 \Rightarrow x = 4$$

x का मान समी (i) में रखने पर,

$$4 + y = 5 \Rightarrow y = 1$$

अतः दोनों रेखाओं के उभयनिष्ठ बिन्दु या कटान बिन्दु के निर्देशांक $(4, 1)$ हैं।

11. (*d*) Y-अक्ष पर, $x = 0$,

$x + 2y = 3$ में $x = 0$ रखने पर,

$\Rightarrow \quad y = \frac{3}{2}$

$3x - 2y = 1$ में $x = 0$ रखने पर,

$\Rightarrow \quad y = -\frac{1}{2}$

दो बिन्दु $\left(0, \frac{3}{2}\right)$ एवं $\left(0, -\frac{1}{2}\right)$ हैं।

अतः दो बिन्दुओं के बीच की दूरी

$= \sqrt{(x_1 - x_2)^2 + (y_1 - y_2)^2}$

$= \sqrt{(0-0)^2 + \left(\frac{3}{2} + \frac{1}{2}\right)^2}$

$= \sqrt{0 + 4} = 2$ इकाई

12. (*a*) त्रिभुज का क्षेत्रफल

$= \frac{1}{2}[x_1(y_2 - y_3) + x_2(y_3 - y_1) + x_3(y_1 - y_2)]$

$\Rightarrow \quad 8 = \frac{1}{2}[3(-3 + 4) + 2(-4 + 2) + P(-2 + 3)]$

$\Rightarrow \quad 16 = [3 \times 1 + 2 \times (-2) + P]$

$\Rightarrow \quad 16 = 3 - 4 + P$

$\Rightarrow \quad P = 16 + 1$

$\therefore \quad P = 17$

13. (*a*) तीनों रेखाओं के समीकरण हैं

$2x + 5y = 12 \quad$ ...(i)

$x + y = 3 \quad$ ...(ii)

$y = 0 \quad$ ...(iii)

रेखा (i) और (iii) के प्रतिच्छेदन बिन्दु

$x_1 = 6$ तथा $y_1 = 0$

रेखा (ii) और (iii) के प्रतिच्छेदन बिन्दु,

$x_2 = 3$ तथा $y_2 = 0$

रेखा (i) और (ii) के प्रतिच्छेदन बिन्दु

$x_3 = 1$ तथा $y_3 = 2$

तब, त्रिभुज के शीर्ष के निर्देशांक

$= (6, 0), (3, 0), (1, 2)$

$\therefore$ त्रिभुज का क्षेत्रफल

$= \frac{1}{2}[x_1(y_2 - y_3) + x_2(y_3 - y_1) + x_3(y_1 - y_2)]$

$= \frac{1}{2}[6(0-2) + 3(2-0) + 1(0-0)]$

$= \frac{1}{2}[-12 + 6] = \frac{1}{2} \times [-6]$

$= -3$

अतः त्रिभुज का क्षेत्रफल 3 वर्ग इकाई है।

14. (*c*) यहाँ $x_1 = 3, x_2 = 5, y_1 = -4$ और $y_2 = 2$

प्रवणता $(m) = \frac{y_2 - y_1}{x_2 - x_1}$

$= \frac{2+4}{5-3} = \frac{6}{2} = 3$

15. (*a*) घटकों/अवयवों की कुल संख्या $= n$

उपसमुच्चयों की कुल संख्या $= 2^n$

16. (*b*) यहाँ, $A = \{a, b\}$

$\because \quad n(A) = 2$

$\therefore$ उपसमुच्चयों की कुल संख्या $= 2^n = 2^2 = 4$

17. (*a*) $\quad A = \{1, 7, 10, 16, 19\}$

$B = \{7, 3, 16, 22, 25\}$

तथा $\quad C = \{10, 13, 19, 22, 28\}$

$\therefore \quad A - B = \{1, 10, 19\}$

$C \cup (A - B) = \{1, 10, 13, 19, 22, 28\}$

18. (*a*) n(कुल छात्र) $= n(S \cup M) = 45$

$n(S \cap M) = 10$ तथा $n(M) = 20$

($S =$ विज्ञान, $M =$ गणित)

$\Rightarrow n(S \cup M) = n(S) + n(M) - n(S \cap M)$

$\Rightarrow \quad 45 = n(S) + 20 - 10$

$\therefore \quad n(S) = 35$

19. (*c*) $n(A) = 40, n(B) = 26,$

$n(A \cap B) = 16$

$\therefore n(A \cup B) = n(A) + n(B) - n(A \cap B)$

$= 40 + 26 - 16$

$= 66 - 16 = 50$

20. (*c*) $n(M) = 12, n(M \cup S) = 25$

तथा $n(M \cap S) = 12 - 8 = 4$

$\therefore n(S) + n(M) - n(M \cap S) = n(M \cup S)$

($M =$ गणित, $S =$ सांख्यिकी)

$\Rightarrow \quad n(S) + 12 - 4 = 25$

$\Rightarrow \quad n(S) = 17$

अतः केवल सांख्यिकी लेने वाले विद्यार्थियों की संख्या $= 17 - 4 = 13$

21. (*d*) $9 \times \log(x) = \log(9) + \log(27) + \log(81)$

$\Rightarrow 9 \log(x) = \log(3^2) + \log(3^3) + \log(3^4)$

$\Rightarrow 9 \log(x) = 2 \log 3 + 3 \log 3 + 4 \log 3$

$[\because \log a^m = m \log a]$

$\Rightarrow \quad 9 \log x = 9 \log 3$

$\Rightarrow \quad \log x = \log 3$

$\therefore \quad x = 3$

22. (*a*) $\log \frac{15}{16} + \log \frac{2}{5} - \log \frac{3}{8}$

$= \log\left(\frac{15}{16} \times \frac{2}{5}\right) - \log \frac{3}{8}$

$[\because \log mn = \log m + \log n]$

$= \log \frac{3}{8} - \log \frac{3}{8} = 0$

23. (*b*) $\log_{\sqrt{3}} 81 = x$

$[\because \log_a b = x$, तब $a^x = b]$

$\Rightarrow \quad (\sqrt{3})^x = 81$

$\Rightarrow \quad (\sqrt{3})^x = (3)^4 = (\sqrt{3})^8$

$\therefore \quad x = 8 \quad$ [तुलना करने पर]

24. (*c*) $\log(x^3 - 1) - \log(x^2 + x + 1) = 0$

$\Rightarrow \log\left(\frac{x^3 - 1}{x^2 + x + 1}\right) = 0$

$\left\{\because \log m - \log n = \log \frac{m}{n}\right\}$

$\Rightarrow \log\left(\frac{x^3 - 1}{x^2 + x + 1}\right) = \log 1$

$[\because \log 1 = 0]$

दोनों पक्षों की तुलना करने पर,

$x^3 - 1 = x^2 + x + 1$

$\Rightarrow (x - 1)(x^2 + x + 1) = x^2 + x + 1$

$\{\because a^3 - b^3 = (a - b)(a^2 + ab + b^2)\}$

$\Rightarrow \quad x - 1 = 1$

$\Rightarrow \quad x = 2$

25. (*b*) प्रश्नानुसार,

$\log\left(\frac{a+b}{3}\right) = \frac{1}{2}\log\left(\frac{a+b}{3}\right)^2$

$= \frac{1}{2}\log\left(\frac{a^2 + b^2 + 2ab}{9}\right)$

$= \frac{1}{2}\log\left(\frac{7ab + 2ab}{9}\right)$

$[\because a^2 + b^2 = 7ab]$

$= \frac{1}{2}\log\left(\frac{9ab}{9}\right)$

$= \frac{1}{2}\log(ab)$

$[\because \log(mn) = \log m + \log n]$

$= \frac{1}{2}[\log a + \log b]$